Adolph Erman

Reise um die Erde durch Nord-Asien und die beiden Oceane in den Jahre 1828, 1829 und 1830

Erste Abteilung, erster Band: Von Berlin bis zum Eismeere

DOGMA

Adolph Erman

Reise um die Erde durch Nord-Asien und die beiden Oceane in den Jahre 1828, 1829 und 1830

Erste Abteilung, erster Band: Von Berlin bis zum Eismeere

ISBN/EAN: 9783954546183

Auflage: 1

Erscheinungsjahr: 2012

Erscheinungsort: Bremen, Deutschland

© DOGMA in Europäischer Hochschulverlag GmbH & Co KG, Fahrenheitstr. 1, 28359 Bremen (www.dogma.de). Alle Rechte beim Verlag und bei den jeweiligen Lizenzgebern.

Reise um die Erde

durch

Nord-Asien und die beiden Oceane

in den Jahren 1828, 1829 und 1830

ausgeführt

von

Adolph Erman.

In einer historischen und einer physikalischen Abtheilung
dargestellt und mit einem Atlas begleitet.

Berlin,
verlegt bei G. Reimer.
1833.

Reise um die Erde

durch

Nord-Asien und die beiden Oceane

in den Jahren 1828, 1829 und 1830

ausgeführt

von

Adolph Erman.

Erste Abtheilung:

Historischer Bericht.

Erster Band.

Reise von Berlin bis zum Eismeere im Jahre 1828.

Berlin,
verlegt bei G. Reimer.

1833.

Seiner Majestät dem Könige

Friedrich Wilhelm III.

seinem

allergnädigsten Könige und Herrn

in ehrfurchtvollster Unterthänigkeit

der Verfasser.

Die etwanigen Früchte treu gemeinter Bemühungen um die Wissenschaft Ew. Maj. unterthänigst zu Füfsen legen, ist ein hoher Lohn. Wenn aber bei einer Reise um das Erdenrund die mannichfaltigsten Eindrücke und Vergleichungen sich endlich abglichen in das Eine Gefühl: meinem Vaterlande gehöre der Vorzug, die wahrhaft schätzbarsten Güter des Lebens am sichersten und schonendsten zu hegen, so ist es dem Rückkehrenden unendlich wohlthuend, dem erhabensten Bewährer dieses Vorzuges dankbar huldigen zu dürfen.

A. Erman.

Vorwort.

Es war Zweck und Hauptaugenmerk bei einer Reise um die Erde welche ich in den Jahren 1828, 1829 und 1830 ausführte, Beobachtungen zu gewinnen die möglicher Weise einigen Nutzen für diejenigen Fächer der Erkenntnifs gewährten, welche durch Anschliefsen an bestimmte Zahlenwerthe und durch Reduction auf Einheit der Erklärungsgründe, bereits wissenschaftliche Organisation erlangt und als integrirende Theile der Physik sich gestaltet haben. Ich wäre daher zunächst nur befugt, über d i e s e Bestrebungen Rechenschaft abzulegen, durch genaue Darstellung der Messungen und physikalischen Beobachtungen welche ich in einem Zeitraume von 916 Tagen, auf beiden Halbkugeln und unter sämmtlichen Meridianen der Erde längs eines **Weges** von 8100 Deutschen Meilen, anstellte, so wie durch Motivirung ihrer Resultate. Indessen haben sehr mannichfache und lebendige Anschauungen, namentlich von den, theils wenig bekannten, theils verkannten Lokalitäten und Völkerschaften Nord-Asiens, den Genuss dieser Reise so bedeutend erhöht, dass ich mich entschloss, auch diese gleichsam mehr rhapsodische als wissenschaftlich gereifte und organisirte Ausbeute der Nachsicht der Leser darzubringen. Dergleichen Mittheilungen haben keinen andern Anspruch zu machen als den, einer treuen und durch keine Nachhülfe voroder nach-construirender Reflexion modificirten Schilderung des unmittelbaren Eindruckes, und somit erhält der Leser auch hier das unmafsgebliche Skizzenbuch der Reise, so wie es an den einzelnen Abenden und in den verschiedensten Lagen des Wanderlebens abgeschlossen wurde. Dennoch aber wird die Kunde von fremden Ländern welche wir durch solche Mittheilungen erlangen, durch die Individualität desjenigen der die Anschauungen erlebte, noch so wesentlich bedingt, dafs man oft zu erstaunen hätte über Incohaerenz und Dissonanzen, wenn man die Berichte sehr verschieden gestimmter Reisenden ohne Kritik in die Form einer erzwungnen Einheit verschmelzt sieht, und es war grade diese Überzeugung welche mich bewog, das gegenwärtige Tagebuch schon mit den uns zunächst liegenden und für die Mehrheit der Leser bereits bekannten Gegenden zu beginnen, damit ein Jeder durch Vergleichung seiner eignen Anschauung mit der Ansicht des Reisenden für dessen individuelle Art der Auffassung einen Maſsstab gewönne, der späterhin an den Bericht über ganz fremde Gegenden sich anlegen ließe. Diese Methode ist derjenigen analog, durch welche man die constanten Fehler eines Beobachtungs-Instrumentes zu eliminiren gewohnt ist. —

Die gesammte Darstellung der Reise werde ich demnächst nach dem folgenden Entwurfe mittheilen:

I. Die historische Abtheilung welche, chronologisch geordnet, in die folgenden Abschnitte zerfällt:

1. Veranlassung und Vorbereitungen zur Reise.

1828.

2. Reise nach Petersburg.
3. Aufenthalt in Petersburg.
4. Reise von Petersburg nach Jekatarinburg.

Asien.

5. Jekatarinburg und Reise längs des nördlichen Ural.
6. Fernere Bemerkungen über Jekatarinburg und den Ural. — Reise nach Tobolsk.
7. Winteranfang und Aufenthalt zu Tobolsk.
8. Reise nach Obdorsk. — Ostjaken und Samojeden

1829.

9. Reise nach Irkuzk.
10. Aufenthalt zu Irkuzk.
11. Reise nach Kjachta und zu dem Buddhatempel der Buräten.
12. Reise nach Jakuzk. — Jakuten.
13. Jakuzk.
14. Weg von Jakuzk nach Ochozk über das Aldanische Gebirge. — Tungusen.
15. Aufenthalt in Ochozk und Excursion zum Marekanischen Gebirge.
16. Überfahrt nach Tigil, auf dem Meere von Pénjina Kamtschatka.
17. Reise von Tigil nach Jelowka.
18. Besteigung des Vulkan Schiwelutsch.
19. Reise bis zum Dorfe Kliutschewsk und Besteigung des Vulkan gleiches Namens.
20. Schifffahrt auf dem Kamtschatkaflusse.
21. Reise durch die von Russen bewohnte Südspitze der Halbinsel.
22. Petropaulshafen.

Rückkehr am Bord der Kaiserlich Russischen Korvette Krotkoi.

23. Überfahrt nach der Insel Sitcha.
24. Aufenthalt auf Sitcha. — Koljuschen.
25. Fahrt nach Kalifornien.

26. Aufenthalt zu San Francisco auf Kalifornien.
27. Fahrt nach Otaheiti.

1830.

28. Aufenthalt auf Otaheiti.
29. Fahrt um Cap Hoorn bis Rio Yaneiro.
30. Aufenthalt zu Rio Yaneiro.
31. Fahrt durch den Atlantischen Ocean bis Portsmouth.
32. Portsmouth.
33. Nord- und Ostsee.
34. Ankunft zu Kronstadt.
35. Rückkehr nach Berlin.

Gezeichnete Skizzen landschaftlicher und ethnographischer Gegenstände werden einem jeden Bande dieses historischen Berichtes hinzugefügt werden, ausserdem aber auf meine Ortsbestimmungen begründete Wegekarten über die geschilderten Theile von Nord-Asien und Kamtschatka, ebenso wie eine Generalkarte der ganzen Reise. Herr Professor Berghaus hat die Leitung dieser geographischen Darstellungen freundschaftlichst übernommen.

II. Die wissenschaftliche Abtheilung des Berichtes enthält in 5 Abschnitten:

1) Die Ortsbestimmungen für eine Reihe von Punkten auf beiden Continenten, so wie für alle Punkte auf den Meeren an denen magne-

tische Beobachtungen angestellt wurden. Die ersteren habe ich mittels eines tragbaren Passage-Instrumentes nach den neuen Methoden durch welche Herr Professor Bessel die Geographie bereicherte, die andren aber mittels des Sextanten erhalten. Trigonometrische und barometrische Höhenmessungen werden diesem Abschnitte hinzugefügt.

2. **Magnetische Beobachtungen** und zwar die Bestimmungen der Abweichung mittels des tragbaren Passage-Instruments, der Neigung und Intensität der magnetischen Kraft längs einer zwischen 67° Nördlicher und 60° Südlicher Breite gelegnen und sämmtliche Meridiane der Erde durchschneidenden Linie, so wie der täglichen Veränderungen welche diese Erscheinungen an verschiednen Orten erleiden.

3 **Meteorologische Bestimmungen**, und namentlich Beobachtungen über den Luftdruck, über die Temperaturen der Luft, der Erdoberfläche, der Bergwerke, der Quellen und des Meeres, und Rechenschaft über meteorologische Tagebücher, welche mittels verglichner Instrumente an 12 der berührten Punkte in Europa, Nord-Asien und Nord-Amerika zu verschiednen Tagesstunden, so wie auch am Bord der Korvette

Krotkoi von 4 zu 4 Stunden, sowohl während der Fahrt von Kamtschatka um Kap Hoorn nach Europa, als auch und früher von Petersburg um das Kap der guten Hoffnung und Neu-Holland bis Kamtschatka geführt wurden.

4. **Geognostische Beobachtungen** durch Nord-Asien, die Aleutischen Inseln und Kalifornien, so wie auf Otaheiti und bei Rio Yaneiro. Allgemeine geognostische Profile werden schon auf den früher erwähnten Karten zum historischen Theile ausgeführt, speziellere Zeichnungen aber diesem Abschnitte hinzugefügt.

5. **Die Beschreibung auf der Reise gesammelter zoologischer und botanischer Gegenstände** welche ich den Museen von Berlin und Königsberg übergeben habe. Abbildungen mehrerer neuen Arten von Vögeln, Insekten und Pflanzen werden diesen Abschnitt begleiten.

Der hier vorliegende erste Band der historischen Abtheilung schildert die zu Lande zurückgelegte Linie von Berlin über Tobolsk bis zur Mündung des Obi und von dort zurück nach Tobolsk. Nebenbei werden zwei andre Linien beschrieben, die eine vom Ural bis zum schwarzen Meere und zur Ostsee längs der schiffbaren Flussbahnen welche das Asiatische Gebirge mit jenen Meeren von Europa verbinden (Seite 411), die andre von Tobolsk durch die Kirgisischen Lande nach den Chanaten von Taschkent und Kokan (Seite 487). — Sie dürften vielleicht den Geographen und Ethnographen willkommen sein: ich habe sie im Lande selbst durch Mittheilungen solcher Beobachter gewonnen, für deren Urtheils-Weise mir gemeinschaftliche Bekanntschaft mit Sibirischen Gegenständen einen Mafsstab darbot, und entschloss mich für diesen besondern Fall zu einer Abweichung von dem festen Vorsatze: Nichts zu bringen was nicht durch unmittelbare Autopsie begründet wurde. Die graphische Darstellung des Landes von Tobolsk bis Taschkent wird auf der Generalkarte des Reiseberichts ergänzt werden, während alle übrigen in diesem Bande erwähnten Lokalitäten bereits auf die drei ersten Blätter der Spezialkarte eingetragen sind. Diese geographischen Blätter und die zu gegenwärtigem Bande bestimmten anderweitigen Zeichnungen (Figur 1 bis 14) beginnen den Atlas zu welchem die ferneren Beiträge mit den folgenden Abschnitten des Berichtes, das Titelblatt aber nach Abschlufs desselben ausgegeben werden. — —

Es wäre ein äufserst erfreuliches Resultat, wenn die argen Vorurtheile welche Sibirien nur als einen unwirthbaren, barbarischen und gefahrvollen Verbannungsplatz darstellen, vor dem idyllischen und Odysseïschen Charakter verschwinden möchten, welchen ich in jenen arktischen Gegenden meistens erlebte. Anstatt jedes andern Beweises erwähne ich schon hier, dafs ich von Irkuzk bis Ochozk von den frühern Reisegefährten getrennt, nur allein in Begleitung eines eingebornen Kosacken mit Jakuten und Tungusen verkehrte, sodann aber während des Weges durch ganz Kamtschatka sogar ohne einen Russen zu sehen, nur von Kamtschadalen begleitet und aufgenommen wurde. Eine beträchtliche Geldsumme führte ich mit mir, und behufs geographischer und magnetischer Beobachtungen habe ich überall bei Tag und Nacht eine Menge von Gegenständen zur Schau aufgestellt, welche durch Metallglanz und kunstreiche Form in den Augen der unkultivirten Eingebornen einen unschätzbaren Werth haben mufsten: niemals aber und nirgends auf diesem ganzen Wege habe ich die mindeste Veruntreuung oder habsüchtige Anfeindung erfahren. — —

So häufig anerkannt sind die Nachtheile welche aus falscher Aussprache ausländischer Eigennamen oder anderweitiger Ausdrücke entspringen, dafs wohl jeder

Reisende auf ein Mittel zu denken hat, um die gehörten Sprachlaute auch dem Leser seines Berichtes möglichst zu vergegenwärtigen. Im Folgenden handelte es sich namentlich und am häufigsten um die richtige Bezeichnung Russischer Rede, und es zeigte sich bald, dafs Deutsche Schriftzeichen und die für ihre Aussprache geltenden Regeln zur Erreichung dieses Zwekkes nicht auslangten.

Der Besitz eines Systems von Symbolen welches alle gedenkbaren Artikulationen der menschlichen Stimme ohne Rücksicht auf die Besonderheit einer bestimmten Sprache, auszudrücken vermöchte, ist an sich nicht unmöglich, vielmehr ist zu einer solcher pasigraphischen Bezeichnung, ein erster Gedanke bereits gegeben durch diejenigen Grammatiker welche die Laute einzelner Sprachen nach den zu ihrer Hervorbringung wirkenden Theilen der Stimm - Organe des Menschen unterscheiden; aber eine der mühsamsten empirischen Arbeiten müfste vorhergehen, ehe man dazu gelangte, einen jeden der bei verschiednen Völkern gehörten Redelaute durch solche genetisch bedeutungsvolle und zugleich sichtbare Zeichen dem Lesenden zu vergegenwärtigen. — In Erwartung solcher Leistungen musste hier auf einen andern Ausweg gedacht werden und es verhalf dazu die auch an sich nicht uninteressante Erfahrung, dafs für die Andeutung Russischer Rede eine bedeutende Erleichterung gewonnen wird, wenn man die West-Europäischen Schriftzeichen bald an Deutsche, bald an Französische Aussprache erinnern läfst. — Dieses Mittels habe ich im Folgenden auf eine jetzt näher anzudeutende Weise mich bedient.

Die durch die sogenannte Cursivform vor den umgebenden ausgezeichneten oder schräg gestellten Buchstaben, sollen immer nach den Regeln der Französischen Aussprache gelesen, alle übrigen aber nach dem Deutschen Gebrauche ausgesprochen werden. Namentlich aber wurde die zwiefache Anwendung ein und desselben Schriftzeichens für die folgenden Buchstaben nöthig:

J und *j* sollen, in der Cursivform, denjenigen im Deutschen fehlenden Consonanten andeuten, welcher in den Anfangs-Sylben der Französischen Worte: jardin, Jeremie, Jupiter gehört wird. Hierhin gehörige Russische Worte sind: *j*áwronka, *Ji*gánsk, *j*úritj, und auch solche wie okrú*j*nui, podoró*j*na, *j*ájda, in welchen das *j* stets rein consonantische Bedeutung hat; von der andern Seite aber ist das j nach Deutschem Gebrauche zu lesen in Worten wie: Jakùzk, jélnik, Júdoma, Ustjànsk, Ostjaki u. s. w., und es bezeichnet ebenso einen kaum noch hörbaren Anklang an i in den Infinitiven der Verba wie rodìtj, rodítjsja, podarítj, skasàtj, welche nur in der Kirchen- und Liedersprache und bisweilen auch noch in Sibirien von Anhängern ältester Sitte, wie podaríti, skasáti ausgesprochen werden.

Ferner sollen die Cursivzeichen *S* und *s* an den im Deutschen fehlenden Laut der Französischen Worte: sagesse, semence, simuler erinnern, die gewöhnlichen S, s die Deutsche Aussprache der Worte: sagen, Segen, Sieg herbeiführen. So gehören im Russischen zu dem ersten Falle die Worte *S*ibìr, *s*ol, *s*elò (Dorf), zum zweiten aber: sabaikálskji, saporógi, samok, sélo (das Schlufswort in Kirchenliedern). — Auch für die Zusammenstellung Sl welche (auffallend genug) im Deutschen immer geschärft und also abweichend von dem gewöhnlichen Gebrauche des s ausgesprochen wird, ward eine Unterscheidung nöthig, und zwar bedeutet bei dieser die ausgezeichnete Form *S*l eine Aussprache wie die im Worte Slave, während das gewöhnliche Sl denjenigen, der Russischen Sprache eigenthümlichen, Laut bezeichnet, welcher aus unveränderter Verbindung des Deutschen S (in Sage, Sieg) mit dem l entstehet. — Nur so wird es möglich, den vollkommnen Unterschied der Aussprache des Sl in den Russischen Worten: *S*lábost, *S*lítka, *S*lówo etc., von der einen

Seite, und Slo, Slàto, Slatoùst von der andern, fühlbar zu machen. — Die Zeichen G, K, Ch, Tsch, Sch, Schtsch, Z, wenn sie nach Deutscher Gewöhnung ausgesprochen werden, reichen hin, um alle Übergänge darzustellen, welche im Russischen von den Kehllauten zu den Gaumen- und Zungenbuchstaben statt finden und dort ein jeder durch eigenthümliche Schriftzeichen angedeutet werden. Was die einfachen und diphthongischen Vokale betrifft, so findet sich nur einer in der Russischen Rede, dessen Ausdruck durch Deutsche Schreibart schwierig ist, ich habe ihn im Folgenden stets durch ui bezeichnet, es muſs aber dabei bemerkt werden, daſs nur die Redeorgane wie zur Aussprache des u vorbereitet, sodann aber ein in i übergehender Laut hervorgebracht werden müsse. Der durch das Zeichen beabsichtigte Laut ist nämlich ein unter geringster Mitwirkung der Lippen und Zunge und mit vergröſserter Gaumenhöhle auszusprechendes i. Beispiele sind die Worte: buik, buikówa, puil, Púischma und v. a. — In der Polnischen Rede wird ein ähnlicher Laut gehört und in der dort gebräuchlichen Schrift durch ein y bezeichnet, ohne daſs doch in den Schriften anderer Nationen das y jemals eine ähnliche Bedeutung habe. — Für die höchst wesentliche Betonung der Silben so wie auch, wo es nöthig war, für ihre Länge und Kürze sind die, bei den Grammatikern gewöhnlich üblichen Zeichen auch hier angewendet worden. — —

Es ist endlich noch zu erwähnen daſs überall in diesem Berichte wo nicht ausdrücklich das Gegentheil gesagt ist, die Zeitrechnung nach dem neuen oder Gregorianischen Kalender geführt ist, und daſs, zur Übertragung der bisweilen gebrauchten Russischen Maſse, 697 Werst = 100 Geographische Meilen und eine Sajèn = 7 Englische Fuſs zu setzen sind.

Inhalt des ersten Bandes.

I. Abschnitt.
Seite.
Veranlassung und Vorbereitungen zur Reise 1

II. Abschnitt.
Reise nach Petersburg 7

III. Abschnitt.
Aufenthalt in Petersburg 62

IV. Abschnitt.
Reise von Petersburg nach Jekatarinburg 134

V. Abschnitt.
Jekatarinburg und Reise längs des nördlichen Ural 289

VI. Abschnitt.
Fernere Bemerkungen über Jekatarinburg und den Ural. — Reise nach Tobolsk 392

VII. Abschnitt.
Winteranfang und Aufenthalt zu Tobolsk 453

VIII. Abschnitt.
Reise nach Obdorsk. — Ostjaken und Samojeden 532

I. Abschnitt.

Veranlassung und Vorbereitungen zur Reise.

Als ich im Jahre 1825 den um die Theorie des Magnetismus der Erde höchst verdienten Norwegischen Physiker, Herrn Professor Hansteen, persönlich kennen lernte, hegte er schon den Wunsch, eine Reise in das Innere von Sibirien zur Anstellung magnetischer Beobachtungen zu unternehmen.

Schon damals eröffnete sich mir die glänzende Aussicht, vielleicht dereinst als ein thätiges Mitglied an einer so wichtigen Unternehmung Theil nehmen zu können. — So unsicher auch diese Hoffnung noch sein mochte, so bestimmte sie mich dennoch zeither zu einigen für wissenschaftliche Reisen vorbereitenden Studien. Eine längere Fortsetzung dieser Vorarbeiten wäre allerdings erwünscht gewesen, als unerwartet schon im Herbste des Jahres 1827 der von Professor Hansteen gefaſste Entschluſs zur Reise gelangte und von der Norwegischen Regierung eine freigebige Unterstützung desselben zugesagt wurde.

Eine auch so von meiner Seite ergangene Bitte um Erlaubniſs der Mitwirkung an dem für die Physik so wichtigen Werke wurde gewährt, und nun traf mich eine nahe bevorstehende Abreise bei weitem nicht der Gröfse des Unternehmens gemäfs dazu gerüstet, indessen mit so vieler Hoffnung des Gelingens, als man auf eine lebhafte Lust an dem Vorhaben zu begründen etwa berechtigt war.

Auf Professor Hansteens, mit meinen eigenen Ansichten völlig übereinstimmenden Rath versah ich mich nun mit magnetischen und anderen physikalischen Instrumenten, vollständig genug, um auch, getrennt von der Hauptexpedition, das den magnetischen Beobachtungen zu unterwerfende Gebiet weiter ausdehnen und zugleich auch für andere Theile physikalischen Wissens thätig werden zu können.

Im Laufe des Jahres 1828 wollte Herr Hansteen die erste Eröffnung der Schifffahrt auf dem Ålandschen Meerbusen zur Überfahrt von Schweden nach Kronstadt benutzen, denn schon war (so schrieb er im Winter 1827) die zur Reise nöthige Erlaubnifs von Seiten des Russischen Gouvernements auf Antrag der Schwedisch-Norwegischen Gesandtschaft in Petersburg bewilligt worden.

Er hatte beschlossen, die Gränze seines Vordringens gegen Osten durch spätere Gestaltung der Umstände bestimmen zu lassen, keinesfalls aber den östlichen Rand des Asiatischen Continentes zu erreichen, während ich schon damals die jetzt verwirklichte Hoffnung hegte, auch Kamtschatka zu betreten und von dort aus auf Seewegen heimzukehren. Die geneigteste Theilnahme Sr. Excell. des Freiherrn A. v. Humboldt und dessen erfolgreiche Verwendung bei den Russischen Behörden, unterstützten und beförderten auf eine unvergefsliche Weise die Ausführung des so gestalteten Reiseplanes.

Nicht allein in Bezug auf die besonderen physikalischen Studien, die ich zur Aufgabe meines Lebens gewählt habe, sondern auch für den allgemeinen Zweck aller Reisen: eine lebendige Anschauung verschiedener Erdtheile, ihrer Bewohner und deren Sitten zu gewinnen, war es allerdings eine reizende und glänzende Aussicht, dafs in Folge des erwähnten Vornehmens man den beiden Polarkreisen nach einander sich nähern und die tropischen

I. Abschnitt.

Zonen beider Halbkugeln zweimal durchschneiden sollte. Aber dadurch dafs ein bedeutender Theil dieses Weges zu Lande zurückgelegt werden mufste, schien für ihn der besondere Reiz zu entschwinden, welchen bei der Schilderung von Seefahrten die Anschauung plötzlicher und dadurch höchst fühlbarer Wechsel des localen Charakters der Landungsplätze auf eine allgemein anerkannte Art bedingt. Langsam und gleichsam schrittweise von Berlin bis zur Ostküste Kamtschatkas sich fortbewegend, durfte man als Ausbeute nur die Auffassung allmähliger und deshalb die Phantasie minder ansprechender Übergänge erwarten. Zu dieser etwas niederschlagenden Aussicht gesellte sich noch aufserdem die frühzeitige Enttäuschung von einem besonderen und beinah magischen Werth, den man wohl früher in Europa einer weit ausgedehnten Reise schon als solcher beizulegen geneigt war und es trat an deren Stelle die mit jedem Tage der Wanderung sich befestigende Überzeugung, dafs vielmehr die Aufmerksamkeit des Reisenden überall gleichmäfsig gespannt, nicht aber erst gesteigert werden müsse, nach Maafsgabe gröfserer Entfernung von einem an sich ja durchaus zufälligen Ausgangspunkt. Bei der vorliegenden Beschreibung der nun vollendeten Reise um die Erde waren es daher auch nicht auf den Effekt berechnete dreiste Umrisse der grell contrastirenden Extreme, welche ich zu geben mich bemühte, sondern es schien wünschenswerther, für die Art der Darstellung eine Musiv-Arbeit zum Vorbilde zu nehmen, bei welcher das Ganze entsteht aus der treuen Wahrheit der Färbung jedes einzelnen Steinstiftes an der Stelle, die er einzunehmen bestimmt ist.

So geschah es, dafs eine gleich ausführliche Darlegung aller Wahrnehmungen an der Oder sowohl, als am Kamtschatkaflusse und auf Otaheiti versucht, und dafs während der Seereise die Aufmerksamkeit vorzugsweise auf Alles gerichtet wurde, was etwa zur Nachweisung allmähliger Übergänge auch für den anscheinend durchaus heterogenen Charakter nacheinander berührter Landungsplätze, führen konnte.

Würde die individuelle Überzeugung einigermafsen gebilligt: dafs man mehr um Auffindung der Verwandtschaft und des stetigen

Zusammenhanges zwischen allem auf der Erde Erscheinenden, als um isolirte Schilderung auffallender Verschiedenheiten sich zu bemühen habe, so wäre auch die gewissenhaft chronologische Anordnung gegenwärtigen Berichtes entschuldigt und gegen den Vorwurf einer ermüdenden Umständlichkeit gesichert. Von vorn herein bin ich aber innig überzeugt, dafs die Ausführung des Vorhabens unendlich hinter dem Willen des Unternehmers zurückgeblieben ist, und dafs in Folge einer für Pflicht gehaltenen Vollständigkeit des Berichtes manche gänzlich werthlose Bemerkung zu dem etwa Wichtigeren hinzugetreten sein mag. Immer wäre es schon ein höchst erfreulicher Erfolg, wenn nur Einzelnes in dem Geiste der Leser verwandte Anklänge fände und der Aufbehaltung würdig erschiene.

Die gewünschten physikalischen Instrumente wurden bis zur Zeit der Abreise theils in Berlin angefertigt, theils verlieh mir einige der wichtigsten die Königl. Preufsische Akademie der Wissenschaften, welche durch diese erhebliche Vergünstigung dem bis dahin ganz unabhängig Gestellten nun auch noch einen äufseren Antrieb zu reger Kraftanstrengung ertheilte. Die Beschreibung und kritische Würdigung dieses Theiles der Reiseausrüstung wird eine angemessenere Stellung in der wissenschaftlichen Hälfte meines Berichtes finden. —

Nur höchst wenig konnte während der noch übrig bleibenden Frist zur Erlangung des für den Reisenden wichtigsten Werkzeuges, der Sprache des zu besuchenden Landes geleistet werden. Ich verschaffte mir nicht mehr, als eine zur Verständigung nothdürftig hinreichende Kenntnifs der Russischen Rede, und hegte die Hoffnung, an der lebendigen Quelle, dem Munde des Volkes, das Übrige des Schatzes zu heben.

Nach dreijähriger Fortsetzung dieses höchst anziehenden praktischen Studiums gelangte ich zu einiger Einsicht in die Eigenthümlichkeiten des reichen Slavischen Sprachstammes, ungefähr eben so wie nach allmähliger Durchwanderung der einzelnen Theile eines grofsartigen und mannichfaltigen Gebäudes man endlich den wesentlichen Plan desselben näher erfafst. Es knüpfte sich aber an jede neu erlernte Redewendung so unwillkührlich die Erinnerung an einen besonderen Charakterzug eines nationellen Individuums, dafs die innige Verwebung der Sprache und des Nationalcharakters bei Stammvölkern höchst auffallend wurde, zur Bestätigung der bei den Türken üblichen Behauptung: **wer eine neue Sprache erlerne, werde zu einem neuen Menschen umgestaltet**. Ich wüfste auch nur das erwähnte schrittweis empirische Sprachstudium als äufsere Veranlassung zu nennen für die Befreundung mit dem Russischen Volkscharakter, welche gleichzeitig unbewufster Weise sich einfand.

Von den Werken unserer ausgezeichneten Vorgänger in Nord-Asien, den Schriften Pallas's, der Gmeline, Messerschmidt's, Müller's, Saritschef's, Krascheninikof's und vieler Anderen, rühmte ich mich damals kaum mehr als eine summarische Kenntnifs zu besitzen; doch wurden manche derselben noch während der Reise mit verdoppeltem Eifer gelesen.

Ein im Europäischen Rufsland gebräuchliches und daselbst unter dem Namen Britschka bekanntes Fuhrwerk, welches ich in Berlin zufällig vorfand, schien mir zum Antritt der Reise passend. Die zwei nur am Hintertheile des Wagens befindlichen Federn gewährten einigermafsen den am Boden desselben aufgestellten Behältern der Mefsinstrumente den so wichtigen Schutz gegen allzu heftige Erschütterungen; einen Vortheil, welchen die in Deutschland übliche Bauart der Federwagen zwar noch vollkommener aber zugleich auch mit Aufopferung der gröfseren Haltbarkeit und Leichtigkeit Russischer Fuhrwerke herbeigeführt haben würde.

Auch kann der Reisende nicht, ohne sich grofsen Schwierigkeiten zu unterwerfen, anstatt des in Rufsland üblichen Anspannungsapparates, (dessen Beschreibung wir späterhin geben wollen), des in Deutschland üblichen Deichselfuhrwerkes sich bedienen. Um den Bedürfnissen der aufser Landes gehenden Reisenden zu begegnen, baut man daher jetzt in Rufsland Britschken, welche ursprünglich zur Russischen Bespannung geschickt durch eine leicht ausführbare Veränderung mit einer Deichsel versehen werden können, und von dieser Art war der in Berlin vorgefundene Wagen.

I. Abschnitt.

Dafs die Radreifen und die übrigen Theile des Beschlages aus *Si*-birischem Eisen gefertigt, die Räder aber aus einem Stücke Birkenholze ohne Zusammenfügung einzelner Felgen bestanden. liefs auf möglichst langes Widerstehen gegen den Angriff durch etwa ungebahnte Fahrstrafsen hoffen.

II. Abschnitt.

Reise nach Petersburg.

1828.

[April 25.] Am 25. April um 5 Uhr Nachmittags verliefsen wir das Thor von Berlin, um zunächst über Danzig nach Königsberg uns zu begeben. Während der letzten Woche hatten reichhaltige aber warme Frühlingsregen geherrscht. Die Pappeln, welche die Landstrafse einfassen, waren bereits belaubt und in den Gärten der Märkischen Dörfer hatten die häufigen Fliederhecken (Syringa vulgaris) und auch manche Obstbäume ebenfalls ausgebildete Blätter. — Die Wiesen, welche bei Freienwalde die Oder umgeben, waren von stark geschwollenem Grundwasser überschwemmt. Sie glichen einer Seefläche, aus welcher nur die Fahrstrafse, einer Landzunge ähnlich, hervorragte. Ob nicht grofse und stagnirende Wasserflächen wie diese, bei schnell eintretender Frühlingswärme, der Atmosphäre einen anomalen Zuwachs von Feuchtigkeit geben und dadurch Frühlingsgewitter bedingen sollten, wie die, welche in den letzt vergangenen Tagen in der Umgegend von Berlin so häufig gewesen waren? Wirklich zeigte sich mir bei diesen das erste Wetterleuchten mehrmals in einer der Gegend von **Freienwalde** entsprechenden Richtung. — Am Landungsplatze der Oder-Fähre war die **Uferweide** in voller Blüthe und mit ausgebildeten Blättern, auch kann es zu näherer Bezeichnung des Vegetationsstadiums am Tage und Orte der Abreise dienen, dafs die **Rofskastanien** ausgebildete aber noch nicht aufgeschlossene Blüthentrauben, die **Eberesche** (**Sorbus aucuparia**) aber ganz entwickelte Blätter hatte.

Wenn man bei **Freienwalde** über die **Oder** geht, zeigt sich ein auffallender Unterschied des linken Ufers, welches man verläfst, zum entgegengesetzten rechten. Leicht und oft überschwemmte Wiesen erstrecken sich auf jenem bis dicht an das Flufsbette und niedrige Ebenen mit sandigem Boden begränzen dieselben gegen **Berlin** zu, während am anderen Ufer steile Hügel mehr lehmigen Erdreiches sich hart am Flusse erheben.

Der Weg steigt an diesen Hügeln aufwärts und man bemerkt nicht ohne Verwunderung dafs das nach Osten hin ausgebreitete Land nun weithin diese gröfsere Erhöhung beibehält. Nicht sowohl der Betrag des Höhenunterschiedes beider Ufer, als die grofse Ausdehnung des Verhältnisses giebt demselben einige Bedeutung.

Auch eine Verschiedenheit der Natur des Bodens begleitet diesen Niveauunterschied. Es zeigt hiervon

[April 26.] die Gegend zwischen den Städten **Zehden**, **Königsberg**, **Bahn**, **Pyritz** und **Stargard**, welche wir theils in der Nacht vom 25. zum 26., theils am Tage des 26. Aprils durchfuhren.

Namentlich bis hinter **Königsberg** erstrecken sich dem Akkerbau günstige ebene Felder mit sehr festem Lehmboden, welcher auch den längs der Landstrafse gepflanzten Obstbäumen ein im Sandlande seltenes Gedeihen verleiht. Die Festigkeit des unmittelbar unter der Dammerde liegenden Erdreiches begünstigt hier die Entstehung von Quellen, deren eine bei **Pyritz** gelegene auch eine geschichtliche Bedeutung gewonnen hat, weil der Sage zufolge in derselben, im Juni des Jahres 1124, die ersten Taufen der damaligen Slavischen Bewohner Pommern's vollzogen wurden.

Ein kürzlich zu **Pyritz** vollendetes Denkmal wird nunmehr das Andenken des um die Civilisation dieser Gegend hochverdienten Bekehrers, Bischofs **Otho von Bamberg**, auch den Nachkommen erhalten; noch erfreulicher aber ist es, daſs bei Gelegenheit der letzten Gedächtniſsfeier des Ereignisses viele darauf bezügliche Chroniken der Vergessenheit entrissen und zugänglicher gemacht wurden. (**Memoria Othonis** etc. **Pomeranorum Apostoli. Pomeraniae Christianam fidem profitentis sacris saecularibus septimis praemisit. Busch Ph. Dr.** etc. Jenae 1824.) Wenigstens einzelne werthvolle Züge zu einem Bilde des nunmehr völlig erloschenen **Slavischen Volkszweiges** der **Pomorjäni** d. i. **Küstenbewohner** (Russisch **po bei**, und **móre Meer**) haben in diesen historischen Denkmalen sich erhalten und auch aus diesem Wenigen erkennt man, wie durchaus ähnlich die vor 700 Jahren hier herrschenden Sitten denjenigen waren, welche bis heute an östlicher gelegenen Punkten der Erde sich erhalten haben. *)

Der Umstand einer gröſseren Consistenz des Erdreiches, verbunden mit etwas gröſserer Erhöhung der Oberfläche ist es, welcher den jenseits der **Oder längs der Ostseeküste** sich hinziehenden Landstrich, auch von der südöstlich und landeinwärts gelegenen Gegend auszeichnet durch welche die gerade Straſse nach **Königsberg** gelegt ist (**Tucheler Haide**).

Wohl ist es wahrscheinlich daſs dergleichen consistentere und zugleich erhöhtere Stellen in den groſsen Sandebenen näher an unterliegenden festen Gebirgsarten sind, und daſs sie schon her-

---

*) Gleichsam als sei für die Ethnographie eine Meridiandifferenz von 80 bis 90 Graden das vollkommene Aequivalent eines 700jährigen Zurückschreitens in der Geschichte, so gleichartig waren Sitten und äuſsere Erscheinung der **Pommerschen** Zeitgenossen Otho's mit denen der heutigen Anwohner des **Obi** und einiger anderen Urvölker des nördlichen Asien. — Selbst der eifrige Bekehrer bewunderte die heidnischen Tugenden einer unverbrüchlichen Ehrlichkeit und Treue, und mit denselben Worten, wie noch heute die Mehrheit der **Nordasiatischen** Urvölker, verspotteten damals die **Pommern** den Gebrauch des Verschlieſsens ihrer Habe, den sie bei den christlichen Reisenden zuerst wahrnahmen. Auch von denjenigen mehr besonderen Sitten, die jetzt in **Nord-Asien** dem **Europäischen** Reisenden am meisten fremdartig erscheinen, findet man gewöhnlich ein treues Abbild bei den früheren Bewohnern des nördlichen **Europa**, und bei dem Berichte über **Sibirische** Wahrnehmungen werden wir oftmals gezwungen sein, auf einzelne Züge dieser Ähnlichkeit zurück zu kommen.

vorragten über eine Ebene, über welche hinaus die große Sand überschüttung nicht Statt fand. Die Granit-Gerölle aber liegen in diesem lehmigen Distrikte ganz eben so wie auf den Sandebenen; auch bemerkt man hier, wie immer im nördlichen Deutschland, bei hügligem Terrain an dem Nordabhange eine vorzugsweise An häufung der Geschiebe.

Interessant ist daſs selbst so untergeordnete Verschiedenheiten der Erdrinde wie die hier in Rede stehende, in einer offenbar mehr als zufälligen Beziehung zu dem Charakter der sie bewohnenden Menschen erscheinen. Ohne entscheiden zu wollen, ob der Boden dieser oasenartigen Distrikte eine umbildende Wirkung auf seine Bewohner ausübte, oder ob eine vorherbestehende Stammverschiedenheit die Auswahl unähnlicher Wohnplätze be dingte, wird man einen merklichen Unterschied zwischen Ukermärkern und Pommern von der einen Seite und Mittelmärkern von der anderen nicht verkennen. Die Anordnung der Wohnungen und Kleidungen, die Raçe des üblicheren Zugviehes, ja den Ton der Rede sieht man hier in sehr bestimmter Beziehung zur Natur des Bodens. — Häufige und fischreiche Seebecken mit hügligen Lehmufern sind aufserdem auszeichnend für den der Oder zunächst gelegenen Theil des Küstenstriches.

[April 27.] Bis Massow erhält sich noch dieselbe Beschaffen heit des Bodens, welche aber dort eine Unterbrechung erleidet. Leichteres Erdreich kündigt sich an durch stellenweise auftretende Fichtenwälder (P. sylvestris) zwischen Massow und Naugard

Zwischen Romahn und Köslin ist ein bedeutend gewellter Landstrich unfruchtbar und mit Haidekraut überdeckt, und der folgende Weg

[April 28.] über Panknin, Schlawe, Stolpe und Lupow, contrastirte durch dichte Fichtenwaldung gegen den holzarmen Lehmdistrikt, den wir am 26. gesehen hatten.

Die Hügel, welche bei Köslin beginnen und über Panknin und Schlawe fortsetzen, erreichen stellenweise sehr beträchtliche Höhe, und da wo sie das breite Wiesenthal einfassen, durch welches das Flüſschen Grabow sich hinzieht, erinnert ihre regel mäſsige Gestaltung an Flözzüge gebirgiger Gegenden.

II. Abschnitt. 1824. April.

Die ungewöhnliche Erscheinung so bedeutender Hügelreihen wie die eben erwähnte, an denen man doch nirgends festere Gebirgsarten entdeckt hat und welche eben so wenig einer Spülung des Flufswassers ihre Entstehung verdanken können, erscheint hier minder befremdend, wenn man sie an darauf folgende gleichartige Phänomene anschliefst.

Bei Langenböse nämlich, der ersten Station jenseits Lupow, beginnen, regelmäfsig und stets gleichartig geformt, zwei parallele Reihen von Sandhügeln, welche mit ununterbrochener Einförmigkeit bis Danzig sich hinziehen. Fichten (P. sylvestris) bedecken sie anfangs; es ist aber eine Fortsetzung derselben Hügel, welche nahe bei Danzig, Buchen tragend, die Gegend von Oliva so anmuthig macht.

Während des Weges über Goddentow, Neustadt und Katz sahe ich den Parallelismus der Hügelreihen so ausgesprochen, dafs man in einem von beiden Seiten bis an den Horizont sich erstreckenden Thale sich zu befinden glaubt. Offenbar sind diese, dem gewöhnlichen Sprachgebrauche gemäfs, zwei Dünenreihen, dem Ostseestrande entsprechend, welcher jetzt um fast 2 Deutsche Meilen von der äufsersten derselben entfernt ist.

Obgleich auch hier bei Langenböse ein Flüfschen Namens Leppe die Sohle des grofsartigen Thales einnimmt, so hat man doch so offenbar die Gestaltung des Rinnsals als praeexistirend vor dem darin fliefsenden Wasser zu betrachten, dafs man sich nicht erwähren kann. Dasselbe auch von den früher geschenen Hügeln zu behaupten, welche den Lauf der Grabow begränzen. Der Dampfniederschlag an den ausgedehnten Hügeln ist in beiden Fällen mehr als hinreichend zur Erzeugung der an ihrem Fufse fliefsenden Bäche. — Vielleicht hat man im Allgemeinen noch nicht genugsam beachtet, wie oft, auch im sogenannten Aufgeschwemmten Lande, die Gestaltung des Terrains als Ursachliches auf den Flufslauf wirkte, und nicht umgekehrt von diesem bedingt wurde. Einen Beweifs dieses Umstandes liefert auch die sehr häufig wiederkehrende Erscheinung von Flüssen, welche, wie die Oder bei Freienwalde, von der einen Seite hüglich umwallt, von der anderen aber durch Ebenen begränzt sind, die bei der geringsten Vermehrung der Wassermasse überschwemmt werden, so dafs, um die jetzt steil abgeschnittene Hügelwand durch Abspülung zu bilden, nicht ein Strohm wie der jetzige, sondern eine ungleich breitere, seeartige Wassermasse existirend gedacht werden müsste.

Die Entfernung der mehr erwähnten Hügelreihen zwischen **Lupow** und **Danzig** von einander dürfte im Durchschnitte zwischen $\frac{1}{4}$ und $\frac{1}{2}$ **Deutschen Meile** betragen. Betrachtet man sie als Meeresdünen, so entsteht auch hier die, wie es mir scheint, noch nicht genugsam beantwortete Frage nach dem Grunde einer Aufwerfung der Wälle in gleichen Raumabständen, welche mit Wahrscheinlichkeit auch auf Wiederholung der wirkenden Ursache nach gleichen Zeitintervallen schliefsen läfst. — Wären es gewöhnliche Sturmfluthen gewesen welche die Dünenbildung bedingten, so müfste das Phänomen weit häufiger sich wiederholt haben und nicht, wie es hier geschah, nach einer Zwischenzeit, welche hinreichte um einen ebenen Strand von nahe 10,000 Fufs Breite absetzen zu lassen. — Da man Dünenwälle hauptsächlich an Küstenstrecken sich bilden sieht, an denen Sand und Gerölle durch Flüsse dem Meere zugewälzt werden, so könnte man erwarten, nach jeder bedeutend vermehrten Häufigkeit dieses Materiales einen Damm entstehen zu sehen, oder, da in der gemäfsigten und kalten Zone mit Anbruch des Frühjahres die in den Flufsbetten fortbewegten Trümmer aus mehrfachen Gründen bedeutend zunehmen, so würde eine **alljährliche** Bildung eines neuen Walles a priori sich einsehen lassen, — und man hat daher wohl zu untersuchen, in welchen Fällen eine ähnliche Ansicht sich verwirklicht. Dafs aber, unter dem gemeinsamen Namen der **Dünen**, Erscheinungen verschiedenartiger Entstehung und von nur äufserer Ähnlichkeit oftmals begriffen worden sind, haben genauere Lokaluntersuchungen in neueren Zeiten uns genugsam gelehrt. So namentlich am **Schwarzen Meere**, wo die den Strand umwallenden Hügelzüge nicht, wie man auch dort früher glaubte und wie schon **Strabo** andeutet,*) durch Anschwemmung gebildet werden,

---

*) **Strabo** lib. 1. cap. 3. edit. **Tauchnitii** 1. p. 83. wo die Dünen des schwarzen Meeres unter dem Namen στήθη oder **Brüste** geschildert und deren regelmäfsige Aufwerfungen als vorzüglichster Beweifs einer mit dem Athmen der Thiere vergleichbaren spontaneen Bewegung der Gewässer betrachtet werden.

sondern vielmehr durch periodisch sich wiederholende Abstürzungen des jedesmaligen Randes eines bis an das Meer sich erstreckenden Plateaus. Herrn Hauy's (des Jüngern) interessante Untersuchungen jener Gegend haben gezeigt, dafs die oberen Schichten der erwähnten Hochebene den Tagewassern den Durchgang bis zu einer geneigten Unterlage festeren Gesteines gestatten und dafs an der Gränze des weicheren und harten Erdreichs das erstere durch Quellen unterwaschen, seiner Unterstützung beraubt und durch eigene Schwere abzugleiten gezwungen wird.

Auch in der Nähe von Danzig sieht man die parallelen Hügelreihen eine Höhe erreichen, welche an Aufwerfung derselben durch den Wellenschlag der Ostsee, in ihrem jetzigen Zustande, keinesweges zu denken erlaubt; auch hier mufs eine weit grofsartigere Ursache gewirkt haben, und wohl war es dieselbe welche den sogenannten Nährungen ihre Gestalt verlieh.

Die nördliche der zwei bei Langenböse beginnenden Hügelreihen endet nah am Strande des frischen Haffes mit dem steil abfallenden Hügel auf welchem das anmuthige Schlofs Katz erbaut ist.

Die südlichere sieht man durch die Hügel von Oliva sich fortsetzen.

[April 29.] Am Morgen des 29. April erreichten wir Danzig. Die Alléen von Rofskastanien, welche den, zwischen reichen Landhäusern hindurchführenden, letzten Theil der Fahrstrafse umgeben, gewährten noch einen bei weitem winterlicheren Anblick, als ähnliche Bäume in Berlin eine Woche zuvor. Hier waren nur die ersten Spuren junger Blätter, in Berlin sahen wir bereits völlig ausgebildete Blüthentrauben dem Entfalten nahe.

Nicht ohne Wehmuth durchstrich ich heute die Strafsen der Stadt, Abschied nehmend auf unbestimmte Zeit von dem heimathlichen Lande, dessen Eigenthümlichkeit auf eine so ausgezeichnete und anziehende Weise in der Bauart und äufseren Einrichtung von Danzig sich ausgesprochen hat. Die ernste Dunkelheit der von hohen und schmalen Giebelhäusern gebildeten Strafsen, die weit zu dem Fahrdamm vorspringenden Altane (Beischläge) mit ihren Sitzbänken und zierlichen Geländern als Mittel nachbarlicher Geselligkeit uns wohl bekannt, die hohen Linden, die Schatten für den Sommer, und die Brunnen, die Kühlung versprechen, erwekken ein Bild städtischen Wohlbefindens, welches nun sonderbar contrastirte gegen die Aussicht zu einer Wanderung in fremde und, so dachte ich, unwirthbare Gegenden. — Noch einmal sahe ich in der Halle des Arthurhofes die verblassenden Gemälde, welche, die Geschichte der Gegend zu verewigen bestimmt, dennoch kaum weniger als schriftliche Denkmale den Nachkommen trübe und unverständlich zu werden beginnen. — Beim Anblick des Altarblattes in der Pfarrkirche konnte ich mich aber wiederum des Gedankens nicht erwähren, dafs die schönen Bewohner der **Weichselniederungen** bei **Danzig** dem Maler als Vorbilder zu seinen eigenthümlich ansprechenden Physiognomien gedient haben.

Besonders auffallend sind, dem von Westen kommenden Reisenden, die Plätze der Stadt an denen Handelsverkehr die Landbewohner versammelt und wo fremdstämmige, theils *Slavische*, theils **Litthauische** Gesichtsbildung und Rede zuerst wahrgenommen wird.

Auf dem äufserst belebten Fischmarkte, der auf hölzernen Landungsbrücken am linken **Weichselufer** gehalten wird, waren jetzt: **Rochen** (Raja Batis) und die mit einem hier gebräuchlichen Provinzialismus **Pomuchel** genannten **Dorsche** (Gadus Callarias), die einzigen an die Nähe der See erinnernden Formen. An einem alten Thore der Stadt sind Abbildungen des letztgenannten Fisches als Verzierungen angebracht, und noch jetzt ist **Pomuchelsköpfe** ein alterthümlicher Spottname, welcher den Bewohnern **Danzig's** von ihren Nachbarn gegeben wird. Wahrscheinlich haben durch eine frühzeitige Geschicklichkeit im Fange dieses Fisches die **Danziger** sich ausgezeichnet und den Neid der Anwohner erregt. Denn an den nördlicheren Russischen Küsten der Ostsee ist, wegen unvollkommener Ausbildung der Meerfischerei, der **Dorsch** noch jetzt kaum dem Namen nach bekannt. Der Ausdruck **Pomuchel** ist übrigens offenbar *Slavischer* Abkunft und dürfte mit Wahrscheinlichkeit auf die auffallende und für Gadus Callarias charakteristische Hervorragung des Oberkiefers gedeutet werden.

Nachmittags fuhren wir auf jetzt chaussirtem Wege zuerst durch die höchst ärmlichen Dörfer zwischen **Danzig** und **Dir-**

schau. Es ist ein dürrer und etwas erhöhter Landstrich von lehmigem Boden, welcher längs des linken Weichselufers sich hinzieht und, nach dem hier üblichen Sprachgebrauch, die **Höhe** genannt wird, im Gegensatz zu der **Niederung** am rechten Ufer, welche durch Fruchtbarkeit und daraus entspringendem Wohlstand der Bewohner sich merkwürdig auszeichnet. Bei Dirschau selbst steigt man an dem unbeträchtlichen aber sehr schroffen Abhange der Lehmebene zu dem Fährhause an der Weichsel hinab. Das Übersetzen der Menschen und Wagen geschieht hier auf eine wahrscheinlich eben so alte als einfache Art, welche aber, bei so reissender Strömung wie die jetzt im Frühjahr Statt findende, nicht eben die zuverlässigste sein dürfte.

Mit einem queer über dem Flusse gespannten Taue ist der, stromabwärts von ihm befindliche, Fährpram in keiner festen Verbindung, sondern wird mittelst dünnerer Stricke abwechselnd daran befestigt und wieder abgelös't. Die Fährleute tragen nämlich starke häufene Gurte nach Art eines Degengehänges über die Brust und die linke Schulter. Am unteren Vereinigungspunkte des Gurtes ist ein Stück dünnen Taues befestigt, dessen Ende mit einem Gewichte beschwert wird. Einer der Arbeiter stellt sich nun an das dem zu erreichenden Ufer zunächst gelegene Ende des Prames und wirft den dünnen und beschwerten Strick auf das über den Strom gespannte Tau, so dafs es dasselbe mit einigen Windungen umschlingt. Dann bewegt er sich im Prame nach der Seite der Abfahrt hin, und noch ehe er an das Ende des Fahrzeuges gelangt ist, haben bereits einer oder zwei seiner Gehülfen auf dieselbe Art eine neue Verbindung mit dem Hauptlaue bewerkstelligt; der Erste lös't daher seinen Gurt ab und kehrt zum Ausgangspunkte zurück, um das Fortziehen von neuem zu beginnen. Richten sich die Arbeiter so ein, dafs der Pram immer an zwei Stellen mit dem Taue in Verbindung bleibt und daher stets eine mit demselben parallele Lage beibehält, so wird der ganze ausgeübte Zug zur Fortbewegung senkrecht auf den Strom verwendet; sind aber nur zwei Fährleute vorhanden, so wird ein bedeutender Theil der ausgeübten Kraft auf jedesmalige Wiederannäherung des Prames verloren, und bei heftiger Strömung kann es geschehen, dafs die Fortbewegung senkrecht auf den Strom nicht geleistet werden kann und die endlich ermüdenden Arbeiter genöthigt werden, die Fähre davon treiben zu lassen.

Die Leute welche mit uns übersetzten, liefsen schon die Annäherung an ein fremdzüngiges Volk sehr fühlbar werden: es waren Polnische Juden, die mit den Fährleuten, je nachdem es einem Jeden bequemer war, bald Polnischer, bald Deutscher Rede sich bedienten. Auf der rechten Seite der Weichsel fuhren wir nun durch die anmuthige Niederung bis zur Nogat bei Marienburg. Nur die Wiesen waren schon grün, Bäume und Gesträuch aber noch völlig laublos und zwar gleichmäfsig, ob in der Nähe oder entfernter von den wasserreichen Abzugsgräben welche die Niederung von allen Seiten durchschneiden. Nicht die Nähe des Wassers an sich ist es also, die auf nassen Bruchen des Nordens im Frühjahr den Wachsthum oft so bedeutend beschleunigen soll. Nur das aus der Tiefe hervordringende Quellwasser äufsert diese Wirkung, nicht aber, wie hier, an der Oberfläche stagnirendes Tagewasser.

Von der Wasser-Schwertlilie (Iris Pseudo-Acorus), deren gelbe Blüthen ich in früheren Jahren gegen Ende Mai's als besondere Zierde der Niederung gesehen hatte, war jetzt das blüthenlose Kraut kaum erst sichtbar. — Die durch Windmühlen bewegten Pumpwerke zur Ausgiefsung des die Wiesen und Ackerfelder überschwemmenden Wassers in die Abzugsgräben jenseits der Deiche, waren bei lebhaftem Winde heute in voller Thätigkeit.

Auch über die Nogat setzten wir auf einer, der bei Dirschau ganz ähnlichen Fähre; denn die reifsende Strömung des durch Frühjahrswasser geschwollenen Flusses hatte noch nicht erlaubt die im Sommer hier bestehende Schiffbrücke aufzusetzen.

Am jenseitigen Landungsplatze drängten sich in buntem Gemisch theils die durch ihre schöne Gesichtsbildung ausgezeichneten Bewohner der Niederung, theils, kenntlich durch ärmliche Kleidung, Schnurrbärte und fremde Rede, Polnische Bewohner des höheren Landes jenseits der Nogat.

In Marienburg sahen wir noch einmal das jetzt aus seinem Verfalle wieder erstehende kolossale Ordensschlofs, welches als mächtiges Bollwerk Jahrhunderte lang die, allmählig immer weiter gegen Osten zurückgedrängte, Slavische Sitte und Volksthümlichkeit von der von Westen aus sich verbreitenden Deutschen streng geschieden hielt. Wenn auch an einzelnen Theilen des Gebäudes die unternommene Restauration nicht ganz eine um Jahrhunderte spätere Entstehung verleugnet, und daher den Reiz der Anschauung einigermafsen stört, so giebt es doch andere Ansichten, bei denen dieses merkwürdige und seltene Denkmal einer für weltliche Zwecke wirkenden Gothischen Baukunst noch in seiner ganzen Reinheit erhalten ist. So namentlich die dem reifsenden Flusse zugekehrte Façade, unterhalb welcher das steile Ufer jetzt mit Schutt überdeckt ist. — Man glaubt eine Felsenwand zu sehen, welche ihren Fufs mit Trümmern überschüttet, während der Obertheil rein und unversehrt sich erhebt.

Schnell und ohne Aufenthalt auf glatt chaussirtem Wege fuhren wir am Abend des 29. und in der Nacht zum 30. April über Braunsberg und Quilitten bis Brandenburg und

[April 30.] von dort nach Königsberg.

Ein viertägiger Aufenthalt in Königsberg wurde für den Hauptzweck der Reise besonders wichtig, durch Bestimmung der magnetischen Abweichung für diesen, in den messenden Wissenschaften vor allen anderen klassischen, Punkt der Erde und durch mehrmalige Vergleichung meines Chronometers mit den Uhren der Sternwarte.

Hier waren noch am 3. Mai die Weiden gänzlich ohne Blüthen; bei Freienwalde aber sahen wir die Blüthen der Uferweide schon 8 Tage früher völlig entwickelt.

Die Hausschwalbe (Hirundo domestica. Pallas) hatte zu Königsberg seit dem 30. April sich eingefunden, also an einem Tage, welcher, nach 24jährigen Beobachtungen des Herrn Pfarrer Sommer, eine Temperatur von $+ 6°,64$ R. besitzt.

Zu Gosport (50° 50′ Breite) ist der 20. April der Tag des Erscheinens der Schwalben, mit einer Unsicherheit von nur 7 Tagen im Laufe von 12 Jahren; die Temperatur dieses Tages aber ist daselbst $+ 7°,80$ R.

Zu Berlin (52° 31′ Breite) fällt die Ankunft der Schwalben auf den 18. April (nach 6jährigen Beobachtungen) also bei einer Temperatur von $+ 6°,32$ R.

zu Apenrade (55° 3' Breite) am 23. April, nach 7jährigen Beobachtungen, und bei einer Temperatur von + 6°,31 R.

zu Kopenhagen (55° 41' Breite) am 5. Mai (nach 8jährigen Beobachtungen) bei einer Temperatur von + 7°, 21 R.

Wenn man nun in Europa für dieses Phänomen der animalischen Natur, fast eben so wie für die einzelnen Stadien der Vegetation, eine nahe Übereinstimmung der begleitenden Temperaturverhältnisse bemerkt, so wird man aufgefordert zu entscheiden, in wie fern auch die grofsen Zeitunterschiede, welche man in Asien in Bezug auf das Erscheinen der Hausschwalben bemerkt hat, durch die Luftwärme bedingt werden. Zu Gurjew am Kaspischen Meere (in 49° 6' Breite) werden die Hausschwalben schon gegen Ende März gesehen, während sie bei gleicher Breite im Transbaikalischen Daurien erst in der zweiten Woche des Mai, zu Turuchànsk am Jenisei (in 65°,75 Breite) aber erst um die Mitte des Juni sich zeigen.

[Mai 3.] Nachmittags verliefsen wir Königsberg, um über die Kurische Nährung nach Memel zu gelangen. Bis Mülsen geht der Weg durch einen fruchtbaren und sehr wiesenreichen Landstrich. Die Tanne (Pinus abies) ist auf ihm durchaus vorherrschend, Fichten (P. silvestris) sieht man sehr selten, wie man denn überhaupt im nördlichen Deutschland gar bald gewohnt wird, die Tanne als einen erwünschten Verkünder festeren Bodens, einer Oase im dürren Sandlande, zu betrachten. Auch andere Ebenen aufgeschwemmten aber nicht sandigen Landes zeigten mir früher diesen Einflufs der Standorte auf die Vertheilung der Pinus-Arten. So sieht man in der trockenen Ebene zwischen München und Regensburg nur dann die Fichte durch die Tanne ersetzt, wenn muldenförmige Einsenkung des Bodens Ansammlung der Feuchtigkeit, und in Folge davon die Bildung einer bedeutenden Schicht Dammerde, bewirkt.

Bei Mülsen hat man wiederum dem Seestrande sich genähert, und wieder beginnt ein Sandhügel- (Dünen-) Zug, der hier wohl sicher eine für die Tagewasser undurchdringliche Schicht zur Grundlage hat: denn überall sieht man reichhaltige Quellen an dem Fufse der Hügel entspringen. Es schliefst sich dieser, auf dem Festlande beginnende, Dünenzug an den Südrand der Nährung.

auf der man sich schon bei der nächsten Poststation **Sarkau**
befindet.

Bei der auffallenden Schmalheit der Landzunge, die bei **Sarkau** die Wasser der Ostsee von denen des **Haffes** trennt, hörte
ich am Abend nicht ohne Überraschung ein sehr lebhaftes Geschrei
von Fröschen; ein, so scheint es, sicheres Kennzeichen stehenden
süfsen Wassers. Es sind die von dem Dünenwalle gesammelten
Tagewasser hier noch mit gehöriger Reichhaltigkeit vorhanden, um
am Fufse desselben kleine sumpfige Wiesenstrecken zu bilden,
während doch zur Linken des Weges nur nackter Flugsand bis
zum Strande sich erstreckt. Bestätigt wurde mir die zur Erklärung
dieses Phänomens nöthige Mächtigkeit des atmosphärischen Niederschlages, auf den schmalsten Stellen der **Nährung** zwischen **Rossitten** und **Nidden**, wo während der wolkenlosen Nacht ein
ungemein reicher Thau sich auf dem Verdecke unseres Wagens
bis zum Abfliefsen sammelte. Dennoch fehlt es weiterhin, nach
Memel zu, den Bewohnern der **Nährung** so sehr an Trinkwasser,
dafs man dort genöthigt ist, die Pferde aus dem **Haffe** zu tränken.
Freilich ist der Salzgehalt dieses **Haffwassers** nur äufserst geringe, aber die Entfernung der Dörfer von dem Ufer macht den Mangel an Grundwasser dennoch sehr unbequem. Die festere Schicht mag
dort tiefer liegen, und die Tagewasser unter dem Flugsande hinweg
der See zuführen.

[**Mai 4.**] Mit Sonnenaufgang erreichten wir die mitten auf
der **Nährung** gelegene Station **Schwarzort**. Wir hatten hier
eine schöne Ansicht des **Haffes**, die noch besonders interessant
gemacht wurde durch das Phänomen einer überaus ausgezeichneten
abnormen Strahlenbrechung. Die Linie, welche den Horizont des
auf niedrigem Strande befindlichen Beobachters begränzt, erschien
theils discontinuirlich gestaltet durch erhöhte Bilder entfernter
Gegenstände, theils waren diese Bilder begleitet von zweiten umgekehrt stehenden und in der Luft schwebenden. Verbunden war
hiermit das auf grofsen Ebenen in den Morgenstunden oft bemerkte
Zittern der gesehenen Gegenstände, durch welches die unteren
Bilder derselben, sowohl als die über ihnen in der Luft schwebenden, in eine heftig wogende und scheinbar nach der Richtung des
Windes fortschreitende Bewegung versetzt wurden. Ein sonder-

barer Zufall machte dieses Schauspiel noch auffallender. Das vom Ufer entferntere Wasser des Haffes wimmelte nämlich von Entenschwärmen, die nach Aussage der Einwohner vor Kurzem wieder von diesen nun vom Eise befreiten Stellen Besitz genommen hatten. Mit der diesen Vögeln eigenthümlichen Art des Fluges sah man sie mit gröfster Lebhaftigkeit nahe über dem Wasser meist paarweise und stets gradlinig sich hin und her bewegen, und der Eindruck dieser mannigfaltig sich kreuzenden mit der Wasserfläche parallelen Bewegungen verband sich auf eine höchst frappante Weise mit dem der schwebenden und wankenden Luftbilder. Man sieht übrigens leicht, wie, in dem gegenwärtigen Falle, die zur theoretischen Erklärung dieser Art von Luftspiegelung nöthige Bedingung, einer von kälteren Luftmassen nach oben zu bedeckten wärmeren Luftschicht, erfüllt sein konnte. Der ausgezeichnet reichhaltige Thauniederschlag auf der Nährung bewiefs uns, wie sehr in dieser Nacht der Erdboden durch Ausstrahlung sich erkältet hatte; das Wasser des Haffes aber mufste, gewöhnlichen Erfahrungen zufolge, bei weitem wärmer bleiben, und die unmittelbar auf ihm ruhende Luft konnte daher von der seitwärts vom Lande her einströmenden erkälteten bedeckt werden.

Um an dem von den Seewellen festgeschlagenen Ostseestrande unseren Weg leichter fortsetzen zu können, hatten wir einen uns von demselben trennenden Hügelzug zu übersteigen. Mühsam gelang es sechs Pferden, das doch nicht schwere Fuhrwerk über die Anhöhe zu ziehen: so fein ist der bedeckende Flugsand. Die nicht unbeträchtliche Höhe des Hügelzuges, den man übersteigt, *) entfernt hier völlig die Ansicht, als könnten die

---

*) Dafs man von dem höchsten Punkte der Nährung unter günstigen Witterungsumständen die Schwedische Küste bei Stockholm, also einen um 64 Deutsche Meilen entfernten Ort gesehen habe, ist eine unter den Einheimischen sehr gangbare Tradition, welche aber um so mehr grundlos und naturwidrig ist, da die Insel Gotland den angeblich gesehenen Ort verdeckt. Wenn man aber das gesehene Land auch nur für den nächsten Punkt der Gotländ'schen Küste halten, d. h. ihm eine Entfernung von 30,5 Deutsche Meilen beilegen wollte, so wäre diese Thatsache der Beweifs einer hier Statt findenden sogenannten Luftspiegelung nach oben von durchaus unerhörter Stärke. Denkt man nämlich den auf der

Wellen der See ihn aufgeworfen haben. Vom Winde angewehter
Flugsand hat ihn überdeckt, aber ein erster Anlaſs zur Bildung,
ein festerer Kern, muſs für die Nährung eben sowohl praeexistirt
haben, als für die Hügelreihen bei Danzig und Königsberg,
die durch direkte Beobachtung sich als Fortsetzungen auf das Festland für jene sonderbaren Landzungen zeigen. Ein geogno-
stisches Phänomen, welches, vorzugsweise für die zwischen Danzig
und Memel gelegene Strecke des Ostseestrandes, das Vorhandensein einer nahe unter der Sanddecke liegenden festeren und
älteren Formation andeutet, schien uns von je her der hauptsächlich in dieser Gegend von den Seewellen ausgespülte Bernstein; denn kaum scheint uns eine seit zwei Jahrtausenden immer
an denselben Stellen erfolgende Auswerfung dieses Fossils gedenkbar, ohne die Annahme einer gerade hier anstehenden sehr eigenthümlichen (Braunkohlen-) Formation, welche, landeinwärts

---

Nährung gelegenen Punkt 350 Par. Fuſs, den auf Gotland gelegenen 800 Fuſs hoch, und den Lichtstrahl zwischen beiden zuerst
auf die gewöhnliche Weise gekrümmt, (so, daſs dadurch das gesehene Objekt am Himmel erhöht wird um $\frac{1}{7}$ des Bogens, welcher
die Entfernung beider Punkte auf der Erdoberfläche miſst — zufolge der Beobachtungen Woltmann, Brandes und Tralles)
dann würde 14,6 D. Meilen die Gränze der gegenseitigen Sichtbarkeit sein. Diese Gränze kann nun freilich erweitert werden, wenn
auſser den auf gewöhnlichere Weise affizirten Lichtstrahlen, andere, stärker gekrümmte, ein zweites Bild des gesehenen Gegenstandes veranlassen (Spiegelung nach oben Statt findet). Es
ist aber, so viel ich weiſs, das stärkste bestimmt bestätigte Beispiel
einer solchen abnormen Erhöhung der gesehenen Objekte dasjenige,
welches Biot erlebte, als er Feuersignale auf Iviça von Formen-
tera aus vervielfältigt erblickte, und zwar findet man durch Rechnung, daſs in diesem Falle das höchste der ungewöhnlichen
Bilder noch bei 27 D. Meilen Entfernung beider Punkte sichtbar
gewesen sein würde, während das gewöhnliche Bild nur in
23 D. Meilen sich noch zeigen konnte. Dächte man sich einen
analogen Einfluſs auch hier Statt findend, so könnte dadurch die
Gränze der Sichtbarkeit von 14,6 Meilen auf 17,1 erweitert werden,
d. h. doch nur auf etwas mehr als die Hälfte der als faktisch behaupteten Ausdehnung des Gesichtskreises. Die Angabe der Bewohner der Nährung bleibt daher als ein Paradoxon bestehen, welches vielleicht werth ist, daſs man weiter nachforsche, wäre es auch
nur, um den Grund der wahrscheinlich Statt findenden fremdartigen Täuschung aufzufinden.

mit Sand bedeckt, dem Seebecken entblöfste Schichtenköpfe zuwenden mag. Der Folgezeit wird es sicher gelingen durch Bohrversuche bestimmteren Aufschlufs über die Erstreckung und Lagerungs verhältnisse einer für Preufsen so auszeichnenden Formation zu erhalten, über deren Existenz in der Nähe von Königsberg schon die Arbeiten von Juncker merkwürdige Andeutungen gegeben haben. Am Ostseestrande, von da an wo wir ihn wiederum erreichten, sahen wir behauene Balken Schiffbauholzes durch die Wellen ausgeworfen, und immer häufiger wurden diese sonderbaren Anschwemmungen, je mehr man der Haffmündung sich näherte. Dafs diese bearbeiteten Balken aus dem Memeler Hafen zufällig entronnen seien, schien mir die einzige annehmbare Voraussetzung über ihr Herkommen, und wurde nachher auf Erkundigung in der Stadt zur Gewifsheit gesteigert. Man erhält also hier einen augenfälligen Beweifs für die Existenz einer von NO. nach SW. längs der Küste gerichteten Strömung, vermöge welcher die aus der Mündung ausgespülten Blöcke erst mehrere Meilen weit gen Westen fortgeführt werden, bevor der Wellenschlag sie wiederum auf das Land treibt.

Die hohe Einförmigkeit des dürren und pflanzenlosen Strandes unterbrach nur etwa eine dem Auge auffallende farbige Streifung des Erdbodens, die nach gewissen regelmäfsigen Linien geordnet erschien. Bald entdeckt man den Grund der Erscheinung: der Sand des Strandes zeigt sich bestehend aus höchst feinen vom Winde verwehbaren Quarzkörnern, die sämmtlich durchaus weifs sind, und aus weit gröfseren Körnern fleischrothen Feldspathes, welche dem Winde bei weitem mehr Widerstand leisten. So geschieht es, dafs an allen dem Luftzuge frei ausgesetzten Stellen Alles bis auf die gröfseren Körner verweht, — an den, unter dem Winde gelegenen Punkten hingegen, eine Decke weifsen Sandes abgelagert wird. Die kleinsten Unebenheiten, welche den dahinter gelegenen Punkten einen theilweisen Schutz gegen den Wind gewähren, reichen schon hin zur Hervorbringung dieser Sonderung, die um so schneller vor sich geht, da sie sich in sich selbst unterstützt.—
Man überzeugt sich hier nicht ohne Verwunderung, dafs trotz der, so scheint es, für den Feldspath gröfseren Spaltbarkeit als für den Quarz, jener doch der Zerkleinerung, durch die den festen Granit

zu Sand umbildenden Kräfte, vollkommener widerstanden hat als der letztere. — Schon hierdurch allein gewinnt man die Ansicht, als könne es nicht die Verwitterung gewesen sein, der unser Norddeutscher Sand seine Entstehung verdankt, sondern als sei vielmehr eine Zertrümmerung weit gewaltsamerer Art der Grund zu dem noch nicht genugsam erforschten Phänomene gewesen. Wohl möchte dermaleinst der Sand die Aufmerksamkeit späterer Geognosten, von dem Hochgebirge ab, zu Ebenen hinleiten, welche uns jetzt als jedes Interesses entblöfst erscheinen.

Bald zum Ende der Nährung gelangt, sahen wir Memel am entgegengesetzten Ufer der kaum 6000 Fufs breiten Haffmündung vor uns ausgebreitet. Hier wagt man nicht mehr der in Ostpreufsen landesüblichen Art der Fähren sich anzuvertrauen, sondern Ruder und oft auch Segel ersetzen bei den hiesigen Pramen die über das Wasser auszuspannenden Taue. —

Auffallend ist die Sitte, dafs nach der Landung in der Stadt man vor den Fuhrwerken die Postpferde nicht wieder vorlegt: vielmehr spannen die Fährleute mittelst eigens dazu vorgerichteter Taue sich selbst ein, und befördern die Reisenden zum Ort ihrer Bestimmung. Der Älteste unter ihnen, der auf dem Prame das Steuer regiert, geht auf dem Lande, das Fuhrwerk an der Deichsel lenkend, voran.

Äufserst anziehend war uns der lebhafte Verkehr, der an den Ankerplätzen der Stadt trotz der noch frühen Jahreszeit sich zeigte. Der dem Haffe zugekehrte Quai, an der Westseite der Stadt, schien vorzugsweise von Flufsfahrzeugen eingenommen, welche den Njemen abwärts oft von Grodno an, also von 40 D. Meilen landeinwärts, die Landesprodukte hinzuführen, während an dem Quai der Nordseite vorzüglich Seeschiffe gesehen werden.

An diesem letzteren Landungsplatze wird die eigenthümliche Bedeutsamkeit der Ostseehäfen im Allgemeinen, und recht vorzugsweise die von Memel, sehr sichtbar. Am Strande selbst ist der mit allen Bedürfnissen der hier einheimischen Landleute reichlichst ausgestattete Markt, auf dem man im bunten Gewühle die dadurch angelockten Käufer sich mischen sieht mit Englischen und Deutschen Matrosen und mit der Mannschaft der tief aus dem Lande kommenden Flufsfahrzeuge. So trägt der Verkehr in den Ostseehäfen weit mehr als der anderer Seestädte, das Gepräge eines unmittelbaren Tauschhandels.

Besonders auffallend sind dem Fremden die Samaïtischen*) Landleute. Alle, Männer und Weiber, kommen reitend zur Stadt, durch Kleidung stets streng geschieden von den Deutschen Bewohnern. Den Rock aus grauem Tuche von ungebleichter Wolle tragen sie noch jetzt eben so beständig wie im 16. Jahrhundert, wo Herberstein sie sah. Alle haben zur Fufsbekleidung niedrige Schuhe mittelst zweier um die Wade geschnürter Riemen am Fufse befestigt. Die Kleinheit des Pferdeschlages scheint bei ihnen das Äufserste erreicht zu haben. — Auch sie selbst zeichnen durch geringere Körpergröfse vor den, hier eben so zahlreich versammelten, Litthauern sehr bedeutsam sich aus. Aus diesem nachbarlichen Verkehr zweier durch ihre Leibesbeschaffenheit sehr verschiedener Volksstämme, liefse sich vielleicht eine auffallende Bemerkung in Bezug auf die alten Anwohner Preufsens deuten, die ebenfalls Herberstein, wahrscheinlich aus eigener Anschauung, gemacht hat. Er berichtet nämlich von ihnen als einen sehr merkwürdigen Umstand, sie seien von äufserst abweichender Leibesgröfse, indem

---

*) Die Bewohner des Samogitien genannten Landstriches. Schon der Eigenname dieses kleinen Distriktes und seiner Bewohner, erinnert auf eine bedeutungsvolle Weise an den gleichlautenden Namen der Asiatischen Samojeden, welchen seinerseits man aus wohl bestätigten Gründen für identisch hält, mit dem Namen Såmolain, den die in Finnland ansässigen Ureinwohner sich beilegen und der in ihrer Sprache, von Såma (ein Sumpf) abgeleitet, einen Sumpf-gebornen oder Sumpf-bewohner bedeutet. Niemand denkt wohl jetzt mehr daran, den Namen der Asiatischen Samojeden aus dem Russischen herzuleiten, ihn Samojedi auszusprechen und in Folge davon ihn durch Selbst-esser (eine sein sollende Umschreibung für Menschen-fresser) zu erklären. — Auch die hiesigen Samaïten dürften mit eben dem Rechte wie die Asiatischen Samojeden für einen versprengten Zweig des weit verbreiteten Finnischen Völkerstammes gehalten werden und eben so auch die jetzt sogenannten Same-länder in der unmittelbaren Umgebung von Königsberg. — Finnländische Matrosen, welche auf Russischen Kriegsschiffen (im Jahre 1812) in der Nähe von Memel gelandet waren, bestätigten mir späterhin die ihnen sehr auffallende und sie befremdende Verwandtschaft der dortigen Bewohner mit ihren eigenen Landsleuten.

man bald, und zwar am häufigsten, Männer von ansehnlicher Statur unter ihnen sähe, bald aber auch von aufserordentlicher und wahrhaft zwerghafter Kleinheit: und zwar schienen ihm diese auffallenden Wechsel nicht durch jedesmalige zufällige Umstände herbeigeführt, sondern schon ein für allemal begründet für das Ganze des Volksstammes.

Mehrere Strafsen der Stadt sind reich und geschmackvoll gebaut, aber stets modernen Ansehens und kaum sieht man hier Spuren der eben so alterthümlichen als originellen Bauart von Danzig und zum Theil auch von Königsberg. Trotz der um $1\frac{1}{2}$ Grad nördlicheren Lage von Memel gedeiht eine Lindenallée in der Stadt noch ebenso vortrefflich als die ähnlichen in Danzig.

[Mai 5.] Nicht ohne Besorgnifs näherten wir uns der Russischen Gränze, die von Memel aus in wenigen Stunden erreicht wird. Es stand nämlich zu befürchten, dafs unser, mit mathematischen und physikalischen Instrumenten angefülltes, Fuhrwerk den Zollbeamten der Russischen Gränzstation befremdend genug erschiene, um die gewünschte schnelle Fortsetzung der Reise zu hemmen.

Das letzte Preufsische Dorf, Nimmersatt, liegt dem Seeufer näher als man nach den anmuthigen Gärten vermuthen sollte, die es einigen Bewohnern anzulegen gelungen ist. Erst seit etwa 10 Jahren haben fleifsige Ansiedler es versucht, den, früher bis zum Dorfe sich erstreckenden, losen Flugsand, durch Vegetation in Schranken zu halten: und nun liegt der Ort gleich einer Oase in der dürren Wüste; denn wenn man weiter nach Polangen hin sich begiebt, sieht man ein kahles Sandmeer zur Linken des Weges, zur Rechten erst in gröfserer Ferne Ackerfelder und Fichtenwaldung.

Auf dieser einförmigen Ebne erheben sich die Schlagbäume die als Symbol der Gränze zwischen Preufsen und dem Russischen Reiche dienen. An dem auf Russischer Seite befindlichen sahen wir schon von ferne her die Lanzen eines ihn bewachenden Kosackenpikets emporragen. Bei Annäherung des Fuhrwerks wird die Barriere nur halb erhoben und nach der Durchfahrt sogleich wieder gesenkt, so dafs der Eingang nothdürftig gestattet und gleichsam die Wichtigkeit des Schrittes symbolisch angedeutet wird. — Bewacht von einem, neben dem Wagen reitenden, bärtigen Kosacken fuhren wir nun schleunigst bis zu dem nahe gelegenen Zollamte (Tomójna) im Dorfe Polangen.

Zwar wurde hier anfangs eine namentliche Angabe der einzelnen eingeführten Instrumente, behufs der davon zu entrichtenden Steuer, durch die unteren Zollbeamten von uns verlangt, als sich aber zeigte dafs dergleichen Namen sich in dem Tarifverzeichnisse nicht befänden, zog man den Vorsteher der Behörde zu Rathe, und eben so erfreulich als unerwartet kam uns die Nachricht: es stehe einer unverzüglichen und ungehinderten Abreise Nichts im Wege. — Anstatt aller befürchteten Schwierigkeiten, ward uns nun eine überaus freundliche und gastfreie Aufnahme zu Theil, bei der es deutlich hervorging, es müsse ohne unsere Bemühung, von der Hauptstadt aus, bereits eine Bevorwortung der Reise und ihres Zweckes, hierher erfolgt sein. Um mit Postpferden weiter reisen zu können, hat man sich hier, neben dem gewöhnlichen Passe, noch mit einem sogenannten Postpasse oder Podorójna (von po auf oder bezüglich, und doróga der Weg) zu versehen für dessen Ausstellung $\frac{1}{10}$ des nachmals für die Pferde zu bezahlenden Geldes, als Abgabe für die Krone vorläufig entrichtet wird. Diese Podorojnen in denen die Anzahl der, dem Reisenden zu liefernden, Pferde genannt ist, werden gewöhnlich als gültig bis zu irgend einer Gouvernementsstadt, in welcher der Reisende längere Zeit zu verweilen gedenkt, ausgestellt; nur auf dem Wege durch die Ostseeprovinzen nach Petersburg mufs schon in Riga der Postpafs gewechselt werden, weil erst von dort an der, durch das ganze übrige Rufsland übliche, geringere Preis der Postpferde ($\frac{1}{4}$ des in Deutschland und Kurland gebräuchlichen) beginnt.

Aufser denen für die Beamten und ihre Bureau's zierlich erbauten Holzhäuser enthält Polangen eine bedeutende Anzahl aus rohen Balken gefügter niedriger Hütten, welche mehrere äufserst schmutzige Strafsen bilden. — Die Bewohner des Ortes sind grossentheils Jüdische Familien, die wahrscheinlich angelockt wurden durch die, an den Gränzen stets lebhafter als im Innlande wechselnden, Conjunkturen des Krämerhandels. Unter Anderem scheinen sie auch zum Vertrieb des in der Umgegend von Polangen noch sehr reichlich ausgeworfenen Bernsteines, den Pächtern des Strandes behülflich zu sein, denn, in Polangen angekommen, wird der Reisende von Jüdischen Krämern, welche dieses Landesprodukt feil bieten, umlagert.

Meist der Russischen Sprache mächtig, dienen die Juden den ankommenden Fremden als Dollmetscher; unter sich aber gebrauchen sie eine gemischte Rede, in welcher zwar Deutsche Worte überwiegend zu sein schienen, die aber dennoch, auf das Merkwürdigste, Überreste aller derjenigen Sprachen enthalten soll, welche dieses Volk auf seinen Wanderungen bis zum endlich gefundenen Asyl im östlichen Europa, reden hörte. Die Männer unter ihnen haben die, bei ihren Stammverwandten in Polen übliche, eigenthümliche Kleidertracht beibehalten und kaum giebt es einen auffallenderen Contrast als den zwischen den seidenen Talaren der schmutzigen Hebräer und den groben aber meist weit reinlicheren Kitteln der Samaïtischen Bauern.

Aber auch an Russischen Einwohnern fehlt es dem Orte nicht, wie, vor der für den Griechischen Gottesdienst bestimmten Kirche, eine zahlreich versammelte Gemeinde bewiefs. Es war heute (am 23. April alten Styles) der dem Heiligen Georg, dem Schutzpatrone des Russischen Reiches, geweihte Tag, zu dessen religiöser Feier wir die unteren Kirchendiener kleine Bilder des Heiligen auf den Strafsen umher tragen, den Laien zum Küssen darreichen und dafür ein Allmosen erbitten, sahen.

Die Samaïtischen Bewohner des Ortes und der Umgegend, die zur Katholischen Confession sich bekennen, haben ebenfalls eine Kirche zu Polangen, welche durch die eigenthümliche Rohheit ihrer Bauart für den von Deutschland kommenden Reisenden auffallend ist. Denn, eben so wie die hier gebräuchlichen Hütten, ist auch dieses Gebäude ganz aus runden, parallel untereinander zusammengefügten, Balken gebaut und hat trotz der Rohheit des Materials und trotz der geringen Dimensionen des Ganzen dennoch eine sehr complizirte Form, die offenbar auf eine entfernte Weise an vollkommnere Muster Byzantinischer Baukunst erinnern soll. Namentlich deuten auf ein solches Vorbild die kugelförmige Kuppel, die, fast in Gestalt eines menschlichen Kopfes, auf den schmalen Thurm aufgesetzt ist und auch ein um das Hauptgebäude von aufsen her laufendes Chor. — Gesondert von der Kirche befindet sich ein Gerüst für die Glocken. — Äufseres Ansehen des Baumaterials läfst auf ein sehr langes Bestehen dieses bizarren Bauwerkes schliefsen. *)

Bekanntlich übrigens nimmt der, von der Gränze an beginnende, Landstrich auf welchem in Kurland die Katholische Religion sich erhalten hat, gegen Osten zu nur einen schmalen Raum von etwa vier Deutschen Meilen ein; jenseits desselben unterscheidet sich das Stammvolk durch den Namen eigentlicher Letten von den angränzenden Samaïten und gleichzeitig mit dieser, durch physische Unterschiede in der Körperconstitution weit weniger als durch geschichtliche Überlieferung begründeten, Sonderung, beginnt das nun durch ganz Kurland, Lievland und Esthland vorherrschende Bekennen zur Evangelischen Kirche.

Die uns von Polangen aus gegebene Podorójna lautete auf drei Pferde, obgleich ein Fuhrwerk wie das unsrige in Deutschland wohl überall mit zweien befördert wird. Die darauf aufmerksam gemachten Beamten erwähnten, nicht ohne stolzes Selbstgefühl, dafs dafür auch nun eine ganz andere Art zu Fahren beginne als die in Deutschland übliche, und dafs es in Rufsland unerhört sei, Reisende im Schritte zu befördern.

Die heutige Fortsetzung unseres Weges über die Ämter Rutzau und Ober-Bartau (9 Meilen) zeigte uns, wie der jetzigen Gränze zwischen Deutschland und dem Russischen Reiche durchaus kein natürliches Verhältnifs zum Grunde liege. Man glaubte in Ost-Preufsen in der Nähe von Königsberg zu sein, denn genau wie dort so wechseln auch hier sehr fette Wiesen mit Sandstrecken und weit ausgedehnten Fichtenwäldern, den offenbaren Resten einer früheren allgemeinen Beholzung von natürlicher Aussäung. Es zieht sich durch dieses Terrain eine auf

---

*) Wirklich sieht man aus einer der Zeichnungen welche im Jahre 1661 der bei der Meierberg'schen Gesandtschaft befindliche Zeichner Storno gemacht hat, das damals nur aus wenigen Hütten bestehende Dorf Polangen schon mit derselben auffallenden Kirche versehen, die es noch heute besitzt. — (Vergl. „A. v. Meierberg und seine Reise nach Rufsland, nebst einer auf dieser Reise veranstalteten Sammlung von Ansichten etc. — Herausgegeben von Adelung. Petersburg 1827.)

grofse Strecken vollkommen geradlinige Landstrafse mit numerirten Distanzpfählen von Werst zu Werst versehen, einen einförmigen Anblick gewährend und den Wunsch nach schneller Fortbewegung dem Reisenden beständig erweckend. Eine durch mehrere sehr zierliche Landhäuser der hiesigen Gutsbesitzer und durch fleifsig geordneten Ackerbau ausgezeichnete Landstrecke, beginnt bei Bartau. In der Nacht passirten wir die Station Grofs-Drogen und erreichten Schrunden mit Tagesanbruch ($10\frac{1}{2}$ Meile von Bartau.)

[Mai 6.] Hier war Lehmboden allgemein geworden und in ihm lagen platte Schülfern eines festen gelblich-weifsen Kalksteines mit solcher Häufigkeit verstreut, dafs an ein nahe gelegenes Anstehen dieser Gebirgsart nicht gezweifelt werden konnte. Fichtenwälder sieht man selten. Das Terrain aber ist gewellt und eine hügliche Lage ist es, die man bei der Station Schrunden zur Erbauung eines, den ehemaligen Herzögen von Kurland gehörigen, umwallten Schlosses benutzt hat. — In einem 40 bis 50 Fufs tiefen Ziehbrunnen, den man auf dem Hofe der Posthalterei von Schrunden abgeteuft hat, ist der feste Kalk noch nicht erreicht worden; vielmehr war die ganze durchsunkene Schicht nur mit, nach der Tiefe zu, immer häufiger werdenden losen Trümmern gleich wie die Oberfläche erfüllt. Grofse Fliesen des Kalksteines die ich hier zu Bausteinen anwenden sah, holt man aber aus einem, zwischen Schrunden und der nächsten Station Frauenburg abseits vom Wege belegenen, Steinbruche. Die sorgfältige Abtheilung und Beschickung der Ackerfelder hiesiger Gegend, deutet auf fleifsige Landwirthe und mag wohl bedeutend zu der so erheblichen Ergiebigkeit des Kurländischen Getreidebaues bei tragen.

Durchaus vorherrschend ist hier die Sitte, vereinzelte Gehöfte in der Mitte der zu ihnen gehörigen Feldmarken, anstatt der zusammenhängenden Dörfer, anzulegen, und man hat diesen mit völliger Ähnlichkeit der äufseren Erscheinung in Westphalen wiederkehrenden Gebrauch nicht ohne grofse Wahrscheinlichkeit dem Umstande zugeschrieben, dafs Westphälische Ansiedler die

Ersten waren, welche in Kurland das Christenthum und mit ihm die Anfänge der Bodenkultur einführten. *)

Auf einer niedrig über dem Wasser befindlichen Brücke fuhren wir bei **Schrunden** über den Fluſs **Windau**, dessen Bette hier steile Lehmwände umgeben und der durch die Wiederaufnahme einer schon früher begonnenen Kanalverbindung mit dem oberen Laufe des **Njemen**, eine hohe Bedeutsamkeit für die **Russischen** Handelswege erhalten wird.

Dieselben mit Kalktrümmern erfüllten Lehmwände zeigten uns viele andere Wasserrisse auf unserem heutigen Wege, dem coupirtes Terrain und eine groſse Menge kleinerer Wässer ein sehr anmuthiges Äuſsere verliehen. Das dem von **Schrunden** ähnliche Schloſs **Frauenburg**, ist mit einer Menge sehr reicher Wirthschaftsgebäude umgeben. Eine bedeutende Bierbrauerei und Branntweinfabrik dienen hier um das in Überfluſs gewonnene Getreide durch Bearbeitung zu höheren Werthe zu erheben. Das roh zu versendende Getreide aber wird hier, wie überall in den **Ostseeprovinzen** und im nördlichen **Ruſsland**, gelinde gedörrt und dadurch, wie man versichert, gegen den Kornwurm und anderweitige Verderbniſs bedeutend geschützt.

Die Abhänge der Lehmhügel von **Frauenburg** zu einen kleinen Bach der schnellen Laufes an ihrem Fuſse flieſst, sind mit üppig wucherndem Gesträuche bedeckt. — Eben so anmuthig und fruchtbar ist die Lage der nächsten Station **Bäckhof**, auf der eine reichhaltige Quelle in einem von Lehmhügeln umgebenen Wiesenthale entspringt.

---

*) Diese geistreiche Bemerkung, so wie manche im Verfolge zu erwähnenden Andeutungen, verdanke ich der mir schon vor meiner Abreise von Berlin gewordenen Mittheilung eines handschriftlichen Tagebuches, welches geführt wurde von Herrn Ober-Bergrath A. v. Eversmann in den Jahren 1810—12 auf einer Reise von der Grafschaft **Mark** bis zum **Uralischen** Hüttenwerke **Slatoust** und während seines Aufenthaltes am letzteren Orte, welcher ihm allein seine jetzige groſse Bedeutsamkeit verdankt. — Leider möchte durch Angabe und sorgsame Benutzung der mir von dieser Seite her gewordenen Belehrungen, den Lesern nur ein unvollkommener Ersatz werden für die vollständige Mittheilung der wichtigen Handschrift, welche ihr Verfasser noch immer einer öffentlichen Bekanntmachung entzogen hat. —

Ich fand ihre Temperatur zu $+5°,00$ Réaumur, zu einer Zeit, wo die Quellen, die aus einer Tiefe wie die gegenwärtige entspringen, seit etwa fünf Wochen über ihrem niedrigsten Temperaturzustande sich befinden, denn sie erreichen ihr Minimum am 25. März. Die mittlere Bodentemperatur von Königsberg ergab sich mir aus anhaltenden Quellenbeobachtungen zu $6°,53$, aber namentlich hatte eine Quelle daselbst, die etwa in gleicher Tiefe mit der von Bäckhof entspringt, am 6. Mai eine Temperatur von $+5°,75$; also um $0°,75$ würde hiernach die Wärme des Bodens zu Königsberg die des, um 2 Breitengrade nördlicheren, Ortes in Kurland übertreffen und letzterem würde eine Bodentemperatur von $5°,78$ zukommen. — Die Abnahme der Erdwärme, um $0°,37$ für jeden Grad der Breite, welche auf der Strecke von Königsberg bis Bäckhof nach dieser Beobachtung Statt finden würde, ist fast nur halb so grofs als die, welche ich früher zwischen Berlin und Königsberg wahrnahm (von $0°,70$ für einen Breitengrad). Es zeigt sich demnach hier eine local bedingte gröfsere Erwärmung für den Kurländischen Distrikt gegen den von Königsberg.

Betrachtet man auf einer Karte die Lage der zwei in Rede stehenden Orte, so ergiebt sich der Grund eines durch locale Erwärmung gemilderten Klimas für ersteren, in der den Seewinden gröfseren Ausgesetztheit. Während nämlich für Königsberg nur die von einem Viertel des Horizontes, von N. bis W. herwehenden Winde, Seewinde sind, bringen für Bäckhoff alle zwischen $N 20°O$ und $W 35°S$ (also über mehr als Ein Drittheil des Horizontes) erregten Winde feuchte, und im Winter warme, Seeluft. Besonders mufs der Umstand dafs auch die aus dem südlichen Viertel kommenden Winde, also für das Nördliche Europa die im Winter vorherrschenden, für Kurland Seewinde sind, (für Ostpreufsen aber nicht), zur Milderung der Winter und zu reichhaltigeren Schneefällen in erstgenannter Gegend beitragen.

Nach einem Wege von noch 7 Meilen erreichten wir Mitau gegen Abend. Das Äufsere der wohlhabenden Handelsstadt hat wenig Auffallendes und nur die an Zahl vorherrschenden Holzhäuser welche in den Vorstädten roher gebaut, in der Stadt selbst, durch Färbung der äufseren Wände, zierlicher sind, gewähren dem an

Städte des Südwestlichen Europa gewöhnten Auge eine durchaus neue Erscheinung.

Das noch jetzt zu Mitau bestehende Gymnasium war, bis zur Gründung der Dorpater Universität, für Rufsland ein gelehrtes Institut vom ersten Range: auch hat der Sinn der Bewohner für wissenschaftliches Treiben, durch Gründung einer Kurländischen Gesellschaft für Litteratur und Künste, durch Anlegung einer Bibliothek und einer Sammlung naturhistorischer Gegenstände der Ostseeprovinzen, auf eine erfreuliche Weise sich früh schon bethätigt. — Leider aber haben in jetziger Zeit, wo ein freies und schnelles Aneignen neuer Ideen zum wissenschaftlichen Leben unerläfsliche Bedingung geworden ist, schon hier, (der Deutschen Gränze räumlich so nahe) die von politischer Seite für Rufsland erheischten Censurgesetze, jenes ursprüngliche Streben seinen Folgen nach gehemmt, indem sie den ausländischen Buchhandel höchst bedeutend erschwerten. Fühlbarer noch ward diese Hemmung dadurch, dafs meist unvollkommene Kenntnifs der Russischen Sprache den Bewohnern Kurlands auch den Ersatz vorenthält, welchen sie durch Aneignung der litterarischen Erscheinungen ihres neuen Vaterlandes etwa finden möchten. — Ein Aufenthalt von nur wenigen Stunden in Mitau erhielt ein lebendiges Interesse durch die Bekanntschaft des um die mathematische Physik höchst verdienten Professor Paucker. Für die litterarische Einsamkeit in die er versetzt ist, suchte er Entschädigung in dem eifrigen Studium der Naturverhältnisse seines Wohnortes und seinem Fleifse verdankt man die erste Kenntnifs der Wärmeerscheinungen für Mitau.

Einer zusammenhängenden Behandlung der auf meiner Reise gewonnenen meteorologischen Erfahrungen, mufs auch das Nähere über die zu Mitau erhaltenen interessanten Aufschlüsse aufbehalten werden.

[Mai 7.] Nach schneller und ungehinderter Fahrt auf ebenem Wege erreichten wir in der Morgendämmerung des 7. Mai, das linke Ufer der majestätischen Dwina. Eine niedrige Schiffbrücke führte uns über den, hier 900 Schritt breiten, Strom in die Vorstadt von Riga. —

An der seewärts gekehrten Seite der Brücke lag eine zahlreiche Reihe zweimastiger Schiffe dicht an einander gedrängt, mit ihren Bogsprieten die niedrige Fahrbahn weit überragend. Auf der anderen Seite aber, zu unserer Rechten, platte Flufsfahrzeuge die mit Getreide beladen, den Seeschiffen ihren Tribut zuführten. Noch herrschte nächtliche Stille zwischen den Schiffen, unter denen man, auffallend genug, auf Landwegen einherfährt. Wie lebendig aber am Tage der Verkehr zwischen den ihre Produkte austauschenden Fahrzeugen sein müsse, bewies uns die grofse Zahl der dann zur Arbeit bestimmten Männer, die jetzt theils auf den Verdecken der Schiffe, theils unter deren Vordertheilen auf der Brücke dicht neben der Fahrbahn, unter freiem Himmel schliefen. Auch in der Stadt auf den Stufen eines schönen gothischen Gebäudes, welches, dem Arthurshofe in Danzig ähnlich, als Börse und Rathhaus dient, sahen wir diese nördlichen Lazzaroni, ungeachtet der empfindlichen Kälte und des starken Thaues der Frühjahrsnacht, im Freien schlafend. Es waren Russische Landleute, kenntlich vor allen anderen durch langes Haupthaar und lange Bärte, vorzüglich aber durch die ausgezeichnete Breite ihres Halses und Nackens, und durch die Gedrungenheit ihrer Gestalt. — Die Meisten unter ihnen trugen in dem Leibgurte, der ihre Kleidung zusammenhält, ein breites Beil von hinten her eingesteckt. — Diese durchziehen das Land als geschickte Zimmerleute (Plótniki), stets gewifs eine einträgliche Beschäftigung zu finden. Andere ebenfalls in der Entfernung von ihrer Heimath vorzugsweise in den gröfseren Städten ihren Unterhalt suchend, ohne so bestimmt dem Zimmerhandwerk ergeben zu sein, verdingen sich auf kürzere Zeit zu Arbeiten verschiedener Art so wie der Zufall sie ihnen darbietet. Hier in den Ostseeprovinzen belegt man diese, zur Zeit der Frühjahrsschifffahrt und zwar vorzüglich auf den Flufsfahrzeugen, die hier Strusen genannt werden, sich einfindenden wandernden Arbeiter, mit dem Namen Burláken, welcher (in dem Slavischen Sprachstamme wenigstens) keiner etymologischen Erläuterung fähig ist, sondern als wirklicher Eigenname erscheint.

Wenn sie aus den südlichen Gouvernements her kommen, so sind es Leibeigene, die von ihren Besitzern, gegen denselben zu leistende jährliche Geldabgabe, eine auf bestimmte Zeit beschränkte

Erlaubniſs zum freien Wandern erhalten haben, und auf diese Art dem Gebundensein an die Scholle alljährlich entgehen, freilich meistens mit Aufgebung der sie an die Heimath fesselnden **Familienbande**, eine kurze Freiheit erkaufend. Viele der hiesigen **Burláken** sind indessen auch in den **Ostseeprovinzen** selbst zu **Hause**, wo jetzt die Leibeigenschaft aufgehoben ist und wo sie dennoch einem ruhigen Landbesitze, die wandernde Lebensart vorziehen.

In Bauart und äuſserer Anordnung von **Riga** schien sich uns zwiefach eine ursprüngliche und eine später hinzugetretene Bedeutung auszusprechen. Vorherrschend und durch ältere Bauart ausgezeichnet sind die offenbar für den Handel und die damit in Verbindung stehenden Gewerbe bestimmten Theile der Stadt, während in anderen neueren Anbauen, die Beziehung als Gouvernementsstadt, als Sitz der Behörden und der Garnison sich zu erkennen giebt.

Wie es an einem der vorzüglichsten Stapelplätze des **Ostsee**handels zwischen **Ruſsland** und den übrigen seefahrenden Nationen leicht zu erwarten ist, sieht man zu **Riga** in den Kaufmannsgewölben alle Produkte **Europäischer** Industrie zur Befriedigung der näheren Bedürfnisse sowohl als derer des Luxus; auſserdem aber sind dem Fremden auffallend gewisse besondere Gegenstände des Handels, die als solche im übrigen **Europa** kaum gesehen werden und daher theils auf eigenthümliche Anforderungen der hiesigen Käufer hindeuten, theils auch wohl auf hierhin führende Handelswege, welche weiter nach Westen hin ihren Einfluſs nicht mehr so bestimmt zu äuſsern vermögen.

So sieht man unter der beständigen Überschrift: **Rossískaja Láwka** d. h. **Russische Bude** eine groſse Anzahl von Gewölben. in denen eine Auswahl von Gegenständen sich findet, welche fast ausschlieſslich von dem **Russischen Landmann** angewendet werden, und durch deren Gebrauch er von seinen **Deutschen** und anderen Nachbarn sich bestimmter unterscheidet: aus **Linden**bast geflochtene **Matten** (**Ragóji** genannt), **Russisches Lederzeug** für die Bespannung der Wagen, die **Krummhölzer** oder **Joche**, **Glocken** und eigenthümliche **Kumten** die zum landesüblichen Anspannungsapparat gehören, **Birkenthär** (**Dógot**) dessen man sich zum Einreiben des Leders bedient um es wasserdicht zu machen, und, nie fehlend, gewisse aus Leder genähte Fausthandschuhe von enormer Gröfse, deren alle mit dem Fuhrwesen beschäftigten Männer sich bedienen. —

Wenn nun von der einen Seite diese Gewölbe beweisen, dafs ein nicht unwesentlicher Theil des Rigaer Handels für auswärtige Käufer bestimmt ist, denen in der unmittelbaren Nähe ihrer Heimath auch die Produkte der ersten und ursprünglichsten Industrie abgehen und deren hier zu befriedigende Bedürfnisse von den einfachsten Lebensverhältnissen zeugen, so bildet dazu einen merkwürdigen Gegensatz eine zweite Art ebenfalls nationeller, und dem von Deutschland Kommenden hier zuerst erscheinender, Handelsniederlagen. — Unter der Aufschrift: frúktowoi pógreb oder frúktowaja láwka, Fruchtkeller oder Fruchtbude, sieht man mit ungemeiner Häufigkeit Räume, in denen Früchte, und zwar fast ausschliefslich Erzeugnisse weit südlicherer Klimate, zum Verkauf ausgeboten werden. Orangen, die man durch den überseeischen Handel in grofser Menge sich verschafft, würden etwa nur die Vorliebe der Bewohner für diese von der Natur ihnen fast versagten Nahrungsmittel beweisen; weit häufiger aber sind Erzeugnisse des südlichen Rufsland und der an dasselbe angränzenden Asiatischen Länder. Theils werden diese getrocknet eingeführt, theils aber auch begünstigt ihre ungewöhnlich lange Erhaltung auf dem Wege, grade der Umstand, der die Gewinnung an Ort und Stelle verhindert. Während des strengen Winters nämlich werden die Früchte der südlichen Provinzen: Äpfel, Birnen, Arbusen (Wassermelonen), Melonen, ja auch wohl Weintrauben zunächst nach Moskau gebracht, von dort aber so weit gegen Westen befördert als noch der unmittelbare Russische Handel sich erstreckt oder vielleicht auch so weit als die nationelle besondere Vorliebe für diese Erzeugnisse eine lebhafte Nachfrage darnach unterhält. — Nicht unerheblich mag dieser sehr lebhafte und äufserlich auffallende Handelszweig dazu beigetragen haben, in uns, mit Bezug auf Riga, das Bild eines südlicheren Habitus der Menschen und ihres Verkehrs, den Begriff einer das Land und seine Bewohner belebenden Wärme zu erwecken, deren Existenz unter dem 57sten Grade der Breite doch nur durch Trugschlüsse sich aufdringen konnte.

Andrerseits aber wirkte unfehlbar zur Begründung dieser unwillkührlichen Täuschung, der erste und daher lebhafteste Eindruck den die Begegnung mit dem Russischen Volke auf uns machte. Wir sahen das Erwachen der, an verschiedenen Plätzen der Stadt vertheilten, eingewanderten Arbeiter, und gewahrten bei dem nun beginnenden Verkehr eine Lebhaftigkeit der Stimmen, Geberden und Bewegungen, einen Ausdruck sinnlicher Leidenschaftlichkeit, die man bei durch Frost erstarrten Hyperboräern, vorgefafsten Meinungen zu Folge, nicht erwartet. So erschien uns schon jetzt als höchst beachtungswerth das früher nur befremdende Urtheil, zu welchem Frau von Staël bei einer Reise durch Rufsland veranlafst wurde. In Folge der einzelnen Erfahrungen welche sie über den Volkscharakter gesammelt hatte, hielt sie, auch ohne Rücksicht auf geschichtliche Dokumente, den Ursprung der Russen in milderen Klimaten für ein unleugbares Faktum. — Viele Zweige des Detailhandels werden hier ausschliefslich von Russischen Krämern geführt und vor den Gewölben dieser bärtigen Verkäufer hatten wir wiederum Gelegenheit die bewegliche Lebendigkeit zu bemerken, mit der sie die Vorübergehenden zu ihren Niederlagen anlocken, ihre Waaren anpreisen und die Käufer ihren Forderungen geneigt zu machen suchen.

So geschickt auch die Russen hier zu Riga bei dieser Art von Beschäftigung, dem allgemeinen Zeugnifs der Einwohner zu Folge, sich beweisen, so wenig sind sie doch zur Führung ausgedehnterer Kaufmannsgeschäfte tüchtig: alle gröfseren Handlungshäuser der Stadt werden von jeher und noch jetzt fast ausschliefslich von Deutschen oder anderen ausländischen Familien verwaltet. — Auch von den mannigfaltigen zu Riga blühenden Gewerben werden nur einige wenige vorzugsweise von Russen betrieben. Namentlich sind sie geschickt in der Bereitung eines Leders, welches das Deutsche zugleich an Wohlfeilheit und für gewisse Zwecke an Güte übertrifft, und daher werden denn auch hier Fufsbekleidungen sowohl als viele andere Lederwaaren fast nur von Russen zum Verkauf ausgeboten. Ein anderer Zweig der Industrie durch welchen die hiesigen Russen sich auszeichnen, ist zwar für den Ausfuhrhandel von keiner Wichtigkeit, dennoch aber an sich der Erwähnung würdig. Es ist Dieses die Gewinnung efsbarer Gartengewächse theils auf künstlich angeordneten Mistbeeten, theils in geheizten Räumen. Eine große Anzahl Russischer Landleute beschäftigt sich mit diesem Gewerbe in der unmittelbaren Umgebung der Stadt und zwar vorzugsweise am Fuße der Wälle, welche theils zum Schutze gegen das frühjahrliche Austreten des Flusses und gegen den Eisgang, theils als kriegerische Festungswerke aufgeworfen sind. — Daß man hier nicht nur jetzt im Mai sondern auch während des ganzen Winters des Gartenspargels als eines sehr gewöhnlichen Gerichtes sich bedient, erschien uns auffallend, wurde aber von den Einwohnern noch zu den kleineren Leistungen der Treibekunst gerechnet. — Vieles mag der Holzreichthum des Landes zur Belebung dieser Art von Gewerbsthätigkeit beitragen, aber dennoch ist auch eine besondere Vorliebe des Volkes hier nicht zu verkennen und wurde bei weiterem Fortschreiten immer auffallender bestätigt, denn noch im Lenathale unweit Jakuzk werden wir der Bemühungen Russischer Bauern zu erwähnen haben, welche Gurken (beim Volke das beliebteste der einheimischen Gartengewächse) im geheizten Zimmer aus Saamen ziehen und, mittelst mächtiger Sonnenwirkung während des kurzen Sommers, zu erwünschter Reife zu befördern wissen.

In den Theilen der Stadt, an denen, wie oben erwähnt, die bestimmtere Beziehung als Gouvernementsstadt des Russischen Reiches sich ausspricht, unterscheiden sich, durch eine gewähltere Architektur, die der Regierung und dem Arsenale bestimmten Gebäude. Den quadratischen Platz welchen sie begränzen, ziert, seit der Französischen Invasion, ein den Kriegsthaten Alexander I. errichtetes, einfaches Denkmal. Es besteht aus einem polirten Blocke Finnländischen Granites, welcher auch der mineralogischen Beachtung nicht unwerth sein dürfte. Das Gestein ist großkörnig und man sieht in ihm einen jeden Krystall des fleischrothen Feldspathes umgeben von einer ähnlich gestalteten Hülle eines weißen Fossiles, welches auf der ebenen und polirten Oberfläche des Steines einen scharf gezeichneten Ring um jeden Durchschnitt der röthlichen Krystalle bildet. — Bei flüchtiger Ansicht schienen die Contouren der weißen Ringe parallel mit denen der rothen Kerne: also als habe ein Fossil von nahe gleicher Krystallgestalt um den Feldspath sich abgelagert. Ist es ein schon während der

Erhärtung der Masse erfolgter Mangel des färbenden Prinzipes, der hier sich zeigt? Ist es vielleicht Albit, der den Feldspath umgiebt? Das möchte zu entscheiden nicht ganz ohne Interesse sein.

Für die gebildeten Stände der Rigaer ist noch jetzt das Deutsche die ausschliefslich herrschende Umgangssprache, denn von Russen haben nur durch Dienstverhältnisse gezwungene Beamte in der, ihrer ursprünglichen Landessitte treu gebliebenen, Stadt sich niedergelassen. — In dem hier bestehenden Gymnasium fängt man erst jetzt an, die Erlernung der Russischen Sprache unerläfslich zu machen.

Auch abgesehen von den oben erwähnten künstlichen Mitteln der Treibekunst, ist das allgemeine Bild der Vegetation in Riga, seinen auffallenderen Zügen zu Folge, kaum bedeutend im Nachtheil gegen das des nördlichen Deutschlands. — Hier fehlt noch keiner der bei Berlin vorkommenden Waldbäume, obgleich einzelne unter ihnen schon weit seltener geworden sind. Buchen zieren noch die, wenig oberhalb der Stadt, am Flusse gelegenen Landsitze, die auch wegen des dort in malerischen Felsen anstehenden Gesteines als sehr anmuthig geschildert, aus eigener Ansicht uns aber nicht bekannt wurden. Eichen sahen wir vor den Thoren eben so wie Alléen von Rofskastanien und Linden.

Um 5 Uhr Nachmittags verliefsen wir Riga und fuhren am Abend und während der Nacht durch eine ebene dem Meeresufer nahe Gegend mit ausschliefslich Lettischer Bevölkerung. Sehr auffallend war die hier schon jetzt ununterbrochene Dauer der nächtlichen Dämmerung, die, bei stellenweiser und um Mitternacht plötzlich erfolgter Entwölkung des Nordhorizontes, für eine entfernte Feuersbrunst von dem Ungewöhnten gehalten wurde. Wirklich tritt hier die ununterbrochene Dämmerung schon am 23. April, in Berlin aber erst am 17. Mai ein. Nur in schon wärmeren Nächten sind wir bei uns der Helligkeit gewohnt und reist man im Frühjahr gegen Norden, so fällt es auf: der Temperatur nach, in den Winter zurück, dem Lichte nach aber dem Sommer schnell entgegen sich versetzt zu sehen. So wirkt die an sich minder bedeutende Differenz der Erscheinungen, für das unmittelbare Gefühl als verdoppelt. — Ni Ugun, Sudàr, a Dinsgast (Nicht

Feuer, Herr, aber Abendroth) antwortete auf unsere Frage der
Lettische Fuhrmann in seiner sonderbar aus Russischen und
Lettischen Worten gemischten Mundart und mit einer Breite der
Aussprache, die selbst dem erst wenig an die Reinheit Sla-
vischer Rede gewöhnten Ohre auffiel. Ogón hatten wir, rich-
tiger Aussprache hier uns bewufst, gefragt, und Ugún erfolgte zur
Antwort: auch Dinsgast war ein offenbar nicht Russisches
Wort. Din mag ein dem Russischen: Dénn der Tag, verwandtes oder aus diesem entstelltes Wort sein; gast aber für Schein
ist eine durchaus fremde wohl dem Germanischen nähere Wurzel.
Trotz mangelhaften Mitteln zu gegenseitiger Verständigung gelang
es noch zu erfahren, dafs die Morgenröthe Wakergast von den
Letten genannt wird. Hier ist die Verwandtschaft mit dem Deutschen: wecken (und dem noch näheren Englischen: awake)
unverkennbar, und doch soll ja die Lettisch-Litthauische
Raçe, unter den Völkerstämmen der Baltischen Provinzen, den äch-
ten Slaven und namentlich dem Veneder genannten Zweige
derselben, am Nächsten stehen. — Hier also scheint eine Ver-
fliefsung der für so getrennt gehaltenen Germanischen und
Slavischen Raçe, durch vermittelnde Glieder, wenn auch nicht
ursprünglich, doch nachträglich eingetreten. Der Redeton der
Letten hat eine sehr gefällige Sanftheit und der Wohlklang ihres
Organes gab auch bei den gedehnten Molltönen sich zu erkennen,
mit denen unsere Fuhrleute unaufhörlich die Pferde ermunternd
antrieben.

Bei Hilkersfähre, 20 Werst von Riga. setzten wir über
das Flüfschen Aa auf einem noch weit gebrechlicheren Prame als
die in Ostpreufsen üblichen. Das Land ist flach und dürre und
die Nähe des Strandes durch Sandboden überall fühlbar. Am Horizont sahen wir Wetterleuchten mitten in der Nacht, und wohl
ist es die Nähe der See, welche so früh im Jahre Gewitter bedingte, denn zwar auch bei Berlin hatten wir in diesem Jahre
Ähnliches erlebt, doch war dort die Atmosphäre schon bei weitem
erwärmter als hier. —

Die zweckmäfsige Einrichtung der Posthaltereien und der dazu
nöthigen Gebäude, auf diesem Theile des Weges, erinnert den
Fremden dafs er sich in einem Lande befinde wo schon seit

langer Zeit das Reisen ein gewöhnliches und wichtiges Geschäft geworden ist. Trotz einzelner minder günstiger Zufälligkeiten und Lokalitäten kann man die um das Wohl der Reisenden bemühte erfolgreiche Fürsorge der Regierung nicht verkennen. Zahlreich hängen an den Wänden der Postzimmer die schriftlichen Verordnungen der Behörden, auf zum Theil vom Alter schon gebräunten Papieren, und aus einer Zeit herstammend wo man so viel Sorgfalt kaum zu erwarten berechtigt war. Ein, durch sinnreiche Mittel vor jeder Entstellung gesichertes, Buch dient dem Reisenden um, vermittelst schriftlicher Beschwerden, das ihm zugesicherte Recht zu vertheidigen. Kaum hätten wir erwartet die Lettischen Fuhrleute so häufig des Diebstahls, der Hinterlist und der Trunkenheit beschuldigt zu sehen, als es in diesen Büchern von frühen Zeiten her bis auf den jetzigen Tag geschehen ist. Es sind aber diese Dokumente zu einiger Würdigung des Volkscharakters, für den flüchtigen Reisenden wenigstens, nichts weniger als unwichtig und verwerflich und müssen ihn denn vermögen, das auch mündlich bestätigen gehörte Urtheil von den tief gewurzelten Charakterfehlern der Baltischen Völker im Allgemeinen, etwas glaubwürdiger zu finden.

Durch das Städtchen **Wollmar** fuhren wir bei Nacht und erreichten am Morgen des 8ten

[Mai 8.] die Station **Walk**, 140 Werst von **Riga**, jenseits welcher die Esthnische Sprache an die Stelle der Lettischen eben so ausschließlich als plötzlich auftritt. Hier also ist es wo, dem von Westen her kommenden Reisenden, die ersten ganz bestimmt zu erkennenden Reste des Hunno-Finnischen Völkerstammes sich zeigen, der, früher weiter gegen Europa zu verbreitet, noch jetzt von Finnland an bis tief nach Asien hinein einen so großen Theil des Nordens der Erde eingenommen hat. Schon hier hört man einem Theile dieses Stammes (den Esthen) die bei den Russen als Gattungsname gebräuchliche Benennung Tschuchonzi, Tschuchni oder Tschudi geben, ein Wort welches, von Deutschen Gelehrten, wohl oft zu bestimmt für einen Eigennamen gehalten, nur den Begriff des Fremden andeutet und etwa beweisen mag dass, unter ihren mannichfachen Nach-

baren. grade dieser Stamm den Slaven von jeher als der am
meisten von ihnen verschiedene erschien. *)

An dem zunächst folgenden Theile des Weges war, durch
klimatischen Einfluſs, die Vegetation schon sehr fühlbar zurückgehalten
gegen die am Orte unserer Abreise bereits eingetretene
Entwickelung. Die Weiden hatten hier nur die ersten Spuren
der Blätter, Blüthen sah man bei keiner der hier vorkommenden
Arten. Die weiſse Birke, die nun immer vorherrschender wird,
eine immer bedeutendere Wirkung ausübt auf das Bild der Landschaft,
erschien, überall wo der Boden trocken, noch als dürres
und laubloses Reisig; nur wo am Fuſse der Hügel quellenreiche
Brüche vorhanden, hatte sie ein schon grüneres Ansehen, ja oft
schon entwickelte Blüthen. Hier sahe ich zum ersten Male das
für den Norden der Erde so auszeichnende Phänomen der durch
Quellenwärme begünstigten Vegetation mit dem höchsten Grade
der Deutlichkeit und auf das Häufigste sich aussprechen. — Im
nördlichen Deutschland kann man wohl kleinere, der Nähe des
Wassers bedürfende, Gewächse an dem Rinnsale der Quellen auch
mitten im Winter grünend finden; doch bedarf dieſs aufmerksamerer
Beobachtung und man sieht nicht, wie hier, auf groſsen
Strecken des Bodens, auf weit ausgedehnten Brüchen, sogar den
Baumwuchs durch die vom Quellwasser aufgesparte Sommerwärme,
äuſsert befördert. — Wie wir jetzt im Frühjahre die
Quellen als locale Reizmittel für das pflanzliche Leben mitten in
dem noch kalten, vielleicht theilweise noch gefrornen, Boden erkennen,
grade so müssen sie auch im Herbste die sie umgebende
Vegetation länger gegen die tödtenden Einflüsse der eintretenden
Kälte geschützt haben; denn an den Weiden und Birken der
Brüche, sahen wir, auſser den neuen Anfängen der Belaubung, auch
groſse, vertrocknete Kätzchen (amenta) des vorigen Jahres:
den offenbaren Beweis eines zweiten, im Herbste begonnenen und

---

*) Von dem Wortstamme Tschud fremd sind noch jetzt in der
Russischen Rede gebräuchlich: Tschudesa die religiösen
Wunder, tschùdnui fremdartig und das sehr gangbare Augmentativum:
tschudàk ein närrischer Sonderling, so wie
mehrere verwandte Formen

vom Winter überraschten Blühens. — Auf trockenem Boden weiterer und nicht von Hügeln umsäumter Ebenen, war Dieses nie zu sehen; dort fehlten den dürren Bäumen so wie die Spuren diefsjähriger Entwickelung, so auch die der vorjährigen vollkommen.

Die Hügel aus festerem Lehm, die in dem heute durchzogenen Landstriche einen ungemein häufigen Quellenreichthum begründen, deuten auf nahe unter der Oberfläche liegendes festeres Gestein, welches selbst uns jedoch nirgends erschien. Die bei Schrunden und Frauenburg wahrgenommene Kalkformation ist hier nicht in dem Maafse entblöfst wie dort.

Dörfer findet man hier eben so wenig als in den bisher gesehenen Theilen von Kurland und Esthland und die grofsen Gehöfte der Posthaltereien bleiben die einzigen Menschenwohnungen welche der Reisende betritt. Alle Gebäude sind aus Holz gefügt und bei Gleichheit der Bestimmung haben sie auf allen Stationen eine grofse Ähnlichkeit der Anordnung. Ein in der Mitte des Gehöftes befindliches Wohnhaus ist im weiten Vierecke umgeben von den Pferdeställen und andren Wirthschaftsgebäuden. Eine Holzsäule erhebt sich vor dem mittleren Gebäude, die Entfernungen in Wersten bis Petersburg und Moskau, als den alle anderen an Wichtigkeit übertreffenden Orten, den Brennpunkten des Reiches, angebend. Siebzig bis achtzig Pferde werden auf diesen Stationen gehalten, und doch geschieht es nicht selten dafs alle durch zu befördernde Couriere und andere Reisende in Anspruch genommen sind und der Ankömmling lange zu warten genöthigt wird. — Die erst jetzt für die Ostseeprovinzen üblich gewordne und noch wenig benutzte Anwendung grösserer und gemeinschaftlicher Postfuhrwerke (Diligencen) wird wohl einen bedeutenden Kraftaufwand ersparen helfen, dennoch aber wird das in Rufsland mehr als im übrigen Europa fühlbare Bedürfnifs des Reisens nicht nur, sondern auch des schnellen Reisens, sich stets bedeutsam aussprechen durch die erforderte vollzähligere Ausstattung der Posten. Auch sind in der Mehrheit der Provinzen die Pferde kleiner und minder kräftig als im westlichen Europa, so dafs um eine gleiche Quantität von Zugkraft zu repraesentiren, eine gröfsere Zahl von Individuen erfordert wird.

Wir fuhren am Abend südlich vor dem **Wirzerw-See** vorbei. Bei der Station **Kuikaz** ist man nur um 6 Werst von dem nächst gelegenen Ufer desselben entfernt: so niedrig aber ist das den See umgebende Land auf dem man hier sich befindet, dafs man auch aus dieser Entfernung der grofsen Wasserfläche nicht ansichtig wird. In der Nacht setzten wir über die **Embach**, ein die Wasser des **Wirzerw** zum **Peipussee** führendes Flüfschen, und erreichten **Dorpat** am frühen Morgen des 9ten.

[Mai. 9.] Auch abgesehen von dem Interesse welches für **Dorpat** seine jetzt fast ausschliefslich wissenschaftliche Bestimmung und Bedeutung erweckt, gewährt grofse Zierlichkeit der städtischen Einrichtungen, Anmuth der natürlichen Lage und eine selbst im Innern der Stadt als Verschönerungsmittel geflissentlich begünstigte kräftige Vegetation, dem Reisenden den erfreulichsten Eindruck. — Ein Hügelzug von etwa 200 Fufs Meereshöhe erhebt sich plötzlich aus dem umgebenden sehr niedrigen Lande, durch welches das Flüfschen **Embach** sich hinzieht. Das durch diese Erscheinung vortheilhaft ausgezeichnete Terrain am südöstlichen Fufse der Hügel, haben die ersten Ansiedler zur Anlegung der Stadt ausersehen, und noch jetzt liegt die Mehrzahl der Häuser in der, im Halbkreise von Bergen geschützten, Ebne und zu beiden Seiten der **Embach**, die hier (nach anfangs gegen Süden gerichteten Lauf), plötzlich nach Osten sich wendet. Die Gebäude der Universität und der Regierung sind in eben so grofsartigem als reinem Style aus behauen Quadern aufgeführt: auch äufserlich geeignet die Achtung zu bethätigen die, nach dem Willen ihres Begründers, der Wissenschaft und dem Gemeinwohl in dem mächtigen Reiche gezollt werden soll. — Zu graden, reinlichen und breiten Strafsen gereiht, umgeben diese Werke einer höheren Baukunst, die Häuser welche das jedesmalige Bedürfnifs der Einzelnen entstehen liefs. Die Mehrheit derselben, vorzüglich in den Strafsen neuerer Entstehung, sind von nur einem Stockwerke, theils aus gebrannten Steinen, theils aus Holz gebaut. Eine helle Färbung der äusseren Wände, grofse Glasscheiben in den Fenstern und der rothe Anstrich der Dächer, erhöhen die Heiterkeit des Bildes und, wie es bei neu entstandenen Wohnplätzen gewöhnlicher ist als bei alterthümlichen, empfindet man auch hier den behaglichen Eindruck einer vollkommnen Zweckmäſsigkeit, eines die Bedürfnisse der Bewohner befriedigenden Wohlstandes. — Eine aus Granitquadern gebaute Brücke über die bis Dorpat hin schiffbare Embach, ist eine nicht geringe Zierde des Ortes. — Nach einem Gange durch die Stadt bestiegen wir den, an ihrem nordwestlichen Ende gelegnen, in mannichfacher Beziehung anziehenden Hügel. Unmittelbar von einem der Hauptplätze der Stadt erhebt sich ein sanfter Abhang, den schöne Baumreihen und zu beiden Seiten derselben mannichfaltiges Strauchwerk zieren. Ein hochrother, eisenschüssiger Mergel bildet häufig den Boden, ohne daſs es uns gelungen wäre Anzeigen einer regelmäſsigen Schichtung an ihm zu bemerken. Die Vegetation zeigte sich hier nicht nur im Allgemeinen sehr bethätigt, sondern auch in Erwägung der Jahreszeit besonders vorgerückt und befördert, sei es allein durch günstigen Einfluſs des fruchtbaren Eisenmergels, sei es durch den von den Hügeln gewährten Schutz gegen Nordwinde. Schwarzpappeln die hier zu herrlichen Stämmen gediehen sind, trugen bereits völlig ausgebildete amenta. Bei Sorbus aucuparia (Eberesche) waren die Blattknospen aufgebrochen und grün, die foliola aber noch nicht entfaltet.

Wie auffallend contrastirt nicht dieses hier erreichte Stadium der Vegetation gegen die gänzliche Dürrheit der Bäume auf den gestern gesehenen offenen Ebnen: ja selbst die Nähe der Quellen hatte, obgleich äusserst wirksam, dort noch nicht vermocht, die vorjährigen trocknen Blüthen durch neue und diesjährige abwerfen zu machen. — Trotz dieser localen Begünstigung sprach aber dennoch auch hier der Breiten unterschied zwischen Dorpat und Berlin durch eine Verzögerung gleichartiger Vegetationserscheinungen von 18 bis 20 Tagen sich aus, denn vor 15 Tagen (am 24 April) waren zu Berlin die Blätter der Ebereschen bereits völlig entfaltet, während hier zu Dorpat noch jetzt der Einfluſs einiger hellen Tage zum Entfalten der Blattknospen nöthig erschien. In diesem Falle also tritt einerlei Stadium der Pflanzenentwicklung für die zwei verglichenen Orte an Tagen ein die, respective für den einen und den andren, einerlei Mittagshöhe der Sonne herbeiführen: namentlich ist zu Berlin am 24. April die gröſste Höhe der Sonne etwa 50° 26'. zu Dorpat aber am 14. Mai 50° 20', und am 15. Mai schon 50° 35'.

Einer sorgfältigeren Prüfung und Zusammenstellung ähnlicher Thatsachen behalten wir die Entscheidung auf, in wiefern wirklich die Erreichung einerlei Sonnenhöhe hierbei das Bestimmende sei, da doch eine solche für Orte verschiedner Breite nur Gleichheit der im Mittag eintretenden Temperaturen, nicht aber Gleichheit der mittleren Temperatur des Tages oder was einerlei ist der Summe der ausgeübten Sonnenwirkung, herbeiführt. Als eine Folge der schon weit niedrigeren Erdtemperatur sahen wir hier auch eine Erscheinung die zu gleicher Jahreszeit im nördlichsten Deutschland kaum vorkommen möchte. Die Wände eines, in der untern Stadt, auf das Grundwasser abgeteuften Ziehbrunnen von 15 Fuſs Tiefe, waren noch mit einer so dicken Eisrinde überzogen, daſs dem Eimer nur eben der Durchgang gestattet wurde. Das Wasser an der Oberfläche des Brunnens hatte, durch schmelzendes Eis unregelmäſsig erkältet, eine Temperatur von nur $+ 2°,0$ R., während aus gröſserer Tiefe schöpfend, wir Wasser von $+ 3°,3$ R. erhielten, welches, schwerer als das um einige Grade kältere, am Boden sich hatte erhalten können.

Die vielfach durch Baumgänge gezierte breitere Oberfläche des Hügels wird der Domplatz genannt, und nur die daselbst gelegne Ruine einer der Hauptkirchen, die im Jahre 1775 durch einen fast die ganze Stadt verzehrenden Brand zerstört wurde, läſst noch jetzt den Grund der Benennung erkennen. Mehrere, der Bibliothek und den medizinischen Instituten der Universität bestimmte. Gebäude, und die vor allen anderen ausgezeichnete Sternwarte, machen jetzt diesen Platz zu einem denkwürdigen und wichtigen. —

Da durch ihre bedeutenden Leistungen die hiesige Sternwarte bereits zu einem der wichtigsten Gemeingüter des wissenschaftlichen Europa geworden ist, gehört sie nicht mehr in den Kreis der Erscheinungen die der Beschreibung eines schnell vorübergehenden Reisenden anheim fallen. — Von dem kolossalen Werke Frauenhofers dem noch nicht übertroffenen Refractionsfernrohre, hat Prof. Struve Beschreibung und Abbildungen gegeben, so wie auch von der vortrefflichen Art seiner Aufstellung. Das um eine senkrechte Linie drehbare Eisendach, welches, ohne die Aussicht nach allen Punkten des Himmels zu hindern, den vollkommensten

Schutz gegen die oft rauhe Witterung des Ortes gewährt, ist nach Herrn **Parrot's** Angabe und unter seiner besonderen Leitung ausgeführt worden. Wenn auch schon vorher mit dem Prinzipe dieses interessanten Bauwerkes bekannt, wird man dennoch bei wirklicher Ansicht, durch die Leichtigkeit und Praezision überrascht, mit der man die grofsen Massen des Daches und des Fernrohres selbst, sich bewegen sieht: dieses, vermöge des angebrachten Uhrwerks den einmal fixirten Punkt am Himmel beliebig lange mit äusserster Schärfe verfolgend; das Dach aber, eine hohle Halbkugel aus Eisenblech von dem Durchmesser des grofsen Beobachtungssaales bildend, durch den mit **einer** Hand ausgeübten Druck bewegbar.

Wir sahen noch einige der vortrefflichen Apparate deren man bei der Messung eines Theiles des Meridians von **Dorpat** sich bedient hat. Zwischen **Jakobstadt** und der Küste bei **Hochland** gelegen umfafst die gemessene Strecke 47 Deutsche Meilen; es gehört also der gegenwärtige zu den gröfseren Versuchen bei denen, durch Vergleichung direkter trigonometrischer Messung mit astronomischen Beobachtungen, man die wirklich statt findende Krümmung eines Theiles der Erdoberfläche ermittelt.

Frühere direkte Messungen in **Kurland** verbinden **Dorpat** mit **Memel**, ebenso wie, durch die Arbeiten von General **Schubert**, **Hochland** mit **Petersburg** in direkte Verbindung gebracht ist. So bedarf es daher nur eines Anschliefsens bei **Memel** der in **Preufsen ausgeführten** Messungen an die Rufsischen, um eine unmittelbare Kenntnifs der Gestaltung des zwischen **Paris** und **Petersburg** enthaltenen Erdstückes zu besitzen und die Abweichungen kennen zu lernen, die, von einer vorausgesetzten mathematischen Regelmäfsigkeit, für diesen Theil unsres Planeten statt finden. —

Aber auch in einer andren Beziehung kann, freilich erst für unsre späteren Nachkommen, diese Messung eine hohe Wichtigkeit erhalten, um so mehr wenn sie, wie man es nun beabsichtigt, über das Meer fortgesetzt und durch **Finnland** ausgedehnt wird. Dafs an beiden Küsten der **Skandinavischen** Halbinsel die Gränze zwischen Land und Meer im Laufe der Zeit stätig sich ändere, ist nunmehr eine ebensowohl zweifellose, als, ihrem Ursachlichen nach, unerklärte Thatsache.

Es scheint schon erwiesen dafs längst einer beliebig gewählten senkrecht auf die Hauptaxe der Halbinsel (also von NW. nach SO.) gerichteten Linie, dieses Verlassenwerden des Landes vom Meere in gleichem Grade statt findet, dafs aber der Betrag dieser Veränderungen um so kleiner wird, durch je kleinere Breiten die eben betrachtete Linie hindurchgeht. So geht etwa durch den 56° an der Ostküste und durch 57° 30' an der Westküste Skandinaviens, eine Linie auf der, innerhalb eines Jahrhunderts, die Veränderungen kaum bemerkbar werden, so fern man sie nämlich an einer senkrecht stehenden Gränzfläche zwischen Meer und Land (also auf die ungünstigste Art von allen) zu messen bemüht ist; nördlich von dieser Linie aber, sind selbst in Zeiträumen von nur 40 Jahren die Änderungen des relativen Wasserniveaus fast überall deutlich bemerkbar gewesen. —

Zu entscheiden bleibt die Frage, in wiefern an den Ufern des Finnischen Meerbusens, das an den Bothnischen beobachtete Phänomen statt finde oder nicht. — Wenn die Ursache der Erscheinung Kräfte sind die, von unten nach oben wirksam, das Feste dieses Theiles der Erde noch jetzt ebenso emporheben, wie in früheren Epochen der Erdbildung es an fast allen Punkten geschehen zu sein scheint, so macht gleiche geognostische Beschaffenheit für Finnland und einen Theil von Skandinavien, die Analogie des Erfolges für beide noch wahrscheinlicher. —

Eine genaue Aufnahme der zu einer bestimmten Epoche statt gefundnen Küstengestaltung wird aber die Nachkommen zu einer Entscheidung dieses wichtigsten Fragepunktes verhelfen, denn da an vielen Stellen des Baltischen Meeres vom Seestrande aus, das Land mit äufserst sanfter Böschung sich erhebt, ist zu erwarten dafs geringe Veränderung der Gränzlinie zwischen Land und Meer im Sinne der Höhe, oftmals durch starke Veränderungen nach der horizontalen Ausmessung sich aussprechen werden. — Der Umstand dafs an verschiedenen Stellen communizirender Meeresstrecken man die Veränderungen ungleich beobachtet zu haben behauptet, scheint zwar die zweite Möglichkeit, als sei es das Wasser welches eine Verminderung erleidet, so völlig zurückgewiesen zu haben, dafs man kaum sie noch auszusprechen wagt, sollte aber dennoch der Fall der Natur gerade der für jetzt noch unbegreiflichere sein, so würde nichts destoweniger die genaue Aufnahme der Küsten ein untrügliches Mittel der Erkenntnifs bleiben. Freilich wäre es erwünscht auch die Höhenverhältnisse des nunmehr nach der horizontalen Dimension mit so aufserordentlicher Schärfe aufgenommenen Landstriches, einer angelegentlichen Achtung zu würdigen! Denn die Meereshöhen besonders auszuwählender möglichst unveränderlicher Punkte im Innern des Landes, vorzüglich aber der Niveauunterschied gegen das Meer für die Landseen von Finnland und Lievland, versprächen der Folgezeit einen so direkten und sicheren Aufschlufs über die wichtige Frage, dafs es äufserst belohnend wäre an die vollendeten geodaetischen Messungen, gewisse Nivellements als eine leicht zu erhaltende Zugabe anzuschliefsen und, durch vollständige Bekanntmachung der Resultate, die Aufmerksamkeit günstig gestellter Personen recht dringend auf diesen wichtigen Gegenstand hinzuleiten.

Nicht durch die Landkarte allein wird man daran erinnert, wie sehr man hier dem in geognostischer Beziehung so merkwürdigen Finnlande sich genähert habe: auch andre Verhältnisse deuten auf eine Beziehung des erreichten Landes zu jenem nahe gelegnen. Am Nordabhange der Hügel von Dorpat und auf der Höhe derselben sieht man grofse Steinblöcke, Geroelle fremden Ursprunges, eben so häufig wie an den hierdurch am meisten ausgezeichneten Hügeln des nördlichen Deutschlands. — Zum allgemeinen Charakter dieses, durch Herrn v. Buch so unübertrefflich beschriebenen und gewürdigten Phänomenes, tritt aber hier noch der besondre Umstand hinzu, dafs die fremden Ankömmlinge durch stets gleiche Beschaffenheit einen vielmehr gemeinschaftlichen und einförmigen Ursprung zu erkennen geben als die in Nord-Deutschland. — In letzterer Gegend sind zwar Granit- und andre Urgebirgstrümmer bei weitem die unter den losen Blöcken vorherrschenden Gesteine, jedoch fehlt es auch nicht an Massen andrer Art und, nach den Ansichten der Geognosie, von jüngerer Entstehung; hier in Lievland hingegen sieht man ausschliefslich **Granitblöcke** und auch diese stets von so gleichem äufseren Ansehen dafs man nicht zweifeln kann, hier sei man nahe dem gemeinschaftlichen Entstehungsorte, dem Ausgangspunkte der eingewanderten Massen. Hier sind es rein und ungemischt Trümmer **Finnländischen Granites** die eine, ihrem Ursachlichen nach uns unbekannte Stofs- oder Wurfkraft, über den engen, vielleicht damals noch nicht vorhandenen, Meerbusen hierher befördert hat: während im nördlichen **Deutschland** bei weiterem Wege, manches Fremdartige den, ebenfalls von Norden her, herbeigeführten Gebirgstrümmern sich beimengen konnte. — Indem hier in **Lievland** alle von den nordischen Gebirgen abgerifsenen und hierher gelangten Trümmer an ihrer ursprünglichen Gestaltung Nichts eingebüfst haben, wird auch die in **Nord-Deutschland** so ausgezeichnet vorherrschende Form einer gänzlichen **Zerkleinerung der fremden Granit-Trümmer**, das Vorkommen als **Sand**, weit seltner. — Denken wir uns die, zum Theil bis zu noch unergründeter Tiefe sich erstreckende, von den **Niederlanden** an bis gegen **Frauenburg in Kurland**, ausgedehnte Sandschicht, wieder zu der ursprünglichen Gestalt eines festen Granits zurückgebracht, so sieht man dadurch allein ein mächtiges Gebirge entstehen. — Es wurde zerstört und seine Trümmer so vertheilt, dafs in der Nähe des ursprünglichen Standortes fast nur die gröfseren und unversehrten sich ablagerten, die feinsten aber (der **Sand**) nur auf einer gewissen schon entfernteren Strecke und daselbst mit ungemeiner Häufigkeit, Alles überdeckten. —

An den Granitblöcken um **Dorpat** bemerkten wir namentlich sehr oft eine Hinneigung zu kuglicher Absonderung, die nach Abrollung und Verwitterung der Blöcke noch an ihrer Oberfläche sich zeigte. — Man wird dabei lebhaft erinnert an die Eigenthümlichkeit des zu **Riga** gesehenen behauenen Blockes von **Finnländischem** Granit: weit bedeutsamer aber in Bezug auf die vorigen Betrachtungen, ward die Erscheinung, als Herr v. **Engelhardt** mir mittheilte, wie häufig er in **Finnland** selbst **Granite** beobachtet hatte, welche kugliche Struktur ebenso auszeichne, wie es von den merkwürdigen Gesteinen **Korsikas** bekannt ist. —

Interessante Aufschlüsse über die geognostische Beschaffenheit der **Russischen** Ostseeprovinzen und namentlich über das in ihnen vorherrschende **Kalkgebirge**, welche ich den in **Dorpat** geführten Gesprächen verdanke, sollen in einem ausführlich geognostischem Berichte benutzt werden. — Ueberhaupt ward mir die schnell erfolgte Trennung von **Dorpat** zu einer der schmerzlichsten: denn bei der hohen Begünstigung die auf dieser Universität ganz insbesondere dem Studium der Naturwissenschaften, zunächst wohl als wichtigster Grundlage für die Medizin, geworden ist, erschien der Ort am geeignetsten um für eine Reise durch das **Russische** Reich die vorbereitenden Kenntnisse zu sammeln. — Geognosie, Botanik, Zoologie und das Allgemeinere der Physik und Chemie, werden hier eine jede repräsentirt durch Männer deren Wissen und Humanität den Reisenden gleich unvergefsliche Eindrücke hinterliefsen. — Hier wurde mir durch Prof. **Eschholz** die erste mündliche Schilderung eines Punktes von **Kamtschatka** den er erst im Jahre 1824 verlassen hatte; Herr v. **Engelhardt** unterrichtete uns von seiner Ansicht über die Entstehung der **Gold-** und **Platingerölle** am Ural, zu deren Beobachtung er die Fundorte vor kurzem besucht hatte. Die auffallende Ähnlichkeit der dortigen Verhältnisse mit denen des südlichen **Amerika**, die für das Finanzielle des Reiches wichtige Voraussetzung, es könne auch am Ural nicht fehlen, dafs das **Platin** führende Terrain durch das Vorkommen von Diamanten seine Analogie mit dem verglichenen **Amerikanischen** Distrikte völlig bewähre, hatte auf dieser Reise dem Beobachter lebhaft sich aufgedrungen. —

Unter den reichen Sammlungen **Dorpats** erlaubte die Kürze des Aufenthaltes nur die von physikalischen Instrumenten zu sehen, welche gröfstentheils von einem Russischen Künstler **Samoilow**, in der mechanischen Werkstatt von **Jjora** angefertigt, schon dieses Ursprungs wegen, Interesse erregen. Reisebarometer nach der sinnreichen Angabe des Herrn Parrot (Vater), (beschrieben in F. **Parrot und Engelhardt Reise zum Kaukasus**) von dem genannten Künstler ausgeführt und wenigstens durch den hohen **Grad** äufserlich sichtbarer Vollendung (der einzige an sich nicht unwesentliche Punkt worüber mir ein Urtheil möglich ward) sehr **vortheilhaft** sich empfehlend. — Das Institut von **Jjora** nahe

gleichzeitiger Entstehung mit der neuen Organisation der Universität Dorpat (im Jahre 1802) ist im vollständigen Besitz aller für gradlinige Theilungen nöthigen Vorrichtungen: auch brauchbare Kreistheilungen hat man daselbst ausgeführt, nur jedoch in sofern sie zu den besonderen Beobachtungen der eigentlichen Physik erfordert werden: denn die Anfertigung der vorzugsweise sogenannten mathematischen Meſsinstrumente hat man einer in Petersburg, zur Unterstützung der Zwecke des Generalstabs und des topographischen Bureaus, errichteten Werkstatt aufbehalten. — Weder durch Vermögen noch durch Geburt begünstigt, genoſs Samoilow durchaus keiner Erziehung oder erweckenden Anleitung, sondern der Antrieb seines Talentes veranlaſste allein, die ersten mechanischen Leistungen durch welche er die Theilnahme wissenschaftlicher Männer erregte und den ihm später eröffneten Wirkungskreis angewiesen erhielt. — Erfreulich ist es, wenigstens von dieser Seite, ein durch Geburt und Abstammung der Haupt-Nation angehöriges Individuum, in Folge der wissenschaftlichen Anstalten des Landes erweckt und befördert zu sehen; um so erwünschter war uns diese Erfahrung, da bei einem Aufenthalte in Dorpat man nicht ohne Bedauern bemerkt, wie das gelehrte Institut dem Mutterlande selbst minder erspriefslich ist, weil man bei ihm nicht der allgemeinen Landessprache, sondern anstatt dessen, der fremden Deutschen sich bedient. — Vor allen ähnlichen Instituten Ruſslands ist die hiesige Universität ausgezeichnet durch die gänzlich freie Wahl der Beschäftigung, welche ebenso wie in Deutschland, den Studirenden überlassen ist. Die Theilung in Fakultäten besteht, jedoch ohne die Bekenner zu einer oder der anderen derselben, an einen bestimmten Kreis der Studien irgend zu binden. — Der aus dieser Verfassung für das Gemeinwohl entspringende Vortheil einer freien Bildung, wäre überschwenglich groſs, wenn er sich auch auf die Männer erstreckte, die dem Mutterlande angehörig oder zu Beamten desselben bestimmt, gerade einer solchen Bildung am meisten bedürfen. — Die sogenannten Lycäen die man an verschiedenen Punkten Ruſslands ausschlieſslich zur Erziehung künftiger Beamten errichtet hat, können, ihrer Natur nach, einen nur sehr unvollkommnen Ersatz für das hier als wünschenswerth sich Aufdrängende gewähren und immer erschiene es dem Gemeinwohle

4 *

förderlich, wenn die Universität, die freilich durch eigne Bestrebungen des damals noch von Rufsland unabhängigen Lievland's gegründet, späterhin aber von der neuen Regierung freigebig befördert wurde, durch Annahme einer beiden Theilen verständlichen Sprache sich gemeinnütziger machte. — Erst durch eine solche Vermittelung könnte das dereinst vom Orient ausgegangne, jetzt aber von Westen aus zu ihm weit intensiver zurückkehrende Licht der Wissenschaft, einen wahrhaft heilsamen Einflufs über Rufsland ausüben. Die hier von Seiten der Baltischen Provinzen zu verlangende Annahme Russischer Sprache, scheint aber für sie kaum nachtheilig zu erachten: denn nicht nur dafs die jetzt gebräuchliche Deutsche Rede den Urbewohnern eben so wenig natürlich ist als die Slavische, so entspringen auch für sie aus dem Bestehen Deutscher Rede bei Russischer Regierungsform und Sitte, die in Gränzprovinzen nur zu bekannten Mängel der Halbheit und eines zwiefältigen Charakters. Für den Augenblick sind es nur Bewohner der Ostseeprovinzen und aufserdem aus den Slavischen Provinzen einige wenige der Deutschen Sprache zufällig theilhaftige Individuen, welche Dorpat ihre Bildung verdanken. —

Die naturhistorischen Sammlungen Dorpats nicht kennen gelernt zu haben, bedauerten wir weniger, da in Bezug auf Russische Objecte die meisten von ihnen durch ähnliche Institute der Hauptstadt an Bedeutung noch übertroffen werden sollen. —

Nicht ohne Interesse war es auch, hier zuerst eine Russische Regierungsbehörde, freilich nur ihrer äufseren Erscheinung nach, kennen zu lernen. — Die Säle in welchen das Kreisgericht (Okrújnaja Palata) von Dorpat, seine Geschäfte führt, contrastiren auf eine merkwürdige Weise gegen die äufsere Anordnung welche in Deutschland Räumen ähnlicher Bestimmung meistens zu Theil wird. — Während bei uns die Finsternifs und die dumpfe Luft der Gerichtsstuben vor nicht gar langer Zeit fast sprichwörtlich gewesen, ist man hier in Rufsland, bei der äusseren Anordnung derselben, gefälliger Formen sehr angelegentlich beflissen. — Die grofsen Räume sind hell und äufserst reinlich gehalten, theilweise mit Luxus verziert: die Arbeitstische der Beamten geschmackvoll und dem Auge gefällig angeordnet. Die Gerichtspersonen selbst aber, scheinen der äufseren Eleganz ihrer

Amtskleidungen nicht minder beflissen, wie man es bei uns vom Militair gewohnt ist. — Mitten unter diesen so sehr das Gepräge einer modernen Zeit tragenden Formen, wird man sonderbar überrascht, eine Sitte des alten Griechenlandes genau und vollkommen aufbehalten zu sehen. In der Mitte der Tische an denen die höheren Beamten ihren Sitz haben, stehen gewisse dreiseitige, etwa fußhohe und fünf Zoll breite Prismen, die um eine senkrechte Axe drehbar, auf ihren längeren und aufrecht stehenden Seitenflächen, mit juridischen Inschriften versehen sind. — Die Beschreibungen welche Griechische Schriftsteller uns aufbehalten haben von den Ἄξονεσ oder prismatisch zusammengefügten und um eine senkrechte Axe drehbaren Tafeln auf denen im Areopage zu Athen die Solonischen Gesetze verzeichnet waren, so wie auch von den mit ähnlicher Bestimmung häufig vorhandnen Κύρβεισ, erlauben kaum zu zweifeln, daß hier wirklich ein Gebrauch des Alterthums auf sonderbar unveränderte Weise nach zwei Jahrtausenden sich wiederfinde. Man nennt diese Gesetztafeln Sudébnoe' sérkalo oder den Gerichtsspiegel; sie werden stets sorgfältig verdeckt gehalten und nur beim Beginnen einer Sitzung enthüllt. Nur etwa die in 17 Artikeln abgefaßte von Jaroslaw Wladimirowitsch im Jahre 1017 gegebene Prawda Slawän (das Recht der Slaven) hatte auf ähnlichen Tafeln Platz gefunden. Die Gesetzsammlungen späterer Entstehung, die Darlegung der Gesetze, (Ulojénie Sakòn) von 1498, das Gerichtsbuch (Sudébnik) von 1550 und die Darlegung der Grundgesetze (Sobórnoe Ulojenie Sakòn.) vom Jahre 1650 sind bereits zu ausgedehnt um einer so bündigen äußeren Darstellung fähig zu sein. Da übrigens wie bekannt nach der Grundverfassung des Russischen Reiches, jeder Ukàs, d. h. jede im Laufe der Zeiten von irgend einem Herrscher ausgegangene Verordnung, nur so lange völlige Gesetzeskraft behält, bis eine folgende Verordnung über denselben Gegenstand sie modifizirt oder vernichtet, so sieht man leicht daß jene älteren schriftlichen Denkmale der Legislation, obgleich noch zu berücksichtigen, dennoch den Richtern bei weitem nicht mehr genügen und daß also ihrer Aufbewahrung mehr eine symbolische als eine praktische Bedeutung zukommt. Jetzt sind es namentlich die auf die Pflichten der

Richter bezüglichen ältesten Satzungen welche den gewöhnlichen Inhalt dieser auffallenden Monumente ausmachen. —

Unter der auf etwa 6000 Seelen sich belaufenden Bewohnerschaft von Dorpat, sind die von Esthnischer Abkunft der Zahl nach überwiegend über die eingewanderten Deutschen. Viele der Ersteren erkennt man noch jetzt mit Leichtigkeit durch Familiennamen, die in der Esthnischen Sprache ihre theils nähere, theils entferntere Bedeutung haben, von denen in Deutschland gehörten aber durchaus verschieden sind. —

Wir verliefsen Dorpat gegen Abend und erreichten während der Nacht auf ebnem und einförmigem Wege die Stationen Igafähre und Torma. Wieder hatten wir um Mitternacht ein Gewitter, dieses mal von heftigen Regenschauern begleitet. — In der Posthalterei von Torma waren uns eine ebenso neue als unerfreuliche Erscheinung, die hier Tarakane genannten Insecten (blatta orientalis) welche die Wände der Wohnung mit mindestens eben so grofser Häufigkeit bedeckten, als die Stubenfliegen oft in unreinlichen Deutschen Bauerhäusern gesehen werden. Vermöge der Trägheit ihrer kriechenden Bewegungen gewähren die Tarakane einen noch widerlichern Anblick als geflügelte Insekten. — Es scheint einige Ungewifsheit über die erste Verbreitung in Rufsland dieses wie man behauptet in dem Lande nicht ursprünglich vorhandnen Ungeziefers zu herrschen. Hier in Torma war man verwundert als wir die Tarakane nicht zu kennen versicherten, da wir doch aus dem Lande kämen von wo her sie zuerst nach Rufsland gekommen seien. Noch jetzt, so erzählte man, bezeichne man diese unangenehmen Gäste mit dem Namen Prussàki (Preufsen) weil sie nach dem siebenjährigen Kriege bei dem Rückzuge der Russischen Truppen aus Preufsen, sich gezeigt haben. Es wäre demnach wohl anzunehmen dafs etwa die damals in dem Oestreichischen Heere befindlichen südlichen Nationen an der Verbreitung der blatta Theil gehabt und dafs man in Preufsen mit besserem Erfolge als in Rufsland die Fortpflanzung derselben verhindert habe. —

[Mai 10.] Am frühen Morgen erreichten wir bei der Station Neinal das nordwestliche Ufer des grofsen Tschuden- oder

Peipus-See. Bei heftigem Ostwinde waren die Wellen am Strande der bedeutenden Wasserfläche, Meereswellen ähnlich und nur noch auffallender gemacht durch eine Menge schwimmender Eisblöcke, welche der herrschende Wind grade diesem Theile des Ufers zugeführt hatte. — Um so viel geringer ist die Sonnenwirkung an diesem Orte als an dem um 4 Breitengrade südlicheren Kurischen Haffe, dafs an diesem wir das Wasser Nachts bereits wärmer fanden als das umgebende Land, während 6 Tage später hier auf dem Peipus die Eisdecke nur eben gebrochen, die einzelnen Schollen aber noch kaum abgeschmolzen mit der ganzen Dicke erschienen, welche die Fröste eines strengen Winters ihnen gegeben hatten. — Das Ufer des Peipus ist flach und ohne äufserlich anstehende Felsen, und dennoch zeigt sich sowohl bei diesem See als bei dem noch westlicheren Wirzerw, schon dieselbe Abhängigkeit von der geognostischen Struktur des Landes, die bei den übrigen Land-Seen der Russischen Ostseeprovinzen, vorzüglich aber bei denen von Finnland bemerkbar wird. — Die mannichfaltigen und unglaublich zahlreichen Wasserbecken welche die Finnische Halbinsel einnehmen, zeigen in ihrer Vertheilung eine auffallende Regelmäfsigkeit; denn nicht nur dafs meistens ihre gröfste Ausdehnung von SO nach NW gerichtet ist, so sind auch aufserdem oft mehrere einzelne Seen gegeneinander auf ähnlich gerichteten Linien gelegen. — Auf sorgfältig angefertigten Karten des Landes sieht man daher die anfangs nur als ein buntes Gewirre erscheinenden Wasserflächen bei aufmerksamerer Betrachtung reihenweise gegeneinander, auf von SO. nach NW. streichenden Linien geordnet. Also in Spalten die senkrecht gegen die Längenaxe der Finnischen Halbinsel liegen, haben die Wasser sich gesammelt; die Seebecken Finnlands sind Queerthäler des dortigen Gebirges: grade wie auf der Skandinavischen Halbinsel nicht nur die an der Ostküste sich findenden Seen und die aus ihnen entspringenden Flüsse, sondern auch die in die Westküste tief einschneidenden Fiorde als Queerthäler erscheinen, wenn man das ganze aus dem Meere hervorragende Land als einen von SW nach NO streichenden mächtigen Gebirgsstock betrachtet. — Würde dereinst Skandinavien um ein beträchtliches höher über das Meer erhoben, so würden viele Fiorde der Westküste, zu

Binnenseen sich schliessen und dem Lande alsdann ein, dem des jetzigen **Finnlandes** noch ähnlicheres Ansehen ertheilen.

Auffallend und bemerkenswerth ist es nun dafs auch in den **Russischen Ostseeländern**, zu welchen Gesteinbildungen sich erstrecken deren Struktur und Gestaltung sie mit dem **Finnischen Gebirge** in innigen Zusammenhang bringen, Landseen von ähnlicher Anordnung sich finden. Auch die **Nord-Russischen** geschlossenen Wasserbecken zeigen nämlich, um jemehr sie der **Finnischen** Küste nahe liegen, um desto ausgesprochner eine **längliche** Gestalt, deren gröfste Dimension nach NW gerichtet ist. In den westlicher gelegneren, von **Finnland** entfernteren **Ostseeländern** wird aber nichts ähnliches gesehen. —

Es erscheint daher als haben die Ursachen die thätig waren bei der Gestaltung der unter sich ähnlichen Halbinseln **Skandinavien** und **Finnland**, auch über den südöstlich von diesen Ländern gelegnen nächsten Theil von **Rufsland** sich erstreckt, und dringender wird man aufgefordert zu erforschen, ob auch an diesen Theile der Erde noch jetzt der Spiegel der Meere gegen die Küste eine solche Veränderung erleide, wie man sie in den Ländern beobachtet hat, die mit dem gegenwärtigen genetisch so nahe verwandt erscheinen. — Das Wasser der **Peipus** ist völlig rein und ohne Salzgehalt und ebenso verhält es sich mit den ihm verwandten aber noch gröfseren Wasserbecken des **Ladoga** und **Onega**. — Dennoch kann man nicht bezweifeln, dafs dereinst Meerwasser in diesen Spalten gestanden; dafs aber nach Jahrhunderte langem Durchspülen frischen Flufswassers, der Salzgehalt in ihnen bis auf die letzten Spuren verschwunden ist, darf um so weniger verwundern, da ja sogar die noch jetzt mit dem Weltmeere communizirende **Ostsee** wegen geringen Salzgehaltes kaum mehr den Namen eines Meeres verdient.

Niedriger gelegen als die **Finnischen Seen**, von denen mehrere ihr Wasser dem **Ladoga** zuschicken, sind die **Nord-Russischen** dennoch über dem Meeresspiegel bedeutend erhoben. So ergiefst sich der **Peipus** in die **Ostsee** durch die **Narwa**, die bei 9 Meilen langem Laufe nicht nur ein starkes regelmäfsiges Gefälle, sondern gegen das Ende ihrer Bahn zum Meere auch noch einen Wassersturz von 18 Fufs senkrechter Höhe hat. — Mächtige

Granitblöcke umgeben mit grofser Häufigkeit das Ufer des **Peipus** und sollen, wie die Anwohner versichern, alljährlich durch Eismassen von dem Boden des Sees dem Strande zugeführt werden. An einzelnen Stellen soll dieses Wasserbecken eine Tiefe von 10 Faden haben, an der Mehrheit der andern jedoch ist es bei weitem flacher.

Der 6 Meilen lange Weg von **Neinal** über **Jewa** bis zum Strande der **Ostsee** welchen die Landstrafse bei der Station **Shudleigh** erreicht, geht anfangs durch bewaldetes Sandland, dann aber werden auf dem ebnen lehmigen Boden der Ackerfelder immer häufiger platte Kalkfliesen eingestreut gesehen: ganz so wie es in **Kurland** bei **Frauenburg** der Fall war. Man zweifelt nicht mehr, dafs der Boden den man betritt in gröfserer Tiefe diese Gebirgsart anstehend enthalte, wird aber dennoch bedeutend überrascht, wenn nach einer Fahrt auf völlig ebnem Ackerfelde man plötzlich am Rande und auf dem Gipfel einer 20 bis 30 Faden hohen völlig senkrechten Felsenwand sich befindet, deren Fufs von den Wellen des eben so überraschend erschienenen Meerbusens bespült wird.

Es ist der am meisten landeinwärts liegende Punkt einer von senkrechten Felsenwänden begränzten Meeres-Bucht an dem man hier sich befindet. Die mächtigen Bänke des gelblichen an Versteinerungen von Seemuscheln äufserst reichen Kalksteins sieht man an den Wänden der runden Bucht, sehr regelmäfsig gefügt: sie scheinen eine nur äufserst schwache Neigung, eine fast horizontale Lage zu haben und sind untereinander verglichen von gleichförmiger Dicke und Färbung: erst in gröfserer Tiefe, dem Meere näher, läuft an der ganzen Bucht entlang eine Schicht von hellgrüner Farbe; eine Färbung durch Grünerde wie man deren in den Kalkformationen der verschiedensten Epochen der Erdbildung so häufig zu finden gewohnt ist. — Nahe unter diesem grünen Bande haben von dem Rande des Felsplateaus beständig abbrechende Trümmer sanfter geneigte Schutthügel bis zum Meerestrande gebildet. Schlanke und hochstämmige **Tannen** (P. abies) ragen vom Strande empor und zwischen ihnen waren die Schutthügel heute noch mit dicken Schneemafsen bedeckt. Da die Bucht gegen Norden sich öffnet, wird ihr Inneres durch die umgebenden Wände vor den

Sonnenstrahlen völlig geschützt. — Mächtige Spalten parallel mit dem Rande des Absturzes, sieht man auf der Oberfläche des Feldes auf dem man sich befindet, durch den Winterfrost eingerissen. So müssen alljährig Stücke der Felsenwand hinabstürzen und man darf nicht ohne besondere Vorsicht dem verrätherisch gespaltenen Rande sich nähern.

Daß auch schon am **Peipus** man auf Land sich befunden habe, dessen innere Fügung und Gesteins-Beschaffenheit dem hier Geschenen gleich ist, bezweifelt man nicht länger: denn auch hier zeigen an der Oberfläche sich kaum deutlichere Spuren des Anstehenden als dort und es bedurfte des tiefen Einschnittes in das Innere der Erde, um die wahre Natur des Bodens zu enthüllen. —

Recht bedeutungsvoll liegen auf der Höhe dieses letzten Randes der gegen **Finnlands** Urgebirge zugekehrten Ebne, einige runde Granitblöcke von seltner Größe. —

Der Kalkfelsen auf dem man sich befand erscheint als ein besonders unversehrt erhaltenes Vorgebirge, denn, gegen Osten zu fortschreitend, sieht man es begränzt von der tief eingeschnittnen Schlucht eines mit stärkstem Gefälle in den Meerbusen stürzenden Baches. An dem rechten Ufer desselben liegt, auf wieder sich erhebendem Terrain, das Schloß **Shudleigh** welches Namen und Entstehung den aus **Schottland** hierher eingewanderten Familien verdankt deren eine noch jetzt im Besitz des Landes um **Jewa** ist. —

Ganz ähnlich bleibt nun die Beschaffenheit des Landes bis **Narwa**, denn nahe an einander sieht man Bäche in felsigen Schluchten dem Meere zu eilen, bis man endlich die Stadt erreicht, die zu beiden Seiten des breiten und mächtigen Narwaflusses auf zwei steil zum Wasser abfallenden Kalkhügeln liegt. Nur die geübte Dreistigkeit der hiesigen Fuhrleute vermag es, auf dem steilen Abhang des linken Flussufers die Pferde zum schnellsten Laufe anzutreiben und dennoch, trotz der Biegung des Weges, die enge Einfahrt zur Schiffbrücke über den Strom mit Sicherheit zu treffen.

Die wasserreiche **Narwa** hat auch bei der Stadt noch eine reißende Strömung, die das Flußbette durchsetzende Felsenwand aber von welcher das Wasser 18 Fuß hoch mit senkrechtem Falle hinabstürzt, liegt drei Werst oberhalb des hiesigen Ueberganges. — Die Mündung des Flusses soll Kauffahrteischiffen einen guten Hafen gewähren und von dort an stromaufwärts können kleinere Seeschiffe der Stadt bis auf einige Werst sich nähern. Von da aber werden die eingeführten Waaren auf platten Flufsfahrzeugen (Strusen) bis Narwa befördert. Die Absperrung des Flufses durch den Wasserfall verhindert die weitere Schiffahrt gegen das Innere des Landes zu und hat, den Ort zu einem unumgänglichen Marktplatz machend, zur Bedeutsamkeit und Wohlhabenheit desselben von jeher mächtig beigetragen. — Um so wohlthätiger war dieser Einflufs für die Stadt, da stromabwärts die eine Hälfte des, beim Falle in zwei Arme sich spaltenden, Flufses für die platten Strusen fahrbar bleibt und daher Produkte des Innlandes aus dem Pskowischen oder, wie die Deutschen Anwohner es nennen, Pleskowi'schen Gouvernement und aus Lievland, über den Peipus mit Leichtigkeit bis Narwa befördert werden. Da der Vertrieb der eingeführten Waaren fast ausschliefslich auf die dem Finnischen Meerbusen nahe gelegnen Provinzen sich beschränkt, so verdient es bemerkt zu werden, dafs lange Zeit hindurch Seesalz der bedeutenste Einfuhrartikel gewesen ist. Kaum möchte man wohl an den Küsten eines wirklichen Meeres (so fern sie, wie hier, civilisirten Ländern zugehören) ein ähnliches Verhältnifs finden, und man wird auch von dieser Seite darauf hingeführt, wie die Buchten der Ostsee, eher als Landseen denn als integrirende Theile des Weltmeers zu betrachten seien.

Die grofse Anzahl der schon frühzeitig durch den Handel nach Narwa angelockten Deutschen Einwanderer haben, bei Bauart und äufserer Anordnung der Stadt, den Charakter ihrer vaterländischen Wohnsitze vorherrschend erhalten.

Durch das Städtchen Jamburg fuhren wir bei Nacht und erreichten mit Tagesanbruch:

[Mai. 11.] die nächste Station Opolje, 98 Werst von Petersburg. Nun ist endlich die Russische Bevölkerung überwiegend geworden und auf den Dörfern in denen die Poststationen liegen, hört man nur Russische Sprache und sieht nur die kräftigen und gedrungnen Gestalten bärtiger Landleute, die von den schwächlichen Letten und Esthen, da wo diese Stämme rein und ungemischt sich erhalten haben, sehr bedeutend verschieden sind. Das Terrain bleibt hüglich und quellenreich: auf feuchteren Bruchstellen bildet nunmehr die weifse Birke dichte Wälder.

Hier in dem seit Narwa begonnenen Petersburger Gouvernement, sind die Gebäude der Posthaltereien weit zierlicher als bisher, sämmtlich nach ein und demselben Vorbilde gebaut, mit einer Säulenhalle versehen und die Bretterbekleidung der Mauern und des Daches durch gelb und rothen Anstrich gefärbt. Immer ist in diesen Gebäuden auch für längere Aufnahme der Reisenden gesorgt, denn anderweitige Wirthshäuser giebt es nirgends. —

Ausgezeichnet vor den bisher gesehenen, ist die Station Strjelna, die letzte vor Petersburg, denn hier erst wird der Einflufs der Hauptstadt unverkennbar. Längs eines die Landstrafse durchschneidenden Baches liegen die Holzhütten der Landleute, reinlich und sämmtlich von gleicher Gröfse und Beschaffenheit offenbar unter leitender Aufsicht einer Behörde angeordnet. — Grofsartige steinerne Gebäude die einem Kavallerieregimente als Kaserne dienen, einige, Privatleuten der Hauptstadt gehörige, Fabrikgebäude und ein von der Landstrafse aus gegen den nah gelegnen Seestrand sich erstreckender kaiserlicher Park, gehören zu dem Dorfe. —

Von nun an begränzen den Weg zu beiden Seiten ununterbrochne Reihen von Landsitzen, deren Gärten oft auf mehrere Werst der Breite nach sich erstreckend, von einander durch Bretterwände getrennt sind. Eine hölzerne Tafel vor dem Eingange eines jeden, besagt den Namen des Besitzers und, als Ausdruck für die Bedeutsamkeit des Gutes, die Anzahl Seelen (Tschíslo dúsch) die es seinem Inhaber verleiht. — Trotz grofser Sorgfalt die man auf ihre Ausstattung verwendet hat, können diese nordischen Villae den Einflufs des 60ten Breitengrades unter dem sie liegen nicht verleugnen. Schwarzpappeln und Birken sind fast die einzigen Bäume die man von aufsen her in den Gärten erblickt und, für sklavische Nachahmung fremden Geschmackes sich bestrafend, hat man den Birken ihr anmuthiges natürliches Ansehen, durch Verschneidung zu Baumwänden nach alt Französischer Mode, benommen. Kaum mag wohl irgend ein Baum durch künstliche Umformung so sehr entstellt werden als die

Birke mit ihren zierlich schwankenden Zweigen. — Auch
nach dieser Vorbereitung durch die stets in reinem Geschmacke und zum Theil mit gröfstem Luxus erbauten Landhäuser,
gewährte uns der erste Anblick der Hauptstadt einen unvergefslichen Eindruck. Nie hat man bisher eine Stadt gesehen, die so
vollkommen das Gepräge einer gleichzeitigen, man möchte sagen
augenblicklichen Entstehung an sich trägt, — als sei das Ideal
des geschmackvollsten und prächtigsten Wohnortes, vermöge der
Mittel einer unerhörten Macht, urplötzlich verwirklicht worden.
Wenn auf dem bisherigen Wege durch Rufsland man das völlig
einförmige Land nur arbeitenden, jedes ruhigen Genusses beraubten Bewohnern, gehörig glaubte, so denkt man beim Anblick von
Petersburg den Sitz eines nur dem Genusse lebenden Volkes erreicht zu haben: denn so grofsartig sind die Leistungen die man
hier sieht, dafs sie für ungetheilte Kraftäufserungen eines ganzen
Volkes leichtlich gehalten werden.

III. Abschnitt.

Aufenthalt in St. Petersburg.

Die Wanderung durch das Russische Reich begannen wir mit der Hauptstadt, um daselbst mit Herrn Professor Hansteen und seinem Begleiter Herrn Marine-Lieutnant Due zur gemeinschaftlichen Fortsetzung der Reise uns zu vereinigen. Da nun, durch mannichfache äufsere Hindernisse zurückgehalten, die Norwegische Reisegesellschaft erst am 20. Juni im Hafen von Kronstadt eintraf und verschiedne Zurüstungen zu dem Aufenthalte in Sibirien erst nach dieser Zeit getroffen werden konnten, blieben wir in St. Petersburg vom 11. Mai bis zum 11. Juli.

Bei dem Berichte den ich in gegenwärtigem Abschnitte von diesem zweimonatlichen Verweilen in der Hauptstadt gebe, schien der streng chronologischen Form eine etwas freiere Anordnung vorzuziehen, weil, wollte man auch hier an der ursprünglichen Folge des geführten Tagebuches durchaus sich halten, bei stetem Gleichbleiben des Gegenstandes (der Schilderung der Stadt und des zu ihr Gehörigen) Gleichartiges an verschiedenen Stellen getrennt und vereinzelt, auf eine den Leser ermüdende Weise auftreten würde.

III. Abschnitt. 1828. Mai bis Juli. 63

Bestimmung der magnetischen Verhältnisse des Ortes für welche noch wenig Vorarbeiten vorhanden waren, beschäftigte mich angelegentlichst und zunächst. Theils wird in der wissenschaftlichen Hälfte des Reiseberichtes (in dem Abschnitte über **magnetische Beobachtungen**) hierüber vollständige Rechenschaft gegeben werden, theils auch soll gelegentlich Einzelnes über die Auswahl eines für diese Arbeit passenden Lokales, so wie über die behufs derselben gefundne Unterstützung, in gegenwärtigem Abschnitte erwähnt werden. Sodann aber lag es mir ob, gewisse, man könnte sagen für den Reisenden exoterische, aber nicht minder wesentliche Geschäfte in der Hauptstadt auszuführen. Es war durch Vermittelung der vaterländischen Gesandschaft und durch persönliche Nachsuchung bei den oberen Landesbehörden, die nähere Bevollmächtigung zu dem Reise-Unternehmen zu erlangen; denn obgleich nach einer Anfrage von Seiten der **Norwegischen** Regierung auch mir das Anschliefsen an die Hauptexpedition gestattet worden, so schienen doch noch besondere Bestimmungen erforderlich, damit eine weitere Fortsetzung der Landreise gelänge und die Hoffnung von **Kamtschatka** aus auf **Seewegen** heimzukehren, sich verwirklichte. — Nicht minder wichtig als die von Seiten der Behörden demnächst mir gewordne Unterstützung, war die Anknüpfung persönlicher Bekanntschaften mit Bewohnern der Hauptstadt, die theils durch schriftliche Verwendung zu Gunsten des Reisenden bei Befreundeten im **Asiatischen Rufsland**, theils durch wichtige Aufschlüsse über die von ihnen gesehenen entfernteren Theile des Reiches auf eine unvergefsliche Art uns behülflich wurden.

Erfahrungen welche in Folge der eben erwähnten Bestrebungen und Verbindungen erlangt, von allgemeinerem Interesse erscheinen, sind im Folgenden zusammengestellt. — Zuerst versuche ich es das Äufsere der Hauptstadt so zu vergegenwärtigen, wie es sich während des Aufenthaltes daselbst allmählich entwickelte und wie es daher mit dem während dieser Zeit Wahrgenommnen und Erlebten in näherem Zusammenhange steht. Tägliche Wanderungen durch die Stadt, zum Theil mit dem besondren Zwecke eine Übersicht des grofsartigen Bildes zu erlangen, wurden durch das schönste Wetter begünstigt, denn, wie in der Mehrheit der Jahre es in **Petersburg** zu geschehen pflegt, genofs man auch im gegenwärtigen während der Monate Mai bis Juli eines meist unbewölkten Himmels und einer in Folge desselben schnell zunehmenden Luftwärme. Heitere Tagesbeleuchtung und die helle Dämmerung der Nächte werden hier aber doppelt reizend durch die häufigen Wasserflächen in denen sie sich spiegeln.

Vier breite Arme in welche die Newa, an einem nahe eine Deutsche Meile von der Seeküste landeinwärts gelegnen Punkte, sich theilt, bilden Inseln auf denen ein Theil von Petersburg gebaut ist.

Ein gröfserer aber und bedeutenderer Theil der Stadt liegt auf dem Festlande, ein Viereck bildend, welches von dreien Seiten durch Wasser begränzt ist: im Norden durch die See, deren unmittelbaren Andrang jedoch die davor liegende Insel Catharinenhof mildert; im Osten durch das linke Ufer des westlichen Newa-Armes die grofse Newa genannt, und von Süden her durch den noch ungetheilten Strom, der, bis zu dem oben erwähnten Theilungspunkte, von Westen nach Osten fliefsend die Stadt nur berührt, und erst von jenem Punkte an, mittels eines nun nach Norden gerichteten Zweiges, in dieselbe eintritt. Das Innere dieses über den Raum einer Quadratmeile ausgedehnten Haupttheiles der Stadt, ist von drei kleineren künstlich geregelten Kanälen durchschnitten die von der grofsen Newa sich abzweigen und bei paralleler Lage ihres gekrümmten Laufes einander, ein jeder den nächst folgenden, umschliefsen. —

Von Deutschland auf Landwegen zur Hauptstadt gelangend, betritt man zuerst diesen gröfseren Stadttheil welcher die Seite der Admiralität (Admiralitéiskaja Stórona) genannt wird. —

Nach der, im Jahre 1824, durch eine Sturmfluth von seltener Höhe bewirkten Überschwemmung, hat man durch bleibende Abzeichen die an den Häusern vorhandnen Spuren des abnormen Wasserstandes an einer grofsen Anzahl von Punkten aufbewahrt und so durch das traurige Ereignifs wenigstens den Vortheil eines improvisirten Nivellements erhalten. Hierdurch zeigte sich wie innerhalb des auf dem Festlande gelegnen Theiles der Stadt (der Seite der Admiralität) das Terrain nicht nur dicht am Flufsufer mittels plötzlicher Steigung, sondern auch weiterhin allmählig sich erhebt, so daſs es am südlichen Ende dieses Distriktes meistens um 20 bis 25 Fuſs höher ist als auf den Inseln. —

Der an die **Newa** angränzende östlichste Theil der **Admiralitäts - Seite** ist sowohl seiner geometrischen Lage nach, als auch wegen der Wichtigkeit der dort befindlichen Gebäude, als der eigentliche Mittelpunkt der Stadt zu betrachten. Daher auch konnte man dem Denkmal **Peter I.**, der durch **Falconet** meisterhaft ausgeführten Reiterstatue, keine passendere Stellung anweisen als grade in dieser Gegend der Stadt. Sie erhebt sich in der Mitte des nach ihr benannten **Peters Platzes** von welchem aus die **Isaksbrücke** die Verbindung dieser Hälfte des Wohnorts mit den wichtigsten der Inseln bewerkstelligt. Es umgeben den Platz das **Senatsgebäude**, ein Seitenflügel der **Admiralität** und die Hauptfront der, durch ihre kolossalen Granitsäulen denkwürdigen **Isaks-Kirche**, so daſs hier Alles Zwecken gewidmet ist, die grade einer besonderen Beachtung von Seiten des groſsen Reformators genossen. — Von hier aus nun hat man auch die Betrachtung der Stadt zu beginnen um durch allmählig weiter fortgesetzte Wanderungen sich zu überzeugen, in wiefern der Charakter hoher architektonischer Vollendung auch bis zu den entfernteren Punkten des Wohnortes sich erhält. Ein prächtiger aus Granitquadern gefügter und mit einer Brustwehr aus demselben Gesteine versehener Quai bildet das linke Ufer des Flussarmes (der **Groſsen Newa**) sowohl abwärts als aufwärts vom **Petersplatze**. — Längs desselben abwärts am Flusse gehend, sieht man eine Werst weit zu seiner Linken eine ununterbrochne Reihe mit gleichförmiger und seltner Pracht erbauter Privathäuser: bis daſs die Schiffswerfte des sogenannten **Galeerenhafen** auf einer, das bis dahin gradlinige Flussufer endenden, Landspitze die Straſse schlieſsen. — Verfolgt man zu Wasser den Verlauf des linken Flussufers noch weiter, so sieht man an die letzten Häuser der Stadt die Gärten und Landsitze sich anreihen, deren eine Seite wir an der Heerstraſse zwischen **Strjelna** und **Petersburg** sahen. Am andern Flussufer, auf der dem prächtigen Quai entgegenstehenden Insel (**Wasiliewskji ostrow**), erheben sich ebenso groſsartige Façaden aus weiſsen Quadern gefügter Gebäude, deren verschiedenartige

Bedeutung wir erst bei der Betrachtung der Inseln näher kennen lernten. Die **Isaksbrücke** selbst aber, von der wir unsre Wanderung begonnen, sieht man auch dort nahe an einen, dem der **Admiralitäts-Seite** entsprechenden, quadratischen Platz sich anschliefsen. —

Den Quai von der **Isaksbrücke** stromaufwärts zu verfolgen verhindern zunächst eine Reihe von Wasserbassins (**Docken**) die, zur Aufnahme der gröfsten Kriegsschiffe bestimmt, von der Hinterseite des **Admiralitätsgebäudes** bis zum Flussufer sich erstrecken. Das Gebäude selbst mit einer über 1000 Fufs langen nach Süden gerichteten Hauptansicht und zwei rechtwinklich daran sich anschliefsenden Seitenflügeln umschliefst den zum Schiffbau bestimmten Raum so vollkommen, dafs man nur vom Wasser her ihn erblickt.

Jenseits des **Admiralitätsgebäudes** beginnt der Quai von neuem und auf eine Strecke von fast zwei Wersten bis zur Einmündung in die **Newa** des, (**Fontanka** genannten), breitesten und äussersten der in diesem Stadttheile befindlichen Seiten-Kanäle, ist er nun begränzt von den Kaiserlichen Palästen und von einzelnen zwischen denselben gelegnen Gartenanlagen. Der Flussarm welcher hier die Stadt von den nächsten Inseln trennt, ist doppelt so breit als unterhalb der **Isaksbrücke**, und doch erscheint er noch nicht in seiner ganzen Mächtigkeit, weil zu dem eigentlichen nördlichen Ufer (dem Rande der **Apotheker-Insel**) eine davor liegende kleine und niedrige Bank durch die Anlegung eines Festungswerkes hinzugezogen wurde.

Der **Sommerpalast**, der östlichste in der, längst der **Newa** gelegnen Reihe, gränzt an einen freien Platz auf welchem ein chernes Standbild *Suworows* das Andenken des Helden verewigt. Von hier aus führt zu den Inseln die zweite Verbindungsbrücke mit der **Admiralitäts-Seite**, welche, eben wie die **Isaksbrücke**, nur schwimmend auf Fahrzeugen ruht, aber wegen seltener Breite des Stromes dennoch einen imposanten Anblick gewährt.

Dann folgen noch drei Werst weit längs des Flusses grofsartige Gebäude verschiedener Bestimmung, grofsentheils Privatleuten gehörig, durchgängig aus Stein erbaut und nun zum Theil bis an das Ufer sich erstreckend und gegen Osten hin nur in parallel mit dem Flusse gelegenen Nebenstrafsen einen Landweg gestattend.

Auf der äufsersten Landspitze, an welcher zuerst der Strom einen von Süden gegen Norden gerichteten Lauf annimmt, steht von anmuthigen Gartenanlagen umgeben, das *S*molnaer Frauen-Kloster von dem geräuschvollen Treiben der Hauptstrafse entfernt und dennoch in einem schönen Theile der Stadt gelegen.

Gondeln und kleine Fahrzeuge sind auf der Newa zwischen diesem äufsersten Stadttheile und der Isaksbrücke in beständiger Bewegung, und es gehört eine stromabwärts gerichtete Flussschifffahrt zu den erheblichsten Genüssen des Aufenthaltes in Petersburg. Immer kolossaler werden die Gebäude welche zu beiden Seiten die Aussicht begränzen, und zugleich bei abnehmender Breite des Flusses treten sie dem Blicke des Schiffenden immer näher, je mehr er stromabwärts sich bewegt. Die goldenen Kuppeln der Thürme, die schimmernden Fenster der Paläste tragen noch wirksamer zum hellen Colorit des Bildes bei, wenn sie in dem sehr klaren Wasser der Newa sich spiegeln. Der in der Reihe der Paläste gelegene sogenannte Sommergarten ist von der Wasserseite nur mit einem durchbrochenen eisernen Gitter umgeben, und das frische Grün seiner kräftigen und hohen Baumgruppen verscheucht vollends den Begriff eines unwirthbaren nordischen Landes.

Die bisher betrachteten Strafsen längs der Newa verdanken das Gepräge ästhetischer Vollkommenheit welches sie auszeichnet, wohl grofsentheils dem Umstande, dafs hier durchaus Nichts an die Mittel zur Erfüllung gewöhnlicher Lebensbedürfnisse erinnert. Hier sieht man keine Spur von Handel oder Gewerbe, jede Arbeit scheint ausgeschlossen und nur dem ruhigen Genusse ihres reichen Besitzthums leben die Bewohner. — Auf der Strafse sieht man nur vierspännige Kutschen oder leichte offene Fuhrwerke mit schnellstem Fluge der feurigen Pferde sich bewegen; aber nur einzeln erscheinen hier diese bewegten Gegenstände und nicht zahlreich genug, um eine sonderbar feierliche Stille zu unterbrechen, oder die Aufmerksamkeit des Betrachters abzulenken von den schönen Formen todter Steinmassen, in deren Genuss er versunken ist.

Durchaus verändert war die Ansicht, als wir vom Peters-Platze aus, in senkrecht auf den Strom gerichteten Strafsen, die Stadt durchkreuzten. Auch dort erscheint Geniefsen vorherrschender Lebenszweck, aber ein lebendig bewegteres; die Strafsen sind volkreich und das gegenwärtige Treiben der Menschen wird nun ansprechender als selbst die Gröfse ihrer todten Schöpfungen.

Drei Strafsen beziehen sich wie Radien zu einem gemeinschaftlichen Mittelpunkt, auf den schlanken Thurm der in der Mitte des Admiralitätsgebäudes sich erhebt. Die goldene Kuppel dieses Thurmes wird so von den äufsersten Enden der Admiralitäts-Seite an, dem fremden Wanderer ein stetes Mittel der Orientirung. — Da wo der Newa zunächst die erwähnten Strafsen anfangen, ist, zwischen ihnen und den dem Flusse sich anschliessenden Gebäuden, ein breiter an die Ostseite des Petersplatzes gränzender Raum gelassen. Es bilden seine nördliche Begränzung die vom Flusse abgewandten Vorderflächen des Admiralitätsgebäudes und des Winterpalastes, deren erstere mit vierfachen Lindenreihen anmuthig umgeben ist. Hier sieht man, an den Ecken der einmündenden Strafsen, einen zahlreichen Tross leichter einspänniger Miethsfuhrwerke; alle sind auf durchaus gleiche Weise gebaut und ausgerüstet, stets bereit den Geschäftigeren pfeilschnell in die entlegeneren Theile der weitläufigen Stadt zu führen. Wir folgten zuerst und wegen stets dorthin lockender Anforderungen mannichfacher Zwecke, am häufigsten, der von NNO. nach SSW. gerichteten äufseren dieser drei Strafsen: Néwskji Prospèkt oder die Newskische Perspective genannt.

Auf einer drei Werst langen, vollkommen gradlinigen Strecke sieht man die verschiedenartigsten Elemente des Wohnortes vereinigt. Eine doppelte Fahrbahn, und zu beiden Seiten derselben, theils mit Granitquadern ausgelegte Fufswege theils durch Lindenreihen gebildete Baumgänge, nehmen eine Breite von 140 bis 150 Fufs ein und gewähren so, trotz der Höhe vierstöckiger Häuser die zum Theil sie begränzen, einen in Städten ungewöhnlichen und hier durch Reflex von durchaus weifsen Wänden noch begünstigten Zutritt des Tageslichtes.

Vom Anfange der Newskischen Perspective bis zu dem ersten der sie durchschneidenden Kanäle welcher Moika genannt wird, sind die unteren Geschosse der Häuser durchgängig von Waarenniederlagen eingenommen, aber nur solche Waaren sieht man hier ausgestellt, die ohne weitere Zubereitung einer unmittelbaren Anwendung fähig sind und daher durch den Benutzenden selbst ausgesucht zu werden am meisten erfordern. Hier ist es wo der Reichthum der Hauptstadt zu bedeutenderem Theile Ausländern zufliefst, welche oft gröfserer Anstrengungen als selbst in ihrem Vaterlande bedürfen, um dem verwöhnten Geschmacke der Petersburger zu genügen. Wirklich hat es sich ereignet dafs einzelne Zweige der Gewerbsthätigkeit durch hier ansässige Fremde eine früher nirgends gekannte Vollkommenheit erlangt haben. Deutsche, Engländer und Franzosen sind wetteifernd bemüht gewesen, durch glänzende äufsere Anordnung, ihren Handelsgewölben ein lockendes Ansehen zu verschaffen: zwischen ihnen aber haben südliche Gränznachbaren Rufslands: Perser, Armenier, Bucharen und Chinesen, die ihren Wohnsitzen eigenthümlichen, natürlichen und künstlichen Erzeugnisse ausgestellt. Bis auf bedeutende Entfernung von diesen Gewölben duftet es von Rosenöl, und dem Vorübergehenden sind die Farbenpracht Orientalischer Gewebe und der Glanz der zum Verkaufe ausgestellten Stahlwaffen eben so neu als anziehend. — Geräuschvoll und beweglich ist das Treiben einer grofsen Menschenmenge in diesem ersten Theile der Strafse. Auch hier giebt es mehr Fuhrwerke als Fufsgänger. Die mit Holz ausgelegten Geleise machen dafs das Rollen der Räder nur ein dumpfes Geräusch erregt und der Hufschlag der Pferde vorherrschend hörbar ist. Zwar sind den in entgegengesetzten Richtungen sich bewegenden Wagen besondre Bahnen angewiesen, dennoch bedarf es stets, wegen verschiedner Schnelligkeit der Fahrenden, gellender Zurufungen der zum Ausweichen auffordernden Lenker und der, bei vierspännigen Wagen, immer vorhandnen Vorreiter. — Die zweite, zwischen der Moika und dem Catharinen-Kanale enthaltene, Abtheilung der Strafse, ist ausgezeichnet durch anmuthige Baumgänge die an die Stelle der steinernen Fufswege getreten sind. Die Häuser von ähnlichem Inhalte wie die erwähnten des ersten

Theiles, sind niedriger als jene und meist immer zweistöckig aber eben so gefällig durch einfache, gleichmäfsige und geschmackvolle Architektur. — Aufserdem aber erblickt man gegen die rechte Seite der Strafse etwas zurückgetreten und von freien Zwischenräumen rings umgeben, eines der schönsten Bauwerke Petersburgs: die Kirche der **Kasanischen Mutter Gottes** (**Kasánskaja Boje-máter**). Die vordere Ansicht bildet eine im Halbkreis gegen die Strafse concav gestellte Säulenhalle in deren Mitte der Haupteingang durch bronzene mit erhabnem Bildwerke gezierte Pforten geschlofsen wird. Besondere Ehrfurcht der Gläubigen für das in dieser Kirche aufgestellte Heiligenbild, veranlasst ein beständiges Zuströmen zu diesem Theil der Strafse.

Ein weit eigenthümlicheres Gepräge trägt aber die dritte Abtheilung der **Newskischen Perspektive**, welche der **Katharinen-Kanal** und gegen Süden die **Fontanka** begränzen. Die doppelte Lindenalléen zu beiden Seiten der Fahrbahnen setzen durch diese sich fort. — Hier ist der Sitz des nationellen **Russischen** Handels; höchst auffallend aber ist es, aufser den dem Lande eigenthümlichen Produkten, hier zum zweiten Male alle diejenigen Waaren ausgestellt zu sehen, welche in den beiden vorigen Theilen der Strafse sich vorfinden. Jetzt aber wird durchaus Alles von **Russischen** Händlern feil geboten und bald macht man die befremdende Erfahrung, dafs, bei äufserer Gleichheit der Waaren, hier stets ein um mehr als die Hälfte geringerer Preis gesetzt ist als dort.

An der rechten Seite der Strafse sieht man, in den unteren Stockwerken durchaus gleichförmiger Häuser, eine lange Reihe von Gewölben, ähnlich denen welche wir zuerst in **Riga** kennen lernten. Eine unerwartet reiche Mannichfaltigkeit von Früchten ist hier, von jeder Besonderheit der Jahreszeiten unabhängig, zum Verkauf ausgestellt. Es schliefst sich an diese **Fruchtbuden** der Sitz eines mannichfaltigeren Handels: das grofse Kaufhaus, **Góstinnoi Dwòr** d. i. der **Hof der Handelsgäste** genannt.

Diese, wie wir es später erfuhren, in allen **Russischen** Wohnplätzen von einiger Bedeutung sich vorfindende Form und Anordnung der Waarenniederlagen, hat aus den ältesten Zeiten her unverändert sich erhalten. — Als bei den **Slavischen**

Völkerschaften die Vorliebe zu Wanderungen und Reisen noch mächtiger wirkte als jetzt, war es Gebrauch zu bestimmten Jahreszeiten, in dazu geeigneten freien Landstrecken meist gewissen Hauptflüssen nahe, des Handels wegen sich zu versammeln. Damals, ja zum Theil noch jetzt, fehlte es an gemeinnützigen Transport-Mitteln und die Kaufleute selbst führten ihre Waaren einzeln zum Marktplatz herbei. Man mufste daher darauf bedacht sein der Menge der Führer sowohl als ihrem Zugvieh eine angemessene Beherbergung zu verschaffen, und so entstanden die **Höfe der Handelsgäste** (Góstinnic - Dwóri), den Karavansarais Turkomannischer Länder ähnlich, oder vielmehr, ihrer Bestimmung nach, die Karavansarais und die Basare gleichzeitig ersetzend. — Wurde in offnen und unangebauten Ebnen der Markt gehalten, so lagerten sich die herbeigezognen Käufer in eignen Hütten oder Zelten rings um die Herbergen der Händler (Kaufhaus); in Städten aber war man letztere so viel als möglich in der Mitte der wichtigeren Wohnhäuser zu erbauen, beflissen. —

Die äufsere Umgränzung des Petersburger Góstinni-Dwòr ist ein Trapez, dessen verschiedenste Seiten nahe 1200 und 350 Fufs messen. Es sind zwei, eines das andre bei paralleler Lage ihrer Mauern umschliefsende Gebäude, in welchen dicht an einander gränzend viele Hunderte von stets besuchten Waarenniederlagen sowohl auf ebner Erde als auch in einem oberen Stockwerke sich befinden. Für das untere Stockwerk läuft eine bedeckte Säulenhalle längs des Umkreises des äufseren Gebäudes, und eine ähnliche umgiebt den freien Hof welchem die Eingänge des inneren Ringes von Gewölben zugekehrt sind. Für das obere Stock hingegen gewährt das platte Dach der Colonnade, den Umgang um die Vorderwände der Gebäude. Ein Wasserbehälter in der Mitte des Hofes erinnert noch bestimmter an die Zeit wo der gröfsere Theil der Verkäufer Caravanenführer waren, die ihr Zugvieh theils in dem Hofe theils in dem, zwischen beiden concentrischen Häusern, freigelassenen Raume hielten. — Bei äufserster Mannichfaltigkeit der hier feilgebotnen Handelsartikel, sind Gewölbe gleichartigen Inhaltes stets an einandergränzend geordnet, und so entsteht der Sprachgebrauch, vermöge dessen man der Eisen-Reihe, Pelz-

III. Abschnitt. 1828. Mai bis Juli.

Reihe, Bücher-Reihe als besondres Ganzen erwähnt. Vom frühsten Morgen bis spät am Abend sieht man hier einen äufserst lebendigen Verkehr. Während der Nacht aber entfernen sich die Verkäufer aus ihren Buden, die sorgfältig verschlossen, aufserdem aber noch durch Wächter und mächtige Hunde gegen Diebstahl verwahrt werden. Mit Klingelzügen sind gewisse über die Thüren der Gewölbe hinweg gezogne Schnüre so in Verbindung, dafs, bei gewaltsamem Aufbruche einer derselben, auch in den davon entfernteren Theilen der Säulenhalle die Wächter davon berichtigt werden.

Nur die äufsere Erscheinung dieses höchst eigenthümlichen Institutes wollten wir für jetzt uns vergegenwärtigen. Mehreres über die Lebensverhältnisse der Verkäufer und die Art ihres Handels soll unten erwähnt werden.

Nahe dem Góstinni Dwòr liegt eines der Theater von Petersburg: dann folgt ein mit Gartenanlagen umgebner fürstlicher Palast und endlich die Brücke über den Kanal der Fontanka, noch eben so zierlich wie die früheren; aber auch jenseits des Kanales setzt die Reihe der gleichartig und schön gebauten Häuser eine Werst weit sich fort, es sind meist Wohnungen wohlhabender Beamten, und Handelsniederlagen werden dort seltner.

Endlich beginnt ein durch niedrigere meist einstöckige Häuser sich auszeichnendes Stadtviertel welches, da wo es der Newskischen Perspektive sich anreiht, ausschliefslich den Wagenbauern zum Aufenthalt und zur Aufschlagung ihrer Werkstätten und Niederlagen dient. Zu beiden Seiten der Hauptstrafse und in mehreren breiten Querstrafsen ist jedes Haus mit hölzernen Flügelthüren versehen, durch welche man in tiefe und breite Schoppen tritt, die mit mannichfaltigen Fuhrwerken durchaus angefüllt sind. Der hier, zwischen Hunderten von Arbeitern ein und derselben Zunft, eröffnete Wetteifer belebt ihre Gewerbsthätigkeit und das Streben nach immer vollkommneren Leistungen, und veranlafste dafs die in dem Viertel der Wagenbauer (Karétnaja Kwartira oder K. Räd.) feilgebotnen Fuhrwerke selten durch andere an Zweckmäfsigkeit übertroffen werden. Wir erfuhren dafs 200 unabhängige Werkstätten dieser Art sich hier befänden und dafs in mehreren derselben jährlich 60 Wagen angefertigt werden. Rechnet man aber nur auf jede Werkstätte einen Durchschnitt von 20 Wagen jährlich, welche zu dem mittleren Preise von 500 Rubel Banco verkauft werden, so ergiebt sich für diesen Stadttheil ein jährlicher Geldumsatz von 2,000,000 Rubeln. Es ist wiederum eine ausschliefslich **Russische** Bevölkerung welche hier lebt und mit dem erwähnten Gewerbe sich beschäftigt.

Die **Newskische Perspektive**, welche wir bisher verfolgten, bildet eine Sehne zu dem gekrümmten und die **Stadthälfte der Admiralität** umschliefsenden Lauf der **Newa**. Da wo die Verlängerung dieser Strafse wiederum das Flussufer erreicht, liegt das weit berühmte Kloster des heiligen **Alexander Newskji**, auf welches auch der Name der Strafse sich bezieht.

In den zwei anderen am **Admiralitätsplatze** beginnenden Hauptstrafsen sowohl als in den mannichfaltigen Nebenstrafsen, welche theils längs der Kanäle, theils parallel mit ihnen die divergirenden Hauptstrafsen verbinden, sind es im Wesentlichen Erscheinungen derselben Art die sich darbieten. Unter der grofsen Menge von wichtigen und durch schöne Architektur ausgezeichneten öffentlichen Gebäuden, die man auf diesen anderweitigen Wegen durch die **Admiralitätsseite** erblickt, sind einzelne noch späterhin zu erwähnen. Von der **Newskischen Perspektive** unterscheiden sich aber die übrigen Theile des Stadtviertels durch eine gemischtere Bestimmung, indem sie mehr Wohnhäuser als Waarenniederlagen enthalten. Ausgezeichnet sind in den längs der Kanäle laufenden Strafsen die granitnen Quais der 10 bis 12 Faden breiten mit sehr reinem Wasser versehenen Gräben und deren zierliche, auf Granitpfeiler sich stützende, Zugbrücken. Alle höheren Häuser haben platte mit steinernen Geländern versehene Dächer, so dafs in Bezug auf **Petersburg** die bekannte Bemerkung der Reisenden: man sähe die Firsten der Dächer unter immer spitzeren Winkeln gebildet, zu je höheren geographischen Breiten man fortschreite, eine gänzliche Ausnahme erleidet. — Während des Winters wird durch die hier übliche Form der Dächer das Abschaufeln des Schnees erleichtert, da hingegen bei spitzer gestalteten Giebeln so grofser Gebäude, dem gewaltsamen Hinabrollen der schmelzenden Massen nicht vorgebeugt, dadurch aber die Vorübergehenden bedeutend gefährdet sein würden. Auffallende Reinlichkeit herrscht bis in die entferntesten Theile der Strafsen und stimmt den Fremden sehr zum Vortheil der mannichfach sich äufsernden Wirksamkeit der städtischen Polizei. Eine einzelne wegen ihrer Seltenheit äufserst anziehende Ausnahme von dieser durchgängigen Zierlichkeit der städtischen Einrichtungen verursacht jedoch in dem der Vorstadt nahen, äufsersten Theile des in Rede stehenden Stadtviertels, ein sehr versteckt liegender Platz, zu welchem nur einzelne schmale Durchgänge den Zutritt gewähren, und auf welchem durch eine grofse Zahl von Trödlern, ein für die ärmeren Volksklassen äufserst wichtiger Kramhandel mit alten und abgenutzten Gegenständen aller Art getrieben wird. Kaum kann man irgendwo grellere Kontraste und auffallendere Vereinigungen sehen, als auf diesem Markte, dem zuletzt Alles zufliefst, was seit Jahrhunderten die unersättliche Begehrlichkeit der reichen Bewohner der Hauptstadt erdacht und Handwerker aller Nationen ausgeführt haben. Man nennt ihn Tolkútschui Ruinok d. h. den Schacher-Markt, oder nach einem noch niederern Sprachgebrauche auch Wschíwui Ruinok oder Läusemarkt. Nur Russen sind es, die man bei diesem wichtigen Trödelhandel beschäftigt sieht und man erinnert sich hier der treffenden Antwort Peter I., durch welche für Rufsland die Juden von diesen und ähnlichen Handelsplätzen ausgeschlossen wurden, weil „Russische Krämer, ihnen an Ge-„schicklichkeit noch überlegen, sie des in anderen Ländern ihnen „gewissen Vortheils berauben würden." — Um das Wesentlichste der äufseren Erscheinung von Petersburg zu ergänzen, bleibt noch die Anbauung der Inseln und eines am anderen Ufer der Grofsen Newa auf dem festen Lande gelegenen Stadttheils durch einige Züge zu schildern.

Das rechte Ufer des Hauptstromes wird, wenn man von der Mündung an stromaufwärts es verfolgt, zunächst von der Wasiliew-Insel (Wasíljewskji óstrow) gebildet, welche $3\frac{1}{2}$ Werst stromaufwärts sich erstreckt, so dafs ihre südlichste Spitze dem ein wenig oberhalb des Admiralitätsgebäudes am Quai des linken Ufers der Grofsen Newa gelegenen ersten der Kaiserlichen Paläste gegenüber steht.

Hier zweigt von der **Grofsen Newa** ein gegen NO. sich richtender Seitenarm, die **Kleine Newa**, sich ab, und trennt **Wasiljewskji óstrow** von der nun folgenden **Apotheker-Insel**, welche darauf zwei Werst entlang das rechte Ufer der **Grofsen Newa** bildet und erst durch einen neuen nach NO. auslaufenden Seitenarm (**Newka**) getrennt wird von dem Festlande, welches unter dem Namen der **Wiburger Seite** nunmehr ununterbrochen das rechte Ufer des ungetheilten Stromes ausmacht. Auf den zwei eben erwähnten Inseln sowohl als auf der **Wiburger Seite** befinden sich noch Theile der eigentlichen Stadt d. h. solche die beständig und während des ganzen Jahres bewohnt werden. Es unterscheidet sich dadurch die Bedeutung dieser Plätze sehr wesentlich von der der kleineren Inseln: **Krestówskji-** und **Kámenji óstrow**, welche östlich von den zwei gröfseren gelegen und von ihnen durch Seitenarme der **Newka** getrennt, den Bewohnern der Hauptstadt nur während des Sommers zum Aufenthalt dienen. — Die obenerwähnte **Isaksbrücke** ist es, welche **Wasiljewskji óstrow** mit der **Admiralitätshälfte** verbindet, und das auf dieser Brücke beständig gesehene äufserst lebhafte Treiben der Wagen und Fufsgänger lässt den fremden Wanderer gar bald die wichtige Beziehung vermuthen, in welcher die Insel zu der Gesammtheit des Wohnortes stehen müsse. — Niedrige Barrieren trennen auf der breiten Brücke die für die Fufsgänger bestimmten Seitenräume von der Fahrbahn der Mitte. An erweiterten Stellen dieser Seitenräume sieht man runde hölzerne Hütten mit kuppelförmigen Dächern (**Bútki**), denen ähnliche auch innerhalb der Stadt an den Ecken der Hauptstrafsen sich befinden. Hier wie dort sind sie den, mit alterthümlichen Hallebarden bewaffneten, Polizeidienern zum Aufenthalte bestimmt, welche während des lebhaften Treibens der Fuhrwerke auf Ordnung zu halten und Unfällen vorzubeugen haben. Die gellenden Ausrufungen der Wagenlenker haben hier eine beständigere Beziehung als die in den Strafsen gehörten, denn auf der Brücke sind den, in bestimmter Richtung sich bewegenden, Fuhrwerken ihre Bahnen nicht mit Nothwendigkeit angewiesen und nur herkömmlich ist es sich **rechts** zu halten, aber bei auch hier niemals unterbrochenen schnellsten Laufe der Pferde ist man beständig genöthigt, sich einander durch ein gellendes Práwà! (rechts!) an das gebräuchliche oft aber durch grofsen Andrang erschwerte Ausweichen zu erinnern. Bei nächtlichem Dunkel aber, oder trübem Wetter ist es Pflicht der Polizeidiener (Bútuschniki) die Fahrenden auf eine bevorstehende Begegnung aufmerksam zu machen.

Schon oben erwähnten wir des grofsen Platzes, in dessen Nähe die Isaksbrücke der Insel sich anschliefst. Ein hoher Obelisk in der Mitte desselben erregt zuerst die Aufmerksamkeit des Wanderers. Auf seiner Vorderfläche liest man: Rumänzowa pobjédam, den Siegen Rumänzow's, so dafs auch hier dem, durch architektonische Schönheit und wichtige Beziehung zu anderen Stadttheilen, ausgezeichneten Platze durch glänzende historische Erinnerungen eine höhere Bedeutung gegeben worden ist. —

Längs des Newaufers zieht sich nun zu beiden Seiten der Brücke ein Quai, dem entsprechenden der Admiralitäts-Seite an Schönheit kaum nachstehend. Auch hier ist mit wenigen Ausnahmen das Ufer des Stromes mit Granitplatten bekleidet. Stromabwärts dem Flusse folgend sieht man zuerst das der Akademie der Künste bestimmte grofsartige Gebäude mit einer seiner Façaden an den freien Platz angränzen. Dann folgt, zwei Werst weit, eine Strafse, in welcher der durchgehends gleichmäfsige Styl einer prächtigen Architektur eine nun immer mehr gewöhnliche Erscheinung wird. Ein der Akademie der Wissenschaften göriges Wohnhaus, weiter abwärts aber die den Erziehungsinstituten der Flotte und des Bergwesens angewiesenen Gebäude sind hier vor ihren Umgebungen ausgezeichnet. An das Ende dieser Strafse schliefsen sich dann gut bestellte Ackerfelder und Gärten unter dem Namen des Smolensker Feldes (Smolénskoe póle) den Raum von einer Werst im Durchmesser bis zum nördlichen Rande von Wasíljewskji óstrow einnehmend. — Der kürzere Theil des Quais, welcher von der Brücke stromaufwärts sich erstreckt, ist geziert durch die prächtigen Bauwerke, welche der Akademie der Wissenschaften gehörig, der Sternwarte, den Sitzungssälen und wissenschaftlichen Sammlungen derselben bestimmt sind. —

An der südlichsten Landspitze der Insel ist das hohe Flussufer im

Halbkreis gestaltet senkrecht abgeschnitten, mit Granitquadern bekleidet und durch breite steinerne Treppen für die Flussfahrzeuge zu einen bequemen Landungs- und Ladungsplatz vorbereitet. Die auf dieser Landspitze befindliche Börse, noch mehr aber zwei vor derselben sich erhebende schlanke Wachtthürme, nach dem Vorbilde Römischer Columnae rostratae mit Schiffsschnäbeln geziert, und mit der praktischen Bestimmung von ihnen herab die in die Flufsmündung einlaufenden Schiffe beobachten zu können, erinnern zuerst bestimmter an die auch für den Seehandel erhebliche Bedeutsamkeit von Petersburg, welche bei der Mannichfaltigkeit des Anregenden man zu beachten versäumte.

Die Anbauung des Innern der Insel scheint nach einem einfachen und durchgreifend beibehaltenen Plan begonnen und ausgeführt, obgleich, wenn man einer im Munde der Einwohner noch jetzt fortlebenden Tradition Glauben beimessen wollte, ein zufälliges Mifsverständnifs zur ersten Anordnung dieses Stadttheiles Anlafs gegeben haben würde. Parallel mit dem Quai oder dem am Hauptflusse angränzenden Rande der Insel, sieht man jetzt drei breite Hauptstrafsen, Prospekte genannt, in gleichen Intervallen gezogen und es durchschneiden sie unter rechten Winkeln 16, gleichfalls ebenmäfsig entfernte, Queerstrafsen, die man durch die Namen der 1ten, 2ten bis 16ten Linie bezeichnet. — Man erzählt nun dafs, während seines Aufenthaltes im Auslande, Peter I. gewünscht habe, auf der noch unbewohnten Insel, da wo jetzt Strafsen gesehen werden, ähnlich mit ihnen gerichtete Kanäle ausführen zu lassen, dafs aber durch Mifsverständnifs eingesandter graphischer Andeutungen, der mit Leitung der Bauten beauftragte General Wasiliew, die Häuserreihen mit solcher Schnelligkeit ausgeführt habe, dafs das Werk bereits vollendet war noch ehe die Verfehlung des ursprünglichen Planes bemerkt worden. Sei es nun dafs dieser Tradition einer verfehlten Anlage Nichts weiter zu Grunde liege, als eine witzige Erinnerung an die Schnelligkeit mit der die Gebäude der Hauptstadt entstanden, oder dafs in ein durch den Zufall begonnenes Werk man geistvoll sich hinein zu denken verstanden habe, so ist doch jetzt auch dieser Stadttheil durch eine hohe Zweckmäfsigkeit und gefälliges Äufsere ausgezeichnet.

Zwischen den mit Baumgängen eingefafsten Trottoiren der Hauptstrafsen oder **Prospekte** und den ihnen zugekehrten Vorderwänden der Häuser befinden sich anmuthige Gartenanlagen, deren dichte Hecken die Gebäude meistens so vollkommen verbergen, dafs man diese Strafsen für Gänge eines grofsartigen Gartens zu halten geneigt wird. In den Queerstrafsen oder **Linien** hingegen gewähren die wiederum ununterbrochen sichtbaren gleichmäfsigen und zierlichen Hauptwände der Gebäude den Eindruck des Städtischen, welcher, gegen nahe Gelegenes auffallend contrastirend, noch anziehender wird. — Obgleich man die ursprünglich vorhandenen zierlich gezimmerten und durch helle Färbung ihrer Wände sich auszeichnenden Holzhäuser jetzt nur noch in den letzten **Linien** sieht, in den übrigen aber sie durch steinerne Gebäude zu ersetzen beflissen war, so zeichnen dennoch auch diese neuesten Anlagen durch eine leichtere Architektur vor den Bauwerken der **Admiralitäts-Seite** sich aus. Die Häuser sind kaum höher als zweistöckig und ihrer Anordnung nach, denen D̲e̲u̲t̲s̲c̲h̲e̲r̲ Städte ähnlicher. Auch ist ein von der Grund-Idee des Ganzen abweichender Charakter dieses Stadttheiles mehr als äufserlich, denn seit langer Zeit ist **Wasíljewskji óstrow** von den in **Petersburg** ansässigen Fremden als Lieblingsaufenthalt gewählt worden. In mannichfacher Beziehung hat seitdem die Insel als ein fast selbstständiges Ganze sich gestaltet. Vermöge eines auf ihr befindlichen eigenen Kaufhauses und einer grofsen Menge von gemischten Waarenniederlagen **Russischer** Händler, die unter dem Namen **mjélotschnie láwki** d. i. **Detail- oder Kleinigkeits-Buden (von mjélkji, kleinlich)** hier noch häufiger gesehen werden als in den Nebenstrafsen der **Admiralitätsseite**, könnten die Bewohner auch ohne Hülfe der übrigen Stadttheile der Mehrheit ihrer Bedürfnisse genügen. — Mehrere gröfsere dem **Griechischen** Cultus geweihete Kirchen sieht man meistens an den Ecken der Hauptstrafsen. Die Kirchen anderer Confessionen, äufserlich minder ausgezeichnet, liegen aber sogar vorzugsweise in diesem Stadttheile.

In den äufsersten Strafsen von W. óstrow sieht man bereits anstatt der Trottoire erhöhte aus Brettern gefügte Bahnen für die Fufsgänger (**Mostowíe oder Brückenwege** genannt) aber erst in den später zu erwähnenden entlegneren Stadttheilen ist diese alterthümliche und zweckmäfsige Einrichtung durchgängig beibehalten.

Besonders ausgezeichnet ist auch der am linken Ufer der **Kleinen Newa** gelegene NOrand der Insel, weil dort das Treiben einer äufserst lebhaften Flussschifffahrt sichtbar wird und fast alle Gebäude der Beförderung dieses besonderen Zweckes gewidmet sind. — Der lebhafte Verkehr zwischen **Wasíljewskji óstrow** und der **Admiralitätsseite**, erlaubt keine Unterbrechung der **Isaksbrücke** und nur bis an diese können daher von **Kronstadt** einlaufende Schiffe den Hauptstrom aufwärts sich begeben. Nur in den seltenen Fällen der Vollendung eines auf den Werften der **Admiralität** angelegten Kriegsschiffes wird die **Isaksbrücke** unterbrochen. Für die **Kleine Newa** hingegen haben alle übrigen Zwecke der Begünstigung des wichtigen Handelsverkehres weichen müssen. Von einer Schiffbrücke, welche über diesen Flussarm führend, **Wasíljewskji óstrow** mit der **Apothekerinsel** verbindet, werden während der Nächte einzelne Joche bleibend zur Seite geführt, und den Flussfahrzeugen das Fortschreiten bis zum obenerwähnten Ausladungsplatz an der Landspitze gestattet.

Folgt man auf **Wasíljewskji óstrow** dem Ufer der **Kleinen Newa** von der **Börse** an stromabwärts, so sieht man an eine Reihe von Magazinen zur Aufbewahrung eingeführter Waaren, zunächst die dem Schifffahrtszolle (Tomójna) bestimmten Gebäude sich anschliefsen. Grofse Vorhöfe, die von ihnen bis zum Flussufer sich erstrecken, sind zur einstweiligen Ablagerung der zu verzollenden Waaren, Treppen und Krahne aber, die am Quai selbst bis zur Wasserfläche hinabreichen, zur schnelleren Entladung der Schiffe bestimmt. — Weiter abwärts sind es grofsentheils Häuser zur Aufnahme und Versorgung der ankommenden Schiffer, sodann aber auch Wohnungen der bei Ausladung und Beförderung der Waaren beschäftigten Volksklassen, die am Flusse gesehen werden. In den Gasthäusern dieser Strafse, in welchen mit den angekommenen Schiffern Russische Kauf- und Fuhrleute zu Berathungen sich zu versammeln pflegen, hatten wir zuerst Gelegenheit, die Lebensart und Neigungen der mittleren Volksklasse in der Hauptstadt, näher kennen zu lernen und es soll darüber Einzelnes im Verfolge gegenwärtigen Abschnittes erwähnt werden.

Auf der noch übrig bleibenden zweiten der grofsen und angebauten Inseln (der Apothekerinsel) hat wiederum die dem Hauptstrome zugekehrte Seite die wichtigste Bedeutung. Längs des ganzen Westrandes derselben findet man militairische Befestigungen und auf einem, diesem Rande nahe gelegenen, kleineren Werder erhebt sich eine Citadelle, welche mit besonderer Vorliebe unter der angelegentlichen Leitung Peter I. erbaut wurde. Die durchgängige Granitbekleidung der hohen Wälle möchte, zur Zeit seiner Anlage, dieses Bauwerk vor vielen ähnlichen einer höheren Berühmtheit würdig gemacht haben. Ihre praktische Bedeutung aber, die Stadt zu schützen vor dem Angriffe nördlicher Gränznachbaren des Reiches, scheint die Festung bald verloren zu haben, denn mit neuen Wohngebäuden hat man sie so völlig umgeben, dafs die Anwendung ihrer Geschütze jetzt kaum gedenkbar ist. Wie die Burgen der Städte des Alterthums, so umschliefst auch die hier Gesehene gewisse Palladien des Reiches von theils symbolischer, theils praktischer Bedeutung. In der Petro-Pauls-Kirche, welche mit reich vergoldeter Kuppel über die sie umgebenden Wälle der Festung sich erhebt, bewahrt man die Gräber der Zaren und daneben, der Ehrfurcht später Nachkommen aufbehalten, das kleine Fahrzeug (Bótik), welches in Peter I. die Liebe zum Seewesen erweckte und somit zur Entstehung einer mächtigen Flotte, der unscheinbare aber wichtigste Keim wurde. Demnächst aber befindet sich im Umkreise derselben Wälle der bedeutendste Münzhof des Reiches. Den auf dieser Insel gelegenen Stadttheil nennt man vorzugsweise die Petersburger Seite, so dafs der Name der jetzt so mächtigen Stadt offenbar von dem schützenden Festungswerke entnommen zu sein scheint.

In den Strafsen welche von dem westlichen Rande der Insel bis gegen die Mitte derselben sich erstrecken, sieht man durchgängig eine leichtere Bauart als in den bisher betrachteten Stadttheilen, auch sind hölzerne Gebäude hier vorherrschend geworden. Die Bewohner gehören vorzugsweise zu den arbeitenden und gewerbtreibenden Volksklassen; Viele sind des Gartenbaues und der

Treibekunst beflissen, oder es sind Besitzer von Manufakturen und Fabriken, welche zahlreich in diesem Stadttheile vorhanden sind.

Eine durch die Mitte der Insel von NW. nach SO. gezogene Linie trennt den jetzt mit Gebäuden besetzten Raum von den Gartenanlagen, welche bis zum Ufer der Kleinen Newa sich erstrecken. Mehr als die Hälfte dieses mit kräftiger Vegetation prangenden Theiles der Insel ist von dem botanischen Garten eingenommen, und die anfangs hauptsächlich medizinische Bedeutung dieses Institutes mag Veranlassung zur Benennung der Insel gegeben haben.

Es ist nunmehr nur noch von der äufseren Erscheinung des noch wenig erweiterten Stadttheiles, der Wiburger Seite Einzelnes zu erwähnen. Längs des Ufers der Grofsen Newa sieht man zwei grofsartige steinerne Gebäude: Krankenhäuser für die Landtruppen und die Flotte, und zu diesen heilbringenden Instituten steht die Mehrheit der umgebenden Häuser in naher Beziehung. Eine medizinische Bildungsanstalt von grofser Bedeutung für das Ganze des Reiches hat hier ihren Sitz, und führt, nach dem ihr angewiesenen Platz, den Namen der Wiburger Akademie. Die Hörsäle und Sammlungen der reichlich ausgestatteten Anstalt sind in grofsartigen Gebäuden vertheilt, während in den nahe gelegenen Holzhäusern die bei der Akademie und den damit verbundenen Lazarethen Beschäftigten wohnen. Aufserdem aber leben auch an den äufseren Rändern der Wiburger Seite viele des Gartenbaues beflissene Leute, die hier schon durch die einfacheren Sitten des Landvolkes sich auszeichnen. Diese sahen wir bei Volksfesten und Feiertagen, an Nationaltänzen auf freier Strafse sich ergötzen. Nur im Sommer bewohnte Landhäuser schliefsen von dieser so wie von allen übrigen Seiten der Stadt sich an, und erst jenseits dieser Anlagen gelangt man, am rechten Ufer der Grofsen Newa, auf der Wiburger Seite zu den Häusern der Schiffbauer welche bei den nahe gelegenen Werften von Ochta beschäftigt sind. Ihrer Lage nach können daher diese Wohnungen zum Bezirke der Hauptstadt kaum noch gerechnet werden oder bezeichnen doch jedenfalls die äufserste Gränze desselben. —

Der Gartenanlagen und Landsitze welche, theils auf besonderen Inseln, theils auf den zwei Hälften des Festlandes gelegen, die Hauptstadt von allen Seiten umgeben, wollen wir, als in näherer Beziehung zu den klimatischen Erscheinungen des Ortes, erst später, etwas näher gedenken; jetzt aber ist zunächst Einzelnes von den Erfahrungen über Sitte und Lebensart der Bewohner der Hauptstadt zu erwähnen. — Obgleich im Allgemeinen zu erwarten ist, dafs in Petersburg eben so wie in den gröfseren Städten anderer Länder, der Volkscharakter sich nicht in seiner ursprünglichen Reinheit werde erkennen lassen, so möchte es doch gerade wichtig sein zu untersuchen, wie viel in dem vorliegenden Falle von der nationellen Eigenthümlichkeit, trotz des gleichmachenden und abschleifenden Einflusses grofsstädtischer Lebenszwecke, sich erhalten habe; sodann aber sind in Hauptstädten, welche, so wie Petersburg, zu dem Ganzen des Reiches in mannichfaltigen und wichtigen Beziehungen stehen, die herrschende Denkart und Sitten beachtungswerth, weil sie nicht ohne Rückwirkung bleiben auf das Leben der Mehrzahl in den Provinzen.

Bemüht die Bewohner der Hauptstadt nur nach denjenigen Unterschieden ihrer äufseren Lebensverhältnisse zu classifiziren, die man als wirklich durchgreifende und wesentliche erkannt hat, ist es nicht die offiziell geschene künstliche Eintheilung der Nation in 15 Klassen, auf die man geführt wird. Man sieht vielmehr an die Stelle dieser Klassen gewisse, weit weniger zahlreiche Hauptgruppen sich gestalten, deren Andeutung wir hier versuchen wollen. Es möchten die erwähnten zwei Arten der Eintheilung sich gegeneinander einigermafsen ähnlich verhalten wie die in der Naturgeschichte des Organischen vorkommenden Sonderungen in künstliche Systeme und in natürliche Familien. Wirklich, sind auch dort die ersteren gebildet durch einen willkürlichen und künstlichen Eintheilungsgrund, den man zu dem vorliegenden Gegenstand von aufsen her hinzubringt, während bei Bildung der natürlichen Familien eben so wie wir hier in Bezug auf Volksklassen, man beflissen ist, vielseitiger bethätigten inneren Verwandtschaften zwischen den einzelnen Theilen des zu schildernden Materiales, rein empirisch nachzuforschen.

Es versteht sich jedoch von selbst, dafs der so eben gewagte Vergleich defswegen nicht als ein völlig entsprechender erscheint. weil bei Klassifikation eines Volkes das Material ein Bildsames ist, welches der von außen hinzugebrachten künstlichen Eintheilung mehr oder weniger sich zu fügen und durch diese selbst modifizirt zu werden vermag.

Als solche empirisch sich bestätigende und wesentliche Hauptgruppen erkennt man aber in Bezug auf die Bewohner der Hauptstadt:

1) die zahlreiche Klasse der im Staatsdienste befindlichen und durch ihn höher bevorrechtigten Individuen, welche sämmtlich und ausschließlich eine vom Staate vorgeschriebene Kleidung (Mundir) zu tragen berechtigt und verpflichtet sind.

2) Individuen, welche eine höhere Bevorrechtigung nicht dem eigenen Staatsdienste, sondern nur einem Zusammenhange durch Verwandtschaft mit der 1ten Klasse verdanken. Bedeutender Grundbesitz und eine an ihn geknüpfte Art von Geburtsadel sind zum Theil dieser in Petersburg weit weniger zahlreichen Klasse eigenthümlich.

3) Ausländer (vorzüglich Kaufleute), welche in Folge einer zum besonderen Staatsprinzipe gewordenen Gastfreundschaft mehr bevorrechtigt sind, als sie es nach den allgemeinen Bestimmungen sein würden, welche in Bezug auf die Art ihrer Beschäftigungen bestehen.

4) Russische Kaufleute und Krämer, theils freie, theils leibeigene.

5) endlich: Russen, die mit Handarbeiten theils nach eigener Willkür und für eigene Rechnung, theils im Dienste von Privatleuten beschäftigt, der geringsten Bevorrechtigung genießen. — Auch sie sind bald freie, bald leibeigene; die demnächst zu erwartende Unterscheidung ist aber hier sowohl als für die 4te Klasse kaum äußerlich bethätigt und durch die wirklichen Lebensverhältnisse schwer wahrnehmbar. — Besonders zu erwähnen wäre dann etwa noch die Klasse der Geistlichen, welche aber in Folge ihrer Lebensverhältnisse nicht als eine eigene Gruppe sich gestaltet, sondern vielmehr theils der Klasse der Beamten, theils der des nicht im Staatsdienste befindlichen Volkes sich anreiht und diese beiden zu vermitteln scheint.

Staatsdiener und ihr Verhältniſs zum Erbadel. — Eine Unterscheidung die man in der modernen Sprache der Petersburger zunächst und als die wichtigste gebrauchen hört, wenn über Leute der gebildeteren Stände gesprochen wird, liegt in der Frage: Frak ili Mundir? (Ist es ein Frak oder eine Uniform?) So anstößig auch anfangs dem der Landessitte Ungewohnten diese Würdigung eines kleinlichen Zeichens und die schroffe Trennung zwischen den Gliedern ein und desselben Volkes erscheint, so findet man doch das Verhältniſs begreiflicher und befreundet sich leichter damit, wenn man es unbefangen als ein Bestehendes auffaſst, nicht aber mit Ideellem es vergleicht.

Wirklich ist die durch die Uniform angedeutete Auszeichnung der Russischen Staatsbeamten vor allen übrigen Klassen des Volks eine sehr scharf und durchgreifend sich äuſsernde, jedoch möchte die hierauf begründete Aristokratie weniger gehässig seyn, als manches Ähnliche anderer Länder; zunächst weil sie sehr einfach gebildet ist, denn für Alle denen er zu Theil wird, ist der Talisman der Uniform ein gleich mächtiger, und innerhalb der groſsen Klasse der Bevorrechtigten herrscht kaum das Verhältniſs besonders begünstigter Kasten. Vielmehr sind innerhalb des weiten Kreises der gleich gestellten Individuen gewandte Klugheit und Anmuth des Benehmens stets von entscheidendem Werthe. Nicht nur wird ferner die Verknüpfung des individuellen Interesses mit dem Staatsdienste zu einer mächtigen Beförderung des Gemeingeistes, sondern es ist hier auch gelungen, den Zutritt zu der begünstigten Klasse der Nation eben so wünschenswerth als leicht erreichbar erscheinen zu lassen. Es gestaltet sich nämlich die Bevorrechtigung der Tschinówniki oder Staatsdiener in Russland als ein wahrer Verdienstadel, der hier deſswegen reiner als in anderen Staaten sich ausgebildet hat, weil Peter I. die, während der rohen Warägischen Feudalverfassung nur dem Verdienste um die Person des Autokraten verliehenen Begünstigungen fast ungeändert übertrug auf das Verdienst um das Gemeinwesen, dessen Begriff erst damals bei einer sich zusammengesetzter ausbildenden Verwaltung aufgefaſst wurde.

Jede Art des Staatsdienstes verleiht nunmehr persönliche Immunitäten; es bedarf aber nur eines gewissen Fortschreitens in der, innerhalb der Klasse der Beamten bestehenden, unwesentlichen Rangordnung, um dieselben auch erblich zu machen. Na-

mentlich ist die Erlangung des Besitzes von Landstücken und von
zu ihnen gehörigen Leibeigenen einem gewissen Range der Staatsdiener aufbehalten (der 8ten der künstlich gebildeten Klassen), da
aber von dergleichen Besitz die Erblichkeit unzertrennlich ist, so
wird dadurch noch jetzt das Fortbestehen einer zweiten Art der
Bevorrechtigung: des wahren Erbadels veranlaßt. — Die Lebensverhältnisse der oberen Klassen der Bewohner von Petersburg sind nun sehr bedeutsam dadurch ausgezeichnet, daß bei
bestehender Rivalität zwischen den Staatsdienern und den Erbadelichen, erstere durchaus und entschieden die Oberhand behalten. — Der Tschino-ljúbic d. h. der Amt- oder Rangsucht
hört man stets als einer eigenthümlichen und edlen Leidenschaft
erwähnen und ein ihr nicht genügendes nur durch Geburt bevorrechtigtes Individuum wird unausbleiblich und lebenslänglich mit
dem Namen Nédorosl oder Unerwachsener bezeichnet, der
in den Zeiten der alten Feudalverfassung denjenigen Adlichen gegeben wurde, welche in Folge noch jugendlichen Alters oder auch
durch körperliche Gebrechen zu den damals meist kriegerischen
Dienstleistungen untauglich waren.

Dieses Verhältniß zwischen Beamten und Erbadel schien uns
in Petersburg sehr bestimmt ausgesprochen, sofern man nur
annehmen darf, daß hier dem Ausländer einige Einsicht in die
geselligen Verhältnisse gelingen könne. Augenblicklich bemerkt
hier der Fremde ein vorsichtig zurückhaltendes Benehmen an den
Einheimischen und als Grund des auszeichnenden Zuvorkommens
mit dem man ihm in den Gesellschaften von Petersburg begegnet, erkennt er bald die Besorgniß: es werde sonst die unwillkürliche Entfernung hervorblicken, welche man für alles Fremde
empfindet, die aber dem Ausländer merken zu lassen ein natürlicher Hang zur Gastfreundschaft nicht erlaubt. Das Gefühl einer
innigen Verwandtschaft verbindet die höheren Klassen der Russischen Gesellschaft unter sich, und in Folge desselben scheinen
sie nie anders als in rein nationellen Kreisen sich frei zu bewegen.

Ganz sicher ward es uns übrigens, daß hierbei nicht an eine
direkte Einwirkung despotischer Verhältnisse zu denken sei und
an der Absicht, dem Fremden die Mängel des Vaterlandes zu ver-

hüllen; es ist vielmehr eine positive und für alle Verzweigungen
der Nation bestehende Homogeneität des Charakters, welche sie
als Landsleute verbindet und von dem Heterogenen fremder Persönlichkeit unwillkürlich zurückstößt. — Keine Frage also, daß
bis auf die innigsten Grundzüge die nationelle Lebensansicht der
Russen von der West-Europäischen verschieden sey; über einzelne Erscheinungen derselben von außen her und ohne eigene
Versenkung in das Ganze aburtheilen zu wollen, würde daher
nicht minder verkehrt seyn, als das lächerliche Verdammungsur-
theil, welches einst von den einseitigen Griechen über die
Nicht-Griechischen βάρβαροι ausgesprochen wurde, oder
als wenn man die Erziehung Spartanischer Kinder zum Diebstahl,
den Kindermord der Südseeinsulaner u. dgl. vom christlichen
Standpunkte betrachten wollte. Mit Recht behaupten daher die
Einheimischen, der Fremde müsse erst obrusjetj d. i. ver-
russen, bevor ihm ein Urtheil über den Volkscharakter zustehe.

Vermindert erscheint freilich das abgeschlossene Zusammenhalten der rein nationellen Individuen (wenigstens für Petersburg), in Bezug auf diejenigen Ausländer, die durch Eintritt in
den Staatsdienst sich vollkommner dem Landesthümlichen angeschlossen haben; dennoch aber ist man auch diesen eine Gleich-
stellung mit echten Russen nie zu gestatten, zwar nicht offiziell
aber doch nicht minder wirksam beflissen. Eine erwünschte Gelegenheit hierzu bietet die auch in den höheren Ständen streng
beobachtete Sitte, patronymischer Benennungen, gegen alle
geachteten oder befreundeten Individuen, stets sich zu bedienen.
Die auf Erfahrung des Taufnamens und der patronymischen Benennung gerichtete Frage: Wie nennt man Sie? (Kak was
sawùt?) ist dem Herkommen nach, stets der erste und unerläßliche
Schritt zu einer näheren Befreundung und es knüpft sich daran
eben so ungezwungen als unausbleiblich eine Erkundigung nach
den zunächst gelegenen Theilen des Geschlechtsregisters der neuen
Bekannten. — Begierig und eifrigst ist man sodann bemüht, Ver-
wandtschaftsverhältnisse oder anstatt dessen doch Befreundungen
früherer Glieder der beiderseitigen Familien aufzufinden, welche
überall wo sie vorhanden sind, den inniger verbindenden Ausdruck: „Wui is swóïch!" Sie gehören zu den Meinigen!

veranlassen. — Die in Ermangelung solcher näheren Bande selbst
gegen naturalisirte Individuen fremder Abkunft fast unausbleiblich
eintretende Kälte ist wiederum die Folge einer innigen Anziehung
des Nationellen gegen einander.

Von der intellektuellen Bildung welche innerhalb des erwähnten Theiles der Bewohner von Petersburg herrscht, läfst
sich kaum eine allgemeine Rechenschaft geben, denn bei Gleichheit der äufseren Lebensverhältnisse zeigen sich grade in dieser
Beziehung sehr bedeutende Unterschiede. Durchaus unähnlich
sind z. B. die nur mit den Verwaltungsangelegenheiten beschäftigten Beamten und die Offiziere der Flotte, welche fast immer durch
sehr gediegene Kenntnifs aller Zweige ihrer amtlichen Thätigkeit
sich auszeichnen, zu geschweigen, dafs ihrer politischen Stellung
und ihren äufseren Lebensverhältnissen zu Folge, auch die ausschliefslich mit den Wissenschaften sich beschäftigenden Mitglieder
der Akademie und anderer gelehrten Institute ausdrücklich und
sehr bestimmt der bevorrechtigten Volksklasse angehören und zu
ihr aus eigener Wahl sich gesellen. Als einer mehr summarischen
Schilderung fähig wäre daher hauptsächlich das zu erwähnen, was
man unter geselliger Bildung zu verstehen gewohnt ist. Hier zeigt
sich als charakteristisch für die nationellen Kreise der Gesellschaft
ein mehr als gewöhnlicher Grad von Gewandtheit in den mannichfachen Verhältnissen des Umganges, ein sehr richtiges und geübtes
Gefühl für äufsere Schicklichkeit und eine auszeichnende Gabe des
schnellen Auffassens und des Wiedergebens durch die Rede,
welche durch Leichtigkeit und oft durch Anmuth des Ausdruckes
sich zeigen. — Auffallend ist es sogar in den mannichfaltigen und
in anderweitigen Beziehungen so äufserst grell contrastirenden
Schilderungen welche frühere Beobachter von den Sitten der
Hauptstadt gegeben haben, hinsichtlich dieses Punktes ein fast ein-
stimmiges Urtheil zu finden. Dafs aber diese gesellige Bildung,
wie von der Mehrheit früherer Berichterstatter behauptet wird, ein
äufserlich Angelerntes sei, und dafs sie ausschliefslich dem Einflusse
verdankt werde, welchen Französische Bildung hier frühzeitig
habe ausüben können, wird nach eigener Erfahrung durchaus unwahrscheinlich. Nur an den äufsersten Formen des geselligen

Umganges erkennt man diesen Ursprung, die wesentlicheren und bedeutsamern Sitten sind aber durchgängig herbeigeführt durch die aus der Verfassung des Landes entspringenden Lebensverhältnisse und tiefer und ursprünglicher begründet in dem moralischen Temperamente der Nation, äufsern sie sich aufs deutlichste bereits in Bau und Ausbildung der Landessprache. — Ein hoher Grad der Begehrlichkeit für äufsere Glücksgüter, ein der Russischen Nation mit anderen Völkern orientalischen Ursprungs gemeinschaftlicher, mächtiger Hang zum Prunkenden und zur Befriedigung der Anforderungen des Luxus, welcher mit zunehmendem Reichthume der Hauptstadt immer höher gesteigert wurde, erregten in den einzelnen Individuen die lebhaftesten Interesse, welche einander um so schroffer und feindseliger entgegentraten, als die Verhältnisse einer absoluten Regierungsform ein ungehindertes und freieres Rivalisiren unmöglich machten. — Äufsere Selbstverleugnung, ein unter den Stürmen eigener und fremder Leidenschaften geschickt lavirendes Benehmen wurden daher hier mehr als in anderen Ländern zum Bedürfnifs und trugen um so leichter die Früchte eines gewandten und klugen geselligen Verhaltens, als dazu im ursprünglich Herkömmlichen und in der Sprache des Landes bedeutend befördernde Eigenthümlichkeiten sich vorfanden. Die nähere Kenntnifs der unteren, in ihrer Originalität völlig beharrenden, Klassen des Volkes läfst über den Ursprung dieser Talente keinen Zweifel. Frühere Beobachter haben sich täuschen lassen durch den damals in Petersburg häufigen Gebrauch Französischer Rede; seitdem aber nach immer allgemeiner werdender Aufgebung dieses Gebrauches bei Anwendung der Landessprache eine noch bei weitem gröfsere Biegsamkeit und Geschicklichkeit des Ausdruckes wahrgenommen wird, kann man die originelle Bildung der geselligen Sitten noch weniger verkennen.

Wollte man auch in Bezug auf sein Verhältnifs zur Wissenschaft über den in Rede stehenden Theil der Nation ein allgemeineres Urtheil versuchen, so ergäbe sich etwa, dafs eine leicht erregbare aber nur oberflächliche Wärme zwar schnelles Auffassen des für ein bestimmtes Erkennen nöthigen Standpunktes und leichtes Aneignen wissenschaftlicher Resultate begünstigt, dafs aber nur selten das tiefer begründete mächtigere Gefühl für Wahrheit gefunden wird, welches anhaltende eigene Forschungen allein veranlassen kann.

Auf eine entschiedenere Weise findet man Vorliebe und oft Talent für mathematisches Wissen und es hat sich dieses vorzüglich bewähren können, seitdem durch die Werke des Admiral **Gamalei** verschiedenen Theilen dieser Disziplin eine sehr glückliche Darstellung in Russischer Sprache geworden ist und, auf diese begründet, in den mannichfaltigen Erziehungsinstituten der Hauptstadt ein angelegentlicher Unterricht wirksamer wurde. — Wenn man nun hier im Allgemeinen das verständige Urtheil vor dem Ausspruche des Gefühles vorherrschen und eine Neigung zum positiven und abgeschlossenen Erkennen weit häufiger findet, als den Zweifel, welcher eigene Forschung veranlaſst, so dürfte mit dieser geistigen Richtung die religiöse Stellung des betrachteten Theiles der Nation in sehr inniger Wechselbeziehung stehen, ja es ist sogar schwer zu entscheiden, welche von beiden als das Ursprüngliche und Ursachliche zu betrachten sei.

Gleich häufig und einander schroff und unvermittelt entgegen tretend, gewahrt man hier bald ein durchaus orthodoxes und gewissenhaftes Festhalten an den Lehren und Gebräuchen der Griechischen Kirche, bald einen unbedingten dialektischen Unglauben. Die sehr mannichfaltigen religiösen Sekten, welche innerhalb der unteren Volksklassen sich ausgebildet und die schroff sich berührenden Extreme vermittelt haben, erstrecken sich nie zu der bevorrechtigten Klasse der Hauptstadt. —

Auch in den neueren Leistungen der Russischen Dichtkunst äuſsert sich sehr auffallend eine vorzugsweise verständige Richtung. Für das Romantische fehlt es sowohl an Neigung, als auch an rein originellen Leistungen, während sehr bedeutende Talente für historische besonders aber epigrammatische Dichtung wirksam waren und einer allgemeinen Anerkennung genossen. Diejenigen Werke **Puschkin's** welche Schilderung des Russischen Volkscharakters in seinen mannichfachen Gestaltungen zum Zwecke haben, sind durch getreues Auffassen und Schärfe des Urtheils, besonders aber durch äuſserst gewandten und leichten Ausdruck bedeutsam ausgezeichnet; noch erheblicher aber erschien uns die dramatische Dichtung: **Góre ot umà** (Leiden der Verständigen), in welcher **Gribajedow** die bestehenden Verhältnisse und Lebensansichten der gebildeteren Stände Russlands geistreich aufgefasst und, mit dem im übrigen **Europa** Herrschenderen sie parallelisirend, sehr gelungen dargestellt hat. Obgleich nur durch Abschriften sich verbreitend, war dieses dramatische Gedicht zu einem Gegenstand allgemeinster Aufmerksamkeit und Anerkennung geworden. *) Bei der Erwähnung dieser so wie ähnlicher litterarischer Erscheinungen an anderen Stellen des Tagebuches ist nicht die Absicht, durch so fragmentarische Bemerkungen einen Begriff von der **Russischen** Litteratur zu geben, sondern nur Eigenthümlichkeiten einzelner bedeutenderer Schriften hervorzuheben, in welchen Züge des Volks- oder des Landes-Charakter bestimmter ausgesprochen erschienen. **)

Die grofsentheils sehr wohlhabenden **Deutschen** und anderweitig ausländischen Kaufmannsfamilien, welche unter dem Namen **ausländischer Gäste** (**inostránnic gósti**) zum Theil seit vielen Generationen in **Petersburg** leben, bilden einen von den vorher betrachteten scharf getrennten Theil der Bevölkerung. —

---

*) Zeither ist dieses Lustspiel gedruckt und auf den Theatern zu **Moskau** häufig aufgeführt worden.

) Eine Bibliothek in **Petersburg, welche ausschliefslich auf Werke in **Russischer** Sprache beschränkt ist, besafs im Jahre 1828 für

Sogenannte **schöne Litteratur und Beredsamkeit**	4250 Werke.
Geschichte	1225 -
Theologie	1081 -
Philosophie	678 -
Sprachwissenschaft	616 -
Rechtswissenschaft	548 -
Eigentlich mathematische Wissenschaften	519 -
Medizin	452 -
Geographie	405 -
Politik	292 -
Naturwissenschaften	239 -
Ökonomie	219 -
Technologie	132 -
Schöne Künste	117 -
Periodische Schriften, abgeschlossene . . .	113 -
- - noch fortgesetzte . .	38 -

in Allem also **10924** Werke.

Nach eklektischer Annahme solcher **Russischen** Sitten, die ihnen entweder an und für sich vortheilhaft oder der besonderen Beschaffenheit ihrer neuen Heimath angemessen erschienen, behielten sie im Übrigen die Lebensart ihres Vaterlandes völlig ungeändert bei, und werden daran durch keine äufsere Beschränkung gehindert. Die **Russische** Rede erlernen sie meistens nur insoweit als Geschäftsverbindung mit Einheimischen sie unumgänglich dazu nöthigt, zugleich aber erhalten sie sich so vollkommen im Besitze ihrer Muttersprache, dafs man namentlich von den in **Petersburg** ansässigen **Deutschen** die etwas paradoxe Behauptung aufstellen hört: die unter ihnen ausgebildete Mundart sei richtiger und reiner als sämmtliche in **Deutschland** selbst gebräuchlichen. Ein meist bedeutendes Vermögen gewährt dieser Klasse von Bewohnern der Hauptstadt im Wesentlichen ganz dieselben Vortheile wie den früher erwähnten. Auch sie können Grundbesitz auf dem Wege einer Art von Erbpacht erlangen und es unterscheidet sich die Art dieses Besitzes von dem der Adlichen nur dadurch, dafs er keine Leibeigenen verleiht, d. h. also ohne minder vortheilhaft zu sein, von einer für den **Europäischen** Standpunkt gehässigen Eigenthümlichkeit frei ist.

Die Zahl dieser Ausländer ist bedeutend genug, um dafs eigene Kreise des Umganges sich bilden konnten, die jedoch von den **Russen** nie besucht werden. Vieles trägt hierzu die theils noch unmittelbar vorhandene und unterhaltene, theils als ein Unbewusstes noch nachwirkende Meinung bei, nach welcher die mit der **Griechischen** Kirche in offenen Widerspruch getretenen Christen, als sündhafte Ketzer betrachtet werden, mit denen jede unnöthige Gemeinschaft zu vermeiden sei.

Eine Mahlzeit zu halten ohne vor einem zu diesem Zwecke gegenwärtigen Heiligenbilde sich zu bekreuzen, gilt unter den vornehmeren **Russen** den Einen als sündhaft, Anderen wenigstens als eine unschickliche Abweichung von der durch Herkommen geheiligten Landessitte, und da nun die zur evangelisch-reformirten Kirche sich bekennenden Ausländer, grade wegen laut werdender Opposition, es für unziemend halten, derselben auch nur äufserlich sich zu fügen, wird die Trennung zwischen ihnen und den **Russen** zu einer bestimmter begründeten. Es ist jedoch dem oben Erwähnten zu Folge wahrscheinlich, dafs diese Trennung auch ohne so besondere Veranlassung spät erst auf eine durchgreifende Weise sich vermitteln würde.

Ohne sich selbst eines erklärenden Grundes zu der mannichfachen Verschiedenheit einzelner Neigungen und Gebräuche klar bewufst zu werden, halten auch die vornehmen Russen zum Behufe eines nöthig gewordenen allgemeineren Ausdruckes sich oftmals als an einen Unmittelbaren, an die in den unteren Volksklassen noch erhaltene sprichwörtliche Tradition: „Was dem Russen heilsam sei, bringe dem Deutschen den Tod," (Tschto Rúfskomu sdarówo, to Njémzu smèrt), wo denn, wie es in der älteren Volkssprache gewöhnlich, der jetzt ausschliefslich für die Deutschen gebräuchliche Name Njemez, seinem etymologischen Sinne nach genommen und dabei an einen Stummen d. h. der Russischen Rede nicht Mächtigen oder Ausländer überhaupt gedacht wurde.

Es bleiben nun noch einige Erfahrungen mitzutheilen über die Lebensverhältnisse einer Klasse der Bewohner von Petersburg, die ihre nationelle Eigenthümlichkeit noch durchaus ungetrübt erhalten hat und welche, nicht so wie die früher betrachteten Klassen durch ihre politische Stellung auf eine bestimmte Bahn der Entwickelung beschränkt, einer kaum vorher zu sehenden Ausbildung noch fähig zu halten ist.

Da die Gesammtheit der begüterten Bürger, ihren Lebensverhältnissen nach, mit der zu ihnen gehörigen besonderen Klasse der Kaufleute durchaus übereinkommt, die Anzahl dieser letzteren aber in der Hauptstadt bei weitem überwiegend ist, so wird es genügen, nur diese etwas näher zu betrachten.

Unter den *S*lavischen Völkerschaften hat der Hang zu einem unstät wandernden Leben, vermöge dessen es ihnen möglich würde der natürlichen Vorzüge getrennter Landstriche gleichzeitig oder nach einander zu geniefsen, schon sehr frühzeitig sich geäufsert. Je mehr das Gebiet der von ihnen in festen Besitz genommenen Länder sich erweiterte, desto mehr wurde der Austausch der Produkte entlegener Gegenden erleichtert und mit um so gröfserem Eifer war man bemüht. des Handels wegen unternommene Reisen an die Stelle früherer Wanderungen der Einzelnen treten zu lassen. Bereits in den ersten schriftlichen Denkmalen Russischer Geschichte hört man daher des Standes der Kaufleute als eines sehr bedeutsamen und wichtigen erwähnen. Nur durch die betriebsame Thätigkeit der reisenden Händler wurde man schon damals auch an den Mittelpunkten des Reiches der erspriefslichen Folgen einer bedeutenden Ausdehnung des Landes sich bewusst, und indem das Individuum in den Besitz der mannichfaltigen heterogenen Produkte aller einzelnen Provinzen sich gesetzt sah, wurde der Begriff der Einheit des beherrschten Ganzen zu einem lebendigeren als er es, auf blofse Tradition gegründet, hätte sein können. — Ja sogar seine ersten Beziehungen zu den angränzenden Ländern des westlichen Europa verdankte das Russische Reich dem an gewissen Hauptpunkten statt findenden Zusammenfluss von Kaufmanns-Karawanen. Zuerst waren es einzelne dreistere Ausländer, welche, angelockt durch die geahndeten Vortheile des Handels, in das ihrer näheren Kunde bisher durchaus entrückte Land sich begaben. Eine diesen ersten Unternehmern zu Theil gewordene gastfreie Aufnahme, vorzüglich aber das bequeme Zusammenfinden der verschiedenartigen Produkte auf einzelnen Marktplätzen, veranlasste schnell weit ausgebreitetere Verbindungen und durch sie erfolgten dann die ersten politischen Verhandlungen Westeuropäischer Fürsten mit den Beherrschern des Russischen Reiches, welches erst seitdem in historischer Beziehung zu Europa gedacht wird.

Wenn man aber ganz im Gegensatze zu dieser Wichtigkeit des Kaufmannstandes für das Interesse des Landes, denselben weder äufserer Achtung noch vom Staate ihm zuerkannter Vorrechte geniefsen sieht, so lässt sich dieses nur erklären durch die Überzeugung der Regierung, es werde, in Folge eines natürlichen Hanges der Nation, auch ohne jede äufsere Ermunterung an Lebendigkeit des Handels nicht fehlen.

Nach der Menge ihres erlangten Vermögens sind die Kaufleute in drei Rangordnungen (Gildi) getheilt, denen aber eben so wie den in der Klasse der Staatsdiener vorhandenen Unterabtheilungen in Bezug auf wesentlichere Lebensverhältnisse eine nur nominelle Bedeutung zukommt. In diese Gilden oder Abtheilungen des Kaufmannstandes kann ein jedes nicht im Staatsdienst befindliche

Individuum sich einschreiben lassen, welches sein gleichzeitig anzugebendes Vermögen zu Handelsunternehmungen irgend welcher Art zu benutzen beabsichtigt, und es steht dieser Eintritt auf durchaus gleiche Art so wie den Freigeborenen, so auch denjenigen Leibeignen frei, welche eigenes Vermögen erlangt haben und die Besitzer ihres Geburtsortes anstatt durch unmittelbare Dienstleistungen, durch eine jährliche Abgabe zu befriedigen im Stande sind.

Auszeichnend für diesen Theil der Bewohner der Hauptstadt ist nun, daſs rein und ausschlieſslich auf Gelderwerb gerichtet, sie in Bezug auf äuſsere Ehre und Rangvortheile eine fast religiös gewordene cynische Lebensansicht hegen, im schneidensten Widerspruch zu den Grundsätzen der bisher erwähnten Volksklasse. Diese besondere Richtung gewahrt man zunächst schon sehr bestimmt durch die äuſsere Erscheinung der Russischen Kaufleute in Petersburg. Trotz des beständig gegenwärtigen Beispiels der mit ihnen gleiche Beschäftigungen habenden Ausländer, vermeiden sie es geflissentlich und durchaus nach freier Willkür, von ihrer einfachen und durch die Umgebungen höchst veraltet erscheinenden Nationaltracht im Geringsten abzuweichen. Mit sehr wenigen Ausnahmen tragen sie lange Bärte und nur in seltenen Fällen sieht man sie bequemere Europäische Kleidung anstatt des alterthümlichen weiten Rockes (Kaftàn) und eines ihn zusammenhaltenden Leibgurtes (Kuschak) anwenden. —

Es ist nun aber grade dieses halsstarrige Beharren der Kaufleute an der als geschmacklos erscheinenden Alterthümlichkeit, welche ihnen von den Beamten zum Vorwurf gemacht und von diesen oft als ein Beweiss der Unbildsamkeit der mittleren und unteren Volksklasse angeführt wird. Leicht könnten sie den, ihnen von der moderner Gebildeten gegebnen, unterscheidenden Ekelnamen Borodatschi oder Langbärte vermeiden, und es würde nicht fehlen, daſs ähnliche äuſsere Annäherungen sie in baldige gesellige Beziehungen brächten zu den bevorrechtigten Klassen, an die sie ein oft sehr bedeutendes Vermögen anschlieſst. Ebenso sieht man sie den oftmals von Seiten der Staatsdiener ihnen gemachten Vorwurf: sie wissen von ihren mühsam erlangten Glücksgütern keinen zeitgemäſsen und würdigen Gebrauch zu machen, durch alterthümliche Einfachheit ihrer diätetischen Sitten rechtfertigen. Selbst die Reichsten unter ihnen enthalten sich gewisser sinnlichen Lebensgenüsse, blofs weil diese, nicht dem altväterischen Gebrauche gemäfs und das Gepräge eines modernen Leichtsinnes tragend, mit ihrem Hauptzwecke dem alterthümlichen Handelsverkehre unverträglich seien. Diese diätetischen Grundsätze sind in so vollkommener Übereinstimmung mit ihren stets sehr strengen religiösen Ansichten, dafs es hier wiederum schwer wird zu entscheiden, welches das Ursachliche des Verhältnisses sei.

So durchaus als ein antikes Element des Staats-Ganzen beharrend, bestreben sich die Kaufleute auch nie mit denen durch ihre Haupttendenz ihnen entfremdeten Staatsdienern auf anderem Wege zu rivalisiren oder durch das höchst wirksame Mittel eines grofsen Vermögens eine Art von äufserer Angesehenheit sich zu verschaffen. Geflissentlich beschränken sie ihren vertrauteren Umgang auf die durch gleichartige Bestrebungen und Ansichten mit ihnen verbundenen Bürger, unter denen sie keine besondere Auswahl je nach der sehr verschiedenen Menge der von ihnen erlangten Glücksgüter machen. Der Umstand, dafs fast ein Jeder von ihnen allmählich übergeht von der auf einen kleinen Kreis beschränkten Betriebsamkeit eines Láwotschnik oder Krämers zu den grofsartigeren Unternehmungen eines Kaufmanns der höheren Gilden, unterhält den Begriff einer durchgehenden Gleichheit des ganzen Standes.

Auch bei diesem Theile des Volkes zeigt sich eine grofse Gewandtheit des gesellgen Benehmens, und gefälliger Formen in Rede und Umgange sind die niedrigsten unter ihnen auf eine Weise beflissen, welche man bei ähnlich Beschäftigten in Deutschland selten finden möchte; ein Umstand der um so mehr auffällt, da doch die Letzteren, was durch Unterricht erlernbare Bildung betrifft, in einer weit günstigeren Lage sich befinden. Eine sehr auszeichnende Sanftmuth des Benehmens und eine alterthümlich einfache Vertraulichkeit in Rede und Umgang machte uns stets die äufsere Erscheinung dieser Russischen Kaufleute zu einem unwillkürlich Anziehenden. Ihre intellektuelle Bildung beschränkt sich zunächst darauf, dafs Alle, wie sie mit Beibehaltung der ursprünglichen Griechischen Benennung es ausdrücken: Grámmotnie oder Schriftkundige sind, oder Grámmata snájut d. h. die Schrift verstehen. — Diese meist nur durch eigenes Befleifsigen ohne Unterricht erlangte Kenntnifs wird ihnen zuförderst zum Mittel eines fleifsigen und angelegentlichen Studium der heiligen Bücher, auf welches Alle, bei für sie charakteristischer Frömmigkeit einen hohen Werth legen. Hierdurch erweckt und begünstigt durch eine sorgenlose und dennoch sie in vielseitige Berührung mit der Aufsenwelt bringende Lebensart, so wie durch oftmalige und zum Theil weit ausgedehnte Reisen, haben sie fast immer eine grofse Neigung zum Lesen überhaupt. Leider aber wird dieser lebendige Trieb bei dem Vorhandensein einer zwar mannichfaltigen, aber noch in keinem einzelnen Zweige consequenter ausgebildeten Litteratur, meist nur durch den Zufall geleitet. Ein Russischer Schriftsteller könnte sich wahrhaft unsterbliche Verdienste erwerben, wenn er die meist äufserst rege Wifsbegierde, die seltene Leichtigkeit und die glückliche Mufse dieser Volksklasse benutzend, durch eine für sie bestimmte zweckgemäfs angeordnete Encyklopädie sie schnell zu einem unausbleiblichen Grad gediegener Bildung erhöbe. Gegen eine solche Beförderung hätte man nicht, wie man es von vorne herein etwa vermuthen könnte, ein Hindernifs von Seiten einer religiösen Abgeschlossenheit gegen weitere Bildung zu erwarten, vielmehr sieht man, trotz des angebornen Hanges zum Dogmatischen, diese Volksklasse stets zu eigenem umbildenden und erschaffenden Nachdenken geneigt, wie es denn die grofse Mannichfaltigkeit der unter ihnen bestehenden religiösen Sekten genugsam beweisst.

Diese Russischen Bürger sind die Einzigen welche, minder unmittelbar von dem Staatsprinzipe befangen und weniger damit durch Privatinteresse verknüpft, über die Verhältnisse der vaterländischen Verwaltung, ja über die ausländische Welt, an eigener Beurtheilung Geschmack finden und dieselbe gegen einander auszutauschen lieben. Bei höchst kargen Mitteln zur Erkenntnifs des Auslandes ist ihr Politisiren oft ein höchst romantisches, denn der auch hier sich äufsernde Hang, alle Erscheinungen schnell und leichtsinnig unter bekannte Formen zu ordnen und der unwillkürliche Glaube an einer Einseitigkeit alles Bestehenden, läfst sie sich Vorconstructionen vom Auslande machen welche nur auf ihre Erfahrungen innerhalb Russlands begründet, oft sehr abenteuerlich ausfallen. An diesen vorgefafsten Meinungen hangen sie aber so fest, dafs bei Begegnungen mit Fremden die unerwartet nöthigen Berichtigungen von ihnen schwer angenommen werden.

Bei den so direkt entgegengesetzten Treiben und Ansichten, welche innerhalb der Klasse der Kaufleute und der der Beamten herrschend sind, scheint es man habe ein besonderes Gewicht zu legen auf die sehr bestimmte Erfahrung, dafs diese Verschiedenheit nicht eine durch Geburt sich vererbende sei, sondern dafs vielmehr die anscheinend so heterogenen Richtungen durchaus gleichzeitig in dem Volkscharakter begründet sind, so dafs nur die eine oder die andere sich alleinherrschend entwickelt, je nachdem die zufällig angenommene politische Stellung des Individuums hierzu den Beweggrund abgiebt. Sehr häufig ist es nämlich jetzt, dafs Söhne von Kaufleuten in den Staatsdienst eintreten, und diese sieht man dann stets die ihnen nach Geburt und erster Erziehung durchaus fremden Ansichten so schnell und vollständig sich aneignen, dafs sie auf ununterscheidbare Weise mit der Klasse der Beamten sich verschmelzen. Schwerlich ist daher auf eine jemalige Vermittelung beider Klassen durch diese Ereignisse zu rechnen, eben so wenig als eine Annäherung erfolgen möchte durch den scheinbar dahin führenden Umstand häufiger Ehen zwischen Beamten und den Töchtern der Kaufleute. Auch diese führen nur für das betroffene Individuum äufserst grelle Wechsel der äufseren Lebensart herbei, bleiben aber für die Sitte der durch Verwandtschaft verbundenen Familien durchaus ohne Wirkung.

Sehr bestimmt durch Schönheit und eine reiner erhaltene Nationalphysiognomie vor den Frauen der höheren Stände ausgezeichnet, erkennt man die Frauen des Kaufmannsstandes in Petersburg auch aufserdem durch die von ihnen bald völlig bald in einzelnen Stücken beibehaltene Nationaltracht. Namentlich, wie man es überall bei alterthümlichen Volkssitten wahrnimmt, wird auch hier die Tracht des Haupthaares und der Kopfputz zu einem Hauptgegenstande der Unterscheidung. Wie bei den Reicheren unter ihnen eine grofse Vorliebe zu gediegner Pracht sich äufsert, sahen wir namentlich während einer Feierlichkeit, die in der Hauptstadt so rein und so durchaus im Gegensatze mit modernen

I. Band.

Begriffen beibehalten zu sehen man wohl kaum erwarten sollte. Nach einem, in den oberen Volksklassen mehr versteckt nachwirkenden, in den mittleren und unteren aber durchaus unverändert beibehaltenen, **slavischen** Gebrauch, bedient man sich zur Vermittelung der Ehen, der sogenannten *Swachi* oder **Freiwerberinnen**, welche den Männern ihrer Bekanntschaft Heirathsvorschläge zu machen stets im Stande sind. Dem auf solche Vorschläge zunächst erfolgenden Suchen näherer Bekanntschaft wird gewöhnlich im Hause der Ältern auf eine durchaus unumwundene Weise genügt, welche selbst dann, wenn die beabsichtigte Ehe nicht zu Stande kommen sollte, für nicht anstößig gehalten wird. Auffallender aber ist es, hier unter dem Kaufmannsstande in **Petersburg** zu demselben Zwecke eine öffentliche Feierlichkeit als ein bestimmtes Institut bestehen zu sehen. Alljährlich am 26. Mai (14. Mai a. St.) versammeln sich die Mädchen dieser Volksklasse an einem dazu öffentlich bestimmten Platze des **Sommergartens**, zu einer förmlichen und sogenannten **Brautschau** (**Newésdin Smótr**). Mit orientalischem Luxus sehr reich geschmückt stehen die heirathsfähigen unter ihnen längs der Baumgänge des Gartens zu langen Reihen geordnet, und hinter einer jeden der zukünftigen Bräute die übrigen Mitglieder ihrer Familie und die vermittelnden **Freiwerberinnen**. Den vorübergehenden Männern aber steht es frei, mit einer Jeden der Mädchen in Gespräch sich einzulassen und nach Erkundung der gegenseitigen Lebensverhältnisse, werden oft Eheversprechungen sogleich abgelegt.

Was die eigenthümliche Thätigkeit der in Rede stehenden Volksklasse betrifft, so ist die Führung ihrer kaufmännischen Geschäfte, wie wir schon andeuteten, noch eine weit unmittelbarere und einfachere als man es jetzt in anderen Ländern zu sehen gewohnt ist. **Eigne Reisen**, Tauschhandel oder doch unmittelbare Bezahlung ersetzen hier meistentheils die sonst üblichen Geschäftsbriefe und Wechsel. Zwar wird der ausländisch-Europäische Ausfuhrhandel meistens durch die in **Petersburg** ansässigen fremden Kaufleute betrieben, dennoch aber hat bei der großen räumlichen Ausdehnung des Reiches, auch für das Inland die Einfachheit der angewandten Verbindungsmittel etwas Befremdendes. Ganz besonders ist dieses der Fall mit der **Russisch-Amerikanischen**

Handels-Compagnie, deren Geschäftsverzweigungen bis auf die
möglichst entferntesten Theile der Erde sich erstrecken und deren
in Petersburg ansässige Mitglieder man dennoch völlig in dem
Sinne des nationellen Kaufmannsstandes sich verhalten sieht. Der
jetzige Vorsteher der kaufmännischen Angelegenheiten dieses großs-
artigen Institutes, ist in Sibirien geboren und erinnert sich noch
sehr bestimmt seiner ersten Handelsreisen, bei welchen er die von
Irkuzk nach Petersburg zum Theil für fremde Rechnung zu
befördernden Theevorräthe als Aufseher der Karawanen (obósi)
persönlich begleitete. — Nur in Bezug auf die Offiziere der Flotte,
welchen, ohne einen vorhergegangenen Austritt aus dem Staatsdienste, von der Compagnie die Führung ihrer Schiffe anvertraut
wird, hat dieselbe von den Staatsbehörden einige äußere Formen
der Verwaltung angenommen; für ihre wesentlicheren Handelszwecke
aber gestaltet sich die Corporation auch jetzt noch als ein eben
so selbstständig gebildetes als eigenthümliches Ganze. — Verbindungen mit den in Petersburg ansässigen Mitgliedern der Amerikanischen Compagnie wurden allgemein von hoher Wichtigkeit für die Zwecke einer Sibirischen Reise gehalten, und bei
dieser Gelegenheit machten wir eine Erfahrung, welche den bei
diesem Handelsvereine üblichen Geschäftsgang näher charakterisirt.
Es wurde nämlich für unausführbar gehalten, uns Anweisungen
auf Geldsummen zu geben, die in den entfernteren Sibirischen
oder Amerikanischen Niederlassungen der Compagnie zu erheben wären. Der Handel sei ein so ausschließlicher und bestimmter Waarentausch, daß man nicht mit Sicherheit darauf
rechnen könnte, an einem der entlegenen Mittelpunkte desselben
disponible Capitalien, selbst von der Geringfügigkeit des in diesem
Falle Benöthigten, vorzufinden. Die Sibirischen Stationen der
Compagnie seien nur als Speditionsörter für die durch Landtrans-
port zu befördernden Waaren zu betrachten, den Amerikanischen Niederlassungen aber fehle es so durchaus entschieden an
jeder andern als Russischen Münze. daß für einen von dort
über See Gehenden, die Auszahlung eines Wechsels etwa nur in
dortigen Landesprodukten (Pelzwaaren) erfolgen könne.

Die Richtigkeit dieser Angaben war um so weniger zu bezweifeln, als in jeder anderweitigen Beziehung man die gastfreiste

und dankbarst anzuerkennende Bereitwilligkeit zur Beförderung unseres Unternehmens bezeigte. Die Mitglieder der Compagnie gaben uns schriftliche Empfehlungen an ihre in Sibirien ansässigen Handelsfreunde, und diese Unterstützung vermochte um so weniger durch eine von der Regierung ausgestellte Bevollmächtigung ersetzt zu werden, als an jenen entfernteren Punkten des Reiches der Kaufmannsstand, noch mehr als in der Hauptstadt, selbstständig und unabhängig sich erhält.

Aufserdem aber war man sogar geneigt, die Ausdehnung unserer Reise bis zu den von der Amerikanischen Compagnie ausschliefslich eingenommenen Landstrichen als besonders erwünscht zu betrachten, weil ein jeder etwanige Beitrag zur Kenntnifs der natürlichen Verhältnisse dieser Gegenden, förderlich für die Zwecke der Corporation erachtet werde. Diese aufgeklärte Ansicht von ihrem wahren Interesse hat die Amerikanische Compagnie durch eine in Petersburg aufbewahrte Sammlung natürlicher und künstlicher Erzeugnisse der ihrer Verwaltung anvertrauten Besitzungen schon lange bethätigt. Ausgestopfte Exemplare der Pelz- und Seethiere, deren Erlegung daselbst zum vorzüglichsten Gegenstand der Industrie geworden ist, eine vollständige Sammlung der bei diesem Gewerbe gebräuchlichen Waffen und Werkzeuge, und Proben von den verschiedenartigen Gestalten, welche man, durch Bearbeitung an Ort und Stelle, den einzelnen Naturerzeugnissen giebt, die Gegenstand des Handels geworden sind, gewährten uns schon hier eine interessante Einsicht in die Verhältnisse dieser Gegenden. Aber auch für nicht so direkt mit den dermaligen Bestrebungen der Compagnie in Verbindung stehende Erkenntnifs hat dieselbe eine weise Aufmerksamkeit bezeugt, indem sie ihre von der Hauptstadt entfernten Mitglieder auch zur Einsendung der mineralischen Produkte ihrer Wohnorte und der für die Ethnographie derselben ersprieslichen Gegenstände aufforderten. —

Was nun endlich die unterste Klasse des Russischen Volkes betrifft: die Handarbeiter, welche an Privatleute theils für Geld sich verdingen, theils trotz eigner Erwerbsunternehmungen dennoch weit mehr als die leibeignen Kaufleute in unmittelbarer und beständiger Abhängigkeit von den Personen, denen sie als Leibeigne angehören, verbleiben, so wird eine nähere Kenntnifs derselben erst auf die aufserhalb Petersburg, im Übrigen des Reiches gemachten Erfahrungen sich begründen lassen.

Als eines der Hauptstadt eigenthümlichen Theiles dieser Volksklasse haben wir aber hier derjenigen Männer zu gedenken, die unter dem Namen Artéltschiki oder Verbrüderte vorzüglich bei den reicheren ausländischen Kaufleuten als Boten und Diener sich verdingen. — Namentlich ist man bei Zahlungsgeschäften bemüht, die Mitglieder der zu diesem Zwecke entstandenen Brüderschaft als Diener anzunehmen und einen weit bedeutenderen Lohn als sonst in Russland gebräuchlich ist, ihnen defswegen zu ertheilen, weil eine durchaus unverbrüchliche Treue sie auszeichnet. Die Gesammtheit dieser Männer, deren jeder aufser dem etwa durch eigne Betriebsamkeit Erlangten völlig ohne Besitzthum ist, verpflichtet sich für die einzelnen ihr sich anschliefsenden Mitglieder und diese Art der Bürgschaft hat genugsam sich bewährt, um dafs man den einzelnen Artéltschiki die bedeutendsten Geldsummen zur Beförderung oder Auszahlung durchaus sorglos anvertraut. Noch oftmals werden wir der Neigung durch ähnliche Verbrüderungen (Artéli) behufs eines sicherer zu gewinnenden Lebensunterhaltes sich zu verbinden, als einer bei dem Russischen Volke uralten, zu erwähnen haben, und werden sehen wie sie noch jetzt auf mannichfaltige Weise bei den verschiedensten Modifikationen der Lebensart sich bewährt. — Ihren Sitten und Grundsätzen nach schliefsen übrigens die Artéltschiki den ärmeren unter den Russischen Kaufleuten sehr nahe sich an.

Leibeigne, welche auf dem Lande geboren, in der Hauptstadt eines selbstständigen Erwerbes sich gewifs halten, werden von ihren Herren mittels Entlassungsscheine, die auf eine jedesmal bestimmte Zeit beschränkt sind, zum Auswandern berechtigt. Gelingt es ihnen einen reichlicheren Lebensunterhalt zu erlangen, so wird meistens der gegebene Urlaub willig verlängert und oft werden sie auf diesem Wege zu bleibenden Einwohnern von Petersburg. Dahin gehören z. B. die Fuhrleute (Iswóschtschiki) welche auf den Strafsen haltend, durch Miethsfuhren innerhalb der

Hauptstadt sich ernähren. Die Pferde und Fuhrwerke sind meistens das Eigenthum der Lenker. — Während des Winters soll ihre Zahl bedeutend sich vergrößern, weil die dann gebräuchlichen, gänzlich aus Holz gebauten Schlitten von den zur Stadt kommenden Bauern selbst angefertigt und daher leichter erlangt werden können als die Dróschki d. i. die in Federn hangenden, eleganteren Fuhrwerke des Sommers. *) Die Besitzer dieser letzteren beginnen gewöhnlich ihr Gewerbe in einem der entlegneren Stadttheile, wo ältere und abgenutztere Fuhrwerke gebräuchlich sind, welche sie für einen geringen Preis sich zu verschaffen vermögen. Später wird durch eigne Betriebsamkeit die Anschaffung eines eleganteren Wagens ihnen möglich, mit welchem sie, zu höheren Forderungen sich berechtigt haltend, in den Hauptstraßen ihrem Erwerbe nachgehen. Es ist keine bestimmte Taxe für diese Jswóschtschiki oder Miethsfuhrleute festgesetzt; dennoch aber haben durch Concurrenz allmählig zum Gebrauch gewordne und immer zu der Güte des vom Vermiether dargebotene Fuhrwerks verhältnißmäßige Preise so bestimmt sich eingeführt, daß nur gegen unkundige Ausländer dieselben zu überschreiten versucht werden. Dieses Fuhrlohn ist für den Sommer von der Art, daß es den Jswóschtschiki einen sehr einträglichen Erwerb zusichert, und namentlich fanden wir es trotz ungleich geringerer Bedürfnisse und Auslagen der Verdienenden, nahe gleich mit dem in Berlin gebräuchlichen: 0,8 Rubel für die Fahrten von etwa einer Viertelstunde. Im Winter aber wird es durch verstärkte Concurrenz bedeutend verringert.

Ganz auf gleiche Weise besteht das Gewerbe der Fährleute,

---

*) Dróschka ist das Diminutivum von Dróga, dem Namen eines jetzt nur noch in einigen Gegenden Sibiriens gebräuchlichen Räderfuhrwerks, bei welchem man die zu befördernden Gegenstände dadurch gegen Erschütterungen sichert, daß man die zwei parallelen Holzstücke, welche die Last tragen und beide Axen des Wagens verbinden (Langbäume) möglichst lang, nachgiebig und federnd auswählt. Drógi mit 16 bis 20 Fuß langen Tragbalken sahen wir in dem gebirgigen Theil des Permschen Gouvernements noch häufig als Reisefuhrwerk anwenden, nur die geringe Schroffheit der Uralischen Berge erlaubt dieses (in alpinischen Gebirgen unanwendbaren) Hülfsmittels sich zu bedienen. Die Benennung ist von drojitj (zittern, schwanken) abgeleitet.

welche an einzelnen Stellen der Newa und ihrer Arme, ihnen eigens gehörige Kähne theils zum Übersetzen, theils zu weiteren Wasserfahrten vermietheten. Auch diese sind eingewanderte Bauern, welche während des Winters theils nach ihrer Heimath zurückkehren, theils gewisser anderer Zweige der Industrie sich befleissigen. — Ein hoher Grad von Nachahmungstrieb und von einer natürlichen Handgeschicklichkeit bewirken nämlich beim Russischen Volke, dafs fast ein jedes männliche Individuum irgend eine der Kunstfertigkeiten sich aneignet, die im westlichen Europa als besondere Handwerke und als ausschliefsliche Beschäftigungen betrieben werden. Handarbeiten welche, in Folge dieses Umstandes, als ein Nebenerwerb von Leuten der untersten Volksklasse angefertigt werden, sind es welche die Russischen Händler in den Niederlagen des Gostini dwor zu so ungemein geringen Preisen feil bieten. — Erwägt man die besondere Entstehung dieser Art von Kunsterzeugnissen und die unglaubliche Geringheit der den Anfertigern zu Gebote stehenden Mittel, so mufs man freilich bewundern, wie vollkommen die verschiedenartigsten und selbst die künstlichsten unter ihnen den als Vorbild genommenen West-Europäischen Arbeiten äufserlich entsprechen. In den meisten Fällen macht man aber die sehr bestimmte Erfahrung, dafs diese vollkommene Nachahmung auch nur eine äufserliche ist, und dafs bei Erzeugnissen von erwähnter Entstehung, die unglaubliche Wohlfeilheit sich einigermafsen erklärt durch Anwendung werthlosen Materiales und durch eine höchst flüchtige Ausführung aller derjenigen Theile, die nicht unmittelbar vom Käufer gesehen und gewürdigt zu werden vermögen. — Es ist hierdurch in Petersburg fast sprichwörtlich geworden, die Arbeiten der hier, meist ausländischen, sogenannten zünftigen Meister (zekowúie mástuira), denen im Gostini dwor feil gebotnen, improvisirender Handarbeiter Russischer Abkunft entgegen zu stellen. Bei Gleichheit der Entstehung machen jedoch eine sehr bestimmte Ausnahme von der gewöhnlichen Gehaltlosigkeit dieser Handarbeiten, diejenigen welche gewissen von früher Zeit an landesüblichen Zweigen der Industrie angehören, so namentlich alle Lederarbeiten und alle zum Fuhrwesen gehörigen Gegenstände; denn für diese sieht man mit auffallend geringen Preisen stets auch eine grofse Vollkommenheit und Zweckmäfsigkeit in Verbindung. — Durch letzteren Umstand wird also dennoch erwiesen, dafs der Lohn für vergleichbare Arbeiten in Russland bei weitem geringer sei, als in den Ländern des westlichen Europa. — Es mag aber dieses Verhältnifs grofsentheils erklärbar sein durch die ausgezeichnete Genügsamkeit und die einfache Lebensart, welche man, selbst in der Hauptstadt, bei den mit Handarbeiten beschäftigten untersten Volksklassen, vielfach wahrzunehmen Gelegenheit hat.

So sahen wir die mit dem Fuhrwesen und mit der Flussschifffahrt beschäftigten Männer in den jetzigen oft noch empfindlich kühlen Frühlingsnächten unter freiem Himmel in ihren Wagen und Kähnen schlafen. Man ist bemüht gewesen den Fuhrleuten diese Lebensart möglich zu machen, indem Krippen zur Versorgung der Pferde an den Strafsenecken aufgestellt wurden, ja auch für den Winter gewähren ihnen die an gewissen Plätzen der Stadt unterhaltenen Wachtfeuer die zur Beibehaltung der Sitte allein nöthige Erleichterung.

Die Kleidung dieser Volksklasse ist durchgängig eine so ursprünglich landesübliche, dafs sie mit gröfster Leichtigkeit erhalten, ja oft von den einzelnen Individuen selbst angefertigt wird, und eben so herrscht endlich bei ihnen die gröfste Einfachheit in der Nahrung und auch hier ist die Befriedigung des Bedürfnisses aufs Höchste erleichtert für einen Jeden, der mit dem Landesüblichen vorlieb zu nehmen sich entschliefst. In Petersburg sieht man beständig eine Menge und Mannichfaltigkeit von völlig zubereiteten Nahrungsmitteln auf den Strafsen feil bieten und trotz des geringen Preises welcher für dieselben besteht, veranlafst dennoch die Häufigkeit des Absatzes einen reichlichen Erwerb für die Verkäufer. Vorzüglich hat man der Anfertigung mannichfaltiger Getränke aus Pflanzenstoffen welche die Gegend darbietet, sehr erfolgreich sich befleifsigt. — Aufser den theils aus Cerealien, theils aus den Blättern anderer Gewächse (besonders Kohlarten), durch Gährung bereiteten Getränken, sieht man im Sommer noch das aus den Früchten von Vaccinium Oxycoccus (Rufs. Glúkwa) erhaltene so wie den alterthümlichen Meth (mjöd.) auf den Strafsen der Hauptstadt in zierlichen gläsernen Gefäfsen von eigens damit beschäftigten Verkäufern ausbieten; im Winter aber treten warme

Geträuke (sbítin) und deren Verkäufer (sbítinniki) an die Stelle der erwähnten. Ein durchgängig und zu allen Jahreszeiten in Russland gebräuchliches Getränk ist der Kwas, dessen Name vom Verbo kwásitj (gähren machen oder einsauern) abgeleitet ist; ein trüber, saurer noch in der Gährung begriffner Aufguſs auf geschrootetes Getreide. Sehr auffallend war es, daſs dieses durchaus fremdartige Getränk mir anfangs einen unmaſsgeblichen Widerwillen erregte, da doch wenige Wochen darauf eine eben so unwillkürliche Vorliebe sich einfand. Hier war es nicht die allmälige Gewöhnung des betroffenen Individuum, sondern vielmehr der gleichzeitige Einfluſs anderweitiger diätetischen Veränderungen der das anfangs Zurückstoſsende erfreulich machte.

Ein minder unmittelbares aber durch alten Gebrauch unerläſslich gewordnes Bedürfniſs sind die Dampfbäder. Auch für diese aber hat die Allgemeinheit des Verlangens eine sehr erleichterte Befriedigung veranlaſst. Badstuben von bedeutender Gröſse und mit allem Erforderlichen ausgestattet, sind in allen Theilen der Stadt für äuſserst geringen Preis allen denjenigen geöffnet, welche nicht scheuen, in Gesellschaft zu baden.

Der Sonnabend ist, mit einer fast religiös gewordenen Bestimmtheit, zu dieser Art des Genusses ausersehen und an diesem Tage sieht man familienweise die ärmere Volksklasse den gemeinschaftlichen Badstuben zueilen. Schon von fernher kündigt sich eine geheizte Badstube durch den eigenthümlich aromatischen Geruch an, welchen die von den Wasserdämpfen aufgeweichten belaubten Birkenzweige (Wénniki) verbreiten, deren man sich während des Bades zum Reiben der Haut bedient.

Es bliebe uns nun noch des Standes der Geistlichen zu erwähnen, um das Bild der in der Hauptstadt erscheinenden Lebensverhältnisse zu vollenden. Schon oben aber haben wir angedeutet, wie dieser Stand minder bestimmt eine eigne Gruppe der Bevölkerung bildet, als diejenigen welche wir bisher betrachtet haben. Nur die mit höheren kirchlichen Würden bekleideten Individuen sieht man gewöhnlich den Gesellschaften der bevorrechtigten Klasse sich anschlieſsen, während die niedere Geistlichkeit meistens mit der mittleren Klasse der Bevölkerung umgeht, als deren Repräsentanten wir die Russischen Kaufleute erwähnt haben. Die obenerwähnte Vorliebe dieser letzteren für die Kenntnifs der heiligen Bücher und für eine kirchliche Bildung macht ihnen den Umgang der Geistlichen wünschenswerth, deren Bildung ebenfalls sich kaum jemals über das von ihrem Stande nothwendig Geforderte hinaus erstreckt und welche daher, gleich wie die Kaufleute, ein durchaus antikes Element der Bevölkerung noch jetzt ausmachen. Im Allgemeinen bemerkt man aber auch schon hier in der Hauptstadt den für Russland so sehr charakteristischen Umstand, dafs, trotz hoher Achtung für das Religiöse und für die Satzungen der Kirche, die Geistlichen selbst keiner persönlichen Achtung geniefsen und daher auch nicht im Stande sind, jemals einen politischen Einflufs auszuüben oder eine von der fest bestehenden Richtung abweichende Denkungsart zu veranlassen.

Die Tracht des Haupt- und Barthaares bei den Geistlichen, unterscheidet sie stets und auch aufserhalb ihrer amtlichen Thätigkeit von jedem anderen Stande: aufserdem aber zeichnen sie sich gewöhnlich aus durch eine von der modernen Russischen Rede etwas abweichende Art des Ausdruckes, zu welcher die von dem kirchlichen Gebrauche her ihnen geläufige alt-Slavonische Sprache sie veranlafst.

Ihre langen und meist hell-blonden Haare contrastiren in den Augen des ungewohnten Fremden sehr auffallend gegen die meist groben und kaum jemals edlen Gesichtszüge und machen dadurch einen widerlich anregenden Eindruck, gleichsam als liege etwas Natürliches und Unbewufstes dem Urtheile der Griechischen (und zum Theil auch der Römischen) Kirche zu Grunde dafs langes Haar ein Symbol geistiger Vorzüge sein solle, und als fühle man unmafsgeblich den hier Statt findenden Widerspruch desselben mit der übrigen Physiognomie der Russischen Geistlichen. —

Recht geflissentlich habe ich mich bemüht, für die so eben ausgesprochenen summarischen Ansichten über Lebensverhältnisse und Charakter der Bewohner der Hauptstadt, bei den äufseren Erscheinungen stehen zu bleiben, das Resultat einer durchaus empirischen Betrachtung zu geben. Politische Verhältnisse und Landesverfassung vermögen stets den Volkscharakter gleich gewaltsam und erfolgreich umzubilden; beschränkt man sich aber ausdrücklich auf

Anschauung des Concreten, äufserlich Wahrnehmbaren, so wird die Untersuchung dieses Einflusses, die Trennung des Ursprünglichen von dem Hinzugekommenen völlig ausgeschlossen. Es ist Sache des Beurtheilers der Reisebemerkungen, die Erscheinungen zu zergliedern und aus der Reihe des unpartheiisch Aufgefafsten, die angebornen und wesentlichen Charaktere des Volkes, vielleicht den Schlüssel zur künftigen Geschichte, zu sondern von den zu fällig hinzugekommenen, den Denkmalen und Abdrücken früherer Ereignisse. Möge es genügen, diesen Standpunkt einmal anzudeuten, welchen ich auch bei den im Verfolge mitzutheilenden ähnlichen Wahrnehmungen möglichst streng zu behaupten mich bemüht habe.

Unter den mehr besonderen Erscheinungen der Hauptstadt, denen eine angelegentlichere Aufmerksamkeit gewidmet werden konnte, erinnern wir uns zunächst derjenigen Sammlungen, welche jetzt unter Leitung und zur Disposition der Akademie der Wissenschaften stehen. Zur Aufbewahrung derselben dient eines der obenerwähnten Gebäude an der Südspitze von Wassili Ostrow, welches durch den bei seiner Gründung ihm beigelegten Deutschen Namen: „Kunst-Kammer" die ursprünglich gemischte Bestimmung des Institutes beurkundet. Seit Peter des Grofsen Regierung, beim Beginnen eines regeren Interesse für die mannichfaltigen Zweige menschlicher Bildung und Erkenntnifs, war man nämlich bemüht dieser Sammlung gleichzeitig Alles dasjenige einzuverleiben, was entweder als Erinnerung an bedeutende Leistungen einzelner Individuen der Aufmerksamkeit würdig schien, oder zur Belehrung späterer Betrachter geeignet wäre. — Von dieser schwankenden Bedeutung des Institutes zeugen noch ein zum Theil zerstörter sehr grofser Sternglobus den Peter I. auf seinen Reisen im Westlichen Europa ankaufte, vor Allem aber gewisse Produkte der Drechsler- und Bildhauerkunst, welche beim Kaiser in besonderer Achtung standen und denen man späterhin wahrscheinlich nach Peters Bestimmungen, seine eignen Leistungen in diesen Künsten hinzufügte. Unter diesen letzteren sind bronzene Basreliefs, welche einzelne Momente der Schlacht von Pultawa mit sehr vollendeter Zeichnung darstellen. — In einer historischen Sammlung verdienten diese allerdings aufbewahrt zu werden, um daran zu erinnern, wie in einem Individuum künstlerisches Talent und Beharrlichkeit sich vereinigt fanden mit den grofsartigen Plänen eines Kriegshelden und reformirenden Alleinherrschers. — Als historisches Denkmal jener merkwürdigen Vereinigung durchaus heterogener Talente dürfte es aber zweckmäsiger gewesen sein, an Kunstleistungen einer noch anspruchloseren Art zu erinnern mit denen, nach einer allgemeinen und glaubwürdigen Volkssage, Peter I. sich einst beschäftigt haben soll: ich meine die Lábti oder aus Lindenbast geflochtenen Schuhe der Russischen Bauern, deren Anfertigung als besonders sinnreich im Lande bekannt, die Aufmerksamkeit des Monarchen erregt und ihn zu eigenen Versuchen veranlafst haben soll.

Gleichzeitig mit der definitiven Einrichtung der Akademie der Wissenschaften unter Catharina, erhielt auch die in Rede stehende Sammlung durch richtigere Auffassung, ihres Zweckes als einer rein instruktiven eine höhere Bedeutung. Man hat nun zunächst von einem sehr gehaltreichen ethnographischen Theile, einen naturhistorischen getrennt. Beide Theile sind indessen schon durch die ersten Bemühungen der Reisenden im Asiatischen Russland so schnell und so bedeutend vermehrt worden, dafs sie fernere Zuwächse nicht mehr aufzunehmen vermögen. Auch auserdem ist es zeither nöthig geworden, die neuen Zuwächse zu eben so vielen besonderen Sammlungen zu vereinigen, als sie zu besonderen Zweigen der Ethnographie sowohl als der Naturgeschichte gehören; es wäre aber wünschenswerth, wenn man, so wie bis jetzt so auch späterhin, als ein eignes Ganze dasjenige vereinigt liefse, was die gleichzeitig unternommenen ersten Sibirischen Reisen gefördert haben. — Wenn man dann diese Sammlungen gleichzeitig mit den litterarischen Arbeiten der Reisenden aufstellte, so wäre den ausgezeichneten Männern ein ihrer würdiges Denkmal gesichert und man hätte nicht mehr zu befürchten, dafs über spätere Zuwächse unserer Kunde vom nördlichen Asien die seltenen Verdienste der ersten Forscher vergessen würden.

Besonders reich und ausgezeichnet ist die Sammlung von fossilen Knochen urweltlicher Thiere. Das Skelett des berühmten von Adams gefundenen Mammut sieht man neben dem Skelette eines Individuum der jetzt lebenden Elephantenart (Indischen Elephanten) aufgestellt und wird so auf die auffallenden Unterscheidungszeichen hingeleitet, welche für beide Spezies die Lage der Stofszähne darbietet. Beim Mammut sind in der Gegend der Wurzeln die beiden Zähne einander weit mehr genähert als beim Elephanten, und von dort ab sieht man bei jenem die Zähne fast in ein und derselben Horizontalebne mit sichelförmiger Krümmung gelegen, während sie beim Elephanten in zwei einander parallelen, senkrechten Ebnen sich erheben.

Es scheint demnach der Mammut bei seiner Vertheidigung mehr zu einer seitlichen Bewegung des Kopfes geschickt gewesen zu sein, der jetzige Elephant hingegen zu einem von unten nach oben gerichteten Stofse. Aufserdem gehören das eingedrücktere concave Stirnbein, die stärker seitlich hervortretenden Schläfen, und die länglichere Form des ganzen Kopfes, zu den Charakteren, welche dem Mammut eigen, ihn bedeutsam auszeichnen vom Indischen Elephanten, den er sonst auch durch Höhe des Rükkens noch übertrifft.

Von der mit dichtem Wollpelz und langem braunen Oberhaare versehenen Haut des Thieres sieht man jetzt leider nur noch ein weniges Zoll langes abgesondertes Stück, so wie einige ähnliche am Untertheil der Füfse noch an den Knochen aufsitzende. Das Übrige soll durch Aufseher der Sammlung veruntreut worden sein. — Eine grofse Menge von einzelnen Theilen fossiler Elephanten welche das Kabinet besitzt, gehören theils dem eigentlichen Mammut an, theils, nach den neuen auf Gestaltung der Backzähne gegründeten Unterscheidungen von Herrn G. Fischer, verschiedenen anderen untergegangenen und ausgestorbnen Arten. *)

Nächstdem befinden sich hier in grofser Anzahl Schädel des gröfseren der urweltlichen Nashörner (Rhin. teichorhinus. Pall.) welches die Afrikanische jetzt lebende Spezies bedeutend an Gröfse übertraf und zwei hintereinander stehende Hörner trug. —

---

*) Namentlich hat Herr Fischer aus den Charakteren eines in dieser Sammlung befindlichen Unterkiefers, die Existenz einer von ihm Elephas panicus benannten Spezies erkannt, welche den Eleph. Mamonteus (eigentlichem Mammut) an Gröfse eben so viel übertraf wie dieser den Indischen Elephanten.

Die lang gestreckte Gestalt des Kopfes, so wie auch die eigenthümliche Wölbung des Oberkiefers, erinnern auf eine nicht undeutliche Weise an Vogelschädel, und mögen wohl theilweise Veranlassung gegeben haben zu den, bei den **Jukagirischen** Anwohnern des Eismeers gangbaren Fabeln von kolossalen urweltlichen Vögeln, von denen sie viele einzelne fossile Knochen abstammend sich denken.

Von den jetzt lebenden Thieren erinnern wir uns als dieser Sammlung eigenthümlich und sie auszeichnend, eines sehr schönen Exemplares des **Moschusthieres** aus der Umgegend von **Irkuzk** (**Moschus Moschiferus. Pallas**). Es ist dieses dasselbe Individuum, nach welchem **Pallas** die erste Beschreibung dieser Spezies ausführte. Durch Verblassung der Haarfarbe hat die Zeichnung des zierlichen Thieres sehr an Deutlichkeit verloren; zur Kenntnifs des so auffallend gebildeten Gebisses und des Moschusbehälters ist indessen das Exemplar immer noch höchst werthvoll.

Ein schönes und sehr wohl erhaltenes Exemplar des **West-Russischen Auerochsen** (**Bos Urus**) ist bei dem fast gänzlichen Aussterben dieser Thiergattung ebenfalls eine besondere Zierde der Sammlung. Eben so bewahrt man mit Recht einen nördlich vom **Amur** erlegten **Tiger** als wichtigen Beleg für das Übergehen dieser südlichen Thierform zu sehr kalten Klimaten **Ost-Asiens**. Mehrere Erfahrungen über diesen interessanten Punkt der Verbreitungsgeschichte der Thiere werden wir späterhin beizubringen haben.

Der ornithologische Theil der Sammlung schien uns vorzüglich ausgezeichnet durch einen vollständigen Besitz der Seevögel des **Ochozker Meeres** (der Gattungen **Colymbus, Alca** und **Sterna**).

An Belegen für die geognostische Beschaffenheit des **Russischen Reiches** haben nur Reisen in die südwestlichen Provinzen und in die **Krimm**, der Akademischen Sammlung bedeutendere Beiträge geliefert; aus dem **östlichen Asien** aber ist nur Weniges vorhanden.

Bruchstücke einer Gebirgsart, die man aus dem **Irkuzker Gouvernement** vor kurzem erhalten und, wohl wegen ihrer **prismatischen Ablosungen**, unter dem Namen von Basalt aufgeführt hatte, schienen mir Nichts als ein gesinterter Schiefer zu sein, welcher von wahrem Basalte durch geringere spezifische Schwere, geringere Härte, hellere Färbung und weifsen Strich genugsam sich unterscheidet.

Das Erziehungsinstitut für die dem Bergbau sich widmenden Individuen ist eine in jeder Beziehung höchst vollkommen ausgestattete Anstalt. An den Zöglingen, die im frühesten Alter dem Institute übergeben werden, hat der günstige Erfolg einer von Kindheit an auf einen bestimmten Zweig des Wissens gerichteten Erziehung sich bereits mannichfaltig bethätigt. Die Lehrer hat man theils unter den Mitgliedern einer in Petersburg bestehenden mineralogischen Gesellschaft, theils unter den Beamten gewählt, welche der Leitung Sibirischer Berg- und Hüttenwerke vorgestanden haben.

Die mineralogische Sammlung des Bergwerks-Corps (Górnoi Korpüs, wie man diese Erziehungsanstalt nennt) gilt für die bedeutendste in Rufsland, und ist, was das Oryktognostische betrifft, vollkommen geeignet, einen richtigen Begriff von dem Reichthume der Nord-Asiatischen Gebirgszüge an seltnen Formen und Substanzen zu verleihen. — Die Säle, welche zur Aufbewahrung der Sammlung dienen, sind durch grofsartige Säulen aus Uralischem Marmor zweckmäfsig und geschmackvoll in einzelne Bezirke getheilt, und begünstigen selbst bei flüchtiger Anschauung das Auffinden einzelner Gegenstände.

An einer äufserst lehrreichen Suite des Uralischen Waschgoldes, in welcher die einzelnen Körner von Erbsengröfse bis zu Stücken von 25 Russischen Pfunden variiren, bemerkt man wie ohne Ausnahme eine rundlich geflossene nierförmige Gestaltung bei diesem merkwürdigem Fossile sich zeigt und wie es in dieser Eigenthümlichkeit mit dem stets gleichzeitig gefundenen gediegnen Platin übereinkommt. So lernt man schon hier, dafs die Entstehung der, am Ural, lose gefundenen gediegnen Metalle wesentlich verschieden gewesen sein müsse von der des gediegnen Goldes so wie man es auf Gängen älterer Gebirgsarten an anderen Orten der Erde kennt; denn dieses letztere ist stets durch eine krystallinische Struktur bedeutsam ausgezeichnet vor dem nierförmig traubigen und anscheinend geflossenem Golde Sibiriens.

An ausgezeichneten Exemplaren der Berylle des **Nertschinsker Bergwerkdistriktes**, des chromsauren Bleies von **Beresow** am **Ural**, des Achirit oder Kupfersmaragdes aus den südwestlichen Vorbergen des **Altai**, so wie der erst kürzlich durch Herrn **Menge** am südlichen **Ural** entdeckten Zirkone, ist die Sammlung äußerst reich. —

Blöcke eines reinen Malachites von mehr als 4000 Pfund Gewicht, welche man aus den Werken des **Jekatarinburgschen** Distriktes hierher gebracht hat, sind nicht unwichtig, um einen Begriff von der seltnen Mächtigkeit der dortigen Metallablagerungen zu geben.

Von besonderem Interesse ist aber der hier aufbewahrte große Block des im **Jeniseisker** Gouvernement gefundenen Meteoreisens, welcher (nachdem Bruchstücke davon unter dem Namen des **Pallasischen gediegnen Eisens** durch die meisten Mineralienkabinette **Europa's** vertheilt worden) noch immer eine Masse von mehr als 3 Kubikfuß ausmacht. Der ganze metallische Block ist von Höhlungen durchsetzt, welche rundliche Körner eines grünlichen glasigen Fossiles erfüllen. Das Eisen zeigt nirgends krystallinische Struktur, eine Eigenthümlichkeit die mir um so auffallender war, nach eben gehabter Ansicht anderer sehr merkwürdiger meteorischen Eisenmassen, welche einer Privatsammlung zu **Petersburg** angehören.

Es waren dieß namentlich kleine Körner Meteoreisens von 6 bis 8 Kubiklinien, welche sämmtlich eine regelmäßig oktaëdrische Gestalt haben und einzeln von **Hagelkörnern eingeschlossen** im Jahre 1824 im **Orenburgschen** Gouvernement herabgefallen sind. *)

In dem chemischen Laboratorium der Anstalt sahen wir jetzt die zur Reinigung und Bearbeitung des **Platin** im Großen

---

*) Diese in dem Besitz von Herrn Dr. **Rauch** zu **Petersburg** gesehnen Krystalle von Meteoreisen sind nicht reguläre Octaëder, sondern stumpfe **Quadratoktaëder**, bei welchen die **Scheitelkanten** durch höckerig über den Flächen hervorstehende Anschwellungen sich auszeichnen. Es sind dieselben, welche bald nach ihrem Herabfallen von Dr. **Eversmann** sehr gut beschrieben wurden, **Annalen der Physik Band 76**.

veranstalteten Versuch und namentlich den vortheilhaft befundnen Prägeapparat, mittels welches der erwärmte Platinschwamm durch Compression zu continuirlichen Massen zusammengeschweifst wird.

Mit einer vollständigen Modellsammlung der beim Berg- und Hüttenwesen gebräuchlichen Bauwerke sich nicht begnügend, hat man sogar auf dem Hofe des Bergwerkinstitutes einen Schacht abgeteuft, um die Zöglinge praktisch in den Geschäften des Bergbaues zu üben. — Freilich ist dieser Bergbau ein nicht viel mehr als spielendes Gleichnifs wirklicher Arbeiten, dennoch aber für den Vorübergehenden eine erfreuliche Erscheinung, da er sonderbar gegen die Umgebungen contrastirt.

Vor dem nahe gelegenen Erziehungsinstitute der Seeleute sieht man auf der Newa, die Zöglinge in den Geschäften der Schifffahrt sich üben, und wird so auf eine lebhafte Weise an die mannichfaltigen und heterogenen Richtungen menschlicher Thätigkeit erinnert, welche, für das Reich von Wichtigkeit, in der Hauptstadt Anregung und eine bildende Vorschule finden.

Als eines Ausdruckes der äufserlichen Bedeutsamkeit des Erziehungsinstitutes für die Marine erinnern wir uns nur, dafs jetzt durchaus allen Offizieren der Russischen Flotte (welche auf 470 Segel, 6000 Geschütze und 33000 Mann sich beläuft) dasselbe als eine Vorschule ihrer künftigen Thätigkeit angewiesen ist. — Auch hier werden die Zöglinge ohne jede Vorkenntnifs und vom frühesten Alter aufgenommen, ein Umstand welcher fast immer den Erfolg einer sehr entschiednen Vorliebe der einzelnen Individuen, für die Beschäftigung der sie sich gewidmet haben, herbeiführte.

Sowohl für die Vorkenntnisse aus der reinen Mathematik und nautischen Astronomie, als auch für die zur Schiffsführung und zum Schiffbau erforderlichen Theile der Mechanik, werden die ausgezeichneten Lehrbücher des Admiral Gamalei beim Unterricht zum Grunde gelegt. — Schon oben wurden wir daran erinnert, wie dieser vom Auslande zu wenig gekannte Mann, durch eine Reihe lichtvoller und geistreicher Original-Werke, um die Verbreitung mathematischen Wissens in Russland recht eigentlich unsterbliche Verdienste sich erworben hat. Es sind namentlich diese Werke, welche ich späterhin genauer kennen zu lernen Gelegenheit hatte:

Eine höhere Theorie der nautischen Wissenschaften. Petersburg 1801—1804. 4 vol. 8.

Versuch über das Praktische des Seewesens. Petersburg 1804. 2 vol. 8.

Theorie und Praxis der Schiffsführung. Petersburg 1806 bis 1808. 3 vol. 4.

Kurze Geschichte der Astronomie. Petersburg 1809.

Schon früherhin hatte Gamalei durch eine Russische Übersetzung der Smith'schen Optik, so wie durch einzelne kleinere Schriften seinen regen Eifer für die Wissenschaft und für deren lebendiges Eingreifen in das Interesse seines Vaterlandes bethätigt, und als eine bedeutende intellektuelle Erscheinung von durchaus einheimischem Ursprunge, verdienen seine Werke ein fortwährendes Andenken.

In den Operationen der nautischen Astronomie werden die Schüler des Marine-Institutes so angelegentlich geübt, daſs man mit Recht behauptet hat, mit Ausnahme der Sternwarten sei kaum für einen anderen Punkt der Erde eine gleiche Anzahl von Beobachtungen zur Bestimmung der geographischen Lage vorhanden; zugleich aber erlernen sie das Praktische der Handhabung der Segel, durch jährliche entferntere Seereisen auf einem nur mit den Zöglingen des Institutes bemannten Schiffe.

Die mit Recht berühmten Reisen von Golownin, Lasaref, Waſilief, Doktorow und Luetke, welche sämmtlich dem Marine-Institute für ihre nautische Bildung sich dankbar bekennen, haben von dem wissenschaftlichen Geiste dieser Anstalt, auch dem Auslande Beweise gegeben. Eben so bestimmt aber sprechen dafür die Leistungen, durch welche die Capitaine Wrangel, Anjou und Matuschkin auch auſserhalb des von ihnen ursprünglich erwählten Wirkungskreises. bei Landreisen neuerlich sich ausgezeichnet haben. Nach dem Tagebuche dieser denkwürdigen Unternehmungen, welches ich in der Handschrift zu sehen Gelegenheit hatte, verdanken ihnen einzelne Theile physikalischen Wissens ein durchaus neues und unerwartetes Licht, denn für die messenden Disziplinen haben sie eben so eifrig und unermüdlich gearbeitet, wie die Nord-Asiatischen Expeditionen des vorigen Jahrhunderts für die beschreibenden. Unbegreiflich ist es, dafs die Herausgabe dieser Tagebücher nicht eben so kräftig durch die Regierung befördert wird, als die Unternehmungen selbst, über welche sie Rechenschaft ablegen.

Eine von der Russischen Marine herausgegebene Zeitschrift *) hat indessen, in Bezug auf diese Reise sowohl als auf viele ähnliche frühere Unternehmungen, einen theilweisen Ersatz für die verzögerte Bekanntmachung vollständiger Berichte gegeben, und in den Bibliotheken des Auslandes ist daher dieses periodische Werk ein bedeutendes Desiderat. — Der Dienst in der Flotte wird, einer sich allmälig eingeführt habenden Meinung gemäfs, in Russland für den ehrenvollsten und am meisten wünschenswerthen gehalten, und so besteht denn die erfreuliche Aussicht, dafs wissenschaftliche Bildung stets, auch in den Augen der Menge, ein Gegenstand von anerkanntem Werthe bleiben werde. —

Mehrere ähnliche und gleich wichtige Bildungsanstalten der Hauptstadt, lernten wir nur durch einzelne öffentliche Äufserungen ihrer Wirksamkeit kennen. — So namentlich das Erziehungsinstitut für die Beamten des Wegebaues (Kórpus *suchopútnago soobschtschénja*), welches ebenfalls durch Herausgabe periodischer Sammlungen von mathematischen und mechanischen Originalaufsätzen, so wie von geographischen Arbeiten über einzelne Theile der Monarchie, eine wichtige litterarische Thätigkeit äufsert. Ursprünglich waren es vorzüglich Franzosen, denen man die Leitung dieses Institutes übertragen hatte; seitdem aber haben bereits mehrere Russische Individuen auch in diesem Fache sich ausgezeichnet.

Eine seit mehreren Jahren in Petersburg bestehende Kaufmannsschule, obgleich höchst denkwürdig durch ihre Bestimmung und Verfassung, schien uns bisher von weit geringerer Wirksamkeit gewesen zu sein, weil die früher erwähnte alterthümliche Denkart, den Russischen Kaufmannsstand einer modernen Erziehung abgeneigt macht. Der Hauptzweck der Anstalt ist die Verwirklichung des Planes der Regierung, einen durch Russische Schiffe zu führenden überseeischen Handel, noch aufser der jetzt

---

*) Sapíski isdawájemuija gosudárstwenuim admiralitéiskim departámentom. 1807 — 1827. 12 Theile. 8.

bestehenden Thätigkeit der Nord-Amerikanischen Compagnie zu veranlassen. Die Erziehungsanstalt, deren besondere Einrichtung ich kennen zu lernen Gelegenheit hatte, beabsichtigt daher, aufser Kenntnifs der lebenden Sprachen, auch die Mittheilung der für den überseeïschen Handel wichtigen, geographischen, nautischen und naturhistorischen Vorkenntnisse, und besitzt namentlich zu letzterem Zwecke eine sehr lehrreiche Sammlung der Russischen und ausländischen Natur-Produkte, welche Gegenstand des Handels geworden sind. Durch eine besondere Aufmerksamkeit auf die Befestigung der Zöglinge in den orthodoxen Lehren der Griechischen Kirche, scheint man beflissen zu sein, das Institut dem nationellen Kaufmannsstande allmälig annehmlicher zu machen. —

Als für die Wissenschaften von Wichtigkeit haben wir noch der mit äufserster Freigebigkeit ausgestatteten geographischen Institute des Generalstabes zu erwähnen. — Neben der militärischen Beziehung dieses Corps, scheint man seiner Bedeutung für die Topographie des Inlandes eine angelegentliche und fast vorherrschende Aufmerksamkeit gewidmet zu haben. Ohne vorhergegangene militärische Laufbahn werden in demselben eine grofse Anzahl von Individuen aufgenommen, welche ihre Fähigkeit zu geodätischen Arbeiten durch eine dazu festgesetzte Prüfung bewähren, und ihnen ist die gleichmäfsige und continuirliche Triangulirung des ganzen Reiches übertragen, eine Arbeit, die ohne Zweifel ihrer Ausdehnung wegen für das Bedeutsamste und Erfolgreichste gelten dürfte, was zur Kenntnifs der wahren Gestaltung der Erde jemals geleistet werden kann. An die bei Jakobstadt gemessene Basis hat man bis jetzt ein vollständiges Dreiecksnetz über das Petersburger und die zunächst südwestlich davon gelegenen Gouvernements angeschlossen, und darauf detaillirte Karten begründet, welche von der beabsichtigten Vorzüglichkeit des Ganzen einen würdigen Begriff geben. — Bei der Leitung dieser Arbeiten verwirklicht Herr General Schubert den von väterlicher Seite ihm vererbten Eifer für das schöne Vorhaben, und er hat dazu bereits eine bedeutende Vorarbeit vollendet, durch Sichtung und Herausgabe sämmtlicher bis jetzt in Russland gemachten astronomischen oder geodätisch astronomischen Ortsbe-

III. Abschnitt. 1828. Mai bis Juli. 117

stimmungen. Dieses Verzeichniſs enthält bereits 1361 Punkte von denen zwischen den Breitengraden

$$\begin{array}{rcrr}
39° & \text{und} & 40° & \ldots\ 1 \\
40° & - & 50° & \ldots\ 116 \\
50° & - & 60° & \ldots\ 948 \\
60° & - & 70° & \ldots\ 207 \\
70° & - & 76,6° & \ldots\ 89
\end{array}$$

vertheilt sind.

Auch eigne Expeditionen sind in den letzten Jahren unter besonderer Mitwirkung des Generalstabes, zum Behuf isolirter astronomischer Ortsbestimmungen unternommen worden; so eine vorzüglich interessante Reise durch den Landstrich zwischen dem Aralsee und dem Kaspischen Meere, während welcher man besondere Aufmerksamkeit auf die Tiefe des sogenannten Grundwassers richtete, welche durch den Bergbohr an verschiedenen Punkten dieser Ebene untersucht wurde. Nach den Ergebnissen dieser Untersuchung, wird man über die Möglichkeit einer Urbarmachung dieser Steppengegenden entscheiden können; denn durch reichliches Grundwasser würde man das Ziehen von Bewässerungsgräben ersetzen, welche schon von den Ureinwohnern zu Begünstigung der Vegetation angewendet werden. (Vergleiche Eversmanns Reise nach Buchara.)

Eine, der früher erwähnten Sammlung von Ortsbestimmungen vorhergehende, Auseinandersetzung der bei der ferneren allgemeinen Triangulirung zu befolgenden Methoden, zeigt daſs man auch auf die Bestimmung der dritten Coordinate der Orte (ihre Höhe über die Meeresoberfläche) eine stete Aufmerksamkeit zu verwenden gedenkt.

Ein kolossales Gebäude (auf dem linken Ufer der Groſsen Newa, der Admiralität gegenüber gelegen) vereinigt alle auf die Arbeiten des Generalstabes bezüglichen Institute. Eine reich ausgestattete Sternwarte dient zur Regulirung der bei den geodätischen Operationen angewendeten Längenuhren. Die zur Triangulirung dienenden mathematischen Instrumente, sind theils in München angefertigt, theils aber in einer mechanischen Werkstatt, welche in dem Gebäude selbst sich befindet, und aus welcher unter Anderem eine bedeutende Anzahl Spiegelinstrumente von groſser

Vollendung hervorgegangen sind. Auch Mefs-Apparate anderer Art hat man in dieser Werkstatt mit vielem Glücke vollendet; so sahe ich ein hier angefertigtes Exemplar des von **Gambey** erfundenen Instrumentes zur Messung der periodischen Veränderungen in der Azimutal-Richtung der magnetischen Kraft. In der Sternwarte des Generalstabes war es bereits seit mehreren Jahren aufgestellt; die ungünstige Zufälligkeit einer nahe gelegenen eisernen Bedachung hatte aber bisher die Anwendung desselben verhindert. In den für graphische Arbeiten bestimmten Theilen des Institutes war man mit der Mappirung der im letzten Jahre vollendeten Vermessungen auf das eifrigste beschäftigt, und man bediente sich dabei bereits der ingeniösen Apparate welche ich kurz zuvor in einem verwandten Institute zu **München**, nach **Reichenbachs** Angaben entstanden, hatte anwenden sehen. — Ein Verlag der grofsen Anzahl der bisher erschienenen **Russischen** Karten befindet sich gleichfalls unter der Verwaltung und im Gebäude des Generalstabes. Auffallend war uns der in den meisten Fällen äufserst geringe Preis dieser Werke, durch welchen sie eine wahrhaft gemeinnützige Bedeutung erhalten, und der bisher wohl nicht so sehr durch die Allgemeinheit des Bedürfnisses, als vielmehr durch zweckmäfsige Mittel der Anfertigung und Ausführung herbeigeführt sein kann. Ausgezeichnet unter diesen früheren Karten sind die Arbeiten von **Maximowitsch**, vorzüglich seine im Jahre 1816 herausgegebene Generalkarte von **Russland**; erst später hat man diesen talentvollen Mann für die öffentlichen Unternehmungen des Generalstabs und des davon getrennten hydrographischen Corps gewonnen. —

* * *

Auch von den natürlichen Verhältnissen **Petersburgs** erwähnen wir nur einige Hauptzüge.

Sowohl das Ganze der in SO. an die Hauptstadt angränzenden Gegend, als auch alle den übrigen Flussärmen nahe gelegenen Theile der Umgebung von **Petersburg**, haben von Natur eine für die Tagewasser undurchdringliche und zur Moorbildung geneigte Beschaffenheit des Bodens. Da wo die **Wiburger Seite** an das rechte Ufer des Hauptstromes angränzt, ist eine festere Lettenschicht von einer dünnen Sandlage bedeckt, und auf dieser erst hat stellenweise ein nasser Moorgrund sich erzeugt, welcher mit

allmäliger Senkung von NO. her gegen den Fluss sich erstreckend,
das Ufer nicht ganz erreicht. Da wo er aufhört das Unterliegende
zu bedecken, sieht man reichhaltige Quellen von der tieferen Lehmschicht herauf, die Sanddecke mit Sprudeln durchbrechen. Es
sind die Tagewasser, welche, auf dem gegen Finnland zu in
einzelnen Hügelreihen sich erhebenden Lande gesammelt, von dem
Moore nicht ganz verzehrt werden, sondern hier frei gegen die
Newa zu abfliefsen. Erst nach angelegentlich darauf gerichteten
Nachfragen gelang es mir diese Quellen (auf dem Besborodkischen Landgute nahe bei der Stadt) behufs einer Bestimmung der
Bodentemperatur aufzufinden. *) In den übrigen Theilen der Umgegend, auf dem linken Flussufer, sieht man aber nirgends Quellen
entstehen, vielmehr scheint die daselbst seltener noch unterbrochene völlig horizontale Moordecke alle Tagewasser so völlig
in sich zu behalten, dafs man auch bei tieferer Nachgrabung nirgends trinkbares Wasser findet; Die Tagewasser gleichmäfsig vertheilt in den oberen Schichten, stagniren in ihnen ohne sich zu
sammeln. Nicht einen Brunnen giebt es in der Stadt, und zu
jedwedem Bedarf ist man auf das zum Glück sehr reine Wasser
der Newa beschränkt.

Überall wo in der Nähe der Stadt die freiwillige Vegetation
von den Menschen ungestört sich erhalten hat, sieht man die
weifse Birke mit sehr vorherrschender Häufigkeit die Waldung
bilden, auch ist dieser Baum hier zu einer Höhe und Schönheit
gelangt, die er an seinen isolirteren Standorten in Deutschland
selten annimmt. Nächstdem mögen Schwarz-Pappeln, Ulmen
und Elsen auch ursprünglich häufig gewesen sein, denn sie sind
es, die an Orten wo man den Baumwuchs nur wenig geregelt
hat, am gewöhnlichsten gesehen werden. Erst eine Meile weit
nordöstlich von der Stadt, auf dem Wege zu den Finnischen
Colonien von Pérgola und Manilofka, sieht man dürre Fichtenwaldungen den allgemeinen Charakter südwestlicherer Landstriche
mehr als jene Birken zurückrufen und nur erst durch aufmerksa-
mere Betrachtung der kleineren Gewächse möchte man dort auf
die Folgen klimatischer Verschiedenheiten geleitet werden. So

---

*) Ich fand ihre Temperatur zu $+ 4°,75$ R. Vergleiche den me-
teorologischen Theil des Berichtes.

scheint Alchemilla vulgaris, das gewünschteste Futterkraut der Alpenwiesen, hier weit üppiger zu wuchern als in Deutschland, denn man sieht sie oft den Boden ausschließlich bedecken; (sie blühte bereits Juni 8.) *)

Wie sehr aber das örtliche Klima und die Bodenbeschaffenheit von Petersburg den Baumwuchs begünstigen, sieht man auf den Newainseln, wo eine große Mannichfaltigkeit von Gesträuchen und Bäumen vortrefflich gediehen sind und der Gegend einen seltenen Reiz verleihen. Kaum sieht man irgendwo Nadelholz oder doch nur die mit feuchteren Standorten zufriedene Tanne; Gesträuch von Cornusarten, von Ebereschen und Erlen bilden das Unterholz zwischen den herrlichen Stämmen der Birken, Ulmen, Linden, Pappeln und Ahorne. Buchen sieht man selten in der unmittelbaren Nähe der Stadt, wohl aber in einer herrlichen Anpflanzung bei Manilofka. Entschieden aber fehlt die Rosskastanie in den freien Gehölzen, und nur als große Seltenheit wird sie in den Gärten einzelner Landgüter an geschützten Stellen gepflegt. Im botanischen Garten zu Petersburg sah ich diesen Baum im Treibhause gehalten, während er doch noch bei Riga im Freien sehr gut gedeiht. Es ist die intensivere Kälte einzelner Wintertage zu Petersburg, welche den Baum dort tödtet, mehr noch als der Unterschied zwischen der Bodentemperatur dieses Ortes und der von Riga. Selbst in den südlichsten Theilen des Russischen Asien, ereignen sich aber an einzelnen Tagen Kälten wie sie zu Petersburg vorkommen, und schon dadurch wird es erwiesen, daß, wenn man von den Botanikern Nord-Asien als das ursprüngliche Vaterland der Rosskastanie anführen hört, man dabei nicht streng an dem eigentlichen Wortsinne sich zu halten habe. **) Auch hat ein anderes, mit Bestimmtheit von

---

*) Blüht in Breslau Mai 31. Man vergleiche die Anmerkung zur folgenden Seite.

**) Linné und nach ihm u. A. Persoon bedienen sich dieser allgemeinen Bezeichnung. Herr Schouw hingegen hält das vermeinte Vorkommen von Aesculus in Sibirien, für eine charakteristische Gemeinschaft zwischen der dortigen Flora und der Nordamerikanischen. Sprengel und Decandolle haben, der Eine Tibet, der Andere das Nördliche Indien als das gemuthmaßte

Süd-Osten her eingeführtes Gehölz, bei Petersburg sich völlig
acclimatisirt; Robinia Caragana ist theils in der Stadt (auf
Wasiljewskji óstrow), theils auf den Landgütern der übrigen
Inseln zur Anlegung von Hecken angewendet, und nun scheint
sie wie ein ursprünglich einheimisches Gewächs zu gedeihen und
sich zu verbreiten, während sie doch im mittleren Sibirien den
53ten Breitengrad kaum nach Norden zu überschreitet. (Schon
nach Gmelin hält sie sich nur in der Quellgegend des Obi,
Tom und Jenisei.)

Am 23ten Mai waren die Birken bereits völlig belaubt, eine
Woche vorher aber sahen wir sie noch völlig laublos, so dafs
etwa der 20te Mai für den Tag des Entfaltens der Blattknospen
angenommen werden darf. Am 25ten Mai waren die foliola von
Sorbus völlig entwickelt, so dafs schon einige Tage zuvor das
Ausschlagen dieses Baumes begonnen hatte, die Linde schlug aus
und die Weiden blühten. Mai 30 entfalteten Syringa vulgaris
und Rob. Caragana die Blüthen. *) — Nach den ersten
Erscheinungen der Vegetation, mufs man daher den 25ten
Mai für Petersburg, mit dem 25ten April für Berlin gleich
setzen; doch zeigt sich schon hier die, für den Norden charakteristische, schnellere Folge verschiedener Entwickelungsphäno-
mene auf das Deutlichste. Am 22ten April verliert die
Newa ihr Eis, nach 30 Tagen sind die Birken belaubt, und nach
37 Tagen blüht schon Syringa.

So waren während der Zeit unsres Aufenthaltes zu Petersburg, auf den Inseln nicht nur die Gärten der Landgüter sondern
auch die zwischen diesen gelegnen mannichfaltigen Gehölze bereits
mit jungem Laube geziert, und freilich mochte wohl damals das
„nunc formosissimus annus" zur Erhöhung des Reizes der

Vaterland des Baumes angeführt. Auffallender noch ist eine andere
Angabe, welche auf die Umgegend von Constantinopel als auf
den ersten Fundort der Rosskastanie hindeutet. Busbeg, der Ge-
sandte Ferdinand I. bei Soliman, soll sie 1557 unter den bei
Chalzedon und Adrianopel wachsenden Pflanzen, nach Europa
an Matthioli gesandt haben: Sprengel hist. rei herbariae
p. 340, Haller Biblioth. Bot. I. p. 360: obgleich in Sibthorp
Flora Graeca der Baum nicht erwähnt wird.

*) Gleiche Vegetationserscheinungen, wie sie sich zu Breslau in

Landschaft noch besonders beitragen, Vieles aber auch liegt in
der Besonderheit örtlicher Verhältnisse. Das reine Wasser der

demselben Jahre, nach den Beobachtungen von Dr. Göppert [Über
die Wärme-Entwickelung in den Pflanzen u. s. w. Breslau 1830. pag. 240. sqq.] ereigneten, fügen wir unseren Beobachtungen hinzu:

	I. *Breslau.*	II. *Berlin.*	III. *Dorpat.*	IV. *Petersburg.*
1. Betula alba schlug aus	April 10.	—	—	Mai 20. (Mai 16. noch ganz kahl.)
2. Sorbus Aucuparia schlug aus	April 16.	April 24.	Mai 14.	Mai 22.
3. Tilia parvifolia schlug aus	April 25.	—	—	Mai 25.
4. Syringa vulgaris blühte	Mai 19.	—	—	Mai 30. (Die Blüthenknospen brechen eben auf.)
5. Robinia frutescens blühte	Mai 23.	—	—	—
6. Robinia Caragana blühte	nicht angegeben.	—	—	Mai 30.

Auch hier sieht man, wie das Ausschlagen der Birken zu Petersburg um 40 Tage später eintritt als bei Breslau, wie aber auf
diese erste Erscheinung die weitere Entwickelung im Norden ungleich schneller erfolgt, sowohl bei einheimischen als bei acclimatisirten Gewächsen. Auf das Ausschlagen der Birken folgt das der
Ebresche ... zu Breslau nach 6, zu Petersburg nach 2 Tagen,
der Linde . . . -   - 15, -   - 5 -
das Blühen von
Syringa . . . -   - 39, -   - 10 -
von Alchemilla vulgaris . . -   - 51, -   - 18 -
Es ist wahrscheinlich, daſs für Syringa Herr Göppert ein etwas späteres Stadium des Blühens angemerkt hat als ich. Die Vegetations-Entwickelung scheint also zu Petersburg im Mai, nahe dreimal so
schnell zu erfolgen, als zu Breslau im April. Man erhält den Zeitunterschied für gleiche Erscheinungen an verschiedenen Orten am gröſsten,
wenn man für beide die frühesten Stadien der Vegetation betrachtet, grade
so wie im Frühjahre auch der Temperaturunterschied für zwei Orte
um so gröſser ist, für je frühere Tage man ihn ermittelt. Dieser
Umstand bestätigt am kräftigsten, daſs wirklich gleiche Luftwärme
an den betrachteten Tagen es sei, welche für verschiedene Orte
einerlei Vegetationserscheinungen herbeiführe: denn zwei, in den
Einzelnheiten ihres Verlaufes so gleichartige Phänomene, ist man
kaum geneigt für von einander unabhängig zu halten. Dennoch

zwischen den Inseln sich schlängelnden Flussarme, bald durch reiche Baumparthien verdeckt, bald wieder hervortretend, der Contrast einer ungekünstelten Vegetation gegen die schimmernden Landhäuser und Paläste, erklären genugsam den in Petersburg allgemeinen und bei Nordländern etwas befremdenden Hang zur Villeggiatura. — Wenn aber im Frühjahre das schnelle Erwachen der Natur aus ihrem harten Winterschlafe, zum Landleben lebhaft auffordert, so wird während des drückenden Sommers der Aufenthalt auf den kühlen und schattigen Inseln sogar zum Bedürfnifs.

Sinnig ist der Gebrauch der Petersburger, gewisse Lustorte in der Nähe der Stadt an bestimmten Tagen des Jahres zu besuchen; so ist am 26ten Mai während des Festes der Brautschau, der Sommergarten an der Newa, der allgemeine Versammlungsplatz. Am 22ten Juni ist zu dem Besborodkischen Garten auf der Wiburger Seite eine Gulánie oder Lustfahrt ein alter Gebrauch, und ähnliche Wallfahrten, theils nach anderen Theilen der Inseln, theils nach nahe gelegenen Dörfern, werden an den einzelnen Festtagen des Frühjahres mit religiöser Pünktlichkeit von allen Volksklassen eingehalten. Die erste bestimmt gedenkbare Veranlassung zu diesen jährlich wiederholten Versammlungen, gaben die Feste der christlichen Schutzheiligen einzelner Orte; aber mehrere dieser Feste wurden ihrerseits nur durch ältere Gebräuche aus der Zeit polytheïstischer Personificationen herbeigeführt. — Selten fehlt es daher am Tage an dem Gewühle einer bunten Menschenmenge, und um so auffallender wirkt die plötzlich eingetretene Stille während der Nächte, welche die helle Beleuchtung dem Fremden kaum für solche erkennen läfst. — Von einem im botanischen Garten aufgefundenen passenden Lokale zu unsern magnetischen und astronomischen Beobachtungen, kehrte ich oft nach Mitternacht über die verschiedenen Inseln zur Stadt zurück, und genoss im vollen Mafse den Reiz des reinen Himmels tagheller

---

bleiben hier sehr wichtige Fragen zu lösen, denn stets sieht man in einzelnen Jahren die Temperaturzunahmen, bedeutende discontinuirliche Unterbrechungen erleiden, welche auf vegetative Entwickelung fast ganz ohne Einfluss bleiben. — Einige nähere Andeutungen dieses Gegenstandes behalten wir einem meteorologischen Berichte auf.

Nächte. Um Mitternacht sieht man die Umrisse entfernter Gegenstände nur etwa mit dem Grade von Undeutlichkeit, den im Sommer an Orten des 50ten Breitengrades ein leichter Dunst gleich nach Sonnenuntergang verursacht. Nachtigallen singen häufig auf den Inseln, aber nur selten hörte man Laute anderer zufällig erwachter Vögel und immer nur abgestofsen und einzeln. — Kurz nach Mitternacht pflegte eine dichtere Nebelschicht die Sterne zu verdecken, die aber immer bereits vor Sonnenaufgang, zu Thau sich niederschlagend, verschwand. — Nur Fischer, die mit Feuerbecken auf dem Vordertheil ihres Kahnes, den flussaufwärts steigenden Lachsen nachstellen, sind zwischen den Inseln beschäftigt, sonst läfst von den Einheimischen Niemand durch die Helligkeit zu Nachtwachen sich verleiten, aber Ankömmlinge aus südlichern Ländern sollen oft in Petersburg an Schlaflosigkeit zu leiden anfangend, erkrankt sein, und wohl möchte dieses Verhältnifs nicht unbedeutend zu einem Fieber beitragen, welches die im Frühjahr Ankommenden gewöhnlich befällt. Durch die mächtige Lichtwirkung getäuscht, glaubt man kaum dem Thermometer, welches in den Nächten der letzten Wochen des Mai, in der Nähe des Bodens noch bis auf $+ 1°$ R. hinabsinkt.

Ungeachtet starker nächtlicher Wärmeausstrahlung erreicht aber hier dennoch im Verlaufe der Jahreszeit die Luft sehr schnell eine den Organismus mächtig anregende Temperatur. Bereits am 6ten Juni fand ich ein Bad in der Newka sehr angenehm und erquikkend, und schon mehrere Tage zuvor sahe ich die öffentlichen Badeplätze von Einheimischen häufig besucht, während man doch selbst in Berlin, um 7,5 Grad südlicher, kaum vor dem 1ten Juni zum Baden sich angereizt fühlt. In dem Hauptstrome war die Temperatur der Oberfläche (43 Tage nach dem Eisgange) am 5ten Juni bereits $9°,4$, in den minder tiefen Flussärmen zwischen den Inseln mag sie aber noch etwas höher gewesen sein.

Der Wasserlauf in der Nähe von Petersburg geschieht mit sehr mäfsiger Geschwindigkeit, und wurde neuerlich Gegenstand einer Reihe von Versuchen, an welchen mir Herr Akademiker Lenz, der auch bei Ausführung meiner magnetischen Beobachtungen in Petersburg mir mit wahrer Freundschaft behülflich war, Theil zu nehmen erlaubte. Es ergab sich für den Hauptstrom der Newa in seiner Mitte eine Strömung von 2,0 Pariser Fufs, am Ufer aber von 1,3 Par. F. in der Sekunde. *)

* * *

Nachdem am 21ten Juni Herr Professor Hansteen von Lieutenant Due begleitet, in Petersburg eingetroffen war, wurden die magnetischen Beobachtungen mit seinen Instrumenten wiederholentlich angestellt, sowohl an der obenerwähnten Stelle des botanischen Gartens, als auch, um etwaige aufserwesentlich örtliche Einflüsse zu ermitteln, auf der Nordseite von Wasíljewskji óstrow auf dem sogenannten Smolensker Felde. Durch diese oftmalige Wiederholung der Beobachtungen erhielten wir eine sehr zuverlässige Vergleichung der Werkzeuge, welche nunmehr zur Erlangung zweier unabhängigen Beobachtungsreihen, theils bei gemeinschaftlicher Reise an einerlei Punkten, theils bei getrennt auszuführenden Excursionen an verschiedenen Punkten der Erde dienen sollten.

Den 9ten Juli erfolgte die lange ersehnte Ausfertigung der zur Reise erforderlichen schriftlichen Autorisationen. Es waren zwei Otkrúitie lista (wörtlich: offne Blätter) oder Beglaubigungsschreiben, deren eines auf den Namen der Norwegischen Expedition im Allgemeinen, das andere behufs der getrennt zu unternehmenden Fortsetzung der Reise, auf meinen Namen lautete. Bemerkenswerth schien uns die lakonische Abfassung dieses allmächtig befundenen Talismanes. **)

---

*) Die nähere Veranlassung zu diesen Messungen, waren gewisse Correctionsarbeiten zu Herrn Lenz vortrefflichen Untersuchungen über die Temperatur des Meerwassers in verschiedenen Tiefen, welche er auf dem vom Capitain Kotzebue geführten Schiffe Predpriátje in den Jahren 1823—1826 anstellte. Man sehe: Nouv. mem. de l'Acad. d. St. Petersb. VI. Ser. tom. I. und Annalen d. Physik tom. 96. pag. 78.

**)   Offnes Blatt.
„Nach einem Ukase Seiner Hoheit des Herrn und Kaisers Ni-
„kolai Pawlowitsch, des gesammt-Russischen Allein-
„herrschers u. s. w. u. s. w.
„wird den städtischen und ländlichen Polizeibehörden vorgeschrie-

Die Schwedisch-Norwegische und die Preufsische Gesandtschaften bestätigten aufserdem, dafs Meldungen unsrer Reise an die Generalgouverneure von West- und Ost-Sibirien gleichzeitig abgefertigt worden seien.

An anderweitigen wichtigen Unterstützungen empfingen wir von Herrn Prokofiew, Direktor der Amerikanischen Handels-Compagnie, Schreiben an die Comptoire des Vereines zu Nijnei Nowgorod, Irkuzk, Jakuzk und Ochozk, von den Herren Hedenström und Capt. Wrangel aber, Empfehlungsbriefe an ihre persönlichen Bekannten im östlichen Sibirien.

Unsere Reisegesellschaft bestand nunmehr aus 5 Personen, denn aufser einem Norwegischen Dienstboten (Andreas Nilson) wurde von Professor Hansteen in Petersburg ein zweiter (Gustav Rosenlund) gemiethet, der bei Reval auf dem Gute des Admiral Loman geboren, der Deutschen und Russischen Sprache gleich mächtig war, und seit Aufhebung der Leibeigenschaft in den Ostseeprovinzen, die Berechtigung zur freien Wahl seines Aufenthaltes erlangt hatte.

Zur Fortschaffung seiner Instrumente und anderweitiger Reisebedürfnisse hatte Professor Hansteen ein bedecktes Fuhrwerk,

---

„ben: dem Vorzeiger Dieses dem in Preufsen gebürtigen „Dr. Erman, der mit allerhöchster Erlaubnifs über Ochozk nach „Kamtschatka und Amerika zur Beobachtung und Erforschung „des Magnetismus der Erde sich begiebt, Schutz und jede zur Er- „reichung des Zweckes seiner Reise dienende, gesetzmäfsige Hülfe an- „gedeihen zu lassen."

„Es wurde dieses Blatt mit meiner Unterschrift und meinem Wap- „pen versehen zu St. Petersburg am 27. Juni 1828.

„ Seiner Kaiserl. Hoheit meines allergnädigsten Herrn, General-Li- „eutenant, General-Adjutant, Minister der inneren Angele- „genheiten, des Kaiserlichen Rathes Mitglied, Senator und Ritter gezeichnet „Sakrewskji."

contrasignirt:
„das Direktoriat verwaltend Pokrowskji."

Den Namen eines offnen Blattes (Otkrúitui list) führen nur die unmittelbar von den Ministern ausgestellten Beglaubigungsschreiben. Die von den General-Gouverneuren abgefafsten Dokumente ähnlichen Inhaltes heissen: Otkrúitoe predpisánie oder offne Vorschrift. Siehe unten Abschnitt VII. Tobolsk.

von Gröfse und Gestalt der in den Armeen gebräuchlichen Packwagen, aus Norwegen mitgebracht; eine zweite Britschke der obenerwähnten ähnlich, wurde in Petersburg angeschafft.

Meine Instrumente behielten die schon in Berlin angeordnete Art der Aufstellung am Boden der Britschke, nachdem noch durch neue Rieme sie stärker befestigt und durch Zwischenlagen des in Petersburg käuflichen Tatarischen Filzes (Woilok) vor Erschütterungen gesichert worden waren. Aufser einigen Jagdflinten wurden, auf den Rath der in Sibirien gereisten Personen, die zur Theebereitung nöthigen Geschirre angeschafft, welche zum Behuf der Reisenden auf sinnige Art verpackt unter dem Namen tscháinoi pogrebèz, d. i. Theekeller, im Gostinni dwor feil geboten werden. Auch versah man sich mit Matratzen, welche bei Nachtlagern im Freien grofse Erleichterung verschaffen und wofür (wenn man nicht im Wagen schlafen will) auch in den Häusern kein adäquater Ersatz gefunden wird. Eigentliche Schlafanstalten sind in Russland nie in volkthümlichem Gebrauch gewesen, auch besitzt die Sprache kein Wort dafür. Die in Petersburg gebräuchlichen Matratzen heifsen Tuphjáki, und es ist dieses Wort noch jetzt bei den Baschkiren am südlichen Ural zur Bezeichnung desselben und von ihnen entlehnten Gegenstandes gebräuchlich. Das aufser dem im Russischen übliche Wort Postéla (von stélitj dem Latein. sterno gebildet) bezeichnet dem Wortsinne gemäfs nur Kleider, Pelzwerk oder Ähnliches vom jedesmaligen Zufall zum Lager dargebotene. Die nur zum Hausrath begüterter Stadtbewohner gehörigen hölzernen Bettstellen nennen sie krowàti. und auch dieses Wort ist nicht Slavischen Ursprungs, sondern offenbar dem $\varkappa\varrho\acute{\alpha}\beta\alpha\tau o\varsigma$ der Griechen nachgebildet.

Das nicht in Petersburg angefertigte Fuhrwerk wurde sodann zu der in Russland allgemein üblichen Art der Anspannung geschickt gemacht, welche ich ihrem Wesentlichsten nach zu beschreiben versuche, um späterhin daran Anzuschliefsendes verständlicher zu machen und das Resultat einer Anschauung zu geben, die sich nunmehr viele Monate lang beständig wiederholte. Dem schweren Lastwagen liefs man anfangs die ursprünglich daran befindliche Deichsel, als er aber späterhin auf Schlittenläufe gesetzt wurde, ward die nationelle Einrichtung unumgänglich nothwendig befunden. — Nur in den Städten finden einzelne Ausnahmen von der hier anzudeutenden Art der Bespannung Statt, sonst aber ist dieselbe durchaus überall in Russland und für alle Fuhrwerke gleichmäfsig in Gebrauch.

Bevor man die Vorderräder des Wagens ansetzt, wird auf jedes Ende der Vorderaxe eine starke Stange, *) Oglóblja genannt, mittelst einer mit ihr aus einem Stücke gearbeiteten hölzernen Öhse (A) so aufgesteckt, dafs die letztere von dem dickeren und mittleren Theile der Axe einerseits, und von dem davorgesteckten Rade andrerseits gehalten wird. Diese Öhse (A) mufs weit genug sein um den Oglóbli oder Zugstangen 1) eine freie Auf- und Niederbewegung, 2) aber eine Convergenz oder gegenseitige Näherung ihrer (vom Wagen abgekehrten) Vorderenden, bis auf etwa $1\frac{3}{4}$ Fufs, zu erlauben.

Nachdem die Räder aufgesteckt sind, wird an jedem der äussersten Enden der Vorderaxe ein starkes Seil (seltner ein Riemen) befestigt, dessen andres Ende um einen Pflock (D) in der Mitte der entsprechenden Zugstange geschlungen wird (CD), so dafs das Seil, die Zugstange und der äufserste Theil der Wagenaxe ein Dreieck bilden, Axe und Zugstange aber einen stumpfen Winkel des Dreieckes einschliefsen. — Nach Anziehung und Befestigung der Seile (Russisch: Postrjómki) bei D, üben sie auf die Zugstange eine, ihre Enden von einander entfernende Federkraft aus, sobald man dieselben bis über ein gewisses Minimum des Abstandes (von etwa 2 Fufs) sich zu nähern zwingt. — Oglóbli und Postrjómki bleiben am Wagen ein für allemal befestigt, der übrige Theil des Apparates wird von dem Vorspannleistenden hinzugebracht, und zwar zunächst ein elliptisch gebognes hölzernes Joch (Russisch: Dugà d. h. wörtlich Bogen) dessen Enden (F) etwa 6 Zoll weit von den Enden der Zugstangen so angebunden werden, dafs das Joch nach oben sich erhebt. Der untere Durchmesser des Joches mufs stets kleiner sein, als die von den Spannseilen (Postrjómki) unmittelbar erlaubte Annäherung der Zugstangen, und jemehr Kraft zur Befestigung des Joches oder

---

*) Man vergleiche Figur 1.

zur Überwindung der Kraft der Spannseile erfordert wird, für desto vollkommener gilt mit Recht die Anspannung. Sodann aber trägt das mittlere der einzuspannenden Pferde, einen hufeisenförmigen Kummet (Russisch: Chumut) aus starkem und federndem, nach innen gepolstertem Holze, dessen untere von einander stehende Enden, mittels eines darum geschlungenen dünnern Verbindungsriemes, zur Berührung gezwungen werden können. Einige Zoll oberhalb eines jeden Unterendes des Kummet befindet sich ein eiserner Ring, an welchem das eine Ende eines starken Riemes (Pristjáschka oder Zugstrang genannt) befestigt ist. Nachdem nun das Mittelpferd zwischen die aufgehobnen Oglóbli so gestellt ist, dass sein Widerrifs unter dem Bogen (Duga) sich befindet, werden die frei herabhangenden Enden der starken Stränge am Kummet, um die zunächst und mit dem Kummet in einerlei Ebne gelegenen Theile der Zugstangen so befestigt, dafs sie schon nahe angestrammt sind. Die Befestigung dieser Rieme geschieht so, dafs die nach unten über die Zugstangen hervorragenden Enden des Joches, jedes Abgleiten verwehren.

Sodann folgt endlich die das Ganze vollendende Schliefsung der Unterenden des Kummet, eine Arbeit welcher nunmehr nicht nur die eigne Federkraft des Kummet, sondern auch die bereits erfolgte Anstrammung der Zugriemen, und der auf letztere rückwirkenden Spannseile (Postrjómki) Widerstand entgegensetzen, welche aber auch dazu beiträgt, der Brust des Pferdes eine, mit der Stärke dieses Widerstandes im direkten Verhältnifs stehende, Augenblicklichkeit der Rückwirkung auf den Wagen zu verleihen. Es geschieht diese Schliefsung stets dadurch, dafs der Anspannende das Knie des erhobnen linken Beines gegen das rechte Ende des Kummet, und die Brust gegen die rechte Zugstange anstemmt, während er mit den Händen die Enden des dünnen Verbindungsriemes zusammen zieht und nach Schliefsung der Kummetenden mit einander verbindet. Gewöhnlich trägt das Mittelpferd auf dem Rücken ein kleines Kissen (Sedlótschik, d. h. Sattelchen) von welchem herab zur Mitte der Oglóbli, Rieme gezogen werden, damit die Schwere der Zugstangen dem Kreuze und nicht dem Nacken des Pferdes zur Last fallen. Diese Anordnung ist um so wichtiger, da auch von dem ausgeübten horizontalen

I. Band.

Zuge ein Theil dahin wirkt, die Zugstangen niederzudrücken, und zwar bei Gleichheit des Fuhrwerkes um desto mehr je höher das Pferd ist, bei verschiedenen Fuhrwerken aber um so mehr je niedriger die Zugstangen befestigt sind. Die Leinen des Mittelpferdes werden durch einen am Obertheil des Joches befindlichen Ring gezogen, um sie vor jeder Verwickelung in den verschiednen Theilen des Anspannungsgeschirres zu schützen.

Die Anspannung der Seitenpferde hat Nichts von der im westlichen Europa üblichen, wesentlich verschiedenes. Die sogenannte Wage, mit der Vorderaxe des Fuhrwerkes in fester Verbindung stehend, ist stets der Axe genugsam genähert und über den Zugstangen genugsam erhoben, um dafs die letzteren bis zum Widerrifs des höchsten etwa vorkommenden Pferdes aufgerichtet werden können. Die Wage trägt gewöhnlich nur zwei Ortscheiden, und diese haben Zugstränge (Pristjáschki) nach Art der unsrigen; sollen mehr als drei Pferde angespannt werden, so wird die Wage durch angebundne Fortsätze seitlich verlängert, und mit neuen Ortscheiden versehen. Die Seitenpferde haben stets zur Anbringung der Stränge ganz geschlossene lederne Kummten, nie dergleichen hufeisenförmige wie das Mittelpferd; die inneren Leinen derselben werden an die nächste Zugstange befestigt und nur die äufseren gehen dem Lenker zur Hand.

Durch das System sich einander vermehrender Federkräfte, welche das Mittelpferd in beständiger Verbindung mit dem Fuhrwerke erhalten, hat man in der That erreicht, dafs in welcher möglichen Richtung es seine Zugkraft auch ausübe dieselbe dem Wagen momentan sich mittheile, ohne dafs doch, wie es im Falle einer eben so vollständigen Verbindung durch starre unelastische Körper Statt finden würde, die auf den Wagen von äusseren Gegenständen ausgeübten Stöfse, einen schädlichen Rückstofs auf die Brust des Pferdes verursachen können. Die beständigen Schwingungen der elastisch auf einander wirkenden Theile des Geschirres gewähren dem Ungewohnten einen sehr überraschenden Anblick und sie grade sind es, welche dem in fester Verbindung mit dem Wagen befindlichen Mittelpferde, seine Lage dennoch so unbeschwerlich machen, wie sie es nach dessen Benehmen und Ansehen augenscheinlich ist.

Dieser Einrichtung allein hat man es zu verdanken, daſs beim freiesten Laufe der Pferde ein plötzliches Hinderniſs vermieden werden kann, ohne daſs zwischen dem Willen des Lenkers und der Ausführung, mehr als der zur Mittheilung der Zügelwirkung nöthige Augenblick verstreiche. Es geschieht dieses aber um so mehr, da auch dem einen Seitenpferde, die vom mittleren angenommene Richtung durch den an der Zugstange befestigten strammen innern Zügel augenblicklich sich mittheilt, dem anderen Seitenpferde aber wird die neue Richtung vom Lenker selbst, zugleich mit dem Mittelpferde angedeutet.

Ebenso wenn, beim schnellen Bergabfahren, ein Zurücklehnen des Mittelpferdes plötzlich erforderlich sich zeigt, wird dasselbe momentan und ohne Rückschritt des Pferdes ausgeführt. Bei der im übrigen Europa üblichen Deichselbespannung, vergeht hingegen in beiden Fällen ungenutzt, die zur Anstrammung der losen Stränge oder Halskoppeln nöthige Zeit, welche mehr als hinreichend ist um die in Ruſsland übliche schnelle Fahrt äuſserst gefährlich zu machen; zu geschweigen, daſs in dem Falle des Bergabfahrens die Zugstangen stets von selbst und unausweichlich in der zum Widerstande nöthigen Lage sich befinden, während die Deichsel theils erst erhoben werden muſs, theils zu hoch und über den Kopf der Pferde hinaus tritt.

Freilich ist dem dünnen Verbindungsrieme am Unterende des Kummet ein gar wichtiger Theil des zu Leistenden anvertraut, indessen bewirkt ein Reiſsen desselben für den Augenblick immer nur einen noch um etwas vollkommneren Zustand des Systemes, als der bei der Deichselbespannung, durch Schlaffheit der Stränge und Halskoppeln, fortwährend Statt findende.

Die dreiste Schnelligkeit der Fahrt, welche durch diese Art der Bespannung möglich gemacht wird, ist in Ruſsland so sehr zur Gewohnheit geworden, daſs man auch bei der in Städten gebräuchlichen langen Bespannung mit sogenannten Postzügen (Russisch: Zugi. Zúgom saprjegàtj heiſst lang bespannen) auf einen Ersatz für die alsdann fehlende Wirkung der federnden Zugstangen bedacht gewesen ist. Dadurch nämlich, daſs man jedes der vor der Deichsel befindlichen Pferdepaare stets und ohne Ausnahme mit einem Reiter versieht. wird den Strängen der

Vorderpferde nie schlaff zu werden erlaubt, und eine momentane Richtungsänderung noch möglich erhalten; dennoch aber macht die hierbei nöthig werdende völlige Übereinstimmung und Gleichzeitigkeit zwischen dem Willen der Reiter und des auf dem Wagen sitzenden Lenkers, die Fahrt um Vieles unsicherer als bei der ursprünglich landesüblichen Bespannung. — Nachträglich zu der im Vorigen versuchten Schilderung der äufseren Erscheinungen von Petersburg, möge hier als gelegentlich erwähnt werden, dafs das durchaus eigenthümliche Geschrei, durch welches die lenkenden Reiter theils ihre Pferde ermuntern, theils die Fufsgänger zum Ausweichen auffordern, nicht unwesentlich zur sonderbaren Belebung der Strafsen der Hauptstadt beiträgt. Die imperativische Form padí! oder gehe! wird von ihnen eigenthümlich accentuirt und zwar bald 3 mal kurz abgestofsen und einmal lang gedehnt wiederholt: pădĭ! pădĭ! pădĭ! pā—dī! und bald abwechselnd zu dem vorigen im höchsten schrillenden Tone mit der richtigen Accentuation ausgerufen (padí!) Die eigenthümliche Höhe dieser Reiter-Ausrufungen ist ein bestimmter Gegenstand des Luxus geworden, und man ist daher bemüht, theils Knaben dieses Geschäft zu übertragen, theils erwachsenen Männern, die durch eine kreischende Stimme sich auszeichnen. —

Nach desfalls geschehener Meldung bei der verwaltenden Behörde, wurden uns bis nach Tobolsk gültige Podorojnen schon in Petersburg ausgestellt, und zwar mit Anweisung von drei Pferden für eine jede der Britschken und vier Pferden für den Packwagen. Von Petersburg an durch das Ganze des Reiches wird der Post für jedes Pferd auf eine Werst, 10 Kopeken (0,1 Rubel) Bank-Assignationen bezahlt, aufserdem aber wurde wie früher ein Zehntheil des ganzen Betrages bei Ausstellung der Podorojna als besondere Abgabe entrichtet. — Nur in den Baltischen Provinzen findet noch jetzt ein nahe viermal höherer Preis für die Postleistungen Statt.

In den letzten Tagen vor unserer Abreise von Petersburg wurden wir unablässig verfolgt von bärtigen Privatfuhrleuten, welche Miethspferde zur Zurücklegung des ersten Theiles unsres Weges anboten. Wegen des beständigen und ungemein starken Bedarfes von Postpferden, welche Couriere und Beamten von der

Hauptstadt aus nach allen Seiten hin sich richtend, in Anspruch nehmen, hat nämlich für die zunächst gelegnen Stationen, die Post ihres ausschliefsenden Rechtes auf die Beförderung der Reisenden sich begeben. So stark ist aber die Concurrenz der ersetzenden Fuhrleute, dafs sie nur durch weit unter dem Preise der Postpferde gehaltene Forderungen die Reisenden für sich zu gewinnen im Stande sind. Die der Willkür des Miethers anheimgestellte aufserordentliche Geldzulage, welche die Fuhrknechte zu bedingen bemüht sind, führt auch hier wie durch ganz **Europa** den Namen eines Getränkes und zwar — des **Thees**. **Na tschài oder zum Thee** ist die beständige Formel, unter welcher die Fuhrleute der **Hauptstadt** eine freiwillige Zugabe erbitten, und wirklich sahen wir in den obenerwähnten Wirthshäusern auf **Wasíljewskji óstrow**, Thee das von einer grofsen **Zahl** von Fuhrleuten und Kaufleuten beständig verlangte Getränk. Branntwein, ein Monopol der Krone, wird in **Petersburg** an eigens dazu bestimmten Verkaufs - Orten (**Kabáki**,) von den Pächtern derselben ausgeboten; obgleich wohl häufig besucht, sind dennoch diese Orte nie an die Stelle jener anderen Wirthshäuser von den Leuten der mittleren und unteren Volksklasse, als **Versammlungsorte** ausersehen.

IV. Abschnitt.

Reise von Petersburg nach Jekatarinburg.

[Juli 11.] Gegen 10 Uhr Morgens verliefsen wir das nach Moskau führende Thor von Petersburg und legten auf ebner und gut gebahnter Landstrafse, bis 9 Uhr Abends, einen Weg von 90½ Werst oder nahe 13 Deutschen Meilen zurück. — Nur während der ersten 33 Werst bis zum Dorfe J*j*óra, ist die Nähe der Hauptstadt noch stellenweise fühlbar durch abgeholztes kultivirtes Land, durch einzelne Ortschaften, die man in der Entfernung abseits vom Wege erblickt, vorzüglich aber, nahe bei J*j*óra, durch die rechts von der Strafse sich erhebenden schönen Gruppen von Laubholz, welche die Kaiserlichen Besitzungen von Zárskoe *S*elò und Páwlowsk umgeben. — Schon zwischen J*j*óra und der nächsten Station Tosna (24½ Werst von J*j*óra) beginnt dichte Waldung zu beiden Seiten des Weges. Immer noch zeigt sich die überaus feuchte, fast moorige Beschaffenheit des Bodens, denn wo, etwa 50 Schritt zu jeder Seite des Weges, die Waldung gelichtet worden ist, sammelt sich Wasser zu einzelnen Tümpeln, weil es nicht mehr von den Baumwurzeln verzehrt wird. Birken und hochstämmige **Tannen** (pin. abies) sind fast allein herrschend; **Fichten** (p. silvestris) sieht man nur an isolirten Stellen trocknen Bodens. An der feuchten Waldgränze erheben sich mannshoch **Epilobium angustifolium** und **Spiraea ulmaria** stets im Verein, eine dichte Hecke bildend und mit ungemeiner Häufigkeit wuchernd. Sehr bestimmt verschieden ist der Charakter dieser Waldung von denen **Ostpreufsens** und des **Westlichen Kurlands** (**Polangen**) und zwar wohl hauptsächlich durch die zur Wasseranhäufung geneigte Beschaffenheit des Erdreichs. Äufserst fühlbar wurde der Unterschied bei der Hitze des heutigen Tages, wo hier feuchte Kühlung herrschte, während eine dürre Fichtenwaldung das Drückende vermehrt haben würde. — Grofse Granitblöcke sieht man äufserst häufig im Walde liegen und aus solchen ist die chaussirte Landstrafse gebaut.

Auffallend waren uns einige Bauergehöfte, ja selbst Dörfer, in deren unmittelbarer Nähe kein Ackerfeld zu sehen. Sie besitzen Waldäcker, welche an schicklichen Stellen durch Abbrennen der Holzung bereitet werden und daher nicht immer zugleich mit den Wohnungen an die Landstrafse verlegt werden können.

Eine reiche Heuerndte sahen wir an mehreren Stellen so eben vollendet.

Die Dörfer **Jjóra** und **Tosna** erschienen gut bevölkert und die gezimmerten Blockhäuser nicht ungefällig. An der Brücke über den Bach, der bei **Tosna** die Landstrafse durchkreuzend zur **Newa** sich wendet, standen Bäuerinnen, um den Vorüberfahrenden Kwas mit darin schwimmenden Eisstücken, in reinlichen Holzgefäfsen anzubieten. Eiskeller fehlen hier keinem Bauerhause, und gewähren bei der drückenden Sommerhitze die wohlthätigste Erquickung. Gräbt man den Keller 20 Fufs tief, so bedarf, um sich ungeschmolzen zu erhalten, bei geringerer Bodentemperatur der künstliche Gletscher hier eines nur halb so grofsen Inhalts als bei **Berlin**, zu geschweigen dafs im Winter reine Eismassen, vorzüglich in der Nähe eines Baches, hier weit leichter erhalten werden als bei uns; ist aber ein, die Wärme schlecht leitendes, Moor an der Oberfläche des Erdreichs vorhanden, so braucht der Keller nicht einmal bis zur Tiefe der constanten Temperatur gegraben zu sein. — Nahe hinter Tosna liegt die Gränze des Petersburger und Nowgoroder Gouvernements.

Wir übernachteten in Pomeránja', einem kleinen Dorfe in welchem die ursprünglich Finnische Abkunft der Einwohner nicht mehr, weder durch Sprache noch äufsere Sitte erkannt wird. Ein Deutscher hat hier ein Wirthshaus für Reisende angelegt. Dergleichen sind nicht ursprünglich landesüblich gewesen, und werden auch im Verfolge der Reise eine immer seltnere Erscheinung.

[Juli 12.] Nach Vollendung unserer magnetischen Beobachtungen in Pomeránja wurde von dort an mit Postpferden die Reise fortgesetzt. Bis gegen 7 Uhr Abends legten wir 91 Werst oder 13 D. Meilen bis Nowgorod zurück. — Nur auf dem ersten Theile des Weges bleibt der Charakter der Gegend dem gestern erwähnten dichter Waldungen mit flachem und feuchtem Erdreich völlig ähnlich; allmälig aber wird das Terrain ein wenig unebner und die Waldung sparsamer. So bei dem zuerst erreichten Dorfe Tschúdowo (25 Werst von Pomeránja), von wo aus eine niedrige Hügelreihe längs des Baches Jrez nach SSW. gegen den Ilmensee sich erstreckt. — Spuren von festen Gebirgsarten nahe der Oberfläche dieser unscheinbaren Hügel, hat schon Pallas wahrgenommen; auch deuten auf eine veränderte Bodenbeschaffenheit die gröfsere Trockenheit der oberen Schichten und die in Folge davon veränderte Vegetation.

Podberéso (18 Werst vor Nowgorod) liegt wie der Name (unter Birken) es andeutet, von einer reinen Birkenwaldung ohne Nadelholz, umgeben und von hier an bis zur Stadt, bleibt das sanft gewellte Terrain waldlos mit reichen Ackerfeldern und Wiesen, zwischen welchen nur einzelne Birkengehölze sich erheben. —

Die heute gesehnen Dörfer Tschúdowo, Spafskoi Polist und Podberéso sind Jämtschítschnie Slobódi d. h. Pferdezucht ist in ihnen die Hauptbeschäftigung der Einwohner, welche Vorspann für Post- und Handelsfuhren abwechselnd, nach unter sich festzusetzender Ordnung leisten. Wegen eines kirchlichen Feiertages safsen heute die meisten der Landleute geschäftlos in festlichen Kleidern vor den Thüren ihrer Häuser. Die Männer trugen bunte Hemden über die weifsen linnenen Beinkleider herabhangend, aufserdem aber einen weiten Ärmelrock, hier stets aus hellgelbem Stoffe bestehend, über die Schultern gehängt. Erst wenn sie zur Reise sich anschicken, wird der Rock angezogen, und durch einen Leibgurt eng zusammen gehalten, lederne Fausthandschuhe von enormer Gröfse kommen hinzu, um die übliche Fuhrmannskleidung zu vollenden.

Nahe vor Nowgorod werden die Hügel etwas ansehnlicher und hinter den alterthümlichen Gebäuden der Stadt, sieht man die schöne Wasserfläche des Ilmensees ausgebreitet. Von alten Mauern und Befestigungen, Bauwerken rohester Art, sind nur noch Ruinen erhalten; sodann führt eine hölzerne Brücke über den breiten Wolchow in den Haupttheil der Stadt, in welchem die Thürme von mehr als 60 steinernen Kirchen und Klostergebäuden, allein vermögen die vormalige grofse Bedeutung des Ortes gedenkbar zu machen. Die Wohnungen der Bürger, meistens mit Schnitzwerk gezierte Balkenhäuser, sind, nur unvollkommen zu Strafsen gereiht, zwischen den öffentlichen Gebäuden vertheilt. — Eine bedeutende Anzahl von Handelsbuden und hölzernen Speichern zur Ablagerung der hindurchgeführten Waaren, sind auch hier zu einem Kaufhofe vereinigt. —

Als wir die Stadt erreichten, unterbrach ein heftiger Platzregen jedoch ohne Gewitter, die drückende Hitze des Tages.

[Juli 13.] Bei einer in Nowgorod Statt findenden religiösen Prozession, folgten auf die singenden Priester die uniformirten Beamten der Stadt und darauf in langem Zuge die bärtigen Kaufleute und anderweitigen Bürger. Man sagte uns, dafs Nowgorod noch kürzlich erst an Bedeutung verloren habe, seitdem der Handel grofsentheils der am anderen Ufer des Sees gelegnen, durch ihre Salzquellen und Gradirwerke ausgezeichneten Stadt Stáraja Rùfs sich zugewendet habe. Auf der offenen Ebne, welche Nowgorod im Umkreise von einer Meile umgiebt und den Traditionen der Einwohner zu Folge in Zeiten früheren Glanzes gänzlich von Wohnhäusern eingenommen war, sicht man jetzt keine Spur von Gebäuden. Die Sage scheint aber defswegen noch nicht verwerflich, denn auch die jetzt üblichen Holzhäuser kann man gar leicht durchaus spurlos vertilgt sich denken, wie viel mehr nicht die in früheren Jahrhunderten, gebräuchlichen einem in der Eile und nur für das Bedürfnifs des Augenblicks erbauten Kriegslager noch völliger ähnlichen. (Vergleiche Meierberg's Zeichnung von Nowgorod im Jahre 1661.)

Wir trafen in Nowgorod Herrn Lemm, den wir bereits in Petersburg als einen der thätigsten Mitarbeiter bei den geodätischen Operationen des Generalstabes kennen gelernt hatten. Auf einem Walle der Stadt am rechten Ufer des westlichen Wolchow-Armes, war ein Observatorium errichtet, um die Lage dieses zu einem der Hauptdreiecke gehörigen Punktes, astronomisch zu bestimmen. Zu der Messung von Sternhöhen bediente man sich eines Reichenbachschen Theodolithen, welcher, nach Anbringung eines Niveaus am Hauptkreise, ohne Anwendung des Repetitionsmechanismus benutzt wurde. Mehrere gleichzeitig anzuwendende Chronometer waren von Petersburg zum Beobachtungsort durch Fufsgänger getragen worden.

Unsre magnetischen Beobachtungen wurden theils auf der ebenerwähnten Stelle des Walles, theils in einem nahe gelegnen Garten der Stadt angestellt. —

Bei äufserst fruchtbarer Beschaffenheit des Bodens werden Küchengewächse aller Art von den Einwohnern angelegentlich gezogen. Mit Ausnahme der in den Gärten kultivirten zugleich hier auch wild wachsenden Fruchtsträucher (Ribes nigrum, rubrum und Rubus-Arten) und einiger spärlich gedeihenden Apfelbäume, ist aber Obstzucht nicht in Aufnahme, vielmehr sieht man, um Schatten und Kühlung zu gewähren, Ebereschen, Hollunder und anderes einheimische Laubholz der Wälder, in die Gärten verpflanzt.

Wir verliefsen Nowgorod gegen 2 Uhr Nachmittags und legten am heutigen Tage noch einen Weg von 62 Werst bis nach Saizówskji Jam zurück. — Eschen, Birken und Pappeln (Popul. tremula) waren nunmehr in den Waldungen vorherrschend.

Bei Brónuizi (35 Werst von Nowgorod) setzten wir auf einer Fähre über den Msta, der hier, trotz langsamer Strömung, durch seine bedeutende Breite einen schönen Anblick gewährt. Am rechten Ufer erheben sich lehmigte Hügel mit plötzlicher Steigung zu etwa 150 Fuſs über das Wasserniveau, ohne daſs weiterhin eine entsprechende Senkung des Terrains wahrnehmbar wird.

Sechs Werst vor Saizówskji Jam zeigt sich plötzlich und ringsum eine hochrothe Färbung des Erdreiches, grade so wie man sie in den Terrains der sogenannten Bunten Mergel oder auch in den jüngeren Schichten des Keupers zu sehen gewohnt ist. Die Oberfläche ist wie bisher durch niedrige Hügelzüge wellig gestaltet.

In dem Bauerhause, in welchem wir zu Saizówa übernachteten, empfing man uns schon mit den üblichen Ausdrücken einer angebotnen Gastfreundschaft, denn von der Beherbergung der Reisenden ein Gewerbe zu machen, ist hier gänzlich ungebräuchlich. Für das Bedürfniſs der Einheimischen sowohl als der Vorübergehenden sahen wir dagegen sowohl in diesem Dorfe als in anderen an der Landstraſse gelegenen, unter dem Namen Chartschéwna eine Garküche bestehen und durch ein geschriebenes Aushängeschild sich ankündigen. Ein Brodverkauf ist gewöhnlich in der Nähe dieses Hauses vorhanden und erkennbar durch ausgehängte Waizenbrodte (Kalatschi), denen stets die eigenthümliche Form eines mit rundem Henkel versehenen Gefäſses oder Korbes gegeben wird. Der Slavische Ausdruck Kalatschì, die erwähnten eigenthümlichen Brodte bezeichnend, ist übrigens einer derjenigen welche in Deutsche Dialekte wahrscheinlich durch Vermittelung Wendischer Völkerstämme unverändert übergegangen sind, denn in einzelnen Gegenden der Brandenburgischen Marken bezeichnet man noch jetzt mit dem Namen Kalaschen gewisse, den Russischen nicht unähnliche Gebäcke. Andrerseits findet man für tiefer und ursprünglicher begründete Verwandschaften Slavischer und Germanischer Wurzelwörter ebenfalls die Beispiele vorzugsweise bei der alterthümlichen Lebensart des Russischen Volkes. So zeigt sich die Verwandtschaft der Slavischen Stammsylbe Char, die gleichbedeutend ist mit dem isolirt stehenden Germanischen: Gar, weit deutlicher in den ländlichen Ausdrücken: Chartsch. Chartschéwna und anderen verwandten, als in der Form War-itj kochen, welche in der modernen Sprache die alte Stammsylbe ersetzt hat. Am Eingange der Dörfer ist fernerhin stets für ein drittes und eben so dringendes Bedürfniſs der

Fufsgänger gesorgt, durch eine Niederlage von geflochtnen Bastschuhen (Labti). Die Wade bis zum Knie umwickeln sie mit langen Streifen linnenen Zeuges, welche, zugleich mit den Labti, durch mehrfach sich kreuzende Bänder befestigt werden. Obgleich diese Fufsbekleidung durch Biegsamkeit und Leichtigkeit sich empfiehlt, so dürfte doch die geringe Dauerhaftigkeit für einen grofsen Übelstand erachtet werden, wenn es nicht vollkommen eingeführt wäre, überall wo den Fuhrwerken Vorspann bereitet ist, auch für neue Beschuhung der Fufswanderer zu sorgen. — Längs der steil auf das Ufer des Msta sich erhebenden Landstrafse bei Brónizui, sahen wir heute in einer langen Reihe hölzerner Buden einen vielseitigen Verkehr mit den häufigsten Bedürfnissen des Fuhrwesens und der Schifffahrt eröffnet. So sieht man hier, wegen Seltenheit bedeutenderer Städte, gewisse Zweige des Handels den Flufsufern, Fährstellen und ähnlichen Orten sich zuwenden, an denen natürliche Verhältnisse die Reisenden zu verweilen nöthigen.

Pferdezucht ist auch zu Saizówa die vorzüglichste Beschäftigung der ziemlich begüterten Landleute und das einträgliche Fuhrwesen wird von ihnen mit wahrer Leidenschaftlichkeit betrieben. Um zur Beförderung der Reisenden augenblicklich bereit zu sein, blieben während der Nacht mehrere Männer auf dem Erdboden der Strafse gelagert, mit groben Tuchmänteln gegen die Kälte sich schützend. — Ihre bis spät in die Nacht hinein verlängerten äufserst lebhaften Gespräche, enthielten kaum ein anderes Wort als die auf die Bespannung sich beziehenden Ausdrücke, dabei achteten sie mit regester Aufmerksamkeit ob nicht aus der Ferne her das Geläute der Glocke sich hören liefs, welche an dem Joche der Postfuhren stets angebracht wird. — Mit einem lauten jédu! (man fährt!) springen sie sämmtlich auf, wenn Reisende sich nähern, und noch ehe das Fuhrwerk eintrifft sind gewöhnlich mehr Pferde in Bereitschaft gesetzt als zur Weiterbeförderung sich nöthig zeigen. Nächstdem ist denn hier, an der belebten Fahrstrafse, das Handwerk der Schmiede und Wagenbauer sehr beliebt. Die zu Ausbesserungen der Wagen nöthigen Eisenvorräthe besitzt gewöhnlich nur einer der Dorfbewohner, aber fast alle anderen sind stets bereit und erbötig selbst dem wesentlichsten Mangel mit Holz und Stricken auf eine sinnreich improvisirte Art abzuhelfen.

„Popráwim, kak ni búd," wir bessern aus, wie es auch sei! hört man von allen Seiten, wenn einmal dem Schwarme der arbeitslustigen Männer das Fuhrwerk zu untersuchen erlaubt wurde, und wenn sie dann, was stets und sicher erfolgt, einen Fehler aufgefunden haben, so erstaunt man meist eben so sehr über die Schnelligkeit der Hülfe als über die Zweckmäfsigkeit der einfachen Mittel. Alle sind dabei beschäftigt gewesen, und alle bitten gleichmäfsig um einen Lohn für ihre Bemühungen. Sie sind mit dem Geringfügigsten zufrieden, aber ein Jeder wollte gern daran Theil haben, bis man endlich zu landesüblichen Scherzen seine Zuflucht nimmt und etwa „den dereinstigen Söhnen der (meist noch unverheiratheten) Arbeiter" die Schuld zu bezahlen verspricht.

Die Felder in der Nähe des Dorfes waren fleifsig und gut bestellt und, um sie vor Beschädigungen durch das weidende Vieh zu schützen, sorgsam mit Befriedigungen umgeben. Hornviehzucht schien nicht besonders in Aufnahme, dagegen aber wurde eine grofse Menge von Schweinen in jeder Wirthschaft gehalten. Ein geräumiger hölzerner Schoppen dient gleichzeitig den verschiedenen Hausthieren im Winter zum Schutz gegen die allzu harte Witterung; Futter wird ihnen nur spärlich und selten dargereicht, das Meiste sind sie selbst im Freien zu suchen angewiesen. —

Sowohl hier als in mehreren anderen Dörfern des Nowgoroder Gouvernements sahen wir häufig ältere Männer, welche das Haar um den Scheitel herum ganz kurz abgeschoren, im Übrigen aber lang gewachsen, trugen, um dadurch ihre Gemeinschaft mit der sehr alten religiösen Sekte der Strigólniki anzudeuten. Im Jahre 1375 bildete Karp Strigólnik, ein fanatischer Laie, eine mächtige Opposition gegen die Geistlichen des Landes, denen er Simonie und Mifsbrauch des Ritus der Beichte vorwarf. Ich halte für wahrscheinlich, dafs der Beiname Strigólnik ihm und seinen Anhängern in Folge der Haarestracht gegeben wurde, deren sie als äufserer Auszeichnung ihrer Sekte sich bedienten, denn das Gleichlautende des Namens mit den Slavischen Wurzelwörtern strigù ich scheere und góloi kahl, wäre ohnedem ein sehr sonderbarer Zufall. Übrigens ist diese Art das Haar zu scheeren schon bei weitem vor Einführung der christlichen Religion, auszeichnend für die Bewohner von Russland gewesen und der nachmals von religiösen Sekten wieder eingeführte Gebrauch mag zum Theil nur ein Festhalten an dem Alten und Herkömmlichen bezweckt haben. Schon im 4ten Jahrhundert erzählt Priscus (der eine Gesandtschaft an Attila's Hof begleitete) er habe bei den Skythen einen Griechen gefunden, der zufällig gezwungen unter diesen zu leben, alle ihre Sitten angenommen und namentlich: sich das Haupthaar rund um den Scheitel kurz abgeschoren hatte. Potozki. Orig. Slaves II. 23.

[Juli 14.] Wir legten heute 91 Werst zurück von Saizówa bis Waldài.

Die auf dem gestrigen Wege bemerkte rothe Färbung des Erdreiches zeigte sich ununterbrochen bis zur nächsten Station Krestzui (31 Werst von Saizówa). Etwa auf der Hälfte des Weges dahin, wird die Landstrafse von einem schmalen Bache durchschnitten, an dessen einige Faden hohem Ufer die rothe Erde von weifsen Mergelstreifen durchsetzt, etwas über dem Niveau des Baches aber auf einer schwarzen wahrscheinlich kohligen Schicht aufgelagert erscheint. Grofse Granitblöcke sieht man zur Seite des Weges noch eben so häufig wie früher, und auf unsere Frage, woher die zum Wegebau erforderte grofse Menge von Steinen erhalten worden sei, antwortete man auch hier: „aus dem Walde" (is ljésa) welches bei der kaum unterbrochenen Dichtheit der Beholzung, für den hiesigen ebnen Landstrich eine allgemeine und nicht an besondere Lokalitäten gebundne Verbreitung nordischer Gerölle andeutet. — Hinter Krestzui zeigten sich plötzlich einige Eichen in der, hauptsächlich aus Birken, Eschen und Schwarzpappeln bestehenden Waldung. Gleichzeitig wird ein fortwährendes sanftes Ansteigen der Landstrafse bemerklich, welches erst nahe an Waldài steiler und fühlbarer sich zeigt. Sehr bestimmt macht man auch hier die in gemäfsigten Klimaten oftmals bestätigte Erfahrung, dafs die nördlichen und nordwestlichen Abhänge ansteigenden Landes als dem Baumwuchse besonders günstig sich bewähren; denn Eichen werden häufiger, und kräftigeres Gedeihen zeigt sich bei dem übrigen Laubholze, je mehr man der Wasserscheide des Waldàischen Landrückens sich nähert. *)

---

*) Ein auffallendes Beispiel dieses Verhältnisses giebt in Deutschland die Umgebung von Wernigerode am Harze, wo man an

Sehr häufig lebt eine Art wilder Tauben in dieser Waldung und wir sahen sie in grofser Menge und mit geringer Schüchternheit der Landstrafse sich nähern. Sie sind von dunklem blaugrauen Gefieder mit weifser Färbung des Nackens und der Flügelspitzen.

Waldài welches wir gegen 7 Uhr erreichten, liegt auf einer schmalen offenen Ebne, welche den höchsten Theil des Landrükkens einnimmt. Der See der gegen NO. zu, von der Stadt aus gesehen wird, liegt um etwa 80 Fufs tiefer als die Häuser an deren von der Landstrafse abgewandten Seiten, die zu ihnen gehörigen Gärten sich anschliefsen. Unmittelbar hinter diesen Gärten aber führt ein steiler, mit Sand bedeckter Abhang zu dem Ufer des Sees. Mehrere theils in hölzernen Röhren gesammelte, theils frei ausfliefsende Quellen entspringen an dem niedrigen Abhange. Granitgerölle von bedeutender Gröfse sind in Menge an der Oberfläche sichtbar; von anstehendem Gesteine aber fanden wir keine Spur an diesem Hügelwalle. Er scheint nur aus losen Trümmern zu bestehen, welche eine jüngste Fluth über die Nordseite des älteren Landrückens ausbreitete. Den Einheimischen des Ortes sind Felsen oder zusammenhangende Steinmassen (Russisch: Skalùi) sowohl dem Begriffe als dem Ausdrucke nach unbekannt und den Kalkstein zu Bauwerken, den sie in der Umgegend suchen, versicherten sie ausdrücklich nur als lose und kleine Trümmer zu kennen.

In den Gärten von Waldài gedeihen Äpfel besser als zu Nowgorod; ebenso: mannichfaltige Fruchtsträucher und nutzbare Krautgewächse, und dennoch liegen dieselben (so viel wir aus einzelnen Barometerablesungen zu erschliefsen berechtigt sind) um 1150 Par. Fufs über dem Meere erhaben! —

---

den nördlichen Gehängen der Berge, Wallnufsbäume und echte Kastanien sich nun schon über ein Jahrhundert lang erhalten und reichlich Früchte tragen sieht, bei einer Mitteltemperatur welche in anderen Fällen dem Gedeihen dieser Gewächse kaum förderlich gefunden wird. Auch dort hat man die Erscheinung mit Recht dadurch erklärt, dafs an Standorten welche nur wenig Sonnenstrahlen empfangen, ein zu frühzeitiges Treiben der Bäume vermieden werde und somit das Aufsteigen des Saftes nur dann erst erfolge, wenn Nachtfröste nicht mehr zu befürchten sind.

Die Bewohner des Ortes sind süd-Russischer Abkunft und bewähren noch jetzt den ihnen zuerkannten Ruf einer grofsen Munterkeit des Charakters. Einem alten Gebrauche gemäfs empfing auch uns eine Menge von Weibern, welche kleines auf Fäden gereihtes Backwerk den Ankömmlingen zum Verkauf anbieten, und nach geschlossenem Handel dem Verkäufer sie zu küssen erlauben. Zufällig oder vielleicht absichtlich hatten der Ausführung dieser Empfangsceremonie die ältesten und häfslichsten unter den Einwohnerinnen sich unterzogen. — Die meisten der jetzt hier Einheimischen sind Altgläubige oder Starowjértzi und auch vielen ihrer eigenthümlichen weltlichen Sitten liegt ohne Zweifel eine entferntere religiöse Bedeutung zum Grunde. So nennen sie die bei dem eben erwähnten Gebrauche angewendeten Gebäcke Baráschki oder Schäfchen und man wird dadurch lebhaft an die in ganz Russland übliche Feier des Osterfestes erinnert, bei welcher Backwerk unter dem Namen des Osterlammes (Páscha) angefertigt und den Anwesenden, ebenfalls nach geschehener Umarmung dargereicht wird. Dafs man übrigens (wahrscheinlich mit Nachahmung der geistlichen Gebräuche) in Russland von jeher bedacht war, den Brodten gewisse bedeutungsvolle Formen oder Benennungen zu geben, daran erinnerte uns unter Andern Herbersteins Erzählung, nach welcher man am Zarischen Hofe zu Moskau, Brodte in Form eines Zugjoches austheilte, um dadurch die davon Essenden an ihre knechtische Unterwerfung zu erinnern. — Seit langer Zeit ist Waldài in ganz Russland berühmt wegen der hier betriebnen Anfertigung der messingnen Glocken, deren die Postfuhrleute sich bedienen. Die meisten derselben werden das Stück zu 5 Rubel verkauft, doch giefst man auch andre, die durch ihren hellen Klang sich empfehlen und, wegen eines dem Messing hinzugefügten bedeutenden Antheiles von Silber, nicht unter 25 Rubel käuflich sind.

Der in diesen Giefsereien angewendete metallische Zink wird über Moskau aus Östreich bezogen, zu dem feineren Gusse aber setzt man geprägte Silberrubel hinzu. Aufser dem Namen des Giefsers befinden sich auf dem Rande dieser Glocken stets auch noch anderweitige Aufschriften in alten Slavischen Buchstaben. So liest man sehr häufig darauf: kowo ljubljù, tomu darù (wen ich liebe, dem schenke ich sie), oft auch läfst der Besitzer oder Geber seinen Namen hinzufügen. — Übrigens ist es keine geregelte Fabrik, in welcher dieses Gewerbe betrieben wird, sondern die einzelnen Bewohner des Ortes bauen hinter ihren Häusern kleine Öfen, welche sie, ein Jeder nach seiner Art, beschicken und bewirthschaften.

[Juli 15.] Nahe hinter Waldài ist das nur sehr allmälig sich wiederum senkende Terrain dicht bewaldet. Südlich von der Landstrafse und in der Nähe derselben fanden wir mitten im Walde noch einige Quellen, welche ihren Abflufs nicht zu dem gröfseren Waldaischen See, sondern zu einigen kleineren südwestlich von der Stadt gelegenen haben. Epilob. angustifolium und Spiraea ulmaria bedeckten auch hier die feuchten Stellen des Dickicht, aufserdem aber: Campanula (glomeratae affinis), Melampyrum nemorosum. — Dann folgt offnes waldloses Land, welches plötzlich in der Nähe von Jedrówo (22 Werst von Waldài) steiler und schneller sich senkt. Zugleich sieht man ringsum die geneigte Ebne mit hellweifsen Kalkschülfern überdeckt, an welchen wir mit Kalkspath erfüllte Drusenräume häufig bemerkten.

Am Fufse dieses kaum über 200 Fufs betragenden Abhanges, liegt wiederum ein kleiner See, an dessen westlichem Rande, rundum von Moorboden umgeben, eine starke Quelle entspringt. Die Einwohner von Jedrówo haben diesen Brunnen mit einem hölzernen Gebäude umgeben und, um ihn den Gläubigen noch annehmlicher zu machen, ein Heiligenbild an der innern Wand der Hütte befestigt. Von dem ausfliefsenden Wasser wird eine Menge von etwa einem Kubikfufs, durch eine hölzerne Fassung beständig aufgestaut, und nach Ausschöpfung dieses Behälters sahen wir den Inhalt mit auffallender Schnelligkeit sich erneuern. Das Wasser ist durchaus geschmacklos und daher wahrscheinlich ohne fremdartige Beimischung; sehr merkwürdig aber ist es durch seine Temperatur von nur $2°,5$ Reaumur, während doch sämmtliche Quellen um Waldài eine Wärme von $4,°5$ bis $4,°75$ besitzen. — Ganz sicher ist es das am Fufse des Kalkabhanges ausgebreitete und den Weg der Quelle überdeckende Moor, welches hier die Wasserader vor dem Zudrange der Sonnenwärme schützt. Beispiele dafs unter Bedeckung einer die Wärme schlecht leitenden Mooresschicht sogar Eismassen den ganzen Sommer hindurch ungeschmolzen sich halten, wenn zufällige Gelegenheit sie im Winter hat sehr dick werden lassen, sind in dieser Gegend nicht selten, wie Pallas Physikal. Reise (Petersb. 1771. 4to) tom I. pag. 11., sonst aber auch schon die auf den Dörfern gebräuchliche Erhaltung des Eises in Kellern von höchst geringer Tiefe es lehrt.

Jenseits Jedrówo ist von Hügeln keine Spur mehr; auch würde man fast glauben, sich wiederum ganz niedrig über dem Meere zu befinden, wenn es nicht dem Augenscheine durchaus widerspräche, daſs von Waldài an, das Terrain um 1100 Fuſs sich gesenkt haben solle. Nun zeigen sich wieder wahre Bruchgegenden, die hier noch wasserreicher sind als die in der Nähe von Petersburg gelegenen.

Auffallend ist es, daſs nunmehr auf eine lange Strecke man nicht mehr versucht hat, durch Steinpflaster einen Fahrweg durch die Bruche zu bahnen, sondern vielmehr hölzerne Brücken (mostowie doro'gi, Brückenwege) erbaut hat, indem lange Baumstämme parallel mit der Richtung des Weges auf den Boden gelegt, diese aber mit einer zweiten Lage von Stämmen queer überdeckt wurden. Daſs man in früheren Zeiten unter demselben Namen ähnlicher Einrichtungen sogar in den Städten anstatt steinerner Trottoirs sich bediente, haben wir in Petersburg erfahren, und um so wahrscheinlicher wird es, daſs grade dieses das einzige, ursprünglich landesübliche Mittel zur Wegeverbesserung gewesen sei. Dennoch aber würde man bei der ersten Anlegung eines Steindammes auf dieser wichtigsten Straſse des Reiches, die früher erbauten Brücken auch hier nicht beibehalten haben, wenn nicht groſse Granitgerölle nunmehr weit seltner wären als am Nordabhange des Waldaischen Landrückens.

Um die Unebenheit der aus runden Baumstämmen bestehenden Fahrbahn minder nachtheilig für Fuhrwerk und Pferde zu machen, pflegt man im Sommer den Weg mit belaubten Baumzweigen zu überdecken, im Winter hilft die ausgleichende Schneedecke auch hier. —

Bemerkenswerth ist, daſs in dieser Gegend die Brennessel durchaus vorherrschend an die Stelle der früher erwähnten Epilobium und Spiraea getreten ist, denn sie bildet hier, so wie früher jene anderen Pflanzen, ein dichtes Gebüsch zwischen dem befahrnen Wege und der stets nahen Waldung.

Nahe hinter Chatílowo (36 Werst von Jedrówo), ist die Gränze des Nowgorodschen und Twerschen Gouvernements durch Gränzsteine zu beiden Seiten des Weges bezeichnet. Man sah nun zunächst die Waldung häufiger ausgerodet und das Land zum Feldbau bereitet, bis wir Wúischnji Wolotschòk (30 Werst von Chatílowo, 88 Werst von Waldài) gegen 8 Uhr Abends erreichten und daselbst bis zum nächsten Morgen uns aufhielten. Der Name dieses Ortes reicht hin, um an die Wichtigkeit zu erinnern, welche natürliche Verhältnisse ihm zusichern. Wólok oder deminutivisch Wolotschòk von dem Zeitworte wolótschit schleppen abgeleitet, bezeichnet eine Stelle der Erde, an der zwei Flüsse von entgegengesetzter Hauptrichtung einander nahe genug treten, um dafs über die trockne Landstrecke hinweg theils die Flufsfahrzeuge selbst geschleppt, theils das von ihnen Herbeigeführte aus dem einen Wasserlauf in den entgegengesetzten mit Leichtigkeit befördert werden könne. An diesem Wúischnji oder obersten Wólok hat nun beständig eine Verbindung dieser Art Statt gefunden, zwischen den Handelswegen zum Kaspischen Meer und denen zur Ostsee, welche die Flüsse Twérza und Msta eröffnen, und zwar ist zu einer solchen Verbindung die hiesige Gegend vorzugsweise vor vielen ähnlichen begünstigt, weil es hier nicht ein steil abfallender Rücken ist, an welchem spärliche Quellen entgegengesetzter Flüsse sich berühren, sondern vielmehr eine äufserst allmälig nach zweien Seiten hin sich senkende Ebne auf welcher die zwei Wassersysteme auch dann noch einander nahe sich halten, wenn sie schon beide zu bedeutender Mächtigkeit angewachsen sind. Der Msta entspringt aus einem ihn sogleich reichlich speisenden Landsee, fünf Werst nordwestlich von Wúischnji Wolotschòk, bei diesem Orte selbst aber erlangt die Twérza durch Vereinigung der zwei sie erzeugenden Flüsse (Zna und Schlína) eine zur Flussschifffahrt völlig hinreichende Breite und Tiefe. — Um den seit den ältesten Zeiten her gebräuchlichen Handelsweg noch vollkommner zu bahnen, liefs Peter I. die trennende Wasserscheide mit einem Canale durchstechen, durch welchen ein Theil des Seewassers äufserst langsam der Twérza sich zuwendet und mit ihr vereinigt, dem auch unterhalb der Canalmündung noch sehr allmäligen Abfalle des Landes folgt. Einige Schleusen bei **Wúischnji Wolotschòk** dienen um die Wassermenge des Kanales mit Hülfe einmündender Bäche nach Willkür zu erheben. — Leider ist der Rückweg von der **Ostsee** zum **Kaspischen Meere** durch reissende Wasserfälle des **Msta** (unterhalb **Brónizui**) versperrt, aber von der **Wolga**, welche den Namen einer ernährenden Mutter des Reiches mit Recht auch im Munde des Volkes führt, gehen jährlich 4000 bis 6000 reich beladene Barken durch den Kanal und den Msta bis nach **Petersburg** hin. Vorzüglich ist es Mehl welches, in platten Barken aufgeschüttet, mit Bastmatten umgeben und bedeckt, in die nördlichen Provinzen auf diesem Wege befördert wird, aufserdem aber werden auch vom **Ural** her Leder, Eisen und ähnliche wichtige Bedürfnisse durch diese Wasserverbindung eingeführt. Den Einheimischen von **Wúischnji Wolotschòk** ist durch diese Schifffahrt ein reichlicher Erwerb eröffnet. Sie liefern Pferde zur Beförderung der Fahrzeuge durch den Kanal: gewöhnlich werden **fünfe** vor jedes Fahrzeug vorgelegt; sodann bauen sie auch die platten und niedrigen Barken, durch welche man hier die tieferen und vollkommner gebauten Wolgaschiffe defswegen ersetzt, weil ihnen die Rückkehr von Norden abgeschnitten sein würde. — Die Fahrzeuge werden im **Petersburger** Gouvernement als Nutzholz verkauft, auch werden auf diesem Wege, aus dem waldreichen Gouvernement von **Kasàn**, Holzflöfse zur Ostsee befördert und zu den Bauten der Flotte [das wichtigste Material geliefert.

Sehr bevölkert und lebhaft erschien uns das aus Holzhäusern bestehende Städtchen, jetzt wohl zum Theil durch eine grofse Menge eingewanderter Arbeiter welche zur Arbeit auf den Barken in jedem Sommer sich einfinden. — Vor den Thüren einzelner Häuser waren am Abend junge Männer und Weiber zahlreich versammelt, um an ihren höchst eigenthümlichen Volksgesängen sich zu ergötzen. Man kann sich des Gedankens nicht erwähren, als seien gewisse Theile der **Russischen** Nationalmelodien dazu bestimmt, den nahe liegenden Übergang von einer aufs Höchste gesteigerten Leidenschaft, zum Komischen auszudrücken. — Strophen von meist melancholischem Inhalte werden mit naturgemäfsem

Ausdrucke vorgetragen, bis daſs plötzlich ein eigens dazu bestimmter Chor die letzten Worte derselben in schrillenden und lange angehaltenen Fisteltönen wiederhohlt. Die in diesem eigenthümlichen Vortrage des Refrains besonders geübten Individuen bemühen sich dann die höchsten Noten so lange zu dehnen, bis durch Unterbrechung des Athmens das Gesicht ihnen roth wird, und sie zuletzt unter komischen Gebehrden, mit der flachen Hand auf die Kehle sich schlagend, die ausgehenden Töne gleichsam noch hervorzupressen scheinen. Von den Zuhörern werden diese Theile des Gesanges stets mit lachendem Beifall aufgenommen, wenn auch der Gegenstand des Liedes und der Vortrag der übrigen Theile durchaus ernster Natur ist. Die Worte des Refrain werden dabei nie verändert oder parodirt, sondern es ist nur Vortrag und Stimme des Singenden, welche zu immer gröſserer Lebhaftigkeit und Leidenschaft sich erhebend, endlich ins Lächerliche übergehen. Nie sind es Mädchen, denen diese Rolle des Chores übertragen wird, sondern gewöhnlich die aufgewecktesten und lebhaftesten unter den Männern, in seltnernen Fällen aber auch alte Frauen deren Stimme und übrige Erscheinung zu dem anzunehmenden Charakter passend sich zeigt. — Man bezeichnet übrigens im Volke die besondere Kunst dieses Vortrages des Refrains durch das Wort protjágiwatj, welches Ziehen oder Dehnen bedeutet und da von der andern Seite der Ausdruck protjájnoe pjésno, ein gedehntes Lied, stets zur Andeutung eines tragischen Inhaltes gebraucht wird, so überzeugt man sich um so leichter, daſs hier die parodirenden und ironischen Wendungen des Gesanges für wesentlich und unzertrennlich von der ernsten Lyrik gehalten werden.

Auffallender noch wirken diese gedehnten Lieder wenn ein Einzelner sie vorträgt, so wie es in diesen Tagen und in der Folge von unsern Fuhrleuten oft gethan wurde, und wenn nun nach naturgemäſsem Vortrag einer melancholischen Strophe, der Singende selbst, beim Refrain durch überspannten Affekt sich zu parodiren scheint, sodann aber durch schroffe Wechsel beim Beginnen eines neuen Gedankens den gemäſsigten Ausdruck eben so plötzlich wieder findet. — Es hat sich in dieser Art des Gesanges ein Charakterzug des Russischen Volkes auf eine besonders deutliche Art ausgesprochen, denn auch bei allen einzelnen Lebensverhältnissen gewahrt man jene absichtliche und gewaltsame Rükkehr von verzweifelnder Stimmung zu einer gedankenlosen Fröhlichkeit. Eine gewisse Selbstironie, und eine träge Ergebung in das Schicksal macht hier die Leidenschaften schnell vorübergehen und läfst sie nur selten kräftige Handlungen veranlassen. Wohl mag diese Eigenthümlichkeit des Temperamentes mit gewirkt haben um die von der älteren Landessitte durchaus abweichende und anscheinend zufällig erfolgte Unterjochung der niederen Stände in Russland herbeizuführen, und bis auf den heutigen Tag sie bestehen zu lassen.

[Juli 16.] Die dem Wasser zugewendete Seite des Städtchens W. Wolotschók ist die bedeutendste, und gewährte einen sehr anziehenden Anblick, theils durch die sorgfältigere Bauart der dort befindlichen Holzhäuser, theils und besonders durch den lebhaften Verkehr zwischen dem Ufer und den auf dem Flusse liegenden Barken.

Die äufserst langsame Strömung des hiesigen Wassers hatte ich noch besonders zu bemerken Gelegenheit durch ein dicht an der Mündung der Zna genommenes Bad. An dem Ufer des Flusses fand ich einen grofsen Block eines äufserst grobkörnigen Gesteines aus schwarzgrauem Quarze, gelbem Feldspathe und Granaten.

Wir schossen hier viele Tauben, welche in der Nähe der Stadt in grofsen Schwärmen sich aufhalten. Bei den meisten unter ihnen beweist die mannichfaltige und unregelmäfsige Färbung des Gefieders, dafs es Abkömmlinge von gezähmten Individuen sind, zu denen nur einzelne der in den hiesigen Wäldern wild lebenden Art sich hinzu gefunden haben. Übrigens ist ihr Aufenthalt in der Nähe der Menschenwohnungen jetzt ein durchaus freiwilliger, denn sie werden daselbst weder beherbergt noch gefüttert.

Der am heutigen Tage zurückgelegte Weg (71 Werst von W. Wolotschòk bis Tor*j*òk) führte durch völlig ebnes Land theils mit spärlichen Ackerfeldern, theils bei trockenem Boden, mit grossen Fichtenwaldungen. Granitgerölle fehlen nunmehr entschieden und die Landstrafse ist bald durch Brückenwege verbessert, bald durch tiefen Sand für die Fahrenden sehr beschwerlich. An dem Boden der trocknen Waldstellen sahen wir häufige Trümmer eines hornsteinähnlichen Quarzes mit Abdrücken von Korallen, See-stern- und See-Igel-Fragmenten. In dem Mafse als die fremden Urgebirgs-Gerölle vorzuherrschen aufhören, zeigen sich deutlicher jüngere geognostische Gebilde, welche noch jetzt ihrem ursprünglichen Geburtsorte nahe liegen.

Die Strafse war heute sehr belebt durch einzelne Karavanen die aus der Ukraine nach Petersburg zogen. Reiter mit langen pikenähnlichen Stangen bewaffnet, trieben grofse Rindviehheerden vor sich her. Zugleich befanden sich bei jedem Zuge mehrere mit Ochsen bespannte Fuhrwerke, theils Kibitken, in denen die Besitzer der Heerden reisen, theils offene Tilegen, welche mit Donischen Weinen und andern Erzeugnissen des südlichen Russlands beladen sind. — Am Vordertheile der Kibitken sahen wir stets ein aus Holz geschnitztes Heiligenbild angebracht, vor diesem aber waren einem Spinnwocken ähnliche Büschel eines trocknen wolligen Gewächses befestigt. (Die nur aus der Ferne gesehenen Pflanzen, sahen etwa blattlosen Zweigen von Rhus Cotinus ähnlich).

Ein Begleiter der Karawane, den wir nach der Bedeutung dieses Gebrauches fragten, erklärte ihn nur für eine übliche Art das Fuhrwerk zu zieren, dennoch aber könnte leicht ein früherer Aberglaube zu Grunde liegen, um so mehr da man bei Russen und angränzenden Nationen sehr häufige Spuren religiöser Vorurtheile in Bezug auf gewisse Pflanzen findet. So gilt Cytisus hirsitus (Russisch: Rakítnik) noch jetzt in den Liedern des Volkes für ein Gewächs von übler Bedeutung, weil es an Stellen wachse, welche durch eine Mordthat befleckt seien. Wahrhaft religiöse Ehrfurcht hatten die meisten Finnischen Nationen für Rosensträucher; die Litthauer aber betrachteten den Hollunder (Sambuc. nigra) für den Sitz und bestimmten Opferplatz einer ihrer oberen Gottheiten (Kronika Macieja Strykowskiego abgedruckt bei Potozki. Origines Slaves t. II.)

Die Rinder aus diesen Ukraineschen Heerden schienen uns sehr ausgezeichnet durch die Constanz der Färbung ihres fahlgrauen Haares und ihrer dunkelschwarzen Hörner. — An den Waldgränzen der einförmigen Gegend, welche wir heute durchfuhren, zeigten sich häufig Haasen in der Nähe des Weges. Die Einheimischen versicherten allgemein, dafs diese Thiere hier einen völlig weifsen Winterpelz erhalten, jetzt aber hatte ihr Haar sogar eine bei wei tem dunklere Farbe als die in Deutschland gewöhnliche.

Tor*j*òk erreichten wir gegen 8 Uhr Abends und blieben während der Nacht in dem Hause eines der dortigen, durch Gewerbthätigkeit sehr begüterten Bürgers. Ganz besonders beschäftigen sich jetzt die Einwohner der Stadt mit Anfertigung mannichfaltiger Waaren aus Saffianleder, welche sie theils durch Stickerei mit Gold- und Silberfäden verzieren, theils aus verschiedenartig gefärbtem Leder stückweise zusammenfügen. Diese zierlichen Arbeiten sind im Lande selbst äufserst beliebt und seit Kurzem auch zu einem Gegenstande des Ausfuhrhandels für Russland geworden. Anfangs wurden sie nur von Tataren angefertigt, und später erst haben die Russen mit gewohnter Leichtigkeit für die Erlernung fremder Kunstfertigkeiten, die ersten Erfinder an Geschicklichkeit übertroffen. Auf den Tatarischen Ursprung dieses Gewerbes deutet noch jetzt der allgemein übliche Name: Kasánskie *S*apogì (Kasanische Stiefeln) mit welchen man die zu Tor*j*òk angefertigten zierlichen Fufsbekleidungen aus farbigem Leder bezeichnet, denn unter den Russen galt anfangs nur das Kasanische Chanat für das eigentlich Tatarische Land und west-Europäische Gelehrte haben nachher wohl oft zu freigebig den Namen Tataren über Volksstämme ausgedehnt, die mit dem Kasanischen Nichts gemein hatten. — Das Leder zu diesen Arbeiten wird übrigens nicht hier angefertigt, sondern aus den Petersburger Fabriken bezogen. In den einzelnen Häusern der Stadt hat man reichhaltige Niederlagen dieser beliebten Waaren angelegt, um sie leichter an Reisende abzusetzen. Mehrere Häuser reicherer Bürger sind hier aus Stein gebaut, und auch die innere Anordnung derselben zeigt von bedeutendem Wohlstande.

Besonders auffallend war uns aber ein gegen die geographische Lage des Ortes merkwürdig abstechendes Erzeugnifs des Luxus. Reife Kirschen einer äufserst veredelten Art werden von Verkäuferinnen aus den Umgebungen der Stadt in Menge herbeigeführt. und zu sehr geringen Preisen ausgeboten. Es sind nicht Treibhäuser (Teplítzui) durch welche man hier, dem ungünstigen Klima zum Trotze, diese ausgezeichnet schönen Früchte zu gewinnen

weifs, sondern nur eine besondere Auswahl des mit Bäumen zu
bepflanzenden Terrains. Nie auf ebnem Lande sondern in kleinen
(oft sogar künstlich ausgegrabnen) Schluchten, werden die Pflanzungen gruppenweise angelegt. Nach dem hier zu Torjòk üblichen Sprachgebrauche bezeichnet man dergleichen für den Baumwuchs auserlesene Schluchten mit dem Namen Grúnti (die plurali-
sche Form des Wortes Grúnt, welches man gleichbedeutend mit
Pótschwa, zur Bezeichnung des Erdreichs in der Sprache des Russischen Gartenbaues gebraucht). Das Wesentliche in der auffallend
günstigen Wirkung, welche dergleichen niedrige Erdwände auf den
Baumwuchs äufsern, liegt offenbar in der Verhinderung eines zu
frühen Treibens im Frühjahre, so wie in dem Schutze, den sie
gegen den erkältenden Wind vielleicht auch gegen die nächtliche
Ausstrahlung gewähren; zugleich aber wird in den Grúnti durch
besondere Bearbeitung das obere Erdreich künstlich vorbereitet und
zu einem vollständigeren Zurückhalten der empfangnen Wärme geschickt gemacht. Schon Herberstein erzählt, dafs in Russland der Wachsthum der Melonen durch eine besonders geschickte Düngung und Auflockerung des Erdreiches (d. h. durch
Mistbeete welche damals, gegen Anfang des 16ten Jahrhunderts,
in Deutschland noch nicht gebräuchlich gewesen zu sein scheinen) auf eine merkwürdige Weise begünstigt werde, *) so dafs
also für diese (freilich nicht tief wurzelnden Gewächse) ein aus-
serordentlicher Schutz gegen das rauhe Klima durch künstliche
Herbeiführung einer schlechten Wärmeleitung des Erdreichs und
einer Entwickelung von Wärme durch Gährung erhalten wird. Es
ist bemerkenswerth, dafs diese Mittel allein, und durchaus ohne
die jetzt in Europa gebräuchliche Verstärkung der Sonnenwirkung (durch Glasfenster) von so mächtigem Einflufs auf den Wachsthum befunden werden. Sie können indessen nur weit geringere
Wirkung auf die tiefer wurzelnden und höher über den Boden

---

*) Er sagt: „terram fimo permixtam in areolas quasdam altiores com-
„ponunt, inque eas semen condunt: hac arte calori ac frigori aeque
„succurritur. Nam si forte aestus nimius fuerit, rimulas tanquam
„spiracula quaedam, ne semen calore nimio suffocetur, per fimum
„terrae mixtum faciunt, in frigore vero nimio laetaminis calor semi-
„nibus conditis praestat auxilium."

sich erhebenden Bäume äufsern, und für diese bleibt die Gestaltung der kleinen Thäler (Grünti) das wesentliche Schutzmittel gegen die ihnen sonst tödtlichen Fröste des Winters und Frühjahres.

[Juli 17.] Von Tor*j*òk bis Twer (66¼ Werst) ging die Landstrafse durch eine flache Gegend, in welcher dürres und sandiges Terrain um so vorherrschender wurde, jemehr wir der Wolga uns näherten. Die sandigen Stellen sind meist von Fichtenwaldungen eingenommen. Tannen haben nur in einzelnen feuchteren Einsenkungen, gleichzeitig mit Wiesen und kleinen Bächen, sich eingefunden. —

An einem solchen Wiesenbache liegt Mjédnoi Jam (Kupferdorf, so genannt nach der kupfernen Bedachung seiner Kirche): die einzige Station, die wir auf unserm heutigen Wege erreichten.

In dem Posthause bot man uns von dem Donischen Weine an, den man heute von den Führern der vorbeiziehenden Ochsenkarawanen gekauft hatte. Es ist ein nach Art des Champagner bereiteter moussirender Wein, welcher uns dem aus Französischen Trauben bereiteten durchaus Nichts nachzugeben schien. Man erzählt dafs während langer Zeit man die Weine des südlichen Russlands als zur Versendung untauglich betrachtete, bis endlich Winzer, die man aus der Champagne habe kommen lassen, die jetzt übliche Art der Bereitung eingeführt und somit von neuem einen der unerwarteten Contraste möglich gemacht haben, welche im nördlichen Russland die rege und vielseitige Verbindung mit südlichen Landstrichen verursachen. Der Donische Wein wird für ein Drittel des Preises verkauft, welcher in Petersburg dem echten Champagner zukommt.

Nahe hinter Mjédnoi Jam stehen mitten auf dem Felde drei einzelne sehr alte Eichen; offenbar sind diese Überbleibsel einer ursprünglichen besseren Beholzung, und erst nach gewaltsamer Ausrottung scheint die Oberfläche des Bodens so sehr ausgetrocknet zu sein, dafs er jetzt nur Fichten zu nähren im Stande ist. Auch die spärlichen Reste dieser früheren Vegetation reichen übrigens hin, um zu beweisen, dafs die Temperaturverhältnisse der hiesigen Gegend (56°,9 Breite), dem Wachsthume der Eichen schon wiederum weit günstiger sind, als die von Petersburg und zwar ungeachtet einer zwischen 500 und 600 Fuſs betragenden Höhe dieser Ebnen über dem Meere.

Einige Werst jenseits Mjédnoi verlieſsen wir die Landstraſse um ein groſses und sehr bedeutendes Kloster zu sehen. Das schöne steinerne Gebäude liegt mitten in einer dürren Fichtenwaldung und von ihr durchaus versteckt, und verdient dadurch mit Recht den Namen einer Wüsten-wohnung (Pustúinja) welche, dem alten Gebrauche gemäſs, allen Klöstern beigelegt wird. Ein viereckiges Hauptgebäude enthält sowohl die Kirche als die Wohnungen der Mönche. Es ist rings umgeben von einem Hofraum und dieser wiederum eingeschlossen von hohen, mit Zinnen versehenen Mauern. Eine mit der äuſseren Mauer parallel laufende innere Wand bildet einen bedeckten Kreuzgang, und in jeder Ecke des äuſseren Ringes erhebt sich ein hoher Thurm, der wie man uns versicherte, zum Gefängniſs für die, gegen die strenge Klosterdisziplin sündigenden, Mönche bestimmt sei. Also auch unter der sonst sanfteren Herrschaft des Krummstabes, sind hier körperliche Strafen üblich. Mehrere Grabsteine liegen auf dem Hofe, und den gröſsten derselben beschattet eine Esche von sehr hohem und schönem Wuchse. Das Äuſsere dieses Klosters gleicht mehr einem kriegerischen Befestigungswerke als einem zu religiösen Zwecken dienenden Gebäude. Die seltene Gröſse und die sorgsame Ausführung dieses Hauses, bei bekannter Abneigung der Russen gegen steinerne Bauten, zeigt wie auch hier die herrschend werdenden christlichen Lehren, bedeutende Aufopferungen von Seiten der Bekehrten herbeiführten.

Ein Stóroj oder Hauswart öffnete uns die Thüre der äuſseren Klostermauer. Die groſsen Räume erschienen wie ausgestorben, jedoch versicherten unsre Begleiter, daſs das mittlere Gebäude von den „heiligen Vätern" bewohnt und mit allen Lebensbedürfnissen reichlichst ausgestattet, auch Vorüberreisenden eine erwünschte Raststelle darbiete. Eine schnelle Fortsetzung der Reise nach Twer muſste aber leider der Bekanntschaft mit den Klosterbewohnern vorgezogen werden. —

Die Jämschtschiks welche wir im Twer'schen Gouvernement kennen lernten, waren ausgezeichnet vor den bisher gesehnen durch schlanken und hohen Wuchs, und meistens von sehr fröhlichem Temperament. Sie sollen von Klein-Russischer Abkunft sein, und häufig zum Kosackendienste in Petersburg ausersehen werden; auch macht sie hierzu die besonders ge rühmte Pferdezucht des Twerschen Gouvernements vorzüglich geschickt.

Das Ufer der Twérza, welches wir auf unserem heutigen Wege zu mehreren Malen berührten, war von sandigen Abhängen gebildet, die aber nie um mehr als 40—60 Fuſs sich erheben; um so viel auch senkt sich das Terrain, wenn man, nahe vor Twer, zur Wolga sich wendet, so daſs also das zwischen beiden Flüssen enthaltene keilförmige Stück Landes, als ein nur wenig erhabnes, meist dürres Plateau sich gestaltet. Auch auf diesem sind die oftmals erwähnten Hornquarzgerölle sehr häufig verstreut.

Hier bei Twer strömt die Wolga äuſserst langsam, auch war sie jetzt sehr schmal, aber an den Ufern zeigten sich deutliche Spuren einer vor kurzem erfolgten bedeutenden Abnahme ihrer Wassermasse. Die Bewohner der Stadt bekräftigten dasselbe und schrieben die starke Austrocknung der heftigen Sommerhitze zu.

[Juli 18.] Twer trägt jetzt das Gepräge einer planmäſsig gebauten Gouvernementsstadt, in welcher die Kirchen und öffentlichen Gebäude von Stein, die Privathäuser aber mit wenigen Ausnahmen aus Holz erbaut sind. Die äuſseren Wände der letztern sind aber meistens mit Brettern bekleidet und gefärbt, die Strassen sorgfältiger allignirt als in den bisher gesehenen Landstädten. Längs der Häuser laufen hölzerne Trottoirs, die mit Lindenalleen eingefaſst sind. — Wir fuhren heute von Twer bis Klin (82 Werst).

Auf der Wolga in der Nähe der Stadt lagen eine groſse Anzahl von Barken, welche ihre Ladung stromabwärts beförderten; sie trugen keine Segel, sondern bedienten sich auch hier des Schleppaues als hauptsächlichen Bewegungsmittels. Die zahlreiche Bemannung der Barken hatte am Ufer ihre Feuerungsplätze und Lagerstätten angelegt.

Auf der ersten Hälfte unsres heutigen Weges entfernten wir uns nicht über einige Werst von der Wolga, und dort war stets

sandiger Boden, aber mit der Entfernung vom Flusse und mit
gleichzeitigem allmähligen Ansteigen des Terrains wird Ackerbau
häufiger und die Landschaft weit freundlicher. Namentlich mit
Erreichung des Baches Schócha, auf der Gränze des Twerschen
und Moskauschen Gouvernements, wird dieser Wechsel sehr
fühlbar.

Auch die Lage von Klin ist anmuthig besonders durch das
Flüsschen *S*estrjà, welches mit weit lebendigerem Laufe als die
auf dem bisherigen Wege gesehenen Gewässer, zwischen den Häusern der Stadt fliefst. In der Mitte des breiten Baches sind viele
Behälter zur Aufbewahrung der hier gefangnen Fische an Pfählen
befestigt. — Die Hügel, welche südöstlich von der Stadt sich erheben, sind theils mit Feldern bedeckt, theils bewaldet, und verleihen der Aussicht weit mehr Mannichfaltigkeit als man bisher zu
sehen gewohnt wurde.

In dem Posthause von Klin hatte die Tulaer Fabrik von
Stahlwaaren eine reiche Niederlage ihrer Erzeugnisse. Die Preise
der ebenso mannichfaltigen als zierlichen Waaren sind, im Vergleiche mit den im westlichen Europa gebräuchlichen, auffallend gering und nur erklärbar durch das hier bei weitem mäfsigere
Tagelohn der Arbeiter. Es fehlt nicht an vielen diese Fabrik
sehr auszeichnenden Erzeugnissen; so ist die Auslegung des Stahles
mit Gold und Silber hier sehr üblich, und die berühmten blanken
Waffen der Tscherkéssen hat man zu Tula nachzuahmen gelernt. Nur eine gewisse Flüchtigkeit der Ausführung wird oft zum
Nachtheile der Tulaer Stahlwaaren bemerkt. Namentlich wagt
man kaum des hier käuflichen Schiefsgewehres sich zu bedienen,
ohne vorher die inneren Theile untersucht, und Einzelnes sorgfältiger ausgeführt zu haben.

[Juli 19.] Auch während des heutigen Weges von Klin
bis Moskau (82 Werst) erhielt sich der anmuthigere Charakter
der Landschaft, der seit dem Übergange über die Wolga sich
einfand. Reiche Ackerfelder bedecken hier das hügliche Land,
welches immer noch an Gesammterhebung zu gewinnen scheint.
Auf der Hälfte unsres heutigen Weges bei dem Dorfe *S*ólne-
tschnaja Gorà d. i. Sonnenberg entspringt der bei Klin gesehene Bach *S*estrjà und nahe dabei liegen die Quellen der

Kljásma, welche von dem nach SSO. gerichteten Moskauer Wege sich abwendend, ihren Lauf gegen O. nimmt und dadurch ein auch fernerhin gegen Moskau noch fortdauerndes Ansteigen zu erkennen giebt. Zum ersten Male seit der Ausfahrt von Petersburg sahen wir hier zwischen den Dorfwohnungen, reicher gebaute Häuser der Gutsbesitzer, auch sind in den bisher gesehenen Ortschaften am Wege die Bewohner nur selten Privatleuten tributspflichtig, sondern vorzugsweise Jämschtschiks, welche durch Leistung der Postfuhren die Regierung unmittelbar befriedigen.

Nahe vor Moskau liegen nach SW. zu, offene Ebnen welche mit Gebüsch von strauchähnlichen und niemals hochstämmigen Eichen bedeckt sind, (die Einheimischen nennen diese Form des Baumes dubówie kustì oder Eichensträuche). Durch diese sanft ansteigenden Ebnen hindurch geht der Weg zu den Quellen der Moskwa, auf welchen im Jahre 1812 das Französische Heer hinter den zurückweichenden Russen der Hauptstadt sich näherte.

[Juli 20 bis 28.] Ebenso kolossal wie Petersburg ist Moskau in jeder Beziehung ein weit mannichfaltigeres Ganze. Schon die natürlichen Verhältnisse der Gegend haben dazu beigetragen, denn aus dem sumpfigen Erdreiche, welches die mit der Moskwa hier sich vereinigenden Bäche Néglina und Jáusa umgiebt, erheben sich Hügel festeren Bodens, die Ausläufer eines von S. und SO. angränzenden steinigen Landstriches, und für die verschiedne Bestimmung der Gebäude, konnte leicht ein entsprechender Unterschied des Platzes gefunden werden. Im Übrigen aber scheint der Zufall grade hierhin den Mittelpunkt des Reiches verlegt zu haben, denn die Beziehung zur Umgegend begünstigt weder ein schiffbarer Fluss noch ein Wólok (oben pag. 147) oder anderes Terrainverhältnifs, welches mit Nothwendigkeit die Strafsen des Reiches hierher geführt hätte. —

Die befestigte Burg der Stadt wurde frühzeitig auf einem der trocknen Hügel angelegt, und auf den nach Osten zu angränzenden Höhen erbauten die reicheren Grofsfürstlichen Vasallen ihre Paläste, welche sie schon damals mit Gartenanlagen umgaben. Die zahlreiche Klasse der Kaufleute aber und der Arbeiter, siedelte am Fufse der Hügel sich an, anfangs nur von einer Seite und bis auf die Entfernung, welche noch jetzt die Erdwälle des Stadttheils Kitáigorod bezeichnen, dann aber, bei immer wachsender Bevölkerung, rings um den Kreml und weiter hinaus auf dem sumpfigen Boden von Bjéloi und Semljánoi Górod.

Mehr noch als diese ursprünglich verschiedne Bedeutung einzelner Stadttheile, hat eine an Umwälzungen und Zerstörungen reiche Geschichte, dem Orte ein mannichfaltigeres Ansehen verliehen. — Eine aus dem väterlichen Haupte vollendet entsprungne Minerva. könnte für Petersburg als sinnbildliches Wappen gewählt werden, für Moskau aber noch wahrhafter ein aus der Asche stets neu aber unverändert erstehender Phönix.

Nur von der letzten Napoleonischen Zerstörung von Moskau ist nach dem westlichen Europa eine bestimmtere Kunde gelangt. aber von ungleich häufigeren und bei weitem wichtigern Umwälzungen zeugen noch jetzt die Gebäude der Stadt.

Die meisten der steinernen Kirchen haben unversehrt dem letzten Brande widerstanden, und auf ihren Thürmen sieht man als bedeutungsvolles Denkmal früherer Katastrophen, das Kreuz über dem mahomedanischen Halbmonde sich erheben. Das Tatarische Joch hat so lange und so drückend gelastet, daſs ähnliche Ereignisse der späteren Zeit, von geringerer Bedeutung erschienen. Ja, sogar die plötzlich sich aufdringende Französische Herrschaft ist dem Volke kaum so bedenklich erschienen, als man im Auslande wähnte, denn da dunkle Anklänge der Landesgeschichte noch bis jetzt sich sprichwörtlich erhalten, so verglich man das neueste Ereigniſs nur mit den häufigen Einfällen der Petschenégi und mit denen der Polen in einer späteren Zeit, war aber noch weit entfernt, an Tatarische Knechtschaft erinnert zu werden.

Namentlich waren Feuersbrünste in der Geschichte der Stadt durchaus gewöhnliche Begebenheiten, und obgleich aus den früheren Perioden viele Nachrichten verloren worden sind, so lassen sich doch von dem 13ten bis zum Beginne des 19ten Jahrhunderts, 7 gänzliche Einäscherungen nachweisen und zwar meist als das Werk siegreicher Angreifer. So versteht man denn leichter, warum den nationellen Geschichtsschreibern der letzte Brand der Hauptstadt nicht als Wendepunkt der Kriegsgeschichte, sondern nur als ein begleitendes Ereigniſs von untergeordneter Bedeutung erschien. Für die richtige historische Würdigung der Begebenheiten scheint aber die Meinung beider Partheien zu berücksichtigen, und A*scharúmows lehrreiche Darstellung des Feldzuges von 1812 ist auch in dieser Beziehung wichtig.

Von den Altanen der hohen Häuser in Bjéloi Górod (d. h. eigentlich die weiſse Stadt) übersieht man diejenigen Straſsen, welche am meisten durch die Feuersbrunst gelitten hatten. Jetzt war keine Spur der Zerstörung vorhanden, sondern ringsum das Ansehn behaglichsten Wohlstandes. Häuser aus weiſsen Quadern rechtfertigen nun völlig das Beiwort bjelokámenaja oder weiſs-steinig, welches von einzelnen Stadttheilen, dichterisch auf das Ganze übertragen, in den Liedern des gutmüthig anstaunenden Volkes von jeher für Moskau erwählt war.

Die aus Eisenblech gefügten Dächer sind dunkelgrün angestrichen und, aus gröſserer Entfernung gesehen, verschwinden sie völlig unter den hohen Baumgruppen, welche überall aus den Gärten emporragen. — Die vergoldeten Kuppeln zahlloser Thürme sieht man meist auf grünem Hintergrunde glänzen. Abgenommen hat jetzt die Zahl niedriger Holzhäuser, welche früher, zwischen den steinernen Gebäuden, die Gärten nach der Straſse zu umgaben. Jetzt sieht man sie nur noch in den Vorstädten, die theils bis an den Horizont sich hinziehen, theils von dichten Birkengehölzen umschlossen sind. Auch diese nahe gelegenen Gehölze wurden während des Krieges gefällt, und haben erst seit jener Zeit mit ungemeiner Schnelligkeit sich wieder erneuert. Oft sahen wir in der Umgegend von Moskau, wie Birken, die man ohne jede Schonung umgehauen und mit horizontaler Lage des Stammes zur Umzäunung der Felder verwendet hatte, noch fortlebten und Zweige trieben.

Für die einförmige vegetative Natur der hiesigen Gegend, ist eine schwer zu unterdrückende Lebenskraft auszeichnend, und, auffallend genug, ist es dieselbe Eigenschaft einer ungehinderten Existenz unter drückenden Verhältnissen, eines zähen Widerstandes gegen umbildende Einflüsse, welche man hier auch an den Menschen gewahrt. —

Auch bei oberflächlichster Sprachkenntniſs ist jedem Ausländer in der Russischen Rede der Ausdruck kak ni bud, sowohl seiner häufigen Wiederkehr als seiner sonderbaren Bildung wegen, aufgefallen. In den zu Russland gehörigen Deutschen Provinzen sah man sich genöthigt, denselben durch „wie nicht ist" wörtlich zu übersetzen und diese un-Deutsche Wortfügung in der Rede aufzunehmen, denn des echt nationellen Begriffes konnte man auch dort nicht entbehren. „Wie es auch immer sei; Gleichviel auf welche Weise" möchten unserer Sprache etwas angemessener, diese sonderbare Gleichgültigkeit gegen alle näheren Bedingungen der Existenz umschreiben, welche denn auch hier zu Moskau in Bezug auf leblose Dinge sowohl als auf die Lebensverhältnisse der Menschen mannichfaltig sich äußert. „Kak ni bud, da *jiwöt!*" (Es lebt, gleichviel wie) wird auch hier gleich oft von einem nur eben vor dem Einsturz bewahrten Hause oder Wagen, als von Menschen bei drückenster Armuth oder Krankheit gebraucht und gilt in den verschiedensten Fällen als Beweis einer Erreichung des Zweckes und als hinreichender Grund zur Zufriedenheit. Dafür aber auch ist man unerschöpflich an Mitteln um eine gleichviel wie beschaffne Existenz, den Dingen und Menschen in jedem Falle zu fristen und grade dahin äußert sich vorzugsweise die ungemeine Gewandtheit der Nation.

Ein und derselbe Zug des Russischen Charakters ist es, welcher hier die niedere Volksklasse lehrt, aus den Hefen der Dinge noch Vortheil zu ziehen und somit selbst die äußerste Dürftigkeit leicht zu ertragen, während er den Begüterten zu steter Vergrößerung der Zahl ihrer Besitzthümer behülflich wird, denn da hier ein nur äußerlich ähnliches Surrogat jedwedes eigentlich beabsichtigte Ding zu ersetzen im Stande ist, wird um so leichter zur Gewohnheit, den Antrieben einer nie zu stillenden Habsucht zu entsprechen.

Wie bunt und mannichfaltig Sitte und Lebensverhältnisse in der großartigen Stadt unter solchen Umständen sich gestalten müssen, ist leicht zu erachten, dennoch aber ist nach einer Seite hin diese Mannichfaltigkeit auf das Bestimmteste begränzt, denn trotz aller übrigen Wechsel des Äußeren trägt hier jede Erscheinung ein nationelles Gepräge, und ein Beharren bei den einmal landesüblich gewordnen Gebräuchen, ist noch jetzt als oberster Grundsatz zu erkennen. — Zwar werden von den Einheimischen Sitten und Lebensart der in Moskau ansässigen Ausländer, begierig und sorgsam beachtet, aber das davon Anzunehmende wird stets der eignen Sitte assimilirt; es ist der Strom, welcher Bäche empfängt ohne seinen Namen zu ändern, oder, ähnlicher noch, ein kräftig lebender Organismus, den selbst die verschiedenartigste Nahrung nicht umzugestalten vermag.

Unter den besonderen Zügen des Bildes von Moskau ist die Ansicht des Kreml noch jetzt das Auffallendste. Der Name dieses Stadttheils, welcher fast in allen zugleich alten und bedeutenden Russischen Wohnplätzen sich wiederfindet, ist dem Worte: Feste sowohl dem Begriffe als der Bildung nach völlig entsprechend. Echt Slavischen, nicht aber wie Einige behauptet haben, Tatarischen Ursprungs, erklärt er sich leicht durch die Worte: Kremèn, ein harter Kiesel; krépkji, fest; krépost, Festigkeit oder Festung u. s. w. —

Aus den reich und modern gebauten Strafsen von Kitáigorod näherten wir uns den hohen Ringmauern welche den Kreml von W. und NW. umgeben. Wachtthürme mit Zinnen erheben sich an den Ecken der einschliefsenden Mauern, in das Innere aber führt von hier der finstere und hoch überwölbte Gang, welcher die Heilandspforte (Spáskaja Woróta) genannt wird. Dem wunderthätigen Bilde welches im Innern dieses Thorgebäudes an der Mauer befestigt ist, hat noch Niemand ohne das Haupt zu entblöfsen sich genähert, und zwar wirkt bei der überwiegenden Zahl der Gläubigen eigne Ehrfurcht, bei den Übrigen aber die Mahnung eines mit alterthümlicher Hallebarde bewaffneten Wächters. Auch wird den Hunden der Durchgang durch dieses Thor auf das Strengste verwehrt, und es zeigt sich hier wiederum wie, vom religiösen Standpunkte aus, dieses Thier den Russen als unrein und verächtlich erscheint, so vielfältig sie auch seiner im gewöhnlichen Leben sich bedienen.

Die ebne Oberfläche des Hügels ist von der Süd- und Südostseite nur mit niedriger Brustwehr umgeben, und gränzt dort an den senkrechten und mit Mauerwerk bekleideten Abhang, an dessen Fufse man die Wasser der Néglina und Moskwa sich vereinigen sieht. — Im Innern des von den Ringmauern begränzten weitläufigen Raumes liegen im sonderbaren Gemische, Kirchen und Klostergebäude zwischen kriegerischen Befestigungswerken und den Palästen des weltlichen Herrschers.

Die kirchlichen Gebäude dienen noch jetzt dem Metropoliten und andren oberen Geistlichen als Wohnung, auch werden die Sitzungen der Synode in ihnen gehalten, aber der Zarische Palast welcher aus einem ungleich mächtigeren Gewirre planlos zusammengefügten Gemäuers besteht, ist öde und verlassen. Er scheint ein Denkmal längst vergangner Zeit, dessen unveränderte Erhaltung, bei der Rohheit und Unvollkommenheit der ursprünglichen Anlage nur noch auffallender wird. Meisterwerke der Baukunst sind nur ein Abdruck der ewig gleichen Gesetze des Schönen, und daher geschieht es, dafs sie selbst nach Jahrtausenden nicht das Gepräge wunderbar langen Bestehens und ehrwürdigen Alterthums erlangen, welches kunstloserem und roherem Menschenwerk schon nach kürzerer Frist unausbleiblich zu Theil wird. Lebhaft wird man hier an diesen Umstand erinnert, denn sehr oft hat im Bezirke des Kreml das unvollkommenste Gemäuer ein zu seinem Werthe unverhältnifsmäfsiges Alter erreicht. So sieht man noch jetzt, von der Zeit her wo die Zaren hier wohnten, in der Mitte des Hofraums, die niedrige und aus wenigen Steinen roh gefügte Bühne sich erheben, von welcher alljährlich dem Volke der Segen ertheilt wurde. Ihrer Bauart nach scheint sie nur dem augenblicklichen Bedürfnifs abhelfen zu sollen, und doch zeigt das Ansehn der Steine von sehr hohem Alter. Daneben liegen die Läufe von fünf kolossalen Geschützen, welche abenteuerlich mit engen steinernen Gewölben überbaut, wohl mehr trügerisch beruhigende Zuversicht als wirklichen Schutz zu verleihen im Stande waren. Nur einmal im Jahre, bei der Feier des Osterfestes, regt sich jetzt noch ein vorübergehendes Leben in den ausgestorbenen Mauern des Kreml und dann dienen auch wieder diese ungeheuern Kanonen, um dem gläubigen Volke den wichtigen Augenblick zu verkünden.

Grofse Gufswerke, mehr zur Pracht als zum Nutzen bestimmt, scheinen übrigens von jeher im Geschmack der Russen und ihrer frühesten Vorältern gewesen zu sein. In der Nähe der merkwürdigen Geschütze sieht man die bei weitem grofsartigere Glocke, welche am Fufse des Iwan-Thurmes in einem Loche in der Erde bewahrt wird. Da dieses Gufswerk noch jetzt das gröfste der vorhandenen sein möchte, so mag es der Erinnerung verdienen, dafs schon Herodot (460 vor Christ.) bei den südlichen Skythen zwischen dem Dnjepr und Kuban, ein damals kaum minder wunderbares Kunstwerk gesehen hat. *) Es war ein erznes Gefäfs, welches, bei einer Metalldicke von 4,46 Zollen, eine Höhlung von 282,2 Kubikfufs Par. Mafs umschlofs. Leider fehlt es an näheren Angaben der Gestaltung, wollte man aber das Gefäfs als cylindrisch sich denken, so würden die Annahmen von 4 Fufs Höhe des inneren Raumes, bei 9,48 Fufs Durchmesser desselben, oder von 12 Fufs Höhe, bei 5,46 F. Durchmesser, als etwa noch wahrscheinliche Extreme, dem von Herodot angegebenen Inhalte entsprechen und für die Menge des verarbeiteten Metalles ergiebt sich aus ersterer Annahme 76,3, aus letzterer 91,3; in einem mittleren Falle also etwa 83 Pariser Kubikfufs oder an Gewicht 41000 alt Franz. Pfunde, wenn man annimmt, dafs das Gefäfs aus Bronze bestanden habe. **) — Es war dieses antike Skythische Gefäfs, wie Herodot bemerkt, 6 mal gröfser als das bedeutendste von ähnlicher Art, welches damals in Griechenland sich vorfand. Aber auch noch jetzt würde dasselbe als höchst ansehnlich erschnen und z. B. die gröfste der in Frankreich existirenden Glocken (in der Kathedrale zu Rouen) stark übertreffen, denn das Gewicht derselben wird nur zu 36000 Pfund angegeben. Nur im Vergleich zu der Glocke des Kreml wäre das Gefäfs von Exampe als ein schwacher Versuch zu betrachten, denn wenn auch sehr verschiedene Angaben über das Gewicht dieser letztern vorhanden

---

*) Herodot Lib. 4. Capt. 81. —

**) Nach Paucton's Metrologischen Untersuchungen habe ich den Griechischen Amphoreus zu 0,470 Par. Kubikfufs, den Daktylos zu 0,7431 Par. Zoll, angenommen. Wären es aber gar Römische Amphoren gewesen, mit denen man das Gefäfs von Exampe gemessen, so hätte man an die Stelle der oben angegebnen Metallmasse sogar nahe 70000 Franz. Pfund zu setzen und, die Arbeit der alten Skythen käme der ihrer Nachkommen an Gröfse noch um etwas näher.

sind, so kann man doch 300,000 bis 400,000 Pfund, mithin das Zehnfache des Skythischen Gefäfses, mit Sicherheit dafür annehmen. Dies beweisen schon die Dimensionen dieses kolossalen Gufswerkes, welche 22,5 Engl. Fufs im gröfsten Durchmesser bei 21,3 Höhe betragen; die Metalldicke, sehr verschieden an verschiedenen Stellen der Glocke, dürfte doch nirgends unter 6 Zoll sein, beträgt aber nahe das Vierfache in der Nähe des unteren Randes.

Wenn auch, wegen unvollkommner Kenntnifs der Griechischen Mafse, über diese quantitative Vergleichung des alten Skythischen Kunstwerkes mit dem Russischen einiger Zweifel zurückbleibt, so bieten doch beide auch anderweitig noch eine auffallende Ähnlichkeit dar. Herodot berichtet nämlich, dafs Ariantas ein alter Beherrscher der Skythen, das Erz zu dem erwähnten Gefäfse durch eine vom ganzen Volke geleistete Beisteuer gesammelt habe; namentlich wurde jeder Mann, unter Androhung der Todesstrafe im Unterlassungsfalle, zur Darbringung einer erznen Pfeilspitze gezwungen; es wird hinzugefügt, dafs man eine richtigere Würdigung der Volksmenge bei Anfertigung dieses Denkmals beabsichtigt habe. Nun finden sich aber nicht nur von dergleichen allgemeinen Beisteuern zu öffentlichen Unternehmungen unter dem Namen von pojértwowanji oder Opferungen, (von jértwa ein Opfer) die häufigsten Beispiele in der Russischen Geschichte, sondern es ist auch die sehr glaubwürdige Tradition vorhanden, dafs um die Glocke des Iwan-Thurmes zu giefsen, metallene Gefäfse und andre ähnliche Besitzthümer im ganzen Reiche gesammelt wurden. — So erhält man hier ein neues Beispiel von der überraschenden Beständigkeit, mit welcher in Russland nicht nur wichtige und einflufsreichere Theile der Volkssitten, sondern auch ganz besondre Gebräuche sich erhalten.

Wie alle nur entfernt zu kirchlichen Zwecken bestimmte Gegenstände, so geniefsen auch die Glocken beim Russischen Volke eines wahrhaft religiösen Ansehns; der mehrerwähnten aber scheint man durch den Namen wjétschnui kólokol oder der ewigen Glocke noch eine ganz besondere Achtung haben verschaffen zu wollen, und diese Absicht ist so vollkommen erreicht worden, dafs schon jetzt der Ursprung des Kunstwerkes in ein bedeutendes Dunkel gehüllt ist. Die Reisenden im Anfange des

18ten Jahrhunderts würden indessen sicher nicht eine so auffallende Erscheinung durchaus unerwähnt gelassen haben, wenn man nicht die am häufigsten gehörte Behauptung, daſs dieselbe erst unter der Kaiserinn Anna, also nach 1730 gegossen worden sei, für wahr annehmen dürfte. Ja es lieſse sich noch, nicht ohne Wahrscheinlichkeit, eines Umstandes gedenken, welcher grade damals das Werk erleichtert und vielleicht auch noch besonders dazu veranlaſst haben dürfte. — Den Russischen Kupfermünzen hatte man vor 1730 beständig einen so geringen Nennwerth gegeben, daſs dieselben als Ausfuhrartikel von ausländischen Kaufleuten eifrigst begehrt und dafür eine bedeutende Menge ungleich werthloseren Silbergeldes eingeführt worden war; ja so bedeutend war dieser dem Staatsschatze nachtheilige Verkehr geworden, daſs damals der Werth des noch im Lande vorhandnen geprägten Kupfers zwischen 3,000,000 und 10,000,000 Rubel schwankend von den damit beauftragten Beamten geschätzt wurde. Theils um Gewiſsheit über diesen wichtigen Punkt zu erlangen, theils um auch für die Zukunft durch neue Ausprägung unter Verleihung eines höheren Nennwerthes, den Staatsbesitz zu sichern, wurde unter Anna's Regierung eine Einsammlung sämmtlicher Kupfermünzen mit angelegentlichem und erfolgreichem Eifer betrieben, hernach aber, auf Anrathen der damit beauftragten Minister Golowkin und Münnich, eine beträchtliche Menge desselben auſser Curs gesetzt und, zum ersten male in Russland, durch Papiergeld mehr als ersetzt.*) Daſs man nun das eingeschmolzne und dem Verkehre entzogne Kupfer zu einem heiligen Zwecke bestimmt, und durch diesen frommen Betrug die dem Volke anstöſsige Maaſsregel des gemünzten Papieres annehmlicher gemacht habe, scheint durchaus im Einklang mit anderweitigen Erscheinungen. Man weiſs sogar mit Bestimmtheit, daſs, als späterhin während Elisabeth's Regierung eine neue Summe von 50,000,000 Rubel Papiergeld vertheilt und wiederum eine entsprechende Menge Kupfers dem Verkehr entzogen wurde, man die eingeschmolzne Metallmasse in einem eigens erbauten Magazine aufzubewahren begann.

Nach dem jetzigen Werthe des Kupfers zu urtheilen, besitzt

---

*) Schlözer, Münzwesen in Russland pag. 109.

die zur ewigen Glocke verarbeitete Metallmasse einen Werth von 2,000,000 Rubeln, ohne dabei auf die, allem Anscheine nach hinzugefügten, edleren Metalle Rücksicht zu nehmen. Diese Summe machte einen schon beträchtlichen Theil der damals vorhandnen Geldmenge aus, und während man eben der Sparsamkeit im Staatshaushalte sich recht angelegentlich befleifsigte, konnten wohl nur die angedeuteten besonderen Verhältnisse, zur scheinbaren Aufgebung eines so bedeutenden Besitzes veranlassen. Dafs man übrigens das ganze Werk als eine vom Volke dem Himmel dargebrachte Gabe darstellte, war natürlich, um so mehr da es aufser der erwähnten Mafsregel der Münzeinziehung, auch noch wahrer Beisteuern, namentlich zur Bestreitung des Zusatzes an edlen Metallen, bedurfte.

Was endlich die von ausländischen Beobachtern vielfach bestrittne Überlieferung betrifft, dafs die mehrerwähnte Glocke durch einen Fall von der Höhe des Iwan-Thurmes, an ihren jetzigen auffallenden Aufbewahrungsort, unter die Erde, gelangt sei, so schien uns kein Grund zum Zweifel an der allgemeinen Erzählung vorhanden. Von dem in den Boden des Loches tief eingedrückten Rande der Glocke, ist ein ungeheures Stück genau eben so abgebrochen, wie es nach einem Falle geschehen mufste und übrigens ist es begreiflich genug, dafs eine Masse von 400,000 Pfund welche nach dem Fall von der Höhe des Thurmes mit einer senkrechten Geschwindigkeit von etwa 100 Fufs in der Sekunde sich bewegt haben würde, nicht anders als einen sehr tiefen Eindruck verursachen konnte. Von der Beschaffenheit des durch den fallenden Körper getroffenen Erdreichs ist freilich hierbei gar Vieles abhängig; indessen ist grade an der Stelle, wo die Glocke jetzt ruht, der Boden so nachgiebig, dafs man alljährig ein neues Sinken bemerkt, welches nur durch den Druck des ruhenden Körpers bewirkt, auf den Erfolg eines von dem schnell bewegten, ausgeübten Stofses schliefsen läfst. Bei einer Feuersbrunst im Jahre 1737 ist nun wirklich ein Theil des Gebäudes in welchem die Glocke sich befunden haben soll, eingestürzt und leicht kann der dadurch erzeugte Schutt noch dazu beigetragen haben, die herabgestürzte Masse mehr zu bedecken, und bei nachher erfolgter Aufräumung den Eindruck tiefer erscheinen zu lassen als er ursprünglich war.

Daſs eine besondre Geschicklichkeit in der Kunst des Metallgusses in dieser Gegend der Erde von den frühesten Zeiten her durch ununterbrochene Überlieferung sich erhalten habe, beweisen auch die in dem jetzt noch bestehenden Theile des Thurmes von Iwan Welíkoi aufgehängten Glocken, welche sämmtlich bald nach Erbauung der Kirche, (unter dem Zare Boris Godunòw im Jahre 1600) angefertigt wurden. Die gröſste derselben hat ein Gewicht von 4000 Pud d. h. von 133684 Franz. Pfunden oder reichlich das Fünffache der berühmten Erfurter Glocke (deren Gewicht von Athan. Kircher zu 25400 Pfund angegeben wird) und nahe das Vierfache der oben erwähnten von Rouen. — Vielleicht daſs die auffallende und frühzeitig bemerkte Häufigkeit ähnlicher Leistungen in China, wo eine Glocke von 120000 Pfunden schon im Jahre 1403 unter der Regierung des Kaisers Jùm lò gegossen wurde, *) einigermaſsen dazu beiträgt, die Geschicklichkeit der alten Skythen und ihrer Nachfolger in Russland zu erklären; denn ebenso wie wir später sehen werden, daſs selbst die Sibirischen Urvölker trotz beschränktester Mittel von jeher mancherlei Kunstfertigkeiten mit den Chinesen theilten und wahrscheinlich mittelbar von ihnen geerbt haben, so wäre eine ähnliche Quelle der Überlieferung auch hier wohl gedenkbar, denn nur in dem Maſse als Russland mit dem westlichen Europa in Verbindung trat, wurde es dem südlichen Asien entfremdet. Die Annäherung, welche durch die Eroberung von Sibirien von neuem erfolgt ist, dürfte, der in den frühesten Epochen vorhanden gewesnen, durchaus noch nicht gleich kommen. — Die Anfertiger des Gefäſses von Exampe können ohne Zweifel ihren Metallreichthum auf Handelswegen aus dem südlichen Sibirien erhalten haben, denn dort finden sich häufige Spuren eines uralten, aber noch vor der Bekanntschaft mit den neueren Russen unterbrochnen Bergbaues; aber auch in späteren Zeiten bis zur endlich erfolgten Wiedereröffnung der Sibirischen Gruben, wuſste man in Russland den Handel so zu leiten, daſs der Metallbesitz des Reiches durch ihn beständig sich mehrte. Dieses bezweckten na-

---

*) In Athan. Kircheri China illustrata befindet sich eine vollständige Geschichte und Beschreibung dieses Kunstwerks.

mentlich die noch im 16ten Jahrhundert mit äufserster Strenge wiederholten Verordnungen der Russischen Herrscher: bei jedwedem Handel mit Ausländern nur Pelzwaaren in Zahlung zu geben. —

Nur die prächtige Stadt mit ihren Umgebungen im entfernteren Hintergrund, so wie der nahe gelegene Fluss am Fufse des Hügels verleihen der Aussicht von der Höhe des Iwan-Thurmes ihren ausgezeichneten Reiz, die umgebenden Gebäude des Kreml sind aber allzu willkürlich und mit anscheinender Zufälligkeit aneinander gereiht, um einen gefälligen Anblick zu gewähren. Ja sogar die seltne Gröfse der Steinmassen bleibt hier wirkungslos, wegen mangelnder Einheit des Planes. — Während die Wohnhäuser in den Strafsen von Moskau eben so schön und geschmackvoll erscheinen wie die von Petersburg, sind die alterthümlichen öffentlichen Gebäude hier von weit geringerem Werthe. Wenn man die abenteuerlich verzierten fünfthürmigen Kirchen in der Nähe betrachtet, so bemerkt man fast immer eine widerliche Unregelmäfsigkeit der architektonischen Linien und bei den ältesten Gebäuden des Kreml sogar oft eine so schiefe Stellung der einzelnen Theile, dafs man an ihre Festigkeit zweifeln würde, wenn nicht die Erfahrung bereits das Gegentheil gelehrt hätte.

In einem gänzlich andren Lichte erscheinen aber die kirchlichen Gebäude von Moskau und insbesondere die des Kreml, den einheimischen Russen; sie haben in ihren Augen einen so mystischen Werth, dafs künstlerische Vollendung des Äufseren, ihn kaum zu erhöhen im Stande wäre. Vor den unscheinbarsten Kapellen (Tschasówni der Russen; von Tschasùi, die Stunden und die stündlichen Gebete, horae der Katholiken) eben so wie vor den gröfseren und prächtigeren Kirchen, sieht man die Vorübergehenden mit stets gleichem Ausdrucke ernstester Andacht sich bekreuzigen, und wenn auch einzelne der religiösen Festlichkeiten hier einen wahrhaft ergreifenden Charakter besitzen, so ist es doch in andren Fällen wunderbar, wie die mystische Ehrfurcht auf Dinge übertragen wird, deren durchaus gewöhnlicher Ursprung so nahe vor Augen liegt. In der Nacht des ersten Ostersonntags soll in den Strafsen der Stadt eine durch Nichts unterbrochene Stille herrschen, bis urplötzlich in dem Augenblicke der Mitternacht, sämmtliche Glocken auf den erleuchteten Thürmen von 250 Kirchen, und der Donner der ungeheuren Geschütze vom Kreml erschallen. Nun erst werden alle Strafsen erleuchtet, so wie es als Ausdruck allgemeiner Freude sonst nur bei Siegesbotschaften üblich ist. Eine Bevölkerung von 400000 Menschen, welche nun in der Stadt und nächsten Umgebung mitten in der Nacht plötzlich sich zu regen beginnt, wird nur von einem Gedanken belebt. Bald darauf erscheinen die Häuser wie ausgestorben, weil Alles zu den Hauptkirchen strömt, in deren Mitte ein Katafalk errichtet ist. Einzelne der bigotten Menge sehen darin stets von Neuem das wahre Grab des Erlösers, und nachdem sie es leer befunden, suchen sie noch nach dem Auferstandnen in den nächstgelegnen Theilen der Kirche, und dann erst folgen auch sie dem Beispiele der Übrigen, welche unter allseitigen Umarmungen und mit den Worten Christòs woskrès — und wo ístino woskrès (Christus ist erstanden — in Wahrheit er ist erstanden!) einander die Freudenbotschaft verkünden. Vom zartesten Alter an, nehmen auch die Kinder Theil an dem erschütternden nächtlichen Feste, und natürlich ist es dafs die Macht des ersten Eindrucks bei ihnen bis zum spätesten Alter nachwirkt.

Während der darauf folgenden heiligen Woche gehört es zu den besonderen Genüssen des Volkes, die kirchlichen Geräthschaften, welche im Kreml aufbewahrt werden, andächtig zu bewundern. Man betet vor den nur dann sichtbaren Reliquien der Gottgefälligen; (Móschtschi Bóga Ugódnikow) sodann aber werden die Kleiderkammern (Rísnizui, von Rísa ein geistliches Gewand) der noch lebenden Priester mit ebenso gläubiger Einfalt angestaunt; die Panágji, Mítri, Omofóri, Epitrachílui, Sakósni u. v. a. werden zu einem Gegenstande des Studium, und schon dadurch sind hier Benennung und Bedeutung aller einzelnen Theile dieses complizirten Apparates allgemein bekannt.

Auch zeigt man frei die Gefäfse, in denen das Múiron oder wunderkräftige Salb-Öl gekocht wird. (Muirowarénie oder Salb-Öl-kochung ist der gebräuchliche Ausdruck.)

Ebenso wird das viermal im Jahre sich wiederholende Fest des Jordan oder der Weihe des Flusswassers, (Swesch-

tschénie Wòdd), zu Moskau in der Nähe des Kreml gefeiert.
Die geheimnifsvolle Pforte (táinizkaja woróta von tái-
nui, geheim) führt durch die Ringmauer zum nächstgelegnen
Ufer der Moskwa, an welchem hölzerne Brücken, um das Wasser bequemer zu erreichen, gebaut sind. —
    Kaum minder eigenthümlich als die Erscheinungen des Kreml
ist derjenige Stadttheil, in welchem recht vorzugsweise ein vielseitiger Handel geführt wird.
    Die meisten der für den Verkauf im Einzelnen bestimmten
Waarenniederlagen befinden sich in dem sogenannten Kitaígorod
d. h. der Chinesischen Stadt, welche ihren schon in den frühesten Chroniken genannten Namen, dem damals vorherrschenden
Chinesischen Kramhandel verdanken soll. Jetzt sind es zunächst zwei Gostínie dworì oder Kaufhöfe die sich hier befinden, und welche mit dem Petersburger im Wesentlichen der
Anordnung übereinkommend, denselben an Mannichfaltigkeit und
Bedeutsamkeit des Verkehrs noch bei weitem übertreffen. Wirklich ist kaum ein zu begehrender Gegenstand gedenkbar, für dessen
Ausbietung nicht hier eine eigne Budenreihe (Räd) vorhanden
wäre. Jeder der dortigen Händler beschränkt sich auf eine bestimmte Klasse von Waaren, und das ungewöhnliche Krämertalent
der Nation äufsert sich durch die Vollständigkeit, mit welcher ein
Jeder seine Niederlage auszustatten weifs. Für den einmal erwählten Zweig des Handels, sind die Budenbesitzer Verkäufer und
Aufkäufer zugleich, und sie wissen dann den eingetauschten
Waaren durch leichte Umarbeitung das Ansehn der Neuheit wieder
zu verschaffen. Auch das Geld ist zur Waare geworden, denn in
einer langen Reihe von Wechslerbuden kann man eine jede Münz-
art eintauschen, jedoch so, dafs der Preis des zu Erhaltenden sich
nicht nach einer allgemeinen Übereinkunft, sondern nach dem besondern Bedürfnisse des Händlers richtet. Daher auch findet man
dort gangbare Geldarten aller Länder ebenso häufig als Metallstücke, die nur weil sie ein Gepräge besitzen, den Namen von
Münzen verdienen, übrigens aber durch Alterthum oder anderweitige Umstände längst zur Waare geworden sind.
    Kaum bedarf es der Erwähnung, dafs die Kaufleute des Mos-
kauer Góstinji dwòr die alterthümlichen Sitten der in Pe-

tersburg gleichartig Beschäftigten theilen, denn jedes nationelle Element, welches schon dort dem eben ankommenden Ausländer auffällt, ist hier ungleich reiner entwickelt. Petersburg ist ein vielfarbiges Chamäleon, welches stets gegen das vorhergesehene contrastirend, dem Fremden als Russische Stadt, dem von Moskau Kommenden aber, als ein dem heiligen Lande entfremdeter Heerd des Ausländischen erscheint. —

Hier gehört der ganze Stadttheil dem behaglichen Volke der Krämer, und während besoldeten Kaufdienern (Prikáschtschiki, von prikasàtj, befehlen) die Sorge der Buden übertragen ist, sieht man die bärtigen Besitzer der Waaren, auf der Strafse in der Nähe des Kaufhofes mit einander verkehren. Mit müfsiger Geduld scheinen sie nur von der Gunst des Zufalls zu leben, und die pflegmatische Sorglosigkeit ihrer Gespräche ist bei den Moskauern sprichwörtlich geworden.

Auch hier sind es ebensowohl leibeigne als freie Menschen, welche bei dieser Lebensart eine Befriedigung finden, die sie kaum geneigt sein möchten gegen irgend andre Verhältnisse zu vertauschen. Von den verschiednen Ausdrücken, deren man sich in Russland zur Bezeichnung der knechtischen Abhängigkeit bedient, ist der anscheinend unumwundenste, am wenigsten gehässig. Die Frage: wessen bist du? (tschèi tui?) ist niemals anstöfsig, und wird gleichmüthig bald durch: mein eigen (ja swoi), bald durch den Namen eines Dritten beantwortet. Aber die Benennung Rab ist drückend und beleidigend, und doch, wie die abgeleiteten Formen rabóta, rabótnik, rabótatj es beweisen, liegt in ihr Nichts andres, als in dem Worte Arbeiter. Eine bequeme Mufse scheint also vor allem Andren hochgeschätzt, und bleibt diese gesichert, so hält man das was die Freiheit sonst noch verleiht, von geringem Belange. — Die kaufmännische Laufbahn wird übrigens hier mit äufserst geringen Mitteln begonnen und zwar zunächst auf dem grofsen Trödelmarkte, welcher unmittelbar an die Kaufhöfe angränzend, hier auch offiziel, die in Petersburg nur abusivisch gangbare Benennung Wschíwui rúinok (Vergl. oben pag. 74) führt. Aufserdem aber sind hier bei der ärmeren Volksklasse die sogenannten podrjádi äufserst beliebt; man versteht aber darunter jede Art von Übereinkommen mit reichen Besitzern, theils um zur Ausführung irgend einer verlangten Leistung sich anheischig zu machen, theils auch um durch Pachtverträge von kurzer Dauer sich eine augenblickliche Erwerbsquelle zu verschaffen. Zu dieser Klasse der Podrjádtschiki oder Unternehmer gehört z. B. auch eine grofse Anzahl von jährlich nach Moskau einwandernden Bauern, welche kleine Landstücke in der Nähe der Stadt, im Frühjahre miethen und auf ihnen mit aufserordentlichem Fleifse Gartengewächse aus dem Samen ziehen, von dem sie einige Säcke voll mit sich führen. Schon ein Theil ihres Verdienstes ist bei diesen so wie bei ähnlich Beschäftigten hinreichend, um ihren Lehnsherrn die verlangte Steuer zu bezahlen und die Erlaubnifs zum Wandern von neuem zu erhalten. Andere pachten und bewirthschaften Treibhäuser, durch deren grofse Anzahl man auch hier mitten im Winter die meisten Obstarten leicht und häufig erhält. Werden diese Podrjádtschiki nur einmal vom Glücke begünstigt, so gehen sie bald über zu den ausgedehnteren Unternehmungen ähnlicher Art, zu denen täglich in den Moskauer Zeitungen von Privatleuten sowohl als von Behörden Gelegenheit dargeboten wird. Sie verbinden sich unter einander oder benutzen das etwa schon Erlangte, um Leute ihres Gleichen zu miethen. Bald sind Holz oder Steine zu Bauwerken zu liefern, bald Pferde oder Arbeiter zu stellen, und zwar nicht nur für die Nähe der Hauptstadt, sondern eben so gut auch für die entferntesten Provinzen des Reiches, weil man überzeugt ist, dafs der Trieb zum wandernden Leben und die Hoffnung eines geringen Gewinnes, stets Meldungen veranlassen werde. Zur Pacht eines noch zu eröffnenden Steinbruches im südlichen Russland, zum Transport der in der Krimm gewonnenen Weine hört man gleichmäfsig in Moskau die reicheren Podrjádtschiki auffordern. Dergleichen Verträge werden nach der üblichen Formel, durch torg und peritórschka d. h. durch Anerbietungen der Einzelnen, und nachheriges Überbieten zwischen der versammelten Menge abgeschlossen.

Wie das Gewerbe dieser Leute allmälig in das der eigentlichen Kaufleute übergehe, ist leicht zu ersehen, und der Eintritt auf dem Lande geborner Männer in städtische Zünfte, erfolgt um so häufiger als er auch mit dem Vortheile der Lehnsherrn sich verträgt, denn die Abgaben der mit bürgerlichen Gewerben beschäftigten Leibeignen, sind meist ergiebiger als der Ertrag von den Äckern die, bei mangelndem Interesse der Arbeiter, stets nachlässig von ihnen bestellt werden. Wenn auch diese Abnahme der Zahl der Landleute noch zu geringe ist, um in Russland die wünschenswertheste Abschaffung des Lehnswesens mit Nothwendigkeit zu veranlassen, und auf consequent gesetzmäfsigem Wege herbeizuführen, so wirkt sie doch indirekt und nicht minder unausweichbar in diesem Sinne; denn der Grundbesitz der Bevorrechtigten wird stets werthloser, während bedeutender Geldbesitz der zurückgesetzten Klasse sich zuwendet.

Wenn man nun in der selbstständigen Ausbildung der als abhängige Bauern oder Mujikì gebornen Leute, einen bestimmten Keim zur dereinstigen gänzlichen Umgestaltung der Lebensverhältnisse in Russland nicht verkennen kann, so ist andrerseits hier in Moskau auch die alte Ordnung der Dinge noch gänzlich erhalten. — Meistens sieht man auf der sogenannten Krásnaja plóschtschad oder dem rothen Markt in der Nähe der Kaufhöfe, einen Trupp von Männern und Weibern, welche ihre Herren dorthin geschickt haben, damit für sie ein Miether oder auch Käufer sich finde. Es sind Leibeigne, die wegen Mangel an Betriebsamkeit ihren Besitzer bisher keinen Vortheil gewährt haben.

Die oben erwähnten Mittel, zur Verbesserung ihrer Lage und zu Erlangung eignen Vermögens verbleiben ihnen jedoch auch nun noch so wie früher. Einige Hoffnung für die Zukunft ist Alles was sie von Anbeginn besitzen, und diese kann ihnen durch Nichts genommen werden. Mit einem Brasilischen Sklavenmarkte hat übrigens der Verkehr an der Krásnaja plóschtschad durchaus keine Ähnlichkeit, sondern vielmehr mit den öffentlichen Anstalten, die in Deutschen Städten für die Vermiethung des Hausgesindes bestehen. Das Ereignifs ist so durchaus gewöhnlich und gleichgültig für die Betheiligten geworden, dafs man nie nöthig hat, den zum Markte Geschickten einen Wächter oder Bevollmächtigten des Herrn beizugesellen, sondern ihnen selbst die Sorge für eine neue Art der Existenz überläfst. Öfter noch als die Ausstellung auf dem Markte werden jetzt in Moskau Zeitungsanzeigen zu diesem Zwecke benutzt. Durch beide Mittel aber kommt der

Ankauf einzelner Leute äufserst selten zu Stande, weil die allein
dazu berechtigten Grundbesitzer, weit öfter Überflufs als Mangel
an Leibeignen haben; die Miethung hingegen erfolgt sehr häufig,
denn diese ist sowohl für die begüterten Russischen Bürger als
auch für die grofse Zahl der ansässig gewordenen Ausländer der
einzige Weg sich Dienstleute zu verschaffen. In Folge dieses Umstandes ist denn auch ersichtlich, dafs diese Auflösung der ange-
erbten Verhältnisse den Betroffenen meist vortheilhaft erscheinen
müsse, denn sie treten dadurch in Dienstpflichten zu minder bevorrechtigten Individuen. —

Obgleich auch die reicheren Moskauer es fast für unentbehrlich halten, eine Landwohnung während des Sommers zu besitzen,
so schien doch während unsres Aufenthaltes die regsame Lebendigkeit der Strafsen kaum verringert. Die Landgüter führen den
eigenthümlichen Namen Podmoskównji d. h. Moskowische
Beiwerke, weil bis auf einen Umkreis von 6 Deutschen Meilen
alle Wohnplätze, ungeachtet der sie trennenden leeren Strecken mit
dem städtischen Mittelpunkte in Verbindung und auf ihn sich be-
ziehend gedacht werden. Ein gewöhnlicher Reichthum an Pferde-
kraft läfst auch hier die Entfernungen schwinden und durchaus
üblich ist es, am Tage auf dem entlegnen Landsitze zu leben, ohne
am Abend die prunkenden Freuden der Hauptstadt sich zu versagen.

Im völligsten Gegensatze mit den in Petersburg herrschenden Ansichten ist man hier um Erlangung von Staatsämtern durchaus nicht bekümmert; vielmehr gilt für anständig und edel nur
die freie Mufse, welche der Besitz von Leuten und Land verleiht.
Dieses ist die Ansicht des Moskauer Adels, und er beharrt dabei
ohne jede Änderung, als ein selbstständiges und unerschütterliches
Ganze. Es ist ein Bündnifs von Familien, welches zu der Russischen Nation aus eigner und durch Gleichheit der Sprache und
des religiösen Glaubens bekundeter Wahlverwandtschaft hinzutritt,
welches aber zu dem Russischen Staate nur wie ein coordinir-
tes Institut sich verhält. Nur wenn besondre politische Verhältnisse der durch alte Vererbung zur Wahrheit gewordnen Lebensansicht dieser Volksklasse mit Angriffen drohten, haben sie sich
ernstlich bekümmert und zu bündigem Widerstande geneigt gezeigt,
sonst aber herrscht hier die Sorglosigkeit der Bewohner eines

geträumten Eldorado. Nur ein nicht zu stillender Drang nach sogenannten Zerstreuungen und künstlichen Vergnügungen beseelt sie Alle, und bei dahin gerichtetetem Zusammenwirken bedeutender Kräfte ist es nicht zu verwundern, dafs man in dieser Beziehung ungewöhnlich erfinderisch gewesen ist. Von glänzenden Bällen und Conzerten bis zu Bärenhetzen und Bärenkämpfen in geschlofsnen Schranken, fehlt hier kaum eine Abstufung der irgendwo oder in irgend einer Zeit erfundnen Lustbarkeiten; wesentlich aber gilt der Grundsatz, dafs nur Mannichfaltigkeit das Vergnügen erzeuge, und ihm gemäfs sucht man stets die ungleichartigsten Eindrücke bunt an einander zu reihen.

Eine unmännliche Weichlichkeit der Denkungsart ist als Folge dieser Verhältnisse nicht zu verkennen, und es mag dazu noch der Umstand beigetragen haben, dafs den Frauen zu gefallen, etwa noch den einzigen, mühsamerer Bestrebungen würdigen Lebenszweck ausmacht, weil nur Heirathsverbindungen im Stande sind, das vom Schicksal bei der Geburt verliehene Loos zu verbessern, die Anzahl der dem Einzelnen zu Theil gewordnen Seelen (tschislo dùsch) zu vermehren. Ebenso bestimmt aber hat sowohl die erwähnte Lebensart, als vielleicht auch die nie fehlende religiöse Stimmung der bevorrechtigten Moskauer, ihnen im Allgemeinen eine auffallende Gutherzigkeit verliehen, welche hier um so höher zu achten ist, da sie in jedem einzelnen Falle den direktesten Einflufs auf das Schicksal von 500 bis 1000 Menschen ausübt.

[Juli 29.] Vormittags machten wir uns von Moskau aus wieder auf den Weg. Obgleich während des Aufenthaltes in der Hauptstadt unsre Fuhrwerke einer durchgängigen Ausbesserung unterworfen worden, waren wir doch noch innerhalb der Stadt einem neuen Bruche an der Deichsel des Packwagens abzuhelfen genöthigt. Wohl war es die hier immer ungewohnter werdende Bespannungsart dieses Fuhrwerkes, welche es häufigen Beschädigungen aussetzte. —

Bei völlig heiterem Himmel war die Hitze des Tages sehr drückend. Nicht nur in der Nähe der Stadt sondern auch während unsres ganzen heutigen Weges (48 Werst bis Bogoròdsk) sah man Felder, die mit Kartoffeln, Gerste und Buchwaizen sehr fleifsig bestellt waren. Dazwischen aber liegen einzelne Strecken dichter Waldung, in denen hochstämmige Eichen zwischen Fichten und Birken sich erheben. Von anderweitiger Waldung umgeben scheinen also die Eichen weit besser zu gedeihen, als auf der offenen Ebne westlich von Moskau, auf welcher sie zu Strauchwerk entartet sind. Die Ebereschen hatten hier schon rothe und gereifte Früchte ebenso wie Sambucus racemosa, der als Unterholz sehr häufig sich zeigte. Äufserst zahlreiche Schwärme grofser Raben und einer rothbraunen Falkenart belebten die Wälder in der Nähe des Weges. Beide Arten von Vögeln verfolgten einander feindlich und schienen um zufällig gefundene Beute sich zu streiten. Der Russische Name Jástreb, welchen die Einheimischen dem zuletzt genannten Vogel beilegen, hangt offenbar mit der Wurzel strebitj (ausrotten) zusammen und mag auf dessen gefräfsige Raubsucht sich beziehen. Bei Pallas findet sich der Name Jastréb für Accipiter Astur; (Zoolog. Ross. I. pag. 367.) ob der hier gesehene Vogel dahin zu rechnen sei, vermochte ich nicht zu entscheiden.

In dem Dorfe Nóvaja sahen wir an der Landstrafse ein der Familie Galizin gehöriges geschmackvoll gebautes Landhaus. — Wir übernachteten zu Bogoródsk, einer Kreisstadt, welche ihren Äufsern nach sich kaum von den reicheren der früher gesehenen Fuhrmannsdörfer unterscheidet. Der Name und die Würde einer Stadt wird in Russland allen Ortschaften beigelegt, in denen die Mehrzahl der Einwohner durch bestimmte Abgaben den Eintritt in bürgerliche Zünfte erkauft hat. Da indessen auch in der Mehrheit der Dörfer einzelne Landleute neben dem Ackerbau mancherlei Kunstfertigkeiten sich aneignen und ausüben, so nähern sich Städte und Dörfer sowohl durch Bauart als durch den Charakter ihrer Bewohner.

Hier in Bogoródsk sind die hölzernen Wohnhäuser mit einigen Stufen und einem überdeckten Altane (Kruilsò) sowohl an der zur Strafse als der zum Hofraume führenden Thüre versehen. Die viereckigen Höfe umgiebt nach der Strafse zu eine hohe Bretterwand mit weiten Flügelthüren, aufserdem aber begränzen sie hölzerne Schoppen, welche bald als Ställe, bald als Vorrathskammern und oft in verschiedenen Abtheilungen gleichzeitig zu beiden Zwecken dienen.

Der volkthümlichen Reinlichkeitsliebe wird hier, wie überall, durch Badstuben entsprochen; aufserdem aber gehört zum gewöhnlichen Hausrathe ein an der Thüre zum Hofe, an Schnüren aufgehängtes (gewöhnlich thönernes) Wassergefäfs, welches den Namen **rukamóinik** oder **Händebad** führt und von den Hausbewohnern an jedem Morgen gebraucht wird. Die Sitte und der dafür gebräuchliche Ausdruck sind ähnlich dem alt-Griechischen χερνιψ und χερνιβον gebildet, noch auffallender aber wird die Ähnlichkeit des Gebrauches in reicheren Wirthschaften, wo man nicht durch Aufhängen des Gefäfses dem Waschenden zu Hülfe kommt, sondern stets durch Diener aus besonderen Wassergefäfsen die Hände übergiefsen läfst, des Rukamoinik aber nur zum Auffangen des abfliefsenden Wassers sich bedient, genau nach dem Homerischen Ausdrucke:

χερνιβα δ'αμφιπολος προχοω επεχευε φερουσα

und:

..... παρεστη
χερνιβον αμφιπολος, προχοον δ'αμα χεροιν εχουσα. *)

[Juli 30.] Schon auf dem gestern zurückgelegten Wege schien das äufsere Ansehn des Bodens sowohl als auch gewisse Vegetationserscheinungen darauf hinzudeuten, dafs hier festeres Gestein der Erdoberfläche nahe liege. So wurde eine **Saxifraga** an mehreren Stellen in grofser Menge gesehen und auch den Berghollunder (**Sambucus racemosa**) erinnert man sich in Deutschland recht vorzugsweise an steinigen Standorten angetroffen zu haben. Am heutigen Morgen bestätigte sich diese Vermuthung in **Bogoródsk**, denn mächtige Quadern eines festen Gesteines sahen wir häufig auf den Strafsen liegen und man führte uns zu ihren Fundort auf einen gegen Osten zu an das Städtchen an-

---

*) Vofs hat nur umschreibend übersetzt: Odyss. I, 136.
„Eine Dienerinn trug in schöner goldener Kanne
„Wasser auf silbernem Becken daher, und besprengte zum Waschen
„Ihnen die Hände."..... und Ilias XXIV, 302.:

...... „jene nun nahte
„Haltend das Wassergefäfs und die Kanne zugleich in den Händen."

gränzenden Hügel. Dort waren mächtige horizontale Bänke dicht unter der Dammerde völlig sichtbar und entblöfst, weil man die zu Mühlsteinen sehr taugliche Gebirgsart an ihnen gebrochen hatte. Es ist ein derbes Quarzgestein, welches meistens gelblich jedoch stellenweise auch dunkler braun gefärbt und theils mit undeutlichen, theils mit offenbar von Encrinitenstacheln herrührenden Eindrücken durchsetzt ist. Krystallinischer Quarz hat oftmals die unförmlicheren Höhlungen erfüllt. Das Gestein ist den früher erwähnten Hornquarzgeschieben, welche seit dem Ostabhange des Waldài häufig sich zeigten, so vollkommen ähnlich, dafs man nicht zweifelt, hier den Ursprung dieser Massen erreicht zu haben. Auch in jenen sahen wir Encrinitenstacheln vorherrschend neben vollkommen erhaltnen Abdrücken von Terebrateln u. a.

Dem äufseren Ansehn zufolge würde man dieses auffallende Quarzgestein für Braunkohlensandstein zu halten sich geneigt fühlen, wenn nicht dieser meistens in rundlichen isolirten Knollen von Lettenschichten eingeschlossen, nicht aber wie hier ununterbrochene mächtige Lager bildend, sich fände.

Wir fuhren heute bis zu dem Dorfe Pokròw, welches 46 Werst von Bogoròdsk entfernt ist.

Während der ersten 7 Werst erhielt sich die Landstrafse auf der zu Bogoròdsk erreichten Höhe. Das erwähnte Gestein schien von guter Dammerde bedeckt, denn der Boden zeigte sich hier besonders fruchtbar. Die Bauerhöfe, welche auf dieser Strecke sich finden, haben gut cultivirte Gemüsegärten, in denen namentlich Bohnen fleifsig an Stangen gezogen wie es in Deutschland üblich, auf dem bisherigen Wege aber nirgends gesehen wurde. — Dann folgt ein plötzlicher Abhang gegen die Kljásma, deren Niveau hier um nahe 100 Fufs niedriger liegt als die Ebne von Bogoròdsk. Vergeblich hatten wir erwartet, hier die Schichten des mehrerwähnten Gesteines noch einmal entblöfst zu sehen, nur einzelne Trümmer zeigten sich hin und wieder am Abhange verstreut, aber sonst ist sowohl der Rand des kleinen Plateaus als auch das andre einige Faden hohe Ufer der Kljásma dicht mit Sand überdeckt, dürr und vegetationslos. So sahen wir schon oft auf den Russischen Ebnen in der Nähe der Flüsse das Land weit dürrer und unfruchtbarer als in einiger Entfernung, gleichsam als haben sie dereinst Stellen mit Triebsand überschüttet, welche jetzt von ihrem Wasser niemals erreicht werden.

Schon die nächste Station **Platówa** (23 Werst von **Bogorôdsk**) liegt wieder in einer äufserst anmuthigen Gegend. Das Dorf ist von üppigen Wiesengründen umgeben, welche ein zur **Kljásma** sich wendender Bach durchschneidet und die gegen Westen zu von dichter Waldung begränzt werden. Hier ist das Fuhrwesen nicht mehr so angelegentliches Geschäft der Bauern als in den nördlichen Gouvernements, und zum ersten Male ereignete es sich heute, dafs wir lange Zeit warten mufsten, bevor die zur Feldarbeit ausgezognen Pferde geholt wurden. Den zufällig gewonnenen Aufenthalt zu **Platówa** benutzten wir theils zu einer aufserordentlichen Vervielfältigung unsrer magnetischen Beobachtungen (welche gewöhnlich nur an den Orten wo wir die Nacht über verweilten, angestellt wurden) theils zu einem Gange in die nahe gelegene Waldung. Äufserst hohe und schlanke Fichten verwehren hier dem Sonnenlichte fast gänzlich den Zutritt und Laubmoose wuchern äufserst üppig. Von diesen gänzlich überwachsen, fand ich eine 3 Zoll hohe **Monotropa hypopitys** bei welcher Blätter, Stiel und Blüthe durchaus weich und sehr saftreich geworden waren. Hier hatte offenbar die Besonderheit des Standortes zur Hervorbringung der Bleichsucht gewirkt, zu welcher bekanntlich diese Pflanze stets geneigt ist. Wir erlegten hier einen Falken der, um ein Stück Beute zu verzehren auf einen hohen Baumzweig sich zurückgezogen hatte. Dieses anscheinend junge Individuum zeigte sich mit der bei **Pallas** gegebnen Beschreibung des **Wanderfalken** (F. peregrinus) gut übereinstimmend. In dem sehr stark angefüllten Kropfe des Vogels fanden sich Rudera eines Frosches und einer kleinen Schlange.

Wir übernachteten heute in dem Dorfe **Pokrów**. — Hier waren, wie wir es früher in den Dörfern schon oftmals gesehen hatten, die Zimmer mit rohen Holzschnitten und Malereien geziert, und zwar hatten dieselben diefsmal die Ereignisse des Jahres 1812 zum Gegenstande und vergegenwärtigten einzelne der von den Bauern ausgeübten Kriegsthaten. Durch gereimte Unterschriften im barokken Geschmacke des Volkes wird bald auf die „Gottlosigkeit der fremden und daher nicht christlichen Heere" angespielt, bald auf die heldenmüthige Vertheidigung der Angefeindeten, bei denen „sogar die ältesten Weiber noch Feinde erlegt hätten."

Es scheinen die Maler der Heiligenbilder (Obrasà) gewesen zu sein, welche durch die denkwürdigen historischen Ereignisse zu einer seltnen Diversion von dem gewöhnlichen Kreise ihrer Kunstleistungen sich veranlafst fühlten, denn die Unterschriften mit Worten und Schriftzeichen der Kirchensprache (Zerkównoe pismò d. i. die alt-Slavonische oder Kirchenschrift) schienen eine solche Entstehung anzudeuten. Übrigens können die Einwohner von Pokròw nur eine indirekte Theilnahme an den Kriegsereignissen gehabt haben, denn nur bis 60 Werst östlich von Moskau waren Französische Truppen vorgedrungen und hatten zwischen den Dörfern Mikúlin und Dúbna die Brücke zerstört und das Dorf Buikówa abgebrannt.

[Juli 31.] Durch ebnes und einförmiges Ackerland legten wir heute 56 Werst zurück, von Pokròw bis zu dem Dorfe Dmitriewsk. Gegen 10 Uhr Morgen, noch nahe an Pokròw, erlebten wir ein äufserst heftiges Gewitter. Unsre Pferde schienen sich zu entsetzen vor den starken Regengüssen, die uns auf ganz offner Ebene trafen und vielleicht auch vor dem heftigen Rollen des Donners, denn während das Gewitter anhielt, waren sie nicht zum Fortschreiten zu bewegen. Die Fuhrleute versicherten, es sei jetzt für ihre Gegend die Jahreszeit der Gewitter, im Winter aber seien dergleichen bei ihnen durchaus unerhört. Dafs im Allgemeinen im Europäischen Russland die Gewitter einen sehr imposanten Charakter annehmen, beweist schon der Name des Phänomens: Grosà, welcher von der Wurzel grositj, drohen oder fürchterlich sein abgeleitet ist, von welcher mannichfaltige andre Formen abstammen, die nur zur Bezeichnung des Schrecklichen in der geistigen Welt gebraucht werden. — Beim Volke ist es gebräuchlich, nach jedem Donnerschlage das Haupt zu entblöfsen und sich zu bekreuzigen, und schon während einiger in Petersburg erlebten Gewitter sahe ich die eingewanderten Bauern diese Sitte streng befolgen, obgleich heftigster Regen das Hutabnehmen sehr beschwerlich machte. Auch wird man hierbei geneigt sich zu erinnern, wie vor Einführung des Christenthums der Dienst einer Gottheit des Donners unter dem Namen Perùn der einzige allen Slavischen Stämmen gemeinschaftliche war, während in Bezug auf die übrigen Personificationen polytheïstischen Glaubens mannichfaltige Unterschiede bei den verschiednen Stämmen herrschten.

[August 1.] Gegen Mittag erreichten wir die Stadt Wladímir (22 Werst von Dmítriewsk), welche auf einem steil gegen das linke Ufer der Kljásma abfallenden Hügel erbaut durch eine höchst anmuthige Lage sich auszeichnet und durch eine bedeutende Anzahl steinerner Kirchen und Wohnhäuser einen Anblick gewährt, von dem man auf dem bisherigen Wege immer mehr sich entwöhnt hat. Wladímir ist in der Umgegend weit berühmt durch eine reiche Ärndte von Kirschen, welche die Einwohner jährlich gewinnen. Auffallend war es uns daher, die Temperatur des Erdreiches auch hier kaum höher zu finden, als zu Petersburg, denn das Grundwasser in einem 78 Fuſs tiefen Brunnen in einer westlichen Vorstadt des Ortes hatte heute nur eine Wärme von $4°,8$ R. Das Gedeihen der Obstbäume erklärt sich daher auch hier nur durch die sorgsame Anwendung desselben Schutzmittels, dessen man zu Torjòk sich bedient und für welches hier die besondere Gestaltung des Terrains eine vorzügliche Erleichterung gewährt hat. In den engen und tiefen Schluchten mit welchen heftige Wasserspülung die Uferhügel gefurcht hat, sieht man nämlich auch hier die Kirschbäume haufenweise gepflanzt, durch die Erdwände gegen die herrschenden westlichen Winde geschützt und nur von SO. und Süden den Sonnenstrahlen frei ausgesetzt.

Noch jetzt schien Wladímir nicht ohne Bedeutung und lebhaftem Verkehr, dennoch aber dürfte die nach hiesigem Maſsstabe äuſserst groſsartige Anlage der öffentlichen Gebäude in keinem Verhältnisse stehen zur jetzigen Anzahl und Beschaffenheit der Einwohner, auch sieht man in der Nähe der Stadt mehrere aus Holz gebaute Vorstädte, welche jetzt vereinzelt stehen, früher aber mit dem Hauptorte zusammengehangen haben sollen. Ebenso wie zu Nowgorod wird man also auch hier an vergangene Zeiten des Glanzes erinnert. Während langer Zeit lag die Stadt den Gränzen mächtiger Tatarischen Besitzungen sehr nahe und durch Terrainbeschaffenheit begünstigt, mochte sie als Bollwerk gegen feindliche Angriffe eine besondre Bedeutung erlangt haben; im Allgemeinen aber findet man häufig in Russland die Spuren einer gröfsern Individualisirung einzelner Theile, welche ein später durchgreifendes Centralisationssystem hat verschwinden machen und man wird lebhaft daran erinnert, wie hier der Gang politischer Entwickelung dem in Deutschland wahrgenommenen völlig entgegengesetzt gewesen sei; denn während dort auf einen ursprünglich einseitigen Zusammenhang aller Theile ein Zerfallen in einzelne selbstständige Staaten erfolgte, sieht man wie hier in Russland umgekehrt eine Resorption der getrennten Staaten zu einer umfassenden Einheit Statt gefunden habe. Die neue Bedeutung, welche die Einführung provinzieller Verwaltung des Reiches einzelnen Orten verliehen hat, scheint nur selten zu einem gleichbedeutenden Ersatze für die Wichtigkeit geworden zu sein, deren sie als Mittelpunkt individueller Herrscherthume genossen.

Ein steiler Hohlweg führt von Wladímir zu dem Flusse dessen rechtes Ufer durchaus niedrig und hier von fruchtbaren Wiesengründen eingefafst ist.

In dem nächsten Dorfe Barákowa (12 W. von Wladímir) wurde ein kirchliches Fest gefeiert, zu welchem auch aus der Umgegend Besuchende angekommen waren, wie die vor den Hausthüren stehenden Fuhrwerke bewiesen. Jetzt waren fast Alle zur Kirche gegangen und die einzeln in den Häusern Zurückgebliebenen waren mit Vorbereitungen zu den stets auf geistliche Feste folgenden Gelagen beschäftigt. Obgleich der heutige Feiertag nicht zu den bedeutenderen gehörte, waren die Dorfbewohner dennoch bemüht, uns zu der bei solchen Gelegenheiten wesentlichen müfsigen Ruhe zu überreden. Schon der Ausdruck Prásdnik, welcher wörtlich eine von Arbeit freie Zeit, nachher aber ausschliefslich die nationellen und religiösen Feste bezeichnet, beweist die herrschende Verbindung beider Begriffe, noch bestimmter aber erinnerte man auch hier daran durch das sprüchwörtlich übliche: „Kein Vogel baue sein Nest am Feiertage und doch wolle man reisen!" (Prásdnik! ptíza gnjesdò ni wjöt, a jéchatj chótschesch.)

Wir erreichten am Abend das Städtchen Súdogda (58 W. v. Dmítrjewsk), welches zur Beobachtungsstation und zum Nachtquartiere ausersehen wurde.

Der lebhafte Verkehr des Ortes hat einen seiner Bürger zur Anlage eines Wirthshauses veranlafst, in welchem denn **bestimmte** Forderungen für die Aufnahme der Fremden, an die Stelle der üblichen Antwort: **Tschto pojáluites oder wie viel euch beliebt** getreten sind, mit der man bisher beständig unseren Fragen nach der Vergütigung der Bewirthung entgegnete; übrigens war die Ausstattung dieses eigentlichen Wirthshauses von der einer gewöhnlichen Landwirthschaft kaum unterschieden und nicht ohne Verlegenheit entschlofs man sich zur Aufnahme einer zweiten Reisegesellschaft, die zufällig gleichzeitig mit uns sich einfand. Dafs man Betten hier eben so wenig als bisher besafs, sondern voraussetzt, der Reisende sorge selbst für sein Lager, folgt schon aus der früher erwähnten allgemeinen Landessitte. Verwilderte Tauben, welche auch hier in der Nähe der Dörfer in grofsen Schwärmen angetroffen werden, hatten wir heute in Menge geschossen und waren nicht wenig verwundert, als man sich hartnäckig weigerte, sie zur Speise zu bereiten, **weil es durchaus nicht eingeführt sei, dergleichen zu essen.** Wie man uns später sagte, verbietet ein religiöses Vorurtheil das Thier zu tödten, welches zum Sinnbilde des Heiligen Geistes geworden ist. Die mannichfaltige Ausstattung ihrer Handelsbuden wurde uns auch hier mit vielem Stolze von den Einwohnern angepriesen und sie bedienten sich dabei der gewöhnlichen hyperbolischen Redensart: **Alles könne man hier kaufen.** Wenn man aber den Donischen Wein abrechnet, den man auch hier von den durchziehenden Karawanen reichlich entnommen hatte, so wird mehr die Genügsamkeit des Volkes als wirklicher Luxus durch diesen Ausspruch bewiesen, denn übrigens fand man in den Buden nur das, was zur Befriedigung der Bedürfnisse bei nationeller ländlicher Lebensart erforderlich ist. So haben denn auch trotz des vermeintlichen hohen Wohlstandes gar einfache Vergnügungen bei den Bewohnern sich erhalten, denn am Abend ergötzte man sich auf den Strafsen an den unvollkommnen musikalischen Leistungen der Hirten, welche eines Kuhhornes (Rojòk) als Blaseinstrumentes sich bedienen.

[August 2.] Auf den Strafsen von Súdogda lagen grofse Blöcke eines festen Kalkes und andre eben so mächtige von derbem Gyps mit Gängen von Strahlgyps, welche man aus der Nähe geholt hatte. — Von diesen Gesteinen sahen wir noch häufige Spuren auf dem Verfolge unsres heutigen Weges; so zu Dratschéwo (54 Werst von Súdogda) wo man zur Verbesserung der Landstrafse tiefe Gräben zu beiden Seiten gezogen hat, in denen Schichten eines merglichen Kalkes sich zeigen.

Múrom (84 Werst von Súdogda) am linken Ufer der Oka, erreichten wir am Abend. Bekanntlich hatte diese Stadt schon unmittelbar nach der religiösen Bekehrung des Landes eine gewisse Berühmtheit gewonnen, aber die volkthümlichen Sagen, welche ihrer in dieser Beziehung erwähnen, sind durch romantische und vielleicht allegorische Zusätze so sehr entstellt, dafs nur wenig sichere Schlüsse darauf zu begründen sind. Die Sage von Elias dem Múromer ist nur etwa als Überlieferung von einem freiwilligen Aufstande der damaligen Bewohner gegen die Angriffe benachbarter heidnischer Völker zu betrachten, und zwar scheint man eine Auszeichnung der unteren Volksklassen bei diesen Unternehmungen dadurch angedeutet zu haben, dafs der Held ausdrücklich als ein Bauerssohn geschildert wird. In den von Süden her an Múrom angränzenden Wäldern setzt aber die alte Überlieferung den Aufenthalt eines fabelhaften Wesens (Solowèi Rasbóinik oder Räuber-Nachtigall), welches durch seinen Gesang die Vorübergehenden aus der Ferne her anlockte und sie dann nur durch die Kraft seiner Stimme tödtete. Hier am Orte selbst darf man am wenigsten hoffen, über den Ursprung dieser und ähnlicher Traditionen Aufschlufs zu erhalten, denn bei häufigen Zerstörungen der Stadt *) sind längst jede etwanigen ma-

---

*) Bei der letzten Wiederaufbauung von Múrom, gegen die Mitte des vorigen Jahrhunderts, bemerkte man, dafs das Erdreich in der Stadt aus mehrfachen schichtenförmigen Ablagerungen von verrodetem Kehricht und Unrath bestehe und dafs an der Gränze je zweier Schichten, verkohltes Holz oder anderweitige Trümmer von Gebäuden sich fänden. Diese Schichten waren stellenweise mit Blau-

teriellen Denkmale vernichtet, und auch aus den Überlieferungen der Einwohner hat die hier besonders lange währende Tatarische Unterjochung, das Andenken früherer Ereignisse längst verdrängt. Auffallende Abweichung der Gesichtsbildung von der Russischen Nationalphysiognomie bemerkten wir übrigens in Múrom wiederholentlich und sie dürfte wohl mit Wahrscheinlichkeit jenen Zeiten der Unterjochung zugeschrieben werden.

[August 3.] Die Stadt gränzt an einen steilen Abhang gegen die Oka, welche im Frühjahr heftig geschwollen, die Schichten des Ufers unterwäscht und dadurch das Abgleiten des von Frost-

---

eisenerde (phosphorsaurem Eisen) durchzogen und so ward das Bild einer postadamitischen Bildung wahrhaft geognost. Lager noch vollständiger. Dafs übrigens auch hier zu Múrom die Blaueisenerde der zu Tage ausgehenden Schichten, tiefer liegenden reicheren Eisenerzen ihre Entstehung verdanke, beweist ein durchaus ähnliches Vorkommen an genauer erforschten Punkten der Umgegend. Die der Familie Batúschef gehörigen reichen Eisen-Sawoden (Hüttenwerk, von sawodìtj, einrichten) Welétma 30 Werst SO. und Wúiska 27 Werst SSO. von Múrom, verarbeiten ein braunes Eisenerz, von welchem zwischen beiden Orten rundliche Knollen mit Schaalen von (manganhaltigem) Schwarzeisenstein umgeben, unmittelbar unter der mit Blaueisenerde imprägnirten Dammerde anstehen. Im Jahre 1812 sah Herr Oberbergrath v. Eversmann daselbst Hochöfen mit aufserordentlich weiter Gichtöffnung zum Verschmelzen der Erze. Gielsereien, Drahtzüge und Schwarzblechfabriken waren sehr thätig, besonders ausgezeichnet aber eine Sensenfabrik, welche damals für die bedeutendste des Reiches galt. Eine gelblich weifse dichtere Abänderung des Eisensteines wurde zu Rohstahl verschmolzen und dieser theilweise in Caementstahl verwandelt. Das Material zu den Sensen erhielt man durch Schweifsung einer Schiene Caementstahles zwischen zweien Schienen von Rohstahl; die Güte desselben zeigte sich aber so auffallend bedingt durch die jedesmal eröffneten Anbrüche, dafs augenblicklicher Mangel des hellgelberen Erzes sogleich geringeren Absatz der daraus angefertigten Sensen verursachte; ein bedeutender Beweifs für die Ansicht, dafs zu Erzeugung des Stahles, das Eisen mit anderen Metallen sich legiren müsse, die künstlich bewirkte Verbindung mit Kohle aber keineswegs hinreiche. — Die Anfertigung mannichfaltiger Gefäfse aus Schwarzblech und die Verzinnung derselben zu Wúiska schienen dem Berichterstatter wegen Dünnheit der Bleche sogar noch vollkommner, als die auf den kurz zuvor gesehenen Deutschen Werken zu Königshütte am Harz und zu Neuwied.

spalten zerklüfteten oberen Erdreiches begünstigt. Noch jetzt so wie früher ist man alljährlich genöthigt, die dem Rande des Abhanges zunächst gelegnen Holzhäuser mit neuen Unterstützungen zu versehen, bis endlich auch diese nicht helfen und eine Verlegung des Gebäudes nöthig wird.

Zur Seite der Fähre, welche uns über den Strom führte, lagen eine Menge von platten Barken, welche von hier aus in die Wolga und nach dem Marktplatz von Ni*j*nei Nowgorod sich begeben. An den Masten dieser Fahrzeuge waren in verschiednen Höhen, aus Holz geschnitzte Wimpel von mannichfacher Gestaltung als bunte Zierrathen angebracht. —

Einzelne Platzregen begannen heute schon am Morgen und wechselten mit trocknem Wetter und sehr wirksamem Sonnenschein.

Der erste Theil unsres Weges an dem nunmehr erreichten rechten Ufer der Oka führte durch Niederungen, welche äußerst üppiger Graswuchs auszeichnete und eine große Mannichfaltigkeit von Wiesenkräutern zierte. Hier sahen wir große Schwärme von Staaren, die wie sie es pflegen, in der feuchten Niederung zur Auswanderung gegen Süden sich versammelt hatten. Nur etwa 20 Werst weit erstreckt sich dieses fruchtbare Wiesenland, dann aber setzten wir auf einer Fähre über das Flüsschen Tjúscha nahe an dessen Mündung in die Oka, und am rechten Ufer desselben sahen wir das Land mit übersandetem Abhang sich wiederum erheben und nunmehr mit dichter Fichtenwaldung bedeckt. Hier waren an den Zweigen hoher Fichten häufig ausgehölte Holzklötze befestigt, in denen wilde Bienen ihren Aufenthalt suchen und ihre Produkte den in der Nähe wohnenden Landleuten zu Theil werden lassen. Es war dieses das erste Beispiel einer beabsichtigten Honiggewinnung, welches wir auf unserm Wege wahrnahmen.

Bei Monakówo (31 Werst von Múrom) hatten wir wiederum der Oka uns genähert. Dieses reiche Dorf ist auf Hügeln erbaut, welche durch eine senkrecht auf die Oka gerichtete trockne Schlucht steil abgeschnitten werden und Schichten von buntem Sandsteine an ihrem Abhange zeigen. Oben auf dem Hügel bilden mehrere hölzerne Buden einen kleinen Kaufhof (Gostinji dwor) wie gewöhnlich für die Bedürfnisse der Landleute reichlich genug ausgestattet. In der hiesigen Gegend muſs die Obstzucht einträglich sein, denn auch in dem Dorfe wurden Kirschen in grofser Menge zum Verkauf ausgeboten.

Wir trafen zu Monakòwo einen von Tobolsk kommenden Beamten, der jetzt, wie alljährlich, an der Spitze einiger Lastwagen nach Petersburg reiste, um den Tribut der West-Sibirischen Provinzen abzuliefern.

Von hier aus bis nach Osáblikowo, wo wir die Nacht über uns aufhielten, blieb die fleifsig angebaute hügliche Landschaft höchst anmuthig. Dort machte man uns aufmerksam auf einen westlich vom Orte kuppenförmig sich erhebenden Hügel, welcher wie man sagte, aus einem daselbst häufig gebrochenen Alabaster bestehe. Grofse Bruchstücke des Gesteines zeigten, dafs es den zu Súdogda gesehenen Gypsblöcken völlig ähnlich ist. *)

[August 4.] Nun wird die Annäherung an das reiche und schöne Land von Niʒnei Nowgorod immer fühlbarer. Die Gränze des Wladímirschen und des nun beginnenden Niʒegoródischen Gouvernements erreichten wir 10 Werst östlich von Osáblikowo. Um die Landstrafse trocken zu erhalten, sind nun zu beiden Seiten derselben Gräben gezogen, und jenseits dieser sieht man zwiefache Birkenreihen gepflanzt. Die natürliche Festigkeit des Erdbodens reicht hier auch ohne Pflasterung hin, die vielfach befahrene Strafse eben zu erhalten. Eine hellrothe Färbung des Erdreiches sieht man hier häufig und sie erhöht die Freundlichkeit der an grünenden Ackerfeldern reichen Gegend. Aber auch in den Dörfern, welche wir auf unserm heutigen Wege kennen lernten, wird der Einflufs eines, dem äufseren Anscheine nach, so reichen Landes sichtbar. Vorzüglich ausgezeichnet schien in dieser Beziehung das Dorf Bogoròdsk, welches wir Nachmittags erreichten. Hier sind alle Häuser von den Bauern mit besonderem Fleifse gezimmert und reich an Verzierungen, dem untrüglichen Zeichen einer durch Wohlstand verliehenen Mufse.

---

*) In Bezug auf den Hauptzweck unsrer Reise wurde dieser Ort sehr denkwürdig, weil magnetische Beobachtungen, welche ich dort anstellte, bewiesen, dafs die Linie ohne Abweichung jetzt sehr nahe an demselben vorbeigeht.

Namentlich läuft längs jeder Kante des der Strafse zugekehrten Dachgiebels, ein etwa fufsbreites und mit seiner breiteren Fläche senkrecht gestelltes Brett, welches mit zierlicher durchbrochner Arbeit versehen ist. Bei den geringen mechanischen Hülfsmitteln der Erbauer wird die Ausführung dieser geschmackvollen Zierrathe noch merkwürdiger. Ausserdem aber sieht man auf der Spitze eines jeden Giebels ein ebenfalls hölzernes erhabnes Bildwerk hervorragen. Das Abbild eines Pferdekopfes schien bei weitem am häufigsten im Geschmack der Hausbesitzer gewesen zu sein. —

Auch die Bewohner des Dorfes waren durch gesundes Anseln und angenehme Gesichtsbildung sehr vortheilhaft ausgezeichnet.

Jetzt hatte der lebhafte Verkehr in den Dörfern eine direkte Beziehung auf den Markt von N. Nowgorod und auf die Bedürfnisse der durchziehenden Handelscaravanen; so waren Niederlagen von Pferdegeschirr zu Bogoròdsk und neben ihnen eine Reihe von 20 bis 30 Hufschmiedewerkstätten, in deren jeder eifrigst gearbeitet wurde.

Wir übernachteten zu Doskíno 63 Werst von Osáblikowo. Hier ist die Ebne von steilen Schluchten so mannichfach durchschnitten, dafs man sich in einer Gebirgsgegend wähnen könnte. Der Geistliche des Ortes übernimmt in einem ärmlichen Hause die Beherbergung der nur sehr selten zu Doskíno verweilenden Reisenden.

[August 5.] Von Doskíno aus ging der Weg über Hügel, die steil zu dem Niveau der Oka abfallen und von häufigen schmalen Schluchten durchschnitten werden, welche senkrecht auf das Hauptthal gerichtet sind. — Ackerbau ist hier überall in Aufnahme und der Boden zeigte wieder die früher erwähnte hellrothe Färbung. — Übrigens erhält sich die Landstrafse immer um einige Werst von dem Abhange zum Flusse entfernt; nur selten wird die Wasserfläche theilweise sichtbar und um so auffallender erschien es, dafs eine Menge von Flussvögeln (Seeschwalben, sternae) hier auf den Hügeln sich zeigten, wie es schien, um auf den frisch gepflügten Feldern ihre Nahrung zu suchen. Sie werden von den Hiesigen Martuíschki genannt.

Gegen 11 Uhr Morgens erreichten wir Niʒnei Nowgorod, welches schon von weitem durch seine thurmreichen Kirchen sich auszeichnet. Sehr gespannt waren wir, nun endlich den Ort zu sehen, der bis auf so grofse Entfernung als Mittelpunkt einer allgemeinen und vielseitigen Thätigkeit sich zu erkennen gab.

In der parallel mit dem Flusse gerichteten Strafse, welche wir zuerst erreichten, zeigte sich eine sehr zierliche Bauart. Fenster mit grofsen und hellen Glasscheiben sind hier etwas Gewöhnliches in den bisher gesehenen Landstädten aber unerhört. Hier waren steinerne Gebäude fast vorherrschend, unter denen jedoch die gröfseren zu öffentlichen Zwecken bestimmt, nicht aber Privateigenthum sind.

Sodann folgt ein quadratischer Platz mit einem militairischen Wachthause in seiner Mitte; von dort aus sieht man mehrere Queerstrafsen vom Flusse abwärts sich erstrecken. Alles ist regelmäfsig und zierlich gebaut und die Strafsen sind sorgfältig mit Steinen gepflastert, so wie wir es bisher nur in Petersburg und Moskau gesehen hatten. — Wohlerhaltene steinerne Kirchen sind in grofser Menge vorhanden. Aber räthselhaft war es, nach so hoch gespannter Erwartung die Stadt wie unbewohnt und ausgestorben zu sehen; denn auf den Strafsen wurde aufser der militairischen Besatzung nur höchst selten ein andrer Bewohner sichtbar.

Man führte uns zu einem grofsartig angelegten Wirthshause in einer der, senkrecht auf die Oka gerichteten Strafsen. Erst dort erklärte man uns, dafs die befremdende Stille grade eine direkte Folge des Jahrmarktes sei, der eben jetzt in gröfster Aufnahme sich befinde, denn während dieser Zeit verliere die obere Stadt ihre Bedeutung und einem anderen unteren Stadttheile wende aller Verkehr sich zu.

Dahin auch war nicht nur am heutigen Nachmittage unsre erste Ausflucht gerichtet, sondern auch während unsres viertägigen Aufenthaltes zu Nijnei kehrten wir täglich zu diesen anziehenden und lehrreichen Punkt zurück. —

Es zeigte sich nun, dafs der früher erwähnte freie Platz in der oberen Stadt bis zum äufsersten Rande der Ebne sich erstrecke. Er befindet sich an der rundlichen Ecke, welche die Thäler der Oka und Wolga an dem Punkte ihrer Vereinigung abschneiden. Eine steinerne Brustwehr begränzt ihn von der der

Wolga zugekehrten Seite und von dort sieht man tief unten am Fufse des steilen Abhanges die majestätische Wasserfläche ausgebreitet und jenseits derselben ein vollkommen flaches und niedriges Land bis zum Horizonte sich ausdehnen.

Ein steinernes Thor öffnet sich gegen den etwas sanfteren Abhang zur Oka, auf welchem ein gepflasterter Fahrdamm und zur Seite desselben Stufen für die Fufsgänger zu den Stadttheil führen, der unten an dem, hier breiteren, Strande des Flusses sich erhebt und die Wasserfläche desselben dem Auge verbirgt.

Zu dieser unteren Stadt gelangt, sieht man eine Reihe dreistöckiger steinerner Gebäude die linke Seite der längs der Oka sich hinziehenden Strafse bilden und sonderbar contrastiren gegen die von Alter geschwärzten Holzhäuser der rechten Seite, in denen Gewerbtreibende und Fabriken mannichfaltiger Art ihren Sitz haben. Die zum Schiffbau erforderlichen Handwerke und besonders Seilspinnereien, sind die bedeutendsten unter diesen.

Fuhrwerke und Fufsgänger bewegten sich hier in gedrängten Reihen und sammelten sich zum Theil um hölzerne Handelsbuden, welche vor den Häusern aufgestellt sind; aber die während weiteren Fortschreitens bemerkte beständige Zunahme des Verkehres zeigt bald, dafs nach einen entfernteren Mittelpunkt die wogende Menschenmenge theils sich richtet, theils von dort befriedigt zurückkehrt. — Man sieht dann endlich die dem Flusse zunächst stehende Häuserreihe unterbrochen, während die linke Seite der Strafse durch einzelne Landhäuser stromaufwärts sich fortsetzt. Rechts sich wendend betritt man nun eine nur wenig über dem Wasser erhabne Schiffbrücke, auf welcher zu beiden Seiten der Fahrbahn ein Strom von Fufsgängern sich bewegt.

Hier erst, wo die Vorübergehenden sich einander näher treten, bemerkt man in dem bunten Gewühle eine Menge durchaus neuer Erscheinungen, man gewahrt erst nun eine grofse Mannichfaltigkeit fremdartiger Kleidungen und Gesichtsbildungen, und zum ersten Male während unsres Weges von Petersburg an, hörten wir die Russische Rede durch fremde und unbekannte Sprachen fast gänzlich verdrängt. — Wir erreichten das jenseitige Ufer der Oka und sahen uns zunächst umgeben von hölzernen Buden, die dicht an einander gereiht zu einzelnen Quadraten geordnet sind und wegen ihrer bedeutenden Anzahl schon hinreichend erscheinen, um die Erwartung eines sehr grofsartigen Handelsverkehrs zu rechtfertigen. Dem unmittelbaren Zutritte zunächst hat der Detailhandel seine Stelle gefunden. Hier herrscht die gewöhnliche Mannichfaltigkeit des Inhaltes eines Russischen Kaufhofes, aber in einem Mafsstabe, der alles früher Gesehene an Grofsartigkeit bei weitem übertrifft; wie gewöhnlich sieht man die Niederlagen gleichartiger Waaren reihenweise neben einander befindlich. Die Eisenwaaren des Ural, Lederarbeiten und Kleidungsstoffe aller Art versammeln hier einen Schwarm von Landleuten der Umgegend. In gröfseren Buden, die nur zum Schutze gegen die Witterung bestimmt scheinen, sind die Waaren der Grofshändler in ungeöffneten Ballen aufgehäuft.

Wie erstaunt man aber, wenn man diese Niederlassungen, deren Gesammtheit schon allein einer nicht unbedeutenden Stadt verglichen werden könnte, nur als temporaire Aufsenwerke zu einem ungleich kolossaleren Marktplatze erkennt.

Jenseits des von den hölzernen Niederlagen eingenommenen Raumes sieht man einstöckige steinerne Gebäude, die von Säulenhallen umgeben und mit grün gefärbtem Eisenblech gedeckt sind. Sie sind gänzlich von Handelsgewölben eingenommen und bilden 64 rechtwinkliche und durch Queerstrafsen getrennte Viertel. In ihrer Mitte erhebt sich durch seine Höhe und architektonische Vollendung ausgezeichnet, ein mit zwei Seitenflügeln versehenes Gebäude, welches zur Aufnahme der mit Beförderung und Leitung des Jahrmarktes beschäftigten Russischen Behörden bestimmt ist. In dem unteren Stockwerke desselben hat während der Dauer der Messe, die sonst in der oberen Stadt befindliche Briefpost ihren Sitz und erfüllt dann einen Wirkungskreis, der an auffallender Mannichfaltigkeit wohl kaum seines Gleichen haben dürfte, denn schriftliche Nachrichten, durch welche Armenische und Tatarische Kaufleute ihre entfernten Asiatischen Geschäftsverbindungen unterhalten, begegnen sich hier mit Briefen aus allen Theilen Europas. — Ferner befinden sich in diesem sogenannten Hauptgebäude (Glávnoi dom) die Kanzelei des Civilgouverneurs, ein eignes Bureau für die Verzeichnung der zum Jahrmarkte eingeführten Waaren, eine Bank und eine Niederlassung der allgemeinen Polizeibehörde sowohl als der besonderen Abtheilung derselben, welcher die Leitung der Löschanstalten im Falle einer Feuersbrunst übertragen ist.

In dem inneren Ringe von Gewölben, welcher das **Hauptgebäude** zunächst umgiebt, sieht man vorzugsweise die Niederlagen von Gegenständen des **Europäischen** Luxus. In den Gewölben der **Französischen** Modehändler und den Niederlagen der **Petersburger** und **Moskauer Fabrikate** würde man glauben, plötzlich wieder in die Mitte einer **Europäischen** Hauptstadt versetzt zu sein, wenn nicht mit jedem Schritte durch das Ansehen der Vorübergehenden, das Vorherrschen **Asiatischen** Verkehres sich bekundete. Die Buchläden und die damit verbundenen Niederlagen von Landkarten und Kunstgegenständen nehmen eine eigne Reihe dieses inneren Ringes ein; eine andere sahen wir ausschliefslich zur Ausstellung von **Griechischen Heiligenbildern** (**obrasà**) in den verschiedenartigsten Gröfsen und Formen, so wie auch von Amuleten, Kerzen und mannichfachen andren Gegenständen bestimmt, welche bei Begräbnissen und andren Gebräuchen der **Griechisch-Russischen** Kirche in Anwendung kommen. Die Mehrheit der Heiligenbilder wird in den Fabrikörtern am **Ural** angefertigt, jedoch werden auch andre in vielen einzelnen Dörfern und kleineren Landstädten von ungebildeten Bauern gemalt, welche dadurch ein besonders verdienstliches Werk zu thun glauben. Die Besitzer der hiesigen Niederlagen sind daher gleichzeitig mit dem Ankauf und dem weiteren Vertriebe dieser Gegenstände beschäftigt, und zwar wird, dem Landesglauben gemäfs, dieser Zweig des Handels wegen seiner eigenthümlichen Natur stets durch den Namen des Austauschens (**wuimenàtj**) bezeichnet, weil heilige Gegenstände dieser Art eigentlich nicht für Geld gekauft, sondern nur durch Bezahlung mit adäquaten Dingen erlangt werden sollen. — Die Satzung der **Griechischen Kirche**, nur lineäre, nicht erhabene Abbildungen der heiligen Personen zu gebrauchen, bezieht sich nur auf die unbekleideten Theile des Darzustellenden; die Kleidung aber (mit einem eigenthümlichen Wurzelworte **Rísa** benannt, siehe oben pag. 170.) darf erhaben sein und wird aus Silber- oder Goldblech getrieben, auf die hölzerne Tafel des Bildes befestigt. Daher auch sieht man so oft in den hiesigen Gewölben, Tafeln ausgestellt, auf welchen nur der Kopf und die Hände des Heiligen gemalt und durch leer gelassene Theile der Holzplatte von einander getrennt sind, damit es dem gläubigen Käufer freistehe, durch eine nach Willkür gewählte Kostbarkeit des Gewandes den Grad seiner Ehrfurcht zu beweisen. Eine fast immer sehr dunkelbraune Gesichtsfarbe der Heiligenbilder möchte vielleicht theilweise von der Besonderheit der zu Gebote stehenden technischen Mittel herrühren, aber die, besonders bei den Marienbildern vorkommenden, schief geschlitzten Augen, welche von dem inneren Winkel gegen die Schläfen sich erheben, machen glauben dafs Mongolische Physiognomien den Zeichnern der Urbilder die bekanntesten gewesen seien, und dafs dieselben bis heute noch sich erhalten, weil man beflissen ist die Züge der ursprünglichen Darstellungen möglichst treu zu kopiren.

Je weiter man durch die Queerstrafsen des Marktes von dem innersten Ringe sich entfernt, desto vorherrschender werden die Niederlassungen fremdstämmiger Nationen; so, wenn man nach SO. zu gegen die Oka sich wendet, erreicht man zunächst eine Reihe von Gewölben, in denen Griechische Kaufleute einzelne Erzeugnisse und Kunstprodukte ihres Landes feil bieten.

Gegen NW. aber haben die Armenier ein abgeschlofsnes und sehr ausgedehntes Viertel des Marktplatzes eingenommen. Sie sind so zahlreich vorhanden und leben so durchaus getrennt von den übrigen Ankömmlingen, dafs man in ihrem Vaterlande sich zu befinden wähnen könnte.

Stets sieht man die Armenier in ihrer geschmackvoll angeordneten Landestracht, in kurzen schwarzen Oberröcken, welche, dem Körper eng anschliefsend, die schönen Formen desselben hervorheben, und mit hoher cylindrischer Kopfbedeckung. Eine vollkommene Weifse der Gesichtsfarbe bei dunkelschwarzem Haar, so wie ernste und schöne Züge und eine edle Haltung des schlanken Körpers bei meist bedeutender Gröfse, möchten veranlassen, sie für den edelsten Typus der Europäischen Menschenrace zu halten und machen sie höchst auffallend contrastiren gegen die Bucharischen Kaufleute, mit denen sie dennoch unter allen andren Ankömmlingen am meisten in engen Geschäftsverbindungen zu stehen scheinen. Das ganz besondre Talent und die duldsame Beharrlichkeit, welche die Armenier bei ihren unglaublich weit ausgedehnten Reisen durch das südliche Asien beweisen, haben ihnen auch in der Bucharei einen freien Zutritt und besondere Begünstigung verschafft, ungeachtet sie doch meistens ebenso eifrige und orthodoxe Anhänger der christlichen Kirche sind als die Russischen Kaufleute. Hier auf dem Markte kaufen die Armenier Russische und andre Europäische Waaren im Grofsen auf, zum weiteren Vertrieb nach den Chanaten von Chiva und Buchara, nach Afghanien, Tibet und China; dagegen führen sie von dorther baumwollene und seidene Zeuge, besonders aber Shawlzeug von Kaschmir in grofser Menge nach Nijnei ein.

Die hier gesehnen Ankömmlinge von Buchara waren meist von nur mittlerer Körpergröfse und dabei aufserordentlich beleibt und gleichsam aufgedunsen. Durch ihr nachlässig umgeschlagnes Oberkleid (von den Russen mit dem Turkomanischen Ausdrucke Chalàt benannt) wird die unbestimmte Weichheit ihrer Körperformen und ihr schleppender träger Gang noch mehr hervorgehoben und noch bestimmter von dem Äufseren der Armenier unterschieden. Das Haupthaar, welches sie nur in der Gegend der Schläfen stehen lassen, ist schwarz, starr und lang gewachsen. Den kahl geschornen Scheitel bedecken sie mit einer platt anliegenden mit Baumwolle gefütterten Mütze, grade wie die hier zuerst gesehnen Tataren. Ihre Physiognomie hat den Ausdruck der Indolenz und Gutmüthigkeit. Sie waren alle von so dunkelbrauner fast schwarzer Hautfarbe, dafs sie den Neger-mestizen an Dunkelheit kaum nachstanden. Offenbar war hier diese Hautfärbung zum Theil nur Folge der besonders starken Wirkung von Sonne und Luft, welcher die Bucharen während ihres beschwerlichen und 350 D. Meilen langen Caravanenweges durch meist offene Steppengegenden ausgesetzt sind, denn die Unterseite der Hand und die sich deckenden Theile zwischen den Fingern waren stets ungleich weniger geschwärzt und erschienen nur hellgelb gefärbt.

Andre, in Sibirischen Städten ansässig gewordne Bucharen reisen ebenfalls hierher, um den neu Ankommenden als Dollmetscher und Unterhändler mit den Russen zu dienen. Auffallend unterscheiden sich diese von ihren früheren Landsleuten durch gröfsere Weifse der Haut, auch haben sie durch Kleidung und äufsere Sitte den Tataren, mit denen sie meistens zusammen leben, so bedeutend sich genähert, dafs fast nur die obenerwähnte eigenthümliche Beleibtheit sie von ihnen unterscheidet. Die Arabische Sprache sollen alle mit Handelsreisen beschäftigten Armenier, Bucharen und Russischen Tataren verstehen, und da die letzteren zugleich stets auch der Russischen Rede mächtig sind, so werden auch sie zu Dollmetschern zwischen Russen und Bucharen.

Die direkt aus Buchara gekommenen Kaufleute sind übrigens nicht die ursprünglichen Besitzer der eingeführten Waaren, sondern sie entnehmen dieselben von reichen Capitalisten auf Borg, und bezahlen ihnen erst nach der Rückkehr den Werth welcher den anvertrauten Gütern zu Buchara selbst zukommt, und aufserdem noch 30 Prozent Zinsen für den ihnen verliehenen Kredit. Man rechnet dafs das nach Russland Eingeführte daselbst um 70 Prozent höher als zu Buchara von den Caravanenführern abgesetzt wird. Der Umstand aber, dafs im Falle eines zufälligen Unglücks, einer häufig sich ereignenden Plünderung der Caravane durch die Kirgisen welche längs ihres Weges nomadisch umherstreifen, eines Feuerschadens u. dergl., der Leihende dennoch gehalten ist seinem Schuldner die versprochene Summe zu entrichten, macht diese Art des Vertrages gefährlicher, und ihm mag es wohl zuzuschreiben sein, dafs geplünderte Reisende, wenn sie aus der Kirgisischen Gefangenschaft entkommen, in Russischen Städten sich niederzulassen, der Rückkehr nach Buchara vorziehen.

» Eine andre Art des Vertrages zwischen den Besitzern und Caravanenführern verpflichtet die Letzteren, nachdem sie ebenfalls die Waaren zu dem in Buchara üblichen Verkaufspreise empfangen haben, nach vollendeter Reise die Hälfte ihres Gewinnes dem ursprünglichen Besitzer zu überlassen, wogegen aber dieser auch die Kosten der Reise und die etwanigen Unglücksfälle zur Hälfte zu decken sich anheischig macht. — Die Baumwolle, welche die Bucharen theils roh, theils gesponnen in mächtigen Ballen einführen, macht den Hauptgegenstand des von ihnen zu Nijnei geführten Handels aus. *) Bei dem jetzigen höchst bedeutenden Zuflufs dieses Süd-Asiatischen Produktes ist es interessant, sich der fabelhaften Traditionen zu erinnern, welche über den Ursprung desselben noch vor weniger als einem Jahrhundert unter den Russen in Aufnahme waren. Es scheint mir nämlich nicht zu bezweifeln, dafs die Sage von dem zoophytischen Gewächse: Báránez d. h. der Schafspflanze, (Diminutivum von Barán, ein Widder) einer, freilich etwas ausgeschmückten, Tradition von dem Baumwollenstrauche ihre Entstehung verdanke. — Herberstein erzählt diese Sage ausführlich und ungetrübt so wie er sie gehört hatte, und erst nachher hat der Astronom Chappe einige offenbar aus Unkenntnifs der Landessprache entsprungene Missverständnisse, der volkthümlichen Erzählung hinzugefügt.

Herbersteins Worte geben die Erzählung eines Russen: „vidisse se (circa mare Caspium) semen, melonum semini paulo „majus et rotundius, ex quo in terram condito, quiddam agno per„simile, quinque palmarum altitudine succresceret..... quod eorum „lingua Boranez, quasi agnellum dicas, vocaretur etc. etc...... „pellem subtilissimam habere, qua plurimi in eis regionibus „ad subducenda capitis tegumenta uterentur......... „hanc rem minus fabulosam puto, ad gloriam creatoris cui omnia „sunt possibilia." Comm. rer. mosc. Basil. 1571. pag. 99. In der Deutschen Ausgabe des Herberstein (Basel 1563) heifst es pag. 110: „er habe einen saamen ersehen, welcher etwas gröfser „und ronder dann der Melonen saam, und aber sonst nicht un„gleich war. Wann man disen inn die erden gesetzet, sei etwas „härfür kommen so einem schaaff geleich...... Dieses werde in „ihrer spraach Boranez genannt.... habe ein haupt, augen, „ohren und alle glieder, wie ein schaaff, so eben erst an die „welt kommen, darzu ein gar subtil fäl, welches die „leut im selbigen land gemeinlich brauchen, die „hüet mit zu füetteren..." Der noch jetzt bei den Tataren

---

*) In Russland führt bekanntlich die Baumwolle und das Papier ein und denselben Namen bumága, und nur um noch bestimmter den flockigen Zustand der rohen Baumwolle zu bezeichnen, wird das zusammengesetzte: chloptschátaja bumága angewendet.

und allen verwandten Stämmen durchaus gewöhnliche Gebrauch mit Baumwolle ausgelegter Kopfbedeckungen, vorzüglich aber die schon von Herberstein, am angeführten Orte etwas weiter unten, gemachte Vergleichung seiner Schafspflanze mit einer ähnlichen bei den Samarkandern, lassen mir kaum einen Zweifel über die Deutung der Sage.

Dafs aber Chappe der falschen Meinung war, der Baránez (oder wie er den Namen entstellt: Baramjäs) solle in der Umgegend der Stadt Kasan wachsen, entstand offenbar aus der missverstandnen Mittheilung, dafs man die Wolle der Thierpflanze aus dem Kasanischen (d. h. nach dem damaligen Sprachgebrauche der Europäischen Russen: aus den südlich angränzenden Chanaten) erhalte.

An Beweisen einer sehr frühzeitigen Handelsverbindung zwischen den Russen und Bucharen fehlt es übrigens nicht; so nennen die Bucharen noch jetzt Batmàn einen Ballen Baumwolle von 2 Puden Gewicht, und dasselbe Wort, theils unverändert theils Bäsmän ausgesprochen, ist in mehreren Russischen Provinzen für eine übliche Gewichtseinheit von 10 Pfunden durchaus einheimisch geworden, und wird oft auch gleichbedeutend mit Kantàr zur Bezeichnung der zum Wägen dienenden Schnellwage gebraucht.

Unter den aus Buchara eingeführten Waaren sind auch die dort angefertigten Shawle (Russisch: Schalì) von sehr hohem Werthe. Allgemein versichern die Russen, dafs diese köstlichen Gewebe aus dem Flaumhaare vom Bauche der Dromedare angefertigt werden, und dafs also dasselbe Garn dazu diene, welches man auch im Orenburgschen Gouvernement in der Umgegend von Troizk zu bereiten verstehe. Mittels enger Kämme wird dort den Dromedaren der weiche Wollpelz von Zeit zu Zeit ausgerauft, und daraus ein Garn von der Feinheit des Menschenhaares gesponnen. Es ist jedoch zu bemerken, dafs überall im südlichen Russland auch die Wolle der Ziegen nicht selten zu demselben Zwecke verwendet wird, und dafs sogar der Name kósji pùch oder Ziegenflaum, der für das feinste Garn im Russischen Handel übliche ist.

Die Bucharischen Shawls werden aus zweien etwa 8 Zoll breiten Streifen zusammengefügt, jedoch geschieht dieses mit solcher Geschicklichkeit, dafs die Ansatzstelle bei gefärbten Stoffen durchaus nicht zu erkennen und auch bei den weifsen kaum sichtbar ist. In die weifsen Shawle werden bunte Ränder eingewebt, und diese bestehen, wie man hier versichert, aus den gesponnenen Bastfasern einer Pflanze, welche die Russen als eine Nessel (Krapíwa) bezeichnen.

Die vierkantigen Stengel dieses Gewächses sollen zwischen Walzen gebrochen, und mittels Kämmen aus einem gelben sehr elastischen Holze gehechelt werden. Der erhaltne Flachs wird in einer Lauge aufgeweicht, und dann erst gesponnen und gebleicht. Die Bucharen versichern, dafs nur Pflanzensäfte zur Färbung der Gewebe bei ihnen angewendet werden. — Ein weifses Shawl mit bunten Rändern wird hier oft zu 12000 Rubel verkauft. —

Von den Russen entnehmen die Bucharischen Händler besonders eine bedeutende Menge von Stabeisen, welchem man in den Uralischen Hüttenwerken die von den Verkäufern verlangte besondere Form zu geben beflissen ist. Damit die Eisenstäbe bequem auf Kamelen verladen werden können, und damit sie dem tragenden Thiere nicht die Seiten verwunden, pflegt man dieselben nur 5 Fufs lang, 3 Zoll breit und $\frac{1}{2}$ Zoll dick zu schmieden, und stets müssen ringsum ihre Kanten sorgfältig abgefeilt werden. —

An der der Wolga zugekehrten Seite des Marktplatzes steht, für die Bucharen und die grofse Zahl der übrigen mahomedanischen Ankömmlinge, ein auf einem kreisförmigen Fundamente, aus Stein erbauter Metschèt, *) neben welchem ein cylindrischer Thurm von geringerem Durchmesser und bedeutender Höhe sich erhebt. Von diesem herab hörten wir die durchdringende Bafsstimme der zum Gebete rufenden niederen Geistlichen mehrmals im Tage erschallen. — Wir sahen nur einzelne Bucharen in dem prunklosen innern Raume des Gebäudes ihre Gebete verrichten, eine vollständigere gottesdienstliche Feier wurde aber während unsres Aufenthaltes auf dem Markte nicht gehalten.

---

*) Die im Deutschen übliche Benennung Moschée, wird bei den in Russland ansässigen Mahomedanern niemals gehört.

Auf den Terrassen, welche das auf einer künstlichen Erhöhung liegende Gebäude umgeben, hat eine Wache von bewaffneten Kosacken ihren Stand. Diese sind **Metscherjákische Tataren**, welche, ebenfalls **mahomedanischen** Glaubens, in den **Nijegorodischem**, **Kasanischem** und **Orenburgischem** Gouvernements einheimisch sind.

Eine sehr prächtig ausgestattete **Armenische Kirche** liegt an dem andern Ende derselben Reihe des Marktplatzes; den Raum zwischen beiden gottesdienstlichen Gebäuden nimmt aber eine Reihe von Häusern ein, welche nach **Chinesischer** Sitte angeordnet und verziert sind. In ihnen wird der **Chinesische Handel** betrieben und macht einen der bedeutendsten Zweige der Gesammtthätigkeit aus. Übrigens werden fast alle dahin gehörigen Waaren, unter denen der Thee das an Werth überwiegende ist, bereits von *S*ibirisch-Russischen Unterhändlern in den Chinesischen Gränzorten aufgekauft, und auch durch diese hierher befördert. Seltner nur bringen **Chinesische Kaufleute** ihre Waaren für eigne Rechnung bis Nijnei.

Die sogenannte **Tatarische Reihe** ist die erste der aus Holz gebauten. Wir sahen in ihr theils verarbeitete, theils rohe Felle und Pelzwerk in vorherrschender Menge. Besonders aber sind es Felle von jungen wilden Pferden, welche von den **Tataren** feil geboten werden. Diese waren sämmtlich von mausegrauer Farbe, und man hatte auf ihnen die kurze **dunkelschwarze Mähne**, welche auch über einen Theil des Rückens sich fortsetzt, als besonderen Zierrath der aus dem Felle anzufertigenden Kleidung stehen lassen. Diese Pferdepelze sind namentlich unter den **Baschkiren** und **Metscherjáken** sehr beliebt und werden von ihnen als besonders wärmend geachtet. **Pallas** Bezeichnung der Mähne des *equiferus* durch das Beiwort *fuscus* scheint mir, nach den hier gesehnen Exemplaren, nicht ganz passend. (**Fauna Rossica** I. pag. 260.) — Auf den Thüren dieser **Tatarischen** Niederlassungen waren stets die Namen der dermaligen Besitzer in **Arabischen** Buchstaben mit Kreide geschrieben.

In dem bunten Gewühle des Marktes unterscheiden sich noch vor allen übrigen durch die Sonderbarkeit ihrer äußeren Erscheinung die von den Russen sogenannten Mordwi (Singularis: Mordwa) und zwar derjenige Stamm derselben, welcher in seiner eignen Sprache den Namen Arsa sich beilegt. — Vormals im alleinigen Besitz der Nijegorodischen Gegend, haben diese der allmäligen Ansiedelung der Russen nur schwach sich widersetzt, sind aber dafür auch bis heute im völlig ungehinderten Besitze der Gebräuche ihrer Vorfahren verblieben.

Männer und Weiber trugen weifse linnene Oberkleider, welche nach Art eines Hemdes geschnitten und auf deren Obertheil ringsum mit rothen und schwarzen Fäden, sehr reiche Zierrath eingenäht waren. Die Umrisse dieser eingenähten Figuren zeigen wohl immer bei verschiednen Individuen eine Übereinstimmung der Form, scheinen aber dennoch nicht Nachahmungen natürlicher Gegenstände zu sein, sondern vielmehr nur symmetrisch angeordnete willkürliche Zusammenstellungen von Linien, so wie sie eine müfsige Phantasie nur um dem Auge zu gefallen, erzeugt.

Nach dem Zeugnisse ihrer Sprache und der Mehrheit ihrer Gebräuche gehören diese Mordwi zu dem Finnischen Volksstamm. Durch weit kräftigere Gestalten und durch blühende Gesichtsfarbe unterscheiden sie sich aber auffallend von den früher gesehenen Zweigen dieses Stammes (besonders von den Esthländern). Einwirkung fremdartiger Elemente scheint daher hier thätig gewesen zu sein, und zwar darf man wohl nicht das frühzeitige Zusammenleben mit den Russen als Grund der Abweichung vom Hauptstamme annehmen, weil den Russischen Bewohnern des Nijegorodischen Gouvernements, die Unterschiede zwischen den Mordwi und den übrigen Finnen eben so sehr auffallen wie dem fremden Beobachter, ein Umstand der nicht Statt finden könnte, wenn die Russen in ihrer eignen Sitte die Erklärung der beobachteten Abweichungen fänden. Einheimische Beobachter erwähnen namentlich als auffallenderer Auszeichnungen der Mordwi: einer noch jetzt sich erhaltenden Abneigung vor dem Schlachten oder Erlegen der Thiere, und einer besondren Vorliebe für zwiebel- und lauchartige Gewächse. Nur als Opfer für überirdische Wesen welche auch die zum Christenthum sich bekennende gröfsere Anzahl derselben noch darbringt, werden Stiere von den Mordwi geschlachtet. — Vielleicht dafs sie einzelne Begriffe angenommen haben von dem Mongolischen Stamme der Turguten, welcher 60,000 Familien stark, im Jahre 1636 aus China sich entfernte, an den Ufern der Wolga sich ansiedelte und erst 1771 seine dortigen Niederlassungen wiederum verliefs. *) — Zum Markte kommen die Mordwi in grofser Zahl, aber nur als Käufer, nachdem sie die, vorzüglich in Honig bestehenden, Erzeugnisse ihrer Wohnplätze an die ansässigen Russen der Umgegend abgesetzt haben.

Bekanntlich wurde erst im Jahre 1817 der grofse Völkermarkt nach Nijnei Nowgorod verlegt, nachdem die früher zu Makárjew (80 Werst abwärts von Nowgorod) an der Wolga befindlichen Anlagen durch eine Feuersbrunst am 17ten August 1816 zerstört worden waren. Die Ausführung der neuen Bauwerke wurde dem nunmehr verstorbnen General Betancour übertragen. Zunächst wurde der ganze Marktplatz mit Hülfe eines Kanales ringsum mit fliefsendem Wasser umgeben, indem man 13 Werst aufwärts von der Stadt die Wolga mit einem Bache in Verbindung setzte, welcher parallel mit derselben, in 3 Werst Entfernung vom rechten Ufer rinnt und in die Oka sich ergiefst. Das abgeschnittene Terrain war ursprünglich äufserst sumpfig, so dafs alle Fundamente der steinernen Gebäude auf Pfahlrosten angelegt werden mufsten; sodann aber hat man den von dem Markte eingenommenen Raum mittels künstlicher Sandaufschüttung durchgängig um mehrere Fufs erhöht, und dadurch (während des Sommers) eine trockene Oberfläche erhalten. Im Frühjahr aber wird auch jetzt noch der ganze Marktplatz von dem austretenden Wolgawasser überschwemmt.

In dem aus Stein erbauten Theile des Kaufhofes befinden sich 2522 Gewölbe, deren jedes mit einem Wohnraume für die Waarenbesitzer versehen ist. Die Anzahl der hölzernen Buden (welche nach dem Provinzialgebrauche Balagáni d. h. Lauben genannt werden) wechselt nach dem jedesmaligen Bedürfnifs; es pflegten aber, in den letzten Jahren, gegen 1500 derselben von Kaufleuten gemiethet zu werden. — An Käufern und Verkäufern, Karavanen-

---

*) Eine vergleichende Zusammenstellung der auf dieses Ereignifs bezüglichen Russischen und Chinesischen Chroniken hat Herr Lipówzow mitgetheilt im: Sibirski Wjéstnik 1820. 10tes Heft seqq.

führern und Arbeitern zählte man in den letzten Jahren bis auf 600,000 Menschen, welche während der zweimonatlichen Dauer der Messe in den unteren Stadttheilen sich einfinden, um nach beendeten Geschäften spurlos wieder zu verschwinden. Musterhaft ist die Anordnung des Ganzen, vermöge welcher nur der fröhlichste Eindruck eines lebendigen und vielseitigen Verkehres, durchaus aber keine nachtheiligen Folgen einer so ungeheuren und so gemischten Bevölkerung dieses merkwürdigen Platzes wahrgenommen werden. Eigene steinerne Gebäude sind zu Feuerstätten und Küchen für die Ankömmlinge eingerichtet und werden von ihnen ebenso wie die Handelsgewölbe gemiethet. Das Zugvieh wird nicht auf dem Marktplatze geduldet, sondern unter Bewachung der Besitzer auf Weideplätzen in der Umgegend von Ni*j*nei freigelassen. — Es herrscht die vollkommenste Reinlichkeit auf den Strafsen des Marktes, und zu ihrer Erhaltung hat man zum Theil ganz eigenthümliche Mittel anwenden müssen. So sind an der äufsersten nordwestlichen Gränze der Insel, parallel mit dem einschliefsenden Kanale, geräumige unterirdische Gänge gegraben und mit Steinen ausgewölbt, an deren einer Wand eine Reihe von dicht neben einander befindlichen **Abtritten** sich hinzieht. Diese langen Catacomben werden von oben her durch vergitterte Luken beleuchtet und am Boden derselben werden in gewissen Abständen Feuer angelegt, welche die Luft in Strömung versetzen und sie vollkommen rein erhalten. Mittels Pumpen, welche mit den nahe gelegenen Wasserbassins communiziren, werden die unter den Gewölben befindlichen Cloaken wöchentlich ausgewaschen, aufserdem aber während der jährlichen Überschwemmungen der Insel, vom steigenden Flusswasser durchströmt.

Erst gegen Sonnenuntergang sahen wir die Lebhaftigkeit des Handelsverkehres unterbrochen und erst dann wendete sich die bunte Volksmenge zu mannichfachen Schaubühnen, welche in der Nähe der hölzernen Buden errichtet sind. Die bisher nur in Europa berühmten Leistungen der Kunstreitergesellschaft von **Chiarini** erregten in diesem Jahre die Bewunderung der ungebildeten **Mordwi** und der, trotz weit bedeutenderer Kultur, dennoch mit ähnlichen Erfindungen **Europa's** kaum bekannten **Asiaten.**

Noch lebhafter aber war die allgemeine Bewegung gegen den Flecken Kunáwi, welcher aufserhalb des umschliefsenden Kanales um einige Werst an der Wolga aufwärts, gelegen ist. Der Weg dahin war von einer geräuschvollen Volksmenge belebt, in dem Orte selbst aber erschallten die hohen Töne der Balaláika oder landesüblichen Guitarre als Tanzmusik aus jedem der hell erleuchteten und zierlich angestrichnen Holzhäuser, denen man, um der leidenschaftlichen Phantasie der Südländer zu genügen, die vorzüglichsten Herrlichkeiten des Mahometischen Paradieses in grofser Anzahl verliehen hat. Die Bajaderen von Kunáwi sind grofsentheils Russischer Abkunft, und man erzählt wie alljährlich beim Beginnen des Marktes mehrere grofse Fahrzeuge einliefen, welche ausschliefslich von neuen Bewohnerinnen dieses Lustortes eingenommen sind; Andre kehren dann zurück zu ihren heimathlichen Dörfern, wo man, seit Einführung der Leibeigenschaft, bei weitem nicht mehr so streng auf Keuschheit der Unverehelichten hält, als es die ursprüngliche Russische Sitte mit sich brachte.

Die lange Strafse der unteren Stadt längs des rechten Ufers der Oka, hatten wir bei dem ersten Gange zum Markte nur flüchtig gesehen, bei mehrmaliger Rückkehr dahin zeigte sich aber, dafs die vom Flussufer entferntere Reihe von hohen steinernen Gebäuden vorzüglich zur Beherbergung und Bewirthung der Europäischen Kaufleute dient. — Auf der andren Seite der Strafse bemerkten wir noch ein sehr altes Gebäude, welches, wie eine Inschrift besagt, einer Russischen Bibelgesellschaft gehört. In mehreren hölzernen Buden vor der Thüre dieses Hauses waren religiöse Schriften aller Art zum Verkaufe ausgestellt. Ob darunter aufser der Slavonischen auch andre Übersetzungen sich befinden, habe ich nicht bemerkt, doch scheint es darauf zu deuten, dafs unter den Aushängeschildern, welche den Inhalt dieser Niederlagen besagen, auch Aufschriften mit Syrischen und Arabischen Charakteren gesehen wurden. —

* * *

Einigen näheren Aufschlufs über die Geschichte des wichtigen Marktes von Nijnei Nowgorod, so wie über den Einflufs, welchen dessen neue Organisation auf das Gebiet der Stadt und des Gouvernements gehabt hat, erhielt ich durch Mittheilungen des Herrn General Bachmétieff, damaligen Generalgouverneurs der vereinigten Gouvernements Nijegorod, Pensa, Kasan, Simbirsk und Sarátow. Auch ist nach örtlichen Chroniken und neuen statistischen Dokumenten eine Beschreibung des Nijegorodischen Gouvernements durch Herrn Duchówskji (Lehrer am städtischen Gymnasium zu Nijnei) in Russischer Sprache zusammengestellt und 1827 zu Kasan gedruckt worden. Andre Angaben über die Landesbeschaffenheit verdankten wir den Erzählungen der Einwohner. Was unter den auf diese Weise gesammelten Erfahrungen von allgemeinerem Interesse erschien, habe ich auf den folgenden Seiten zusammengestellt.

Zur Charakterisirung des Nijegorodischen Gouvernements liefert eine durchgängige Verschiedenheit der einander entgegengesetzten Ufer der Wolga den wichtigsten Hauptzug. Der majestätische Strom, dessen Oberfläche unterhalb Nijnei Nowgorod auch in der wasserärmsten Jahreszeit eine Breite von 1 bis 1,5 Wersten behauptet, macht die Scheidewand zwischen zwei durchaus verschiedenen Landstrichen. Steile Abfälle am rechten Ufer begränzen die südlich vom Flusse gelegene, im Mittel etwa um 150 Fufs über dem Wasser erhobne Fläche, deren Bodenbeschaffenheit überall den ergiebigsten Ackerbau und an vielen Orten eine einträgliche Bienenzucht erlaubt. Nördlich von der Wolga aber sind überall über dem Wasserspiegel nur wenig erhabne Ebnen, deren stets sandiges Erdreich nur hier und da höchst kümmerlichen Getraidebau gestattet.

Einen grofsen Überflufs an Gartengewächsen, Äpfeln und Pflaumenarten gewinnt man überall auf der Höhe im Süden der Wolga, in der nördlichen Niederung aber hat bisher trotz grofsen Fleifses der Bewohner, auch der geringste Gartenbau nicht gelingen wollen. So ist in dem nördlich von der Wolga gelegenen Kreise von Semönow, die Anfertigung von allerlei hölzernen Gefäfsen, welche auf den Märkten der südlicher gelegnen reicheren Umgegend feil geboten werden, und das Einsammeln einiger wildwachsenden Beerenfrüchte, das Hauptgeschäft der Einwohner. Kaum kann man irgendwo einen bestimmt ausgesprocheneren Unterschied der Produktivität zweier unmittelbar aneinander gränzenden

Landstriche sehen. — Als äufserlich wahrnehmbare anderweitige Differenzen, die etwa in ursachlichem Zusammenhange mit dem höchst verschiednen Grade der Fruchtbarkeit gedacht werden könnten, zeigen sich zunächst der schon erwähnte Höhenunterschied beider Distrikte, welcher im Durchschnitte kaum über 150 bis 200 Fufs beträgt, sodann die chemische Verschiedenheit des Bodens, der auf der Höhe stets mergelig, in der Niederung aber mit Sand überschüttet ist. Auf dem Sande haben, wie es in ähnlichen Fällen zu geschehen pflegt, nur stellenweise Wiesen sich gebildet.

Wahrscheinlich herbeigeführt durch die beiden so eben genannten Umstände, wird ein dritter, der an und für sich einen neuen und vielleicht den bedeutendsten Grund zur ungleichen Begünstigung der Vegetation in den mehr erwähnten Landstrichen abgiebt. Die durchschnittliche Regenmenge nämlich, so versichert man allgemein, ist auf dem linken Ufer der Wolga ungleich geringer als auf dem rechten.

Die erhöhte Fläche erhebt sich gleich einer nach NW. zu, zugespitzten Landzunge, über die angränzenden Ebnen, und das schmalste Ende des höheren Landes liegt bei Nowgorod selbst; denn auch das linke Ufer der Oka ist (wie wir schon früher aus eigner Ansicht erfuhren) im Nijneischen Gouvernement überall niedrig, jedoch ist dieser Landstrich von etwas fruchtbarerem Boden und auch nicht so arm an Waldungen als die Ebnen im Norden der Wolga.

Die Formation des Bunten Sandsteins bildet den über die Niederungen stets mit steilen Rändern hervorragenden Landrücken. Wahrscheinlich durch Ausspühlung von Gypsstöcken, welche in den Schichten des bunten Mergels eingeschaltet sich finden, sind Höhlungen entstanden und werden die Erdschlipfe herbeigeführt, welche an den Rändern der Hochebne häufig sich ereignen. Auch zu Nijnei selbst haben dergleichen Abstürzungen bei Menschengedenken Statt gefunden. Während der Regierung des Zaren Fedor Iwánowitsch stürzte das am Rande der Ebne erbaute Kloster Blagowéschtschenja (d. h. der Heilesverkündung) in den Fluss, und die Höhlen in dem Abhange, welche man nach Griechisch-Russischer Sitte zu Andachtsörtern und Mönchszellen benutzt hatte, wurden verschüttet.

Über den jetzigen mittleren Spiegel der Meere sind die übersandeten Ebnen im Norden der Wolga um kaum mehr als 200P. Fuſs erhaben; *) wären sie aber in einer früheren Periode der Erdbildung, der Boden eines von SO. her hierhin sich erstreckenden Wasserbeckens gewesen, (dessen letzte und immer noch abnehmende Reste jetzt der Kaspische See uns zeigen würde) so hätten damals die Ränder der Hochebne grade so als steile Klippen über den Wasserspiegel hervorgeragt, wie in der Nordsee ähnliche Klippen von Buntem Sandstein schroff sich erheben. Auch dort sieht man sandige Dünen am Fuſse der Küstenabhänge so häufig sich ablagern, daſs ein breiter Strand sich erzeugt und sogar das Meer von den Felsenwänden allmälig weiter zurückdrängt.

Zu der Zeit, mit welcher Russische Überlieferungen die Geschichte dieser Gegend beginnen, waren es tschudische (finnische) Völkerstämme, welche die nördlichen Niederungen des Nowgoroder Gouvernements eingenommen hatten, Stämme, welche fast überall, wo man sie wiederfindet, die zuletzt vom

---

*) Die Wolga bei Kasan ist nämlich um 80 Par. Fuſs über dem mittleren Meeresspiegel erhaben, und von da an bis zum Ausfluſs in den Kaspischen See beträgt daher das Gefälle des Flusses 300 Fuſs (wenn man das Niveau dieses Sees um 220 Fuſs tiefer als das der Meere annimmt); da nun die Entfernung von Nijnei bis Kasan nur einem Sechstel der Entfernung letzteren Ortes von der Flussmündung gleichkommt, so würde, wenn man das Gefälle constant annehmen dürfte, dasselbe von Nijnei bis Kasan nahe 50 Fuſs und die Meereshöhe des Flussspiegels bei Nijnei etwa 130 P. Fuſs betragen. Sicher aber ist diese Höhe deſswegen zu geringe, weil das Gefälle für die letzten Theile des Flusslaufes beträchtlich schwächer ist als für die mittleren. Von der andren Seite aber liegen die Quellen der Wolga nahe 850 Fuſs über dem Spiegel des Kaspischen Sees, und wollte man wiederum das Gefälle des Flusses für alle Theile seines Laufes gleich stark annehmen, so ergäbe sich daraus Nijnei unter der Quellgegend um 360 Fuſs, und für die Wolga bei Nijnei die sicher zu starke Meereshöhe von 270 P. Fuſs. Ein Mittel beider Resultate oder 200 Fuſs dürfte der Wahrheit nahe kommen.

Meere verlaſsnen Theile der Erde bewohnen und welche durch den Namen der Sumpfgebornen (Sâmalaïn), den sie stets sich beilegen, vielleicht ein bemerkenswerthes historisches Dokument über die Urzeit der Erde aufbewahrt haben dürften.

Im 13ten Jahrhundert wurden die, anfangs nur vereinzelt zwischen Finnischen Wohnplätzen eingeschalteten, Russischen Niederlassungen mächtiger, sie bildeten ein eignes Grofsfürstenthum und obgleich man den Urbewohnern die Beibehaltung ihrer Volkthümlichkeit nicht verwehrte, so wurden sie doch von nun an von den Russen als Untergebne betrachtet. An der jetzigen Stelle der oberen Stadt, auf dem hohen Oka-Ufer, wurde schon im Jahre 1222 unter dem Grofsfürsten Georg II. eine hölzerne Festung gebaut, welche die Russischen Besitzungen gegen Angriffe von NO. her schützen und die angränzenden Mordwinischen Stämme in Furcht halten sollte. Diese erste Anlage zerfiel mit der Zeit, so dafs, nach Meldung der Chroniken, schon am Ende des 16ten Jahrhunderts nur noch Spuren des Grundbaues vorhanden waren. Die Beherrscher dieses Landstriches hatten mit ihren Vasallen bei der Festung sich niedergelassen und diese Bewohnerschaft sowohl als der Reichthum der Gegend an natürlichen Erzeugnissen, machte schon damals das Niedere Nowgorod zu einen Stützpunkt des Handels und zum blühendsten Theil des nordischen Reiches. So wurde schon 1469 die Stadt als angemessenster Sammelplatz der Heere ausersehen, welche Joan gegen die treubrüchigen Tataren des Kasanischen Reiches sendete.

Das in Russland herrschend werdende System der Centralisation und der Coalisirung früher selbstständiger Theile, hatte unterdessen gegen Ende des 15ten Jahrhunderts die Herrschaft des Niederen Nowgorod mit der von Moskau vereint, und Wojewoden d. h. Kaiserliche Heerführer verwalteten nunmehr als Statthalter die einzelnen Provinzen des Reiches; aber auch so wurde auf Erhaltung und Beförderung der schönen Landschaft stete Aufmerksamkeit gerichtet. Im Jahre 1509 legte Zar Waſil Joánowitsch den Grund zu einer neuen und steinernen Burg (Kreml), welche 927 Faden im Umfang maſs. Eine höhere Bedeutung in der Volksgeschichte gewann Nowgorod durch die Tapferkeit eines seiner Bürger. — Minin Suchorúkij, welcher im Jahre 1612 dem Moskauer Adlichen Po*j*árskjl sich anschliefsend, durch einen Aufruf an seine Mitbürger und durch heldenmüthige Leitung derselben, das Reich von der Herrschaft der Polen befreite. Noch jetzt sind die Nowgoroder stolz auf die Auszeichnung ihres Landsmannes und zeigen in der alten Kathedralkirche seine Grabstätte, zu deren Ausschmückung man die Fahnen der im Jahre 1812 gebildeten Ni*j*egoroder Landwehr, als Denkmal einer späteren Äufserung der alten Vaterlandsliebe, sinnig gewählt hat.

Eine statistische Schilderung der Stadt und ihrer Hülfsquellen im Anfange des 17ten Jahrhunderts (unter Zar Micháil Fedórowitsch), hat man in dem Archive des Ni*j*egorodischen Magistrates neuerlich aufgefunden. Schon damals war die Stadt in eine obere und untere Niederlassung (wérchnoi und ni*j*noi Po*s*àd) getheilt. In beiden befanden sich 5 Klöster, 2 Hauptkirchen und 23 Pfarrkirchen, sämmtlich aus Holz erbaut. Aufserdem noch 130 Wohnhäuser für die Geistlichen und die ihnen dienenden Leute. — 208 Häuser waren für abgabenfreie höhere Diener des Zaren, 348 für die Schützen (Strjélzi) und ähnliche Unterbeamten bestimmt; 696 aber für die mit Abgaben belegten Leute der arbeitenden Klasse; in Allem enthielt also damals die Stadt 1382 Wohnhäuser. Von Gebäuden besondrer Bestimmung nennt die Chronik einen vom Kaiser erbauten Kaufhof und das dazu gehörige Zollhaus, Buden Russischer Kaufleute und, von ihnen getrennt, die der ansässigen Tatarischen Händler; aufserdem einen Gerichtshof und einen Hofhalt und Garten, welcher aus Dankbarkeit den Nachkommen Minin's vom Monarchen abgabenfrei verliehen worden war. Die Einkünfte welche damals von der Stadt und ihrem Gebiete dem Staatsschatze zuflossen, werden wir unten mit den gleichartigen Ergebnissen der Gegenwart zusammenstellen. Zunächst aber scheint es von Interesse in Bezug auf Anbauung und daraus zu schliefsende Bevölkerung der Stadt, den jetzigen Zustand mit dem erwähnten vor 200 Jahren Statt findenden zu vergleichen. — Griechisch-Russischer Kirchen giebt es nunmehr 38, daneben aber noch eine Evangelische für die ansässig gewordnen Ausländer. Von Klöstern bestehen noch 3, anderweitige besondre Besitzungen der

Geistlichkeit sind aber nicht mehr vorhanden. Die Zahl der Privathäuser beläuft sich jetzt auf 2074 und zwar sind darunter 145 aus Stein erbaut. Zu öffentlichen Zwecken sind aufserdem 22 grossentheils steinerne Gebäude bestimmt.

Im Allgemeinen ist schon hieraus eine bedeutende Zunahme der Bevölkerung ersichtlich; wichtiger aber ist es, das Verhältnifs zu bemerken, welches zwischen den verschiednen Klassen der Stadtbewohner sich jetzt (vortheilhaft gegen den früheren Zustand) eingestellt hat.

Man zählt jetzt männlichen Geschlechtes:

 Edelleute 388
 Geistliche 477
 Ansässige Kaufleute 689
 Zünftige Arbeiter (Zekowúie mástuiri) und
 Fuhrleute 3793
 Bürger verschiedener Beschäftigungen 1615
 Militair und Stadtpolizei 3290

so dafs nunmehr die männliche Seelenzahl der arbeitenden und produzirenden Klasse der Bewohner 6097 beträgt, während die im Staatsdienste befindlichen nur auf 4152, wenn man die Garnison mit in Anschlag bringt, ohnedem aber nur höchstens auf 1000 sich beläuft. — Ein bei weitem unvortheilhafteres Verhältnifs dieser Klassen kann man für das 17te Jahrhundert aus der oben angeführten Vertheilung der Wohnhäuser mit grofser Wahrscheinlichkeit erschliefsen. Wenn man nämlich auch dort das Militair von der Betrachtung ausschliefst, so ergiebt sich das Verhältnifs der arbeitenden Klasse zur müfsigen

 im 17ten Jahrhundert wie 2 zu 1.
 jetzt aber . . . . wie 6 zu 1.

Die gesammte Seelenzahl der für immer in der Stadt Ansässigen beläuft sich auf 17990 nach einer Zählung im Jahre 1825, stets aber ist diese Anzahl bedeutend vermehrt durch fremde Kaufleute, welche des Handels wegen in gemietheten Wohnungen sich aufhalten, und durch eingewanderte Arbeiter, welche in den verschiednen Fabriken die hier unterhalten werden, sich vermiethen. Es sind aber namentlich hier zu erwähnen 13 Seilspinnereien, welche jährlich für 600,000 Rubel Produkte absetzen, 2 Lederfabriken mit 50,000 und 3 Bierbrauereien mit 10,000 Rubel jährlichem Absatz; 5 Ziegelbrennereien und mehrere Fabriken von geringerer Bedeutung. Aufserdem aber ist der Bau der Flussfahrzeuge welcher hier von eingewanderten Arbeitern für Rechnung Russischer Kaufleute ausgeführt wird, ein sehr reichhaltiger Erwerbszweig.

An besondren Instituten zur Wohlfahrt der Einwohner, von denen zur Zeit der erwähnten Chronik keine Spur vorhanden war, finden sich jetzt zu Ni*j*nei Nowgorod 8 Erziehanstalten, und zwar namentlich 1 Gymnasium und 4 dazu gehörige niedere Schulen, in denen durch 16 Lehrer 207 Kinder unterrichtet werden; ein geistliches Seminar mit dazu gehörigen Vorbereitungsschulen, in welchen 13 Lehrer den Unterricht von 955 Kindern besorgen; aufserdem aber noch eine Unterrichtsanstalt für Waisen der Soldaten, in welcher durch 21 Lehrer 1739 Kinder erzogen werden.

Die Stadt besitzt aufserdem 2 Apotheken und 7 Krankenhäuser, von denen eines für die beständigen Stadtbewohner, ein anderes für das Militair, 4 für die mit dem Schiffbau beschäftigten Arbeiter und auf Kosten der jedesmaligen Unternehmer des Baues unterhalten, und endlich eines für die zum Jahrmarkte sich einfindenden Fremden bestimmt sind.

Einige Andeutungen über die allmälige Entstehung des lebhaften Handelsverkehres im Ni*j*nei Nowgorod'schen Gouvernement scheinen hier eine besondre Erwähnung zu verdienen, denn noch jetzt ist es dieser Verkehr welcher der Stadt und Provinz ihre vorzüglichste Wichtigkeit verleiht. Es beweist Dieses schon allein der Umstand, dafs die beständige Bevölkerung von Ni*j*nei Nowgorod kaum den 33ten Theil der wegen des Handels alljährlich sich einfindenden Menschenmenge beträgt.

Die Chronik des 17ten Jahrhunderts berichtet, dafs Ni*j*nei Nowgorod und seine nächste Umgebung damals nur folgende höchst mäfsigen Summen direkt in den Staatsschatz einbrachte:
Von dem Russischen und Tatarischen Kaufhofe 125,1 Rubel
Von den Deutschen Buden . . . . 197,9 —
Von dem Wirthshause, welches damals so wie noch
   jetzt in der oberen Stadt zur Aufnahme von frem-

den Ankömmlingen angelegt, dem Staate Abgaben
bezahlt . . . . 72,8 Rubel
Von den Zarischen Wiesen . . . . 52,0 —
Von den Seen . . . . 11,8 —
im Ganzen also eine Angabe von 459,6 Rubel.

Bei dieser äufserst unerheblichen Summe ist aber zu bemerken, dafs hier Silberrubel gemeint sind, denen auch jetzt noch ein viermal gröfserer Nennwerth zukommt, als den nunmehr als Münzeinheit gebräuchlichen Rubeln in Kupfermünze oder Bankscheinen; ferner hat man, um auf den Realwerth der besteuerten Produkte schliefsen zu dürfen, das im Verlaufe der letzten zwei Jahrhunderte erfolgte Sinken des Werthes der Metalle in Anschlag zu bringen, endlich aber und vorzüglich ist zu erwähnen, dafs damals ein weit bedeutenderer Theil des Tauschhandels an einem anderen Punkte des Nijegoroder Gouvernements geführt wurde. — So lange noch das unabhängige Kasanische Königreich *) erfolgreich mit Russland um die Rangordnung wetteiferte, war dessen Hauptstadt als geschicktester Versammlungsort von den beiderseitigen Gränznachbarn der Tatarischen Besitzungen: den Russen und den südlichen Asiatischen Völkern ausersehen worden. Russische Kaufleute zogen alljährlich dorthin, um den nördlichen Provinzen ihres Vaterlandes die Produkte südlicher Himmelsstriche zu verschaffen. Der Handel war schon damals äufserst lebhaft und durch ihn gelangten zu den nordischen Märkten mancherlei Waaren, deren ursprüngliches Vaterland selbst den einführenden Russischen Kaufleuten nur nach dunkeln Sagen bekannt war. Die oben erwähnte Tradition von dem Ursprunge der Baumwolle stammt ohne Zweifel aus diesen Zeiten. —

Erst als die Bewohner von Kasan sich mehrmals harter Gewaltthätigkeiten, ja bisweilen des Mordes gegen die eingewanderten

---

*) Vor dem Anfange des 15ten Jahrhunderts war für dieses Herrscherthum auch der Name des Bulgarischen Reiches in Russland üblich. — Nach der Zerstörung der Stadt Bulgari im Jahre 1400 und Verlegung des Herrschersitzes nach Kasan ward aber die Benennung Kasanische Tataren und Kasanisches Reich die allein übliche. (Siehe u. A. Lehrbergs Untersuchungen über die ältere Geschichte Russlands tom. I. pag. 21.)

Russischen Kaufleute schuldig gemacht hatten, wurde beschlossen die gewohnten Handelsreisen aufzugeben, und anstatt dessen lieber die fremden Kaufleute zu veranlassen, in Russischen Gränzörtern sich einzufinden.

An der Gränze des Orenburgschen Gouvernements, zu Troizk und Orenburg, wurden nun Tauschhöfe angelegt, ausserdem aber, nach Mafsgabe der weiteren Ausdehnung Sibirischer Besitzungen, auch an den südlichen Gränzen des Tobolskischen Gouvernements. Wir werden später (Abschnitt V und VIII) zu erwähnen haben, wie schon zur Zeit des Kasanischen Marktes und noch vor der Russischen Besitznahme des nördlichen Sibiriens süd-Asiatische Kaufleute sich oftmals östlich vom Ural weit gegen Norden hinaus gewagt hatten, um mit den dortigen Urvölkern einen direkten Tauschhandel zu führen. Nun erst wurden diese merkwürdig ausgedehnten Reisen seltner und die südliche Gränze des Russischen Reiches blieb der gewöhnliche Zielpunkt süd-Asiatischer Karavanenführer, weil sie nunmehr auch dort die Reichthümer Sibiriens durch Russische Aufkäufer empfingen. Gleichzeitig aber entstand die Nothwendigkeit, auch im Innern des Reiches dem Handelsverkehre einen neuen Mittelpunkt zu geben, zu welchem die an den Gränzen aufgekauften südlichen Produkte theils durch Russen, theils durch fremdstämmige Kaufleute, jedoch mit Ausschlufs der Bucharen, befördert werden sollten.

Makárjew an der Wolga, 80 Werst stromabwärts von Nijnei Nowgorod gelegen, wurde zu diesem Zwecke ausersehen und empfahl sich sowohl durch die Nähe des herrlichen Stromes als auch weil es den damaligen Gränzen des Reiches sehr nahe lag.

Diese neue Einrichtung bestand schon zur Zeit der obenerwähnten Nachricht über den Handel in der Stadt Nowgorod selbst, und erklärt die damals sehr geringe Bedeutung der letzteren. Die neue Messe erlangte schnell eine immer gröfsere Ausdehnung. Aus der Regierungszeit Catharina's haben wir nur unvollständige Nachrichten über die Bedeutsamkeit des Marktes aufgefunden. Die Miethe der Buden soll damals nur 5000 Rubel in den Kronschatz gebracht haben, und der Geldwerth des jährlichen Verkehrs wird (von Georgi) nur sehr unbestimmt zu einigen Millionen Rubeln angegeben.

Ganz besonders aber zur Zeit des Regierungsantrittes Alexander I. bethätigte sich der vielseitige Handel von Makárjew als eine der wichtigsten Hülfsquellen des Reiches, und daher auch wurden damals noch neue und erfolgreiche Schritte zur ferneren Belebung desselben gethan. Nun erst wurde auch den Bucharischen Kaufleuten erlaubt, ihre Waaren selbst über die Gränze zu befördern und durch besondere Begünstigungen suchte man sogar ihnen die Ausdehnung ihrer Reisen bis Makárjew zu erleichtern und annehmlich zu machen.

Der größte Theil der Waarenniederlagen wurden alljährlich am rechten Ufer der Wolga, auf einem niedrigen Anger beim Dorfe Lúiskowo, 6 Werst von Makárjew, errichtet. Es gehörte dieses Terrain der dort ansässigen Familie der Knäsen Grúsinski, welche von dem Grusischen (Georgischen) Kaiser Heraclius abzustammen behaupten. Der vorletzte Abkömmling dieses Geschlechtes hatte sich einen bedeutenden Namen in der Geschichte des Makárjewschen Jahrmarktes zu stiften gewußt. Die Bewohner der Umgegend hatten (vielleicht des erwähnten Geschlechtsregisters eingedenk) diesem Besitzer von Lúiskowo missbrauchsweise den Namen: Zar Grigóri beigelegt und er rechtfertigte diese Benennung durch die angemaßte aber sehr vollkommne Machthabung, welche er über die Russischen und Asiatischen Mitglieder der Handelsversammlung ausübte, so daß er alljährlich zu einem temporären Autokraten der bunt zusammen gefundnen Menschenmasse sich aufschwang. Ohne jeden offiziellen Auftrag soll er sehr häufig auf das nachdrücklichste die fremden Karavanenführer gegen zufällige Unbillen der Kaiserlichen Beamten geschützt und, unabhängig von der eingesetzten Polizei des Marktes, augenblickliche Anordnungen, meistens zur großen Zufriedenheit der fremden Ankömmlinge, durchgeführt haben. Andrerseits gedenkt man einzelner Züge, denen zufolge Grigori's Macht für die reicheren Russischen Händler und namentlich für die Bergwerksbesitzer am Ural durch Erhebung willkürlicher Miethszinsen, sehr drückend wurde. Unter der Regierung Kaiser Paul's sind häufige Klagen gegen die angemaßte Gerechtsame des Grúsinski bei Hofe eingegangen, haben aber immer nur leichte Zurechtweisungen des sogenannten Marktkönigs zur Folge gehabt, wahrscheinlich weil man einsah, dafs seine geschickte Leitung dennoch dem Gemeinwesen erspriefslich war. Aus den einzelnen Zügen die man von Grigori's improvisirter Verwaltung erzählt, scheint hervorzugehen, dafs er bedeutende Vorliebe für seine Asiatischen Stammverwandten besafs und zu deren Besten Alles that, wozu Kenntnifs ihrer Sprache und Volkthümlichkeit ihn geschickt machte; sein eignes Interesse scheint er dabei auch nicht vergessen, es aber vorzugsweise auf Kosten der Russischen Händler wahrgenommen zu haben. Von ungewöhnlichen Reichthümern der Grusischen Familie soll namentlich noch jetzt die reiche Ausstattung der zu Lúiskowo erbauten steinernen Kirchen zeugen, in denen Grusische Übersetzungen der Heiligen Schrift aufbewahrt und der Gottesdienst nach dem eigenthümlichen Ritus des Vaterlandes der Besitzer gehalten wird.

Unter Alexander I. Regierung im Jahre 1808 wurden zur Abhaltung des Makárjewschen Jahrmarktes beständige, jedoch grofsentheils hölzerne Gebäude angelegt. Damals beliefen sich die jährlichen Abgaben, welche die Messe als direkte Staatseinkünfte eintrug, auf 140,000 Rubel; es wurden aber an Waaren für 30 bis 40,000,000 Rubel alljährlich zum Verkaufe eingeführt.

Gelegenheitsursache zu der wahrscheinlich schon lange vorher erwünschten Verlegung des Völkermarktes in die Nähe einer bedeutenderen Russischen Stadt und somit unter die direktere Aufsicht der Landesregierung, gab eine Feuersbrunst, welche im Jahre 1816 die neuen Anlagen zerstörte, und seit dieser Zeit besteht der oben nach eigner Anschauung geschilderte äufsere Zustand des Institutes.

Als Beweis, dafs die Zufuhr von SO. her durchaus den wichtigsten Beitrag zu diesen wichtigen Handelsvereinen liefere, hat man den Umstand bemerkt, dafs je weiter der Versammlungsort, nach NW. zu, vorrückte, man eine um so spätere Jahreszeit zur Führung der Hauptgeschäfte zu bestimmen für nöthig hielt. So war im 16ten Jahrhundert zu Kasan der $\frac{\text{5te Juli}}{\text{24te Juni}}$ (der Tag Johannis des Täufers) dazu festgesetzt; zu Makárjew war es der

$\tfrac{\text{6te August}}{\text{25te Juli}}$ (der Tag des heiligen Makar), jetzt aber seit der dritten Verlegung des Versammlungsortes ist es die Zeit vom $\tfrac{\text{13te August}}{\text{1te August}}$ bis zum $\tfrac{\text{29te August}}{\text{17te August}}$ während welcher die Hauptgeschäfte abgeschlossen werden. Bei der ausgezeichneten Beharrlichkeit mit der man in Asien bei alten Sitten und Herkömmlichkeiten verbleibt, ist es nicht wahrscheinlich, dafs von dorther kommende Karavanen die Zeit ihrer Abreise aus dem Vaterlande geändert hätten und dafs dadurch der erwähnte Beweisgrund trügerisch geworden sei.

Seit der neuen Organisation der Messe hat sich zunächst der direkte Ertrag für den Staatsschatz reichlich auf das Dreifache erhöht, denn im Jahre 1825 betrug allein die Miethe für die den Händlern angewiesnen Gewölbe 382,934 Rubel und zwar 268,607 von den steinernen, 114,327 von den temporären hölzernen Gebäuden und hierzu ist der Betrag der in Form von Eingangszöllen Statt findenden Besteuerung der Waaren noch hinzuzufügen. Eine bedeutende Einnahme ist aber freilich auch nöthig, um Ersatz zu gewähren für die Kosten der ersten Anlage, welche man mit Einschlufs des schwierigen Grundbaues und der Erhöhung des Terrains auf 40,000,000 Rubel anschlägt, und zu der noch bedeutende Summen für die alljährlich erforderten Unterhaltungskosten, hinzu treten, denn allein zur Wiederaufbauung und Erhaltung der Verbindungsbrücken über die Oka sollen jährlich 30,000 Rubel verwendet werden.

Weit richtiger aber als durch diesen direkten Ertrag für die Staatskasse, dürfte der Vortheil des Nowgoroder Marktes für das Gesammtwesen des Reiches aus der Gröfse des gesammten Geldumsatzes sich erschliefsen lassen, und auch dieser scheint während der letzten zwei Jahrzehnte sich nahe verdoppelt zu haben. Im Jahre 1825 belief sich, nach eigner Angabe der Händler, der Werth der eingeführten Waaren auf 70,806,000 Rubel, davon aber wurden während der Messzeit wirklich verkauft für 46,845,824 Rubel. — Allein an Thee wird jährlich für 7,000,000 Rubel eingeführt. *)

---

*) Hiermit ist der späterhin (Abschnitt XI.) beigebrachte Betrag des unmittelbar von China aus, nach Russland eingeführten Thees zu vergleichen, um zu ersehen, ein wie bedeutender Theil dieses Handelsartikels im Asiatischen Russland verbraucht wird.

Von Uralischem Eisen werden jährlich 4000000 Pud über Ni*j*nei Nowgorod befördert. Obgleich für den inländischen Handel der Durchschnittspreis von einem Pude desselben kaum über 2 Rubel beträgt, so ist er doch ungleich bedeutender für denjenigen Antheil welcher hier gegen Bucharische Waaren eingetauscht wird (Seite 199 und unten September 26 — 30.).

Will man aber allgemeiner die Wichtigkeit beurtheilen, welche das gesammte Ni*j*egoroder Gouvernement vermöge seiner günstigen geographischen Lage für das Gemeinwesen des Reiches erlangt hat, so darf nicht unbeachtet bleiben, dafs der in den Tagen der Messe geführte Handel bei weitem nicht der einzige ist, welcher von dem erwähnten Gouvernement theils ausgeht, theils in ihm seine Beförderung findet. So geschah im Jahre 1825 der Transport der auf dem Jahrmarkte abgesetzten *S*ibirischen Waaren, auf 2178 Flussfahrzeugen, während in demselben Jahre 3362 ähnliche Fahrzeuge ohne anzulegen bei der Stadt vorübergingen. Freilich sind viele von diesen vorübergehenden Barken mit Salz beladen, welches auf den Privatbesitzungen des Permischen Gouvernements gewonnen und an die Kaiserlichen Magazine abgesetzt wird, andre führen Uralisches Eisen direkt nach Petersburg, dennoch aber hat noch ein bedeutender Theil des, ohne Vermittlung des Marktes, getriebnen Verkehres die vegetabilischen Erzeugnisse der fruchtbaren Ni*j*nei'er Landschaft zum Gegenstande, und man hat berechnet dafs, in dem mehrerwähnten Jahre (1825) für 4570000 Rubel Getreide von den drei Stapelplätzen Wa*s*il *S*ùrsk (siehe unten im Verfolge dieses Abschnitts), Lúiskowo und N. Nowgorod abgefertigt wurde, zu denen es durch Nebenflüsse aus den südlich von der Wolga gelegnen Distrikten eingeführt wird.

Bei einem Flächeninhalte von 691 geographischen Quadratmeilen belief sich die Bevölkerung des Gouvernements im Jahre 1825 auf 461655 Männer und 492370 Weiber, zusammen also auf 954025 Individuen, oder zu 1381 Menschen auf die Quadratmeile. Es werden von ihnen 14000000 Rubel jährliche Abgabe, also zu nahe 14,7 Rubel vom Kopfe bezahlt.

Der gröfste Theil dieser Bewohnerschaft ist Slavischer Abkunft und diese gehören zwar der Griechisch-Russischen Kirche an; es haben aber hier unter der arbeitenden Klasse gar viele besondre Sekten sich gebildet. Nur allein in dem Semönowschen Kreise sind 36 eigne Pfarrkirchen derjenigen Sekte von Altgläubigen (Roskol Starowjerzow *) gestattet, welche zwar Priester anerkennt (und daher Popówtschina genannt wird) jedoch sowohl diese als auch ihre Kirchen nicht mit denen des herrschenden Glaubens gemein haben will. — Noch zahlreicher ist die Sekte oder der Roskol der Priesterlosen Altgläubigen (Bespopówtschina), welche die Gesammtheit der zu ihr sich Bekennenden in gewisse Hauptabtheilungen theilt, denen hier der auffallende Name Skitì (Singularis Skit) beigelegt wird. Es scheint, als liefse diese Benennung nur von dem Stammworte skitátjsja, umherschweifen, herumirren, sich ableiten, und als sei daher dem etymologischen Sinne nach, Skit etwa gleichbedeutend mit Horde. **)

In jede dieser Hauptabtheilungen gehören viele einzelne Gemeinden welche, nach dem hier üblichen provinziellen Ausdrucke, obíteli (d. h. etwa Wohnplätze von obitàtj, wohnen) genannt werden. Eine jede solcher Gemeinden verwaltet bald ein männlicher, bald ein weiblicher Vorstand (Nastojátel, Nastojátelniza) welcher auf Grund besonderen Zutrauens der übrigen Mitglieder von ihnen durch Akklamation gewählt wird.

Die Mordwinischen Stämme der Arsa und Moktscha bilden jetzt etwas über $\frac{1}{10}$ der gesammten Bevölkerung. Tataren welche im süd-östlichen Theile des Gouvernements sich aufhalten, betragen $\frac{2}{10}$ der Gesammtheit. Tscheremissen und Tschuwaschen sind hier noch weniger zahlreich als die eben genannten Urstämme, aber bekannt als fleifsige Landbauer und in der Bienenzucht geschickt.

---

*) Roskol bedeutet eigentlich eine Abzweigung; vom Verbo kolitj, spalten und der Trennungspartikel ros gebildet.
**) Sicher ist diese auch die wahre Etymologie des bei den Griechen herrschend gewordnen Namens Σκυθαι, denn der Übergang des Russischen langen í in ein υ hat nichts unwahrscheinliches.

Während unsres fünftägigen Aufenthaltes zu **Nijnei Nowgorod** hatten wir, ebenso wie auf dem bisherigen Wege von **Moskau** an, ununterbrochen warmes Wetter, und in diesen Tagen durchaus reinen Himmel. Am 8ten August sahen wir kurz nach Sonnenuntergang von einem über dem westlichen Horizont um einige Grade erhabnen Punkte, einen schwarzen Streifen schräg gegen NW. über den blauen Himmel sich erstrecken. Seiner Richtung nach war dieser offenbar Nichts weiter als der Schatten eines leichten und isolirten Gewölkes, welches in der horizontalen Dimension sehr dünne, nur als leichter Nebel erschien, in der vertikalen aber dicker und zur Interzeption der Sonnenstrahlen geschickter sein mochte.

In dem geognostischen Theile meines Berichtes werde ich einzelner Folgerungen erwähnen, welche auf die Ansicht von Gesteinsstücken sich gründen, die man aus dem **Jaroslawischen Gouvernement**, um die Strafsen von **Nijnei Nowgorod** zu pflastern, hierher einführt. —

[August 9.] Um 5 Uhr Nachmittags verliefsen wir **Nijnei** und legten auf der Strafse nach **Kasan** noch 3 Stationen bis **Poläna** (53 Werst von N. Nowgorod) zurück.

Auf dem hohen rechten **Wolgaufer**, auf dem wir uns befanden, waren in Wasserrissen bald Schichten **verhärteten Mergels**, bald **quarzigen Sandsteines** sichtbar. Noch immer ist die Oberfläche dieses Plateaus, grade so wie vor **Nijnei**, von welliger Gestaltung durch die tiefen Schluchten, in welche während des nassen Frühjahres der Wasserlauf geschieht. Den brustförmigen Hügeln welche dadurch entstehen, geben die Russen den besonderen Namen **Bugórki**.

In mehreren Queerschluchten dieser Art sind die Sandsteinschichten an der Oberfläche stark verwittert und zerfallen, und in diesem losen und trocknen Boden hatten die **Erdschwalben** häufig ihre Nester gegraben.

Sowohl an dem heute zurückgelegten Theile der Landstrafse als auch von nun an während der Fortsetzung derselben, findet man in gleichmäfsigen Entfernungen, gewöhnlich auf jeder zweiten Station, ein sogenanntes **Kronposthaus**, stets mit derselben Anordnung und Bestimmung, die wir schon auf unserem früheren

Wege bemerkt hatten (Siehe oben 1828. Mai 11.). Erst da wo *S*lavische Bevölkerung öfters unterbrochen wird und wo fremde Stämme auf gröfseren Strecken die einzigen Anwohner der Landstrafse sind, hat man beständiger dergleichen Gebäude angelegt. — Bisher wurde das von den Reisenden zu entrichtende Postgeld in jedem Dorfe von dem Bauernältesten (Stárosta) in Empfang genommen, und nur nach gröfseren Entfernungen fand man aufserdem an einzelnen Stationen eigne beaufsichtigende Beamten (Smotríteli), welche die Anzahl der Durchreisenden und deren Bedarf an Pferden anmerken; nunmehr aber bestellte jeder der Fuhrleute den nächstfolgenden die ihm zukommende Geldsumme, welche erst nachträglich an den Stellen wo öffentliche Gebäude sich befinden, von den Beamten eingenommen und durch diese an die einzelnen Gläubiger vertheilt wird. — Auch für die Beherbergung der Reisenden ist nunmehr stets in den öffentlichen Posthäusern gesorgt, und es scheint als werde auch dieses Bedürfnifs erst hier fühlbar, weil Russische Reisende nicht gern sich entschliefsen, bei andersgläubigen Leuten zu wohnen. — Zuerst in dem Dorfe Poläna, wo wir heute übernachteten, späterhin aber auch auf allen andren Stationen wo Kronposthäuser sich befinden, sahen wir diesem letzteren gegenüber ein andres öffentliches Gebäude von nicht geringerer Gröfse errichtet. Auch dieses besteht stets auf gleiche Weise aus mehreren einzelnen Abtheilungen, die im Vierecke gegen einander gestellt sind; die hölzernen Wände sind gelb gefärbt und die Dächer (mit Eisenocher) roth angestrichen. Mit einer Mauer von Pallisaden umgeben, führen die Häuser den Namen eines Ostrog (d. i. eines verpallisadirten oder befestigten Platzes) und sie sind zur Aufnahme und Beherbergung der nach *S*ibirien zu führenden Gefangenen bestimmt. — Wirklich trifft man auch zuerst auf diesem Theile des Weges wandernde Züge von dergleichen Gefangenen (welche man hier *S*úilnie oder Po*s*eltschiki d. i. Verschickte nennt) Die in den westlichen Gegenden des Reiches zur Verbannung Verhafteten, scheinen einzeln nach Ni*j*nei Nowgorod geführt zu werden und erst dort an der *S*ibirischen Hauptstrafse zur gemeinsamen Fortsetzung der Reise sich zu vereinigen.

[August 10.] Während der heute zurückgelegten 75 Werst bis zum Dorfe Tschugúnui sah man meistens reiches Ackerland und gut gebaute Dörfer Russischer Landleute. — In dem Ostrog zu Ostaschícha (50 W. von Poläna) hielt ein Zug von Deportirten einen Ruhetag. Es befanden sich unter ihnen zehn Weiber, welche an den vergitterten Fenstern der Herberge sich zeigten und, ihrem lustigen Benehmen zufolge, nicht eben unzufrieden mit der bisherigen Wanderung oder besorgt wegen der bevorstehenden Schicksales zu sein schienen.

Die Verbannten sahen wir meistens schon hier beim Antritte der Reise mit gleichmäfsigen linnenen Kleidungen versehen, welche ihnen auf öffentliche Kosten geliefert werden; bei einer jeden Karavane derselben befinden sich mehrere Wagen denen Postvorspann gegeben wird, und auf denen die Weiber und die durch Alter schwächeren Männer gefahren werden. Die Übrigen folgen in langem Zuge paarweise hinter dem Wagen, von einer in den Dörfern errichteten Landmiliz eskortirt. Selten nur sieht man einzelne bedeutendere Verbrecher auch während der Reise Ketten an den Füfsen tragend. —

Bei Ostaschícha befindet sich das Grundwasser um 14 Sajen (98 Engl. Fufs) unter der Oberfläche des Terrains. Die Erhöhung des Ortes über dem Niveau der Wolga mufs daher mindestens eben so viel betragen, dürfte indessen leicht noch bedeutender sein. In einem Brunnen, welcher auf dem Posthofe bis zu der genannten Tiefe gegraben ist, fand ich die Temperatur des Wassers zu 5°,0 R. Auch während der Fortsetzung unsrer Reise bis zum Ural untersuchte ich häufig die Temperatur des Grundwassers in ähnlichen tiefen Wasserschachten, und überzeugte mich dafs durch diese, kaum minder vortheilhaft als durch fliefsende Quellen, ein Mafs für die Bodenwärme sich ergiebt. Eine Zusammenstellung der hierher gehörigen Resultate bleibt dem meteorologischen Berichte aufbehalten.

[August 11.] Auf dem ferneren Wege von Tschugúnui bis Sundùrsk (94 Werst) ändert sich plötzlich der seit N. Nowgorod stets einförmige Charakter der Landschaft. Von Tschugúnui an, sieht man das Terrain anfangs allmälig, hernach aber immer schneller sich senken, bis man endlich fast zum Niveau der

Wolga gelangt, und auf einer mit üppigem Grün bedeckten Wiesenebne sich befindet. Diese Einsenkung, welche das erhöhte Plateau des rechten Wolgaufers queer durchsetzt, sieht man nun in der Richtung nach Osten noch auf eine Breite von 4 bis 6 Werst sich erstrecken und erst dort wiederum begränzt von einem Hügelwalle, an dessen Fuſse der in die Wolga mündende Surafluſs sich hinzieht.

Am rechten Ufer dieses mächtigen Nebenflusses, nahe seiner Mündung, liegt das überaus anmuthige Städtchen Waſili Sursk Um 30 bis 40 Fuſs über das Wasserniveau erhebt sich das Ufer mit einer senkrechten und nackten Wand aus lockerem Erdreich, sodann aber mit einem sanfteren Abhange, auf welchem die Häuser der Stadt malerisch vertheilt und, höchst überraschend, von alten und hochstämmigen Eichen rings umgeben erscheinen.

Auch auf den Wiesen am linken Ufer der Sura sieht man nur noch Elsen- und Weiden-Gesträuch.

Die hier vorüber gehende Schifffahrt schien zur Belebung des Ortes sehr wirksam. Auf dem Flusse lagen eine Menge von Getraide führenden Barken; mehrere Krane zur Beladung der Schiffe sieht man längs des Ufers und sie beweisen, daſs zum Theil von hieraus dieser wichtigste Handel beginnt. Auch der Fischfang ist in der Sura ergiebig, und zum ersten Male bewirthete man uns hier mit Sterled (Accip. pygmaeus Pall. A. ruthenus Lin.) welcher unter allen Fischen als geachtetste Speise bei den Russen berühmt ist. Es ist diese die einzige Hausen-Art, die aus dem Kaspischen See auch in die Nebenflüsse der Wolga aufsteigt. Die hier gefangnen Sterlede sahen wir in den Häusern in groſsen Wassergefäſsen aufbewahren, um sie nach Maſsgabe bequemer Schiffsgelegenheit, die Wolga abwärts, nach den Hauptstädten lebendig zu versenden. — Die Sitten der nahe gelegnen Handelsstadt haben zum Theil auch auf die Bewohner von Waſil sich vererbt, denn auch hier befindet sich in der Mitte des Städtchens ein Gasthaus, in welchem die ansässigen Bürger und die reicheren Landleute der Umgegend sich versammeln. Bei ersteren ist hier noch die alterthümliche Nationaltracht: ein mit Schnüren reich gezierter Überrock (Kaftàn) gebräuchlich. Das Wirthshaus war mit Speisen und Getränken sehr reichlich ausgestattet und unter anderem war der Donische Wein auch hier bereits in Aufnahme gekommen. Äußerst anmuthig ist die Aussicht von dem hölzernen Altane dieses hochgelegenen Gebäudes. Mehrere sandige Inseln, welche vor der Mündung der Sura in die Wolga sich abgelagert haben, erhöhen bedeutend die Breite des vom Wasser bedeckten Raumes und selbst zur Zeit des niedrigen sommerlichen Wasserstandes glaubte man den Nebenfluss in eine entfernte Meeresbucht sich ergießen zu sehen.

Noch jenseits der Stadt steigt der Weg steil aufwärts und die Landecke, welche von dem rechten Ufer der Sura und dem linken der Wolga begränzt wird, erhebt sich noch bedeutender über die entgegengesetzten niedrigen Ebnen als selbst das ähnlich gestaltete Terrain, welches die Wolga und Oka bei Nowgorod abschneiden. Auf der Höhe dieses Plateau's sieht man Eichen ebenso schön und ebenso häufig als in der Nähe von Wasil, und dadurch contrastirt der Charakter der hiesigen Landschaft höchst auffallend gegen die bisher gesehnen Gegenden.

Auch eine ethnographische Gränze bildet die Sura, denn in dem nun folgenden Landstrich haben Tscheremissen und, weiter gegen Osten, Tschuwaschen als überwiegende Bevölkerung sich erhalten. Das gleichzeitige und gleich plötzliche Erscheinen der Eichenwaldung und dieser ursprünglichen Bevölkerung ist wohl nicht ohne ursachlichen Zusammenhang, und nur in Folge von Ausrodungen durch ackerbauende Bewohner dürfte man, in den bisher gesehnen Theilen des Nijegoroder Gouvernements so wie an andren Stellen unsres Weges von Petersburg bis zur Sura, die Laubwaldungen so entschieden vermissen. (Man vergleiche oben bei Mjednoi Jam Abschn. IV. 1828. Juli 17.) Auch hier sind in der Nähe einzelner Niederlassungen, deren Tscheremissische Bewohner allmälig zum Ackerbau sich entschliefsen, die Eichenwälder bereits ausgerottet; zwischen ihnen aber durchfährt man die herrlichsten Waldungen.

Auf der nächsten Station Emuingasch ist das Posthaus in der Mitte der von Tscheremissen bewohnten niedrigen Holzhütten angelegt. Auch diese ursprünglichen Einwohner sind von den Russischen Landleuten durch ihre äußere Erscheinung auf das entschiedenste ausgezeichnet. Ihre Kleidung, bei Männern und Weibern völlig gleich, besteht aus hellweifsen linnenen Beinkleidern und einem um die Hüften zusammen gegürteten hemdartigen Oberkleide aus demselben Stoffe und von gleicher Farbe. Hingegen sind die Zeugstreifen, mit denen sie vom Fufse bis zum Knie die Beine, übereinstimmend mit Russischer Sitte, umwikkeln, stets von schwarzer Farbe. Das Oberkleid ist gewöhnlich mit bunter Stickerei auf Brust und Schultern geziert. Ihrer Form nach sind diese Zierrathen den bei den Mórdwi gebräuchlichen sehr ähnlich, dennoch aber dadurch unterschieden, dafs bei diesen stets auch schwarze Figuren unter den hellfarbigen gesehen werden, während die Tscheremissen sehr entschieden nur rother und hellblauer Fäden sich bedienen. Der Körperbau der Tscheremissen ist ungleich schwächlicher und kleiner als der der Russen und der Mordwi; sie tragen das dunkelschwarze Haar lang und ungeordnet herabhangend und auch hierin befolgen die Weiber und Männer meistens gleiche Sitte, denn nur selten, und wie es schien bei festlicherem Putze, sahen wir die Ersteren das Haar unter einer hohen pyramidalen Kopfbedeckung zusammenhalten. Eine auffallende Schüchternheit zeigte sich stets als Hauptzug in der Physiognomie und dem Benehmen der Tscheremissen. —

Der Postmeister zu Emuingasch erzählte uns, dafs die Gemeinde unter welcher er lebt, noch sehr entschieden an ihren alterthümlichen Religionsgebräuchen hange und dafs sie den bösen Göttern blutige Opfer, vorzüglich Pferde, Rindvieh und Schafe darbringen, und zwar stets an einer geheiligten Stelle des Waldes welche sie Kremet nennen. Die guten Götter aber verehren sie auf freiem Felde, und glauben nur durch vegetabilische Opfer sie sich geneigt zu machen. Des Ackerbaues scheinen sie eifriger als erfolgreich sich zu befleifsigen; in der Nähe des Dorfes sahen wir Eggen, theils von magern Pferden, theils von Tscheremissischen Weibern gezogen. — Nahe bei Emuingasch erreichten wir die Gränze des Nijegoroder und des Kasanischen Gouvernements.

Zu Bjeloi Wrag (25 W. v. Emuingasch) stehen nur Tscheremissische Hütten auf grünen Hügeln unter einzelnen hochstämmigen Resten alter Waldungen. Hier sprachen nur einige wenige Einwohner ein sehr gebrochnes Russisch; die Ursprache ist durchaus herrschend geblieben und auch den in der Nähe wohnenden Russischen Landleuten zum Behufe gegenseitigen Verkehres schon frühzeitig geläufig geworden. Eine sehr starke Accentuation der Worte und ein hoher Sprachton geben der Rede der Tscheremissen stets den Charakter lebendiger Leidenschaft. — Bjeloi Wrag bedeutet einen Weifsen Feind, und dürfte wohl an einen bezeichnenden Beinamen erinnern, welcher von den Russischen Eroberern den Tscheremissen in Folge ihrer auffallenden Kleidung gegeben wurde. Vielleicht dafs, begünstigt durch das kriegerisch vortheilhafte Terrain dieses Ortes, die hier ansässigen Tscheremissen längere Zeit hindurch die Behauptung ihrer Wohnplätze versuchten.

Von hier an fuhren wir bei anbrechender Dunkelheit durch einen äufserst dichten Eichenwald, in welchem von 5 zu 5 Wersten von den weifsen Gestalten der Tscheremissen umgebene Feuer einen sehr abenteuerlichen Anblick gewährten. Es waren Wachtposten welche hier die Züge der Verbannten erwarteten, um sie nacheinander zu begleiten.

Wir übernachteten zu Sundursk, wo an einer lichten Stelle des Waldes die Wohnung eines Postaufsehers, umgeben von Tschuwaschischen Hütten, sich befindet. Hier hört man eine andre Sprache, nachdem die Tscheremissische auf einem Raume von nur 8 geographischen Meilen herrschend gefunden wurde. —

Auch hierher ist das Ungeziefer der Tarakane den Russischen Niederlassungen gefolgt.

[August 12.] Wir fuhren von Sundursk bis Antschikówo, 75 Werst. —

Das Tschuwaschische Oberkleid ist dem der Tscheremissen sehr ähnlich, doch sahen wir heute bei den Weibern mehr eigenthümlichen Putz als bei den Tscheremissinnen. Namentlich trugen sie eine vom Gürtel nach hinten über die Hüften hangende Platte aus Kupferblech, welche mit allerlei metallischen Zierrathen behängt, während des Gehens ein stetes Geräusch erregt. Andre hatten anstatt des Bleches nur ein ähnlich gestaltetes Stück dunklen Tuches, an den Rändern mit Franzen verziert. Ein ähnlich gestalteter Zeugstreifen hangt auch nach vorne vom Gürtel herab bis über die Mitte des Leibes. Man antwortete uns dafs alle Weiber, ohne Unterschied ob verheirathet oder nicht, dieses eigenthümlichen Kleidungsstückes sich bedienen. Sie nennen es Schüre. Auffallend genug erinnert dieser Ausdruck an das gleichlautende Germanische Stammwort Schurz, welches ursprünglich durchaus in gleicher Bedeutung für eine Bedeckung des mittleren Theiles des Körpers üblich war. In den Slavischen Sprachen findet sich keine gleichartige Wurzel. — Einer der Fuhrleute welche uns von Sundursk aus beförderten, unterhielt uns mit einem Tschuwaschischen Liede, in welchem die Worte

   Hinga Hinga Formanaï
   Hinga Hinga Pustalaï

als beständig wiederkehrendes Refrain bemerkt wurden. Es gelang nicht die Bedeutung derselben von dem Rezitirenden zu erfahren, welcher in Russischer Rede nur sehr unbeholfen sich auszudrücken vermochte. Defswegen auch erhielt ich von ihm nur die folgenden höchst kümmerlichen Sprachproben:

	Russisch	*Tschuwaschisch*
Ein Mädchen	Djéwuschka	Chir
Eine Frau	Jénschtschina	Arm
Ein Knabe	Máltschik	Atscha
Ein Pferd	Lóschad	Loja
Eine Stute	Kobúila	Kissra
Gieb mir zu trinken	Dawai pitj	Kirmetscha schujäs mana
Gieb mir zu essen	Dawai kúschitj	Schujäs kelen min

Bis in die Nähe der Stadt Tscheboksar sind schöne Eichenwaldungen nur selten unterbrochen; dort aber ist das hügliche Terrain wieder zum Ackerbau benutzt und hinter den Häusern der Russischen Bewohner sieht man gut bestellte Gemüsegärten. Die Häuser der ansehnlichen Ortschaft liegen theils in einer breiten Thalschlucht, theils am Abhange der Hügel, welche dieselbe begränzen. In dem unteren Theile der Stadt befindet sich ein beständiger Handelshof, und auf einem freien Platze vor demselben wurde jetzt ein von den Tschuwaschen zahlreich besuchter Markt gehalten.

Auf dem hüglichen Lande sieht man nun wiederum häufig höhere rundliche Kuppen in der Ferne sich erheben.

Bei der Station **Akaśíne** (69 Werst von **Sundursk**) sind festere **Mergelschichten** an den steilen Ufern eines zur **Wolga** sich wendenden Baches anstehend, auch lagen hier (aus der Nähe geholt) grofse Blöcke eines sehr schönen **dichten Gypses**, welchen Gänge von **Fasergyps** durchsetzten, und in denen bläuliche **Chalzedon-Massen** mit traubiger Oberfläche eingeschlossen waren.

Während des heutigen Weges begegneten wir noch immer mit Baumwolle beladnen Fuhrwerken, bei welchen sowohl einzelne **Bucharische Begleiter** sich befanden, als auch **Kasanische Tataren**, die zur Leistung des Vorspannes und zur Beförderung nach **Nijnei** sich verdungen hatten.

Zu **Antschikówo**, wo ich am Abend mit den gewöhnlichen Sternbeobachtungen zur Bestimmung der magnetischen Abweichung mich beschäftigte, hatte der ihnen neue Anblick der Instrumente einen Haufen bewundernder **Tschuwaschen** herbeigelockt. Die auffallend schüchterne und zum Schrecke geneigte Gemüthsart dieser Leute bestätigte sich auch hier, denn nach einem zufälligen lauten Ausrufe von unsrer Seite, flohen sie mit den Zeichen grofser Angst und näherten sich später nicht wieder. Noch entschiedner aber hielten sich die Weiber in ängstlicher Entfernung, und am Abend sahen wir sie grofse Umwege machen, um bei der Rückkehr vom Felde nicht in die Nähe der auffallenden Fremden zu kommen. Einer ähnlichen Schüchternheit gedenken alle Berichte von der ersten Besitznahme dieser Gegenden; es ist aber auffallend, dafs das ursprüngliche Temperament auch jetzt, nach so vieljährigem Umgange mit den **Russen**, sich erhalten hat.

[August 13.] Erst am heutigen Morgen hatten wir Gelegenheit, etwas näher mit dem Äufseren der **Tschuwaschischen** Weiber bekannt zu werden. Wir sahen eine Gesellschaft von jungen Mädchen von dem Dorfe aus zu Pferde sich auf den Weg machen, wahrscheinlich um das Einsammeln wild wachsender Beerenfrüchte oder ähnliche Geschäfte des Haushaltes in der angränzenden Waldung zu verrichten. Sie ritten ohne Steigbügel, und eine **Woilokdecke** vertrat die Stelle des Sattels.

Alle trugen einen bisher noch nicht gesehenen sehr zierlichen Hauptschmuck: eine runde Mütze, welche mit dicht nebeneinander genähten Russischen Silbermünzen bedeckt war, und auf dieselbe Art war auch der über die Brust hangende Theil ihres Gewandes verziert. Sowohl dieser Theil des Anzuges als die am Hintertheil des Gürtels befestigten metallnen Zierrathen erregten ein lautes Gerassel, während die Reiterinnen im gestreckten Laufe der Pferde ihren Weg auf der gebahnten Heerstrafse antraten. *) Wieder schien unsre Aufmerksamkeit die Flucht der schüchternen Weiber zu beschleunigen, und als noch in der Nähe des Dorfes eine minder geübte Reiterinn vom Pferde fiel, waren die andren um so eifriger bemüht, sie wieder zum Sitzen zu verhelfen, dabei besorglich sich umsehend, ob wir uns ihnen nicht näherten.— Wir fuhren heute von Antschikówo bis Kasan, 61 Werst. Das Russische Städtchen Swäjik erreichten wir grade, während daselbst zur Vorfeier des kirchlichen Festes der Transfiguration (Preobrajénie Christa, am $\frac{6}{18}$ August) eine Prozession der Priester und übrigen Stadtbewohner gehalten wurde. Man scheint hier sehr streng ob der, der Landesreligion zu erweisenden Ehrfurcht zu wachen, denn den Norwegischen Diener unsrer Reisegesellschaft, welcher dem Zuge ohne die übliche Begrüfsung sich genähert hatte, arretirten die voraufgehenden Staatsbeamten eigenhändig und dem der Sprache völlig unkundigen Fremden gelang es erst spät zu bewirken dafs man ihn zu den Seinigen zurückführte, und dort Erklärung verlangte.

In der Stadt und noch mehr in der unmittelbaren Umgebung derselben wohnen Tataren in überwiegender Anzahl; daher auch wird ihre Sprache von den hiesigen Russen sehr angelegentlich erlernt. Einen Russischen Knaben in Swäjik fanden wir mit dem Studium einer (in Kasan gedruckten) Tatarischen Grammatik in Russischer Sprache, beschäftigt, nach welcher in den dortigen Elementarschulen unterrichtet wird. —

---

*) Ähnlich rasselnder metallischer Putz war u. A. auch bei den Isländerinnen in früheren Jahrhunderten gebräuchlich. Vergleiche Übersetzung der Edda, Chamisso's Gedichte pag. 404, wo klirrende Schlüssel und Ringe, ja wie es scheint auch Münzen als auszeichnend für die Kleider der Weiber erwähnt werden.

Nahe hinter der Stadt wendet die Landstrafse sich nach Norden, ohne den nach Osten gerichteten Swä*j*afluss zu berühren. Die Hügel (Bugórki) des rechten oder Bergufers der Wolga verflächen sich nun schnell immer mehr, und man sieht dafs hier das jetzige Flussbette ungleich weiter von dem Landrücken entfernt ist, als an den früher gesehenen nordwestlicheren Theilen des Wolgalaufes. Die Annäherung an den Hauptstrom, welchen wir (oberhalb der Mündung der Swä*j*a) auf einer Fähre überschritten, wird schon in der Ferne durch eine breite Sandstrecke merkbar. —

An der Überfahrtsstelle fanden wir eine Menge Tataren, welche mit ihren einspännigen und leichten Wagen die Ankunft der Fähre erwarteten und den zufälligen Aufenthalt am Flusse, zu allerlei Beschäftigungen sich zu Nutze machten. Da ward gebadet, gewaschen und gekocht, wie das jedesmalige Bedürfnifs der Einzelnen es mit sich brachte. Die meisten dieser Fuhrwerke kehrten leer zurück, nachdem sie bei der Beförderung der nach Ni*j*nei Nowgorod bestimmten Waaren beschäftigt gewesen.

Es dauerte lange, ehe man den schwereren Theil unsres Fuhrwerks übersetzte, denn die zuerst landende Fähre war nur für leichtere landesübliche Wagen bestimmt, eine andre gröfsere aber war noch damit beschäftigt, von der sich hinzudrängenden Tatarischen Karavane einen gröfseren Theil gleichzeitig zu befördern. Die Strömung der Wolga ist auch hier sehr mäfsig, so dafs einige Ruder zur Fortbewegung und Lenkung der Fährprame hinreichten.

Am linken Ufer folgt zunächst eine mit dichtem Weidengesträuche bestandene niedrige Gegend, welche, mit Flussschlamm überdeckt, die Spuren alljährlicher Überschwemmungen auf das Deutlichste an sich trägt, und daher auch hier, wie ähnliche Stellen im Ni*j*egóroder Gouvernement, mit dem Namen lugowoï béreg oder Wiesenufer belegt werden. Im Osten sieht man grofse Seen, welche zur Zeit der Anschwellungen mit dem Wasser der Wolga in Eins zusammenfliefsen.

Jenseits des Posthauses von Kusemétjewa (in grader Linie kaum eine Meile von der Wolga entfernt) beginnt jedoch wieder Eichenwaldung, welche 10 Werst weit anhält; dann aber sicht man auf der offnen Ebne die Thürme von Kasan sich erheben. Westlich von der Stadt ist das Land überall fleifsig bebaut. Mitten auf dem Felde in der Nähe der Landstrafse erhebt sich eine steinerne Kapelle, welche, wie unsre Führer versicherten, die Gebeine der bei der Eroberung von Kasan gefallenen Russischen Krieger umschliefst.

[August 14 und 15.] Die Gebäude von Kasan umgeben ringsum die erhöhte Landecke, welche, inselförmig über niedrige und meist überschwemmbare Ebnen hervorragend, zwischen den linken Ufern des Flüsschens Kasanka und des in denselben mündenden Bulakbaches sich erhebt. Dem steil abfallenden Flussufer zunächst liegt die Festung oder Kreml, noch jetzt mit der von den Tataren erbauten Mauer aus Bruchsteinen (Flötzkalk) umgeben. Auch von der Landseite hat man diesen äufsersten Hügel so steil und tief abgegraben, dafs man den künstlichen Abhang leicht für einen natürlichen halten könnte, um so mehr, da der Graben welcher von dieser Seite den Hügel begränzt, im Frühjahr sich oftmals mit Wasser füllt. — Durch die Anschwellungen der Wolga wird die Strömung der Kasanka nicht nur umgekehrt, sondern auch ihr Wasser ringsum aus dem gewöhnlichen Bette hervorgedrängt.

Abwärts vom Flusse verflächt sich der Hügel allmälig, und es folgen an ihm zunächst die schon seit älteren Zeiten bestehenden Hauptgebäude der mittleren Stadt; sodann aber die unteren Strafsen, welche längs des Bulakbaches sich hinziehen. Der meist ungepflasterte Boden dieses unteren Stadttheiles wird nicht selten von Wasser bedeckt, so dafs dann nur die hohen Brückenwege (Mostowíe) längs der Häuser einen trocknen Durchgang gestatten. — Von höher gelegnen Punkten gewährte jetzt im Sommer die Umgegend der Stadt einen sehr anziehenden Anblick; ringsum sieht man grünende Krautgärten, Felder und Wiesen bis hart an die Flussärme sich erstrecken, welche die entfernteren Theile der Ebne wie mit einem Netze durchziehen und bei niedrigem Sonnenstande ein blendendes Licht reflektiren.

In den Umkreis der Festungsmauern führt von der mittleren Stadt aus, ein weites Thor. Im Innern sieht man neben den

Trümmern alter Tatarischer Anlagen, welche aus gebrannten
Steinen äufserst fest gefügt wurden, die Kasernen der jetzt hier
ansässigen Russischen Soldaten, Gefängnisse und Arbeitshäuser
für Verbrecher, aufserdem aber das segensreiche Palladium des
Ortes, die Kathedrale der Kasanischen Mutter-Gottes (Kasánskaja Bojemáter). Das hier aufbewahrte Heiligenbild ist,
ebenso wie ähnliche zu Kiew und in andren alten Städten des
Reiches, bei allen Gläubigen hoch gerühmt und gefeiert, weil man
die Sage von Auffindung oder Erhaltung unter wunderbaren Umständen frühzeitig und allgemein zu verbreiten wufste. Eigne Fest-
tage wurden solchen einzelnen Bildern und namentlich auch dem
gegenwärtigen geweiht, und an vielen Orten des Reiches hat man
zur Anbetung der Kasanischen Mutter-Gottes eigne Kirchen
erbaut und in ihnen möglichst treue Kopien des ursprünglichen
und daher mit höchster Wunderthätigkeit begabten Bildes aufgestellt. Bei dem hier gesehenen Originale ist die gleich reiche
und bizarre Verzierung der, aus getriebnen Metallen gebildeten,
und mit Edelsteinen besetzten Bekleidung weit merkwürdiger als
die Züge der sehr verblafsten und kunstlosen Malerei. — In dem zunächst an die Festung angränzenden mittleren Stadttheile erkennt
man durch die grofsartige Anlage des Kaufhofes (Gostini dwor)
und in dessen Nähe durch viele sehr ansehnliche alte Privathäuser
dafs Kasan schon früh zu den bedeutendsten Städten des Reiches
gehört habe. Auch sind mehrere der alten Kirchen mit besonderer architektonischer Sorgfalt gebaut, und einzelne derselben dürften sogar viele der Kirchen von Moskau an fleifsiger Ausführung
übertreffen. Einem von hohen, grofsentheils steinernen, Gebäuden
umgebenen Marktplatze hat man neuerlich durch Anpflanzung von
Baumgängen ein sehr vortheilhaftes Äufsere verliehen.

In der unteren Stadt gränzen an eine lange Reihe von Häusern der wohlhabenderen Kaufleute, welche meistens durch Gärten
von einander getrennt sind, die Gebäude der Universität, denen
man eine ebenso reiche äufsere Ausstattung gegeben hat, wie ähnlichen Instituten der Hauptstädte. Auch hier sind sie aus weifsen
Quadern erbaut und ihre Hauptfaçaden mit Korinthischen Säulen
geziert — so dafs denn im Allgemeinen, nach dem Äufseren seiner
älteren sowohl als neueren Theile, Kasan noch durchaus nicht

im Nachtheil gegen die gröfseren Städte der Mitte des Reiches erscheint.

Zu einer näheren Kenntnifs des **Kaufhofes** der Stadt führte uns eignes Bedürfnifs, denn allgemein rieth man schon zu **Kasan** uns mit Pelzwerk zu versehen, weil davon an keinem der Orte, welche wir etwa vor Eintritt der Winterkälte erreichen konnten, eine so grofse Auswahl sich finde als hier.

Wirklich erstaunt man über die ungeheure Menge von Thierfellen, welche man dicht über einander geschichtet in den Pelzbuden (mjéchowie Lawki) des **Gostini dwor** vereinigt sieht, denn bei der jetzt herrschenden warmen Witterung überzeugt man sich nur erst durch die allgemeine Versicherung der Einheimischen, dafs nach zwei Monaten hier durchaus Niemand dieses im **westlichen Europa** ungewöhnlichen Kleidungsstoffes entbehre, und dafs man schon hier in einer der Gegenden sich befinde, in welchen (nach dem Ausdrucke der **Griechen**), jeder Mensch alljährlich auf eine Zeitlang Thiergestalt annehme. *)

Zur **leichteren** Pelzbekleidung, welche allgemein im **Russischen** mit dem (ursprünglich **Tatarischen**) Namen Tulùp belegt wird, wählt man in der hiesigen Gegend am gewöhnlichsten das feine Vliefs **Kirgisischer** Schafe. Dergleichen Felle werden theils von reisenden **Russischen** Händlern in den Nomadenlagern des **Orenburgischen** Gouvernements aufgekauft, theils auch von den **Kirgisen** nach den Marktplätzen von **Troizk** und **Orenburg** gebracht. Die schwarzen **Schaffelle** verkauft man ungleich theurer als die weifsen, weil jene ein längeres, schlichteres und dauerhafteres Haar, diese eine dünne mehr gekräuselte Wolle besitzen.

Der kräftiger schützende Pelz, dessen man bei längerem Aufenthalte im Freien sich bedient, wird **Schúba** genannt. Hier sind Wolfsfelle zu diesem Zwecke stark in Gebrauch und zwar schätzt

---

*) Es scheint nämlich kaum zu bezweifeln, dafs die bei **Herodot**, nicht nach eigner Ansicht sondern nach indirekter Überlieferung, aufbewahrte Erzählung: „die **Neuren** werden alljährlich während einiger Zeit in **Wölfe** verwandelt" (Herod. IV. 105.) ganz einfach auf winterliche Bekleidung mit Thierfellen sich beziehe.

man am meisten die der Wölfe aus den nördlichsten Theilen des Jeniseisker Gouvernements, welche unter dem Namen Turuchansker Pelze (Turuchánskie Schúbi) bei den Verkäufern bekannt sind.

Aber auch an den kostbareren Ergebnissen der Sibirischen Jagd findet sich hier, gleichsam an der Schwelle jenes Landes, ein bedeutender Reichthum, und diese werden theils zur Verzierung der Pelzkleider, nur als äußerer Besatz, angewendet, theils auch verfertigen die Reicheren das ganze Kleid aus den theuereren Fuchsfellen oder aus den noch kostbareren leichten Fellen ganz junger Bären von durchaus gleichmäßiger Schwärze des Haares (Mjedwéjie Schúbi).

Allgemein trägt man hier die Haarseite des Pelzkleides gegen den Körper gekehrt und hält für unerläßlich, die Fleischseite des Felles mit irgend einem künstlichen Kleidungsstoffe (beim Volke meistens aus Linnen oder Baumwolle) zu bedecken, weil dadurch die für eine jede Pelzart durchaus verderbliche Durchnässung verhindert wird.

In weit größerer Mannichfaltigkeit als auf den bisher gesehenen Marktplätzen sahen wir hier auch die getrockneten vegetabilischen Erzeugnisse, welche Bucharische Karavanen meist schon in Orenburg verkaufen, und die von dort aus zunächst hierher und dann nach Sibirien hinein versendet werden, nach westlicheren Märkten aber ungleich seltner gelangen.

Unter, zum Theil wohl entstellten, Bucharischen Namen verkauft man im Kaufhofe von Kasan besonders Urŭk, das sind getrocknete Aprikosen, bei denen die weiche Hülle und der Kern gleich anwendbar und beliebt sind. Erstere ist sehr zuckerreich und hat im getrockneten Zustande eine Dicke von 4 bis 6 Linien. Auch die Mandel des Kernes ist völlig süß; die holzige Schale desselben aber eben so glatt, eben so hart und von derselben Gestalt, wie bei der in Europa kultivirten Aprikose (Prunus armeniaca). Es scheint daher als ob besondre Kulturverhältnisse dazu hinreichen könnten, den Mandeln mehrerer Steinfrüchte ihren Gehalt an Blausäure und ihre Bitterkeit zu benehmen und sie eßbar zu machen; um so mehr, da ja sogar zur ersten Hervorbringung des Unterschiedes zwischen den bitteren und süfsen Abänderungen der eigentlichen Mandel (Amygdalus communis) künstliche Einflüsse wirksam gewesen sein dürften; denn noch zu Cato's Zeiten kannten die Römer nur bittere Mandeln und erst später wurde die süfse Varietät unter den Namen Griechischer Nüsse nach Italien eingeführt. Jetzt kultivirt man beide Abänderungen an denselben Orten.

Ferner findet man hier unter dem Namen Kischmisch getrocknete Weinbeeren, von einer Traubenart welche ganz ohne Kerne ist. Rosinen, welche von den Trauben der gewöhnlicheren Abänderung des Weinstockes bereitet sind, führen auch hier den allgemeiner bei den Russen üblichen Namen isùm, welcher übrigens ebenfalls von den Tataren angenommen ist, bei denen usum noch jetzt eine Weintraube bedeutet. Ebenso wird auch den von den Bucharen eingeführten getrockneten Pflaumen als einer auch anderweitig im Inlande bekannten Frucht, der gewöhnliche Russische Name sliwi oder tschérnosliwi beigelegt.

Den Bucharischen Namen aber führen noch die sogenannten Pístaschi oder auch Fístaschi (Pistaziennüsse); das sind etwa 6 Linien lange und an der breitesten Stelle 2 bis 3 Linien dicke, birnförmige Saamen (Drupae der Botaniker) mit eng anschliefsender gelber und pergamentähnlicher Hülle, und einem zwiegespaltnen öligen Kerne von ausgezeichnet grüner Farbe.

Gewöhnlich verkauft man hier in Kasan diese Pistaziennüsse gleichzeitig mit einem gelblichen Manna, welcher ohne Zweifel von der Pistacia selbst in grofser Menge hervorgebracht wird; denn sehr häufig sieht man die birnförmigen Saamen in dem verhärteten Pflanzensafte eingeschlossen, und durch ihn aneinander geleimt, so dafs augenscheinlich der ausgeschwitzte Saft zugleich mit den gereiften Früchten am Fufse des Baumes auf der Erde gesammelt worden ist. — Auch getrocknete Datteln (Russ. fínik) sieht man stets unter den Bucharischen Früchten.

Die Bucharen verkaufen den Russischen Händlern ein Pud Uruk zu 65 Rubel, d. h. ein Berliner Pfund zu 16,9 Preussische Silbergroschen; von den übrigen Früchten aber meistens zu etwa 25 Rubel das Pud, oder das Berliner Pfund zu 6,5 Preuss. Silbergr.

Auch hier sind übrigens diese und ähnliche süfse vegetabilischen Erzeugnisse beim Russischen Volke sehr beliebt, und ein allgemeinerer Grund zu der mehrmals erwähnten Vorliebe für Früchte mag darin liegen, dafs dieselben auch während der im Winter fallenden beschwerlichen Fasten eine erlaubte Abwechselung von der mageren Fischkost gewähren. Im Sommer ist die vegetabilische Kost der Einwohner von Kasan äufserst reichhaltig. Nicht nur dafs auf den Feldern alle Arten von Brodkorn (von den für rauhes Klima empfindlicheren Spelt und Weizen bis zur härteren Gerste) vortrefflich gedeihen, sondern auch die Gemüsegärten (Ogoródi) liefern: Kartoffeln, Erbsen, Rüben- und Kohlarten, Gurken und Kürbisse in grofsem Überflusse, und aufserdem werden noch von den Kirgisischen und Russischen Bewohnern der gegen Süden angränzenden Gegenden, eine bedeutende Menge von süfsen Melonen (Cucumis Melo, Russisch: Dina) besonders aber von Wassermelonen (Cucurbita Citrullus, Russisch: Arbus) eingeführt. Die letztere aufserordentlich saftreiche und kühlende Frucht sieht man in hohen Haufen auf dem Boden des Marktplatzes abgelagert, und bei sehr geringem Preise gewährt sie auch der ärmeren Volksklasse eine wohlthätige und erfreuliche Nahrung.

Nächstdem auch ist der Reichthum an Fischen, welcher nach Kasan aus den an die Wolga angränzenden Provinzen eingeführt wird, sehr geeignet die Bedürfnisse der unbemittelteren Volksklassen zu befriedigen. Hier sahen wir zuerst aufser dem bekannteren sogenannten schwarzen Kaviar der Hausen (Accipenser-arten) auch den aus dem Roogen von Lachsen und Hechten bereiteten weifsen Kaviar in Anwendung. Auch hier ist übrigens der west-Europäische Name, welcher bekanntlich zuerst in Italien dem dorthin eingeführten Produkte gegeben wurde,*) ebenso ungebräuchlich als im übrigen Russland, und man bedient sich vielmehr stets des Ausdruckes Ikrá, welcher ursprünglich nur den Roogen der Fische im rohen Zustande andeutet.

---

*) Die Etymologie des Italienischen caviale, denn so wird das Wort am gewöhnlichsten geschrieben, ist (auffallend genug) völlig dunkel.

In dem, an unmittelbaren Landesprodukten reichen, Orte haben neben vielen gewöhnlichen Zweigen der Gewerbsthätigkeit auch einige dieser Gegend eigenthümliche sich erhalten. So namentlich die Bereitung und Färbung des Saffianleders, mit welcher die in Kasan ansässigen Tataren sehr angelegentlich sich beschäftigen, und demnächst die Anfertigung einer besonders geachteten Seife (Múilo, vom Verbo muitj, waschen) welche in prismatische Stücke zerschnitten, und in gröblich bemalte hölzerne Kasten verpackt, durch ganz Russland versendet wird.

Zu dem sehr frühzeitigen Gebrauch dieses oder doch sehr ähnlicher kosmetischen Hülfsmittel bei den Ureinwohnern des südlichen Russlands, dürfte wahrscheinlich der Überfluſs an alkalischen Kräutern in den dortigen Steppengegenden die nächste Veranlassung gegeben haben. Herodot berichtet nur von einem sehr auffallenden Surrogate der Seife bei den Skythischen Weibern, indem er sagt, sie haben Gesicht und Körper mit einem feuchten Teige aus gewissen Holzspänen überzogen und denselben, nachdem er völlig angetrocknet, wiederum abgenommen, um dadurch eine vollkommene Reinigung der Haut zu bewirken. Dieses scheint also nur ein durch sein Einsaugungsvermögen wirkendes Reinigungsmittel (etwa ähnlich dem noch jetzt zur Vertilgung von Fettflecken üblichen Verfahren) gewesen zu sein. Einer eigentlichen reinigenden Lauge aber haben, nach dem Zeugnisse des Annalisten Nestor, schon 50 Jahr nach Christi Geburt die heidnischen Slaven in der Mitte von Russland sich bedient. Als nämlich der Apostel Andreas von seiner, angeblich nach Russland unternommenen, Bekehrungsreise nach Rom zurückkehrte, soll er dort die Dampfbäder des Volkes beschrieben und unter anderen der Worte: „sie übergieſsen sich mit Lauge (Mitelj), „und fangen dann erst an sich mit Baumzweigen zu „reiben und schlagen" sich bedient haben. Selbst wenn man mit Recht an der Wahrheit dieses ganzen Reiseunternehmens zweifeln wollte, so beweist dennoch Nestors Erzählung ein sehr altes Bestehen des erwähnten Gebrauches, denn im entgegengesetzten Falle würde der Annalist nicht grade diese Sitte als charakteristisch für die damaligen Slaven und als zu ihrer Erkennung hinreichend, erwähnt haben. — In späteren Jahrhunderten findet man die Notiz, dafs Russen welche von *Sibirien* aus in Chinesische Gefangenschaft geriethen, daselbst den Einheimischen defswegen willkommen waren, weil sie ihnen zuerst die Kunst der Seifebereitung lehrten. —

Für viele Bewohner von Kasan wird der Aufkauf und die Versendung von Waaren zu einem sehr bereichernden Gewerbe, denn, äufserst günstig für diesen Zweck, liegt der Ort an der Gränze zweier Landstriche, deren Besitzthümer sich gegenseitig zu ergänzen geeignet sind. — Hierher gelangen noch leicht die mannichfaltigsten Produkte Europäischer Kunstfertigkeiten, und doch befindet man sich schon nahe an den nord-Asiatischen Ländern, deren Bewohner stets geneigt sind, die Reichthümer einer freigebigen Natur, gegen die geringfügigsten Erzeugnisse des Gewerbfleifses auszutauschen. Hier sind daher die alterthümlichen kaufmännischen Reisen für die Unternehmer noch weit vortheilhafter als im westlichen Russland, weil noch innerhalb leicht zu durchwandernder Landstriche, im Werthe der Waaren die bedeutendsten Verschiedenheiten gefunden werden. Besonders ist der Vertrieb des Chinesischen Thees sehr einträglich für die Kasanischen Kaufleute; sie gelangen aber zum Besitze desselben keinesweges durch unmittelbare Geldauslage, sondern vielmehr durch sehr complizirte Wege des Tauschhandels, welche erst im Innern von *Sibirien* genauer erkannt werden können. Auch hier übrigens herrschen bei denen durch den Handel bereicherten Individuen dieselben Grundsätze in Bezug auf Lebensgenüsse, dieselbe entschiedene Vorliebe für alterthümliche und rohe Einfachheit der Sitten, welche schon in Petersburg bei gleichartiger Beschäftigung wahrgenommen wird. Reich geschmückte Heiligenbilder sind gewöhnlich der kostbarste Theil ihres Hausrathes, und nur etwa auf Pflanzenkultur, theils in fleifsig bearbeiteten Gärten, theils in Glashäusern, verwenden sie mit Vorliebe bedeutende Summen.

Sicher ist es eine zweckmäfsige Wahl, welche die durch eine reiche Landesbeschaffenheit, durch Industrie und Handel begünstigte Stadt nunmehr auch zum Sitze moderner Bildung gemacht hat, und die Anlage der Universität zu Kasan scheint durch ein erwünschtes Gedeihen sich zu belohnen.

Anregend für das Studium der Landesgeschichte ist nicht nur die im Universitätsgebäude aufbewahrte Bibliothek, sondern auch, als wichtiges Denkmal der Vorzeit, eine ausgezeichnet reiche Sammlung Russischer und Tatarischer Münzen. Das Studium der Orientalischen Sprachen wird hier gleichsam an der Quelle betrieben, und viele der Studirenden veranlaſst dazu, neben dem wissenschaftlichen Interesse, auch praktisches Bedürfniſs. Der in Kasan für Orientalische Linguistik thätige Lehrer, dürfte vielleicht mehr als mancher seiner Nebenbuhler im westlichen Europa einer vollständigen Aneignung des Gegenstandes seiner Beschäftigungen sich rühmen, denn er ist von Tatarischen Ältern geboren und im Mahomedanischen Glauben erzogen worden.

Für Naturwissenschaften, die beschreibenden sowohl als die mathematischen, sind die Lehrer und die ihnen zu Gebote stehenden Mittel des Unterrichtes gleich ausgezeichnet. Herr Professor Eversmann verwendet die reichen Sammlungen und Erfahrungen welche ihm ausgedehnte Reisen verliehen haben, mit regem Eifer und ausgezeichneter Uneigennützigkeit zum Besten der Universität, und ebenso sind mit dem Unterricht in der reinen Mathematik und deren Anwendung auf Geographie und Astronomie die Herren Lobatschewski und Simonof angelegentlich und erfolgreich beschäftigt. Die Sternwarte ist sehr reichlich ausgerüstet, und unter anderen seit Kurzem in dem Besitze eines der sogenannten Meridiankreise von Reichenbach welche, auch weit näher an dem Mittelpunkte Europäischer Kultur, bisher noch zu den Seltenheiten gehörten.

[August 16 und 17.] Neben diesen echt Europäischen Instituten hat aber in Kasan die Eigenthümlichkeit der Asiatischen Ureinwohner ganz ungetrübt sich erhalten.

Die Tataren denen man auf den Straſsen begegnet, lernt man leicht und bestimmt von den Russen unterscheiden, denn selbst wenn sie, mit dem Fuhrwesen oder anderweitigen Handarbeiten beschäftigt, ihres eigenthümlichen Oberkleides (Chalàt) sich nicht bedienen, so zeichnen sie sich dennoch aus durch die braune Hautfarbe ihres mageren muskulösen und gleichsam eckigen Gesichtes, durch die eng anschlieſsende Mütze, welche stets den kahl geschornen Scheitel bedeckt und eine gewisse Zierlichkeit des taktmäfsigen und einigermafsen schwebenden Ganges. Gleichzeitig mit den hier ansässigen Bucharen sieht man viele derselben Asiatische Manufakturwaaren (besonders gewebte Kleidungsstoffe) auf den Strafsen und in den Häusern der Russen feil bieten; ihre Wohnungen aber liegen von denen der Russischen Einwohner getrennt.

Die südlichen Viertel der Stadt bestehen meistens aus einstökkigen Holzhäusern Russischer zünftiger Handwerker (Zekowúie mástuiri), unter denen Schmiede und Wagenbauer in überwiegender Anzahl sich finden. Es gränzen diese Strafsen an eine breite Einsenkung, in deren Mitte der jetzt schmale Bulakbach sich hinzieht. — Im Frühjahr wird diese Schlucht zuerst vom Wasser bedeckt und auch jetzt im Sommer hat sie bruchigen Boden und wird nur an bestimmten Stellen auf hölzernen Stegen überschritten. Jenseits derselben gelangt man zu den Ufern des kleineren Kabansees, an der Stelle wo der, nach NW. zur Kasanka sich wendende, Bulak ihn verläfst. — Auf den anmuthigen Hügeln, welche diesen See umgeben, haben die Tataren eine volkreiche Niederlassung behauptet. Wir besuchten sie gegen Sonnenuntergang, und erhielten die Erlaubnifs dem Gottesdienste beizuwohnen, welcher in dem grofsen Metschet so eben gefeiert wurde. Auf einigen Stufen steigt man zu dem Vorhofe der heiligen Gebäude, welche mit Mauern und hölzernem Gitterwerk rings umgeben sind. Wir traten zuerst in eine weite viereckige Halle. Längs der Wände stehen reihenweise alte Leichensteine welche, in der Umgegend ausgegraben, die Erinnerung heiliger Personen erwecken mögen. Die eintretenden Tataren verweilten einige Zeit vor diesen Steinen in stummem Gebete. Ein Jeder liefs dann seine Fufsbekleidung an der Thüre des angränzenden runden Hauptsaales, begab sich barfufs an dessen östliche Mauer und setzte sich mit untergeschlagenen Beinen auf die Bastmatten, welche den Boden des durchaus einfachen und prunklosen Gebäudes bedecken. Einen Halbkreis bildend und das Gesicht nach Westen gewandt, safs die Gemeinde bewegungslos gleich todten Bildsäulen, denen die Weifse ihrer Gewänder sie noch ähnlicher machte, weil durch die engen Fensteröffnungen nur äufserst spärliches Abendlicht eindrang. Der Priester hatte in dem westlichen

Winkel des Saales ebenfalls auf dem Fußboden sich niedergelassen und, zu den gegenüber Sitzenden gewandt, begann er nun mit gesangähnlich wohltönender Stimme und in rhytmischen Intervallen, Verse aus dem Koran zu lesen. Nach Ablesung der Verse neigten die Zuhörer den Kopf bis zur Erde, und es herrschte Todtenstille während des stummen Gebetes. Dergleichen Vorträge und Pausen wiederholten sich mehrmals, bis nach wiederum beendetem Gebete der Priester sich erhob und zu unsrem Russischen Begleiter gewendet, uns bat, den Metschet zu verlassen, weil den übrigen Theil des Gottesdienstes vor Ungläubigen zu halten nicht erlaubt sei. — Die hohe Einfachheit dieser religiösen Handlungen und die schwärmerisch innige Andacht welche in den melodischen Rezitativen des Priesters, besonders aber in den Gebehrden der im Gebet versunkenen Gemeinde sich aussprach, mußten auch auf den unbefangensten Zuschauer ergreifend wirken.

Auf der Straße begegneten wir nun mehreren Tataren, die jetzt erst zum Gottesdienst sich begaben. Diese waren durch gewisse Besonderheiten ihrer Kleidung ausgezeichnet, namentlich trugen sie den Kopf mit weißen cylindrisch aufgerolltem Zeuge vielfach umwickelt (nach Art der Türkischen Turbane) und Jeder führte einen langen Wanderstab, durch welchen, nach der Aussage unsrer Begleiter, diejenigen welche Reisen zu entfernten Wallfahrtsorten gemacht haben, vor ihren Mitbürgern bleibend sich auszeichnen.

Die Häuser der Tatarischen Stadt sind klein und schmucklos, ähnlich den Russischen Dorfhäusern, aus Balken ohne Bretterbekleidung gezimmert; nur durch ihre innere Anordnung unterscheiden sie sich dennoch von jenen und sind z. B. stets mit Fenstervorhängen versehen, hinter welche die Hausfrauen bei der Annäherung der Vorübergehenden sich zurückzuziehen angelegentlich beflissen waren. Erst in der Nähe des Sees vor der Stadt sahen wir mehrere Weiber zum Ufer eilen, wo andre bereits mit der Wäsche der Kleidungsstücke beschäftigt waren. Alle trugen jetzt weiße linnene Gewänder, welche von denen der Tscheremissinnen durch einen faltigeren Zuschnitt, vorzüglich aber durch die langen Schleier sich unterscheiden, die, mit dem Hintertheile des Oberkleides in Verbindung, als Kopfbedeckung dienen.

IV. Abschnitt. 1828. August. 241

Lebhaft erinnerte der leichte und schüchterne Gang dieser Frauen an die Worte des Dichters, welcher das Tatarische Volksleben so innig aufgefast hat:

> In faltig weifsen Schleiern hell
> Wie dünne Nebel schimmernd fliehen,
> Sah man Baktschisarai durchziehen
> Der ärmern Tatar'n Weiber, schnell
> Von Haus zu Haus, mit leichtem Fufse,
> Zu theilen abendliche Mufse...... — *)

Um ihrer religiösen Reinlichkeitsliebe zu entsprechen, haben die Tataren, von dem Seeufer aus, dicht neben einander eine grofse Menge hölzerner Brücken über das Wasser gelegt, und auf diesen vollziehen sie die Waschungen und Bäder, welche den mehrmals im Tage wiederholten Gebeten vorhergehen.

* * *

Die ungetrübt erhaltenen Eigenthümlichkeiten der hiesigen Tataren, erwecken auch für die Schicksale ihrer Vorältern eine unwillkürliche Theilnahme, und mit Freuden vernimmt man daher die genauen Aufschlüsse welche, bereits im Jahre 1778, Grigórji Stepánowitsch Surówzow (ehemals Professor der hiesigen Universität) über die Einnahme von Kasan durch die Russen, und somit über den eigentlichen Wendepunkt der Geschichte beider Nachbarvölker, gewonnen hat. Auch der Dichter Cheráskow**) hat, durch diese historischen Forschungen geleitet, das unvergefsliche Ereignifs in seinem Epos Rosiáda geschildert.

Dreimalige Feuersbrünste hatten schon während des ersten Jahrhunderts der Russischen Herrschaft, seit dem Jahre 1552, das Äufsere der Stadt geändert, als 1774 ein andrer Brand auch das alte Archiv von Kasan zerstörte und somit die Einsicht in den ursprünglichen Zustand des Ortes und das Verständnifs seiner Schicksale noch bei weitem schwieriger machte. Dennoch aber gelang es Surowzow's eifrigen Nachforschungen, durch urkundlich sichere Quellen, das verloren Scheinende zu ersetzen. Mit dem Kriegsereignisse gleichzeitige Chroniken fanden sich in der

---

*) Púschkina Baktschisaráiskji Fontàn, d. h. der Brunnen von Baktschisarài, ein Gedicht von Púschkin.

**) Michaìl Matwjéewitsch Cheráskow, geb. 1733, gest. 1807.

I. Band, 16

Bibliothek des Metropoliten von Kasan und in mehreren der nahe gelegenen Klöster, und diese Schriften wurden von dem Geschichtsschreiber sowohl unter sich, als auch mit anderweitigen Denkmalen, verglichen. Mit kritischer Umsicht misstraute er den fantastisch ausgeschmückten Erzählungen, welche im Munde der hiesigen Tataren noch fortlebten, aber von den bejahrtesten Einwohnern ließ er die Stellen sich zeigen, wo ihnen in ihrer Jugend deutlichere Reste von hölzernen Thürmen und Thoren den Umring der alten Stadt bezeichnet hatten.

Eine andere und vollständigere Andeutung über denselben Punkt gewährte eine kirchliche Feier, welche, von der Mitte des 16ten Jahrhunderts bis zu dem Zeitpunkte wo man die Untersuchungen begann, durch alljährliche Wiederholung sich unverändert erhalten hatte. Wenige Jahre nach der Ansiedlung der Sieger in dem eroberten Orte, überfiel sie eine mörderische Seuche; wie gewöhnlich suchte man Schutz bei den Heiligen, und es ward verordnet, aus dem nahegelegenen Kloster zu den sieben Seen (*semiósernaja pustúinja*), das Bild der *S*molenskischen Mutter-Gottes um die damals noch bestehenden Stadtmauern zu tragen, und an jedem Thore derselben die Liturgie zu wiederholen. Mit einer nur Kirchendienern eignen Pünktlichkeit beharrte man Jahrhunderte lang bei der einmal gegebnen Vorschrift, und Nachgrabungen zeigten daß, noch bei dem Umgang von 1778, man nur an den Stellen mit dem Heiligenbilde verweilte, wo ehemals Thorgebäude über die Mauer sich erhoben hatten.

Die Ausdehnung der alten Tatarischen Hauptstadt war um nichts geringer als die des jetzigen Kasan. Sie erstreckte sich längs des Bulakbaches, von der Mündung desselben fast drei Werst weit gegen Süden, bis nahe an den kleineren Kabansee, und eben so groß war der längs der Kasanka gelegne Durchmesser. Die hölzerne Mauer welche die Stadt rings umgab, maß mehr als 4 Sa*j*enen (28 Engl. Fuß) im Queerdurchschnitte, und bestand aus zwei unter sich parallelen hölzernen Wänden, zwischen denen ein 3,5 Sa*j*en breiter Raum mit Steinen, Sand und geschlagnem Thone ausgefüllt war. Die Mauerwände sowohl als die damit verbundnen Thürme über den Thoren, bestanden aus eichnen Balken von außerordentlicher Dicke, und ein geschickter Kreuzverband der einander gegenüber liegenden Wände gewährte ihnen eine bewunderte Festigkeit. Bei den Nachgrabungen fand man auch noch das, mit dicken eichnen Brettern ausgelegte, Mundloch eines der unten zu erwähnenden Minengänge. Der Thore und zu ihnen gehörigen Thürme sind 13 gewesen, deren westlichstes und östlichstes unmittelbar in den Kreml führte.

Wie die stolze Stadt trotz dieser Befestigungen den Russischen Waffen unterlag, erzählen die Chroniken sehr ausführlich. 1552 am 23ten August neuen Styles kam Zar Ioàn Wasilewitsch mit einem zahlreichen Russischen Heere nach Swájik, am 28ten ging er an der noch jetzt bestehenden Überfahrtsstelle über die Wolga und am 30ten hatte er sein Lager an der Mündung und auf dem rechten Ufer der Kasanka. Ein von den Kasanern entsetzter Herrscher, Schich Aleì, war dem Zare entgegengekommen, und hatte mit ihm schon unterweges ein Bündniſs geschlossen. Von einigen Russischen Bojaren begleitet, war dieser mit Lebensmitteln und Geschütz die Wolga hinabgeschifft und am rechten Ufer derselben, 4 Werst unterhalb der Kasanka-Mündung, bereits am 29ten glücklich gelandet. — Auch jetzt noch kamen der Mursa Kamài und 7 andre Überläufer aus Kasan in das Lager des Zaren, und gaben Anschläge welche das Verderben ihrer Landsleute beschleunigten. Sie erzählten von der Lage der Stadt und von allen Vertheidigungsplänen des damaligen Herrschers Jedíger.

Die Hauptarmee ging dann auf das linke Ufer der Kasanka, und auf den sogenannten Zarischen Wiesen (Zárskie Lúgi) traf zu ihr das vorausgeschickte und nun auch über die Wolga beförderte Geschütz. Die Lebensmittel welche man noch in den Schiffen hinterlieſs, gingen, bei einem bald erfolgenden Sturme, in den Wellen des Flusses verloren, und den Angreifern erwuchsen daraus empfindliche Entbehrungen.

Balken zu Pallisaden wurden in der Eichenwaldung an den Zarischen Wiesen gefällt, dann aber trennte sich das Heer in zwei Hauptabtheilungen, von denen die eine, unter des Zaren Leitung, von der Westseite anfangend, über NW, N. und NO. rings um die Stadt unter den Mauern sich lagern, und von den daselbst anzulegenden Schanzwerken dieselbe beschieſsen sollte, während die andre, unter **Schich Aleï**, mit einem weiten Bogen um die Südseite von **Kasan**, auf den nach **Arsk** (gegen NO.) führenden Weg sich begab, denn man wuſste daſs von dorther die benachbarten **Tataren** der Stadt zu Hülfe kommen würden. — Wirklich befanden sich von diesen bereits 30000 Mann Reiter und Fuſsvolk, hinter einem Verhau, längs des **Arskischen Weges** geschickt verborgen, und sie begannen ihren Angriff erst dann, als die **Russen** in die Nähe gekommen waren, und als nun auch die Belagerten von den Thürmen der Stadt und von zwei Schanzen am **Bulakbache** ein heftiges Flinten- und Kanonenfeuer auf sie eröffneten, und gleichzeitig durch einen tapfern Ausfall ihnen bedeutenden Schaden zufügten. Dennoch wurden die Angreifer Herren des **Arskischen Feldes**. Auch von dorther begann nun der Angriff der Mauern, und bald darauf wurde eine Abtheilung des **Russischen** Heeres bis nach **Arsk** geschickt, um die christlichen Gefangnen zu befreien, welche von früheren Kriegen her sich in den Händen der dortigen **Tataren** befanden.

Wie 40 Tage hindurch der Sieg unter vielen ähnlichen Ereignissen geschwankt hat, und wie die **Russische** Reiterei beschäftigt war, am rechten Ufer der **Kasanka** die Angriffe der den **Tataren** zu Hülfe eilenden **Tscheremissen der Wiesengegend** (lúgowie Tscheremíſi) abzuschlagen, wird nun mit umständlichster Vollständigkeit berichtet; aber unter den gewöhnlicheren Ereignissen sind nur einzelne für die Belagerten charakteristische Züge der Erinnerung würdiger.

Die **Russischen** Krieger welche ohne Zelte auf den Angriffs-Schanzen verweilten, litten von beständigen Regengüssen, und allgemein wurde die Herbeiführung dieses Ungemachs der als Zauberin berühmten **Taren-Königin Sjumbéka** und den geringern **Koldúni** (Zauberern) der Stadt, zugeschrieben.

Während der Belagerung waren die Straſsen von **Kasan** öde und menschenleer, denn die nicht auf der Mauer beschäftigten Einwohner hatten in vertiefte Erdwohnungen sich zurückgezogen, welche für ähnliche Fälle auf allen Gehöften sich befanden. Dennoch aber zeigte sich tapfere Entschlossenheit bei den Angegriffenen. Viele **Kasaner** waren, bei den Ausfällen, in die Hände der **Russen** gerathen, und von diesen längs der Angriffswerke an die Pa--

lisaden gebunden worden, damit sie das Mitleid der Ihrigen erregten und sie zur Übergabe der Stadt vermöchten. Aber mit Flintenschüssen auf die Gefangenen antwortete man von den Wällen und rief laut: „Keiner der Kasaner wolle die Knechtschaft überleben." — Kaum aber wäre der Untergang der Stadt ohne die Leistungen eines erfahrnen Kriegsbaumeisters herbeigeführt worden, welcher, unter dem Titel Rosmúisl d. h. Erfinder (eine Übersetzung des damals in Europa gebräuchlichen ingeniator), in dem Russischen Heere sich befand. Vom Kreml führte ein mit Bruchsteinen ausgewölbter Gang hinab zur Kasanka, und dieser verlieh noch den Belagerten Wasservorrath, als schon das Russische Geschütz alle offnen Schöpfstellen gefährdete. Zwanzig Tage wurden verwendet, um drei unterirdische Minengänge zu führen, deren einer das erwähnte Gewölbe zum Flusse untergrub, während ein anderer unter dem Pulver- und Geschütz-Magazin in der Mitte des Kreml, ein dritter aber unter der daselbst gelegnen Wohnung des Kasanischen Herrschers endete. — Als die Gänge vollendet und mit Pulver gefüllt waren, versammelte sich das Heer der Angreifer auf dem Arskischen Felde. Der Gottesdienst begann und bei den Worten des Diakon: „nur eine Heerde wird sein und ein Hirte" (i búdet jedino stádo i jedìn pastuìr), erscholl der Donner der verhängnifsvollen Minen und in Trümmern lagen zwei Thürme des Kreml und ein Theil der Stadtmauern. —

Auf den Strafsen von Kasan ward nun jeder Schritt mit Blut erkauft. Schon waren die Tataren zu Tausenden erschlagen, als, aus einem Metschet am Kreml, eine Schaar von Geistlichen (Múlli) unter der Anführung des obersten oder Kúlscherif-Mulla, auf die andringenden Russen hervorstürzte. Mit unerhörter Erbitterung begann eine neue Schlacht, und nur über die Leichen sämmtlicher fechtenden Priester gelangten die Sieger auf den Hof der Herrscherwohnung. Dort stand Jedíger mit einer Schaar von Getreuen; gegenüber aber hatte er, in der Hoffnung den Feind zu bestechen, 1000 der schönsten Jungfrauen in festlichen Kleidern aufgestellt. Doch auch durch diese Reizungen wurde der Wille des Russischen Heeres nicht gebeugt, und nur unter tapferem Fechten entkam noch einmal der Tataren Fürst und die Seinigen durch eine Fuhrt auf das rechte Ufer der Kasanka. Dort aber fanden sie unüberwindlichen Widerstand. Freiwillig übergaben sie **Jediger** den Russen und riefen: „nehmt hier unsren Herrscher und behandelt ihn seiner Würde gemäſs, wir aber sterben mit den Waffen in der Hand!" Es geschah nach ihren Worten, denn von jenen Kriegern soll keiner den Fall von **Kasan** überlebt haben, und es endete des Volkes Selbständigkeit im Jahre 1552 am 12ten Oktober neuen Styles.

* * *

Alle auf die Postverbindung zwischen **Kasan** und **Tobolsk** bezüglichen Angelegenheiten, stehen unter der Leitung eines der, in diesen Städten ansässigen, zwei **Generalpostmeister**. Auch von dieser Seite erfuhren wir wiederholentlich äuſserst gastfreie Bemühungen die Zwecke unsrer Reise zu befördern. So wurde einem der in **Russland** sogenannten **Postillione**, deren gewöhnlicheres Amt es ist, die Briefe und Pakete von einem der bedeutenden Mittelpunkte der Postverbindung zum nächstgelegnen (z. B. von **Tobolsk** nach **Kasan**, von **Kasan** nach **Moskau** u. s. w.) zu befördern, und die auf dem Wege sich abwechselnden Fuhrleute oder **Jämschtschiki** zu beaufsichtigen, uns als Begleiter von hier bis nach **Tobolsk** hin zugesellt. Wie es üblich ist, war diese Schutz- oder Ehrenwache mit einem völlig schuſsfertig auf der Brust herabhangenden Pistole und einem Säbel bewaffnet, und hätte etwa veranlassen können, für den folgenden Theil unsres Weges Fährlichkeiten zu erwarten, von denen doch dort, ebenso wenig als in den bisher gesehnen Gegenden, irgend eine Spur gefunden wurde.

[**August** 20.] Gegen Mittag verließen wir **Kasan** bei völlig wolkenlosem Himmel und fuhren mit gewohnter Schnelligkeit durch eine offne Ebne *) die an vielen Stellen zum Ackerbau

---

*) Im Jahre 1785, als die Mitglieder der **Billings**chen Expedition diesen Theil ihres Weges zurücklegten, fuhren sie noch durch einen dichten Eichenwald von der 18ten bis zur 52ten Werst jenseits **Kasan**; aber schon bei ihrer Rückkehr im Jahre 1794 war dieser Landstrich völlig von Holzung entblöſst worden. Damals sowohl als noch jetzt verursachte der Holzbedarf der **Baltischen** Flotte

benutzt ist. Die Stationen Jantschúrino, 25 Werst, und Tschurilin, 49 Werst von Kasan, sind von Tataren bewohnt welche Ackerbau und Viehzucht als hauptsächliche Geschäfte betreiben; dennoch aber bemerkt man vielfältig, dafs bei ihnen, mehr als bei den Russischen Landleuten, manche künstliche Verfeinerung der äufseren Sitte und die Befriedigung manches minder unmittelbaren Bedürfnisses sich eingefunden hat. Eine gewähltere Kleidung sieht man hier bei Männern und Frauen. Der glatt geschorne und mit einer Mütze bedeckte Scheitel bei Ersteren, so wie der geregelte Schnitt des Barthaares, contrastiren auffallend gegen den durchaus ungestörten und wilden Haarwuchs, den man bei den Russen zu sehen sich gewöhnt hat. Nie fehlt es in den Häusern an einigen gewebten Teppichen und Polstern, um die Sitzplätze und Schlafstellen zu bedecken. Nur in den Wohnungen sieht man die Weiber. Der allgemeinen Nationaltracht getreu, sind sie stets mit faltigen weifsen Sommerkleidern angethan. Nie helfen sie den Männern beim Anspannen der Pferde oder ähnlichen gröberen Handarbeiten, wie es doch in den Russischen Dörfern sehr häufig geschieht. — Von den Tataren hört man nicht die mannichfaltigen und gemüthlich personifizirenden Anreden', mit denen Russische Fuhrleute ihre Pferde bald ermuntern, bald zur Vorsicht warnen. Der einförmige Treiberausruf: Aidá! ist an ihre Stelle getreten, und auch dieser wurde häufiger von unsrem ungeduldigen Russischen Begleiter gegen die Fuhrleute, als von diesen gegen die Pferde gebraucht. — Bei Tschurilin beginnen bedeutende Hügel, zwischen welchen Wasserrisse nach Norden, gegen das nahe gelegne Bette der Kasanka, sich hinziehen. Der Boden ist felsig und deutlich geschichtet; so geht es bis zum Tatarischen Städtchen Arsk, wo wir durch eine seichte Fuhrt die schnell fliefsende aber hier noch schmale Kasanka überschritten, sodann aber aufstiegen durch eine Schlucht an dem hohen rechten

---

alljährlich eine bedeutende Auslichtung der Eichenwälder von Kasan. Abtheilungen von Matrosen unter dem Commando von Offizieren der Flotte fällen das Nutzholz, wo möglich in der Nähe der Wolga oder ihrer gröfseren Zuflüsse, und befördern es, zu Flöfsen verbunden, stromaufwärts über W. Wolotschok bis in die Newa. (Siehe oben Seite 147.)

Ufer, an dessen Abhange die kleinen Holzhütten der Einwohner vertheilt sind. Die Berge bestehen aus einem hellweifsen schiefrigen Kalke, dessen Schichten stärker geneigt sind als alle die man bisher, seit dem Süd-Ostabhange der Waldaïschen Berge, (Seite 145, Jedrówo), gesehen hat. — In dem Städtchen war man beschäftigt, eine bedeutende Heerde von Schafen einzutreiben, wahrscheinlich um sie zu schlachten und ihre Felle zu neuer Winterbekleidung zu verwenden. Viele der Männer hatten schon Pelze aus Schafsfellen über die Schultern gehängt; auch war bei hellem Himmel der Abend sehr kühl.

Wir übernachteten in dem Kronposthause beim Dorfe Metjéschka (67 Werst von Kasan). Nahe vor demselben liegt ein Tatarischer Begräbnifsplatz an der rechten Seite des Weges. Auf jeder Grabstätte befindet sich ein, um etwa 4 Fufs über den Boden sich erhebender, rechteckiger Kasten, der mit Erde angefüllt und von der Länge eines menschlichen Leichnams, ganz ebenso wie die landesüblichen Wohnhäuser, aus über einander gelegten Balken zusammengefügt ist. Die längeren Seiten dieser Grabstätten waren sämmtlich unter einander parallel, und schienen beinah von O. nach W. gerichtet.

[August 21.] Wir fuhren von Metjéschka bis Melet, 91¾ Werst.

Während der wolkenlosen Nacht war auf den Wiesen bei Metjéschka sehr starker Thau gefallen, und dabei die Temperatur der Luft in der Nähe des Bodens, um Mitternacht, bis auf $+4°,0$R. gesunken. Am heutigen Vormittage bewölkte sich der Himmel durch die vom Boden aufsteigende Feuchtigkeit; dennoch aber nahm die Lufttemperatur im Laufe des Tages fast eben so schnell zu, wie an den vorigen Tagen bei ganz hellem Himmel. Erst gegen Abend verschwanden wiederum die Wolken. — Der erste Theil unsres heutigen Weges führte durch schattige und üppig grünende Waldung, in welche ich, während eines Aufenthaltes unsrer kleinen Karavane, seitwärts eindrang. Die schlanken Tannen (P. abies) schienen hier nur sparsam eingeschaltet zwischen dem vorherrschenden Laubholze. Äuſserst hochstämmige Linden waren in voller Blüthe und neben ihnen ebenso kräftig gedeihende Eichen, (Quercus pedunculata) deren Knospen häufig, durch den Stich eines Cynips, zu schuppigen Blattrosen umgestaltet waren. — Ein dichtes Unterholz bildet vorzüglich eine Weide mit starkem Filze auf der Unterseite der blafsgrünen, eiförmigen, und bis zu drei Zoll langen Blätter (von den Russen: Iwa genannt, und wahrscheinlich Salix 11 bei Gmelin, Flor. Sibirica; Sal. 811, Linnaei Flor. Suec.) Am Boden wuchert die Felsenhimbeere (Rubus saxatilis), deren wohlschmeckende Früchte bereits gereift waren. — Überall ist die nähere Betrachtung einer Urwaldung von höchstem Interesse für den Reisenden, weil ja in ihr die produktive Kraft der Gegend, durch ihre lebendigen Wirkungen erkennbar, und gleichsam anschaulich gemacht, dem Geiste sich einprägt; — noch besonders anziehend aber wird sie da, wo noch die Produkte der freiwilligen Vegetation, in ihrer unmittelbaren Gestalt, fast alle Bedürfnisse des genügsamen Menschen befriedigen; wo man in dem Walde die gemeinsame Vorrathskammer für alle Landesbewohner erkennt, weil ja noch alle Gebäude aus Baumstämmen gefügt und mit Moosen gedichtet sind, weil man Teppiche (Ragóji), Seile, ja die gewöhnlichste Fufsbekleidung der Menschen aus dem Baste der Linde geflochten sieht, und die Beerenfrüchte des Waldes dem Landmanne fast immer das Gartenobst ersetzen.

Die Gegend ist etwas hüglich und an den sanften Abhängen der, meistens von SO. nach NW. gerichteten, Einsenkungen ist die Waldung ausgerodet und der Boden zu Ackerfeldern bestellt. Die hiesigen Tataren scheinen sorgsame Landwirthe zu sein, denn auf ihren Feldern sah man den Ertrag der diesjährigen Wintersaat auf hölzernen Tischen aufgehäuft, um auch die unteren Schichten des aufzubewahrenden Getreides gegen Verderbung durch Nässe zu schützen. Auch hier gedeiht der Weizen vortrefflich. — 36 Werst von Metjéschka zwischen den Stationen Arbàsch und Jángul, erreichten wir die Gränze des Kasanischen und des nun beginnenden Wjátkaer Gouvernements. — Die Formen der heute gesehnen Hügel und Thäler sind stets rundlich und nicht schroff, aber so entschieden bemerkt man eine regelmäfsigere Gestaltung dieser Unebenheiten, eine oft wiederkehrende Streichungslinie der Thäler (senkrecht auf die Richtung der befolgten Landstrafse) dafs man nicht mehr zweifelt, es seien bereits Vorberge zum Ural, welche man hier überschreitet. — So kommt es denn auch nicht unerwartet, dafs man am Eingange des Dorfes Jángul (47 Werst von Metjéschka) endlich einmal wieder eine ältere Gesteinsbildung, ein in der Reihe der schichtenförmigen Erdhüllen tiefer liegendes Glied, zu Tage gehoben sieht. An dem Abhange rundlicher und waldloser Hügelkuppen fand ich daselbst Schichten eines quarzigen und glimmer-reichen rothen Sandsteines, welche einem äufserst feinkörnigen Granite oft täuschend ähnelten. Lagenweise ist dieses Gestein zu Sand zerfallen, in welchem einzelne feine Körner von Magneteisenstein sich befinden. Darauf folgt eine ebne Strecke bis Malmuisch (70 W. v. Metjéschka, 22 W. v. Jángul) und wiederum aufmerksamer geworden auf die Natur des Bodens, sieht man nun die Oberfläche beständig bedeckt mit Zoll langen Geröllen von Hornquarz, Kieselschiefer und gemeinem Quarz, ähnlich einem älteren Conglomerate (Rothen Sandstein) mit locker gewordnem Bindemittel. — Malmuisch ist jetzt eine Russische Niederlassung, welche den Namen einer Stadt durch planmäfsige Anordnung und Vertheilung ihrer Holzhäuser verdient. Freilich ist in dem Bezirke der Ortschaft der leergelafsne Raum noch überwiegend über den von Gebäuden eingenommenen, aber die regelmäfsig quadratische Gestaltung des freien Marktplatzes ist, einem zeither an das Gewirre Tatarischer Häuserhaufen gewöhnten Auge, wohlgefällig. Durch völlige Ebnung der Oberfläche des Bodens, auf welchem die Gerölle des erwähnten Conglomerates, von stets gleichmäfsiger Gröfse, gleichsam eine natürliche Pflasterung gewähren, hat man den Strafsen ein noch zierlicheres Ansehen gegeben. Die mit den Verwaltungsangelegenheiten der Umgegend beschäftigten Beamten haben hier ihren Sitz, aufserdem aber Russische Ackerbauer, Handwerker und Fuhrleute. — Eine bereits auffallende Rückerinnerung an Europäischen Luxus gewährt ein Kafféehaus und Billardzimmer, welche ein bärtiger Bürger zu Malmuisch angelegt hat.

Sehr interessant ward uns die Bekanntschaft des hiesigen Postmeisters, welchen Reisen durch die Bergwerksgegenden des Uralischen Hauptgebirges zu den bereits erfolgreich gewesnen Gedanken veranlafsten: in den Geröllkieseln der Umgegend von

Malmuisch, Goldsand zu suchen. Wirklich sah ich hier bei Gewinnungsversuchen auf einem sehr kleinen Waschherde einen Schlich von Magnetsand zurückbleiben, welcher dem an Uralischen Waschplätzen später gesehnen metallischen Rückstande äusserst ähnlich, und ohne Zweifel in geringerem Grade goldhaltig ist; Dasselbe hat sich auf den Gold-Scheidungswerken bestätigt, denen der Entdecker Proben der erhaltenen Schliche übersendet hat. Reicherer Besitz in der Nähe des Hauptgebirges veranlafste wohl die Uralischen Bergwerksbehörden bisher zur Vernachlässigung des Geröllagers von Malmuisch. Für die geologische Theorie des Goldvorkommens am Ural ist aber die Kenntnifs desselben von nicht geringem Interesse. Der wissbegierige und aufmerksame Beobachter der hiesigen Terrainverhältnisse zeigte uns auch: in Hornstein verwandelte Holzstämme, welche er bei seinen Schürfversuchen in der Umgebung der Stadt gefunden hat, und viele wohlerhaltene Reste von Mammutschädeln, die in dem aufgeschwemmten Sand- und Lehmboden des nahgelegnen Thales der Wjátka ausgegraben worden sind. Die angeschwemmten mannichfaltigen Gesteinstrümmer (Gerölle) und die mit ihnen gleichzeitig vorkommenden Reste einer untergegangnen Vegetation, sind hier Zeugnisse einer uralten Fluth, welche über das Terrain gleichmäfsig sich verbreitete, während weiche Aufschwemmungen, die Elephantenknochen umschliefsen, hier nur in Flussthälern und ähnlichen Vertiefungen der Gerölloberfläche, durch spätere Wasserspülungen abgesetzt, erscheinen. — Schon in dem Wjátkaer Gouvernement sind reiche Hüttenwerke zur Nutzbarmachung des Uralischen Metallreichthums in grofser Menge vorhanden, und um ihren jetzigen blühenden Zustand auch für die Zukunft zu sichern, hat man in der hiesigen Gegend eine sparsamere Benutzung der Waldungen, eine, in den übrigen Theilen des Russischen Reiches nur selten gebräuchliche, regelmäfsige Forstwissenschaft eingeleitet.
— Durch die zu Malmuisch ansässigen Forstbeamten erfuhren wir, wie häufig die Bären noch jetzt in den hiesigen Waldungen seien, und wie die Erlegung derselben ein einträgliches Gewerbe für die Ureinwohner der Gegend (die Wotjaken; siehe unten August 22) ausmache. Man vereinigt sich gesellschaftenweise zu

Jagdunternehmungen, bei welchen die Bären mit Lanzen erstochen werden. —

Malmuisch liegt, wenn man das Gefälle der Flüsse in Erwägung zieht, wohl um nicht mehr als 20 Fufs höher wie Kasan, d. h. also um etwa 100—120 P. Fufs über dem Meeresspiegel erhoben. Herrn Professor Hansteen's Barometer sahen wir hier auf 333''', 8 Par. Mafs (auf 0° T. d. ☿ reduzirt) bei einer Luftwärme von 13°,0 R. Mit dieser Beobachtung sowohl, als mit den späterhin zu Perm in 350 F. Meereshöhe angestellten, habe ich die von Herrn Hansteen gütigst mitgetheilten Ablesungen desselben Instrumentes verglichen, welche er an mehreren Punkten des nun folgenden Weges erhielt, und die demnächst für die Höhenverhältnisse dieses Landstriches erhaltenen Angaben können von der Wahrheit nicht erheblich abweichen.

Nach Sonnenuntergang verliefsen wir die Stadt und erreichten nach einer Stunde, bei hellem Mondscheine, den etwa 600 Schritt breiten Wjátkafluss, dessen diesseitiger rechter Thalrand hier zu 80 bis 100 Fufs sich erhebt. Wachtfeuer brannten an den Ufern, auf den beiden Landungsplätzen des Fährprames. — Die steilen Hügel des rechten Ufers, an denen ich aufwärts stieg während man die Einschiffung unsrer Fuhrwerke besorgte, bestehen gänzlich aus weichem aufgeschwemmten Erdreiche, und an dieser Stelle würde man die Existenz des in der Umgegend vorherrschenden Conglomerates nicht vermuthen. Ähnliche Erscheinungen jüngerer Anschwemmungen, welche vorzugsweise an dem hohen Rande der Flussbetten die älteren Gesteinsbildungen überdeckt haben, zeigten sich auch schon an westlicheren Punkten der Nord-Russischen Ebnen. (Vergl. an der Kljasma Juli 30, Seite 179.)

Bald nachher erreichten wir die Station Melet (92 Werst v. Metjéschka) das Ziel unsrer heutigen Reise.

[August 22.] Durch meistens dicht bewaldetes Land fuhren wir 110 Werst gegen NO. bis zur Station Kójil.

Bei bewölktem Himmel und südlichem Winde stieg die Lufttemperatur im Laufe des Tages bis auf + 18° R. Regen erfolgte strichweise, theils auf der von uns durchfahrnen Strecke, theils seitwärts vom Wege, und war dann nur durch bewegliche Streifen am Himmel erkennbar. So erwärmt war der Boden, dafs an den

Waldgränzen nach jedem Regen aufsteigender Wasserdampf, gleich dichten Wolken auf dem dunklen Hintergrund projizirt, gesehen wurde. — In den Ortschaften Kilmes (44 Werst von Melet) und den darauf folgenden: Mukikáksi und Siumsimójgi sahen wir zuerst die hier ursprünglich einheimischen Wotjaken.

Schon die Namen der Wohnplätze erinnern hier entschieden an Finnische Sprache, noch mehr aber der Klang der Wotjakischen Rede. Dennoch unterscheiden sich die Männer dieses Volksstammes sehr auffallend von den Tschudischen Stämmen der Tscheremissen und Tschuwaschen. Hier ist keine Spur des schüchternen Benehmens und des schwächlichen Körperbaues, die bei jenen so sehr auffallen. Die Wotjakischen Männer sind von gedrungner und kräftiger Gestalt, mit breiten Schultern, den Russischen Landleuten ähnlicher. Alle lassen das stets röthliche Haupthaar rund um, den Bart aber nur auf der Oberlippe lang wachsen. Ihre Kleider sind aus dunkelgrauem ungebleichten Tuche, und an dem Gurte um die Hüften tragen sie stets ein breites Messer, bei Jagdunternehmungen eine wirksame Waffe. —

In der hiesigen Gegend sahen wir das Grundwasser meistens in Brunnen von nur 20 bis 30 Fufs Tiefe gesammelt. So nah an der Oberfläche liegt also hier eine wasserdichte Schicht, welche, jenseits der Wolga, erst in Tiefen von 80 bis 100 Fufs angetroffen wird. Auch diese Erscheinung spricht dafür, dafs Erhebungen parallel mit der Kette des Uralischen Gebirges bereits hier wirksam gewesen seien. Gewöhnlich, wenn man aufsteigt an den Abhängen von Vorbergen, deren Kern aus älteren Flözformationen besteht, sieht man die Erddecke jüngerer Entstehung dünner werden, und so ist es nun auch in der hiesigen Gegend. Auf dem Kamme der Hügelzüge sind die jüngeren und weicheren Schichten gänzlich verdrängt und der zu Tage gekommene festere Kern bildet Wassertheiler, wie wir sie auf unsrem gegenwärtigen Wege bereits häufig und z. B. in der Nähe von Kójil überschritten. Kójil selbst liegt, nach Verbindung der hier gemachten Barometerablesung mit den vorher zu Malmuisch und nachher zu Perm erhaltnen, in 830 P. Fufs Meereshöhe, bis zu welcher, von dem kaum 150 Fufs hohen Melet aus, die Erdoberfläche allmälig sich erhebt. Auch war es augenscheinlich, dafs an den sanften Hügelrücken, welche wir heute sahen, das Steigen von Westen her stets bedeutender war als der Abfall nach Osten.

[August 23.] Wir fuhren von Kójil bis Suri, 116 Werst. Auf dieser Strecke leben Russen und Wotjaken gemeinschaftlich in den Dörfern; die Waldungen sind, vorzüglich auf der ersten Hälfte des Weges, völlig ausgerodet und offnes Ackerland ist vorherrschend. Recht auffallend zeigte sich heute der Einfluſs dieser Entblöſsung der Erdoberfläche auf den Gang der sommerlichen Witterung; denn während in der waldigen Gegend, welche wir an den vorigen Tagen gesehen, häufige Strichregen aus dicken und mit Südwinde ziehenden Wolken ohne jede Gewittererscheinung sich ergossen, so war es heute gegen 11 Uhr Morgens der umgekehrte Fall. In der öffnen Feldebne beim Dorfe Kilmes-Solti (24 Werst von Kójil) erfolgten heftige Blitze und Donner aus weit weniger dichten Wolken, es regnete aber durchaus nicht. Ein in den untern Luftschichten gehaltnes Elektrometer wurde augenblicklich mit positiver Elektrizität geladen. — Nimmt man an, daſs kühlere und feuchtere Luft über den Wäldern gelegen habe, so ist begreiflich, daſs dort der fallende Regen zur Erde gelangen und zugleich die in den Wolken angehäufte Elektrizität durch gut leitende Schichten allmälig und daher ohne Gewitter sich entladen konnte; dahingegen waren heute die von Süden her über die nackten Ebnen getriebnen Wolken durch trockne Luft vom Boden getrennt; die fallenden Tropfen mochten verdampfen, noch ehe sie zur Erde gelangten; und durch isolirende Schichten hindurch, konnten dann nur Blitze das elektrische Gleichgewicht wieder herstellen. Hier hätte man Hagelschauer erwarten sollen, wenn nicht auch die früher gesehnen Strichregen eine nur geringe Menge des hier erfolgenden Niederschlages bewiesen hätten. Die bei Kójil erreichte Höhe des Terrains erhält sich nahe unverändert auf der heute durchzognen Strecke. —

[August 24.] Von Suri bis Dubrowa, 94 Werst. Wieder geht die Straſse über einen breiten Hügelrücken zwischen Suri und der nächsten Station Debjósui (23 Werst von Suri). Der höchste Punkt desselben liegt, nach der mehrmals angedeuteten Bestimmungsart, um 150 P. Fuſs über Suri und um 960 P. F. über dem Meere. Mit Suri liegt Debjósui in einerlei Höhe,

IV. Abschnitt. 1828 August.

ebenso wie auch das Flüsschen Tschépza, welches, nordöstlich von Debjósui entspringend, von hier aus nach NW. am Fuſse der Hügel sich hinzieht. Bis zur nächsten Station Tschépza (41 Werst von Suri) bleibt man stets in der Nähe des Flusses gleichen Namens, dessen Quelle man sich nähert. — An dieser Stelle wendet sich von der groſsen Landstraſse zur Rechten, ein 93 Werst langer Weg bis zu dem, SSWlich von Tschépza gelegenen berühmten Hüttenwerken von Wotka und von dort gegen SW. (40 Werst in grader Linie) nach den noch bedeutenderen Eisenfabriken von Iје.

* * *

Die folgenden Angaben über diese seitwärts gelegnen Punkte verdanke ich Herrn Oberbergrath v. Eversmann (vergl. Seite 30) der sie im Jahre 1812 besuchte. Auf überraschende Weise contrastirt die Schilderung jener blühenden Fabriken gegen den Charakter der ihnen nahe gelegnen Gegend, welche bis hierher die Permische Landstraſse zunächst umgiebt. —

Wenn man über die, von Russen bewohnten, Dörfer Rofswálui, Polósowa und Kíltschi nach Wotka sich begiebt, so sieht man erst nahe vor letzterem Orte das Terrain plötzlich sich senken, und bemerkt so wiederum die Höhe der Gegend, welche man verläſst. — Das der Krone gehörige Eisenwerk Wotka ist an dem Zusammenflusse zweier kleinen Wasser angelegt, welche mit dem Siwaflusse vereinigt, um 20 Werst von dort gegen SO. in die Kama sich ergieſsen.

Das Roheisen, welches man zu Kuschwa am Ostabhang des Ural (in 58° 16′ 32″ Breite, siehe unten Abschnitt V. und Geograph. Ortsbestimmungen) gewinnt, kann daher durch eine ununterbrochene Flusscommunikation auf 56 D. Meilen gradliniger Entfernung bis nach Wotka (57° Breite und 6°,6 westlich von Kuschwa) befördert werden, und zwar durch die Tschúsowaja gegen Westen, von da gegen Südwesten durch die Kama stets stromabwärts, und nur zuletzt, gradliniger Entfernung 20 Werst, durch Flusskrümmung aber mehr als 5 mal so weit, gegen die Strömung der Siwa und Wotka bis in den Hüttenteich des Werkes, den man durch Aufstauung der sich hier vereinigenden zwei Bäche gebildet hat und dessen Wasser zum Treiben oberschlächtiger Räder bis auf eine Höhe von 5½ Arschin (12,8 Fuſs Engl.) gespannt wird. —

In dem Hüttenwerke (Sawode) selbst, lebte damals (1812) eine Bevölkerung von 6000 Seelen, die aber auf das Doppelte anzuschlagen war, wenn man die Bewohner der zum Distrikte desselben gehörigen Dörfer mit hinzurechnete.— Vierzehn Frischfeuer und eine entsprechende Anzahl von Schmiedehämmern und anderweitigen Maschinen dienten zur Verfertigung des mannichfachen Eisengeräthes, dessen die Artillerie sich bedient; auſserdem aber wurden zu Wotka Schiffsanker und eiserne Tiegel, um in dem Petersburger Münzhofe das Silber darin zu schmelzen, sämmtlich mit seltner Vollkommenheit, geschmiedet. Die Frischarbeit wurde hier völlig ebenso geleitet, wie wir sie, für die eigentlich Uralischen Hüttenwerke, unten (Abschnitt V.) näher beschreiben werden. Die angelegten Luppen waren 15 bis 20 Pud schwer, und von dem hier verarbeiteten Kuschwaer Roheisen zeichnet vorzüglich das schwärzere durch schnelles Garwerden sich aus; denn schon beim ersten Niederschmelzen sammelt sich, am Rande des Feuers, ¼ des Gewichtes der Luppe zu entkolten (gar gewordnen) Stücken, welche die Russischen Schmiede Júki (d. h. eigentlich Käfer) nennen; diese bringt man zu unterst in die Form, wenn die wiederum aufgebrochne Luppe zum zweitenmale niedergeschmolzen wird. Vor jedem Feuer arbeitet nur ein Meister, welcher wöchentlich 90 Pud fertigen Stabeisens liefert; das Arbeitslohn beträgt vom Pude 4,5 Kopeken für den Meister, 3 Kopeken für den Gesellen und 1 Kopeke für den Handlanger.

Anker von 50 bis zu 280 Pud *) werden aus einzeln neben einander gelegten Stäben angefertigt, und zwar hatte die Erfahrung zu dem theoretisch interessanten Resultate geführt, daſs, um dem Schafte und den Armen des Ankers (Russisch: Zéwui

---

*) d. h. von 1745 bis 9769 Berliner Pfunden, und 3,06 bis 17,14 Pariser Kubikfuſs. Die letzteren sind Anker, welche nur die gröſsten Kriegsschiffe führen, denn für den Noth- oder Pflicht-Anker (Plécht der Russischen Marine) rechnet man auf dreimastigen Kauffahrtei-Schiffen nur ein Gewicht von 7000 bis 8000 Pfunden.

IV. Abschnitt. 1828. August. 257

und Lápui) die gröfste Haltbarkeit zu sichern, nur die äufsersten Stäbe bis zur Continuität zusammen geschweifst werden dürfen, während Zwischenräume zwischen den inneren gelassen werden. Nicht der gewöhnlichen und auch auf andren Russischen Werken üblichen Frischhammer bedient man sich hier beim Ankerschmieden, sondern anstatt dessen einer grofsen Keule (Pest genannt) welche man, so wie es bei Pfahlrammen gebräuchlich ist, senkrecht erhebt und frei wieder niederfallen läfst. — Zehn Mann vollendeten in 12 Tagen einen 50pudigen Anker, dabei belief sich der durch Oxydation bewirkte Abgang vom Stabeisen, auf 45 Prozent. — Die leichteren Anker werden von der Sawode nach Petersburg oder wohin man sie sonst verlangt, mit Einschlufs der Transportkosten zu einem Preise von 3 Rubel für das Pud ihres Gewichtes, die gröfseren aber zu noch etwas geringerem Preise vom Pude geliefert.

Besonders merkwürdig erschien zu Wotka das Schmieden der eisernen Tiegel, von denen die gröfsten, 71 Pud schwer, zur gleichzeitigen Schmelzung von 100 Pud Silber bestimmt waren. Vierzehn Mann sind mit dieser Arbeit vor einem Ambosfeuer beschäftigt; sie erhalten 9 Rubel gemeinschaftlichen Lohnes für jedes Pud des angefertigten Stückes; aufserdem aber, wenn der Tiegel dicht genug geschweifst ist, um beim ersten Versuche in Petersburg kein Silber durchsintern zu lassen, noch eine nachträgliche Belohnung von 100 Rubeln.

Mehrere genialische Autodidakten hatten von den Beschäftigungen unterer Handarbeiter zu Reformatoren der auf den hiesigen Hütten üblichen mechanischen und chemischen Prozesse sich aufgeschwungen. Ein gewisser Lew Sobakin, von dessen anderweitigen wichtigen Erfindungen zu Iſe ein Mehreres zu erwähnen sein wird, hatte in Wotka einen sinnreichen Mechanismus angeordnet, um die Kardetschen-Spiegel oder die cylindrisch abgedrehten Scheiben auszuschneiden, welche im Innern des Geschützes das Pulver von den Kugeln trennen, und von den Russischen Artilleristen pod-donnie d. i. Unterlagen (von pod, unter und dno, der Boden) genannt werden.

Durch Verbindung mit einem oberschlächtigen Wasserrade

wurde die horizontale Axe welche den Meifselkopf trug, in 8″ einmal herumgedreht, die abzudrehende senkrecht gestellte Schiene aber dem Meifsel continuirlich genähert durch die Wirkung einer senkrecht auf sie drückenden Schraube, deren Umdrehung ein von demselben Wasserrade getriebnes Räderwerk je einmal in 256″ bewirkte. Um die Bewegung der abzudrehenden Scheibe genau senkrecht auf ihre Ebne zu veranlassen, durfte man die Druckschraube nicht in unmittelbare Berührung mit nur einem Punkte der Oberfläche bringen, vielmehr liefs man von dem Vorderende der Schraube drei nach vorne hin ausgespreitzte Arme ausgehen, die, nach erforderlicher Berichtigung ihrer veränderlichen Längen, in drei Punkten an einem viereckigen Ramen geschraubt wurden, und dieser endlich war es, welcher die Schiene parallel mit sich selbst gegen den Meifsel andrückte. — Die auf dieser rjésnopoddónaja máschina, d. i. Spiegel-Schneidemaschine (von rjésatj, schneiden) erhaltnen cylindrischen Platten wurden noch vollkommner mittels einer Handvorrichtung berichtigt, welche sie dlja s*j*ímki poddónnow, d. h. zur Drückung der Spiegel (von s*j*imàtj, zusammendrücken) nannten. Von zweien starkem Drucke widerstehenden Eisenstangen, ruhte die eine auf fester Widerlage, während die andre mit der ersten in parallele Lage und in der Entfernung des Durchmessers der jedesmal zu berichtigenden Stückes gestellt, und in dieser für die Dauer der Operation erhalten werden konnte, mittels Queeraxen welche sie mit der erwähnten Widerlage verbanden. Nachdem nun zwei diametral entgegengesetzte Punkte der Scheibe mit den Stangen in Berührung gebracht worden, gab man der erst erwähnten derselben durch ein Getriebe an dem einen ihrer Enden, eine nach der Richtung ihrer Längenaxe fortschreitende Bewegung, durch welche die Scheibe um ihren Mittelpunkt sich rollte, so dafs alle ihre Durchmesser successiv durch heftigen Druck auf die Länge des constanten Abstandes der Stangen reduzirt wurden.

Ein andrer Arbeiter zu Wotka (*S*emön Bodájew) hatte zur Bereitung des Gufs-Stahles eine so zweckmäfsige Methode erfunden, dafs die Petersburger Stahlarbeiter dieses einheimische Produkt dem bis dahin nur aus England bezognen völlig gleich setzten. *) Da erst ward die Regierung aufmerksamer auf den erfolgreichen Scharfsinn des Erfinders, und neben äufseren Ehrenbezeugungen wurde ihm auch die nöthige Unterstützung zu Theil, um zu Wotka ein neues und sehr ausgedehntes Fabrikgebäude zur Ausübung seiner Erfindung anzulegen.

Interessanter wird dieser Hüttenprozefs dadurch, dafs er trotz gleich günstigen Resultates dennoch von dem in England befolgten bedeutend abweicht. Abschnitsel von Uralischem Schwarz-Blech wurden geschmolzen, und die geflossene Masse liefs man in cylindrische eiserne Formen, von 0,5 bis 0,75 Zoll inneren Durchmesser ausfliefsen; die so erhaltenen Metallstäbe zeigten bereits auf dem Queerbruche ein excentrisch strahliges Gefüge und alle Eigenschaften des Englischen Cast-steal; sie wurden caementirt und dann erst verlieh man ihnen durch Ausglühung die zum Recken nöthige Dehnbarkeit. — Nach den durch Berzelius herrschend gewordnen Ansichten über die chemische Constitution des Stahles wäre man anzunehmen genöthigt, dafs eine günstige Beschaffenheit der zur Blechbereitung verwendeten Uralischen Eisenerze (vergl. unten Abschnitt V. Newiansk und Kuschwa), ein in ihnen vorhandener Antheil andrer Metalle den Erfolg dieses einfachen Schmelzprozesses beförderte. Man dürfte aber in dem gegenwärtigen Falle eher an eine Beimengung von Silicium, als an das in anderem Stahle oftmals gefundne Mangan zu denken haben. Auch zur Bereitung des Rohstahls im Grofsen wird sowohl zu Wotka als auf den meisten Uralischen Eisenhütten ein ganz eigenthümliches jedoch minder erfolgreiches Verfahren befolgt. Das erhaltene Produkt belegt man mit dem Namen Uklad, welcher, ursprünglich auf die Art der Arbeit bezüglich, ein Zusammengelegtes (von u, bei und klastj, legen) bezeichnet. Ein herumziehender Russischer Schmidt soll der Erfinder dieses Verfahrens gewesen sein, und es gegen Anfang des Jahrhunderts in Aufnahme gebracht haben. —

Kleine Blechabschnitsel, welche trotz ausgezeichneter Spar-

---

*) Durchaus ebenso vortheilhaft urtheilte auch Herr v. Eversmann, der Proben des Russischen Erzeugnisses mit dem Englischen verglich und noch jetzt besitzt.

samkeit bei der Anfertigung des Bleches bis dahin gänzlich nutzlos waren, bisweilen auch Späne, welche man bei der Abdrehung geschmiedeter eiserner Walzen erhält, werden auch bei dieser Art der Stahlbereitung angewendet. Zwischen zwei Schichten Holzkohlen wird dieses zerkleinerte Eisen ohne jeden anderweitigen Zusatz in einem den Frischheerden ähnlichen Ofen geschmolzen. Der Wind wird in die eiserne Form durch eine einzelne Düse von einem sehr entfernten Gebläse abgeleitet (kann also wohl nur schwach wirken). Die Masse welche aus der eisernen Form in den aus Gestellsteinen gebildeten Heerd hinabschmilzt, theilt sich stets in drei verschiedne Schichten, von denen die zwei obersten aus weichem und hartem Frischeisen bestehen. Sie werden von oben her aus dem Heerde gehoben, und führen den Namen Towàr (welcher eigentlich eine jede Waare, hernach aber ins besondre gewisse sehr anwendbare z. B. auch das rohe Leder bezeichnet). Die dritte und unterste Schicht aber heifst ebenso wie Gufseisen: Tschugùn, und wird aus dem Luftloche des Heerdes abgelassen. Durch stängliche Struktur zeigt sich in diesen Massen nur ein Anfang von Krystallisation. In einem engeren Heerde wird sodann eine zweite Schmelzung vorgenommen, bei welcher zu einer Quantität zerkleinerten Bleches gleiche Quantitäten von jeder der zwei Arten von Frischeisen, und noch $\frac{1}{40}$ des Ganzen von dem erwähnten unvollkommenen Rohstahl (Tschugùn) hinzugesetzt werden. Schlacken von den Frischfeuern werden aufserdem jedoch in unbestimmtem Verhältnifs beigemengt. Die im unteren Heerde gesammelte geschmolzne Masse wird, nach völliger Abschützung des Gebläses, mit Sand bestreut, und wenn sie einigermafsen erkaltet ist, herausgehoben und unter Frischhämmern zunächst in zwei Stücke zerhauen, sodann aber, nach abermaliger Erwärmung, zu Zoll dicken Stäben ausgereckt. Diese Stäbe haben dann im Inneren das Ansehn wahren Rohstahles, an den Ecken aber sehen sie blättrigem Eisen noch ähnlich. Mehrere derselben werden endlich durch eine umgelegte eiserne Schiene zu einem Bündel vereinigt, wiederum zur Schweifshitze erwärmt, wobei man sie oft umwendet und, um das Verbrennen zu vermeiden, mit Sand bestreut, zugleich aber durch Hämmern zusammengeschweifst und allmälig ausgereckt. Von etwa sich anhängenden

Schlacken oder Stücken des Heerdes reinigt man die zum Schweifsen erwärmten Stücke durch Eintauchung in kaltes Wasser.

Der Weg von Wotka zur Sawode Ijc (40 Werst gegen SW.) führt durch ein sanft welliges Flözgebirge, in welchem Zechstein zur Oberfläche ausgeht. Das zuletzt erwähnte Hüttenwerk liegt aber grade auf der Scheidung dieses Kalkgebirges mit einem auf ihn gelagerten schiefrigen Thongestein, welches an verwitterbaren Kiesen reich ist. Hier an den niedrigeren Punkten des Wjatkaer Gouvernements finden sich also noch Zwischenglieder zwischen den Formationen sehr verschiedenen Alters, welche an den bisher erwähnten Stellen der nördlicher und höher gelegnen Permischen Heerstrafse unmittelbar aufeinander zu folgen schienen.

Die zu Ijc bestehenden Fabrikanstalten hatten die Anfertigung von Schiefsgewehren für die Armee zum Hauptzwecke. 18000 Menschen leben in der, bereits einer Stadt ähnlich gewordnen, Niederlassung und der blühende Zustand des Wohnplatzes sprach auch durch äufseres Ansehn sich aus. Der Plan der Anlage ist erst seit Anfang des gegenwärtigen Jahrhunderts entworfen, und die Kosten der Ausführung sind bald darauf aus dem Privatschatze des Kaisers sehr freigebig bestritten worden.

Die Wohnhäuser der bei dem Hüttenwerke beschäftigten Beamten waren mit grofser Pracht der äufseren Anordnung auf den Hügeln erbaut, welche über den Wasserstand des auch hier hoch aufgestauten Hüttenteiches sich erheben; die Fabrikgebäude selbst aber, eben so kolossal und mit gleichem Luxus ausgeführt, liegen am Fufse des spannenden Dammes. Herr v. Eversmann bemerkt dafs eine entgegengesetzte Anordnung zweckmäfsiger gewesen sein dürfte, weil nunmehr die feuchte Luft in den tiefer gelegnen Gebäuden manchem Zweige des Gewerbsbetriebes hinderlich ist, und zugleich ein doch immer in die Reihe der möglichen Ereignisse zu setzender Deichbruch verderblich für die ganze Anlage sein würde.

Unzertrennlich von der Geschichte dieses blühenden Institutes schien die des vorhin genannten Russischen Mechaniker, welcher damals zu Ijc lebte. Lew Sobakin wurde im Jahre 1742 in einem zum Kloster der Stadt Stariza (des Twerschen Gouvernements) gehörigen Dorfe als Leibeigner geboren. Die Mönche hatten ihn gelehrt Psalmen in der Slavonischen Urschrift zu lesen, und wollten ihn mit dem Malen von Heiligenbildern beschäftigen, als eine zufällig beim Archimandriten gesehne Wanduhr die bald unwiderstehlich gewordne Neigung zu mechanischen Arbeiten in dem Knaben erweckte. Nach erfolgter Einziehung der Klostergüter wurde Sobakin wiederum zum Feldbau genöthigt, zugleich aber beschäftigte er sich angelegentlich mit der Anfertigung einer hölzernen Penduluhr, die er nachher bei einem Gutsbesitzer gegen eine verdorbene Taschenuhr und eine Zugabe von 15 Rubel vertauschte. So lernte er einen zweiten Mechanismus kennen, und nach Widerherstellung der zerrifsnen Kette der Federuhr verkaufte er sie wieder, um zu neuen Arbeiten Mufse und Mittel zu erlangen. Nun wufste er durch Penduluhren diejenigen Hauptumstände des Sternlaufes darzustellen, welche in den Klöstern zur Anfertigung des Festkalenders bekannt sind. — Ein solches Kunstwerk wurde der regierenden Kaiserin gezeigt, und die von ihr verlangte Erklärung der dabei befolgten Grundsätze leistete der Erfinder mit so überraschender Klarheit, dafs seine Talente der Unterstützung würdig erschienen. Sobakin wurde nach England gesandt, um dort zu vielseitigeren mechanischen Studien Gelegenheit zu finden, und nach seiner Rückkehr beauftragte man ihn mit Anordnung der zu Ije nöthigen Maschinen, und verlieh ihm zugleich, anstatt der bisherigen sklavischen Lebensverhältnisse, die vollkommnere Unabhängigkeit eines oberen Staatsbeamten.

Unter den Verfahrungsarten und Apparaten welche er nun anordnete war Vieles von durchaus origineller Erfindung, und wurde auch von den übrigen Russischen Hüttenbeamten mit um so gröfserer Freude dafür anerkannt, als nationelles Selbstgefühl ihnen die Verdienste früher daselbst thätig gewesner Ausländer drückend erscheinen liefs.

Namentlich trug zu der seltnen Vollkommenheit der zu Ije angefertigten Schiefsgewehre der Umstand bei, dafs man durchaus jedes Stück nach einer zu diesem Zwecke ein für allemal vorhandnen Lehre (Schablone) arbeitete, in welche es genau passen mufste, bevor die beaufsichtigenden Militairbeamten es als brauchbar annahmen. Das Hülfsmittel des Prägens einzelner Theile des Gewehres hatte man sehr weit ausgedehnt, und namentlich wurden nicht nur alle messingnen Bänder sondern auch die eisernen Schloſsbleche nur allein auf diesem Wege angefertigt. Alle gleichartigen Stücke der Russischen Kriegsgewehre wurden dadurch einander so vollkommen gleich, daſs man oftmals mit erwünschtem Erfolge versucht hat, eine groſse Anzahl derselben bis auf ihre kleinsten Theile aus einander zu nehmen und aus den entstandenen Haufen von gleichnamigen Bruchstücken die einzelnen Gewehre nach der Willkür des Zufalls wiederum zusammenzufügen.

Die Prägmaschine, welche die Schloſsbleche durch drei hinter einander folgende Pressungen in eine guſseiserne Form fertig darstellte, hatte der früher genannte Erfinder so angeordnet, daſs die Last des Schlagschwengels und der daran befindlichen 30 Pud schweren Gegengewichte in dem Augenblick wo der Druck erfolgte, nicht mehr auf das Schraubengewinde des Prägestempels wirkte; dadurch war der wichtigste Theil der Vorrichtung vor der sonst unvermeidlichen Verderbung durch den Gebrauch gesichert worden. — Die Umdrehung der Prägschraube wurde durch einen Schnurlauf um eine über der Maschine befindliche horizontale Walze hervorgebracht, auf welche ein beständiges Gegengewicht von der einen Seite, und ein sich abwechselnd füllendes und ausleerendes Wassergefäſs von der andren Seite wirkte. Die Geschwindigkeit des herabfallenden Wassergefäſses reichte hin, um der alsdann von dem Gewichte des Schlagschwengels befreiten Prägschraube die erforderliche Kraft des Stoſses mitzutheilen. Es wurden drei Minuten erfordert, um einem Schloſsbleche durch dreimalige Erwärmungen und dazwischen erfolgenden Pressungen nicht nur die nöthige Gestalt sondern auch die erforderliche Glättung zu ertheilen. —

Die Läufe der Gewehre wurden aus freier Hand geschmiedet, und dabei ein eigenthümlicher Grundsatz der Verantwortlichkeit aller dabei beschäftigten Arbeiter beobachtet. — Eine jede gefrischte Eisenmasse wurde von dem Anfertiger derselben mit seinem Namenzeichen versehen, und da dieses beim Recken des Eisens verschwand, so hatte es der Platinenschmidt wiederum zu erneuern, und zugleich sein eignes Zeichen hinzuzufügen. Ein Gleiches geschah von den Laufschmieden, welche die gereckten Eisenstreifen (Platinen) zusammenschweiſsten, und auf einem Ambos mit halbcylindrischer Vertiefung zur Röhrenform krümmten. Schon vor dem Schleifen sah man die Läufe aufserordentlich genau in die dem Schmiede vorgeschriebne Lehre einpassen, und bei genau gleichmäfsiger Dicke des Eisens war an ein einseitiges Eingreifen des Bohres niemals zu denken.

Wenn beim Proben der Gewehre der Lauf in der Schweifsnath zersprang, so mufste der Laufschmidt ihn bezahlen; geschah es aber aufserhalb der Naht, so fiel der Verlust auf den Frischschmidt, wenn das Eisen an der Bruchstelle r o h erschien, oder auf den Platinenschmidt, wenn leere Räume zwischen der feinen Schieferung des Metalles wahrgenommen wurden. — Das Kolben der Gewehre geschah auf einer sehr zweckmäfsigen Vorrichtung mittels deren 12 Läufen zugleich eine durch 16 Stillstände unterbrochene volle Umdrehung um ihre Axe ertheilt wurde. Während jeder, die Drehung unterbrechenden, Zwischenzeit wurden sämmtliche Läufe durch einen horizontalen Zug längs der mit dem Schleifmittel bestrichnen inneren Dorne bewegt, und nach Aufhörung der Zugkraft durch ein Gegengewicht in ihre ursprüngliche Lage zurückgeführt. — Das Bohren der Zündlöcher erfolgte erst nach gänzlicher Vollendung und Prüfung des Gewehres.

In dem Probirhause zu Ije wurden 600 Gewehre in zwei Batterien übereinander in horizontaler Lage befestigt, nachdem man sie mit nur zu diesem Zwecke gearbeiteten von hinten durchbohrten Schwanzschrauben versehen hatte, durch welche die Zündung mittels eines Lauffeuers gleichzeitig für alle Gewehre eingeleitet wurde. Die Kugeln schlugen in einen vor dem Gebäude aufgehäuften Sandwall. Ein jeder Lauf wurde zweimal geprüft, und zwar unmittelbar nach der Schmiedung mit einer Pulvermenge von 8 Solotnik oder 2,327 Loth Berliner Handelsgewichtes (34,081 Grammes), und dann nach der äufseren Abfeilung mit 6 Solotnik oder 1,745 Loth Berliner Handelsgewichtes (25,561 Grammes). Nur $\frac{4}{100}$ der zu Ije angefertigten Gewehre sprangen bei der einen und andren dieser Prüfungen.

Schraubstöcke, Feilen und die meisten der sonst zur Anfertigung und Schäftung der Gewehre erforderlichen Geräthschaften wurden zu Ije selbst gearbeitet, und nur der Einkauf einiger rohen Materialien geschah jährlich auf der Messe an der Wolga (damals zu **Makárjew**) durch einen dahin abgesandten Beamten, für dessen Maſsregeln die ihn wählenden übrigen Vorsteher des Hüttenwerkes sich gemeinschaftlich verpflichteten.

Das Arbeitslohn für ein jedes Gewehr betrug zwischen **9** und **10 Rubeln**; wenn man aber die jährlichen Ausgaben für Gehalte der Beamten, für Bauten und Ausbesserungen, auf das Angefertigte vertheilte, so erhoben sich die Kosten bis zu **50 Rubeln**, und sie stiegen sogar auf das Doppelte oder auf **100 Rubel** (**30,3 Rthlr. Preussisch**), wenn man die Zinsen von einem bisher auf das Werk verwendeten Kapitale von 3,000,000 Rubel hinzufügte.

Längs des 285 Werst langen Weges welcher von **Iſe** aus direkt nach **Malmuisch** führt, wohnen 58 Werst weit **Tataren**, bis zu dem Dorfe **Píchtowa**, dessen Name auf den dort Waldungen bildenden Baum **píchta** (**Pin. fol. solit. apice emarg.**) sich bezieht. Dort vereinigt sich mit dem Wege die von dem Städtchen **Sarápul** über **Malmuisch** nach **Kasan** führende Straſse, und 91 Werst weit bis **Jelabúga** findet sich dann eine vorherrschende **Wotjakische** Bevölkerung, zwischen welcher jedoch **Mordwí** einzelne Wohnplätze behauptet haben; von letztgenanntem Orte aber bis nach **Malmuisch** wohnen gleichzeitig **Russen** und **Tataren** längs des Weges. An der Überfahrtsstelle über die **Wjatka** haben **Russen** das kleine Dorf **Ljubjána** eingenommen. —

Nur zwischen **Píchtowa** und **Jelabúga** liegt eine hügliche Strecke, auf dem übrigen Theile des Weges ist aber das Terrain eben; man erhebt sich wenig über das Niveau des mittleren Laufes der **Wjatka**, und sicher erreicht man dort nirgends so hohe Punkte als die, welche wir nördlich davon auf der **Permischen** Landstraſse überschritten.

* * *

Auf unsrem heutigen Wege erreichten wir (40 W. v. **Suri**) die Gränze des **Permischen** Gouvernements, die letzte welche vor der Scheidelinie der zwei Welttheile noch zu überschreiten war, denn die östliche Hälfte dieser Provinz wird bekanntlich von den Erdbeschreibern schon zu **Asien** gerechnet. —

Hier in dem hüglichen Lande sind Russische Dörfer häufig und der Ackerbau gelingt vortrefflich. Sehr anmuthig ist die Gegend des Dorfes *Sosnowka*, dessen Name von *Sósna*, eine Tanne, gebildet ist. In der Schlucht eines nach Süden fliefsenden Baches liegen die Häuser der wohlhabenden Einwohner, welche mit den religiösen Sitten der Altgläubigen erfreuliche Arbeitsamkeit verbinden. — Mit gutem Erfolge wird Flachs auf den Feldern kultivirt.

Am Abend sahen wir einige Werst vor Dubrowa auf offener Feldebne zur Seite der Landstrafse eine Karavane von mehreren Hundert Leuten, junge Männer, Weiber und Kinder, welche ihre mit allerlei Hausrath beladnen Kibitken und Tilegen ausgespannt hatten, Wachtfeuer anlegten und zum Nachtlager sich bereiteten. „Sie seien Bárskie Ljúdi d. h. herrschaftliche Leute oder „Leibeigne, erzählten sie uns, welche bisher in der Nähe von „Grofs-Nowgorod gewohnt hätten, nun aber neue und bessere „Wohnplätze in Asien bezögen." — Die Reise schien ihnen wohl zu behagen. Auf der Ostseite des Ural, in den der Familie Dimidow gehörigen Hüttenwerken von Tagilsk, habe ich später diese Wanderer bereits niedergelassen gefunden (Siehe unten Abschnitt V. September), aber zu erfragen versäumt, ob der Herr ihrer neuen Niederlassungen sie von einem andren Gutsbesitzer gekauft habe oder ob, wie es wahrscheinlicher ist, nach fast 300 Meilen langem Wege, der Name ihres Lehnsherrn derselbe geblieben. Freilich sind jetzt dergleichen grofsartige Auszüge weit auffallender als in den Zeiten, wo, nach nomadischer Sitte, die Herren selbst, ihre Vasallen anführten und geleiteten; aber auch jetzt noch ist die alte Neigung zum wandernden Leben dem Volke geblieben. Dabei glauben sie im Vaterlande zu sein, so lange noch Russische Rede gehört wird, und daher auch gilt beim Volke das *Sibirische* Exil nur selten als eine harte Strafe.

Während der 80 Werst von Debiósui bis Dubrowa bemerkt man ein stätiges Absteigen des Weges und, nach dem Zeugnisse des Barometer, befindet man sich am letztgenannten Orte nur noch um 429 P. F. über dem Meere, also um 380 P. F. niedriger als zu Suri und Debjósui, und 530 P. F. unter dem Hügelzuge zwischen beiden Orten. Diese auffallend schnelle Erniedrigung des

Terrains in der Richtung von W. nach O., vermag allein den so höchst merkwürdig gekrümmten Lauf der **Kama** zu erklären, denn dieser Fluss entspringt an einem nur um 50 Werst nördlich von dem oben, Seite 254, genannten Hügelzuge gelegenen Punkte, in etwa 58°,1 Breite, und nachdem er unter 60°,4 Br. gegen NNO. von seinem Ursprunge gelangt ist, kehrt er eine weite Strecke fast grade gegen S., sodann aber sogar gegen SW. zurück, so dafs etwas nördlich von **Ochansk**, er, nach Zurücklegung eines 800 Werst (114 geogr. Meilen) langen Laufes, von seiner Quelle wiederum nur um 70 Werst gradlinig gegen OSO. entfernt sich befindet. Auf einer 70 Werst langen gegen OSO. gerichteten Linie findet also ein eben so starkes Gefälle Statt, als längs der 800 Werst langen Flussbahn. Es ist wahrscheinlich dafs die Quellen der **Kama** nicht höher liegen, als der ihnen nahe Hügelzug zwischen **Suri** und **Debjosui**, und das Terrain-Gefälle von dem Ursprunge des Flusses bis **Ochansk** würde alsdann 630 Par. Fufs, *) d. h. in der Richtung des Bettes im Mittel 0,234 Fufs auf 1000 Fufs, in der Richtung gegen OSO. aber 2,758 Fufs auf 1000 Fufs ebenfalls im Mittel, betragen. —

[August 25.] Von **Dubrowa** bis **Perm**.

Dubrowa ist ein wohlhabendes **Russisches Dorf**, an dessen gut bestellte Äcker ringsum dichte Waldung sich anschliefst. — Einzelne Eichen stehen noch auf dem hüglichen Lehmufer der **Kama** in der Nähe von **Ochansk** (26 Werst von **Dubrowa**). — Einige Windmühlen auf dem höheren Ufer des Flusses dürften das bedeutendste Besitzthum der Bewohner dieses ärmlichen hölzernen Städtchens ausmachen; denn die in der Umgegend wohnenden **Wotjaken** verkaufen wohlfeil den geerndteten Weizen und anderes Brodkorn, welches sie mit dem Stroh oft Jahre lang aufgehäuft vor ihren Wohnungen liegen lassen. Zu ihrem eignen Bedarfe bereiten diese das Mehl nach alterthümlicher und roher Weise, indem sie das Wasser nachlässig gestauter Bäche durch Rinnen auf Bretter fallen lassen, welche in einer gegen die

---

*) Wie oben bemerkt, haben wir auch hier die Höhe über dem Meere, für die **Kama** bei **Perm** zu 350 Par. Fufs angenommen.

Horizontalebne geneigten Stellung, quirlförmig an der den Mühlstein tragenden senkrechten Axe befestigt sind.

Die lebhaft fliefsende Kama war auch jetzt bei Ochansk fast eine Werst breit; im Frühjahr bei höherem Wasserstande überschwemmt sie aber noch weiter hin das der Stadt gegenüber liegende niedrige Ufer. — Von hier an fuhren wir noch 60 Werst wieder über steile Hügel, an denen nun Tannen ausschliefslich die dunklen Waldungen bilden. — Die Landstrafse ist von Ochansk an NOlich, direkt nach Perm gerichtet, während der Fluss von der graden Linie zwischen beiden Städten stark nach NW. hin abbiegt.

Gegen 7 Uhr Abends erreichten wir endlich eine weithin ausgelichtete und gut kultivirte Ebne. Die Weizenfelder waren noch grün, versprachen aber eine reichliche Erndte. Dann fuhren wir durch das volkreiche Dorf Danilicha welches von den breiten Strafsen der wichtigen Gouvernementsstadt nur durch eine zierlich gebaute Barriere, und daran sich anschliefsende Birken-Alléen getrennt ist. — Gewöhnt mit dem Namen von Perm den Begriff des Uralischen Bergreichthumes zu verbinden, wird man überrascht durch anspruchslos einfache Bauart, denn nur vereinzelt sieht man reiche steinerne Gebäude. — Weit häufiger sind mehrere einstöckige Holzhäuser zu einem viereckigen Gehöfte vereinigt, dessen Eingang eine Bretterwand nach der Strafse hin abschliefst. Dann sieht man einzelne Theile dieser zusammengehörigen Wohnungen leichter und zierlicher gebaut, mit farbiger Bretterbekleidung versehen, meist nur zum Sommeraufenthalt bestimmt, während aus schwarzen Balken gefügte zwiefache Wände die wallähnlichen Mauern der Winterwohnungen und Wirthschaftsgebäude ausmachen. — Die breiten Fahrbahnen der Strafsen sind überall äufserst reinlich gehalten, und an den Seiten mit erhöhten hölzernen Brückenwegen (Mostowie) versehen.

Auch hier geleiteten uns die Fuhrleute ohne vorhergegangene Frage in eines der reicheren Bürgerhäuser, in welchen allen Fremden Gastfreundschaft erwiesen wird, wobei denn Privatleute eine willkürliche Bezahlung für die Aufnahme leisten, während in Amtsgeschäften reisende Staatsdiener unentgeldliche Beherbergung verlangen dürfen.

[August 26 bis 28.] Eine der Hauptstrafsen von Perm führt mit allmäligem Abhange hinab zu dem Wasser der schnell fliefsenden Kama. Auch jetzt lagen viele platte Barken daselbst vor Anker, aber nur um für das unmittelbare Bedürfnifs näher gelegner Orte die Landesprodukte auszutauschen, denn der Transport Uralischer Erzeugnisse nach Europa geschieht stets in früherer Jahreszeit, und namentlich, wie wir weiter unten nach ausführlicheren Nachrichten erwähnen werden, wird er schon gegen Ende Aprils begonnen, weil alsdann die Flüsse wasserreicher sind und auch die in ihnen häufigen Untiefen für die schwer beladnen Schiffe gefahrloser werden. Gegen Ende August pflegt hier der niedrigste Wasserstand einzutreten, welcher bei der Kama um 10 Arschinen, oder 20 Fufs 10 Zoll Par. Mafs unter dem des Frühjahres sich zeigt. — Das Bette der Kama sinkt hier steil hinab und schon nach wenigen Schritten vom Ufer fand ich das Wasser mannstief. Die anscheinend starke Geschwindigkeit der Strömung mag doch kaum in der Nähe des Ufers über 2 Fufs in der Sekunde betragen, denn beim Schwimmen gelingt es noch sich stromaufwärts zu bewegen.

An andren Punkten der Stadt ist die senkrechte Thalwand des Flusses von horizontalen Sandsteinflötzen gebildet.

Sinnig ist man bemüht gewesen, die schönen steinernen Gebäude in der Nähe dieses Abhanges rund um einen freien Platz zu vereinigen, und in der Mitte desselben hat man sogar überdachte Sitzplätze angelegt. Es ist eine eigenthümlich anziehende Aussicht welche von hier aus sich darbietet. Am jenseitigen Ufer erblickt man eine mit sanfter Neigung vom Flusse aufwärts steigende breite Ebne, auf welcher nur schwärzliche Tannen mit gradlinig regelmäfsigen, und selbst im Winde unbeweglichen Formen sich erheben. Die Bäume sind niedrig und in der Nähe des Flusses stehen sie in gröfseren Intervallen gleichmäfsig vertheilt. Haufen gefällten Holzes liegen dazwischen ohne weit hinaus eine Nichts als entferntere Bäume zeigende Durchsicht zu hindern, als solle kein Zweifel bleiben über die ferne Erstreckung der einförmigen Öde. — Todtenstille und Bewegungslosigkeit herrschen feierlich in dem Walde und auch in der nächsten Umgebung des Standpunktes werden sie so selten durch Vorübergehende unterbrochen, dafs man erinnert wird an die Sagen von ausgestorbnen Menschenwohnungen in der Mitte zauberisch versteinerter Wälder. Mit den höher gelegnen Ebnen des Ober-Harzes hat dieser Theil der Umgebung von Perm eine täuschende Ähnlichkeit. Gegen Osten vom Flusse abwärts, hat man anmuthige Birkenalleen auf den geebneten Erdwällen rings um die Stadt gepflanzt, und von dort aus sieht man weit hinaus grünende Ackerfelder und das volkreiche Dorf, welches als Vorstadt an Perm sich anschliefst. So erkennt man hier noch der Menschen mächtigen Einflufs auf den natürlichen Charakter der Landschaften durch unmittelbare Vergleichung nahe gelegner Punkte. — Auch unter den städtischen Einrichtungen ist manche, die ein kaum 50jähriges Bestehen der Niederlassung nicht vermuthen läfst. So sieht man Miethsfuhrwerke und ihre Lenker an den Thoren von Perm ebenso wie in Peterburg angeordnet und beschäftigt. — Nur die obere und allgemeinere Leitung der Angelegenheiten des Uralischen Bergbaus ist der zu Perm ansässigen Berg-Direktion (Gòrnoe Prawlénie) übertragen, während speziellere Verwaltung den Beamten überlassen ist, welche an den Betriebsstellen selbst eine unmittelbare Einsicht der örtlichen Verhältnisse erlangen. — Ebenso haben die oberen Regierungsbehörden des bürgerlichen Gerichtes, des Staats- und Kriminalgerichtes (gra*j* dánskaja, kasénnaja und golównaja paláta) ihren Sitz in der Gouvernementsstadt. Für die Hauptzwecke der Reise war die Zeit unsres Aufenthaltes in Perm so mannichfach in Anspruch genommen, dafs wir von diesen Instituten kaum mehr als die ihnen gewidmeten Gebäude äusserlich kennen lernten.

Anziehender war es den Bergbau zu sehen, welcher nahe an der Stadt bei Atschinsk in dem kaum hüglichen Lande betrieben wird.

Wir fuhren auf der Kasaner Landstrafse 4 Werst weit, zunächst durch die oben erwähnte Vorstadt Danilicha, in welcher die Mehrzahl der Gehöfte sogenannten Odnodwórzi oder Einhöfnern d. h. freien Besitzern kleiner Landstrecken gehören, dann etwa ebenso weit von dem grofsen Wege abwärts gegen SO. gewendet, bis dafs auf der offnen Ebne hohe Halden den Bergbau ankündigten. Nur dünn von der Schicht der oben erwähnten losen Gerölle (siehe **Malmuisch**) und von aufgeschwemmtem Erdreiche bedeckt, finden sich hier dieselben Sandsteinflöze, welche in der Stadt am Ufer der **Kama** entblöfst sind. Man ist durch senkrechte Baue 14 Sa*j*en (98 Engl. Fufs) tief in dieses Gestein gedrungen, und hat dort eine mit oxydirten Kupfererzen stark durchzogne Schicht sehr thonigen Sandsteins erreicht. Zwei Schächte waren jetzt in Gebrauch, von denen der eine den Arbeitern zum Einfahren diente, während durch den zweiten das metallhaltige Gestein mittels Körben und Seilen, die sämmtlich aus Bast geflochten sind, gefördert und die Wasser des Baues durch Pumpensätze gehoben werden. Strecken und Queerstrecken werden 6 Faden von einander entfernt von beiden Schächten aus getrieben, bis man die Erzschicht durch lokale Verdrückung geendigt findet. Die Strecken werden durch Zimmerung offen erhalten. Wenn man das Ende der kupferhaltigen Schicht erreicht hat, so werden rückwärts hin auch die stehen gebliebnen Pfeiler (**Ostrowà** oder **Inseln** genannt) abgebrochen und mit unhaltigem Sandsteine ersetzt. Von mehreren alten Schächten, welche zu jetzt abgebauten Stellen führen, sieht man Spuren auf der offnen Ebne. Eine Rossmühle in der Nähe des jetzigen Förderungsschachtes bewegt die Pumpen, während Arbeiter mittels Erdwinden die Treibkörbe erheben. Die Bastseile müssen alle 3 bis 4 Wochen erneuert werden; indessen werden auch 100 Sa*j*enen (etwa 7 der hiesigen Grubenseile) nur mit 1 Rubel bezahlt. — Das mit starkem Strome continuirlich aus den Pumpen ausfliefsende Wasser hatte eine Temperatur von nur $+ 2°,00$ R., und deutete auf eine Bodenwärme, welche wir so niedrig noch an keinem Punkte unsres bisherigen Weges gefunden hatten. Einstimmig versicherten uns die Arbeiter, dafs während des ganzen Jahres die Wasser in die Grube mit anscheinend gleicher Stärke eindrängen; man sieht also dafs hier auch durch Gefrieren der oberen Schichten (von veränderlicher Temperatur) das Eindringen der Tagewasser in das unten liegende wärmere Gestein nicht gehemmt wird. —

Bei den hiesigen Bergleuten bemerkt man durchaus Nichts von den anziehenden Eigenthümlichkeiten der Sitten, welche in **Deutschland** bei diesem Stande sich erhalten. Ihre Kleidung ist von der des Russischen Landmannes in Nichts unterschieden, und vergeblich erkundigten wir uns nach einem dem Deutschen Bergmannsgrusse etwa entsprechenden Gebrauche. — Ein erfahrnerer Arbeiter leitet das Werk der Übrigen, und führt den Namen Mástuir (Meister); aber auch ohne seine Anleitung ist ihrer Einfachheit wegen die Arbeit einem Jeden geläufig. Das geförderte Erz führt allgemein den Namen Rudà, welcher von ruitj, graben gebildet ist. Die Bergleute von Atschinsk wohnen beisammen in einem kleinen Dorfe, welches nahe bei den Gruben in einer fruchtbaren Schlucht gelegen ist.

Schon hier beobachtet man für den Fall einer Feuersbrunst eine an allen Bergwerks- und Hütten-orten (Sawoden) gebräuchliche Vorsicht, indem für dergleichen Ereigniſs jedem der Bewohner ein bestimmtes Geschäft schon vorläufig übertragen ist. An einem Schilde vor der Hausthür sind die Werkzeuge gemalt, welche die Bewohner ergreifen sollen, sobald die Feuerglocke sich hören läſst. Ein Eimer zum Wassertragen findet sich auf jedem Schilde, weil dieser die allgemeine Beschäftigung der Weiber andeutet; auſserdem aber bald ein Beil, bald eine Schaufel, Feuersprütze oder dergl. Die Führung der Sprützen ist stets den auch anderweitig mit Lederarbeiten beschäftigten Bewohnern übertragen, damit sie die Wasserschläuche in Stande zu halten geschickt seien.

Wahrscheinlich war es der beim Dorfe gelegne Einschnitt in die tieferen Schichten, welcher hier zuerst die von Kupfer gefärbten Steine auffinden lieſs, und somit die Anlage von Perm veranlaſste; denn eine Kupferschmelzhütte war das erste Gebäude, welches im Jahre 1780 an der Kama, da wo jetzt die Stadt steht, erbaut wurde. Jetzt hat man dieses Hüttenwerk eingehen lassen, und verschmilzt den Ertrag der Atschinsker Gruben in der Hütte zu Jugowskoi, 32 Werst SSW. von Perm.

Das Lager von Kupfersanderz welches wir hier an einem Punkte kennen lernten, besitzt eine gewaltige Ausdehnung, denn mit Bestimmtheit für identisch erkannt und durch Bergbau aufgeschlossen, ist es in der Richtung des Meridianes schon von der Mündung des Flusses Kóswa in die Kama (58°,80 Breite) bis nach Orenburg (51°75 Breite) auf 105 Deutsche Meilen, von Osten gegen Westen aber zwischen dem Suilwaflusse bei

Kungur (54°,5 östlich von Paris) bis nach Mjoschinsk an dem Flusse Mjoscha der unterhalb Laischew in die Kama fällt (47°, 10 östlich von Paris) auf 64 Deutsche Meilen. Mithin auf einem Raume von 6720 Quadratmeilen hat man dieses Gestein von völlig gleicher Beschaffenheit gefunden. — Aufserhalb der nach Osten und Westen hin angegebnen Gränzen dürfte die kupferhaltige Schicht wohl kaum irgendwo dem Bergbau erreichbar sein; dafs sie aber noch nördlich von der Kóswa sich nahe unter der Erdoberfläche finde ist überaus wahrscheinlich, wegen der regelmäfsigen und kaum merklich gegen Westen geneigten Stellung der Schichten die auch dort noch bemerkt wird. So herrscht in dem Russischen Norden der Erde auch unter den todten Gesteinen dieselbe Ausgedehntheit gleichartiger Erscheinungen, welche daselbst für die Vegetation, ja für die Sitte der Menschen charakteristisch ist.

Bei hellem windstillem Wetter sahen wir das Barometer zu Perm auf 335$'''$,49 (bei 0° T. d. ☿) im Mittel aus den verschiednen Ablesungen während unsres dortigen Aufenthaltes, und bei einer Lufttemperatur von 14°,5 R. — Zur Bestimmung der Meereshöhen auf der nun folgenden Strecke unsres Weges, haben wir die dort gemachten Barometerablesungen mit der ebenerwähnten sowohl als mit den später zu Jekatarinburg angestellten verbunden, und dabei, wie früher erwähnt, die Meereshöhe *) von Perm zu 350 Par. Fufs, die von Jekatarinburg aber zu 800 Par. Fufs vorausgesetzt. Beide Annahmen gründen sich auf längere Zeit hindurch daselbst fortgesetzte Barometerablesungen, deren Resultat uns vom Herrn Hofrath Pansner in Petersburg mitgetheilt wurde. Von der Genauigkeit des Heberbarometers welches zu diesen letzteren Bestimmungen diente, haben uns Vergleichungen mit den unsrigen genugsam überzeugt.

Am 28ten August Nachmittags verliefsen wir Perm, um ohne längern Aufenthalt Jekatarinburg zu erreichen. Wir fuhren

---

*) Um Zweideutigkeiten zu vermeiden, bemerke ich dafs, hier und mehrmals im Verfolge des Berichtes, der Ausdruck Meereshöhe der Kürze halber für den logisch richtigeren: Höhe über dem Meere angewendet wurde.

66 Werst weit gegen SSW. auf dem Wege nach Kungur und übernachteten dann in dem Kronposthause beim Kirchdorfe Kruilasówo. Offnes Ackerland war hier vorherrschend und, soviel man in der Abenddämmerung urtheilen konnte, blieb die Gestaltung des Terrains der vor Perm bemerkten noch durchaus ähnlich. Auf der Station Janúitschi (42 Werst von Perm) befanden wir uns nach dem Zeugnisse des Barometers um 516 P. Fuſs über dem Meere, zu Kruilasówo aber um 400 P. Fuſs. — Das Flüsschen Babka, welches beide Orte berührt, zeigt demnach während eines 24 Werst oder 3,43 Geogr. Meilen langen Laufes, ein Gefälle von 116 P. Fuſs d. h. von 1,48 Fuſs auf 1000 Fuſs, oder mehr als das 6fache des so merkwürdig gekrümmten Hauptflusses Kama. (Siehe oben Seite 267.)

[August 29.] Von Kruilasówo bis Buikówa, 96 Werst. Bei Kruilasówo sahen wir den Charakter der Landschaft ebenso plötzlich als bedeutend geändert. An dem jenseitigen (linken) Ufer des Flüsschens Babka erhebt sich dicht am Wasser ein steiler Abhang. Zwischen der schwarzen Tannenwaldung welche ihn bedeckt, sieht man die nakte Masse des Berges, einen in rundliche Blöcke gespaltnen hellweiſsen Gypsfelsen, stellenweise hervorragen.

Wir setzten über den Fluss und während wir nach Süden uns wendeten, blieben zerklüftete aber ungeschichtete Felsen desselben Gesteines, einem mächtigen Walle gleich, zur Linken unsres Weges. Erst nahe vor Kungur erhebt sich die Landstraſse selbst auf den Westabhang der nach N. streichenden Hügel. Oben sieht man den blendend weiſsen Gyps nur stellenweise hervorragen aus einem hochrothen Thone, welcher die Oberfläche bedeckt. Wenn schon der Anblick des weithin ausgedehnten Gypswalles sehr lebhaft an einen ähnlichen erinnert hatte, der in Deutschland am Süd-Rande des Harzes sich hinzieht, so wird hier diese Ähnlichkeit noch bestimmter, und namentlich ist es die Gegend von Ihlefeld die man zu sehen glaubt.

Die Gebäude von Kungur liegen theils auf diesen Hügeln, theils an ihrem Ostabhange vertheilt. Mehrere steinerne Häuser der auch in dieser Stadt ansässigen Permischen Bergwerksbehörden zieren die anmuthige Landschaft. NÖlich nahe der Stadt sieht man unter sich den *S*uilwafluss, von steilen Thalwänden umgeben. Die Höhe des Terrains in der Stadt fanden wir zu 471 Par. Fufs über dem Meere.

Wir wandten uns nach SO., das Flussthal verlassend. Nun waren es Blöcke eines gelblichen blasig durchlöcherten und gleichsam zerfressenen Kalkes, welche ringsum aus der ebenen Oberfläche emporragten, durch ihre Formen den Gypshügeln, die man so eben gesehen hatte, noch äufserst ähnlich. Hier bleibt kein Zweifel dafs dieselbe Ursache welche den äufsersten Rand des Kalklagers in Gyps umgestaltete, nicht auch, vielleicht in geringerem Grade wirksam, den hier gesehenen Felsen ihr blasig zerfressenes Ansehn verliehen, und auch hier so wie früher, anstatt regelmäfsiger Schichtung, nur Zerklüftung in unförmliche Blöcke veranlafst habe. Auch der fluss-saure Kalk, welchen man zu Jugowskoi (32 Werst SSW. von Perm) beim Schmelzen der Kupfererze in grofser Menge anwendet, wird an dem westlichen Rande des Kalkgebirges gefunden und bezeichnet also noch bestimmter die Gegend an welcher dereinst die, wahrscheinlich durch Spalten aus dem Innern der Erde hervorgedrungnen, kräftigeren Säuren dem Kalkgebirge sein zerstörtes Ansehn ertheilten. Gleichzeitig mit dieser freien Sichtbarkeit des Felsens bemerkten wir ein starkes Ansteigen des Terrains bis zur nächsten Station Morgúnowa (27 Werst von Kungur), wo wir in einer Meereshöhe von 892 F. oder um 490 Fufs über dem Niveau der *S*uilwa bei Kungur uns befanden. — Dann wieder merklich absteigend, sieht man lockres Erdreich den doch sicher nicht tief liegenden Felsen bedecken und den Ackerbau begünstigen welchen die nun wieder ausschliefslich Russische Bevölkerung betreibt. So erreicht man die merkwürdige Umgegend des Dorfes Slatoústowsk oder Kljutschì d. h. zu dem Goldmunde oder zu den Quellen,*) (55 Werst von Kungur und 76 von Kruila*s*ówo).

---

*) Der erstere Name Slatoúst, d. i. Goldmund ist einer der bei den Russen häufig wiederkehrenden Ortsnamen. Er ist zu Ehren des örtlichen Schutzheiligen Johannes Chrysostomos (Russisch: Joàn Slatoúst) gebildet. Ebenso auch beziehen sich die meisten der häufig gefundnen Ortsnamen auf heilige Personen oder Begebenheiten, denen dann die dortigen Kirchen vorzugsweise geweiht

Die Holzhäuser des Dörfchens liegen zur Rechten der Landstrafse, zur Linken derselben aber sieht man sehr überraschend einen etwa 50 Fufs hohen senkrechten Abhang, an welchem unmittelbar unter den Häusern des Ortes die Quellen entspringen, welchen die Gegend ihren Namen verdankt. Armsdick bricht das Wasser aus mehreren einzelnen Öffnungen am Fufse des mit lokkerem Erdreiche bedeckten Abhanges hervor, und nachdem es schon dicht an dem Ausflussorte sich vereinigt hat, sieht man es bald einen bedeutenden Bach bilden und dann der südöstlich von hier vorbeifliefsenden Irgina, und mit dieser vereinigt der Suil-wa sich zuwenden.

Wahrlich nur besondere Gestaltung des unter der Oberfläche liegenden Gesteines kann einen so überaus reichen Wasserausfluss in einer Gegend bedingen, in welcher doch, so wie hier, der atmosphärische Niederschlag durchaus nicht reichhaltig ist, und durch anderweitige Eigenthümlichkeiten des Ortes wird diese Voraussetzung im vollsten Mafse bestätigt. Mit Höhlen untergraben, so erzählen die Einwohner, ist der Boden auf welchen sie wohnen. Erdfälle gehören zu den gewöhnlichen Erscheinungen, und dann sieht man Bäche verschwinden und neue an ihrer Stelle sich bilden; ja so unsicher ist hier der Grundbesitz durch diese Beschaffenheit des Unterliegenden, dafs die Bauern nicht mehr wagen, die verrätherischen Äcker zu bebauen, sondern in bedeutender Entfernung von ihrem Wohnsitze ein minder fruchtbares aber zuverlässigeres Erdreich erwählt haben. —

Das Wasser der Slatoust'ischen Quellen hatte jetzt eine Temperatur von $+ 4°,5$ R., d. h. wiederum nahe dieselbe, welche wir in mehreren Brunnen auf dem Wege von Kasan nach Perm gefunden hatten, aber um $2°,5$ wärmer, als die in den Gruben von Atschinsk (siehe oben Seite 271.) Sicher wäre es über-

---

sind. So ist der Name Bogoròdsk die adjektivische Form von Bogoródiza, die Gottgebärende; Pokrówsk von Pokrów, welches in den Legenden den Schleier der Maria bezeichnet; Krestowsk, und viele verwandte Formen, von Krest oder dem heiligen Kreuze etc. etc. Ebenso oft aber finden sich Ortsnamen, welche besondre Naturverhältnisse ihrer Gegenden auf sehr sinnreiche Weise bezeichnen.

eilt, wegen dieser anscheinenden Incongruenz der Resultate Zweifel zu erheben gegen die geistreiche Bemerkung von Röbuck, dafs die unveränderliche Wärme des tieferen Erdreiches und die ihr entsprechende vegetative Kraft der Gegend durch Beobachtung der Quellentemperatur zu erkennen sei. — Ein durchaus neuer Gesichtspunkt ist aber für diese wichtigste Lehre der Klimatologie uns eröffnet, seitdem die Existenz einer Wärmequelle im Innern unsres Planeten über jeden Zweifel erhoben worden ist. Wir wissen nun dafs die äufserste Rinde der Erde den Temperaturwechseln der Jahreszeiten unterworfen ist, während eine zunächst unterliegende Schicht die mittlere Luftwärme des Ortes, die noch tiefer gelegnen aber höhere und höhere Temperaturen unverändert besitzen. — Quellen die aus der geringen Tiefe entspringen in welcher das umgebende Starre die mittlere Luftwärme bleibend besitzt, können unter hohen geographischen Breiten während des Winters nur spärlichen Zuflufs erhalten, denn nur in geringem Grade vermag dort die Wärme dieser Schicht aus dem Eise des überliegenden Bodens, Wasser für ihre Quellen zu erzeugen. — Wenn hingegen, wie es in vielen Bergwerken der Fall ist, dem Wasser durchdringliches Gestein bis in die mit höherer Temperatur begabte Tiefe hinabreicht — dann findet Wärmeaustausch, Schmelzung und Durchdringung weit kräftiger Statt; ja, wie wir zu Atschinsk erfuhren, Winter und Sommer hindurch sieht man bald eisiges Wasser, bald das Produkt warmer Regen gleich häufig zu diesen tieferen Punkten hinabsickern und wohl begreift man alsdann das anscheinend widersprechende Ergebnifs, dafs in tieferen und daher wärmeren Schichten, kältere Quellen als, bei sonst gleicher Örtlichkeit, in der Nähe der Oberfläche sich finden; denn nach unten gelangen alsdann auch die kalten Winterwasser, während da wo schon obere Schichten die Wasser wieder zu Tage führen, der Zuflufs im Winter gehemmt und das Gesammtprodukt der jährlichen Infiltrationen, über die mittlere Luftwärme erhoben sein mufs.

Während also eine **starre Schicht** in welcher die mittlere Luftwärme unabänderlich herrscht, überall in gleicher Tiefe sich findet, hat man **Gewässer** welche dieselbe Eigenschaft besitzen, um so tiefer zu suchen je länger an dem Beobachtungsorte das Erdreich gefroren bleibt. —

Slatoústowsk liegt in 600 Par. Fuſs Meereshöhe, in einer breiten Senkung deren tiefsten Punkt das Flüsschen Jrgina eingenommen hat. Während des 20 Werst langen Weges nach Buikówa, wo wir heute übernachteten, erhoben wir uns aber wiederum bis zu 800 P. Fuſs Meereshöhe.

Abwärts von diesem Orte gegen W., in 15 Werst Entfernung, liegt an der Jrgina die bedeutende Jrginsker Eisenschmelze. — Schlacken welche man zur Wegeverbesserung angewendet hatte, waren die einzigen Spuren von der Nähe dieses Hüttenwerkes. Ebenso verhält es sich mit mehreren ähnlichen der Umgegend, welche Privatleuten gehören und für sie durch leibeigne Arbeiter bewirthschaftet werden. Von jeder nachbarlichen Hülfe entfernt, bedarf es einer äuſserst betriebsamen Bevölkerung um neben ihrer eignen Erhaltung auch noch für alle Erfordernisse eines complizirten Fabrikgeschäftes zu sorgen, und deſswegen auch hütet man sich wohl, die Hüttenwerke nicht unmittelbar an der Landstraſse anzulegen, weil dort die Bewohner auch noch zur Leistung des Postvorspannes verpflichtet sein würden.

[August 30.] Schon oben haben wir bemerkt daſs Buikówa um 800 Par. Fuſs über dem Meere erhaben ist, und daſs man also hier wiederum nahe in derselben Höhe wie an den gestern erreichten Punkten (auf der Hälfte des Weges von Kungur nach Slatoústowsk) sich befindet. So überzeugte man sich also noch deutlicher, daſs die Umgegend von Slatoústowsk weit hinaus nur längs einer von S. nach N. gerichteten Linie eine 200 F. betragende Senkung erlitten hat, daſs aber gegen Osten sowohl als gegen Westen von dieser niedrigsten Linie schnelles Ansteigen Statt findet. Wohl ist man anzunehmen berechtigt, daſs auch diese groſsartigere Erscheinung durch die höhlige Beschaffenheit des unterliegenden Felsens herbeigeführt wurde, welche daselbst lokale Einstürzungen noch jetzt so häufig verursacht.

Zwischen Morgúnowa (siehe oben Seite 275) und Jekatarinburg findet sich auſser der eben erwähnten breiten Schlucht von Slatoustowsk kein einziger Punkt, welcher weniger als 800 Par. Fuſs über dem Meere erhaben wäre. —

IV. Abschnitt. 1828. August.

Immer bestimmter überzeugt man sich nun von der schon früher entstandnen Ansicht, dafs die erhebenden Kräfte, welche das Uralische Gebirge erzeugten, bis auf 70 geographische Meilen westlich von dem Hauptrücken desselben eine sehr merkliche Wirkung auf die Terraingestaltung ausgeübt und an verschiednen Stellen einander sehr ähnliche Erscheinungen herbeigeführt haben. (Vergleiche oben Seite 249 u. 253.) In jener genannten Entfernung (zwischen Kojil und Debiosui) fanden wir nämlich auf breiten Strecken zwischen 800 und 1000 Par. Fufs Meereshöhe des Terrains, bis wir dann plötzlich und schnell hinabstiegen gegen die nur 350 Fufs hohe Ebne welche die Kama umgiebt. — Darauf aber, zwischen Morgunowa und Buikowa, fanden wir nun wiederum die vorherrschende Höhe der Erdoberfläche nicht bedeutender als die schon zwischen Kojil und Debiosui bemerkte. Auch erfolgte noch einmal bei Slatoustowsk eine Senkung, jedoch nunmehr nur um 250—300 Fufs unter das Niveau der vorherrschenden Erhebungsgränze, während doch weiter gegen Westen die breite Ebne der Kama um nahe 600 Fufs unter dem schon früher vorherrschend gefundnen Maximum der Terrainhöhe sich befand. —

Wir fuhren heute 97 Werst weit von Buikówa bis Kirgischansk. Das ebne und fruchtbare Ackerland welches Buikówa zunächst umgiebt, bleibt noch 10 Werst weit unverändert. Die reichen Kornfelder sollen den Bewohnern des grofsen Russischen Dorfes Kréstowosdwíjenskoe oder zur Kreuzeserhöhung gehören, welches 5 Werst östlich von dem Jrginsker Hüttenwerke gelegen ist. Dann folgt bis Atschitsk und weiter hin bis Bisersk (20W. u. 41W. von Buikówa) ein steiniger Landstrich. Die hier häufig sichtbaren Schichten eines mergligen Flötzkalkes haben nun nicht mehr das zernagte Ansehen und das löcherige Gefüge, welche westlich von der Jrgina (zwischen Kungur und Morgunowa) so auffallend waren. Nicht mehr sieht man nun die wallähnlich felsigen Hervorragungen welche in jener Gegend bemerkt werden, sondern ein ebnes Terrain erstreckt sich mit allmäliger Steigung bis Bisersk wo wir um 860 P. Fufs über dem Meere uns befanden. Nahe bei diesem Dorfe hat man durch eine hölzerne Brücke die Überfahrt über den Biserfluss erleichtert.

Die darauf folgende Strecke (25 Werst weit, von Bisersk bis Klenowsk) ist sehr stark hüglich, und zwar findet, während der ersten 16 Werst, ein fast fortwährendes Ansteigen Statt, bis man endlich in 1460 Par. Fuſs über dem Meere, den höchsten aller bisher berührten Punkte erreicht. Dann geht 8 Werst weit bis Klenowsk der Weg über so steile Abhänge, daſs wir zum erstenmale die dreisten Russischen Fuhrleute zu der Hemmung der Wagenräder ihre Zuflucht nehmen sahen. Das Absteigen bis Klenowsk beträgt 540 Fuſs, denn wir befanden uns an diesem letzteren Orte wiederum in nur 920 P. F. Meereshöhe. In der Umgegend des ansehnlichen Dorfes ist die Waldung ausgerodet und in der Nähe des Flüsschens Biser, welches den Ort von Norden her berührt, sahen wir gut bestellte Kornfelder. Steintrümmer, die während des Weges von Bisersk bis Klenowsk an der Oberfläche zerstreut lagen, bestanden immer noch aus derbem Kalke, waren aber hier von etwas dunklerer und bläulicher Färbung.

Sehr ähnlich bleiben die Erscheinungen bis zur nächsten Station Kirgischansk (31 Werst von Klenowsk). Bedeutendere aber stets bewaldete Hügelkuppen sind nun zu den Seiten des Weges sichtbar und auch auf der Straſse selbst hat man wiederum steil ansteigende Strecken zu überschreiten und befindet sich endlich zu Kirgischansk um 1240 P. Fuſs über dem Meere.

Nahe vor diesem Orte, in welchem wir die Nacht über verweilten, deuteten an der Oberfläche zerstreut liegende Hornquarzgerölle von mannichfaltiger meist grünlicher Färbung, und Kieselschiefergeschiebe auf einen Wechsel der geognostischen Verhältnisse. Sie liegen in einem thonigen, mit feinem Quarzsande gemengten Bindemittel welches an der Oberfläche stark verwittert ist.

Wir trafen zu Kirgischansk einige Fuhrwerke welche, von einem Bergwerksbeamten begleitet, eine Sendung der in dem Jekatarinburgschen Distrikte gewonnenen edlen Metalle (Gold und Platina) nach Petersburg beförderten.

Diese werthvolleren Produkte des Uralischen Bergbaues sind von jeher ebenso wie noch jetzt nur zu Lande ausgeführt worden, weil die Schifffahrt auf den Flüssen nicht immer gefahr-

los für die Ladung sich gestaltet. Nur aufserordentliche Sendungen
sind es indessen welche man um die gegenwärtige Jahreszeit ab-
fertigt; denn die eigentlich sogenannte Uralische Goldkaravane, an welche zu Jekatarinburg eine ähnliche von den Ko-
luiwánischen Hüttenwerken sich anschliefst, beginnt ihre Reise
schon im März. —

Die heute gesehnen Stationen Atschitsk, Bisersk, Klenowsk und Kirgischansk führen noch, im Munde der Einheimischen sowohl, als auch auf den Russischen Landkarten, den
Namen Festungen (Krjéposti). Die Spuren von Erdwällen
die man an einzelnen derselben bemerkt, zeigen dafs sie auch in
älteren Zeiten Nichts weiter als isolirte Schanzen von sehr kleinem Mafsstabe waren. Dennoch fanden sie sich stets hinreichend
zur Sicherung der Russischen Einwanderer gegen die Urbewohner, denn als die häufige Anlegung von Hüttenwerken das Wild
aus den Wäldern verscheuchte, wurden den hier ursprünglich ansässigen Jägerstämmen ihre alten Wohnsitze gar bald verleidet.
Sie verliefsen nun die von den Russen eingenommenen Gegenden und, mit feindlichen Absichten auf die Eroberer, kehrten
sie nur einmal, im Jahre 1774, dahin zurück, als der talentvolle
Kosak Pugatschèw, gegen die Landesregierung sich auflehnend,
auch die Ureinwohner zu Theilnehmern seiner räuberischen Unternehmungen zu machen wufste. Damals sollen noch die jetzt ver-
fallenen Schanzwerke den, zur Dämpfung des weit verbreiteten
Aufstandes abgesandten, Truppen gedient haben.

[August 31.] Von Kirgischansk bis Jekatarinburg.

Der erste Theil unsres heutigen Weges führte durch ein etwas
welliges Terrain, dessen tiefste Punkte jedoch nie unter dem Niveau von Kirgischansk (1240 P. F. über dem Meere) sich befanden, aber mehrmals zu etwa 200 Fufs über dasselbe sich erhoben. An den Abhängen der Hügel sieht man die Tannenwaldung häufig ausgerodet und üppige Heuschläge (Russisch: Sjenokósi, von Sjéna das Heu und kósitj, mähen) angeordnet.
Das gemähte Heu wird während des ganzen Jahres bis zum Augenblick des Gebrauches unter freiem Himmel aufbewahrt. Die
langen Aufschüttungen desselben weifs man durch eine aus Zweig-

holz sorgfältig gefügte Unterlage gegen Durchnässung von unten zu schützen. Die oben liegenden, der Nässe frei ausgesetzten, Theile der Haufen werden aber stets vom Gebrauche ausgeschlossen und bei der Üppigkeit des hiesigen Graswuchses gilt dieser Verlust nicht für beträchtlich. —

Das gestern erwähnte Hornquarzconglomerat hat in der Richtung von Westen gegen Osten nur einen schmalen Raum eingenommen, jenseits welches wir wiederum Kalkgebirge auftreten sahen.

Anderthalb Stunden nach unsrer Ausfahrt von Kirgischansk, als wir zwischen dem 14ten und 15ten Werstpfahle von jenem Orte uns befanden, sagten unsre Fuhrleute daſs wir hier die Gränze von Asien erreicht hätten.

Asien.

Als Gränze zwischen beiden Erdtheilen wurde hier von den Russen mit grofser Willkürlichkeit eine unbedeutende Hügelkette ausgewählt, welche um 200 P. Fufs über das umgebende Terrain (von 1200—1300 P. Fufs Gesammterhebung) hervorragt, und mit nördlichem Streichen eine secundaire Wasserscheide bildet, wie wir sie auf dem bisherigen Wege bereits häufig angetroffen hatten.

Gegen SW. wendet sich von hieraus ein kleiner Zufluss zur Ufa, gegen N. aber zur Tschusowaja ein andrer, Utka genannter, dessen oberen Lauf wir durch die um 200 Fufs unter unsrem gegenwärtigen Standpunkte gelegne waldige Umgegend von Grobówsk sich hinziehen sahen. Beide Wasser werden der Kama zu Theil.

Im Griechischen Alterthume hätte man einen Punkt welchen allgemeine Übereinstimmung für so bedeutungsvoll erklärt hat, sicher nicht ohne ein ansehnliches Denkmal gelassen, da man ja selbst auf dem Isthmus von Korinth eine Gränzsäule zwischen zwei räumlich höchst geringfügigen Provinzen durch die gewichtige Inschrift:

„Hier ist Pelopones und nicht Ionia"

und durch die auf der Kehrseite entsprechende:

„Hier ist Ionia und nicht Pelopones" *)

zu bezeichnen nöthig hielt. — Dafs man aber jetzt, so wie es

---

*) Strabo IX. 1. 392b.

hier geschehen ist, selbst die Gränze zweier Welttheile keines besonderen Abzeichens würdigt, ist ein erfreuliches Zeichen von der größeren Beweglichkeit welche den Erdbewohnern nunmehr zu Theil geworden ist. —

Dennoch hinterließen wir scherzweise ein Denkmal unsrer Reisegesellschaft an diesem Punkte, welcher für die Phantasie der Geographen einiges Interesse behält. Ein Papier welches die Namen der Wandrer und den Zweck ihrer Reise in Lateinischer Sprache aufgezeichnet enthielt, wurde in eine Flasche eingeschlossen und in der südlich vom Wege gelegnen Waldung vergraben.

Die Vorstellung einer spät erst erfolgenden Wiederauffindung dieses Andenkens war freilich für den Augenblick anziehend, hatte aber um so weniger Wahrscheinlichkeit als auch unser Russischer Begleiter, der alte Postillion von Kasan, der Vergrabung theilnehmend beiwohnte. Deutsche *) an diesem Orte waren ihm eine bestimmter auffallende Erscheinung, weil der Krieg ihn dereinst in ihr Vaterland geführt hatte; ja, durch einen sonderbaren Zufall, hatte er vor 15 Jahren in der Schlacht von Lützen seine jetzigen Waffen theils geführt, theils erbeutet, und brauchte sie heute, um, wie er sich ausdrückte, durch Freudenschüsse das Andenken an die entfernten Lande zu begrüßen.

Die dunklen Färbungen des dichten Kalksteines welchen wir hier fanden, und die ihn häufig durchziehenden Adern von Kalkspath machten es höchst wahrscheinlich, daß man schon hier ein Glied des Übergangsgebirges erreicht habe.

Die nächste Station Grobówskaja Krjépost liegt 10 Werst von diesem Punkte, an dem oben erwähnten Flüsschen Utka, dessen Niveau wir um 1300 P. Fuß über dem Meere erhaben fanden. Unter den Gesteinen der Umgegend sahen wir noch einmal Blöcke eines quarzigen Sandsteins, wahrscheinlich von gleichzeitiger Entstehung mit dem bei Kirgischansk gesehnen Conglomerate und auf eine noch einmalige Wiederkehr der Flözformationen deutend.

---

*) Deutsche, Njémzi als allgemeine Bezeichnung der Ausländer. Vergl. oben Seite 92.

Auf dem Wege von Grobówsk nach dem Hüttenwerke von Bilimbajéwsk (23 Werst weit) nahe an dem zuletzt genannten Orte setzten wir auf einer niedrigen hölzernen Brücke über die Tschusowaja und bei dem Hüttenwerke selbst befanden wir uns um 1240 P. Fufs über dem Meere. Der an verschiednen Punkten der Umgegend gebrochne Rotheisenstein wird hier verschmolzen und bei der Anlegung der Wege und Gebäude des schön eingerichteten Werkes hat man mächtige Felsenwände entblöfst. — Hier beobachtet man Wechsel des von Eisensteinmassen durchsetzten Kalkes mit echtem Thonsschiefer, und kann nicht mehr zweifeln dafs es eine Secundaerformation sei welche zu Tage ausgeht. Eine sehr interessante Erfahrung ist die Identität des hier gebrochnen Erzes mit dem welches man schon in der Umgegend von Irginsk, 15 Werst W. von Buikowa (siehe oben S. 278) durch ein sonderbares Verfahren zu fördern weifs. Dort werden, wie man uns erzählte, Bohrlöcher durch die zu Tage ausgehenden Flözschichten hindurch geführt, bis man Spuren des erwähnten Erzes erhält. In die mit Erfolge beendeten Bohrlöcher stecken die Arbeiter Holzstäbe auf denen durch Kerbe die Mächtigkeit der durchsunknen Schicht angedeutet ist, und erst wenn häufiger angetroffne Anzeigen eine gute Ausbeute versprechen, wird durch Schächte der Eisenstein gefördert. Man hat daselbst das Erz in sehr wechselnden Tiefen, zwischen 12 und 45 Arschinen (26,2 und 98,25 Par. Fufs, 28 und 105 Engl. Fufs) angetroffen, aber zugleich sehr deutlich eine, von NW. nach SO., dem Streichen des Hauptgebirges parallel gerichtete Folge ergiebiger Anbrüche bemerkt. Stellenweise höhere Hervorragungen des in der dortigen Niederung nur schwach von Flözschichten bedeckten Übergangsgebirges, werden durch diese Erfahrung bewiesen. — *)

Von Bilimbajéwsk aus erhoben wir uns drei Werst weit mit schneller Steigung, und erreichten am Ende dieser Strecke in einer Meereshöhe von 1510 P. Fufs, (270 P. Fufs über Bilimbajéwsk) den höchsten Punkt, welcher auf der Landstrafse von Perm nach Jekatarinburg sich findet. — Hier geht ein wahrer Glimmerschiefer zu Tage aus, den man indessen 5 Werst weiter, bei dem Hohenofen von Schaitansk

---

*) Näheres über die Niedrung der Irgina in dem geognost. Berichte.

wiederum durch einen von Quarzschnüren durchsetzten Thonschiefer verdrängt sieht.

Auf der Hälfte des 30 Werst langen Weges von Bilimbajéwsk zu dem Dorfe Reschötui zeigen sich Spuren eines Serpentinähnlichen Talkgesteines, dann aber, um wenige Werst weiter gegen Osten, findet man die ersten Trümmer Uralischen Granites, und zwar zuerst ein sehr quarzreiches Gestein mit grünlichem Glimmer und wenigem Feldspath.

Während die Landstraße von dem eben erwähnten höchsten Punkte bis nach Reschötui hin langsam absteigt, sieht man zu beiden Seiten des Weges überragende Bergspitzen, welche jedoch alle bis oben hinauf mit hochstämmigen Tannen bewachsen sind. Daß der Schnee auf diesen Gipfeln bis in spätere Jahreszeit als auf der Landstraße sich erhalte, hatten unsre Fuhrleute bemerkt, aber ebenso bestimmt versicherten sie, daß er mitten im Sommer an keinem derselben jemals gesehen worden sei. Nicht nur daß es möglich geworden ist eine Straße über den Ural zu legen welche nirgends um mehr als 1510 Par. Fuß über dem Meere sich erhebt, sondern man sieht hier auch daß in der nähern Umgebung dieses niedrigen Passes kaum ein über 2000 P. Fuß betragender Gipfel sich findet.

Als wir Reschötui uns näherten, sahen wir immer größere rundliche Granitmassen, mit Laubmosen überwachsen, aus dem Boden der dichten Tannenwaldung hervorragen. *) Das genannte Dorf liegt um 1120 P. Fuß über dem Meere.

Von dort aus findet drei Werst weit ein sanftes Ansteigen Statt, dann aber fährt man abwärts auf einer weit stärker geneigten Straße welche die scharfen Ränder des hier in mächtige Tafeln gespaltnen Granites äußerst uneben machen. Die einander Dachziegelartig überdeckenden Platten haben ein sehr regelmäßig geordnetes Ansehn und zeigen bei N. Streichen ein steiles Fallen gegen O.

---

*) Das Gestein ist hier grobkörniger als da wo man es zuerst antrifft und, wie wir später zu Jekatarinburg erfuhren, in der Umgegend von Reschötui reich an den bekannten Sibirischen Arendalit- (Epidot-) Krystallen.

Auf der Hälfte dieser letzten Station (10 Werst von Reschötui) befindet man sich in 800 P. Fuſs Meereshöhe auf der breiten Ebne welche Jekatarinburg umgiebt. — So befanden wir uns also wiederum in derselben Höhe, über welche wir gestern bei Buikówa, 180 Werst (25,7 geogr. Meilen) westlich von dem gegenwärtigen Standpunkte, uns zu erheben anfingen — ja, wenn wir früherer Erfahrungen uns erinnerten, in derjenigen Höhe welche schon bei Kojil, 540 Werst (77,2 geogr. Meilen) westlich von Jekatarinburg, vorherrschend war. Nur um 700 P. Fuſs haben wir während des Überganges über den Hauptrücken des Urals, 3 Werst östlich von Bilimbajéwsk, über diese mittlere Gränze uns erhoben.

Die breite Ebne welche, nur 350 Par. Fuſs über dem Meere erhaben, den Lauf der Kama bei Perm umgiebt, und die darauf folgende nur 600 Par. Fuſs hohe Ebne von Slatoúst und Irginsk gestalteten sich zwischen Kojil und Buikówa als Unterbrechungen jener vorherrschenden Terrainhöhe. — Weiter hin gegen Osten, von Buikówa bis Jekatarinburg, wird aber kein Beispiel einer ähnlichen Unterbrechung gefunden, denn dort sieht man vielmehr auch den Flusslauf theils in dem angedeuteten Niveau von 800 Par. Fuſs über dem Meere, theils auch, zwischen Klenowsk und Bilimbajéwsk, in bedeutenderen Höhen erfolgen und zwar namentlich trifft man bei Biſersk den Biſerfluss in 860 Par. Fuſs Höhe, bei Klenowsk denselben in 920 Par. Fuſs. Bei Grobówsk den obersten Lauf der Utka in 1300 Par. Fuſs und bei Bilimbajéwsk die Tschuſowaja nach einem schon 100 Werst langen Laufe (die Quellen des Flusses liegen 70 Werst südlich von Bilimbajéwsk) in 1240 Par. Fuſs Meereshöhe. Dann sieht man 30 Werst weit kein bedeutenderes Wasser, bis man wiederum in 800 Par. Fuſs Höhe das Niveau des Iſct bei Jekatarinburg erreicht.

Nur durch diesen wiederum geringer gewordnen Betrag der Gesammterhebung des Terrains, welcher durch die Höhe der Flussbetten sich ausspricht, überzeugt man sich bestimmter daſs der Pass zwischen Bilimbajéwsk und Reschötui wirklich den Hauptkamm des Gebirges bezeichne; denn nun weiſs man daſs längs einer durch Bilimbajéwsk senkrecht auf die Länge des

Ural gerichteten Linie, zu beiden Seiten des erwähnten Passes die Gesammtheit des Terrains sich erniedrigt.

Da wo man die Ebne von Jekatarinburg betritt, (10 Werst östlich von Reschötui) sieht man zuerst ein Lager geschichteten Quarzes, sodann aber bis zur Stadt Urgebirgs-schiefer wechselnd mit Lagern von Granit streifenförmig über den Weg sich hinziehen. Die Waldung ist hier dünner als an den Abhängen der Hügel. Zur Linken des Weges sieht man den länglichen Isetschen See *) und nahe an dem östlichen Rande desselben die Gebäude von Jekatarinburg.

---

*) Es ist dieser der kleinere der zwei vom Isetflusse gebildeten Seen. Der gröſsere derselben liegt um 10 Werst weiter aufwärts am Flusse.

V. Abschnitt.

Jekatarinburg und Reise längs des nördlichen Ural.

[August 31 bis September 2.]

Als wir Jekatarinburg erreichten, hatten wir bereits für 30 längs unsres bisherigen Weges gelegne Orte vollständige Beobachtungen über ihre magnetischen Verhältnisse angestellt, und begierig wurden nun einige Tage ruhiger Mufse dazu verwendet, das Gesammelte zu ordnen und zu untersuchen welche Andeutungen schon jetzt für die Zurückführung der Erscheinungen auf einfache Ursachen (vorwaltende Mittelpunkte der Kräfte oder magnetische Pole) sich ergeben möchten. Freilich kann auch hier nur eine mathematische Ableitung der Folgerungen aus jeder theoretischen Ansicht, und Vergleichung dieser Folgerungen mit den beobachteten Zahlen, über den Werth der Ansicht mit Sicherheit entscheiden, aber gewisse Zusammenstellungen des unmittelbar Beobachteten lassen schon den Gang der künftigen Untersuchungen vorhersehen. *)

Zuerst war es erfreulich zu sehen, dafs überhaupt eine sehr vollkomme Regelmäfsigkeit durch die einzelnen Ergebnisse hin-

---

*) Zur Erleichterung des Ausdrucks ist im Folgenden den **magnetischen Erdpolen** einstweilen die nur angenähert wahre Bedeutung von Mittelp. der Kräfte beigelegt, da sie doch streng genommen Nichts weiter sind als Mittelp. der Erscheinungen. Nur in dem letzteren Sinne ist von ihrem Vorhandensein in begränzter und bestimmter Anzahl die Rede, ohne zu leugnen dafs in einer strengen dynamischen Theorie man vielleicht sogar **unendlich viele anziehende Punkte** anzunehmen habe.

durchging, denn für jeden der drei Gesichtspunkte unter welchem die magnetischen Erscheinungen betrachtet werden: für die Neigung, die Abweichung und die Intensität der wirksamen Kraft, zeigte sich eine continuirliche Abhängigkeit von der geographischen Lage der Orte, so dafs, bei gleichbleibender Richtung eines längeren Wegstückes, in der Zahlenreihe welche auf irgend eines dieser drei Phänomene sich bezog, meist immer gleichartige, nicht aber sprungweis verschiedne, Änderungen wahrgenommen wurden. So war also erwiesen dafs die Gesetzmäfsigkeit, deren Auffindung uns oblag, wirklich vorhanden und dafs nicht, wie man in den letzten Zeiten oft behauptet hatte, die magnetischen Erscheinungen für jeden einzelnen Landstrich durch lokale Anziehungspunkte bedingt seien. Auf endliche Auffindung durchgehender Beziehungen zu magnetischen Polen in geringer Anzahl, durfte man also nun zuverlässiger hoffen.

Aber auch weit bestimmtere Nachweisungen hatten wir bereits gewonnen. Bekanntlich war nun dem Prüfstein der Erfahrung zunächst die theoretische Frage zu unterwerfen, ob man in jeder Halbkugel der Erde nur einen magnetischen Pol zu denken habe, oder ob man deren zwei anzunehmen genöthigt sei. Jedes einzelne der drei betrachteten Phänomene entschied schon jetzt äufserst bestimmt für das Letztere. — Verband man nämlich durch continuirliche Linien diejenigen Orte der Erde, an welchen wir gleiche Neigungen der magnetischen Kraft gegen den Horizont beobachtet hatten, so zeigte sich dafs in der Nähe des Meridianes von 47°,1 östlich von Paris (d. h. in der Gegend von Metjäschka, Abschnitt IV. August 20 u. 21) diese Linien mit den Breitenkreisen der Erde völlig parallel wurden; westlich und östlich von diesem Meridiane aber nach Süden von den Breitenkreisen sich abbogen, so dafs sie an genanntem Punkte einen gegen den geographischen Nordpol convexen Scheitel bildeten. Will man nun aber nur eine magnetische Axe d. h. in jeder Hemisphäre nur einen Anziehungspunkt annehmen, so gestalten sich die Linien gleicher Neigung als Parallelkreise um diesen Punkt, und sie können alsdann gegen den geographischen Pol convexe Curvenscheitel nur auf dem Stücke eines Erdmeridianes haben, welches zwischen dem genannten magnetischen Anziehungspunkte und dem nächsten geographischen Pole enthalten ist. So hätte man also, um unsren Beobachtungen durch diese Hypothese zu entsprechen, den Anziehungspunkt in der Nordhalbkugel der Erde mit **Metjäschka** in gleicher Länge und noch bei weitem südlich von diesem Orte annehmen müssen, und es würde ein unauflösbarer Widerspruch entstanden sein mit den Erfahrungen **Parrys**, durch welche ein magnetischer Pol in $253°,7$ L. O. von **Paris** und in $73°$ Breite mit Bestimmtheit nachgewiesen ist. So blieb denn zunächst nur die Annahme eines **zweiten, noch östlich von unsrem dermaligen Standpunkte gelegnen Hauptsitzes** der Kräfte zur Erklärung der bisher von uns beobachteten Gestalt der isoklinischen Linien übrig. Nahm man nämlich einen solchen coëxistirend mit dem von **Parry** nachgewiesenen an, so sah man leicht dafs **zwischen** dem Meridiane dieser beiden Anziehungspunkte es Orte geben müsse, von welchen aus man die Neigung in demselben Sinne sich ändern sähe, man möge in einer gewissen oder in der direkt entgegengesetzten Richtung auf der Erde sich fortbewegen. Namentlich an Orten für welche jeder der Pole (wenn er für sich allein existirte) **dieselbe** Neigung hervorriefe, oder was identisch ist, an Durchschnittspunkten zweier auf denselben Grad der Neigung bezüglichen, aber eine jede durch einen andren Pol entstandenen isoklinischen Linien, wird alsdann dieses Verhältnifs sich ereignen. Oder auch, wenn man die Gestalt der isoklinischen Curven durch die Zusammenwirkung zweier Pole sich entstanden denkt, so bezeichnet ein convexer Scheitel, wie der welchen wir bei **Metjäschka** erreichten, die Gränze der zwei Bezirke in welchen je einer der zwei Pole vorherrschend auf die Neigungserscheinungen wirksam ist. — Je weiter wir nun gegen Osten fortschritten, um desto reiner und ungestörter durch den **Parry**'schen Pol mufsten die **isoklinischen Linien** sich gestalten als Kreise um den gesuchten und seiner Existenz nach so bestimmt angedeuteten Anziehungspunkt. Die von **Metjäschka** an bereits eingetretne SOliche Richtung der **Linien gleicher Neigung** (sich aussprechend durch Zunahme der **Neigung** während gleichbleibender Breite und östlichen Fortschreitens) hatte aber schon eine Bestätigung dieses Verhaltens geliefert. —

Ebenso ausgesprochen hatte auch auf die von uns beobachteten **Intensitäten der magnetischen Kraft** die Wirkung eines von dem **Parry**'schen verschiednen Poles sich geäufsert. Die Linien welche die Orte der Erde verbinden, an denen gleiche magnetische Kraft beobachtet worden ist (isodynamischen Linien) hatten schon unter dem Meridiane von **Petersburg** einen convexen Scheitelpunkt uns gezeigt und in östlich von dort gelegnen Gegenden eine so ausgesprochne SSOliche Richtung angenommen dafs man zu schliefsen berechtigt war, der **Asiatische Magnetpol** erstrecke seine vorherrschende Wirkung in Bezug auf **Intensitäts-erscheinungen** weiter noch gegen Westen als in Bezug auf das Phänomen der **Neigung**. — Linien die, wenn der **Nord-Amerikanische Pol** allein in der Nordhalbkugel vorwaltete, auf unsrem bisherigen Wege eine Richtung gegen ONO. gehabt haben und bei östlichem Fortschritte immer mehr und mehr dem Parallelismus mit den geographischen **Breitenkreisen** sich hätten nähern müssen, zeigten nun eine SSOliche Richtung und wurden geographischen **Meridianen** um so ähnlicher je weiter wir gegen Osten uns fortbewegten.

Beim Fortschreiten auf einerlei geographischem Parallel hatten wir äufserst **schnelle Zunahme** der Intensität als Beweis unsrer Annäherung an einen vorherrschenden Anziehungspunkt gefunden. Von dem **Parry**'schen Pole aber hatte unser bisheriger Weg uns langsam aber continuirlich entfernt, und eine allmälige Verminderung der magnetischen Kraft hätte unausbleiblich erfolgen müssen, wenn nicht der **Asiatische** Anziehungspunkt dem Verluste kräftigst entgegengewirkt hätte. — Grade diese neuen Bestätigungen der von Herrn **Hansteen** glücklich präsagirten Existenz zweier magnetischen Hauptregionen in der Nord-Halbkugel, waren erwünscht, denn wenn auch einige frühere Beobachtungen der magnetischen Abweichung in **Russland**, bereits Ähnliches angedeutet hatten, so waren doch Neigungsbeobachtungen daselbst nur äufserst vereinzelt vorhanden, Intensitätsbestimmungen aber durchaus niemals angestellt worden. —.

Dafs wir ein Stück der Linie ohne Abweichung zwischen **Osáblikowo** und **N. Nowgorod**, 41°,4 O. Länge von **Paris**, gefunden hatten und dafs von dort ab bis nach **Jekatarinburg**, die östliche Abweichung bereits bis zu 7° sich vermehrt hatte, war ein eben so kräftiges aber schon früher bekanntes Argument für die Unzulänglichkeit der Annahme von nur einer Magnetaxe; denn wäre nur durch den Nord-Amerikanischen Pol eine solche gerichtet, so hätte sogar noch bis auf 15° östlich von Jekatarinburg der Bezirk der Westabweichung sich erstrecken müssen.

Die Linien gleicher Intensität und die gleicher Abweichung waren in der zuletzt durchzognen Gegend, so nahe senkrecht gegen die Richtung unsres Weges gewesen, daſs unsre Beobachtungen mehr den gegenseitigen Abstand auf einander folgender als die Gestaltung einer derselben kennen lehrten; deſshalb war, nach dem bisherigen Fortschreiten unter einerlei Parallelkreis, nunmehr eine gegen Norden gerichtete Expedition für den Hauptzweck unsrer Reise höchst wünschenswerth.

Hier zu Jekatarinburg aber ward bald eine andre Veranlassung zu einem Ausfluge dieser Art durch den lebhafter werdenden Wunsch nach einer näheren Kenntniſs des nördlichen Ural gegeben. Bei Übersteigung der unansehnlichen Pässe von Bilimbajéwsk und Reschötui wird man zwar fast zur Geringschätzung dieses Gebirges geneigt, und auch hier, in der weithin offnen Ebne welche die Stadt umgiebt, sieht man nirgends einen Berggipfel hervorragen, oder auch nur ansehnliche Felsmassen, die an Gebirgslandschaften erinnert hätten; aber um desto räthselhafter erschien nunmehr der mineralische Reichthum der Umgegend, der zu Jekatarinburg bei jedem Schritte sich bestätigt. Fragten wir nach den Erzen, welche in den rauchenden Hüttenwerken des Ortes verarbeitet, in den groſsartigen Münzhöfen geprägt werden, nach den kolossalen Blöcken mannichfaltiger Gesteine welche man vor den Thüren der Schleifmühlen liegen sieht oder nach den Edelsteinen endlich welche ein Heer von Händlern zum Kauf uns anbot — so wurden stets die Uralischen Werke (Urálskija Sawódi) als Quellen dieser mannichfachen Naturprodukte genannt. — Hier befremdet also eine Ausnahme von dem gewöhnlichen Zusammentreffen der zwei Eigenschaften welche die Aufmerksamkeit des Beobachters der Erdoberfläche vorzugsweise erregen. Trotz groſser Mannichfaltigkeit der den Boden bildenden Massen sind hier die Unebenheiten desselben, sogar nach dem üblichen Maſse der Körpergröſse des Menschen, von äuſserst geringer Bedeutung, und diese Sonderbarkeit allein reicht schon hin um sehr denkwürdige geognostische Verhältnisse voraussehen zu lassen.

Auch hier ist die Stadt der Schlüssel für die Umgegend, und um einen Besuch der Bergwerksgegend des nördlichen Ural zu erleichtern, um vorläufige Andeutungen über die dort zu erforschenden Gegenstände zu gewinnen, muſste einige Bekanntschaft mit den Bewohnern von Jekatarinburg angeknüpft und ihre Lebensart und Beschäftigung sorgfältig beachtet werden. —

Hier in der regsamen und reichen Gegend, an dem Scheidepunkte der Landstraſsen die aus Europa sowohl als aus Asien zum südlichen und nördlichen Ural *) führen, hat sich denn auch wieder einmal die Anlegung eines Wirthshauses für den Unternehmer belohnend gezeigt. Sogar auf zierliche Anordnung des Innern ist der Besitzer dieses Hauses bedacht gewesen, und hat z. B. die Wände der Zimmer mit papiernen Tapeten (oboi) von Russischer Fabrik bekleidet.

Wir trafen hier Beamte von den nördlichen Uralischen Werken und Kaufleute von Tjumen und Tobolsk welche theils mit eingetauschten Waaren von dem Jahrmarkte zu N. Nowgorod in das Innere von Sibirien zurückkehrten, theils erst jetzt, von ihren Wohnorten aus, nach den kleineren Markt von Irbit (in grader Linie 160 Werst NOtO. von Jekatarinburg) sich begaben.

Der Jahrmarkt von Irbit hat in den neuesten Zeiten an Bedeutung verloren. Früher war er der eigentliche Mittelpunkt des Pelz- und Theehandels, denn Sibirische Kaufleute brachten fast ausschlieſslich dorthin das bei den östlichen Jägervölkern gesammelte Rauchwerk so wie die zu Kjachta eingetauschten Waaren und überlieſsen sie den Händlern des Europäischen Russlands, welche nach Beendigung der groſsen Messe an der Wolga alljährlich nach Irbit sich begaben.

---

*) Nach dem hier üblichen Sprachgebrauche gilt Jekatarinburg für den Gränzpunkt des sogenannten nördlichen und südlichen Bergwerksdistriktes die man durch Séwernuie sawódi und júınie sawódi d. h. die nördlichen und südlichen Werke bezeichnet.

Gleichzeitig auch fanden **Armenische** und **Griechische**
Kaufleute in Menge zu **Irbit** sich ein und erstanden das Pelzwerk
grofsentheils gegen **Englische Waaren**, welche sie in der Levante aufgekauft hatten. Die feinsten **Englischen** Zeuge gelangten damals auf diesem Wege zu ziemlich mäfsigen Preisen nach
Sibirien, und nur so kann man verstehen wieso das im Jahre
1807 auch von der **Russischen** Regierung erlassene Verbot der
Einfuhr **Englischer Waaren**, die **Armenier** sowohl als die
Griechen von **Irbit** hinwegzubleiben bewog, und wie dadurch
die dortige Messe ihre frühere Bedeutsamkeit einbüfste. Von dieser Zeit an geschah es weit häufiger, dafs **Sibirische** Händler
theils selbst nach **Nijnei Nowgorod** reisten, theils auch zu **Jekatarinburg** oder an andren Punkten der Heerstrafse, ihre
Waaren den ihnen entgegenkommenden **Europäischen** Kaufleuten überliefsen.

Die Handelsgeschäfte welche jetzt noch zu **Irbit** geführt werden, sind denjenigen ähnlich geworden deren wir bei östlicher
gelegnen Städten **Sibiriens** zu erwähnen haben werden. Den
eingebornen Bewohnern der Umgegend ist es nämlich von früher
her zur Gewohnheit geworden, alljährlich einmal in der Stadt sich
einzufinden um die unentbehrlichsten und gangbarsten Kunstprodukte theils für Geld zu erstehen theils gegen den nicht sehr bedeutenden Ertrag ihrer Jagd einzutauschen. Diese hier ungleich
weniger als an östlicher gelegnen Orten einträgliche Art von Verkehr ist ausschliefslich in den Händen der in **Sibirien** ansässigen
Kaufleute. — Die mineralischen Produkte des **Ural** aber werden
zu gröfstem Theile direkt nach der **Wolga-Messe** befördert. —

Dafs unmittelbare Verbindungen der Jägerstämme des nördlichsten **Sibirien** mit den Handelsvölkern des südlichen **Asien**
in den ältesten Zeiten und bei weitem vor Ankunft der **Russen**
jenseits des **Ural**, bestanden, beweisen die bei den Ansässigen des
Nordens häufig vorgefundnen Traditionen. (Vergleiche Abschn. VIII.
Beresow.) Herberstein benutzte die Angaben eines vor seiner Zeit (vor 1600) nach dem nordwestlichen **Sibirien** gereisten **Russen** und erzählt wie man dort **Perlen** und **Edelsteine**
bei den Jagdvölkern vorgefunden habe und wie gewisse, stets von
der Gegend des **Irtuisch** her, karavanenweise ankommende Leute

von schwarzer Hautfarbe, diese Reichthümer den Hyperboräern gegen Pelzwerk überlassen haben. (Comment. rer. Moscovit. Basil. 1571. pag. 82. B.) Wer zu Nijnei Nowgorod die von der Sonne geschwärzten Bucharischen Kaufleute und ihre Unermüdlichkeit im Reisen kennen gelernt hat, (oben Seite 195) kann über die wahre Deutung dieser Erzählung durchaus nicht zweifelhaft bleiben. Aber schon bei weitem früher, im dreizehnten Jahrhundert, erfuhr Marco Polo im südlichen Asien wo er seine Nachrichten sammelte, dafs von dorther betriebsame Kaufleute im Winter bis in den finsteren Norden reisten um Pelzwerk einzutauschen, und dafs sie auf Schlitten die man schon damals (wie noch jetzt an etwas östlicher gelegnen Orten) mit Hunden zu bespannen wufste, ihre Waaren mühsam bis in die gebirgige Gegend befördert haben, in welcher der Pelzhandel vor sich gehe. *) Diese süd-Asiatischen Kaufleute allein dürften durch ihr Wandertalent sogar die Sibirischen Händler, um so mehr aber alle übrigen Bewohner der Erde übertreffen. So wie sie es waren welche in jenen entfernten Jahrhunderten von einer der ausschliefslichsten Eigenthümlichkeiten des Nordens, von der Hundefahrt, eine Nachricht in ihre des Winters unkundige Heimath zurückbrachten, so vermochten umgekehrt auch noch jetzt Armenische Kaufleute ihren Russischen Geschäftsfreunden ein Unerhörtes mitzutheilen, wenn sie erzählten wie auf ihrem Wege von Konstantinopel über das Indische Hochgebirge durch China nach der südlichen Gränze von Sibirien, sie unter andren auch der Schafe als Lastthier sich bedient hatten. **)

---

*) Ramusio delle navigazioni e viaggi. Vol. II. fol. 3.

**) Die Armenischen Kaufleute Grigori und Daniel Athanasow hatten 16 Jahre auf einer Handelswanderung von Konstantinopel bis Semipalatiask durch Kurdistan, Afghanien, Kabul, das Gebirge von Tibet und China zugebracht, und schrieben darüber in Russ. Sprache die in Sibirskji Wjestnik 1824 tom I. abgedruckte Notiz (eine Übersetzung davon habe ich in Bergh. Annal. d. Erdk. Jahrg. 1832 mitgetheilt). Der Name ihres Handelsherrn Micháilow läfst kaum einen Zweifel über die Russische Abkunft dieses Mannes, und man erhält einen neuen Beweis von dem grofsartigen Unternehmungsgeist der mit Unrecht verachteten Borodatschi (vergl. oben Seite 94). Dafs Michailow Armenische Com-

Sibirische Kaufleute welche von Tobolsk und Jakuzk aus, ihre Wanderungen sowohl nach Kamtschatka als längs der Flüsse bis zum Eismeere erstrecken, bedienen sich nur derjenigen Transportmittel für Menschen und Waaren, welche wir auch auf unsrer Reise nach einander kennen lernten und im Verfolge des Berichtes einzeln erwähnen; namentlich **des Fahrens für Menschen und Waaren:**

1. auf Wagen mit Pferden
2. auf Schlitten mit Pferden
3. auf Schlitten mit Rennthieren
4. auf Schlitten mit Hunden;

des Reitens und Saum-Transports der Waaren:

5. auf Kameelen
6. auf Ochsen
7. auf Pferden
8. auf Rennthieren
9. der Fußwanderung bei Transport der Waaren auf Menschenrücken und
10. der Fluss-schifffahrt in sumpfigen Landstrichen während des Sommers.

Aber die Anwendung des Schafes als Saumthier ist ein 11tes den Sibiriern durchaus fremd gebliebnes Mittel des Landtransportes. —

Nächstdem waren es, wie schon erwähnt, die Händler mit geschliffnen und geschnittnen Edelsteinen, deren Bekanntschaft hier zu Jekatarinburg dem Reisenden gar bald sich aufdrängte. — Männer, Weiber und Kinder bieten diese zierlich gearbeiteten und

---

mis (prikáschtschiki) zu seiner Handelsexpedition ausersehen hatte, kann nicht befremden, denn, bei völliger Kenntniſs der Sitte und gangbaren Handelssprache des Südens, sind grade die Armenier wegen Gleichheit der religiösen Meinungen stets am meisten zu Bündnissen mit den Russen geneigt. Wie alle übrigen Handelsstämme Asiens, die Russischen Sibirier mit eingeschlossen, belebt aber auch diese ein wahrer Instinkt des Wanderns, und bei ernstlich auf einen bestimmten Zweck gerichtetem Willen fügen sie sich biegsam in jegliche Sitte; die Fischkost der Ostjaken und die reiche vegetabilische Nahrung des Südens gelten denen gleich, die den Begriff sogenannter Beschwerden nicht kennen.

werthvollen Gegenstände feil, und zwar theils für Rechnung reicherer Kaufleute, welche Edelsteingruben besitzen und das Geförderte hier im Orte verarbeiten lassen; theils gehört der Ertrag den Steinschleifern selbst, welche den meist geringen Preis der rohen Materialien zu bezahlen vermögen. — Es sind hier mehrere eigenthümliche Benennungen für die am häufigsten verarbeiteten Steinarten üblich geworden. Die Topase, welche sich hier stets durch völlige Farblosigkeit und wasserhelles Ansehn vor den bekannten honiggelben Abänderungen dieses Steines auszeichnen die in Deutschland und Brasilien sich finden, werden von den Händlern tje*j*olowj*é*si d. h. die schwerwiegenden oder gewichtigen Steine (tje*j*ólui schwer, und wje*s*, Gewicht) genannt. Der Amethyst führt auch hier den in Europa üblichen Namen, alle sonstigen Abänderungen des Bergkrystalls hingegen nennt man fälschlich Topási und die Entstehung dieses Gebrauches ist leicht zu erklären durch ein Mifsverständnifs des auch hier für die dunkleren Abänderungen der Bergkrystalle angewendeten Trivialnamens Rauchtopas (Russisch: duimtschátui Topas von duim, der Rauch). Aufserdem werden auch aus den mannichfaltig gefärbten Jaspisarten, die hier den auch bei den Russischen Mineralogen gebräuchlichen Namen Jáschma führen, kleinere Kunstgegenstände durch die erwähnten Privatarbeiter angefertigt. Wie man dieselben im Grofsen auf den für öffentliche Kosten betriebnen Schleifwerken der Stadt verarbeitet, wird späterhin (1828 September 30) näher zu erwähnen sein.

Mannichfaltige Geschmeide verfertigen die Steinhändler aus den Topasen, Amethysten und den wasserhelleren Abänderungen des Bergkrystalls. Die Steine versteht man zu diesem Behufe äusserst zierlich und geschmackvoll zu schleifen; in der Anordnung der Fassung ist man weniger geschickt, doch ist die gewöhnlich Statt findende zu grofse Schwere derselben für den Käufer nicht nachtheilig, weil das dazu angewendete Gold aus den hiesigen Schmelzwerken entnommen wird, und in dem ihm dort gegebnen Zustande der Reinheit von 7,1 Silber und 3,6 bleiischen Kupfers auf 89,3 reinen Goldes, verbleibt.

Aufserdem ist die Schleifung von Petschaften aus Amethysten, Bergkrystallen und Jaspis eine Hauptbeschäftigung dieser Privatarbeiter, und in der Kunst des Einschneidens von Buchstaben und mannichfachen Figuren in die harten Gesteine haben sie es, meist nur durch eigne Versuche, zu grofser Vollkommenheit gebracht. Auch der Handel mit unverarbeiteten Steinen wird von ihnen sehr eifrig betrieben. Namentlich sieht man Aquamarine theils von Mursinsk (unten Abschn. VI) theils aus dem Nertschinsker Grubendistrikte. Die letzteren sind die geachtetsten und sie unterscheiden sich stets durch eine eigenthümliche Längenstreifung im Innern der durchsichtigen säulenförmigen Krystalle. — Wir besuchten einzelne dieser Arbeiter und sahen bei ihnen die einfachen Drehbänke, deren sie sich zu ihrem Gewerbe bedienen. Die weicheren Steine schneiden sie mittels eiserner, die härteren aber durch kupferne runde Scheiben welche die Drehbank um ihre Axe bewegt. Auf die schleifenden Metallstücke wird theils ein am Ural häufig vorkommender eisenschüssiger Jaspis in Pulvergestalt als Schleifmittel aufgetragen, theils, bei härteren Gesteinen, wahrer Schmirgel den man durch den Handel aus Deutschland bezieht. Um die einmal erlangte Geschicklichkeit vielfältiger zu benutzen, graviren sie auch oft Namenzüge und sinnreiche Slavonische Denksprüche in metallne Petschafte, welche durch die reisenden Sibirischen Kaufleute nach den Märkten befördert werden.

Grofse Reinlichkeit herrscht in den bescheidnen Holzhäusern dieser betriebsamen Handwerker. Sie sind meist freie Bürger die, trotz erspriefslichen Wohlstandes, stets bei der volkthümlich einfachen Kleidung und Lebensart beharren. Eine sehr regelmäfsige und schöne Gesichtsbildung haben wir, besonders bei den Frauen dieser Volksklasse, vorherrschend bemerkt.

Sowohl diese Handwerker als auch die meisten der überaus reichen Kaufleute von Jekatarinburg bekennen sich zu der Religionssekte der Altgläubigen (starowjérzi); die leztgenannten aber so, dafs sie an einen der Hauptgrundsätze dieses Bekenntnisses: „nur was aus dem Munde gehe entheilige den Menschen" durchaus nach dem strengen Wortsinne sich halten, und daher den Tabaksrauch und gewisse Mifsbräuche der Rede verabscheuen, sonst aber mit äufserster Üppigkeit der übrigen sinnlichen Lebensgenüsse sich erfreuen.

Von der orthodoxen Griechischen Lehre abgefallne Sekten haben besonders in der Uralischen Gegend noch während der letzten Jahrzehnte sehr häufige Anhänger gefunden; so erinnerte sich z. B. der Geistliche, zu dessen Kirchsprengel das oben (Seite 278) erwähnte Irginsker Hüttenwerk gehört, daselbst in früherer Zeit nur 10 Roskolniki gekannt zu haben, während jetzt die ganze, aus 1000 Familien bestehende, Bevölkerung dem altgläubigen Bekenntnifs sich zugewendet hat. Auch hier hat man denjenigen unter ihnen, welche Geistliche anerkennen und daher popówtschie genannt werden, eigne Kirchen gestattet, und diese Gemeinden erhalten ihre Priester aus den altgläubigen Klöstern von denen das bedeutendste im Sarátowschen Gouvernement unter dem Namen Irkíski Monastùir, andre auch in der Nähe von Kiew gelegen sind. — Durch sehr mannichfaltige Gestaltungen der Sekte und durch die bei allen herrschende strenge Geheimhaltung ihrer Gebräuche, sind die orthodoxen Russen veranlafst worden, den Altgläubigen im Allgemeinen Eigenthümlichkeiten zuzuschreiben, welche theils offenbar ungegründet sind, theils nur lokalen Verbindungen der Priesterlosen (bespopówtschie) zukommen.

Zu den ungegründeten Vorwürfen gehört zunächst die Behauptung als erlaubten sie sich Wortbrüchigkeit gegen Andersgläubige nach dem Grundsatze: haereticis non est habenda fides, denn ganz im Gegentheile hat neben lobenswerther Betriebsamkeit auch grade eine strenge Erfüllung ihrer Verpflichtungen den Altgläubigen bei der Landesregierung stets Duldung und Schutz verschafft. Dafs sie die Evangelischen Worte: „ihr sollt euch unter einander lieben" auf einen sehr uneingeschränkten Umgang zwischen beiden Geschlechtern gedeutet haben, hat offenbar mehr Wahrheit, und wenn auch nur bei einzelnen Abzweigungen der Sekte dadurch fast gänzliche Auflösung der ehelichen Verhältnisse erfolgt ist, so sind doch auch bei den übrigen, Wirkungen dieser Ansicht nicht zu verkennen. So ist es in Jekatarinburg sehr bekannt, dafs die altgläubigen Weiber und Mädchen des Hüttenwerkes Tagilsk, obgleich sie ebenso wie ihre übrigen Glaubensgenossen es für Sünde halten Speise oder Trank aus einem Gefäfse zu nehmen welches der Mund eines Andersgläubigen berührt hat, dennoch den ihnen als Ketzer Erscheinenden durchaus ebenso wie den Männern ihrer Sekte in Liebesverhältnissen stets und aufs äufserste willfährig sind. Wie andre, namentlich in Sibirien noch angetroffne, Sektirer in direkt entgegengesetzten schwärmerischen Wahn verfallen sind, werden wir unten (Abschnitt VII.) erwähnen.

Unter den Russischen Namen welche man einzelnen Klassen von Sektirern beilegt, sind mehrere nur spottweise von den Orthodoxen gebildet worden. So spricht man von den Súsliniki und nennt sie also, weil sie sich mit súslo, d. h. dem zuerst geschöpften stärkeren Theile des in den Russischen Landhaushaltungen gekochten Bieres, häufig berauschen sollen. Diese auch sind es welche man der gesetzlosen Liebe am meisten beschuldigt, und von denen namentlich behauptet wird dafs jährlich einmal, nach vollendetem feierlichen Gottesdienste, die ganze versammelte Gemeinde in einem finsteren Raume sich entkleide, und den Ausschweifungen ebenso sich hingebe wie es im Nördlichen Amerika unter andren bei den Keres-Indianern unfern Sta Fé in Neu-Spanien gebräuchlich ist *) und wie auch Herodot von den zu seiner Zeit im südlichen Russland wohnenden Agathyrsen berichtet. **) Dieselben Susliniki sollen an die Stelle der Marienbilder, einem verkleideten Mitgliede der Gemeinde ihre Ehrfurcht bezeugen; ich weifs jedoch nicht ob auch diese Repräsentantinn der Gottheit hernach zu den erwähnten menschlichen Schwächen sich hinabwürdige.

Andre nennt man die Karúitniki weil sie, um Bufse zu üben, in einer aus Lindenbast geflochtnen Mulde (Karúita) bewegungslos liegen. ***) — Ausgezeichnet durch die martervollen

---

*) Pike Exploratory travels through the western territories of North America. London 1811. 4to. Seite 342.

**) Lib. IV. Cpt. 104. „Die Agathyrsen haben die sanftesten Sitten „(ἀβρότατοι νόμοι)... es herrscht völlige Gemeinschaft der Weiber, „damit allgemeine Blutsverwandtschaft eintrete und damit, durch „diese verbunden, sie weder Mord noch Feindschaft gegeneinander „ausüben." — Bemerkenswerth ist, dafs auch der oben erwähnte Stamm der Keres von Pike als der sanfteste und friedfertigste unter allen Indianern geschildert wird.

***) In einem der uralten Volkslieder, welche man noch jetzt bei den in der Weihnachts- und Neujahrswoche üblichen Weifssagungscere-

Kasteiungen welche sie sich anthun, sind die hier ebenfalls häufigen **Molokani**. Zu der, besonders hier, bei dieser Sekte angetroffnen Verblendung, sich einen qualvollen Feuertod zu erwählen, mag sie vielleicht ihre hüttenmännische Beschäftigung näher veranlafst haben. Auf dem Hüttenwerke von **Miask** haben es die jetzigen Einwohner erlebt, dafs ein **Molokan** einen Holzstofs um sich aufhäufte und ihn anzündete, nachdem er sich durch Festbindung an einem Baume vor dem Entfliehen gesichert hatte.

Die prächtigen steinernen Häuser mehrerer der **Jekatarinburg**schen Kaufleute würden auch einer **Europäischen** Hauptstadt als Zierde gereichen, und der äufseren Vollendung der Wohnungen entspricht auch im Übrigen das Wohlleben ihrer Besitzer; denn dafs Viele derselben noch jetzt Leibeigne sind und alljährlich einen wahrhaft königlichen Tribut ihren Lehnsherren bezahlen, gilt auch hier kaum für ein drückendes Verhältnifs.

Eine grofse Zahl von Beamten welche mit dem Bergwesen und mit einigen andren Zweigen der Verwaltung beschäftigt sind, bilden den übrigen Theil der Bevölkerung von **Jekatarinburg**.

---

monie singt und welche wir später (Abschnitt IX Januar 13.) bestimmter erwähnen werden, wird ebenfalls von dem Sitzen in der sogenannten **Karúita** gesprochen, jedoch scheint es sich daselbst mehr um einen Wahrsagungsversuch als um eine Bufsübung zu handeln.

> Sitz' in der **Karúita**
> Erspähe Gewinnst!
> Noch sitze ich still,
> Noch späh' ich hinaus,
> Noch harr' ich geduldig,
> Da kommt mir's ins Haus:
> Gewinnst auf den Hof,
> Hundert Rúbl' auf den Tisch. —

Nowjéischji wseóbschtschji pjésennik. A. Kalatílinuim Moskwa 1810^{ago} goda. Tsch. III. Nr. 259. — Zu bemerken ist jedoch dafs zu dieser letzteren Anwendung des veralteten Wortes vielleicht zum Theil nur die spielende Assonanz zwischen den Worten: **karúita** und **korúistj** (oft, und vorzüglich von den **Moskowiten**, ausgesprochen **karúistj**) der Gewinnst, veranlafst haben kann, denn im **Russischen** lauten die ersten Verse:

> Na karúitje *sijù*
> Ja korúisti gljajù etc. etc.

V. Abschnitt. 1828. August bis September.

Diese theilen zwar niemals mit den vorgenannten Ständen die besondren religiösen Grundsätze und die sonstigen alterthümlichen Sitten, haben sich aber durch langen Aufenthalt genugsam mit ihnen befreundet. Die Familien der Bergbeamten sind grofsentheils schon seit einigen Generationen in dem Uralischen Distrikte ansässig; viele derselben sind Deutschen Ursprungs, da aber in der letzten Zeit die Männer stets sehr frühzeitig nach Petersburg geschickt und in der dortigen Erziehungsanstalt für Bergleute aufgenommen wurden, so besitzen sie jetzt nur selten noch eine Kenntnifs ihrer ursprünglichen Muttersprache oder anderweitige Spur ihrer Abkunft.

Das Äufsere der Stadt ist sehr freundlich und anziehend und, trotz vieler Eigenthümlichkeiten, erinnert es an reiche Europäische Fabrikorte.

Auf der Ebne welche das süd-östliche Ufer des Isetsees und den ihn durchströmenden Fluss gleichen Namens umgiebt, sind die Gebäude über einen weiten Raum vertheilt. Eine zierliche Brücke führt über den Fluss, an der Stelle wo man durch Eindämmung das Wasser desselben zum Betriebe mannichfacher Hüttenwerke gespannt hat. Hier liegen auf dem rechten Ufer des Flusses die grofsartigen Gebäude der Münze, die Schleifmühlen, die Magazine zur Aufbewahrung der bergmännischen Materialien und Geräthschaften und ein Wachthaus für die Besatzung des Ortes, sämmtlich von schöner Bauart, einen weiten quadratischen Marktplatz einschliefsend.

Auf dem etwas höher gelegnen entgegengesetzten Ufer sieht man noch eine lange Reihe von Holzhäusern der arbeitenden Leute und zwischen ihnen einzelne hohe steinerne Gebäude der Beamten.

Bei weitem gröfser ist aber die Ausdehnung der Stadt auf dem rechten Ufer, wo südlich von dem erwähnten Hauptplatze breite und an mehrstöckigen steinernen Gebäuden reiche Strafsen sich erstrecken. Dort liegen, aufser dem ausgedehnten Kaufhofe und Kornmagazine, die erwähnten Wohnhäuser der Kaufleute und mehrerer Besitzer Uralischer Hüttenwerke. Ein reiches steinernes Kloster (siehe 1828 September 26) und viele Kirchen zieren diesen Stadttheil. Eigentliche Blockhäuser sieht man äufserst selten in Jekatarinburg, vielmehr hat die einmal herrschend gewordne **Deutsche** Form der Gebäude auch auf die hölzernen Häuser sich übertragen.

Alle Strafsen sind gradlinig angelegt, ungepflastert, aber an den Seiten mit hölzernen Brückenwegen versehen. Die bedeutendste derselben erstreckt sich in einiger Entfernung vom Flusse, parallel mit dessen rechtem Ufer, während Queerstrafsen senkrecht auf den **Iset** gerichtet, an dessen steilen aber nie über 30 Fufs hohen Uferhügeln enden und an mehreren Stellen den für die Bedürfnisse der Einwohner unerläfslichen Zutritt zum Flusswasser gewähren.

Oftmals gingen wir zu dem nordwestlichen Ende der Stadt, von welchem aus die Strafse zu dem **nördlichen Uralischen Distrikte** beginnt. Dort steht noch jetzt eine militairische Besatzung und Überreste der Befestigung welche früher die Stadt gegen Angriffe der mächtigen Ureinwohner schützten; späterhin hat man dieses Wachthaus zur Beaufsichtigung, der nach **Irbit** reisenden Kaufleute bestimmt, welche gezwungen sind zu **Jekatarinburg** einen Marktzoll zu bezahlen; gleichzeitig aber dienen jetzt die in der Stadt sich aufhaltenden Soldaten um die Verbannten zu bewachen, die, nachdem sie hier sich von der bisherigen Wanderung ausgeruht haben, theils zu den Bergwerken des **Ural** theils gegen Osten in das Innere von *Sibirien* geleitet werden. Das hiesige Militair besteht jetzt zum Theil aus den **Urbewohnern** der Umgegend und in Bezug auf diese ist daher nunmehr ein dem ursprünglichen direkt entgegengesetztes Verhalten eingetreten, denn während in früherer Zeit **Jekatarinburg** durch eine **Russische** Besatzung vor den Einfällen der **Baschkiren** sich schützte, geschieht es nun oft dafs man **Russische Männer** durch **Baschkiren** gefangen halten und bewachen sieht. —

Eine Waldung aus hohen aber nicht dicht stehenden Tannen umgiebt hier die Stadt, und ist nur längs der nach Norden führenden Strafse breit ausgelichtet.

Eine Werst weit höher aufwärts am Flusse erreicht man das felsige Ufer des länglichen Sees. Die Höhe des Abhangs ist auch hier nicht bedeutender als die des Flussufers in der Stadt, aber senkrecht stehende meist nur drei Zoll dicke Tafeln eines reinen Chloritschiefers sieht man hier völlig entblöfst und kann deutlich das nördliche Streichen des Gesteines beobachten. —

V. Abschnitt. 1828. September.

In der Gesellschaft einiger Beamten von Jekatarinburg hatten wir die ersten Abende unsres dortigen Aufenthaltes ebenso angenehm als lehrreich verlebt. Wir trafen daselbst Herrn Professor Kupfer aus Kasan, und mit ihm und einem hiesigen Gutsbesitzer wurde eine gemeinschaftliche Ausführung der Reise zu den nördlichen Hüttenwerken beschlossen.

[September 3.] Die Jahresfeier der Thronbesteigung (príschéstwie na prestòl) des regierenden Kaisers, wurde an dem heutigen Tage auch hier gleich einem religiösen Feste begangen, und überhaupt ist die im ganzen Reiche übliche Unterscheidung der Feiertage in Zerkównie und Zárskie prásdniki, d. h. Kirchliche und Kaiserliche Feste, nur dem Namen nach wichtig.

Auch die Altgläubigen folgen dieser Ansicht und zahlreich sah man sie am heutigen Morgen zum Gottesdienst sich begeben. Die Weiber derselben tragen, wenn sie zur Kirche gehen, ein eigenthümliches dunkelfarbiges Gewand, welches über den Kopf, die Schultern und den Rücken gehängt wird. Sie nennen es Fatà, und für den fremden nicht Slavischen Ursprung dieses Wortes bürgt schon der Anfangsbuchstabe F, welcher nur in zwei bis drei vereinzelten Wurzelworten sich wiederfindet. *) In mehreren Gegenden Deutschlands herrscht bekanntlich bei den Katholiken ein durchaus ähnlicher Gebrauch, und dort wird diese Art von Kleidung mit dem angeblich Syrischen, und durch die Kreuzfahrer eingeführten, Worte Haïk bezeichnet. —

In ihren Häusern aber tragen die altgläubigen Weiber stets den, früher allgemein in Russland üblichen, Sarafàn als Oberkleid, und eine Kopfbedeckung welche den Namen Kakoschnik führt, und welche, der sogenannten Glorie der Heiligenbilder nicht unähnlich, mit einem breiten und aufrechtstehenden Rande über die Stirn hervorragt. Die aus farbigem Sammet genähte Krempe wird hier von den Reicheren mit Gold und Edelsteinen äufserst reich und zierlich gestickt. Nur Verheirathete bedienen sich dieser oder

---

*) Namentlich in den Zeitworten fúrkatj welches das Schnauben der Pferde bezeichnet und fúfatj, das bei dem in Russland sehr gangbaren Brettspielen für das sogenannte Blasen der Steine üblich ist.

ähnlicher Kopfzeuge welche die Haare gänzlich verbergen, während geflochten herabhangende Zöpfe (Kósi) *) das Zeichen für die Unabhängigkeit der Mädchen geblieben sind. Das Entflechten und feierliche Kämmen dieser Zöpfe gilt daher für den wichtigsten der hochzeitlichen Gebräuche und dadurch erklären sich die in den Liedern des Volkes unaufhörlich wiederkehrenden Ausdrücke: „einer Jungfrau den Zopf entflechten" (kósu oder kósinku raspletàtj) „ihr den Brausekopf kämmen" (búinuju gólowu rastschesàtj) und viele ähnliche. Dahingegen sind in der dichterischen Sprache Locken oder lockiges Haar (kúdrui, kudrjáwie wólosi) das Eigenthum der unverehlichten Männer und „dem Manne die Locken auszuglätten" (kúdrui rastschesàtj) hört man ebenso in den Volksliedern als erste Pflicht der Hausfrau erwähnen. Sehr auffallend ist hierbei dafs auf das Bestimmteste der Zopf der Weiber der rothblonde genannt wird (rúsaja Kosà), während doch den Locken der Männer sowohl als den Augenbrauen bei beiden Geschlechtern stets und eben so bestimmt die schwarze Farbe beigelegt wird (tschérnie Kudri **) und tschérnie brówi). Von letzteren ist sogar das häufig wiederkehrende Eigenschaftswort: tschernobrówui, aja (mit schwarzen Braunen) gebildet worden. In der, durch die Constanz der Epitheta höchlichst ausgezeichneten, Volkspoësie möchte kaum jemals eine Ausnahme von diesem Gebrauche sich finden. Sind es nur die nationellen Anforderungen an Ideale der Schönheit welche man andeutet, indem

---

*) Nicht zu verwechseln mit Kósi die Ziegen.
**) So heifst es in einem der volkthümlichen Hochzeitlieder: swádebnuija pjesni (von swádba, die Hochzeit).
  Es gingen zu Tische die Locken schwarz,
  Sie führten mit sich den rothblonden Zopf.
  Da haben die schwarzen den blonden gefragt:
  Sprich, rothblonder Zopf, jetzt bist du wohl mein? —
  Nein schwarzes Gelocke, noch bin ich nicht dein,
  Gehöre nur Gott und dem Vater mein. —
  Noch gingen zu Tische die Locken schwarz,
  Sie führten noch einmal den rothblonden Zopf,
  Da haben die Locken den Zopf gefragt:
  Sprich, rothblonder Zopf, jetzt bist du wohl mein?
  Noch Gottes, so sprach er, nun aber auch dein.

V. Abschnitt. 1828. September.

man den Weibern rothblonde, den Männern aber schwarze Haupthaare zuschreibt, oder hat wirklich in früheren Zeiten eine so auffallende Verschiedenheit beider Geschlechter bei diesem Volksstamme Statt gefunden? —

Am heutigen Vormittage besuchten wir einen Garten in der Mitte der Stadt den man zu einen öffentlichen Spaziergang bestimmt hat. Sehr dicht stehendes und üppig wucherndes Laubholzgesträuch (Ebereschen, Weiden u. a.) gewähret hier einen um so erfreulicheren Anblick, als in der nächsten Umgebung von Jekatarinburg durchaus vorzugsweise Tannenwaldung gesehen wird, in welcher die entfernt von einander stehenden Bäume nur wenig Schatten verleihen. Die Gänge dieses Gartens sind mit hohen Traubenkirsch-bäumen (Prunus padus) eingefafst. Dieser Baum ist auch in der hiesigen Gegend einheimisch, und seine Früchte führen den durch ganz Russland gebräuchlichen Namen: tscherjúmcha wovon tscherjúmochniza als Benennung des Baumes. — Bei den Baschkiren im Süden von Jekatarinburg wird sowohl der Saft dieser Frucht als auch das zurückbleibende Fleisch derselben auf eine Weise angewendet, welche so völlig mit einer von Herodot gegebenen Beschreibung übereinstimmt, dafs ich durch Anführung der Worte dieses Schriftstellers das hier zu Sagende durchaus ersetzen kann: „die Frucht kommt einer Bohne „($\varkappa \nu \alpha \mu o \varsigma$ aber welcher Bohne? die Gröfse bleibt also unbestimmt) „gleich, und hat einen harten Kern; sobald sie reif geworden ist „prefst man in Lederschläuchen ihren dickflüssigen und „schwarzen Saft heraus.... diesen trinkt man theils blofs, theils „mit Milch gemischt; von den zurückbleibenden Trebern aber (dem „Fleische und Kern, $\tau \varrho \nu \xi$) kneten sie Kuchen zwischen den „platten Händen *) und nähren sich davon." Herod. lib. IV.

---

*) So glaube ich das Griechische $\pi \alpha \lambda \alpha \vartheta \alpha \varsigma$ $\sigma \nu \nu \tau \iota \vartheta \varepsilon \alpha \sigma \iota$ übersetzen zu müssen. $\Pi \alpha \lambda \alpha \vartheta \eta$ wird bekanntlich auch von der Form angewendet welche man in Griechenland dem zu trocknenden Fleische der Feigen gab, und es scheint mir nothwendig, dafs man dieses Wort mit $\pi \alpha \lambda \alpha \mu \eta$, die flache Hand, in Beziehung sich denke und in ihm die Bezeichnung der, am natürlichsten sich darbietenden, und daher in den kunstloseren Haushaltungen aller Länder gebräuchlichen Weise des Knetens, zwischen beiden Händen, erkenne. Wie

308 V. Abschnitt. 1828. September.

capt. 23. Bemerkenswerther noch erschien mir diese Auffindung zweier durchaus gleichen Gebräuche späterhin, nachdem an das sonst noch von den jetzigen Baschkiren und ihren Wohnplätzen Erfahrne (Abschnitt VI) das von Herodot, an der angeführten Stelle seines Buches, Mitgetheilte so durchaus sich anschloſs, daſs kein Zweifel blieb es sei wirklich der Abhang des südlichen Ural von welchem dort geredet wird, und daſs nur wiederum für die beharrliche Unveränderlichkeit der Bewohner des jetzt Russischen Theiles der Erde ein Beweis gefunden war.

So wie in allen Russischen Städten so ist es auch in Jekatarinburg üblich, daſs an Feiertagen, nach beendigtem Gottesdienste, alle angesehnen Einwohner des Ortes dem Vornehmsten derselben zu seinem Hause folgen. Hier war es namentlich der Oberaufseher der Bergwerke (górnoi Natschálnik) Herr Ossipow welcher diese Huldigung empfing, und dafür die Besuchenden mit einem Frühstücke (sakúska d. h. Imbiſs) bewirthete.

Wir folgten der herrschenden Sitte, und fanden in einem geräumigen Sale auſser dem Wirthe des Hauses bereits auch die Geistlichen versammelt, welche an dem heutigen Tage den Gottesdienst verrichtet hatten, und zu denen nun zuerst ein Jeder der Eintretenden glückwünschend sich wandte und den kirchlichen Segen erbat. Sie ertheilen ihn, indem sie das Zeichen des Kreuzes über die ausgestreckte Hand des Bittenden beschreiben.

Herr Ossipow ist früher in dem Bergwerksbezirke von Koluiwàn beschäftigt gewesen und hat sowohl dort, als auch in seinem jetzigen Wirkungskreise, die geognostischen Verhältnisse der Berge der gebührenden Beachtung gewürdigt. Die Orte in Deutschland auf welche die übliche wissenschaftliche Terminologie der Wernerschen Schule von ihrem Erfinder zuerst angewendet wurde, hatte er bei früheren Reisen durch eigne Ansicht

---

παλαθαι (in dem genannten Sinne) ebenfalls aus dem Fleische der hier in Rede stehenden Traubenkirsche bei den Kamtschadalen bereitet werden, wollen wir unten Abschnitt XX. (1829 Sept. 18.) näher beschreiben. — Einige Ähnlichkeit der Namenbildung gewährt auch das bei den Sibirischen Tataren und bei allen ihren mahomedanischen Verwandten übliche Gericht: Bischbarmàk d. h. die Fünffingerspeise.

kennen gelernt; dennoch aber bezeugte er sich in Verlegenheit die Lagerungsverhältnisse der Metalle am Ural mit den Ansichten des wissenschaftlichen Systemes zu vereinigen. Das Vorkommen der Erze auf einem sehr breiten Raume, in einem verstreuten nicht aber gangartig vereinigten Zustande, der hohe Metallreichthum gewisser zertrümmerter Steinschichten erscheinen als Eigenthümlichkeiten des hiesigen Gebirges.

Durch Verleihung eines Bergbohrs aus dem hiesigen Magazine von Grubengeräthschaften unterstützte dieser liebenswürdige Beamte auf eine unvergessliche Weise meine späteren Untersuchungen über die Temperatur des Erdreichs an verschiednen Nord-Asiatischen Orten, denn obgleich die mir zu Gebote stehenden Kräfte nicht hinreichten um das Werkzeug auch im festen Gesteine anzuwenden, so gewährten doch die völlig gelungnen Versuche zu Tobolsk, Beresow und Obdorsk, und einige minder tiefe Bohrlöcher am Ostabhange des Ural und zu Jakuzk, für den oft mühsamen Transport der schweren Eisenstangen eine reiche Belohnung.

An dem anfänglichen Vornehmen unsre Ausflucht zum Gebirge schon am heutigen Nachmittage zu beginnen, verhinderten uns die noch fortdauernden Feierlichkeiten, welche am Abend zu einem Ball sich gestalteten. Die Bewohner von Jekatarinburg haben ein eignes öffentliches Gebäude zu ähnlichen festlichen Versammlungen bestimmt. Sowohl die Anordnung der Säle als auch die meisten Einzelheiten des heutigen Festes entsprachen den Anforderungen des in Europa für ähnliche Fälle herrschenden Geschmacks. Bei den älteren Frauen sah man noch Russische Nationaltracht, bei den Tänzerinnen aber durchaus Europäische Moden, und als sehr erfolgreich erkannte man die Bemühungen eines, seit Kurzem hier ansässigen, Lehrers der Französischen Tanzkunst.

Nur die schöne volkthümliche Sitte durch begleitende Gesänge dem Tanze eine höhere Bedeutung zu verleihen, hat, trotz um sich greifender Neuerungen, sich noch theilweise erhalten.

Namentlich wurde der Polnische Tanz welcher das Fest eröffnete, durch einen Chorgesang begleitet dessen Melodie und ursprüngliche Worte der Feier der unter Catharina erfochtnen Siege über die Türken ihre Entstehung verdanken. Neue Dichtungen hat man der männlich würdevollen Triumphmusik fast bei jedem späteren Staatsfeste untergelegt.

Späterhin werden wir der eigentlichen pljásowie pjésni oder Tanzlieder bestimmter zu erwähnen haben, durch welche die unteren Volksklassen ihre stets mimisch darstellenden Tänze begleiten und ihnen einen hohen Reiz verleihen; hier war es übrigens der sehr vollzählige Chor der kirchlichen Sänger (Zerkównie pjéwschie) welche während des Tanzes sowohl als während der Pausen zwischen den Tänzen die Gesänge ausführten. Diese Sängerchöre bestehen stets zu gröfserem Theile aus Knaben, weil Sopranstimmen auch bei den Kirchenmusiken der Russen vorherrschend sind; die Sänger tragen sehr hellfarbige Kleider, gewöhnlich aus blauem und rothem Zeuge, welche sie auf Kosten der Kirche erhalten.

[September 4.] Gegen 10 Uhr Morgens verliefsen wir Jekatarinburg, und fuhren heute 95 Werst weit, bis zu dem gegen NNW. (von Jekatarinburg) gelegnen Hüttenwerke von Newjansk. Durchaus eben war die Gegend und kaum um 100 Fufs erhoben wir uns an einzelnen Stellen über das Niveau der Stadt, d. h. über 800 P. Fufs Meereshöhe.

Durch dichte Fichtenwaldung gelangten wir zuerst zu dem Dorfe Púischma (10 Werst von Jekatarinburg) nahe unterhalb der Quelle des Flusses gleiches Namens; dann, 28 Werst weiter, zu dem grofsen Dorfe Mostowája in welchem die Pferde gewechselt werden. Der Name des Orts deutet auf die Brückenwege, durch welche man hier den bruchigen Boden wegsam zu machen genöthigt ist. Kleine Wiesenbäche durchziehen die mit Birken bestandne Umgegend des Dorfes. Trotz vortrefflichen Bodens wird hier kein Ackerbau getrieben, sondern die Heuerndte ist, nächst der Kohlenbrennerei, die einzige Beschäftigung der Landleute, welche der Jekatarinburger Bergwerksregierung dienstpflichtig sind. Jeder männliche Einwohner des Dorfes hat jährlich eine Abgabe von 100 Koróbki oder Körben fertiger Kohlen zu entrichten; ein solcher Korb enthält aber im Durchschnitte 75 Kubikfufs Engl. Mafses, und, dem Gewichte nach, 20 Pud Kohlen. Die Fällung des Holzes, die Aufsetzung der Meiler und der Transport sowohl der Materialien zum Meiler, als auch der gewonnenen

Kohlen zu den Hüttenwerken sind dabei sämmtlich diesen Arbeitern übertragen. Die Dorfbewohner vertheilen unter sich nach Willkür die ihnen auferlegte Lieferung, und bezahlen dabei dem Stellvertreter dem sie ihre Arbeit übertragen, zu 100 Rubel für einen 80 Körbe enthaltenden Meiler; demnach müfste man also hier die ganze jährliche Besteuerung zu der auffallend grofsen Summe von 125 Rubel für jeden männlichen Einwohner anschlagen; davon ist aber der Betrag der Naturalverpflegung abzuziehen, welche allen Zwangsarbeitern der Krone sowohl, als denen der Privatleute aus eignen Vorrathshäusern zukommt. (Vergleiche unten September 5). Im Vergleich mit Deutschland ist hier das Geschäft des Kohlenbrennens bedeutend erschwert, weil während 6 Monaten des Jahres, der hohe Schnee jede dahin gehörige Arbeit hemmt. —

Zwischen Mostowája und dem nächsten Dorfe Schaiduricha (32 Werst) lagen oftmals eckige Bruchstücke weifser Quarzmassen unter den zertrümmerten grünen Schiefergesteinen welche den Boden bilden. Überall wo Bäche die dichte Waldung durchschneiden, sah man die Gesteintrümmer und vorzugsweise die weifsen Quarzstücke haufenweise zusammengeführt, weil man durch Auswaschung ihren fast niemals fehlenden Goldgehalt theils noch zu gewinnen beabsichtigte, theils schon eingebracht hatte. — Eine gröfsere Waschanstalt dieser Art liegt da wo der Weg durch das breite Thal des, mit vielfachen Krümmungen nach Osten sich wendenden, Àjatflusses hindurchführt. Die einfachen hölzernen Waschheerde sind in grofser Zahl, jetzt aber wurde auch dort nicht gearbeitet.

Über den Fluss führt eine gut gebaute und in der jetzigen Jahreszeit hoch über dem Wasser erhabne hölzerne Brücke; 4 Werst weiter erreicht man die Station Schaiduricha welche schon zu dem Werchoturischen Kreise gerechnet wird.

Von Mostowája an, und auch auf dem nun folgenden letzten Theile unsres heutigen Weges (25 Werst von Schaiduricha bis Newjànsk) waren Lärchen (pin. larix) in der Waldung häufig. Sie treten nur stellenweise vorherrschend auf, finden sich aber auch am südlichen Ural bei Slatoust (250 Werst SSW. von Jekatarinburg).

Die Russen nennen die Lärche Listwéniza, und haben durch den offenbar von list das Blatt, und wenò oder wenòk ein Kranz, abzuleitenden Namen, die Stellung der nadelförmigen Blätter bezeichnet, welche die Zweige wahrhaft kranzartig umgeben. Hochgeschätzt ist das Lärchenholz weil es der Verderbung durch Nässe kräftiger als alle andren Hölzer widersteht und daher zu Wasserleitungen, Gefäfsen für Flüssigkeiten und Barken aufserordentlich tauglich sich zeigt. Aufserdem ist man auch, bei der Verwendung als Brennmaterial, hier am Ural auf manche Eigenthümlichkeiten desselben aufmerksam geworden. Es erzeugt unter allen hier vorkommenden Hölzern die stärkste Hitze *) und dennoch eine (an leuchtend glühenden Gasarten) nicht reiche Flamme. Zum Ziegelbrennen giebt man ihm vor allem andren bei weitem den Vorzug, aber Kohlen werden daraus niemals bereitet, theils weil, bei allzu intensiver Hitze des einmal glühenden Holzes, die Meilerbedeckung es vor dem Verbrennen nicht genugsam schützt, theils auch weil die erhaltnen Kohlen vor dem Gebläse in kleine Stücke zerspringen und dadurch unwirksam verlöschen. Zur Heitzung will man sich hier am Ural des Lärchenholzes niemals bedienen, weil es beim Brennen einen beizenden und betäubenden Dampf erzeugt, (siehe unten Abschnitt VIII, 1828 Decbr. 12 u. a.) ja auch, als man es zum Glühen des zu Blech auszuwalzenden Eisens anwendete, hat man bemerkt, dafs es das Metall verunreinigt.

Gegen 9 Uhr Abends erreichten wir Newjansk. Die Flammensäule aus der Gichtöffnung eines Hohofens und die sprühenden Feuer der Frischschmieden beleuchteten noch theilweise das hohe Schlofs der Besitzer des Hüttenwerks, und die entfernteren schwarzen Holzhütten des weit ausgedehnten Dorfes. Die Newjanskischen Werke gehören schon seit langer Zeit der Familie Jakowlew, jetzt aber wohnt hier keiner der Besitzer und nur einige langbärtige Diener begrüfsten uns an der steilen und schmalen Treppe des höchst alterthümlich gebauten Schlosses. Sie führten uns in das obere Stockwerk des Gebäudes, und verliefsen uns bei

---

*) Ihrer Brennkraft nach schätzt man hier nach dem Lärchenholze zunächst das der Birke (betula alba Russ. Berösa), dann das der Tanne (pin. abies. Russ. Jél), und nur zuletzt das Fichtenholz (pin. silvestris. Russ. Sósna).

spärlicher Beleuchtung in den weiten und schallenden Wohnräumen. Alle Thüren waren geöffnet, und in den verödeten Sälen sowohl, als in den nischenartig angebauten Schlafgemächern stand der äufserst reiche aber veraltete Hausrath noch völlig zum Gebrauche bereit; sein Äufseres aber verrieth dafs mehr als ein Jahrhundert verflossen war, seitdem die Erbauer des Hauses ihn benutzt hatten. Die Zimmer sind nach Holländischem Geschmack verziert, so wie es zu Peter I. Zeiten bei reicheren Besitzern im Europäischen Russland üblich geworden war. —

Nach einer Weile kam wieder einer der alten Diener des leeren Hauses und bat vorlieb zu nehmen mit dem Mahle welches er im Augenblicke bereitet habe. In einer Ecke des Hauptsaales nöthigte er zur Tafel die mit Braten und Gebäcken, mit Madeira-, Ungar- und Champagner-Weinen reichlich besetzt war. — Nach zwölfstündiger Fahrt durch wüste und menschenleere Waldung hatte diese Bewirthung in einem ebenso verödeten Hause etwas beinah unheimlich befremdendes, um so mehr da man hier an die sagenreiche Vorzeit noch lebhafter erinnert wurde durch höchst alterthümliche Kleidung der verblafsten Familienbilder welche rings um die Wände bedeckten. —

Drei bärtige Verwalter (prikáschtschiki, siehe oben Seite 172 oder uprawíteli von uprawlátj, anordnen, leiten, genannt) führen und beaufsichtigen jetzt den Betrieb der grofsartigen Besitzungen von Newjansk, weil drei verschiedne Zweige der Jakowlewschen Familie daran Antheil haben. — Gegen die oftmalige Behauptung dafs das hiesige Hüttenwerk das älteste der am Ural bestehenden sei, hat man urkundliche Beweise in dem Archive von Tagilsk (siehe unten 1828 Septbr. 6) gefunden, denn man bewahrt dort einen kaiserlichen Ukàs vom Jahre 1701, durch welchen dem Wojewoden von Werchoturie (siehe unten 1828 Septbr. 12) befohlen wird: von dem damals der Krone gehörigen Alapájewsker Eisenwerke allerlei Geräthschaften und Arbeiter an den Tulaer Eisenschmidt Nikíti Dimídow verabfolgen zu lassen, weil derselbe an der Newa bei Newjansk ein Hüttenwerk anzulegen beabsichtige. Schwedischen Kriegsgefangenen, welche nach der Schlacht von Pultàwa hierher geschickt worden, hatte man schon zuvor die Anlegung eines Dammes zur Aufstauung des Newaflusses, als erstes Erforderniſs zu einem künftigen Hüttenwerke, übertragen; die Arbeit war aber liegen geblieben als der Tulaer Schmidt hierher kam, und sie glücklich vollendete. Dieser Nikíti Dimídow ist der Stammvater der jetzt in Russland höchst angesehnen Familie gleichen Namens, und hat später die Hütten von Newjansk einem Karl Sáwitsch Jakowlew überlassen und dagegen die Tagilsker und viele andre Besitzungen an sich gebracht. — Auch die Kupfergewinnung am Ural hat bereits dieser geistreich betriebsame Urheber des Bergbaues einzuleiten gewuſst.

Die auſserordentliche Bereicherung der ältesten Besitzer der Berg- und Hüttenwerke am Ural, und das gleichzeitig erfolgte schnelle Aufblühen einer bedeutenden Menge von groſsartigen Anstalten dieser Art geschah zu einer Zeit, in welcher Peter I. jedem seiner Unterthanen eine durchaus unbeschränkte Freiheit des Bergbaues verliehen hatte. Land, Wald, Erz und Leute wurden von der Regierung, zu dem bestimmten Zweck der Metallproduktion, Jedem der dazu sich erbot, unentgeldlich verliehen, und nur in sofern behauptete die Krone ein oberes Eigenthumsrecht, als sie den Besitz der Rudokóptschiki (Erzgräber, von Ruda das Erz und kopàtj, graben) und Sawódtschiki (Hütteneigner siehe oben Seite 186) wieder aufhob, wenn dieselben die Verpflichtung einer ersprieſslichen Erzförderung oder Metallbereitung nicht zu erfüllen schienen. So durften daher die Besitzer niemals die ihnen verliehne Habe zu andrem Zwecke verwenden, und also die, für eigne Kosten dafür aber auch gänzlich zu eignem Nutzen betriebne, Metallbereitung ganz oder theilweise einstellen, die ihnen untergebnen Arbeiter mit Ackerbau beschäftigen oder dergleichen. Dahingegen wurden Verschreibungen der Berg- oder Hüttenwerke gegen private Schulden, oder sogar willkürliche Veräuſserung derselben niemals gehindert, so lange nur der Betrieb in dem einmal erlangten Zustande sich erhielt.

Auf eine Zeitlang unterbrochen wurde diese, für das Gesammtwesen und für viele Einzelne, gleich ersprieſsliche, Anordnung, als Catharina das einseitige Prinzip der Gouvernementsverfassung gleichmäſsig über alle Zweige der Verwaltung ausdehnte. Damals wurden die Kasónnie palati oder Kameralhöfe der einzelnen

Gouvernements nicht nur mit der Leitung der dem Staate gehörigen Werke, sondern auch mit einer speziellen Beaufsichtigung der Privatbesitzungen dieser Art, beauftragt. Nur diese, oft mit dem Bergwesen wenig vertrauten, Behörden durften nunmehr Privatleuten Schürfscheine ertheilen, auch stand es nicht mehr so wie früher einem Jeden frei, unter einem der Krone oder einem Privateigner gehörigen Boden nach Willkür nach Erzen zu graben, oder in jedweder Waldung ein Hüttenwerk anzulegen. Eine sichtbare Hemmung der bis dahin so regsamen Metallproduktion erfolgte durch diese Art der Verfassung.

Es war ein höchst verdienstliches Werk Kaiser Paul I. dafs er, so wie für viele andre Zweige des Staatshaushaltes so auch für die Gewinnung der mineralischen Reichthümer, zu den alten Einrichtungen Peter I. zurückkehrte, und auch hierin hatte eine sehr ausgezeichnete Vorliebe für die Anordnungen seines grofsen Vorfahren diesen Monarchen günstig geleitet. Wiederum wurde nun der Bergwerksbetrieb von den Regalen der Krone streng und entschieden getrennt, und den schon besitzenden oder zukünftigen Eigenthümern fast gänzlich wieder die früheren Rechte gesichert, denn den neu errichteten Bergwerksbehörden wurde ein auf die Kaiserlichen Werke beschränkter Wirkungskreis ertheilt, jede Einmischung in die Verwaltung der Privatwerke aber ihnen untersagt. Solche Verhältnisse sind es welche noch jetzt für die Uralischen Privatbesitzungen bestehen, und welche denselben, auf eine sehr auffallende und unten näher zu erwähnende Weise, den Charakter von kleinen selbständigen Staaten zusichern.

Das oben genannte Hüttenwerk Alapájewsk liegt 85 Werst ONO. von Newjansk oder 100 Werst östlich von dem nächstgelegnen Punkt des Uralischen Hauptrückens. So weit von diesem letzteren also hat man am frühsten nutzbare Erze gefunden, und nicht sowohl eine etwanige Unzugänglichkeit des Hauptgebirges, als vielmehr die eigenthümliche breite Ausgedehntheit der Metallführenden Gesteine, das für die Uralische Gegend äufserst charakteristische Erscheinen des Urgebirges und der begleitenden Übergangsformationen nicht längs eines Kammes, sondern auf einem weiten Raume von gleichmäfsiger und geringer Meereshöhe, haben hier diesen Umstand herbeigeführt.

[September 5.] Wiederum machte ein völlig heitrer Himmel und warmes Wetter den Aufenthalt in der anziehenden Gegend von Newjansk doppelt genufsreich.

Eine hohe steinerne Mauer umgiebt von N. und NW. den Raum welchen das Schlofs und die daran gränzenden Hüttenwerke einnehmen. Ein Thor an dem NWlichen Theile dieser Mauer öffnet sich gegen einen steilen Felsenabhang, welcher nach NNW. streicht und zu 150 bis 200 Fufs über das Niveau des Newaflusses und des ihn umgebenden nur wenig höhern Erdbodens sich erhebt. Die Beschaffenheit des Gesteines welches diesen Abhang bildet (es ist ein geschichteter Serpentin, mit steilem fast seigerem WNW Fallen, der reich ist an Schnüren fasrigen Amianthes und an gröfseren Partien von Holzasbest und schaligem Talke) — liefs mich oben auf dem Hügel eine günstigere Stelle zu magnetischen Beobachtungen erwarten als in der niedrigeren Ebne, wo von den Anhäufungen eiserner Geräthe und zu verschmelzender Erze, störende Einflüsse zu befürchten schienen. Aber der Erfolg war ein durchaus entgegengesetzter, denn auf der angedeuteten Höhe, auf welcher ringsum Nichts als der am Fufse beobachtete Serpentinfels hervorragte, erhielt ich für die Neigung der magnetischen Kraft ein Resultat welches keinen Zweifel liefs über eine äufserst störende Wirkung des für so unverdächtig gehaltnen Gesteines. Nach der bisher niemals trügerischen Analogie unserer früheren Resultate hätte nämlich zu Newjansk die Neigung höchst nahe 70° sein müssen, an der bezeichneten Stelle aber ergaben die sorgfältigsten Beobachtungen nur 66° 37′,69. — Herr Professor Hansteen, der unten im Thale eine zweckmäfsige Beobachtungsstelle gefunden hatte, erhielt hingegen ein dem normalen Verhalten ungleich näheres Resultat.

Aufmerksam geworden durch diese befremdende Erfahrung fand ich bald dafs sowohl abgelöste Bruchstücke als auch die hervorragend anstehenden Massen des Serpentines, die Richtung einer ihnen genäherten kleinen Magnetnadel völlig umzukehren vermochten, und zwar wirkten die oberen Gipfel der Felsmassen stets und entschieden **abstofsend auf das nach unten und nach Nor-**

den sich richtende Ende des Magnet; *) zum Beweis dafs
die Vertheilung der Kräfte in der Masse des Berges das Entgegengesetzte von derjenigen Vertheilung war, welche man an aufrecht
stehenden Stangen weichen Eisens, in Folge alleiniger Einwirkung
des tellurischen Magnetismus, wahrnimmt. Obgleich nun in diesem
Serpentine auch nach angelegentlicher Untersuchung keine sichtbare Spur von eingesprengten Eisenerzen sich zeigte, so leidet es
doch keinen Zweifel, dafs nicht dergleichen durch die ganze Masse
des Gesteines in einem höchst fein zertheilten Zustande zerstreut
sich befinden. Die magnetischen Serpentinfelsen welche man in
Deutschland kennt, (im Fichtelgebirge am Haidberge,
und in Schlesien in der Gegend von Wartha und Silberberg) haben zu dieser Vermuthung veranlafst, denn dort sind
Lager und Gänge von reinem Magneteisenstein in derselben Formation stellenweise gefunden worden und liefsen glauben, dafs das
an gewissen Punkten reiner ausgeschiedne Erz, in einem nur dem
Magnete noch fühlbaren Zustande, auch der ganzen übrigen Gebirgsmasse beigemengt sei. Hier am Ural aber ist eine ähnliche Voraussetzung fast zur Gewifsheit gesteigert. Die kolossalen Stockwerke von Magneteisenstein und andren oft unmagnetischen Eisenerzen welche, in der Mitte der talkigen Übergangsformation, östlich vom Hauptrücken des Ural, sich hinziehen, werden wir als
wichtigsten Gegenstandes des Bergbaues oftmals zu erwähnen haben; wie aber, seitlich von diesen reineren Ausscheidungen, fein
vertheilte und wenig oxydirte Eisenerze der Gebirgsmasse innig
beigemengt sind, beweisen alle Gold- und Platinwäschen, in denen
stets bei Auswaschung der in eckige Stücke zerklüfteten und ausserdem verwitterten Talkgesteine und Grünsteine, ein äufserst feiner Magnetsand gleichzeitig mit den edlen Metallen zurückbleibt. **)

---

*) Es bedarf kaum besondrer Andeutung dafs auch die durch Wirkung
des Berges erfolgte Verkleinerung der Neigung beweist, dafs
die Polarität des nach Norden sich wendenden Magnet-endes an der
Oberfläche des Bodens vorgeherrscht habe.

**) Die vollständigen Zahlenangaben über die von dem Newjansker
Serpentinfelsen ausgeübten Anziehungen bleiben dem Berichte über
magnetische Beobachtungen aufbehalten. Namentlich ist es eine bemerkenswerthe Besonderheit, dafs die Wirkung des Berges welche
die Neigung der tellurisch magnetischen Kraft um mehr als 3°

Länger noch verweilten wir auf dem erwähnten felsigen Hügel von welchem aus eine vollständigere Übersicht der Newjansker Gegend sich darbietet. Nach Westen zu erstreckt sich eine nur wenig wellige Fläche. Sie ist weithin waldlos und doch zeigt sich von höher hervorragenden Gipfeln auch hier keine Spur. Gegen Osten im Thale sieht man, zwischen zwei breiten künstlichen Teichen, die Hüttengebäude, deren Äufseres durch alterthümlich sorgfältige, aber nicht geschmackvolle Zierrathen auffällt; denn längs der Kanten und Firsten der Dächer laufen künstlich durchbrochne Leisten aus geschmiedetem Eisen, denen das hölzerne Schnitzwerk mit welchem Russische Landleute ihre Häuser verzieren (siehe oben Seite 189) offenbar als Muster gedient hat.

Zunächst an dem Hügel liegt das Gebäude welches die Frischschmieden umschliefst, nahe dabei aber zwei Hohöfen und eine Reihe von Vorrathsgebäuden, dahinter die mit einem Hofe umgebne Hinterseite des hohen und vom Alter geschwärzten Schlosses und weiter gegen Westen das lang gedehnte Dorf, in welchem eine ansehnliche Kirche und ein Kaufhof in der Mitte von 2000 Holzhäusern sich erhebt.

Newjansk sowohl als alle älteren Russischen Hüttenwerke sind, von den Deutschen Anstalten ähnlicher Art, durch die ebenso dreisten als einfachen Mittel ausgezeichnet, vermöge deren man das Wasser der Flüsse zum Umtriebe der Maschinenräder verwendet. Möchten auch einzelne dieser Anlagen dem obersten Prinzipe der praktischen Mechanik, dem einer haushälterisch weisen Verwendung der Naturkräfte nicht immer entsprechen, so verdienen sie doch angeführt zu werden als besondre Äufserungen des Kunsttriebes bei dem Russischen Volke welcher auch hier wiederum zwar sehr mannichfaltige Mittel erdacht aber bei der besondren Wahl derselben mehr auf eine direkte Erreichung des Haupt-

---

verminderte, die Intensität dieser Kraft fast gänzlich ungeändert liefs. Ein ähnliches Verhalten habe ich einigemal erlebt, wenn aufserwesentliche Wirkungen der Nordlichter den konstanten tellurischen Kräften sich hinzufügten (siehe unten Abschnitt VIII Beresow); auch dort erfolgten Veränderungen der Neigung, während die Intensität der neuen Gesammtkraft von der früher vorhandnen kaum merklich sich unterschied.

zweckes als auf eine Erleichterung der dahin führenden Arbeit gesehen hat.

Nie hat man hier, wie es in Deutschland üblich ist, mittels eines Dammes an einer weit oberhalb des Werkes gelegnen Stelle des Flussbettes, das Wasser in eine künstliche Leitung (Obergraben) ausweichen gemacht, um es bis zu der Benutzungsstelle in einem über den zu treibenden Rädern erhobnen Niveau zu erhalten, sondern vielmehr erst dicht an dem Hüttenwerke verschliefst man das ganze Thal mit einem Walle, welcher einen Teich hinter sich bildet und in diesem die ganze Masse des Flusses bis zu der jedesmal erforderten Höhe von 15 bis 20 Fufs über dem natürlichen Niveau aufstaut. —

Möglichst nahe an der Stelle wo der künstliche Wall an die seitlichen, natürlichen Wände des Teiches sich anschliefst, wird eine Schleuse angelegt und in dieser in verschiedner Höhe mehrere durch Schütze zu sperrende Öffnungen. — Die gröfste und unterste derselben führt die Hauptmasse des Flusses, über ein geneigtes mit Holz ausgelegtes Gerinne, an den im Flussthale gelegnen Werken vorbei. Mehrere schwere Grundschütze verschliefsen diese Hauptöffnung und werden, je nach dem jedesmaligen Bedürfnisse der Schifffahrt im Frühjahr oder des Hüttenbetriebes während der übrigen Jahreszeiten, mehr oder weniger geöffnet.

An eine andre Öffnung der Schleuse schliefst sich eine auf hölzernen Unterlagen ruhende und in Jochen von dem stärksten Holze eingeschlofsne Arche (Oberfluther) von wahrhaft riesiger Gröfse, in welcher das Wasser bis zu dem Niveau des Teiches frei sich erhebt. Zwischen dem oben erwähnten Hauptgerinne und den Gebäuden des Hüttenwerkes befindlich, erstreckt sich dieses enorme Wasserbehälter längs der ganzen Reihe hintereinander gelegner Triebräder, denen es durch Seitenärme das Aufschlagewasser sendet. Nur mit einer seiner schmaleren Gränzflächen der Teichöffnung angeschlossen, ragt es von den übrigen Seiten frei in die Luft und umfafst, bei 6 Fufs Breite und 15—20 Fufs Tiefe, eine Wassermasse von 60000 bis 70000 Kubikfufs.

Von den Seitenärmen welche von diesem Hauptbehälter ausgehen, hat jeder einen zwiefachen Seitenausflufs, vermöge dessen er zwei oberschlächtige Räder (das links von ihm gelegne, von der rechten Seite zur linken, das rechts gelegne aber im entgegengesetzten Sinne) umtreibt.

Durch Schütze können die Ausflussöffnungen dieser Seitenärme geschlossen werden. Wird aber, zu einer Ausbesserung an einem der Räder, eine vollständige Hemmung desselben erfordert, so pflegt man dem Oberfluther sein Wasser zu entziehen bis dafs, durch eine mit Tauen vor der Öffnung des Seitenarmes befestigte Bohle, dieselbe sicherer noch als durch das gewöhnliche Schutzbrett geschlossen ist. Besonders schwierig zeigt sich der Verschlufs dieser Öffnungen wenn, wie es oft geschieht, den Seitenärmen nicht die Höhe des Niveaus in dem Hauptbassin gegeben werden kann, und wenn daher auch von oben geschlossne Röhren, an die Stelle der sonst üblichen offnen Kanäle gesetzt werden müssen.

Auf eine auffallende Weise hat man sich ferner zu helfen gewufst wenn, wegen der besondren Einrichtung der Gebäude, die unmittelbar von der Hauptarche ausgehenden Seitenärme nicht zu allen Rädern des Werkes sich wenden konnten. So ist es mit dem Gebäude welches die hiesigen Frischschmieden umfafst, und dessen beide längere Seiten, die eine von den Hämmern die andre von den Öfen und den zu ihnen gehörigen Gebläsen eingenommen sind. Nur die Räder welche die Hämmer bewegen, konnten hier unmittelbar aus dem Hauptbassin mit Wasser versehen werden; da aber eine Ableitung zu den Rädern der Gebläse durch das hohe Dach des Gebäudes verhindert war, hat man unter dem Fufsboden hindurch das Wasser in Röhren geführt, und es an der andren Wand des Werkes aufsteigen lassen in einem vom Boden auf gezimmerten Kasten, dessen Inhalt dann wiederum zum Umtrieb zweier Räder verwendet wird. *)

---

*) Eine interessante Erscheinung hat Herr v. Eversmann (oben Seite 30) an einer ähnlichen Wasserleitung des Süd-Uralischen Hüttenwerkes Slatoust beobachtet. Das gestaute Flusswasser wird dort zu der gezimmerten Hauptarche durch lange hölzerne Röhren geleitet welche unter dem Niveau des Teiches sich befinden. Von der Hauptarche aus, findet ein beständiger Abfluss Statt, man hat also auch in den erwähnten Zuleitungsröhren das Wasser in Bewegung zu denken. Um dem Bedürfnisse einiger Räder zu begegnen

Mit aufserordentlicher Geschicklichkeit wissen die Russischen Zimmerleute, meistens aus Lärchenholz, diese mannichfachen Kanäle und Röhren anzufertigen, welche, trotz eines oft sehr bedeutenden Druckes, sich als hinreichend wasserdicht bewähren. Man giebt ihnen eine parallelopipedische Gestalt und stets sind die Theile der Röhre welche die Längenkanten des Prismas bilden, aus einem Stücke gehauen; die Fügungsstellen liegen auf den Seitenflächen, und durch mächtige ciserne Bänder wird das Ganze zusammengehalten. — Seltner nur sieht man einzelne Theile der Wasserleitung aus cylindrischen gusseisernen Röhren bestehen; dergleichen aber werden häufiger angewendet um eine andre, für den Betrieb der Hüttenwerke eben so wichtige Flüssigkeit, die komprimirte Luft (den Wind) von den Gebläsen an bis zu den einzelnen Öfen, oft auf Strecken von 400 bis 500 Fufs zu leiten.

In so mannichfachen Richtungen begegnen sich oft die Röhren welche durch die Hüttenwerke die zwei sie belebenden Elemente vertheilen, dafs dadurch eine deutliche Vorstellung von dem Ursprunge aller hier wirkenden Kräfte bedeutend erschwert wird. — Oft hat es den Anschein als seien an irgend einer Stelle des Werkes alle einzelnen Erfordernisse zu einer bestimmten Arbeit vorgerichtet, ohne dafs an dem dort Statt findenden Mangel der wesentlichsten treibenden Kräfte gedacht worden, und als habe man defswegen nachträglich, aber stets auf eine kühne und möglichst direkte Weise, zu jenen auffallenden Vertheilungen der

---

welche zwischen der Arche und dem Teiche zu den Seiten der Röhre erforderlich waren, hat man aus der letzteren einen Abfluss durch seitliche mit Schützen zu verschliessende Löcher eingeleitet, und bei plötzlicher Eröffnung dieses Abflusses zeigte sich stets an der Oberfläche des entfernten Teiches ein geräuschvoller und sprüzzender Wellenschlag. — Man glaubte dafs Luft welche in den Röhren sich gesammelt habe, bei eröffnetem Wasserabflusse stromaufwärts bis zu dem Teiche sich bewege und polternd aufsteige; doch scheint die richtige Erklärung vielmehr in dem Stosse zu liegen, welcher bei plötzlich geänderten Bedingungen der Bewegung, durch alle Theile des Flüssigen sich fortpflanzt. So wie ein discontinuirlich gehemmter Abfluss die bekannten Erscheinungen des Stofshebers erzeugt, so kann auch wohl hier der entgegengesetzte Fall einer discontinuirlich beschleunigten Strömung nicht ohne Wirkung auf die übrige Masse des Flüssigen bleiben.

mechanisch und chemisch wirkenden Flüssigkeiten seine Zuflucht genommen. Allmälig erfolgende Ausdehnungen und Vergröfserungen des Hüttenbetriebes veranlafsten dergleichen befremdende Anlagen. — Interessant ist es aber zu erfahren, wie diese kühnen und die theoretisch vorherzusehenden Schwierigkeiten meistens nicht achtenden Hülfsmittel oftmals einen günstigen Erfolg herbeiführten; so haben Versuche an einer, der oben erwähnten ähnlichen, Windleitung ergeben, dafs die Elastizitäten der Luft in der unmittelbaren Nähe des Gebläses und an einer um 420 Par. Fufs von dort entfernten Stelle der Leitungsröhren, sich zu einander wie 83 zu 59 d. h. also günstiger als man erwarten sollte verhielten, und doch fand sich hier noch der ungewöhnlich störende Umstand dafs an verschiedenen Stellen der Röhren die Gröfse ihrer Queerschnitte discontinuirlich wechselte *) und daher die durch Wellenbewegung sich mittheilenden Elastizitätszuwächse verringern mufste. —

Nur 1,5 Werst von Newjansk, an einer über dem Niveau des Flussthales nur wenig erhabenen Stelle wird von der Oberfläche aus durch Steinbrucharbeit der Rotheisenstein gewonnen, welcher bei der Beschickung der hiesigen Hohöfen einen wichtigen Bestandtheil ausmacht. Ohne jede Mühe wird das scherbenweise in einem bald gelben bald grünen Lettenbestege vertheilt liegende Erz gesammelt, und auf hölzernen Tragbahren zur Hütte befördert. Eine breite Masse bunten Kalksteines, mit dem allgemeinen Streichen des Hauptgebirges, durchsetzt ihrer Mitte nach die eisenhaltige Schicht, welche zu beiden Seiten an schiefrigem und an den Gränzen zerklüfteten Serpentin sich anschliefst. Auf der nördlichen Verlängerung der Streichungslinie dieses Lagers (gegen NNW.) hat man noch zwei ähnliche Anbrüche eröffnet, in denen aber die erwähnte Kalkmasse sich nicht gezeigt hat. Der nächstgelegne dieser zwei Anbrüche ist um 7 Werst von dem Hüttenwerke entfernt.

Gleichzeitig mit dem hier gewonnenen Erze sahen wir zu der Beschickung des Hohofens einen eigenthümlichen Magneteisenstein

---

*) Man hatte nämlich im Innern der Röhre engere viereckige Ramen angebracht, in welchen Schutzbretter auf und nieder bewegt wurden, um dadurch den Wind bald nur zu den näher gelegnen bald zu sämmtlichen Öfen zu leiten.

zusetzen. Er wird bei Nijnei Tagilsk (siehe unten Septbr. 6) aus einer den Besitzern des dortigen und denen des Newjansker Hüttenwerkes gemeinschaftlich gehörigen Grube gefördert, und während des Winters auf Schlitten hierher gesandt.

Ausgezeichnet ist dieses Erz durch eine eigenthümliche krystallinische Struktur, denn es bildet ein Aggregat von Bienenzellenähnlichen (unvollkommnen dodekaëdrischen) Körnern, welche meistens einen Durchmesser von 0,8 bis 1,5 Linien besitzen. — Man glaubt hier dafs eine scharfe Röstung der Verschmelzung dieses Erzes nothwendig vorhergehen müsse, weil es ohnedem im unreduzirten Zustande schmelze, und zu Klumpen geballt in dem Ofen sich ansammele. Lagen von ganzen Fichtenstämmen werden mit den zu röstenden Erzen abwechselnd geschichtet. Die Erzlagen sind eine jede 7 Engl. Fufs hoch, von den Holzlagen aber hat die unterste 7 Fufs, von den übrigen eine jede 3,5 Fufs Höhe. Gewöhnlich werden drei Abwechselungen von Erz und Holz, zu einer Höhe von 35 Fufs übereinander, und auf einer Grundfläche von 2500 Quadratfufs (Engl.) gelegt. Ein kreuzförmiger Luftgang wird innerhalb der Holzlagen frei gelassen, und der ganze kolossale Haufen durch Umziehung mit einer Balkenwand vor dem Umstürzen bewahrt. Ganze Wälder des schönsten Nadelholzes sind schon im Voraus für die Zukunft zu diesem kostspieligen Röstungsprozefs bestimmt, und doch dürfte die unbedingte Nothwendigkeit desselben nicht erwiesen sein, denn dafs dadurch keine vollständige Oxydation bewirkt werde, bewiesen uns die auch noch nach dem Rösten von dem Erze ausgeübten magnetischen Anziehungen.

Zur Erzeugung des gewöhnlichen Roheisens werden das Tagilsker und Newjansker Erz gleichzeitig, mit einem Zuschlage von Flusssand und eisenhaltigem Letten verschmolzen; nur das zuletzt genannte Erz hat sich aber zu der auf den verschiedenen Uralischen Werken betriebnen Anfertigung eiserner Geschütze und Kugeln tauglich gezeigt, denn der Tagilsker Magneteisenstein liefert, zu diesem Zwecke, ein zu hartes Eisen.

Das aus den Hohöfen in dünnen Platten erhaltene Roheisen wird mit einem Zusatze von einigem Flusskalk in tonnenförmigen Kupelöfen umgeschmolzen und dann zur Anfertigung der Artilleriewerkzeuge verwendet. Bei dieser Schmelzung werden im Durchschnitte dem Gewichte nach 4 Theile Kohlen auf 5 Theile Roheisen gerechnet und es findet dabei ein Gewichtsverlust von $\frac{1}{17}$ des angewendeten Metalles Statt.

Eine noch bedeutendere Menge des rohen Metalls wird auf den Frischheerden zu Stabeisen verarbeitet. Das Arbeitslohn des Schmiedemeisters wurde uns zu 8 Kopeken, das zweier Gehülfen aber zu 6 und 4 Kopeken vom Pude fertigen Stabeisens angegeben.

Aufser der wichtigsten und einträglichsten Eisenbereitung hat man in dem Newjansker Bezirke auch des Goldsuchens mit Erfolg sich befleifsigt. Zwei Werst östlich von dem Hüttenwerke durchsetzen zwei Quarzgänge einen dem schiefrigen Hauptgestein dieser Gegend untergeordneten Grünstein. Den Besteg der Gänge bildet das weifse und weiche granitische Gestein welches am Ural den Namen Beresit führt, und dessen wir unten (Abschnitt VI. Septbr. 24. Beresow) bei der Beschreibung seines ausgezeichnetsten Fundortes noch einmal erwähnen werden. Ausführlichere Zusammenstellungen der hierher gehörigen Erscheinungen bleiben aber einem geognostischen Berichte aufbehalten. — Ein goldhaltiger Brauneisenstein findet sich hier ebenso wie zu Beresow theils krystallisirt in feinen Nebentrumen der Quarzgänge, theils verwittert in dem angränzenden Beresit, und dieser war es den man einige Jahre lang durch zwei nur 4 Sajen tiefe Schächte förderte. —

Jetzt aber hat man diesen Bergbau aufgegeben und dagegen der weit einträglicheren Auswaschung des Goldes aus den zerklüfteten und verwitterten Gesteinen des Hüttendistriktes auch hier den Vorzug gegeben. Namentlich hat man in einigen trocknen Queerschluchten des Newathales eine sehr goldreiche Schicht rothbraunen Lettens gefunden, in welcher eckige Trümmer von Quarz und Grünstein eingestreut liegen. Dieses reiche Trümmerlager ist nur dünn von einer torfartigen Dammerde bedeckt und das Gold wird daher ohne jede Mühe gewonnen. Viele dem gegenwärtigen völlig ähnliche Fundorte, welche wir unten näher zu erwähnen haben werden, veranlafsten die hier Ansässigen zu der kaum übertriebenen Behauptung, dafs der röthliche Leimen welcher so oft auf der Uralischen Landstrafse an die Wagenräder sich anhänge, stets goldhaltig sei. — Platina hat man bis jetzt bei Newjansk noch nicht bemerkt; nach der Analogie der nächstgelegnen Fundorte derselben zu urtheilen, ist aber nicht zu bezweifeln, dafs sie unter den auch hier vorkommenden Grünsteintrümmern dereinst sich finden werde. —

Die auf 10,000 Seelen angegebene Bevölkerung von Newjansk besteht gröfstentheils aus Leibeignen. Es sind wohl meistens Abkömmlinge von Verbannten welche von der Regierung den hiesigen Hüttenbesitzern als Arbeiter untergeben wurden. Alle bekennen sich jetzt zu altgläubigen Sekten. — Eine andre Tradition über die Herkunft der Arbeiter des Werkes gebe ich so wie sie uns hier von mehreren Einheimischen mitgetheilt wurde ohne die vielleicht hinzugefügten Entstellungen von der Wahrheit trennen zu können. In der Nähe des Schlosses sieht man einen aus Bruchsteinen hoch aufgemauerten Wachtthurm, in dessen Inneres noch jetzt eine halb verfallene Treppe hinaufführt. In diesem sollen die ersten Besitzer des Hüttenwerkes vor der Verfolgung Russischer Soldaten die landstreicherischen Flüchtlinge verborgen haben, welche sie gegen den Willen der Regierung aufnahmen und als nützliche Arbeiter belohnten. In der frühesten Sibirischen Geschichte findet sich in der That ein wichtiges Ereignifs ganz ähnlicher Art, denn dem als Räuber geächteten Jermak und seinen kühnen Gefährten wurde, im Jahre 1580, von der an der Tschusowaja ansässigen Stroganow'schen Familie Schutz und Unterstützung ihrer grofsartigen Plane gewährt. Zar Iwan Wasilewitsch zürnte gewaltig über das eigenmächtige Benehmen seines Vasallen, und erst nach dem unerwartet glänzenden Ausgange des Eroberungszuges hat er die Handlungen der Stroganows sowohl als die der tapfern Insurgenten für legitim erklärt, und ihnen Gnadenbezeugungen, anstatt der früher bestimmten Strafen, ertheilt.

Die zu Newjansk gangbare Tradition dürfte aber mit einiger Wahrscheinlichkeit nur auf sogenannte Brodjági (Läuflinge von broditj, herumirren) sich beziehen, d. h. auf Landleute des Europäischen Russlands, welche, in früheren Zeiten häufiger noch als jetzt, der Leibeigenschaft durch die Flucht sich entzogen. Die bewundernswerthe Ausbreitung der Russischen Herrschaft ist grofsentheils diesem Umstand zu verdanken, denn als die Warägischen Feudalverhältnisse noch neuer und daher drückender, und der alte Hang zu abenteuerlichen Wanderungen

(Najésdnitschestwo, Reiter oder Ritterthum, von Jésditj, herumreiten oder fahren) bei den Nowgoroder Republikanern noch lebhafter waren, sah man ganze Gesellschaften des Volkes in die angränzenden unerforschten Lande entfliehen, bis zu denen die unterjochenden Knjäse und Bojaren nicht vorgedrungen waren. *)

Die leibeignen Arbeiter auf den an Privatleute gehörigen Hüttenwerken erscheinen meistens mit ihren Lebensverhältnissen sehr zufrieden; auch ist wirklich von Seiten der hiesigen Besitzer eine weise Besorgtheit für das Wohl ihrer Untergebenen nicht zu verkennen. Trotz der Erblichkeit ihrer Ländereien hat bei den Sawodschiki weit seltner als bei andern Adlichen des Reiches der Dünkel sich eingeschlichen, daſs ihr Geschlecht von einer andren Raçe als das Volk, und durch das Schicksal auf ewig bevorrechtigt sei. Dergleichen Vorurtheil scheint nur mit durchaus müſsiger Lebensart vereinbar und wohl deſshalb findet es sich nicht bei den hiesigen Eigenthümern, noch weniger aber bei den von ihnen eingesetzten Verwaltern, denn beiden ist Betriebsamkeit zur unerläſslichen Bedingung der Machthabung geworden. —

Um 4 Uhr des Morgens versammelt sich täglich die ganze arbeitsfähige Bewohnerschaft vor dem sogenannten Comtor des Werkes, und namentlich vom männlichen Geschlechte alle mehr als 12 Jahr alte Individuen. Die Weiber können sich nach Willkür zur Arbeit melden oder ausbleiben. Durch den Prikaschtschik oder unteren Befehlshaber wird sodann einem Jeden irgend eine Beschäftigung für den Lauf des Tages angewiesen, und zwar so, daſs nur den Meistern in irgend einer Kunstfertigkeit (Mastuirj) eine stets gleiche Arbeit zu Theil wird, während das

---

*) Daſs solche Ereignisse es waren welche unter Anderem die erste Ansiedlung der Russen an der Mündung der Dwina im 11ten Jahrhundert und bald darauf die ersten Russischen Schifffahrten auf dem Eismeere veranlaſsten, hat neuerlich Herr Capitain F. Litke auſserordentlich wahrscheinlich gemacht. Tschetuirokrátnoe puteschéstwie w'sjéwernui ledowítui Okeàn etc. etc. Flota Kapitan-Leitenantom F. Litke. St. Petersburg 1828 tom. I. Seite 5. d. h. Viermalige Reise auf dem nördlichen Eismeer u. s. w.

Handwerk der Übrigen durchaus zufällig von Tage zu Tage wechselt und eine nach Zünften beschränkte Ausbildung der Einzelnen hier weit weniger als eine bewundernswerth vielseitige Anstelligkeit Statt findet. Die Listen der angestellten Arbeiter werden täglich von dem Verwalter des Werkes (Uprawitel) bestätigt und von Zeit zu Zeit dem Hüttenbesitzer (Sawodschik) übersandt. Die Arbeit dauert von $4\frac{1}{2}$ bis 11 Uhr Vormittags und sodann von Mittag bis 7 Uhr Abends und wird nach dem Gesetze mit $8\frac{3}{4}$ Kopeken (9,5 Pfennige Preussisches Silbergeld) täglich, oder etwa 9 Preussische Thaler jährlich, bezahlt. Aufserordentliche Tagelöhner, Weiber und Mädchen erhalten 10 Kopeken (10,9 Pf. Preuss. Silbergeld), unerwachsene Knaben aber nur 6 bis 8 Kopeken für den Tag. So sind, gegen einen anscheinend äufserst geringen Lohn, fast alle Kräfte der Bewohner in Anspruch genommen, und nur durch die zweckmäfsig angeordnete Lieferung von Lebensmitteln aus den Vorrathshäusern des Hüttenwerkes erklärt sich die Möglichkeit dieses Verhältnisses.

Nach dem Beispiele ähnlicher Institute welche unmittelbar von der Landesregierung abhängen wird nämlich den Verheiratheten, Männern sowohl als Weibern, eine monatliche Lieferung von 2 Pud Roggenmehl unter dem Namen Pajók verabfolgt. Männer unter 16 Jahren und unverehelichte Weiber erhalten nur die Hälfte dieser monatlichen Lieferungen und zu einer frühzeitigen Verheirathung liegt hierin für die Weiber eine bestimmte Veranlassung. Gewöhnlich heirathen sie im 17ten Jahre, dennoch aber sind die Ehen nicht sehr fruchtbar, so dafs eine Familie von 5 Kindern schon als ein aufserordentlicher Fall betrachtet wird.

Nicht arbeitenden alten Individuen wird diese Unterstützung nur wenn sie kinderlos sind, zu Theil; im Allgemeinen aber geschieht sie theils ganz unentgeldlich, theils gegen einen geringen Abzug von dem Arbeitslohne und zwar so dafs, wenn der Einkaufspreis des Mehles unter 50 Kopeken für das Pud (d. h. unter 1,36 Pfennige Preuss. Silbergeld für das Berliner Pfund) beträgt, alle Arbeiter welche weniger als 3 Rubel monatlich verdienen, unentgeldlich, alle übrigen aber gegen 20 Kopeken (21,8 Pfennige Preuss. Silbergeld) Abzug von ihrem Monatslohne die erwähnten zwei Pud Mehl erhalten. — Findet ein höherer Einkaufspreis Statt, so werden nur die welche weniger als 2 Rubel monatlich verdienen, unentgeldlich mit der angegebenen Quantität (69,8 Berliner Pfund) Roggenmehl versorgt, die Übrigen aber gegen 20 Kopeken oder 40 Kopeken monatlichen Abzuges, je nachdem sie weniger oder mehr als 3 Rubel (welches Letztere bei den Meistern der Fall ist) einnehmen. Im ungünstigsten Falle bleibt also einem arbeitsfähigen Individuum (Männern sowohl als Weibern) zur Befriedigung der aufser dem Mehlvorrathe noch nöthigen Bedürfnisse monatlich eine Summe von 22,2 Silbergr. Preuss. Geldes. Nach Vergleichung der am Ural herrschenden Kornpreise mit den jetzt in Deutschland Statt findenden hat man aber den Realwerth dieser Summe auf das 15fache zu erhöhen und zwar um so mehr da auch für die übrigen Lebenserfordernisse der Hüttenarbeiter Magazine auf Kosten des Besitzers angelegt sind, und von diesem mit vernünftiger Uneigennützigkeit, ohne aus dem Bedürfnisse der Untergebenen einen Erwerbszweig zu machen, verwaltet werden; auf diese Art werden Fleisch, Grütze, Hafer, Weizenmehl, Leder, Eisengeräthschaften und Kleidungsstücke zu sehr mäfsigen Preisen geliefert. Aufserdem aber wird mehrmals im Jahre in dem steinernen Kaufhofe ein Markt gehalten, zu welchem theils fremde theils am Orte ansässige freie oder leibeigne Händler mancherlei Waaren hinzuführen. Auch bei diesem Handel wird das Wohl der Hüttenleute von einem durch den Besitzer ernannten Marktaufseher (Russ. Basárnik) wahrgenommen, welcher die Preise des Feilgebotnen festsetzt.

Jeder Arbeiter besitzt sein eignes Haus, welches er selbst aus den ihm unentgeldlich freistehenden Materialien des Waldes erbaut; aufserdem aber gehören ihnen Pferde, Kühe und oft auch andres Kleinvieh, für welches ihnen Heu als hier ausschliefslich übliches Futter, auf den Matten (*Sjenokósi*) der Sawode unentgeldlich zuwächst. Zur Zeit der Heuärndte werden, mit nur wenigen unumgänglichen Ausnahmen, die Hüttenarbeiten unterbrochen und alle Bewohner ziehen mit Weibern und Kindern zu den Grasplätzen in den Wäldern, an denen sie oft 6 Wochen lang in leicht aufgeschlagenen Zweighütten (Balagani) zubringen. Gesetzlich ist ein Urlaub von 28 Tagen zum Behufe der Heuärndte festgesetzt. Unterbrechungen durch ungünstige Witterung veranlassen aber gewöhnlich zu einer Verlängerung dieses Zeitraumes. Bei der hohen Wichtigkeit der Pferde für die Einzelnen sowohl als für die Gesammtheit des Werkes wird mit Recht auf eine zweckmäfsige Heubereitung die gröfste Aufmerksamkeit gewendet.

Nach Ausführung dieses allgemeinen Geschäftes folgt eine für den Hüttenbetrieb am meisten in Anspruch genommene Zeit, denn während der Herbst- und Wintermonate treten zu den gewöhnlichen Bergwerks-, Schmelz- und Schmiede-Arbeiten auch noch die Vorbereitungen für die im Frühjahr beginnende Versendung der Produkte des Werkes. Einige nähere Angaben über diesen für alle Uralischen Werke gleich wichtigen Zweig des Betriebes werde ich unten (Abschnitt VI.) mittheilen. —

Von den freien und nur gemietheten Eisenarbeitern verschaffen sich hier mehrere einen von der Sawode unabhängigen Erwerb durch Anfertigung der durch ganz Sibirien üblichen gezognen Kugelbüchsen (Wintófki, von Wint, eine Schraube). Die Läufe sind sehr gut geschweifst und sorgfältig gebohrt und gezogen, aber stets von einer gegen das Kaliber unverhältnifsmäfsigen Dicke des Eisens. Sie werden hier mit 10 Rubeln von den Aufkäufern bezahlt. Die Schlösser zu diesen Büchsen werden zu Tula gearbeitet und von N. Nowgorod hierher gebracht.

Alle Mitglieder des sogenannten Hüttencomtores erhalten von 30 bis 400 Rubel jährlichen Gehaltes.

Bei so beschaffener Verfassung der Hüttenwerke bleiben den Bewohnern nur wenige direkte Beziehungen zu den Behörden der Landesregierung. Bei allen kleineren Rechtsstreitigkeiten oder Vergehungen der Einwohner stehet dem Sawodschik und seinem Verwalter eine unmittelbare Entscheidung zu, und nur für selten vorkommende bedeutendere Fälle wohnt zu Newjansk und in den übrigen Hüttendistrikten der Privatleute, ein von dem Permischen Bergamte (gornoe prawlenie) abhängiger Kaiserlicher Beamter *) (Sawodskoi Isprawnik oder Hüt-

---

*) Unter dem Permischen Bergamte stehen alle Kaiserlichen Werke der Gouvernements von Perm, Orenburg und Kasan; die Kaiserlichen Bergwerke des übrigen Reiches werden von einer 2ten zu Moskau ansässigen Behörde geleitet; jedoch mit Ausnahme der

tenrath) mit ähnlichem Wirkungskreise wie die Semskie I*. prawniki oder Landräthe anderer Gegenden des Reiches, welcher gleichzeitig zu beachten hat, ob die jährliche Ausbeute des Werkes noch dem der Regierung ursprünglich versprochenen Zustande entspricht. Eine Kopfsteuer von 2,5 Rubel für jeden männlichen Einwohner entrichtet der Hüttenbesitzer der Regierung und aufserdem pflegt er auch von der Verpflichtung Rekruten zum Heere zu stellen, durch eine von der Anzahl der verlangten Leute abhängige Abgabe sich zu befreien. Finden aber wirkliche Aushebungen Statt, so müssen auch die Frauen der Rekruten und deren etwanige spätere Nachkommenschaft von dem Hüttenbesitzer als frei entlassen werden. — Die vor der Aushebungszeit erzeugten Kinder verbleiben aber als Leibeigne dem Werke. — Wie schon oben erwähnt, sind alle hier beschäftigten Berg- und Hüttenarbeiter von Russischer Abkunft. Von den Urbewohnern der hiesigen Gegend sind die Baschkiren nach Süden, die Wogulen aber nach Norden und Nordosten von den Bergwerksanlagen zurückgewichen, und niemals ist es gelungen, sie zur Annahme dieser Art von Beschäftigungen zu veranlassen. Nur in dem westlich von der Kama gelegnen Theile des Permischen Gouvernements hat eine Ausnahme von dieser allgemeinen Erscheinung Statt gefunden, indem auf den dortigen, der Stroganow'schen Familie gehörigen, Hütten, der mit den Wogulen nahe verwandte Finnische Stamm der Permjaken ansässig geblieben ist. —

In dem Newjanskerr Schlosse bewahrt man als Antiquität einen zu Peter I. Zeiten für sehr kostbar gehaltenen Wagen, in welchem damals ein Knjäs Gagarin von Petersburg bis zum Ural reiste. Der sehr reich verzierte und mit Fenstern aus Glimmerplatten versehne Kasten des Fuhrwerks ruht auf aufserordentlich kleinen Rädern, denn die hinteren Axen sind um kaum $1\frac{1}{2}$ Fufs über dem Boden erhoben. — Zur Erklärung der üppigen Aufnahme welche auch heute wiederum so wie oben erwähnt, in der verlassenen Wohnung des Hüttenbesitzers uns zu Theil wurde, erfuhren wir, dafs die von den Verwaltern des Werkes jährlich abge-

---

Koluiwanischen Hütten am Altai, deren Beaufsichtigung dem sogenannten Kaiserlichen Kabinete zugefallen ist.

legten Rechnungen stets eine nicht unbedeutende Summe unter
der Benennung: „an Lebensmittel, Getränke, Vorspann u. s. w.
für nützliche Freunde" enthalten und so mag denn die in
diesen kleinen kaufmännischen Staaten nunmehr zum allgemeinen
Gesetz gewordne freigebige Gastfreundschaft anfangs namentlich
für Reisende bestimmt gewesen sein, mit denen man Handelsverbindungen einzugehen hoffte. Bei der Festsetzung des jedesmaligen Verkaufspreises der ausgebrachten Metalle werden nun sowohl diese als eine Menge ähnlicher nicht direkt zum Hüttenbe-
triebe gehöriger Ausgaben mit eingerechnet. —

Gegen 4 Uhr Nachmittags verliefsen wir Newjansk und fuhren durch finstre Nadelholzwaldung 50 Werst weit bis Nijnei
Tagilsk. Jedes Zeichen von Bewohntheit der Gegend schwindet
schon in geringer Entfernung von dem blühenden Fabrikort, aber
es ist auch die Erhaltung der einförmigen Urwaldung grade eine
unerläfsliche Bedingung für den Hüttenbetrieb, die einzige hier
herrschende Cultur. Fichten (P. sylvestris) und Lärchen sind
vorherrschend in der Waldung; doch sieht man dazwischen auch
hochstämmige Birken und — etwa auf der Hälfte unsres heutigen
Weges zeigte man uns zum erstenmale die Zirbelfichte (Arve der
Schweizer, P. Cembra) welche unter dem Namen der Sibirischen Ceder (Sibirskji Kedr) den Asiatischen Russen
zu nicht geringem Stolze gereicht. Am südlichen Ural fehlt dieser Baum entschieden, und westlich von dem hiesigen Meridiane
wird er auch im Norden nirgends angetroffen. In einer Meereshöhe von 800 Par. Fufs sieht man hier plötzlich wieder dieselbe
Baumart, die auf den Schweizer-Alpen nur zwischen 4000 und
7000 Fufs hoch gefunden wird, zwischen jenem Hochgebirge aber
und dem Ostabhange des Ural spurlos fehlt. Von hier nach Sibirien hinein werden wir lange noch mit immer gleicher Häufigkeit und Schönheit die Zirbelfichte herrschen sehen, und einmal
in dem Vaterlande des Gewächses glaubt man sich minder veranlafst nach dessen Herkunft zu fragen. Aber an den Gränzen der
zwei isolirten Bezirke seines Vorkommens, auf den Alpen und
am Abhange des Ural, tritt das gewöhnliche Räthsel der Verbreitungsgeschichte des Organischen in seiner völligen Nacktheit hervor. — Mögen nun in Sibirien oder auf den Alpen die primären

Individuen von P. Cembra sich befunden haben, immer wissen wir nicht, wie von dort eine Colonie der Baumgesellschaft durch Gegenden hindurch gedrungen ist, die ihr jetzt, wegen zu warmen Klimas, eben so wenig zugänglich erscheinen wie etwa das Weltmeer den Landthieren.

Wie in so vielen Theilen des Wissens, so ist auch hier das Entstehen in tiefes Dunkel gehüllt, und dankbar muſs man anerkennen daſs wenigstens für das Bestehen des einmal Vorhandnen sich, bei von einander entlegnen Standorten ein und desselben Gewächses, eine Gleichheit der die Vegetation am kräftigsten bedingenden Temperatur-Verhältnisse hat nachweisen lassen. Die Abwesenheit bestimmter Gewächse kann stets zuverlässiger erklärt werden als das Vorhandensein andrer; aber grade deſshalb wird die einstmals geschehne Aussäung durch jetzt trennende Bezirke hindurch noch bestimmter zu einem ungelösten Problem. —

Schon in den sogenannten Fruchtbuden des Europäischen Russlands hatten wir die kleinen Zirbelnüsse (Kedrówie orjéchi) häufig und in groſser Menge gesehen und ihre Ähnlichkeit mit dem Pistaziensamen (vergl. oben Seite 234) bemerkt. Trotz der sehr verschiednen Natur beider Gewächse sind ihre Saamen an Gestalt und Gröſse fast völlig gleich; aber minder glatt ist die Hülle der Zirbelnüsse und von der braunen Borke der bedeckenden Schuppen des Zapfen nie völlig zu trennen. Der innere ölige Kern ist bei beiden von gleichem Geschmacke, aber die Oberhaut desselben enthält kienigen Harzsaft bei dem nordischen Baume, aber feinen balsamischen Terpenthin bei seinem Bucharischen Verwandten. Die Vorliebe der Menschen für diese öligen Kerne ist hier an dem Ursprungsorte nicht geringer als in der Ferne, zu bedeutendem Nachtheil für die Waldung. Nothwendig muſs die Besaamung der Forsten gestört werden durch eine Fruchtlese welche hier so einträglich ist, daſs oft das Pud Zirbelnüsse mit nur 20 Kopeken bezahlt wird. Ja noch schlimmer ergeht es oft den fruchtreichen Bäumen, denn trotz strenger Verbote soll man noch immer die schönsten und höchsten Stämme fällen, um müheloser ihre Früchte zu sammeln.

Nur der Seltenheit austrocknender Winde und der zu Moorerzeugung geneigten Beschaffenheit des hiesigen Klimas hat man

es zu danken, daſs bis jetzt, durch unvorsichtige Bewirthschaftung
der Wälder, hier noch nicht dieselbe verderbliche Verminderung
der nährenden Dammerde erfolgt ist, die man unter Andern in
den Schweizer Gebirgen während des letzten Jahrzehntes mit
Schrecken gewahrt hat. *) In der leichten und mannichfach bewegten Bergluft hat man dort eine geringe Geneigtheit zur Verwitterung und Verrodung bei den todten Pflanzentheilen bemerkt.
Hier hingegen deutet manche Erscheinung auf ein entgegengesetztes sehr schnelles Fortschreiten der Verwittrung an mineralischen
sowohl als demnächst auch an pflanzlichen Stoffen; denn wenn
auch offenbar die geologischen Katastrophen welche die metall-
reichen Uralischen Übergangsgesteine in eckige Bruchstücke zertrümmerten, der Existenz des Organischen vorhergegangen sind,
wenn auch diese Trümmer ganz andren Einflüssen als den meteorischen ihre Entstehung verdanken, so wird doch der gelbe
Letten welcher in den Lagerungen der talkigen und thonigen
Bruchstücke zwischen den gröſseren derselben sich findet, offenbar
noch jetzt und alljährlich durch Witterungseinflüsse aus ihnen erzeugt. Von feuchterem Erdreiche wird daher jeder abgestorbne
Pflanzentheil umschlossen, und der mit organischen Überresten ge-
schwängerte Schlamm kann von jedem unbedeutenden Wasserlaufe
abgeschlemmt und verbreitet werden. Jedes Keimende wurzelt
leicht zwischen den verwitternden Trümmern welche, vermöge
ihrer niedrigen Temperatur und wegen nirgends hin ansehnlicher
Geneigtheit der hiesigen Ebenen, die an sich nicht bedeutende
Menge atmosphärischen Wassers lange stagnirend zurückhalten. —
Nur die Pflanzen niedriger Torfmoore: Ledum palustre, Andromeda polifolia, A. calyculata **) überziehen schnell und
mit einem dichten Filze die entblöſsten feuchten Niederungen, aber
wahre Alpenrosen sieht man nie sich einfinden, obgleich eine Mitteltemperatur welche für P. Cembra zuträglich ist, auch das Ge-

---

*) Kasthofer.
**) Auch Arbutus alpina (Arctostaphylus alpina Kunth) steht,
nach des älteren Gmelin Beobachtungen, schon im Werchoturischen Kreise. Ich habe denselben erst später am Abhange des
Marekanischen Gebirges gegen den Ochozker Meeresstrand
gefunden. (Vergl. unten 1829 Juni 27.)

deihen manches **Rhododendron** befördern müfste, wenn nicht der Boden feuchter Waldebenen diesen Pflanzen widerwärtig erschiene.

Mitten im Walde, noch ehe wir bei dem kleinen Dorfe **Schaitansk** die einzige offne Stelle unsres heutigen Weges erreichten, trafen wir eine Heerde Schafe welche ein berittner **Russischer** Führer leitete. Sie hatten äufserst dicke an der Spitze haarlose Schwänze, am Kopf hart anliegende stark gekrümmte Hörner und lang hinabhängende Ohren; ihre direkte Abstammung von dem **Kirgisischen** fettschwänzigen Schafe war nicht zu verkennen; aber die Eigenthümlichkeiten dieser Raçe erhalten sich hier nicht lange in ihrer ursprünglichen Reinheit. Die trocknen und bittern Steppenkräuter sind dazu unumgänglich erforderlich, und selbst in **Süd-Uralischen** Orten des **Orenburgschen** Gouvernements hat man stets die eingeführten **Kirgisischen** Schafe abmagern und nach wenigen Generationen die Fettbildung des Schwanzes gänzlich ausbleiben sehen. Bei den entfernter von dem Gebirgsrücken nomadisirenden **Baschkiren** soll sich die dickschwänzige Raçe länger erhalten.

Im Westen, unmittelbar zur Linken unsres Weges, war heute beständig ein schnelles Aufsteigen des Terrains bemerkbar. Anstehendes Gestein ist häufig sichtbar, und zwar folgen nun Hornblend- und Feldspath-Gesteine auf das Serpentingebirge von **Newjansk**; anfangs grob krystallinisch gefügt bilden die zwei Bestandtheile einen wahren Sienitporphyr, dann inniger gemengte Grünsteine und zuletzt Grünsteinschiefer bis **N. Tagilsk**. Südlich von **Schaitansk** findet man häufig ein von Talkschuppen grünlich gefärbtes körniges Quarzgestein, welches die Gränze der porphyrischen mit den schiefrigen Grünsteinen zu bezeichnen scheint.

Diese Hügelkette trennte uns von dem **Tagilflusse**, welcher westlich von der Strafse und parallel mit derselben in einem Längenthale gegen NO. fliefst. Nur bei **Schaitansk** (16 Werst vor **Nijnei Tagilsk**) öffnet sich der erhöhte Thalrand und man sieht freier gegen SW. hinaus. Die Queerschlucht der **Tschérna** welche dieser Stelle gegenüber vom Gebirge kommend in das linke Ufer des Längenthales mündet, hat hier auch die rechte Thalwand mit einer breiten Einsenkung unterbrochen. Wir haben später auf dem Gebirgsrücken nahe dem Ursprunge dieser Schlucht eines der reichsten Platin-Trümmerlager kennen gelernt. (Vergl. unten September 19.) Die Wände des Tagilthales erheben sich kaum zu 200 Fufs über das auch hier noch beständig anhaltende Niveau der Jekatarinburger Ebne; sie fallen nicht steil gegen den Fluss, sondern verflächen sich sanft, so dafs es möglich ist noch 10 Werst südlich von Schaitansk, nahe der Gränze zwischen den krystallinischen und schiefrigen Grünsteinen, einem Fahrwege grade gegen Westen zu dem Quellsee der Tscherna zu folgen. Auch im geognostischen Sinne ist das Tagilthal keine Spalte, sondern eine Mulde, denn westliches Fallen der Schichten herrscht überall auf dem rechten Ufer zwischen Newjansk und Tagilsk, während, wie wir später erfuhren, auf dem Wege von Tagilsk zu den Quellen der Tscherna (also vom linken Rande des Längenthales gegen das Gebirge zu) nacheinander dieselben Gesteine wie auf dem rechten Ufer, aber in umgekehrter Ordnung und mit entgegengesetztem, gegen O. gerichteten, Fallen beobachtet werden.

Noch überraschender als zu Newjansk war die plötzliche Wiederkehr zu belebten Menschenwohnungen, als wir bei Nijnei Tagilsk die Waldung verliefsen. Die Häuser der Arbeiter liegen hier gleichmäfsiger vertheilt um die Hüttenwerke und die Wohnungen der Beamten, so dafs um diese zu erreichen, man sogleich an dem volkreichen Theile der Niederlassung vorüber geht. Auf dem Gehöfte eines der Verwalter des Werkes wurden wir am Abend mit gewöhnlicher Gastfreiheit aufgenommen.

[September 6 u. 7.] Auch hier zu Tagilsk wohnt kein Mitglied der Familie der Besitzer, sondern leibeigne Verwalter stehen dem ganzen Betriebe vor. Herrn Schwetzow, einen der Leibeignen von Tagilsk, hatte ich früher in Deutschland kennen gelernt, wo er mit Erlaubnifs des Sawodschik gleich eifrig und erfolgreich die Lehren der neuern Chemie sich aneignete. Jetzt leitete er hier einen Theil des Hüttenbetriebes und seiner Freundschaft verdankten wir eine nähere Einsicht in die grofsartigen Anlagen des Tagilsker Distriktes.

Bei regnigem Wetter beschäftigten wir uns zunächst mit Besichtigung der hiesigen Schmelzwerke. Die ganze Niederlassung nimmt einen Raum von etwa 5 Quadratwerst ein. Eine steinerne Kirche und das Wohnhaus des Besitzers liegen auf einem niedrigen Grünsteinfelsen und rings um sie breiten sich die Hüttengebäude und die zu breiten Strafsen geordneten Wohnhäuser, bis sie sich seitwärts anschliefsen an beide Ufer des Hüttenteiches und an den Fufs eines westlich vom Werke sich erhebenden Hügels, welcher der Fuchsberg (lisaja gorà) genannt wird.

Kupfer und Eisen werden zu Tagilsk aus den Erzen bereitet und zu brauchbaren Gestalten verarbeitet; wie auch die Erze in der nächsten Umgebung des Ortes gefördert werden, wollen wir weiter unten erwähnen. Aufser dem hiesigen Werke befinden sich in dem der Familie Dimidow gehörigen Tagilsker Distrikte noch 8 andre Hütten, welche mit der Eisenproduktion sich beschäftigen. Sie besitzen zusammen 6 Hohöfen, von denen vier hier zu Tagilsk, und zwei andre auf der Sawode Werchnei Saldinsk am Flusse Salda, 46 Werst ONO. von N. Tagilsk, sich befinden. Die übrigen Hütten:

zu Nijnei Saldinsk weiter abwärts an dem obengenannten Zuflusse des Tagil,

zu Wuiskoi an der Wuia, 3 Werst von Tagilsk,

zu Werchnei und Nijnei Laïsk, 22 und 20 Werst NW. von Tagilsk,

zu Wissimo Schaitansk an der Schaitanka, einem Zuflusse der Utka, 35 Werst von Tagilsk,

zu Utkinsk an der Utka, 50 Werst von Tagilsk *)

und das unten (1828. September 19) beschriebene Werk Tschernoistótschinsk beschäftigen sich vorzugsweise mit dem Frischen des Roheisens.

Der Betrieb dieser sämmtlichen Werke wird durch ein hier zu Tagilsk eingerichtetes sogenanntes Hütten-Comtor geleitet.

---

*) Die beiden zuletzt genannten Hütten liegen jenseits der Hauptwasserscheide auf der Westseite des Ural, so dafs ihre Erzeugnisse durch unmittelbaren Wassertransport in die Tschusowaja gelangen. Von den übrigen Werken aber werden die verarbeiteten Metalle zu Lande längs des oben (Seite 335) erwähnten Fahrweges über Tschernoistótschinsk bis an die Tschusowaja befördert.

Auch hier werden, ebenso wie zu Newjansk, die zu verschmelzenden Eisenerze sämmtlich zuvor geröstet, obgleich reines Magneterz und Brauneisenstein unter ihnen durchaus vorherrschen, (vergl. unten Seite 347 und 349) und nur selten sehr unbedeutende Mengen von Schwefelkies als zufälliger Gemengtheil sich finden. Die einzelnen Rösthaufen enthalten bis zu 800000 Pud (31120000 Berliner Pfund) Erz. Es wird dabei eine Kubiksajen Fichtenholz zu 4000 Pud Magneteisenstein hinzugesetzt und, bei vollständiger nicht verzögerter Verbrennung des Holzes, könnte daher die Temperatur des Erzes bis zu etwa 2340° R. sich erhöhen; *) dennoch zeigt sich auch hier das geröstete Erz noch deutlich magnetisch, so dafs ohne Zweifel die wirklich erfolgende Erwärmung ungleich geringer ist. Obgleich nämlich nach Versuchen im Kleinen die dem Magneteisenstein inwohnenden Anziehungskräfte weit schwerer durch die Wärme zerstört werden als die des Stahles, so erfolgt doch auch bei jenem durch eine Erwärmung um 320° R. schon ein Verlust von $\frac{2}{10}$ der ursprünglichen Kraft und bei der hier als möglich vorausgesehnen Temperaturerhöhung müfste daher sicher jede Spur von Magnetismus zerstört werden. —

Bei mehreren Süd-Uralischen Werken hat man mit grofsem Vortheil zur Röstung der Erze die in dem Hohofen aufschlagende Flamme benutzt, indem man sie in einem an den oberen Theil des Schachtes seitwärts angebauten bedeckten Ofen über die horizontalen Lagen des Erzes leitet. Dieser angebaute Calcinirraum ist dann mit einem eignen Schornsteine versehen, welcher um 30 Fufs über die Aufgebungs-Stelle des Hohofens sich erhebt. Nachdem die Gichtflamme den Röstofen durchzogen hat, schlägt sie mit aufserordentlicher Geschwindigkeit zum Schornsteine desselben hinaus und auf den Wänden sieht man aus aufgewirbelten und geschmolzenen Erztheilen schraubenförmige Züge sich ansetzen welche an den in der Natur vorkommenden röhrförmigen Glaskopf auf eine täuschende Weise erinnern und ein neues Beispiel

---

*) Wenn man die spezifische Wärme des Magneteisensteins zu 0,16 von der des Wassers und die Temperaturzuwächse welche brennendes Holz einem gleichen Gewichte Wasser mittheilt zu 2880° R. annimmt.

der Ähnlichkeit darbieten, welche zwischen den Produkten unserer Schmelzwerke und den auf den Gangklüften der Erde vorkommenden Fossilien Statt findet.

Nur um das zu Geschützen und Kugeln erforderte weichere Roheisen (welches man hier *spéloi tschugun* oder *reifes Gufseisen* nennt) zu erhalten, werden Magnet- und Brauneisenerz in dem Verhältnifs von 5 zu 4 gemengt, während in einem zweiten Ofen aus reinem Magneterz das anderweitig anzuwendende Roheisen geschmolzen wird. Als Zuschlag wird $\frac{1}{10}$ vom Gewichte des Erzes von dem am westlichen Rande des Ural vorkommenden Flussspathe hinzugesetzt. — Bei der ersten Art der Beschickung werden täglich etwa 36800 Berliner Pfund Erz in 35 verschiedenen Gichten, bei der zweiten aber nur 25200 Pfund in 30 Gichten aufgegeben, und im Durchschnitt rechnet man dabei auf eine tägliche Ausbeute von 17500 Pfund Roheisen von jedem Ofen, d. h. etwa $\frac{53}{100}$ vom Gewicht der verschmolzenen Erze. Die hiesigen Hohöfen sind im Schachte rund gebaut, 33 Engl. Fufs hoch, an der Gichtöffnung (Koloscha der hiesigen Kunstsprache) von 7 Engl. Fufs, an der breitesten Stelle (Rospar, von rosparitj, zerfliefsen machen) aber von 14 Engl. Fufs Durchmesser. Die Verengerung des Ofens über der Form wird Gorn oder Brennraum (von goritj, brennen), der feuerfeste Grund aber Potscha oder Léschtscheda, d. i. Unterlage genannt.

Sowohl für die Tagilsker als auch für die nördlicher gelegnen Uralischen Werke holt man die Gestellsteine zu den Öfen von einem, 140 Werst Ost von Tagilsk, an der Mündung des Re*j*-Flusses gelegnen Steinbruche. Der Bergrücken welcher dieses aufserordentlich feuerbeständige Gestein enthält, wird totschílna*j*a gora d. h. der Schleifsteinberg genannt, und ist an seiner entblöfsten Seite in eben so viele einzelne Bezirke getheilt als Hüttenwerke an der Förderung Ansprüche haben. Die nützlichen Steinplatten welche diesen Hügelzug bilden, bestehen aus einem äufserst festen körnigen Quarze, den talkige Glimmerschuppen grünlich färben und auf dessen Schichtenablösungen die schönsten Krystallanflüge von rothem Bleierz (chromsaurem Bleie) äufserst häufig sich zeigen. — Über die Entstehungsgeschichte zweier für den Ural gleich auszeichnenden Erze, des rothen Bleierzes und des gediegenen Goldes schienen uns diese Gesteine von der totschilnaja gora einigen nicht unerheblichen Aufschluſs zu liefern. Wir wuſsten bereits daſs in den reichen Bergwerken von Beresowsk (unten Abschnitt VI. September 25) der goldhaltige Brauneisenstein nur da sich finde, wo (Bleispath führende) Quarzgänge das talkige Übergangsgebirge durchsetzt haben. Aber sowie dort das goldhaltige Erz durch die talkige Hauptmasse in der Nähe der Gänge zerstreut, das seltene Bleierz hingegen durchaus nur in der Mitte der durchsetzenden Gänge sich zeigt, so ist es auch an der totschilnaja gora. Bis auf dünne Chloritschuppen in der Gangmasse selbst ist dort jede Spur der talkigen Formation durch die (später) hinzugetretne Quarzbildung verdrängt, und, zu vollständigerer Bestätigung der Beresowsker Erfahrungen, sieht man dort den Bleispath in ungewöhnlicher Fülle und Golderze zeigen sich nicht. —

Im Allgemeinen unterscheidet man hier am Ural drei verschiedne Qualitäten von Roheisen, von denen das weichste und am meisten kohlehaltige (*Spéloi tschugùn*) von einer schwammigen und mit Granit gemengten Schlacke begleitet zu sein pflegt. Gewöhnlich ist diese so porös daſs sie auf Wasser schwimmt, doch finden sich darunter auch dichtere krystallinische und ebenfalls weiſse Stücke welche den Stahlschlacken von Bendorf am Rheine durchaus ähnlich sind und ohne Zweifel, ebenso wie diese, mit den fasrigen Hornblenden (Tremolithen) der Gebirge übereinkommen.

Das aus reinem Magneterz gewöhnlich erhaltene Roheisen führt den Namen trjétnischok (mittleres oder eigentlich Drittel-Produkt) und ist stets von grüner (Oxydulhaltiger) Schlacke bedeckt; eine schwarze Schlacke aber begleitet das kohlenarme weiſse Roheisen, welches gewöhlich beim Anfange des Schmelzprozesses sich erzeugt und von den hiesigen Hüttenleuten *Sui*roi oder auch *j*estókoi tschugun d. i. rohes oder sprödes (eigentlich grausames) Guſseisen genannt wird.

Einen auffallenden Beweiſs von der Handgeschicklichkeit der Russischen Arbeiter erhält man wiederum durch die hier sowohl als auf allen übrigen Uralischen Hüttenwerken gebräuchlichen Gebläse für die gröſseren Schmelzöfen. Sie sind stets von cylindrischer Form und man scheint also hier die Schwierigkeiten nicht anzuerkennen welche, nach dem Urtheile Europäischer Hüttenleute, mit der Anfertigung dieser Vorrichtungen selbst dann verbunden sind, wenn dazu ungleich mannichfaltigere Hülfsmittel als hier am Ural zu Gebote stehen. Die Cylinder sowohl als die sie von oben und unten verschliefsenden Deckel und der comprimirende Stempel, werden aus Lindenholz gearbeitet welches man aus den Waldungen des westlichen Permischen und des Orenburgischen Gouvernements erhält. Mit eisernen Schienen und Press-schrauben werden die einzelnen Theile des Apparates bis zu luftdichtem Schliefsen gegeneinander gedrückt. — Der obere sowohl als der untere Deckel der Cylinder ist mit einer nach innen sich öffnenden Ventilklappe versehen, auch sind zwei hölzerne Ableitungsröhren, die eine in der Nähe des oberen, die andre in der Nähe des unteren Bodens vorhanden, so dafs gleichmäfsig bei Erhebung und bei Senkung des Stempels, die comprimirte Luft in eine vor den Cylindern liegende gänzlich abgeschlofsne Windlade geleitet wird. Die senkrecht auf und nieder bewegten Kolbenstangen sind von Eisen und bei ihrem Durchgange durch den oberen Deckel des Cylinders schliefsen sie sich genugsam luftdicht an das sie unmittelbar umgebende weiche Holz. Später erst hat man auf dem Kaiserlichen Werke zu Werchnej Turinsk bei Kuschwa (unten September 10) mit grofsen Kosten eine Maschine zur Abdrehung gusseiserner Balgcylinder hergestellt, dennoch aber sieht man immer noch das früher gebräuchliche und hinreichend vollkommne Hülfsmittel gleichzeitig mit dem neueren anwenden.

Um das aus den Hohöfen erhaltene Roheisen noch einmal zu schmelzen und daraus weichere Gufswaaren zu bereiten, braucht man auch hier die Cupoloöfen (Russisch: Wagranki). Diese enthalten in einer tonnenförmigen blechernen Hülle einen mit dem oben erwähnten quarzigen Gestellsteinen ausgelegten Schmelzraum. Mittels zweier seitlicher Zapfen ruhen sie schwebend auf einer horizontalen Unterlage. Nach vollendeter Schmelzung wird ein, das Vorderende des Ofens tragender, Unterbau hinweggenommen und dadurch das Ausfliessen des Eisens erleichtert.

Von der in dem Dimidofschen Hütten-Distrikte üblichen Frischarbeit und Anfertigung des Stabeisens werden wir nach Ansicht des Tschernoistótschinsker Werkes (unten Septbr. 19) noch Einzelnes zu erwähnen haben; hier zu Tagilsk aber ist die Blechfabrikation zu einen ausgezeichneten Grad von Vollkommenheit gediehen. Die Walzen zwischen denen kurze Eisen- und Kupferstäbe (Russisch: Bolwanki) zu Platten ausgedehnt werden, bestehen aus Eisen. Sie werden nicht abgedreht sondern durch den Guſs in einem mit Graphit überstrichenen Hohlcylinder wird ihnen gleich ursprünglich der erforderliche Grad von Ebenheit und Glätte ertheilt. Die als Form dienenden Hohlcylinder aber sind ebenfalls von Eisen und werden, ebenso wie die Cylinder der Gebläse, mittels der oben erwähnten Bohrmaschine des Werchnej Turinsker Werkes angefertigt.

Indem man allmälig und nach mehreren Glühungen die Metallplatten bis zu dem erforderten Grad der Dünnheit auswalzt, wird stets sorgfältig darauf geachtet, daſs der Rand derselben vollkommen glatt und ohne Einschnitte sei, und die Stücke werden daher nach vorgezeichneten Linien mittels groſser Blechscheeren mehrmals beschnitten. Nach vollendeter Auswalzung werden 12 bis 20 Platten gleichzeitig unter den Schlägen eines 40 Pud schweren Hammers geglättet. Die zu hämmernden Platten liegen übereinander geschichtet auf einem sinnreich eingerichteten Rollwagen, mittels dessen sie unter dem Hammer bewegt und umgewendet werden. Einer der Arbeiter ist beschäftigt, mit einem Besen den sich fortwährend erzeugenden Glühspahn abzukehren und dadurch die Oberfläche des Bleches vor Unebenheiten und Eindrücken zu bewahren. — Die Kupferbleche haben vorzüglich seitdem sie in der Russischen Marine zur Bekleidung der Schiffe angewendet werden, eine höhere Wichtigkeit erlangt. Das schwarze Eisenblech aber ist seit langer Zeit in Ruſsland zum Dachdecken sowohl als zur Anfertigung mannichfaltiger Geräthschaften und Gefäſse in groſser Menge verbraucht worden, und vermöge der vortrefflichen Natur des hiesigen Eisens ist es gelungen dasselbe bis zu einem seltnen Grade von Dünnheit auszuwalzen. Man hat auſserordentlich glatte und ebne Platten angefertigt, welche bei 1 Arschine Breite und 2 Arschinen Länge ein Gewicht von nur

2½ Russ. Pfunden d. h. eine Dicke von 0,057 Par. Linien besitzen *) und daher wie biegsames Messingblech aufgerollt werden können. Den durch Oxydation während des ganzen Walz- und Hämmerprozesses verursachten Verlust schätzt man auf 0,12 bis 0,13 des angewendeten Eisens. Bei der oftmaligen Ebnung des Randes der Platten erhält man hier zu 0,20 an Abschnittseln welche man früher auch hier zu der oben (Seite 259) beschriebnen Anfertigung des sogenannten Uklad-Stahles, jetzt aber, mit einer das Doppelte ihres Gewichtes betragenden Kohlenmenge, zu Stabeisen verarbeitet; bei dieser Anwendung der Abfälle vom Bleche soll wiederum nur 0,10 vom Gewichte derselben verloren gehen, und es beträgt demnach der eigentliche Verlust bei der Blechbereitung nur 0,14 bis 0,15 von dem ursprünglich angewendeten Eisen. — Eine Größe von 2 Quadratarschinen ist für die zur Dachbedeckung anzuwendenden Eisenbleche üblich geworden; die fertigen Platten werden schon hier mit kaufmännischer Zierlichkeit und Sorgfalt zu Ballen verbunden, und zur Bequemlichkeit der Käufer wird auf den eisernen Schienen welche sie zusammenhalten, die Anzahl der verbundnen Bleche und das Gewicht der zusammenhaltenden Bänder eingeprägt.

Unter den hiesigen Kupfererzen sind reine Oxyde vor den geschwefelten Verbindungen bei weitem vorherrschend, und, ebenso wie die meisten Erze desselben Metalls welche in der Nähe des Uralrückens in den südlicheren Hüttendistrikten sich finden, sind auch die hiesigen durch eine höchst innige Vereinigung mit Eisenerzen ausgezeichnet.

Das Produkt der in Brillöfen und mit einem Zuschlage von Kalk, Thon und Kupferschlacke erfolgenden Schmelzung der Kupfererze ist daher stets in zwei durchaus verschiedenartige Metallschichten getrennt, von denen die zuunterst sich ablagernde aus einem nur schwach eisenhaltigem Rothkupfer die spezifisch leichtere obere Schicht aber aus einem stark gekohlten Roheisen besteht, welches durch innige Beimengung einer geringen Kupfermenge auf dem Bruche röthlich-grau erscheint, und bei den Ura-

---

*) Wenn man das spezifische Gewicht des Bleches zu 7,788 von dem des Wassers bei + 3°,5 R. annimmt.

lischen Hüttenleuten unter dem Namen mjednoi tschugun d. i. kupfriges Gußeisen bekannt ist. Wenn z. B. die ganze Beschickung der Öfen aus einem hier häufig vorkommenden Kupfer- und Eisen-haltigen Chlorite besteht, so erhält man aus 1000 Theilen Erz nur 6,4 Theile Rothkupfers, aber zugleich 72 Theile des kupfrigen Gußeisens, welche nach erfolgter Abscheidung noch andre 11,4 Theile, also mit jenen ersten zusammen etwa 1,8 Procent Kupfers liefern. Ein etwa halb so großer Antheil des beabsichtigten Metalles zieht sich noch außerdem in die Schlacke welche auf dem Ergebniß der ersten Schmelzung schwimmt. Wie es auf allen Kupferhütten üblich ist, wird auch hier diese Schlacke theils bei der ersten Schmelzung des Erzes, theils bei der folgenden Bearbeitung des Rohkupfers und Kupfereisens wiederholentlich hinzugefügt. Auch die von erdiger Beimengung freieren Erze der hiesigen Gruben liefern stets jene zwei gesonderten Schichten.

Da, nach direkteren Versuchen im Kleinen, das Eisen einer chemischen Verbindung mit dem Kupfer unfähig gehalten wird, so dürften vielleicht diese Erscheinungen bei den hiesigen Schmelzwerken einige Aufmerksamkeit verdienen, denn durch künstlich beschleunigte Abkühlung des geschmolzenen Metalles wird in den hiesigen Öfen eine so völlig reine Absondrung beider mehrerwähnten Schichten bewirkt, daß für das Vorherrschen zweier bestimmten Mischungsverhältnisse wirklich mehr Wahrscheinlichkeit als für eine nur mechanische Mengung vorhanden zu sein scheint. *)

Nur durch eine bis zu 10 Malen wiederholte Schmelzung auf

---

*) Der eigentliche Kupfergehalt des kupfrigen Gußeisens kann durch die Erfahrungen der Hüttenleute nicht ermittelt werden, weil kupferhaltige Schlacken sowohl bei der nachherigen Abscheidung in den Garheerden hinzugesetzt, als auch neue daselbst erzeugt und nachher während des übrigen Schmelzverfahrens mit den Erzen gemengt werden. Nach einer von Herrn Helm zu Jekatarinburg gemachten Analyse dieser interessanten Legirung haben sich aber in 100 Theilen derselben
    66,75 Eisen,
    22,25 Kupfer,
     8,00 Kieselerde,
     3,00 Kohle
gezeigt.

Garherden gelingt es endlich das Eisen der Verbindung zu verschlacken und das spezifisch schwerere Kupfer am Boden der Öfen vollständig zu sammeln. — Zu diesen Schwierigkeiten bei der Ausbringung des Kupfers kommt auch hier der bekannte Umstand hinzu, dafs oftmals, bei einer zu sehr beschleunigten Erwärmung der in den Schmelzöfen aufgegebnen Erze, der gröfste Theil ihres Kupfergehaltes durch die Gichtöffnung entweicht, und nur erst in einiger Entfernung vom Ofen als feines Metallpulver sich niederschlägt.

Nach vergleichender Ansicht des hier zur Bereitung des Eisens und zu der des Kupfers üblichen Schmelzprozesses befremdet die sehr bestimmte Erfahrung, dafs die frühesten Schmelzversuche Sibirischer Urbewohner ausschliefslich auf die anscheinend schwierigere Ausbringung des Kupfers gerichtet waren; denn werden wie jetzt die Erze in vollständigen Flufs gebracht, so scheint es unmöglich das Kupfer zu scheiden, ohne auf die Anwesenheit des an Menge überwiegenden Eisens aufmerksam zu werden. Dennoch waren es nur reine Kupfermassen welche in der Nähe der uralten und von den Russen sogenannten Tschudischen Schmelzstätten auch am Ural gefunden wurden. Ein ebenso alter wohlverzimmerter Schacht (tschudskoi kòp oder Fremdlingsgrube; vergl. oben Seite 40) ist bei Gumeschewsk (56°,5 Breite) am Westabhange des Ural vorhanden und die vollkommnere Reinheit der früher dort brechenden Kupfererze dürfte wohl dort zur Erklärung der erwähnten Schwierigkeit beitragen. Vielleicht dafs dieselbe Besonderheit eines sehr reinen Kupfervorkommens auch an den übrigen Förderungsstellen sich nachweisen läfst, welche mit Bestimmtheit schon in jener dunkeln Epoche der Uralischen Bergwerksgeschichte in Aufnahme waren.

Einen sehr auszeichnenden Industriezweig bildet hier zu Tagilsk die Kunst, das Eisenblech mit einem schönen und der Wärme des kochenden Wassers widerstehenden Lack zu überziehen, und auch von dieser Fertigkeit ist es nicht unwahrscheinlich, dafs der Verkehr mit den Chinesen ihre frühzeitige und besondre Ausbildung in Sibirien herbeiführte, denn bei diesen ist ebenfalls ein ausgezeichnet haltbarer Lack in sehr allgemeinem Gebrauche (vergl. unten Abschnitt XI.). In besonders grofser Zahl werden hier verschliefsbare Behälter zur Aufbewahrung von wichtigen Habseligkeiten angefertigt, weil dergleichen unter dem Namen Larez oder deminutivisch Lartschik ein volkthümlich unentbehrliches Hausgeräth der Russen ausmachen; aufserdem aber auch zierliche Tischplatten und mancherlei Gefäfse.

Die zu lakirenden blechernen Waaren ziert man mit Malereien und auch dieser Theil der Fabrikation wurde lange Zeit hindurch, ohne Anleitung eines gebildeteren Meisters, denjenigen Hüttenarbeitern überlassen welche einige Neigung für die zeichnenden Künste äufserten. Talentvollere Individuen verschafften sich bald einen bedeutenden Ruf, und es geschah z. B. dafs man die zu Tagilsk angefertigten Blechwaaren 400 Werst weit nach Slatoust zweien dort ansässigen Malern (Bojartschikow und Buschujew) übersandte, sodann aber, um das Gemalte mit Lack zu überziehen, sie von dort aus nach Tagilsk zurückbeförderte. Eine ähnliche sehr beträchtliche Fabrik ist auch nahe bei Jekatarinburg am Iset von einem dortigen Bürger angelegt worden; jedoch soll die Vortrefflichkeit des Tagilsker Eisens den hier angefertigten Waaren den Vorzug verleihen.

Seit einigen Jahren haben die Besitzer des hiesigen Hüttenwerkes für eine vollkommnere Ausbildung dieser Kunstfertigkeit gesorgt, indem sie ihre Leibeignen nach Europa sandten und dort im Zeichnen und Malen unterrichten liefsen. Ja einige dieser Zöglinge haben mehrere Jahre in Italien gelebt und in einer zu Tagilsk angelegten Kunstschule überliefern sie nun das dort Gelernte ihren Sibirischen Landsleuten. Anziehend waren einige frühere Leistungen dieser Sibirischen Künstler wegen der lokalen und nationellen Beziehungen der gewählten Gegenstände. So sahen wir ein Bildnifs Jermak's, welches den talentvollen Krieger bereits nach der glücklichen Wendung seines Unternehmens darstellte. Er ist bereits mit dem verhängnifsvollen goldnen Harnisch bekleidet welchen der Zar ihm bei der ersten Siegesnachricht verlieh und der bald nachher, bei einem Sturz in den Irtuisch, den Helden am Schwimmen verhinderte und seinen frühzeitigen Tod herbeiführte. — Daneben sieht man häufig, durch dankbare Nachkommen erhalten, ein Bildnifs von Nikiti Dimidow, dem Urheber des Uralischen Bergbaues, dessen Gesichtszüge von rüstigem

Muthe zeugen, während man nicht weifs ob der kahle Scheitel dem Einflusse eines langen und sorgenvollen Lebens oder der vielleicht damals noch allgemeiner herrschenden Sitte des Haarscheerens (oben Seite 141) beizumessen ist. Der mächtige Dornenstab in der Rechten des Mannes läfst in ihm den unermüdlichen Wanderer erkennen. — Ebenso hat die hier angefertigte Darstellung eines alten Hölenklosters am steilen Irtuisch-Ufer bei Tobolsk trotz geringer künstlerischer Vollendung bereits einen historischen Werth erlangt, indem sie mit unverkennbarer Treue einen Theil der merkwürdigen Stadt in einem jetzt nicht mehr vorhandenen Zustande zeigte. Auf eine bedeutende Entfernung sind diese Tagilsker Maler die einzigen darstellenden Künstler in Sibirien, und es ist daher sicher wünschenswerth, dafs diese auch noch fernerhin aus dem ungemein reichhaltigen und kaum erst berührten Schatz ethnographischer und landschaftlicher Gegenstände des nördlichen Asiens sich Vorbilder wählen, und dadurch ihren meistens nach Nijnei Nowgorod gesandten Arbeiten einen ganz besondern Werth in den Augen der West-Europäischen Händler verleihen. —

Wir waren etwa eine Werst weit gegen Osten von dem Hüttenwerke gegangen, als wir an dem Fufse eines steil zu 300 Fufs über den Tagilsker Hüttenteich ansteigenden und 3 Werst weit gegen Norden sich erstreckenden Felsengrates uns befanden. Dieses ist die unerschöpfliche Vorrathskammer für die hiesigen sowohl als, wie wir oben erwähnten, für die Newjansker Eisenhütten. Die ganze Masse dieses frei hervorragenden Felsens besteht aus reinen Eisenerzen. Die steilen Abfälle welche ihn gegen Westen begränzen, hat er zum Theil durch Menschenhände erhalten, denn seit 1720 ist hier eine durchaus einfache Steinbrucharbeit im Gange, vermöge deren man an drei Stellen für die Dimidowschen und Jakowlewschen Hütten die Eisenerze von der jedesmaligen Vorderfläche des Felsens ablöst. Man dringt nur so tief unter das Niveau der umgebenden Ebne, als noch einfache Pumpen hinreichen um die in den Vertiefungen sich ansammelnden Tagewasser hinwegzuschaffen. Aber auch dem Eindringen der Arbeiter von der westlichen Vorderfläche gegen die Mitte des mächtigen Stockwerkes ist eine Gränze gesetzt, denn auf das weiche Brauneisenerz welches die äufsere Wand bildet, sieht man gegen Osten zu durch allmälige Übergänge den körnigen Magneteisenstein folgen, welcher das reichste und geschätzteste Roheisen liefert. Gegen den Kern des Stockwerkes erlangt dieses Erz eine immer gröfsere Härte und zuletzt widersteht es den trennenden Kräften so sehr, dafs man sogar die zur Sprengung mit Pulver erforderten Bohrlöcher nicht mehr ausführen kann, weil die Kosten welche das häufige Zerbrechen der Meifsel verursacht, durch den Ertrag der Erzförderung nicht mehr ersetzt werden.

Nach der Streichungslinie dieser Eisenmasse zu urtheilen, erscheinen die Erzlager bei Newjansk als Theile ein und desselben Systemes; aber ärmer ist es dort wo nur schiefrige Talkgesteine es umgeben; es wird mächtiger und reicher sobald, wie hier und wie an den unten zu erwähnenden nördlichen Verlängerungen desselben, ein krystallinischer Grünsteinporphyr an seiner Seite sich zeigt. Entfernt man sich, gegen Westen, in der Ebne, von dem Rande dieser kolossalen Eisenfelsen, so sieht man die Bodenfläche noch reich an Nestern zerreiblichen braunen Ochers; dann folgt eine einförmiger gefärbte talkige Masse. Der erhebliche Reichthum, welcher auch unter diesen unscheinbaren Erdschichten in der Tiefe sich findet, ist lange ungeahndet geblieben. Noch im Jahre 1812 kannte man nichts als Eisenerz zu Tagilsk; nutzlos und unbearbeitet lag die weite Ebne auf der man jetzt eine regsame Menschenmenge mit der Erhebung und dem Transporte reicher Kupfererze beschäftigt sieht. Hier ist ein kunstreicher geregelter Grubenbau erforderlich gewesen und mit bestem Erfolge eingeführt worden.

Die Förderung der Erze geschah jetzt durch mehrere Schachte aus einer Tiefe von 28 Sajen, in welcher man die Wasser zu Sumpf kommen liefs und durch einen eignen Pumpenschacht erhob. An der Oberfläche waren nur Weiber mit dem Transporte des aus den Schachten Erhobnen beschäftigt, und nur die Hauerarbeit in den Gruben schien den Männern überlassen. Ein oberschlächtiges Wasserrad von 5 Sajen Durchmesser wirkte mittels eines langen Gestänges auf die Pumpenstempel, sollte aber jetzt durch eine Dampfmaschine ersetzt werden.

Die in der angegebnen Tiefe von 28 Sa*j*en (184 Par. Fuſs) zu Sumpf gekommnen Wasser befaſsen überall wo ich sie untersuchte, eine durchaus gleichförmige Temperatur von $+ 3°,90$ R. Hier war eine mit der Tiefe zunehmende Wärme der Gesteinschichten nicht zu verkennen und zwar zeigte am folgenden Tage (September 7) die Untersuchung der näher an der Oberfläche gelegnen Erdschichten, daſs in der hiesigen Gegend für 106 Par. Fuſs Eindringen in die Tiefe ein Wärmezuwachs von $1°$ R. Statt finde. Die unleugbaren Beweise welche in Bergwerken und tiefen Bohrlöchern für die Existenz einer Wärmequelle im Innern der Erde sich darbieten, hat man erst seit der letzten Jahrzehnte, ihrer hohen Wichtigkeit gemäſs, zu würdigen begonnen; bisher aber hatten Örtlichkeiten welche dergleichen Beobachtungen begünstigen, nur theils in Europa unter mittleren Breiten, theils in den tropischen Klimaten des südlichen Amerika sich dargeboten, und als ein neuer Beweis für die Allgemeinheit der Erscheinung gehörten daher die hier gemachten Erfahrungen zu den wünschenswertheren. Aber auch noch aus einem besondern Gesichtspunkte war es erfreulich, sich namentlich in diesem Theile der Erde zu überzeugen, daſs die Temperatur des tiefer gelegnen Gesteines die der oberflächlichen Schichten übertreffe, daſs auch den hiesigen Klimaten, in denen die überirdischen oder meteorischen Verhältnisse eine weit spärlichere Wärme als in den uns bekannteren Gegenden Europa's zu erzeugen scheinen, wenigstens jene unterirdische Hülfsquelle nicht versagt sei.

Als zuerst glaubwürdige Augenzeugen bestätigten, daſs in einem groſsen Theile von Sibirien zu allen Jahreszeiten und in mäſsiger Tiefe ein frosterstarrtes Erdreich gefunden werde, haben Europäische Physiker, die Beobachter irrthümlicher Täuschungen beschuldigt. Nur durch meteorische Einwirkungen dachte man damals die Temperatur unsres Planeten bedingt; wo diese selbst im Sommer das obere Erdreich nicht aufzuthauen vermochten, da, glaubte man, müssen auch die Tiefen der Erde eine ebenso niedrige Temperatur besitzen. Vor dem Gedanken daſs der Mensch einen nur an der Oberfläche stellenweise abgethauten Eisklumpen bewohne, entsetzte sich das unmittelbare Gefühl, und zugleich mit wissenschaftlicher Strenge rief man dagegen die Einwendung zu

Hülfe, dafs man nirgends das Meer von der Tiefe herauf habe gefrieren oder Eis an seinem Boden sich habe bilden sehen. So widerlegte man die Behauptungen der *S*ibirischen Reisenden, indem man zu beweisen suchte dafs sie zu anderweitig unhaltbaren Folgerungen leiteten, und es dürfte daher nicht unwichtig sein, dafs neben den Bestätigungen des ewig gefrornen Erdreiches, welche wir im Folgenden zu den Behauptungen unsrer Vorgänger hinzubringen, es zugleich gelungen ist, dem mildernden Umstande einer inneren Wärmequelle eine neue Bekräftigung hinzuzufügen. — Wenn man auch nach dem später Mitzutheilenden, nicht leugnen wird dafs die Bewohner von Jakuzk ihr Getreide auf der nur 3,5 Engl. Fufs tief enthauten Oberfläche ewiger Eisschichten gewinnen, so mag es Manchem tröstlich erscheinen, dafs nicht unter 600 Par. Fufs tief diese gefrornen Schichten sich erstrecken und dafs in der Tiefe von 23100 Par. Fufs auch dort, mit derselben Wahrscheinlichkeit wie unter Europa in der Tiefe von 22500 Fufs, die Temperatur des schmelzenden Bleies vorausgesetzt werden dürfe.

Von sehr merkwürdiger Beschaffenheit ist das Gestein in den hiesigen Kupfergruben. Es ist eine talkige Masse von so geringer Festigkeit, dafs im Innern der Grube die durchsickernden Wasser sie in einen weichen Teig verwandeln. Nur durch eine sehr sorgfältige Verzimmerung werden die Wände der Stollen und Schächte vor dem Einsturze bewahrt. Die Kupfererze welche in abgesonderten Massen durch dieses zerreibliche Gestein vertheilt sind, bilden in demselben die einzigen härteren Kerne. — Verworrene Krystallisationen von Malachit mit Bitterkalk, Kupferlasur und Ziegelerz liegen von einem Kupfer- und Eisen-haltigem Chlorite umgeben, in der gelblich-weifsen Talkmasse, parallel mit der Streichungslinie des festen Eisenfelsens vertheilt. Die Malachitmassen sahen wir auch hier oft sehr rein ausgeschieden, jedoch nicht von der bewunderten Gröfse und Reinheit, welche man in den der Familie Turtscheninow gehörigen Kupfergängen von Gumeschewskoi bei Polewsk am Westabhange des Ural in 56°,5 Breite wahrgenommen hat. Geschwefelte Kupfererze finden sich darunter fast eben so selten, wie das geschwefelte Eisen in dem magnetischen Stockwerke. Bemerkenswerth ist dafs ein metallarmer Raum die Kupfererze von dem Eisenfelsen trennt, denn dieser erhebt sich an der östlichen Gränze des weichen Lagers, das Kupfer aber findet sich mit gegen Westen hin zunehmender Häufigkeit. Auch von oben nach unten zeigt sich zwischen der Vertheilungsart beider Metalle ein merkwürdiger Unterschied. Die Eisenerze haben an der Oberfläche selbst ihre gröfste Mächtigkeit erreicht; ja zu einem selbständigen Berge sich erhebend, scheinen sie empor gequollen über die sie umgebenden erdigen Gebirgsarten. Ihre äufsersten Schichten scheinen oxydirter als die inneren, in keinem Falle aber übertreffen sie jene an Gediegenheit. In den Kupfergruben aber zeigt sich unter beiden Gesichtspunkten ein direkt entgegengesetztes Verhalten. Nur seltene Blättchen gediegenen Kupfers und kleine Massen von rothem Ziegelerz (Russisch: Rjáwtschina d. h. Rost), welche aus dem gediegnen Metalle entstanden sind, verkünden in den oberen Theilen des Baues den Reichthum des Unterliegenden; aber erst mit zunehmender Tiefe trifft man auf oxydirtere Erze, die in immer mächtiger werdenden Masse sich angesammelt haben. — Ein sehr ähnliches Zusammenvorkommen beider Metalle hat man schon früher als hier, am südlichen Ural bei Slatoust, durch den Bergbau aufgeschlossen, und auch die zum Hüttendistrikte von Miask gehörigen Kupfergruben (in 54°,5 Breite) liegen wie die hiesigen am Ostabhange des Ural auf der Linie welche für jenen Theil des Gebirges durch die reichsten Eisenansammlungen ausgezeichnet ist. Dennoch aber ist das gleichzeitige Auftreten der Eisenerze mit den Kupfergängen der Transitions-Formationen des Ural keineswegs als eine allgemeine Regel zu betrachten, und sogar die reichsten Gänge reinen Malachites bei Gumeschewsk sind fern von jener Begleitung des magnetischen Eisenerzes, am Westabhange des Ural in 30 Werst Entfernung von der Wasserscheide, von Kalk-Gebirgen umgeben, gefunden worden.

Der Kupferhaltige erst nach der Bildung des Zechsteines abgelagerte Sandstein, dessen ungeheure Ausdehnung unter den westlich von dem *S*uilwaflusse gelegenen Ebnen wir oben (Seite 272) erwähnt haben, besitzt einen so gleichmäfsigen und wegen Einfachheit der dortigen Lagerungsverhältnisse so zuverlässigen Reichthum, dafs man lange Zeit hindurch mit diesem sich begnügte, und daher damals die Kupfererze, welche in der Nähe des Hauptgebirges unter durchaus verschiedenen geognostischen Verhältnissen sich finden, nur selten des Bergbaues würdigte. An jenen ursprünglich bekannten Anbruchsstellen fehlt es nie an den unzweifelhaftesten Beweisen, daſs die in dünnen horizontalen Streifen vorkommenden Metallkalke sich am Boden eines weiten Wasserbeckens ruhig abgesetzt haben, gleichzeitig mit den feinen Gebirgstrümmern welche sie umschlieſsen, so wie theils mit verkohlten, theils vererzten Holzstämmen.

Eine etwas nähere Betrachtung der zusammengesetzten Beschaffenheit jener merkwürdigen Flötze, welche ich einem geognostischen Berichte aufbehalte, läſst ferner deutlich erkennen, daſs die dort conglomerirten Stein-Trümmer vom Uralischen Gebirge abgebrochen sind. Daſs aber auch die Kupferstreifen, welche das Conglomerat mit so auſserordentlicher Beständigkeit durchziehen, denselben Ursprung gehabt haben, weiſs man erst seitdem an dem Hauptgebirge die mit Kupfer erfüllten mächtigen Gangspalten aufgeschlossen worden sind.

Nun erst erscheinen jene ausgedehnten Flötzschichten auf der Westseite des Ural als ein bedeutungsvolles Analogon zu der Verbreitung der Gold- und Platinhaltigen Trümmerlager über die Umgegend desselben Gebirges. Aber neben der Ähnlichkeit zwischen den geognostischen Begebenheiten welche als Ursache beider Erscheinungen geahndet werden, zeigen sich auch sehr bestimmte und sehr merkwürdige Verschiedenheiten. Die in den Transitions-Formationen des Hauptgebirges aufsetzenden Kupfergänge, durch deren theilweise Zerstörung der Erzgehalt jener ausgedehnten Conglomeratschicht entstanden, sind noch jetzt mit groſser Häufigkeit und mit groſsem Reichthum vorhanden, während unversehrte Geburtstätten für das Gold ungleich seltner gefunden, für das Platin aber sogar nur erst durch schwache Spuren angedeutet sind. Trotz der ungeheuern Ausdehnung des Kupferführenden Conglomerat-Lagers und seines gleichmäſsigen Erzgehaltes kann es dennoch mit den aufgefundnen ursprünglichen Lagerstätten an Reichthum kaum verglichen werden, dahingegen für die edlen Metalle die Trümmerlager bereits ungleich reichere Ausbeute geliefert haben als die bis jetzt bekannten Geburtstätten jemals darzubieten vermögen. Noch verschiedenartiger aber werden durch die Erscheinungen selbst, die zwei Überschwemmungsbegebenheiten charakterisirt deren eine das Kupferhaltige Conglomerat absetzte, während die andre die mit edlen Metallen erfüllten Trümmerlager über die Gebirgsabhänge ausbreitete. Bei jener scheinen die Wasser in einem weiten Becken ruhig gesammelt, über dem, oben (Seite 272) angedeuteten, fast 4500 Quadratmeilen weiten Raume gestanden zu haben. Der noch jetzt steil über die Ebne sich erhebende Wall von Alpenkalk (Zechstein) und älterem Flözgyps bildet gegen Osten hin die Gränze des Wasserbeckens aus welchem allein der Niederschlag erfolgte, und obgleich die sich absetzenden Trümmer von dem Hauptgebirge herstammten, so haben sie doch nirgends auf dessen Abhange selbst oder auf den unversehrten Gesteinen aus denen sie entstanden, sich abgesetzt. Die Trümmerschichten hingegen welche Gold und Platin enthalten, finden sich noch unmittelbar zwischen den Gangführenden Gesteinen denen sie ihren Ursprung verdanken, über Thalweitungen und ebne Stellen dicht an ihren Geburtstätten verbreitet, und oft deutliche Spuren von lokalen Fluthbegebenheiten tragend welche den noch jetzt durch Thalverstopfungen und Seedurchbrüche an Alpinischen Wassern erlebten durchaus ähnlich erscheinen.

Völlig übereinstimmend mit den genetischen Andeutungen welche die Vertheilung der zwei betrachteten Arten von Metall-Lagern liefern, sind die Aufschlüsse welche für beide die Gestalt der begleitenden Trümmer gewährt. In dem Kupferconglomerate sind sie stets bei weiten kleiner und abgerundeter als in den Lagern der edlen Metalle welche vielmehr aus eckig unversehrten Gesteinstücken gebildet sind. Wie es nur bei ruhigem Absatze möglich ist, haben jene feinen Gerölle zu einem festen Sandstein sich wiederum vereinigt, während die groben Bruchstücke in den Goldlagern nur, so wie es in Betten schnellströmender Wassermassen geschieht, unordentlich und ohne Zusammenhang übereinander gehäuft und stellenweise durch weiche Schlammschichten getrennt sind. —

In den hiesigen Kupfergruben sind durchaus keine künstliche Mittel zur Erneuerung und Verbesserung der Luft vorhanden, vielmehr sind die Bergleute angewiesen an die Oberfläche zurückzukehren, sobald das Brennen ihrer Grubenlichter durch die Unreinheit der Luft gehindert scheint. Diese Lichter aber sind hier ebenso wie in allen Sibirischen Bergwerken kleine Talgkerzen welche den Arbeitern in einzelnen Bündeln geliefert werden. Man hat gefunden, daſs durch eine Beimengung von Kohlenstaub die Flamme dieser Kerzen bei weitem intensiver und vollkommner brennbar ausfällt.

Von der Lebensart und den Dienstverhältnissen der hiesigen Bergleute gilt das was wir oben von den Newjansker Hüttenarbeitern erwähnten. Trotz durchaus verschiedener Beschäftigung herrscht auch hier die in Russischen Dörfern bemerkte Einfachheit der Sitte und äuſserste Genügsamkeit. An die Stelle der Mehlverpflegung hat man zu Tagilsk ein bis auf 25 Kopeken erhöhtes tägliches Arbeitslohn gesetzt.

Auch in dem Hüttendistrikte von Tagilsk sind reiche Lager der edleren Metalle (Gold und Platin) an vielen Stellen gefunden worden. Das einträglichste Waschwerk liegt der Hauptwasserscheide des Gebirges sehr nahe, an dem oben (Seite 335) erwähnten Passe. Eine Reise in diese wichtige Gegend versparten wir bis zu unsrer Rückkehr nach Nijnei Tagilsk. — Andre ergiebige Waschversuche sind in den kleinen Thälern welche nahe bei der hiesigen Ortschaft in den Tagil münden gemacht worden; denn auch dort besteht die Sohle der Schluchten aus übereinander gehäuften Blöcken von Grünsteinporphyr, zwischen welchen groſse Goldkörner in weichem Letten eingehüllt sich finden. Diese Blöcke sind dem in der unmittelbaren Umgebung anstehenden Gesteine durchaus ähnlich; auch fehlen hier durchaus die weiſsen Quarztrümmer die man an einigen früheren Waschstellen, in dem Bezirke der talkigen Gesteine, als Anzeiger des Goldes betrachtete und welche etwa zu der irrigen Vermuthung hätten leiten können, daſs nur eine jetzt zertrümmerte und nicht mehr anstehend gefundne Quarzformation die edlen Metalle ursprünglich enthalten habe.

Ein wesentlicher Reichthum der Dimidowschen Besitzungen besteht in den ungeheuren Waldungen welche den Schmelzwerken noch lange ein unbeschränktes Bestehen zusichern, denn auf dem zu den Hütten gehörigen Terrain von 11500 Quadrat-Werst

(234,7 Quadrat Meilen) hat das Nadelholz so dicht sich erhalten, dafs die Arbeiter oftmals nicht vermögen die Holzaxt zu führen. Längs des Weges welchen wir am 4ten September zurücklegten, erstreckt sich die zu Tagilsk gehörige Waldung bis 12 Werst nördlich von Newjansk, und erst von dort an gegen Süden gehören die Forsten zu dem zuletzt genannten Jakowslewschen Hüttenwerke. —

In diesen finstern Waldungen leben Elenthiere häufig, und da die Jagd hier nur von Einzelnen und nicht als Gewerbe geübt wird, so erwachsen sie ungestört bis zu einer seltnen Gröfse. Dieses bewiesen schon die mächtigen Elengeweihe, welche wir als Zierde in den Häusern der Jagdliebhaber zu Tagilsk sahen.

Während Sonntaglicher Mufse waren am 7ten September die Strafsen des Ortes durch eine zahlreiche und sehr wohlgekleidete Menschenmenge belebt. Auch an den Feiertagen ist das Russische Volk in steter Bewegung, und Spaziergänge (Gulánji) werden immer dem ruhigen Sitzen vorgezogen. Dergleichen gesellschaftliche Wanderungen sind selbst in Ortschaften gebräuchlich welche, wie die hiesige, eine dichte Waldung umgiebt. Ja es giebt alsdann das Einsammeln der wildwachsenden Beerenfrüchte dazu noch eine besondere Veranlassung. Besuche bei entfernteren Nachbarn werden von den Bauern an den Feiertagen des Winters weit häufiger als im Sommer gemacht, weil der Besitz der Schlitten ihnen leichter als der von Räderfuhrwerk (koléska von koleso, das Rad) zu Theil wird. Daher auch gehören die eigenthümlichen Lust- und Wettfahrten, deren wir später erwähnen werden, ausschliefslich zu den Vergnügungen des Winters.

Es gelang uns durch heute angestellte Versuche einige sehr erwünschte Aufschlüsse über die mittlere Bodenwärme der hiesigen Gegend zu erhalten, und die Temperatur-Veränderungen zu ermitteln welche hier eine um 4 Fufs unter der Oberfläche gelegne Erdschicht im Verlaufe der Jahreszeiten erleidet. In der oberflächlichen Lehmschicht eines hiesigen Gartens wurde ein Thermometer mittels des Bergbohrs 4 Engl. Fufs tief eingesenkt. Die Temperatur dieses Punktes ergab sich an dem heutigen Tage zu $+ 6°,33$ R. und es war somit einer derjenigen Zahlenwerthe ermittelt, deren Reihefolge den periodischen Wärmezustand für die in Rede stehende Örtlichkeit ausdrückt. Durch Fouriers epochische Untersuchungen ist erwiesen dafs, an verschiedenen Orten der Erde und bei einerlei Tiefe, der Umfang der dort vorkommenden gröfsten Veränderung der Bodenwärme, dem an denselben Orten stattfindenden gröfsten Wechsel der äufseren Lufttemperatur direkt proportional ist, und Fergusons Versuche zu Abbotshal in Fife haben uns andrerseits die, durch das Leitungsvermögen der obersten Erdschicht bedingte, Abhängigkeit kennen gelehrt, welche an einerlei Orte und in verschiedenen Tiefen zwischen den Wechseln der äufseren Luftwärme und denen der inneren Bodenwärme Statt findet. So wird denn eine empirische Bestimmung wie die hier zu Tagilsk erhaltene zu einer vollständigen Einsicht in die örtlichen Verhältnisse der Bodenwärme hinreichend, wenn man sie nur mit der anderweitig erhaltnen Angabe verbindet dafs hier zu Tagilsk vom kältesten bis zum wärmsten Monate die äufsere Lufttemperatur um 31° R. sich ändere. Eine nähere Angabe der hierhin gehörigen Rechnungen unsrem meteorologischen Berichte aufbehaltend, wollen wir jetzt nur die anziehenden Resultate desselben betrachten. Die mittlere Temperatur beträgt zu Tagilsk + 2°,36 R. In einer 4 Engl. Fufs tiefen Schicht finden aber im Verlaufe der Jahreszeiten Wechsel Statt, welche bis zu 3°,98 R. unter und über diesen mittleren Werth sich erheben, und zwar ist in dieser Tiefe das Erdreich vom 16ten Januar bis zum 3ten Mai gefroren, vom 15ten Juli bis zum 15ten November besitzt es hingegen eine zwischen + 4°,0 und + 6°,34 R. oscillirende Temperatur. Den Wachsthum schnell lebender Sommer- und Herbst-gewächse vermag daher der hiesige Boden sehr wohl zu begünstigen, während doch vom März bis zum Juni nur diejenigen Krautgewächse bestehen können, die etwa noch jenseits der Schneegränze auf den hohen Alpen gedeihen. In Bezug auf die tief wurzelnden holzigen Gewächse ergiebt sich, nach den obenerwähnten Beobachtungen, dafs hier das Gefrieren nicht unter 5,6 Engl. Fufs tief, in den Boden hinab reicht, und dafs daher manche Waldbäume die Enden ihrer Wurzeln in einem Erdreiche haben welches auch im Winter nicht erstarrt, dennoch aber eine nur wenig über dem Frostpunkte erhabne Temperatur besitzt. Man könnte etwa glauben dafs grade dieser geringe Überschufs über die Frosttemperatur zur Erhaltung der hiesigen Waldungen nöthig sei, aber spätere Erfahrungen haben uns mit völliger Bestimmtheit gelehrt, daſs Lärchen- und Arven-wälder eben so gut gedeihen, wenn die Enden ihrer Wurzeln in einem ewig gefrornen Erdreiche sich befinden. (Vergleiche unten Abschnitt XIII. Jakuzk.)

Sehr anziehende Erscheinungen bieten sich in den zwischen 15 und 20 Fuſs tiefen Senkbrunnen dar, welche die Einwohner von Tagilsk zu wirthschaftlichem Gebrauche auf ihren Gehöften angelegt haben. Mit eng an die cylindrischen Wände anschlieſsenden hölzernen Deckeln hat man das Wasser dieser Behälter sowohl vor der direkten Einwirkung der Sonnenstrahlen als auch, was noch ungleich wichtiger ist, vor dem Hineintreiben des Schnees völlig geschützt.

An dem heutigen Tage fanden wir die Temperatur des in diesen Cisternen gesammelten Grundwassers zwischen $+ 2°,4$ und $+ 2°,9$ R. d. h. nicht erheblich von der Bodenwärme verschieden so wie man es denn, bei so gutem Schutze gegen die kräftigsten überirdischen Einwirkungen, und bei einer Tiefe von 15—20 Fuſs, auch von vorne herein erwartet hätte. Dennoch aber würde man bedeutend irren, wenn man während des ganzen Jahres ein ähnliches Verhalten voraussetzte. Vielmehr versicherten die Einwohner einstimmig, vom Winter an bis in die erste Woche des Juli (nach neuem Styl) sei niemals flüssiges Grundwasser in ihren Brunnen vorhanden, und zwar scheine sich alsdann das Eis in die Wände des Schachtes hineingedrängt zu haben, denn auf der Sohle desselben sähe man es nicht. Die Richtigkeit der Beobachtung darf keinesweges bezweifelt werden, wohl aber ist hier die wahre Ursache des Versiegens nur in den Temperaturverhältnissen der zwischen der Oberfläche und einer Tiefe von 3,5 Engl. Fuſs gelegnen Erdschicht, nicht aber in den tieferen Theilen der Brunnenwände zu suchen. Bis in die erste Woche des Mai muſs in jener erst erwähnten Schicht alles Wasser erstarren welches durch die Bodenoberfläche hinabsickert, und nicht zu verwundern ist es daſs in der etwas tieferen Schicht, welche den Untertheil des Brunnens bildet, der Ausfluſs noch länger und bis zum Juli gehemmt wird, denn das wieder frei gewordne Wasser vermag ja nur tropfenweise und langsam bis zu jener Tiefe hinabzusinken.

Für den ersten Anblick scheint es schwierig, mit dieser Ansicht von dem beobachteten Versiegen der Brunnen die oben (Seite 271) erwähnte und späterhin (Bogoslowsk. 1828 September 14) noch vollkommner bestätigte Erfahrung zu vereinigen, dafs in den tieferen Schachten der Bergwerke auch hier während des ganzen Jahres ein höchst nahe constanter Wasserausfluss Statt finde; aber eine genauere Betrachtung der hier wirksamen Umstände möchte leicht die anscheinende Schwierigkeit der Erklärung schwinden machen, ja sie hat vielmehr in einer verwandten Naturerscheinung bereits einen völlig erklärten Vergleichungspunkt gefunden. Erlaubt man sich nämlich die Gesetze der Mittheilung des Wassers von den oberen Schichten an die unteren mit denen der Wärmemittheilung vergleichbar zu denken, und zwar namentlich nur anzunehmen, dafs für das Wasser so wie für die Wärme in jedem Augenblicke und an jedem Punkte die Menge des an die Nachbarschaft Mitgetheilten, der Menge des in dem Punkte vorhandnen proportional sei, so würde für durchaus ähnliche Erscheinungen in beiden Fällen eine gleiche Erklärung möglich werden. Offenbar gehet im Verlaufe einer langen Periode durch alle Punkte einer und derselben Vertikale, eine gleiche Wassermenge eben sowohl wie eine gleiche Wärmemenge hindurch, wenn nur der betrachtete Schacht in einem hinlänglich ebnen Erdreiche steht, so dafs nicht austretende Quellen schon oben einen Seitenabfluss bedingen. Dafs aber der während kürzerer Zeitabschnitte in oberflächlichen Brunnen beobachtete Wassermangel in tiefen Schachten ungeahndet bleibt, befremdet nicht mehr wenn man weifs dafs ja auch der an der Oberfläche alljährlich Statt findende Wärmemangel in der Tiefe eben so wenig sich äufsert; denn einerlei Schlüsse gelten ja dann für beide Arten von Durchdringung. —

Siebzehn Pferde wurden um 4 Uhr Nachmittags von den Bewohnern des gastfreien Hüttenortes bereit gehalten, um unsre kleine Caravane weiter gegen Norden zu befördern. Auf einer breiten und ebnen Landstrafse fuhren wir zuerst 28 Werst weit bis zu dem Dorfe Laja (NNW. von Nijnei Tagilsk). Die

Waldung ist ausgerodet, und Ackerbau wird von den Dorfbewohnern getrieben. Obgleich sie zu Postfuhren verpflichtet sind, entschlossen sie sich ungern den Freunden der Hüttenbesitzer Vorspann zu leisten. — Während 20 Werst, von Laja bis zu dem kaiserlichen Hüttenwerke Kuschwa, folgt wieder dichtere Waldung und hügliches Terrain zu den Seiten des Weges.

Die Ortschaft Kuschwa, welche wir am Abende erreichten, ist minder ausgedehnt als die zu den bisher gesehenen Privatbesitzungen gehörigen Niederlassungen. Die an bestimmtere Formen gebundne Verwaltung äuſserte sich schon bei dem Empfange der Fremden, denn eine Meldung bei der Polizei des Ortes geht hier der Aufnahme in einem Gehöfte vorher, welches allen Reisenden ein gleichmäſsiges Obdach darbietet.

[September 8.] Die natürliche Lage von Kuschwa ist ungleich mannichfaltiger und anmuthiger als die der bisher gesehnen Nord-Uralischen Werke, weil bedeutendere felsige Hügel den Ort rings umgeben.

Es ist höchst nahe eine mit dem Streichen der Gesammtmasse des Ural parallele Linie, welche Kuschwa mit den bisher betrachteten Punkten N. Tagilsk und Newjansk verbindet; man darf also nicht annehmen daſs man sich hier dem Hauptkamme mehr genähert habe als früher, daſs man weiter gegen das Innere des Gebirgssystemes vorgedrungen sei; auch besitzen die hiesigen Thalsohlen wiederum nahe dieselbe Meereshöhe, in welcher wir uns auf dem bisherigen Wege seit Jekatarinburg befanden; denn, insofern man aus einzelnen Barometervergleichungen schlieſsen darf, scheint das Flussniveau bei Kuschwa eine Meereshöhe von 860 Fuſs nicht zu übertreffen. Ebenso bestimmt beweisen die Gesteine selbst welche man hier antrifft, daſs man sich immer noch in demselben Bezirke des Gebirgssystemes, in den aus Übergangs- und Trapp-Formationen gebildeten Vorbergen befinde. Talkreiche Grünsteine hier wie zu Tagilsk, einzelne Kalklager erscheinen wie bei Newjansk und mit merkwürdigster Regelmäſsigkeit sieht man auch hier den gröſsten Eisenreichthum wiederum auf der Verlängerung derjenigen Linie erscheinen, welche die südlicheren Erzanbrüche als Streichungslinie eines einzigen kolossalen Lagers kennen lehren. Aber alle einzelnen Gesteine welche hier sich zeigen, ragen in weit bedeutenderen Massen als an den früher gesehnen Punkten über die Erdoberfläche hervor; und weit tiefere und steilere Thäler trennen hier die einzelnen Formationen und namentlich die krystallinischen Grünsteine von den ebenso mächtigen Eisenfelsen. Die ersten Zuflüsse zur Tura haben ihre Quellen in der Nähe des Ortes, in den breiten und tiefen Spalten welche die Gebirgsglieder scheiden.

Die ansehnlichen Hügel sind mit kräftiger Waldung bedeckt. Nadelholz ist durchaus vorherrschend, aber es zeigt sich ein Reichthum von Arten der kaum gröfser gedacht werden kann, denn, wie man es nur in künstlich gesäeten Forsten gewohnt ist, sieht man hier pinus sylvestris, p. abies, p. larix, p. cembra und die Sibirische Form p. pichta, Fischer (vergleiche oben Seite 265) nebeneinander gedeihen.

Durch Mittheilungen der liebenswürdigen und aufgeklärten Beamten ward eine vorläufige Übersicht des hiesigen Bergwerks- und Hüttenbetriebes bedeutend erleichtert, und die Ansicht der Eisenbergwerke des Distriktes schien die nächste Beachtung zu verdienen. — Kuschwa und die mit ihm unter einerlei Verwaltung stehenden Hütten Werchnei und Nijnei Turinsk (nördlich von Kuschwa an der Tura) Barantscha (14 Werst SO. von Kuschwa) und die westlich vom Ural gelegne Hütte Serébrjanka an dem ersten Zuflusse der Tschusowája, führen den Namen der Blagodátischen Werke (goroblagodátskie sawodi), weil der merkwürdige Berg Blagodat *) ihnen allen eine unversiegliche Quelle von Eisenerzen darbietet. — Man glaubte dafs die Ansicht dieses weit im Lande berühmten Magnetberges grade für uns noch besonders wichtig sein müsse, weil ja magnetische Untersuchungen den Zweck unsrer Reise ausmachten.

Zwei Bäche, der eine von S., der andre von W. her fliefsend, vereinigen sich in dem künstlich gespannten Hüttenteiche des Ortes, und bilden jenseits des Sees die nach N. sich richtende Kuschwa, eine der Hauptquellen der Tura. Die Ortschaft liegt unterhalb des Teiches sowohl auf dem rechten und flachen als auf dem linken und hüglichen Ufer dieses Wassers. Gegen WNW. von der

---

*) Der Name Blagodat bedeutet Segen oder Wohlthat.

Kuschwa gewandt, folgten wir zwei Werst weit bis zum Blagodat einer breiten und sorgfältig geebneten Fahrstraſse, deren Verlängerung über den Hauptrücken des Ural zur Sawode Serébrjanka und bis zu den Ladungsstellen (Pristani von pristàtj landen) der schiffbaren Tschusowaja führt.

Kaum ist man am linken und westlichen Ufer des Kuschwaer Baches, so beginnt zur Linken des Weges eine Bergreihe, welche steile felsige Abfälle der Straſse zukehrt, aber eine sanfte und äuſserst malerische Begränzung ihrer Gipfel darbietet. Felstrümmer liegen am nördlichen Fuſse dieser Berge, aber höher hinauf zeigt sich nur glattes und unversehrtes Gestein mit steiler Spaltung, und schräg gegen die Landstraſse nach NNW. gerichtetem Streichen. Es sind äuſserst schwere basaltähnliche Grünsteine welche diese Abhänge bilden. In der schwarzen Hauptmasse sieht man von derbem Feldspath bald dünne Splitter eingesprengt bald völlig mandelähnliche Körner ausgeschieden. Vereinzelte Augitkrystalle findet man neben diesen rundlichen Körnern. *)

Nadelwaldungen zieren die Gipfel und stehen üppiger und gedrängter in den Einsenkungen welche die aufeinander folgenden Gipfel trennen. Dann senkt sich zum letztenmal eine Kuppe dieses Hügelzuges bis zur Ebne hinab, und wenn man ein wenig östlich von dort einen neuen Gipfel sich erheben sieht, so erkennt man schon aus der Form der Umrisse, daſs ein durchaus andres Gestein ihn bilde.

Es ist der Blagodat welcher nun mit zwei zackig schroffen und völlig nackten Hörnern aus dem ebnen und berasten Anger am östlichen Fuſse der Grünsteinberge aufsteigt, und Felsenwände aus reichsten Eisenerzen werden nunmehr ausschlieſslich angetroffen. Auffallender noch erscheinen die malerischen Formen der zwei schroffen Hauptkuppen des Blagodat, weil man mit einer hoch

---

*) Durch Aufschlagung der ellipsoïdischen Felsitkörner erkennt man oft, bei günstiger Richtung des Bruches, daſs sie aus einzelnen Krystallen mit verschieden gerichteten Axen bestehen. Das specifische Gewicht der Kuschwaer Grünsteine fand ich
an einem Stücke mit sehr dünnen Felsitsplittern zu 2,973
an einem andren mit häufigen und 2 Linien langen Felsitkörnern zu 2,933
die Dichtigkeit des Wassers bei $+12°$ R. als Einheit nehmend.

in der Luft hangenden hölzernen Brücke die tiefe Kluft zwischen beiden überwölbt hat. Auf eingehauenen schmalen Stufen stiegen wir zu der niedrigeren westlichen Kuppe, und von da über die Brücke zu einer zierlichen steinernen Kapelle welche man auf dem platten Gipfel der andren Kuppe erblickt.

Schon den frühesten Bewohnern dieser Gegend, den Wogulen, war der hiesige Erzreichthum bekannt, obgleich sie selbst ihn nicht zu benutzen verstanden, denn die von den Russen sogenannten Tschudischen Gruben, von denen man noch einzelne bis zur Breite der Tschusowaja angetroffen hat, wurden zur Zeit der Russischen Einwanderung auch von den Urbewohnern als Dinge durchaus unbekannten Ursprungs betrachtet.

Die Überlieferung meldet dafs einer der Wogulen, Namens Stepan Tschupnin, im Anfange des 18ten Jahrhunderts den Besitzern südlicher gelegner Bergwerke zuerst von einem eisernen Berge bei Kuschwa erzählt habe. Eine Einwanderung der unermüdeten Russischen Erzsucher (Rudopromúischleniki) erfolgte sogleich, und erschien den Wogulen so unbequem, dafs sie ihren redseligen Landsmann auf der Höhe des Blagodat lebendig verbrannten. Die Kapelle auf dem Berge wurde von den Russen dem unglücklichen Entdecker als Sühnopfer geweiht.

Nach S. und SW. zu lag nun unter uns, etwa 200 Fufs tiefer, eine niedrigere Felsenreihe in der Sonne metallisch glänzend, mit Steinbruchslöchern durchwühlt und auch jetzt von Bergleuten bevölkert. Hölzerne Geleise sind über die rauhe Oberfläche derselben gelegt um den Erzkarren einen leichteren Übergang zu gestatten.

Die nun östlich von uns gelegnen bewaldeten Grünsteinberge erheben sich kaum über den wahren Horizont des Standpunktes, und ebenso ist es mit dem ähnlichen Waldgebirge, welches im fernen Westen die Aussicht begränzt. Aber auf der Streichungslinie der Eisenberge (nach N. 25°,7 W.) sahen wir in grofser Ferne die unsren Standpunkt an Höhe übertreffende Bergkuppe des Katschkanar. Wir werden noch näher erwähnen, wie ein mit dem Blagodatischen nahe verwandtes Eisenerz auch an jenem Punkte durch den Bergbau längst schon aufgeschlossen ist.

Fleischfarbiger Feldspath und glänzend schwarzes Magneteisen bilden die Felsen, auf welchen wir standen. Seltner nur haben in hohlen Drusenräumen Zollgrofse Octaëder von Magneterz rundum sich ausgebildet, aber in der überwiegenden Masse des Berges sind wie in einem grobkörnigen Granite die Krystalle beider Bestandtheile des Gesteines in einander übergreifend innig verwachsen. Aufserdem sieht man bisweilen ein hellgelbes Fossil, welches in feinen und kurzen Nadeln fasrigem Epidote ähnlich, einzelne Anhäufungen zwischen den Feldspathkrystallen bildet. Der durch beide überwiegende Bestandtheile verursachte Wechsel schwarzer und röthlicher Färbung, sowie bald metallischen, bald perlmutterähnlichen Glanzes würde diese Gebirgsart zu mancherlei geschliffnen Bildwerken besonders geschickt machen, und grofse Blöcke von durchaus gleichmäfsigem und ununterbrochenem Gefüge könnten leicht gebrochen werden. Zur Eisengewinnung benutzt man sie nicht, weil die niedrigere Felsenreihe welche am westlichen Fufse dieses Theiles des Blagodat sich hinzieht, aus noch reinerem und ungemengterem Magneterze besteht.

Für den horizontalen Theil der magnetischen Kräfte welchen die von uns betretnen Felsen des Blagodat ausübten, konnte keine Regelmäfsigkeit aufgefunden werden. Eine um 5 Fufs von der Oberfläche des Berges entfernte in horizontaler Lage äquilibrirte Magnetnadel wird überall ungleich stärker von den Kräften des Gesteines als von denen des ganzen übrigen Erdkörpers angeregt, aber sie erscheinen so wenig zu einem Gesammteffekte vereinigt, dafs man vielmehr die Lage des Instrumentes kaum um einige Schritt weit auf dem Berggipfel verändern kann, ohne an die Stelle einer anfangs Statt findenden Anziehung eine direkt entgegengesetzte treten zu sehen. Befindet sich aber die angeregte Nadel noch näher an der Oberfläche des Bodens, so sieht man gar ihre Richtung oft in Folge einer nur wenige Zoll betragenden Lagenveränderung sich durchaus umkehren, und überzeugt sich dafs alsdann jede einzelne Krystallgruppe einen individuellen Anziehungsmittelpunkt abgiebt.

Die Höhe dieses merkwürdigen Berges fanden wir zu 420 Par. Fufs über die Ebne von Kuschwa (zu 1284 Par. Fufs über dem Meere) und, wie schon erwähnt, erhebt er sich um etwa 200 Fufs über die reinere Masse von Eisenerz, welche gegen S. und SO. an ihm sich anschliefst. Dieses letztere Erz ist es, welches auf den

Kuschwaer Hütten verschmolzen und aus dem Berge theils durch Pulversprengung, theils mit Keilhauen gebrochen wird. Die tiefste und einträglichste Grube liegt südlich von der höchsten Kuppe des Blagodat. Man ist in ihr schon unter das Niveau der angränzenden Ebnen gelangt, und durch einen nach Süden gerichteten mit Zimmerung bekleideten Stollen hat man die sich sammelnden Tagewasser abgeführt. Derber Magneteisenstein mit einer geringen Beimengung von Schwefeleisen wird hier gefördert, während eine gegen Westen von dieser gelegne Tagegrube dem Tagilsker Erze ähnliche Wechsel von Magneterz und in Letten eingeschlofsnem Brauneisenstein darbietet. Auch in dieser zweiten Grube ist die Sohle mit Wasser überdeckt, aber es fehlt dort noch an einem künstlich eingeleiteten Abflusse. In der Tiefe ist man an einigen Stellen bereits auf das westlich an das Eisenstockwerk angränzende metall-leere Gestein gedrungen, und auch hier findet sich, ähnlich wie zu Tagilsk, ein, bei zunehmender Entfernung von dem Erze, immer eisenfreier werdender weicher Letten. Man weifs nicht ob auch ebenso wie an den südlichern Punkten die unteren Schichten dieses weichen Gesteines Kupfererze verbergen mögen, vielmehr sieht man gegen Westen noch ungelichtete Waldung die Erdoberfläche bedecken. Dagegen finden sich oftmals auch zu den Seiten des mächtigen Erzstockwerkes noch vereinzelte Lager von Eisenerzen von den erdigen Gesteinen enger umschlossen als die bisher erwähnten und stets in oxydirterem Zustande als diese. So erstreckt sich bis dicht an das Hüttenwerk von Kuschwa ein unter dem Namen des kleinen Blagodat bekannter sehr talkreicher Grünsteinberg, dessen Gestein mit Brauneisenerz unregelmäfsig durchwachsen ist. Glaskopf und Blutstein brechen bei Balakinsk 40 Werst von Kuschwa in einer krystallinischen Kalkformation.

Auch die Gruben des Grofsen Blagodat haben in früheren Zeiten die zu physikalischen Untersuchungen anzuwendenden starken Magnete geliefert, welche aus dem Russischen Asien häufig nach Europa gelangten; dennoch sind hier kräftig wirkende Stücke selten, und sehr glaublich ist die Bemerkung der Bergarbeiter, dafs die meist grobkrystallinische Textur des hiesigen Erzes zur Schwächung der von ihnen ausgeübten Wirkung beitrage,

denn die etwa 1 Kubikzoll grofsen Magnetstücke aus der **Blagodater** Grube welche (ohne Armirung) das Hundertfache ihres
eignen Gewichtes zu tragen vermochten, sollen stets einen fein-
splittrigen Bruch gezeigt haben. An unarmirten gröfseren Stücken
findet man selten eine auf mehr als das Vierzigfache ihres eignen
Gewichtes ansteigende Tragkraft. Weit häufiger hat man kräftige
Magnete an dem oben erwähnten Berge **Katschkanar** gefördert.
Die Verwalter des **Nijnei Turinsker** Hüttenwerkes (siehe unten September 10) an dessen Distrikt dieses merkwürdige Gebirge
angränzt, haben daselbst zu diesem Zwecke eine eigne Grube eröffnet, welche jedoch wegen unregelmäfsig fortgesetzter Förderung
meistens mit Wasser erfüllt sein soll. Man sagt dafs das Eisenerz
vom **Katschkanar** wegen häufiger Beimengung geschwefelten
Metalles, zur Verschmelzung niemals tauglich sei, und viele der
von dort ausgeführten geschnittnen Magnete, mögen wohl aus
Magnetkies, nicht aber aus Magneteisenstein bestanden haben.

Die Meereshöhe des waldlosen **Katschkanar** bestimmte ich,
durch die vom **Blagodat** gemessenen Höhenwinkel, zu 2600 Par.
Fufs, *) also zu etwas mehr als das Doppelte von der des **Kuschwaer** Eisenfelsen. Die oben angegebne Richtung der Linie zwischen beiden um 50 Werst von einander entfernten Bergen, ist
völlig parallel mit dem an südlicheren Punkten beobachtetem Streichen ähnlicher Eisenmassen und die erzigen Formationen scheinen
hier diese constante Richtung weit bestimmter als selbst die Linie
der Wasserscheide des Gebirges zu besitzen. Diese Eisenberge
hätten dort im Norden eine ganz unerwartete Höhe erreicht, wenn

---

*) Die Entfernung des **Katschkanar** vom **Blagodat** habe ich zu
49,82 Werst angenommen. Die uns mitgetheilte Angabe dafs der
erstgenannte Berg um 30 Werst vom **Nijnei Turinsker** Hüttenteiche abstehe, verbunden mit dem vom **Blagodat** aus gemefsnen
Azimute ergiebt 49,65 Werst für die in Rede stehende Entfernung;
dieselbe aber wird nach **Kuschwaer** Hüttenplänen in runder Zahl
zu 50,00 Werst angenommen. In Russischen Zeitschriften hat
Herr **Terlezkji** die Höhe des **Blagodat** um 224 Par. Fufs, die
des **Katschkanar** aber gar um 740 Par. Fufs gröfser als nach unseren Bestimmungen angegeben. Wegen Unkenntnifs der Original-
beobachtungen welche jenen auffallend grofsen Resultaten zum Grunde
liegen, vermag ich leider nicht über die Ursache dieser Differenz
zu entscheiden.

wirklich der ganze Katschkanar aus wahrem Erze bestände; aber nach Aussagen der dort beschäftigten Arbeiter ist dieses nicht der Fall; die Magnetgruben sind nur an dem Abhange des Berges eröffnet, auch finden sich lose Erzblöcke 10 West südlich vom Katschkanar in dem Niveau der umgebenden Hüttenorte, während in den schroff zerrifsnen Felsen des Abhanges und des Gipfels grofse Hornblendkrystalle den Hauptbestandtheil des Gesteines ausmachen. In abgeschlofsnen Grotten welche die übereinander gethürmten Felsmassen bilden, soll dort ewiger Schnee sich erhalten, und reichliche Wasseradern entquellen diesen geschützten Bergspalten.

Die zwei Bestandtheile des Grünsteines, den Feldspath und die Hornblende, sieht man also hier wechselsweise mit den magnetischen Eisenerzen zu eigenthümlichen Verbindungen ausgeschieden; denn über das reine Erz am Fufse des Blagodat erhebt sich die aus Feldspath und Magneteisen gemischte höhere Bergkuppe, während Feldspathfreie und wahrscheinlich sehr eisenhaltige Ausscheidungen von Hornblende, die Eisenerze des Katschkanar überragen. Eine mit diesem letzteren Vorkommen völlig gleichartige Erscheinung hat man noch, von Kuschwa aus, auf der südlichen Verlängerung des Eisenführenden Streifen beobachtet. Die Sinaja Gora d. h. der blaue Berg erhebt sich 14 Werst fast SSO. vom Blagodat, äufserst genau auf der Linie, welche den letzteren mit dem Katschkanar verbindet (7 Werst westlich von der Sawode Barantscha), und am östlichen Abhange dieser Kuppe wird ein eigner Tagebau (Sinogorskoi Rudnik d. i. die Blaueberg-Grube) auf eine Hornblende geführt, welche $\frac{1}{4}$ ihres Gewichtes an Eisen enthält, und in den Hohöfen als Zuschlag zu den Magneterzen verschmolzen wird. Der blaue Berg soll gleichmäfsig bis zu seinem Gipfel aus dieser reineren Hornblendmasse bestehen, während die bei Kuschwa beobachteten schwarzen Porphyre bis an den westlichen Fufs der Kuppe sich hinanziehen. Zu einer Kapelle auf den Gipfel des Berges wallfahrten alljährlich die frommeren Bewohner der Nachbarschaft, und von ihnen wird der hinaufführende Weg, theils wegen Steilheit des Böschungswinkels, theils wegen Schroffheit hervorragender Felsstücke, als äufserst beschwerlich geschildert.

Zu erwähnen ist noch dafs südlich von der Sinaja Gora, auf der Linie von dort nach Tagilsk, man früh schon Kupfererze in dem Grünsteine entdeckt hat welcher die westliche Begränzung der Eisenreichen Gesteine bildet, und dafs somit schon damals eine Andeutung des ungleich später gefundnen Reichthums der Tagilsker Kupfergruben vorhanden war.

Nach Kuschwa zurückgekehrt verlebten wir sehr angenehme Stunden in dem Hause von Herrn Wolkow, dessen aufmerksamem Forschungsgeiste die Entdeckung der Platina auf dem alten Continente verdankt wird. —

Die an dem rechten Ufer der Kuschwa angelegten Hüttenwerke sind den zu Newjansk und Tagilsk beschriebnen im Wesentlichen sehr ähnlich; nur dafs das Eisenerz vom grofsen Blagodat noch reichhaltiger ist als das früher gesehne Magneterz und eine Eisenausbeute von 0,60 bis 0,68 seines Gewichtes auch ohne besondre Sorgfalt auf die Erzeugung einer vortheilhaften Schlacke liefert. Dieses Magneterz verliert seine ursprüngliche Festigkeit, wenn es längere Zeit hindurch der Wirkung der Luft und den übrigen meteorischen Einflüsse ausgesetzt bleibt; nicht nur dafs dadurch die dem Schmelzen vorhergehende Zerpochung der Erze erleichtert wird, sondern mehrere der hiesigen Hüttenleute behaupten auch dafs man durch eine geflissentlich begünstigte Verwitterung die auch hier übliche sehr kostspielige Röstung der Eisenerze völlig ersetzen könne.

Aus den oxydirteren Erzen von den oben (Seite 363) angedeuteten Anbruchsstellen werden nur 0,40 bis 0,45 ihres Gewichtes an Roheisen erhalten, dennoch aber verschmilzt man davon bedeutende Mengen, weil auch hier eine Beimengung dieser Erze zu dem Magneteisen sich unerläfslich gezeigt hat, um dem Roheisen zu Geschützen und Geschützkugeln die nöthige Weichheit zu geben.

Mit äufserster Ängstlichkeit sucht man hier bei Anfertigung der Geschützkugeln die vorgeschriebnen Mafse zu erreichen, denn nicht nur die äufseren Durchmesser sämmtlicher fertigen Kugeln werden der strengsten Prüfung unterworfen, sondern eigne Tasterzirkel dienen auch um die Metalldicke der Granaten und Bomben ebenso gewissenhaft zu untersuchen, und wenn nur allein von der Gestalt des Projektiles die anerkannten Schwierigkeiten der Ballistik abhingen, so würden freilich diese **Uralischen** Kugeln eine Waffe von seltner Vollkommenheit abgeben.

Der Wirkungskreis der **Uralischen** Hüttenwerke besteht jetzt schon zu bedeutendem Theile in einer gegenseitigen Unterstützung ihrer eignen Zwecke. In den Gusswerkstätten von **Kuschwa** war man jetzt mit Bereitung eines Metallgemisches beschäftigt, um genugsam harte und glatte Zapfenlager für Walzwerke zu verfertigen; einer Legirung von 8 Theilen Kupfer mit 2 Theilen Eisen und 1 Theile Zinn hat man nach vielfältigen Versuchen den Vorzug gegeben. —

Klarer Himmel während der Nächte begünstigte zu **Kuschwa** unsre geographischen und magnetischen Beobachtungen welche wir in der Hauptstraſse des Ortes vor dem zur Aufnahme der Reisenden bestimmten Gebäude anstellten.

[**September 9.**] Gold und Platin des **Blagodat'schen** Hüttendistriktes liegen in Geröll-Lagern theils auf der Sohle der in das linke Ufer der **Tura** mündenden Queerthäler, theils bedekken sie breitere Räume auf der rechten und ebenen Seite dieses Flusses. Schichten von Transitionskalk bilden die Wände dieser Queerthäler, die edlen Metalle aber liegen zwischen Trümmern von Hornblend- und Feldspath-gesteinen, welche man stets anstehend findet wenn man dem Wasserlaufe entgegen, nach dem Gebirge sich begiebt. Hier schien kein Zweifel über die wahre Geburtsstätte der Metalle übrig zu bleiben, auch ist es Herrn Bergmeister **Gosse zu Kuschwa**, im vorigen Jahre gelungen, auf der Wasserscheide zu welcher ein goldreiches Thal ihn geführt hatte, einen mächtigen Quarzgang mit goldhaltigem Brauneisenstein zu finden, welcher dort den Grünsteinfelsen und ein ihn bedeckendes Feldspathreicheres Gestein durchsetzte. Waschversuche haben gezeigt, daſs von diesem merkwürdigen Punkte aus, der Goldreichthum ebensowohl nach Westen als nach Osten, längs beider Abhänge des **Ural**, sich verbreitet habe; aber auch hier fand sich die befremdende Eigenthümlichkeit, daſs in dem noch unversehrten Quarzgange der Goldgehalt nicht nur bei weitem geringer war als in den Trümmerlagern, sondern auch von ganz andrer Beschaffenheit. Krystallinische Goldblättchen zeigen sich in dem Eisenocher der Gänge und nierförmig rundliche Metallkörner werden aus den

Geröll-Lagern ausgewaschen. Es sind also nicht Gänge wie die jetzt vorhandenen, deren Trümmer man am östlichen Fuſse des Gebirges in dem Kuschwaer Distrikte findet, sondern die ganze Oberfläche der von den Gängen durchsetzten Gesteine muſs mit gediegnen Metallen durchwachsen gewesen sein.

Anschwemmungen mächtiger Gerölle von dem westlich gelegnen Gebirgsrücken her, erfolgen noch jetzt alljährlich an denselben Stellen wo man die reichen Metall-Lager bearbeitet. Die Ebne des rechten Ufers der Kuschwa sieht man damit überdeckt, und das im Herbste kaum 3 Fuſs tiefe Bachgerinne, welches längs der Hüttengebäude von Kuschwa geleitet ist, wird jährlich nach dem Schneeschmelzen mit Faustgroſsen Grünsteintrümmern dicht erfüllt. Noch groſsartiger war die Erscheinung welche, wie die Einheimischen allgemein annehmen, eines der Platinreichsten Trümmerlager an seinem jetzigen Fundorte ablagerte. Das Thal des Flüsschen Is, welches 15 Werst unterhalb Nijnei Turinsk in die Tura mündet, ist noch bei Lebzeiten der älteren Bewohner von Kuschwa, wahrscheinlich durch einen Erdschlipf in dem höheren Gebirge, verstopft worden, bis endlich im Frühjahr die Wand des neu gebildeten Sees wieder zerstört und Trümmermassen in ungewöhnlicher Menge abwärts gewälzt und in den unteren Thalweitungen abgelagert wurden. Erst nach Herrn Wolkow's Entdekkung hat man auch dieses Geröll-Lager neuester Entstehung genauer untersucht, und darin reichen Platinsand und Titaneisen zwischen abgerundeten Trümmern von Grünsteinen und eckigeren Kalkstücken die minder weit hinabgespühlt wurden, gefunden.

Bei diesen sowohl als bei mehreren andren Waschversuchen im Blagodater Distrikte hat man Körner von Schwefelquecksilber (Zinnober) unter den metallischen Rückständen der Saigerung angetroffen. Es ist wahrscheinlich, daſs dieses letztere Erz von den Kalkschichten der unteren Queerthäler umschlossen ist, indessen wurde doch bisher dessen wahre Geburtsstätte ebenso wenig wie die der gediegnen Metalle genauer nachgewiesen, und man erhält hier ein andres Beispiel, daſs fein eingesprengte Erze welche in Trümmerlagen so deutlich erscheinen, in den unversehrten Gesteinen lange versteckt bleiben können.

Während nun die erwähnten einzelnen Geröll-Lager erst in den neuesten Zeiten eine thalwärts gerichtete Fortbewegung erlitten, so tragen doch die weit ausgebreiteten Schichten durchaus ähnlicher Massen in der vom Hauptrücken entfernteren Ebne das Gepräge eines weit älteren Vorhandenseins an ihrer jetzigen Stelle, denn dort hat man nicht selten Knochen urweltlicher Elephanten von dem Metallsande und den begleitenden Gesteintrümmern verschüttet gefunden. Wasserspülungen welche die metallhaltigen Gesteine des mittleren Gebirges über die Abhänge verbreiteten, haben in sehr verschiedenen Zeiten und, wie es scheint, mit abnehmender Stärke sich ereignet, aber ebenso wenig wie die noch jetzt Statt findenden können die älteren und stärkeren Fluthen alle Wahrnehmungen erklären welche bei dem jetzigen Vorkommen der edlen Metalle sich darbieten, denn immer muss angenommen werden, dafs die Zertrümmerung der Grünsteine und Sienitischen Massen schon vor dem Eintritt jener Fluthen Statt fand.

[September 10.] Auf einer gut gebahnten Strafse fuhren wir über steiniges Land parallel mit dem rechten Ufer der Kuschwa. Die Eisengiefsereien und Kanonenbohrwerke von Werchnei Turinsk liegen an diesem Wege (9 Werst von Kuschwa) und am Zusammenflusse der Kuschwa und der westlich von hier entspringenden Tura. Von dort, längs des linken und westlichen Ufers der Tura, fuhren wir 21 Werst weit bis zu den Nijnci Turinsker Hütten welche am nordwestlichen Ufer eines durch künstliche Eindämmung gebildeten Teiches angelegt sind.

Mit steilem Abhange erhebt sich am entgegengesetzten Ufer dieses Wasserbeckens ein felsiger Berg zu etwa 350 Fufs über das Niveau des gestauten Flusses. Den Tatarischen Namen Schaitan oder Teufel soll er der durch Verwitterung schroff zerrissnen Gestalt und der dunklen Färbung seines Gipfels verdanken. Das Gestein welches ihn bildet, enthält fleischrothe Feldspathkrystalle in einer talkigen und serpentinähnlichen Hauptmasse. Senkrecht stehende nach Norden streichende Schichtung und eben so regelmäfsig gegen NO. geneigte Spaltungsebnen haben die Felsen in mächtige rhombische Säulen getheilt. Schon im Jahre 1812 hat Herr v. Eversmann an diesem Porphyrberge ebenso auffallende magnetische Anziehungen wie die von uns an dem Newjansker Serpentine aufgefundnen bemerkt. Aufmerksam geworden durch abweichende Resultate, welche ein Dollond'scher Kompas für das Streichen der Schichten ergab, fand man an dem Nordabhange des Berges nahe an dem Gipfel einen nur wenige Fuſs breiten Bezirk, auf welchem das Nord-ende der Nadel bis zur völligen Umkehrung angezogen wurde. Durch Herausbrechung groſser Blöcke widerlegte sich bald die anfangs gehegte Meinung, als sei die magnetische Kraft nur in einem abzusondernden Theile des Felsens vorhanden, denn die abgelösten Stücke zeigten nur unvergleichlich geringere Kraft und an den Wänden der entstandenen Gruben blieb die frühere Wirkung ungeschwächt.— Nur auf den Kluftflächen des Gesteines zeugt übrigens ein äuſserst dünner Ocher-Beleg von einigem Eisengehalte der Masse. Bemerkenswerth ist, daſs die Vertheilung der Kräfte an diesem Berge der von uns zu Newjansk bemerkten (Seite 316) direkt entgegengesetzt zu sein scheint, denn die Felsen in der Nähe des Gipfels sollen hier am Schaitan das Nord-ende der Nadel anziehen, während zu Newjansk die Neigung des Nord-endes vermindert, dasselbe also an der Oberfläche des Berges abgestoſsen sich zeigte.

Das Wasser einer am Fuſse dieser Felsen entspringenden Quelle hat man in einem hölzernen Becken gestaut, und, offenbar nur durch gehinderten Abfluss, war die dort beobachtete Temperatur bis zu $+4°,1$ R. erhöht.

76 Werst weit, von Nijnei Turinsk bis Werchoturie, blieben wir nun beständig in geringer Entfernung von der Tura, welche anfangs gegen NO. hernach aber völlig gegen Osten sich wendet. Hier ist die Waldung häufig mit hohen Birken untermischt. Der Graswuchs ist üppig und die Heumath auf ausgelichteten Stellen äuſserst erheblich für die nur mit Fuhrwesen beschäftigten Anwohner der wichtigen Straſse.

Immer flacher und breiter wurden die Unebenheiten des Terrains, bis wir nahe vor Werchoturie, aus der Waldung hinaustretend, auf völlig wagerechter Ebne uns befanden, und doch sollten wir hier, zum ersten Male auf unserer nördlichen Reise, das Granitgebirge des Ural wiederum erreicht haben. —

V. Abschnitt. 1828. September.

Hohe steinerne Kirchen sahen wir aus dem umwallten Haupttheile des alterthümlichen Wohnortes sich erheben, während wir zu dem vereinzelt liegenden Gehöfte eines der Beamten von **Werchoturie** uns begaben.

[**September 11.**] Es gewährt einen höchst auffallenden Eindruck wenn man von der Stadt aus hinabsteigt in das etwa 50 Fufs tiefe Thal der **Tura**, und sich nun überzeugt dafs es wirklich Granit ist, welcher die umgebende einförmige und niedrige Ebne bildet. In keinem Gebirge ist man gewöhnt worden, eine so flache und glatte Gestaltung der Bodenoberfläche mit der Erscheinung dieses Gesteines verbunden zu finden. Wir gingen einige Werst weit abwärts längs des rechten Thalrandes, welcher unsrer Wohnung am östlichsten Ende von **Werchoturie** gegenüber lag, und stiegen dann wieder hinab zu dem Flusse, um eine dort hervorbrechende Quelle aufzusuchen. In dem dichten Gehölze welches die Thalwände ziert, waren Wachholdersträuche (**Juniperus communis**) sehr häufig. Die Abhänge selbst aber sind, so weit wir sie verfolgten, stets nackt und bestehen aus einem grobkörnigen Granite welcher durch das Vorkommen von **Gadolinit** Krystallen sich auszeichnet. Scharfe Vorsprünge der Felsenwände bilden oft sehr malerische Verengungen des Thales, und verleihen noch immer der vertieften Gegend einen, bei der Ebenheit der Umgebungen, sehr überraschenden Charakter.

Die Quelle welche am Fufse der Thalwand in einem ausgewühlten runden Granitbecken mit Sprudeln von unten hervorbricht, ist die reichhaltigste und schönste welche ich am **Ural** gesehen habe. Ihr Wasser besitzt eine Temperatur von $+ 2°,10$ R., ist also auch jetzt, zu einer Jahreszeit wo Wasseradern von veränderlicher Temperatur ihrer gröfsten Wärme noch nahe sind, noch um $2°,6$ R. kälter als das der Quellen welche in **Deutschland** auf dem Gipfel des **Brocken** entspringen. Wie ungleich begünstigt ist dennoch hier die Vegetation gegen die des **Deutschen** Gebirges! Welch eine Verschiedenheit des Anblickes von den verkrüppelten Fichten die sich dort vereinzelt auf dem wüsten Moore erheben, zu dem üppig grünenden Gesträuche welches hier die Quelle umgiebt, und den herrlichen Nadelholzstämmen auf der Ebne von **Werchoturie**.

Wenn aber auch dem hiesigen Erdboden im Laufe des ganzen Jahres eine noch geringere Wärmemenge als dem des um 2500 P.Fuſs höheren Deutschen Gebirges zu Theil wird, so sieht man leicht, daſs hier die aufeinander folgenden Wärmezuwächse, welche die mittlere Bodentemperatur bedingen, weit günstiger für die Vegetation durch die einzelnen Jahreszeiten vertheilt sind. Freilich herrschen hier während des Winters ungleich heftigere Fröste als sich jemals auch auf den höchsten Gebirgen Deutschlands ereignen, aber der Einfluss jener ungünstigen Periode scheint reichlich ersetzt, wenn man im Sommer und Herbst die heitere und trockne Witterung und den reinen Himmel zu Werchoturie mit den ununterbrochenen kalten Nebeln des Brockens vergleicht.

Gerste und Hafer gedeihen gut auf der ausgerodeten Ebne im Umkreise der Stadt und von jeher haben die Bewohner von Werchoturie sich den Ackerbau angelegen sein lassen. Schon in den ältesten Chroniken (von Anfang des 17ten Jahrhunderts) werden einzelne Jahre des Miſswachses, in denen frühe Fröste dem Sommergetreide um Werchoturie geschadet hatten, als entscheidend für das Schicksal der damals noch vereinzelter hier lebenden Russen geschildert, und es zeigt sich daher genugsam daſs man auf den Ertrag der Äcker als auf ein wesentliches Hülfsmittel rechnete.

Sonderbar contrastirt die Ausdehnung der Stadt und die Ansehnlichkeit ihrer gemeinnützigen Bauwerke gegen die jetzigen Verhältnisse der Bewohner. Zum ersten Male in der Uralischen Gegend sieht man Denkmale einer untergegangenen Bedeutsamkeit. Noch jetzt ist die eigentliche Stadt von den im Jahre 1605 erbauten Festungsmauern umgeben, welche damals den Sitz des Wojewoden und der übrigen verwaltenden Beamten zu einem wichtigen Bollwerke gegen die noch oft sich widersetzenden Wogulen machten. Ein berühmtes Kloster, das älteste im Asiatischen Russland, und die noch jetzt vorhandenen Kirchen erhöhten das Ansehn des Ortes, welcher als Hauptstadt einer schon damals höchst einträglichen Gegend eine schnelle Bereicherung erfuhr. In der Umgegend des jetzigen Irbit (von 57°,25 bis 57°,50 Breite) am Flusse Niza, hatte auſserordentlich fruchtbares Ackerland eine Menge von Russischen Ansiedlern angelockt, und die dortigen

Felder lieferten unerwartet reiche Ärndten in die Magazine der Krone. Mit Vermehrung der Bevölkerung wuchs der Ertrag des Sibirischen Handels, von dem nun auch die Regierung des Mutterlandes ersprießliche Steuern erheben wollte. Über Werchoturie wurde die nunmehr einzig erlaubte Verbindungsstraße zwischen Europa und Asien gelegt, und bis gegen Ende des vorigen Jahrhunderts verblieb die Erhebung der Eingangs- und Ausgangs-zölle ausschließlich diesem Orte. — Noch jetzt sieht man Schlagbäume und hölzerne Einzäumungen an der gestern befahrnen Landstraße und der steinerne Kaufhof, in welchem früher die durchziehenden Kaufleute ihre Waaren ausstellten, dient jetzt nur noch den hier ansässigen Krämern für ihren spärlichen Handel mit der nächsten Umgegend. Am unverändertsten ist noch das religiöse Anselm dem Orte verblieben. Die nicht verwesende Leiche eines Bürgers von Werchoturie wird in der von ihm gestifteten ältesten Klosterkirche bewahrt, und dem Verdienste dieses Heiligen werden reiche Opfergeschenke von den gläubigen Dorfbewohnern der Umgegend dargebracht.

[September 12.] Über Brückenwege (Mostowie) fuhren wir durch völlig ebnes und sehr bruchiges Land 35 Werst weit gegen NW. bis zur Station Bessónowa (d. h. die Schlaflose von *son* der Schlaf) wo drei ärmliche und vereinzelte Holzhütten an der Fährstelle über den von Osten kommenden Ljaljafluss stehen. Von hier aus war es wo die ehemalige Uralische Heerstraße sich, am Flusse aufwärts, gegen Westen zum Hauptrücken des Gebirges wendete. Sie ging über den Pawdinsker Paß, dessen Name noch jetzt durch das am Ursprung des Ljaljaflusses gelegne Nikolai-Pawdinsker Eisenwerk sich erhalten hat. Nur vier Pferde werden jetzt zu Bessónowa gehalten, und bei dem öden Anblicke der Wiesenebne in der Nähe der Fährstelle sollte man kaum für möglich halten, daß hier einst eine so berühmte Straße entlang ging; aber noch jetzt ist es ja in Russland auf den wichtigsten Wegen nicht ungewöhnlich, daß man 50 Werst weit keine Menschenwohnungen antrifft.

Gerstefelder sahen wir noch am linken Ufer in der Nähe der Holzhütten, und hier gelingt der nördlichste Ackerbau unter dem Jekatarinburger Meridiane. Die Thalwände des Ljalja sind kaum 20 Fuſs hoch, aus Grünsteinschiefer und einer dicken Torfschicht gebildet. Von Granit ist keine Spur mehr. — Schöne Nadelholzwaldung begann wieder, als wir, nach anfangs nordwestlich gerichtetem Wege, gegen Norden zu der Latinsker Niederlassung (35 Werst von Bes*s*ónowa) uns wandten. Bei dieser mitten im Walde gelegnen Station war jetzt ein äuſserst ergiebiges Waschwerk in Aufnahme. Die für Auffindung neuer Metallsandlager ausgesetzten Belohnungen haben einen Bergmann von Bogoslowsk zu den ergiebigen Versuchen an dieser bisher nur durch ihren Holzreichthum berühmten Stelle veranlaſst, aber gänzlich unverständlich bleiben die Vorzeichen, welche etwa hier zu einem Schürfe leiten konnten.

Dichte Waldung zieht sich bis an die durchaus ebnen und flachen Ufer des hier vorbei fliessenden seichten Baches. Man führte uns zu einer jetzt ausgerodeten Stelle des rechten Ufers, und dort sahen wir unter der abgehobenen Rasen- und Torfdecke ein Lager scharfkantiger Steintrümmer, die von dünnem Bestege gelblichen Lehmens umhüllt sind. Bereits tief unter dem Bette des spärlichen Rinnsals hat man diese Trümmerschicht aufgegraben, und so schwindet hier völlig der Gedanke an eine Anschwemmung durch jetzt noch vorhandne Wasser. Nur um das Technische der Auswaschung zu erleichtern, hat man in der Nähe des Baches geschürft. Pumpen erheben das Wasser und Röschen leiten es über die schwach geneigten Heerde, deren obere Hälfte mit lehmigen Steinstücken bedeckt wird. Den bewegten Schlamm schiebt man mit hölzernen Krücken von der Mitte des Heerdes gegen den oberen Rand zurück, so lange noch in der flieſsenden Wasserschicht der unteren Hälfte die schwärzlichen Adern metallischer Schliche sich zu vermehren scheinen. In dem Gesteine sieht man vierseitige Hornblend-Säulen völlig glänzend erhalten neben rundlichen matten Flecken grünlichen Felsites, ähnlich dem welcher in dem Grünsteine von Kuschwa mandelähnliche Knollen bildet. Beide Gemengtheile umschlieſst eine grünliche Hauptmasse, welche an der Oberfläche zu gelblichem Leimen verwittert.

Das auf dem Heerde Zurückbleibende ist ein Gemenge von Eisensand mit nierförmigen Körnern gediegnen Platins und Goldes. Hier ebenso wie an den meisten Waschstellen des Kuschwaer

Distriktes widerlegt sich daher genugsam die bisweilen geäufserte Meinung, dafs die beiden edlen Metalle stets getrennt angetroffen werden, ja dafs auch am Ural, ebenso wie es von den Amerikanischen Gebirgen behauptet wird, die Platinkörner über den Ostabhang, die Goldkörner aber über den Westabhang des Gebirgszuges sich verbreitet haben.

Bei den hiesigen Wäschen erhob sich das Gewicht des gewonnenen Goldes nicht über $\frac{1}{400000}$ vom Gewichte der ausgewaschnen Steintrümmer, das Platin aber zu nahe gleichem Betrage. *)

Äufserst schroff und malerisch sind die Felswände, welche (20 Werst von Latinsk) das Thal des Lobwaflusses begränzen und mit Mühe hat man für die Landstrafse einen sanfteren Abhang über verwittertere Tafeln des hier herrschenden schiefrigen Grünsteins gefunden. Die Bauern der am linken Flussufer gelegnen Lobwinsker Ortschaft waren unseren Fuhrleuten beim Übersetzen über das schnell strömende Wasser behülflich. Auch hier steht noch herrliche Nadelwaldung mit Birken untermischt an dem Rande des Thales.

Diese und die nunmehr gegen Norden folgenden Ortschaften führen den in Sibirien häufig vorkommenden Namen Simowja oder Winterwohnungen (von sima der Winter). weil bei der ersten Einwanderung dergleichen vereinzelte Niederlassungen zum Schutz gegen die rauhe Jahreszeit theils von den wandernden

---

*) Später hat man ein noch reicheres Lager, westlich von der hier gesehenen Stelle, und aufwärts gegen das Gebirge, zu bearbeiten angefangen. Am Ursprung des gegen Süden zur Ljalja sich wendenden Baches Trawjánka liegt ein von Bergen umgebner Sumpf. Unter dem Rasen findet man dort eckige Felstrümmer, und unter diesen, zwei Schichten eines gelblichen und eines bräuneren Letten. Nur wo die untere Lettenschicht mit welliger Oberfläche in das gröbere Trümmerlager überzugreifen schien, stieg der Goldgehalt dieses Letzteren bis zu $\frac{1}{200000}$ des Gesteins. Aber in den feineren Lettenschichten sah man den Goldgehalt, in der mittleren bis zu $\frac{1}{27000}$, in der unteren aber sogar bis zu $\frac{1}{1000}$ vom Gewichte der ausgewaschnen erdigen Masse sich erheben. Gleichzeitig wurde Platin und, wie man behauptet, auch Zinnober in der unteren Lettenschicht angetroffen. Die verwitterten Grünsteine dieser Goldlager sind ungleich weniger dicht als die oben erwähnten Kuschwaer Gesteine, und besitzen ein spezifisches Gewicht von nur 2,674 gegen Wasser bei + 12°,0 R

Abenteurern angelegt wurden, welche sich am weitesten in die noch von den Urbewohnern eingenommenen Gegenden hinaus gewagt hatten, theils von vereinzelten Kosakenposten, die zur Einsammlung des Felltributes (Ia*s*àk), grade im Winter in den entlegensten Gegenden sich aufhalten mufsten.

Auf steiniger Gebirgsstrafse erreichten wir spät am Abend die letzte Station vor Bogo*s*lowsk, welche jetzt zu einem bedeutenden Vorwerk des betriebsamen Hüttenortes geworden ist. Die gewöhnliche nächtliche Wachsamkeit Russischer Landleute schien hier noch durch Hüttenarbeiten vermehrt, und den schon von fernher rasselnden Wagen kamen Männer hülfreich mit leuchtenden Feuerbränden entgegen, um die steile Abfahrt zum Flüsschen Kakwa zu erleichtern.

Jenseits des Flusses folgte eine ebne und glatte Strafse, auf welcher frische Pferde und rüstige Lenker uns pfeilschnell zu dem äufsersten Ziel unsrer Uralischen Reise beförderten.

[September 13 bis 15.] Der geringere Umfang des Bogo*s*lowsker Wohnortes läfst ihn leicht für die jüngste und nördlichste Niederlassung Uralischer Bergwerksverwaltung erkennen.

Am südöstlichen Ufer des von dem Flüsschen Tura *) gebildeten Teiches liegen die Hüttengebäude und die hölzernen Wohnhäuser der verwaltenden Beamten. Gegen Süden und Westen ist ebnes Land, aber sanft ansteigende bewaldete Hügel begränzen die Ortschaft im Osten und verlängern sich gegen Norden von dem Ufer. Fern im WNW. erhebt sich der Kan*j*akowische Felsen (Kan*j*akówskji Kamen), ein blauer und bewaldeter Berg des Hauptrückens. Sein Gipfel war in Nebel gehüllt, aber auch bei uns in der Ebne herrschte nasskaltes und regniges Wetter. —

Von dem linken Ufer der Tura fuhren wir 3 Werst in der Ebne durch dichte Fichten- und Lärchenwaldung, und erreichten dann auf sanftem Abhange, etwa 100 Fufs ansteigend, den sehr breiten Rücken der hier von Holzung entblöfsten Hügel. Kalk ist hier die herrschende Gebirgsart und in dieser stehen die Schächte

---

*) Einem Zufluss der *S*oswa und nicht zu verwechseln mit dem oben erwähnten gleichnamigen aber weit bedeutenderen Zuflusse des Tóbol (Seite 369).

der ersten oder Turjinsker Grube, aus welcher gediegnes Kupfer und oxydirte Kupfererze gefördert werden.

Beim Einfahren in diese Grube sahen wir dafs in allen, äufserst steil gegen Westen geneigten, Schichten des Kalkes geringe Mengen der erwähnten Erze sich zeigen, aber auf einem mit der Tiefe an Mächtigkeit zunehmenden Lager bilden sie die überwiegende Masse des Gesteines. Dennoch ist auch dort der Kalk nie gänzlich verdrängt. Hier scheint kein Zweifel, dafs dereinst das gediegne Metall in die schon gebildete erdige Gebirgsart plötzlich gedrungen ist, denn in den Klüften des erzreichen Lagers sieht man breite und 1 Linie dicke Platten gediegnen Kupfers, wie künstlich bereitete Bleche, eingeklemmt. Nie sind jedoch ihre Oberflächen eben, sondern stets krystallinisch, und nur der chemische Widerstand des umgebenden Gesteines scheint diese sonderbar breiten Anhäufungen veranlafst zu haben. In der angränzenden derben Masse des Lagers findet man nur äufserst feine und verstreute Krystalle des reinen Metalls, ähnlich dem Kupferregen (Sprützkupfer) der auf Hüttenwerken von geschmolznen Massen emporsprüht, während oxydirte Verbindungen sich nicht einzeln ausgeschieden, sondern das Gestein weit gleichmäfsiger und inniger durchdrungen haben.

Stollen sind in verschiednen Tiefen von dem Hauptschachte bis zu dem steil gegen Westen fallenden Kupferlager geführt. In der tiefsten dieser Queerstrecken sammeln sich die Wasser der Grube und werden aus ihr durch die Pumpen des Hauptschachtes erhoben. Die Temperatur dieses in 342 Par. Fufs Tiefe befindlichen Wasserbehälters fand ich zu $4°,97$ R., so dafs auch hier eine Zunahme der Gesteinswärme beim Eindringen in die Tiefe sich bestätigte; denn sogar nach der sicher noch zu hohen Angabe der um 1 Breitengrad südlicheren Quelle bei Werchoturie (vergl. Seite 371) konnte zu Bogoslowsk die Bodenwärme bei weitem nicht $2°$ R. erreichen.

In dem Fraulowischen Grubenzuge, an der westlichen Gränze der Kalkhügel von Bogoslowsk, zeigen sich die geförderten Erze unter durchaus andren Verhältnissen, und erst in diesen Gruben wird man wieder an die Nähe der bisher gesehnen kiesligen Formationen des Ural erinnert.

Auf bequemen Treppen stiegen wir durch den (tonnlegig vom Liegenden ins Hangende) geneigten Erzengel-Schacht (Archángelskji-Schacht), dessen Vertikalebne die steil gegen Westen fallenden Schichten rechtwinklich durchschneidet. Hellglänzender fein krystallinischer Kalk schimmert gleich anfangs zwischen der Zimmerung der Schachtwände, während doch nur dunkles und erdiges Gestein in den Turjinsker Gruben sich zeigte. Dann finden sich Nester und Gangschnüre von Schwefelkies in den glänzenden Wänden, als erste Vorboten des Metalllagers welches man jedoch erst in einer Tiefe von 170 Par. Fuſs erreicht. Derber Quarz hat dort, mit mannichfaltigen und reichen Schwefelerzen gemischt, die Kalkmasse durchdrungen. Anfangs bricht man grofse Eisenkieswürfel in dem nur noch von einzelnen Kieselschnüren durchzognen Hauptgestein, dann verschwindet der Kalk und man findet Kupferkies, Bleiglanz, Kupferglas und Zinkblende in dem reinen Quarzlager.

An mehreren Stellen hat man diese reiche Schicht bereits völlig abgebaut und sieht sie dort durch die ebne Unterfläche eines Gesteines bedeckt, welches schon durch seine Färbung sich äuſserst grell vor den bisherigen auszeichnet. Aber auch in jeder andren Umgebung würde diese nun folgende harte Felsmasse für eine seltne und befremdende Erscheinung gehalten werden, denn es ist ein zimmtbrauner glasglänzender Granat (weniſà der Russen) der hier, ohne jede fremdartige Beimengung, eine selbständige und 70 Engl. Fuſs dicke Gebirgsschicht bildet. Nur an der Trennungsgränze beider Schichten sieht man Abdrücke von Quarzkrystallen in der derben Granatmasse, deren feine und durchscheinende Splitter oft edlem Zirkone äuſserst ähnlich werden. —

Mit diesem merkwürdigen Lager sind die Kupferreichen Kalkhügel des Bogoslowsker Distriktes gegen Westen hin abgeschnitten. Es folgt dann eine niedrige bruchige Gegend über welche, grade im Westen von den hiesigen Gruben, der Kanjakówische Berg sich erhebt. Die Gesteinstücke welche ich von diesem Berge erhielt, zeigen daſs er aus zoll-langen Hornblendkrystallen mit weiſsem dichtem Feldspath besteht. *) Die auffallend reine und

---

*) Das Gestein des Kanjakówischen Berges besitzt ein spezifisches

regelmäfsig erfolgte Sonderung der zwei einzelnen Bestandtheile dieser schönen Gebirgsart, sowie der Anblick des seltnen Lagers von reinem Granat möchten etwa in diesem Distrikte an die Behauptung älterer Norwegischer Gebirgsforscher erinnern, dafs an den Gesteinen des Nordens der Erde das Gepräge einer ungestörteren und ruhigern Bildung wahrgenommen werde. Aber doch nur geflissentliche Unbestimmtheit geographischer Bezeichnung könnte die Mängel eines so äufserst gewagten Ausspruches verbergen, denn schon von Jekatarinburg an würden ja die kolossalen Eisenmassen des Ural zu ähnlicher Behauptung berechtigen. Andrerseits aber habe ich später (Abschnitt VIII) unter dem Polarkreise selbst, nur sehr gewöhnliche Gröfse der Krystalle an den Gesteinen wahrgenommen. —

Unleugbar ist aber dafs westlich von Bogoslowsk, durch krystallinische kieslige Bildungen, wiederum jede Vorstellung einer Neptunischen Entstehung des Gebirges zurückgewiesen wird, während doch die jetzt steil aufgerichteten und Kupfer führenden Schichten des Kalkes ohne Zweifel dereinst den Boden eines Meeres bildeten, und aus dem Wasser sich niederschlugen. Es finden sich dafür die sichersten Beweise am Abhange der Hügel, welche neben der Bogoslowsker Ortschaft an der Tura beginnen. Dort ist das Gestein dicht erfüllt mit äufserst wohlerhaltnen Wirbelstämmen von den Seelilien der Vorwelt (Enkriniten), und mit Madreporenästen wie sie jetzt nur die wärmsten Meere der Erde enthalten. *)

Auch neben diesen organischen Resten haben grüne Kupfererze in die Kalkmasse späterhin sich eingedrängt, aber einen noch weit denkwürdigeren Anblick gewähren die eckigen Trümmer schwarzer Hornblendporphyre, welche man in diesen bunten Kalkschichten mitten unter den Seethieren findet. Grade so sahen wir noch jetzt in der Südsee schwarze basaltische Trümmer von den Kalk-

---

Gewicht von 3,29 bis 3,30 die Hornblende desselben aber von 3,375, beide gegen Wasser von + 12°,0 R.

*) Gelber und fleischrother Kalkspath hat die Wirbelsäulen der Bogoslowsker Enkriniten, dichter grauer Kalk aber die in der Mitte durchgehende sogenannte Nervenröhre (Sipho) erfüllt. Die Kalkmasse der Madreporenäste ist stets dicht erhalten, niemals krystallinisch.

lagern umhüllt, mit denen Madreporen die Inselvulkane überdecken, (unten Abschnitt XXVIII). Die vulkanischen Bruchstücke werden verworren, wie die Meeresbrandung sie anhäuft, in die Unterfläche jedes Korallengebäudes eingekittet, und durchaus ähnliche Anordnung sieht man nun auch hier an gleichen Trümmern in den Madreporenlagern der Vorwelt.

Auch in den **Fraulowischen** Gruben gelangen einige Beobachtungen über die Temperatur des Gesteines. In einer Tiefe von 198 Par. Fuſs besaſs das Wasser welches in einer Kalkhöhle, fern von dem metallhaltigen Lager und von dem jetzigen Aufenthalte der Arbeiter, sich gesammelt hatte, eine Temperatur von $+3°,12$ R. war also um $1°,85$ kälter als die 144 Fuſs tiefer gelegne Stollensohle der **Turjinsker** Grube (oben Seite 377). Durch Verbindung beider Beobachtungen wird man veranlaſst, die in einer Tiefe von 20 Fuſs herrschende mittlere Bodenwärme für die **Bogoslowsker** Gegend zu $+0°,9$ R. anzunehmen. *)

Hier also gefriert das Erdreich noch tiefer und bleibt noch bedeutend länger erstarrt, als wir es früher für **Tagilsk** (Seite 355) erwähnten. Dennoch aber zeigt sich auch hier die gänzliche Austrocknung der oberen Schichten während des Winters, durchaus ohne Einfluſs auf die Wassermenge, welche in die tieferen Bergwerke beständig einströmt. Wie 102 zu 100 verhielt sich nach vierjährigem Durchschnitte die ausgepumpte Wassermenge welche eine stets gleichmäſsige Entwässerung des **Erzengel-Schachtes** in den Monaten Januar, Februar und März a. St. von der einen, und Juni, Juli und August a. St. von der andren Seite herbeiführte. Der geringe Überschuſs des im Winter Statt findenden Zuflusses über den im Sommer bemerkten, hat sich in einigen andren **Bogoslowsker** Gruben noch um etwas bedeutender ergeben, so daſs für die Tiefe etwa eher noch an eine durchaus entgegengesetzte aber ihrem Betrage nach geringe Periodizität der Wassermenge gedacht werden könnte, als an eine Abnahme welche gleichzeitig wäre mit der gänzlichen Hemmung in den oberen Schichten.

---

*) Übereinstimmend mit der hierdurch gewonnenen Ansicht von den Wärmeverhältnissen des Ortes, zeigten sich die Resultate sehr vollständiger Beobachtungen der Lufttemperatur, welche ich in dem meteorologischen Berichte näher mittheilen werde.

V. Abschnitt. 1828. September.

Ein *S*ibirischer Privatmann Pogadjáchin hat zuerst die Bogoslowsker Bergwerke und die Hütten von Nikolai Pawdinsk und Petropawlowsk (60 Werst SW. und 46 Werst NNO. von Bogoslowsk) in Aufnahme gebracht. Wegen einer Schuldforderung verfielen sie später an die Russische Reichsbank und führten defswegen den Namen Bánkowie Sawodi. Die ihnen neuerlich zu Theil gewordne geregelte Verwaltung durch einsichtsvolle und geschickte Bergwerksbeamte der Regierung verdienen diese wichtigen Anlagen um so mehr, da auch in ihrer Nähe und nördlich von ihnen Goldführende Trümmerlagen ebenso häufig und ebenso reich wie in den früher erwähnten Distrikten gefunden worden sind. So ist Bogoslowsk zu einem Ausgangspunkt neuer bergmännischer Entdeckungsreisen in die nördlichere Gebirgsgegend geworden. Die Arbeiter in den hiesigen Bergwerken sind nicht durch Geburt an die Gegend gebunden, so wie wir es an den übrigen Uralischen Niederlassungen fanden, sondern neuerlich erst aus Europa Verbannte. Wir besuchten diese Gefangenen in den ihnen angewiesenen gemeinsamen Wohngebäuden (Kasarmì), in denen nur die welche Mord oder andre Verbrechen auch in ihren jetzigen Verhältnissen begingen, unter strengerem Gewahrsam gehalten und zuweilen gefesselt werden; die Meisten aber sind sogenannte Brodjagi oder Läuflinge und auch jetzt noch hörten wir sie beharrlich eine völlige Unkenntnifs ihres Geburtsortes vorgeben.

Wenn dereinst erst, so wie es überall im östlichen *S*ibirien geschehen ist, diese unsteten aber äufserst betriebsamen Männer durch Verheirathung und Familienbande für die Gesellschaft wiedergewonnen sein werden, so dürften vielleicht noch einzelne Änderungen in den Kulturverhältnissen der Gegend erfolgen. Jetzt behauptet man dafs es unmöglich sei Brodkorn bei Bogoslowsk zu gewinnen, ja dafs sogar der Feldkohl und die Rüben (Brassica campestris und B. Napus; Russisch: schtschi und répa) hier nicht gedeihen, obgleich sie doch durch landesübliche Gewohnheit zum Bedürfnifs geworden sind und daher bis in den fernsten Osten des Nord-Asiatischen Continents fast neben jeder Russischen Wohnung gefunden werden. Vielleicht wird auch hier durch sorgsamere Kultur die Erziehung dieser Gewächse dereinst noch gelingen, aber wahr bleibt es dafs Bogoslowsk durch einen geringeren Betrag seiner Sommerwärme gegen Orte im Nachtheil ist, welche zugleich nördlicher und östlicher gelegen sind, und eine bei weitem niedrigere Mitteltemperatur besitzen. Namentlich lehrt dieses eine, in unserm meteorologischen Berichte näher nachzuweisende, Vergleichung der hiesigen Temperaturverhältnisse mit denen von Beresow am Obi und von Jakuzk, welche beide auf ungleich kälterem Boden einen einträglichen Kornbau gestatten.

Ob eine etwas gröfsere Meereshöhe der hiesigen Gegend (welche doch kaum 900 Par. Fufs erreicht) und auch die Nähe des im Westen angränzenden Gebirges, die Sommerwärme um etwas vermindern könne, ohne doch die Winterkälte merklich zu vermehren, dürfte man etwa noch untersuchen; aber bei weitem richtiger hat man wohl das erwähnte Verhältnifs unter die allgemeine Regel zu begreifen, dafs, bei Gleichheit der Mitteltemperatur, von Europa bis zum Meridiane von Jakuzk immer wärmere Sommermonate gefunden werden. Gewächse welche nur der Sonnenwirkung des Sommers bedürfen, befinden sich hier bereits besser als bei gleicher Mittelwärme in Europa (vergl. oben Seite 372), aber sind doch ungleich weniger begünstigt als im östlichen Sibirien wiederum bei Gleichheit der durch Bodentemperatur sich aussprechenden jährlichen Summe der Luftwärme.

In einem Garten am Ufer des Sees stehen Spiräen und Fruchtsträuche zwischen Zirbelfichten und Lärchen, den geflissentlich bewahrten Resten der Urwaldung. Auch waren Sommerlevkoien und andre Herbstblumen auf Beeten gediehen.

Dafs man auch hier, bei besondren Örtlichkeiten, mitten im Sommer Eis unter der Erdoberfläche finde, war nachdem wir Ähnliches schon im Europäischen Russland in Gegenden von bei weitem höherer Mitteltemperatur erfahren hatten (vergl. oben Seite 146) nicht sehr befremdend. Dennoch besuchten wir eine Stelle des Waldes, welche durch gewöhnliches Vorkommen dieser Erscheinung vorzugsweise bei den Einheimischen bekannt ist. Ledum palustre und verschiedene Vaccinien hatten daselbst einen dichten und grünenden Rasen gebildet, unter welchem wir, bei frischem Graben, zuerst eine 2,5 Fufs dicke Schicht schwarzen

Torfes mit wenigen Grünsteintrümmern und flüssigem Wasser fanden. Aber dann folgte ein gelber Letten welcher, einige Zoll unter der Unterfläche des Torfes, mit sehr dünnen Eisscherben durchsetzt war, und durch dessen Berührung ein hineingestecktes Thermometer beständig auf den Gefrierpunkt hinabsank. Nur um 3 Fuſs tiefer durchgruben wir diese Schicht, mit völliger Gleichheit des Erfolges, aber an einer nahe gelegenen Stelle des Moores hatte der vermuthete Goldgehalt des Grünsteinlettens bereits früher zu tieferem Graben veranlaſst. Eisstücke fanden sich dort bis zu 10 Fuſs unter der Oberfläche des Bodens, fehlten aber als man von dort ab die Schürfarbeit noch um 10 Fuſs tiefer fortsetzte. Das Wasser welches ich mittels eines beschwerten Eimers vom Boden dieses Loches erhob, besaſs jetzt eine Temperatur von $+1°,0$ R. — Bohrversuche an höher gelegnen und nicht von Torf bedeckten Punkten der Umgegend lehrten uns durchaus andre Temperaturverhältnisse kennen. Bei zunehmender Tiefe zeigte sich dort eine auffallende Vermehrung des Wassergehaltes, und nicht unter $4°$ R. sahen wir das Thermometer sich erniedrigen, welches 16 Fuſs tief in die nasseste Erdschicht versenkt wurde. Die lokalen Eis-ansammlungen unter dem Boden von Bogoslowsk sind daher durchaus unvergleichbar mit der Erscheinung des ewig gefrornen Erdreiches im östlichen Sibirien, und sie verhalten sich zu dieser nicht anders wie isolirte Schneeflecke geschützter Bergspalten zu der erst ungleich höher gefundnen continuirlichen Decke ewigen Schnees.

Zu Bogoslowsk hatten wir uns endlich den Wogulen genähert, welche während der letzten Jahrhunderte stets angelegentlich vor den nach Norden sich ausbreitenden Russischen Ansiedlern zurück gewichen sind. Aber vergeblich wünschten wir schon hier einige Kenntniſs von den Verhältnissen der Urbewohner Sibiriens auf eigne Ansicht zu begründen, denn nur im Winter, wenn die Bruche überfroren sind, kann man auch mit schwereren Fuhrwerken zu den nächstgelegnen Niederlassungen dieses Nachbarvolkes gelangen. Für jetzt aber muſste uns die Bekanntschaft eines Wogulen genügen, den man während unserer Anwesenheit zu einem Besuche in Bogoslowsk veranlaſste.

Bestätigt fanden wir an ihm die uns schon früher mitgetheilte Bemerkung, daſs selbst bei Gleichheit der Kleidung man Männer dieses Stammes mitten unter Russischen Bauern sogleich erkenne, denn ein eigenthümlich finsterer Blick aus tief liegenden Augenhöhlen findet sich bei ihnen mit dem, gewöhnlich nur für die Mongolische Gesichtsbildung aufgestellten Charakter, äufserst hervorragender Backenknochen verbunden. Eine kräftige Gestalt von mittlerer Gröfse, starker Knochenbau und sehr entschiedenes fast trotziges Benehmen entfernten hier völlig jede Vergleichung mit den Tscheremissen und Tschuwaschen, erinnerten aber eher an die äufsere Erscheinung der Wotjaken. Mancherlei Fragen über Sitten und Lebensweise seiner Landsleute wurden von unserem Wogulischen Bekannten theils in höchst gebrochener Russischer Rede erwiedert, theils mit mürrischem Mifsfallen zurückgewiesen. Besonders eindringlich behauptete er, dafs von den religiösen Meinungen ihrer Vorfahren den jetzigen Wogulen Nichts mehr bekannt sei, und, als wenn er Bekehrungsversuche fürchtete, gab er vor das darüber Gehörte längst schon vergessen zu haben.

Die Wogulen wechseln ihre Wohnplätze, *) aber nur die Rücksicht auf Schonung des Wildes scheint sie dazu, nach weit längeren Zwischenzeiten als viele Volkstämme des östlichen Sibiriens, zu veranlassen. Nie mehr als 5 Hütten (schon hier von den Russen mit dem Tatarischen Worte Júrti bezeichnet) vereinigen sie zu einem Standlager und, weil die Waldthiere durch den Rauch der Wohnungen verscheucht werden, leiden sie nie dafs zwei dergleichen Niederlassungen um weniger als 15 Werst von einander sich befinden. Bemerkenswerth ist, dafs Alles was wir von der Bauart Wogulischer Jurten und der üblichen Anordnung ihrer Feuerstätten erfuhren, völlig übereinstimmt mit dem später bei den Ostjaken Gesehenen (Abschnitt VIII.). Rennthiere dienen ihnen als gänzlich gezähmtes Haus- und Zugvieh und auch im Sommer bespannen sie damit ihre leichten Schlitten, um über ebne Bruchgegenden zu fahren. Aber der Winter ist dennoch fast ausschliefslich die Jahreszeit der Arbeit, der Reisen und des Einsammelns. Nur dann beschäftigt sie die sehr einträgliche Jagd der

---

*) Russisch: kotschújut von kotschewàtj, dem allgemeinen Ausdruck für gesellschaftliches Wandern bei Hirten- sowohl als bei Jäger-völkern.

Pelzthiere und der darauf begründete Handelsverkehr mit Samojedischen, Ostjakischen und Russischen Nachbarn. Sehr merkwürdig sind alljährig sich wiederholende weit gegen Osten gerichtete Wanderungen durch den nördlich von Bogoslowsk gelegenen Landstrich, denn Europäische Samojeden reisen im Winter über den Ural und gleichzeitig mit ihren östlich angränzenden Stammverwandten (den Samojeden des Kari'schen und Obi'schen Distriktes) und den südlich von ihrem Wege wohnenden Wogulen ziehen sie oft 100 D. Meilen weit bis nach Obdorsk, um daselbst im Februar den Ertrag ihrer Jagden gegen Russisches Brod zu vertauschen. Bei den Wogulen folgt während der warmen Monate eine müfsige Ruhe auf das bewegte Leben des Winters, und um durch Rauch gegen Mücken und Fliegen sich zu schützen, verlassen sie dann kaum ihre Jurten. Fast in Sommerschlaf scheinen sie verfallen, und zehren ruhig von der Beute des Winters. Ehe Griechisch-christliches Vorurtheil sich verbreitete, diente ohne Unterschied das Fleisch aller Jagdthiere ihnen zur Nahrung, und leicht konnten sie davon einen hinlänglichen Vorrath für den Sommer bereiten. Wenn man dem Berichte Russischer Geistlichen trauen darf, haben sie sich jetzt auf den Genufs des Renn- und Elen-Fleisches beschränkt, aber auch von diesem sammeln sie im Frühjahr die Vorräthe für den Sommer. Aufser Russischem Tuche liefert der im September gesammelte Bast der Brennessel ihnen Stoffe zu Sommerkleidern.

Die folgenden Sprachproben wurden von dem befragten Wogulen uns mitgetheilt. Sie haben sich bereits hinreichend gezeigt um eine nahe Verwandtschaft zwischen der Rede dieses Volkstammes und der der Ostjakischen Anwohner des Obi äufserst wahrscheinlich zu machen, und jedenfalls die Möglichkeit einer gegenseitigen Verständigung völlig zu erweisen; denn unter 22 verglichenen Wörtern sind 12 Wogulische von den entsprechenden Ostjakischen offenbar nur dialektisch verschieden. (Siehe unten das Verzeichnifs der Ostjakischen Wörter Abschnitt VIII.) Ich habe diese durch ein hinzugefügtes *O.* von den übrigen ausgezeichnet. Unter denselben 22 Wogulischen Wörtern findet man hingegen kein einziges welches an Tatarische Wurzeln erinnerte; wohl aber zeigen die vier mit *K.* bezeichneten Wörter eine offenbar mehr als zufällige Ähnlichkeit mit Kamtschadalischer Rede (unten Abschnitt XVII.).

Wogulisch.

Die Hand	Kat	*K.*
Der Fuſs	Well	
Der Kopf	Pank	*K.*
Die Nase	Njoln	*O.*
Die Augen	Scham	*O.*
Der Bart	Toschun	*O.*
Die Haare	Äti	
Trinken	Utai	*O?*
Das Brod	Njŭn	*O.*
Das Wasser	Ut	
Das Feuer	Tat	*O.*
Warm	Uit	
Die Erde	Ma	*O.*
Das Pferd	Lwu	*O.*
Der Bär	Opo	
Das Rennthier	Kunna	*O. K.*
Der Stier	Oschka	
Das Horn	Ongt	*O.*
Die Frau	Jekoa	*O. K.*
Gott	Tŏr	*O.*
Der Tod	Kol	*O.*
Der Teufel	Tospod *)	
Die Stirn	Woll	
Gieb zu trinken	Utmai	Diese Worte wurden nicht mit Ost-
Ich will essen	Tichwatl	jakischen verglichen.
Der Fuchs	Opscha	

Höchst anziehend ist der grelle Unterschied zwischen patriarchalisch einfacher Lebensart der Urbewohner und den Sitten der Russischen Ansiedler, denn trotz der geringfügigen Mittel welche

---

*) Die Ostjaken nennen den Tod Kuin, den Teufel Kull. Sollte das durchaus abweichende Wogulische: Tospod vielleicht gar dem Russischen Gospòd, Herr oder Gott, nachgebildet sein? so daſs in den Zeiten früherer Feindschaft der Gott der Fremden von den Wogulen mit dem Teufel verglichen wurde.

diese Gegend zu solchem Zwecke darbietet, strebt man auch hier mit besten Kräften sich Europäische Genüsse zu verschaffen.

Während eines glänzenden Balles zu Bogoslowsk konnte man völlig die Abgeschiedenheit der Gegend vergessen, denn den modernen Anforderungen des Mutterlandes entsprachen hier nicht nur die Tänze, sondern auch die musikalische Begleitung, zu welcher das Talent verbannter Bergwerksarbeiter verhalf.

Weit mehr als die nächsten Bedürfnisse des Haushaltes wissen gastfreie Russische Frauen auch stiefmütterlichen Naturverhältnissen abzugewinnen. Die hier aus den Beeren des Waldes bereiteten spirituösen Extracte (Nalíwki d. h. Aufgüsse) gehören unstreitig zu den gelungensten Surrogaten des Weines. Vor allen gewöhnlicheren Arten dieser Getränke *) rühmt man aber mit völligem Rechte den Aufguſs auf die hier erst gefundnen Beeren von rubus arcticus (Russisch: Knjajeníka oder Fürstenbeere), denn der aromatische Duft dieser Früchte übertrifft bei weitem den unserer Erdbeere der gemäſsigten Zone, und darf nur mit der Ananas tropischer Klimate würdig verglichen werden. — Wenn es nicht unreife Früchte von rubus arcticus waren, von denen Reisende in Skandinavien behaupten, daſs sie der Brombeere (rubus caesius) nicht vorzuziehen seien, **) so ist dieses unstreitig eines der auffallendsten Beispiele von der Umwandlung des Fruchtsaftes durch klimatische Besonderheiten. Wahrscheinlicher wird solcher Einfluſs grade für das genannte Gewächs; wohl mag die Frucht von rubus arcticus um so vollkommner sich entwickeln, je reiner sie der Einwirkungen Sibirischer Witterung, der schnell gesteigerten Reitzungen trockner Sommerwärme genieſst, da ja auch im Europäischen Norden dieses Gewächs ausschlieſslich nur an der Schwedischen Küste sich zeigt, wo bereits auf strenge Winter sehr heiſse Sommer folgen, aber schon in

---

*) Man bereitet dergleichen aus Glúkwa (vacc. oxycoccus), Brusníka (v. vitis idaea), Maróschka (rub. chamaemorus), Malína (rub. idaeus), Tschórnaja und Krásnaja Smoródina (rib. rubrum und nigrum), Semljaníka (fragaria vesca) u. a.

**) C. F. Lessing, Reise durch Norwegen nach den Loflodden u. s. w. Berlin 1831. 8vo. Seite 83.

Norwegen entschieden fehlt, weil dort Seewinde und Seenebel die grellen Temperaturwechsel mildern.

[September 16.] Sehr geändert war der Anblick der Landschaft welche wir heute bei der Rückkehr nach Werchoturie zum zweiten Male durchfuhren, denn wie Flammen in dem dunklen Tannenwalde sah man nun die erst seit zwei Tagen gelb gefärbten Gipfel der Birken, und Wolken erfrornen Laubes schwebten im Morgenwinde zur Erde. Kaum möchte in Europa, unter dem 60sten Breitengrade und bei doch ungleich höherer Mitteltemperatur, diese Erscheinung so spät erst erfolgen, denn selbst zu Berlin färben sich die Birken kaum 20 Tage später als bei Bogoslowsk. — Auch diesem ächt Russischen Baume behagen grelle Temperaturwechsel. Nur schnell gesteigerte Sommerwärme verleiht ihm höhere Lebenskraft, und wenn man auf Kamtschatka ein mehr Europäisches Klima erreicht, sieht man auch wieder die Birke bei Gleichheit der Mitteltemperatur weit früher sich entlauben. (Siehe unten Abschnitt XVIII.)

Gegen die kühle Morgenluft hatten die Bauern zu Latinsk ihre Zimmer bis zu 20° R. geheizt, und doch sah man noch bei Bessonowa auf den Feldern die erst gestern geschnittne Gerste.

Einige Stunden verweilten wir bei unsren gastfreien Bekannten zu Werchoturie, und fuhren dann unter empfindlich kaltem Nachtreif durch die bruchige Ebne.

[September 17.] Während der Mittagstunden an dem freundlichen Seeufer von Nijnei Turinsk hätte man das schnelle Nahen des Herbstes vergessen mögen, aber auch dort und südlich bis Kuschwa waren alle Birken dunkelgelb gefärbt. Der Himmel bewölkte sich gegen Abend ohne jedoch eine merkliche Milderung des Wetters zu veranlassen, denn wiederum sank ein Nachtthermometer zu Kuschwa bis auf — 1° R.

[September 18.] Wie längst Befreundete begrüfste man uns zu Kuschwa, denn schnell erfolgt eine herzliche Annäherung in menschenarmer Gegend. Erst spät in der Nacht entliefs man Einige aus unsrer Gesellschaft von einem Feste, zu welchem Theilnehmer sogar von Perm her (250 Werst weit) über das Gebirge gekommen waren. — Hier ist der leichte Frohsinn welcher den

Russen eigenthümlich, nicht gefesselt durch Üblichkeiten einer
lächerlichen Rangsucht. Wie gewöhnlich ergötzte man sich an
Tänzen und nationellen Gesängen. Besonders anziehend aber war
die Erscheinung eines jugendlichen Paares welches in ärmlicher
Bauerkleidung schüchtern nahte und die Gäste durch den anmu-
thigsten der mimischen Volkstänze erfreute, bis man spät erst in
der Tänzerin die liebenswürdige Tochter unsres Wirthes erkannte.

Kaum durften wir hoffen uns jemals wieder in dem gastfreien
Kreise zu befinden, von dem wir nun schieden, um noch früh
am folgenden Morgen Tagilsk zu erreichen. Wiederum sank die
Lufttemperatur bis auf — 1°,5 R. Hier wurden nach Landessitte
bei der nächtlichen Fahrt die Bänke in dem Wagen durch eine
Lagerstätte ersetzt, und schlafend erreichten wir bewußtlos das
erwünschte Ziel der Reise.

[September 19.] Unsre voraus geeilten Gefährten fanden
wir am Morgen in Tagilsk schon bereit zu einer Fahrt nach der
Tschernoistótschinsker*) Hütte und der ihr nahe gelegnen Pla-
tinwäsche. — 23 Werst gegen SSO. fuhren wir durch dichten Wald bis
zu dem genannten Hüttenwerke welches am östlichen Ufer eines grossen Teiches am Fuße schroffer und undeutlich geschichteter Felsen
aus verwittertem Grünsteine liegt. Auf der Hälfte des Weges von
Tschernoistótschinsk nach Tagilsk hat man zum Gebrauche
der Hütten einen Kalkbruch eröffnet, in welchem ein bunter mit
Talkschichten wechselnder Kalk (dichter Dolomit) gegen NNO.
streicht und unter 45° gegen Osten fällt. Gegen Westen, also
unter diesem Kalklager, folgt ein aus Quarz und Glimmer gemeng-
tes an grünem Flussspathe reiches Gestein, und dann ein wahrer
Granit mit grünlichem Feldspath welcher auf den Grünstein von
Tschernoistótschinsk deutlich aufgelagert ist.

Der Hüttenteich war von wilden Enten belebt welche hier
auch im Winter offnes Wasser finden, wohl nicht allein, wie die
Anwohner behaupten, weil heftige Wellen das Eis zerbrechen,
sondern wegen der Quellen, welche dieses Seebecken speisen.

Wegen der Vortrefflichkeit der Erze des Tagilsker Distriktes hat das hier angefertigte Stabeisen eine hohe Berühmtheit er-

---

*) Von tschérnoi schwarz und istótschnik eine Quelle, oder
istétschj ausfliefsen.

langt und das Pud desselben wird im Durchschnitt um ¼ Rubel theurer als das der übrigen Uralischen Hüttenwerke verkauft. Die Gestalt eines Zobels, das alte Sibirische Wappen, wird den Stangen eingeprägt welche sogar bis nach England hin berühmt sind und auch von den dortigen Schmieden unter dem Namen des alten Zobel-Eisens (old sobol iron) gesucht werden.

In zwei langen Gebäuden sind 16 Frischheerde vertheilt, an deren jedem durch zwei Schmiede mit ihren Gehülfen wöchentlich 360 bis 400 Pud Stabeisen bereitet werden. Auf eine Unterlage von Kohlen werden 25 Pud kurzer und dünner Roheisen-Stücke in den tiefen Heerd gelegt, aufserdem aber durch die hoch aufgeschütteten Kohlen auch die bereits gefrischten aber noch auszuschmiedenden Massen erwärmt. Der Kohlenverbrauch steigt auf das Dreifache des verarbeiteten Roheisens, welches zwei Drittheile seines Gewichtes an Stabeisen liefert.

Eine sehr anziehende Erscheinung bemerkten wir an den Rauchfängen, welche die Frischfeuer bedecken. In faustdicken Lagern hatte sich auf der Unterfläche derselben ein metallischer Niederschlag abgesetzt welcher sichtlich aus den von der Luppe aufsprühenden und durch heftigen Luftzug empor gewirbelten Eisenfunken sich bildete. Täuschend hätte die Form und Gröfse der zu einem Ganzen sich häufenden Körner an die zellige Gestalt des Uralischen Magneteisens (oben Seite 323) erinnert, wenn nicht eine weit geringere Schwere das künstliche von dem natürlichen Erzeugnisse unterschiede. Hier sind es hohle Zellen welche aneinander sich lagern, während die ähnlich gestalteten Bruchstücke des (auch chemisch) gleichartigen Erzes aus dichter Masse bestehen.

Einige Kohlenmeiler waren die auffallendste Erscheinung in der mit Birken gemischten dichten Nadelwaldung, durch welche wir 12 Werst weit gegen WNW. von Tschernoistótschinsk zu dem berühmten Platinlager fuhren. — Zu den Seiten des Weges ist das Terrain hüglich, aber wir hatten uns kaum merklich über das Niveau des erwähnten Sees erhoben (welches seinerseits nur um den Betrag des schwachen Gefälles der Tscherna von der Höhe von N. Tagilsk verschieden ist) als wir das

Ufer eines gegen Süden gerichteten im Verfolge seines Laufes aber nach Westen sich wendenden Zuflusses der **Tschusowája** erreichten. Auch hier kann nur durch die Kenntniſs des Wasserlaufes der Begriff eines Gebirgrückens entstehen, denn von einem sichtbaren Abhange gegen Westen, von eröffnetem Überblicke des Terrains ist auch hier keine Spur.

Zu beiden Seiten des Baches erheben sich einige mächtige Tafeln von Grünsteinschiefer mit talkiger Hauptmasse, welche steil aufgerichtet dennoch eine deutliche Neigung nach Osten zeigen und also von dem oben erwähnten Granite bedeckt werden. Eckige und verwitterte Bruchstücke desselben Gesteines umgeben ringsum die unversehrtere Felsmasse, und aus diesen Trümmern und deren lehmigem Bestege sieht man auf Waschheerden die Platinkörner gewinnen.

Auch hier zeigt das gediegne Metall stets eine nierförmig rundliche Oberfläche, und den näheren Grund dieser Erscheinung gewahrt man an den gleichzeitig auf dem Heerde zurückbleibenden Körnern von Titan-eisen, welche ähnlich gestaltete vertiefte Eindrücke zeigen, ja die man bisweilen mit der Platina verwachsen und deren Oberfläche bedeckend gefunden hat.

Wir kehrten am Abend nach **Tagilsk** zurück.

[**September 20 bis 22.**] Die Aufsuchung eines handschriftlichen Verzeichnisses meiner bisherigen Zahlenbeobachtungen welches, wie ich später erfuhr, zu **Tschernoistótschinsk** verloren wurde, hielt mich noch einige Zeit, getrennt von den Reisegefährten, in der nun schon unwirthbar werdenden Gegend zurück. Regniges Wetter hatte die Wege verdorben auf denen ich noch einmal nach **Kuschwa** mich begab.

In **Tagilsk** waren jetzt erst die leibeignen Einwandrer angekommen, denen wir in der Nähe von **Perm** auf der Landstraſse zuvor eilten (oben Seite 266), und mit der Bereitung von Winterwohnungen für die neue Bevölkerung war man regsam beschäftigt.

Sehr beschwerlich war bei beständigem Regen die Rückkehr durch bruchige Gegend bis **Jekatarinburg**. Verdoppelt schien nun der Werth des gastlichen Schlosses von **Newjansk** (oben

Seite 312), welches während Ausbesserung des verdorbnen Fuhrwerkes eine erwünschte Ruhe gewährte.

Ringsum am Wege nach Jekatarinburg auf quellreichen Bruchen sah man neu aufgeschlofsne Blüthen an dem Weidengesträuch, und doch mufste nun nächstens der Schnee ihre fernere Entwickelung verhindern.

VI. Abschnitt.

Fernere Bemerkungen über Jekatarinburg und den Ural. — Reise nach Tobolsk.

[September 22 bis 25.]

Nach einiger Ruhe zu Jekatarinburg eilten wir den uns noch vergönnten Aufenthalt in der Uralischen Gegend zunächst zur Ansicht der Goldbergwerke von Beresow (15 Werst NO. von Jekatarinburg) zu benutzen.

Pinus sylvestris war vorherrschend in dem Walde welchen wir am Morgen durchfuhren. Äufserst geringes Ansteigen zeigte sich bis wir nach einem Wege von 7 Werst das reiche Dorf Schartàsch erreichten, welches 3 Werst weit längs eines klaren Sees sich hinzieht. Niedrige Granitwände begränzen ringsum das längliche Wasserbecken. — Die Bewohner der Ortschaft sollen ehemals berühmt gewesen sein wegen listiger Räubereien, die sie an reisenden Kaufleuten verübten. Niemals gelang es den Thäter zu überführen, und erst seitdem man für ähnliches Vergehen eines Einzelnen die ganze Gemeinde verantwortlich gemacht hat, ist die diebische Gewohnheit spurlos unterdrückt worden. Jetzt beschäftigt äufserst wohlgeordneter Acker- und Garten-bau die Landleute von Schartàsch welche, wie die meisten der hiesigen Gegend, zu altgläubigen Sekten sich bekennen.

Als wir bei **Beresowsk** die Waldung verliefsen, sahen wir neben Schachtöffnungen conische Haldenhaufen, sämmtlich von einerlei Höhe, in aufserordentlicher Zahl auf der weiten Ebne hervorragen. Beim Anblick dieser gleichförmigen und häufigen Ausgrabungen könnte man glauben, dafs hier Bergbau auf ein in geringer Tiefe horizontal liegendes Erzflöz geführt werde, etwa wie auf den Kupferschiefer zu **Mannsfeld am Harze**, oder auf das Kupfersanderz an der Westseite des **Ural**; aber durchaus anders sind die Verhältnisse! — Nur die erst neuerlich überwundne Schwierigkeit der Entwässerung tieferer Gruben veranlafste hier diesen Anschein, und es sind vielmehr gangartige Lagerstätten auf denen, von der Oberfläche bis in die gröfste erreichte Tiefe, das Erz stets gleichmäfsig vertheilt gefunden wird. —

Mit östlich gerichtetem Laufe bildet der **Puischmafluss** die nördliche Gränze eines ebnen und sanft gegen N. geneigten Distriktes, auf welchem Grube an Grube sich reiht. Ein spärlicher Bach, der aus ringsum angränzenden mit Bilsen (**Russisch: kamúisch**) bewachsenen Bruchen genährt wurde, durchfloss diese Ebne von S. gegen N. und ist wasserreicher geworden, seitdem man zu ihm durch den **Alexandrower Kanal** einen künstlichen Abfluss der etwas höher gelegnen **Schartàsch-seen***) geleitet hat. Ergiebige und zu technischen Zwecken sehr erwünschte Torflager finden sich an vielen Stellen der **Beresower Ebne**. In der Mitte dieses 8 Werst langen Terrains liegt die ansehnliche Ortschaft an einem künstlichen Teiche. Neben langen Reihen neuer Gebäude sieht man in ihr die ältesten Holzhäuser welche Bergleute von **Klausthal am Harze** vor 80 Jahren hier anlegten.

In einen südwestlich von dem Wohnorte gelegnen, 15 Sajen tiefen, Förderungsschacht fuhren wir ein, folgten aber schon in der Hälfte dieser Tiefe einem seitwärts getriebnen Stollen, in welchem man bald zu den Arbeitsörtern der Hauer gelangt. Der Schacht steht in einem weissen erdig verwitterten Gneus-Gesteine voll silberfarbnen Talkglimmers und grober eckiger Quarzkörner. Braune Flecken verwitternden Eisenkieses zeigen sich überall in

---

*) des oben erwähnten oder grofsen, und des südlicher gelegnen kleinen **Schartàsch**.

der welchen Masse, aber die gesuchten grofsen Krystalle von Brauneisenstein findet man nur da, wo der Quarzgehalt der Gebirgsart zu schmalen und sich häufig verschnürenden Gangtrümmern ausgeschieden ist. Von beiden Seiten der weissen Kieselschnüre bricht man dort Kubisches Eisenerz, welches das Gold theils in feinen Blättern vertheilt, theils zu drahtförmigen Anhäufungen vereinigt enthält. Mittels Queerschlägen verfolgt man die Erze bis sie, in feine Spitzen auslaufend, sich mitten im Gesteine verlieren. Man muss zu diesem Zwecke, von dem jedesmaligen Hauptstollen aus, in sehr verschiedenen Richtungen brechen, denn keine Gleichförmigkeit zeigt sich in der Lage der Erzschnüre.

Den verwitterten weissen Gneufs, in welchem die meisten Goldgruben stehen, haben hiesige Bergleute dem Orte zu Ehren Beresit genannt. An der Oberfläche von der befahrnen Grube gegen Westen uns wendend, sahen wir diese Gebirgsart an einem festen Grünsteinschiefer abschneiden, und ähnliche Wechsel von talkigen Schiefern mit Beresit beobachtet man ringsum im Umkreise des Ortes. Innerhalb des 7 Werst von O. nach W. und 8 Werst von S. nach N. sich erstreckenden Hauptrevieres der Beresower Gruben sieht man einzelne Parthien dieser zwei so verschiedenartigen Massen einander netzförmig und fast regellos durchsetzen. Nur zwei der mächtigeren Züge von Beresit haben, durch Schiefer getrennt, ein regelmäfsigeres nördliches Streichen innerhalb des ganzen Revieres gezeigt. Eisenwürfel sahen wir auch in den grünen Schiefern, auch stehen viele der Gruben in diesen, denn das ganze Hauptrevier ist in 56 einzelne Bezirke (ein jedes von einer Quadratwerst) getheilt, und von diesen ist keiner ganz ohne Erzanbrüche gefunden.

Einige Andeutung über die Entstehung dieser merkwürdig sich durchkreuzenden Massen gewährt zunächst die gegen Osten und Westen angränzende Gegend. In NO. sieht man zuerst serpentinähnliche Schieferlager mit nördlichem Streichen und steilem westlichen Fallen, ohne Gneufs-Lager erscheinen, dann aber folgt abwärts an der Púischma, auf die Schiefer ein reiner Granit, der auf gangartigen Parthien grobes Gefüge und grofse Schörl- und Turmalin-Krystalle zeigt. Südwestlich von dem Hauptreviere, am Schartàsch, werden hingegen die Schiefer von einem andren

Granitlager bedeckt welches, von geringer Mächtigkeit, schon bei
Jekatarinburg wiederum durch Chloritschiefer verdrängt wird.
Auch am Schartäsch fördert man goldhaltige Eisenwürfel aus
einer vom Hauptrevier entfernten Grube. Ähnliche Wechsel von
schichtförmig getheilten Talkgestein und granitisch - krystallinischen
Gebirgsarten sahen wir dann auch ferner (von Westen her kommend, oben Seite 288) bis zum Pass von Reschötui, ja südlich
von diesem, bei dem Dorfe Makarowa (23 Werst von Reschötui) entschieden westlich von der Wasserscheide des Ural, werden
den hiesigen ähnliche Goldgruben auf Gneufslagern betrieben. — Zu
beiden Seiten von der Beresower Ebne sieht man also die mehrerwähnten Massen in getrennten steil nach Westen geneigten Lagen
mit einander wechseln. Erzspuren zeigen sich auch dort, sie sind
aber bei weitem am reichhaltigsten auf dem Raume wo die innigere Durchdringung beider Gebirgsarten erfolgt ist. Aber noch
andre Verhältnisse dürften zu erwägen sein, wenn es gelingen
sollte, über geologische Ereignisse dieser Gegend, und vielleicht
über die Herkunft alles Uralischen Goldes, eine richtigere Ansicht zu gewinnen. Einen mächtigen Quarzgang reich an Kupfererzen und dem seltnen rothen Bleierz (Chromsaurem Blei) sieht man
die Mitte des Beresower Revieres durchsetzen. Rein abgeschnitten gegen die Schiefer bleibt er in ihnen mächtig und dicht, aber
überall wo er die weifse Beresitmasse durchschneidet sieht man
den Gang sich zersplittern und, in Schnüre und Trümmer getheilt,
in das Angränzende sich verlieren. Niemals hat man die Bleierze
gleichzeitig mit dem Eisen und Golde in den angränzenden Gesteinen gefunden, sondern nur mitten im derben Gange zwischen
den Schiefern werden sie angetroffen. *) Wenn erst nach der
Erhärtung beider Hauptmassen der Quarzgang sich eingedrängt
hätte, könnte er dann wohl in dem Beresite sich zersplittert, in
ihm ringsum abgeschlofsne Schnüre und Nester, entfernt von der
Hauptspalte, gebildet haben? Würde er nicht auch zwischen diesem

---

*) Bei Blagodat, 20 Werst NNO. von Beresow, brechen auf ei-
nem ähnlichen Quarzgange in Grünschiefer, die einzigen am Ural
gewonnenen Silbererze begleitet von Bleispathen wie die hiesigen.

Gesteine massig und derb wie zwischen den Schiefern geblieben sein? —

In ungemein reichhaltigen Adern dringen die Tagewasser durch das weiſse Gneuſsartige Gestein, und einen regelrechten Bergbau haben sie zu Beresow verhindert, bis durch eine in der Mitte der Hauptzüge angelegte Dampfmaschine man kräftigere Pumpwerke unterstützte. Die auffallende Verwitterung die man an dem Beresite überall und auch in der Tiefe beobachtet, wird man versucht bald als Ursache bald als Wirkung des Wasserreichthumes zu denken; denn augenscheinlich ist es einerseits daſs das jetzt poröse Gestein weit leichter als die derben Schiefer von dem Flüssigen durchdrungen wird, von der andern Seite aber scheint ja eben jene schwammige Natur der feldspathigen Hauptmasse und die an den Eisenerzen fast sichtlich noch fortschreitende Verwitterung welche Schwefelkieswürfel in Brauneisenstein und diesen in Ocher verwandelt, — in dem Angriff der Tagewasser die ungezwungenste Erklärung zu finden. So theilen auch Umwandlungen welche die feste Erdrinde unter unsren Augen erleidet, den befremdenden Charakter mancher geologischen Verhältnisse der Urwelt. Unverkennbar ist der Zusammenhang der Erscheinungen, aber so völlig reziprok, daſs man nach der Geschichte forschend das Ende mit dem Anfange zu verwechseln befürchtet.

Von Beresow gingen wir 6 Werst gegen ONO. nach Puischmínsk, wo an einem gestauten Teiche der Púischma die Hütten zur Gewinnung des Goldes aus den verlarvenden Eisenerzen sich befinden. Eine andre ähnliche Anstalt liegt südlich von Beresow an dem Alexandrower Bache. Felsen von reinem Talkschiefer und Serpentin mit steilem W. Fallen erheben sich am rechten Ufer der Púischma. In einem geräumigen hölzernen Gebäude sieht man lange Tröge, in denen das Beresower Erz mit Wasser übergossen und durch gusseiserne Stampfen zu einem feinen Schliche zerstoſsen wird. Der durch Röhren eingeleitete Zufluss in die trogförmigen Pochkasten spült den aufgerührten Schlich über schwach geneigte Waschheerde welche, terrassenförmig untereinander, vor den Trögen sich befinden. Etwa vorhandene gröbere Goldkörner sinken schon anfangs in den Zwischenraum hinab welcher zwischen den einander überdeckenden gusseisernen Böden des

Pochtroges gelassen ist und werden dort von Zeit zu Zeit gesammelt. Wie es bei der Auswaschung ärmeren Goldsandes üblich ist, wird auch hier von der Mitte des unteren Heerdes das bis dahin Hinabgespülte mit hölzernen Krücken oftmals zurückgeschoben. Erze welche, wie es im Durchschnitt mit den hiesigen der Fall ist, 6 Solotnik auf 100 Pud d. h. $\frac{1}{14000}$ ihres Gewichtes an Gold enthalten, zeigen nur noch $\frac{1}{1000000}$ wenn sie die erste Saigerung erlitten haben. Das auf den ersten Heerden gesammelte reichste Produkt wird bei stärkerem Wasserzufluss auf gröfseren Unterlagen noch einmal überspült, und die Schwere des reinen Metalles schützt nun schon vollkommner gegen Hinwegschwemmung; aber das ärmere und nun fein zerstofsne Eisenerz, welches gleich unter dem Golde in gröfserer Menge sich absetzt, läfst man an der Luft noch ferner verwittern und wäscht es noch einmal auf kleinen Tischen zu denen willkürlich stellbare Hähne das Wasser leiten. Mit Magneten reinigt man die feinen Schliche von einem grofsen Theile des Eisens, dessen Menge durch Abnutzung der Pochstempel sich bedeutend vermehrt. Obgleich man oftmals in Beresow des Amalgamations-prozesses sich bediente, um die letzten Goldrückstände aus den Schlichen zu gewinnen, so haben doch vergleichende Versuche ergeben, dafs aus den hiesigen Erzen durch sorgfältig geleitete Auswaschung das Gold eben so vollständig wie durch Verquickung gewonnen werden könne. Dennoch bewahrt man für etwa geschicktere Nachkommen den zerpochten Erzstaub, aus welchem durch jetzt bekanntes Verfahren kein Gold mehr sich abscheiden läfst.

Besondre Vorrichtungen waren hier nöthig um auch im Winter die Wascharbeit fortsetzen zu können. Sorgfältig dichtet man alsdann die Glasfenster des hölzernen Gebäudes, welches Kamine erheitzen und beleuchten. Ein horizontal gemauerter Feuerkanal, in der Mitte mit senkrechtem Schornsteine, an den Enden mit zwei Öfen verbunden, läuft längs der Wand des inneren Raumes und dient zur Aufthauung und Erwärmung der gefrornen Erze und Schliche die man darüber ausbreitet. Auch Öffnung der Thüren würde bei strenger Winterkälte die Temperatur des Raumes schnell bis zum Frostpunkt erniedrigen, und nur durch eine enge Fallthür in der fest gedielten Decke dürfen daher die zu verarbeitenden Massen eingeschüttet werden. —

Zu Beresow werden im Durchschnitte jährlich 23 Pud legirten Goldes gewonnen, und daraus zu Jekatarinburg 20 Pud reinen Goldes, 2 Pud Silber und 1 Pud bleiischen Kupfers erhalten. Der unmittelbare Werth dieser Ausbeute wird zu 1200000 Rubel berechnet, beträgt aber nach Abzug der Betriebskapitalien für die Beresower Werke (4,5 Rubel für 1 Solotnik d. i. für $\frac{1}{96}$ Russ. Pfundes) nur 854400 Rubel reinen Gewinnes. —

Ungleich einträglicher sind die erst seit 1823 bekannten Trümmerlager (oben Abschnitt V) welche allein während des letzten Jahres 262 Pud Gold und 50 Pud Platina, oder, selbst wenn man das Betriebskapital zu $\frac{2}{10}$ des Werthes rechnet, eine Geldsumme von 15000000 Rubel geliefert haben.

Wir kehrten am Abend nach Jekatarinburg zurück. — Über den Wiesenflächen in der Nähe des Schartàsch sahen wir heute wilde Gänse zur Auswandrung sich sammeln, andre gröfsere Züge flogen bereits höher, alle gegen SW. gerichtet. — Auch bei den Menschen war der Gang der winterlichen Lebensart bereits begonnen, denn zu Beresow und in den angränzenden Dörfern wurden schon die Po*sediénki (Sitzungen von po*seditj sitzen) oder abendlichen Versammlungen von den Mädchen der niederen Volksklasse gehalten. Sobald Dunkelheit die Arbeiten im Freien unterbricht, wird von den Männern in den warmen Häusern der Ruhe gepflegt. Sie besteigen ihr Lager auf der breiten Oberfläche des Ofens (paláta) und verlassen es ungern während der Abendstunden, weil sie oft schon kurz nach Mitternacht zur Versorgung des Zugviehes bereit sind. Um Beleuchtung zu sparen, versammeln sich dann alle Mädchen des Ortes in dem Hause eines reichen Nachbars theils zur Arbeit, theils zu geselligen Freuden. Die Art der Beschäftigung und die begleitenden Gesänge und Erzählungen erinnern an die alt-Deutsche Sitte der Spinnstuben. In einem der üblichen Lieder klagen die Mädchen, dafs schlechtes Brennen der Leuchthölzer (Lutschínki) ihrer Versammlung ein Ende mache, ja dafs wohl gar der Wirth, aus Mifsgunst gegen die nächtlichen Gäste, die hülfreichen Fackeln befeuchtet habe; dann aber bekennt sich dazu eine listige Gefährtin, welche die einsamere Zusammenkunft mit dem Geliebten ungeduldig erwartet.

Das Verbum wetscheritj (3te Per. Pr. Plur. wetscherújut) von wétschor der Abend, analog dem Griechischen ἑσπεράω gebildet, gebrauchen sie mehr von ausschliefslich dem Vergnügen gewidmeten Abendversammlungen (Wetscherínki), welche im Laufe des Winters oftmals an die Stelle der Poſediénki treten. Es sind diese durchaus winterliche Blüthen des geselligen Lebens, und erst wenn die Kälte aufs Höchste gestiegen ist, erlangen sie ihre reichste Entwickelung in mannichfaltigen Wahrsagungs-spielen *) und Verkleidungen.

[September 26 bis 30.] Bei Gelegenheit des Festes der Kreutzeserhöhung (Krestowosdwijenie) am $\frac{26}{14}$ten September, besuchten wir das am Süd-ende der Stadt gelegne Frauenkloster der Mutter Gottes (Bojemáterskji Monastùir). Wiederum hatte man auch eine politische Bedeutung der religiösen Feier beigelegt, denn zwischen dem gewöhnlichen Rituale las man heute ein Gebet zur Erinnerung an das zwischen Russland, Preussen und Östreich im Jahre 1815 geschlossene Bündnifs.

---

*) Russisch: gadánji, von gadáju ich wahrsage; identisch mit dem Griechischen γοδάω welches Hesychius als dialektische Form für γόω (in dem Sinne von μαντεύω) bezeichnet. Wenn Slavische Rede oft unmafsgebliches Andenken an Griechische, selbst ohne Nachweisbarkeit gleichlautender Wurzeln, erweckte, so war man geneigt diesen Eindruck dem Umstande zuzuschreiben, dafs Griechen und Slaven oft übereinstimmen in der an sich willkürlichen Aneinanderreihung heterogener Gedankenbilder; denn die Ausdrücke für gleiche abstrakte Begriffe sieht man häufig in beiden Sprachen mit einerlei conkretem Gegenstande durch die Wortbildung in Verbindung gebracht. Es schien eine Verwandtschaft in dem Entwickelungs-Gange des Denkens. Ein neues Licht hat aber über diese Erscheinung Herr C. Oekonomides verbreitet, seitdem er in dem weniger gekannten Aeolischen Dialekte seiner Muttersprache mit dem Russischen innig verwandte Wurzeln selbst in den Fällen nachgewiesen hat wo man dergleichen ahndete aber vergebens suchte. Opuit o blijáischem ſródstwje jasuikà Slavjáno Rosjískago s'Grétscheskim. Presbíterom Constantínom Ekonómidom. W'Sanktpeterburgje 1828goda d. h. Versuch über die nahe Verwandtschaft der Slavischen Sprache mit der Griechischen.

VI. Abschnitt. 1828. September.

Auch uns gab man von den geweihten Brodten (antidóron) welche zu einem Kreuz gestaltet, durchaus unabhängig von der, stets unter beiderlei Formen vollzognen Communion, während der Messe der Gemeinde ertheilt werden. In zahlreichem Zuge waren die Nonnen zur Kirche gekommen. Eben wie die Russischen Mönche tragen sie schwarze wollene Gewänder welche der Ordensgeistlichkeit die volkthümlichen Namen tschernéz, ein Mönch, und tscherníza eine Nonne (von tschernui schwarz) verschafft haben. Mehrere der hiesigen Nonnen wohnen zusammen in einer geräumigen Zelle (Russisch: kel). Sie beschäftigen sich sehr fleifsig mit weiblichen Handarbeiten und namentlich mit Anfertigung der bunt gestickten Gewänder (rúisi) für die Weltgeistlichen. Im Allgemeinen sind jetzt Frauenklöster in Russland ungleich seltner als die der Mönche, deren Zahl einen häufigen Zuwachs durch weltliche Priester erhält welche ihre Frauen durch den Tod verlieren und dann entweder aus dem geistlichen Stande austreten oder zu einem Mönchsorden sich bekennen müssen. Man zählt jetzt im ganzen Reiche etwa 6000 Mönche und nur 1000 Nonnen. Das hiesige Kloster wurde vor 30 Jahren durch die Frau eines gemeinen Soldaten gegründet, die mit seltner Beharrlichkeit alle ihr entgegentretenden Schwierigkeiten zu überwinden wufste. Sie durchwanderte zu Fufs einen grofsen Theil des Reiches und erbat zu ihrem Unternehmen so reichliche Beiträge, dafs dadurch nicht nur die Kirche und das grofsartige Kloster erbaut, sondern auch durch Anschaffung kostbarer Reliquien ihnen eine höhere Bedeutung verliehen wurde. Als Äbtissin des neuen Klosters hatte die Gründerin, unter dem nun angenommenen Namen Taisia, sich durch Gastfreundschaft einen bedeutenden Ruf bei ihren weltlichen Nachbarn verschafft. Auch ihre jetzige Nachfolgerin schien bemüht diesen Ruf zu erhalten, während sie heute mit fliefsender Gesprächigkeit zu einem reichlichen Frühstücke in dem Sprachzimmer einlud. Noch jetzt ist es üblich, verwaiste Kinder schon in ihrem dritten Lebensjahre als Novizen aufzunehmen und dieser Gebrauch mag zu dem Vorwurfe veranlafst haben, dafs bei Russischen Frauenorden, anstatt des Gelübdes der Keuschheit, oftmals eigne Sorge für fernere Bevölkerung des Klosters gefunden werde.

Auffallend äufsert sich bei den Russen ein sehr reger Wunderglaube durch die erfolgreiche Ehrfurcht deren sogenannte Blajénnie oder Gesegnete (von blago der Segen) auch jetzt noch gewiss sind. Es sind völlig blödsinnige Individuen welche man mit diesem Namen bezeichnet und deren geistige Verfassung man stets gleich einer besondren Begabtheit und als ein gleichsam ungestörteres Vorwalten des Göttlichen verehrt. Wie der Kretinismus von dem Schweizer Volke als segenbringend betrachtet wird, so und ungleich mehr noch freut sich hier eine jede Gemeinde über den Besitz eines Blajénnui, denn jede seiner zufälligen Reden wird von Rathlosen als Ausspruch eines Inspirirten geehrt. Durch reichere Nachbarn wurden diese sonderbaren Propheten oft zu weiten Reisen veranlafst, und für ihre harmlosen Ausfagen aufs reichlichste belohnt. Vor Allem aber ist man in den Klöstern bemüht, dergleichen Blajénnie eine bleibende Zuflucht zu gewähren und somit auch den Lohn ihrer Verdienste dem Orden zuzuwenden. Sogar aus einer Karavane von Deportirten ist es kürzlich einer Frau gelungen durch Äufserung blödsinnigen Gleichmuthes zu entkommen. Man erliefs ihr die beschwerliche Wanderung und ein reiches und gefeiertes Leben begann nun für die neue Prophetin, bis eifersüchtige Priester sie eines Restes von Überlegung anschuldigten und dadurch die Vollziehung des Exiles dennoch veranlafsten.

Von Wirkungen des Gewerbfleisses welche noch auf neue Weise das Interesse für die Uralische Gegend erweckten, und an deren mannichfaltige Reichthümer erinnerten, sahen wir zunächst die für Rechnung des Staates betriebnen Steinschleifereien am Ufer des Iset. Mit Recht hat man behauptet, dafs die grofsartigen Säulen, Kapitäle und Vasen welche man hier aus den härtesten Gesteinen anfertigt, ähnliche antike Bildwerke an künstlerischer Vollendung bei weitem übertreffen. Wie sonst nur runde Oberflächen so werden hier alle Reliefs von mannichfach gestalteten Umrissen, als Henkel und feines Laubwerk an kolossalen Vasen oder Hohlkehlen der Säulen und Kapitäle, alle gleichmäfsig durch Meissel erzeugt welche um feste Axen rotiren. Es ist der Mechanismus der Drehbank welcher hier so sinnreich und unerwartet ausgedehnt wurde, dafs man die zu gestaltende Masse unbeweglich erhält, während der zu einer schleifenden Scheibe gestaltete Kopf des Meissels aller erforderten Orts- und Lagenveränderungen stets und augenblicklich fähig ist. Während nämlich bei der eigentlichen Drehbank die Axe des schneidenden Meissels auf unbeweglichen Unterlagen ruht, so befindet sie sich hier in einer hohlen und durch ein Scharnier zu öffnenden Kapsel von Kupferblech (A und B) *) welche von dem Arbeiter getragen und dem zu gestaltenden Stücke in beliebiger Weise genähert und angelegt werden kann. Wie gewöhnlich ist es ein Schnurlauf ohne Ende welcher von der Peripherie einer gedrehten Welle ausgehend, und nach Umschlingung der Axe des Meissels zu dem Ausgangspunkte zurückkehrend, dem schleifenden Werkzeuge die erforderte Drehung ertheilt. Hier aber ist, wegen veränderlicher Lage der zu drehenden Axe, eine ganz besondre technische Schwierigkeit entstanden und durch Russischen Kunstsinn höchst einfach überwunden worden: der Schnurlauf mußte sich nämlich selbstwillig verkürzen oder verlängern, je nach der stets wechselnden Entfernung der Hand des Arbeiters von der um eine feststehende Axe sich drehenden Hauptwelle der Maschine. Das sinnreiche Mittel zur Erreichung dieses Zweckes wird durch eine Zeichnung leicht verständigt. **) Die Rollen 1, 2 und 3 über deren jede die Schnur zweimal geführt ist, haben ihre unbeweglichen Axen in einem senkrechten hölzernen Gerüste das neben den jedesmaligen Arbeitsort gestellt wird und welches zugleich den festen Unterstützungspunkt (k) eines Winkelhebels (k l 4) enthält. Die Rolle 4, an dem einen Ende dieses Winkelhebels, wird durch das Gewicht (m), an dessen andrem Ende, stets an den nur einmal um sie geführten Schnurlauf gedrückt, und spannt diesen wie auch (innerhalb gewisser Gränzen) die Stellung der in der Hand des Arbeiters zu drehenden Axe (5) sich ändern möge. Der Verlauf der Schnur, von der durch ein Wasserrad gedrehten Welle bis zu dem Meissel (a a), und ihre Rückkehr zum Ausgangspunkte (g g) bedarf keiner weitern Andeutung. — Sinnreich sind noch einzelne Anordnungen an dem schleifenden Werkzeuge (Fig. 2): damit bei schiefer Richtung der Schnur gegen die Axe des Meissels dieselbe keine Reibung an den Rändern der Eintritts-

---

*) Man vergleiche die Figur 2.
**) Fig. 3.

und Austritts-öffnungen der Kapsel (c und d) erleide, sind diese mit dicht an einander gereihten messingnen Rollen ringsum besetzt, ebenso befindet sich auch auf der Axe des Meissels eine ganze Reihe von Rollen (e f), damit, von der einen abgleitend, die Zugschnur stets eine andre treffe. Aus der Zeichnung (B) ist ersichtlich, auf welche Weise der Meissel, nachdem man die Schnur um ihn geschlungen, in die aufgeklappte Fassung gelegt wird, wie eine Schraube (g) am untern Zapfenlager (h) die festere oder losere Stellung desselben erlaubt. Durch verschiedne Größe der Rollen (e f) wird die jedesmal erforderliche Umdrehungsgeschwindigkeit herbeigeführt. Ein auf dem konisch auslaufenden Vorderende der Kapsel aufgeschobener Ring (k) presst endlich beide Hälften derselben zusammen, und verbindet sie zu einem Ganzen. Den Kopf des Meissels bilden bald kupferne bald eiserne Scheiben auf welche man Schmirgel aufträgt, und deren Durchmesser zu verschiednen Zwecken von $\frac{1}{4}$ Linie bis zu 6 Linien geändert wird.

Eine große Menge von solchen Werkzeugen werden gleichzeitig, an verschiednen Stellen eines geräumigen Gebäudes, in den Händen der Arbeiter in Drehung versetzt. Die Schnüre für diese alle sind mit ein und demselben von dem Iset bewegten Wasserrade in Verbindung. — Dasselbe bewirkt auch die Bewegung der Metallscheiben welche, mit feststehenden Axen, zum ersten Zerschneiden der großen Steinblöcke dienen, sowie auch die Umdrehung welche man diesen Massen selbst, mittels hölzerner Unterlagen, während des Zerschneidens und des Abschleifens ebner Flächen ertheilt. Kupferbleche, ja bisweilen auch bleierne Drehscheiben, sind zur Bearbeitung der härtesten Steine unerläßlich, aber auch für minder harte wird Eisenblech nur wegen bei weitem geringeren Preises angewendet, denn in allen Fällen ist der schneidende Schmirgel um so wirksamer, je weicher das Metall auf welches man ihn aufträgt, und je begünstigter dadurch die gleichmäßige und innige Vertheilung des harten Pulvers. — Durch die sinnreiche Erfindung der frei beweglichen Schleifmeissel wird für die blühende Fabrikanstalt nicht nur ein bedeutender Zeitgewinn, und durch diesen eine jährliche Ersparung von 8000 Rubel Arbeitslohn bewirkt, sondern man ist auch erst nun zu früher unmöglich gehaltnen Leistungen fähig. Die Größe der zu gestaltenden Steinstücke fand eine Gränze in der Kraft des Arbeiters welcher denselben vor der feststehenden Drehbank beständige und sorgsame Bewegungen ertheilen mufste, und nur durch Verkittung getrennter Stücke liefsen sich damals Kunstwerke darstellen, welche die kolossalen Dimensionen der jetzt bearbeiteten Monolithen erreichten.

Unter dem Namen **zwiétnie kameni** oder farbiger Felsen (von **zwièt** die Farbe) begreift man allgemeiner die schönen kiesligen Gebirgsarten die man vorzugsweise zu kolossalen Skulpturwerken wählt. Wir sahen hier mannichfach gefärbten Jaspis, Agathe, Jaspis-Breccien und harte Porphyre. Diese quarzreichen Gesteine findet man nur in dem, zum Orenburg'schen Gouvernement gehörigen, südlichen Distrikte der Uralischen Gegend so reich und ausgezeichnet entwickelt, und zwar sieht man sie auch dort in immer mächtigeren Massen, immer selbständigere Bergzüge bilden, je weiter man östlich vom eigentlichen Uralrücken in das Kirgisische Land sich begiebt. — Sie zeigen sich erst da, wo anstatt des, am Ural so constanten, NNWlichen Streichens der Gebirgschichten, die fast rechtwinklich durchschneidende Richtung der Altaischen Gebirgsysteme wahrgenommen wird. Schon in 54°,5 bis 54°,7 Breite, in den Ilmenischen Bergen welche das rechte Ufer des Miasflusses begleiten (zwischen Miask und Troizk), bricht ein grün und roth gefleckter Jaspis mit stark gegen Osten abweichendem Streichen; aber ungleich mächtigere Massen dieses Gesteines gewinnt man bei der Orskischen Festung, 51°,5 Breite, und östlich von dieser in dem Lande der freien Kirgisen, wo der Gebirgszug Mamuisch Tau stets entschieden östliche Richtung zeigt. Herrn Schangins lehrreiche bergmännische Reise durch die Kirgisischen Lande hat ein völliges Licht über diese schönen kiesligen Bildungen verbreitet, welche mit gleichem Streichen am Tersekàn und Nura, den Zuflüssen des Ischìm (in der Breite von Orsk, 700 Werst östlich von diesem Orte) sich finden.*) Durch gleiche Erzanbrüche bewährt sich dort völlig die geognostische Verwandtschaft jener Berge mit den noch östlicher in gleicher Breite gelegnen Jaspis-reichen Bergen des eigent-

---

*) *S*ibirskji wjéstnik. 1820. Heft 2. u. f.

lichen Altai, deren Steinbrüche, an der Mündung des Korgonflusses, am Rewnjúcha (d. i. Rhabarber-berge), beim Riddersker Bergwerke, und zwischen den Tigerezker und Bjelorezker Bergen, theils eigne Schleifwerkstätten am rechten Ufer des Bjélajaflusses versorgen, theils auch für die reicher ausgestattete Jekatarinburger Fabrik die zu verarbeitenden Massen liefern. Es sind diese schönen Kieselformationen höchst charakteristische Produkte desjenigen geologischen Ereignisses welches die Koluiwanischen, Tigerezker und Bjelorezker Alpen erhob, und dessen Wirkungen, stets nach östlichen Längen-Richtungen sich äufsernd, schon dadurch genugsam von dem Uralischen Erhebungssysteme sich unterscheiden.

In dem Kirgisischen Flachlande erheben sich diese Jaspisreichen Gebirge über eine Ebne welche überall die Spuren sehr späten Bedecktseins von Meerwasser an sich trägt; den Boden bildet salzreicher Thon mit kiesligem Gerölle und auch an den häufigen Seen der Steppen sieht man deutliche Spuren einer spät erst verminderten Ausdehnung ihres Wassers. Ganz ähnliche Verhältnisse findet man schon am Ostrande des südlichen Ural, zwischen Miask und Troizk, und in dem Troizker und Tschelabinsker Kreisen des Orenburg'schen Gouvernements. Dort scheint ein Übergang vorhanden von dem Charakter des Uralischen Gebirges zu der Natur der von Norden her an den Altai gränzenden Ebnen. Auch dort hält man völlig ebne Flächen welche die häufigen Seebecken umgeben, für das ehemalige Bette einer ungleich ausgedehnteren Wassermasse. Eine noch sichtlich fortdauernde Erniedrigung des Niveaus hat man für viele dieser Seen vermuthet, aber mit Bestimmtheit nachgewiesen für einen grofsen und 50 Fufs tiefen See bei dem Dorfe Turdojàk, zwischen Slatoust und Miask 55°,1 Breite, dessen Abfluss früher zum Betrieb einer Mehlmühle benutzt wurde. Während der Jahre von 1795 bis 1812 hat man an dem mächtigen Wasserbecken eine unzweifelhafte Erniedrigung des Gesammt-Niveaus von 2,91 Engl. oder 2,74 Par. Fufs beobachtet, und hört sie oftmals in dortiger Gegend als Beweis einer stätig fortdauernden allgemeinen Austrocknung der Uralischen Seen erwähnen.*)

---

*) Je inniger die zum Theil trocken gelegten Süd-Uralischen Wasser-

Auch von den früher erwähnten Uralischen Edelsteinen (Seite 298) werden eine grofse Menge in der Kaiserlichen Schleifwerkstatt zu Jekatarinburg verarbeitet und man bewahrt hier eine sehr lehrreiche Sammlung von geschliffnen Probestücken dieser Fossilien. Amethyste, Topase, edle Smaragde und rothe Turmaline von seltenster Schönheit kennt man schon lange sowohl in den nördlich- als südlich-Uralischen Distrikten. Zirkone von ausgezeichneter Gröfse sind erst seit einigen Jahren südlich von Jekatarinburg bei Miask gefunden worden, aber die Gleichartigkeit des Gesteines welches sie dort umschliefst mit den nördlichen Lagerstätten der übrigen Edelsteine läfst auch für diese einen weiter ausgedehnteren Verbreitungsbezirk voraussehen. — Die mit auffallender Regelmäfsigkeit, stets in der Ebne östlich vom Ural, gefundnen Granitischen Formationen sind es welche durch das Vorkommen dieser begehrten Steine sich auszeichnen. Wie wir unerwartet, bei Werchoturie, Gadolinit in dieser reichhaltigen Gebirgsart antrafen, werden genauere Nachforschungen sicher noch manches seltne Fossil darin kennen lehren. Vorzugsweise bearbeitete Edelsteingruben sind aber an denjenigen Stellen dieses Lagers in Aufnahme wo eine Trennung der gewöhnlichen Bestandtheile des Granites in reinen Massen von kolossaler Gröfse mit seltnem Reichthum an begleitenden Edelsteinen verbunden sich zeigt. So sind die Verhältnisse bei Miask, 55°.0 Breite, so bei den Edelsteingruben längs des nordöstlich gerichteten Weges von Jekatarinburg nach Alapájewsk, und namentlich bei dem Dorfe Mursinsk (110 Werst NO. von Jekatarinburg). — An solchen Stellen ist der Feldspath weich und verwittert, und aus ihm fördert man, zugleich mit Topasen und Smaragden, völlig ausgebildete zugespitzte Säulen von Bergkrystall,

---

becken ebenso wie die nördlich von der Altai'schen Gebirgslinie gefundnen Seen der Kirgisen-Steppe mit dem Aral- und Kaspischen See genetisch verwandt scheinen — um so mehr hat man sich hier der wichtigen Untersuchungen zu erinnern, nach denen am Kaspischen See eine für stätig gehaltene Erniedrigung als nur zufällig und periodisch nachgewiesen wurde. Über die Veränderungen welche die Oberfläche des Kaspischen Meeres erlitten hat von E. Lenz. Abhandl. der Petersburger Akademie. 1831.

unter denen man einzelne bis zu der enormen Masse von 35 Pud Gewichtes gefunden hat. Diese riesigen Stücke besitzen gewöhnlich die grauliche Färbung des Rauchtopases, würden aber dennoch von hohem Werthe sein, wenn die neuerlich von der Anwendung des Quarzes zu optischen Werkzeugen gehofften Vortheile sich bestätigen.

Durch die rege Betriebsamkeit eines geschickten Chemikers, Herrn Helm zu Jekatarinburg, sind daselbst seit Kurzem auch zwei bisher vernachlässigte Produkte des südlichen Ural werthvoll geworden. Zwei Werst östlich von der Stadt sahen wir ein ansehnliches Gehöft zu doppeltem technischen Zwecke vorgerichtet, denn gleichzeitig wird dort aus Uralischem Chromeisen das als Farbestoff gesuchte chromsaure Blei bereitet, und aus der in den südlichen Ural-Distrikten häufig wachsenden Süfsholzwurzel (Glycirhiza echinata?) das offizinelle Extrakt bereitet.

Das Chromeisen wird in dem Slatouster Distrikte, bei dem Dorfe Polikowsk (20 Werst nördlich von Slatoust), gebrochen und findet sich an der Gränze einer zwischen Thonschiefer eingeschalteten keilförmigen Serpentinmasse. An der westlichen Gränze dieses Lagers, wo es der Thonschiefer mit östlichem Fallen abschneidet, werden Kupfererze gefördert, während das Chromeisen ein mächtiges Nest an der östlichen Scheidungslinie des Serpentines mit den dort gegen Westen geneigten Schieferschichten bildet. — In eisernen Pfannen wird hier das gepochte Erz mit Salpeter geschmolzen, und das durch Auslaugung der gebrannten Masse erhaltne chromsaure Kali mit salpetersaurem Bleie gefällt. Von nachbarlicher Hülfe entfernt, sieht man sich zu gröfserer Ausdehnung des technischen Betriebes genöthigt, denn auch die zur Bereitung des Bleisalzes erforderte Säure wird erst hier aus Salpeter gewonnen. Die Arbeiter hatten eine aufserordentliche Geschicklichkeit erlangt in den Handgriffen durch welche sie die Präzipitation des farbigen Salzes mehr oder weniger beschleunigen, und sie erhielten dadurch Produkte welche zwischen hellstem Schwefelgelb und sehr gesättigtem Rothe eine Menge von Farben-Abstufungen darstellen. —

So gestaltete sich immer mannichfaltiger das Bild der Erzeugnisse welche wir dieser reichen Gegend abgewinnen sahen, und anziehend war es nun auch über die Quantität der wichtigeren unter ihnen bestimmtere Begriffe zu erlangen. An Masse sowohl als auch an finanzieller Wichtigkeit übertrifft ohne Zweifel das **Uralische** Eisen alle übrigen metallischen Erzeugnisse der Gegend. Alljährlich bereitet man aus den Erzen die enorme Quantität von 7400000 Pud *) Eisen, und von dieser werden $\frac{4}{7}$ den Bewohnern des **Europäischen Russlands** zu Theil, während man $\frac{2}{7}$ gegen Osten in das **Russische Asien**, und $\frac{1}{7}$ in die südwestlich von hier liegenden Nachbar-reiche ausführt. Da man die gesammte Bevölkerung des **Russischen** Reiches nur zu 53 Millionen Menschen rechnet, so können es wohl, nach Hinzufügung der Bewohner der südlichen Gränzstaaten, schwerlich mehr als 70 Millionen Menschen sein welche jährlich die genannte Metallmasse verbrauchen, und man sieht mit Befremdung dafs in diesem Theile der Erde jedes Individuum jährlich wenigstens 4,1 Pfund Eisens bedarf. Zu einem Stücke vereinigt würde aber das Eisen welches jährlich vom **Ural** aus durch die erwähnten Gegenden sich verbreitet, eine Kugel von nur 47 Fufs Durchmesser bilden, und wenn man auch den Verbrauch an Erzen auf das Fünffache des erzeugten Eisens rechnet, so besteht doch die während 100 Jahren durch Menschenhände erfolgende Verkleinerung der Erzlager des **Ural** nur in einem kugelförmigen Stücke von 380 Fufs Durchmesser. Die Summe eines hundertjährigen Bedarfes erscheint von dieser Seite wiederum mit der gewohnten Kleinheit aller Menschenwerke, denn sie erreicht noch bei weitem nicht einmal den Umfang der isolirten Erzmasse des **Blagodat**, so wie sie bei **Kuschwa** über die umgebende Ebne hervorragt, und noch mehrerer Jahrhunderte wird es bedürfen ehe man nur an den jetzt eröffneten Erzbrüchen des **Ural** genöthigt wird mehr als die frei hervorragenden Theile anzugreifen. — Der Geldwerth dieser jährlichen Eisenproduktion darf nicht über 15000000 Rubel angeschlagen werden, denn wenn auch von den **Bucharen** das Pud Uralischen Eisens je nach seiner Güte mit 4,5 bis 8 Rubel bezahlt wird, **) so ist doch dafür im inlän-

---

*) 26,800,000 Berliner Pfund.
) Bei diesem **Bucharischen Handel so wie bei dem *Sibirischen* gebraucht man als Gewichtseinheit diejenigen Ballen, welche für die angewendeten Saumthiere eine halbe Ladung abgeben. Bei den

dischen Russischen Handel ein Preis von 1,5 bis 2 Rubel der übliche. — Die im Bucharischen Eisenhandel gebräuchliche Terminologie giebt das Beispiel einer nicht leicht zu errathenden Wortbildung, denn noch immer unterscheidet man in jenem Lande die bessern und die gewöhnlicheren Eisensorten durch die Ausdrücke Fedot temir und Kurban temir, von denen nur die zweite Hälfte (temir) der Gattungsname des Eisens ist. Das vorgesetzte Wort Fedot ist aber nichts weiter als der Vorname eines Hüttenaufsehers (Prikáschtschik) Fedot Achmatof, welcher nun schon seit Ende des 18ten Jahrhunderts verstorben ist, dereinst aber, für Rechnung der Kaufmannsfamilie Lugin von Tula, die Eisenwerke Slatoust, Miask und Kusinsk angelegt und dem dort bereiteten Eisen einen grofsen Ruf bei den Bucharen verschafft hatte. Nicht nur nach dem Tode des dazu veranlassenden Individuums hat der Name sich erhalten, sondern auch trotz bereits mehrmals erfolgter Veräufserung des Hüttenwerkes an andre Besitzer. Ebenso ist der Ausdruck Kurban temir von dem Namen eines reisenden Tataren entlehnt, welcher zuerst zu Troizk mit den am Ural aufgekauften metallischen Produkten handelte.

Der Masse nach ungleich geringer aber ebenfalls bedeutend durch ihren Werth ist die jährliche Ausfuhr an Kupfer welche von sämmtlichen Uralischen Werken 183000 Pud beträgt. Von den Bucharen wird die halbe Kamels-last Kupfer mit 18 bis 19 Bucharischen Dukaten d. h. ein Pud mit 36,2 bis 38,2 Rubel bezahlt, während im inländischen Handel eine gleiche Quantität Metalles, sogar wenn sie zu Blechen verarbeitet ist, nur 33 Rubel gilt, auf der Jekatarinburger Münze aber nur zu 30 Rubel ausgeprägt wird. Auffallend niedrig ist daher noch immer in Russland der dem Kupfer als Münze verliehene Nennwerth, um so mehr da nach sorgfältiger Schätzung die privaten Hütteneigner das Pud dieses Metalles für nicht weniger als 16 Rubel Unkosten darzustellen vermögen. — Früher (Seite 399) hatten wir die, ihrem

---

Bucharen ist namentlich eine halbe Kamels-ladung, oder 8 Russische Pude, die übliche Einheit, und eine solche Quantität Eisen wird mit 2¼ bis 4 Bucharischen Dukaten (von denen 72 gleich 100 Holländischen Dukaten oder gleich 1155 Rubel sind) bezahlt.

Werthe nach, sehr beträchtliche Ausbeute an Gold und Platina erfahren und diese hier hinzufügend sieht man die vom Ural jährlich ausgeführte Metallmasse zu einem Gewichte von nahe 7584000 Pud,
und zu einem Preise von 15,000,000 Rubel für Eisen,
5,490,000 - für Kupfer
und 15,000,000 - für Gold und Platina
d. h. zu einer Gesammtsumme von 35490000 Rubel sich erheben. Nicht unbeträchtlich wird sowohl die Masse als der Werth dieser Uralischen Produkte vermehrt durch die jährliche Ausbeute an Kochsalz welche zwischen Kungur und *Solikàmsk*, westlich vom Ural, die ungemein reichen Solwasser liefern, die man aus den tiefsten Schichten des Alpenkalkes (oben Seite 275) durch Bohrlöcher emporsteigen läfst.

In einem Küstenlande würden 361 Seeschiffe (zu 400 Tonnen) erforderlich sein um den jährlichen Transport dieser wichtigsten Uralischen Produkte zu leisten, und schon dadurch kann man auf die bedeutenden Kräfte schliefsen welche hier, zu gleichem Zwecke, einer ungleich beschwerlicheren Fluss-schifffahrt gewidmet werden.

* * *

Herrn von Eversmann verdanke ich die meisten der folgenden Mittheilungen über die in den Uralischen Bergwerksbetrieb so innig eingreifenden Schiffskaravanen, und die Schilderung einer derselben welche er von Slatoust aus (am Ursprunge des Ai-flusses in 55°,2 Breite) begleitete.

Die Transportschiffe (bárki) sind Fahrzeuge mit plattem Boden von 17 Sajen (119 Engl. Fufs) Länge, mit nahe parallelen, 11 Arschin (25,7 Engl. Fufs) von einander entfernten, Seitenwänden, an welche vorne und hinten ein stumpfwinkliches Dreieck als Zuspitzung sich anschliefst. Zwei Lotsenböte (Lózmanskie bárki), durch gerundeteren Bau zu leichterer Fortbewegung geschickt, begleiten die Karavane der Barken und führen die in dieser Schifffahrt erfahrene und durch Übung beherztere Mannschaft, welche bei den Schwierigkeiten der Gebirgswasser den Transportschiffen behülflich wird. Aufserdem ist jedes der platten Fahrzeuge mit einem kleinen Bote versehen, welches beim späteren Verlaufe der Reise, zum Voraufführen der Werpanker und zu ähnlichen Zwecken gebraucht wird.

Ein grofser Theil der Bevölkerung der Hüttenwerke ist während des Winters und im Anfange des Frühjahres mit dem Schiffbaue beschäftigt, und wiederum bewährt sich auffallend die vielseitige Geschicklichkeit des Russischen Volkes, denn nur Segeltuch und Taue kauft man auf Europäischen Märkten, während im Übrigen alle Fahrzeuge im Gebirge gebaut und ausgerüstet werden. —

Tannen werden (am südlichen Ural) zum Schiffbauholz ausschliefslich benutzt, und auch dort werden die krummen Wurzelstücke dieser Bäume zu den Knien der Barken eben so verwendet, wie zu Ochozk die Wurzelenden der Lärchen beim See-Schiffbaue. (Vergl. unten Abschnitt XV.) Die Lastschiffe müssen bereits ein Jahr vor der Abfahrt angefertigt werden, damit das Holz durch Austrocknung leichter und daher zum Tragen geschickter, zugleich aber, wie man bemerkt hat, das Schiff zum Lecken minder geneigt werde. Nicht so genau nimmt man es mit den Lots-schiffen und den kleinen Böten; man baut sie kurz vor der Abfahrt und zwar mit so seltner Schnelligkeit, dafs man zu Slatoust erst 5 Tage vor der Abreise begann die genannten Begleitungsfahrzeuge für eine Karavane von 12 Lastbarken zu zimmern, und doch noch Zeit fand sie zu thären und mit den nöthigen Rudern zu versehen.

Zu Slatoust ist der 20ste April zur Abreise festgesetzt. Es ist dann der Eisgang so eben erfolgt und der Fluss noch stark geschwollen durch den Schnee welcher die schon grünenden Thalsohlen verlassen hat und nur an den Bergabhängen noch in mächtigen Flecken sich zeigt. Eines der Lastfahrzeuge führt den Namen des Herrnschiffes (Kasénnoi bárk, von kasein der Herr oder Wirth) weil es während der Reise dem Hütteneigner oder dessen Stellvertreter zum Aufenthalte bestimmt ist. Durch eine bequemere Kajüte zeichnet es sich von den übrigen aus, es trägt aber auch eine Flagge über dem Vordertheile und ist zu Signalschüssen mit eisernen Kanonen versehen. Nach Russischer Sitte wird am Tage vor der Abreise auf dem Verdecke eine feierliche Messe gehalten, und alle einzelnen Theile des Schiffes empfangen den priesterlichen Segen (vergl. unten Abschnitt XVI und

XXII.) Von den platten Fahrzeugen führt bei der Abreise ein jedes 4000 Pud Eisen und erst in den vom Gebirge entfernten Gewässern erhöht man allmälig die Ladung bis zu 10000 Pud.

Man landet des Abends, und während der etwa 14stündigen ersten Tagereise erreichten 5 Barken die Anfahrt des *S*atkaer Hüttenwerkes (*S*atkinskji Prístan) welche man mit Rücksicht auf die häufigen Windungen des Flusses zu 200 Werst von Slatoust entfernt angiebt. *) Mehrere andre wurden verspätet durch kleine Unglücksfälle und Beschädigungen welche in diesem oberen Theile des Thales nur durch sehr geschickte Steuerung vermieden werden. In bestimmten Entfernungen längs des Ufers warteten reitende Boten auf die Befehle des Herrenschiffes. — Mit Schüssen begrüfste man den Wohnplatz eines vornehmen Baschkiren.

Aufser der Anschwellung des Stromes durch den Eisgang, vermehrt auch die Eröffnung sämmtlicher Grundschütze an dem grofsen Hüttenteiche von Slatoust sowohl die Wassermasse als ihre Geschwindigkeit. Die erste Schwierigkeit verursacht, gleich nach der Abfahrt, eine sehr schnelle Wendung des Ai am Fufse des Berges Kassotür, eine andre bei dem zweiten Hüttenwerke Ni*j*nei Slatoust, das heftige Gefälle des Fahrwassers welches, unter einer Brücke durch geöffnete Schleusen sich ergiefsend, aus dem dortigen Teiche hinausführt. Anfangs ist zu beiden Seiten des engen Thales das Gebirge mit Fichten, Birken, Espen und Erlen bestanden und bisweilen von ebnen und zur Heumath benutzten Stellen unterbrochen. — Unterhalb Kú*s*insk (35 Werst gradlinig von Slatoust) werden die Thalwände steiler und sind von dort an beständig aus nackten Kalkfelsen gebildet. — Höchst auffallend erinnern die uns geschilderten Strukturverhältnisse dieses Gesteines und der durch sie bedingte Charakter der Landschaft an die Erscheinungen des Lena-thales zwischen Irkuzk und Jakuzk (vergl. unten Abschnitt XII). Es ist ein bläulicher Kalkstein dessen Schichten mit sehr veränderlicher Steilheit gegen Osten fallen und zuweilen seiger aufgerichtet sind. Häufig sind Höhlen in den senkrecht und mauerartig begränzten Felswänden. Zwischen

---

*) Der obere Lauf des Ai scheint also eine Strömung von nahe 2 D. Meilen in der Stunde zu besitzen, doch sind dabei die unten erwähnten anschwellenden Umstände thätig.

drei vorspringenden Klippen (tri brátja d. i. die drei Brüder genannt) windet sich der Ai mit plötzlichen Biegungen nahe unterhalb Kusinsk. Allmälig werden die Schichten schwächer geneigt, in 40 Werst gradliniger Entfernung von Slatoust liegen sie völlig wagerecht und um so befremdender erscheint dadurch, noch oberhalb Satkinskji Pristan, nahe an der Mündung der von Süden fliessenden Satka, eine Stelle an der plötzlich wiederum völlig senkrechtes Einfallen bemerkt wird. Ausspringende Klippen beengen dort von neuem das Flussbett, und unter dem Namen Medwejji Lòb (d. i. die Bärenstirne) sind sie den Schiffern als ein gefährliches Hindernifs bekannt.

An der Satkaer Anfahrt gesellten sich zwei Lastschiffe von der Kusinsker Hütte zu den Slatouster Fahrzeugen, und gleichzeitig wurde die Ladung dieser letzteren auf das Doppelte (8000 und bei manchen auch 9000 Pud) erhöht aus den am Landungsplatze erbauten Eisenmagazinen, in denen man während des Winters die Produkte des vom Flussufer um 24 Werst entfernten Hüttenwerkes Satka niederlegt. — In dieser Region des Flusses werden auf den Barken für jede 2000 Pud der Ladung 11 Mann erfordert, um an jedem Ende des Fahrzeuges zwei mächtige Ruder zu regieren.

Bei Satkinskji Pristan haut man Mühlsteine aus einer dichten Quarzmasse welche dort (wahrscheinlich gangförmig) zwischen den Kalkfelsen sich findet. Dicht unterhalb dieses Landungsplatzes beginnt eine lothrechte Felswand am rechten Ufer, deren Fufs vom Wasser bespült wird. In ihr mündet die gröfste der am Ai sich zeigenden Höhlen. Gradlinige Richtung des Fluss-laufes macht diese Stelle gefahrlos, aber unter dem Namen máloi und bolschoi Pritèst *) fürchtet man mit Recht eine 10 Werst weiter abwärts gelegne Gegend des Thales. Nach einander zeigen sich dort am linken Ufer eine auf 100 Fufs und eine andre auf wenigstens das Doppelte dieser Höhe geschätzte Felswand, und 1200 Schritt weit werden durch schäumende Strömung die Barken stets hart an ihrem Fufse vorbeigeführt. — Die an ihnen ausgehenden Schich-

---

*) Die kleine und grofse Beengung, von tjésnui, eng, und pritjésnitj, beengen.

tungslinien liegen dem Wasser völlig parallel; senkrechte Queerspalten haben die Felsen an der gröfseren Wand in mächtige Säulen getheilt. an der kleineren aber in Quadern, welche täuschend an künstliches Gemäuer erinnern. Ein auswitternder Sinter färbt die Spaltungsklüfte mit dunklen Strichen.*) Höhlen-öffnungen zeigen sich häufig in den gröfseren Felsen, und Fichten erheben sich längs des senkrechten Gesteines von den kleinen Vorsprüngen einzelner Schichten und erleichtern die Schätzung der Höhe. —

Dann werden die Thalwände niedriger, aber zwei gefahrvolle Stellen erreichen die Schiffenden noch $1\frac{3}{4}$ und $2\frac{1}{4}$ Stunden nach der Abfahrt von *S*atkinskji Pristan. Unter der ersten springt vom rechten Ufer ein niedriger Kalkfelsen (Rasbóinik d. i. der Räuber genannt) 20 Fufs weit in das dort plötzlich sich wendende Flussbett. Kräftig arbeitet man um trotz der Strömung die Barken dem linken Ufer zu näheren, während die Lotsen mittels Senkbleis das sicherste Fahrwasser erforschen. An der andren Stelle aber liegt vom linken Ufer aus, eine scharfe Klippe gänzlich vom Wasser bedeckt, und nur durch die sorgfältigste Steuerung wird sie glücklich vermieden.

Um die Mitte der zweiten Tagereise, bei dem am linken Ufer des Ai gelegnen Dorfe Lekle, gewinnt die Landschaft ein durchaus verschiednes Ansehn, und gleichzeitig und eben so plötzlich ändern sich die Umstände der Schifffahrt. Die niedrigen und nun mit Dammerde bedeckten Thalwände treten zu beiden Seiten weit von dem Wasser zurück, eine ebne Steppengegend zwischen sich lassend. Der Strom erweitert sich auf das Fünffache seiner ursprünglichen Breite und anstatt der von Wasser bedeckten Klippen welche die frühere Fahrt gefährdeten, finden sich jetzt nur Untiefen. — Mehrere Barken fuhren sich fest, und auch die übrigen landeten, um jene am folgenden Tage wieder zu befreien.

Die Mannschaft vereinigte sich um einzelne Wachtfeuer in der fruchtbaren Uferebne und ringsum erschollen Gesänge und die Töne der Balaláika (oben Seite 204). Andre hauten Einschnitte

---

*) Auch diese kleine Eigenthümlichkeit wiederholt sich im Lena-thale genau unter ähnlichen Verhältnissen (Vergl. 1829).

in Birkenstämme und tranken begierig den darin schnell sich sammelnden Baumsaft.

Hier bei dem Austritte des Flusses in die Ebne bilden sich Untiefen und Inseln so häufig, dass das jährlich sich ändernde Fahrwasser erst durch jedesmalige Erfahrung bekannt wird. So erheblich sind die Hindernisse welche das flache und wechselnde Flussbette hier darbietet, dass an geregeltere Europäische Ströme gewöhnte Schiffer sie für unüberwindlich halten würden; wie aber die Russen mit ähnlichen Naturverhältnissen sinnig zu kämpfen wissen, lehrt unter andern die Geschichte ihrer frühesten Sibirischen Schifffahrt, bei welcher Jermak sogar durch queer über den Fluss gespannte Wände aus Segeln das Wasser der Serébrenka, eines Zuflusses der Tschusowája (Seite 360) staute um seine Fahrzeuge über Untiefen zu schaffen.

Unterhalb Lekle hat ein Theil des Stromes mit weitem Bogen sich rechts in die Steppe gewendet, bis er eine Kreisrunde Insel bildend, mit völlig widersinniger Richtung zu dem Hauptstrome zurückkehrt. Monáchin prórwa*) d. h. den Mönchs-Durchbruch, hat man diese Stelle benannt, weil einst daselbst, zur Bestätigung des volkthümlichen Vorurtheils, das erste Stranden einer Barke unter dem stets Unglückbringenden Beisein eines Mönches erfolgte.

Baschkirische Wohnplätze liegen häufig in der nun folgenden Ebne, und in ihrer Nähe sah man brennende Grasplätze. Nie wird in jenen Steppen gemäht; in ungeheurer Menge faulen im Winter die von den Heerden auf der Wurzel zertretnen Gräser und sie ersticken den Nachwuchs wenn man nicht Alles abbrennt, was die mächtige Frühjahrsonne getrocknet hat. Nicht selten erreichen diese Wiesenbrände die zu den Hüttenwerken gehörigen Waldungen, und verursachen ausgedehnte Verwüstungen.

Zu Lekle werden von jeder Barke 7 Mann nach Slatoust hin entlassen und eben so viele am folgenden Tage. An der Mündung des Ai in die Ufa kehren dann abermals 14 Mann von jedem Lastschiffe zurück, und die dort noch bleibenden Mannschaften von 22 Arbeitern geleiten die einzelnen Fahrzeuge der Karavane abwärts auf der Ufa bis zur Stadt gleiches Namens und der da-

---

*) Von pro-rwjátj, durch-reissen.

selbst gelegnen Mündung in die Bjélaja. Dort werden auch diese letzten der ursprünglichen Begleiter zu Lande in die Heimath entlassen. Man bemannt die Fahrzeuge mit gemietheten Wotjaken und von den zum Hüttenwerke gehörigen Personen bleibt nur noch der Stellvertreter des Eigners (Prikáschtschik) und mit ihm der geschickteste der Slatoustischen Lotsen auf dem Herrenschiffe zurück. Eben so gelangt man dann weiter, stets mit der Strömung, die Bjélaja völlig abwärts bis in die Kama, und von dort aus bis nach Laïschef, nahe der Mündung dieses Flusses in die Wolga. Laïschef ist von gleichmäfsiger Wichtigkeit für die gesammte Uralische Schifffahrt, denn nicht nur ist es der östlichste Wohnort von einiger Bedeutung, an welchem alle Wasserkaravanen vom nördlichen sowohl als vom südlichen Gebirge vorbei müssen, sondern es ereignet sich auch grade hier für jede einzelne derselben der wichtigste Abschnitt, und für die meisten auch eine gänzlich veränderte Anordnung der Reisemittel. Alle treten nämlich nun aus kleineren Strömen in die ungleich mächtigere Wolga, und aufserdem beginnt für die nach Nijnei Nowgorod und nach Petersburg bestimmte grofse Mehrheit der Barken eine nun zuerst stromaufwärts gerichtete Fahrt. Wie ein andrer Theil der Metall-führenden Schiffe, von der Kama-Mündung bei Laïschef, auf der Wolga abwärts fährt, wollen wir unten erwähnen.

Für die übrigen Hüttenwerke des südlichen Distriktes (oben Seite 294) sind es die Gebirgsflüsse Ufa (NO. vom Ai) und Jurusan und Bjélaja (SW. von demselben) welche die Schiffenden zur Kama führen. Für den nördlichen Distrikt aber sind es die Suilwa (oben Seite 275) und die vor allen andren wegen schroff felsiger Ufer und steiler Krümmungen berüchtigte Tschusowája.

Zu Laïschef hat ein jeder Uralische Hüttenbesitzer ein eignes Vorrathshaus zur Ausrüstung der von ihm abgesandten Fahrzeuge; denn nun erst werden, zum Gebrauche bei der Bergfahrt, die Barken mit Masten und Segeln und mit einem Geländer um das Verdeck versehen. Während sie auf der Ufa durch Waldgegend fahren, pflegen die Slatoustischen Mannschaften die Maste für ihre Barken zu fällen und zu behauen. — Voraufgeschickte Hüttenbeamten haben schon vorher neue Arbeiter für die Wolgafahrt, oft 200 Werst im Umkreise von Laïschef, gedungen; 30 Mann werden für jede einzelne Barke bei der ferneren Reise erfordert, und mit dem Transport der oben genannten Massen ist daher auch von hier aus noch eine Volksmenge von 20000 Menschen alljährlich beschäftigt.

Nichts weifs man von Leinpfaden oder ihnen ähnlichen Hülfsmitteln an der Wolga, sondern durch eine Winde am Vordertheile der Fahrzeuge ziehen sich die Schiffenden stromaufwärts zu Werp-ankern von denen abwechselnd je einer durch ein Ruderboot voraufgeführt wird. Nur auf den Stróganow'schen Salzschiffen von Solikamsk wird die Winde auf dem Schiffe durch Pferde gedreht, aber auf allen übrigen bedient man sich auch zu diesem Zwecke der sehr wohlfeilen Kraft unter Arbeit erhärteter Menschen.

Die gleichzeitig mit dem Eisgange vom Ural auslaufenden Karawanen erreichen Nijnei Nowgorod zur Jahrmarktszeit (oben Seite 215) d. h. nach nahe 100 Tagen. Durch das Beispiel einzelner ist ferner hinlänglich erwiesen, dafs sie von dort aus auch bis nach Petersburg im Laufe desselben Herbstes gelangen können, obgleich mifsbrauchsweise viele der Barken zu Wúischnji Wolotschòk (oben Seite 147) überwintern.

Es ist schwer die Länge der gesammten Stromlinie zu ermitteln, vermöge welcher es gelingt so bedeutende Lasten von der Wasserscheide zwischen dem Eismeere und dem Kaspischen See, über den andren Wassertheilenden Höhenzug bei Wúischnji Wolotschòk hinweg, bis in die Ostsee zu befördern. — Wollte man annehmen dafs auf den besten Russischen Landkarten von 10 zu 10 Werst ein richtig bestimmter Punkt des Flusslaufes sich befinde, und dann willkürlich zwischen diesen Punkten ein gradliniges Fahrwasser voraussetzen, so ergäbe sich für die Länge

des Ai — von Slatoust bis Ufa............. 420 Werst
der Ufa, Bjélaja und Kama — von Ufa bis Laïschef 580 -
der Wolga — von Laïschef bis N. Nowgorod . . 360 -
der Wolga — von N. Nowgorod bis Twer . . . . . 700 -
der Twerza und Schlina — von Twer bis Wúischnji Wolotschòk.................. 130 -

des Msta und Wolchow — von Wúischnji Wolotschòk bis zum Ladoga ....,...... 480 Werst
vom Ladoga bis Petersburg ...., 130 -
oder von Slatoust bis Petersburg 2800 Werst.

Aber nun lehrt die Erfahrung wie stark, unter Voraussetzung einer aus so langen gradlinigen Elementen zusammengesetzten Krümmung, das Mafs der Stromlinie gegen das in der Natur stattfindende zurückbleibt, denn anstatt der oben angedeuteten Länge von 420 Werst zwischen Slatoust und Ufa geben die erfahrensten Lotsen und Schiffsreisenden dafür 1000 Werst an, und dieselben auch rechnen den Wasserweg von Ufa bis N. Nowgorod zu 2000 Werst, während doch die Voraussetzung 10 Werst langer Gradlinigkeit denselben nur zu 940 Werst ergiebt. Mehreres Vertrauen verschafft der anfangs befremdenden Schifferangabe die Bemerkung, dafs nach ihnen der Einfluss der Krümmungen für das obere gebirgige und steil felsige Bette der Flüsse, einer 2,4fachen Längenvermehrung gleich kommt, während sie denselben in den Flözlanden nur einer 2,1fachen Verlängerung *) entsprechend finden, denn in der That sieht man ein, dafs in dem Gebirge, wo der noch geringen Wassermenge des Flusses ringsum eine harte Felsmasse sich entgegensetzte, jede leichte Ungleichheit der Neigung des vorgefundnen Bodens, jede kleine Hervorragung desselben eine Seitenausweichung des nach unten strebenden Wassers bewirken und scharfwinklichere Windungen herbeiführen mufste, als in der einförmiger gestalteten und mit weicheren Massen bedeckten Ebne, wo Ausweichungen nur veranlafst wurden durch Sand und Geröllc welche der Strom selbst herbeiführte, und die aus ihm sich zu Bänken niederschlagen. Dafs der Unterschied beider Verhältnisse nicht noch stärker in dem Resultate sich ausspricht, dürfte sich durch die ungemeine Häufigkeit der Sandinseln erklä-

---

*) d. h. gegen die mit Sicherheit zu kleine Annahme 10 Werst langer Polygonseiten. Um jenen Verlängerungen zu entsprechen, ist anzunehmen dafs von den auf 10 Werst gradlinig vorausgesetzten Stücken die genauer betrachteten kleineren Theile unter Winkeln von 65°,4 im Gebirge, und unter 61°,6 im Flachlande abweichen, oder dafs je zwei dieser kleineren Stücke unter sich, im Gebirge Winkel von 49°,2, im Flachlande aber von 56°,8 einschliefsen.

ren welche in der Wolga und unteren Kama durch alljährliches weites Austreten aus ihren, nur von einer Seite füglich umwallten, Betten entstehen. Kaum glaube ich daher dafs man den Wegesangaben der Ural-schiffer zu mifstrauen habe, und dafs nicht wirklich für die Stromlinie von Slatoust bis Petersburg eine gesammte Länge von 5000 Werst der Wahrheit ungleich näher komme als die oben angedeutete von 2800, welche ihrer Natur nach Nichts andres ist als ein Gränzwerth äufserster Kleinheit. — Die Schiffer legen übrigens ihren Messungen die Erfahrung zum Grunde, dafs von der Bjélaja unterhalb Ufa ein Boot ohne Rudern 6,5 Werst weit in der Stunde bewegt wird, während es in der Kama unter denselben Umständen 4,0 Werst, und in der Wolga, stromabwärts zwischen Nijnei Nowgorod und Kasan, 4,3 Werst in der Stunde zurücklegt.

Eine Strecke von mehr als 700 Deutschen Meilen ist es also über welche, zu höchster Begünstigung des Handelsverkehres, ein schiffbarer Wasserstreifen ausgebreitet ist, und zwar ganz ohne menschliches Dazuthun, denn bei Wúischnji Wolotschòk wo man die einzige künstliche Verbesserung des Flusslaufes auf diesem ganzen Wege antrifft, wurde nur ein schon vorgezeichnetes Bette erweitert und durch Schleusen die spärliche Wassermenge desselben gespannt. Aber auch nur das an langwierige Beschwerden gewöhnte Russische Volk konnte wohl so unmittelbar dieses merkwürdige Naturverhältnifs nutzbar finden, denn wenn man schon einerseits zwar schnell aber nicht ohne angestrengte Aufmerksamkeit mit den schwer beladnen Schiffen vom Ural bis Laïschef eine Höhe hinabsteigt welche für den niedrigsten der verschiednen Ausgangspunkte nicht unter 820 Par. Fuſs beträgt, *) so ist es andrerseits eine noch ungleich zurückschreckendere Vorstellung dafs man auf dem folgenden Wege von Laïschef bis Wúischnji Wolotschòk einen 550 Fuſs hohen Wasserberg zu ersteigen und zu diesem Zwecke während mindestens 1500 Werst gegen heftige Strömung anzukämpfen habe. Auch der letzte Theil

---

*) Laïschef liegt 80 Par. Fuſs über dem Niveau des Meeres und kaum hat eines der West-Uralischen Hüttenwerke unter 900 P. Fuſs Meereshöhe. Der Ai bei Slatoust liegt sogar 1290 P. Fuſs über dem Meere oder 1210 Fuſs über Laïschef.

der Reise, das endliche Absteigen zur Ostsee durch die Wasserfälle des Msta, erfolgt wiederum zwar äufserst schnell aber nicht ohne erhebliche Gefahren welche man nur mit Hülfe dort einheimischer und erfahrener Lootsen vermeidet.

Schon oben (Seite 148) haben wir erwähnt, daſs nur die Beschaffenheit des letzten Theils dieses merkwürdigen Wasserweges ihn der Hälfte seiner Nutzbarkeit beraubt, denn nur durch die Wasserfälle unterhalb Brónizui wird eine vollständige Rückfahrt von der Ostsee bis zum Kaspischen See oder zum Ural unmöglich gemacht. Die Uralischen Barken werden sämmtlich in Petersburg zerschlagen, verkauft und zu Brennholz verwendet. Der Verlust an jährlicher Arbeit ist bedeutend, aber der jährliche Holzbedarf der Uralischen Eisenhütten wird durch diesen Umstand kaum um $\frac{1}{30}$ vermehrt. *)

Während der gröfsere Theil der Wasserkaravanen zur Versorgung des Europäischen Mutterlandes, von Laïschef aus, die beschwerliche Bergfahrt beginnt, befördern andre das Eisen bis Taganrog wo es den Türkischen Handel belebt. Sie begeben sich von Laïschef stromabwärts auf der Wolga, bis nahe bei Zarízuin (48°,6 Breite) wo dieser Strom dem westlicher flieſsenden Don bis auf 9 D. Meilen sich nähert. Dort benutzen die Russen das Terrainverhältniſs eines Wolok auf die alterthümlichste, diesem Namen gemäſse Art (oben Seite 147), denn die Fahrzeuge werden in einzelne Stücke zerlegt und diese, zugleich mit der Ladung, auf Wagen über die trennende Landstrecke zwischen beiden Flüssen geschleppt (wolótschutsja). Bedeutende Kosten dieses Landtransportes und die Wiederherstellung der Fahr-

---

*) Zu einem der Uralischen Lastschiffe werden nämlich 6000 Engl. Kubikfufs, oder zu 600 derselben 10500 Kubiksajen Holz verbraucht, während nach den Angaben der Uralischen Hüttenleute 1 Kubiksajen Kohle oder 3,33 Kubiksajen Holz zur Ausschmelzung von 100 Pud Eisen, und also zur Ausschmelzung der obengenannten Gesammtmasse Uralischen Eisens 260000 Kubiksajen Holz gehören. Nach Hinzufügung des starken Bedarfes an Röstholz und an Kohlen zur Frischarbeit wird also dieser Theil des Verbrauches bei den Hohöfen sehr reichlich zu dem 30fachen des erst erwähnten gesteigert.

zeuge sollen zu **Taganrog** den Preis eines Pudes Eisen um 17 Rubel erhöht haben.

Das Niveau des **Don** muss das der nächstgelegnen Stelle der **Wolga** bei **Zarízuin**, um mehr als 220 P. F. überragen d. h. um mehr noch als nach vielfältigen barometrischen Messungen der Spiegel des **Schwarzen Meeres über den des Kaspischen Sees** erhaben ist, dem von der Überladungsstelle bis zu ihrer Mündung hat die **Wolga** ein kaum merkliches Gefälle, während der **Don** auch von dort mit ungleich lebhafterem Strome dem Meere zueilt. Den Schiffern ist dieser Höhenunterschied nicht aufgefallen, doch ist auch begreiflich daſs auf eine Entfernung von 9 Meilen selbst ein 300 Fuſs starkes Ansteigen dem Gesichte sich verbergen könne. Aber bei Ausführung einer schon oftmals beabsichtigten Kanalverbindung würde eine groſse Anzahl von Schleusen erforderlich sein, und durch mannichfaltige Schwierigkeiten die interessante Erscheinung der Niveaudifferenz höchst merklich hervortreten. In der Nähe von **Zarízuin** erregen bisweilen Stürme mächtige Wellen auf dem breiten Spiegel der **Wolga**, und für die platten Lastschiffe werden diese noch jetzt eben so verderblich wie sie es im 16ten Jahrhundert schon weiter oberhalb bei **Kasan** für unvollkommnere Fahrzeuge gewesen sind. (Vergl. oben Seite 243.) Trotz des Aufenthaltes beim Landtransporte gelangen die Karavanen in 50 Tagen von **Laïschef** nach **Taganrok**. Ein Schiffsführer begleitet auch diese vom **Ural** an bis zu dem Orte der Bestimmung, aber die arbeitende Mannschaft wählt man unter den Bewohnern des **Nijnei Nowgoroder** Gouvernements, welche zu dergleichen Beschäftigung vor allen andren geneigt, alljährlich nach **Laïschef** wandern.*) Durch diese Reisen verbreitet sich auf Autopsie gegründete Kunde von den Ufern des **Schwarzen Meeres** bis zum **Ural**, und in Folge davon sind bei den **Uralischen** Hüttenleuten die **Türken** als rechtdenkende Männer (blagoródnie ljudi d. h.

---

*) Die Schwierigkeiten der Wolga-schifffahrt sind erheblich genug, um den Anwohnern des Stromes auch für die Seeschifffahrt eine angemessne Vorübung zu bieten; denn unter den Russischen Matrosen sind die im Nijneier Gouvernement gebornen als die gewandtesten in dem Kampfe mit Wellen und Stürmen bekannt.

eigentlich **wohlgeborne** Leute) bekannt, während bei denselben die im **Pontus** ansässigen **Griechen** eines weit bedingteren Rufes geniefsen.

* * *

Ehe wir den Bericht über die Fortsetung unsrer Reise gegen Osten beginnen, erinnern wir uns noch einzelner Erfahrungen über die Bewohner der Umgegend von **Jekatarinburg**.

Züge von Deportirten, wie wir sie schon auf dem bisherigen Wege oftmals gesehen hatten, sind in den Strafsen der Stadt eine sehr gewöhnliche Erscheinung und man giebt an dafs im Durchschnitt jährlich 5000, also wöchentlich etwa **96 Mann**, hindurchgeführt werden. Auch hier sahen wir die Weiber in diesen Zügen auf Wagen transportiren; die Männer folgten paarweise und während ihres Aufenthaltes in der Stadt trugen sie häufig Ketten an den Füfsen. Obgleich die hier Einheimischen an diesen Anblick durchaus gewöhnt sind, so bezeugen sie doch den Gefangenen stets hülfreiche Theilnahme und oft sahen wir wie sie einzelne derselben zu ihren Hausthüren heranriefen, um ihnen freiwillige Almosen zu ertheilen. Als militairische Begleiter ritten neben den Zügen dieser Verbannten einige sogenannte **Uralische Kosacken** und eine gröfsere Anzahl von **Baschkirischer** Landwehr (**Drujína** der Russen). Die **Uralischen Kosacken** sind stets vollständig uniformirt und gut beritten und bewaffnet. Man behauptet dafs ihre direkte Abstammung von den Eroberern des Landes, den Begleitern **Jermak's**, sich nachweisen lasse, und dafs auch wegen dieses Ursprunges ihnen bis jetzt noch dieselben Rechte verblieben seien deren die Kosacken der Umgegend des **Don** geniefsen. Sie selbst sowohl als ihre Familien und Nachkommen sind abgabenfrei, dafür aber auch von ihrer Jugend an mit Bestimmtheit zum unmittelbaren Staatsdienst verpflichtet. Einzelne Dörfer in der gegen Osten an den südlichen **Ural** angränzenden Ebne sind diesen militairischen Familien als erbliches Besitzthum angewiesen. Die **Baschkirischen** Truppen aber unterscheiden sich auf das bestimmteste von jenen **Russischen** Kriegern durch ihre auffallende Gesichts- und Körperbildung sowohl, als durch die beständig beibehaltene nationelle Kleidung. Auch hier tragen sie nach ursprünglicher Landessitte einen spitzen und breitkrempigen Hut aus weifsem Filze und einen eng anschliefsenden Rock von weissem und an den Kanten mit rother Verbrämung geziertem Tuche. Sie sind mit einer Pike und einem Säbel bewaffnet, aufserdem aber führen sie noch immer mit aufserordentlicher Geschicklichkeit die von jeher bei ihnen üblichen Bogen.

Seit der Anwesenheit der Russen haben die Baschkiren den Bezirk ihrer Wohnplätze niemals nördlich von Jekatarinburg erstreckt. Zwischen der Breite dieses Ortes aber und der von Slatoust bilden sie noch jetzt den überwiegenden Theil der Bevölkerung. Südlich von diesem Punkte, zwischen Slatoust und Troizk, leben sie gemischt mit den Stämmen der Tipteren, Metscherjaken und Tschuwaschen. Auch auf der erstgenannten vorzugsweise von Baschkiren eingenommenen Strecke halten sie sich immer in einiger Entfernung vom Gebirge gegen Osten. Auf der Höhe trifft man sie nur längs des bequemeren Passes welcher bei Slatoust über den Ural nach Europa führt, übrigens aber scheinen sie die Nähe der Berg- und Hütten-werke zu meiden. *) Wenn man daher von Slatoust oder Miask nach Jekatarinburg reist, so führt die kürzeste und hart am Gebirge entlang gehende Strafse nur durch Russische und einige Tatarische Wohnplätze, wendet man sich hingegen gleich anfangs gegen Osten vom Gebirge, über die Kreisstadt Tschelábi, so wird man zu den jedesmaligen Hauptniederlassungen der Baschkiren geleitet. Man unterscheidet auf diesem Raume drei von den Russen sogenannte Baschkirische Kantone, deren jedem ein von dem Volke gewählter Häuptling vorsteht welcher sein Hoflager an gewechselten Plätzen in der Mitte der Seinigen hält und jetzt gewöhnlich einen Rath von Russischer Abkunft sich beizugesellen sucht, um von ihm bei den Beziehungen zu den Russen unterstützt zu werden. Es sind Abenteurer aus dem niedrigen Volke welche diese diplomatischen Posten bei den Baschkirischen Häuptlingen sich zu verschaffen

---

*) Westlich von der Südhälfte des Ural leben die Baschkiren noch jetzt bis zum Meridiane von Ufa. Die höher gelegnen Gegenden haben sie auch dort an die Russische Regierung verkauft, sobald Erzspuren in ihnen gefunden wurden.

wissen. Den angestammten Befehlshabern ist derjenige gerichtliche Wirkungskreis verblieben welcher in nationellen Russischen Provinzen dem sogenannten Wólostnoi ispráwnik oder Bezirks-vorsteher (von wólost ein kleiner Landesbezirk) *) zusteht. Die direkten Abhängigkeitsverhältnisse zur oberen Reichsregierung unterhält aber auch hier ein Russischer Beamter der, wie gewöhnlich, den Namen sémskoi ispráwnik d. h. etwa Landrath oder auch Kapitän ispráwnik führt. Diese Russischen Beamten pflegen zur Führung ihrer Geschäfte gleichzeitig mit den Baschkiren zu nomadisiren, und daher im Sommer ihre Kanzelei in einem der Zelte des jedesmaligen Hauptlagers zu halten.

Bei keinem andren Stamme Sibirischer Urvölker zeigt sich so bestimmt wie bei den Baschkiren des Permischen und Orenburgischen Gouvernements das interessante Phänomen jährlich wiederkehrenden Wechsels von nomadischer und an die Scholle gebundner Lebensart, denn jede einzelne Abtheilung des Stammes bewohnt während des Winters ein aus festen Holzhütten bestehendes Dorf, welches sie stets an dem Rande einer Waldung anzulegen suchen. Sobald aber das Frühjahr beginnt ziehen sie mit ihren Pferden und Schafheerden von dort weit hinaus in die grasreichen Ebnen. Eine jede Familie besitzt ihr eignes aus Haarfilz (wóilok) bereitetes Zelt, welches zusammengerollt und bequem an den Sattel eines Reitpferdes gehängt werden kann. Auch im Sommer vereinzeln sie sich selten sondern ziehen vor in gröfseren Gesellschaften zu nomadisiren, und ihre beweglichen Wohnungen lagerweise neben einander aufzuschlagen. Das Vieh zerstreut sich dann ringsum bis auf weite Entfernungen und wird nur zum jedesmaligen Gebrauche zu den Zelten herbeigetrieben. Der Besitz der Pferde ist den Baschkiren durchaus unerläfslich, sie scheinen unzertrennlich vom Sattel. Unermüdet und äufserst gewandt bei allen Arbeiten die sich zu Pferde verrichten lassen, zeigen sich die Männer faul und ungeschickt bei jeglichem andren Geschäfte. Auf den sommerlichen Weideplätzen sieht man das Gras bis zu

---

*) Wólost verwandt mit wlast, die Herrschaft und wladjètj, herrschen nicht zu verwechseln mit Wolok von wolótschitj, schleppen. (Siehe oben Seite 147.)

dem Bauche der Pferde reichen, und jeder Russische Reisende wundert sich, dafs es den Baschkiren niemals eingefallen ist, Heu für den Winter zu bereiten; vielmehr mufs das Vieh während der harten Jahreszeit mit dem kümmerlichen Grase sich begnügen welches es in der Nähe der Dörfer unter dem dort minder hohen Schnee hervorscharrt, auch soll man es alsdann auf den faulenden Düngerhaufen die zufälligen Überbleibsel der sommerlichen Nahrung aufsuchen sehen. Im Sommer besteht das Geschäft der Männer fast ausschliefslich darin, die zu melkenden Stuten täglich von den Grasplätzen in das Lager zu treiben, die Melkung aber sowie die Mehrheit der übrigen Ernährungs- und Wirthschafts-geschäfte bleiben den Weibern überlassen. Frühzeitig werden die Fohlen von den Mutterpferden getrennt, in der Nähe der Zelte angebunden, und nur dort, nicht aber während des Weidens der Mütter, wird ihnen zu saugen erlaubt. Die Milch wird in einem ledernen Schlauche mit engem Halse aufgefangen, in das Zelt gestellt und nach eingeleiteter Gährung wird daraus die vorzüglichste und beliebteste Nahrung der Baschkiren bereitet. — Auch die Russen welche einmal Gelegenheit gehabt haben mit den Baschkirischen Sitten näher bekannt zu werden, rühmen von der gesäuerten Pferdemilch nicht nur den Wohlschmack sondern auch eine aufserordentlicher Heilsamkeit. Die in der Nähe der Kantone Ansässigen haben sich oftmals so sehr an dieses Getränk gewöhnt dafs sie es nicht mehr entbehren können, ja es geschieht häufig dafs sieche Personen zur Heilung sich zu den Baschkiren begeben und mit bestem Erfolge einen Sommer hindurch mit ihnen nomadisiren. Namentlich hat diese Kur gegen Schwindsucht und inveterirte Hautkrankheiten sich auch hier ebenso wirksam bewiesen wie es bei den Kirgisen schon früher von Sievers bemerkt worden ist. *) Von den Kirgisen haben wir später erfahren, dafs sie aufserdem den häufigen Gebrauch des fetten Schaf-fleisches der Gesundheit besonders zuträglich erachten (Vergl. unten Abschnitt VII) und sollte diese Bemerkung gegründet sein, so würde sie zum Theil auch zur Erklärung des erwünschten Gesundheitszustandes dienen der bei den Baschkiren auffällt, denn auch

---

*) Vergl. Pallas Nord. Beiträge, 3ter Band.

VI. Abschnitt. 1828. September.

hier ist das Schaf-fleisch in beständiger Anwendung. Ein Kessel mit klein geschnittnen Stücken desselben hangt in den Sommerzelten beständig über dem Feuer, und jedem Gaste wird daraus das beliebte Bischbarmak oder Fünffingergericht vorgesetzt.

Auch des Fischfangs sind die Baschkiren nicht ganz unkundig; die jedoch nicht bedeutende Ausbeute desselben wird neben den Zelten an der Luft getrocknet und für den Winter aufbewahrt.

Äufserst geschickt sind sie in der Abrichtung der zur Jagd anzuwendenden Falken von denen eine kleinere Art vorzüglich zum Hasenfang dienen, während die gröfseren (Falco Chrysaëtes) von ihnen Berkúti genannten, auf Füchse ja sogar auf Wölfe hinabstofsen und sie tödten. Aber nicht allein zu unmittelbarer eigner Anwendung dient den Baschkiren die in der Abrichtung dieser Vögel erlangte Geschicklichkeit, sondern sie liefert ihnen auch einen sehr erheblichen Gegenstand des Handels, denn die Kirgisen welche weit mehr noch dieser Art von Jagd ergeben sind, kaufen begierig die abgerichteten Stofsvögel von den Anwohnern des Gebirges. — Ein abgerichteter Falke soll jetzt im Durchschnitt einen Werth von 50 Rubeln besitzen.

Als eines wichtigen vegetabilischen Nahrungsmittels der Baschkiren haben wir schon oben (Seite 307) der Traubenkirschen oder Früchte von prunus padus erwähnt und es dürfte nicht unnütz sein jetzt noch einmal zu der dort geäufserten Ansicht zurückzukehren, dafs die bei Herodot vorkommende Beschreibung eines durchaus ähnlichen Gebrauches bei den sogenannten Argippaern bedeutend beitrage um die Identität dieses Stammes mit den jetzigen Baschkiren zu erweisen. In der oben angeführten Stelle sagt Herodot noch ferner von dem in Rede stehenden Fruchtsafte: er werde in der Sprache des Volkes $\mathring{\alpha}\sigma\chi\upsilon$ (Aschui) genannt, und wirklich ist es ein durchaus ähnlich lautendes, von den Russen Atschui geschriebenes, Wort welches noch heute bei den Baschkiren sowohl eine jede Säure als auch im Besondren den sauren Fruchtsaft bezeichnet den sie der Milch hinzumischen. *)

---

*) Bei den Kasanischen Tataren heifst das Saure: Azui اجّی eine Wortform welche noch auffallender an das Lateinische: aci-

Die Traubenkirsche selbst aber benennen sie mit der (wahrscheinlich damit verwandten) Wortform: tschia. Interessant ist es zu sehen wie der, man möchte sagen, Asiatische Consonant tsch schon der Griechischen Schreibart unerreichbar war. Sie suchten ihn durch die weichere Nachbildung sch zu ersetzen, blieben aber dabei von den gehörten Lauten ebenso entfernt wie etwa jetzt Französische Schriftsteller von dem Ausdrucke Russischer Namen. — Dürfte es im Allgemeinen dreist erscheinen, mehr als 2000jähriges Bestehen eines so besondren Gebrauches bei einem Volksstamme vorauszusetzen, so wäre es doch hier wohl eine noch dreistere Willkürlichkeit wenn man das Vorkommen gleicher Wortformen für gleiche Begriffe, einer Wirkung des Zufalls beimessen wollte, vielmehr wird man veranlaßt nun auch noch die bei Herodot befindliche anderweitige Schilderung mit den Erfahrungen über die Baschkiren zu vergleichen.

Nachdem von den Bewohnern der nördlich vom schwarzen Meere gelegnen Ebnen geredet worden ist, heißt es (Herodot. lib. IV capt. 23): „es folgt darauf (gegen Osten) eine stei„nige und unebne Gegend, und wenn man eine weite „Strecke durch diese gewandert ist, findet man Men„schen welche auf hohen Gebirgen wohnen, und von de„nen man sagt daß Alle, sowohl Männer als Weiber, von „Geburt an kahlköpfig ($\varphi\alpha\lambda\alpha\varkappa\varrho o\iota$) sind, und mit aufgestuz„ten Nasen ($\sigma\iota\mu o\iota$) und stark hervorspringenden Kinnen „($\mu\varepsilon\gamma\alpha\lambda\alpha$ $\gamma\varepsilon\nu\varepsilon\iota\alpha$); sie haben eine eigenthümliche Sprache, „bedienen sich aber Skythischer Kleidungen." Sowohl die Lage der Baschkirischen Wohnplätze, als die Gesichtsbildung dieses Volksstammes werden in diesen Zeilen so gelungen geschildert wie man es nur immer von einer nur auf Tradition beruhenden Notiz erwarten darf. Die Sage von der angebornen Kahlköpfigkeit des Volkes läßt sich freilich nicht rechtfertigen ohne anzunehmen daß auch in diesem Falle eine jener kleinen Übertrei-

---

dum und das Griechische $\delta\xi\upsilon$ erinnert. Es ist daher wohl zu bemerken, daß die Slavische Sprache eine durchaus eigne Wurzel für denselben Begriff besitzt, denn kisloe, kislotà bezeichnen das Saure und die Säure.

bungen oder Verwechselungen statt gefunden habe, von denen die einem Reisenden auf Erkundigung zu Theil gewordnen Nachrichten so selten ganz frei bleiben. Noch jetzt wird von allen Turkomanischen und von sehr vielen Mongolischen Bewohnern Nord-Asiens die Sitte der Kahlscheerung des Kopfes, sowie die einer gänzlichen Epilation des übrigen Körpers, aufs strengste beobachtet; namentlich werden wir unten (Abschnitt IX) von den Tatarischen Nachbarn der Baschkiren des frühen Alters in welchem diese Enthaarung geschieht, zu erwähnen haben. Dafs durch die Wahrnehmung einer ähnlichen Sitte vorübergehende Augenzeugen zu der Behauptung einer angebornen Haarlosigkeit veranlafst werden konnten scheint mir nicht unglaublich, und würde immer nur ein schwaches Gegenstück zu derjenigen Verwechselung abgeben welche die Russen noch in neuerer Zeit einem der Landessprache unkundigen Reisenden nach erzählen. An kühlen Herbsttagen ist es sehr gewöhnlich dafs die nur mit einem weiten Hemde bekleideten Russischen Bauer-Knaben ihre Arme über die Brust gekreuzt völlig verbergen. Die leer hinab hangenden Ärmel des Gewandes gewähren jedem Ungewohnten einen sehr auffallenden Anblick, sollen aber dem etwas schnell urtheilenden Fremden zu der Behauptung veranlafst haben, dafs die Russischen Kinder ohne Arme geboren werden. — Ein ganz besonderes Gewicht aber verdient noch die Bemerkung dafs sogar der Eigenname Baschkir mit gröfster Wahrscheinlichkeit durch geschorner Kopf zu übersetzen ist. Bei den Europäischen Ethnographen ist eine Etymologie dieses Namens üblich geworden welche sowohl in grammatischer als in logischer Beziehung höchst paradox erscheint. Dafs die erste Sylbe des Namens das Tatarische: basch باش der Kopf bedeute, ist niemals bezweifelt worden, von der zweiten Sylbe aber glaubte man dafs sie aus Kurt قُرْت entstanden sei, und wollte sie daher durch eine Biene übersetzen. Dagegen aber ist zu bemerken, dafs das allein stehende Kurt keineswegs eine Biene bedeutet, sondern Nichts weiter ist als die allgemeinste Bezeichnung eines Insektes oder Wurmes (synonym mit dem Russischen: tschèrw) so dafs j'ephjak kurt يغاك قُرْت von jephjak die Seide, den Seidenwurm, kurt zuigaz قُرْتْ جِغاج eine Made (eigentlich ein lineärer Wurm von جِبِيغاج Zuigaz ein dünner Strich) und kurtlanamen قُرْتَلَاحَامِن ich werde wurmstichig oder madig bezeichnet. Eine Biene aber heißt nie anders als Bal kurt بَالْ قُرْت der Honigwurm von Bal بَالْ der Honig. So würde also im günstigsten Falle selbst das veränderte Baschkurt anstatt Baschkir durchaus Nichts weiter als einen Wurmkopf, keineswegs aber einen Bienenkopf bezeichnen, zu geschweigen dafs auch diese letztere Benennung für einen der Bienenzucht beflifsnen Mann immer noch durchaus auffallend gewählt wäre. Es ist daher zu verwundern dafs man, soviel mir bewufst, bisher nicht auf die folgende ungleich wahrscheinlichere Deutung der in Rede stehenden Sylbe gekommen ist. Es bezeichnet nämlich dieselbe, durchaus rein und unverändert, den Begriff des Scheerens, so dafs die Verbalform kuirgamen قُرْغامِن ich scheere (bei welcher bekanntlich das amen nur das mit der Flexionssylbe zugleich angehängte Pronomen men ich, ist) dieselbe mit der passivischen Participialendung: Kuirkmuisch قُرْقمِشْ aber geschoren bedeutet. So wird der Eigenname Baschkiri (oder, wie die Russen ihn gewöhnlicher schreiben, Baschkuirzj) durchaus ungezwungener Weise synonym mit Kopfscheerern, und es ist zu bemerken dafs auch Herodot das Beiwort φαλακροι d. i. Kahlköpfige im Verfolge seines Berichtes von diesen Anwohnern des Urals als wirklichen Eigennamen gebraucht (capt. 24 init., und capt. 25 init.) und daher wechselsweise und mit gleichem Gewichte bald dieses Ausdruckes bald des unten zu erwähnenden ἀργιππαιοι sich bedient.

Dafs ferner, wie Herodot behauptet, die Turkomannische Sprache, deren die Baschkiren sich jetzt eben so wie früher bedienen, schon damals von der Rede der Bewohner des südlichen Europäischen Russland (der Herodotischen Skythen) verschieden war, ist nach anderweitigen hierüber vorhandenen Andeutungen keineswegs befremdend;*) ebenso wenig wie die Gleich-

---

*) Bei den Herodotischen Worten: Φωνην ιδιην ιεντες dürfte

heit der Kleidertracht bei beiden, übrigens getrennten, Stämmen. In Bezug auf letzteren Umstand wissen wir daſs noch im 16ten Jahrhundert die Tracht der Russischen Reiter in vielen Einzelnheiten mit der Baschkirischen und Kirgisischen übereinstimmte. Bei Herberstein sind Zeichnungen dieser Kleidungen aufbehalten, und man sieht dort namentlich die Stiefeln mit nach oben gebognen Vordertheilen der Sohlen und hohen Hacken, welche jetzt als Eigenthümlichkeit jener Tatarischen Stämme bekannt sind. Das Sattelzeug der Pferde war bei den alten Russen, völlig mit dem jetzigen Baschkirischen übereinstimmend, unter andren auch stets mit den daran befestigten ledernen Vorrathsschlänchen versehen. Auch von den Hemdartigen Unterkleidern der damaligen Russen sagt Herberstein, daſs sie mit den Tatarischen übereingekommen und von den Europäischen verschieden gewesen seien, und zwar namentlich durch die farbige Stickerei an dem oberen Rande derselben, welche jetzt bei den Russen nicht mehr üblich ist, bei den Baschkiren aber noch ebenso wie wir es von den Mordwi und Tscheremissen (oben Seite 201 und 224) erwähnten; sodann aber auch dadurch daſs der Schlitz dieser Kleidungen stets an der Seite und nicht auf der Brust sich befunden habe. Diese Tracht sei anfangs bei Russen und Tatarischen Stämmen durchaus gleichmäſsig gewesen, als aber bei ihnen das Christenthum eingeführt wurde, haben die Russen sich zu unterscheiden gesucht, indem sie stets den Schlitz auf der rechten Seite trugen während er bei den Tataren auf der linken sich finde. *)

---

vielleicht das ἱεραὶ φωνήν eine Sprache gleichsam hervorstoſsend von sich geben, eine prägnante Andeutung des auch jetzt noch als höchst auffallend geschilderten Redetones bei den Baschkiren enthalten. — Eine sehr charakteristische Darstellung dieses Umstandes haben die Russen gefunden, indem sie angeben daſs bei den Baschkiren jeder Satz wie eine Frage laute, und daſs man bei ihnen dieselbe scharfe Accentuation der letzten Worte bemerke, welche in Europa für eine Eigenheit der Jüdischen Rede bekannt sei. Wir werden übrigens derselben noch bei mehreren andren Nord-Asiatischen Stämmen zu erwähnen haben.

*) Noch diesen Augenblick hält das Russische Volk auffallend angelegentlich darauf, daſs der Schlitz derjenigen Hemden welche sie Kosoworótki (d. i. schiefgeschlitzte, oder schiefkragige,

Eingeführt durch die Worte: „sie nähren sich von Bäumen" folgt sodann bei Herodot die oben (Seite 307) erwähnte Beschreibung des aus Milch und Kirschsaft bereiteten Atschui, und der von den Trebern gekneteten Kuchen, *) und als erklärend für die häufige Anwendung dieses vielleicht auffallenden Nahrungs-

---

ko*s*oi, schief und worota, die Öffnung, worotuik der Kragen) nennen, stets an der rechten Schulter sich befinde, und vielleicht auch erinnert an diese Meinung der sprüchwörtliche Ausdruck für jede widersinnige Erscheinung es sei: schiworét na wuiworot d. i. der Halsschlitz auf der verkehrten Seite.

*) Die oben nicht mit erwähnten ersten Worte dieser Beschreibung: „$Ποντικον\ μεν\ ονομα\ τῳ\ δενδρεῳ\ απο\ του\ ζωσι$" können keinen andren Sinn geben als: „der Baum von dem sie leben wird der Pontische genannt" und erklären sich völlig genügend wenn man sich erinnert dafs die Griechen, und namentlich Herodot, mit dem Namen Pontisch alle Gegenstände bezeichneten, die sie nördlich von den Gränzen ihres Vaterlandes in der Umgegend des schwarzen Meeres kennen lernten. Dieses kann mit Prunus padus sehr wohl der Fall gewesen sein. — Herodot erhielt die ganze Beschreibung welche er uns mittheilt, durch Skythen und Griechen welche in den Pontischen Marktörtern sich versammelten (vergl. lib. IV capt. 24) und von diesen war es sehr natürlich dafs sie dem Fragenden den in Rede stehenden Baum grade da wo sie eben sich befanden, gezeigt haben. Dasselbe Beiwort führte aus demselben Grunde die Frucht der Haselstaude (Corylus avellana), welche nux Pontica genannt wird. Es ist ein merkwürdiger Mifsgriff der philologischen Comentatoren des Herodot dafs sie sämmtlich bei Betrachtung der vorliegenden eben so merkwürdigen als lichtvollen Stelle, nur auf diese durchaus nicht zur Hauptsache gehörige Benennung: Pontischer Baum einigen Werth legten, und dafs alle nacheinander behaupten: es sei hier von Haselnüssen die Rede. Woher bei diesen die Steinkerne ($πυρηνα$) woher der schwarze, dickflüssige Saft, und die Trebern ($τρυγες$) welche mit gepressten Feigen verglichen werden, schienen Fragen welche die Ausleger Nichts angingen. Mit exquisiterer Gelehrsamkeit, aber sicher mit eben so geringem Glücke, verfuhr Larcher, indem er die ganze Erzählung auf die Zirbelnüsse (Frucht von pinus Cembra) deutete. Obgleich man niemals das *S*ibirische Cederöl (kedrówoe má*s*lo) mit Milch gemischt angewendet hat, so wäre doch dieses an und für sich nicht gänzlich ungedenkbar, aber die von Herodot so deutlich geschilderten Eigenschaften einer Steinfrucht mit weichem Fleische, mussten auch von diesem Einfall jeden nur einigermafsen unbefangnen Beurtheiler sogleich zurückschrecken.

mittels, die wiederum auch für die jetzigen Baschkiren äufserst treffende Bemerkung: „denn sie besitzen nicht viel Vieh, weil es bei ihnen keine durch künstlichen Fleifs bestellte Wiesen (σπουδαιαι νομαι) giebt." — Grade so wie jetzt die Russischen Nachbarn der Baschkiren so scheinen schon damals die der Heubereitung kundigen Skythen über die Nachlässigkeit der Anwohner des Ural sich gewundert, und durch ihre Mittheilung zu dem ὀυ γαρ τι σπουδαιαι νομαι des Herodot veranlasst zu haben. (Vergl. oben Seite 416.) Die darauf folgende Beschreibung der Zelte aus Filz (ἐκ πιλου στεγνου λευκου aus weifsem gewalktem Filze) ist wiederum, in der wesentlichen Hauptsache, völlig dem jetzigen Zustande entsprechend; einige abweichend befundene Nebenumstände kann man entweder einer kleinen Veränderung der Sitte zuschreiben, oder auch hier wiederum annehmen dafs der fleifsig sammelnde Ethnograph die ihm von Augenzeugen gemachte Schilderung mit etwas zu kategorischer Bestimmtheit aufgefasst habe. Noch jetzt kann man nämlich von den Baschkiren mit völligem Rechte behaupten dafs sie ihre Wohnungen, im Winter sowohl als im Sommer, unter Bäumen aufzuschlagen lieben, dafs sie Filzzelte anwenden, im Sommer aber oft auch ohne Zeltbedeckung im Walde zubringen, denn wirklich ist letzteres bei den beständigen und weit ausgedehnten Ritten der Einzelnen sehr gewöhnlich. Einzeln reisende Männer führen einen Schlauch mit gesäuerter Milch als einziges Gepäck mit sich, und hier, ebenso wie überall in Sibirien, wird bei solchen Gelegenheiten die Nachtruhe gern in einem Walde ohne jede künstliche Bedachung gehalten. Man hat also nur die, auch historisch nachweisbare, Annahme nöthig dafs Holzhütten für den Winter bei den Baschkiren erst seitdem sie, durch den Verkehr mit Russen, sich vollkommnere Holzäxte verschafft haben, in Aufnahme gekommen sind, um auch den auf die Wohnungen bezüglichen Theil der Herodotischen Beschreibung mit der Wahrheit in nahe Übereinstimmung zu bringen, denn es heifst dort: „ein Jeder lebt unter einem Baume, und zwar im Winter nachdem er denselben mit Filz bedeckt hat, im Sommer aber ohne Filz." Irrthümlich bleibt nur die Aussage dafs der Baum selbst mit Filz bedeckt werde, während es doch nur die neben den Bäumen befindlichen konisch zusammengestellten Zeltstangen sind und gewesen sein können. Die sodann erwähnten Züge eines sehr friedliebenden Benehmens, einer ausgezeichneten Rechtlichkeit, und einer ihnen deshalb von Seiten der Nachbarstämme zu Theil gewordnen Hochachtung, passen auch auf die jetzigen Baschkiren sehr vollkommen. Es heifst sie haben keine Kriegswaffen besessen, und dieses ist durchaus wahr, denn kein kriegerischer Stamm begnügt sich, wie dieser, mit Bogen. Eine durch ihre angestammten Oberen verwaltete Gerichtspflege haben die Russen bei ihnen vorgefunden, und sehr glaublich ist es daher dafs ehemals die minder gebildeten Nachbarn in Streitfällen an die Baschkiren-Häuptlinge sich freiwillig gewendet haben.

Es bleiben endlich noch die auf den Namen der alten Anwohner des Ural bezüglichen Worte „man nennt sie Argippäer." Kein Zweifel dafs auch hier der Ausdruck einer merkwürdigen lokalen Eigenthümlichkeit von den Griechen zu einem Eigennamen gestempelt wurde, und dafs Argippäer die Weifspferdigen bedeutet. Auch bei andren nord-Asiatischen Stämmen hat man, noch in späteren Zeiten, Beispiele von Eigennamen welche auf die jedesmal vorherrschende Farbe ihrer Lastthiere sich beziehen; so ist namentlich, zur Zeit der Eroberung von Sibirien, von einem Tataren-Stamme unter dem Namen der pégaja Orda d. h. scheckigen Horde viel die Rede. Bei den Tataro-Mongolischen Stämmen des östlichen Sibiriens ist nun noch jetzt das Vorherrschen durchaus weifser Pferde, für den von Westen Kommenden, eine höchst auffallende Erscheinung; wir werden derselben unten (Abschnitt XII und XIV) zum Theil schon bei den Buräten, sodann aber auf das Ausgezeichnetste bei den Jakuten zu erwähnen haben, endlich aber auch die seit Kurzem erfolgte Verbreitung der weifsen Pferde-Race durch Kamtschatka kennen lernen. (Abschnitt XVII.) Bei den Pferden der westlicher wohnenden Ur-Stämme aber herrscht jetzt nur gleichsam eine auffallende Hinneigung zur weifsen Farbe. So ist es namentlich bei den Baschkiren und Kirgisen, bei welchen man sehr häufig gewisse weifsliche Pferde, mit höchst verwaschener, und zu kleinen runden Flecken gestalteter, Beimischung dunkler Farben findet, welche von den Bucharen begierig aufgekauft und unter dem besondren Namen **Argamáki** von ihnen nach **Indien** zum Verkauf geführt werden. *) Ebenso sollen auch bei den **Tscherkessen** alle Farben der Pferde so sehr ins Weiſse spielen, daſs auch dort dem Reisenden die Abweichung von der, im **Europäischen Russland** vorherrschenden, Kastanienbraunen Haarfarbe sehr auffallend erscheint. Betrachtet man diese Erscheinung so wie sie in ihrem dermaligen natürlichen Zusammenhange, von dem **Ural** an bis nach **Kamtschatka** sich darbietet, so entsteht höchst unwillkürlich die Idee daſs die weiſse Haarfarbe der Pferde dereinst allgemeiner noch in **Nord-Asien** vorgeherrscht, seitdem aber, durch successiv von Westen gegen Osten fortschreitende Veränderungen, in den westlicheren Distrikten allmählig seltner geworden sei. Sie hat sich rein erhalten bei den **Jakuten**, und es ist nachweisbar daſs dorthin niemals **Europäisch-Russische** Pferde gedrungen sind. Diese **Jakutische** Race sowohl als die erst seit wenigen Jahrzehnten nach **Kamtschatka** eingeführte Abzweigung derselben dürften wohl auch in der Zukunft am längsten die erwähnte Eigenthümlichkeit behaupten, während dieselbe bei den westlicheren **Tatarischen** Stämmen schon jetzt nur noch als eine, mit fremdartigen Einflüssen kämpfende, Hinneigung geahndet wird und wohl dereinst gänzlich verlöschen möchte. Ebenso waren manche andre, eines reziproken Zusammenhanges mit Volkssitten fähige, Naturverhältnisse ehemals über den ganzen Norden des alten Continents verbreitet, während man sie jetzt nur in der östlichen Hälfte desselben findet. So namentlich als Zugvieh brauchbare Hunde, welche im 11ten Jahrhundert, wo die **Nowgoroder** die ersten Züge bis zum nördlichen **Ural** unternahmen, noch durch den ganzen Landstrich zwischen **Dwina** und **Petschora** vorhanden waren, und auch später, zu **Marco Paolos** Zeiten, noch wenigstens im **Werchoturie**'schen Distrikte gefunden wurden.

Sogar die durch künstlichere Genüsse verwöhnten **Russen** verkennen niemals den hohen Werth, welchen eine sorgenfreie und friedliche Muſse und die durchaus mühelose Befriedigung aller näheren Bedürfnisse dem Leben in den **Baschkirischen** Sommerlagern verleiht. Kennt man nun noch den eigenthümlichen

---

*) Pallas Zoogr. Ross. I. 239.

Reiz welchen Reiter-Wanderungen durch anmuthige Landschaften im Allgemeinen besitzen, so ist es nicht zu verwundern dafs die Baschkiren selbst, bei ihrem jährlichen Einzuge in die festen Winterwohnungen, von einem tiefen Grauen befallen, und dadurch zu einer sehr eigenthümlichen religiösen Ceremonie veranlafst worden. Sie halten dafür dafs der Schaitan oder böse Geist in den beengenden Holzhütten ihrer Dörfer sich einniste, und daraus vertrieben werden müsse. Bei der Wiederkehr zu den Winterwohnungen verweilen daher die berittnen Männer in einiger Entfernung von der Ortschaft, während die Weiber, zu Fufs und mit Stangen bewaffnet, voraufgehen, und unter lauten Beschwörungen nacheinander an die Thüre jedes einzelnen Hauses anschlagen. Erst wenn sie mit diesen lärmenden Exorcismen bis an das letzte Haus gelangt sind, kommen auch die Männer im gestrecktesten Laufe der Pferde herangesprengt, und unter neuem Geschrei glauben sie nun erst das böse Prinzip aus seinem letzten Hinterhalte bis in die angränzende Waldung vertrieben zu haben.

Neben diesem, den Baschkiren durchaus eigenthümlichen, Gebrauche findet sich mancher andre Beweis dafs eine selbständige intellektuelle Ausbildung bereits vor Einführung Mahomedanischen Glaubens bei ihnen erfolgte. Jetzt sind ihre wesentlicheren religiösen Gebräuche durch die Vorschriften des Koran bedingt. Ihre Priester führen den, auch bei den Kasanischen Tataren üblichen, Namen Mulla, und diese begleiten jede einzelne der nomadisch vereinzelten Gesellschaften, und leiten die Gebete welche in der Nähe des Sommerlagers, auf einem umhegten aber unbedachten Platze, mehrmals im Tage wiederholt werden. Aber als abweichend von der allgemeineren Mahomedanischen Sitte erwähnt man die Art ihrer Begräbnisse, denn nicht auf gemeinschaftlichen Todtenäckern sondern an vereinzelten und von den Sterbenden selbst gewählten Plätzen bestatten sie die Leichen. Aus einem senkrechten Schachte führt eine seitwärts gerichtete Querstrecke zu einer Weitung, in welcher der Körper in sitzender Stellung, auf einem aus Steinen gefügten Sessel, ruht.

Unter den eigenthümlichen Kunstfertigkeiten der Baschkiren nennt man die Anwendung einer 1,5 bis 2 Fufs langen, an beiden Seiten offnen, Flöte mit vier Löchern, welche in dem dem Munde zunächst gelegnen Dritttheile des Rohres sich befinden. Sie nennen dieses Instrument **tschebùitsch** oder **Kúrai-tàn** *) Die, senkrecht auf die Axe desselben stehende, Hauptöffnung stemmen sie gegen die, nur wenig von einander entfernten, Zahnreihen, und während die Luftschwingungen in dem Flötenrohre die Melodie erzeugen, begleitet der Spielende dieselbe mit einem in der Kehle gebildeten Grundtone. Obgleich eine bedeutende Menge Luft hierzu erforderlich ist, wissen sie die Töne während mehr als einer halben Minute auszuhalten, enden aber dann mit einem niefsenden Laute, indem sie den letzten Theil des durch die Nasenöffnung Eingeathmeten durch dieselbe auch gewaltsam ausstofsen. Nur wenige Individuen erlangen diese eigenthümliche Fertigkeit, und die Kunst eines geübten Flötenspielers wird oft nacheinander in mehreren Lagern in Anspruch genommen. Herberstein berichtet dafs ehemals ein ähnlich angewendetes Blaseinstrument auch bei den Russen, unter dem Namen Tschúrna, üblich war. Diese Benennung ist jetzt weder in Russland bekannt, noch auch in der Slavischen Sprache begründet, und dürfte vielleicht an das Turkomanische Kúrai erinnern. **)

Mit dem Mahomedanischen Glauben haben die Baschkiren, ebenso wie die Kasanischen Tataren, den Gebrauch Arabischer Schriftzeichen empfangen, und dieser sollen sie jetzt, sowohl zu religiösen Zwecken, als auch bisweilen zur Aufzeichnung ihrer geschichtlichen Gesänge, sich bedienen. So ist leider auch dort nicht auf einen Aufschluss über die alten und wahrscheinlich höchst ausgebildeten Schriften zu hoffen, welche die Russischen Eroberer Sibiriens in den Felsen des Puischmathales eingegraben fanden, und die von Strahlenberg sorgsam abgebildet wurden. ***) Die Bemerkung einer völligen Übereinstimmung

---

*) Das erste Wort ist verwandt mit **Tschubúk**, dem auch zu den Russen übergegangnen Turkomanischen Namen für das hohle Rohr der Tabackspfeife; Kúrai aber ist auch bei den Kasanischen Tataren die Benennung eines musikalischen Blaseinstruments.

**) Comment. rér. Moscovit. Basil 1571. pag. 54 c.

***) Strahlenberg Nord und Östlicher Theil von Europa und Asien Seite 306, und Sibírskji Wiéstnik. 1820. Heft. 2.

einzelner Theile jener Steinschrift, mit einer andren unter ähnlicher Umgebung in Amerika am Flusse Taunton (11 D. Meilen südl. von Boston) entdeckten, *) verleiht ihr eine seltne Wichtigkeit, um so mehr da die Charaktere an den Felsen der Puischma ungleich künstlicher gebildet sind als die am Nordabhange des Altai, am Flusse Tscharuisch, und im Krasnojarsker Gouvernement bei Abakansk (54°,2 Breite) und an den Thalwänden des Jenisei gefundnen. **) Während die Züge dieser letzteren sehr auffallend denjenigen, meist gradlinigen stets aber einfachen, Kerbchifren sich nähern, welche bei den Wotjaken und Ostjaken (wie die Siegel in Europa) innerhalb der einzelnen Familien als Wahrzeichen sich vererbten, (unten Abschnitt VIII), so zeigen die Charaktere des Puischmathales ungleich verschlungenere Formen, und, in dieser äufseren technischen Beziehung, scheinen sie sogar noch bei weitem künstlicher als die Mongolischen Alphabete.

[September 30 bis 31.] Sowohl zu Jekatarinburg selbst, als während der Fahrt längs des Ural, war die Anzahl unsrer magnetischen Beobachtungen auf eine höchst wünschenswerthe Weise vermehrt worden, und dem Fortschritte gegen Osten stand Nichts mehr im Wege. — Unsre Reisegesellschaft wurde nun wieder auf die ursprüngliche Zahl beschränkt, denn auch von dem in Kasan beigesellten Begleiter (Seite 246 und 284) trennten wir uns schon jetzt, weil bei ihm der letzte und etwas beschwerliche Theil der Uralfahrt, eine durch viele frühere Reisen entstandne Krankheit des Rückenmarkes erneuert hatte. Die harten und unablässigen Erschütterungen welche Russische Postillione erleiden, während ihre durchaus unelastischen Tileguen mit ungemeiner Schnelligkeit über unebne Brückenwege (Mostowie) befördert werden, sollen ihnen, oft schon nach wenigen Jahren, neben einer völligen geistigen Abstumpfung, auch die erwähnten schmerzhaften Zufälle zuziehen, und mit Recht wird daher für diese Art von Wegen der Name der rückenbrechenden (spinulomájuschtschie) vom Volke oftmals angewendet.

---

*) Philosoph. Transactions. 1714.
**) G. Spasski. De antiquis quibusdam sculpturis et inscriptionibus in Sibiria repertis. Petropoli 1822.

VI. Abschnitt. 1828. October.

Während man in dem Kaufhofe von Jekatarinburg zur Auswahl wärmender Fufsbekleidungen für den Winter uns veranlafste, rühmte man unter anderen ein wirksames Schutzmittel dessen die hiesigen Landleute bei strenger Kälte sich bedienen, indem sie die innere Fläche ihrer Stiefel mit gepulvertem kaustischen Kalke bedecken, um durch heftigen Hautreiz den Wirkungen des Wärmemangels zu entgegnen.

[October 1.] Wir verliefsen Jekatarinburg um 3 Uhr Nachmittags, und fuhren bei regnigem Wetter 74 Werst weit bis zur Poststation Bjelaískaja. Die Landstrafse nach Tobolsk läuft südlich von den, oben (Seite 393) erwähnten, Schartaschseen vorbei, indessen war, in 6 Werst Entfernung von der Stadt, eine Fortsetzung des an jenen Seen anstehenden Granitlagers sichtbar, hier ebenso wie dort bei völliger Ebenheit des Bodens. Die Landschaft ist waldlos, und in der Nähe der Dörfer gut angebaut. Auch am Abend gewahrte man manche Dorfhäuser schon in bedeutender Ferne, durch den hellen Schein der hier allgemein üblichen Kienfackeln (Lutschínki). Das enge Zimmer des Postaufsehers (smotrítel) zu Bjelaískaja hatte man durch Vorhänge in einzelne Räume getheilt, damit der Fufsboden desselben, neben der zahlreichen Familie des Besitzers, auch den Reisenden ein ungestörteres Nachtlager gewährte.

[October 2.] Wir fuhren heute 122 Werst weit, von Bjelaískaja bis Sugàt. Nur auf dem ersten Theile dieses Weges war man etwa berechtigt unter der oberflächlichen Torfschicht anstehendes Gestein zu vermuthen. Reine Birkenholzungen stehen auf dieser feuchten Ebne, und mit vieler Sorgfalt sahen wir heute die Landleute beschäftigt junge Stämme dieser Bäume mit den Wurzeln auszugraben, und zu den Seiten des Weges in doppelter Reihe zu pflanzen. 50 Werst jenseits Bjelaískaja kamen wir an das Ufer der Púischma. Schon hier ist keine Spur mehr von den Gesteinen des Ural, denn Nichts anstehendes zeigt sich am Flussbette. Das zuerst gesehne rechte Ufer ist völlig flach und eben, während am linken aufgeschwemmtes und trocknes Erdreich etwa 8 Faden hoch ansteigt. So unterscheidet sich höchst merkwürdig der östliche Abhang des Ural von dem westlichen, denn während wir früher Flözgebirge ältester Entstehung weit ausgedehnt in bedeutender Erhebung über der Meeresfläche, schon in 77 Meilen westlich vom Hauptrücken antrafen, sehen wir nun die steil aufgerichteten, dennoch aber gegen Westen geneigten, Urgebirgslager von Jekatarinburg (Seite 395 und 396) plötzlich an aufgeschwemmtem Erdreiche abschneiden. Erst in grofser Tiefe mag dieses die abgerissnen Hälften der Flözschichten bedecken welche am jenseitigen Abhange zu ansehnlicher Meereshöhe erhoben wurden.

Der trockne Lehmboden des rechten Púischmaufers ist zum Ackerbau geschickt, und ernährt die Bewohner des Städtchens Kamuischlow welches wir gleich nach der Überfahrt über die Púischma erreichten. Bei dem Dorfe Sugàt, in welchem wir heute übernachteten, wird ein kleiner Bach durch den Winterfrost so völlig getrocknet, dafs man alsdann geschmolzncn Schnees zu allem häuslichen Bedarfe sich bedienen mufs.

[October 3.] Durch eine äufserst fruchtbare völlig ebne Landschaft voll ergiebiger Ackerfelder fuhren wir, 106 Werst weit, von Sugàt bis Tjumèn. Hier war die Ärndte überall beendet, die Birken sämmtlich entblättert. Der Witterungslauf während des heutigen Tages war dem in den letzten Wochen am häufigsten beobachteten ähnlich. Durchaus hell war der Himmel während der Nacht und in den Morgenstunden, bis gegen Mittag von dem verdampfenden Thaue dichte Wolken sich ballten. Bei Sonnenuntergang regnete es, doch schon um 8 Uhr waren auch die kleinsten Sterne ringsum sichtbar. — Bei dem Dorfe Mókrowa 24 Werst von Sugàt, erreichten wir noch einmal die Púischma und zugleich die Gränze des Tobolskischen Gouvernements.

Am Abend gewährte der phosphorische Schein von faulenden Holzstücken längs des Weges einen überraschenden Anblick.

Schon an dem Schlagbaume (Sastàwa) von Tjumèn nöthigte man uns gastfrei in das dortige Haus der Amerikanischen Compagnie, an dessen Verwalter wir von Jekatarinburg aus, durch einen Reisenden Herrn Prokofiews Briefe (Seite 100 und 126) übersandt hatten.

Hier herrschte wiederum sehr auffallend die älteste Volkssitte neben bedeutendem Reichthume. Ein langer weifser Bart und die einfache Russische Bürgertracht erhöhten das ehrwürdige Ansehn

unsres neuen Gastfreundes. Tagilsker Malereien zierten die
Wände und den Hausrath in den Zimmern des reichen steinernen
Gebäudes, welches in der Mitte eines weiten und ringsum von grofsen Waarenmagazinen eingefafsten Gehöftes sich erhebt. Nach den
üblichen Versicherungen, dafs die hiesige Gegend zwar nicht arm
sei, dennoch aber den gastfreien Wünschen des Wirthes bei weitem
nicht entsprechende Hülfsmittel darbiete, rühmte man mit Recht
die Güte des echten Karavanenthees der zunächst als Erfrischung
geboten wurde. Wir werden später zu erwähnen haben wie der
Thee, gegen einen Theil des in Sibirien gesammelten Pelzwerks,
von der sogenannten Amerikanischen Kaufmannsgesellschaft
durch Tauschhandel erlangt wird, und wie die Sibirischen Beamten dieses Vereines theils mit Erlangung der als Münze üblichen
Nordischen Erzeugnisse beschäftigt sind, theils mit Anordnung der
Schlittenkaravanen welche das werthvollere Pelzwerk der östlichen
Besitzungen und die Ergebnisse des Chinesischen Tauschhandels
nach Europa befördern.

[October 4.] Die hintere Seite unsres prächtigen Wohn-
hauses (eines der drei steinernen Gebäude welche zu Tjumèn
sich befinden) gränzt an einen steilen Abhang zum rechten Ufer
der Tura. Nahe zweimal so tief als die Puischma bei Kamuischlow liegt hier das Flussniveau unter der zwischen beiden
Städten fast horizontal ausgebreiteten Ebne, und man erkennt wie
stark und schnell, gegen Osten vom Ural, die Meereshöhe der
aufeinander folgenden Flussniveaus abnimmt. Eine äufserst fein
zerriebne, durchaus quarzlose, Talkmasse bildet das gelbliche und
fettig anzufühlende Erdreich dieses aufgeschwemmten Landstriches.
So völlig gleichartig sind die Theilchen dieser Erde dafs auch an
dem, über 100 Fufs hohen, Abhange von Tjumèn keine Schichten-
absondrung sichtbar ist, sondern das Ganze wie gleichzeitig und
aus einem Gusse niedergeschlagen erscheint. Mit Recht konnte
man nur am Ural den dereinstigen Ursprung dieses zerriebnen Gesteines vermuthen, und auf diese Ansicht gegründete Goldwäschen
am Uferabhange von Tjumèn haben zwar sehr unbedeutende,
dennoch aber nicht zu bezweifelnde Ausbeute geliefert.

Üppig grünende Wiesen und weiter hinaus schwarzer Boden
fleifsig angebauter Felder bilden die Oberfläche der niedrigen Ebnen

am jenseitigen linken Ufer der **Tura**. Es ist dasselbe Verhältnifs welches wir früher (Seite 8) an der **Oder** bemerkten, nur ist hier der Niveauunterschied der durch das Flussbett getrennten Ebenen noch bedeutender, und weiter noch wird hier, bei jährlicher Anschwellung der **Tura**, der links gelegne Landstrich mit fruchtbarem Schlamme überschüttet.

Von dem volkreichsten Stadttheile waren wir getrennt durch den Bach **Tjumènka**, welcher mit tief eingeschnittner Schlucht in die **Tura** mündet. In dem Thale führte eine Schiffbrücke auf dessen linkes Ufer. Heute, am Sonnabend, gewährte hier äufserst regsamer Markthandel einen eben so erfreulichen als lange entbehrten Anblick. Käufer und Verkäufer waren grofsentheils Bewohner der nahe gelegnen Dörfer, unter ihnen wohl zwei Drittheile **Tataren**. Holzwaaren sah man in überwiegender Anzahl. Bauerfuhrwerke aus neuem Holze, völlig fertig gezimmert, waren zu 4 Rubeln käuflich, und zu den entsprechenden Preisen mannichfache hölzerne Gefäfse, Mulden, Schaufeln etc.

Auch Lindenbast (**motschálka**) und daraus gefertigte Matten (**Ragóji**), Stricke u. a. waren in Menge vorhanden, und wurden von Bewohnern der Umgegend ausgeboten. Wir hatten den nutzbaren Baum hier nicht mehr erwartet. Er umgiebt die Ufer des **Lipówoe ósero** d. i. **Lindensees** (von **lípa** die Linde) 57°,2 Breite, aus welchem, 40 Werst W. von **Tjumèn**, das Flüsschen **Lípowka** entspringt. Jenseits des Meridianes von **Tjumèn** wird die Linde niemals nördlich vom 56ten Breitengrade, sondern nur in den Quellgegenden der Flüsse vom **Tóbol** bis zum **Tom** gefunden, und in *Sibirien* haben daher auch **Russische Landleute** die im Mutterlande allgemein üblichen Fufsbekleidungen aus Lindenbast (**lábti**) und die Umwicklung des Beines mit Zeugstreifen (**óbuw**) aufgegeben, und von den Urbewohnern die Anfertigung lederner Stiefeln erlernt. Im **Europäischen Russland** hat man bis jetzt vergeblich versucht die den Waldungen aufserordentlich schädliche Anfertigung der **lábti** durch Anwendung des Leders zu verdrängen.

Auch den Fischmarkt am **Turaufer** fanden wir reichlich ausgestattet und äufserst besucht. In Menge war jetzt die in **Europa** unbekannte Lachsart vorhanden welche von den Hiesigen

Nélma genannt wird (**Salmo Leucichthys. Güldenstädt. S. Nelma. Pallas.**) und man sah grofse Gefäfse mit dem Roogen dieses Fisches angefüllt. Auch hier wird dieser weifse und kleinkörnige Lachsroogen unzubereitet verkauft, und nur erst beim Gebrauche schwach gesalzen. Die Russen halten das fein geschnittne Fleisch und den Roogen der Fische in diesem rohen Zustande für wohlschmeckender als nach dem Kochen, und unter dem Namen „frisch angesalznen Fisches" (s w i e j o p r o s ó l e n a j a r ú i b a) gilt ihnen diese Nahrung als besondres Reizmittel für den Magen. Wie höchst auffallend durch Wirkung des Frostes die Anwendung roher animalischer Nahrung begünstigt, und sogar das Salz entbehrlich wird, und wie dann im strengen Winter auch das rohe Fleisch warmblütiger Thiere alles Widerwärtige verliert, haben wir später erfahren. — Auch Pelzwaaren wurden von den anwohnenden Tataren in Menge zur Stadt gebracht.

Von grofsem Wohlstande zeigte zu Tjumèn auch die Kleidung der Bürger des Ortes, ihre Fuhrwerke und manches Ähnliche. In dem Billiardzimmer eines Gasthauses sahen wir die reichen Landleute und Stadtbewohner in sehr fröhlichem und lärmendem Gedränge.

An dem Archimandriten der Stadt welcher aus Klein-Russland gebürtig ist, bestätigte sich wiederum der Ruf lebendigen Witzes dessen die Bewohner dieser Gegend bei ihren übrigen Landsleuten geniefsen. Sehr lehrreich wurde uns die Gesellschaft des Kaufmanns Herrn *Sosípater Silìn* der aus *Surgùt* (am mittleren Obi in $61°,2$ Breite) herstammend, zu Tjumèn sich niedergelassen hatte. Schon vorläufig wurden uns durch ihn manche Andeutungen über diese wichtigen nördlichen Gegenden zu Theil. Zu *Surgùt* ist der Fang der Bieber ein einträgliches Geschäft der Russischen Bewohner. Dort ist noch nicht das tiefere Erdreich während des ganzen Jahres gefroren, wohl aber sei dieses zu Beresow in $63°,95$ Breite der Fall (unten Abschnitt VIII). Leicht überzeugt man sich von der Wichtigkeit des Handelsverkehres zwischen Tjumèn und jenen nördlicheren Distrikten, denn hier sind noch vegetabilische Reichthümer in Menge verliehen, während Fischfang und Jagd bei nördlichem Fortschritte immer einträglicher werden.

Noch heute wird die Stadt von den Tataren: Tschingistora d. i. Tschingisstadt (von تورا tora ein fester Wohnplatz) genannt, und denselben Namen führte sie auch in früheren Jahrhunderten, wo, von dem Mongolischen Grofs-Chane Tschingis abhängige, Herrscher ihren Wohnsitz an dem fruchtbaren Turaufer hatten. Im Jahre 1581 richtete Jermàk mit 500 Mann seinen Eroberungszug direkt auf die Tatarenstadt Isker welche östlich von hier, nahe der Stelle des jetzigen Tobolsk, sich befand, weil der damalige Chan Kutschùm jenen Wohnsitz dem von Tschingistora vorgezogen hatte. So waren daher, nach dem entscheidenden Siege, dennoch mächtige Feinde zur Seite des von den kühnen Einwandrern zurückgelegten Weges geblieben. Jermàk ward durch den Tod verhindert die Anwohner der Tura zu bekämpfen, und dadurch sein Werk zu vollenden, aber als im Jahre 1586 neue Russische Mannschaft das Eroberte sichern und zunächst die werthvollsten Landschaften daran anreihen sollten, erschien ein Feldzug in die fruchtbare Gegend des jetzigen Tjumèn vor allem Anderen wünschenswerth. Auch hier siegten Europäische Waffen, und während man bis dahin bei Isker (Russisch: Sibir) nur ein Kriegslager aufgeschlagen hatte, ward an die Stelle von Tschingistora noch in demselben Jahre die erste Russische Stadt in Asien gegründet. — Der Ursprung des schon damals gegebnen Namen Tjumèn ist ebenso unbekannt wie die Benennung Sibir welche gleichzeitig bei den Eroberern, anstatt des Tatarischen Isker, gangbar wurde. *)

Eine Gesellschaft von Fuhrleuten (Jamschtschiki) vermehrte im Jahre 1601 die ursprüngliche Bevölkerung, und eine Heerde Europäischen Viehes wurde den Ansiedlern zugeführt, als sie die bei der Eroberung erlangten Rinder und Pferde durch eine Seuche eingebüfst hatten. Obgleich nun die neue Stadt häufig und bedeutend gefährdet wurde durch Angriffe der Nachkommen Kutschùms, welche in der Ebne am oberen Irtùisch und Ischim mit unabhängigen Kalmuiken sich vereinigt hatten, so verlieh doch die Fruchtbarkeit der eroberten Landschaft einen reichlichen

---

*) Die Meinung dafs man an das Persische tjuman, Zehntausend, zu denken habe, ist durch Nichts erwiesen.

VI. Abschnitt. 1828. October.

Ersatz für diese Drangsale. Die Mönche des im Jahre 1616 gegründeten Klosters von Tjumèn empfingen keine der Unterstützungen welche ihren Mitbrüdern im Europäischen Russland damals zu Theil wurden, aber der Ertrag einiger Äcker welche sie selbst bebauten, reichte zum Unterhalt hin, andre schon bearbeitete und nur zu besäende Felder wurden später dem Kloster von den Einwohnern geschenkt, und haben es bald zu einem der reichsten Sibiriens gemacht. Der Kornreichen Gegend an der Mündung der Niza (72 Werst WNW. von Tjumèn) hatten wir früher zu erwähnen Gelegenheit (oben Seite 372), im allgemeinen aber bestätigt sich in dem Tjumèner Kreise eine Wahrnehmung die man überall in dem westlichen und ebnen Theile von Sibirien gemacht hat, dafs nämlich die ursprünglich waldbedeckten Landstriche, nach geschehener Abholzung, stets auch dem Ackerbau zuträglich seien.

[October 5.] Auf dem linken und niedrigen Flussufer fuhren wir 105 Werst von Tjumèn bis Jujakówa. Hier war die Waldung überall gelichtet, und an den offnen und regelmäfsig welligen Landschaften welche sich rings um die Dörfer erstrecken, sieht man stets dafs der Pflug hier schon lange thätig gewesen ist. Hier sind die meisten der Einwohner Abkömmlinge der schon in dem Jahrhunderte der Eroberung nach Sibirien gewanderten Russen, welche sich oft durch die Benennung: starojilzi, alte Bewohner (von stároi alt, und jitj leben oder wohnen) von den alljährlich hinzugekommnen unfreiwilligen Ansiedlern unterscheiden. Dennoch verbreitet sich hierher noch direkteste Kunde von den Europäischen Ländern, durch Aushebungen zum Kriegsdienste welche von Petersburg aus bis zum Tobolskischen Gouvernement und oft noch ungleich weiter durch Sibirien sich erstrecken. In dem reichen Dorfe Pokrów (79 Werst von Tjumèn) war ein Bauer erfreut uns zu erzählen dafs er mit der Russischen Armee in Berlin und in Frankreich gewesen sei, und nun in seinem Geburtsorte in Ruhe seines Ruhmes geniefse. Erst nach 25jähriger Dienstzeit werden die Ausgehobnen zu den Ihrigen wiederum entlassen; dennoch aber finden die welche diese Wiederkehr erleben, einige Entschädigung in der hohen Achtung deren sie alsdann bei ihren zurückgebliebenen einfältigen Landsleuten geniessen. Man ist stolz darauf die erfahrnen Männer zu den Seinigen zu zählen; sie werden als Gäste ernährt, in allen Häusern wird ihnen der Ehrenplatz unter dem Heiligenbilde (pod óbrasom; Seite 91 und 193) zu Theil, und in Erinnerung des ehrenvollen Staatsdienstes werden sie nie anders als Herr Dienender (gospodin sluʒíwui) genannt.

In grofser Menge sahen wir Schwäne (lébedi) und wilde Gänse (gúsi) welche jetzt die Niederungen der Tura verliefsen, um während der späteren Herbstmonate auf den Seen in der Südhälfte des Tobolskischen Gouvernements (zwischen 56° und 55° Breite) zu verweilen. Im Winter ziehen beide Arten von Vögeln zu den südlicheren und gröfseren Wasserbecken des Aral- und Kaspischen Sees, aber bei den Durchzügen im Herbste und Frühjahr verweilen sie stets auf den durch reichere Vegetation sich auszeichnenden Seen der Steppe, und die Jagd der Schwäne ist dort zu einem einträglichen Gewerbe geworden (vergl. unten Abschnitt VII). In dem Kurganer und Ischimer Kreise erinnert der häufig gefundne Name Lebjáʒaja oder Gúsina deréwnja d. i. Schwanen- oder Gänse-dorf an dieses wichtige Verhältnifs.

Zu Juʒakowa wo wir heute übernachteten, wurde der Sonntag durch wetscherínki (oben Seite 400) gefeiert. Die Festlichkeit war im Beginnen als wir in das ziemlich spärlich erleuchtete Zimmer eines gröfseren Bauerhauses traten. Die singenden Mädchen safsen in gedrängten Reihen auf den Holzbänken (lawki) welche hier, wie gewöhnlich, an den Wänden des Zimmers befestigt waren, während über den Rand des Bodens über dem Ofen (paláta) die Köpfe älterer Männer hervorragten.

Unvermuthet regte sich allgemeiner Unwille bald nach unsrem Eintritte in die Gesellschaft, aber erst als die Alten laut davon sprachen in einem andren Hause einen neuen Versammlungsort zu wählen, weil der jetzige verunreinigt worden, ergab sich dafs wir selbst durch Tabacksrauch diese Störung verschuldet hatten. — Es gelang jedoch, durch gebührende Erklärung, die Gemüther dieser eifrigen Altgläubigen (roskólniki) zu besänftigen und durch eine Gabe von Branntwein für die Gesellschaft hatten wir

die alte Fröhlichkeit wieder hergestellt. Nun kamen auch einige
jüngere Männer hinzu und Reigentänze begannen. Man benannte
diese auch hier mit dem bei den Bauern des Europäischen
Russlands gehörten Ausdrucke Chorowódi, welcher von dem
Griechischen χορος und dem Russischen wodìtj, führen
so gebildet ist, dafs er ursprünglich nur die tanzenden Personen selbst, die Chorführer (χοραγοι der Griechen) bezeichnet haben kann, *) und dann erst, missbrauchsweise aber durchaus
bestimmt, auf die Handlung (χοραγια der Griechen) übertragen
wurde. Anfänglich standen mehrere Mädchen mit verschlungnen
Händen im Kreise und bewegten sich bald von der Rechten zur
Linken bald umgekehrt und zwar mit sehr langsamem oder etwas
beschleunigterem Schritte, je nach dem wechselnden Rhythmus der
gedehnten Lieder (protjájnie piésni oben Seite 149) welche
gleichzeitig, von den Sitzenden sowohl als von den Tanzenden
selbst, gesungen werden, dann aber begannen lebhaftere Tänze einzelner Paare bei denen die mimische Darstellung weit ausdrucks-
voller an die Worte der dramatischen Tanz-Lieder sich anschloss.
Auch bei diesen bildet der stehende Chor eine Ronde, während die
Paare in der Mitte gegen einander sich bewegen mit den Schritten
des sogenannten trepàk **) welche in Europa vorzugsweise unter dem Namen des Kosakentanzes bekannt sind. — Eines der heute
gesungnen und dargestellten Gedichte habe ich im Europäischen Russland nie gehört, es ist aber sehr bezeichnend für
den Geschmack des Volkes. Ein iswóschtschik oder Fuhrmann
wurde zugleich redend und mimisch eingeführt, und erzählt wie er
von mehrmaligen Reisen in die Stadt, mancherlei Geschenke gebracht
habe, um die Zuneigung seiner Geliebten zu gewinnen. Darauf zeigt der
Tanzende wie er das Anzubietende auf eine silberne Schüssel gelegt, es überreicht und sich dann zurückgezogen habe, die Tänzerin
aber wie die spröde Schöne des Liedes alles Einzelne zurückbrachte
und sogar dem Geber vor die Füfse warf. Es sind Schuhe, Ringe
Bänder und andre weibliche Kleidungsstücke welche im Liede
mit stets gleichem Erfolge genannt, sinnbildlich aber

---

*) Eben wie Wojewodi die Kriegsführer bedeutet u. a.
**) Wahrscheinlich von trepetitj in zitternder Bewegung sein.

durch ein Tuch dargestellt werden das von dem Manne der Tänzerin auf die Schulter gelegt, von ihr aber zurückgetragen und zur Erde geworfen wird. Nach jedem Akte der Geschichte nimmt der Chor das Mitleiden aller **Gutgesinnten** (dobruich ljudei) für den Verachteten in Anspruch, bis man zuletzt eine neue und durchaus erfolgreiche Reise erwähnt, nach welcher endlich eine dargebotne **seidne Peitsche** (schólkowoi knùt) von dem Mädchen als Symbol eines wahrhaft ehelichen Verhältnisses anerkannt und auch von der darstellenden Tänzerin mit einem Kusse belohnt wird. Diese Art den glücklichen Ausgang der Handlung zu bezeichnen schien vorzugsweise eine Menge von Paren nacheinander zu einer Wiederholung des Spieles zu veranlassen. — Die Balalaika welche eine der jungen Männer oft während des Tanzes spielte, begleitete den Takt des Liedes.

Nach einer magnetischen Beobachtung welche äußerst klarer Himmel begünstigte, fand ich noch spät nach Mitternacht diese einfache Festlichkeit in völligem Gange und zwar herrschte jetzt wie anfangs ein durchaus anständiges und an feste Regeln gebundnes Benehmen.

Nach langem Aufenthalte in feuchter Nachtluft erschien heute das Nachtlager in der oberen Abtheilung (palata) eines andren stark geheizten Bauerhauses nicht unangenehm. — Um die trocknende Hitze vollständiger zu genießen pflegen die Bauern ihre Oberkleider abzulegen und sie nur als Unterlage für die Schlafstätte zu brauchen. — Man unterscheidet in den Bauerwirthschaften zwischen isbà und górniza, von denen ersteres ein nach alterthümlicher Weise mit einer palata oder Schlafboden versehenes Gemach, letzteres aber ein ohne dieselbe zum Aufenthalt am Tage bestimmtes bezeichnet. Die senkrecht über einander befestigten Holzsprossen die zu diesen wärmenden und hohen Lagerplätzen führen, befinden sich stets in dem Winkel welcher von dem großen Ofen (pètsch oder pétschka) und der einen Wand des Zimmers gebildet wird.

[October 6.] Wir fuhren 100 Werst weit von Jujakówa bis zu dem Stationsdorfe Kutárbitka. — Unter den Lenkern unserer Fuhrwerke erkannten wir den rüstigsten Tänzer des gestrigen

VI. Abschnitt. 1828. October.

Festes. Auch das Fahren ist ihnen mehr Lust als Geschäft, und bald mit beweglichen, wohlgesetzten und stets gereimten Reden gegen die einzelnen Pferde, bald mit langen Gesängen begleiten sie den wechselnden Takt der klingelnden Wagen. Worte dienen dem Russischen Jamschtschik anstatt der beim Fahren niemals üblichen Peitsche. Die Stuten nennen sie gnädige Frau (*S*udáruina), ein müdes Pferd heifst starík oder Alter, und alle zusammen rufen sie bald Täubchen (golúbki), bald nacheinander mit allen Ausdrücken inniger Blutsverwandtschaft, und ermuntern sie sich sorgsam umzusehen (choroschénko gledíte), nicht träge zu werden auf dem schon kürzeren Wege (ni lenítes, ni dalétschko) sondern ohne Anhalt von einem Hügel bis auf den nächsten zu laufen (rásom *s*'górki na górku bjegíte!) —

Man rollte schnell über den noch vorliegenden Theil der fruchtbaren Tura-niederung bis zu dem Bette des nach Norden fliefsenden Tobol, 20 Werst von Ju*j*akówa. Nur sein jenseitiges, rechtes Ufer ist umwallt, und an dem Abhange zeigte sich wiederum die fein geschlemmte Erde wie bei Kamuischlow und Tjumèn. Feine Punkte schwarzen Magneteisens schienen hier noch bestimmter auf das Uralische Talkgebirge als den Ausgangspunkt dieser Anschwemmungen zu deuten.

Tataren bewohnen die nun folgenden Dörfer; auch sie leisten Vorspann für die Postfuhren. Ihre Holzhütten sind ärmlich aber einer der Männer welche uns führten, rühmte dennoch sehr wohlgefällig den alten Adel seines Geschlechtes. Erst auf der letzten Hälfte des Weges erreichten wir eine Waldung, in welcher die Zirbelfichte (p. Cembra) vorherrschte; bis dahin aber war das Land von Holzung entblöfst und zum Ackerbau bereitet.

Neben den Tatarischen Balkenhütten sahen wir stets einen weit umhegten Platz in welchem sie das Zugvieh freilassen, und wie bisher nur zu dem Anspannungsgeschäfte so ermunterten sich hier die Fuhrleute mit lautem Rufe zu schleunigem Einfangen der Pferde (skoréje poimàtj loschadèi!).

[October 7.] Die zwei Stationen von Kutárbitka bis

Tobolsk (55 Werst) wurden ohne Aufenthalt in 6 Stunden zurückgelegt. Der Weg durch die völlig ebne Landschaft bot jetzt keine Hindernisse dar, und doch ist im Sommer der aufgeweichte Boden dieser Gegend sehr übel berüchtigt. Noch im Anfange des August soll Kutárbitka von einem wahren Kothmeere umgeben sein. Spätere Erfahrungen, über die äufserst regelmäfsigen Perioden der hiesigen Witterung, stimmen völlig mit dieser Erscheinung, denn nach zehnjährigem Durchschnitte liegen hier 16,4 Regentage zwischen dem 1sten Juli und 1sten August, aber nur 8,0 ereignen sich vom 7ten September bis zum heutigen Tage. *)

Holzarmes Ackerland umgab uns bis zu dem Russischen Dorfe Karátschina (26 Werst von Tobolsk), dann aber bildeten Fichten und Tannen (p. sylvestris und p. abies) eine gemischte Waldung. Acht Werst von der Stadt öffnet sich freiere Aussicht. Mit Befremdung erblickt man einen steilen und sehr ansehnlichen Hügelwall welcher den Horizont von N. bis NO. begränzt, und oben an seinem Abhange eine lange Reihe hoher und weisser Gebäude, über welche fünfspitzige Thürme von entfernteren Klöstern und Kirchen sich erheben. Recht mit dem Gepräge stolzer Herrschaft ragen diese Tobolsker Paläste über die im Halbkreise angränzenden Ebnen, und bedeutungsvoller wird die Gegend wenn man nun sieht wie grade hier, an der vorspringenden Land-ecke, der bisher westlich gerichtete Irtùisch mit steiler Wendung nach Norden meerwärts sich biegt.

Ehe wir noch von dem breitesten und südlichsten Arme des Irtùisch das linke Ufer erreichten, sahen wir an den Stämmen schöner Weiden die Spuren einer zwei Fufs hohen Überschwemmung. Obgleich um die Mitte des Juni die Wassermenge der hiesigen Ströme ihr Maximum erreicht, so war doch der jetzt erkennbare Austritt noch während des Eisganges erfolgt, denn nur von harten schwimmenden Schollen konnte die Rinde der Bäume so tief und stets in einerlei Horizontalebne gefurcht worden sein.

Um 2 Uhr Nachmittags setzten wir auf einer Fähre über den

---

*) Vergleiche den meteorologischen Theil des Berichtes.

Hauptarm des Stromes, dessen Wasser dunkelgelb gefärbt durch die feine Erde welche er rings aus seinem Bette aufwühlt, dennoch mit weissem Schaume an den Ufern und an den Wänden unsres Fahrzeuges sich brach. Trotz trüben und unwirthbaren Wetters erschien der Irtùisch als der schönste der bisher gesehnen Flüsse, und lebhafter regte sich der Wunsch, noch ehe der Winter sie gefesselt, diesen mächtigen Wogen bis zum Meere zu folgen. — Bis zur nahe gelegnen Mündung des Tóbol übersieht man den Hauptarm von der Fährstelle aus; weiter abwärts aber bezeichneten nur über den Strand hervorragende Masten die nördliche Biegung der vereinigten Wasser.

Nur wenig erhebt man sich, auf einem mit Balken ausgelegten Wege, bis zu den ersten Häusern der unteren Stadt und sieht nun dafs, erst jenseits breiter Strandebne, eine Schlucht an dem Tschuwaschischen Vorgebirge (Tschuwáschinskji muis) zu den oberen Strafsen hinauf führt.

Noch denkwürdiger wurde uns der Eintritt in die Stadt durch ein reichliches Schneegestöber. Auch hier mochte es, so wie für uns, das erste des Jahres sein, denn die Fuhrleute freuten sich laut über die schönen Flocken die sie mit üblichem Scherze die weissen Fliegen (bjélie múchi) benannten.

Von Wirthshäusern ist zu Tobolsk nicht die Rede, sondern alte Gastfreundschaft nimmt man in Anspruch, oder es muss der Fremde, meist durch Vermittelung des sogenannten Polizeimeisters oder Vorstehers der städtischen Behörden, eine neue Verbindung anknüpfen. In beiden Fällen wird das Wort pogostìtj d. i. zu Gaste leben, gleichmäfsig und mit gleichem Rechte angewendet, denn die bedürftigsten unter den Russischen Wirthen erwarten wohl ein Geschenk, aber schämen sich es zu fordern. —

In der niederen Stadt nahe der Kirche zur Geburt Christi (rójdestwo Christówoe) wurden wir in dem obern Geschosse eines gut gezimmerten Balkenhauses aufgenommen. Nur die Fenster sind nach der Strafse geöffnet, aber in das Innere der Wohnungen gelangt man von dem umzäunten Hofe, über eine hölzerne

Treppe welche an die hintere Wand des Gebäudes sich anschliefst. Einen freien Platz jenseits des Hofes liefs nur zu Beeten gestaltetes Erdreich für einen Garten erkennen. Holzige Gewächse fehlen durchaus, aber auch von den einjährigen Kräutern war nun der Boden schon spurlos entblöst.

VII. Abschnitt.
Winteranfang und Aufenthalt zu Tobolsk.

[October 8 bis 15.]

Was frühere Erkundigungen wahrscheinlich gemacht hatten, bestätigte sich zu Tobolsk. Unser Vordringen gegen Osten war gehemmt durch den Charakter der Witterung, welchen, für die erfahrnen Einheimischen, die Erstlinge der weissen Fliegen verkündeten. So allgemein wie man nämlich die kalte Jahreszeit als günstigste für Sibirische Reisen anerkennt, ebenso übereinstimmend werden auch die Schwierigkeiten beurtheilt welche während des Streites zwischen Winter und Sommer dem Fuhrwesen entgegentreten. Wegen dieses wichtigen Einflusses auf den menschlichen Verkehr hört man, namentlich hier, von den Russen die gegenwärtige Übergangsperiode, ebenso wie die ähnliche zu Ende des Winters, durch wremenà raspútja d. h. wörtlich die Zeiten der Ent-wegung *) (Weges-verderbung) bezeichnen, ja sie haben dafür eine eigne Verbalform: raspútitsja d. h. es entwegt sich gebildet. Es ist Schnee ohne Beständigkeit des Frostes, welcher im Herbste das Räderfuhrwerk äufserst unbequem macht,

---

*) Von put der Weg, und der Zerstörungs- oder Trennungs-partikel ras gebildet.

ohne doch die Anwendung des Schlittens zu erlauben, und dieses natürliche Hindernifs scheint zu mächtig, als dafs man selbst mit der stoischen Härte des Kak ni bud (Seite 161) ihm zu entgegnen vermöchte. Wenn nicht wichtigste Interessen sie treiben, so pflegen sogar die geübtesten der Sibirischen Wandrer, die Kaufleute, an bequemen Ruhepunkten zur Erwartung des Winterweges (dlja doʃidánja símnago putjà) zu verweilen.*)

Von Tobolsk aus, getrennt von der Hauptexpedition, einen nördlich gerichteten Ausflug gegen die Mündung des Obi zu unternehmen, hatte ich schon beim Beginnen unsrer Wandrung als Lieblingsplan gehegt, und durch seitherige Beobachtungen und Erfahrungen war dieser Wunsch noch lebhafter geworden. So hatten die zu Jekatarinburg gewonnenen Ansichten über unsre magnetischen Beobachtungen (Seite 290), während der nun erfolgten Fortsetzung der Reise, sehr vollständig sich bestätigt, und namentlich wurde noch immer, bei östlich gerichtetem Fortschreiten, an der Intensität der magnetischen Kraft eine continuirliche Vermehrung wahrgenommen, ja zu Tobolsk fanden wir dieselbe schon gröfser als sie Sabine auf der Nordküste von Spitzbergen bestimmt hatte. Da wir nun von denjenigen isodynamischen Linien deren Theile zwischen Spitzbergen und dem Nordkap hindurchziehen, neue und ungleich südlicher gelegne Punkte kennen gelernt hatten, so war es wohl zu wünschen dafs eine Reise längs des Obi noch näher bestimmte durch welchen Lauf die bekannten und einander entsprechenden Fragmente sich zu SOlich gerichteten Kurvenzweigen verbinden.

Aufserdem aber winkte am nördlichen Obi die Aussicht auf ein erstes und durch fremdartige Einflüsse nicht mehr gestörtes Zusammenleben mit den Urvölkern des Landes; vereinzelte Andeutungen welche man zu Bogoslowsk (Seite 385) durch Wogulische Aussagen über die Wohnsitze der Ostjaken und Samo-

---

*) Für die ähnliche Ruhe während des Frühjahrs hat sich sogar (von Wésna der Frühling) der eigne Ausdruck wesnowàtj d. i. wörtlich überfrühjahren (nach der Analogie von überwintern) gebildet. Ein entsprechendes Zeitwort oʃenowàtj von óʃen der Herbst, ist jedoch nicht gebräuchlich.

jeden erlangt hatte, wurden schon in den ersten Tagen unsres Aufenthaltes zu Tobolsk bedeutend vermehrt, und immer lockender war es, dem schon nach vorläufigem Entwurfe so überaus anziehenden Bilde jener Gegenden, nun eigne Anschauung hinzu zufügen.

Wohl wünschte ich anfangs die Fahrt nach Obdorsk noch zu Schiffe zu vollenden, um auch für die Zeit des Winteranfangs, welche jetzt mit einer dem Reisenden meist widerwärtigen Ruhe drohte, ein bewegteres Leben zu gewinnen, zugleich aber um noch in Tobolsk mich wiederum mit Herrn Hansteen und Due, zu gemeinsamem Fortschritt gegen Osten, zu vereinigen. — Die Ansichten der nun um Rath befragten Bewohner von Tobolsk waren aber so durchaus getheilt über die Möglichkeit einer längeren Wasserfahrt in der gegenwärtigen Jahreszeit, dafs in Folge davon die Vorbereitungen zur Abreise mehrmals begonnen und wiederum unterbrochen wurden, bis endlich (October 15) aus der unteren Flussgegend das Gerücht von dort beginnendem Eisgange sich verbreitete. Manches Einzelne von den letzten Schiffsreisen des Jahres werden wir später erwähnen.

Bei dieser Wendung der Umstände erlangte man nun wenigstens die Beruhigung dafs, durch längeres Verweilen zu Tobolsk, die wesentlichsten Bedingungen der nördlichen Ausflucht nur immer günstiger sich gestalten konnten, denn nur um so reiner bildete ja der Winter sich aus, welcher den Polargegenden der Erde ohne Zweifel die schönste ihrer wechselnden Gestaltungen verleiht; zugleich aber hatten wir allmälig auch für die Erscheinungen der Stadt und ihrer nähern Umgebung bedeutende Vorliebe gewonnen, und manche anregende Arbeiten, die nur ein längerer Aufenthalt begünstigt, wurden unternommen. Für das Klima der Gegend, boten sich unerwartet die vollständigsten Aufschlüsse durch Bearbeitung von Beobachtungen der Lufttemperatur und der Windrichtungen, welche Herr Doktor Albert zu Tobolsk während 15 Jahren mit echt Deutscher Beharrlichkeit ausgeführt hatte. Doppelt erwünscht schien es nun, während unsres Aufenthaltes, die zur meteorologischen Monographie noch fehlenden Elemente: des Zusammenhanges der Windrichtung mit dem Luftdrucke, sowie auch eine direktere Bestimmung der Bodentemperatur durch Bergbohrversuche hinzuzufügen. — Die periodischen Veränderungen der Richtung und Intensität der magnetischen Kraft wurden hier wie an allen Orten eines längeren Aufenthaltes, untersucht, auch erinnerte ich mich nun, dafs Herr Bessel, der die Astronomie unsres Zeitalters begründete und leitet, einigen Zweifel hegte über die geographische Lage des Punktes von Tobolsk, an welchem Chappe im Jahre 1761 den Vorübergang der Venus vor der Sonne beobachtete. Es konnte vielleicht durch sorgfältig erneuerte Bestimmung dieses Punktes die Mafseinheit unsres Planetensystems, die Entfernung der Sonne von der Erde, eine noch um etwas erhöhte Sicherheit erhalten.

Ein Bohrversuch den wir, schon in den ersten Tagen, in dem Garten unsrer Wohnung nahe der Mitte der unteren Stadt begannen, zeigte oben eine schwarze, fette und torfähnliche Erde, von welcher eine erste 6 Engl. Fufs dicke Lage nur feucht war, während eigentliches Grundwasser in dem darauf folgenden Erdreiche von 6 bis zu 16 Engl. Fufs Tiefe stagnirt, und in allen bis zu dieser Tiefe reichenden Löchern augenblicklich sich sammelt. Erst unterhalb 16 Engl. Fufs beginnt auch hier wiederum die trockne feine Erde von Tjumèn (Seite 441), welche oben auf den Hügeln von Tobolsk schon von der Oberfläche an ununterbrochen sich zeigt. So scheint die von der hakenförmigen Biegung des Hauptstromes und dem Hügelwalle begränzte Strandebne, welche jetzt die unteren Strafsen einnehmen, nur allmälig aus einem Bruche in bewohnbares Land sich verwandelt zu haben. — Noch jetzt erstrecken sich Wasserärme landeinwärts von dem schon nach Norden gerichteten Theile des Irtùisch, dem einzigen welchem die unteren Strafsen unmittelbar sich anschliefsen. Der bedeutendste dieser Seitenzweige liegt nah an dem Fufse der Hügel. Seine Mündung ist schiffbar genug, um den einlaufenden Fahrzeugen als Hafen zu dienen. Gegen die Mitte der unteren Stadt führt über ihn eine Pfahlbrücke zu der am Tschuwaschischen Vorgebirge aufsteigenden Schlucht, weiter gegen Osten aber verliert sich der Seitenarm in bruchige Wiesen, von denen nur zu Zeiten der Anschwellung ein zweiter Abfluss, noch oberhalb des Landungsplatzes der Fähre (oben Seite 451) zu dem Irtùisch sich erstreckt. —

Der Kaufhof, mit weitläufigen Nebengebäuden, und umgeben von einem Marktplatze welchen das steinerne Rathhaus und die Häuser einiger andren Behörden begränzen, liegt nahe am linken Ufer jenes Hafens zwischen ihm und dem Hauptflusse. Auch jenseits gegen Norden, zwischen seinem rechten Ufer und den Hügeln, sieht man noch einzelne Holzhäuser eingeschaltet; es sind Lederfabriken, und ähnliche welche der Nähe des Wassers bedürfen. Sodann aber gegen Süden stromaufwärts haben die wichtigsten der öffentlichen Gebäude, und zwischen ihnen Reihen von hölzernen Wohnungen der Schiffer, Fischer und Fischhändler, der vortheilhaftesten Lage am Irtùisch sich bemächtigt, während man in der Mitte der Stadt die Nähe des Wassers kaum ahndet. — In jener Reihe längs des Flusses sieht man die Häuser und Höfe der Post nach einem der Wichtigkeit ihres kolossalen Wirkungskreises entsprechenden Maſsstabe angelegt, dann folgen auf hölzerne Gebäude die Mauern eines ausgebrannten Klosters, von dem einzelne Theile wiederum vereinigt und zu einem Kranken- und Armenhause benutzt sind. Es reiht sich an diese das Haus des West-Sibirischen Generalgouverneurs, dessen groſsartigere Façaden an die geschmackvolle Einfachheit moderner Bauwerke des Europäischen Russlands erinnern. Eine lange Reihe gut gehaltner eiserner Geschütze, welche auf der Landseite dem südlich angränzenden freien Marktplatze zugekehrt liegen, sind bis jetzt nur Gegenstand der Zierde geblieben. Dennoch hat zu Tobolsk, als in dem Mittelpunkte von West-Sibirien, ein, an der Gränze vertheiltes, Artilleriecorps seinen Stützpunkt, und mehr als hinreichend scheint dieses Institut, so lange die südlichen Gränzen nur erhalten, nicht aber erweitert werden sollen.

Gegen Osten führen breite Queerstraſsen, mit Brückenwegen auf dem Damme und an den Seiten versehen, vom Irtùisch landeinwärts, und drei parallel mit dem Strome gerichtete Queerstraſsen durchschneiden sie rechtwinklich. Steinerne Kirchen und kleinere Kapellen stehen meist an den Kreuzwegen, an denen viereckige Plätze oft von wichtigem Markthandel belebt werden. Nur Holzhäuser sieht man dort, aber sehr auffallend ist auch äuſserlich der Unterschied zwischen den bequemeren Wohnhäusern der Besitzer und den Wirthschaftsgebäuden, die zu jedem mit einem

Hofraume versehnen und mit Bretterwänden ringsum abgeschlossnen Gehöfte gehören. Nähere Bekanntschaft mit den Bewohnern von Tobolsk lehrte bald in dieser Abschliefsung, weitläufigen Anlage und selbständigen Ausstattung der einzelnen Gehöfte einen wesentlichen Hauptzug der örtlichen Lebensverhältnisse erkennen. Hier mufs mit Nothwendigkeit das grofse Bündnifs der Städter in kleinere und für sich bestehende Kreise zerfallen. Obgleich kein Bürger von Tobolsk Leibeigne besitzt, so findet leicht ein Jeder ebenso völlig untergebne Hofleute (dworowie ljúdi) die, weil ihre eignen Kräfte und Besitzthümer in der Jahreszeit des Mangels zu selbständigem Lebensunterhalte kaum hinreichen würden, einer schon bestehenden Wirthschaft dienend und thätig sich anschliefsen, und durch den Wohlstand den sie jenen verleihen, auch sich selbst eine sorgenfreie Zuflucht sichern. Hier bedarf es nicht fatalistischer Ansicht, um in der menschlichen Gesellschaft die Erscheinung der Abhängigkeit zu rechtfertigen. Meist sind es vereinzelt stehende Russische Verbannte oder nach mancherlei Schicksalen hierher verschlagne Kirgisen. welche Tobolsker Familien dienend sich anreihen, dann heirathen und oft auch so noch mit Freuden dem gewählten Herrn verbleiben.

Die hier schnell sich befestigende Überzeugung von der strengen Natürlichkeit und klimatisch begründeten Nothwendigkeit der Lebensverhältnisse, mag es gewesen sein, welche bei jeder Bekanntschaft mit einem neuen Kreise der Bewohner von Tobolsk einen eigenthümlich beruhigenden und friedlich stimmenden Eindruck gewährte. Namentlich jetzt, beim Hereinbrechen des Winters, fühlten wir zu Tobolsk, zum ersten Male in Russland, fast eine Neigung zu ruhigem Bleiben. Es ist behaglich zu sehen, wie hier überall die Vorbereitungen zu dem bevorstehenden Kampfe mit den Elementen so zweckmäfsig getroffen sind, wie von reichlichen Vorräthen umgeben, zwischen den trotzenden Wällen seines wärmenden Hauses ein Jeder des Sieges schon im Voraus gewifs ist, und Nichts sehnlicher zu wünschen scheint, als dafs der Schnee noch bestimmter die schon vorgezeichnete Gränze seiner engen Heimath von der Aussenwelt abschliefse, und an seinem sichern Bollwerk sich brechende Winterstürme ihm die Freuden eines auffallenden Contrastes gewähren mögen. Die physische Lust welche die Bären und mehr noch die einsammelnden Grabethiere empfinden müssen, wenn ihre Höhlen verschneit werden, mag mit den edleren Reizen jeder einsamen Abschliefsung sich vereinen, um dem Tobolsker Stadtleben seinen auffallend ansprechenden Charakter zu verleihen. —

Hier erst gewahrt man recht deutlich bei dem Russischen Volke eine sonderbare Vereinigung indolenter Arbeitsscheu mit regester Verwendung von Körper- und Geisteskräften auf Erfüllung der ersten Bedürfnisse. Scharfsinn und Energie des Talentes äussert man nur, um möglichst schnell zu gesicherter Ruhe zurückzukehren, und höchstens über ein Jahr denkt man hinaus. Von continuirlicher Vervollkommnung physischen und geistigen Zustandes der Individuen ist wenig die Rede, weil jeder Abschnitt einer neuen Periode die Menschen wieder mit eben den Sorgen antrifft, wie derselbe in der nächst vorhergehenden Periode, und daher in ihnen auch nicht mehr als die alte und hinreichende Kraftäufserung anregt und entwickelt. So zeigt denn Beobachtung der Bewohner von Tobolsk höchst vorherrschend nur auf Nahrung und Erwärmung verwendete Kräfte, und nicht befremden darf es, dafs, auch bei dem Berichte über die Stadt, von Lebensmitteln und Kleidungsstücken häufig zu reden nöthig schien, um so mehr da bei der Wahl und Erlangung des Einzelnen manche merkwürdige Eigenthümlichkeit des Landes und der Bewohner sich ausspricht.

Der Gang unsrer Beschäftigungen hielt uns, während der ersten Tage nach der Ankunft, vorzugsweise in den unteren Stadttheilen von Tobolsk, und später erst führten dringendere Anregungen zu den älteren Strafsen der Hügelebne, deren auszeichnender Charakter im Verfolge zu erwähnen sein wird.

Bei dem Generalgouverneur, Herrn General Weljamínow, fanden wir schon zu Anfang unsrer Bekanntschaft nicht nur freundliche Geneigtheit zu Begünstigung der Einzelheiten unsres Reisezweckes, sondern auch der gesellige Umgang dieses liebenswürdigen Mannes bot reiche und mannichfaltige Belehrung. — Von den gesegneten Thälern Grusiens, am fruchtreichen Südabhange des Kaukasus, war er seit Kurzem erst in die Ebnen von Tobolsk, an die kalten Ufer des Irtuisch versetzt worden, und an beiden gleich interessanten Punkten des Reiches erregte ihn eigner Forschungsgeist ebenso sehr wie amtlicher Auftrag zu tiefem Eindringen in die Eigenthümlichkeit des Landes und seiner Bewohner. Auch von den übrigen Gouvernements-Beamten waren viele erst kürzlich aus jenen südlichen Provinzen hierher gelangt, und oft sprach man daher von den feurigen Grusischen Weinen, die erst in der letzten Epoche durch sorgsamere Behandlung zur Ausführung nach dem nördlichen Russland geschickt sich gezeigt haben, von den berühmten Stahlwaffen*) jenes Landes, sowie von den Kämpfen der talentvollen und unbeugsamen Tscherkessen mit den gewandten Donischen Kosaken, und verglich nun damit die nächsten Umgebungen, welche Russische Beharrlichkeit nur mit harten Naturverhältnissen, nicht aber, wie dort, mit menschlichen Leidenschaften im Kampfe zeigen; die Wichtigkeit der Fluss-schifffahrt und des Fischfanges auf dem Irtüisch, des Handels mit den gutmüthigen nördlichen Anwohnern, den Ostjaken, und den noch nicht genügenden Kunden, die man zu Tobolsk von Sitte und Denkart jener friedliebenden Ichthyophagen besitzt. Man sprach jetzt viel von der Hoffnung dafs der Bezirk des Ackerbaues gegen Norden von Tobolsk sich bedeutend werde ausdehnen lassen, und erwartete die Rückkunft eines Feldmessers, welcher, erst in der vorhergehenden Woche, zu Schiffe nach Beresow sich begeben hatte, um ein zum Ackerbau bestimmtes Landstück für dort ansässige Russische Kaufleute zu vermessen.

Die Fähre am Irtüisch (oben Seite 350) ist verhängnifsvoll für die zahlreichen Verbannten welche sie jährlich betreten, denn diese Überfahrt erst wird als Symbol des politischen Todes betrachtet, aber auch für andre Einwanderer geniefst sie einer hier oft erwähnten Wichtigkeit, in Folge des Gesetzes welches Jedem der zum Staatsdienst im eigentlichen Sibirien sich entschliefst, bei Überschreitung des Irtüisch eine Erhöhung seines Ranges (tschin, Seite 84) verleiht. So treibt denn alljährlich die Lei-

---

*) Es ist eine Probe welcher die Tscherkessen ihre damaszirten gekrümmten Säbel (tscháschi) unterwerfen, dafs sie damit den Kopf eines Stieres mit einem Hiebe vom Rumpfe trennen.

denschaft der **tschinoliúbje** oder Rangliebe (vergl. Seite 85) eine grofse Zahl von Beamten aus den Hauptstädten des Mutterlandes nach **Tobolsk**, und weiter hinein nach **Sibirien**. Um des verheifsnen Vortheils auch nach der Rückkunft zu geniefsen, wird nur ein dreijähriges Verweilen in den einsamen Wohnorten verlangt, und da Temperament und früher erlangte Richtung des Charakters dieser Volksklasse nur selten erlaubt die eigenthümlichen Reize **Sibirischen** Lebens zu erkennen, so verlängern sie selten diese Frist. Nur wie ein Winterlager im Kriege, oder eine Raststelle bei freiwilliger Pilgerfahrt ist ihnen das Land, in welchem sie zur Anordnung innerer Verhältnisse und zur Beförderung des Gemeinwohls beitragen sollen. Zu günstiger Leitung des Ganzen würde daher sicher eine so aufgeklärte, leidenschaftliche und kräftige Rechtlichkeit, wie die von Herrn **Weljaminow**, unumgängliches Erfordernifs sein, wenn nicht auch an sich der Einfluss eines Trosses von Beamten hier ein äufserst geringer wäre, denn so einfach sind, namentlich zu **Tobolsk**, Bedürfnisse und Lebensart der für immer ansässigen Städter, dafs der Regierung höchst selten Gelegenheit zur Einmischung wird. Auf die im Verfolge näher zu erwähnende Einsammlung des Felltributes (**Jasàk**) welcher nur den Urvölkern auferlegt ist, auf die Unterhaltung der Post und einiger andren gemeinnützigen Institute beschränkt sich meistens die wirkliche Beschäftigung der Beamten. Hier schon sieht man die uniformirte Klasse der **Russen** fast nur als eine symbolische Erinnerung an das Mutterland dastehen, denn die patriarchalischen Formen der Freistaaten, welche nur bei Genügsamkeit gedenkbar, von ihr aber auch kaum durch oberes Staatsgesetz zu trennen sind, bestehen hier bleibend für die wesentlichsten der inneren sowohl als gegenseitigen Verhältnisse der Familienkreise. Jeder gewinnt bald durch direkten Angriff der Natur, bald durch Handel, und gewöhnlicher noch durch beide zugleich. Oft und von kundig prüfenden Männern hörten wir in **Russland** erwähnen, dafs dereinst **Catharina** mit äufserster Vorliebe die Absicht gehegt habe, die politische Verfassung von **Sibirien** der der **Nord-Amerikanischen** Freistaaten nachzubilden. Der Beweis einer geistreichen Auffassung der Natur des Landes und seiner Bewohner, liegt in diesem Plane, ja so natürlich schlofs er den

Grundverhältnissen sich an, dafs dem schon bestehenden Wesen der Sache fast nur noch der Name hinzuzufügen blieb.

Ein sehr wesentliches Element der bleibenden Bevölkerung von Tobolsk, und ein für uns höchst erfreuliches, bilden Familien von Deutscher Abkunft. In der Klasse der Beamten sind sie häufig, und so entschieden äufsert sich der Einfluss nationellen Temperamentes, dafs diesen stets die Sibirischen Verhältnisse behagen, und sie nur selten und ungern ihre neue Heimath gegen das Europäische Russland wiederum vertauschen. Die genufsreichen Stunden, welche wir auch in diesen friedlichen Kreisen verlebten, führten uns beständig auf den gänzlichen Unterschied zwischen der Stellung der Deutschen in Petersburg und in Tobolsk. Hier gewahrt man an ihnen keine Spur mehr von dem Bestreben, bei den äufseren Sitten ihres ursprünglichen Vaterlandes zu beharren; vielmehr sieht man sie mit weiser Biegsamkeit dem Beispiele des Stammes der Bevölkerung folgen, und ebenso wie dieser, alle Kräfte darauf richten nur der näheren Umgebung ihre Reichthümer abzugewinnen. Den Haushalt einer echten Sibirischen Familie und den einer Deutschen möchte man zu Tobolsk nicht leicht unterscheiden, aber leicht trennt man von beiden die Lebensart Russischer Beamten, welche während der kurzen Dauer ihres Verweilens gegen rohe Einfalt diätetischer Sitte sich meist hartnäckig sträuben.

Nur der religiöse Glaube ihrer Vorfahren ist den Deutschen zu Tobolsk sehr entschieden geblieben, ja es scheint als sei, mit dem Rückschritte zu altväterischem Leben, zu welchem überwältigend mächtige Naturverhältnisse veranlafsten, auch die Frömmigkeit des Mittelalters wiederum erwacht. Um so befremdender ist es anfangs dafs, gegen frühere Erfahrungen, hier in der Stadt durchaus keine gehässige Abneigung der Russischen Sibirier gegen die Deutschen sich äufsert, da doch auch jene hier eben so innig wie im Mutterlande, an den Griechischen Kirchengebräuchen hangen; aber so wesentlich und wichtig ist unter harten Naturverhältnissen das Materielle des Lebens, dafs, wenn nur dieses gleich sich gestaltet, ein hinreichender Vereinigungspunkt gefunden ist. Aufserdem aber ist, wenigstens hier in der Stadt, das Volk ungleich mehr als im Europäischen Russland gewohnt, die Erde nicht als ausschliefsliches Eigenthum der Slaven zu betrachten, (oben Seite 96) vielleicht weil es die witzigeren Individuen der Nation oder doch die durch mannichfaltigste Schicksale erfahreneren waren, welche, nach Sibirien verbannt, die jetzt als Urbewohner betrachteten Familien begründeten; auch befanden sich frühzeitig darunter eine Menge von Ausländern, deren Abkömmlinge, wenn auch äufserlich völlig zu Russen geworden, dennoch, vielleicht durch unbewufst vererbte Erfahrung der Väter, zu nationeller Abschliefsung minder geneigt sind. Unter dem Namen der neuen Deutschen (nówie Niémzi) waren auch wir bei dem Volke gar bald bekannt, und es verbreitete sich der Ruf, dafs wir nach Tobolsk gekommen um Jermàks goldnen Harnisch zu suchen. Die Bohrversuche an einigen Punkten der Stadt hatten zu diesem Gerüchte veranlafst.

Mit Südlichen Winden hatten ziemlich reichhaltige Schneegestöber bis zum 9ten October sich mehrmals wiederholt. Dann herrschte Nordwind während weniger Stunden, und hierauf drei Tage, bei beständig steigendem Barometer, ein allmäliger Übergang des Windes durch NW. und W. bis zu SW. und wiederum S. Dichte Wolken zogen sehr niedrig, und Regen dauerte nun am 12ten und 13ten October, bis der Südliche Wind abermals durch einen Nördlichen verdrängt wurde, und endlich am 14ten October mit W. Winde, und bei einem mittleren Zustande des Luftdrucks, zum ersten Male die Wolken sich theilten. Nur momentan und stofsweise bemerkte man Luftströmung aus Osten kurz vor Eintritt des Westwindes. So gelang es erst am 15ten October, bald nach Sonnenuntergang, die geographische Ortsbestimmung durch einige Sternbeobachtungen zu beginnen. Der Hofraum hinter unsrer Wohnung, in der Nähe der Kirche Rojdestwo, an welchem einige magnetische Bestimmungen bereits vollendet waren, wurde nun auch zunächst für die geographischen Beobachtungen erwählt, obgleich noch wenig Hoffnung vorhanden war, von diesem Punkte der Stadt mit Sicherheit auf die für astronomische Zwecke so wichtige Lage des alten Observatoriums von Chappe zu schliefsen. Zur Ermittelung dieser Letzteren liefsen wir es an angelegentlichen Erkundigungen gleich anfangs nicht fehlen, aber Keiner der Befragten wufste Rechenschaft zu geben. Man verwiefs uns zuletzt auf eine handschriftliche Chronik von Tobolsk, die einzige welche im Jahre 1787 eine Feuersbrunst in der untern Stadt überlebt hatte. Unter dem Namen ljétopis oder Jahresschrift *) hatte ein Russischer Bürger dieses Verzeichnifs mit dem Bestreben geführt, ein jedes Jahr wenigstens durch ein ihm wichtig scheinendes Ereignifs zu charakterisiren. Die Durchzüge der, unter Beerings Leitung, zu einer Schifffahrt auf dem Ochozkischen Meere bestimmten Mannschaften fanden wir sehr umständlich erwähnt, ja auch namentlich angeführt waren einzelne Mitglieder der Expedition, die während längerer Zeit zu Tobolsk verweilt hatten. Vor allen anderen der gemüthliche Steller, welcher eines geliebten und geachteten Andenkens bei den Sibiriern ebenso allgemein wie bei den Gelehrten Europas noch lange geniefsen wird. Für unsern Zweck war indessen Nichts gewonnen, denn obgleich auf dem letzten Blatte des jetzt noch vorhandenen Heftes noch einzelne Ereignisse des Jahres 1761 verzeichnet waren, so fand sich doch nicht die geringste Andeutung weder über den Venusdurchgang, noch auch über Chappe's Ankunft zu Tobolsk. Ob vielleicht grade die unverständliche Begebenheit der Erbauung einer Sternwarte, und die Aufstellung räthselhafter Instrumente dem Verfasser die Beschäftigung eines Geschichtschreibers verleidet hatten, ob der Tod grade damals ihn abrief, blieb unentschieden.

[October 16 bis 23.] Auf dem geräumigen Marktplatze vor unsrem Wohnhause sah man an jedem Morgen eine zahlreiche Versammlung von Bewohnern der Umgegend. Es waren Russische Bauern und weit seltner Tataren, welche die Stadt mit den Erzeugnissen des Bodens versorgen. Mit Holz und Heu beladne Fuhrwerke waren jetzt in überwiegender Zahl. Vegetabilische Nahrungsmittel für die Menschen bringen sie in dieser Jahreszeit nur selten, und die Vorräthe von gegornem Kohl (kislui schtschi) werden den Städtern schon jetzt unerläfslich. Das Einsalzen von Krautgewächsen und Früchten scheint hier noch wenig üblich (unten Abschnitt IX), und fast nur bei festlichen Gastmählern und auf den Tafeln der Reicheren braucht man, aufser dem Kohl, noch andre der hier gedeihenden Gemüse, welche vom Sommer her in

---

*) von ljéto das Jahr und pisatj schreiben.

kalten Kellern bewahrt werden. Besonders geachtet ist eine sehr gewürzige, gelbe und nahe kugelförmig gestaltete Rübe von 4 bis 5 Zoll im gröfsten Durchmesser. Auch Rindfleisch wird jetzt nur selten zur Stadt gebracht, sondern man hat davon entweder eigne Vorräthe, oder kauft es von den Fleischhändlern des Kaufhofes (góstinoi dwòr), welche Heerden von Schlachtvieh im Sommer, bei den Bewohnern des südlichen Gouvernements und vorzüglich bei den Kirgisen, eintauschen, und das Fleisch in Eiskellern niederlegen. Mit Brodkorn zur Bereitung des Quas (oben Seite 105) ist jeder Haushalt reichlich versorgt, und in einer eignen Abtheilung des Kaufhofes (mútschnoi rjàd oder Mehlreihe) ist das Mehl ein Gegenstand des beständigen Handels.

Rings um den Gebäuden des Góstinoi dwòr werden im Freien von den ärmeren Städtern mancherlei Waaren den Vorübergehenden feilgeboten. Es sind vorzüglich Kleidungsstücke aus wohlfeileren Stoffen, welche die Weiber des Volkes anfertigen und einzeln nach Mafsgabe günstiger Gelegenheit verkaufen. Mit Pelz gefütterte Brustlätze (nagrúdniki) und Halsbinden aus Pelz (oschéniki) *) werden hier auch von den Landleuten begierig gekauft. Hasenfelle sind, bei äufserster Wohlfeilheit, als sehr wärmend geschätzt, aber die jetzt vorherrschend vorhandnen Sommerfelle von ebenso brauner Färbung wie gewöhnlich in Deutschland, sind wegen geringer Haltbarkeit des Haares äufserst werthlos; erst später wurden zu gleichem Zwecke die weissen und ungleich dauerhafteren Winterbälge häufig. — Überhaupt schien Schneeweifses Pelzwerk von Winterhasen und Steinfüchsen (Can. lagopus; Russ.: Pesèz) besonders bei den Frauen des Volkes sehr beliebt zu sein, und stets füttern und verbrämen sie damit den Kragen und die Ärmel der kurzen Jacken aus hellblauem Chinesischen Zeuge, deren sie unter dem Namen tjelogréika und duschugréika **) als Oberkleid sich bedienen. —

*) Von grùd die Brust und schéa der Hals.
**) Von gréitj wärmen, tjélo der Leib und dúscha die Seele; es ist aber zu bemerken, dafs das Wort dúscha in Sibirien oftmals in einem Sinne gebraucht wird, welcher direkter an dessen Abstammung von duichàtj d. i. athmen erinnert, so namentlich im Pelzhandel, wo dúscha und dúschka zur Bezeichnung der Brust- und Kehl-gegend der Thiere angewendet wird.

Auch Männer, besonders Kosaken und alte Soldaten, sieht man auf demselben Platze mit ähnlichem improvisirten Detail-Handel beschäftigt; es sind bald rohe Stoffe, bald fertig bearbeitete Waaren, welche sie, während ihrer Reisen, in den angränzenden Wohnplätzen der Urbewohner eintauschen. Wohlfeiler als bei den Kaufleuten des Góstinoi dwòr findet man bei diesen zufälligen Händlern die mannichfaltigen Abänderungen der Rennthierfelle, und aus ihnen genähte vollständige Kleidungen nach Ostjakischem Zuschnitte (unten Abschnitt VIII), Schwanenflaum (lebjájoe puch) sowie auch die schwärzlich glänzenden Bälge von Colymbus arcticus. L. (Cepphus arcticus. Pallas) und andren Wasservögeln, deren reichere Städter sich oft als einer sehr wasserdichten und zierlichen Bedeckung ihrer Pelzmützen bedienen.

Schon hier ist, sowie in den östlicheren Gegenden Nord-Asiens, bei den freien Sibirischen Russen, an die Stelle der im Mutterlande üblichen podrjádi oder contraktmäfsigen Leistungen (oben Seite 173), eine ganz andre aber fast ebenso mannichfach wechselnde Art der Beschäftigung getreten. Sehr bedeutsam bezeichnet man diese Thätigkeit in Sibirien mit dem im Europäischen Russland kaum verstandenen Namen prómuisl, welcher durchaus analog mit dem Griechischen $\pi\rho o\mu\eta\vartheta\varepsilon\iota\alpha$ gebildet, jede erfindungsreiche und thätige Sorge für die Zukunft andeutet. Alles, was aufser dem Ackerbau (páschestwo, von pachàtj pflügen) den Einzelnen einen Erwerbzweig gewährt, wird in der Sibirischen Sprache unter die Kategorie des prómuisl begriffen, namentlich aber eine jede Wanderung, sie möge nun eigenhändige Jagd und Fischfang, das Ausgraben von werthvollen Mineralkörpern, oder den einträglichen Verkehr mit den Urvölkern zum Gegenstande haben. Schon die ersten Russischen Einwandrer in Sibirien ehrten sich, mit völligem Rechte, durch den neu gebildeten Namen promúischleniki d. i. Ausdenker oder Ausfindigmacher, als sie nicht ohne listigste Umsicht sich vereinzelt in die ihnen unbekannten, und meist von feindlich gesinnten Urbewohnern eingenommenen Gegenden begaben, und dann bald ein ihnen vortheilhaftes Naturverhältnifs entdeckten, bald, durch alle Künste eines einnehmenden Benehmens und durch die Lockungen eines sehr beschränkten

Tauschhandels, die gutmüthigen Grundbesitzer sich geneigt machten. Nicht nur reiche Geschenke brachten sie, oft wider jedes Erwarten, von solchen Streifzügen zurück, sondern es gelang auch eben so oft dafs die neuen Bekannten die ihnen leichte Lieferung von kostbarem Pelzwerk den Russischen Nachbarn alljährlich zu wiederholen versprachen. Das Talent der Väter hat sich auf die Söhne vererbt, und noch jetzt ist: sich Etwas ausfindig machen (promuischlàtj tschto nibùd) für die Sibirischen Männer die allgemeinste, und nach ihren tief eingreifenden Wirkungen noch oft im Verfolge unsres Berichtes zu erwähnende, Losung. Ebenso wird hier oft die herbeste Hülflosigkeit eines durchaus unfähigen Individuums durch die Worte: nitschewo ni smúisletj d. h. er ist Nichts zu erfinden im Stande, bezeichnet.

Sehr unpassend wäre es, den Namen promúischlenik im Deutschen durch Freibeuter zu übersetzen, denn kriegerische Gewalt war weder in früheren Zeiten bei diesen landesüblichen Streifzügen der Einzelnen behülflich, noch ist sie es jetzt; vielmehr werden dabei unermüdliche und beharrliche Körperkräfte nur auf den eigenhändigen Erwerb verwendet, aber die friedlicheren Künste des Kaufmanns während des Umganges mit den Eingebornen von dem promúischlenik geübt.

Die Tobolsker Männer sind namentlich auch mit der Jagd des Feldgeflügels sehr eifrig beschäftigt, und rings um die Stadt ist diese so ergiebig, dafs jetzt Rebhühner (rjáptschik. Tetrao Perdix.) und Haselhühner *) (stepnòi rjábik. T. Bonasia) für alle Bewohner eine unablässig sich wiederholende Nahrung ausmachten. Die gröfseren Schneehühner (kuropátki. T. lagopus) werden erst im strengeren Winter auch in der nähern Umgegend der Stadt äufserst häufig; von den nördlicheren Ostjakischen Gegenden werden sie aber während des ganzen Jahres

---

*) Dafs der Deutsche Name dieses Vogels unpassend gewählt sei, hat schon Pallas bemerkt, denn in ganz Sibirien ersetzen ihm die jungen Triebe der Kätzchenbäume sowie Samen und Beeren von mancherlei Kräutern, die gänzlich fehlenden Haselgesträuche. Die Russischen Namen rjábik und rjáptschik bezeichnen die Art des Gefieders, und sind von dem Worte rjáboi gefleckt (u. a. von pockennarbigen Menschen) gebildet.

eingeführt, ebenso wie der **Deutsche Fasan** (**bolschói tetjòr. T. tetrix**) und der **Auerhahn** (**glúchoi tetjòr. T. Urogallus**, unten Abschnitt VIII.) — Durch die Allgemeinheit dieser und vieler andren Speisen, welche in Europa meist nur den Begünstigteren vergönnt sind, ($\dot{\alpha}$ $\varkappa\alpha\iota$ $\mu\alpha\varkappa\alpha\varrho\varepsilon\varsigma$ $\pi o\vartheta\varepsilon ov\sigma\iota$) wird man auffallend an das Urtheil des **Paulus Jovius** erinnert, der schon um die Mitte des 16ten Jahrhunderts, nach eigner Ansicht, von dem Russischen Volke behauptete, dafs es weniger mit gesuchter Eleganz, als im reichsten Überflusse (opipare) lebe, denn mit vielen Speisen welche bei uns nur die verschwenderischsten (luxuriosissimi) wünschen und erlangen, sei der Tisch der Russen stets genugsam und gegen geringsten Geldaufwand besetzt.*) Was er sodann in Bezug auf Russland von der vergnüglichen freien Jagd des Federwildes sagt, welche im westlichen Europa schon damals ein ausschliefsendes Eigenthum bevorrechtigter Vasallen gewesen zu sein scheint, sowie von dem Reichthum der Flüsse an kostbaren Fischen, kann noch jetzt als eine getreue Schilderung der **Tobolsker** Lebensweise gelten.

Schwanenfleisch ifst man in **Tobolsk** meist nur gesalzen, und achtet es defswegen wenig. In diesem Zustande erhält man es vorzüglich von den Russischen Anwohnern des **Irtùisch** und **Obi**, welche im Herbste senkrechte Wandnetze parallel mit dem Strome, zwischen gelichteten Queerschlägen des bewaldeten Ufers, ausspannen, und dann, bei neblichem Wetter schiffend, die Schwäne und Heere von andren Schwimmvögeln von dem Strome in diese Fallen hineinjagen. In nachlässig gegrabnen Höhlungen längs des Ufers häufen sie die ungeheuren Fleischvorräthe, welche dieses Mittel ihnen verleiht, und einigen Grad von Verderbnifs gering achtend, zehren sie davon in Zeiten des Mangels. Nur wenig Betriebsamere salzen das schmackhafte Fleisch, und versorgen damit auch die entfernteren Städter. — Ebenso werden die Eier mehrerer wilden Entenarten zu äufserst geringem Preise nach **Tobolsk** gebracht, jedoch nicht häufig genug um das Hausgeflügel gänzlich

---

*) **Pauli Jovii de legat. Basilii Magni Princip. Moscov., ad Clementem VII. Pontific. Max. liber. In Comm. rer. Moscov. pag. 170. c.**

zu ersetzen, welches man vielmehr, oft in den geheizten Räumen der Haushaltungen, äufserst sorgfältig überwintert. Für die Aufbewahrung der Eier wilder Vögel entbehrt man hier der wichtigen Hülfe, welche den Russischen Anwohnern des Ostmeeres das Wallfischfett darbietet (unten Abschnitt XV.).

Bei den Gastmählern, zu denen meist religiöse Beziehungen und zwar bald öffentliche, bald nur die einzelnen Familien betreffende, unsre Tobolsker Freunde sehr häufig veranlafsten, äufserte sich auch hier ein direkterer Einfluss der Kirche auf die Küche; denn zur Darstellung des sogenannten Festgerichtes oder piròg (von pir ein Fest) werden, genau nach den jedesmal bestehenden diätetischen Vorschriften, in feineren oder gröberen Brodteig die verschiedenartigsten pflanzlichen oder thierischen Stoffe eingeschlossen. Durch eine richtige Anordnung dieses Hauptgerichtes scheint das Gewissen der Gläubigen beruhigt, und nicht so genau nimmt man es dann mit den übrigen Speisen, weil man ja von diesen weniger esse. Neben den vorherrschenden Beerenweinen (naliwki, Seite 387) fehlt es hier auch selten an echten Europäischen, von denen die geistigeren und daher leichter gegen den Frost zu bewahrenden, auf Schlitten hierher gebracht werden und daher eine ungleich geringere Erhöhung des Preises erleiden, als andre dem Gefrieren ausgesetztere Getränke.

Das was ernährende Hülfsquellen des Süd-Asiatischen Handels darbieten, ist durch lange Gewohnheit so allgemein üblich geworden, dafs man es den Landesprodukten gleich achtet. Vor allem andren wichtig ist der Thee, welchen hier jeder Städter zu den unerläfslichsten Labsalen rechnet. Ebenso bestimmt wie die bánji oder Dampfbäder gehören hier die, durch ganz Russland mit dem Namen *Samawàr* d. i. Selbst-kocher bezeichneten, Theemaschinen aus Messingblech zu dem Hausrath der Genügsamsten. Vielleicht treibt gleichmäfsig zu beiden Gebräuchen das instinkte Gefühl von der Wohlthätigkeit Schweifstreibender Mittel in dem hiesigen Klima, aber während die energischen Dampfbäder auch hier nur einmal wöchentlich angewendet werden, so ist das Theetrinken wenigstens zweimal an jedem Tage üblich, und gleich regelmäfsig im Sommer und Winter, versammeln sich deshalb die Hausgenossen an bestimmten

Stunden. Bei den mittleren Volksklassen trinken die Hofleute und Herrschaften gemeinschaftlich, während bei den übrigen in den isbi oder Gesindehäusern ein eigner *S*amawär niemals fehlt. Des Abends und bei festlicheren Gelegenheiten werden nach Chinesischer Sitte (unten Abschnitt XI) zugleich mit dem Thee mancherlei vegetabilische Efswaaren vorgesetzt. Zunächst ein *S*ibirisches Produkt, die Zirbelnüsse (kedrówie orjéchi), sodann aber auch mannichfache Früchte aus dem südlichen Europäischen Russland, welche mit Chinesischem Zucker (ledinèz d. i. Eisartiges, von ljèd das Eis) gekocht, unter dem Namen Warénia (d. i. Gekochtes)*) durch äufserst beständige Handelsverbindungen hierher gelangen. — Die Bucharischen Früchte, namentlich Uruk (Seite 233) werden hier als Gemüse gekocht.

Die Höhe des Erdbodens in der oberen Stadt auf den Hügeln, bestimmten wir mittels Barometers zu 203 P. Fufs über unsere Wohnung oder zu 225 P. F. über dem Irtüisch. — Zwischen zwei tief abgegrabenen Erdwällen, welche oben ein steinernes Thorgebäude mit doppeltem Eingange schliefst, führt eine Fahrbahn an dem Abhange aufwärts. Auch dieses Bauwerk sollen Schwedische Kriegsgefangene ausgeführt haben, über deren Schicksal die Schlacht von Pultawa entschied. (Seite 313.)

Seitwärts gerichtete Fufswege an der Hügelwand führen zu tief ausgegrabenen und gewölbten Höhlungen, welche jetzt mit eisernen Gittern verschlossen und von den Kaufleuten als Vorrathskammern gebraucht werden. Wahrscheinlich ist es dafs manche derselben ursprünglich den Mönchen als Andachtsörter gedient haben. Oben an dem Rande des Hügels sahen wir nun näher die mächtigsten und ältesten steinernen Gebäude, die schon aus der Ferne dem Hügel ein so bedeutendes Anselm verleihen.

Dem Eintretenden zur Rechten scheint die kirchliche Herrschaft ihren Hauptsitz gefunden zu haben, denn, begränzt von der grofsen Hauptkirche (*S*obórnoi Zérkow) mit fünf rundlichen Kuppeln und einem wohl so hoch wie der Tobolsker Hügel sich erhebenden Glockenthurme, und von mehreren kleineren Klosterkirchen, liegt der weite Hofraum, welcher den Palast des Archieräi oder Erzbischofs der westlichen Hälfte von *S*i-

---

*) Der Bereitung nach, ähnlich den in Brasilien üblichen Doçi (Abschnitt XXX).

birien umgiebt. An den Kirchen deuten gerundete Fensterwölbungen auch hier auf Byzantinische Vorbilder. Stets erhebt sich der Hauptthurm an der östlichen Seite der Kirche; auch scheint hier Kargheit der zu Gebote stehenden Mittel, eine Reinigung des Geschmackes bewirkt zu haben, denn nicht mehr sieht man jene bizarren Ausschmückungen der Kuppeln, welche, an den Moskauer Thürmen, wie Mongolischen Gebäuden nachgebildet erscheinen. Noch einfachere Formen zeigt die dreistöckige steinerne Wohnung des heilig geachteten Einsiedlers, von dessen Persönlichkeit wir später noch Einzelnes zu erwähnen haben.

Bis auf das Niveau des Irtüisch ist ein Ziehbrunnen abgeteuft auf dem Hofe des Erzbischöflichen Palastes, auch beweist noch die Festungsmauer, welche den erhöhten Stadttheil rings umgiebt, dafs man hier oft auf geflissentliche Abschliefsung gegen rings umgebende Feinde bedacht war. Das alte Arsenal von Tobolsk liegt zwischen der östlichsten Kirche und dem nächst gelegnen Theile der Mauer.

Ausgebrannt sind die Wände einer ebenso bedeutenden Wohnung des ehemaligen Gouverneurs der Stadt, welche zur Linken des Thorgebäudes sich befand. — Nur aus gebrannten Thonziegeln bestehen diese Tobolsker Bauwerke; die harten Theile der Erdrinde sind hier gänzlich unbekannt, denn weder in den Flüssen noch durch andre Wege sind Steingerölle von den Gebirgen bis in diese Ebnen gelangt.

Mehrere Strafsen von zierlichen Holzhäusern führen gegen Norden, dann folgt ein Graben und hoher Erdwall, welcher von dort rechts und links sich erstreckend, an die steinernen Mauern von der einen und an den Uferabhang von der anderen Seite sich schliefst. Kirchhöfe ziehen sich von dem Innern des Stadttheils bis an diese letzte Gränze gegen die endlose Wüste, und in dem äufsersten Nordöstlichen Winkel der Wälle liegt der Kirchhof der Deutschen, welchen einige Bäume und Sträucher anziehender machen.

Oftmals gingen wir aufserhalb des Walles weiter gegen Norden, an dem Rande des Abhanges zum Irtüisch, welcher durch Queerschluchten tief gefurcht ist. Laubholzsträucher suchen Schutz gegen die Winde in diesen Vertiefungen; die offne Oberfläche erreichen sie nur vereinzelt, aber viele einjährige Krautgewächse dürrer Standorte zieren im Sommer diesen ebneren Boden. Jetzt waren alle abgestorben, aber durch so schnell wirkende Ursachen, dafs die Gestalt der Pflanzen stets völlig erhalten ist. Den Hühnerartigen Feldvögeln werden diese Reste der Vegetation zu reichlicher Nahrung. — Mit dem Namen róschtschi d. i. bewachsene Plätze (von rostitj wachsen) werden vorzugsweise jene geschätzteren und den Wachsthum des Strauchwerks begünstigenden Einsenkungen, von den Russen bezeichnet. Auch die am Boden derselben aussickernden Quellwasser mögen häufig in ihnen zur Erhaltung der Holzgewächse beitragen, und eine solche Stelle der Ebne ist es, welche unter dem Namen Márjin schtschel (die Marien-Schlucht) den müfsigeren Tobolskern im Sommer einen beliebten Lustort gewährt, vorzüglich weil das dort ausfliefsende Tagewasser zur Theebereitung besonders günstig befunden worden.

Auch unterhalb der Stadt, am Fufse der steil abfallenden Hügel, sieht man die mächtigen Wogen des Irtùisch stets dunkelgelb gefärbt, und sehr auffallend unterscheiden sie sich von dem schwärzlichen Wasser des Tobol, welches, noch nach der Einmündung sichtbar getrennt, einen gegen das linke Ufer gedrängten Streifen im Hauptstrome bildet. Einzelne Fischerbarken fuhren bei heftigem Winde mit Segeln stromabwärts.

Das erste Bohrloch welches wir, zur Ermittelung der Bodentemperatur für Tobolsk, neben unsrem Wohnhause in der unteren Stadt ausführten, hatte, wie schon erwähnt, durch eine mit Wasser erfüllte Schicht geführt, und auch der letzte an sich trockne Theil des senkrechten Kanals, füllte sich bald von oben mit zähem Schlamme. In einem eisernen Hohlcylinder eingeschlossen, und mit weichen und die Wärme schlecht leitenden Substanzen umgeben, wurde das Thermometer an das Ende der Bohrstange geschroben, und konnte nun gewaltsam, durch das sumpfige Erdreich hindurch, bis auf den tiefsten Punkt des Loches hinabgezwängt werden. Um Mittag, nach genugsamen Verweilen in der Tiefe und schnellem Heraufziehen, hatte der Apparat bei $+9°,5$ R. Wärme der äufseren Luft eine Temperatur von $+2°,0$ R. angenommen, und insofern nicht das eingedrungene Grundwasser einen verändernden Einfluss ausübte, durfte man diesem Resultate die

Zustimmung nicht versagen. Erfreulich war aber das Gelingen eines zweiten Versuches, für welchem in dem durchaus trocknen Erdreiche der Hügel, nahe der erwähnten alten Brandstätte (Seite 471) bis zu 30,5 Engl. Fufs (28,6 Par. Fufs) gebohrt wurde. Als nach 5 stündigem Verweilen der Apparat von dem tiefsten Punkte dieses engen Kanales schnell hervorgezogen wurde, sahen wir ihn, in der um 8° wärmeren äufseren Luft, sich schnell mit Wasserdämpfen beschlagen, das Thermometer aber sich lange unverändert auf $+ 1°,80$ R. erhalten.

Mit freundlicher Bereitwilligkeit waren uns die zu Tobolsk ansässigen Ingenieure des Wegebaues bei diesen Versuchen behülflich gewesen, und manche ihrer einzelnen Erfahrungen fügten sie als lehrreiche Bestätigungen der nun mit Sicherheit gewonnenen Bestimmung für die mittlere Bodentemperatur der Gegend hinzu. Hier wo eine, unter normalen Verhältnissen der Oberfläche und 20 bis 30 Fufs tief befindliche, Erdschicht, eine unveränderliche Temperatur von nur $+ 1°,80$ R. besitzt, sind natürlich die Örtlichkeiten, an denen gefrornes Erdreich in geringerer Tiefe und unter dem Schutze schlechter Wärmeleiter sich erhält, noch ungleich häufiger als an den westlicher gelegnen Punkten, von denen wir Ähnliches bisher erwähnt haben. (Oben Seite 146 und 382.) Häufig findet man hier Eis mitten im Sommer, wenn Fundamente zu Gebäuden, und Wassergräben neben den Fahrstrafsen ausgegraben, oder die Balken der Brückenwege (mostowie) aufgehoben werden. Dafs im Spätherbste ähnliche Erfahrungen ungleich seltner sind, erklärt man hier durch das dann erst erfolgende Eindringen der Sommerregen, hätte aber vielleicht nur an eine langsame Mittheilung der atmosphärischen Wärmezuwächse zu denken.

Am Anfange der vergangnen Woche waren Mittagstemperaturen von $+ 9°$ bis $+ 10°$ R. eine offenbare Wirkung der nur am Tage statt findenden Heiterkeit des Himmels, welche nach Regenbringendem Südwinde erfolgte. Die nächste Rückkehr zur Kälte schien entscheidender werden zu wollen. Des Abends (19ten October), nach einer gelungnen Beobachtung mehrerer Sterndurchgänge am Passageinstrument, sahen wir äufserst hohe Streifenwolken (cirrostrata) sehr plötzlich sich bilden, ein farbloser Ring um den Mond zeigte sich in ihnen. Alles deutete auf eine Veränderung in der oberen Luft; in der Nacht wurden die Holzbahnen in der Stadt mit dickem Reife bedeckt, und an den folgenden Tagen begann NOwind mit Nebel zu herrschen. Auch am Mittag stieg nun die Temperatur der Luft nicht mehr über $+ 3°,0$ R.

[October 24 bis 31.] Ein religiöses Staatsfest, welches an dem Sonntage dieser Woche den Europäisch gesinnten Theil der Bevölkerung in allgemeine Aufregung versetzte, wurde durch seltnen Zufall auch für uns von bleibender Wichtigkeit. Gleichzeitig feierte man die neueste Nachricht von der Eroberung der Türkischen Festung Warna, und das Geburtsfest der Mutter des Kaisers. In der Hauptkirche der oberen Stadt wurde die Messe durch den Archieräen vollzogen, und der nur selten so unmittelbar ertheilte Segen von der Gemeinde knieend empfangen. Darauf versammelte man sich glückwünschend zunächst in dem Erzbischöflichen Palaste, sodann aber, nacheinander, und nach voraus bestimmter Reihefolge in den Häusern der weltlichen Beamten. Unter den Bewohnern von Tobolsk welche nur erst eine so wichtige Feier für einen Augenblick aus ihrer Abgeschiedenheit aufregte, fanden wir einen 80jährigen Schwedischen Artillerie-Offizier, Herrn Obrist Kremer, der zuerst, und vielleicht allein, über den vergeblich gesuchten Chappischen Beobachtungsort, eine befriedigende Kunde zu geben vermochte, denn er selbst hatte vor Jahren die Abtragung der einsinkenden Sternwarte geleitet.

Am folgenden Morgen begaben wir uns mit diesem ehrwürdigen Führer nach dem nördlichsten Punkte des Walles in der oberen Stadt, da wo unter einem Schlagbaume (sastáwa) die Straße nach Beresow hinausführt, von da aber längs des Erdwalles gegen Osten bis an die Nordöstlichste Ecke des Deutschen Kirchhofes. Auf der platten Oberfläche des dortigen Walles fanden wir die unzweifelhaftesten Spuren des klassischen Gebäudes. Grabenartige Vertiefungen an der Stelle der alten Mauern, und in ihren Bruchstücke des Fundamentes aus gebrannten Steinen, bezeichneten zunächst einen quadratischen Umring, in dessen Mitte ein kleinerer viereckiger Grundbau aus demselben Materiale sogar den Standort des von Chappe angewendeten Quadranten mit äußerster Schärfe bestimmen ließ. Nach wenigen Jahren wäre aber sicher die Möglichkeit der Auffindung entschwunden gewesen, denn ohne die Anweisung des letzten Augenzeugen hätte wohl Niemand in den immer mehr sich ebnenden Trümmern die Überbleibsel einer Sternwarte erkannt. Während der folgenden Abende verweilte ich oft auf dem Deutschen Kirchhofe, um durch Sternbeobachtungen die geographische Lage der wichtigen Ruine zu bestimmen, aber ungünstiges Wetter blieb noch hinderlich. —

Ein andres wichtiges Ereignifs dieser Woche war die Ankunft des von Beresow erwarteten Reisenden (Seite 460), Herrn Fraulow. Auch den Rückweg hatte er zu Wasser vollendet, ja er glaubte noch jetzt sei es nicht zu spät um stromabwärts sich einzuschiffen, denn, im Falle des Einfrierens, könne man auch ohne eignes Fuhrwerk, mit Ostjakischen Hundeschlitten, die Reise fortsetzen. Namentlich bedienen sich dieses Mitte's die letzten der von Beresow stromaufwärts fahrenden Fischhändler (ruibaki), welche gewöhnlich nur die Hälfte des Weges zu Wasser vollenden, sodann aber mit Hunden bis zur nächsten Russischen Niederlassung fahren, um dort gröfsere Schlitten und kräftigeren Vorspann für die Ladung zu miethen. (Unten November 23.)

Auf dem Irtüisch sahen wir das Fahrzeug welches Herrn Fraulow bei seiner Reise gedient hatte; es war nach Art der hier bei den Fischhändlern üblichen und lódki genannten Bote von etwa 5 Sajen Länge und 2 Sajen im Queerdurchschnitte, mit gerundetem Boden. Nur über dem Hintertheile ist ein festes Verdeck, während man mit breiten Streifen von Birkenrinde und mit Bastmatten (ragóji) das Übrige des Raumes von oben gegen die Witterung schützt. Der Schnee hatte jetzt die Stücke dieses wärmenden Daches noch dichter geschlossen. Nach Vollendung seiner ersten Reise wurde dieses Fahrzeug zu 15 Rubeln käuflich angeboten, und die noch anwesenden Ruderer, welche man in der nächsten der stromabwärts von Tobolsk gelegnen Ortschaften gemiethet hatte, riethen mir sehr geflissentlich, diese Gelegenheit zu benutzen, und mit ihnen noch jetzt die Wasserfahrt zu beginnen. Da aber die Mittelzahl aus 15jährigen Beobachtungen uns lehrte, dafs schon am 2ten November die gröfste Wahrscheinlichkeit für völlige Schliefsung der Eisdecke bei Tobolsk sich einstellt, so schien eine Einschiffung von sehr geringem Vortheil.

Erfahrungen welche eine Wasserfahrt nach Beresow darbietet, wurden nun zum Hauptgegenstand der Gespräche. Eine auffallende Verschiedenheit zwischen den Betten des Irtüisch und des Obi äußert sich in dem Ansehn und der Natur ihrer Wasser; denn auch unterhalb Tobolsk bleibt dem Irthisch seine dunkelgelbe Farbe, und nur ungern trinkt man das trübe Wasser, während der Obi von reinerem Sandboden Nichts Fremdartiges aufwühlt. Rollsteine in dem Strombette sieht man erst unterhalb der Vereinigung beider Flüsse. Den Charakter der höchst malerischen Landschaft bedingt eine beständige Verschiedenheit beider Ufer, denn die Hügel von Tobolsk bleiben ununterbrochen und mit gleicher Höhe zur rechten Seite der abwärts Schiffenden, während die Niederungen zur Linken bei jährlicher Anschwellung den Anblick ungeheurer Landseen darbieten. Flussärme erstrecken sich dann landeinwärts, und die häufigen Ortschaften liegen auf Inseln zwischen Gehölzen von Pappeln, Elsen und Weiden. Auf dem hohen Ufer herrschen Nadelwälder von ausgezeichneter Schönheit; es fehlt keine der 5 pinus-Arten, deren wir früher am Ural erwähnten (Seite 359), und zur Bemastung von Seeschiffen würden die mächtigen Stämme genügen. Von der Fruchtbarkeit eines noch durch keine früheren Erndten erschöpften Bodens, haben Russische Ansiedler zwischen Tobolsk und Beresow sich häufig überzeugt, indem sie an Brodkorn das 40fache der Aussaat gewannen (unten Abschnitt VIII). Zu Beresow selbst bewundern sogar die an ähnliche Erscheinungen gewöhnteren Reisenden von Tobolsk, die Schnelligkeit des Wachsthums im Frühjahr. Im Juni hat man dort heiße Tage, während welcher Gurken und Rüben äußerst rasch sich entwickeln und ohne von der kalten Luft zu leiden, welche auch dann noch oft urplötzlich von Norden her einströmt. So empfindlich seien aber diese grellen Wechsel, daß die Bewohner von Beresow auch während der Sommerhitze ihre Pelzkleider nicht ablegen.

Ohne Hülfe des Windes durchläuft ein Boot in 190 Stunden, die 926 Werst lange Strombahn von Tobolsk bis Beresow (4,85 Werst in der Stunde) und bei der Schnelligkeit dieser Bewegung ist Leichtigkeit der Rückkehr doppelt befremdend. Theils sind es die im Sommer vorherrschenden Nordwinde, welche die stromaufwärts Schiffenden begünstigen, theils und vorzüglich eine sehr merkwürdige Eigenthümlichkeit des Irtůisch und Obi, denn während am linken und niedrigen Ufer die Strömung sich gleichförmig erhält, erstreckt sich von jedem der vorspringenden Hügel (Russ.: múisi d. i. Vorgebirge) ein Gegenstrom weithin aufwärts in der rechten, und von den zurückkehrenden Schiffern stets ausschliefslich befahrenen, Hälfte des Bettes. Wahrscheinlich verlängern sich die Hervorragungen des Bergufers auch unter dem Wasser, und scheiden daher die Masse des Flusses in einzelne Becken, in welchen, aufser der gemeinsamen Hauptströmung einer Hälfte, auch noch selbständige, rückgängige Bewegungen sich erhalten.

Am 30sten October gewannen die Strafsen von Tobolsk ein erfreulicheres Ansehn, und durchaus neues Leben regte sich in ihnen, denn vortreffliche Schneebahn hatte sich eingestellt und für die nähere Umgebung der Stadt war nunmehr keine fernere Unterbrechung dieses erwünschten Verhältnisses zu befürchten. Ein Jeder versuchte nun neue oder doch verbesserte Schlitten, und schon von diesen ersten Fahrten schlossen wir auf die Reize einer längeren Winterreise. Ungleich stattlicher und noch feuriger als bisher schienen die Russischen Pferde vor den Schlitten, und wohlthuender war die pfeilschnelle Bewegung, seitdem sie völlig geräuschlos erfolgte. Es ist auffallend, dafs, in einem so vorzugsweise Pferdeliebenden Lande, der Europäische Gebrauch knallender Peitschen durchaus unbekannt geblieben ist, ich erinnere mich nirgends in Russland dergleichen gesehen oder nennen gehört zu haben (vergl. auch Seite 449), aber auch der Glocken an dem Joche der Pferde bedient man sich sowohl im Winter als im Sommer nur auf der Landstrafse, sie sind ein Eigenthum der Reisefuhrwerke; in der Stadt aber wird nun nur durch gellende Ermunterungen der einander folgenden Lenker die Ruhe bisweilen unterbrochen.

Der Kaufhof und dessen Umgebungen waren der stete Zielpunkt dieser Schlittenfahrten, denn oft auch ohne bestimmte Ankäufe zu beabsichtigen, ist es volkthümlicher Gebrauch unter den schützenden Vorhallen der Buden sich zu ergehen (gulátj w'gostínom rjádje). — Auch hier ist nämlich bei der Anlage der góstini dwóri die mehrmals erwähnte alte Sitte des Mutterlandes (oben Seite 70) völlig beibehalten. Die Buden (láwki) unter gemeinsamen Dache, umgeben ringartig einen viereckigen Hof. Hier befinden sich zwei dergleichen Gebäude nebeneinander, von denen das niedrigere ohne vorspringende Hallen, für den Handel mit Nahrungsmitteln und andren rohen Stoffen bestimmt ist, während meist verarbeitete Gegenstände und fremde Fabrikate in der gröfseren, und mit bedeckten Säulengängen versehenen Abtheilung gesehen werden. Beide Hälften des Tobolsker Kaufhofes sind nur einstöckig und durchaus aus Holz erbaut, durch Gestalt und übrige Anordnung erinnert aber die zuletzt genannte völlig an die in Petersburg zu gleicher Bestimmung gesehene Anstalt. Heizung und künstliche Beleuchtung sind in diesen Gebäuden nicht möglich oder doch wenigstens nicht üblich, und man schliefst daher jetzt die Buden kurz nach Sonnenuntergang. Aber auch am Tage ist es dunkel in den tiefen Gewölben, und von geübten Käufern hört man beständig das Verlangen, dafs der Krämer seine Waare zu dem äufseren Rand der umgebenden Hallen, an das Licht trage (na swjet wúinesti). Die bärtigen Verwalter (prikáschtschiki) zeigen sich dabei hier mit ebenso eigenthümlicher Beweglichkeit und zuvorkommenden Beredsamkeit wie zu Petersburg und Moskau. Erst seit Kurzem sind hier, nach Art der mjélotschnie lawki oder Kleinigkeitsbuden in Petersburg (Seite 78), einige Handelsgewölbe in den Häusern reicherer Kaufleute eröffnet, weil manche der nunmehr eingeführten Waaren die Kälte des Kaufhofes nicht ertragen.

Sehr auffallend war uns in dem Tobolsker góstinoi dwòr, die Mischung Chinesischer Manufakturprodukte mit Europäischen, denn oft sieht man in einem Gewölbe beide so bunt durcheinander gemengt, dafs es einiger Gewohnheit bedarf, um den Ursprung des Einzelnen zu erkennen. Für die meisten der alltäglichen Bedürfnisse sind beide Hülfsquellen gleichzeitig vorhanden, und in solchen Fällen wird von den Sibiriern, theils wegen wohlfeileren Preises, theils auch aus älterer Gewohnheit, den Chinesischen Waaren stets der Vorzug gegeben. — So sind baumwollene Gewebe von mannichfacher Farbe unter dem Namen Kitaíka (d. i. vorzugsweise: Chinesischer Stoff, Chinesisch: Bu) die beliebteste Kleidung des hiesigen Volkes, und auch im

Winter, um die Pelze gegen Nässe zu schützen, (Seite 233) findet man sie zweckmäfsiger als die, nur von Westen her eingeführten, wollenen Stoffe. Noch wohlfeiler ist ein anderes baumwollenes Zeug, welches, meist von blauer Farbe, auch hier unter dem Chinesischen Namen: Dabu verkauft wird. Leinwand erhält man aus Russland und auch aus China; das Sibirische Volk braucht beide gleich selten, aber die Europäisch Gewöhnten halten die Linnenfäden aus dem Archangelschen Gouvernement für ungleich fester als die des Südens.

Seidenzeuge Chinesischen Ursprungs und namentlich Fansa, ein leichteres weifses Gewebe, und Kanfa, ein sehr schweres und schwarzes, sieht man bei den begüterteren Sibirischen Frauen in beständiger Anwendung. Diese werthvollen Stoffe werden aber auch von den Europäischen Ankömmlingen begierig gekauft, weil man sie westlich vom Ural nur selten und zu weit höheren Preisen findet. Schon hier bemerkt man dafs es bei den Sibirischen Händlern, welche näher zu dem Ausgangspunkte dieser Chinesischen Waaren gelangen, nur einiger Kenntnifs der Bedürfnisse des westlichen Europa's bedürfte, um diesen Theil des Handels für Russland sehr werthvoll zu machen. So findet man stets zu Tobolsk Chinesischen Krep von ausgezeichneten Farben und Gewebe; aber nur kurz nach vollendeter jährlicher Reise haben die Kaufleute davon eine bedeutende Menge, weil dieser Gegenstand zu den Waaren gehört welche sie, nach eignem Ausdrucke, nur dlja ljubopúitswa d. h. zur Befriedigung der Neugier ihrer Kunden, eintauschen. Noch vereinzelter sahen wir schon hier manche andre Produkte Chinesischen Gewerbfleifses, deren Menge gegen Osten hin zunimmt, von hier bis Irkuzk in den längs der Verbindungsstrafse gelegnen Städten.

Nur von Kjachta (Abschnitt XI), als einziger Quelle, verbreiten sich diese echt Chinesischen Waaren, und zwar gelangen sie nach Tobolsk meist nur durch gleichsam kryptogamische Verbindungen der hiesigen Krämer mit denen von Tara, Tomsk oder Krasnojarsk (Abschnitt IX). Nur reichere Kaufleute oder deren prikáschtschiki reisen bis nach Irkuzk; alle aber gebrauchen als Tauschwaare einiges von den Chinesen begehrtes Pelzwerk, welches ihnen der Krämerhandel mit den Urbewohnern der hiesigen Gegend verschaffet. Der Eintausch von Thee gilt ihnen durchaus als wichtigster Zweck dieser Reisen; unter den eben genannten Gegenständen aber gewährt noch die Kitáika einen wesentlicheren Nebengewinn. Nach der Befriedigung des erheblichen hiesigen Bedarfes wird der werthvollere Thee nach Westen zum Ni*j*neier Markt befördert, zugleich mit dem gröfsten Theile des Pelzwerkes, von welchem ein geringerer und schlechterer Theil den Chinesischen Handel genugsam unterhält. Schon in den hiesigen Buden sahen wir aber auch sogenannten Ziegelthee (Kirpítschnui tschai) von den Tataren sehr eifrig begehrt. Diese Backsteinförmigen Massen aus mannichfachen zusammen geklebten und verfilzten Kräutern sind ebenfalls Chinesischen Ursprungs, und für den Tobolsker Handel möchten sie leicht zn den wichtigsten Gegenständen gehören, weil die Turkomanischen Urbewohner das daraus bereitete Getränk dem eigentlichen Thee bei weitem vorziehen (unten Abschnitt XI). — Nur die reicheren *S*ibirischen Kaufleute unterhalten durch Schlittentransport ihre direkten Verbindungen zwischen Kjachta und Ni*j*nei Nowgorod, aber zu dem, auf kleinere Bezirke beschränkten aber in einander greifenden, Krämerhandel helfen bedeutend die einzelnen Theile des Fluss-systemes, welches von Tobolsk, ja schon von Tjumèn, bis zu einem nur um 90 Werst von Kjachta entfernten Punkte ununterbrochene Schifffahrt erlaubt. Langsame Sommerreisen auf den Flüssen haben nebenbei für die geübten Krämer den Vortheil eines beständigen Tauschhandels mit den Anwohnern.

Wesentlich von den Kjachtaern verschieden sind einige Handelsgegenstände, welche man unter dem Gesammt-namen Jarkenskie towári d. i. Waaren von Jarken, der Hauptstadt der, unter Chinesischer Herrschaft stehenden, sogenannten kleinen Bucharei [*]) in dem Tobolsker Kaufhofe ausbieten hört. Dahin gehören ebenfalls baumwollene Stoffe, welche, minder sorgfältig gearbeitet als die über Kjachta aus dem Osten von China erhaltenen, den *S*ibiriern dennoch willkommen sind, weil sie

---

[*]) Jarken unter 39° Breite und 13°,3 östlich vom Tobolsker Meridiane, ist 315 D. Meilen von hier entfernt.

VII. Abschnitt. 1828. October.

jene, bei geringerem Preise, an Haltbarkeit übertreffen. Sie stammen aus einer Gegend in welcher die Baumwolle wohlfeiler und das daraus bereitete Garn fester ist, als das zu Pekin angewendete. Auch rechnet man dahin aus Baumwollen- und Seiden-fäden gemischte Gewebe, und mit groben farbigen Mustern bedruckte Kattune (Russisch: wuibóika), aufserdem aber hat im Tobolskischen Gouvernement eines der unerläfslichsten Kleidungsstücke aller Russischen Männer, der Kuschak oder Leibgurt mit welchem sie anstatt der beim Volke niemals üblichen Knöpfe ihre weiten Oberröcke um die Hüften zusammenschnüren, stets diesen entfernten Ursprung, denn den sogenannten Jarkener Kuschaken, welche aus stärkstem baumwollenen Garne gewebt und äufserst zierlich, gewöhnlich blau und weifs gefärbt sind, können aus Europa hierher eingeführte Surrogate weder an Festigkeit noch an Wohlfeilheit gleich kommen.

Indessen ist es offenbar eine nicht streng begründete Ausdehnung des Sprachgebrauches, vermöge deren sowohl alle eben genannten, als auch mehrere andre Gegenstände, grade als Jarkener Waaren bezeichnet werden, denn nicht nur dafs man hier auch die früher (Seite 233) erwähnten getrockneten Früchte dahin rechnet, von denen es doch gewifs ist, dafs sie nach Kasan, stets aus der eigentlichen Bucharei und aus der Umgegend der Stadt Buchará gelangen, so weifs man auch dafs die hier sogenannten Jarkener Kattune (wuibóiki) in Buchara selbst, mit Mustern bedruckt, und nur die dazu nöthigen weifsen Gewebe theils von Jarken, theils von Taschkent und Kokan, dahin eingeführt werden. *)

Sehr erklärlich wird diese Unbestimmtheit des bei den Tobolsker Kaufleuten üblichen Namen, durch die Eigenthümlichkeit des Tauschhandels welcher ihnen diese Gegenstände verschafft. Sie erhalten alljährlich die sogenannten Jarkener Waaren nahe an der Südgränze des hiesigen Gouvernements, in der zur Omskischen Provinz **) gehörigen Ortschaft Petropáwlówsk am

---

*) E. Eversmann, Reise von Orenburg nach Buchará. Berlin 1823. 4to. Seite 77.

**) Unter dem Namen Omskaja Oblast (Omskische Provinz) ver-

Ischim. Dort bildet der Einkauf ganzer Heerden von Schlachtvieh, welche die Kirgisen dahin bringen (Seite 465), durchaus den wesentlichsten Theil des Verkehres, und nur als einen Nebenzweig desselben betrachten Sibirische Krämer die dort vorgefundnen Manufakturprodukte des Süden, welche theils durch Kameelkaravanen von ihrem Ursprungsorte aus direkt bis nach Petropáwlowsk gelangen, theils aber und in gröfserer Menge von Kirgisischen Unterhändlern dahin gebracht werden. Brodkorn, Leder und einige Eisenwaaren werden von den Tobolsker Kaufleuten sowohl bei dem Viehhandel, als auch beim Einkauf der Fabrikwaaren in Zahlung gegeben, und schon die bedeutende Menge des nach Petropáwlowsk geführten Getraides beweist, dafs der dortige Handel zu grofsem Theil für eigne Rechnung der Kirgisen geführt wird, denn diesen gelingt Kornbau nur an einzelnen und künstlich bewässerten Stellen ihres Landes, während man in den südlichen Chanaten Reis, Weizen und Gerste in Überfluss besitzt, und daher der Russischen Cerealien keinesweges bedarf. Die Begleiter der Kameelkaravanen, welche bis nach Petropáwlowsk durch die Kirgisen-steppe ziehen, sind theils eigentliche Bucharen und Armenier von Buchara, theils Russische Tataren, welche sowohl zu Buchara und in den Chanaten von Kokan und Taschkent als auch zu Jarken in der kleinen oder Chinesischen Bucharei freien Zutritt haben. *) Diese Letzteren sammeln Russische Waaren in Si-

---

steht man den Landstrich, welcher etwa 1200 Werst von NW. nach SO. und 350 Werst von NO. nach SW. umfassend, jenseits der durch den oberen Irtüisch gebildeten und militairisch besetzten Gränzlinie sich hinzieht. Er wird zu den Russischen Besitzungen gerechnet, obgleich die daselbst nomadisirenden Kirgisen, welche bei weitem den überwiegenden Theil der Bevölkerung bilden, nur ihren angestammten Oberen (Sultanen) gehorchen, und nur nach Mafsgabe des jedesmaligen Einverständnisses dieser letzteren mit der zu Omsk ansässigen Russischen Regierung, bald kriegerisch angreifend, bald friedlich gegen die Russischen Einwanderer verfahren. Daher auch konnte man den im übrigen Reiche üblichen Namen eines Gouvernements auf diese Gegend nicht anwenden, sondern ersetzt ihn einstweilen durch die unbestimmte Benennung Oblast oder Provinz.

*) Herr Professor Eversmann hat im Jahre 1821 während seines

birien, und, sowohl während ihres gegen Süden gerichteten Weges als während der Rückkehr, führen sie damit einen in jedem Wohnplatze sich wiederholenden Tauschhandel: sehr natürlich ist daher ein mannichfacher Ursprung des von ihnen zur Russischen Gränze Zurückgebrachten.

Unter höchst ähnlichen Verhältnissen unterhalten Russische Kaufleute an mehreren andren Punkten den Verkehr mit den südlicheren Ländern, und zwar einerseits westlich von Petropáwlowsk im Orenburgischen Gouvernement zu Orenburg, Orsk und Troizk, andrerseits aber östlich von dem genannten Marktorte in den Flecken Semipalátinsk und der Festung Buchtárminsk, welche beide zu der, in der Omskischen Provinz längs des Irtùisch, durch Kosakenposten gebildeten Beobachtungslinie gegen die Kirgisen, gehören. Zu dem nördlich angränzenden Tomskèr Gouvernement stehen diese letzteren Ortschaften in derselben Beziehung wie Petropáwlowsk zu dem Tobolsker. Alle genannten Marktorte haben aber das Gemeinsame, daſs sie von den südlichen Chanaten ein von Kirgisen eingenommener und durch reichste Viehzucht ausgezeichneter Landstrich trennet. — Was wir über den Handelsverkehr zu Orenburg und Troizk schon in Kasan und Jekatarinburg vernommen hatten, wurde nun, durch hier gebotne Vergleichungspunkte, anziehender.

Seitdem den Bucharen direkt nach Nijnei Nowgorod zu kommen erlaubt ist, (Seite 214) hat der Markt zu Orenburg von seiner früheren Wichtigkeit bedeutend eingebüſst. Jetzt wird die Stadt nur als beständiger Durchgangspunkt aller von Buchara nach Europa kommenden Karavanen häufig erwähnt, auch finden daselbst ansässige Russische Kaufleute, während des Umladens der bis dahin von Kameelen getragnen nun aber auf Fuhrwerken weiter zu befördernden Waaren, stets Gelegenheit zum Einkauf aller Bucharischen Gegenstände, deren man in ihrem Gouver-

---

Aufenthaltes zu Buchara viele Sibirische Tataren getroffen, und zwar sowohl unter den Karavanenführern we'che Russische Produkte direkt von Orenburg einführten, als auch unter denen, welche die Handelstransporte von Kaschkar (in der Chinesischen Bucharei) und von Kokan, nach Buchara geleiten.

nement sowohl, als in dem Kasanischen bedarf. Aufserdem aber werden von den anwohnenden Kirgisen gewisse Waaren beständig und zu jeder Jahreszeit nach Orenburg geliefert. Zunächst Schlachtvieh und Pferde, und die Produkte ihres eigenen Gewerbfleifses, sodann aber auch diejenigen Bucharischen Waaren, welche sie von den Karavanen nach Art eines Durchgangszolles erheben, und gegen welche sie sich zu Schutz und Geleite verpflichten. Im Herbste bringen die Kirgisen auch Kameele nach Orenburg zum Verkauf, weil die alsdann von Norden zurückkehrenden Bucharischen Karavanen, zum Transport der eingetauschten Russischen Waaren, stets mehr Tragvieh bedürfen als bei der Ankunft.

Auch auf den Handel zu Troizk ist Erweiterung der, in früheren Zeiten, für die Asiatischen Wanderungen festgesetzten nördlichen Gränzen nicht ohne erheblichen Einfluss geblieben, und kaum sieht man dort noch jetzt Züge von 800 bis 2000 beladnen Kameelen, welche früher dreimal jährlich von Buchara ankamen. Die Stadt liegt an dem rechten Ufer des Flüsschens Ai, welcher dort die Gränze gegen die Steppe der, zur sogenannten mittleren Orde sich rechnenden, freien Kirgisen bildet. Am anderen Ufer des Flusses liegt ein länglich viereckiges und hölzernes Kaufhaus. Ställen ähnlich und finster schildert man die Buden (láwki), welche darin unter gemeinsamem Dache dicht aneinander gereiht sind, und ihr Licht nur durch die geöffneten Thüren empfangen. Das Ganze ist, durch eine queer durchgehende Budenreihe, zuerst in zwei Hälften, sodann aber die eine dieser Hälften auf ähnliche Weise in zwei kleinere Vierecke getheilt. Ihrer Bestimmung nach heifsen die ungetheilte Hälfte der Kirgisische, von den zwei kleineren Vierecken aber das eine der Bucharische, das andere der Russische Tauschhof (Kirgískoi-, Buchárskoi und Rússkoi mjenowoì dwòr, von mjenàtj austauschen). Nur zwei enge Thoröffnungen führen aus dem Gebäude, die eine in die offne Steppe, die andre über den Fluss in die Stadt, und die Kleinheit dieser Zugänge vermehrt das Gedränge der Verkehrenden. Zu dem Kirgisischen Hofe sieht man die Männer in abgetragnen und mannichfach zusammen gesetzten Trachten auf Kameelen und Pferden, die Weiber aber auf gesattelten Kühen reiten, und stets hört man darin das durchdringende Geschrei der Kameele, welche bei der Abladung zum Niederknien gezwungen werden. Die Männer sind vorzugsweise mit dem Verkauf der in Menge herbeigetriebenen Pferde beschäftigt, welche theils in einem eigenen Verschlage innerhalb des Tauschhofes gehalten werden, theils aufserhalb desselben in der Steppe weiden. An der Erde auf den ausgebreiteten Filzmatten ihrer Zelte (kibitki) treiben die Weiber ihren Kramhandel, oder zählen das empfangene Geld. Bucharen, Tataren und Baschkiren sollen stets sehr friedlich mit ihren Kirgisischen Glaubensgenossen verkehren, und sich namentlich an deren eigenthümlich beweglicher Redseligkeit ergötzen. Höchst auffallend schildert man den Contrast zwischen dem bedächtigen und ernsten Benehmen der Bucharen, welche in ihren finstern Buden auf Woilok-polstern sitzend, die Käufer ruhig erwarten, und der ungestümen Wildheit der Kirgisen. Jene gebildeteren Kaufleute sind auch dort stets mit reichen und langen Chalaten (Seite 195 und 238) bekleidet, während der gröfste Theil des Kirgisischen Volkes in kurzen Jacken aus behaartem Pferdefelle (Seite 200) oder andren meist zerrifsnen Stoffen mit tölpischer Ungeschicklichkeit einher geht. — Der Einkauf von Schlachtvieh und Pferden ist für die Russen äufserst wichtig, und sogar dem bedeutenden jährlichen Bedarfe an Zugvieh, von welchem wir in den nördlichsten Uralischen Hüttenwerken hörten, wird stets zu Troizk durch Kirgisische Lieferungen genügt. (Vergl. auch Seite 334.) Auch braune Filzmatten aus Kameel- und Rinds-haaren (wóiloki) werden in grofser Menge von den Kirgisen nach Troizk gebracht, und in jedem Sibirischen Haushalte sind diese, vorzüglich im Winter, durchaus ebenso wichtig als die von Westen aus dem Europäischen Russland eingeführten Bastmatten (ragóji). Von den Kirgisen bereitete grobe Teppiche aus Schafwolle finden ebenfalls Absatz in Sibirien. — Im Allgemeinen hat man bemerkt dafs jetzt die nach Troizk kommenden Kirgisen der sogenannten mittleren Orde, durch Viehzucht und davon abhangende Produkte reicher sind, als die der um Orenburg verkehrenden kleinen Orde. — Des zu Troizk bereiteten Garnes aus dem Flaumhaar der Dromedare haben wir schon früher erwähnt (Seite 198), aufserdem aber werden sehr dichte Gewebe aus Kameelhaar von den Bucharen dahin eingeführt, und zur Anfertigung der unter dem Namen A *s* j á m i bekannten, sehr dauerhaften Kleidungen verwendet. Übrigens ist Alles was durch Karawanen aus Süd-Asien, theils direkt nach Troizk gebracht, theils von solchen ausgehend durch Kirgisen verkauft wird, durchaus gleichartig mit den zu Orenburg ausschliefslich von Buchara erhaltenen Waaren; von Gegenständen aus dem Östlichen China hat man nur gemünztes Silbergeld bisweilen nach Troizk gelangen sehen.

Ebenso ist es nun auch zu Petropáwlowsk und *S*emipalátinsk. Viehhandel zwischen *S*ibiriern und Kirgisen bleibt das Wichtigste, und obgleich die zu diesem Punkte gelangenden Karawanen niemals direkt von Buchara kommen, sondern von Taschkent und Kokan und bisweilen, durch diese Orte, von Jarken aus der Chinesischen Bucharei, so ist doch das was sie bringen nicht nur stark untermischt mit Waaren von Buchara, sondern es sind auch die wirklich aus jenen Chanaten herstammenden Gegenstände von den Manufaktur-produkten der grofsen Bucharei niemals so durchaus verschieden wie die Kjachtaer Waaren. Produkte echt Mongolischen Gewerbfleifses verirren sich nur vereinzelt dahin, und niemals kaufen die *S*ibirier in jenen Marktorten weder Thee noch Kitaika. Aber auch rohe Baumwolle, welche aus Buchara über Orenburg in so bedeutender Menge eingeführt wird, und deren Betrag bei gesteigertem Bedarfe sich dort wohl leicht noch vermehren würde, gelangt nie zu jenen östlicheren Sitzen des Handels mit den Chanaten, an welchen man kaum auf mehr als den eignen Bedarf von *S*ibirien bedacht ist. Nur das Schlachtvieh wird zu Petropáwlowsk in einer auf weitere Ausfuhr berechneten Menge eingekauft, denn in Tobolsk schmilzt man, nach dem Europäischen Russland auszuführenden, Talg, aus dem Fleische von Kirgisischen Schaf- und Rind-heerden, und daher auch ist im Sommer das Fleisch des, meist' schon in dem Marktorte geschlachteten, Viehes in kaum zu überwältigendem Überflusse vorhanden. Von dorther hat sich bis nach Tobolsk der Gebrauch eines, vorzüglich bei Sommerreisen üblichen, Nahrungsmittels verbreitet. Fein zerhacktes Schaffleisch wird zu kleinen Kugeln geballt und durch Umhüllung mit rohem Mehlteig gegen Verderbnifs geschützt. Unter dem Namen pilméni (vielleicht von pilìtj, zerkleinern) führen die Reisenden dergleichen Fleischkugeln in grofsen Säcken mit sich, und kochen sie des Abends am Wachtfeuer oder würzen damit die Kohlsuppen Sibirischer Bauern.

* * *

Nicht nur von der zwischen Orenburg und Buchara gelegnen merkwürdigen Steppengegend, sowie von den natürlichen und politischen Verhältnissen des Landes von Buchara (der grofsen Bucharei) hat man, durch diese Handelsverbindungen und durch die zur Befestigung derselben unternommenen Russischen Gesandtschaftsreisen, ein anschauliches und vollständiges Bild entworfen, *) sondern auch die Wege, welche durch die Kirgisischen Lande zu den östlicheren Chanaten von Taschkent **) und Kukánja ***) führen, und der Charakter dieser Landschaften selbst, gehören jetzt in Sibirien zu den bekannten Gegenständen.

Sowohl von der Stadt Kokan zur Russischen Gränze, als auch mit entgegengesetzter Absicht geht man stets über Taschkent. Zu dieser letztgenannten Hauptstadt begiebt man sich aber von der Kirgisischen Linie aus, auf zwei wesentlich zu unterscheidenden Wegen, deren ersterer bei Petropáwlowsk (am Ischim) beginnend, erst an dem Berge Ak-tau (840 Werst gegen S. 20° O. von Petropáwlowsk) mit dem andren jener Hauptwege sich vereinigt, und von dort an, so wie dieser, eine SSWliche Richtung annimmt. Die Reisenden setzen dann zuerst über den oberen Ischim (etwa 350 Werst von Petropáwlowsk)

---

*) E. Eversmann, Reise von Orenburg nach Buchara etc. Berlin 1823. 4to. Die Hauptstadt Buchara liegt unter 39°,1 Breite und 3°,1 Westlich von Tobolsk.

**) Dessen Hauptstadt Taschkent unter 41°,9 Breite und 4°,1 Östlich von dem Meridiane von Tobolsk sich befindet.

***) Bei den Sibirischen Kaufleuten ist der Landesname Kukánja anstatt der in Europa gehörten Benennung Chanat von Kokan in ausschliefslichem Gebrauche. Die Hauptstadt Kokan liegt unter 40°,7 Breite und 3°,2 Östlich von dem Tobolsker Meridiane oder 140 Werst von der Stadt Taschkent.

und rechnen von dort bis zum Flüsschen **Nura** 140 Werst; von der **Nura** zum Flusse **Saruiſu** 150, und von dort, bei dem Berge **Ak-tau** vorbei, bis zu dem Flusse **Tschui**, 400 Werst. Erwägt man dafs, je nach der Verschiedenheit der Jahreszeiten, verschiedene Abwege von der gradlinigen Richtung eingeschlagen werden, um an den vereinzelt aus der ebnen Steppe sich erhebenden Hügelzügen das dort sich sammelnde und länger sich erhaltende Schneewasser zu benutzen, so sind diese üblichen Entfernungsangaben in genügender Übereinstimmung mit den neueren **Russischen** Karten. *) Nur ist zu bemerken, dafs das Wasser welches die Karten als einen besonderen Zufluss des **Saruiſu** angeben und mit dem Namen **Jarjakschi** bezeichnen, von den Karawanenführern nur als oberer Lauf jenes Hauptflusses betrachtet und daher mit ihm gleich benannt wird.

Um den Weg durch das unwirthbare und wegen räuberischer Angriffe stets furchtbare **Kirgisen-land** abzukürzen, ziehen **Russische** Reisende vor, sich noch innerhalb des **Sibirischen** Gebietes, von **Tobolsk** gegen OSO. zu begeben, und zwar namentlich aufwärts am **Irtůisch**, bis zu dem Gränzposten **Semijarsk** (d. h. zu den sieben Hügeln) 50°,8 Breite, **) Von dort aus wird der Weg zu den Hügeln **Ak-tau** nur auf 650 Werst angegeben, selbst wenn man einen weit östlich gerichteten Umweg mitrechnet, zu welchem die Aufsuchung guten Wassers und Pferdefutters veranlafst. Auch ist die Linie von **Semijarsk** zu dem **Ak-tau**, mit dem dann noch übrigen Theile des Weges nach **Taschkent** von nahe gleicher Richtung, während die von **Petropáwlowsk** kommenden Karavanen zuerst gegen SO., dann aber plötzlich gegen SW. sich wenden. —

Es ergiebt sich aus dem Berichte **Russischer** Bergleute, welche theils nach **Taschkent** gehende Karavanen begleiteten, theils durch eigens darauf gerichtete Reisen die nördliche Hälfte

---

*) Vergleiche: **Generálnaja Kárta Asiátskoi Rossii sotschínena Porútschikom Posnjakówuim 1825goda**, und die diesem Berichte beigefügte allgemeine Erd-Karte.

) 120 Werst stromaufwärts von **Jamúischewsk und 140 Werst stromabwärts von **Semipalátinsk**.

der von der mittleren Kirgisen-orde eingenommenen Gegenden untersuchten, dafs ein breiter gebirgiger Landstrich, mit vorherrschend OSOlichem Streichen der geschichteten Felsmassen, von dem Meridiane von Tobolsk bis zu einem wenigstens 20° östlicher gelegnen sich erstreckt. Unter dem zuerst genannten Meridiane befindet sich diese gebirgige Strecke zwischen 53°,5 und 49°,9 Breite, während 15° östlich von Tobolsk die Parallelkreise von 49°,5 und 44°,5 dieselben begränzen. In den Hügelketten am nördlichen Rande dieses Distriktes sieht man die Schichten des früher erwähnten Kupfersandsteines (oben Seite 350), aber während am Ural dieses Gestein stets in horizontaler Lage sich befindet, sind hier dessen Schichten steil aufgerichtet und unter einem Winkel von 40° gegen Norden geneigt; zum Beweise, dafs diese Kirgisischen Gebirgsketten von jüngerer Entstehung sind als die Uralischen. Weiter gegen Süden findet man Quarzporphyre, Jaspisbreccien und andre quarzreiche Gesteine (oben Seite 405), dann folgt ein höheres Kalkgebirge, in dessen Queerthälern grofse Tropfsteinhöhlen münden, Berge aus Thonschiefer und endlich Granit auf einem schmaleren Raume, welcher die am wenigsten schroffen und ausgezeichneten Parthien der südlichen Gebirgskette enthält. Die westliche Verlängerung der höheren Hauptkette nennen die Kirgisen Ildigi Suirt d.i. das unendliche Gebirge, aber weiter gegen Osten erhalten die einzelnen Theile derselben verschiedne Namen, und unter anderen gehören zu ihr die etwa 7° Ost von Tobolsk gelegnen Berge Kurpetaw.

Zwischen dem hüglichen Nordrande dieses Landstriches und der erwähnten Kalkformation findet man stets breite Ebnen; durch diese fliefst der östlich vom Tobolsker Meridiane gelegne Theil des Ischìm, aber auch der Nura-fluss, der See Kurgaldjin, in welchem derselbe mündet, und das nur im Frühjahr mit Wasser versehene Bette Kosakutsch, welches den Nura mit dem oberen Ischìm verbindet, haben in dem Gebirgs-system dieselbe Stellung wie der Ischìm. — Sehr merkwürdig schildert man die Erscheinungen an dem von der südlichen und hohen Gebirgskette gegen diese mittlere Thalebne gerichteten Wasser des Tersekan. Es soll kein Zweifel sein, dafs rings um dessen Bette dereinst ein mächtiger See sich befand. Runde Gerölle von Quarz, Jaspis, Karneol, Chalcedon und Achaten, bilden zu beiden Seiten des Flusses ein weit ausgedehntes Lager; jetzt sind nur einzelne kleine Seen vorhanden, deren Wasser durch schmale und in dem Geröllbette eingeschnittne Kanäle zusammenhangt. — 100 Werst aufwärts von der Mündung dieses Flusses sieht man hügliche Anhäufungen von groben Geschieben aus dem südlichen Gebirge, welche mit salzigem Thone, Mergel und Gyps schichtweise gemengt sind. Ringsum in der Ebne sollen lose verstreut liegende Muschelschaalen auf eine jüngste Wasserbedeckung deuten. — Stets ist der Boden salzhaltig in diesen mittleren Ebnen die im Norden und Süden von Gebirgszügen begränzt sind, und es ist wahrscheinlich daſs hier die, auch am Ural stets salzhaltige, Formation welche das Liegende des Kupfersandsteines bildet, (Seite 352 u. 411) diese Erscheinung veranlaſst. — Kupfererze zeigen sich äuſserst häufig und selbst in den jüngsten Flözen dieses Gebirgs-systemes; den Achirit oder Kupfersmaragd hat zuerst eine von Taschkent kommende Karawane in grauen Mergelschichten gefunden, welche von gleichem Alter mit dem Kupfersandstein zu sein scheinen; in dem Kalkgebirge sind Kupfererze stets der Gegenstand Tschudischen Bergbaues (oben Seite 361) gewesen, und Gänge von Kupfer-, Silber- und Blei-erzen haben Russische Bergleute auch in den älteren Schiefern der südlichen Hauptkette aufgeschlossen.

Sehr beachtungswerth ist daſs, obgleich OSOliches Streichen in diesen felsigen Distrikten des Landes der mittleren Kirgisenorde vorherrscht, dennoch einzelne Gebirgsketten von entschieden Nördlicher Richtung mitten in denselben sich finden. Innerhalb des Landstriches zwischen Orenburg und Buchara zeigen schroff aus der Ebne aufsteigende Gebirgszüge sehr häufig dergleichen Nördliche Richtung, und sowohl das dort beobachtete Streichen einzelner Formationen, als auch der mineralogische Charakter derselben veranlaſste Herrn Professor Eversmann, jene Erhebungen als südlichste Fortsetzungen des Uralischen Systemes zu betrachten; *) aber auffallender ist es ähnliche Erscheinungen auch hier, ungleich entfernter von dem Meridiane des

---

*) E. Eversmann, Reise nach Buchara.

Ural wieder zu finden. Eine solche Nördlich streichende Kette erstreckt sich unter anderen zwischen den Flüssen **Aktschi-kum** und **Kulan-itmes**, welche vereinigt in den durch die **Nura** gefüllten **Kurgaldjin-see** sich ergiefsen. Hornblendporphyre (**rógowo obmánkowie porphíri**) hat Herr **Schangin** am Westabhange dieses abweichenden Gebirgszuges beobachtet *) und wohl ist es bemerkenswerth, dafs dieses, am Ural so vorherrschende, Gestein in den Östlich streichenden Hauptketten des **Kirgisischen** Systemes nirgends angetroffen wurde. Gegen die Mitte dieser ausgezeichneten Berge fand man Granit, theils mit Mandelsteinen und groben Conglomeraten, theils mit Thonschiefer in Berührung.

An den wasserarmen Flüssen in der mittleren Ebne (Seite 489) ist stets das rechte Ufer höher und von noch trocknerem und unfruchtbarerem Boden als das linke. An diesem sieht man bisweilen anmuthiges und weit ausgedehntes Buschwerk von **Loniceren** (*jímolost*) und weifs und roth blühenden Rosen, aber auf der höheren Ebne zur Rechten der Flüsse sind die dürren Geschiebe bald gänzlich nakt, bald ernähren sie **Artemisien (poluìnj)**, **Atriplex-arten (lébeda)** und **Spier-sträucher (tawolgà)**, welche hier verkümmert, an den Seen der Südhälfte des **Tobolsker Gouvernements** (oben Seite 446), aber ungleich besser gedeihen. Ein **Triticum (díkaja pscheníza)** und andre Gräser sieht man stets in jenen Ebnen noch während der Blüthe vertrocknen. An den mit auswitterndem Salze wie mit Schnee bedeckten Stellen (*solonzi*, von *sol* das Salz), zeigen sich mannichfaltige **Salicorniae (*soljánki*)**. *S*ibirische Holzgewächse stehen ausschliefslich nur auf den Bergen, in den mittleren Ebnen aber dient schon das waldartige Schilf, welches die Ränder austrocknender Seen umgiebt, den **Kirgisen** als Brennmaterial und zum Ersatz für manchen anderweitigen Holzbedarf. An den ausgerodeten Schilfstellen säen sie Weizen mit gutem Erfolge, während sie andre Äcker, von nahe gelegnen Bergen aus, mit Wasserleitungen versorgen.

Die von *S*emijarsk nach **Taschkent** gehenden Reisenden

---

*) *S*ibirskji Wjéstnik. 1820. Heft 2. Seite 79.

wenden sich anfangs Südwestlich und gehen 170 Werst weit durch eine ebne Steppe, auf welcher Bruchstücke schiefrigen Mergels unter Sand und Thon zerstreut liegen. Dieser Boden ist durchaus trocken, und schon dort sucht man angelegentlich die an früheren Lagerplätzen von den Kirgisen gegrabenen Brunnen. Kleine Seen, welche man antrifft, haben stets bitterliches Wasser. Dann gelangt man zu einer Hügelkette, welche dort Kukasluik, in ihrer Verlängerung aber Bogdu genannt wird. *) Zu Bauholz taugliche Nadelbäume stehen an diesen Hügeln. Gute Quellen finden sich zwischen ihnen, aber dennoch sieht man an den feuchteren Stellen nur büschelförmige Bewachsung mit Borstengras (Nardus.) In Sibirien: kipetschnaja trawà), während der umgebende Boden kahl bleibt. — Wiesen mit reichlichem Pferdefutter findet man erst jenseits dieser Hügel, und häufig sind sie auf der 80 Werst weiten Strecke vom Kúkasluik bis zu einem höheren Gebirgszuge, welcher Karkaralui und in seiner Verlängerung Kénkasluik genannt wird. **)

In ununterbrochener Kette erstreckt sich dieses hohe Gebirge gegen Westen bis zu den Quellen der Nura, und von dort an stets Südlich vom linken Ufer dieses Flusses. Die Reisenden folgen dessen Nördlichem Abhange 160 Werst weit, weil sie, zur Sicherung gegen feindliche Anfälle, der Zustimmung und des Schutzes eines Kirgisischen Sultans bedürfen, der an der Nura sein Sommerlager hält. Dichte Tannenwälder (pin. abies. Russisch: sóswa) mit Birken und Schwarz-Pappeln untermischt, zieren die Gipfel des felsigen Karkaralui. Sie erinnern zum letzten Male an den Waldreichthum Sibiriens, denn äufserster Mangel an holzigen Gewächsen bleibt von dort an bis Taschkent stets fühlbar. Bären leben in den Waldungen dieses Gebirges, so wie auch der im Europäischen Russland fehlende Edelhirsch

---

*) Die Gleichheit des Namens darf jedoch kaum veranlassen, an das ungleich weiter Östlich, an den Quellen des Irtuisch gelegne Bogdu-gebirge zu denken.
**) Den See Walchaw in der Mitte jener umwallten Ebne, berühren Taschkenter Reisende nicht, aber als östlichstes Ziel der bergmännischen Reisen in die Kirgisen-steppe ist er genugsam bekannt.

VII. Abschnitt. 1828. October.

(cervus elaphus; in Sibirien: maràl) und wilde Schweine (Russisch: kabáni) die in dem hohen Schilfe welches die Steppenflüsse umgiebt, sehr häufig sind und von dorther durch die angränzenden Wälder nicht aber bis zum mittleren Sibirien sich verbreiten. Weiden und Pappeln stehen in den Schluchten zwischen den Bergen längs der Quellwasser welche die Kirgisen in die nahe gelegne dürre Ebne, zur Begiefsung ihrer Äcker, ableiten. — Trotz der schroffen Formen des Karkaralui hat man in ihm sanfte Pässe gefunden, welche sogar Fuhrwerken den Durchgang gestatten.

Jenseits dieses Gebirges befolgen die Karavanen beständiger eine SSWliche Richtung, zunächst 150 Werst weit bis zu dem oberen Lauf des Saruisu (d. i. das gelbe Wasser; Tatarisch: سارغصو saruig-su), *) an welchem im Sommer der Kirgisische Sultan des zur Mittleren Orde gehörigen Taraklinsker Geschlechtes sich aufhält. Nur gute Bewaffnung schützt die Russischen Reisenden gegen die Erpressungen welche dieser Herrscher auszuüben pflegt, und gegen die räuberischen Angriffe der ihm untergebenen Kirgisen. Das Geleite des an der Nura wohnenden Sultans erkennt er nicht an, und ist stets bemüht, die direkten Verbindungen zwischen Russen und Taschkentern zu verhindern. — Ebenso wie die bis dahin angetroffnen Flüsse: der Tjundjuk, ein Zufluss des Irtuisch, die Talda und Nura welche die Seen Walchaw und Kurgaldjin füllen, kann auch der Saruisu stets ohne Schwierigkeiten von Menschen, Pferden und Kameelen durchwatet werden, denn alle sind sie im Sommer äufserst wasserarm und selbst im Frühjahr nach dem Schneeschmelzen ist ihre Strömung sehr mäfsig, und die Breite der Wasseroberfläche übersteigt auch dann niemals 15 Sajen (105 E. Fufs). — Sowohl von dem Südabhange der hohen Bergkette bis zum Saruisu als auch von dort an, 200 Werst weiter, führt der Weg durch einen flach hüglichen aber durchaus baumlosen Landstrich. In gegrabenen Brunnen, während des Frühjahrs und bis zum Juni aber auch in kleinen Seen, findet man ein trinkbares Wasser; von dem früher erwähnten Nardus nähren sich auch hier die an das Steppen-

---

*) Über die Benennung dieses Flusses vergleiche Seite 488.

leben gewohnten Pferde sehr reichlich, aber nur ärmliches Dornengesträuch (Russisch: ternównik, hier wahrscheinlich ein Crataegus) bietet Holz für die Wachtfeuer, welche man ungleich wirksamer, und nach dortiger Landessitte, mittels trocknen Mistes unterhält, von welchem Kirgisische Heerden eine Schicht über die Oberfläche des ganzen Landes ausgebreitet haben.

Von den Bergen Kok tom bak, welche sie am Ende dieser Strecke (360 Werst vom Karkaralui) erreichen, berichten die Reisenden nur, dafs sie durchaus eben so holzarm sind als die bis dahin durchzogenen Landstriche. Gypshügel welche aus einem rothen Erdreich sich erheben, sieht man an ihrem nördlichen Fufse, dann folgen Quarzgesteine. In ihrer östlichen Fortsetzung sollen schwarze Thonschiefer (Russisch: Aspidi) anstehen. — Jenseits dieser Berge aber reist man 180 Werst weit bis zum Flusse Tschui durch eine mit Quarzsand überdeckte Ebne, welche mit völligem Rechte die nichtsnutzige (Kirgisisch: bitpak) genannt wird, denn den Karavanen bietet sie vereinigt alle diejenigen Schwierigkeiten, welche bisher nur einzeln und nacheinander gefunden wurden. Nur im Anfange des Frühjahres findet man an der Oberfläche trinkbares Wasser von geschmolzenem Schnee; fehlt dieses, so trifft man in der Tiefe reines Grundwasser, jedoch nur durch eignes und oft mühsames Graben, denn die Brunnen, deren im Winter dort ansässige Kirgisen einige Monate zuvor sich bedienten, sind dann alle schon salzig geworden. Von Pflanzen sieht man Nichts als Artemisien und das erwähnte Dornengestripp. Am Tage und bei Nacht hat man gegründetste Furcht vor den Angriffen der wilden oder Felsen-Kirgisen (díkie oder kámenie Kirgísi), welche, räuberischer als alle ihre Stammgenossen, zwischen den nahgelegnen Bergen ihren Sommeraufenthalt wählen.

Die Verhältnisse des Tschui unterscheiden sich wesentlich von denen der früher erwähnten Flüsse. Im Frühjahr wird seine Strömung so sehr beschleunigt, dafs man nie wagt ihn zu durchwaten, obgleich die Breite der Wasseroberfläche grade dann nur 10 Sajen (70 Engl. Fufs) beträgt; auch dauert bei ihm dieser Zustand der Bewegung bis zur Mitte des Juli, d. i. zwei Monate länger als bei den übrigen Steppenflüssen. Im Verlaufe des Sommers wird durch mächtige Verdampfung das Bette stellenweise trocken gelegt und somit die Strömung völlig gehemmt; die starken Regen im Spät-Herbste bilden zwar breite und salzige Seen rings um den Fluss, äufsern aber nicht auf dessen Bewegung eine ähnliche Wirkung wie im Frühjahr das Schneeschmelzen in der Quellgegend des Flusses.*) Um mit Mannschaften, Vieh und Gepäck die reifsende Strömung zu überschreiten, bauen die Reisenden eine Fähre aus den Halmen des Schilfes, welches auch den Tschui waldartig umgiebt, und schon diese Anwendung des Gewächses beweist wohl, dafs es einer gröfseren Art angehöre als der in Sibirien gewöhnlichen (arundo phragmites), mit welcher es die Russen vergleichen. Vielleicht hätte man eher an eine Verwandtschaft mit den riesigen Schilfarten der Tibetischen Landschaften zu denken.**) Hier wie dort haben Tiger, Unzen und Luchse (Russisch: babri, barsi und ruisi) ihren Lieblingsaufenthalt in diesen Rohrwäldern, in denen sie den daselbst häufig lebenden Schweinen (kabáni) nachstellen und an den Ufern des Tschui ist die Jagd jener Raubthiere für die Kirgisen ein erfreuliches Gewerbe.

Jenseits des Flusses in dem Thonboden welcher ihn 10 Werst weit umgiebt, findet man äufserst bittere Seen und ebne Stellen, die mit auswitternden Salzkrystallen wie mit Schnee überdeckt sind (solonzì). Dann folgt 50 Werst weit eine mit rothem Sande überschüttete Ebne, in welcher zum ersten Male längs des Weges nach Taschkent neben den hier noch vorherrschenden Artemisien auch die Zierde der südlicheren Steppe, die von den Kirgisen Saksaul genannte, Tamarix-art ***) gefunden wird. Zuerst zeigt sie sich nur als holziger Strauch, weiter gegen Süden gewähren aber zwei bis drei Zoll starke und schlanke Stämme dieses Gewächses einen noch anmuthigeren Anblick. Ihr Holz ist

---

*) Dafs der Tschui nicht an einem Gebirge entspringe, sondern den Abfluss des Sees Tjuskel bilde (42° Breite 11°,0 O. von Tobolsk), wird, trotz Herrn Klaproths apodiktischer Behauptung, schon nach diesen Erscheinungen äufserst unwahrscheinlich.

**) Marco Polo. lib. 2. cap. 37.

***) E. Eversmann, Reise nach Buchara. Seite 116,

äufserst hart und von dichtem Gefüge. *) Von Norden kommend trifft man diese Tamarix-art als Strauch, auf dem Wege von Orenburg nach Buchara

3°,5 West von Tobolsk, zuerst unter 47°,5 Breite;
auf dem Wege nach Taschkent, jenseits des Tschui 4°,5 Ost von Tobolsk, zuerst unter 45°,0 Breite;
und auf dem Wege zur Chinesischen Stadt Kuldja 14°,5 Ost von Tobolsk, ebenfalls nahe dem 45°,0 Breite am Alakul-see,

und stets wird sie von den Russischen Reisenden an jenen nördlichen Gränzen ihres Verbreitungsbezirkes als eine durchaus fremdartige und neue Erscheinung erwähnt.

Die rothe Sandsteppe jenseits des Tschui endet an einigen fischreichen und mit Schilf umgebenen Süfswasser-seen, welche Kara kul oder die schwarzen Seen genannt werden; man betritt dort das Taschkentische Gebiet und beginnt gleichzeitig aufzusteigen an dem langen Gebirge Karatau, welches den besten und reichsten Theil dieses Chanates von Norden her begränzt. Von dieser ohne Zweifel sehr hohen Gebirgskette versichern die Reisenden, die ganze Strecke bis zu den Bergen Alatau, **) an deren Fufse die Hauptstadt sich befindet, übersehen zu haben. Jenseits des Gränzgebirges bis zur Hauptstadt findet man zwar, nach allen Russischen Berichten, im Vergleich mit der Steppe ein bei weitem wirthlicheres Land; denn an reinem Quell- und Fluss-wasser hat man Überfluss, auch finden die Pferde überall hinreichendes Futter, aber dennoch liefert auch dort nur allein das erwähnte Dornengesträuch den Reisenden das nöthige Brennholz. — Den Weg von den schwarzen Seen (Kara kul) bis nach Taschkent rechnen die Karawanenführer zu 350 Werst. —

---

*) Holzstücke welche ich von den Saksaul-sträuchen der Westlichen Kirgisen-steppe gesehen habe, erinnerten durch ihre Festigkeit und durch die Dünnheit ihrer Jahrringe an das Gefüge des Zwergholzes von Europäischen Hochgebirgen; langsame Ernährung auf wasserarmem Steppenboden und hindernder Einfluss hoher Standörter scheinen bei der Holzbildung von ähnlichem Erfolge.

**) Siehe unten.

VII. Abschnitt. 1828. October.

Die ganze Strecke von Semijarsk bis zur Hauptstadt legt man auch unter ungünstigern Umständen in 60 Tagen zurück, und durch sorgsame Beachtung einiger Erfahrungsregeln soll die Wanderung alles Beschwerliche verlieren; vor Allem sei der Mai für die Steppenreise der günstigste Monat, denn das trinkbare Wasser welches man selbst an den dürrsten Stellen und zu jeder Jahreszeit in neu gegrabnen und 14 Engl. Fufs tiefen Brunnen treffen könne, finde sich alsdann auch oft an der Oberfläche. Die Pferde welche man bei jeder Karavane noch aufser den Kameelen führe, müssen wo möglich von Kirgisischen Herden und an das Steppenleben gewöhnt sein, denn bei der Nahrung mit Salzkräutern und oft bittrem Wasser leiden Sibirische Pferde an heftigen Durchfällen und sterben unterweges. Mit den Kirgisen müssen die Reisenden genugsam friedlichen Verkehr unterhalten, um zu eigner Nahrung Schafe und Rindvieh in den Nomadenlagern kaufen zu können. — Die in dem Jakuten-lande so aufserordentlich hülfreiche Anwendung durch Frost gedörrten Fleisches (unten Abschnitt XIII) würde hier auch für die West-Sibirischen Reisenden wichtig sein.

Das zur Hauptstadt Taschkent gehörige Land wird, 150 Werst östlich von derselben, durch ein nach Norden streichendes Gebirge begränzt, und dadurch getrennt von den zur Grofsen Orde gehörigen sogenannten schwarzen Kirgisen, welche ihre Weideplätze in den jenseits, gegen Osten von den Bergen, gelegnen niedrigen Ebnen haben. Einzelne Gipfel dieser Bergkette sind mit ewigem Schnee bedeckt, und Seitenzweige derselben erstrecken sich gegen Westen; unter andern die Berge Alatau, welche der Hauptstadt am nächsten liegen, und die Quellen des 20 Werst südlich von derselben vorbeifliessenden Tschértschik-flusses enthalten.

In den Geröllen welche der reissende Tschértschik führt, haben Russische Bergleute Waschversuche gemacht, anstatt des gehofften Goldes aber nur Eisenschliche gefunden. Höher hinauf am Flusse sahen dieselben in einem Kalkgebirge äufserst häufige Höhlen von natürlicher Entstehung, welche die Taschkenter durchaus fälschlich für alte Bergwerksarbeiten hielten; ja in dort gebrochnen Kalkstalaktiten hatten sie Erzgehalt vermuthet, und sie zur

Hauptstadt gebracht. Sie verwechselten diese Höhlen mit zwei wahren Schachten welche, ebenfalls im Kalkgebirge, nur bis auf 14 Fufs abgeteuft von den Russen in ihrer Anlage durchaus ähnlich den alten Sibirischen Bauen befunden, ja von ihnen gradezu so wie jene mit dem Namen Tschudskia kopi oder Fremdlingsgruben belegt wurden. Kupfererze führende Hornsteinmassen durchsetzen daselbst das Kalkgebirge. Da das Land um Taschkent, in den ersten Jahrhunderten der Christlichen Zeitrechnung, der Hauptsitz des, damals vom Altai aus gegen Westen sowohl als Süd-Westen sich verbreitenden, eigentlich Türkischen Völkerstammes gewesen ist, so hat ein gleichartiger Ursprung des Sibirischen und dieses südlichen Bergbaues Nichts befremdendes. Jenseits des am Tschértschik anstehenden Kalkes hat man, gegen Osten hin, Granitlager gefunden. Nur als vereinzelte Ketten erheben sich diese Berge und die früher (Seite 496) erwähnten des Kara-tau aus der niedrigen Ebne des Taschkenter Gebietes. Ein trockner Thonboden findet sich überall in dieser Ebne und um Acker und Gärten anzulegen, bedarf es der Kanäle durch welche die fleifsigen Einwohner das Wasser der Flüsse oft 20 Werst weit abgeleitet haben.

Auch die an alle Extreme der Luftwärme gewöhnten Sibirier schildern die lange anhaltende dürre Hitze welche zu Taschkent während der Sommermonate herrscht, als äufserst drückend. Der von Frühjahrsregen befeuchtete Boden wird alljährlich und schnell zu Staub getrocknet. Erst im Herbste stellen wiederum Regen sich ein. Von der Mitte des Decembers bis zu der des Februars sieht man bisweilen gefrorne Niederschläge; niemals aber bleibt der Schnee mehrere Tage liegen, und Eis auf den Flüssen kennt man nicht. — Auch zu Buchara ist der Sommer eben so völlig regenlos wie zu Taschkent.*) Es ereignen sich Niederschläge ausschliefslich nur während der kalten Jahreszeit, und zwar auch dort am häufigsten im Spätherbst. Gegen Norden von Taschkent erstreckt sich dasselbe Verhältnifs durch einen grofsen Theil des Kirgisenlandes, gewifs wenigstens bis zum Tschui (Seite 494), während doch im mittleren Sibirien die Regenmenge

---

*) E. Eversmann, Reise nach Buchara. Berlin 1823. Seite 97.

grade im Sommer am bedeutendsten ist, und gegen den Herbst hin
äufserst schnell abnimmt. (Vergl. Seite 450.) *)

Obgleich vegetabilische Erzeugnisse des eignen Landes das
Bestehen des Taschkenter Volkes theils unmittelbar begründen,
theils den erheblichsten Gegenstand des von ihnen mit den Kirgisen und Russen geführten Handels ausmachen, so wird doch,
wegen der erwähnten Beschaffenheit des Klimas, kaum eines derselben ohne künstliche und mühsame Kultivirung gewonnen.
Fruchtbäume hat man durchaus nur in künstlich bewässerten Gärten, ja sogar die zur Ernährung der Seidenwürmer nöthigen Maulbeerbäume sind angepflanzt worden. Die Baumwolle gedeiht vortrefflich; nachdem aber häufige Kriege zu Ende des vorigen Jahrhunderts die Taschkenter an der Bewirthschaftung ihrer Pflanzungen verhindert hatten, konnten sie, während mehrerer Jahre,
nicht ohne Einfuhr von Baumwolle aus den Nachbarlanden bestehen.
Mit eigenhändigem Kornbau beschäftigen sich zu Taschkent
auch die reichsten Bewohner, und nur allein der Fürst läfst seine
Äcker durch die, auch zum Kriegsdienste verpflichtete, Volksklasse
der Kara-Kasanui**) bearbeiten. Roggen und Weizen und oft
ein Gemenge aus beiden säen sie vorzugsweise, und zwar ist der
März und September zur Aussaat am günstigsten, weil alsdann
Regen wenigstens das Keimen befördert; aufserdem werden auch
Reis, Gerste und Spelt in Menge gebaut. Die Ärnte soll, sehr
regelmäfsig, das Zwanzigfache der Aussaat betragen. — Sogar für
die Pferde und Kameele, welche man in den Städten besitzt, werden Gräser und Gerste in Gärten kultivirt. Auch das Holz, dessen sie zur Feuerung bedürfen, ziehen die Bewohner der Hauptstadt in ihren Gärten, in denen man neben Fruchtbäumen stets
auch gepflanzte Weiden und Espen antrifft. Aufserdem wird dünnes Reifsig derselben Bäume in den holzreichen Schluchten des
Kara-tau (Seite 496) gesammelt, und auf Pferden und Kameelen

---

*) Die wichtige Bemerkung der Reisenden, dafs man Grundwasser in
2 bis 3 Faden Tiefe an allen Punkten der Steppe und selbst unter
der dürrsten Oberfläche, antrifft, (Seite 194) beweiset genugsam,
dafs auch dort nirgends absoluter Regenmangel, sondern nur eine
mächtige Austrocknung während der warmen Jahreszeit stattfinde.

**) d. i. schwarze oder unterjochte Kasanui.

bis zur Hauptstadt zum Verkaufe gebracht. Unter den spärlichen
Sträuchern, welche in der Nähe von Taschkent wild wachsen,
haben die Russen eine Wachholder-art (juniperus. Russ.:
mo*j*ewélnik) häufig bemerkt.

Niemals haben die Taschkenter eigne Heerden unterhalten,
sondern stets die Produkte ihres Gewerbfleifses bei den Kirgisen
gegen Schlachtvieh vertauscht. Wie Kalchas-Mongolen für den
Süden von China, so sind Kirgisen die Hirten für die Chanate
von Taschkent, Kokan und Buchara (unten Abschnitt XI),
aber das in China durch Unterjochung befestigte Verhältnifs beruht hier nur auf einer sehr alten und selbst durch häufige Kriege
nicht unterbrochenen Gewöhnung.

Auch zu Taschkent hat man erfahren, dafs die Vortheile
der Verbindung zwischen Sibirien und den zunächst gelegnen
Chanaten *) besonders durch Ausdehnung und vollkommnere Anordnung des Baumwollenhandels erhöht werden könnten. In der
Hauptstadt, deren Umfang zu 18 Werst und deren Einwohnerzahl
zu 80000 gerechnet wird, sind mehr als die Hälfte der Männer
und Weiber vorzugsweise mit Weberei beschäftigt; aber der Erfolg dieses nur von den Einzelnen in ihren Häusern, und ohne das
zweckmäfsige Prinzip der Vertheilung der Arbeit, geübten Gewerbes, bleibt unendlich unvollkommner als die Ausbeute welche man
berechtigt scheint von Fabriken zu erwarten, die in Sibirischen Städten nach Europäischer Weise angeordnet, durch
Karawanenhandel äufserst reichlich mit rohen Materialien versorgt
werden könnten. — Den Taschkentern sind aber Russische
Waaren schon längst unentbehrlich geworden, denn wenn auch
das grofse Kaufhaus in der Mitte der Hauptstadt zur Aufnahme
Bucharischer Händler und ihrer Karawanen bestimmt ist, so
sind es doch grade Nord-Europäische Produkte, welche diese
gewinnsüchtigen Vermittler, auf beträchtlich verlängertem Wege,
hierher einführen. Die vom Kaspischen See bis zur Westlichen Gränze von China, zwischen 45° und 35° Breite, gelegnen

---

*) Chiwa, Buchara, Kokan und Taschkent. Der Gesammtname
Tschagatai, mit welchem Europäische Geographen diese Landschaften bezeichnen, ist in Nord-Asien nicht bekannt. (Seite 506.)

Landschaften sind von so gleichartiger natürlicher Beschaffenheit, und, in Folge gemeinsamer Abstammung, haben deren Bewohner einen so ähnlichen Grad industrieller Bildung erreicht, dafs zwischen ihnen ein gegenseitiger Austausch ihrer eignen Produkte nur selten stattfindet. Mit gekauftem Kirgisischen Viehe bezahlen die Taschkenter das was Bucharische Karawanen ihnen zuführen. Selbst die feinen wollenen und seidnen Zeuge, der Indigo, so wie einige Edelsteine, die sämmtlich aus gröfserer Ferne von Persien und Indien über Buchara nach Taschkent gelangen, vermögen ungleich leichter durch Erzeugnisse des eignen Landes ersetzt zu werden, als Alles was die jetzt nur indirekte Verbindung mit Russland darbietet. Zum Behufe einer dereinstigen gröfseren Ausdehnung ihres Handels besitzen die südlichen Chanate sogar manches Erzeugnifs, welches ihnen selbst gänzlich werthlos, den Europäern aber willkommen erscheint; unter andern haben bereits einzelne Taschkenter Karawanen, auf Verlangen Russischer Kaufleute, den als Arzneimittel gebräuchlichen Zitwersaamen d. i. die Blüthenknospen von einer der, die südlichen Steppen bedeckenden, Artemisien, in bedeutender Menge zur Sibirisch-Kirgisischen Gränze befördert.

Von Nijnei Nowgorod meist über Buchara, und nur in geringerer Menge direkt von der Tobolsker oder Tomsker Gränze, gelangen jetzt nach Taschkent: Russisches Leder, Flussotter- und Seebären-felle (von Viverra lutra und Phoca ursina. Russisch: wúidra und kótik) aus Sibirien und vom Östlichen Ocean; Tuche, ja Spiegel, Scheermesser und Kämme von Europäischer Fabrik, vor Allem aber Uralisches Eisen und Kupfer. Die in diesen Ländern herrschende Begierde nach eingeführten Metallen darf nicht befremden, denn so lange auch schon mannichfaltige Bildung hier ihren Sitz fand, so erzreich auch namentlich die Taschkenter Berge nach Russischen Beschreibungen sein dürften, so kennt man doch jetzt daselbst nicht mehr als äufserst rohe und kleinliche Schmelzversuche, deren ähnliche bei einigen Sibirischen Urvölkern sowohl jetzt als auch schon vor mehreren Jahrhunderten angetroffen wurden. Bei einigen Taschkentern hat man nämlich dieselben Anstalten zur Schmelzung der Eisenerze wie bei denjenigen Tataren des mittlerer

Tomsker Gouvernements, welche man **Ku*s*nézkie Tatári** d. i. **Schmiede-Tataren** (von **Ku*s*nèz** ein **Schmied**) genannt hat, und wie bei den **Buräten** (Abschnitt XI) gefunden; es sind aber diese Schmelzöfen Nichts anders als kleine Tiegelartige, und mit einem gewölbten Deckel versehene Vertiefungen in dem aus Lehm geschlagnen Fußboden der Häuser. Die darin befindlichen Holzkohlen werden durch rohe Handbälge in Glühung erhalten, und sie reichen nur hin um äußerst kleine Mengen fein gepulverten Eisenerzes gleichzeitig zu reduziren. Obgleich man daher dort aus **fertigem Stabeisen**, eiserne Pflugscharen und ähnliche Instrumente zu schmieden versteht, so würde es doch äußerste Ausdauer erfordern, um durch Zusammenschweißen reduzirter eigner Erze das nöthige Metall darzustellen. So ist jetzt der Zustand metallurgischer Kunst in den Ländern, welche einst durch den sogenannten **Tschudischen** oder fremdartigen Bergwerksbetrieb sich auszeichneten. (Seite 40 und 344.) Wahrscheinlich aber waren auch in jenen ältesten Zeiten die Bewohner dieser Länder nicht sowohl im Besitze vollkommnerer Schmelzprozesse als vielmehr desjenigen hohen Grades von Geduld, vermöge dessen oft auch bedeutende Leistungen durch rohe Werkzeuge gelingen. Sehr erklärlich ist es aber daß man diesem mühseligen Gewerbe die frühere Sorgfalt entzog, sobald nur die noch jetzt vorhandne Möglichkeit sich einstellte, **Europäische Hüttenprodukte**, wenn auch nur durch indirekte Verzweigungen des Handels, zu erlangen. Die zu **Taschkent** übliche Münze *) wird ausschließlich aus **Russischem Kupfer**, in dem Palaste des Herrschers, geprägt.

Auch wegen deren Anwendbarkeit auf die Künste des Krieges wird von den jetzigen Bewohnern jener Gegenden die metallurgische Geschicklichkeit der **Russen** beneidet. Theils aus Erzeugnissen des eignen Landes, theils aus denen nahe gelegner **Asiatischer** Gegenden verstehen die **Taschkenter** ein sehr wirksames Schießpulver zu bereiten, und man darf nicht bezweifeln daß man sowohl dort, als in den unter gleicher Breite gelegnen Theilen des jetzigen **Chinesischen** Reiches, schon äußerst früh das mör-

---

*) Es sind Geld-Stücke von 20 und 4 **Russischen** Kopeken Werth, welche unter den Namen **Rupji** und **Tenki** dort gebräuchlich sind.

derische Geheimniſs besaſs, auf welches erst die **Europäer** einen Wendepunkt der Völkergeschichte begründeten. Daſs aber einerlei Besitz so äuſserst verschiednen Einfluſs unter den **Asiaten** und unter den **Europäern** nur deſswegen ausübte, weil erst bei letzteren ihm eine nothwendige Ergänzung, durch geschicktere Bearbeitung der Metalle, sich hinzugesellte, davon ist man namentlich in den **Chanaten** noch jetzt sehr innig überzeugt. Nach beständigem und ältesten Aufwand eigner Kunst sowohl als kaufmännischer Bemühung, besitzt man dennoch daselbst noch jetzt nur sehr unvollkommene Luntenflinten (**Bucharisch** und **Tatarisch: múltuiki**). Durch ein seit der ersten Russischen Einwanderung in *Sibirien* herrschendes Verbot: irgend eine Art von Waffen an die Nachbarvölker zu verkaufen, erklärt sich noch näher die Erfahrung, daſs man in der **Bucharei** noch im Jahre 1823 kaum mehr als 200 dergleichen Flinten zählte, und daſs auch zu **Kokan** und **Taschkent** man nur wenig reicher an Feuergewehren ist; denn 5 sehr rohe kupferne Kanonen, welche Reisende am letzten Orte vorfanden, waren nur von einem Russischen Gefangenen daselbst gegossen worden, seitdem aber hat man sein Beispiel nicht nachzuahmen verstanden und keineswegs jene groſse Geschütz-Gieſserei angelegt, von welcher in geographischen Compendien die Rede ist. *) Bekannt ist, daſs die gröſseren Flinten auf dem Rücken der Kameele befestigt und so abgeschossen werden, während man das grobe Geschütz zwar auf Wagen vor den Feind befördert, hernach aber ohne Lafeten auf einen Erdhügel legt, von welchem es jeder Schuſs, nicht ohne Gefahr für den Kanonier, hinabschleudert. Durch diese Verhältnisse der echt Asiatischen Artillerie werden auch manche frühere Thatsachen verständlicher, und namentlich daſs **Mongolen** und **Chinesen**, nachdem sie schon im 11ten und 12ten Jahrhundert mit Pulver gefüllter Bambusröhre zum Schrecken der Feinde, theils wohl nach Art der sogenannten Kanonenschläge unsrer Feuerwerke, theils auch als wahrer Geschütze sich bedient hatten, dennoch erst nach dem von Euro-

---

*) Erdbeschreibung des Russischen Reiches in Asien, von Dr. Hassel. Weimar 1821.

päischen Priestern empfangenen Unterrichte die Feuergewehre in die Reihe der zuverlässigen Waffen zu rechnen begannen.

Für die frühe Bekanntschaft der Bewohner Mittel-Asiens mit dem Schiefspulver selbst, sind bekanntlich aus dem östlichsten und westlichsten Distrikte jenes Theiles der Erde genügende Zeugnisse vorhanden; denn wenn einerseits, nach den Memoiren der Pekiner Jesuiten, Chinesische Schriften schon zu Anfange der Christlichen Zeitrechnung jener Erfindung erwähnen, *) so war andrerseits nach Türkischen Chroniken, in der Levante schon während des 7ten Jahrhunderts, Schiefspulver vorhanden,**) und endlich ist man, nach Vofs Zeugnifs, auch in Indien ungleich früher als in Europa im Besitze desselben gewesen. Ein näherer Grund für diese einseitige Prävalenz Asiatischer Industrie über Europäische ist ohne Zweifel in dem Umstande spontaner Salpetererzeugung begründet, welche zu den auszeichnenden Erscheinungen sowohl für Indien, als auch namentlich für die von Süden her an die Kirgisen-steppe angränzenden Landstriche gehört. Von reichlicher Salpetergewinnung zu Taschkent hatte sich, durch Kirgisische Berichte, der Ruf nach Sibirien verbreitet, und dieser war es sogar, welcher im Anfange des gegenwärtigen Jahrhunderts die Koluiwanischen Bergwerksbeamten (Seite 329. Anmerk.) Burnaschèw und Pospjélow zu einer dahin gerichteten Reise veranlasste. Es ergab sich dafs daselbst, ohne künstliches Dazuthun, salpetersaure Erdsalze häufig und in bedeutender Menge, besonders aber auf verfallenem Gemäuer sich absetzen, und dafs diese Erde wie gewöhnlich zur Erzeugung des salpetersauren Kalis ausgelaugt und mit Asche versetzt werde. — Ohne Zweifel mufs die Ansammlung des mit Hülfe der umgebenden Luft sich langsam bildenden Salzes bedeutend begünstigt werden durch die, oben (Seite 498) erwähnte, völlig regenlose Beschaffenheit der warmen Jahreszeit, welche, im direkten Gegensatze mit den klimatischen Erscheinungen Sibiriens, allen südlich von der Kirgisen-steppe gelegnen Landschaften gemeinschaftlich ist. Von der andren Seite aber ist wohl die Erscheinung

---

*) Memoiren der Jesuiten. Tom 8. Seite 331.
**) Assemani. Catalogo dei codici Orientali Naniani. Seite 149.

auch mit den Eigenthümlichkeiten der nördlich angränzenden Steppengegend in ursachlichem Zusammenhang. Die chemische Natur der dort sich bildenden Salze kennt man nicht genugsam, aber sehr oft hat es den Anschein, als wenn die zu ihrer Erzeugung nöthigen Säuren durch die Atmosphäre sich verbreiteten; denn wenn auch in dem Nördlichsten Theile der Steppe die Seen welche alljährlich eine ungemein reiche Ausbeute an Kochsalz liefern, aus den unterliegenden Erdschichten gespeist werden mögen, so verläfst uns doch ein ähnlicher Erklärungsgrund in den mit Quarzgeröllen überschütteten südlichen Distrikten jenes Landes. Auch in diesen sieht man Salzkrystalle auf der Oberfläche alljährlich sich bilden, während in 14 Fufs Tiefe stets reines Grundwasser sich findet (Seite 499). — Eine besondere Quelle für Säuregehalt der Luft findet man etwa erst in dem gebirgigen Lande zwischen Kokan (140 Werst SSW. von Taschkent) und Samarkand *) (220 Werst WSW. von Kokan), wo aus dem Innern der Erde Salmiakdämpfe sich erheben.

Seitdem die Russen autoptische Kunde von den Chanaten von Taschkent besitzen, zeigen sich dessen Einwohner nach Körperbeschaffenheit, Sprache, Sitte und Mahomedanischer Religion durchaus gleichartig mit der in den Nachbarstaaten Kokan und Buchara herrschenden Bevölkerung. — Nachbarliche Eifersucht und Unbestimmtheit der Dynastien erhalten dort eine fortdauernde politische Bewegung. Im letzten Jahrzehnte des vorigen Jahrhunderts bewarben sich drei Volkshäuptlinge um die Chanwürde von Taschkent; in verschanzten Burgen lebten sie gleichzeitig in der Stadt, und so erbittert waren ihre Anhänger, dafs Niemand ohne Waffen die Strafse betrat. Die Gärten, Pflanzungen und Äcker verdorrten; gleichzeitig aber fielen auch Nachbarn über das zerrüttete Land. Die Städte Turkestan und Tschemengen wurden von Nördlichen Kirgisen besetzt und geplündert, während die Kokaner von Süden her bis zur Hauptstadt vordrangen. Dem kräftigeren der drei Thronbewerber, Namens Junus Chodji, gelang endlich die Besiegung innerer und äufserer Feinde, und schon im Jahre 1800 fanden Russen das Reich wieder in blühen

---

*) Zum Chanate von Buchara gehörig.

dem Zustande. Dennoch ist in nachherigen Kriegen der Chan von Kokan glücklicher gewesen, denn 10 Jahre später meldeten Botschafter dieses Fürsten in Russland, dafs er nun auch Taschkent durch Statthalter verwalten lasse.

Aus dem Munde der Bewohner von Taschkent, Kokan und Buchara hat man bisher nur über die letzten Jahrzehnte ihrer Geschichte Aufschlufs erhalten. Die Nachrichten, welche Europäische Litteratur (von Alexander dem Grofsen bis zum 18ten Jahrhundert) etwa zu 6 verschiednen Malen darbietet, zeigen uns sehr verschiedenartige Zustände, aber wohl nicht immer möchte die Wahrheit gewonnen haben, wenn man jene isolirten Thatsachen zu glänzenden Systemen gestaltete, oder ethnographische Gesammt-Namen einführte, die an Ort und Stelle unbekannt sind und, durch den Schein von Wissen, fernere Forschungen erschweren. So sprechen wir 7 Jahrhunderte lang von dem Lande Tschagatai, weil Marco Polo berichtet, dafs einst ein Statthalter dieses Namens über das Land zwischen dem Kaspischen See und der jetzigen Gränze von China geherrscht habe. Leicht verleitet der von den Landesbewohnern niemals anerkannte Collectivname eine nicht vorhandne natürliche Begränzung vorauszusetzen. Scheint es aber nothwendig an ehemalige politische Vereinigung der Chanate zu erinnern, so müfste man auch die Hälfte von Asien: Cublai nennen, zu Ehren des Autokraten welcher, zu Marco Polos Zeiten, in Pekin thronte, den Tschagatai nur als Statthalter einsetzte, zugleich aber durch Gleichheit der Verfassung, einen innigen Völkerverkehr vom Ufer des Chinesischen Meeres bis zum Kasanischen Königreiche (oben Seite 243) unterhielt.

* * *

Einige Entschuldigung dürfte diese scheinbare Abschweifung von unsrem Hauptgegenstande verdienen, denn es ist eines der interessantesten Phänomene Sibiriens dafs man, auch jetzt noch, die Strafsen vom Polarkreise zu dem Lande der Baumwolle zu den betretnen und gebahnten rechnet. Die alten Verbindungen hat man nicht vergessen, seitdem, unter Russischer Herrschaft, durch Fluss-schifffahrt vom Ural bis zur Ostsee eine neue und eben so merkwürdige sich einstellte. (Seite 411.) Ja die Vorstellung dafs

VII. Abschnitt. 1828. November. 507

dereinst Pekin und Petersburg, als Sitze gleichnamiger
Macht, der politischen Welt das Beispiel eines gegen zwei Sonnen
gravitirenden Systemes chaotisch verschiedenartiger Völkerzweige
darbieten könnten, ist für die Sibirier nicht so utopisch als für
uns; zur Erklärung dieser Ansicht dient es, wenn man Dänische Fabrikate in dem Kaufhofe von Tobolsk noch jetzt, so wie
etwa auf Ruriks Russischen Märkten, mit dem Namen Warägischer Waaren bezeichnen hört, und sich überzeugt daſs hier
eine Beziehung des Mutterlandes zu Westlich von ihm gelegnen
Reichen, nicht eben unter die geläufigen Begriffe gehört. —

Vom 24sten bis zum 29sten October war bei uns, unter anhaltendem
NNOwinde (Seite 474) und hellen Nächten, das Barometer beständig gestiegen und die Lufttemperatur bis zu — 10°,0 R. gesunken,
dann aber verminderte sich Luftdruck und Kälte, und mit SWwind
erfolgten Trübung der obern Luftschichten und reichhaltige Schneefälle. Gegen Mittag am 30sten October sahen wir, während des
Schneiens, einen hellweiſsen Ring am Himmel. Die Sonne stand
im Mittelpunkte desselben, und glänzend rothe Färbung zeigte sich
vorzugsweise an den zwei mit ihr in gleicher Höhe gelegnen
Stellen des Umfanges. Die gefärbten Stellen waren nicht wie Nebensonnen gerundet, sondern länglich nach oben ausgedehnt,
und da sie ungleich auffallender sind als die übrigen Theile
des Lichtringes, so rechtfertigt sich der in Sibirien dieser Erscheinung gegebne Name: Stolbùi d. i. Säulen (unten Decbr. 6).

[November 1 bis 15.] Durch das Verlangen des Archieräen, nach Aufschluss über die wissenschaftlichen Zwecke unsrer Reise, wurden wir näher bekannt mit dem, im allseitigen
Rufe hoher geistiger Auszeichnung und frömmster Ascetik stehenden Manne. Anziehend war es die Erscheinung dieses Nordischen
Priesters mit dem im Andenken bewahrten Bilde manches berühmten Mitgliedes des Süd-Europäischen Clerus zu vergleichen. Äuſserste Abmagerung einer ursprünglich kräftigen Gestalt, und eine
eigenthümlich erregte Lebendigkeit des Blickes und der Rede, bewiesen genugsam, daſs hier klösterliche Abgeschiedenheit nicht zu
heuchlerischer Schadloshaltung benutzt werde, sondern daſs der
echt nationelle Geistliche es streng halte mit dem Gelübde: zu den

Übungen, denen alle Gläubigen sich unterwerfen, noch dreimal in jeder Woche strenge Fasten, und auch in der übrigen Zeit eine eng begränzte Diät hinzuzufügen. Durch körperliche Entsagung ward hier eine liebenswürdige Fröhlichkeit und äufserst freie Beweglichkeit des Geistes gesteigert, und im Umgange fand man keine Spur von Bemühung, den Ruf der Heiligkeit durch erzwungne Gravität zu unterstützen. Auch bei schwärmerisch frommen Laien der Griechischen Kirche haben wir oft ähnliche Erfahrungen gemacht, und namentlich ihre Persönlichkeit durchaus abweichend von der Evangelischer Pietisten befunden; es äufsert sich der Charakter eines kräftigen und stets praktischen Volkes, wenn man hier die religiösen Regungen des Gemüthes nur durch harte körperliche Entsagungen bethätigt, eben dadurch aber die Klarheit und Unbefangenheit verständigen Urtheils nur noch gesteigert sieht. Sehr mächtigen Hang zur Frömmigkeit wissen die Russen zu befriedigen, ohne dadurch jemals in dumpfe Apathie zu verfallen oder die Liebe zur Aufsenwelt zu verlieren. — Namentlich fanden wir reges Interesse unsres geistreichen Eremiten auf Erkenntnifs des Russischen Nationalcharakters gerichtet, und in vielseitigen historischen Studien sah er ein Mittel, die politische Zukunft seines Vaterlandes zu errathen. Durch vieljährige Erfahrung kannte und liebte er die hohe Bildsamkeit der unteren Volksklassen, auf eine Weise die wir nur selten bei andren Russischen Celebritäten gefunden haben. Mit Begeisterung rühmte er die Kraft des Willens und den Reichthum an Mitteln, durch welche *S*ibirische Kosaken jedes Naturverhältnifs dienlich finden und gestalten; es freute ihn, dafs die Mitglieder seiner Diöcese auf so mannichfaltige Weise ihre Häuser bereiten und, indem sie auch Rennthiere und Hunde einspannen, einen so ungewöhnlichen Nutzen von der Thierwelt erlangen, dafs selbst die Schriftsteller des Römischen Kaiserthums keine ähnliche Erscheinungen zu berichten gefunden haben. Damit aber die jetzt vereinzelten Kräfte der Nordischen Prometheen (promúischliniki, Seite 466) dereinst mehr vereinigt, für die Gesammtheit des Landes eine höhere Blüthe zu bedingen vermöchten, sah unser prophetischer Freund das Gesetz de non prolatandis finibus imperii seinem Vaterlande als höchste Richtschnur gegeben: nicht Wladimír sondern Wladimīr d. i. nicht

Weltherrscher sondern Friedensherrscher werde dereinst ein epochischer Reformator sich nennen. — Minder erfreulich als diese Gespräche waren die vergeblichen Bemühungen, durch Mittheilung über unsre physikalischen Zwecke, der Wißbegierde des regsamen Greises zu genügen; denn während Russische Klostererziehung für die Erscheinungen der geistigen Welt den Blick ihm geschärft hatte, so erhielt er von empirischer Naturforschung jetzt fast die erste Nachricht. —

Auch in diesen Wochen wurden die Abendstunden den Beobachtungen zu geographischer Bestimmung von Chappe's Beobachtungsort vorzugsweise gewidmet. Ein Schlitten stand nun zu Gebote, um jedesmal die Instrumente und zur Beobachtung nöthigen Hülfsmittel, von unsrem Wohnhause bis zu jenem Punkte, fast drei Werst weit, zu befördern. Aber oft noch ereignete es sich daſs bald nach Sonnenuntergang eine dichte Nebelschicht nur die untere Stadt bedeckte, während auf dem Hügel die Sterne noch sichtbar waren, bis dann, bald nach Aufstellung der Instrumente, die Trübung auch höher hinauf sich fortsetzte und an der wüsten Ruine vergeblich auf günstigere Umstände geharrt wurde. Erst am 4ten, 7ten und 15ten November erhielt ich erwünschte Resultate, während völlig heitrer Nächte und bei Lufttemperaturen von $-10°$ $-15°$ und $-20°$ R., welche mit heftigen Nordwinden sich einstellten. Jede Besorgniſs vor den Beschwerden der Kälte entschwand genugsam schon bei diesen ersten Winterarbeiten im Freien, denn bei kräftigstem Schutze durch Pelze zeugte nur das Thermometer von niedriger Lufttemperatur. Und doch hatten wir nur erst für die Fuſsbekleidung die Sitte der Ostjaken (unten Abschnitt VIII) befolgt, und noch ungleich mehr gewann man an bequemer Beweglichkeit, als später auch an die Stelle des in Russland üblichen Wolfspelzes der aus Rennthierfellen sinnreich genähte Anzug jenes Volkes gesetzt wurde. — Auch bedurfte es nur einiger Gewöhnung um zu verhüten, daſs nicht die Gläser der kalten Meſsinstrumente, von dem feuchten Athem des Beobachters getroffen, mit Reif sich bedeckten.

Auch hier wurde das Passage-instrument angewendet, nach der von Herrn Bessel eingeführten vortrefflichen Methode welche den geographischen und physikalischen Arbeiten der Reisenden eine bisher kaum erreichbare Schärfe verleihet. Mit der ihm eignen Nachsicht, für Arbeiten die einige Ähnlichkeit mit den seinigen nur allein durch die Intention des Ausführenden, nicht aber nach der Realität des Erfolges besitzen, untersuchte der berühmte Erfinder jener Methode die ihm übersandten Beobachtungen noch während wir in Sibirien waren, und meldete das erfreuliche Resultat, daſs sie die Breite des fraglichen Punktes zwar um 8″,1 kleiner als die Chappe'schen ergäben, daſs aber, wegen vollkommnerer Übereinstimmung des Einzelnen, der Vortheil sehr entschieden auf Seiten der neuen Bestimmung liege. *) — Durch Messung einer Grundlinie auf dem nördlichen Walle der Stadt und daran geknüpfte Triangulation, hatte Herr Professor Hansteen einen uns mitgetheilten Plan von Tobolsk aufs schärfste berichtigt, und zu noch sicherer Bestimmung der Lage des klassischen Observatoriums konnten nun auch die an andern Punkte der Stadt sowohl früher von Schubert als jetzt von uns angestellten Beobachtungen verwandt werden.

Die Unterhaltung eines Kirgisen der, zu den Hofleuten unsres Gastfreundes gehörig, ein beständiger Begleiter unsrer nächtlichen Schlittenfahrten geworden war, gewährte einige Entschädigung während des vergeblichen Verweilens auf dem öden Deutschen Kirchhofe. Er erzählte wie er einst als 16 jähriger Knabe, nichts Gutes ahnend, von seinem Vater aus der Steppe zur Sibirischen Gränze verlockt, und dort von demselben Russischen Kaufleuten anstatt Tilgung einer Schuld von 180 Rubeln überliefert worden sei. Mit seinen neuen Herren reiste er nach Tomsk, und von dort entlassen trat er bald in den Dienst seines jetzigen Brodherrn. Von seiner Heimath habe er seither nur gehört, daſs der unnatürliche Vater die Strafe der Treulosigkeit bald empfing, denn mit Russen in Streit gerathen sei er von ihnen erschlagen worden. Vielleicht um am Schicksal sich scheinbar zu rächen,

---

*) Nach Chappe's Beobachtungen nahm man die Breite des Ortes, an welchem der Eintritt der Venus beobachtet worden, zu
58° 12′ 22″
nach meinen Beobachtungen fand Herr Professor Bessel 58° 12′ 13″,9
Vergleiche in der wissenschaftlichen Hälfte dieses Berichtes die Geographischen und Magnetischen Beobachtungen.

erzählte der sonst gutmüthige Mann mit seltsamer Freude, wie auch er die ehelichen Kinder die er zu Tobolsk gezeugt, bereits weit von hier verstofsen, und andren Russen zur Dienstpflicht übergeben habe. — Noch immer ist bei den Steppenbewohnern der Menschenhandel ein beliebtes Geschäft. Seltner ereignen sich jedoch Fälle die, wie der erwähnte, von unnatürlicher Gefühllosigkeit der Ältern zeugen. Bisweilen soll noch der älteste Sohn die ihm nach dem Tode des Vaters zur Ernährung verbliebenen Geschwister auf ähnliche Weise verstofsen; am häufigsten sind es aber einander feindlich gesinnte Geschlechter, welche durch gegenseitigen Kinderraub der Rachsucht genügen. Nur auf diese Weise entführte Kirgisen, findet man äufserst häufig dienstbar sowohl im Westlichen Sibirien, als auch zu Buchara und in den übrigen Chanaten. Namentlich wird von denjenigen Kirgisen, welche Bucharische Kaufleute durch die Steppe begleiten, der Kinderraub bei ihren Nachbarn mit wahrer Leidenschaft betrieben, und man erzählt daher dafs, so oft Karawanen in der Steppe durch einen Aùl oder Wohnplatz hindurchziehen, man die Mütter, mit dem ängstlichen Geschrei der Hühner, ihre Kinder in eine Filzjurte (Kibitka) zusammentreiben, und daselbst vor ihren reisenden Landsleuten sorgsam bewachen sehe. —

Bei solchem Verfahren gegen eigne Stammverwandte erwartet man leicht ein ungleich härteres gegen fremdstämmige Gefangne, und diese Vermuthung wird völlig von denjenigen Russen bestätigt, welche in die Steppe entführt und nicht von dort, wie es häufig geschieht, an die Bewohner der Chanate verkauft wurden. Der erwähnte Kirgisische Freund bezeugte sich uns unbekannt mit einer mir früher, und von glaubhaftesten Männern in Bezug auf die kleine Orde, berichteten Sitte, nach welcher dort Russische Kriegsgefangene durch geschickte Schläge auf den Kopf stumpfsinnig und dadurch unfähiger zum Entfliehen gemacht werden; dagegen sprach er als Augenzeuge von einem andren und zu demselben Zwecke bei den Seinigen angewendeten Verfahren: unter der Fufssohle, in der Gegend des Hackens, schneide man den dienstbaren Russen eine tiefe Fleischwunde, und nachdem man Pferdehaare hineingesteckt habe, sei man sicher, dafs, auch nach Verwachsung der Haut, die Betroffenen für immer der wichtigsten Landessitte sich fügen werden: denn wie die Kirgisen aus eigner Wahl, so seien dann Jene durch Schmerzen am Gehen verhindert und dem Reiterleben sicherer zugethan. Die zu knechtenden Gefangnen des Augenlichtes zu berauben, war zu Herodot's Zeiten Sitte der pferdemelkenden Bewohner Pontischer Steppen. *) Vergeblich sucht man nach einem Mittelgliede des Schlusses, wenn man jenem alten Berichte mit erklärender Absicht hinzugefügt sieht, „so halten sie es, weil sie wandernde Hirten sind und nicht Pflüger." Dennoch sieht man jetzt das als Urtheil Befremdende, wenigstens als scharfe Beobachtung bewährt, denn, äufserst ausschliefslich, nur bei dem unstäten Reitervolke der Steppen findet man, noch jetzt, eine ähnlich grausame Richtung der Sitte. Aber etwas mildernd hat dennoch seit jener Zeit der aufklärende Islam auch bei jenen wenig veränderlichen Stämmen gewirkt, denn nicht nur dafs minder verderbliche Verstümmelungen an die Stelle des Blendens getreten sind, so wissen sie auch längst Nichts mehr von dem Trinken des Blutes und der technischen Anwendung der Haut ihrer Feinde, **) noch von den Trinkgeschirren aus den blutigen Hirnschädeln ihrer Väter, welche man ungleich später (13ten Jahrhundert nach Christus) nur bei den wahrscheinlichen Erfindern der Sitte, den Bewohnern von Tibet, noch im Gebrauche fand. ***)

Wenn einige religiöse Bildung die Steppenbewohner umgänglicher machte, so übte dieselbe doch ebenso entschieden eine direkt entgegen gesetzte Wirkung in den schon anderweitig cultivirten Gegenden. Es zeugen davon sämmtliche Russen, welche aus Kirgisischer Gefangenschaft zu den Bewohnern der Chanate gelangt sind; denn obgleich dort die Ankunft jedes Sibiriers äufserst willkommen ist, weil er für Krieg und Frieden stets einige der am fühlbarsten mangelnden Fertigkeiten und Kenntnisse besitzt, so verhindert doch stets ein blinder Religionseifer die von beiden Seiten zu hoffenden Vortheile. Oft und gleich anfangs bietet

---

*) Herodoti Melpomene capt. 2. ἅπαντα ὃν ἂν λάβωσι ἐκτυφλοῦσι ... Τοὺς δὲ δούλους πάντας τυφλοῦσι.
**) Ibid. capt. 64. ad fin.
***) Ibid. capt. 26. und Zurla Dissertazioni di Marco Polo. §. 161.

man zu Taschkent und Kokan wichtige Staatsämter, erwünschte Heirathen und andere Glücksgüter, den zu Sklaven Erkauften für etwanige Bekennung zum herrschenden Glauben: aber die stets hartnäckig Beharrenden braucht man dann später nur als niedrigste und nutzloseste Diener. — Leider sind es zwei gleichmäfsig exaltirte Parteien, welche dort in Berührung gerathen, denn dieselben Russen welche anderweitige fremde Sitte stets fügsam mit der eignen zu vermitteln wissen, bleiben in Religionssachen unbeugsam, und von diesen sieht man sie selten auch nur den äufsersten Schein fremdem Einflusse oder eigner Wohlfahrt opfern. Sicher wären längst die Chanate und Sibirien auf innigere und erspriefslichere Weise in Beziehung getreten, wenn nicht, unter den vielen Russischen Gefangenen,*) die Mehrzahl jede andere Rücksicht, über den einseitigen Hang zum Märtirerthum, vergessen hätte. Auffallender noch erscheint das Verachten gebotener Freiheit, weil jene wählenden Russen oft Brodjági (oben Seite 325) sind, welche, mit der Absicht der vaterländischen Leibeigenschaft zu entfliehen, allzu leichtsinnig hofften in den unbekannten Nachbarländern ein besseres Loos zu finden. Nach drükkender Gefangenschaft bei den Kirgisen scheint für sie dann endlich, in den Chanaten, der Zweck vieljähriger Irrfahrt erfüllt, und dennoch werden sie, nun aus eigner Wahl, nur das was sie waren: Christliche Diener **), nun aber von Mahomedanischen Herren. Tatarische Karawanenführer berichten häufig in Sibirien von dergleichen Fällen, und in die Chanate gelangende Sibirische Kaufleute pflegen die Christliche Standhaftigkeit ihrer Landsleute nur ermunternd zu loben, ohne ihnen durch Lösegeld den erwünschten Rückweg zu eröffnen. —

Schon als Wirkung des über jede Dichtung waltenden Schutzgeistes war es anregend eine, auf Karl des Grofsen Zeit bezügliche, Spanische Romanze noch jetzt, und in den äufsersten Winkeln Nord-Asiens, aus dem Munde der Gesangliebenden Russen zu vernehmen. Etwa wie die Mammute der Urzeit, so

---

*) Gegen Ende des vorigen Jahrhunderts soll ihre Zahl zu Buchara auf 60000 gestiegen sein!! —

**) Krestjánin (offenbar identisch mit Christjánin), d. i. vorzugsweise Christ nennt man in Russland jeden dienstbaren Bauer, der auch in Frankreich ehemals mon Chretien genannt wurde.

schien auch ein, auf der übrigen Erde längst verhalltes, Südliches Geistesprodukt zwischen Sibirischem Eise als Mumie bestanden zu haben. Ja näher erklärlich war die Erscheinung, denn wirklich sind für Materielles und Geistiges diese Nordischen Gegenden gleich arm an zersetzenden und umbildenden Einflüssen, und, seit Jahrhunderten als verlorne Vorposten hinterblieben, konnten die Kosacken, sogar bis auf die Gesänge, gar füglich die Mode einer längst untergegangnen Armee behalten haben. Aber ein neuer Gesichtspunkt trat hinzu, durch die Ähnlichkeit des Gesungenen mit den oben erwähnten Ereignissen der Sibirischen Tagesgeschichte. Wie Don Quijote von einem Spanischen Bauer,*) so hört nämlich der Asiatische Reisende noch jetzt von Russen grade dasjenige der Lieder von Ronçeval, welches die Christliche Standhaftigkeit des gefangenen Guarinus, und seine hochherzige Verachtung der von Marlatessa dem Mohrenkönige ihm für den Übertritt zum Islam gebotenen Preise, feiert. Durch Russiche Soldaten bis in die Mitte Sibiriens, und von der andern Seite durch Matrosen bis zur Ostküste Kamtschatka's gelangt, mögen diese Verse unter den Abkömmlingen Jermàk's sich so lange erhalten haben, weil sie lebhaft an selbst Erlebtes erinnern.**)

Über die zu Tobolsk lebenden Kirgisen bemerken dortige Ärzte, daſs sie äuſserst häufig von einer, bei Russischen Einwohnern durchaus ungewöhnlichen, Gelbsucht (*joltúcha*) befallen werden. Dürfte man auch das leidenschaftlich erregbare Temperament der Steppenbewohner mit dieser Erscheinung

---
*) Don Quijote de la Mancha. Parte 2. cap. 9.
**) Von der gemeinten Spanischen Romanze liest man bei Cervantes nur die zwei ersten Verse:
Malo la hubistes Franceses
En esa (alias: La caza) de Roncesvalles!
Im Russischen lautet aber der Anfang des entsprechenden Volksliedes:
Chúdo chúdo o Francúsui
W'Rónzewalje búilo wam!
Karl Welíkji tam lischílsja
Lútschich ruizarèi swoïch etc. etc.
d. h. Schlecht erging es Euch o Franzosen, zu Ronçeval, wo Karl der Groſse seine besten Ritter verlor. Die übrigen Russischen Verse und was man sonst noch von dem so auffallend und sporadisch verbreiteten Liede weiſs, ist im Verfolge meines Berichtes zu erwähnen.

im Zusammenhange denken, so ist doch offenbar noch aufserdem eine Veränderung der Lebensart dabei thätig, denn in ihrer Heimath wissen die Kirgisen Nichts von gleicher Krankheit. —

Zu den auszeichnenden diätetischen Verhältnissen gehört in der Steppe, aufser beständiger Anwendung von Milchspeisen, auch der ebenso unablässige Gebrauch des Schaffleisches, welches die Kirgisen für so heilsam und angemessen halten, dafs sie schon ihren jüngsten Kindern die Fettgeschwulst von dem Schwanze dortiger Schafe roh auszusaugen geben. Dahingegen herrscht bei ihnen vor dem Kalbfleische ein entschiedner Abscheu. Im Allgemeinen dürften gleichartige Vorurtheile auf ethnographische Verwandtschaft verschiedner Stämme um so eher deuten, je inhaltsloser dieselben erscheinen, und es schien uns daher sehr bemerkenswerth, dafs ja auch in Russland noch heute das Kalbfleisch von dem frommen Volke durchaus verschmäht, von den gebildet scheinen Wollenden aber als ungesundeste Nahrung verschrien wird. Während die übrigen diätetischen Satzungen der Russen mit denen der Juden gleichartig, und zuerst durch Einführung Christlichen Glaubens überkommen sind, so ist die eben erwähnte offenbar von älterem Ursprung. — Bei den Kirgisen dürfte man etwa die Enthaltung vom Kalbfleische als Schonungsmittel für die Rindsheerden betrachten, welche bei ihnen später eingeführt, auch jetzt noch entschiednere Sorgfalt als Pferde und Schafe verlangen. Ungleich weniger scheinen die Verhältnisse der jetzigen Russen zu ähnlicher Ansicht zu berechtigen; nimmt man aber bei ihnen eine ältere Entstehung jenes Vorurtheiles an, so ist zu erinnern, dafs bei ihren Scythischen Vorfahren, so wie Herodot sie schildert, in jeder Beziehung mannichfache Ähnlichkeit mit den jetzigen Steppen-Orden herrschte. — Wollte man aber von der andern Seite mit jenem an sich ziemlich auffallenden Gebrauche der Russen und Kirgisen auch Andres, nur loser damit Verwandtes, vergleichen, so erinnert man sich sogleich des Verbotes: erwachsenes weibliches Rindvieh zu schlachten (Enthaltung von Kuhfleisch), welches jetzt bei den Indern besteht, zu Herodot's Zeiten aber in den, an Ägypten Westlich angränzenden, Lybischen Steppen allgemein, und in Cyrenaica nur bei den Weibern sich fand. *) — Wenn Indische Kaufleute

---

*) Herodot. IV. 186..

zu Buchara beim Anblick jedes Stückes Kuhfleisch weinen, zugleich aber den Harn einer dort gehaltenen heiligen Kuh ihren Speisen als wohlthuend hinzumischen, *) so bleibt noch jetzt eben so wenig Zweifel über ganz eigentlich religiöse Bedeutung jenes Verbotes, als im Alterthume für die Gegenden von denen Herodot ein Gleiches erwähnt, und in denen einem weiblichen Rinde, als Repräsentantin der göttlichen Isis, religiöser Dienst zu Theil wurde. Keinesweges ist hierdurch etwas gewonnen für die End-Erklärung des Schlachtverbotes selbst, denn nun muſs man ja wieder dem Grund für religiöse Verehrung des Viehes nachforschen: ja man sieht sogar daſs Pythagoras, indem er Ägyptische Religionsgebräuche denkend untersuchte und für seine Landsleute empfehlenswerth fand, grade umgekehrt den Thierdienst nur als Mittel betrachtete, als Zweck aber daſs die Menschen sich der, mit dem Schlachten unverträglichen, und nur zufällig verkannten Pflichten gegen alles Lebende erinnerten. Er bekennt daſs zwar jeder Todschlag unerlaubt, das Morden des zugleich sanftmüthig schuldlosen und dienstbaren Rindviehs aber unter den vielen Gräueln der hartherzigste sei. — So könnte denn auch die Schonung der Kälber bei Russen und Kirgisen ein Rest jener alten philozoischen Lehren sein, indem, durch Nothwendigkeit zum Schlachten alter Rinder gedrungen, man wenigstens nicht zwei Individuen gleichzeitig kränken und der Schuld an dem Blute des einen, nicht noch die an den jämmerlichen Klagen des beraubten Mutter-Thieres hinzufügen wollte. — In jedem Falle zeigt sich die Verfänglichkeit ethnographischer Schlüsse, selbst wenn sie auf Gleichheit solcher Sitten sich gründen, denen man anfangs eine durchaus lokale Entstehung zuschreiben mochte. Eine ähnliche Aufforderung zur Vorsicht bot unter andern die gleichzeitig zu Tobolsk erhaltene Kunde, daſs die sonderbare Russische Sitte der Verehrung schwachsinniger Personen (blajénnie oder Gesegnete, oben Seite 402) genau auf gleiche Weise und noch diesen Augenblick zu Taschkent befolgt werde.

Von dem sehr gemüthvollen Temperamente der Kirgisen belehrte uns auch Beachtung der zu Tobolsk befindlichen Individuen dieses Stammes. Nicht nur in Gesprächen sind sie wortreich,

---

*) Eversmann Reise nach Buchara. Berlin. 1823. 4to. pag. 77.

sondern eigenthümliche Redseligkeit veranlafst sie auch zu beständigen Monologen oder poëtischen Improvisationen, und sehr gut bezeichnen die Russen diesen Hang ihrer Nachbarn durch den scherzhaften Ausdruck: óni tshto wídjat, to i brédjat,*) was sie sehen, darüber faseln (oder phantasieren) sie auch. — Aber auch durch gewaltthätige Rachsucht und gefährlichen Zorn äufsert sich, unter ungünstigen Verhältnissen, der leidenschaftliche Charakter der in *S*ibirischen Städten lebenden Kirgisen, und daher sieht man sie nicht selten, zugleich mit den weiter gegen Osten zu befördernden Russischen Sträflingen, in dem Ostróg oder Gefangenhause (oben Seite 220) von Tobolsk.

Schwarzes Haar, starkgebräunte Hautfarbe und kleine und lebhafte Augen zwischen stark hervortretenden Liedern, so wie das Ganze der Gesichtsbildung, liefsen uns stets und auf den ersten Blick einen Kirgisen von den Russen unterscheiden; mit Kasanischen Tataren hätte man sie ungleich eher verwechselt, und nur eine kleinere und gedrungene Gestalt so wie eine stets den Reiter zu erkennen gebende Art des Ganges hindern daran. Wenn trotz der Beständigkeit dieses äufsern Habitus, und trotz innigster Verwandtschaft Tatarischer und Kirgisischer Sprache die Kirgisen, in der höhern Ethnographie, zu einer gewissen blonden und blauäugigen Race gerechnet werden, welche aufserdem nur Germanischen und *S*lavischen Völkern den Ursprung gegeben haben soll,**) so mufs man gestehen, dafs jetzt die armen Steppenbewohner einem alten Messer mit neuem Hefte und neuer Klinge vergleichbar sind.

Zu der erwünschten Abreise nach Obdorsk reichte die nun befestigte Schneebahn nicht hin, sondern auch die Flüsse mufsten Schlitten zu tragen im Stande sein. Das Gestehen des Irtùisch verzögerte sich aber in diesem Jahre über den im Mittel dazu erforderlichen Zeitpunkt hinaus (oben Seite 475). Schon in der ersten Woche des November trieben Eisschollen bei der Stadt

---

*) Bréditj wird nur von auffallenden Abschweifungen im Denken oder Reden gebraucht, ist aber sicher verwandt mit broditj, welches umherirren im physischen Sinne bezeichnet.

**) Tableaux historiques de l'Asie, depuis la monarchie de Cyrus jusqu'à nos jours. 4to. Paris 1826. pag. 168 — 186.

vorbei, aber ihre Größe und Zahl verringerte sich oftmals und wahrscheinlich in Folge höherer Lufttemperatur in der obren Flussgegend, aus welcher dann wieder wärmeres Wasser hinzukam. Am 10ten November schwammen große Massen, aber die Gradlinigkeit des Ufers und die heftige Strömung (von nahe 4,4 P. Fuß in der Secunde) verhinderte noch ihre Vereinigung. — So war denn ruhiges Bleiben noch immer geboten, und von den Leiden und Freuden der Tobolsker Bürger erlangte man immer vollständigere Erfahrung. — Der Aufseher aller Sibirischen Unterrichtsanstalten, Herr Slowzòw, veranlaßte uns, den Schulübungen beizuwohnen, welche, nach der sogenannten Lankaster'schen oder gegenseitigen Unterrichtsmethode, hier in der Gouvernementsstadt sowohl als auch in mehrern der Kreisstädte gehalten werden, und welche allerdings aufs höchste geeignet sind, um die in Sibirien Gebornen für einen früher fühlbaren Mangel ihres Vaterlandes zu entschädigen. Die Bemühung auch Kinder der Urbewohner aus der Nachbarschaft als Lehrlinge zu erhalten, sind in Tobolsk nicht genugsam erfolgreich gewesen, um diesen Schulen die hohe wissenschaftliche Wichtigkeit zu verleihen, deren sie fähig sind. Offenbar wäre es nämlich ein Leichtes, für gründliches Studium der Asiatischen Sprache diese Vereine so geeignet zu machen, daß Europäische Linguisten dahin, wie zu Universitäten, zu wahrfahrten, gezwungen würden. Von Kirgisischer, Ostjakischer, Samojedischer Rede wäre es dann eben so leicht eine grammatikalisch begründete Kenntniß zu erlangen, wie jetzt von der Tatarischen, für welche ein vortreffliches Wörterbuch, bereits zu Anfange des gegenwärtigen Jahrhunderts, durch den Lehrer der Tatarischeu Sprache in der Tobolsker Volksschule, Herrn Joseph Tigánow geliefert worden.*) Auch hier werden, wie in England, die ersten Übungen im Schreiben auf einer mit Sand bedeckten Tafel ertheilt, jedoch behaupten Tobolsker Lehrer die Idee zu dieser Methode nicht aus Europa, sondern aus

---

*) Slowàr Rossijsko - Tatárskoi, sóbrannoi Swjaschtschénnikom Josíphom Tigánowuim, w"Tobólskom naródmom utschílischtschje, d. i. Russisch-Tatarisches Wörterbuch, gesammelt in der Tobolsker Volksschule durch J. Tigánow. St. Petersburg. 1804. 4to.

Irkuzk erhalten zu haben, in dessen Umgegend Burätische Lamen oder Priester sich längst schon desselben Unterrichtsmittels bedienen.

Von einer zweiten, für die Kinder der Soldaten und Kosacken bestimmten, Schule lernten wir nur die Unterrichtszimmer kennen, und zwar in den Zeiten der Muſse, während welcher dieselben oftmals als Tanzsaal benutzt wurden. Herrn General Brühl, dem Commandeur der Westſibirischen Artillerie, gebührt das Verdienst, der Europäischen Tanzkunst in Tobolsk eifrige Anhänger zu werben und zu erhalten. Zur Verherrlichung der von ihm veranstalteten sehr zahlreich besuchten Bälle wirkten militairische Musikchöre und kirchliche Sänger mit vereinten Kräften. Hier ist es nicht mehr der Mangel an Instrumentalmusik, sondern nationeller Geschmack, welcher veranlaſst die meisten der Französischen Tänze, ebenso wie die nationellen, durch Gesänge zu begleiten, und nach einiger Gewöhnung hat ein in dem Takte der Walzer oder Cotillions gesungenes Lied durchaus nichts Widerwärtiges. —

Am Sonntag, den 9. November, sahen wir in der sogenannten Kirche der Deutschen, eine aus Verbannten und freiwilligen Ansiedlern sehr mannichfach zusammengewürfelte Gemeinde, zu deren Bildung eigentliche Deutsche mit denen hier von Alters her zahlreich vorhandnen Finnischen Lutheranern sich ververeinigt haben. Geistliche welche beider Sprachen mächtig sind, werden daher stets aus Finnland berufen und erhalten hier noch länger denselben, auch in den Russischen Ostseeprovinzen üblichen, alt-Lutherischen Ritus, zu welchem man erst neuerlich in Deutschland zurückzukehren begann. —

Anziehender noch war häufige Theilnahme an manchen alterthümlich Russischen Gebräuchen, die bei dem echt Sibirischen Theile der Städter sich ungleich reiner als selbst im Mutterlande erhalten haben. Namentlich werden die Heirathen zu Tobolsk noch mit allen Vorchristlichen und Christlichen Ceremonien der frühsten Vorfahren begleitet. Die früher erwähnten Swáchi (oben Seite 98) oder Freiwerberinnen, sind hier mit Anordnung von vier besondern Feierlichkeiten beauftragt, deren Vollziehung dem eigentlichen Hochzeitsakte vorangeht, und die man von einander oft durch sehr lange Zwischenzeiten trennt, um das wichtige Drama nicht allzu leicht zur Entwicklung zu führen. — Bei der sogenannten *S*widánie*) oder ersten Begegnung wird die Erwählte von der *S*wacha geführt, und dem heirathslustigen Manne nur aus der Ferne gezeigt. Dann erst erfolgt, in dem Hause der Braut, die ebenso wenig verpflichtende *S*motrjénie **) oder genauere Beschauung und, nach etwanigem Bestehen beider Prüfungen, das vor Zeugen vollzogne Fest der Rukobítje***) d. i. des Handschlages. Endlich bildet der Djéwischnik ****) oder das Mädchenfest die vierte und letzte der weltlichen Ceremonien. In Tobolsk pflegt man dabei die Freundinnen der Braut mit Thee, Cedernüssen und Wein zu bewirthen, und veranlaſst sie, unter Anleitung der *S*wacha, die alten und sehr zahlreichen Hochzeitslieder (*s*wádebnúija pjésnî Seite 306) zu singen, von denen die meisten nur durch Einschaltung der Taufnamen und patronymischen Benennungen des jedesmaligen Paares den besondren Verhältnissen angepaſst werden. — Fast alle enthalten übrigens laute Klagen der Braut, für welche es am üblichsten ist sich mit einem Meer- oder Wasser-Vogel (Schwan, Gans oder Ente) zu vergleichen, welcher von dem geliebten Elemente getrennt wird. Erst am Abend dieses Tages erfolgt, im Beisein des Bräutigams, die entscheidende Entflechtung des Zopfes (oben Seite 306). — Am Hochzeitstage, während der priesterlichen Einsegnung in der Kirche, setzt ein Jeder der Verlobten einen Fuſs auf den zwischen ihnen ausgebreiteten Teppich; zugleich aber werden ihnen, bei dieser Ceremonie und bei dem darauf folgenden Umgange um den Altar, metallene Kronen durch zwei dazu erwählte Verwandten über den Köpfen gehalten. Diese Kronen bezeichnet man jetzt mit dem Worte wjenèz (plur. wjenzì), dessen ältere Form wjenò schon bei den Heidnischen Russen als Name des von dem Bräutigam zu bezahlenden Kaufpreises (des Koluìm vieler *S*ibirischen Urvölker) üblich

---

*) Von *s*wídjet*s*ja, sich sehen und widjèt sehen.
**) Von *s*motrjétj, besichtigen.
***) Von rúka, die Hand, und bitj, schlagen.
****) Von djéwa und djewíza, ein Mädchen.

war. Wenn auch die Bildung des Wortes andeutet, als habe man anfangs der Baumzweige (wjétwi, wjénniki) zur Ausschmückung der erkauften ehelichen Sklavin sich bedient, so wird doch schon in den ältesten der jetzt üblichen Hochzeitslieder der Schmidt mit Anfertigung eines metallenen wjenèz beauftragt. — Erst nach diesen kirchlichen Gebräuchen sahen wir, in der Wohnung der Verheiratheten, durch deren Ältern oder erwählte Stellvertreter eine neue Einsegnung vollziehen, welche óbrasom blagoslowìtj d. i. mit dem Heiligenbilde segnen, genannt wird. Diese Benennung erinnert aber nur an eine Hälfte des dahin gehörigen Gebrauches, denn nachdem das in der neuen Wirthschaft anzuwendende Heiligenbild den zu Begrüßenden auf Kopf und Schultern gesetzt worden ist, wird mit einem großen Brode und einem Salzfasse dieselbe Ceremonie wiederholt. Beide Arten von Segnungen werden kniend empfangen, und an lauten Beweisen der Rührung dürfen es weder die Braut noch auch die übrigen weiblichen Zeugen der Handlung fehlen lassen.

Neben der durch diese Feierlichkeiten bethätigten Vorliebe für eheliche Verbindungen, hat sich, seltsamer Weise, hierher nach Tobolsk die davon durchaus verschiedne Ansicht und Verhaltungsweise der alten Phrygischen $A\tau\nu\varepsilon\varsigma$ oder Cybeldiener eingeschlichen. Im direktesten Gegensatze mit den früher erwähnten Súsliniki (oben Seite 301) hat nämlich die, von alten Zeiten her unter den Russen vorkommende, Sekte Chlistówtschina,*) deren Mitglieder sich auch Skópzi nennen, nicht nur die Regungen des Geschlechtstriebes abgeschworen, sondern auch sich verbunden, durch körperliche Verstümmlung dieselben für immer zu unterdrücken. In dem Gouvernement von Simbìrsk soll noch zu Anfange des gegenwärtigen Jahrhunderts diese gleich anomale und verderbliche Lehre so allgemein um sich gegriffen haben, daß einmal eine Abweichung von dem der Regierung eignen Prinzipe absolutester Toleranz, und die gewaltsame Verfolgung eines Bekenntnisses nöthig wurde. Aber der äußerlich

---

*) Chlistówtschina, wahrscheinlich verwandt mit chlistàtj, durch Schlagen verwunden. Skopèz, ein Verschnittner, von der Slawonischen Wurzel skopìtj, kappen, von welcher noch jetzt kopàtj, graben u. A. abstammen.

unterdrückte Wahnglaube taucht lokal wiederum auf, und namentlich hat man noch vor wenigen Jahren zu Tobolsk unter den dort ansäfsigen Soldaten eine ansehnliche Gesellschaft von Skópzi gefunden. —

In den Häusern der Sibirier und Deutschen sahen wir oftmals mehrere der zu Tobolsk lebenden Verbannten (Seite 423 und 460), denen man hier allgemein den mildernd bezeichnenden Namen der Unglücklichen (neschtschástnie) beilegt. Den Staats- und Majestäts-verbrechern werden ihre neuen Wohnplätze stets weiter gegen Osten, oder gegen Norden näher dem Eismeere, angewiesen, und hier trifft man daher aus gebildeten Ständen nur geringerer Untreuen oder Privatverbrechen beschuldigte Beamte. Manche derselben sind auch vorher schon in Sibirien angestellt gewesen, und diesen bietet dann oft das Exil einen an Europa näher als der frühere gelegnen Wohnort. In diesem Falle befand sich jetzt ein ehemaliger Gouverneur von Ochozk, welchen wir als einen der ältesten und erfahrensten Bewohner von Tobolsk kennen lernten, und der über meine fernere Reise bis Kamtschatka manchen wichtigen Rath ertheilte. Alle diese sogenannten Unglücklichen leben innerhalb der Stadt in völliger Freiheit, und, nur zu religiösen Bufsübungen in den Kirchen, sahen wir einzelne der neueren Ankömmlinge durch polziciliche Beaufsichtigung gezwungen. Mehrere der älteren trieben dergleichen aus eignem Hange, und aus nicht zu bezweifelnder Überzeugung. Von Moskowitischem Luxus (oben Seite 176) zu Tobolsker Einfachheit waren namentlich diese bejahrten Verbannten mit wahrhaft männlichem Gleichmuthe übergegangen: sie lassen Bart und Haupthaar wachsen, und nach eigner Aussage scheint ihnen das Leben der Kosacken und Bauern ungleich erträglicher, als sie früher glaubten. So ist es denn begreiflich dafs schon bei den Kindern die sie oftmals in neuen Ehen mit Sibirierinnen erzeugen, die Spuren eines so bedeutenden Glückwechsels durchaus verschwinden, und dafs die in Sibirien mit Ackerbau, Jagd oder anderweitigem prómuisl (Seite 466) beschäftigten Russischen Adlichen, unter den übrigen ebenso wenig erkannt werden, wie die Abkömmlinge Tatarischer Fürsten-geschlechter (oben Seite 449).

VII. Abschnitt. 1828. November.

Nur verbannte **Juden** sieht man, wie überall so auch hier, den assimilirenden Einflüssen der Umgebung erfolgreicher und länger widerstehen. Bekanntlich ist jetzt nur in wenigen **Provinzen des Europäischen Russlands** den **Juden** eine beständige Niederlassung erlaubt, in die übrigen aber gelangen sie nur unter ähnlichen Bedingnngen wie andre Ausländer: meist des Handels wegen, als **fremde Gäste** (inostránnie gósti Seite 90) gegen einen auf bestimmte Dauer beschränkten Aufenthaltsschein. In **Tobolsk** aber und weiter hin in **Sibirien** fanden wir sie oft, theils als Verbannte, welche während ihrer frühern Reisen eines Verstofses gegen die Landesgesetze beschuldigt wurden, theils als Abkömmlinge von solchen. Im Allgemeinen und in Folge der angedeuteten politischen Stellung ist für die **Juden** die Meinung der **Russen** ungleich vortheilhafter, als die in andern Ländern herrschende: denn hier in **Sibirien** wird dieses parasitische Volk fast als ein selbstständiges betrachtet, und ihm namentlich mit **dem der Deutschen** ein gleicher Ursprung defswegen zugeschrieben, weil man von jeher und ohne Ausnahme alle nach **Russland** und von dort nach **Sibirien** gelangte **Juden, Deutscher** Rede sich bedienen hört. Auffallend ist es in der That dafs, auch in frühern Zeiten, nur von **Westen** her dergleichen Einwandrer nach **Russland** gelangt sind: niemals aber Abzweigungen, von denen zu **Buchara**, zu **Samarkand** und in **Persien** schon lange ansäfsigen **Jüdischen Stämmen**. —

In dem Berichte über **geographische und magnetische Beobachtungen** werde ich die auf eine anziehendere Beschäftigung während der letzten Woche unsrer **Tobolsker** Gefangenschaft, auf die **periodischen Schwankungen der magnetischen Meridianrichtung** bezüglichen Zahlenangaben mittheilen. Als unmittelbares Resultat dieser Messungen und der gleichartigen die an andern Punkten unsres Weges bisher erlangt worden, ergab sich aber schon jetzt, dafs die Gröfse jener Oscillationen durchaus unabhängig sei von der am Beobachtungsorte herrschenden **mittleren Declination**, denn nur die Jahreszeiten äufserten einen Einflufs auf den Betrag der periodischen Schwankungen. Verglich man aber mit jeder der auf der Reise gewonnenen Beobachtungsreihen eine früher in gleicher Jahreszeit an dem Orte der

Abreise erhaltne Bestimmung, so zeigten sich beide ihrem Betrage nach, stets höchst nahe übereinstimmend: obgleich doch zu Berlin, Petersburg und Moskau die mittlere Declination Westlich, und zwar einerseits sehr grofs (zu Berlin), andrerseits ungleich kleiner, zu Jekatarinenburg und Tobolsk aber Östlich und ebenfalls von verschiedner Gröfse sich zeigte. — Ebenso bestimmt äufserte sich die gleichmäfsige Abhängigkeit der Erscheinung von der Sonnenzeit des jedesmaligen Ortes, denn überall und zu allen Jahreszeiten lag der magnetische Meridian gegen 8 Uhr Morgens am weitesten Östlich, gegen 2 Uhr Nachmittags aber am weitesten Westlich von seiner mittleren Stellung. Zu Tobolsk waren die Bewegungen, wie gewöhnlich bei winterlicher Stellung der Sonne, äufserst geringfügig, aber unregelmäfsige Verstärkungen erfolgten zweimal. — Um so gespannter achteten wir auf die bekannte Verbindung zwischen diesen Anomalien und den Polarlichtern, als man glauben durfte, vielleicht hier schon dem eigentlichen Sitze des letztern Phänomens ungleich näher zu sein, als im mittlern Europa. — Am 9. November um 6 Uhr 50 Minuten Tobolsker Wahre Zeit gerieth die Horizontalnadel plötzlich in starke Schwingungen, deren Mittelpunkt Östlich von der mittlern Meridianrichtung, um den zweifachen Betrag der gesammten periodischen Veränderung, lag. Eine Viertelstunde später entwölkte sich vollständig der bis dahin bedeckte Himmel: von Polarlicht sah man keine Spur; dennoch dauerte anomale Ablenkung noch fort, und erst um 8 Uhr 30 Minuten W. Zt. war wiederum die dieser Stunde als normal entsprechende Meridianrichtung eingetreten. — Am 11. November um 9 Uhr 35 Minuten W. Zt. sahen wir die Nadel wiederum gegen Osten, diesesmal aber um mehr als den dreifachen Betrag der gesammten periodischen Veränderungen, abweichen. Gleichzeitig zeigten sich hellweifse bewegliche Lichtmassen an der Östlichen Hälfte des Himmels. Zweimal bildete sich daselbst ein rundlicher weifser Fleck, der von der Linken des Beobachters gegen die Rechte hin sich bewegte und dann verschwand. Um 9 Uhr 48 Minuten war der weifse Lichtnebel zu einem, gegen den Horizont concaven, Bogen gestaltet, dessen höchster Punkt um $5°,2$ Südlich vom Wahren Osten, d. h. um $85°,6$ Östlich vom magnetischen Norden*) sich befand. Durch dunstige Luft schien der Glanz des Phänomens geschwächt: denn auch die Sterne an allen Stellen des Himmels glänzten heute weniger als gewöhnlich; der Bogen und die nur bisweilen von ihm, mit aufsteigender Bewegung, sich trennenden Stücke waren nicht heller als vom Vollmond beleuchtete Wolken. Dennoch liefs die Gestaltung und Bewegungsart des Ganzen keinen Zweifel, dafs es ein wahres Polarlicht sei, und die Wahrnehmung einer von der magnetischen Medianrichtung so durchaus abweichenden Stellung seines Scheitels schien äufserst beachtungswerth. Ohne durch magnetische Symptome darauf aufmerksam zu werden, können die Tobolsker Einwohner ähnliche lichtschwache Phänomene wohl oftmals unbeachtet gelassen haben: dafs aber glänzendere und entwickeltere Erscheinungen derselben Art zu Tobolsk nicht bedeutend häufiger sind als unter gleicher Breite in Europa (und jedenfalls ungleich seltner als in den Ortschaften am Nördlichen Obi, unten Abschnitt VIII.) erfuhren wir genugsam. Bei beständiger Aufmerksamkeit auf atmosphärische Erscheinungen hat Herr Doctor Albert (Seite 455) dennoch während 15 Jahren nur einmal, am 8. Februar 1817, ein glänzendes und die ganze Nacht andauerndes Polarlicht angemerkt. In demselben Jahre, am 2. Januar, ist offenbar nur im uneigentlichen Sinne des Wortes „eine Dämmerung in der Nacht" bemerkt worden, und, da die nächtliche Erhellung des Himmels in jener Jahreszeit nicht von der Sonne herrühren konnte, so mag dies ein andres Beispiel eines minder lichtstarken Polarscheins, vielleicht aber auch nur Zodiacallicht, gewesen sein. —

Die Eisschollen auf dem Irtuisch welche am 10. November noch so schnell hinfortgerissen wurden, stauten sich schon am folgenden Tage: wahrscheinlich weil nun die vordern derselben zu einer bereits geschlossenen Stelle des Flusses gelangt waren. Bei Lufttemperatur von —15°,0 R. bedurfte es nur kurzer Zeit zum Gefrieren des, zwischen den Schollen langsamer fliessenden

---

*) Die magnetische Declination, nach unsrer Bestimmung zu 9°,62 annehmend, worüber gleichfalls das Nähere in dem Bericht über magnetische Beobachtungen.

Wassers, und schon am Nachmittage des 12. Novembers setzten Bauern mit ihren Pferden und beladenen Schlitten über den Irtüisch bei der Stadt. Am 14. November, bei Mondschein und dunkelblauem Himmel, war durch den breiten Eisspiegel ein neuer Reiz für die schöne Winterlandschaft gewonnen, auch konnte man nun erst von der Mitte des Stromes den verschneiten Häuserhaufen der untern Stadt und die mahlerischen Hügel gleichzeitig übersehen.

[November 16 bis 21.] Die letzten Vorbereitungen zur Obdorsker Reise wurden nun ein erfreuliches Geschäft. Gegen Hindernisse durch Menschen, Witterung und Hunger hatte man sich nacheinander zu waffnen in der bequemern und reichern Stadt, sodann aber für zweckmäfsige Fuhrwerke zu sorgen.

An die Stelle der früher in Petersburg mir ertheilten Beglaubigungsschrift (oben Seite 125) glaubte Herr General Weljaminow eine gleichlautende aber in seinem Namen ausgestellte Aufforderung an die Dorfbehörden des Nördlichen Beresower Kreises setzen zu müssen: denn in jenen von der Sibirischen Hauptstrafse so weit entfernten Orten ist man nicht gewöhnt, von dem Mittelpunkt des Reiches einen direkten Einflufs zu fühlen, während an Tobolsk die bis zum Eismeere noch gefundnen Russen sich beständig erinnern. —

Von erheblicher Wichtigkeit war es, dafs ein der Ostjakischen Rede kundiger Kosak, noch aufser unsrem treuen und gutmüthigen Esthen (oben Seite 126), uns hinzugesellt wurde. Schon bei den Zurüstungen in der Stadt war jener durch frühere und ähnliche Fahrten erfahrne Begleiter uns behülflich. Denn Ostjakische Kleidungen wufste er schon hier für die Mitglieder der neuen Reisegesellschaft ausfindig zu machen, und so leicht befreundet man sich mit diesen vortrefflichen Pelzen, dafs schon von Tobolsk an keiner von uns zur Europäischen Gewohnheit zurückkehren mochte. Nicht unwesentlich schien es nebenbei, dafs wir nach dieser Umgestaltung auch von unsren zukünftigen Wirthen ein zutraulicheres Begegnen hoffen durften, als wenn schon fremdartiges Äufsere sie zurückgeschreckt hätte. Selbst hier in Tobolsk, wo auch als Gegenstand der Neugierde der

VII. Abschnitt. 1828. November.

gleichen oftmals begehrt werden, kauft man für 20 Rubel (6 Preuss. Thaler) einen Anzug, dessen Theile von den Füfsen bis zum Kopfe für jede Jahreszeit alles Erforderte leisten, und so zweckmäfsig gearbeitet sind, dafs sie während eines halben Menschenlebens zu dienen vermögen.

Zur Befriedigung der Bedürfnisse des Magens ist es nicht unnöthig mit einem kupfernen Geschirre sich zu versehen, um aus Schnee oder Eis Theewasser bereiten, und die bei den Ostjaken zu kaufenden Fische kochen zu können; aufserdem aber hat man auch zu Tobolsk eine reichliche Auswahl an fertigen und der Verderbnifs nicht ausgesetzten Speisen. Als einigermafsen an den hiesigen Werth des Geldes erinnernd, habe ich von mehrern dahingehörigen Einkäufen die Preise bemerkt, welche jedoch sicher für einen hier Einheimischen noch geringer ausfallen dürften. Im Tobolsker Gostini dwor kosteten:

5 grofse Roggenbrode .... 0,50 Rubel oder 4,5 Sgr. Preufs.
14 Pfd. Schinken*) 2,6   -   - 24,5 -   -
 3 Pfd. schwarzen Kaviar**) 2,50   -   - 22,6 -   -
u. endlich 4 frischgesalzne Muksume 2,0 - 18,1 -   -

---

*) Anstatt des gewöhnlich für den Schinken gehörten Russischen Namens ókorok (von kortitj und okorótitj, abhauen, abkürzen), welcher jeden abgehauenen Theil von Thieren bezeichnet, braucht man namentlich in Sibirien das eigenthümliche witschína oder witschínka, dessen Ableitung unbekannt ist. Eine Vergleichung mit dem, von Schenkel abgeleiteten, Deutschen Worte, ist gänzlich unstatthaft, denn die Wurzel des Russischen witschína liegt in der ersten Silbe, ebenso wie bei ditschína, Wildpret (von dikji, wild). — Dieses Nahrungsmittel ist übrigens keinesweges im Geschmack des Sibirischen Volkes, weil es in jeder Fastenzeit am strengsten verpönt ist. Kamtschatische Russen sah ich davor sich entsetzen.

**) Die Bereitung des schwarzen Kaviar (tschérmaja ikrà) aus hiesigen Fischen wird nicht regelmäfsig genug betrieben, um einen ansehnlichen Ausfuhrhandel zu begründen; dennoch fangen nur allein Tobolsker Fischer im Irtüisch und Obi jährlich 500 bis 600 Störe (osétri, Accip. Sturio) und eine beträchtliche Menge zu gleichem Zwecke tauglicher Sterlede (Accip. Rhutemus, oben Seite 222). An Roogen rechnet man, als im Mittel vom Stör, bis zum fünften Theile des ganzen Gewichts, welches zwischen 30 und 200 Pfunden wechselt (unten December 6.).

Die unter letztrem Namen bekannte und bei den Tobolkern mit Recht äufserst geschätzte Lachsart ist 2 Fufs lang und wiegt 6 bis 8 Pfund. *) Man verkauft sie hier frischangesalzen (Seite 443) zu diesem Zwecke längs des Rückgrates in Hälften geschnitten. Aufserdem aber befördert man davon eine bedeutende Menge gefroren und ungesalzen bis nach Irkuzk, von wo aus als Ersatz die kleinere Lachsart, Omul (unten Abschnitt X bis XII) stets gesalzen und zu noch ungleich geringern Preise, überall durch das Westliche Sibirien bis zum Ural ausgeführt wird.

Auch mit gewählteren Getränken kann man sich zu Tobolsk für verhältnifsmäfsig geringen Preis versorgen. Nicht nur kaufte man 6 Quart Madera und 2 Quart Branntwein für 18 Rubel (5 Rthlr. 12 Preussische Silbergroschen), sondern auch von sogenanntem Porter waren zwei Arten, die eine aus England über Petersburg eingeführte (Anglinskji Portr), und eine andre zu Petersburg in Englischen Brauereien bereitete (Kronskji Portr, nach dem Namen des ersten Fabrikbesitzers) im Tobolsker Kaufhofe zu finden. Der Wein gewährte den Vortheil, auch bei strengster Kälte durchaus unverändert zu bleiben, während das starke Bier zwar gefror, auffallenderweise aber, und vielleicht nur in Folge der beständigen Bewegung während des Fahrens, ohne die Gefäfse zu zersprengen. Wir lernten übrigens bald, dafs alle diese Getränke bei Sibirischen Winterreisen durchaus entbehrlich und ungleich weniger zuträglich sind, als der nicht genugsam zu preisende Thee.

Den bisher angewandten Wagen (oben Seite 5) liefsen wir in Tobolsk zurück, denn dergleichen Europäische Fuhrwerke mit Schlittenläufen versehen anzuwenden, ist selbst auf der Sibirischen Hauptstrafse äufserst unbequem, in abgelegnen Gegenden aber durchaus unausführbar. Ich erhielt anstatt dessen in Tobolsk

---

*) Ebenso wie der in Tjumén gesehne und auch hier sehr häufige Nelma (oben Seite 443) gehört auch der Muksum (Salmo Muksum, Pallas) zu der durch kleine Zähne und eine gegabelte Schwanzflosse ausgezeichneten Unterabtheilung der Lachse. Er steigt im Spätherbst und Winter aus dem Eismeere aufwärts in die Flüsse, und es werden davon nur allein durch Tobolsker Fischer jährlich bis zu 80000 Stück gefangen.

zwei verschiedene Schlitten. Der gröfsere (Fig. 4.) war eine sogenannte símnaja powóska d. i. Winterfuhrwerk, von der am gewöhnlichsten in Sibirien bei Reisen angewendeten Bauart, welche jedoch nur für Pferdebespannung tauglich ist. Mit Bastmatten (ragóji) oder Filz (wóilok) wird sowohl der etwa 4 Fufs tiefe und 7 bis 8 Fufs lange Kasten dieses ganz aus Holz bestehenden Fuhrwerks, als dessen gewölbtes Dach, von innen und aussen bekleidet: und eine an den Rand jenes Daches gebundne sehr lange Bastmatte kann, je nach der Witterung, nach hinten zurückgeschlagen oder über den offnen Theil des Schlittens gebreitet werden. Niemals fehlt diesen Fuhrwerken die wichtige Vorrichtung der sogenannten otwódi, d. i. Ableiter (von otwoditj, ableiten) welche ein gänzliches Umschlagen verhindert, obgleich sehr oft während der Fahrt die senkrechte Linie durch den Schwerpunkt des Fuhrwerks seitwärts aus dem durch die Schlittenläufe begränzten Raum hinaustritt. Es sind zwei starke Bäume, die von hinten nach vorne etwas convergirend und sich erhebend, in einer um 4 bis 5 Fufs über der der Läufe gelegnen Ebne sich befinden. Die Hinter-enden der otwódi sind um 3 bis 4 Fufs weiter als die der Läufe von einander entfernt. Bei Belastung des Fuhrwerks wird darauf gehalten, den Schwerpunkt des Ganzen nicht zu hoch über die Ebne der otwódi zu erheben. Da, gegen Ende des Winters, die häufig befahrnen Schneebahnen einem stark welligen Meere durchaus ähnlich sehen, und da sie dann dem Schlitten so sehr eine mit der der Schiffe gleichartige Bewegung ertheilen (unten Abschnitt IX und XI), dafs ungewohnte Reisende davon oft zu Lande seekrank werden, so ist die Wichtigkeit dieser Vorrichtung fühlbar genug. Oglóbli oder Zugstangen (oben Seite 128) werden bei diesen wie bei allen Russischen Winterfuhrwerken nahe an die Vorder-enden der Läufe gebunden. Nur die eigne Federkraft dieser Stangen mufs dann die Wirkung der Spannseile oder postrjómki ersetzen (oben dieselbe Seite), welche bei Sibirischen Schlitten fehlen. Zur Anspannung der Seitenpferde wird aber an dem vorderen Vereinigungsstücke der Läufe, ein Queerholz, unterhalb der oglóbli, befestigt.

Der andre Schlitten dessen wir während der Obdorsker Reise uns bedienten, war eine sogenannte bedeckte Narte, krúitaja nárta (Fig. 5), welche von den Russen nur in jenen nördlichsten Gegenden angewendet wird. Die Leichtigkeit dieses Fuhrwerks macht es auch zur Rennthier- und Hunde-bespannung vorzüglich tauglich, und zugleich ist es dazu bestimmt vollständigen Schutz gegen harte Witterung zu gewähren. (Vergl. aber unten Abschnitt VIII.) Auf 3 Fufs von einander entfernten Schlittenläufen ruht ein, aus dünnen hölzernen Sprossen gefügter, länglich vierkantiger Kasten von 4 Fufs Höhe und 6 bis 7 Fufs Länge, welcher an einer der langen Seitenflächen mit einer Thüre, und, weiter hinterwärts an derselben, mit einem engen und durch ein Glimmerblatt zu verschliefsenden Fenster versehen ist. Zwei Lagen von Tatarischem Filze (wóilok) bedecken dies Fuhrwerk von innen und aussen. Man liegt auf dem niedrigen Boden des sarg-artig abgeschlossenen Raumes, dessen überflüssige Länge uns noch eine geschütztere Aufstellung der Mess-Instrumente erlaubte. Aufserdem ist am Vordertheile des Fuhrwerks, unter dem Sitze des Lenkers, ein geräumiger Behälter vorhanden. — Zur Anspannung der Pferde werden die oglóblí genau so wie an die gewöhnlicheren Winterfuhrwerke befestigt; über die Anspannung der Rennthiere und Hunde ist später das Nähere zu erwähnen. Diese bedeckten Narten sind niemals mit der beschriebnen Vorkehrung gegen das Umwerfen (otwódi) versehen, und doch kann, wegen der eigenthümlichen Gestaltung derselben, nur durch geflissentliche Belastung ihres Untertheiles ein allzu leichtes Heraustreten des Schwerpunkts aus der schmalen Unterstützungsebne verhindert werden. Wirklich ereignen sich dergleichen Unfälle (unten December 7.), jedoch seltner als zu erwarten wäre, wenn man nicht bald lernte dafs sich, da wo diese Schlitten angewendet werden, die continuirlich wellenförmige Gestaltung der Fahrstrafsen nicht bildet, und dafs über anderweitige Unebenheiten das, für Rennthiere und Hunde doch immer noch schwere, Fuhrwerk gewöhnlich mit geringer Geschwindigkeit gelangt. —

Von Beresow nach Tobolsk war bereits die erste der diesjährigen Postsendungen auf Winterwegen erfolgt, als wir am 22sten November unsre Fahrt begannen. Freilich sah ich an diesem Tage mit Ungeduld die Stunde der Abreise nahen: aber die Lust nach Ostjakischen Bekanntschaften mufste noch einmal den geselligen Pflichten gegen frühere und vaterländische weichen, denn auch in diesem Jahre wollten heute die Deutschen in Tobolsk das Fest der Martinsgans feierlich und als ein Lutherisches Gedächtnifsmahl begehen, und erst Nachmittags, nach vollendeter Feier, verliefsen wir die gastfreie Stadt.

VIII. Abschnitt.
Reise nach Obdorsk. — Ostjaken und Samojeden.

[November 22.]

Der Mond ging auf als wir, gegen 4 Uhr Nachmittags, zur Nördlichen Ausfahrt der oberen Stadt (Seite 471 u. 474) gelangten. Man blieb auf dem rechten oder Bergufer des Flusses, und bei vortrefflicher Schneebahn glitten die Schlitten schnell und sanft auch durch die Schluchten welche diese Hügel durchsetzen. Das erste Stations-Dorf (Trétjinsk) ist 20 Werst von Tobolsk entfernt, und schon auf dieser Strecke fuhren wir durch dichte Nadelwaldung, so dafs also, nur in der Nähe des uralten städtischen Wohnsitzes (Seite 444) eine Ausrodung erfolgt ist. In dem Russischen Dorfe fanden freiwillige Fuhrleute (wolníe, auch ochótniki, d. i. Liebhaber genannt) sich bereit unsre Schlitten, gegen 3 Kopeken für jedes Pferd und jede zurückgelegte Werst, zu befördern. —

Auch von dort an hiefs es, müsse man noch auf dem Bergwege fahren (goróiu jéchatj) d. h. auf dem hohen Ufer des Irtùisch, nicht aber auf dem Eise. Vier Stunden nach der Abfahrt von der Stadt erreichten wir Brónikowo (40 Werst von Tobolsk): ein reicheres Dorf mit steinerner Kirche. Bei hellem Himmel war die Lufttemperatur —16°,0 R. — Dann, nach Zurücklegung von 20 Werst, fuhren wir vorüber bei der Tatarischen Niederlassung Philátewsk (unten December 27.), — setzten bald darauf über den Fluss, blieben aber noch bis Karabinsk*) auf der Schneebahn des linken und niedrigen Ufers. —

Erst von Karabinsk nach Nówaja deréwnja fuhren wir anhaltender auf dem Eise des Irtùisch, in welchem man dort nach gleichen Entfernungen aufrechte Zweige von grünendem Nadelholz durch den Frost befestigt hatte. Sie werden wjéchi**) genannt, und dienen die bereits als sicher erprobte Fahrstrafse zu bezeichnen. Früher als oberhalb am Fluss war man hier zu diesem unerlässlichen Sicherungsmittel geschritten, weil ergiebige Eisfischerei (unten Seite 538) an mehrern Punkten dieser Strecke getrieben wird. — Die Olúimskischen Fischerhütten erreichten wir noch bei Nachtzeit, denn aber, 15 Werst weiter,

[November 23.] am Morgen um 9^u $40'$ Tobolsker Zeit, das sehr ansehnliche Russische Kirchdorf Uwàt am linken Ufer des Irtùisch. Hier wurde die erste magnetische Beobachtung auf dieser Reise angestellt. Die Vermehrung der Inclination gegen den zu Tobolsk beobachteten Werth betrug nur $\frac{1}{6}$ des Breiten-unterschiedes, so dafs ein von den geographischen Parallelkreisen sehr abweichender Lauf der isoklinischen Linien sich wiederum deutlich aussprach; die Intensität gegen Tobolsk hatte um nahe $\frac{1}{100}$ der Einheit zugenommen.— Die in 17 Stunden durchfahrne Strecke von Tobolsk bis hierher rechnet man nach dem Winterwege zu 117, im Sommer aber zu 184 Werst: wir mochten einen der letztern Entfernung näher kommenden Weg zurückgelegt haben, denn die Schnelligkeit unsrer Fahrt betrug kaum irgendwo unter 10 Werst in der Stunde. — Äufserst reinlich waren

---

*) Die Entfernung von Brónikowo bis Karabinsk wird im Sommer auf dem Flusse zu 58 Werst, im Winter aber, bei mehr gradliniger Richtung, zu 35 Werst gerechnet.

**) Auch auf dem Eise der Newa zwischen Petersburg und Kronstadt führen gleichartige Merkzeichen (Tannenzweige, jélniki) denselben Namen wjéchi. Das Wort ist sicher mit wjétwa und wjétka, ein Zweig, von der Wurzel wjetj, wehen, gebildet und hat mit dem Deutschen: Weg nur eine rein zufällige Ähnlichkeit des Klanges.

die Holzwände der Bauerzimmer zu **Uwàt**, in welchen wir Theewasser zum Frühstück kochten: auch die Fuhrwerke und Kleidungen der rüstigen Bauern die zur Sonntags-Messe kamen, zeigten von Wohlstand. Das Ganze schien besser als früher gesehne Stationsdörfer an der **Sibirischen Hauptstraße**.

In dem offnen Schlitten genofs ich von nun an vollständiger die mannichfachen Wechsel des folgenden Weges. Man fuhr queer über den **Irtùisch**, und dann am rechten Ufer aufwärts durch eine enge Schlucht. Sie nannten es **auf dem Bache fahren** (**po rutschéiu jéchatj**) und doch war, nahe der Mündung, das Bette völlig eisfrei, nur im Frühjahr soll es wasserreich sein. Dann ging es über Ackerfelder, welche die wellige Gestaltung der Oberfläche kenntlich machte. Der Schnee hatte oft die Unebenheiten des Bodens ausgeglichen, aber die Pferde versanken darin bis an den Bauch, und erst hinter uns sahen wir eine tief eingeschnittne Strafse sich bilden. Dennoch waren Fichtenzweige (**wjéchi**) schon vor den letzten Schneefällen ausgesteckt worden, und deren hervorragende Spitzen bezeichneten noch jetzt die Richtung des Weges. Nach 15 Werst kamen wir zu den Holzhütten von **Teréchina**, neben denen viele niedrige Ställe für Pferde und Rindvieh sich zeigen. Sie liegen 1 Werst vom rechten **Irtùisch**ufer, an einem Bache den sie **Turgut** nannten. *)

Sechs Werst weiter fuhren wir auf demselben Ufer und auf ähnlichem Wege zu dem Dorfe **Koschelé wa**, welches an einer von dem **Irtùisch** sich abzweigenden länglichen Bucht gelegen ist. Eine Reihe von Holzhäusern zieht sich zwischen dem Östlichen Rande dieses Wassers, und dem Fufse der steilen Lehmhügel welche es einfassen, und mit hohen, zwischen dem Schnee schön grünenden Tannen (**pin. abies**) geziert sind. Diese und ähnliche später gesehne Buchten in die das Flusswasser sich ergiefst, bezeichnen die hiesigen Russen mit dem Worte **sóri** (Sing. **sór**), welches wohl mit **ósero**, ein See, verwandt ist, niemals aber anstatt dieses letztern im Europäischen Russland gehört wird. So auch hörten wir hier zuerst den Ausdruck **po-**

---

*) Auf Hrn. **Pjádischew's Gouvernementskarte** (**Petersburg**, 1825) wird derselbe fälschlich mit **Tartas** bezeichnet.

lúlnja*) für einen noch Eis-freien breiten Streifen, der in dem See, nahe dem einen Ufer desselben, sich zeigte. Meistens beziehen sich auf natürliche Verhältnisse oder damit Verwandtes die wenigen fremdartigen Worte, durch welche die Rede der Sibirier von der im Mutterlande üblichen sich unterscheidet; denn übrigens haben Aussprache und alle wesentlicheren Benennungen für beide auf merkwürdige Weise sich gleichartig erhalten. Sicher ist es die, auch in den entlegensten Provinzen stets sich erneuernde, Anschliefsung an die alte Kirchensprache, welche vor dialektischen Verunreinigungen bewahrt. — Schon seit dem heutigen Morgen hatte bei bewölktem Himmel die Lufttemperatur sich fortwährend vermehrt: jetzt fielen grofse Schneeflocken und der zwischen den Hügeln sich brechende Wind veranlafste ein heftig wirbelndes Gestöber. Dennoch waren die Dorfbewohner regsam und lustig im Freien beschäftigt. Eine Reihe von Männern haute Lumen in das Eis, um Angelhaken, krjútschki, (Seite 538) hinabzulassen. Andre, Männer und Weiber, besorgten den nöthigen Vorspann. Lauter blühende und rüstige Gestalten waren es, von denen man nur lachende und scherzhafte Zurufungen hörte. Aus Lust an dem Wetter oder um Schutz davor zu suchen, jagte die Heerde der frei herumlaufenden Pferde mit muntern Sprüngen an den Häusern vorüber aus dem Dorfe hinaus.

Durch eine mit Birkenstämmen untermischte dichte Waldung aus Tannen (p. abies) und Sibirischen Cedern (p. cembra) fuhren wir weiter am rechten Ufer des Irtùisch, welche auch hier von Wasserrissen häufig durchschnitten ist. In dem Dorfe Búrenka am rechten Ufer, 15 Werst von Koscheléwa, wurde zuerst Ostjakische Rede gehört. Alle Jamschtschiki bedienten sich derselben gegeneinander. Gegen die Reisenden schienen sie schüchterner als sonst, denn nur in entfernteren Gruppen sammelte man sich um die Schlitten, und nur ein ältlicher Mann, der nach eigner Erzählung früher als Kosack in der Stadt gelebt hatte, näherte sich mit gewandter Redseligkeit, und, so wie alle übrigen sonst, mit neugierigen Fragen und Erzählungen.

---

*) Wahrscheinlich verwandt mit polósa, ein Streifen, und pólui leer. Dasselbe Wort brauchen Sibirische Russen von den merkwürdigen Eis-freien Stellen des Eismeeres.

Zuerst sahen wir hier alle Fenster der Häuser mit Fischhäuten geschlossen, und nicht mehr wie bisher selbst in den ärmlichsten Dorfwohnungen mit zusammengenähten Glimmerstücken. *) Den Ostjakischen rundum geschlossnen Pelzrock**) mit seiner angestickten Kappe sah man hier schon ebenso häufig wie Russische Kaftane angewandt. Auch zeigte sich hier ferner ein durch Neuheit auffallender Gebrauch bei Bespannung der Schlitten: denn an das Vorderende jeder oglóblja wird ein seltsam langer Strang befestigt, und an diesem ziehen die Pferde: sämmtlich, und ebenso wie das hinter ihnen in der Gabel befindliche, stets auf der Mittellinie des Weges fortschreitend. Gúsem saprjégatj d. h. Gänseartig oder zum Gänsemarsche anspannen, nennt man hier diesen Gebrauch, im Gegensatz zu der bisher allgemein üblich gefundnen durch rjádom oder reihenweise bezeichneten Stellung der Pferde.

Am Abende und in der Nacht fuhren wir bald auf dem Flusse bald auf dessen hohem Ufer und erreichten nacheinander die Hütten von Pérschinsk, den Bezirksort oder wòlost (Seite 425) Júrowa (30 Werst von Koscheléwa) und das Kirchdorf Demjànsk (28 Werst von Júrowa), sämmtlich auf der Östlichen Seite des Irtùisch. — Schneegestöber dauerte noch während der ersten Abendstunden, und die auf weiſsem Grunde gut sichtbaren wjéchi waren von wesentlicher Hülfe. Auch später-hin leuchtete der Mond nur schwach durch dichte Wolken. Dem Bauer in dessen reinlichem Holzhause wir während des Pferdewechsels zu Júrowa verweilten, musste ich auf Verlangen die mir und dem Kosacken gegebne schriftliche Bevollmächtigung zeigen, weil er als wólostnui Natschálnik oder Bezirksoberer über die Ordnung wache.***) Dann aber bewirthete man

---

*) Mannichfacher Abänderungen der Scheiben aus Glimmer (sljúdenie okóschki, von sljúda, der Glimmer) werden wir in den folgenden Abschnitten bei der Östlichen Fortsetzung unsrer Reise zu erwähnen haben; aber schon in dem Kaufhofe von Tobolsk wird der stets aus dem Östlichen Sibirien (aus dem Witim-thale, 1829. März 29.) eingeführte Fensterglimmer von anwohnenden Landleuten begierig gekauft.

**) Der Europäischen Blouse durch den Zuschnitt nicht unähnlich.

***) Über den Namen Júrowa siehe unten November 24. Von Demjánsk ist bei der Rückreise noch Einiges zu erwähnen.

uns freundlich mit Kwas, dessen wohlschmeckende Würze von
Reichthum an Brodkorn zeigte. Hier sowohl als zu Pérschinsk
waren die Zimmer durch einen 4 Fufs langen birkenen Leuchtspahn (lutschínka) äufserst reichlich erhellt. Drei eiserne
Spitzen befinden sich an dem Oberende eines 4 bis 5 Fufs hohen
hölzernen Ständers (podswjétschnik d. i. Lichtträger) dem ein
blechernes Becken als Fufs dient. Der 2 Linien dicke und 6 bis
8 Linien breite Spahn wird in schwach geneigter Stellung zwischen die
Spitzen geklemmt und am tiefer liegenden Ende angezündet. Zuvor
auf dem Ofen getrocknet brennt das schneeweifse Holz mit heller
und kaum rufsiger Flamme; aber Funken sprühen nicht selten und
fallen in die unten stehende Schaale. Sehr bemerklich ist in den
Häusern von dem Brennen dieser Spähne derselbe Geruch, welcher
au dem mit Birkentheer (dógot) bereiteten Leder bekannt ist. —
Übereinandergeschichtet liegt ein reichlicher Vorrath ähnlichen
Leuchtmaterials am Fufse des Ständers. — Auf dem Lande nahe vor
Demjànsk waren die Wege wiederum so verschneit, dafs die
Vorderpferde bis an den Bauch versanken, und wohl sah man nun,
dafs dem Gespanne nur der Gänsemarsch einige Erleichterung
gewährte. Mannichfachen Aufenthalt gab es, als wir mehrmals
während der Nacht langen Zügen von Schlitten der Obi'schen
Fischhändler begegneten. Ein aus Ruthen vierkantig geflochtner
Kasten mit abschüssigem, nach hinten geneigtem Deckel ruht
auf den Schlittenläufen und enthält die Waare; die unermüdlichen
Führer aber sahen wir jetzt zu Fufs auf der kaum gebrochnen
Bahn hinter den Fuhrwerken gehen, und die Pferde wurden dann
nur durch beständige Zurufungen gelenkt. Auch während des
beschwerlichen Ausweichens' liefsen sie es an lustigen Äufserungen nicht fehlen, denn auf unsre Frage nach der Ladung seines
sarg-artigen Schlittens antwortete Einer, dafs er den Protopopen
von Beresow fahre, der an vielem Wassertrinken gestorben sei.
Ein grofser Stör mochte das Vergleichungsmittel abgeben, anfangs aber erschreckte die seltsame Versicherung nicht wenig,
denn mannichfache Hoffnung hatte ich auf Empfehlungbriefe an
jenen würdigen Geistlichen gegründet.

[November 24.] Kurz nach Mitternacht wurde der Himmel heiter, aber noch vor Sonnenaufgang bildeten sich wiederum niedrige Wolken, die äufserst schnell mit SWwind zogen. Während des ganzen Tages sank die Lufttemperatur nicht unter — 6°,0 R. In dem kleinen Dorfe Tugálowa (28,5 Werst von Demjànsk; und nach dem Winterwege 207 im Sommer 318 Werst von Tobolsk) am rechten Ufer des Irtùisch, wurde die magnetische Neigung und Intensität beobachtet und dann in einer Russischen Hütte Thee und Fische gekocht. Im allgemeinen zeigte es sich nun sehr bequem und zugleich förderlich für den Zweck unsrer Reise, einen Aufenthalt in den Frühstunden stets auf gleiche Weise zu den erwähnten magnetischen Beobachtungen und zu einer Mahlzeit, sodann aber einen zweiten Aufenthalt in der Nacht zu geographischer Ortsbestimmung und Beobachtung der magnetischen Declination mit dem Passageinstrumente zu benutzen. — Die geographische Lage der Morgenstationen war dann freilich nur durch itineräre Entfernung von je zwei Nachtstationen gegeben, aber es blieb Nichts besseres zu thun übrig, weil Bewölkung am Tage in diesem Monate durchaus vorherrschend sich zeigte.

Jenseits Tugálowa fuhren wir auf dem Eise des Irtùisch und sahen dort oftmals die Vorrichtungen zu der ergiebigsten Art der Russischen Winterfischerei, welche sie júrowa nennen. Zwischen den wjéchi, stets über der rechten und ruhigern Hälfte des Stromes (oben Seite 477), war eine starke, geneigte Stange mit ihrem Unter-ende eingefroren, während von dem Ober-ende eine Fortsetzung durch dünnere Ruthen bis zur Eisfläche, von dort aber, durch eine Lume, Schnur und Angelhaken unter das Wasser hinabreichten. Den Vordertheil der hölzernen Vorrichtung sieht man bald mehr, bald weniger erhoben, je nachdem der unten am Haken befestigte Köder noch unberührt ist, oder bereits ein anbeissender Fisch die durch ein Stellwerk gehemmte Elasticität der Stange befreit hat, und dadurch selbst bis zur Wasseroberfläche geschnellt worden ist. Zu dieser automatischen Einrichtung der Winter-Angeln ist hier eine zweite nicht minder sinnreiche Erfindung gesellt worden. Man stellt diese Werkzeuge nur an Orten wo schlammreiche Vertiefungen in dem Boden des Flusses bekannt sind, weil in solchen geschützteren Löchern Störe und Sterlede truppweise und bewegungslos liegen, um einige Erwärmung zu suchen. Nur durch Übermafs dessen was sie begehren, werden die gemüthlich Ruhenden aufgestört, denn im Feuer erhitzte Massen harten Lettens wirft man von Zeit zu Zeit, durch eigne und stromabwärts von den Angeln befindliche Lumen, in die Schlammlöcher hinab: die plötzliche Erhitzung ihres Bettes weckt die Fische und wird ihnen bald unerträglich, sie erheben sich bis nahe an die Eisdecke und, wie gewöhnlich, stromaufwärts schwimmend, treffen sie auf den ausgehängten Köder. — Auch der diesem promúisl (Seite 466) eigne Name: júrowa bezieht sich auf das sinnreiche Störungsmittel, denn er ist verwandt mit den Ausdrücken júrkatj und júritj welche von plötzlichem Davonschwimmen und das letzte auch von jeder ängstlich eiligen Bewegung gebraucht werden. —

Am niedrigen linken Ufer des Irtùisch erreichten wir sodann die Russische Station Subòtsk, — in welcher ein sehr wohlhabendes Bauerhaus sogleich sich auszeichnete. Kleine Laubholzwaldungen unterbrechen im Sommer die Ebne ringsum dem Dorfe: jetzt sah man davon nur Gruppen schwarzer blattloser Stämme, die in der Ferne wie Inseln aus dem Schneemeere sich erhoben. Vor jenem reinlichen Holzhause aber liegt ein Krautgarten (ogoròd) durch sorgsame Umzäunung kenntlich. Hier tritt das Wasser des Irtùisch in jedem Frühjahre weit über das niedrige Land: oft werden die Häuser gefährdet, aber Ersatz gewährt der zurückgelassne fruchtbare Flussschlamm, auf welchem die Betriebsamern an Roggen und Weizen nicht selten das 40fache der Aussaat, und somit 700 Rubel jährlichen Ertrages von dem durch eine Familie bewirthschafteten Acker erhalten haben. Dennoch bleiben Pferdezucht, reicher Fischfang, Jagd und das Einsammlen von Zirbelnüssen in den Waldungen des rechten Ufers die vorherrschenden Gewerbe der Russen. Viele unter ihnen lösen als Jamschtschiki durch Postfuhren ihre Verpflichtung gegen die Regierung (Seite 158), die Andern aber, so sagte man uns zu Subòtsk, durch 50 Rubel jährlicher Kopfsteuer (Vergl. Seite 311). Die Abgabe an sich finde man nicht zu hoch, aber drückend sei es, dafs die nicht in jedem Jahre gezählte Gemeinde oft lange noch für Verstorbne bezahle.*)

Nun blieb der Weg auf dem linken Ufer, dann aber (um 3^u 30′ Nachmittags) fuhren wir über das Eis an einer mitten im Irtùisch gelegnen niedrigen Insel vorbei, und ihr gegenüber am rechten Ufer aufwärts an Lehmhügeln, welche einerseits durch den breiten Hauptfluss, von der andern aber durch einen hier zu ihm zurückkehrenden Seitenarm begränzt sind. Auf diesen Hügeln, hart am Abhange zu dem Seitenarme, liegt das Bezirksdorf Denjikówo, an dessen Eingange der mit der Würde eines Golowà d. i. Häuptlings (wörtlich Kopf) bekleidete Bauer uns bewillkommnete: er stellte sich als Ehrenwache auf die flügelartigen Ansätze (otwódi, oben Seite 529) meines Schlittens und geleitete so zu einem der Russischen Häuser des Ortes, dessen Bevölkerung zu grofsem Theile aus Ostjakishen Familien besteht. — An den Frauen dieser letztern sahen wir hier zuerst die auffallende Sitte des Verschleierns. Zwei Weiber auf offnem und einspännigem Schlitten begegneten uns kurz vor Erreichung des Dorfes, die eine derselben trug ein undurchsichtiges langes Gewebe nach allen Seiten über den Kopf gebreitet, und so dafs es bis unter die Schultern die Pelzkleidung bedeckte, die andre hatte einen ähnlichen Schleier nur eben genugsam erhoben, um zur Lenkung der Pferde nahe vor sich hinsehen zu können. Sie bemerkte unser Fuhrwerk erst als wir dicht aneinander geriethen: die andre aber liefs sich auch dann weder durch eigne Neugierde noch durch unsre lauten Begrüfsungen zum Hervorblicken bewegen; dennoch schlief sie nicht etwa, sondern redete

---

*) So häufig wurde uns nachmals in andern Sibirischen Distrikten diese Klage stets mit denselben Worten, sowohl in Bezug auf Geldabgaben von Russen, als auf Felltribut (jasàk) von den Urvölkern wiederholt, dafs man auf eine allgemeine Abnahme der Bevölkerung schliefsen müfste, wenn nicht hier, sehr natürlich und so wie überall, ungünstige Fälle von den Menschen stets angemerkt, günstige mit Stillschweigen übergangen würden. In Westsibirien (Gouv. Tobolsk und Tomsk und Prov. Omsk) zählte man an Männern:

im Jahre 1796	im Jahre 1816	im Jahre 1829
390500	502100	527600.

sehr angelegentlich zur Lenkerin. Bei der Anrede sowohl als auf unsre Frage nach diesen Frauen gaben ihnen unsre der Ostjakischen Sprache kundigen Begleiter (der Kosack und die Jamschtschiki) den Namen ànki,*) welchen sie durch das Russische chosjáika d. i. Hausfrau erklärten. Sie versicherten jedoch ausdrücklich, dafs unter den hiesigen Ostjaken die Mädchen ebenso wie die verheiratheten Frauen des uns auffallenden Schleiers sich bedienen. —

Der Himmel hatte sich entwölkt und schon um 4^u 30' Nachmittags war hier mit blofsem Auge der Polarstern völlig sichtbar.**) Mit gutem Erfolge wurden, so wie oben erwähnt, die astronomischen Beobachtungen (Seite 538) ausgeführt. Als während derselben und nur wenige Schritte von dem Standpunkte meines Instrumentes, das innere Holzwerk einer Badstube (bánja, Seite 469 u. a.) sich entzündete, verliefsen uns nur einige lästige Zuschauer. Sie gingen den herauseilenden Badenden zu Hülfe, und so rüstig wurden Schneemassen durch die Thüre der brennenden Hütte geworfen und getragen, dafs nach wenigen Minuten nur im Ofen noch Feuer sich zeigte. —

---

*) Anki entspricht dem Deutschen Mutter (Siehe unten das Wörterverzeichnifs).

**) Hier so wie überall in dem Berichte sind ohne Zusatz genannte Zeitangaben in Mittlerer Zeit des Ortes ausgedrückt. — Nach meiner Bestimmung der Breite von Denjikówo (Siehe den Bericht über geograph. und magnet. Beobacht.) liegt der Ort mit den Nördlichen Stadttheilen von Petersburg unter demselben Parallele, und es war hier am heutigen Tage die Sonnenhöhe am Mittag 9°14', aber Sonnenuntergang fiel um 2^u 31',4 Nachmittags und, abgesehen von verdunkelnden Umständen, das Ende der astronomischen Dämmerung oder der Eintritt völliger Nacht erst um 5^u 47',7, das Ende der bürgerlichen Dämmerung, bei welcher die Gränze der noch unmittelbar von der Sonne erleuchteten Luft durch das Zenit geht, aber um 8^u 8',8. Der Polarstern also lag, als er bereits deutlich gesehen wurde, noch innerhalb des Bezirkes der von der Sonne hätte erleuchtet werden sollen, wohl aber mochte schon damals das Dämmerungslicht zurückgehalten werden durch Trübung derjenigen höheren Luftschichten, welche in der Ferne und unter unsrem NWlichen Horizonte lagen, um so mehr da wir bei Fortsetzung der Reise in den folgenden Nachtstunden wirklich grade an jener Gegend des Himmels eine auffallende Trübung sahen (Seite 543).

Bei sehr mäfsigem Wohlstande sind Reinlichkeit und gute Ordnung in den Zimmern der Russen von Denjikówo nur ein Verdienst ihrer Weiber. Bestätigt fanden wir an diesen, was man schon zu Tobolsk allgemeiner von den Russinnen der nördlichen Gegend gerühmt hatte, denn durch gesunde und sehr gefällige Körperbildung, durch sorgsame Kleidung und Gastfreiheit zeichneten sie sich aus. Man bewirthete uns mit Karauschen (Russisch kara*si*. — Cyprinus Carrassius, Pallas.) und erzählte dafs durch deren steten Besitz dieser Ort sich vortheilhaft auszeichne. „Nur in stehendem oder doch langsam fliessendem Wasser leben diese Fische, und daher auch finde man sie nicht im Irtuisch, sondern nur in dessen seitlichen Verbreitungen welche bald als sóri (oben Seite 534), bald wie hier bei Denjikówo als protòk sich gestalten."*) Auch dieser Ausdruck (protòk), obgleich nicht so ausschliefslich *S*ibirisch als die oben erwähnte Benennung für seeförmige Abzweigungen des Irtuisch und Obi, ist dennoch in der hiesigen Gegend mit neuem und eigenthümlichem Werthe belegt worden; denn die Europäischen Russen gebrauchen ihn selten und dann sehr willkürlich meist von einem kleinern Bache mit eigner Quelle, während er hier stets die länglichen Wasserarme bezeichnet, welche landeinwärts vom Hauptstrome sich erstrecken und theils nach langsamem selbstständigen Laufe mit ihm sich wiederum vereinigen, theils auch ebenso wie die kürzern sóri sich abgeschlossen und stagnirend erhalten. Die Etymologie der Benennung entspricht diesem Sinne sehr schön, denn in dem Stammwort protétschj liegt der Begriff eines seitlichen Eindringens durch Fliessen. — Aufser den vortrefflichen Fischen gab man ein zweites Gericht, welches angenehm in der winterlichen Umgebung überraschte: es waren Glúkwa-beeren (Vaccinium oxycoccus), die man während des Sommers durch Eiskeller, jetzt aber durch die im Freien herrschende Temperatur bewahrt hatte; Farbe und Gestalt waren frisch und ungeändert: im Innern der Beeren aber durch-

---

*) Erst in den stagnirenden Seen, welche Nördlich vom Lena-thale im Lande der Jakuten sich befinden, sah ich später einen noch bedeutendern Reichthum an Karauschen (unten Abschnitt XII).

letzten Eisblätter einen flüssigen und wohl auch bei noch gröfsrer Kälte nicht gefrierenden Rückstand des Saftes. —

Der Mond war schon aufgegangen als wir Denjikówo verliefsen. Es ging nun im beständigen Galopp des Gänsegespanns (oben Seite 536) auf dem Eise des erwähnten protòk. Dieser fliesst zwischen Lehmhügeln mit steilen Abhängen, deren oberen Rand hohe Fichten und Arven (Pin. sylvestris und Pin. Cembra) äufserst malerisch bekränzen. Helles Mondlicht fiel meist nur auf die Hälfte der beschneiten Gegend, während die langen Schatten der Hügel und der hohen Waldung von der Rechten her über den Weg sich erstreckten. Oft fuhren wir über Stellen an denen, unter dem Schutze der Hügel, der Eisspiegel völlig schneefrei geblieben war, und nur dann hörte man plötzlich den Schall von dem Hufschlage unsrer Pferde. Aber auffallender tönte in der einsamen Winterlandschaft ein lautes Wechselgeschrei zwischen dem Fuhrmann der auf dem Schlitten die Leine der Gabelpferde hielt und den Reitern welche hier die Vorderpferde bestiegen hatten und lenkten. Gleich als schrien sie aus Instinkt, oder als führe man nur um zu schreien, so dauerte der Lärm ununterbrochen bis zur Ankunft, denn in dem rhythmisch brüllenden Trio schwieg ein Jeder nur bis sein Vordermann geendet hatte. Von den Ostjakischen Reitern hörte man meist nur ein lautes und gedehntes Kúda! (wohin!) als fragenden Vorwurf an die Pferde, aber die beredteren Russen auf dem Schlitten riefen dazwischen die auch hierhin gelangten nationellen und künstlicheren Enkeleusmen (oben Seite 449). —

Während der ganzen Nacht zeigte sich auf dem dunkelblauen Grunde des Himmels ein weifser Bogen der gegen die Weltgegenden in durchaus unveränderter Lage beharrte. Er war gegen den Horizont concav und sein höchster Punkt lag $22°,5$ hoch und nach N. $19°,2$ W. *) Darüber sah man Stücke von parallel mit jenem ersten gerichteten ebenfalls weifslichen aber lichtschwächeren Bogen welche durch blaue Räume von jenem und von einander getrennt

---

*) Angemerkt wurde zur Bestimmung dieses Punktes, dafs er um 7^u $10'$ bei ζ. Ursae majoris lag. — In demselben Augenblicke hatte der Mond $6°,5$ Höhe und sein Azimut war um $85°,3$ Östlicher als das des Bogenscheitels.

waren. Gleichzeitig sichtbar, aber seinem Ursprunge nach offenbar und durchaus von diesem Phänomene verschieden, war ein um den Mond concentrischer durch Refraction seines Lichtes gebildeter und ihn in seiner Bewegung am Himmel begleitender Ring oder Hof, welcher an gewissen Stellen die gegen Westen zum Horizont geneigten Hälften der feststehenden Bogen durchschnitt oder, genauer zu reden, sie überdeckte. Auch er war durchaus farblos und überall von gleicher Helligkeit, sowohl an den eben erwähnten Überdeckungsstellen als an denen, wo er auf den dunklen Himmelsgrund sich projicirte. Das Licht des unbeweglichen Bogens war schwächer als das des Mondhofes, aber an den Interferenzstücken war es bis zur Intensität des letztern gesteigert, und eben dadurch erschien auch der Hof überall gleich scharf begränzt und ununterbrochen. Um $10^u\ 30'$ als der Mond um $83°,2$ eines gröfsten Kreises von dem höchsten Punkte des untersten der ruhenden Bogen abstand, lag ein Theil des Hofes noch um einige Grad Westlich von diesem Punkte, so dafs der, von der Lichtquelle an gerechnete, scheinbare Halbmesser des Hofes zwischen $85°$ u. $90°$ im Bogen eines gröfsten Kreises betrug.*) — Durch völlige unveränderliche

---

*) Gegen die Huygen'sche Theorie der Höfe, welche in der Luft befindliche Eiskugeln mit undurchsichtigen Schneekernen voraussetzte, mufs man einwenden, dafs nach ihr das Vorkommen aller Ringe von 0 bis zu $80°28'$ scheinbaren Halbmesser eine gleiche Wahrscheinlichkeit besäfse: denn wenn man den Durchmesser der undurchsichtigen Kerne successiv von 0 bis zu 0,7634 von dem Durchmesser der ganzen Eiskugel sich vermehrend dächte, so könnte bei jedem der dazwischen vorkommenden Verhältnifse ein Ring von ganz bestimmtem Halbmesser erzeugt werden. Abgesehen von der Schwierigkeit, dafs man der durchaus unwahrscheinlichen Annahme bedurfte: alle gleichzeitig vorkommenden Schneekerne besäfsen ein streng gleiches Durchmesserverhältnifs gegen die umhüllenden Eiskugeln, so blieb auch die überwiegende Häufigkeit eines Hofes von $22°$ Halbmesser (welcher Schneekerne von grade 0,48 Dicke voraussetzte) völlig unerklärt. Ebenso unerklärlich aber wäre auch die etwanige Entstehung jedes Ringes welcher, so wie der hier beobachtete, zwischen $80°28'$ und $138°$ Halbmesser hätte, denn der erstgenannte Hof ist der gröfste welcher in Huygen'schen Eiskörpern durch Brechung, der zweite aber der kleinste von denjenigen welche durch Verbindung von Brechung und Zurückwerfung in denselben enstehen könnte. — Dafs Höfe sich bilden

Gestaltung und anhaltende Unbeweglichkeit waren die zuerst erwähnten bogenförmigen Lichtstreifen von gewöhnlichen wässrigen Wolken sowohl, als auch von optischen Paraselenen hinlänglich unterschieden, und es schien nur übrig zu bleiben sie für ein Polarlicht zu halten. Die genannten Erscheinungen, bei der Coïncidenz des Hofes und jener Streifen, bewiesen übrigens genugsam daſs die Luftschichten in welchen die Brechung des Mondlichtes erfolgte, dem Beobachter näher lagen als der leuchtende Stoff der feststehenden Streifen.*) Zu bemerken blieb sodann wiederum, daſs der Scheitelpunkt dieses Polarlichtes keinesweges in der magnetischen Meridianebne des Ortes, sondern vielmehr um $30°,0$ Westlich von derselben sich zeigte.

Auch hier ist die Gegend gut bevölkert, denn drei Russisch-Ostjakische Wohnplätze sahen wir auf einer Strecke, die nur zu 35 Werst gerechnet wird.

[November 25.] Den letzten derselben, die Zuingalischen Jurten am linken Flussufer, erreichten wir noch während der Dunkelheit, und erst 14 Werst weiter in den Sawodischen Jurten wurden die gewöhnlichen Morgenbeobachtungen angestellt. Die hiesigen Ostjaken haben bereits von den Russischen Nachbaren bequeme Balkenhütten zu bauen gelernt, denn 6—8 Fuſs hohe hölzerne Treppen an der Aufsenseite, im Innern aber eine Scheidung des Hauses in zwei Theile (isbà und górniza, oben Seite 448) und endlich gemauerte Öfen (pétschi) findet

---

können durch Eisnadeln, deren Seitenflächen gegeneinander auf eine für alle gleiche Weise geneigt wären, bei durchaus wechselnder Lage ihrer Hauptaxen, haben Mariotte, Venturi, Fraunhofer u. A. eingesehen. Es ergiebt sich aber namentlich daſs, bei $60°$ Neigung der Seitenflächen, nur zweierlei Höfe von nahe $22°$ und $43°$ durch Brechung, ein dritter aber von nahe $87°$ durch Brechung und Zurückwerfung entstehen können. Der hier beobachtete lieferte eine Bestätigung für die letztere unter diesen theoretischen Vorhersagungen.

*) Schon gegen $4^u\ 30'$ Nachmittags scheint diese jetzt leuchtend erscheinende Materie in der Atmosphäre vorhanden gewesen zu sein, und, damals unter der Horizontebne von Denjikówo gelegen, die oben (Seite 541) erwähnte ungewöhnliche Interception des Sonnenlichtes veranlaſst zu haben.

man hier noch ebenso wie in Russischen Dörfern. Aufgehängte Fischernetze, welche sie aus dem Baste der Brennnessel (Russ. krapíwa) bereiten, bezeichneten genugsam die Hauptbeschäftigung der Bewohner. Die Kleidung beider Geschlechter ist hier so auffallend gemischt wie es in Gränzdistrikten zu geschehen pflegt, denn oft sieht man sie bei demselben Individuum halb nach Russischer, halb nach ursprünglich-Ostjakischer Sitte angeordnet. Alle Männer verstehen Russische Worte, bedienen sich aber derselben nur äufserst unbeholfen, und mit sehr mangelhafter Aussprache.

Die ebenfalls auf dem linken Ufer (20 Werst gegen NW. von den Sawodischen Jurten) gelegne Station Repólowo erreichten wir nach zweistündiger Fahrt. Der Weg führte durch eine niedrige Gegend: und lag beständig in einem dichten Gehölze von Erlen, Weiden und Pappeln. Die Stämme der letztern erreichten eine Höhe von 15 bis 20 Fufs. Verschiedne Krautgewächse zwischen den Bäumen waren durch plötzlich eingetretnen Frost völlig kenntlich erhalten. Ein grofses Epilobium und ein mannshohes Heracleum (nach dem Saamen bestimmbar) unterschieden sich vor den andern. — Einer der Ostjakischen Lenker unsrer Schlitten, ergötzte sich bisweilen während der Fahrt an einem monotonen Gesange, dessen Worte er auf meine Bitte folgendermafsen angab:

    Inga tórum wétschjuch
    Pórtópópi kéna
    Séredíschne kónschratei
    Jángsangtóge ei ponamar
    Schálewójanne podarite
    Ogelgan enkidite. —
    Inga tórum wétschjuch
    Chútom baorpídat (mischósem?)

Um 1" 30' erreichten wir Repólowo, welches am linken Ufer zwischen Hügeln in einer sumpfigen und vom austretenden Flusswasser stark bedeckten Niederung liegt. Hier ist Ostjakische Sitte überwiegender als zu Sawódinsk: die Häuser unterscheiden sich schon äufserlich durch geringern Umfang und Höhe, so wie durch die auf platter Erde gelegnen Thür-

VIII. Abschnitt. 1828. November. 547

schwellen; durchaus alle Fenster sieht man mit Fischhäuten bespannt. Nur allein von den hier äufserst häufigen Quappen (Russisch: Nalùim. — Gadus Lota.) wird die Haut zu diesem Zwecke sowohl, als auch, besonders während des Sommers, zur Anfertigung mannichfacher Kleidungstücke benutzt. Das Fleisch des Fisches ist als Nahrungsmittel wenig gesucht, sei es dafs der stete Überfluss an andern und noch bessern Wasserbewohnern dazu veranlasse, oder dafs die hiesigen Quappen durch ihr alljährliches Zurückkehren zum Meere die Eigenschaften verlieren welche ihre Verwandten in Europäischen Landseen so vortheilhaft auszeichnen. Die Fenster aus Nalùim-Haut reibt man mit dem Fette des Fisches, um ihre Durchsichtigkeit zu erhöhen, dennoch aber veranlafsen rundlich begränzte Anschwellungen der Haut zu schuppenartigen aber durchsichtigen Theilen, welche etwa von Linie zu Linie auf der Oberfläche sich finden, eine zerstreuende Divergenz des parallel auffallenden Lichtes. Der Effekt ist ähnlich mit dem der linsenförmigen Glasstücke welche man, in alterthümlichen Deutschen Gebäuden, zu Scheiben vereinigt findet. —

Die Hütten von Repólowo waren auffallend leer, und man sagte uns dafs heute die meisten der Ostjakischen Männer zu einem Fischfange ausgezogen seien, dafs aber deren Weiber eben ein Fest (prásdnik) in dem hier befindlichen Kabàk begingen. Wie wir es von Petersburg erwähnten (Seite 133), so darf auch an andern Punkten des Europäischen und Asiatischen Russlands, der Branntwein nur in eigens dazu bestimmten Häusern (Kabàki) und durch dem Staate pflichtige Pächter (otkúptschiki, Aufkäufer, von kupitj, kaufen) abgesetzt werden. *) In dem finstern und kaum 10 Schritt breiten Zimmer

---

*) Im Europäischen Russland giebt es dergleichen Pachter und Verkaufs-Haus in jedem bedeutendern Dorfe, und in der Volkspoësie werden letztere als Kaiserliche Lustorte (Zárskji Kabák ist ein stehendes Epitheton) nicht selten gepriesen. Im Westlichen Sibirien sind sie bereits seltner, dennoch sagte man uns von einem zu Jekatarinburg ansäfsigen Hauptpächter, welcher ein Monopol für die Asiatische Hälfte des Permischen Gouvernements besitzt, dafs er täglich für 1000 Rubel am Branntwein

des hiesigen Lustorts fanden wir nun einen Europäischen Russen (wahrscheinlich einen ehemaligen Verschickten) als Verkäufer hinter dem Schenktische, aufser ihm aber wirklich nur die erwarteten Ostjakischen Weiber. Es waren deren 12 bis 15 versammelt und der Branntwein hatte bereits auf alle gewirkt, indefs auf eine für unbefangene Zeugen noch keinesweges lästige Weise. Lauter kleine und wohlbeleibte Gestalten mit etwas schiefgeschlitzten schwarzen und funkelnden Augen sah man bunt durcheinander in dem engen Raume sich bewegen. Alle redeten lebhaft mit äufserst feinen Stimmen, welche jetzt nur sanfte und freudige Rührung ausdrückten. Von allen Seiten umarmten sie die mit uns eintretenden Jamschtschiki, und ihre nun fast weinend sanfte Rede schien weniger an alte Bekanntschaft als an neue und eben aufkeimende Liebe erinnern zu sollen. Alle trugen noch hemdartige sommerliche Kleider aus grobem Nesseltuche, welche ganz so wie die der Mordwininnen (oben Seite 201) mit rother und schwarzer Stickerei um Hals und Brust geziert sind. Das verschleiernde, kreisförmig geschnittne, Kopftuch (oben Seite 540) fehlte keiner, aber die Vorderseite hatten sie gänzlich aufgehoben und über den Kopf zurückgeschlagen; auch schien offenbar, sowohl unter den jetzigen Umständen als auch in vielen später gesehnen Fällen, diese Ausnahme von herrschender Sitte völlig gesetzmäfsig und erlaubt.

Das sehr unbedeutende Vermögen der Weiber war bereits erschöpft, die Lust am Getränke aber erst jetzt aufs höchste gestiegen. Mein Versprechen, die fernere Zeche zu bezahlen, ward daher mit höchster Dankbarkeit aufgenommen: namentlich aber beflissen sie sich nun angelegentlichst, durch gutes Christenthum sich des Europäischen Labsals würdig zu zeigen, denn mit jedem neuen Glase kamen sie zu uns, um vor dem Genusse sich mit selt-

---

gewinne! — Für den Norden des Tobolsker Gouvernements besteht noch eine besondre Beschränkung des Vertriebs, denn den dahin reisenden Kaufleuten ist auch der Verkauf des in der Hauptstadt oder an andern privilegirten Orten des Gouvernements bereits versteuerten Branntweins streng genug untersagt, um dafs die Regierungsbehörden eine Einsicht in alle Einzelheiten der Verbreitung des erfreuenden Giftes besitzen.

samstem und äufserst komischem Pathos zu bekreuzigen. Durch schnelle und kaum merkliche kreuzförmige Bewegung der Rechten, so wie durch ein leise gemurmeltes Stofsgebet, oft auch nur durch symbolisches Anhauchen (dùtj) des Glases, pflegen frommere Russen die teuflische Wirkung geistiger Getränke zu neutralisiren: die gutmüthigen Ostjaken, als Neulinge in beiden Künsten, des Christlichen Betens und des Trinkens, wollten durch ungleich angelegentlichere Religionsübung ihrer körperlichen Schwäche zu Hülfe kommen, denn zu dreimal schlugen sie das Kreuz und so ausgedehnt, so langsam, und mit so tiefer Beugung des Körpers, wie es die Kirche nur als Ausdruck ungleich wichtigerer Gefühle gebietet.

Hier wurde kein Russisches Wort verstanden, und um nicht ganz stumm zu bleiben unter den Nordischem Bachantinnen, rezitirte ich die ersten der eben gelernten Ostjakischen Verse (Seite 546). Mit lautester Freude aufgenommen gingen sie von Mund zu Mund, dann aber wurde das ganze Lied wiederum ebenso gesungen, wie ich es oben berichtet habe. *)

Der Jamschtschik welcher uns weiter geleitete, ein alter Russe von Repólowo, sagte mir von den dortigen Ostjaken,

---

*) Diese Bestätigung der orthographische Richtigkeit führe ich um so geflissentlicher an, als für jetzt fast nur darauf einiger Werth des Mitgetheilten beruht. Nur so viel steht fernerhin fest, dafs das angeführte Lied nur in der hiesigen Gegend, nicht aber weiter abwärts am Obi, bekannt, und in einer Mundart verfafst ist, welche auch von der hier geredeten so stark abweicht, dafs der letztern völlig mächtige Russen den Sinn des Liedes durchaus nicht verstehen. Wahrscheinlich haben es die Hiesigen von ihren Westlichen Nachbaren, den Wogulen und Wotjaken entlehnt. Endlich sind darin einige Russische Worte und Begriffe unverkennbar enthalten. Die Enträthselung der folgenden Bruchstücke läfst mich vermuthen, dafs das Lied auf Russiche Kirchengebräuche parodirend sich bezieht, und wohl mag zum Theil defswegen der Ostjake von Sawodinsk vorgegeben haben, dafs er das Gesungne selbst nicht verstehe, und daher auch mit Hülfe des dolmetschenden Kosacken es nicht erklären könne.

1ter Vers: Wasser Gott fünf Hölzer (oder fünf Bogen)
2ter Vers: Protopope Frau.
4ter Vers: . . . . Küster
5ter Vers: Besoldung schenkel!
oder: Besoldung Kupfer (Siehe unten bei Obdorsk).

dafs sie jede neue Periode des Fischfanges oder anderweitigen prómuisl (oben Seite 466) nicht nur durch ein Gelage wie das heutige, sondern auch durch ein alterthümliches Opferfest beginnen. Die Ausziehenden schlachten zuvor ein Hausthier*) und alle beschmieren sich das Gesicht mit dessen Blute, und zwar geschähe dies nicht an dazu geheiligten öffentlichen Plätzen (wie bei den Tscheremissen oben Seite 224), sondern ein Jeder vollziehe die Gebräuche mit den Seinigen und in seiner eignen Hütte. — Trotz dieses Festhaltens an den alten religiösen Begriffen, nach denen von dem göttlichen Wesen bald eine Unterstützung, bald eine bösartige Hinderung des Gewerbfleifses erwartet wurde, pflegen die Ostjaken von Repólowo jährlich einmal, nach Weihnachten, die Christliche Kirche zu besuchen. Dort aber mögen sie grade in hiesiger Gegend nicht eben bedeutend erbaut werden, denn unser Russischer Berichterstatter klagte bitter über die zunächst wohnenden Geistlichen, welche an Feiertagen so betrunken in die Filialdörfer kommen, dafs die Gemeinde sich vergeblich versammle. —

In die nun durchfahrne Gegend (von Repólowo bis Samárowo 80 Werst**) kommen Renn- und Elen-thiere (Russisch: oléni und lósi) von Norden her nur während des Frühjahrs, und ohne Zweifel werden sie angelockt durch die alsdann ausschlagenden Laubgehölze (oben Seite 546), welche hier sowohl längs des linken Irtüisch-ufers als auch in den tiefern Schluchten des rechten gesehen werden. — Dergleichen Einsenkungen in dem hohen Ufer sind hier sehr häufig, und dienten uns oft um das Eis des Flusses zu verlassen oder zu ihm zurückzukehren.

---

*) Weiter abwärts am Flusse sind Rennthiere zu diesem Zwecke in ausschliefslichem Gebrauche. Die hiesigen Ostjaken aber müssen jedenfalls ihre Opferthiere kaufen, sei es nun dafs sie sich ebenfalls der Rennthiere bedienen, welche bei ihren Westlichen sowohl als Nördlichen Nachbaren leicht zu erhalten sind, sei es dafs sie ein Pferd oder eine Kuh von den Russen erlangen.

**) So schätze ich die Entfernung auf dem Winterwege, zu deren Zurücklegung wir etwa mehr als 9 Stunden brauchten. Mit Unrecht zeigt Pjádischew's Karte (oben Seite 534) nur 63 Werst für den Winterweg! — Die sehr beachtungswerthe anonyme Postkarte vom Jahre 1825 giebt 100 Werst.

Diese Wechsel in der Richtung der Fahrt gelangen übrigens nicht ohne einige Schwierigkeiten: denn da es heute auf den Stationen an Leuten fehlte, um jedes der Pferde mit einem eignen Lenker zu versehen, die Ostjaken aber mit langen Leinen nur sehr ungeschickt umgehen, so geschah es oft dafs das vorderste Pferd sich mit dem Kopf gegen den Reiter auf dem mittleren, und gegen den Schlitten wendete. Minder gelehrig als die Zughunde (Novbr. 27.) sollten hier die Pferde dennoch völlig nach demselben Prinzipe wie jene behandelt d. h. nur durch Zurufungen angetrieben und gelenkt werden.

Die heutige Feier beim Anfang der Eisfischerei scheint allgemein üblich in der hiesigen Gegend, denn auch in dem Dorfe Basiánsk (25 Werst von Repólowo) fanden wir sämmtliche Ostjaken betrunken. Um die Instrumente, die ich zu geographischer Beobachtung aufstellte, drängten sie sich mit ungewöhnlicher Theilnahme, und dem Kosacken der sie abzuhalten bemüht war, antwortete einer der Beredteren in gebrochnem Russisch: „wir sind längst gewohnt, dafs du die Ostjaken immer für „Hunde hältst, die Russen aber immer lobest." — Unsre Arbeit wurde übrigens durch Wolken vereitelt, welche schnell die nur eben sichtbar gewordnen Sterne verdeckten. Mit Südwind und bei trübem Himmel hatten wir heute am Tage wiederum auffallend gelindes Wetter, und um 2 Uhr Nachmittags war die Lufttemperatur —2° R. *) gewesen.

Um 1 Uhr nach Mitternacht kamen wir nach *S*amárowo. Wegen ihrer günstigen Lage, nahe an der Mündung des Irtüisch in den Obi, ist diese Niederlassung ausgezeichnet und berühmt vor allen bisher, von Tobolsk an, gesehnen. — Wir blieben während der Nacht in dem nach städtischer Sitte gebauten Hause eines Russen, welcher nicht ohne Stolz seine Würde als Bürger (meschtschjanìn) uns ankündete.

---

*) Ebenso verhielt es sich an diesen Tagen zu Tobolsk, wie ich später durch Herrn Hansteen erfuhr. Aber auch bis Beresow (unten December 3.) erstreckte sich diese anomale Erwärmung, denn mit Südwinde herrschte dort, vom 24ten November ar, eine Woche hindurch völlig ebenso gelindes Wetter wie bei uns, nachdem doch in den vorhergehenden Tagen die Lufttemperatur schon bis auf —24° R. gesunken war.

[November 26.] Erst um 8 Uhr drang die erste Spur von Dämmerungslicht durch die, mit Nalùim-Haut bespannten Fenster meines Zimmers. (Die Sonne ging um 8^u 54' auf, die astronomische Dämmerung sollte um 7^u 29' beginnen.) — Die Häuser von Samárowo liegen regellos und mahlerisch verstreut auf einem niedrigen und welligen Terrain, welches im Norden und Nord-Osten von ansehnlichen Hügelwänden umgeben ist und im Westen an den Irtùisch gränzt. Mitten im Orte führen hölzerne Stege, über eine jetzt gänzlich mit Schnee gefüllte Schlucht. Im Sommer sieht man darin den Bach Samárowka, welcher an den entfernteren Hügeln, Östlich von dem Wohnorte, entspringt.

In einem gröfseren Holzhause, in der Mitte des Dorfes, bewahrt man Vorräthe von Mehl und Salz für die Lieferungen (pajòk, oben Septb. 5.) an Beamte und Kosacken des Beresower Kreises, welcher unter dem Meridiane des Irtùisch sich gegen Süden bis Samárowo erstreckt. — An dem Westabhange der Nördlichen Hügel sieht man eine hölzerne Kirche. Das lehmige und steil abschüssige Erdreich auf welchem sie steht, gleitet oftmals abwärts gegen den Fluss, und das Gebäude ist dem Einsturze nahe. Zur Anlegung einer neuen Kirche in der Ebne lag einiger Vorrath von gebrannten Thonziegeln bereit. — Die bewaldete Oberfläche der Hügel liegt hier noch eben so hoch wie zu Tobolsk (Seite 470), oben aber sieht man dafs Nördlich von hier die hohe Ebne durch ein breites Thal unterbrochen wird. Der Nördliche Abfall der Hügel erstreckt sich, vom Irtùisch bei Samárowo, weit nach Osten; es folgt aber auf ihm (gegen Norden) die 10 Werst breite Thalsole des Obi, und erst jenseits dieses Flusses sieht man eine zweite Hügelwand, parallel mit der von Samárowo, sich erheben.

Zum ersten Male seit dem wir den Ural verlassen, fand ich Steinblöcke an dem zum Irtùisch gekehrten Fufse der Hügel. Es waren Grünsteine, theils mit ausgebildeten Hornblend-Krystallen, theils mit glänzenden Feldspath-zwillingen in Aphanitischer Hauptmasse: ferner mit Holz-Asbest und feinen Chloritschuppen durchwachsener weifser, bald derber bald feinkörniger, Quarz; krummblättrige und grobschiefrige Massen aus Diallage und Talk, und endlich grünlichweifser Glimmerschiefer mit sehr feiner Quarzschichtung. — Die Blöcke waren hier nicht über 2 bis 3 Kubikfufs grofs: man sieht sie nur an dem von angeschwollnem Flusswasser noch erreichten, und sanft ansteigenden Fufse der Hügel, nicht aber höher hinauf an der steileren Lehmwand. Nach der Lage der Massen, an dem Höhenzuge welcher wie ein Sporn in das Irtùisch- und Obi-thal gleichzeitig hineintritt, könnte man zweifeln, ob sie dereinst aus dem letztern in das erstere, und also von den NWlichen Vorbergen des Altai hierher gelangt seien,*) oder ob sie vom Ural herstammen. Letzteres ist jedoch wahrscheinlicher, um so mehr da höchst nahe Verwandte aller jener Gesteine an mehrern Punkten des Nördlichen Urals wirklich anstehend bekannt sind. Dafs aber die Gerölle so ausschliefslich erst von hier an gegen Norden, nicht aber gegen Süden nach Tobolsk hin sich finden, würde dann darauf hindeuten, dafs hier Vorberge des Ural dem Irtùisch näher liegen, als bei Tobolsk. (Unten November 28.) —

Die hoch begünstigte Lage dieses Ortes war von Alters her auch den Ostjaken nicht fremd geblieben: gegen Ende des 16ten Jahrhunderts als der Kosack Bogdàn von dem damaligen Sibir d. i. dem jetzigen Tobolsk, die Propoganda Russischer Sitte gegen Norden hin betrieb, fand er an der Mündung der beiden Flussthäler, eine blühende Ostjakische Niederlassung, unter Leitung des Häuptling Samàr, welcher sich Tatarischen Fürsten tributpflichtig bekannte. Auch eine religiöse Bedeutung besafs der Ort, denn es wurde hierselbst, und wie es scheint ausschliefslich, ein weibliches Götterbild von den Ostjaken verehrt. — Europäische Einwandrer begannen nun in friedlichem Verein mit den ursprünglichen Besitzern der Ortschaft zu leben, und von den erstern wurde ihrer neuen Niederlassung der noch jetzt bestehende Name, zu Ehren des zuerst gekannten Ostjakischen Herrschers, beigelegt. — Bis zum Jahre 1630 blieben die Urbewohner der Zahl nach überwiegend, damals aber baten sie selbst um Ersatzmannschaft aus Europa, welche geschickter wäre

---

*) Am mittleren Obi in 55°,5 Breite habe ich später sehr grofse Gerölle von Massengebirgen gefunden. (Vergl. Abschnitt IX. 1829. Januar 19.)

in der bereits damals durch Russische Niederlassungen bis Beresow, zum Bedürfniſs gewordnen Kunst des Pferdelenkens. Es wurden nun Demjansk und Samárowo zuerst mit Jamschtschiki bevölkert, und die Ostjaken vermieden geflissentlich die wichtigen Poststationen.

Die Nachkommen jener ersten Russischen Ansiedler erkennen jetzt dankbar alle Vortheile welche die vortreffliche Lage ihres Wohnortes bietet. Die Hügel welche eine anmuthige Aussicht gewähren, frisches Quellwasser zum Orte senden und ihn vor Nordwinden schützen, das ausgezeichnete Bauholz, die Zirbelnüsse und die an Eichhörnern (bjélki) und Füchsen (lisízi) äuſserst ergiebige Jagd in den ringsumgebenden Waldungen werden mit Recht gepriesen. Das oben (Seite 550) erwähnte Rothwild wird auch hier nur im Frühjahr erlegt, für den Fischfang aber haben die neuen Bewohner, die Geschicklichkeit von den alten geerbt. Flussschifffahrt und Poststationen für den Winter erleichtern ihnen den kaufmännischen Verkehr mit Verwandten und Befreundeten in Beresow, in Surgut (oben Seite 443) und in Jeniséisk*) (Abschnitt IX). Chinesische Hülfsquellen flossen ungehindert hierher, auch wurde nicht nur ein Samawar (Seite 469), sondern auch eigner Thee von unsrem Gastfreunde uns vorgesetzt. —

Nach Beendung der magnetischen Beobachtungen verlieſsen wir Samárowo gegen 10 Uhr Vormittags und erreichten zwei Stunden später das Dorf Bjelogórje, am Westlichsten Rande des Obi, welcher hier, in zwei Arme getheilt, bereits eine Nördliche Richtung besitzt. — Bei Samárowo setzt man queer über den Irtùisch und fährt dann an dem niedrigen linken Ufer eines Westlichen Seitenarms den sie berésowskji protòk d. i. den Birkenfluss nennen, und welcher diesen Namen auch da noch behält, wo bereits die rechte Hälfte des Flusses mit dem Obi sich vereinigt hat. —

In Bjelogórje wohnen Russische Fuhrleute und Fischer. Wir traten dort in ein enges Zimmer welches durchgehends gleich

---

*) Über erfolgreiche Äuſserungen Russischen Krämergeistes zu Samárowo ist bei der Rückfahrt noch Einzelnes zu erwähnen.

einem Schwitzbade erheizt war, dennoch lagen 6 bis 8 Personen auf der noch wärmeren paláta (Seite 448), und stiegen nur bisweilen herunter, um in einem Winkel des Zimmers Kwas zu schöpfen den man eiskalt erhält. Das gährende Getreide liegt an dem Boden eines grofsen hölzernen Bottich, und aus einem andern Gefäfse mit schmelzendem Eise, ersetzt jeder Trinkende soviel Flüssigkeit als er geschöpft hat. Allen Gesunden behagt diese Diät, aber trostlos waren sie hier wegen einer Kranken, welche von hartnäckigem und schleichenden Fieber befallen und in dieser drückenden Hitze gebettet, das einzige Kühlungsmittel mit Widerwillen zurückstiefs. So gläubig halten indefs die Sibirier jede ungewöhnliche Nahrung für heilsamer als unverdauliche Arzneien, dafs von einer Flasche Englischen Bieres welche ich der Kranken hinterliefs, unfehlbare Rettung gehofft wurde. — Mit uns zugleich kamen, von Norden her, die Schlitten eines Fischhändler nach Bjelogórje. Ebenso wie die oben erwähnten (Seite 537) gebaut, waren sie schwer beladen mit Nelm-Lachsen und mannslangen Stören. In dem aus Zweigen geflochtnen Kasten liegen die Fische unmittelbar übereinander geschichtet, durch den Frost glaubt man sie genugsam verwahrt.

Aufser den zwei Hauptarmen in welche der Obi unterhalb Bjelogórje getheilt ist, sind auch hier, neben der linken Hälfte des Flusslaufes, kleinere sóri und protóki vorhanden. Hier entsprechen diese Seitenarme den Stellen wo von Westen her kommende Zuflüsse in den Obi münden. Unsre Fuhrleute erzählten wie diese durch Eis und Schnee nun gänzlich geebneten und verborgnen Kanäle im Frühjahr oft urplötzlich mit schnell strömendem Wasser sich füllen, so dafs dann die auf der Uferebne in Schlitten Fahrenden oft Tage lang abgeschnitten und auf den kleinen Inseln gefangen bleiben. Offenbar sind diese Ereignisse völlig analog mit denen, welche ich später (1829 April 2.) an den Zuflüssen der Lena unter dem Namen nakipitj d. h. des Aufquellens oder Aufkochens kennen lernte, und auch hier sind es Quellwasser aus dem Westlichen (Ural-) Gebirge welche auch bei der Ankunft am Obi noch Wärme genug besitzen, um an den Mündungsstellen die Eisdecke von unten her dünner zu erhalten und sehr frühzeitig brechen zu machen.

62 Werst jenseits Samárowo, auf der grofsen Insel zwischen den zwei Hauptarmen des Obi, kamen wir, um 10 Uhr Abends, zu der Niederlassung Jelisárowo, in welcher eine geographische Beobactung gelang. Seltsam überraschte hier der Anblick eines überaus reichen Bauerhauses, dessen Besitzer uns mit dem gewöhnlichen Ausdrucke zur Erwärmung (pogrjétjaja) einlud. Die zwei Stockwerke des Gebäudes sind höher als man es selbst in Russischen Städten gewohnt ist, und ein jedes enthält mehre Zimmer von seltner Gröfse. Ganz abweichend von herrschender Sitte liegt die Treppe im Innern des Hauses. In allen Zimmern sind die runden Oberflächen der Balken mit geglätteten Brettern bekleidet, und ebenso reinliches und glänzendes Tannenholz bildete die an den Wänden befestigten Bänke, die Tische und den übrigen Hausrath. Die eine Wand des Gastzimmers im oberen Stockwerk ist gänzlich mit prunkenden Heiligenbildern (obrasa) bedeckt, vor denen Weihrauchsfässer (kadilni) hangen und die stets üblichen Votiv-kerzen in ungewöhnlicher Menge, brennend erhalten werden. Aus grofsen Tafeln weifsen Glases bestehen die Fenster des Hauses, und wie man sogar in Tobolsk nur bei Reichen sieht, ist ein jedes aus zwei parallelen und in Zoll-dicken Ramen dicht und kunstvoll gefügten Scheiben gebildet. — Auch jetzt in der Nacht wurden wir hier nicht ohne reichliche Mahlzeit entlassen, und während die Frauen sie bereiteten, priefs der mit dem Schicksal zufriedne Besitzer sein seltenes Glück. Die ungeheure Summe von 3000 Rubel (909 Preussische Rthlr.) habe er zur Erbauung des prächtigen Hauses unbekümmert verwendet, denn auch ferner vertraue er auf den Fluss dem er allein seinen frühern Reichthum verdanke. Im Sommer und Winter werde der Werth jedes glücklichen Fischfanges erhöht durch die grofse Nähe der Stadt. Den Weg nach Tobolsk rechnet man dennoch im Winter zu 460 und im Sommer zu 560 Werst, aber die reiselustigen Sibirier haben für den Begriff der Nachbarschaft ein ganz andres Maafs als die Europäer. Rüstige Pferde hat man zur Genüge in Jelisárowo, aber Ackerbau haben sie nicht versucht, weil er dem Hauptgeschäfte Arbeiter entziehen könnte.

Auf dem Eise der Östlichen Hälfte des Obi fuhren wir während der Nacht. Die mehr als 100 Werst lange Insel zwischen beiden Hälften des Flusses hat hier überall einen steilen, etwa 80 Fuſs hohen Abhang gegen Osten. Er erhob sich zur Linken dicht an unserm Wege, während auch zur Rechten in gröſserer Entfernung das gewöhnliche hohe Ufer (Seite 476) nicht fehlte. Die Insel erscheint wie ein später abgebrochnes Stück dieses letztern, wenn aber dereinst der Westliche Stromzweig gänzlich verschwände, so würde man hier als seltene Ausnahme den Obi von beiden Seiten durch Thalwände eingeschlossen sehen.*) —

Die hiesigen Wohnplätze liegen auf jenem Eilande stets hart an dem erwähnten Ostabhange desselben, dem Flusse nahe, und doch gegen Überschwemmung gesichert. Zuerst erreichten wir, 20 Werst jenseits Jelisárowo, 3 bis 4 Ostjakische Jurten welche von den Russen: *S*uchorúkowskji pogòst d. i. die Gaststelle am trocknen Arme**) genannt werden. — Steil erhebt sich hier das Ufer bis zu den Wohnungen. Man ließ daher die Schlitten auf dem Eise, und rief von unten daſs man uns frische Pferde hinabbrächte. Ein fest getretner Fuſsweg führte uns zu der nächst gelegnen Jurte. Das kleine kubische Gebäude ragte kaum aus dem Schnee, aber Funken welche knisternd über dessen plattes Dach emporsprühten, zeigten schon von fernher seine Stelle und ließen die Ostjaken-wohnung von jeder Russischen sogleich unterscheiden; denn niemals erheben sich unver-

---

*) Einem ähnlichen Ereignisse schreibt man die am Irtùisch nur einmal bei Zuingálinsk (oben Seite 545) vorkommende Erscheinung zweier Hohen Ufer zu. Auch dort nämlich sind in der Niederung, Westlich von dem jetzigen Flusslaufe, die Spuren eines alten Bettes noch vorhanden. Wegen gröſserer Reinheit kann das Wasser des Obi sich in doppelten Betten erhalten, und windet sich nun schon während einer langen Reihe von Jahren zwischen Inseln hindurch, da doch der schlammige Irtùisch seine alten Kanäle schnell ausfüllt, sobald ihm neue Ausbreitungen gegeben sind.

**) Sehr wahrscheinlich erinnert sogar dieser Name an ehemalige Trockenheit der jetzt stark bewässerten, rechten Flusshälfte. Freilich müste aber dann der Name im Laufe der Zeit etwas entstellt und aus *s*uchorukáwskji in *s*uchorúkowskji übergegangen sein, denn nur das abgeleitete rukàw, nicht aber das Stammwort ruka (Hand und Arm) wird von einem Flusszweige gebraucht.

brannte Holztheile aus den geräumigen Öfen (pétschi) dieser letztern. Durch die niedrige Thür traten wir in das Innre der Hütte deren Fufsboden etwas vertieft lag unter dem umgebenden Erdreiche. Dem Eingange gegenüber loderte ein starkes Feuer auf einer Erhöhung aus geschlagnem Lehm, in welcher hier noch aufserdem, nach Wogulischer und Tatarischer Sitte, ein eiserner Kochkessel versenkt war. Die für ihn nöthige Feuerung liegt tiefer als die zum Heizen erforderte. Dieser etwa 4 Fufs breite Brennraum reicht beinahe an die Holzwand des Gebäudes, die vor Einwirkung der Flamme durch eine Fufs-dicke Lehmschicht geschützt ist. Aus demselben Materiale besteht eine cylindrische Rauchröhre welche, mit der Rückwand des Kamins in Verbindung, sich in senkrechter Richtung bis zum Dache erhebt. Die Röhre ist nahe 1½ Fufs weit, und nur zunächst über dem Feuer bis zu 3 Fufs erweitert. Schadhafte Stellen dieses Bauwerkes liefsen schon hier über die Mittel der Anfertigung urtheilen, und in den folgenden Jurten erhielten wir darüber vollständigen Aufschlufs. Mit noch weichem Lehm bedeckt man parallel neben einander gelegne und durch Ruthen, je nachdem es nöthig ist, bald zu einer Ebne, bald zu einem Cylinder verbundne Stäbe, zwischen welchen kürzere Holzscheite stets senkrecht auf die Oberfläche gesteckt sind. Der Name tschubàl mit welchem die Sibirier diese Ostjakischen Feuerstätten bezeichnen, ist im Europäischen Russland unbekannt und Tatarischen Ursprungs, auch brauchen Tobolsker Tataren noch jetzt das Wort جوال Zuwàl in gleicher Bedeutung.*) Längs der übrigen Wände des Zimmers laufen etwas erhöhte 6 Fufs breite Theile des Fufsbodens welche den Bewohnern als Schlafstätte und auch am Tage als Arbeitsplatz dienen. **) Nach Analogie der Wandbänke Russischer Bauerhäuser werden diese Theile der Jurten von den Sibirischen Russen mifsbrauchsweise láwki oder láwotschki genannt. Ein Haufen Leuchtspähne und einiges Fischergeräth (Reusen von verschiedner Gröfse, siehe

---

*) Der Ausdruck ist offenbar verwandt mit dem oben erwähnten tschubùk (oben Seite 437) eine Röhre.

**) Vergleiche November 27, 29 u. a. über die Einrichtung dieser Räume in gröfseren und ausgebildetern Jurten.

unten December 4.) bildeten den auffallendsten Hausrath der Jurte. Auf niedrigen, etwa fufshohen Schemeln sitzen die Müssigen der ebenso hohen Feuerstätte gegenüber, um die Wirkung der Flammen vollkommner zu geniefsen, und den ausgefrornen Gästen wird auch hier dieser Ehrenplatz gutmüthig angeboten. — Die Jurte war nur von einer Familie bewohnt, deren Frau und vier Kinder auf dem erhöhten Umringe an den Wänden sich aufhielten. Die Ältern trugen Pelze, die Kinder aber noch jetzt die bunt ausgenähten Sommerkleider aus Brennnesselbast. — Zwei Russische Bauern waren, wie wir als Gäste, bereits an dem Feuer niedergelassen und erzählten, dafs sie bei den Ostjaken Fische aufzukaufen und nach Tobolsk zu fahren gedächten. — Man lachte sehr über unsre unbesonnene Bitte um Kwas, denn wenn auch bisweilen Mehl durch die Russen zu den Ostjaken gelange, so werde es doch nie zu diesem Zwecke verwendet; dagegen verwies man die Durstigen an ein Gefäfs mit Flusswasser in einem Winkel der Jurte. — Unten auf dem Eise des Obi, da wo der Weg zu den Wohnungen hinauf führte, waren gleich Trögen, eine Reihe schmaler Lumen gehauen, aus denen man unsre Pferde sogleich bei der Ankunft tränkte. Keine der Öffnungen war mehr als einen halben Fufs breit: offenbar um nicht Vorübergehende zu gefährden.

[November 27.] Gegen Sonnenaufgang erreichten wir einen Ostjakischen Wohnplatz welchen sie den Kewáschischen nannten. Auch er liegt am linken Ufer der Östlichen Hälfte des Obi, und man rechnet von ihm 112 Werst bis *Samárowo*. — Hier sieht man zuerst völlig rein erhaltne Landes-Sitte und ein Wohlbefinden welches in den frühern Ostjakischen Wohnorten durch vergebliches Bestreben nach Annäherung an Russisches Wesen verdrängt schien. Zehn Jurten von quadratischem Grundrisse, mit platten und hoch mit Erde beworfnen Dächern liegen zwanglos und ohne Regel vertheilt auf einer ebnen Stufe des, hier terrassenförmig gestalteten, Ost-Abhanges der grofsen Insel. Das Laubgesträuch zwischen den seltsam gestalteten Hütten mufs im Sommer einen äufserst erfreulichen Anblick gewähren. Jetzt waren schöne Hunde die vorzüglichste Zierde des Platzes. Es ist hier der erste Ort an welchem dergleichen als Zugvieh beständig gebraucht werden. Neugierig, aber nicht feindselig, und ohne Gebell kamen sie den Fremden truppweise und nur bis in geringe Entfernung von den Jurten entgegen. Alle waren hier gleichmäfsig von der Höhe Europäischer Hühnerhunde, aber ungleich schlanker als solche und magerer in den Weichen. Bei durchgehends weifser Färbung waren nur die Ohren schwarz und bei allen stets senkrecht aufgerichtet, beweglich und so stark gespitzt, als es nur ihr an sich stumpfwinkliger Zuschnitt erlaubte. Der Kopf ist lang und spitz, aber die Schnauze dennoch kräftig wie bei Wölfen. Das Haar war kurz auf dem übrigen Körper, aber buschig und herabhangend auf dem langen Schwanze, den sie alle zierlich gekrümmt und in völlig senkrechter Ebne nach oben gewunden trugen. Grofse Gewandtheit in ihren Bewegungen erhöhte das gefällige Ansehn dieser Hunde.

Zwei Brüder lebten mit ihren zahlreichen Familien in der Jurte in der wir unser Reiselager aufschlugen und die Instrumente zur magnetischen Beobachtung vorbereiteten. *) Die Weiber und Kinder safsen auf den früher (Seite 558) erwähnten Schlafplätzen an dem Innern Umkreise der Jurte welche hier durch senkrechte und bis zur Decke des Gebäudes reichende Seitenwände in mehrere

---

*) Die magnetischen Instrumente waren während der Fahrt stets in einzelne Stücke zerlegt welche in besondern Packkasten verwahrt wurden, und die defshalb nöthige Zusammenstellung wurde des Morgens gewöhnlich in der nächstgelegnen Wohnung, des Nachts aber, ebenso wie sämmtliche Beobachtungen, im Freien vollzogen; eben defswegen erforderten die Morgenbeobachtungen stets ein längeres Verweilen in die nächtlichen, denn wann man die Instrumente aus dem Schlitten in die Wohnungen brachte, so beschlugen sie sich meist mit dickem Reife und dieser mufste erst durch geflissentliche Erwärmung des Ganzen vertrieben werden, bevor man die Beobachtung im Freien beginnen konnte. In Ostjakischen Jurten entstand aber dieser Reif stets in weit geringerer Menge als in den Russischen *isbi* (oben Seite 448), und auffallend zeigte sich dadurch ein sehr verschiedner Zustand von Durchwärmung und Feuchtigkeit der Luft in beiden Arten von Wohnungen. Besonders in der Nähe der Thüre sind die Jurten kaum durchheizt, sowohl dort wie auch näher am Tschubàl geniefst man nur strahlender Wärme. Äufserst lebhafter Luftzug durch die Feuerstätte begünstigt aufserdem die Trockenheit der Jurten.

VIII. Abschnitt. 1828. November.

einzelne Kammern getheilt sind. Deise sind gegen den mittlern Raum frei geöffnet und empfangen daher ebenfalls die vom **Tschubàl** ausgehende Wärme; ja stets sah ich die seitlichen Scheidewände sinnreich und absichtlich grade so gestellt, dafs sie keinem der abgetheilten Räume die Wärmestrahlen zu entziehen vermochten, denn oft unter spitzem Winkel und unsymmetrisch gegen die Hauptwand der Jurte gelegen, befanden sie sich doch stets genau in einer zur Wärmequelle gerichteten senkrechten Ebne. — Mehrere Männer kamen aus benachbarten Jurten zum Besuche hinzu und, theils durch den Dolmetscher, theils in sehr gebrochnem **Russisch** hiefsen sie uns treuherzig willkommen. —

Manche Erscheinung an Hausgeräth und Kleidung der Menschen bewiesen deutlich dafs hier, neben dem Fischfange, auch manchfaltige Jagd betrieben werde. Man bestätigte diese Vermuthung. Die sehr waldreiche Umgegend sei reich an guten Pelz-Thieren, so dafs ohne grofse Mühe Jeder die **zwei Zobel** erlange welche jährlich von den einzelnen hiesigen Familien als **Jasàk** oder Felltribut an die **Russen** zu entrichten seien, und nur selten ein Äquivalent an andern Fellen bezahle. Unser Wirth zeigte uns dann ein schon in diesem Winter erbeutetes Zobelfell welches er in einer hölzernen Schatulle sorgsam verschlossen und, als wichtigen Reichthum, in einen Winkel der Jurte verborgen hielt. Sehr helle fast gelbliche Haarfarbe verminderte den Werth dieses Felles, und sie sagten dafs der Aufenthalt des Thieres in **einem lichteren** Walde daran Schuld sei; überhaupt sei man besorgt wegen der diesjährigen Jagd, weil ein Waldbrand die Zobel aus der Nähe der **Kewaschischen** Jurten vertrieben habe. Dergleichen Ereignisse sind leider nicht selten an den Ufern des **Obi**, denn von den herrlichen Nadel-Wäldern welche der Gegend zugleich Zierde und Reichthum verleihen, hat man im Sommer oft 100 Werst lange Striche in Feuer gesehen. Die anwohnenden **Russen** nennen als Ursach solchen Brandes nur den Blitz und die Reibung einander berührender und vom Winde bewegter Bäume: doch möchten wohl Wachtfeuer reisender Jäger weit öfter dazu veranlassen, und wohl kann auch hier von Menschen-Hand die schwache Ursache des Übels herbeigeführt, die fürchterliche Wirkung aber nicht gehemmt werden (Vergl. Seite 416). Nur ein günstiger Regenguſs besänftige endlich die erregten Elemente, aber der Verlust der Gegend scheine rein unersetzbar. In abgebrannten Waldungen hat man hier, an der Stelle majestätischer Zirbelfichten, nur Birken und Espen hervorwachsen sehen, weil dann nur diese durch edlere Nachbarn bisher beschränkten Bäume alleinherrschend ihr zäheres und werthloses Leben entwickeln. Unmöglich als ursprünglicher Gang der reinen Naturerscheinungen, aber unleugbar seit dem Beginnen **menschlichen** Treibens ist also hier ein continuirlicher und durch Nichts ersetzter Zerstörungsprozeſs eingeleitet. Dennoch aber ist die Zahl völlig unberührter Waldstriche in diesem Theile der Erde noch viel zu überwiegend, und die fortschreitende Verderbung der bewohnten Wälder viel zu geringfügig als daſs etwa durch sie die **Sibirischen** Jägervölker selbst, und ohne fremdartigen Einfluſs, ihrer Existenz in absehbarer Zukunft eine Gränze setzen könnten. Vielmehr wird man auch in Nord-Asien — um dereinst, durch ausrodende Verwandlung der rohen Urstämme, die Perfektibilität des Menschengeschlechtes zu erweisen — den allzu schwachen Waldbränden durch Christlichen Branntwein zu Hülfe kommen müssen. — Wenn nun für jetzt hier am **Obi** die Wirksamkeit dieses letztern Mittels zur Verwandlung der Völker- und Landesphysiognomie, durch weise Vorkehrung der Regierung (Seite 548, Anmerkung), bedeutend vermindert ist, so zeigte sich doch auch heute die Unmöglichkeit völliger Hemmung. Unser Gastfreund in **Kewaschinsk**, ein kräftig und edel gestalteter Mann, bat den Kosacken äuſserst beweglich und mit weibischer Begierde ihm **einen** Schluck Branntwein für **drei** Eichhornbälge (**Sciurus varius, Pallas. Russisch: bjélka**) zu überlassen. Sie sagten zwar, daſs an Hermelinen (**Mustela Ermineum, Pallas. Russisch: gornastái**) und Eichhörnern ihre Wälder sehr reich seien, aber nur weiſse Winterbälge kaufen die Russen, und von diesen beschränkte sich der jetzige Vorrath in der Jurte nur allein auf die leichtsinnig gebotnen drei.

Auſser den erwähnten Thieren nannten sie noch, als Hauptgegenstand ihrer Jagden, die Rennthiere für das Frühjahr, während des ganzen Jahres aber verschiedne Füchse, den Vielfraſs (**Meles gulo, Pall. — Russ. roſsomácha**) und das Elen (**Cervus Alce. Russ. loſs**). Meine Frage nach einer Feindschaft zwischen

VIII. Abschnitt. 1828. November.

beiden letztgenannten Thieren, erwiederte man sehr umständlich durch die auch in Europa gangbare Behauptung, dafs von einem Baume hinab der Vielfrafs dem Elen auf den Nacken springe, und es durch unabwehrbare Bisse tödte. Keiner sagte jedoch einen solchen Kampf mit angesehen zu haben, sondern mit den Worten: „unsre Greise sagen es also (starikì ták goworjàtj)", liefs man als Augenzeugen nur die Verstorbnen.*) — Durch sehr gute Rennthierpelze unterschieden sich diese Jagd-liebenden Familien sehr vortheilhaft von vielen sowohl ihrer bisher gesehnen als auch Nördlich von hier bis Beresow wohnenden Landsleute. Erst nach Erreichung der Südgränze des Bezirks innerhalb dessen das Rennthier gezähmt ist, sieht man zweckmäfsigste Winterkleidung überall vorherrschend, und die Surrogate aus Nesselbast und Fischhäuten (Seite 548 und 568) nur untergeordnet.

Man zeigte uns sodann die hier üblichen Jagd-Waffen. Es sind 6 Fufs lange Bogen, welche im ungespannten Zustande nur äufsert wenig gekrümmt sind, und deren kreisförmiger Queerschnitt in der Mitte einen Durchmesser von $1\frac{1}{4}$ bis $1\frac{1}{2}$ Zollen hat. Später, beim Zerbrechen einer dieser Bogen, habe ich mich völlig überzeugt, dafs, wie man uns versicherte, ein biegsamer Birkenstab auf ein härtres Nadelholz mit Fischleim befestigt, und beim Gebrauch die erstgenannte Hälfte nach aufsen, vom Schützen abwärts, gekehrt ist; so sorgfältig ist aber die Aufsenfläche geglättet und so gleichmäfsig mit einem gelblichen Pigmente bedeckt, dafs jede Spur von Zusammenfügung verschwindet. — Die Pfeile sind 4 Fufs lang, aus hartem Holze mit schmaler und zweizeiliger Befiederung an dem zur Sehne gekehrten Ende. Ihr treffendes Ende aber ist bald ein starker und vorne abgestumpfter Doppelkegel, bald ein rostiges, schlecht geglättetes und nur unvollkommen rautenförmig gestaltetes Eisenblech, dessen hintere Hälfte in den Schaft getrieben und an ihn gebunden, dennoch stets von ihm durch geringre Kraft

---

*) Elenhäute kaufen die Russen sehr begierig, und das daraus bereitete Leder sahen wir zu Tobolsk in einem eignen Theile des Kaufhofes welchen sie lósinoi rjàd d. i. die Elensreihe nennen; doch war der damalige Vorrath nur gering, und dünnes Rennthierleder (rówdug des Sibirischen Handels) suchte man für Elensleder (losinaja koja) zu verkaufen.

als von einem hölzernen Ziele auf welchen man es abschofs, getrennt wird. Zobel und Eichhörner tödten sie nur mit jenen stumpfen Pfeilen, um völlig unverletzte Bälge zu erhalten; den scharfen Geschossen aber vermag die Haut von keinem hier vorkommenden Vierfüfser zu widerstehen. Nicht nur Übung und bedeutende Kraft sind zu völliger Spannung dieser Bogen erfordert, sondern es müssen auch die Schützen, um die Pulsader der linken Hand vor dem mächtigen Schlage der Sehne zu verwahren, jenen Theil des Körpers stets mit einer starken und sehr zweckmäfsigen Bedeckung versehen (unten 1829 December 5.). *) Sehr befremdend war mir die Versicherung, dafs keiner der uns gezeigten Bogen hier zu Kewaschinsk entstanden sei, ja Niemand der Hiesigen diese wichtigsten Geräthschaften anzufertigen verstehe. „Wir kaufen sie," hiefs es allgemein, „von den Kasúimskischen Männern (Kasúimskie, Siehe unten November 28., Schorkal)." Diese seien ebenfalls Ostjaken, aber ungleich kunstfertiger als die Hiesigen, und sie wurden von diesen stets mit äufserster Achtung genannt. Von Osten her kommen sie im Spätwinter auf Rennthierschlitten hierher, und verkaufen ihre bewunderten Bogen mit sämmtlichem Zubehör gegen getrocknete Fische und, wahrscheinlich, einige Russische Waaren. Man schätzte hier den an die Kasúimsker bezahlten Werth einer vollständigen Jagdausrüstung auf zwei Rubel nach Russischem Gelde d. h. nach den hiesigen Begriffen etwa auf ein Drittel des jährlichen Felltributs oder Jasàk.

Auch die Freude einer ersten Fahrt auf Hunde-schlitten dankte ich unserm Wirth zu Kewaschinsk. An der Thüre seiner Jurte standen mehrere dazu bestimmte Schlitten: diese sind hier äufserst kunstlos ohne jeden Zierrath gebaut, und, durchaus ähnlich den sogenannten Pikschlitten deren Deutsche Fischer auf dem Eise der Flüsse sich bedienen, haben sie 1½ Fufs Höhe bei einer Länge von 3 und einer Breite von etwa 1½ Fufsen. Auf den hölzernen

---

*) Während der Rückreise von Obdorsk erhielt ich zwei dieser vortrefflichen Bogen: ohne den Besitz des letzgenannten und unerläfslichen Hülfsmittels konnte ich sie nie bis auf mehr als ein Drittel der Pfeileslänge spannen, dennoch aber drang die Eisenspitze 6 Linien tief in ein tannenes Brett.

3—4 Zoll breiten Läufen steht am Anfang und Ende ein senkrechtes Joch von der angegebnen Höhe, und über die oberen horizontalen Queerbrücken dieser Joche werden einige Bretter parallel mit den Läufen gedeckt. Auf diesen Brettern ruht der Fahrende zusammengekauert, den Oberleib meist nach vorne geneigt und auf den Ellbogen gestützt, und die Füfse seitwärts und nach hinten gekehrt und auf einen der Läufe gestemmt. — Die Zugstränge bindet man an ein bogenförmiges Holz welches die Vorder-enden der Läufe vereinigt. — Mit sichtbarem Widerwillen vor der Anspannung, aber dennoch mit augenblicklichem Gehorsam, nahten die freien Hunde auf den Ruf ihres Herrn. Man griff einen derselben und umgab ihm beide vom Boden erhobne Hinterbeine mit einem aus Pelzwerk kreisrund zusammengenähten Gurt, welcher dann gewaltsam aufwärts gestreift wurde, über den Schwanz hinweg, bis dafs sein Obertheil auf das Ende des Rückgrats, das übrige des Pelzringes dicht vor dem Becken und den Keulen des Hundes zu liegen kam, und sich eng an diese Theile anschlofs. Am Untertheile des Gurtes ist eine Öse befestigt. — Ebenso verfuhr man mit einem zweiten Hunde, dann aber wurde an die Öse jedes Gurtes das eine Ende eines zwei Fufs langen Zugstranges gebunden, dessen andres Ende aber rückwärts zwischen den Hinterbeinen hindurchgeführt und an das bogenförmige Verbindungsstück der Schlittenläufe befestigt. Die Stränge liegen nahe horizontal, und die hiesigen Hunde üben also ihre Zugkraft mit den **von den Hinterkeulen bedeckten** Stellen ihres Körpers. — Einmal angespannt erwarteten die unsrigen den Augenblick der Abfahrt mit unruhigem Geheul und auf den Lenker gerichteten Blicken. Durch den Zuruf: **puìr púir** wurde der Anlauf bewirkt. Anfangs wechselten Sprung und eiliger Trab, dabei heulten die Ziehenden noch fort, und die umstehenden Hunde stimmten ein, bis dafs der Schlitten in stetige und rasche Bewegung versetzt war. Dann trabten sie gleichmäfsig und befolgten pünktlich das lenkende Commando, welches mir die Ostjaken von hinten her nachriefen. **Till till** heifst **rechts**, und **bùt till links** umlenken, **zäs** aber bewirkt augenblicklichen Stillstand. *)

*) Über Zugkraft, Behandlung und andre Eigenschaften der Ostjakischen Hunde ist im Verfolge dieses Abschnitts noch Mehreres zu erwähnen.

Die Schneeschuhe der hiesigen Ostjaken gleichen durchaus den im Europäischen Russland gebräuchlichen. Jeder Fuſs ruht auf der Mitte eines 6 Zoll breiten und 5 bis 6 Fuſs langen Brettes, welches in geringem Grade convex gegen den Erdboden gekrümmt ist und an beiden Enden spitz zuläuft. Völlig parallele Fortschiebung beider Füſse ist nöthig, damit nicht die Enden beider Bretter zusammenstoſsen und der Gehende umfalle. (Unten Abschnitt XIV.) Das Wurzelwort lúi*j*a bezeichnet diese Vorrichtung hier wie in Russland. — Von den Kewáschinsker Männern trugen mehrere ihr starkes schwarzes Haar nach hinten zu einem zweisträhnigen Zopf verflochten; den Ostjaken eigenthümlich, ist dieser Gebrauch bei Russischen Männern völlig unerhört. Überhaupt hatten die Bewohner der hiesigen Jurten ein zierliches Ansehn, sowohl durch gut erhaltne Pelze als auch durch hohen und schlanken Wuchs; entstellend war nur eine endemische Krankheit, denn in der Familie unsres Wirthes und unter den zum Besuche gekommnen war kaum Einer ohne triefende Augen und stark entzündete Lieder.

Von Kewáschinsk fuhren wir 15 Werst weit auf glattem Eise zu den *Sosnówi*'schen Jurten. Etwas abwärts vom linken Obi-ufer in einer weiten kesselförmigen Schlucht gelegen, führen diese mit völligem Rechte den von *sósna*, eine Fichte (pinus silvestris) gebildeten Namen, denn ein herrlicher Nadelwald umgiebt sie. Selbst jetzt im Winter war diese Landschaft äuſserst reizend und malerisch. Rings um den Wohnplatz stehen vereinzelte Fichten, Zirbeln und Lärchen (Pin. cembra und larix) von 60 bis 80 Fuſs Höhe. Nur an den Gipfeln haben sie Kronen von Zweigen. Zwischen diesen riesigen Stämmen ist das Unterholz gelichtet und die wellige Schneedecke frei sichtbar. Erst im fernen Hintergrunde, rings auf den Hügeln um die breite Schlucht, ist ungleich dichtere und niedrigere Waldung. Die gigantischen Bäume der Mitte scheinen wie erlesne Herrscher zwischen dem schützenden Volke. Zu dem merkwürdigen Charakter dieses Ortes gab Form und Anordnung des Jurtenhaufens einen bedeutenden Zug. Die Wohnungen sind völlig kubische Kasten aus übereinander gehäuften dicken Baumstämmen; eine Erdschicht bedeckt das platte Dach und Erdwälle schlieſsen sich von unten an die Wände. Von der Südseite kriecht man in das Innre durch eine halbmannshohe Öffnung. An der Östlichen Wand, wenige Fufs über dem Erdwall, ist als Fenster eine kleine quadratische Öffnung zwischen den Stämmen. Eine Fufs-dicke Eisscholle verschliefst dieses Fenster: sie ist von aufsen durch eine Stange angedrückt, deren Unterende sich schräg gegen den Erdboden stützt. Vorrath solcher Schollen lag vor jeder Jurte. — Auch hier brennt Feuer im Tschubàl, der Thüre gegenüber, und auf ihrer innren Fläche waren davon die Schollen abgethaut und von spiegelnder Glätte. Ihre Aufsenseite war ziemlich uneben, dennoch aber drang durch diese Fenster ein weifseres und helleres Licht als durch die Fischhäute in andern Wohnungen: an Erkennen der äufsern Gegenstände ist in beiden Fällen gleich wenig zu denken. — Zwischen diesen Wohnhütten liegen Gebäude von noch fremdartigerm Ansehn. Ebenfalls kubisch aus übereinander gelegten Stämmen gefügt und mit plattem Erddache, haben sie ihre Unterfläche nicht auf dem Boden, sondern 8 bis 10 Fufs hoch in der Luft und werden an den Ecken von vier starken Pfählen getragen. Ein andrer Baumstamm lehnt sich in geneigter Stellung vom Boden aus an die jetzt geschlofsne Thüröffnung dieser Gebäude, und in die Oberfläche dieses Stammes sind halbrunde Löcher gehauen welche den geübten Menschen als Leiter dienen, den Hunden aber, wie man sagte, keinen Aufgang gewähren. Hierin liegt der wesentlichste Vorzug dieser erhöhten Kammern, denn, nach der Aussage der Ostjaken, dienen dieselben ihnen nur, um Lebensmittel vor dem diebischen Naturell ihrer vierfüfsigen Gefährten zu schützen. Im Sommer befestigen sie auch die an der Luft zu trocknenden Fische an die Eckpfeiler zwischen dem Erdboden und der Unterfläche dieser Vorrathshäuser. *)

Die Bewohner der *Sosnówischen* Jurten hätte man kaum für Stammverwandte der Kewaschischen erkannt, denn hier waren Alle von kleiner Statur und schwächlichem Ansehn. Pelze

---

*) Ähnliche Trockenanstalten sahe ich später auch bei den ichthyophagischen Bewohnern Kamtschatka's: aber dort dienen die erhöhten Gebäude selbst, zugleich auch als Sommerwohnung für die Menschen, und haben daher auch eine von der hiesigen verschiedne Gestalt. (Unten Abschnitt XVII.)

sah man jetzt bei keinem, sondern Fischkleider waren hier ausschließlich in Gebrauch, denn während wir bisher nur Stiefel aus Nalùim-haut häufig gesehen hatten, so trugen hier Männer und Weiber auch Beinkleider und zwei übereinander gezogne, dem Körper eng anschließende, Röcke aus demselben Material. Die Häute sind sehr luftdicht und stark, und nach Einreibung mit Fett (Seite 570) möchten sie wohl an schlechter Wärme- und Kälteleitung den Pelzen nicht nachstehen: bei Schneewetter aber und geringer Kälte schützen sie gegen Durchnässung noch vollkommner als diese. Die oben (Seite 566) erwähnte Augenkrankheit herrschte auch hier und erhöhte das schwächliche Ansehn der *Sosnówischen* Männer. Von dem unansehnlichsten dieser Pygmäen sah ich dennoch Proben einer kaum erwarteten Rüstigkeit, denn den 6 Fuß langen Bogen spannte und handhabte er mit äußerster Leichtigkeit und bestem Erfolge. Er hielt die Ebne des Bogens etwas von der Rechten gegen die Linke geneigt, und bei dem ersten Versuche traf ein stumpfer Pfeil (oben Seite 563) den Stamm einer auf etwa 160 Fuß entfernten Lärche, nahe an deren 60 Fuß hohen Gipfel. Erlaubt man sich zuerst von dem Widerstande der Luft auf den Pfeil gänzlich zu abstrahiren, so ergiebt sich aus dem beobachteten Erfolge dieses Schusses, daß falls unter 30° Elevationswinkel gezielt wurde, der Pfeil nur mit 128 Fuß Anfangsgeschwindigkeit das Ziel erreichen konnte. Die gesammte Wurfweite wäre dann, ohne Anschlagen ans Ziel, 456 Fuß gewesen. Sollte das Ziel den höchsten Punkt der Wurfbahn bilden, so gehörten dazu 102 Fuß Geschwindigkeit und 36°,85 Elevation. Und hätte endlich der Ostjak unter 45° Elevationswinkel geschossen, so war (wieder ohne Rücksicht auf den Widerstand) eine Anfangsgeschwindigkeit von 89 Fuß erforderlich, welche eine Amplitude von 256 Fuß herbeiführt.*)

---

*) Bezeichnet nämlich u Elevationswinkel, A Amplitude, c Anfangsgeschwindigkeit, g Fallhöhe, in der ersten Secunde und endlich a Abstand } h Höhe } eines wirklich erreichten Zieles, so findet man:

$$A \{ a - h \cdot \operatorname{ctg.} u \} - a^2 = 0$$

und $c = \sqrt{\dfrac{2gA}{\sin. 2u}}$ für eine Secunde.

Es ist jedoch aus Europäischen Versuchen genugsam bekannt, wie sehr der Widerstand der Luft bei Geschütz- und Flintenkugeln die wirklichen Erfolge gegen die berechneten herabstimmt, und wie zur Erreichung eines gegebnen Zieles oft das Fünf- bis Sechsfache von der durch Rechnung angedeuteten Anfangsgeschwindigkeit erforderlich ist. Bei langen und leichten Pfeilen muſs diese Wirkung mindestens ebenso groſs sein als bei Blei- und Eisenkugeln, und man erlangt daher hier nichts weniger als unvortheilhafte Begriffe von der Kraft der Kasuimskischen Bogen (oben Seite 564). Übrigens wurde dieselbe in dem beobachteten Falle keinesweges vollständig verwendet, denn der *Sosno*wische Schütze spannte seinen Bogen, wie es schien geflissentlich, kaum über **halbe Pfeileslänge**. Auch schien er nur wenig über das Ziel, d. h. nahe unter 30° zu halten, und wohl mag seine Absicht gewesen sein, das Geschoſs noch mit aufsteigender Richtung antreffen zu lassen. Die ertheilte Anfangsgeschwindigkeit glaube ich daher nach dem Obigen auf etwa 600 Fuſs schätzen zu können, und zweifle kaum daſs sie durch völlige Spannung des Bogens zu 1200 bis 1500 Fuſs gesteigert werden könne.

Auffallend war noch in der Mitte des *Sosnówischen* Jurtenhaufens ein behauener und gleich einem Schiffsmaste senkrecht aufgerichteter Baumstamm. An seinem Obertheile befestigte Queerlatten sind sorgfältig mit Schnitzwerk versehen, und auf unsre Frage nach der Bestimmung des Ganzen antworteten die Ostjaken nur, daſs es der Ortschaft zur Zierde gereiche. — Wohl mag ursprünglich zur Errichtung dieses Denkmals nur ein verwandter Glaube veranlaſst haben, wie zur Anfertigung der Maibäume, Kirmeſsmaste und ähnlicher in Europa; wenigstens besitzen ebenso sehr eine nur symbolische Bedeutung für die Ostjaken die Papiere welche jetzt an dem Untertheile des Mastes unter kleinen Bedachungen sich befinden. Man sieht auf einigen derselben noch Reste von Verordnungen in Russischer Schrift, welche den hiesigen Bewohnern vorgetragen worden, niemals aber irgend einem derselben lesbar gewesen sind. — Die Unterthanenpflichten bestehen hier, wie man sagte, in dem Jahrestribut (Jasàk) von $\frac{1}{2}$ Zobel für jeden Mann, auſserdem aber in der Unterhaltung einiger Postpferde. Daſs diese letztre auch während des Winters ohne groſse Sorgfalt gelingt, hat weniger Auffallendes, nachdem man Ähnliches schon in ebenso schneereichen Gegenden bei andern *Si*birischen Urvölkern (oben Seite 426), so wie auch in Russischen und Tatarischen Fuhrmannsdörfern erlebt hat. Erfrorne Kräuter bieten stets in der Nähe der Ortschaften den Pferden einige kümmerliche Nahrung, auſserdem aber ist hier Heu ein Gegenstand des Handels, und die mit Pferdezucht belasteten Ostjaken bereiten dergleichen nicht selbst, sondern kaufen es lieber von den anwohnenden Russen. Übrigens werden von hier aus nur noch die Fuhrwerke höherer Beamten mit Pferden befördert, die Kosacken aber dürfen bei ihren häufigen Geschäftsreisen nur der Hunde-schlitten sich bedienen. —

Von den *So*ſnówischen Jurten bis zur nächsten Morgenstation blieb unser Weg beständig auf der bequemen Eisbahn des Obi. Wir erreichten zunächst um $3^u\ 30'$ die Koruimkárskischen Jurten welche gegen das Ende der mehrerwähnten Insel (oben Seite 557) in einer etwas waldfreiern Gegend und angeblich 15 Werst von den *So*ſnówischen liegen. Einige der Ostjakischen Besitzer haben hier Russischer Bauart bei Anlage ihrer Jurten sich in etwas genähert, und auch einige andre ihrer Landessitten haben sie nach dem Beispiel der Nachbarn modifizirt. In einem der Häuser wollte ein Mann aus Tobolsk sich anfangs vor uns verbergen: er schien von dort her aus der Verbannung entkommen zu sein; als ich ihn aber unbesorgt und zutraulich gemacht hatte, erzählte er, daſs er von den hiesigen Ostjaken ernährt werde, dagegen aber für sie, aus Leder, Sohlen und Untertheile zu den Fischhautnen Stiefeln nähe. Einen Kasten mit Werkzeug und einige Proben seiner Arbeit zeigte er zum Beweise; die Erfindung habe Beifall gefunden, und schon sei von weither aus der Umgegend diese neue Art der Fuſsbekleidung von den Ostjaken begehrt worden. Auch lernten wir hier, daſs die Ostjaken namentlich durch Einreibung mit dem Roogen des Naluim, die Haut desselben zum Kleidungsstoff tauglich machen, denn das Fett welches sich lagenweise zwischen den Eiern der Fische findet und dessen Menge stets während des Winters zunimmt, macht die geriebne Haut äuſserst wasserdicht, und nur von dieser Stelle des Fischkörpers kann es durch rein mechanische Absonderung, ohne Kochung oder Schmelzung, erhalten und verwendet werden. —

Während der Nacht fuhren wir von den **Karuimkárskischen** Jurten angeblich 48 Werst weit bis jenseits der **Bolsche-Atluimskischen**. Die Pferde wurden bei diesen letztern gewechselt, vorher aber noch zweimal bei den **Leúschinsker** und **Malo-Atluimsker** Jurten. In der letzgenannten Ortschaft erhob sich während des Anspannens ein äufserst wortreicher Streit zwischen den **Ostjaken**. Der stets sehr hohe Redeton dieses Volkes wird durch den Zorn noch auffallender zu fast kreischender Diskantstimme. Übrigens liefsen sie es durchaus bei Redensarten bewenden. Die Frauen nahmen thätigen Antheil indem sie, ebenso redselig wie ihre Männer, auch noch die streitenden Parteien von hinten her bei den Zöpfen (oben Seite 556) zurückzogen. Die von den **Baschkiren** bemerkte starke Betonung des letzten Wortes jeder Phrase (Seite 430 Anm.), war auch hier bei den **Ostjaken** äufserst auffallend, das ganze vielstimmige Concert aber klang dem Froschgeschrei ähnlich.

Auf diesem Theile unsres Weges sah ich zum ersten Male einen sehr ausgezeichneten Instinkt der hiesigen Pferde. Spalten in dem Eise des Flusses setzten sehr häufig queer über die Fahrbahn; und obgleich sie jetzt sämmtlich schon wieder durch neues Eis gefüllt, und daher für den Fahrenden nur bei geflissentlichen Aufmerken sichtbar waren, so wurden sie doch stets durch das Benehmen der Vorderpferde angekündigt, denn im schnellsten Laufe schienen diese plötzlich gehemmt, noch ehe man die zweifelhaften Stellen völlig erreichte, und nach scheuen Seitensprüngen überschritten sie dieselben nur bedächtig, und sichtlich mit den Vorderfüfsen die Festigkeit des Eises prüfend. Diese Spalten waren jedoch offenbar nur durch starke Erkaltung und Zusammenziehung der obern Eisdecke entstanden, aber eine gefahrvollere Gegend erreichten wir

[November 28.] bereits nach Sonnenaufgang *) zwischen

---

*) [Man bittet Seite 541 in der Note Zeile 15 v. u. 3^u $3',1$ anstatt 2^u $31',4$, Zeile 9 v. u. aber 4^u anstatt 8^u zu verbessern.] Für

B. Atluimsk und Kondinsk. Dort erstreckt sich etwa 1½ Werst weit und wohl 50 Schritt breit nahe am rechten Ufer eine völlig eisfreie Stelle (polúinja). Die Ostjaken versicherten, dieselbe sei niemals gefroren, und man wisse dafs dort entspringendes Quellwasser (kljutschewája wodà) diese auffallende Erscheinung veranlasse. Wirklich scheinen die hier wiederum sehr ansehnlichen Lehmwände des rechten Ufers sehr geschickt zu reichlicher Ansammlung des in die Tiefe dringenden Tagewassers, und eine nie gefrierende Quelle beobachtete ich noch am heutigen Tage nahe ¼ Breitegrad Nördlich von diesem Punkte (Siehe unten Aleschkini Jurtui).

Die hiesigen Ostjakischen Fuhrleute scheinen für unerläfslich zu halten, mit Russischen Pferden nur Russisch zu reden: aber von allen Redewendungen ist nur der inceste und leidenschaftlichste Slavische Fluch *) ihnen geläufig geworden. Nur diesen brauchen sie als Ermunterung, und mit monotoner und gemüthlicher Stimme wurde er etwa 6 Mal in jeder Minute und unablässig während der ganzen Nacht wiederholt.

Durch einen Ostjaken von Atluimsk erfuhren wir von grofser Sterblichkeit unter seinen Landsleuten: er selbst habe 13 Kinder gehabt, davon aber nur 4 am Leben erhalten, und so sei es häufig: die Ostjaken heirathen sehr frühzeitig und ihre Ehen seien mit Kindern gesegnet, welche aber meistens in jungem Alter sterben. Die früher

---

unsren dermaligen Standpunkt (10 Werst Südlich von Kondinsk) fiel der Sonnenaufgang heute auf 9ᵘ 14′ W. Zt., d. h. der Tag dauerte nur 5 St. 32 Min.; die Sonne stieg daselbst in Mittag bis zu 6° 15′. Dahingegen war nun schon der höhern Breite wegen, selbst in dieser Jahreszeit das Dämmerlicht von grofser Hülfe, denn mit Einschlufs der bürgerlichen Dämmerung (oben Seite 541) dauerte heute die erleuchtete Tageszeit 8 St. 11 Min., mit Inbegriff der astromischen aber sogar 11 St. 29 Min. Wiklich waren schon gegen 7ᵘ, als wir nach Bolsche-Atluimsk kamen, die entferntern Ufer des Flusses wie durch Nebel sichtbar, aber mit begränztern Umrissen zeigten sich die Gegenstände erst zwei Stunden später in der Nähe von Kondinsk.

*) Matrem stupres! Matrem tuam stupravit canis, multaque similia quae vulgo impraecationes vere Christianae praedicantur, ut pote liberae ab abusu nominis Dei vel diaboli, alias vulgatissimo Rossis vero infesto.

VIII. Abschnitt. 1828. November. 573

(Seite 566 und 568) erwähnten Augenentzündungen, so wie auch manche im Verfolge zu nennende krankhafte Zustände der Ostjaken scheinen demnach Symptome einer endemischen Seuche, welche durch sehr gleichmäfsige Verbreitung bereits geschwächt und aus manchfach complizirten Ursachen entstanden ist.—

Um 9^u 50' fuhren wir durch eine enge Schlucht aufwärts auf das hohe rechte Ufer des Flusses, und erreichten dort das Kloster Kondinsk welches mit den Wohnhäusern der von ihm abhängigen Russischen Bauern einen bis dicht an den Abhang sich erstreckenden Raum, von etwa 4 Quadratwersten, einnimmt. Im Osten und Norden ist die gelichtete Ebne von herrlicher Zirbel-Waldung begränzt. — Die Klostergebäude selbst sind niedrig, von durchaus einfacher Bauart und nur ausgezeichnet durch eine steinerne Mauer welche sie, nebst einem sich daran schliefsenden Hofraume, umgiebt. Rund herum sind etwa 20 reinliche und gut gebaute Bauerhäuser vertheilt. Wir fuhren zu dem letzten derselben am Nordwest-Ende der Ortschaft, und fanden dort auch im Innern der Zimmer einen erfreulichen Wohlstand, der jedoch dem Reichthum von Jelisárowo (oben Seite 556) bei weitem nicht gleich kommt.

Als erstes Beispiel von gastfeindlichem Benehmen eines Russen, erlebte ich ein kleines Abentheuer zu Kondinsk nicht ohne augenblickliche Betrübung. Der Sosiedátel d. i. Beisitzer des Ortes mochte nach dem Ansehn unsrer Schlitten den Besuch eines Tobolsker Beamten erwartet haben, und mit einem Dienst-Eifer welchen seine zufällige Trunkenheit noch vermehrte, kam er bald in glänzender Uniform, dem vermeinten Obern seine pflichtmäfsige Ergebenheit zu bezeugen. Der Anblick unsrer Ostjakischen Kleidungen, und die ebenso verächtlichen als unverständlichen magnetischen Handarbeiten welche mich eben beschäftigten, brachten ihn gänzlich aufser Fassung. Er erkundigte sich nach unsrer Herkunft und erklärte dann, dafs es den Deutschen Heiden völlig unerlaubt sei dergleichen Zeug in Sibirien zu treiben, er arretire daher die ganze Reisegesellschaft, namentlich aber werde man den Tobolsker Kosacken, als Mitschuldigen an dem Unternehmen, in einen besondern Keller einsperren. — Die Vorzeigung meines Beglaubigungsschreiben sei völlig unnütz, da solches unser Aufzug und Treiben genugsam widerlegen. — Durch einige Entschlossenheit brachten wir jedoch den schwärmenden Trunkenbold bald zur Besinnung. Die gastfreien Bauern verhielten sich durchaus neutral, und wir versprachen daher von unsrer Seite sofort Thätlichkeiten auf die drohenden Redensarten folgen zu lassen. Weit kleinlauter zog sich nun der Angreifende zurück, nachdem er nur noch die Weisung hinterlassen hatte, uns sofort mit Postpferden zu versorgen. Die magnetischen Beobachtungen wurden vollendet, dann aber wirklich, ohne Begehren nach näherer Bekanntschaft mit den übrigen Bewohnern, dem anomalen Orte Lebewohl gesagt.

Wir fuhren wieder auf dem Eise stets nahe an den steilen Hügeln des rechten Ufers. Zwischen den senkrechten Lehmwänden und dem Eise sah man hier stets einen sanft aufsteigenden Strand welcher im Frühjahr und Sommer von der stärkeren Wassermenge überschwemmt wird. Auf diesem lagen Rollsteine wie die von Samárowo, doch hier von weit bedeutenderer Größe, manche derselben vermochten Würfel von 6 Fuſs Seite zu geben. Hier muſste in diesem Jahre nur mit NOwinden Schnee gefallen sein, denn die nach NW. streichende Hügelwand hatte die angränzende Strandebne völlig davor geschützt, und nur Steine und Sand sah man auf dieser. Die erwähnten groſsen Geschiebe lagen, stets mit kleinern beisammen, in länglichen Haufen, welche von dem jetzigen Rande des Eises bis zu dem Fuſse der Hügel sich erstreckten: dann folgte 10 bis 20 Schritt weit, einer breiten Ackerfurche ähnlich, eine niedrigere und durchaus steinfreie Strecke, bis wiederum ein neuer und dem erstern völlig ähnlicher Steinwall sich zeigte. Durch beständige Wiederholung dieser Wechsel erhält hier die Oberfläche des Strandes ein eigenthümlich welliges Ansehn, und schon diese Ordnung der Blöcke beweist, daſs sie nicht aus der steilen Wand des Fluss-thales auf die Strandebne herausgefallen sind, denn unmöglich könnten sie dann so eigenthümlich gehäuft sein, und der Schwere gemäſs würden sie vielmehr nur in den Furchen des Strandes sich gelagert, nicht aber wie hier dessen höchste Punkte eingenommen haben. Auch sah ich nirgends, bei stets darauf gerichteter Aufmerksamkeit, einen Stein höher hinauf aus der steil abgerissnen und durchaus schneefreien Wand hervorragen, und nach einstimmiger Versicherung der befragten Ostjaken, fehlen auch auf der ebnen Oberfläche der Hügel die am Strande so häufigen Blöcke vollständig. — Fragte man sich aber weiter nach der Herkunft der merkwürdigen Felsstücke, so war die Annahme einer Fortschiebung durch jetzige Strömungen, vom Ural oder wohl gar vom Altaï her. längs der gekrümmten Betten der Flüsse, vollständig widerlegt durch die riesige Größe der Blöcke. Unmöglich würden auch, in solchem Falle, die hier gesehnen Steine um 200 Werst weiter fortgerückt sein als die ungleich kleinern bei *Samárowo* (Seite 553). Dachte man hingegen auch hier wie bei den ähnlichen Geschieben in Nord-Deutschland und Kurland (Seite 48), an einen gradlinig erfolgten Ausgang vom nächsten Punkte des Westlich von hier gelegnen Gebirges, so ward, durch die geographische Lage der Gegend, die erwähnte Größen-verschiedenheit völlig erklärt; denn — nach meinen Beobachtungen zu Jelisárowo (Seite 556) und zu Schorkal (November 28. Abends) — liegt der hiesige Punkt um 22 Deutsche Meilen Westlicher, d. h, dem Nördlich oder vielleicht hier sogar schon Nordöstlich streichendem Ural ungleich näher als bei *Samárowo*. — Daſs aber die Geröllblöcke nur im Flussbette und unten am Strande sich finden, ist eine merkwürdige Thatsache. Ebenso wie die Hügel bei Kámuischlow, Tjumèn und Tobolsk (oben Seite 439, 441 und 456) besteht auch hier noch der Abhang von der hohen Ebne gegen den Fluss, nur aus gelbem talkigen Letten, aber die Unterfläche dieser weichen Schicht ruht von *Samárowo* an auf einem mit groben Gebirgstrümmern erfüllten Lager, durch welches das Bette des Obi hindurchgeht. Wohl muſs man annehmen, daſs Westlich von dem hiesigen Meridiane die Steinblöcke dieses Lagers auch an der Oberfläche der dortigen Niederungen sich finden, während sie Östlich vom Flusse durch die mächtigen Lettenschichten völlig verdeckt sind. — In der Breite von Tobolsk giebt es keine Steine, weder in den Uferhügeln noch auch in dem Bette des Irtuisch (oben Seite 471), vielmehr ist dieses gänzlich in der dort noch dickern Schicht weicher Anschwemmungen enthalten. Erst weit Westlich von dem Meridiane des Flusses können auch in jener Breite Geschiebe in den Niederungen sich finden. Es ist daher im Allgemeinen für alle Breitenkreise des Tobolsker

Gouvernements, eine vom Kamme des Ural abwärts und gegen Osten gerichtete Fläche, welche die obere Verbreitungsgränze der Geschiebe bildet. Bei Samárowo und Kondinsk trifft diese Fläche mit dem Niveau des Obi zusammen, während sie in der Breite von Tobolsk schon ungleich Westlicher bis eben so tief sich senkt.*)

Um $12^u 40'$ und 16 Werst von Kondinsk erreichten wir einen Haufen ärmlicher Jurten welche sie die Isátskischen nannten. Wieder sah ich hier die kleinen Blockhäuser zur Verwahrung von Lebensmitteln gegen den Angriff der Hunde; auch hier ruhen sie auf vier Pfählen über dem Erdboden erhöht und sind nur durch schräg angelehnte Baumstämme zugänglich. Diese Ortschaft liegt an einer waldlosen und dürren Stelle hart am Rande der hohen Ebne und am rechten Ufer des Östlichsten Obiarmes. Ihre Jurten sind zahlreich bewohnt, aber Fischfang ist hier das einzige Geschäft. Die Bewohner sagten uns, dafs sie die Russische Winterfischerei mit Angeln nicht verständen anstatt dessen aber auf dem Eise der Fischkörbe (Russisch: mórdi, December 4 und 6.) sich bedienten. Aus Nalùim-Haut genähte Kleidungen sah man ausschliefslich im Gebrauch; alle waren stark mit Fischfett getränkt und gaben den Leuten einen widerlichen Geruch und ein unreinliches Ansehn. Dafs sie aber anderweitig auf Zierlichkeit halten, bewiefs der Hauptschmuck der meisten Männer, welche ihr langes und pechschwarzes Haar in einen Zopf gesammelt, mit breiten Bändern durchflochten und an den Enden mit Glasperlen versehen hatten. Viele befolgten diese Sitte obgleich bei ihnen, durch eine lepröse Krankheit, das Haupthaar stellenweise ausgefallen war. Nur einige und unter andern ein 14jähriger Knabe waren bereits völlig kahl und die Kopfhaut war bei ihnen mit Aussatz bedeckt. Trotz dieser Symptome einer endemischen Seuche waren die Männer hier von schlankem Körperbau und hatten sämmtlich mehr als mittlere Gröfse.

Durchaus verschieden sind die Lage und Bewohner von Aléschkini Jurtui (10 Werst von Isàtskie) welche wir nach

---

*) Auf dem III. Blatte der beigefügten Karte ist diese Verbreitungsgränze der Geschiebe angedeutet.

einstündiger Fahrt auf glattem Eise der Westlichen Flusshälfte erreichten. Drei Hütten liegen am Ausgange einer Schlucht welche sich von dem rechten Ufer dieses Obi-armes sanft aufwärts auf die bewaldete Insel erhebt. Laubgesträuch steht zunächst an den Häusern, und hohes Nadelholz auf den Hügeln welche die anmuthige Schlucht umgeben. Hier waren die Männer alle gesund und mit guten Rennthierpelzen bekleidet. Dafs sie die vortheilhafte Lage ihres Wohnortes zu Jagd-unternehmungen benutzen, bewies die Haut eines sehr grofsen schwarzbraunen Bären, welche auf dem Dache einer Jurte an senkrechten Stangen zum Trocknen aufgehängt war. Man hatte das Thier vor wenigen Tagen in der nahgelegnen Waldung, und gegen die gewöhnliche Regel, noch wachend getroffen. —

Die Ostjaken boten uns hier auffallend klares Trinkwasser, und auf die Frage nach dessen Ursprung führten sie uns zu einer starken Quelle welche, man in der tief verschneiten Landschaft kaum vermuthet hätte. Über dicken Schnee gingen wir von den Häusern etwa 50 Schritt aufwärts, längs der Sohle des kleinen Thales. Dort lag eine 5 Fufs breite Eisdecke welche man an einer Stelle durchhauen hatte, um von unten her aus dem Loche fliessendes Wasser zu schöpfen. Ein dichtes Gehölz von jungen Elsen (Alni species, Russisch: oljcha) bezeichnete weiter aufwärts den Lauf der Quelle. Wir folgten ihm etwa 20 Schritt weiter, wo eine zweite Schöpfstelle bereitet war. Hier dicht am Ursprung der Quelle war die Eisdecke ungleich dünner. Ich durchstiefs sie dicht unterhalb des Loches an mehrern Stellen, und fand Wasser welches mit lautem Gemurmel in einem engen Kanale flofs. Aus glattem Eise waren die Seitenwände dieser Röhre so dicht und regelmäfsig wie aus Gemäuer gebildet. Nur die Unterseite der obern Decke zeigte überall sehr auffallende Hervorragungen, welche wie Stalaktiten senkrecht hinabreichten. *) — Die Lufttemperatur war jetzt — 6°,0 R., die Wärme der Quelle aber fand ich, sowohl in dem offnen Schöpfloche als auch an verschiednen Stellen

---

*) Dafs das Krystallisiren der Dämpfe von dem warmen Quellwasser diese Erscheinung bewirke, habe ich später bei ähnlichen Örtlichkeiten sehr bestimmt gesehen (1829 Januar 23 und 28, 1829 April 2.). Auch hier mögen die Hervorragungen ursprünglich

der aufgebrochnen Röhre, zu $+\ 0°,05$ R. Uumittelbar beim Austritt aus der Erde mag die Temperatur dieses Wassers noch um etwas höher sein, als an den erreichbaren Stellen wo es einen Theil seiner Wärme abgiebt an die von aussen unablässig wiederum erkälteten Eiswände. Ohne Zweifel wird übrigens das Entstehen dieser reichhaltigen Quelle begünstigt durch das Geschiebebette unter den Hügelwänden, welche auch auf der Insel aus feinem und von Wasser durchdringbaren Letten bestehen. — Unterhalb der Jurten gegen das Flussufer war von dem Quelllaufe keine Spur, wohl aber mag ein Theil desselben unter dicker Schneedecke auch dort noch sich hindurchwinden. — Einstimmig versicherten die Jurten-bewohner, dafs auch bei strengster Winterkälte jene Schöpfstellen niemals gefroren seien. —

Sehr auffallend war das Erschrecken meines gutmüthigen Führers, als ich zufällig mit den nach aussen behaarten Pelzstiefeln in das Quellwasser trat; als unerläfsliche Vorsicht in solchem Falle lehrte er, den Stiefel sogleich in kalten Schnee zu stecken, und ehe es bis zum Fufse durchdringe, das anhangende Wasser durch Gefrierung abzutrocknen. Eine gleiche Furcht vor Durchnässung der Fufsbekleidung bemerkte ich stets sowohl früher und auch in der Folge bei den sonst eben nicht verzärtelten Ostjaken. So oft die Männer in eine Jurte treten, verweilen sie auf der Schwelle, und ehe sie dem Feuer sich nähern, sieht man sie dort, entweder mit einem Holzstabe oder mit dem am Leibgurt hangenden Messer, den Schnee von den Stiefeln klopfen und schaben. Vorzügliche Sorgfalt braucht man bei den wie die meinigen aus Rennthierfell genähten Stiefeln (unten December 3.) um die Flocken vollständig zu entfernen welche in den Nähten und zwischen den Haaren des Felles angefroren sind.

Bei starkem Trabe unsrer Pferde fuhren wir vier Stunden von Aléschkinui Jurtui bis Schórkalskji pogòst, einem sehr ansehnlichen Kirchdorfe welches, ebenso wie mehrere der früher am Irtùisch gesehnen Niederlassungen, von Russischen und

---

kantig gewesen und erst nachher rundlich abgenagt worden sein, als das warme Wasser durch Gefrieren der Seitenwände immermehr eingeengt wurde, und dann nach oben bis zur Berührung mit der Eis- und Schnee-decke sich erhob.

Ostjakischen Familien gleichzeitig bewohnt wird. Bei völlig
heiterm Himmel gelang hier eine vollständige geographische Beobachtung in der Mitte der Ortschaft und zunächst an der kleinen
hölzernen Kirche, durch welche Schórkal weit in der Umgegend
berühmt ist. Die übliche freigebige Bewirthung und sehr lehrreiche Unterhaltung fanden wir sodann bei der Russischen Familie
Nowízkji, deren junger Hausherr uns erzählte, daſs seine Vorfahren aus Klein-Russland abstammten und daſs er, ihrer Verdienste wegen, zu der eximirten Klasse der Soldaten-
Kinder (*soldátskie djéti*) gerechnet werde. Namentlich hier
in *Sibirien* wird das Andenken an dergleichen Abkunft viele
Generationen hindurch bewahrt, weil die an sich äuſserst geringen
Vortheile derselben dennoch den vorzüglichsten landesüblichen
Adel ausmachen. Von den erfolgreichen Bestrebungen der Promúischleniks hatte man ein wahrhaftes Musterbild in dem wohlhabenden Hausstande dieser Familie, denn die zahlreichen Mitglieder derselben wirken vereint zum Unterhalt des verbündeten
Ganzen und treiben gleichzeitig Ackerbau, Fischfang, Jagd und
Handels-unternehmungen, sodann aber Pferde- und Hunde-zucht
als Mittel zu den kleinern und gröſsern Reisen, welche hier ein
jedes dieser Gewerbe erfordert. Neben seiner Muttersprache versteht ein jedes Mitglied der Familie auch die Ostjakische, dennoch aber versicherten die Hausfrauen, daſs ihnen ihre Männer
in dieser Kenntniſs noch bei weitem überlegen seien. Wirklich
war dieses bemerkbar als am Abend Ostjakische Nachbarn
unsre Russischen Wirthe besuchten. Hier erwies man diesen
Ankömmlingen alle Höflichkeiten, mit denen Russische Bauern
Gäste ihres eignen Stammes und Standes zu empfangen pflegen.
Die Abkömmlinge der Eroberer und der Besiegten achten und
unterstützen sich bei gegenseitigem Verkehr, und doch beharrt ein
jeder derselben in seiner Familie ungestört bei den Sitten seiner
Vorältern. Das Hausgeräth unsres Wirthes konnte mit dem eines
Tobolsker Bürger verglichen werden, denn in den überaus reinlichen Zimmern sah man mancherlei Tische und hölzerne Stühle,
ja einige Schränke (*skápi*) in denen ein *Samawar*, mehrere
zinnerne Teller (olowénnaja po*s*úda, von ólowo, Zinn),
Kleidungsstücke aus gewebten Stoffen und manche ähnliche

Europäische Erbstücke sich befanden. Alles dieses und ebenso das Marienbild an der Wand des Gastzimmers, welches man auch hier wiederum im Verhältnifs zum Reichthum der Familie ausgestattet sah, sind in den Ostjakischen Jurten unerhörte Erscheinungen geblieben. In diesen sieht man Nördlich von Suchorákowsk nicht einmal mehr die nach Wogulischer Sitte eingemauerten Kessel, sondern nur ein weit kleineres eisernes Gefäfs, welches aus der Rauchröhre des Tschubal herabhangend, das einzige Kochgeschirr ausmacht. Dann steht noch etwa in den reichsten Jurten ein verschliefsbarer und mit Eisen beschlagner Kasten (larez), ebenfalls ein Industrieprodukt der Uralischen Russen, in welchem die Ostjaken mehr gegen eigne Handelsbegierde als gegen fremde Angriffe das zum Jasak bestimmte Pelzwerk bewahren. Für alle übrigen Theile des Ostjakischen Hausraths ist es stets leicht, in der nächsten Umgegend die Quelle des kaum veränderten Materials zu erkennen. —

Nach zweistündigem Arbeiten im Freien erquickte uns eine wärmende Mahlzeit. Auf die treffliche Fischbrühe (uchà) folgte gekochtes Störfleisch und dann mancherlei Rogen als Nachtisch. Dazu aber gab es Salz, Brod und Kwas, welche hier als echt Europäisch den Stolz einer Russischen Hausfrau bedingen. — Die Gespräche unsrer redseligen Wirthe erregten lebhaftes Interesse, und wenn ich auch für sie als vergleichenden Mafsstab aus den letzten Tagen nur die Erinnerung an höchst prägnante Unterhaltungen mit den Ostjaken besafs, so hätte doch wohl ein Jeder auch unter anderm Verhältnisse an dem treffenden Urtheile und der kräftigen Resignation sich erfreut, welche die Wechsel von bewegtem zu einsamem und abgeschlofsnem Leben dem Russischen Promuischlenik in hohem Grade verleihen. Bei den Erzählungen von seinen Jagd- und Handelsunternehmungen brauchte auch Nowízkji häufig den Ausdruck Kasuimskie Ostjaki, welchen ich nun schon seit Kewaschinsk (Seite 564) in allen Jurten zur Bezeichnung eines von dort entfernt wohnenden und durch Glück und Reichthum ausgezeichneten Ostjaken-stammes üblich gefunden hatte. Auch hier hiefs es, dafs jene reichen Männer alljährlich auf Rennthierschlitten zum Besuche hierher kommen, während man aber bisher bei der Frage nach deren Wohnsitze stets und äußerst bestimmt nach Osten gedeutet hatte, so behaupteten nun die Russen daß die eigentlichen Kasuimsker, Nördlich von Schorkal wohnen, ja es kam nun darauf hinaus, daß man sogar die zwischen Beresow und Obdorsk längs des Flusses verkehrenden Rennthier-Ostjaken (olénie Ostjaki) unter jene weite Kategorie zu begreifen pflege. Von dem Wechsel, dem ethnographische Benennungen sogar an ihrem Ursprungsorte unterliegen, erhält man hier wiederum ein merkwürdiges Beispiel, denn bekannt ist aus den Sibirischen Annalen des 17ten Jahrhunderts, daß Ostjaken welche zwischen der Breite von Samárowo und Kewaschinsk, aber 159 Deutsche Meilen (22 Längengrade) Östlich von dort lebten, zuerst unter dem Namen Kas-Suimskie Ostjaki angeführt und berühmt worden sind; der Name bedeutete damals die Anwohner von Kas und Suim, zweier Flüsse welche nahe bei einander und in der angedeuteten Breite sich von Westen her in den Jenisèi ergiessen. Unsre Freunde von Kewaschinsk (oben Seite 564) sind daher am treusten bei dem ursprünglichen Sprachgebrauch verblieben, indem sie das vortreffliche Schießgewehr, welches nur Östliche Nachbarn ihnen bringen, mit dem Namen Kasuimskischer Bogen bezeichnen. Je weiter man aber nach Norden kommt desto schwankender findet man den Werth des Ausdruckes, ja bei den Russen ist es endlich so weit gekommen, daß sie, zur Fixirung der Begriffe, dicht bei Beresow einen Distrikt und Fluss den Kosuimskischen oder nach der auch hier herrschenden Moskowitischen Aussprache des o, den Kasuimskischen genannt haben. So liegen nun die stets verwechselten Centralpunkte der Benennungen um 170 D. Meilen von einander entfernt.

Zwischen 11 Uhr Abends und dem folgenden Sonnenaufgang fuhren wir Nördlich von Schorkal, auf dem Eise des zweiten der von Westen gegen Osten gezählten vier Arme des Obi. Auf der Westlichsten der von ihnen gebildeten drei Inseln liegen einige vereinzelte Jurten, sodann aber die Ostjakische Niederlassung Tschemáchewsk, sämmtlich um mehrere Werst von dem linken Ufer des genannten Stromzweiges entfernt. Wir gelangten zu ihnen durch trockne und eisfreie Schluchten, welche aber ohne Zweifel im Frühjahr mit Wasser sich füllen.

[November 29.] Mit der gewöhnlichen Lebhaftigkeit der Stimme verhandelten die Ostjaken von Tschemáchewsk über die Beförderung unsrer zwei Schlitten. Es schienen wohl zwanzig Bewohner der Jurten welche sehr eifrig an der ungewohnten Anspannung arbeiteten, dennoch aber dauerte es länger als eine Stunde, bis 5 Pferde und 3 Männer reisefertig wurden.

Seltsam überraschte der Anblick unsrer Karawane als es Tag zu werden begann, denn noch nirgends war das Äußere der Ostjaken so mannichfach und fremdartig als bei unsren jetzigen Begleitern. Einer der Reiter mit lang geflochtnem Zopfe hatte nur ein dünnes Russisches Tuch um den Kopf gebunden, dazu trug er das weiße Sommerhemde (Seite 548) welches ihn einem Weibe noch täuschender ähnlich machte. Ein andrer in Rennthierfellen hatte die Kappe seiner Kleidung (Seite 536) zurückgeschlagen und die langen schwarzen Haare des Hinterhauptes aufgelöst, so daß sie bei schnellstem Galopp hoch auf- und zurück-flogen und an Furien erinnerten. Wiederum litten alle an Opthalmie (Seite 566) dafür aber war hier von Kopfausschlag keine Spur.

Morgens um $10^u\ 40'$ erreichten wir die Kunduwansker Jurten, bei denen während zweistündigen Aufenthaltes die letzte magnetische Beobachtung auf dem Wege nach Beresow angestellt wurde. Noch immer erkannte man neue und unbeachtete Beziehungen in der Ökonomie der Jurten, denn selbst unter diesem genügsamen Volke lernt man die Kunst zu leben weit leichter nachahmend ausüben als verstehen. Von dem etwa 30 Fuß breiten quadratischen Innern der Jurte, war hier wiederum, längs jeder Wand, nur ein 6 Fuß breiter Raum zu Schlafstätten und eigentlichen Wohnungen bestimmt. Dieser war gegen die Mitte durch niedrige Bretter, seitlich aber durch höhere Wände in fünf Abschläge getheilt. Eben wie auf Europäischen Schiffen die einzelnen Kojen einen gemeinsamen Versammlungsraum umgeben, so ist auch hier jeder Theil der Familie in Besitz eines eignen Bezirkes. Die Rennthierkleider eines Jeden und auch einige unverarbeitete Felle lagen ausgebreitet am Boden seines Abschlages und gewährten ein weiches und einladendes Lager.

Auffallend war ein ältliches Weib welche wiederum mit gänzlich verhülltem Kopfe in dem Winkel ihrer Schlafstätte saß, dabei aber sehr ämsig, mit Fäden aus trocknen und gespaltnen Rennthiersehnen, an einem Pelzkleide nähte. Sie versicherte Nacht und Tag seien ihr gleich, denn sie leite die Nadel nur durch Gefühl, zum Einfädeln aber helfe ihr die Zunge. Wirklich bewies sie das Gesagte durch die That. Übrigens verlor sie nur wenig durch die sonderbare Sitte des Verschleierns, denn durch Augenentzündung war sie halb verblindet, auch brannte jetzt kein Feuer im Tschubàl, von dem Eisfenster aber (Seite 567) gelangte kaum einiges Licht in den ihr angewiesenen Winkel.

Trotz zweckmäfsiger Anlage Ostjakischer Kamine ereignen sich Winterstürme, bei denen sie ihre Wirkung versagen, und um so mehr ist es unerläfslich nach beendeter Feuerung die Rauchröhre des Tschubàl gegen Wind und Schnee verschliefsen zu können, um dann in den Abschlägen unter Pelzen zu ruhen und von der früher gesammelten Wärme zu leben. Dennoch achtete ich erst hier auf eine allgemein übliche und diesem Zwecke völlig entsprechende Vorrichtung. Der feste Ballen welcher in lehmigem Erdreich an die Wurzelkrone eines jüngeren Baumes sich ansetzt, wird von den Ostjaken zugleich mit dem Stamme ausgegraben. Dann verkürzen sie den letzteren bis auf eine Länge von 8 Fufs und formen die anhangende Lehmmasse cylindrisch und so, dafs sie das engere Ober-ende der Rauchröhre genau erfüllt, wenn man sie von innen in die Feuerstätte hinaufschiebt.

Als wichtigstes Jagdgeräth zeigten uns die Kunduwansker Ostjaken eine gegen Hermeline gebrauchte Falle, deren Hauptprinzip schon durch die dafür üblichen Benennungen angedeutet wird, denn die Sibirischen Russen nennen sie *samostrjélnoiluk*, d. i. den selbstschiefsenden Bogen, die Ostjaken aber *jugel* d. h. Bogen. *) Figur 6 und 7 zeigen diese Vorrichtung zuerst abgespannt, und dann zur Endwirkung vorbereitet. Der Bogen (AC) ist in vester Verbindung mit dem spadenförmig gestalteten Brette (fg), in dessen breiterem Ende (g) ein kreisrunder Queerschnitt (Fig. 7) den Hals des zu fangenden Thieres

---

*) Jugel ist im Ostjakischen der Name jedes Bogens; den als Waffe und nicht als Falle gebrauchten nennt man zum Unterschiede jusch jugel d. i. Hand-Bogen.

aufzunehmen bestimmt ist. Ein ähnlich gestaltetes aber mit kürzerem Stiele versehnes Brett (hi) liegt flach auf dem erstern (fg); durch ein Loch am Ober-ende seines Stieles (bei h) ist die Bogensehne geführt, so dafs in der Ruhestellung (Fig. 6) die Fangöffnung (in g) durch den davor ruhenden Schieber (i) verschlossen, nach Anspannung der Sehne aber (Fig. 7) erstere geöffnet, jedoch durch die Elasticität des Bogens stets bedroht ist, mittels des Pfeil-artig herabgeschnellten Schiebers (hi) gewaltsam verschlossen zu werden. *)

Mittels zweier sehr sinnreich auf einander wirkenden Stellhölzer (ab und cd) wird die gespannte Falle in beweglichstem Gleichgewichte gehalten. Das erstere (ab) ist ein ungleicharmiger Winkelhebel — dessen Umdrehungspunkt, näher an a als an b gelegen, durch eine kurze und starke Schnur mit dem Ober-ende (f) des unbeweglichen Theiles der Falle verbunden ist. Das hakenförmig gestaltete Ende (a) wird nun von unten her gegen die Mitte der gespannten, Sehne dicht neben den Schieberpfeil, gestemmt, während der aufwärts und nach vorne gerichtete Endpunkt des Winkelhebels (b) durch eine dünne Schnur mit dem Unter-ende (d) des zweiten Stellholzes (cd) zusammenhängt. Dieses wird dann so gestellt, dafs es einen senkrechten Durchmesser der Fangöffnung bildet, und zwischen dem Schieber (i) und dem etwas erhabnen Unter-ende des Hauptbrettes (g) geklemmt ist: dabei spannt sich die Verbindungsschnur (bc) und mittels ihrer strebt der durch die Bogensehne bethätigte Winkelhebel (ab) das 2te Stellholz (cd) an seinem Unter-ende (d) nach vorne aus seiner Ruhelage zu bewegen. Um den Bogen losschlagen zu machen und die Fangöffnung zu schliefsen, braucht daher nur ein leiser Anstofs senkrecht gegen die Ebne der Falle, und von deren Hinterseite her, auf das untere Stellholz (cd) zu wirken. Man stellt die aufgestellte Vorrichtung entweder mit ihrer Rückseite gegen den Ausgang eines Schlupfwinkels welchen die Hermeline zwischen Baumwurzeln oder in verlassnen Mäuse-

---

*) Drei hervorspringende Latten laufen längs der zwei senkrecht stehenden und längs der untern Kante von g, und begränzen dadurch sowohl seitlich als nach unten die Bewegung des würgenden Schieber-pfeiles (hi).

löchern wählen, oder lehnt die Vorderseite gegen einen Schneehaufen, auf welchem sich einige Lockspeise befindet. In beiden Fällen strebt das Thier von hinten her durch die Fangöffnung zu dringen.

Unter den Zughunden zu Kunduwansk herrschte wiederum eine sehr vollkommne Gleichheit des Äufsern. Sowohl hier als auch in den bisher gesehnen Jurten beschränkte sich deren Färbung auf Schwarz und Weifs welche fleckig und, allgemein zu reden, in sehr verschiednem Verhältnifs, jedoch bei den zu einerlei Ortschaft gehörigen Individuen stets höchst ähnlich, vertheilt sind. Hier hatten alle erwachsnen Hunde einen schwarzen Nackenflecken auf weifsem Grunde. Gröfse und Gestaltung waren ebenso wie früher erwähnt worden (Seite 560), aber unsre Wirthe sagten, dafs der bei ihnen herrschende Stamm wegen Stärke und Gelehrigkeit unter den Nachbarn berühmt sei; denn vor dem Schlitten und auf der Jagd sei jeder ihrer Hunde gleich geschickt. Der Zuruf púir pùir hat eine doppelte Bedeutung, denn ebenso wie zum Anlauf bei der Fahrt treibt er die Hunde während der Jagd auch zum Suchen und Hetzen. Der Jäger auf dem Schlitten bedient sich der Lenkworte selten und nur um das Fuhrwerk auf gefahrloser Bahn zu erhalten; im Übrigen überläfst er sich der Klugheit seines Zugviehs welches, durch das Hetzwort ermuntert, ihn zuverlässig auf die Fährte des Wildes geleitet.

Trotz ihrer treuen und wichtigen Dienste erfahren die Zughunde von ihren Herren in mancher Beziehung eine sehr unfreundliche Begegnung. Namentlich sah ich die Ostjaken sich stets auffallend zornig geberden, sobald einer der Hunde durch die zufällig geöffnete Thüre in die Jurte sich einschlich, sogleich wurde er wie ein Raubthier von allen Umstehenden durch Schläge und Stöfse vertrieben. Zugleich aber hört man dann die Frauen ängstlich aufschreien, und durch den eigenthümlich dünnen Diskantton ihrer Stimme wurde ich oft täuschend an ähnliche Ausbrüche eingebildeten oder übertriebnen Widerwillens bei krankhaften Europäerinnen erinnert. Diese Vergleichung ist aber unpassend, denn sehr gegründetes Entsetzen äufsert sich bei den Ostjakinnen genau auf dieselbe Weise, und auch in dem gegenwärtigen Falle fürchten sie mit Recht beim unerwarteten Eintreten eines

Hundes, dafs sein Heifshunger und seine diebische Gewandtheit einen drückenden Mangel in ihrem Haushalte veranlasse. Ein hölzerner Trog steht auf dem Fufsboden in einem Winkel der Jurte als gemeinschaftliches Essgeschirr, und enthält schon am Morgen die für den ganzen Tag und für alle Bewohner bestimmte Mahlzeit; denn meistens kocht man nur einmal im Tage, oft aber auch gleichzeitig den ganzen Ertrag eines ergiebigen Fischfanges, und gründet dann auf den Ess-Trog die Hoffnung für längere Zeit. Nur wenn die Hunde ermüdet und erhitzt von einer Schlittenfahrt zurückkommen, sah ich sie in die Jurte bringen und in der Nähe des Feuers ausruhen, bis man ihnen in dem gemeinschaftlichen Troge eine knappe Fischmahlzeit vorsetzte.

Eine gänzliche Ausnahme macht man jedoch mit den noch jungen Hunden, welche ich hier zu Kunduwansk und an andern Orten stets in dem warmen Hause antraf und daselbst von den Frauen höchst sorgfältig und zärtlich behandeln sah. In den Abschlägen am Fufs-ende der Lagerstätte waren sie angebunden, und werden dort reichlich genährt. Auch sie sind nur weifs und schwarz wie die Alten, aber die Vertheilung der Farben ist noch nicht so regelmäfsig wie bei diesen, auch unterscheiden sie sich auffallend von ihnen durch ungleich längere Behaarung. Man läfst nicht alle diese Jungen zu Zughunden erwachsen, sondern zeigte uns mehrere welche zum Schlachten bestimmt waren, damit ihr schönes und langhaariges Fell zur Verbrämung der Pelzkleider diene.

Von Kunduwansk fuhren wir während drei Stunden auf dem Eise und erreichten nach Sonnenuntergang *) die Protóschnie júrtui, deren Name an die auffallende Theilung des Obi erinnert (von prótok Seite 542). Man spricht hier nur von den zwei Westlichern Armen des Stromes, und bezeichnet diese durch máloi und bolschòi Obj, d. i. den kleinen und grofsen Obi. Vorzüglich von dem erstgenannten und Westlichsten derselben haben die Ostjaken bemerkt, dafs er einen starken Angriff auf sein rechtes Ufer ausübt, und dadurch sein Bette beständig gegen Osten hin fortschiebt. Einer derselben erzählte mir

---

*) Die Sonne ging hier am heutigen Tage um 2^u 30′ W. Z t. unter.

dafs er, während seines 30jährigen Lebens, diesen Flusszweig um drei Werst in der genannten Richtung habe fortschreiten sehen. Dem Gesammtabhange des Landes folgend, scheinen also hier die getrennten Arme wiederum zur Vereinigung zu streben.

Man rechnet noch 75 Werst von Protóschnie júrtui bis Beresow, dennoch wurde während der nächtlichen Fahrt kein Wohnort zwischen beiden berührt, und bei gespannter Erwartung auf das erste Ziel unsrer Reise, schien dieser Weg ungewöhnlich lang. An den Pferden lag es nicht, denn diese waren auch heute noch sehr wohlgenährt und kräftig. Unsre Führer erzählten uns wieder, dafs sie das Heu von den Beresower Russen erkaufen. — Hier so wie früher fragte ich oft, warum man noch keine Rennthiere halte, doch stets hiefs es, es fehle an Moos, welches nur jenseits Beresow: po goràm, d. h. auf den Bergen sich finde. Dennoch sagte man von den Kasuimskern (Seite 580) welche hier mit Bestimmtheit an den gleichnamigen Fluss, Östlich und nicht weit von der Stadt, verlegt wurden, dafs sie reiche Rennthierheerden anstatt der Pferde besitzen. Da nun sowohl dort als auch an vielen der später gesehnen Weideplätze nur Hügel nicht aber Berge sich finden, und die Örtlichkeiten von den hiesigen kaum merklich verschieden sind, so scheint kein Zweifel, dafs am Obi auch noch Südlich von Beresow Rennthierzucht gelingen könnte; aber mit ausschliefslichem Fischerhandwerk ist sie nicht verträglich und hier nur defshalb der Hundezucht schon frühzeitig gewichen.

Gegen die Mitte der Station fragte ich einen unsrer Ostjakischen Begleiter, ob er wisse wie spät es sei, und sehr richtig ward geantwortet, es sei spät am Abend, jedoch Mitternacht noch nicht völlig heran. Von dem Sternbilde des grofsen Bären welches er los, d. i. Elenthier, nannte, versicherte er, diese Kunde zu entnehmen.

Die zeitbestimmende Wahrnehmung besteht auch hier darin, dafs um die Herbstnachtgleiche bei Sonnenuntergang der Kopf des als Thier gedachten Sternbildes am tiefsten unter dessen Schwanze, aber um Mitternacht in derselben Jahreszeit beide in einerlei Höhe und das Thier auf dem Rücken liegen, während endlich, am genannten Tage, bei Sonnenaufgang der Kopf am höchsten über dem Schwanze sich befindet. Uns Europäern würde aber dergleichen Uhr höchst unbequem erscheinen, weil der Werth ihrer Sprache mit der Jahreszeit sich ändert und umkehrt, ja an die Stelle der Ostjaken uns denkend, müssen wir ihnen eine nicht geringe Gewandtheit zuerkennen, wenn wir sie z. B. am heutigen Tage sich richtig erinnern sehen, dafs das Herbstliche Mitternachtszeichen nunmehr einem zwischen der 7ten und 8ten Nachtstunde liegenden Momente zukommt, während das Phänomen für die 6te Morgenstunde der Herbstzeit, heute auf $1\frac{1}{2}$ Uhr Morgens zu deuten ist. Auch hier haben also die Menschen durch beständige Übung eine unerwartete Geläufigkeit in Urtheilen erlangt die nicht mehr zu den direktesten gehören: denn die Ostjaken sehen nicht nach der Uhr, ohne zuvor die Zahl der seit der Herbstnachtgleiche verflossnen Monate zu überschlagen und ohne dann zur unmittelbar abgelesnen Angabe so viele Zwölftel-Tage zu addiren, als Einheiten in jener Zahl enthalten sind.

Immer breiter wurde die Eisebne des Westlichsten Flussarmes; die Luft war äufserst feucht und ihre Temperatur — 6° R. Die ungewöhnlich einförmige Nachtfahrt ermüdete bis zum Einschlafen, grade als wir, ohne es zu wissen, bereits sehr nah an das lange erwartete Ziel gelangt waren.

[November 30.] Ich erwachte erst um 1 Uhr Morgens als unsre Schlitten bereits in Beresow vor der hohen Treppe eines Russisch gebauten Holzhauses hielten.

Hier traten wieder Vorbereitungen zu einem längern Aufenthalt an die Stelle des zur Gewohnheit gewordnen Verlangens nach frischen Pferden. Man entlud die Schlitten und dann entschädigte sich Jeder nach Russischer Sitte für frühern Wärmemangel durch ein Nachtlager in übermäfsig geheiztem Zimmer.

Mit einigen Bewohnern von Beresow wurden wir früher bekannt als mit Lage und Beschaffenheit des Ortes, denn der Gorodnítschij oder Stadthauptmann und nach ihm fünf bis sechs andre tschinówniki oder uniformirte Beamte kamen uns zu bewillkommnen noch ehe es Tag geworden. — Hier erinnerte Nichts an das Abenteuer von Kondinsk (Seite 573). Nach Russischem Brauche wollte man nur fragen, ob die Fahrt glücklich vollendet (choroschò li wui jésdili? d. i. seid ihr gut gefahren?), nicht aber zu welchem Zwecke sie unternommen sei. — In der jetzigen Jahreszeit gehören hier Gäste von Tobolsk zu den seltensten Erscheinungen. Kaufleute reisen bisweilen über Beresow gegen Norden, aber erst in spätern Wintermonaten, um im Februar zu Obdorsk mit den Samojeden zu handeln.

Gegen Westen von dem Westlichsten Protoke des Obi entfernt, liegt die Stadt am linken hohen Ufer der *So*swa, welcher sich nach NNOlichem Laufe 20 Werst weiter abwärts mit jenem Arme des Hauptstromes vereinigt. Ein andres von SW. kommendes Wasser, die Wogulka, mündet drei Werst vor der Stadt in das linke Ufer der *So*swa: bis dahin aber haben das rechte Ufer jenes kleineren und das linke des gröfseren Flusses eine parallele Richtung. Sie begränzen eine hügliche Landspitze auf welcher die meisten der Beresower Gebäude sich befinden. Nur einzelne liegen noch jenseits der Wogulka und man gelangt zu ihnen auf hölzernen Stegen, welche niedrige Stellen der beiden Ufer dieses Flüsschens verbinden.

Bei dem ersten Gange durch die Stadt gewährte das Ganze wohl den Eindruck, den man von den letzten Menschenwohnungen erwartet. Nach meiner Bestimmung der geographischen Lage des Ortes sollte die Sonne um 9^u 39′ W. Zt. aufgehen und um Mittag bis zu 4° 18′ aufsteigen, aber bei einförmiger Bewölkung war der Tag von der Dämmerung nicht geschieden. Es herrschte die Beleuchtung jenes *súmratschnui dèn* oder halb-dunkeln Tages, welchem ein Russischer Dichter mit Recht wahrhaft magischen Reiz für das Herz jedes Nordländers zuschreibt, und von dem er behauptet, auch in Neapel werde ihn der Samojede als ein verlornes Gut vermissen. — Die Balkenwohnungen sind sorgfältig und aus den mächtigsten Stämmen gezimmert, meist mit hohen Treppen versehen und durch Bretterwände mit den niedrigern Badehäusern (bánji) und Vorrathskammern zu Gehöften vereinigt. Freie Räume liegen oft zwischen den abgegränzten Bezirken, aber dennoch sind sie zu Strafsen gereiht, welche theils gegen Norden gerichtet auf der zur Wogulka geneigten Ebne sich allmälig verlieren, theils nach Osten bis an den 80 Fufs hohen Thalrand der *So*swa sich erstrecken. Noch jetzt führt dieser Fluss mit Recht seinen Namen (*sos*wa und *sos*na, Fichte), denn an den beschneiten Abhängen seiner Uferhügel erhebt sich 40 bis 60 Fufs hoch eine herrliche Waldung. Aber jenseits des Flusses sieht man bis zum Horizont eine ununterbrochne Ebene von Schnee und Eis, auf welcher im Frühjahr die Wasser der *Sos*wa mit denen des Westlichen Obiarmes sich vereinigen und einen 50 Werst breiten Raum überschwemmen. — Lautlose Öde herrschte in den halb-dunkeln Strafsen, nur Rauchsäulen aus den Schornsteinen zeigten noch von Belebung; dann kamen von Süden einige Ostjaken auf niedrigen Hundeschlitten, die sich aber stets von der Mitte der Stadt zu den Westlichern Häusern der Kosacken wandten. —

Mit Unrecht würde man aber, durch dieses nächtlich öde Ansehn der Beresower Strafse verleitet, auch von dem Innern der verschneiten Häuser Ähnliches erwarten: denn anstatt des vermeinten Winterschlafs entdeckt man dort bald eine regsame Gewandtheit und wahre Freude am Leben. — Nach alter Russischer Sitte fiel hier die Sorge für die Fremden nicht auf eine einzelne Familie, sondern unablässig während fünftägigen Aufenthaltes führte man uns nach der Reihe in verschiedne Häuser zu Gaste (pogostìtj). Dabei gestaltete sich im Laufe des Tages der gesellig nomadisirende Kreis immer zahlreicher und mannichfacher, weil jeder vorige Wirth sich ihm anschlofs, bis zuletzt die po*s*edjénki oder abendlichen Sitzungen der Männer sich bis spät in die Winternacht verlängerten. — Man hätte Jahre lang ohne Sehnsucht nach Besserm bei diesem gesprächigen Leben verbleiben mögen, denn die wichtigsten Erfahrungen vieler Generationen bilden hier einen noch zu hebenden Schatz, und die Menschen welche ihn gesammelt hatten und mittheilten, schienen ungewöhnlich begabt. Noch nirgends hatte ich bei den Inheimischen eine so auffallende und erfreuliche Theilnahme an den Zwecken unsrer Reise gefunden, und nur weil hier Viele aus instinktem Antriebe sich wissenschaftliche Fragen gestellt haben, wurden ausser den geographischen und magnetischen Messungen zu Beresow auch über das Klima der merkwürdigen Gegend, so wie über die ihr ursprünglich angehörenden Thiere und Menschen, manche längst erwünschte Aufschlüsse gewonnen.

Mancherlei günstige Umstände trafen zusammen, um den Beresowern diese erfreuliche Bildung zu verleihen. Die Nothwendigkeit eines unablässigen und praktischen Kampfes mit der
Natur hat hier, so wie in allen entlegneren Gegenden Sibiriens,
den wahren Geist des promuisl (Seite 466) und mit ihm den
Sinn für theoretische Betrachtung bei den heterogensten Klassen
der Bevölkerung geweckt: — sodann wurde durch Russische
Schiffsmannschaften, welche vom Eismeere nach Beresow zur
Überwinterung flohen, zwar selten aber um so einflussreicher und
als unvergesslicher Gegenstand des Nachdenkens, manche unerwartete Kunde in der verlassnen Ortschaft verbreitet, endlich aber
und unablässig seit zwei Jahrhunderten hat das Blut von Vielen der
begabtesten Männer des Mutterlandes sich vorzugsweise zu dem
der Hiesigen gemischt, denn die Blüthen des Zarischen Hofes
und Heeres sind unter dem Schnee von Beresow begraben, und
die hiesigen Priester, Kaufleute und Kosacken empfingen ihr geistiges Erbtheil bald als Enkel Europäischer Feldherren und Städter,
bald von mütterlicher Seite in Ostjakischer Sprache. —

Nach dem Ende der sonntäglichen Messe besuchte ich den
Protopopen Herrn. J. Bergúnow, welcher durch zwanzigjähri-
gen Fleiss eines der bequemsten Gehöfte auf der zur Wogulka
abhängigen Ebne besitzt. — Über die Temperatur des Bodens
hörte ich nun zunächst als allgemeine Überzeugung der Inheimischen, daſs hier in den Sommermonaten nur eine oberflächliche
Erdschicht aufthaue, während ewiger Frost in dem Unterliegenden
herrsche. Diese Ansicht ist neulich zu historischen Ereignissen
eines frühern Jahrhunderts in merkwürdige Beziehung getreten.
Über den Charakter der Günstlinge Peter I. können noch jetzt
ergänzende Nachrichten aus der mündlichen Chronik der Beresower gesammelt werden, denn man spricht noch von Oster-
man, Dolgorúkow und Ménschtschikow, welche hier gemeinschaftlich ihr denkwürdiges Leben in noch seltsamerer Verbannung beschlossen. Unerwartet ist es aber, daſs man nächst dem
geistigen Bilde auch den Körper des Einen dieser Männer nach
92 Jahren in Beresow wieder zur Auferstehung gebracht hat.
Von Ménschtschikow wuſste man namentlich, wie er nach dem
politischen Tode, durch gottesfürchtige Buſse sich zum leiblichen be-

reitet hat. An der kleinern und verfallnen hölzernen Kirche welche am Südende der Stadt 30—40 Fufs über dem Ufer der *Sos*wa erbaut ist, hat er eigenhändig gearbeitet, dann in ihr als Glockenzieher (panamàr) gedient, und ist endlich von den erkenntlichen Beresowern dicht vor der Thüre dieses Gebäudes begraben worden. Die ohne jedes Abzeichen nur durch Überlieferung kenntliche Ruhestätte blieb unberührt bis 1821, wo die Kunde davon zu dem Gouverneur von Tobolsk und dem Lebensbeschreiber Ménschtschikow's *) gelangte; da versuchte man eine Nachgrabung und fand den Sarg von damals gefrornem Erdreich umgeben, dessen Inhalt aber so völlig unverändert, dafs man daraus manche Kleidungstücke des Verstorbnen als Andenken an dessen Nachkommen schickte, so dann aber auch die Leiche sezirte und die Augenbraunen, das Herz und andre Theile derselben, der seltsamen Sendung hinzufügte. —

Nicht zu verwundern ist es dafs man hier, wo vielfältige und tägliche Erfahrungen gelehrt haben, dafs alle organischen Körper durch den Frost vor Zersetzung geschützt werden, von diesem befremdenden Ereignifs sogleich, noch bestimmter als früher, auf beständiges Gefrorensein des tieferen Erdreichs schloss. Ob aber auch andre, nach Ménschtschikow und an einem andern Platze bestattete, Leichen dergleichen schützende Einwirkung von dem Erdreiche erfahren haben, ist durch direkte Versuche noch nicht ermittelt: auch hatte man Grund, es jedenfalls zu bezweifeln, weil nur in seltnen Fällen die Gräber bis zur Tiefe der constanten Temperatur hinabreichen. Von der andern Seite versicherte aber Herr Bergúnow, dafs man auch Nördlich von Aléschkinui jurtui (Seite 577) und näher an Reresow noch Quellen kenne welche, so wie die dortigen, sich im Winter ungefroren erhalten, und so blieb es zweifelhaft, ob man diese oder die eben erwähnte Behauptung eines beständigen Frostes nur für

---

*) Herr Dmítrji Bantuisch Kaménskji, welcher unter dem Titel: Djejánija polkowódzow i ministrow *sluj̆íw*schich w'zárstwowanie G. I. Petrà Welíkago, eine urkundliche und höchst anziehende Biographie der Russischen Zeitgenossen Peter I. verfafste.

VIII. Abschnitt. 1828. December.

eine lokale Ausnahme von dem allgemeinen Zustande zu halten habe. Zu näherer Entscheidung beschloss ich auch hier, mittels des früher angewendeten Bergbohrs (Seite 309, 354 und 472), ein Thermometer 20 bis 30 Fuſs tief in die Erde zu versenken, aber noch erfreulicher war es zu erfahren, daſs es schon lange zu den Geschäften des Vorstehers der Beresower Schule gehöre, die Temperatur der Atmosphäre und die Richtung des Windes dreimal an jedem Tage aufzuzeichnen. Das Thermometer welches zu diesen Beobachtungen diente, berichtigte ich durch Vergleichung mit den meinigen, und nahm sodann eine Abschrift von dem wichtigen Tagebuche.

[December 1.] Mit Hülfe einiger Kosacken wurde heute der beschlossne Bohrversuch begonnen, und zwar an dem Nordende der Stadt, 59,8 E. F. (56,6 Par. F.) über dem Niveau der Wogulka, vor der gröſsern der zwei Kirchen von Beresow und dicht neben dem jetzt angewendeten Begräbnifsplatze. Von Norden her ist diese Stelle ringsum mit hochstämmiger Nadelwaldung umgeben, und Reste von ausgerodeten Stämmen sah man auch an dem Orte des Versuches. Sei es daſs dieser Umstand das Erdreich vor tieferem Eindringen des Frostes schütze oder daſs der aufgelockerte Waldboden das Graben erleichtre, so behaupteten doch die Arbeiter einstimmig, nur hier werde es möglich sein die oberen Erdschichten ohne äuſserste Mühe zu durchbohren, nicht aber auf der kahlen und niedriger gelegnen Ebne am Südende der Stadt; insofern aber überhaupt einiger Werth auf dieses Mittel zur Bestimmung der Bodentemperatur zu legen ist, so müssen in genugsamer Tiefe die örtlichen Unterschiede der Oberfläche ohne Einfluss bleiben, und zu geflissentlicher Erschwerung der Arbeit schien daher kein Grund vorhanden. —

Als wichtigstes Denkmal einer früheren Epoche in der Geschichte von Beresow zeigte man uns eine 50 Fuſs hohe und vor Alter nur an dem Gipfel noch grünende Lärche (listweniza) welche man in der Mitte des Kirchhofes erhalten hat. Im vorigen Jahrhundert, als noch Ostjakische Herrscher ihren Sitz zu Beresow hatten, war dieser Baum das vorzüglichste ihrer religiösen Heiligthümer. Hier so wie in allen andern den Russen bekannten Fällen, hat eine abnorme Gestaltung des Gewächses zu dessen Anbetung veranlafst, denn etwa 6 Fufs über den Wurzeln sieht man dessen mächtigen Stamm sich gabelförmig in zwei gleich starke Hälften theilen. Es war Sitte des andächtigen Volkes, allerlei kostbare Opfer in die Höhlung zwischen beiden Stämmen niederzulegen: ja sie haben diesen Gebrauch noch nicht unterlassen, als bereits aufgeklärte Kosacken einen Erwerbzweig aus heimlicher Aufsuchung dieser Schätze gemacht hatten. Namentlich fand man hier Silbermünzen, *) zu einer Zeit, wo bereits ebenso wenig als jetzt durch den Verkehr mit den Russischen Anwohnern des Irtüisch und Obi irgend eine dergleichen in die Hände der Ostjaken gelangen konnte, und mit Recht behauptet man in Beresow, dafs diese und ähnliche Kostbarkeiten, welche zu andern gottesdienstlichen Zwecken hier in Gebrauch waren, sich in den entlegneren Jurten als Erbstücke aus früheren Jahrhunderten und namentlich aus der Vor-Russischen Zeit erhalten hatten, in welcher Bucharische und andre Süd-Asiatische Kaufleute direkt bis zum Polarkreis vordrangen und durch Verkehr mit Wogulen und Samojeden (vielleicht auch bisweilen direkt mit Ostjaken) das jetzt nur den Russen zu Theil werdende Pelzwerk an sich brachten (Seite 295 und unten Obdorsk).

Sogleich nach diesen Erfahrungen über die auffallenden Ostjakischen Reichthümer bot sich uns heute ein andres Beispiel von sonderbarem und nicht ganz leicht zu erklärendem Schicksal eines Kunstproduktes. Von der heiligen Lärche gingen wir in die nahe daneben liegende Russische Kirche welche, wie man uns sagte, durch Schenkungen eines Kosacken - Unteroffizieres (urjádnik) gegen das Jahr 1770 gegründet und ausgestattet wurde. Neben den gewöhnlichen Erfordernissen für den Griechischen Cultus, zeigte sich hier ein Altargemälde, welches die in der Katholischen Kirche sogenannte heilige Veronica in dem Momente darstellt, wo sie den Schleier entfaltet, auf welchem das Gesicht des Erlösers sich abdruckte. Zwar sieht man Anspielungen auf dieselbe Legende nicht selten in Griechischen Kirchen, aber von dem früher erwähnten und gewöhnlichen Styl der Russischen obrasa war

---

*) Mit welchem Gepräge wurde mir nicht gesagt! —

dieses Bild auf eine augenfällige und sehr vortheilhafte Weise unterschieden, denn anstatt der dunklen Gesichtsfarbe und der Mongolischen Züge, welche bei jenen Darstellungen stets üblich sind, glaubte man hier den Charakter von Bildern der Italischen Schule zu erkennen, dazu aber kam eine in Russischen Kirchen durchaus unerhörte Lateinische Inschrift, welche ich bei näherer Ansicht am Unterrande des Bildes bemerkte. Sie bestand aus den Worten:

Vera Salutoris imago ad Regem Abrogum missa

und so wie bei dem vorliegendem Abdrucke, so war es auch bei der Unterschrift selbst nicht möglich, die Bedeutung des Schriftzugs Λ zu enträthseln, denn einem Griechischen Lambda und einem A bei welchem der Verbindungsstrich vergessen worden, sah er ungefähr gleichmäfsig ähnlich, und das Ansehn der übrigen Buchstaben erlaubte keinesweges an eine theilweise Verwischung zu denken. Hier in Beresow kannte Niemand die Entstehung des seltsamen Bildes, noch durch wen es der Kirche geschenkt worden. Auf die Lateinische Inschrift hatte man nicht geachtet, und erinnerte sich auch jetzt nicht von einem König Lbrog oder Abrog weder bei Russen noch Ostjaken gehört zu haben, es ist aber kaum zu bezweifeln, dafs der unbekannte Maler keinen andren als Abgar, den König von Edessa in Syrien gemeint habe, von welchem die Legende der Römischen Kirche berichtet, dafs ihm Christus selbst sein Bildnifs geschickt habe, um ihn von einer schweren Krankheit zu heilen.—

An der Stelle wo wir den Bohrversuch zur Bestimmung der mittleren Bodentemperatur begonnen hatten, war die mineralogische Beschaffenheit des Erdreichs der zu Tobolsk gesehnen (Seite 441, 456 und 575) wiederum völlig ähnlich, denn auch hier zeigte sich ein durchaus quarzloser gelber und wahrscheinlich talkhaltiger Letten. Die Arbeit ging sehr langsam von Statten, und durch Aufthauung mit Beilen mufste der Anfang gemacht werden: als aber der Bohr bis zur Tiefe von 5 Engl. Fufs (4,7 Par. Fufs) gedrungen war, zeigte sich, nach den früher erwähnten Aussagen durchaus unerwartet, eine weiche und offenbar nicht gefrorne Erde; in dieser wurde bis zum Abend mit dem Bohren fortgefahren, dann aber, weil die beabsichtigte Tiefe noch bei weitem nicht erreicht war, die Vollendung des Versuches und Versenkung des Thermometers bis zum folgenden Tage ausgesetzt.

Wir fuhren heute nach der Mündung der Wogulka, etwa 2 Werst Nordöstlich von der eben erwähnten Stelle der Stadt, um zwei Magazine zu sehen in welchen Mehl und Salz zur Versorgung der Bewohner von Beresow und für die Ostjakischen Nachbarn aufbewahrt werden. Ähnliche Institute giebt es, wie früher erwähnt, zu *S*amárowo (Seite 552), sodann zu Kondinsk (Seite 573) und am Obi unterhalb Beresow: bei den Kuschewátischen Jurten (December 5.) und in Obdorsk. Die Lebensmittel welche sie enthalten werden in dem Tobolsker Kreise des Gouvernements aufgekauft und dienen theils, unter dem Namen kasénnie sapá*s*i, d. i. Kaiserliche Vorräthe, zu Lieferungen an die im Staatsdienste befindlichen Russen, theils werden sie als *s*él*s*kie sapá*s*i (Dorfvorräthe von *s*elò das Dorf) an den übrigen Theil der Russischen und Ostjakischen Bevölkerung durch die Landräthe (*s*él*s*kie isprάwniki) verkauft.

Die Rennthiere und der Schlitten eines eben zum Besuche ankommenden Ostjaken wurden zu dieser Fahrt benutzt. — Keiner der Beresower besitzt dergleichen Zugvieh, aber auch wenn es von Norden hierher gebracht wird, kann man damit nie länger als einige Stunden in der Stadt verweilen, weil sich die Rennthiere auf keine Weise zur Hand- oder Stall-fütterung bequemen, sondern vielmehr nie andre als frische und noch wachsende Nahrung nehmen: in Beresow bleiben sie daher stets am Schlitten gespannt, und in den umzäunten Gehöften oder auf der Strafse sieht man die scheuen Thiere die Abfahrt ihrer Herrn geduldig erwarten. — Da alle Einzelnheiten der Rennthierfahrt später mehr im Zusammenhange zu erwähnen sein werden, so bemerke ich jetzt nur, dafs bei diesem ersten Versuche die Bespannung des Schlittens aus zwei männlichen und einem weiblichen Thiere bestand, welche nebeneinander (rjádom und nicht gú*s*em, Seite 536) liefen. Erstere kamen den gröfsten der Europäischen Edelhirsche an Höhe gleich, das Weibchen aber war etwas niedriger; alle drei hatten schnee-weifse Farbe und nur auf dem Rücken einige aschgraue Stellen; auffallend erscheint, ehe man sich an diese Form des Hirsches gewöhnt hat, die mähnenartig lange und dichte Behaarung unter dem Halse. Sie trugen sämmtlich noch ihre hohen Geweihe, und man sagte uns, dafs sie dieselben nie früher als um die Mitte des Februars abwerfen. Die Hornung bei den Hirschen scheint demnach nicht an thermisch klimatische Verhältnisse gebunden, denn auch hier ereignet sie sich in demselben Monate, welcher in Deutschland von Alters her danach benannt wurde, und ungeachtet des 38tägigen Intervalles, welches den Eintritt der frühsten Belaubung *) hier bei Beresow von dem entsprechenden im mittlern Deutschland trennt. — In der Waldung nahe der Mündung der Wogulka sah ich heute zufällig vor Schnee geschützte Stellen, an denen sich wiederum eine merkwürdig vollständige Erhaltung der Pflanzendecke zeigte: der im Sommer feuchte Boden war auch jetzt wie mit einem Filze aus Empetrum und Ledum palustre bekleidet, und verständlicher schien nun die oft gehörte Schilderung von der Schnelligkeit, mit welcher hier im Frühjahr ein grünes Ansehn der Erde auf das Schneeschmelzen folge.

Zur Bestimmung der magnetischen Abweichung beobachtete ich in der Stadt um 8^u Abends einen Durchgang des Polarsterns am Passage-Instrumente. Wenige Minuten nach der Beobachtung verschwanden Wolken, welche bis dahin die untere Hälfte des Nördlichen Himmels bedeckt hatten, und ein glänzendes Polarlicht stand nun an ihrer Stelle. Zunächst am Horizont blieb es dunkel, darüber zeigte sich helles Licht, welches an einem 27° Westlich vom astronomischen oder um 38° Westlich vom magnetischen Norden gelegnen Punkte sich am höchsten und zwar bis zu 6° über den Horizont erstreckte, und von da ab einen nach beiden Seiten gegen den Horizont hinabgehenden, unregelmäfsig gekrümmten Bogen bildete. Äufserst helle Lichtstreifen von $\frac{1}{2}$ bis $\frac{1}{4}$ Grad Breite erhoben sich oft und von sehr verschiednen Punkten des Bogens; ich habe nicht gesehen dafs diese aufflammenden Säulen gegen das Zenit hin convergirt hätten, vielmehr schienen sehr entschieden die vom Östlichen Ende der Lichtmasse ausgehenden zu Östlich vom Zenit gelegnen Punkten, die vom West-ende aufsteigenden aber gegen Punkte der West-halbkugel des Himmels sich zu erheben: recht als divergirten sie alle

---

*) Das Ausschlagen der Birke.

von einem unter dem Horizonte und innerhalb des nach oben convexen Bogens gelegnen Punkte. — Völlig ähnliche Erscheinungen dauerten während der ganzen Nacht bis kurz vor Sonnenaufgang, wo der Himmel sich bewölkte. An allen Theilen des beständigen Bogens war die Lichtmasse in unablässig wallender Bewegung: ihre Helligkeit steigerte sich von Zeit zu Zeit, und stets sah man in solchen Augenblicken auch die nach oben gerichteten Säulen heller und höher aufflammen als bisher. Die Farbe des Lichtes war gelblich-roth und wechselte wenig. Um $10^u\ 25'$ wurde noch die scheinbare Breite des gesammten Licht-erfüllten Raumes bestimmt und fand sich nun zwischen den Vertikalkreisen N. 15° O. und N. 30° W. enthalten.

Der Einfluss dieses Phänomens auf jedes der drei magnetischen Elemente (**Abweichung, Neigung** und **Intensität der Kraft**) ergab sich durch Beobachtungen, welche ich während der Nacht bei Laternenschein ausführte und mit denen ich an andern Tagen und an derselben Stelle erhaltene Bestimmungen verglich. Namentlich kam während des Nordlichtprozesses das Nord-ende der Magnetnadeln stets **Westlich** (namentlich um 15') von dem gewöhnlichen magnetischen Meridiane des Ortes zur Ruhe, so dafs also die Ebne der neuen Gesammtkraft näher an die Mitte der sichtbaren Lichtmassen lag als die gewöhnliche magnetische Meridian-ebne. Obgleich scheinbar entgegengesetzt, waren dennoch in dieser Beziehung die Wirkungen dieses Phänomens denen der früher zu **Tobolsk** beobachteten analog, denn so wie dort ein **Östlich** vom magnetischen Meridiane gelegnes Polarlicht die Nadeln nach Osten hin ablenkte (Seite 524), so hatten hier dieselben bei entgegengesetzter Stellung des Lichtes auch eine entgegengesetzte Bewegung erlitten. —

Gleichzeitig aber wurde durch den Nordlichtprozess die **Neigung** der magnetischen Kraft gegen den Horizont des Ortes um 8' vergröfsert, die **Intensität** der neuen Gesammtkraft aber nur höchst unbeträchtlich stärker als die gewöhnlich herrschende. Dachte man namentlich als Grund der beobachteten Störungen eine auf das **Nord-ende** frei beweglicher Magnetnadeln ausgeübte Anziehung, so fand sich dafs diese letztre eine Intensität von $\frac{46}{10000}$ der conventionellen Einheit des tellurischen Magnetis-

VIII. Abschnitt. 1828. December.   599

mus *) besafs, und ihren Sitz in einer Linie hatte, welche nach S. 37° W. (astronomisches Azimut) gerichtet, um 64° unter der Horizontebne lag. Ein Punkt am Himmel welcher durch Abstofsung des Nord-endes oder Anziehung des Süd-endes der Nadeln die beobachteten Erscheinungen bewirken sollte, hätte demnach von der Mitte des Licht-Raums um 44°,5 gegen Osten, und über den Horizont des Ortes um 64° erhoben liegen müssen, d. h. er wäre zu dem Lichtphänome in keiner so einfachen optischen Beziehung gewesen, wie man es bisweilen von den als Mittelpunkte der magnetischen Wirkungen betrachteten Nordlicht-Kronen behauptet hat.

Die Thatsache dafs im gegenwärtigen Falle weder die Mitte des flammenden Raumes, noch auch der Punkt am Himmel von welchem die Anziehung des Süd-endes der Nadel ausging, sich in der Vertikal-ebne des magnetischen Meridianes befanden, sondern dafs vielmehr von dieser letztern das Polarlicht gegen Westen, jener mehrerwähnte Anziehungs-punkt aber um 25°,3 gegen Osten abstand, erhielt eine wichtige Bedeutung durch die einstimmige und bestimmte Versicherung der Beresower, dafs man hier Polarlichte von zweierlei Art unterscheide. Die einen welche, wie das heutige, an der Westlichen Hälfte des Himmels sich zeigen, seien stets ungleich lichtschwächer und mit niedrigerm Scheitel, als die zweiten, Östlich vom Meridiane ge-sehnen. Diese letztern habe man oft Monate lang allnächtlich beobachtet: stets aber beginnen sie erst um die Zeit der gröfsten Kälte und werden dann oft so glänzend und hoch, dafs das Zugvieh vor dem Schlitten sich davor scheue. — Ich konnte mich nicht der erklärenden Vermuthung enthalten, dafs von jenen zwie-fachen Lichterscheinungen die einen den Nordwestlich von hier gelegnen Magnetpol (Seite 291), die andern aber einen Nordöstlich von hier und näher befindlichen, zum Mittelpunkte haben, und dafs dann, in andern Fällen ebenso wie heute, die Lichtentwick-lung an dem einen Pole mit einer vom andern ausgehenden

---

*) Oder $\frac{29}{10000}$ von der, nach meiner Bestimmung, zu Beresow herr-schenden Erdkraft.

VIII. Abschnitt 1828. December.

Anziehung des Süd-endes (Abstofsung des Nord-endes) der Nadel, verbunden sei. *)

[December 2.] Einstimmig hatten die Beresower behauptet, das gestrige Polarlicht verkünde die Rückkehr zur normalen Kälte, und diese Vorhersagung bestätigte sich nun auf höchst merkwürdige Weise. Vom 12ten bis zum 22sten November hatte man hier bereits, den normalen Verhältnissen des Ortes gemäfs, eine mittlere Tagestemperatur von — $15°,5$ R. und nur Wechsel zwischen — $13°$ und — $24°$ R. beobachtet, dann aber erfolgte mit ununterbrochnem Süd-winde bis zum gestrigen Tage jene merkwürdige Erwärmung, welche sich von Tobolsk bis Beresow erstreckte, und in deren Folge die Lufttemperatur auch hier stets zwischen $+ 1°$ und — $6°$ R. im Mittel aus den zehn anomalen Tagen aber — $2°,2$ R. betragen hatte. Heute trat nun NWwind ein und bis Mittag hatte er die Kälte schon bis auf — $10°$ am Abend auf — $15°$ an den folgenden Tagen aber auf — $23°$ R. erhöht. — Das Zusammentreffen dieses Wechsels mit dem ersten Polarlichte des Jahres bleibt bemerkenswerth, sei es dafs der nun eintretende NWwind nur Trübungen hinweggeräumt habe, welche bisher zwischen Beresow und dem Schauplatze jener Erscheinung geherrscht hatten, oder dafs wirklich dergleichen Wechsel in der Richtung der Luftströmung den merkwürdigen Lichtprozess begünstigen. — Ein ähnlicher Kampf zwischen Südlichen und Nordwinden wieder-

---

*) Denkt man sich namentlich die Vertikalebne, aus welcher heute die ablenkende Wirkung erfolgte, gegen Norden hin verlängert, so tritt sie dem geographischen Nordpole am nächsten in $74°,5$ Breite und $118°$ Länge östlich von Paris, d. h. unter demselben Meridiane, auf welchem unsre spätern Beobachtungen die Existenz des zweiten Sibirischen Magnetpoles andeuteten (unten Abschnitt XII. und Geographische und Magnetische Beobachtungen). Dafs die Breite dieses durch das Nordlicht angedeuteten Punktes um etwas geringer ist, als die durch anderweite Bestimmungen für den Pol gefundne, dürfte gegen die reelle Identität beider nicht viel beweisen, denn bei der Schwäche der absoluten Wirkung dieses heutigen Nordlichtes. üben sehr kleine Beobachtungsfehler einen beträchtlichen Einfluss auf das hier betrachtete Resultat. Der andre Nord-Amerikanische Magnetpol liegt zu Folge Parrys früher erwähnter Bestimmung (Seite 291) von Beresow aus in dem Azimut N. $4°,8$ W., d. h. höchst nahe an der Mitte des von dem heutigen Nordlichte erleuchteten Raumes (in N. $7°,5$ W.).

holt sich übrigens hier sehr oft im Laufe eines jeden Winters, aber nur im Anfange der kalten Jahreszeit begleiten ihn so merkliche Temperaturwechsel.

Die Angelegenheit der Bodentemperatur (Seite 593 und 595) gelangte nun heute zur Entscheidung. Gegen Mittag hatten wir mit dem Bohrloch eine Tiefe von 23,3 Engl. Fuſs (21,8 Par. Fuſs) erreicht. Die von unten aufgezogne gelbe Erde war mit flüssigem Wasser durchzogen. Das Thermometer war auf — 8° R. als ich es an die Bohrstange schraubte (Seite 472), nach dreistündigem Verweilen am tiefsten Punkte des Loches erwärmte es sich aber bis zu + 1°,60 R., d. h. nur wenig unter dem Punkte, auf welchen der Boden von Tobolsk (90 D. Meilen SSO. von hier) es erhoben hatte! — Es blieb nichts andres übrig, als für die hiesige Gegend einen von SSO. nach NNW. gerichteten Lauf der Linien gleicher Mittelwärme (Isothermen) anzuerkennen. *) — Zugleich mit den Linien gleicher magnetischen Kraft (isodynamischen Linien), so wie sie aus meinen Beobachtungen zwischen Tobolsk und Beresow sich ergaben, zeigten nun die hiesigen Isothermen eine ungewöhnlich starke Abweichung von den geographischen Breitenkreisen der Erde, ja für beide Arten von eingebildeten Curven ergab sich hier eine fast völlig gleiche Gestaltung. Nach Mittelpunkten der Figur, d. h. Punkten um welche diese Krümmungen symmetrisch vertheilt wären, hatte man nun für beide mit gleichem Rechte zu fragen, und daſs in dem NOlich von Europa gelegnen Theile der Erde ein vom geographischen Pole verschiedner Kältepol ebenso bestimmt wie daselbst ein eigenthümlicher Magnetpol gedacht werden muſste, ergab sich nun durchaus

---

*) Daſs übrigens trotz dieses Unterschiedes der Boden- oder Mitteltemperatur, für Beresow und Tobolsk, dennoch zwischen beiden Orten eine sehr bemerkenswerthe Verschiedenheit in Bezug auf die Vertheilung der Wärme durch die einzelnen Jahreszeiten herrsche, soll in dem meteorologischen Theil dieses Berichtes näher nachgewiesen werden. Um ferner über den Lauf der Isothermen eine richtige Vorstellung zu gewinnen, war zu bemerken daſs nach meinen geographischen Beobachtungen zu Beresow, dieser Ort um 2° 26′ weiter gegen Westen gerückt wurde als auf den Russisschen Karten, und daher nunmehr um nahe 3°,23 W. von Tobolsk zu liegen kam.

unabhängig von jeder ursachlichen Betrachtung. Als einen Ort, ringsum welchen gleichartige Erscheinungen sich in gleichen Abständen zeigten, als ein Centrum der Phänomene hatte man einen jeden dieser Punkte anzusehen, ohne weder in den einen noch in den andern den Sitz einer eigenthümlichen Kraft zu verlegen. Namentlich zeigten Linien, welche man senkrecht auf die Isotherme und senkrecht auf die isodynamische Linie von Beresow aus legte, dafs von hier aus nahe gegen ONO., bei Fortschreitung um die Einheit der Entfernung, die stärkste Zunahme der Kälte sowohl als auch der magnetischen Kraft gefunden werde, und dafs daher ein nach jener Richtung gelegner Bezirk sowohl den Sibirischen Magnetpol als den Sibirischen Kältepol enthalte.

Ein Kaiserlicher Feiertag (zárskji den, Seite 305) wurde heute auch bis hierhin fühlbar, denn nach beendeter kirchlicher Messe sah man die gewöhnliche Geselligkeit noch gesteigert, dabei aber gehörten, so wie in den vorigen Tagen, die posedjénki in dem Hause des Kaufmann Niʝegoródzow zu den genussreichsten Stunden. — Obgleich kaum einer der Russen dieser Nördlichen Gegend ohne beständigen Tauschhandel mit den Jasakpflichtigen Urbewohnern sich ernährt, so werden doch auch hier, nach den allgemeinen Landesgesetzen, die Rechte und Pflichten des eigentlichen Kaufmannsstandes oder der kupétscheskie gíldi, nur bei einem gewissen Geldwerthe der jährlichen Handelsgeschäfte ertheilt. Solcher eigentlicher Kaufleute rechnete man 9 in dem Beresower Kreise, welche aber jetzt sämmtlich durch Verwandschaft zu der Familie Niʝegoródzow gehörig, ein von dem Eismeere bis nach Samárowo (Seite 554) anerkanntes Patriziat gebildet haben. Der reichste und älteste dieser Familie war jetzt hier in Beresow ansäfsig, und nach 60jährigen Handelsreisen leitete er nun nur die kaufmännischen Geschäfte seiner Abgesandten und Verbündeten (siehe unten Obdorsk). — Das Resultat welches ich nun über die Bodenwärme von Beresow erlangt hatte und nach welchem das Klima dieses Ortes für einjährige Gewächse kaum ungünstiger zu erachten war, als das von Tobolsk, fand an Herrn Niʝegoródzow einen eifrigen Vertheidiger. Er war der Erste, der seit einigen Jahren den Kornbau zu Beresow versucht hatte und durch günstige Erfolge belohnt worden war. Zur Vergleichung zeigte man uns Proben von Roggen und Gerste, die bereits aus hier gewachsnem Saatkorn gewonnen waren, und von anderm mit fremder Aussaat erhaltnen. Jenen ersten Saamen hatte man mit weiser Vorsicht durch Handelsverbindungen über Archangel, theils aus Åbo in Finnland, theils aus Tornea bezogen. — Die Gerste ist immer sehr gut gediehen, und im letzten Jahre hat man davon das Zwanzigfache der Aussaat gewonnen, dafs der Roggen in demselben Jahre sich ärmer an Körnern gezeigt hat, schrieb man einem ungünstigen Nordwinde zu, welcher, bei übrigens noch warmem Wetter, in der Nacht vom 11ten zum 12ten September und ganz kurz vor der Ärndte das Feld mit 4 Linien hoher Schneedecke überschüttet hatte. *)

Für die hiesige Russische Bevölkerung würde ferneres Gedeihen dieser Versuche von erheblicher Wichtigkeit sein, nicht sowohl um eignes Bedürfnifs zu befriedigen, sondern weil hier Korn und Mehl bei dem Handel mit den Ostjaken und Samojeden als wichtigste Münze gebraucht wird. Man bezieht diese Vorräthe aus der Südhälfte des Tobolsker und aus dem Tomsker Gouvernement, und rechnet dafs allein zum Behufe des Obdorsker Jahrmarktes (unten Obdorsk) jährlich 16000 Pud Mehl und 4000 Pud fertigen Brotes durch private Promuischleniki und Kaufleute, ausserdem aber 9000 Pud Mehl für Rechnung der Krone über Beresow nach Norden befördert werden. Über die Einzelheiten dieses wichtigen Markthandels erhielten wir in Obdorsk weit ausführlichern Aufschluss, hier aber war der Reichthum der

---

*) Aus Europäischen Beobachtungen hat man bekanntlich als Bedingung für das Gedeihen der Gerste den Umstand gefunden, dafs die mittlere Temperatur von keinem der drei Sommermonate unter 7° R. betragen dürfe. Die heifsen Beresower Sommer überschreiten aber diese bedingende Gränze sehr reichlich, denn es beträgt hier die mittlere Temperatur der Monate:
Juni $+$ 14,0
Juli $+$ 13,4
August $+$ 15,8.
Es mufs schon hier bemerkt werden, dafs auch die Jahresmittel aus den Lufttemperaturen für Beresow und Tobolsk übereinstimmen, dafs aber ein jedes derselben um $3^\circ,8$ R. niedriger ist als der Erfolg der Bohrversuche.

Kaufleute schon eine Folge desselben, und zu ihren Waarenniederlagern hatte Samojedische und Ostjakische Betriebsamkeit das Werthvollste geliefert. Eingekaufte Rennthierfelle waren an Zahl überwiegend; sie werden von hier aus in alle Städte des Gouvernements zu weiterm Vertrieb als gesuchtester Kleidungsstoff verschickt. In den Vorrathshäusern werden sie je nach dem Alter des Thieres und nach dem jedesmaligen Zustande der Behaarung in manchfache Klassen getheilt und mit eignen Kunstausdrücken bezeichnet (December 3.). Ausserdem sah man im Freien auf den Höfen eine grofse Menge noch frischer Rennthierfelle zum Trocknen aufgehängt. Diese sind von Thieren welche die Kaufleute zu jeder Zeit des Jahres bei benachbarten Heerdenbesitzern eintauschen, um sie hier in Beresow als Schlachtvieh, theils für sich, theils zum Verkauf an die übrigen Russen, zu benutzen. Wie die Bewohner der Südhälfte des Tobolsker Gouvernements mehr durch Kirgisische als durch eigne Viehzucht sich versorgen, so leistet hier der Einkauf Ostjakischer Rennthiere eine nicht minder wesentliche Hülfe. Freilich sind jetzt und seit Einführung Russischer Lebensart die Hirsch-heerden *) der Nördlichsten Landstriche bei weitem nicht mehr so zahlreich als die Schaf-heerden der Süd-Sibirischen

---

*) Die Nachahmung des Sprachgebrauchs der Europäischen Russen welche den Edelhirsch ihrer Westlichen Nachbarn und das Rennthier der Nördlichen und Nordöstlichen mit ein und demselben Worte (olèn) bezeichnen, sollte man auch im Deutschen erlauben, denn die Trennung beider Spezies ist freilich für den Systematiker von bedeutender Wichtigkeit, aber darauf begründete gänzliche Verschiedenheit des Trivialnamens läfst dem Europäer oft die äufserst nahe Verwandtschaft übersehen, die im wesentlichern Gesammthabitus beider Thiere besteht und welche namentlich hinreichen würde, einem jedem derselben durchaus gleiche Rechte in dem Haushalte der Menschen zu übertragen. Bei dem Anblick Europäischer Hirsche würden Ostjaken, Samojeden, Tungusen und Korjaken niemals angestanden haben, sie durch zweckmäfsige Zäumung und Anspannung so wie durch eine passende Sattelung (Abschnitt XIV.) zum Ziehen und Reiten geschickt zu machen. Kaum hätten sie dann wohl, wie man es in Europa gethan hat, an die wahrscheinlich unmögliche Verpflanzung des Rennthieres gedacht, oder sie der durchaus leichten Benutzung der Edelhirsche vorgezogen.

Steppen, aber dennoch ist auch der Preis des hiesigen Schlachtviehs noch immer gering genug, um jedem Promuischlenik so viel Diversion von der vorherrschenden Fischkost zu verleihen, als nur immer die Vorschriften der Griechischen Kirche gestatten, denn trotz der ungewöhnlich manchfachen Nutzbarkeit der Rennthiere kann man noch immer für ein Äquivalent von 6 bis 8 Rubel von den Ostjaken ein ausgewachsnes Individuum erhalten. Nicht grade zum Vortheil der Ostjakischen und Samojedischen Heerden mag es gereicht haben, daſs Russische Geistliche das Rennthier zu den reinsten und zuträglichsten Nahrungsthieren rechneten, ja daſs sie sogar, wie ich sie sich ausdrücken hörte, an dem Nordischen Hausthiere nicht nur das Haupterforderniſs zur Essbarkeit, die Vereinigung gespaltner Klauen mit wiederkäuender Organisation bemerken, sondern es auch durch ausgezeichnet sanftes und schuldloses Temperament als Speise für den Menschen noch besonders empfehlenswerth halten. Ganz anders würden sich dagegen die Landes-Verhältnisse gestaltet haben, wenn z. B. das entschiedne Vorurtheil der Griechischen Kirche gegen den abnorm organisirten Hasen auf den Hirsch hätte übergehen können. — Namentlich jetzt fand man in Beresow auf allen Tischen groſsen Reichthum an frischem Rennthierfleische: man weiſs es auf manchfache Art zu kochen und braten, ja sogar bei der beliebtesten nationellen Nahrung der Kohlsuppen (schtschi) vertritt es genugsam die Stelle des fettern Schaf- und Rindfleisches. Dazu sieht man noch die Zungen des Ostjakischen Schlachtviehs besonders gesammelt, um sie theils ganz frisch und gefroren aufzubewahren, theils so wie sie in dem Rauche der Jurten eintrockneten.

Unter den Pelzthieren welche den hiesigen Handel beleben, ist der Polar- oder Steinfuchs (R.: peſèz, C. lagopus, Isatis) seiner ungemeinen Häufigkeit wegen zunächst zu erwähnen. Auch von diesem unterscheiden die Beresower Promüischleniki und Kaufleute, je nach Alter und Ausbildung des Thieres, sieben verschiedne Varietäten, und zwar namentlich den eigentlichen peſèz mit völlig weiſser, langer und reicher Behaarung. Der Name dieser Varietät ist wie der der ganzen Spezies das Deminutivum von peſ, welches im alt-Slavonischen den Haus-hund bezeichnet. *) Entschieden nur auf das Lebensalter des Individuums beziehen sich zwei andre Varietäten welche unter den Namen: nórniki und kopánzi von den Pelzhändlern unterschieden werden. Der erstre bezeichnet die jüngern Steinfüchse welche ihr unterirdisches älterliches Nest (nóra) zwar schon verlassen, dennoch aber stets in dessen Nähe sich halten sollen, während die Benennung kopáncz von kopàtj, d. i. graben, gebildet ist und ausschliefslich den aus dem Neste ausgegrabnen Steinfüchsen beigelegt wird. Beide Varietäten sind von mausefahler Haarfarbe. — Eine vierte Abtheilung der Felle wird nédopeski oder nedoschlíe peszi, d. i. wörtlich die nicht fertigen Steinfüchse, genannt und unterscheidet sich von dem eigentlichen pe*s*ez nur allein durch eine kürzere, sonst aber ebenfalls völlig weifse Behaarung, welche mehr von den periodischen Wechseln, denen die Beschaffenheit des Balges bei dieser Thierart unterliegt, als von der stufenweisen Ausbildung derselben in den ersten Lebensjahren abhangt. — Unentschieden ist es dagegen, ob die Entstehung der ebenso ausgezeichneten als von den Russen geschätzten Varietät der krestowátiki oder bekreuzten Steinfüchse durch periodischen oder fortschreitenden Haarwechsel bewirkt sei, dennoch halte ich letzteres für wahrscheinlicher. Ihr Haar ist kürzer als beim völlig ausgebildeten oder normalen Pe*s*ez, dessen Färbung aber theils mausefahl, theils weifs, und so vertheilt, dafs die noch grauen Stellen äufserst zierlich zu einem völlig regelmäfsigen Kreuze vereinigt sind, dessen einer Balken grade über den Rücken, der andre aber gekrümmt zu beiden Seiten über die mittlern Rippen bis zur Bauchgegend hinabreichen. Zu dieser Varietät gehörige Felle sah ich in grofser Menge hier zu Beresow, sie messen 10 Zoll von der Schwanzwurzel bis zur Stelle des 1sten Halswirbels, so dafs das ganze Thier etwas kürzer zu sein scheint, als der bis zu 18 Zoll lange völlig ausgewachsne pe*s*ez. Alle hiesigen Jäger sind überzeugt, dafs der geschätzte Kre

---

*) Für diesen ist bekanntlich in der Russischen Sprache das neue: *s*obáka und im Feminino: *s*úka ausschliefslich üblich geworden, und den Namen pe*s* (Pluralis: p*s*i) hört man für ihn nur noch in der Jagdsprache, und sodann bei den Astronomen und Seeleuten, um das Sternbild des Hundes zu benennen.

stowátik nichts weiter sei, als ein noch unentwickelter Steinfuchs. Von der andern Seite zweifle ich nicht, auch der Begriff des angeblich Nord-Amerikanischen canis decussatus, welchen Geoffroi zu einer eignen Spezies erhoben, andre aber sogar für eine Varietät des stets ungleich gröfsern eigentlichen Fuchses (Canis vulpes) gehalten haben, *) sei ebenfalls nur durch dieses besondere Stadium des Farbenwechsels beim Isatis veranlafst worden. Das Fell des Krestowátiki ist namentlich bei den Russischen Geistlichen sehr beliebt, weil sie daraus ein mit Christuskreuzen durchaus bedecktes Pelzkleid zusammennähen. — Endlich wird hier auch eine ungleich seltner als die genannte vorkommende Fuchsart unter dem Namen goluboi, d. i. taubenblauer pesez, zu den Steinfüchsen gerechnet, und freilich scheint Gröfse und Habitus dafür zu entscheiden. Zwar behaupteten die Jäger, dafs ein einmal blau gewordner Fuchs es immer und zu allen Jahreszeiten bleibe, aber eine 7te und letzte Fell-Varietät die des Sinewatik, bei welchem der Rücken intensiv blaugrau, der übrige Körper aber weifs ist, scheint mir auf entgegengesetztes Verhalten zu deuten. —

Werthvoller ist für die Beresower Pelzhändler ein nicht minder grofser Überflufs an eigentlichen Füchsen (lisízi. Can. Vulpes) welche aber ebenfalls je nach den manchfaltigen Absonderungen ihrer Färbung äufserst verschieden im Preise gehalten werden. Wie blau, grau und weifs bei dem Pesez, so finden sich schwarz, feuerroth und weifs sehr verschieden vertheilt bei den hiesigen Füchsen. Völlig kohlschwarze Felle (tschérnie lisízi) werden am theuersten bezahlt, man rechnet ihren Preis auf das Fünffache des Jasak oder auf 50 Rubel, besonders wenn bei ihnen eine weifse Färbung der äufsersten Haarspitzen (nadzwjèt) sich findet. **) Häufiger sind gleichförmig schwarzbraune

---

*) Auch Pallas hat (Fauna Rossica I. pag. 47) die sicher nicht auf eigne Ansicht gegründete Behauptung, der Krestowátik gehöre zu canis vulpes; sowohl die Nördlichern Wohnorte als besonders die Gröfse und der gänzliche Mangel rothen Haares sprechen dagegen.

**) Wegen der doppelten Bedeutung des Wortes zwjet kann dieser Sibirische Ausdruck mit gleichem Rechte durch Bedeckung mit

Felle (**tschernobúrie liſízi**) *) und dann endlich, bei vorherrschend rothem Haare, die auf Färbung der Kehlgegend (**duscha**, Seite 465) begründeten und mit sehr verschiednem Werthe belegten Abänderungen, welche man **tschernodúschki**, **ſiwodúschki** und **bjelodúschki**, d. i. **Schwarzkehlchen**, **Grau- und Weifskehlchen** nennt. Unter Bauch und Brust ist die Fuchshaut ungleich leichter und dünner als auf dem Rücken, und in den **West-Sibirischen** Städten hat daher die Mode entschieden, dafs die Frauen nur aus den Untertheilen der Felle zusammengenähte Fuchspelze (**tschérewie** oder **dúschowie mjechà**), die Männer hingegen aus den Rückenstücken gebildete (**chrébtowie mjecha**, von **chrebèt**, der Rücken) anwenden. —

Über einige andre Thiere des höhern Nordens erhielt ich erst zu **Obdorsk** nähere Nachricht, hier aber ist noch der Biber (**bóbr**. **Castor fiber**) zu erwähnen, weil er grade in der Breite von **Beresow** an einigen Zuflüssen des **Obi** äufserst häufig gefunden und durch **Ostjakische** sowohl als **Russische Promúischleniki** den hiesigen Kaufleuten zu Theil wird. Die glänzenden und zierlichen Felle sah ich zwar ebenfalls gesammelt, man sagte aber mit Recht, dafs sie denen des hier sogenannten: **Kamtschatischen Biber** (**kamtschátskoi bóbr**) bei weitem nachstehen, denn der unter letzterem Namen in den **West-Sibirischen** Pelzhandel übergehende Balg stammt von der Seeotter (**lutra marina**, in **Ost-Sibirien morskòi bobr**, d. i. **Seebiber**) und ist freilich ungleich werthvoller als der vom **Obischen Biber** sowohl, als auch überhaupt von allen andern **Nord-Asiatischen** Pelzthieren. Indessen ist auch hier die Hauptabsicht der Biberjäger keinesweges auf den Balg, sondern auf das kostbare und heilkräftige Castoreum oder Bibergeil gerichtet. Bekanntlich

---

Farben (Farbenanflug) oder mit Blüthe erklärt werden. Zwei kohlschwarze Füchse hatte man in diesem Jahre bei **Schorkal** erlegt, und ich sah sie auf dem Rückwege nach **Tobolsk** in dem **Nowizkischen** Hause.

*) Der Ausdruck **búrji** entspricht dem Französischen **bai** und wird wie dieses vorzugsweise von der kastanienbraunen Farbe des Pferdehaares gebraucht.

hat man bis jetzt in Deutschland nur vergebliche Versuche
gemacht, um von dort inheimischen Bibern ein genügendes Surrogat dieses Nordischen Erzeugnisses zu gewinnen, niemals ist das
dort gesammelte Castoreum mit dem Sibirischen vergleichbar
gewesen; unter diesem aber ist wiederum das vom Obi das vortrefflichste, und für ein Pfund desselben erhielt Herr Nijegoródzow noch im letzten Jahre, von Irbit her, 500 Rubel. Ich erkundigte mich daher angelegentlich nach den etwanigen Vorsichten bei
Bereitung des Bibergeils, indessen sind diese so höchst einfach,
daſs es dennoch scheint, als sei es das erzeugende Thier, welches
sich im hohen Norden vollkommner als in mittlerer Breite entwickelt, und als sei diese duftige Blüthe eines animalischen Organismus nur den Polarbewohnern anstatt der mangelnden Blumen
gegeben. Wirklich besteht die Zubereitung der Castoreumbehälter
in Nichts anderm, als daſs man die frisch abgeschnittnen Säcke,
welche hier nach dem Trocknen meist 3 Zoll lang und $1\frac{1}{2}$ Zoll
breit sind, zuerst in warme Milch taucht, sodann sie nicht etwa
räuchert, sondern langsam und vorsichtig trocknet. Es darf dabei
nicht die jählings wirkende Erwärmung durch Öfen oder auch
nur durch Sonnenstrahlen benutzt werden, sondern die Säcke
müssen an einem schattigen Orte aufgehängt und nur durch den
Zutritt freiströmender Luft (na wólnom wósduchje) getrocknet werden. Kaum möchte ein andres Heilmittel sich dem
Menschen, durch den Eindruck auf die äuſsern Sinne, so dringend
empfehlen wie dieses. Den Ostjaken sind dessen Kräfte von
Anbeginn bekannt, und man erzählte hier, daſs sie davon in jeder
Jurte einen Vorrath bewahren, um die Wöchnerinnen schneller zu stärken. Ebenso bestimmt haben aber auch die Promúischleniki und Kosacken das Bibergeil zu dem Werth einer
Panace erhoben, denn wenn auch im Allgemeinen für diese Männer
religiöses Vertrauen in allen Fährlichkeiten das vorzüglichste
Schutzmittel ist, so sind sie doch immer geneigt, noch auſserdem durch eigne oder natürliche Kräfte sich einen Rückhalt zu
decken, denn zu dem alt-Russischen Wahlspruche: da woskrésnet bog, rastotschátsja wrasi ego, d. i. so wahr
Gott erstand, zerstieben seine (unsre) Feinde, fügen
die Sibirier höchst charakteristisch den apokryphischen Zwischen-

satz: a ni trésnet lob, d. h. und die Stirn' uns nicht platzt!*) Zur jedesmaligen Herbeiführung dieser unerläfslichen Bedingung bedient sich aber ein Jeder wiederum mit der alten Festigkeit des Glaubens, auf Reisen und zu Hause nur **zweier Haupt-Medikamente**, des Bibergeils unter dem Namen **strujà oder bobrówaja strújà**, d. i. Biberausflufs, von **strúitsja streifig ausfliefsen**, und eines Stückes **naschatùir oder Salmiak (unten Abschnitt XII.)**. — Nicht zu verwundern ist es dafs die Menschen, auch hier mit dem instinkten Streben nach Verallgemeinerung begabt, von den Heilkräften der Castoreumsäcke auf Wunderkräfte des gesammten Thieres und aller seiner Theile geschlossen haben. Ich sah bei Herrn Nijegoródzow gleichfalls vom Obischen Biber entnommene rundliche Fettgeschwülste, an Gröfse, Gestalt und Farbe den Castoreumsäcken äufserst ähnlich aber gänzlich geruchlos. Sie werden hier mit dem Namen **pótschki**, d. i. Nieren bezeichnet und man behauptete, dafs sie **in der Brustgegend bei den Weibchen unter der Haut liegen**. Das gelbliche Fett welches die Hauptmasse dieser eirunden Körper bildet, ist von einer braunen Oberhaut bedeckt, über deren Aussenfläche man es oft durch Ausschwitzung verbreitet sieht. Die **pótschki** kommen nicht in den auswärtigen Handel, aber die Sibirier sammeln sie begierig, weil sie behaupten dafs gichtische Geschwülste sogleich verschwinden, wenn man sie mit dem Fette dieser thierischen Geschwülste einreibe.**) Noch mehr zu sympathetischer Theorie neigt sich der Glaube, dafs Biberzähne Zahnschmerzen heilen. —

Zu den wichtigen Bemerkungen der Beresower Jäger über den Biber gehört, dafs er allein unter allen hiesigen Pelzthieren im Laufe der Jahreszeiten durchaus keinem Farbenwechsel unter-

---

*) Man sagt nun:
  Da woskrésnet bog
  A ni trésnet lob
  Rastotschátsja wrasì ego.

**) Es scheint demnach bestimmt, dafs Pallas von denselben pótschki gehört habe, wenn er sagt (F. R. T. I. 143): saccos pinguinosos .... Ostiaci et Rossi servant; aber deren Stellung welche er durch: maris castoreo adjacentes bezeichnet, weifs ich mit der Aussage der Beresower nicht zu vereinigen.

liege; der Winter geht unbemerkt an dem stets im Wasser verkehrenden Thiere vorüber und wohl mag stetes Wohlbefinden grade diesen Organismus zur Entwicklung einer so ausgezeichneten Blüthe befähigen. — Die Obischen Biber geben ihren unterirdischen Bauen stets zwei Ausgänge: den einen über dem Niveau des Wassers am hüglichen Ufer der Bäche, den andern so tief unter dem Wasser, daſs ihn im Winter das bis auf 2 Arschin (4,66 Engl. Fuſs) dicke Eis nicht verschlieſsen könne. Was man von dem Kunsttriebe der Biber schon seit Jahrhunderten in allen Europäischen Naturgeschichten wiederholt: von den Dämmen die sie bauen, von der Bearbeitung der dazu nöthigen Balken u. s. w. erzählen die Beresower Jäger mit so durchaus gleichen Worten, daſs man glauben möchte, hier an die Quelle jener Kunden gekommen zu sein. — Neuer waren mir die zwei Versicherungen daſs es, wie in der Bienen- und Menschenwelt, so auch bei den Bibern, einen Unterschied der Stände gebe, weil bei ihnen viele Vornehme sich ihre Arbeitsleute (rabótschie ljúdi) halten, und von dem Neste aus deren Fleisse ruhig beiwohnen, und daſs ferner der Gehalt der Castoreumsäcke von dem Mondlaufe abhange. In Bezug auf erstern Punkt habe ich leider nur Russen, nicht aber die mit der Arbeitslosigkeit menschlicher Stände unbekannten Ostjaken befragt, und entscheide daher nicht, ob die Behauptung nur durch ein argumentum ab homine entstanden, oder ob sie etwa auf einer wirklich bei den Bibern gesehnen Schonung der Weibchen oder des jungen Alters beruhe. Daſs man aber bei dem beobachteten Einflusse des Mondes, nicht wie bei Ebbe und Fluth, an Gravitations-Verhältnisse, sondern durchaus nur an Lichtwechsel zu denken habe, beweist das Nähere der Abhängigkeit, denn die zwei Syzygien sollen entgegengesetzt wirken, so daſs bei Neumond die Säcke für nutzlos, und nur bei Vollmond für belohnend von Ostjakischen und Russischen Jägern gehalten werden; mir scheint es indeſs denkbar, daſs in den langen Winternächten das Mondlicht nur dem Promúischlenik, nicht aber der Beschaffenheit des Jagdthiers zu Gute komme. —

Wenn ich auch früher schon von der auffallenden Individualität der Russischen Kaufleute Manches erlebt hatte, [*] so zeigte

---

[*] Seite 91, 171, 237, 297.

sie sich doch noch nirgends so rein entwickelt als hier zu Beresow. In ihren Häusern nöthigen sie den Fremden an die Sitzplätze unter dem óbras (Seite 91 u. 193) welches mit Votivkerzen und andrer passender Beute von Südlichern Reisen ungewöhnlich reich geschmückt ist. Übrigens ist das Gastzimmer öde und leer, aber aus den angränzenden Wohnräumen holt man den als Willkommen gereichten Wein und andre aus entfernten Gegenden stammende Speisen, sodann aber auch die manchfachen und seltnen Gegenstände, durch welche die bärtigen Männer bald nur ihre Erzählungen bei den staunenden Gästen bekräftigen, bald in ihnen die Lust zum Tauschhandel erwecken. Vorrathshäuser hat man nur für Rennthierfelle und andre allzu zahlreich vorhandne Gegenstände, aber mit den edlern Waaren umgiebt sich der Kaufmann im Hause wie auf der Reise, und bunt auf einander gehäuft, so wie der Zufall es brachte, sieht man Raubthiere aller Art unter Waffen für Russen und Ostjaken,*) Theeballen und Mamutsknochen, Russische Kleider, Samaware, Branntwein und Madera, Bibersäcke und Nähnadeln, Bucharische Früchte, Samojedische Pelze, Taback und vieles Andre. In Europa würde man das Äufsere dieser Zimmer mit dem Sitze eines alterthümlich cynischen Sammlers, noch besser aber mit einer Niederlassung wandernder Schauspieler vergleichen, denn zu dem gesetzlosen Chaos der auf Reisen erbeuteten Waaren fügen noch die Weiber und Töchter der Kaufleute ihre Kleider und sämmtlichen Hausrath, weil ihnen die hintern Zimmer des Hauses als ausschliefslicher Wohnraum angewiesen sind. Durch Tataren belehrt, pflegen auch die Russischen Handelswandrer ihre Frauen meist an klösterliche Einsamkeit zu gewöhnen, damit sie auch in der Abwesenheit des Hausherrn vor den Blicken der Fremden sich scheuen: theils mag dann hier, wie überall, die Ausführung dem strengen Gesetze nicht völlig entsprechen, theils finden die Frauen Ersatz an den um sie aufgehäuften Schätzen, denn sie dürfen diese alle nach Belieben als Eigenthum benutzen, bis ein Käufer sich zufällig meldet oder eine neue Tauschreise unternommen wird. — Was von Homer's Sidonischen Zeitgenossen galt, bezieht sich wörtlich auf Beresower Krämer, denn auch diese bestehen

---

*) Man vergleiche unten Obdorsk, December 10.

VIII. Abschnitt. 1828. December.

bei ihren Winterfahrten längs des Eismeeres manches kritische Wagnifs (παρθεμενοι κεφαλην), aber als Beute bringen sie tausend erfreuende Schätze (αθυρματα μυρια) weil sie die gutmüthigen Völker mit sanften und feinen Worten zu umstricken und ihre Reichthümer geschickt zu benagen und auszusaugen wissen (ηπεροπευουσιν επεεσσιν . . . . Τρωκται).*)

Daneben aber haben hier auch Männer von Süd-Asiatischen Stämmen einen Theil des Monopols behauptet welches unter den Tschingiskaniden ihnen zustand, denn 1000 Werst weit, aus der Umgegend von Tobolsk, bringen Taren zu allen Jahreszeiten manche der gewöhnlichern Lebensbedürfnisse an die Beresower Russen. Ein solcher Reisende war mein Hausgenosse in der Stadt. Nach den Vorschriften des Koran lebte er mäfsig und einfach, am heutigen Abende aber fand ich ihn, wie gewöhnlich mit leichtem und bunten Chalate bekleidet, mit gekreuzten Beinen auf dem Fufsboden des Zimmers sitzend, er spielte geschickt auf einer Russischen Guitarre oder Balalaika, und sang dazu Tatarische Verse welche, nach seiner Versicherung, den Fall von Kasan betrauern. — —

Von den hühnerartigen Vögeln welche den Tobolskern so erheblichen Nutzen gewähren (Seite 467), giebt es auch hier bei Beresow eine grofse Menge, und zwar schofs man jetzt am häufigsten den Auerhahn, welchen die Russen gluchoi tetjor d. i. den tauben Tetrao nennen und die sogenannten kuropátki. Die mir unter letzterem Namen gezeigte Hühnerart war jetzt durchaus weifs, mit Ausnahme schwarzer Schwanzfedern. Sie haben nur drei Zehen und sind durchaus ohne Sporn. Nicht nur die Füfse sind bis unten, wo die Zehen sich theilen, befiedert, sondern es reichen auch noch Federbüschel bis zu den kahnförmigen und von unten hohlen Nägeln. Der kräftige Schnabel ist schwarz, seine Oberhälfte stark gewölbt und mit abwärts gekrümmter und über die Unterhälfte etwas übergreifender Spitze.

Im Sommer soll auch hier ein seltner Überfluss an wilden Enten dem Haushalte der Russen eine wesentliche Hülfe gewähren: man fängt sie auf die früher erwähnte Art (Seite 486), sammelt aber ausserdem deren Eier. Erst seit wenigen Jahren be-

---
*) Odyss. II. 237, IX. 255, XIV. 288, XV. 415.

sitzen einige Städter auch Haushühner, und bewahren sie im Winter gewöhnlich neben den Badstuben in Ställen welche zweimal in jeder Woche geheizt werden.

[December 3.] Die magnetischen Beobachtungen in Beresow waren vollendet und es wurden daher heute die nöthigen Vorbereitungen getroffen, um die Reise stromabwärts fortzusetzen. Wichtig war es schon hier eine bei den Russen gangbare Distinktion zwischen den Urbewohnern hiesiger Gegend zu beachten, denn die Bezeichnungen werchowíe und nísowie Ostjaki brauchte man hier gleich Eigennamen von den Ostjaken mit denen wir bisher umgegangen waren, und denen zu welchen wir uns nunmehr wendeten. Die genannten Ausdrücke bedeuten nur das was auf die obere und untere Gegend eines Flusses sich bezieht, sie setzen daher eine an sich durchaus willkürliche Terraingränze voraus, sofern aber dieselbe auch ethnographischen Werth haben soll, ist man völlig berechtigt sie, in jetziger Zeit, nach Beresow zu verlegen. In wiefern die Ursache dieser schärferen Begränzung erst in dem letzten Jahrhunderte durch Vermehrung Russischen Verkehrs am Obi herbeigeführt worden, lernte ich erst bei der Rückkunft aus der untern Flussgegend aus eigner Erfahrung beurtheilen, namentlich zeigte sich erst dann daſs ein erheblicher Unterschied zwischen den Dialekten der Werchówischen Ostjaken von Samárowo (Seite 552) und der Nísowischen Ostjaken von Obdorsk noch jetzt durch allmälige Übergänge vermittelt, und nicht bei Beresow scharf getrennt sei; aber es blieb wahr, daſs der Parallelkreis der Stadt eine Gränze bilde für die Bekleidungsart des Volkes, welche in Gegenden wie die hiesigen als erste Bedingung zum Wohlsein und als wichtigstes End-resultat der gesammten Ökonomie und Verfassung zu betrachten ist. Erst Nördlich von Beresow findet man nämlich diejenigen Rennthierpelze durchaus vorherrschend, welche bis Tobolsk als Handelsgegenstand gelangen und auch uns schon dort zukamen, und nachher während der ganzen Reise von unersetzbarem Nutzen wurden. Bei den Werchowischen Ostjaken sieht man sie aber meistens durch Nesselbast oder Nalùim-häute, als bei ihnen inheimische Materialien ersetzt, und nur für die Form der Kleider hat man auch dort an dem durch

Nördliche Nachbarn gegebnen zweckmäfsigsten Vorbilde sich gehalten.

Die Ostjaken sowohl als die hiesigen Russen bezeichnen mit peschkì die Felle der jüngsten Rennthierkälber, und verstehen unter neplúi oder neplúiki die der etwas ältern dennoch aber noch nicht ausgewachsnen Thiere. Diese beiden Abstufungen des Felles werden zu den meisten Theilen der Nisowischen Kleidung verwendet, und nur zu einigen besondern und im Verfolge zu erwähnenden Zwecken dient die ungleich stärkere Haut des ausgewachsnen Thieres. — Bei Männern und Weibern sind die fünf wesentlichen Stücke des Anzuges durchaus gleich, auch bedienen sich beide des sechsten oder äufsersten Kleides welches nur bei strenger Kälte getragen wird. Die verschleiernde Kopfbedeckung (Seite 541) bleibt demnach bei den Ostjaken als einziger äufserer Unterschied für beide Geschlechter. *) — Kurze Hosen aus gegerbtem Rennthierfell zieht man zuerst auf den nakten Körper. Sie werden um die Hüften eng zusammengehalten und reichen nach unten bis an das Knie. Alsdann bedecken sie die Füfse mit Strümpfen (Ostjakisch: tschiji) aus höchst biegsamen und weichen peschki, deren Haar gegen die Haut des Bekleideten gekehrt und durch sorgsame und kunstreiche Abscheerung an allen Stellen von gleichmäfsiger Länge gehalten ist. Sie reichen eine Hand breit über das Knie und werden dort mittels dünner Riemen an das Beinkleid befestigt. — Darüber zieht man ebenso lange Stiefel (Ostj.: púimi) von dem ungleich stärkeren Felle alter Rennthiere. Die Haare derselben sind ebensowohl auf dem Schafte als auf der Sohle nach aussen gekehrt, auf letzterer aber stets mit den Spitzen gegen die Zehen des Menschen gerichtet, damit sie beim abwärts gehen auf glattem Eise oder hartem Schnee durch Friktion einen stärkern Widerstand verursachen. Der Untertheil des Stiefels ist sehr weit und geräumig, der Schaft aber zu engerem Anschliefsen aus zwei Stücken zusammengenäht von welchen das breitere die Wade und mehr als die Hälfte des Beines umgiebt, während das schmalere vorne platt auf dem

---

*) Bei den Samojeden herrscht in dieser Beziehung eine wesentlich verschiedne Sitte (unten December 12.).

Schienbeine ruht. Dennoch bedarf es ganz besondrer Sorgfalt um die Fuſsbekleidung vollständig zu befestigen. Zunächst dienen dazu zwei dünne Riemen welche von dem Schafte nach oben zu dem Gurte des Beinkleides reichen, auſserdem aber zwei **Bänder** welche dicht über der Wade an dem Hintertheil des Stiefels in das Fell eingenäht sind und nach vorne um das Schienbein zusammengeschnürt werden. Nirgends sah ich Rieme zu diesem Zwecke angewendet, sondern überall völlig gleichartige **rothe wollene Bänder**, welche die **Ostjaken** von den **Russen** kaufen. Offenbar veranlaſst zur Nachsuchung dieses **Europäischen** Hülfsmittels der Umstand, daſs bei heftigem Froste die steiferen Riemen nicht so stark befestigt werden können als weichere Bänder: denn nur durch sicheres Anschlieſsen wird die **Nisowische** Fuſsbekleidung ebenso bequem als wärmend.

Auf die nackte Brust zieht man sodann das erste Oberkleid oder die **máljza**, deren eigenthümliche Hauptform sich nicht nur an allen übrigen **Ostjakischen** Oberkleidern, sondern auch an denen der meisten **Nord-Sibirischen** Völker wiederfindet, sodann aber auch bald als **Französische Blouse**, bald als **Sizilischer Marinajo**, bei **Süd-Europäischen** Stämmen gesehen wird, und für diese einen sehr überraschenden Vergleichungspunkt mit den meisten Aboriginern des **Asiatischen** Nordens darbietet.[*]) Die máljza wird meist aus **neplúi** genäht, rundum gleich einem Sacke geschlossen, ist sie mit Ärmeln und mit einer am Halse anschlieſsenden Öffnung zur Hindurchsteckung des Kopfes versehen. Die weiche Behaarung ihrer Felle ist überall nach innen gegen den Menschenkörper gekehrt: eine Ausnahme macht jedoch der an jedem der Ärmel angenähte Fausthandschuh bei welchem stets die Behaarung nach aussen gewendet ist, während die kahle Seite der Rennthierhaut auf der Haut des damit Bekleideten ruht. Es könnte ausserdem auffallen, daſs diese an die **máljza** angesetzte Handbekleidung stets recht geflissentlich aus dem härtesten und unbiegsamsten Theile des Rennthierfelles: aus den Pfoten (**Russisch: lápui**) eines ausgewachsnen Individuum genäht wird, aber da

---

[*]) Auch in dieser Beziehung werden wir der **Samojedischen** Sitte als einer merkwürdigen Ausnahme zu erwähnen haben.

bei der Rennthierfahrt, beim Fischfang und auf der Jagd die **Ostjaken** oftmals zur Handhabung schwerer und rauher Gegenstände genöthigt sind, so mufs ihnen eine dicke Bedeckung der Extremitäten willkommner sein als eine biegsame. Um aber bei feineren Arbeiten die einzelnen Finger von einander, nicht aber blos den Daumen von der übrigen Hand trennen zu können, läuft über die ganze Unterfläche des Fausthandschuhs ein enger Queerschlitz *) aus welchem man die Finger nach unten hervorstreckt, während sie von oben her durch den darauf ruhenden Handschuh noch geschützt bleiben.

Über die **máljza** zieht man nun ein zweites Oberkleid den **park**, welcher in vielen Fällen den Anzug vollendet. Wenn aber ein längerer Aufenthalt im Freien beabsichtigt wird, so ersetzt man diese Pelzart durch den sogenannten **gus**, während endlich alle Reisende bei sehr strenger Kälte die **máljza** mit dem **park** bedecken, und dann den **gus**, über beide, als letztes Schutzmittel ziehen. **Park** und **gus** sind sowohl unter sich als mit der **máljza** von gleichem Zuschnitte, für beide erst genannte ist aber ein wesentlicher Charakter, dafs sie die Haarseite nach **aussen** kehren, so dafs also ein jeder derselben, wenn er über die **máljza** gezogen wird, mit dieser zusammen eine **beiderseitig behaarte** Schutzfläche bildet, und somit ohne Zweifel dem sinnreichen Menschen einen hohen Vorzug vor jeder Thierart verleiht. — So wie eine Verlängerung der **máljza** den nöthigen Schutz für die Hände gewährte, so wird nun endlich mit jedem der zwei andern Pelze dem Anzuge eine bisher noch mangelnde Kopfbedeckung hinzugefügt, denn an die Halsöffnung dieser Kleider ist zu diesem Zwecke eine eng anschliefsende Kappe angefügt welche das ganze Hinterhaupt des Tragenden bedeckt und aus einer ovalen Öffnung das Gesicht nur bis zu den Schläfen, bis zum Vorder-Theile der Backenknochen und bis zur Spitze des Kinnes hervorragen läfst. Der **Park** wird stets aus **neplúiki** genäht, und trägt, als hohe Zierde, auf dem Obertheil seiner Kappe die gespitzten Ohren des jungen Rennthiers, ausserdem fehlt nie an dem Saume dieses Kleides eine Verbrämung aus dem Felle junger langhaariger

---

*) Senkrecht auf die Längenrichtung der Finger.

Hunde *) welche von Zughunden abstammen und, so wir es zu Kùnduwansk gesehen (S. 586), den Weibern zur Pflege empfohlen und nachher der Putzliebe geopfert werden. — Ebenso bestimmt besteht der sogenannte gus aus dem langhaarigen Felle eines alten und im Winterkleide befindlichen Rennthiers; den Ostjakischen Männern verleiht er stets das Ansehn des schönsten Eisbären, denn ein braunes Kleidungsstück dieser Art ist nur bei den Beresower Kosacken beliebt, die Ostjaken aber haben eine entschiedne Vorliebe für einen schneeweifsen gus, sei es nun dafs auch sie, aufmerksam geworden durch den Farbenwechsel bei all ihren Waldthieren, an weifsen Gegenständen die Eigenthümlichkeit einer langsamern Wärmeausstrahlung bemerkt haben, oder dafs sie nur der Jagd wegen sich mit der Schneedecke gleichmäfsig färben, um den verfolgten Thieren weniger aufzufallen. Schon hier mufs übrigens vorläufig bemerkt werden, dafs bei den gezähmten Rennthieren der Wechel der Haarfarbe kaum noch bestimmbaren Regeln unterliegt, denn mitten im Winter habe ich unter schneeweifsen Thieren ebenso viele andre gesehen an denen alle Farben-Abstufungen bis zu entschiedner Braunheit sich zeigten; auch das Lebensalter ist ganz ohne Einfluss, denn unter den gesammelten peschki und neplúiki hat man stets eine reiche Auswahl von braunen bis zu schneeweifsen Fellen. — Als einen bemerkenswerthen Unterschied zwischen dem park und gus habe ich noch zu erwähnen, dafs der letztere merklich leichter ist als jener, denn sehr augenfällig wird dadurch erwiesen, dafs bei einem alten und stark behaarten Thiere die gesammte Haut spezifisch leichter ist als bei einem jüngeren Kalbe und wohl verdiente es eine fernere Untersuchung ob auch bei andern verwandten Wiederkäuern eine ähnliche Folge des zunehmenden Alters sich zeigte.

Nachdem nun auf diese Weise der Körper gegen Kälte geschützt worden, bleibt dennoch eine wichtige Ergänzung nach-

---

*) Nachdem ich wie unten gezeigt werden soll, eine sehr vollständige Übereinstimmung der Ostjakischen Sprache mit der der jetzigen Ungern bemerkt habe, scheint mir die Ostjakische Benennung des eben erwähnten Kleidungsstückes auf die ihm eigenthümliche Verbrämung sich zu beziehen und mit dem Madjarischen párkány, die Kante, der Rand, zusammenzuhangen.

VIII. Abschnitt. 1828. December. 619

träglich zu leisten. Die nur um wenig jenseits des Knies reichenden Oberpelze sind zwar auch an sich schon dem Gange des Bekleideten keinesweges hinderlich, ja, wegen zweckmäſsiger Vertheilung ihres Gewichtes über den ganzen Körper, fühlt man sich auch bei gleichzeitiger Anwendung der dreifachen Bedeckung noch durchaus beweglich und gewandt: dennoch aber ist eine feste Umgürtung der Weichen über den Hüften mittels eines Zoll-breiten Riemens (Russisch: kuschàk) bei den Ostjakischen Männern stets üblich, denn durch diese wird es möglich, die máljza um ein Geringes zu erheben, sie bauschig auf der Brust und am Rücken zu legen, und dadurch zwischen dem nakten Körper und dem Ausbug des Kleides die einzig übliche Tasche zu gewinnen. Es werden aber meist nicht über Hand-breite und 2 bis 3 Zoll dicke Gegenstände in diesem Verwahrsam gehalten, denn ein leichter Aus- und Eingang zu ihm führt nur durch den oben erwähnten Queerschlitz des Handschuhs (Seite 617): durch diesen wird das in die Tasche zu Führende zuerst in den linken Ärmel der máljza befördert, alsdann mit der linken Hand ergriffen und, während die Rechte den linken Handschuh vom Körper abwärts hält, durch Einwärtskrümmung des linken Armes in den Sinus gelegt, in welchem der eng geschlossne Kuschak es zurückhält. Namentlich werden wir später dieser Tasche als Bewahrungsort für den Schnupftabak zu erwähnen haben, an welchem die Nisowischen Ostjaken leidenschaftlich hangen. —

Es ist ebenso auffallend als bemerkenswerth, daſs kein Ostjak jemals den erwähnten Hüftgurt anwendet, ohne ihn mit einigen metallnen Theilen zu versehen, denn schon durch dieses nicht vom Rennthier entnommne Stück des Anzuges ist das Volk in eine bestimmte Abhängigkeit von den Fremden versetzt. Jetzt erfüllen sie dieses Bedürfniſs gegen sehr bedeutende Preise (unten Obdorsk) durch die Russen, und zwar kaufen sie namentlich zur Schlieſsung des Gurtes ein Messingblech mit drei Ösen, welches an das eine Ende desselben genäht wird, und einen messingnen Haken für das andre Ende des Riemens, ausserdem gewisse metallne Knöpfe (siehe Obdorsk) mit denen sie nur zur Zierde den Kuschak besetzen. Freilich wird es durch jene erstgenannte Vorrichtung möglich, den Hüftgurt je nach Maſsgabe der gehaltnen

Mahlzeit zu verengern oder zu erweitern um nicht den Vortheil einer Tasche zu verlieren, aber wenn nicht sehr alte Gewohnheit eine Vorliebe für dieses Mittel unterhielte, so könnte es eben so füglich und ohne jede Kosten durch blofses Binden ersetzt werden. Der Preis dieser Hakenschlösser sowohl als der angedeuteten metallnen Verzierungen ist defswegen sehr erheblich, weil beide nur allein zum Gebrauch der Ostjaken durch Sibirische Kaufleute in Russischen Werkstätten bestellt werden, denn die Russen selbst, in Europa sowohl als in Asien, bedienen sich nur ausschliefslich der gewebten Leibgurte (Seite 481) zu ähnlichem Zwecke. Sehr schlagend wird auch durch dieses Verhältnifs erwiesen, dafs Völker welche die Metalle zu bearbeiten verstanden, von jeher, und lange vor der Umgestaltung Sibirischer Verhältnisse durch die Russen, einen innigen Verkehr mit den Nisowischen Ostjaken unterhielten. — Auch ein eisernes Messer mit breiter Klinge und rohem hölzernen Griffe wird, in lederner Scheide, beständig an denselben Leihgurt gehängt. Die Ostjaken nennen dieses nützlichste Werkzeug käje und käsim*) und sie kaufen es jetzt ebenso begierig wie jene andre Metallgeräthe von den Russischen Krämern, dennoch aber spricht die allgemeine Einführung desselben durchaus nicht so bestimmt wie die der zuvor genannten Gegenstände des Luxus, für einen frühzeitigen und steten Umgang mit Metall-reichen Nachbarn, denn wenn auch immerhin bis zu der Bekanntschaft mit den Russen steinerne oder anderweitige Surrogate anstatt der eisernen Messer in Gebrauch gewesen wären, so würde doch in diesem Falle die

---

*) Siehe unten Obdorsk. Dieser Ausdruck ist sehr lehrreich in Beziehung auf die oben (Seite 618) angedeutete Sprachverwandtschaft. Im Ungarischen und nach dort üblicher Orthographie heifst kés das Messer, kéz die Hand, und offenbar deutet dort die Assonanz beider Worte auf eine sinnreiche Vergleichung des nützlichsten Gliedes mit dem nützlichsten Werkzeuge. Im Ostjakischen ist der Name des Messers unverändert geblieben, die Hand aber durchaus neu benannt und heifst nun juch; der alte Ausdruck ist aber, ebenso wie in der Rede der frühzeitig vom Hauptstamme getrennten Ungern, auch in dem Wogulischen Dialekte Ostjakischer Sprache geblieben, denn dort ist noch jetzt: kat eine Hand (Seite 386).

gebotne Neuerung von allzu überwiegender Wichtigkeit gewesen sein, als dafs schnelles und ausschliefsliches Annehmen derselben mit der von ungleich unwesentlicherm Bedürfnisse vergleichbar wäre, oder ebenso wie diese einer besondern Erklärung bedürfte.

Wenn diese Aufschlüsse über die **Bekleidungs-angelegenheit** der **Nisowischen Ostjaken** uns schon hier in **Beresow** als Vorstudien zu dem Umgange mit diesem Volkstamme wichtig waren, so konnte doch nur etwa nach völliger Beendigung der Nördlichen Ausflucht die Auffassung tiefer begründeter Eigenthümlichkeiten, für intellektuelle und ethische Ausbildung der Nation, versucht werden, denn es war ja gleichmäfsig eine jede der individuellen Erfahrungen zu berücksichtigen, welche bei dem Umgange mit dem **Werchowischen** und **Nisowischen** Stamme sich darboten, freilich in zufälliger Vereinzelung aber um so mehr nur durch ofte Wiederholung bedeutsam. Einige eben dahin gehörige Resultate der **Beresower** Gespräche sind daher hier nur aphoristisch zu erwähnen. Die Ehrlichkeit der **Ostjaken** wird von den **Russen** ebenso sehr gelobt als bewundert. Diebstahl sei unerhört, denn wenn bisweilen den in den Jurten übernachtenden Kaufleuten ihr Brod von der Narte verschwunden sei, so habe man stets die Zughunde schuldig befunden. — Ein gegebnes Versprechen werde von den hiesigen Urbewohnern niemals verletzt, doch seien dabei gewisse denkwürdige Bekräftigungsmittel üblich. Der Landrath des Kreises (**sémskji ispráwnik**) erzählte mir, dafs bei gerichtlichen Streitfragen zwischen **Russen und Ostjaken** auch jetzt noch stets der Kopf eines Bären in die Gerichtsstube gebracht werde, und dafs dann dieses für allwissend gehaltne Thier von den **Ostjaken** zum Zeugen aufgerufen werde. Der Schwörende mache dabei selbst die Geberde des Auffressens und fordere von dem Bären, dafs er ihn ebenso zerreisse, wenn er gegen die Wahrheit geredet habe. — Auch sagte man, dafs ein gegebnes Wort auch nach dem Tode des Versprechenden wirke, denn der Sohn bezahle freiwillig die Schulden des Vaters, ja oft nach mehrern Generationen haben Familien die Verpflichtung eines ihrer verstorbnen Mitglieder erfüllt, sobald der Fordernde sichtbare Beweise vorbrachte: es dienen aber zu diesem Zwecke gewisse in Holz geschnittne Kerbzeichen welche, durchaus ohne den Werth einer pasigraphischen Schrift, in den einzelnen Familien als Namenschiffern sich vererben. Man habe oft dergleichen alte Schnitte in dem Holzwerke einer Jurte nachgewiesen und nur dadurch das ganze Gebäude für einen längst vergessnen Schuldner in Anspruch genommen und erhalten. — Knoten in einer Schnur oder in einem Riemen dienen zugleich als Zahl- und conventionelle Sach-Zeichen. Dergleichen Riemen hatte ich, ohne die Bedeutung zu kennen, in einigen der letzten Jurten vor Beresow gesehen und erfuhr hier, dafs sie nach alter Sitte von den Ostjaken eingeführt worden seien, um über Vorspann welche sie Russischen Reisenden leisten, Rechnung zu tragen und die ihnen dafür zukommende Entschädigung in der Stadt zu fordern. Aus Marco Polo's Berichten wissen wir, dafs schon im 13ten Jahrhundert in allen Gegenden des Erdtheils der Tschingiskaniden ein wahres Postwesen zur Beförderung der Reisenden in Aufnahme war, ja dieselbe Formalität einer Kaiserlichen podorójna (Seite 132) sehen wir damals so wie jetzt in Gebrauch,*) und wenn auch die Venetianischen Reisenden die Gültigkeit der ihrigen nur zwischen Pekin und dem schwarzen Meere erprobten, so erhellt doch genugsam aus andern Stellen ihres Tagebuches, dafs auch zu jener Zeit schon die Anwohner des Obi ihnen auf Verlangen Vorspann geleistet haben würden. Indessen hätten sie bei den Werchowischen Ostjaken durchaus nur Hunde erhalten, denn ein eigenhändiges Umgehen mit dem Pferde gehört für diesen Volkstamm zu den Ereignissen einer letzten Periode. Auf dem bisherigen Wege hatte äufserst ungewandtes Benehmen unsrer gutmüthigen Fuhrleute beständig daran erinnert, und hier in Beresow erzählt man sich noch jetzt von einem Werchowischen Ostjaken, der einem anzuspannenden Pferde die Hinterfüfse aufhob, um den Kummet über die Keulen zu

---

*) Bekanntlich wurde den Venetianern ihr Postpass von Kublai Kan auf einer goldnen Tafel ausgestellt. In welcher Schrift haben sie anzugeben vergessen; der Annahme dafs es überall lesbare Zeichen gewesen seien, wird man durch jetzige Erfahrungen völlig überhoben, denn auch eine Petersburger Podorójna wird in Nord-Asien nur an seltnen Stellen gelesen, dazwischen aber wirkt mündliche Tradition von Ort zu Ort.

streifen so wie er es mit dem Zuggurte seiner Hunde gewohnt war (Seite 565).

Es darf endlich nicht unerwähnt bleiben, wie auch jetzt, neben dem antiken und Asiatischen Charakter des Beresower Lebens, sehr grell contrastirende Erinnerungen an moderne Europäische Geschichte sich fanden. Unter dem Namen der Unglücklichen vom 14ten December (neschtschástnie tschetúirnadzatogo Dekabrjà) hatte man uns schon früher in Sibirien von den Umtriebern gesprochen welche, in Folge des neusten Staatsstreiches, gesetzlicher Ausspruch durch Nord-Asien zerstreut hatte, und von diesen begegneten wir hier in Beresow dem gewesnen Kavallerie-General Grafen Górskji und den gewesnen Hauptleuten Focht und Tschernílow. Man sah sie meist in Nisowischer Kleidung, aber bei Staatsfesten trugen sie Europäische Überröcke, um die Spuren ehemals aufgenähter Orden zu zeigen. — Übrigens waren hier sehr verschieden gestimmte Männer nach einerlei Schiffbruch auf demselben Brette vereinigt. Nur den zwei jüngeren war der Muth gebrochen, weil sie einem einseitigen Gedanken mit äußerster Verblendung ergeben gewesen, denn die von dem Deutschen Tugendbunde ausgegangne und in Russischen Verbindungen traditionell erhaltne Aufregung hatte sie so vollständig ergriffen, daß die Armen auch jetzt noch die Theilnahme von ganz Europa auf ihr Unterliegen gerichtet glaubten. Aber den älteren und härteren Kriegsmann hatte nur ein tollkühner Hang zu verzweifelten Schlachten berauscht. Von den Verschwornen theils ungekannt, theils verachtet, trat er erst am Tage der Entscheidung in ihre Reihen, jetzt aber glaubte er sich nur durch Waffen besiegt, auch war ihm zu Beresow alles übrige genehm, nur nicht die Hindernisse welche der hohe Norden dem Reiterleben entgegne. „Die hiesigen Pferde vermögen kaum ihn zu tragen, und zum Trost habe er zwar Beresower Kosacken in der schulgerechten Reitkunst unterrichtet, aber durch tiefen Schnee und durch Sumpf werde die freie Ausübung im Winter und im Sommer verhindert." — Einige andre Schuldige des verhängnißvollen Monats vergruben sich auch in Beresow zu noch vollständigerer Einsamkeit, man sagte, sie leben mit ihren Frauen welche ihnen sofort nach Sibirien gefolgt waren: gleiche Beispiele ehelicher Treue sind aber in der Geschichte Russischer Verbannungen durchaus gewöhnlich. —

Es gehört zu den zahlreichen Mährchen welche man im Westlichen Europa von Sibirien erzählt, daſs diese oder irgend welche Verbannte für Rechnung des Staates zum Zobelfang oder zu anderweitigen Jagdunternehmungen angehalten werden. Vielmehr sieht man zu Zwangsarbeiten Verdammte*) nur in den Uralischen und Nertschinsker Bergwerken, so wie in einigen ähnlichen Fabrikanstalten beschäftigt (Seite 381. Abschnitt X. und XV.), auch hatten Mehre der hier in Beresow gesehnen Umtrieber (buntówtschiki) bereits in Nertschinsk ein härteres Strafjahr verlebt. Alle übrigen und bei weitem die Mehrzahl Russischer Delinquenten verweist man zur Ansiedlung,**) und insofern sie der arbeitenden Klasse angehörten, zu selbstthätiger Ernährung, jedoch so, daſs ihnen anstatt bisheriger Leibeigenschaft nunmehr in jeder Beziehung die Lebensverhältnisse freier West-Europäischer Landleute zu Theil werden (Abschnitt IX. und XII.). Staatsverbrecher aber welche in Russland wie überall sich meist in den höhern, d. i. zu Handarbeiten ungeübten Ständen finden, werden zur Ansiedlung nur in

---

*) In Sibirien nennt man diese Art der Verbannten: kátorschniki, ihre Strafe aber kátorschnaja rabóta oder kátorga. Niemand kennt dort die Abstammung dieser Ausdrücke und überraschend ist es, grade durch sie, bei genauerer Ansicht, auf Griechischen Ursprung der Verbannungssitte geleitet zu werden. Wie bei den Byzantinischen Schriftstellern so wird noch jetzt am schwarzen Meere ein Ruderschiff von den Griechen durch κάτεργον von den Russen aber durch das nachgebildete kátorga bezeichnet, dort heiſsen kátorschniki die, jetzt nur gemietheten, Ruderknechte und man kann daher zweifeln ob, so wie in andern Ländern, so auch ehemals bei den Byzantinern und in Russland nur Galeerenstrafe als Zwangsarbeit üblich gewesen, oder ob vielleicht das Griechische κάτεργον auf allgemeinere Weise auch die schon in höherm Alterthum übliche Verdammung zu den Bergwerken (damnatio ad metalla Μεταλλίζειν) mit in sich begriff. — Ohne Zweifel ist übrigens auch, trotz völlig entfremdeten Begriffes, die in der Russischen Marine übliche Benennung: káter für die gröſste Schaluppe eines jeden Schiffes nur aus κάτεργον entstanden.

**) Na poselénie, von seló Wohnplatz oder Niederlassung.

VIII. Abschnitt. 1828. December.

Städte Sibiriens geschickt, weil es dort leichter ist ihnen den auf Staatskosten verliehnen Lebensunterhalt zu sichern. — Auch von denkenden Russischen Männern hörte ich oft als schwer zu erklärendes Paradoxon erwähnen, daſs die zur Ansiedlung verurtheilten Bauern ohne Ausnahme und mit äuſserster Schnelligkeit zu musterhaftem Lebenswandel sich bekehren, doch ist es sicher nur die Wohlthat persönlicher Freiheit welche zu dieser Sinnesänderung veranlaſst. Um so mehr erscheint aber die Verbannung zur Kolonisation, anstatt enger gefänglicher Haft, als ein vortrefflicher Zug der Russischen Reichsgesetze, und wenn auch zu dem Bergwerks-Exile, als Surrogat der Todesstrafe, ebenso wie zu vielen der weiseren Sitten, die erste Anregung von Griechischen Lehrern ausging, so ist doch die Besserung der Verbrecher durch Ertheilung persönlicher Freiheit ein ebenso origineller als vortrefflicher Zusatz vaterländischer Gesetzgeber.

[December 3.] Mit Westwind und bei hellem Himmel war heute um Mittag die Lufttemperatur — 21° R. Wir bereiteten uns nun zur Abreise und namentlich muſste hier wiederum einige Änderung in dem Fuhrwerk getroffen werden. Den gröſseren unsrer zwei Schlitten (Seite 529) hinterlieſsen wir in Beresow als untauglich zur Rennthierbespannung, und erhielten dagegen durch Herrn Bergúnow eine zweite bedeckte Narte deren Kasten mit Rennthierfellen bekleidet war, und einen andern ebenso langen aber noch schmälern und offnen Schlitten.

Die erste Station, 50 Werst gegen Norden von Beresow, wird noch mit Pferden zurückgelegt. Wir begannen unsre Fahrt um 2 Uhr Nachmittags (14 Minuten vor Sonnenuntergang) und rasteten auf der Hälfte des Weges bei den Ustsóswinsker Jurten welche, wie ihr Name es andeutet, nahe an der Mündung (ústja) der Sóswa in den Obi, aber abwärts vom Ufer gelegen sind. Eine dichte und ungemein hochstämmige Nadelwaldung umgiebt sie ringsum und, wie man versicherte, ist Pinus Cembra hier vorherrschend.

Die Ostjaken von Ustsóswinsk fanden wir in der Jurte vor dem tschubàl mit Anfertigung eines Fischkorbs oder Reuse (Russisch: mórda; Ostjakisch: gimgi) beschäftigt. Man gab diesem Geräthe die auch in Europa übliche Gestalt, aber da es zum

Stör-Fang bestimmt war, eine Höhe von 8 Fufs bei etwa 4 Fufs Durchmesser. In Ermanglung biegsamer Ruthen von der erforderten Länge sah ich wie die Männer Stangen von Lärchenholz mit grofser Geschicklichkeit in dünne und daher flechtbare Stäbe spalteten. Wurzeln von Pinus Cembra dienten zum Binden. — Die Mündung der *So s* wa ist, so wie die aller Uralischen Zuflüsse des Obi, für den Winterfischfang von äufserster Wichtigkeit, denn im December wenden alle vom Meere aufsteigenden Fische sich mit vermehrter Schnelligkeit Westwärts gegen die Quellgegenden in denen sie auch bis zum Frühjahr gefunden werden. Von allen übrigen Theilen des Flusssystems versichern aber einstimmig die Ostjakischen und Russischen Fischer, dafs sie mit Anfange des Januars ihre Bewohner durch den Tod verlieren. Man sagt die Flüsse sterben dann ab (Russisch: samirájut) und belebte Orte (wörtlich lebende Orte, *j*iwúia mjésta) habe man dann nur in jenen Quellgegenden zu suchen. Man spricht von dem Samòr, d. h. dem Todeskrampf, oder auch von dem Hauche oder Dunste (dùch) als von einem eigenthümlich feindlichen Prinzipe, welches die Fische, bald noch in der Freiheit, bald in den Fallen, erreiche und tödte. Sie glauben es sei das Wasser, welches dann eine nur für Fische giftige Beschaffenheit besitze, doch sei weder dessen Ansehn noch Geschmack im Geringsten verändert, auch habe es auf die Menschen die davon trinken, durchaus keinen Einfluss. Man könnte wohl vermuthen, dafs das Flusswasser unter der Eisdecke den für die Fische nöthigen Luftgehalt allmälig verliere; eine andre Erklärung scheint aber erfordert durch die Plötzlichkeit des Erfolges und durch die bestimmte Bemerkung der Einwohner dafs überall wo Quellen in den Obi münden, der Samòr länger verhindert, wo aber Wasser aus sumpfigen Neben-seen (sóri) eintrete, derselbe begünstigt wird. Von durchaus ähnlicher Sterblichkeit unter den Fischen habe ich mich später auch beim Aufthauen der in das Ochozker Meer mündenden Flüsse überzeugt (Abschnitt XIV) und dort sowohl als auch an den merkwürdigen Laichstellen der Kamtschatischen Lachse (an den Quellen der Kamtschatka, Abschnitt XX) wird über verwandte Verhältnisse Manches beizubringen sein.

VIII. Abschnitt. 1828. December.

Sowohl von Ust*sós*winsk aus als auch weiter abwärts nach Obdorsk fuhren wir stets auf der linken Hälfte des Stromes oder dem sogenannten kleinen Obi, denn nur am Westlichen und hier stets waldigen Ufer halten sich die Rennthierbesitzer im Winter. Im Sommer ziehen Einzelne mit sämmtlichen Heerden noch weiter aufwärts gegen die moosreichen Gegenden des Gebirges, während die übrige Bevölkerung des Fischfanges wegen in den festen Jurtenhaufen am rechten Ufer des grofsen Obi verbleibt. Auch nur bei diesen verkehren alsdann die von Tobolsk kommenden Mannschaften Russischer Kaufleute, theils um Ruderer zur Reise nach Obdorsk zu dingen, theils um eignen Fischfang an Orten zu üben, welche sie von den Ostjaken gekauft zu haben behaupten. —

Um Mitternacht kamen wir zu den Teginsker Winterjurten welche, eben wie die *Sós*winsker, mitten im Walde gelegen sind. Hier sollten wir die ersten Rennthiere erhalten. Einige Männer safsen in der Jurte mit entblöfstem Oberleibe an dem helllodernden Feuer, um sich vor der Nachtruhe kräftiger zu durchwärmen, die übrigen erhoben sich ebenso nackt aus den Abschlägen, wo sie bereits unter Rennthierfellen geruht hatten. Sogleich kleidete man sich an und ging aus, um die Rennthiere zu fangen, von denen es hiefs, dafs sie heute weit gegangen seien, weil „wegen dünnen Schnees überall (d. h. auch jenseits des umgebenden Waldes?) Moos zu finden sei." — Wir blieben in den Jurten mit den Weibern, welche uns gastfrei auf dem allgemeinen Bette äufserst frische und reinliche Rennthierfelle zurecht legten. Nur für kürzeres Bedürfnifs schien dieses Gebäude bestimmt, denn nicht Baumstämme bildeten die äufsern Mauern sondern, wie sonst nur die Scheidewände der Abschläge, bestanden hier auch diese nur aus starken Brettern. — Das Innre der Wohnungen war aber so einladend und zierlich, wie wir es nie oberhalb Beresow bei Fischern gefunden hatten: wohl dürfte die Neuheit des eigenthümlich wohlgefälligen Geruchs von frischen Rennthierhäuten bei uns diesen Eindruck vermehrt haben.

[December 5.] Es mochte eine Stunde gedauert haben als zuerst aus der Ferne durch den Wald das Geschrei der Treiber gehört wurde. Es war ein dumpfes Hu hu welches, von mehrern

Stimmen gerufen, beim Herannahen sich ungeheuer verstärkte: bald darauf unterschied man auch das höchst eigenthümliche Geklapper von den Füfsen der laufenden Heerde. Nun traten wir alle vor die Jurte und sahen die gescheuchten Rennthiere von verschiednen Seiten her in gestrecktem Galopp sich versammeln. Als das Hetzgeschrei aufhörte, blieben sie ruhig in der Nähe des Hauses, und noch hungrig suchten sie unter dem Schnee nach neuer Nahrung. Man entwickelte dann einen langen Riemen, hielt ihn von Hand zu Hand drei Fufs hoch über dem Boden, und umging damit die Heerde in anfangs weitem, nachher aber immer enger geschlossnem Kreise, bis dafs alle Thiere zu gedrängtem Haufen versammelt waren. Dann traten einige Männer in das Innre des geschlossnen Kreises, griffen die zum Anspannen bestimmten Rennthiere bei den Hörnern und banden sie mit diesen an den Riemen, bis dafs von den Auserwählten eine lange Reihe gebildet war. Nur einigen wurde, bis man die Schlitten bereitet hatte, ein Baumzweig um den Hals gehängt. Dieses ganze Verfahren wäre unmöglich, wenn nicht diese halbgezähmte Heerde aus eignem Antriebe eine merkwürdige Unterwürfigkeit zeigte. Ein gut gerichteter Schlag mit dem 4 Fufs langen Geweihe wäre sicher tödlich, aber weder als man sie griff, noch auch nachher als ich den gebundnen den Mund öffnete, wie man bei Pferden thut, und ihre Vorderfüfse aufhob, zeigten sie den geringsten Widerstand. Auch suchte keines, so leicht es gewesen wäre, den umgebenden Riemen zu überspringen, vielmehr flohen sie scheu vor den haltenden Menschen gegen die Mitte des Kreises.

Sehr wichtig schien es nun auf den Mechanismus der Lenkung des Zug-Rennthiers beobachtende Aufmerksamkeit zu richten, denn die Aggregate von Zeichen durch welche der Mensch sich mit jedem seiner Hausthiere verständigt, sind ja wahrhafte Sprachen, und mithin Gegenstände einer echten comparativen Philologie, welche in ihren ersten und allgemeinsten Grundzügen irgendwo Anklänge und Approximationen für die Theorie derjenigen Wortsprachen gewähren könnte, welche bei den Menschen unter sich in Gebrauch sind. So sind z. B. viele Philologen der Überzeugung, die ersten Elemente jeder Sprache seien nothwendig natürliche Zeichen gewesen welche, durch ihren unmittelbaren Eindruck, die

Erinnerung an den zu bezeichnenden Gegenstand, ohne alle vorläufige und willkürliche Übereinkunft bedingten: also für die Lautsprache die Onomatopöen. Stillschweigend hat man dasselbe Prinzip in jene comparative Philologie übertragen und zwar zeigt es sich nirgends unumwundner als in den meisten Theorien der Dressur des Pferdes. Man kann wohl dreist behaupten, daſs keine Sprache der Menschen unter sich, durch Bestimmtheit, Kürze und Schnelligkeit des Ausdrucks, durch Manchfaltigkeit und Feinheit der bezeichneten Abstufungen derjenigen gleichkomme, durch welche wir uns mit einem völlig sprachkundig gewordnen Schulpferde verständigen; und dennoch müht man sich ab, für jedes einzelne Zeichen der sogenannten Hülfen eine natürliche in der Organisation und den Gefühlen des Thieres unmittelbar begründete Bedeutung nachzuweisen. Einer gründlichen Kritik entgeht jedoch nicht das Gezwungne und Unstatthafte in vielen dieser Zurückführungen auf Natürlichkeit der Zeichen.

Man hat vielmehr Grund anzunehmen daſs die höhere Ausbildung und die gesteigerte Manchfaltigkeit der dem Pferde anzudeutenden künstlichen Stellungen und Bewegungen, die Einführung vieler rein conventionellen und willkürlich gewählten Zeichen nach sich zog, welche seit Pignatellis Zeiten traditionell überliefert und durch seine Nachfolger mit neuen vermehrt, uns die jetzt übliche Sprache mit dem Schulpferde als ein Aggregat einiger natürlichen mit vielen rein willkürlichen Zeichen darstellen: grade ebenso wie die cultivirteren Lautsprachen von den Philologen als ein Aggregat einiger Onomatopöen mit vielen blos conventionellen Zeichen anerkannt werden. — Wenn man jedoch auch zugiebt daſs Kandare, Kapzaum und Pilaren und die feinere Combinationen von Schenkel, Sporen neben und hinter dem Gurt, Gerte, Zungenschlag, Druck im Bügel u. s. w. sehr viel absolut Conventionelles enthalten, so bleibt dennoch wahr, daſs die Inkunabeln der Europäischen Pferdelenkungs-Sprache rein onomatopöisch natürliche Zeichen gewesen sind. Bis zur Byzantinischen Aera kannten die Alten nur die Trensen-Zäumung, bei welcher ein Druck auf den rechten Mundwinkel das Thier instinktmäſsig bestimmt diesem Gefühle dadurch zu entgehen, daſs es mit dem Kopfe rechts nachgiebt, und folglich den Gang zur Rechten wendet. Xenophon zweifelt so wenig an diesem Charakter der Natürlichkeit für die Lenkung des Pferdes, dafs er die Umkehrung des Satzes gestattet, und somit die anderweit bekannte Idiosynkrasie einiger Pferde sich ungern nach einer Richtung (der rechten) wenden zu lassen, durch ἑτερογναθοι, d. h., nach dem Horazischen: **equi freno currentis auris in ore est**, gleichsam **harthöriger auf dem einen Mundwinkel** bezeichnet. —

Die zugestandne Natürlichkeit bei den Inkunabeln der Sprache mit dem Pferde können die comparativen Sprachforscher allerdings benutzen als Beweise des Grundsatzes, jede Sprache könne nur von natürlichen Symbolen ihren Ausgang genommen haben, um sich späterhin durch mehr oder weniger willkürliche Zeichen auszubilden. Es war daher anziehend eine Zeichensprache zu beobachten, welche für eine andre Thierart gültig aber gleichfalls das Tastgefühl in Anspruch nehmend, sich noch in ihrem ursprünglichsten und unkultivirtesten Zustande befindet, und höchst überraschend wäre es gewesen, wenn das Veständigungsmittel zwischen dem Nord-Asiaten und seinem Rennthiere, obgleich noch ungleich weniger kultivirt als selbst die Sprache der Griechen mit ihren Pferden, dennoch aus rein conventionellen und willkürlich gewählten Zeichen bestände und von Onomatopöen keine Spur enthielte. — Schon in Beresow, wo ich zuerst die Benutzung des Rennthiers zur Schlittenfahrt in der Wirklichkeit erlebte (Seite 596), war daher die erste Frage auf den Mechanismus der Lenkung gerichtet. Zäumung durch Gebifs war es nicht und konnte es auch hier ebenso wenig sein wie bei andern Wiederkäuern, wegen der ihnen eignen Zahnbildung welche die Zäumung der Pferde unanwendbar macht für unsre Europäischen Ochsengespanne, für die Reit-Ochsen der Jakuten und für sämmtliche Kamele (unten Abschnitt XI. und XII.). Blofse Lautsprache wie bei den Zughunden war es aber auch nicht, denn es reichte von der Hand des Lenkers eine Leine zum Kopfe des Thieres. Es war also offenbar, dafs der Tastsinn in Anspruch genommen wurde, um durch Zug und Druck den Willen des Lenkers dem Thiere kund zu thun. Indem aber noch zu entscheiden blieb, ob diese Zeichen zu den natürlichen oder willkürlichen gehörten, wäre mir beinahe, durch unzeitiges Anschliefsen an fremde Autorität, die

Möglichkeit dazu geraubt worden. Auf das sehr verständige Urtheil eines bereits mehrfach erwähnten Bewohners von Beresow, Herrn Protopop Bergúnow, glaubte ich auch für diesen Gegenstand mich verlassen zu dürfen, und da er von Kindheit an das Rennthierfuhrwesen fast täglich gesehen oder benutzt hatte, so schien seine Versicherung — „die Leine sei an das Geweih des Thieres befestigt und je nachdem man sie nach der rechten oder linken Seite hinüberwerfe und anziehe, erfolge ein rechts oder links gewendeter Gang" — um so entscheidender als auch der erste und roheste Augenschein wirklich darauf deutete. Man hätte dann glauben müssen, die entscheidendste Thatsache für den Grundsatz einer stets natürlichen Bedeutung der Sprachzeichen gewonnen zu haben, in der Wirklichkeit war es aber nur ein glänzender Beweis für die Macht eines auf vorgefaſsten Meinungen gegründeten Vorurtheils: denn von vorne herein hielt sich der mir befreundete Gewährsmann so überzeugt, nur ein Druck auf die rechte Seite könne eine eben dahin gerichtete Wendung bedingen, daſs es ihm nicht einfiel zu zweifeln, und durch wirkliche Beobachtung einzusehen, Alles verhalte sich entgegengesetzt: die Leine gehe nicht an das Geweih, der Ostjak verständige sich mit seinem Thiere durch ein fast rein conventionelles Sprachsystem mit nur höchst theilweiser und zweideutiger Beziehung auf die Gefühle des Thieres.*)

Ich versuche nun genauer die Anspannung und Zäumung der Rennthiere zu beschreiben, welche ich zuerst hier bei den Ostjaken

---

*) Herrn Bergúnow's Irrthum kann allerdings zur Entschuldigung dienen, daſs sein Beruf, die Menschen zum Guten zu lenken, ihn ziemlich gleichgültig gegen das Natürliche oder Willkürliche an der Regierung der Zugthiere lassen muſste. Weit auffallender wäre die Thatsache, daſs kein früherer Reisender in Sibirien das bei Ostjaken, Samojeden, Tungusen und Korjaken durchaus gleichmäſsige Prinzip der Rennthierlenkung beachtet hat, wenn nicht dieser Gleichgültigkeit die noch merkwürdigere und durchaus verbürgte Verblendung eines Stallmeisters zur Seite stände, welcher einem völlig ausgebildeten Schüler endlich auch zu theoretischer Befriedigung lehrte: die Zügelwirkung sei völlig erklärlich durch die vermeinte Wirkung eines Strickes, der von dem Ende eines schwimmenden Balkens zur Hand des darauf reitenden Menschen geführt wäre.

der Katschegatischen Jurten betrachtete und einsah, hernach aber während des ganzen ferneren Verkehrs mit Ostjaken und Samojeden überall gleichmäfsig in Anwendung fand. Jedem anzuspannenden Rennthiere wird zuerst ein Ledergurt dicht hinter den Vorderbeinen fest um den Leib gebunden. Von dem unter dem Bauche befindlichen Theile eines jeden dieser Gurte geht ein einziger Zugstrang, wie bei den angespannten Hunden (Seite 565), zwischen den Hinterbeinen hindurch zum Schlitten. Zu weitern Reisen wird eine jede Narte mit vier, sonst auch nur mit zwei Rennthieren bespannt, welche stets neben einander (rjádom) gestellt sind. In dem hier zu betrachtenden Falle einer Quadriga (Russisch: tschetwérka) gehen alle vier Zugstränge ohne sich zu kreuzen, durch ein dicht vor dem Schlitten befindliches viermal durchlöchertes Brettchen und werden nach dem Durchgange durch dasselbe mittels knöcherner oder lederner Ringe über eine Schnur gezogen, welche, die Vorder-enden der beiden Schlittenläufe verbindend, den Zug gleichmäfsiger vertheilt und namentlich bei Wendungen den Einflufs discontinuirlicher Änderungen in der Richtung des Zuges verhindert. —

Nun begann man die Zäumung: dem links stehenden Rennthiere wurde, gleich einem Stirnbande, vor dem Geweih ein halbmondförmiger Knochen angelegt, in dem man die beiden Enden desselben mittels zweier dünnen Riemen verband, und zwar zuerst mittels des einen hinter den Hörnern herum, sodann aber noch durch den andern über den Kehlkopf des Thieres geführten. Mit dem linken Ende dieses festen Stirnbandes ist nun, durch eine starke aber biegsame Öse aus Riemen, ein kleinerer und ähnlich gestalteter Knochen bleibend und für immer verbunden. Nach Anlegung dieses zweigliedrigen Zaumes bleibt also das kleinere und zuletzt genannte Stück desselben beweglich, und kommt so zu liegen dafs es dicht über dem oberen Winkel des linken Auges auf dem einwärts geneigten Rande des Jochbeines ruht. Eine ein-

---

Für die Gegenstände, mit denen er sich sein ganzes Leben hindurch eifrigst beschäftigt hatte, glaubte dieser Mann endlich nur in einem mechanischen Undinge ein erklärendes Gleichnifs zu finden: so sehr hatte das einseitige Prinzip von der Natürlichkeit der Sprachzeichen auch ihn mit völliger Blindheit geschlagen. —

zige Leine geht nun von dem Unter-ende dieses beweglichen Knochens längs der linken Flanke des Thieres dem Lenker zur Hand, nachdem man sie zuvor noch, um ihr, auch wenn man sie anzieht, eine unveränderte Lage zu sichern, unter einem knöchernen Vorsprung hindurch geführt hat, welcher an der linken Seite des Bauchgurts aufgenäht ist. *) Die Lenkung dieses gezäumten Rennthiers erfolgt nun so, dafs ein einmaliges Anziehn und anhaltendes Verkürzen der Leine es links umzuwenden veranlafst, während lebhaft ruckweises Ziehen und Nachlassen ein ebenso streng befolgtes Zeichen für rechts gerichtete Wendung angiebt. Hier ist also allerdings das Überwiegen conventioneller Bedeutung der Hülfen über natürliche Begründung derselben auf das Auffallendste sichtbar, denn wenn sich auch allenfalls noch die Aufforderung zur linken Wendung durch das Bestreben des Thieres, einem einseitigen Drucke zu entgehen, erklären liefse, so ist doch keine Spur von natürlicher Bedeutung in dem Wechsel von Druck und Freigebung welcher die rechte Wendung veranlafst. Noch auffallender wird aber ein ebenso rein conventionelles Verhalten bei den drei übrigen Rennthieren des Viergespanns. Keines von diesen ist gezäumt noch mit dem Leinenthiere in irgend anderer Verbindung, als durch den gemeinsamen Anknüpfungspunkt der Zugstränge am Schlitten; dennoch folgen sie augenblicklich der von diesem letztern angenommenen Richtung sowohl nach rechts als nach links. Der Nachahmungstrieb, und die Gewohnheit sich nicht zu vereinzeln, sind hier vorzugsweise wirksam, und von nur weit geringerer Bedeutung ist ein noch ausserdem als Nachhülfe angewandtes Lenkungszeichen. In seiner Rechten trägt nämlich jeder Ostjakische Fuhrmann eine zwölf Fufs lange Stange, deren Vorder-ende mit einem abgerundeten hörnernen Knopfe versehen ist, und welche ihm zunächst dazu dient, ein jedes der Rennthiere durch sanfte Stöfse zwischen die Hinterkeulen zu schnellerem Laufe anzutreiben, sodann aber auch, um den ungezäumten Thieren bei den Wendungen die angedeutete Nachhülfe zu ertheilen, indem er bald ihre rechte bald die linke Flanke mit dem Vordertheile der Stange schlägt. — Das Unter-ende derselben ist dicker gehalten

---

*) Figur 8 zeigt die wesentlichen Einzelheiten der Rennthierbespannung und Zäumung.

und gleich einer Lanze zugeschärft, gewöhnlich auch mit Eisen beschlagen: es dient oft, wie man uns sagte, um bei Bewachung der Heerde die ihr nachstellenden Wölfe zu vertreiben (unten December 14.).

Um 3 Uhr Morgens waren wir wiederum reisefertig und fuhren bis Mittag 80 Werst weit vón den Teginsker Hütten bis zu einem Wohnplatze andrer Rennthierbesitzer, welchen sie Katschegátskie Júrtui nannten. Es ging zuerst durch dichte und herrliche Waldung in welcher ich Pinus larix vorherrschend, sodann aber auch P. sylvestris und sehr häufig P. cembra gesehen habe. Auch weiſse Birken sind zwischen dem Nadelholze nicht selten. Sodann fuhren wir beständig auf dem Eise des Westlichen Obi-Armes dem bewaldeten linken Ufer nahe. Unterweges auf dem Flusse wurde einigemal angehalten, um nach starkem Trabe die Rennthiere verschnaufen zu lassen. Sogleich legten sie sich hin vor dem Schlitten, wühlten mit der Schnauze im Schnee und nahmen auch Schnee in die Mundhöhle, um sie zu kühlen. — Von den Ostjakischen Männern griff nun ein jeder ebenso begierig nach dem Labsal des Schnupftabaks, welchen sie in einem den Europäischen Pulverhörnern durchaus ähnlichen Behälter auf der Brust unter der Maljza stets mit sich führen (Seite 61β). Aus der engen Öffnung dieses Hornes schütten sie das köstliche Pulver höchst vorsichtig auf den Nagel des rechten Daumen, und verfahren daher genau ebenso wie ich es später von den Chinesen gesehen habe. Daſs die Sitte des Schnupfens ihnen von dorther überkommen ist, beweist der Mongolische Name schàr, welcher hier, ebenso wie bei den meisten Ost-Sibirischen Völkern, den Tabak bezeichnet. Das Rauchen ist jetzt bei den bisher gesehnen Ostjaken wenig in Aufnahme, doch zeigte man uns in Beresow sehr zierlich aus Mammutsknochen geschnittne Tabakspfeifen, deren die Anwohner des Meeres sich bedienen: und auch dort deutet der für diese Geräthschaft übliche Mongolische Name chánsa auf Chinesischen Ursprung des genussreichen Gebrauchs (Abschnitt XI.).

Ein inländisches Surrogat welches die hiesigen Ostjaken ihrem Schnupftabak hinzumischen, zeigten sie uns zuerst in den nun erreichten Katschegatischen Jurten. Es sind braune und Faust-dicke Schwamm-Auswüchse, welche sie von den Birkenstämmen entnehmen, dann in der Nähe des Feuers langsam trocknen und pulvern. — Auf auffallende Weise sahen wir hier und in allen folgenden Haushaltungen, für einige Zwecke, Europäische Gewebe durch Lärchenholz ersetzt, denn anstatt der bei uns sogenannten Servietten, Handtücher und Schnupftücher sowohl als auch zur Reinigung des Kochgeschirrs brauchten die Ostjakinnen äufserst dünne und lang geschabte Späne dieses Holzes, welche, an dem einen Ende noch zusammenhangend, ein sehr weiches Büschel bilden. Einige solcher Büschel tragen die Weiber gewöhnlich an dem Leibgurte ihrer Kleidung, andre und neue wurden im Augenblicke von den Männern angefertigt, wenn man den Ess-Trog (Seite 586) reinigen wollte, um uns mit Fischen zu bewirthen.

Bei diesen Jurten machte ich die erste magnetische Beobachtung im Norden von Beresow und die 12te seit der Abfahrt von Tobolsk. Wir befanden uns nun unter $65°,15$ Breite, d. h. um $6°,93$ Nördlich von jenem Ausgangspunkte, zugleich aber auch um $3°,70$ Westlich von demselben. Die Neigung hatte um $4°,20$ zugenommen und betrug nunmehr $75°,25$. Die auffallend geringe Zunahme der magnetischen Kraft bestätigte aber wiederum die über den Lauf der isodynamischen Linien bisher gefafste Ansicht: ein Fortschreiten gegen Westen gab stets Verminderung der Intensität, namentlich aber hat Vergleichung mit den Beobachtungen auf der spätern Reise (von Tobolsk nach Irkuzk, Abschnitt IX.) mich gelehrt, dafs von Katschegàtsk bis zum $56°$ der Breite, die isodynamische Linie eine mittlere Richtung gegen S. $36°$ O. befolge, und dafs von Tobolsk an, bei einem Fortschritte um $86,5$ D. Meilen gegen Norden, und bei einem andern um $57,0$ D. Meilen gegen Osten ein gleich starker Intensitätszuwachs sich ergebe.

Die manchfaltige dichte und hochstämmige Waldung die uns heute auf unsrem bisherigen Wege umgab, entsprach wahrlich nicht dem Bilde welches Europäische Erdbeschreiber, mit zu grofsem Bestreben nach Verallgemeinerung, von dem gesammten Norden Sibiriens zu entwerfen pflegen: nur noch um eine mäfsige Tagereise, 21 D. Meilen, waren wir vom Polarkreise entfernt, und doch waren Lärchen, Fichten, Arven und Birken noch sämmtlich vorhanden, ja den gleichartigen Bäumen in den Waldungen von Tobolsk schienen sie noch an Schönheit nicht nachzustehen. Auch anderweitig bestätigt sich dafs der hiesigen Gegend noch eine bedeutende vegetative Kraft zukomme, denn 20 Werst ONO. von den Katschegatischen Jurten liegt eines der früher erwähnten Vorrathshäuser (Seite 596), welches durch dort ansäfsige Russen beaufsichtigt und auch von andern Beresowern häufig besucht wird. Die Fruchtbarkeit der malerischen Uferhügel jenes Ortes ist berühmt, denn nicht nur die genannten Waldbäume zieren sie ebenso wie den niedrigen Westrand des Fluss-systems, und zeigen auf ihnen noch ebenso wenig wie hier irgend eine Spur von Verkümmerung, sondern auch Gartengewächse hat man dort noch gezogen, namentlich aber Rüben (rjépa. Brassica Rapa) von ungewöhnlicher Gröfse. Von Ahlbeersträuchern (tschérnaja smoródina. Ribes nigrum) und Rosen (polewája rósa. Wahrscheinlich Calycifl. Nro. 15 bei Gmelin, Fl. Sib.) sieht man Überfluss in dem dortigen Walde.

Um 3 Uhr Nachmittags fuhren wir wieder auf das Eis und dann weiter gegen Norden. Bei schwachem Südwinde herrschte mildes Wetter, die Lufttemperatur betrug nicht unter — 15° R. Kleinflockiger Schnee fiel sehr reichlich aber langsam und fast senkrecht, und auf der offnen Narte ausgestreckt wurde man während der Fahrt durch ihn nur noch wärmer zugedeckt. Die Rennthiere gingen heute nur in schwachem Trabe, denn erst um 11 Uhr Abends erreichten wir einen Wohnplatz, zu dem man nur 50 Werst von dem Katschegatischen rechnete. Freilich wurde dazwischen wieder einmal ein Seitenweg Westlich vom linken Ufer in den Wald zurückgelegt, aber kaum über eine Stunde verweilten wir daselbst. Wir trafen in jener Jurte einen Kosacken von Beresow, welcher das beschwerliche Amt hatte drei Pferde und das für sie nöthige Winterfutter nach Obdorsk zu führen: während des Jahrmarkts und der Einsammlung des jasàk wollten sie dortige Russen zu Fahrten in der Umgegend benutzen. —

Die endlich erreichte Rennthierstation gewährte einen Anblick ganz neuer Art. Vergebens suchte ich Balkenjurten, hier waren es nur zwei kegelförmige Zelte, in denen unsre neuen Wirthe

VIII. Abschnitt. 1828. December.

mitten im Walde sich niedergelassen hatten. Dergleichen tragbare Nomaden-Wohnungen nennt man hier **tschúmui** (im Singularis **tschùm**). Lange geneigte Stangen waren mit ihren Ober-enden vereinigt, während die andern Enden auf dem Boden, je um einen Fufs weit von einander, ruhend einen Kreisumfang bildeten. Mit Rennthierfellen wird die so entstandne Gitterwand von aussen bedeckt, nur die Spitze des Kegels war offen, am Boden aber an einer Stelle ein weiteres Intervall zwischen den Stangen gelassen und dort konnte man, um in das Innre der Wohnung zu kriechen, den unteren Zipfel eines der Felle von der Linken gegen die Rechte, anstatt einer Thüre, aufwärts klappen. *)

In der Mitte des Zeltes brannte ein freies Feuer. Alle Männer safsen mit nacktem Oberleibe auf Fellen mit dem Rücken gegen die behaarte Zeltwand: auch ein etwa vierjähriger Knabe war nackt bis auf die Hosen und ein kleineres Kind lag in einer kahnförmig aus Rennthierfellen genähten Wiege. — Zwei Weiber mittleren Alters safsen ebenfalls am Boden, mit den gewöhnlichen Pelzen vollständig bekleidet, ausserdem aber durch verschleiernde Kopftücher welche hier aus Russischen baumwollnen Zeuge bestanden (S. 540 u. 548), dicht und bis unter die Schultern verhüllt. Mit äufserster Sprödigkeit weigerten sie sich uns das Gesicht zu zeigen, und als ich im Scherze der einen den Schleier gewaltsam aufhob, versteckte sie sich sogleich von neuem und klagte laut: die anwesenden Männer verblieben jedoch so durchaus gleichgültige und theilnahmlose Zeugen, dafs man wohl kaum annehmen darf es sei Eifersucht gegen Fremde welche die Sitte des Verschleierns herbeiführte; übrigens nickte man beifällig und zeigte sich einverstanden als ich, so wie man mich früher gelehrt hatte (Seite 540), diesen Verschleierten die Ostjakische Benennung **ánki** fragend beilegte. Auch die Hände verbargen die Weiber anfangs unter dem Tuche, und erst nach einigem Zureden streckten sie dieselben genugsam hervor um mir auf den Fingern, ausser manchfacher Verzierung mit metallnen Ringen, eine völlig unerwartete und hier zum ersten Male gesehne **Tatowirung** bemerken zu lassen. Einige

---

*) Über die Aufstellung eines **Tschùm** siehe unten **December 12.**

parallele Reihen blauer Punkte *) waren nach der Queere über die einzelnen Glieder eines jeden Fingers gezogen; auch bei einigen Männern bemerkte ich nun blau gezeichnete Flecke an verschiednen Stellen des Körpers, aber sie waren noch kunstloser und spärlicher vertheilt als bei den Frauen, und dürften wohl eher Denkzeichen als Zierrathen gewesen sein. Im Allgemeinen gehört jetzt die Sitte der Hautzeichnung durch Acupunktion (Tatowiren) in Nord-Asien zu den seltneren Erscheinungen: denn ausser bei den jetzt erwähnten Familien habe ich sie nur noch an Tungusischen Anwohnern des Eismeers gefunden (1829 Jan. 28.) und zwar dort so wie hier nur auf unvollkommne und wenig ausgebildete Weise. Aber der jetzt nur im hohen Norden noch spärlich herrschende Gebrauch war in früheren Jahrhunderten auch unter geringeren Breiten auf dem alten Continente sehr verbreitet. Ausser dem Beispiele der Silures und Picti in Britannien, der Geloni am Don**) so wie derjenigen Nachbarvölker der Juden welche zu dem Mosaischen Gesetze gegen das Tatowiren veranlaſsten ***) finden wir auch zu Xenophon's Zeiten (400 vor Christo) unter 40° N. Breite und 35° O. von Paris, den Gebrauch des Tatowirens bei dem ganz weiſsen Volke der Mosynoeci. ****)

Mittels dreier Queerstäbe welche in horizontaler Richtung mit vier Zeltstangen verbunden werden, hängte man nun den Kessel über das Feuer um Schnee zu thauen, damit wir unsre Fische bereiten könnten, und es war auffallend die Frauen auch während dieses Geschäftes verschleiert zu sehen, denn auch jetzt erhoben

---

*) Es ist stets Einreibung der geritzten Stellen mit Kohle, welche allen hellfarbigen Völkern der Erde zu der auffallend gleichmäſsigen und blauen Hautzeichnung dient (Abschnitt XXVIII.). Auf ein andres Mittel verfielen nur diejenigen Neger, bei denen ich Tatuirung in erhabner Arbeit als befremdende Abweichung von der gangbarsten Sitte bemerkte (Abschnitt XXX.).

**) Tacit. Agric. XI, 3. Ammian. XXVII, 8. Virgin. Georg. II, 115.

***) Deuteronom. XIV, 1.

****) Xenoph. Anabas. V, 4, 32.

sie das Kopftuch nur spärlich oder lüfteten es vielmehr nur ein
wenig nach der Seite nach welcher sie eben zur Arbeit sich wendeten. Hier waren Männer und Weiber grofs und schön gestaltet, von angenehmer Gesichtsbildung und durchaus gesundem Ansehn. Kopfausschlag und Augenentzündungen hatte ich schon seit
Beresow, d. h. seit dem Umgange mit Rennthierbesitzern immer
seltner gesehen: hier aber, bei rein nomadischer Sitte, zeigte sich
davon keine Spur und schon jetzt wurde es äufserst wahrscheinlich, dafs nur bei den Werchowischen Ostjaken die Miasmen
haften, welche bereits durchgeseuchte Russen einführten, ohne
doch selbst auf sichtliche Weise davon zu leiden. Nur bei denjenigen Aboriginern welche durch theilweise Annahme Russischer
Sitte zu verderblicher Halbheit gezwungen werden, und nun Mangel leiden an Kleidung und Nahrung, fanden jene Giftstoffe einen
empfänglichen Boden.

Die Jagd der Pelzthiere ist im Winter ein angelegentliches
Geschäft sämmtlicher Rennthier Ostjaken: sie üben dieselbe täglich und daher sahen wir sowohl die Männer in den hiesigen Zelten
als auch mehrere unsrer bisherigen Führer beständig mit einer zum
Bogenschiefsen unerläfslichen Vorrichtung versehen. Es ist eine
starke und gekrümmte hörnerne Platte welche, unter der gewöhnlichen Kleidung getragen, die innere Seite des Unterarms, von
der Handwurzel an, zwei Zoll aufwärts bedeckt, und an dieser
Stelle durch einige Riemen beständig befestigt bleibt; wie schon
früher erwähnt (Seite 564) macht nur eine solche Bedeckung den
Schlag erträglich, welchen die losschnellende Bogensehne gegen
die Pulsader des linken Armes ausübt. — Sowohl diese erfolgreichen Jagden als auch ein freies und ausgedehntes Nomadisiren, welches zu reicher Rennthierzucht unumgänglich erfordert
wird, schienen unsern heutigen Wirthen ihren sehr erfreulichen
Reichthum zu verleihen. Füchse und Eichhörner erlegen sie in
der hiesigen Gegend, im Sommer aber wenden sie sich Westwärts
auf die von Christen noch wenig besuchten Gebirge. Dort nähren
sie ihre Heerden und leben von ihnen, sammeln aber auch für den
den Handel Alles, was ihnen an Fellen und Fleisch im Überfluss
verliehen ist. An gemeinsamen Weideplätzen verkehren sie mit
Samojeden und Wogulen, im Winter aber besuchen sie ihre

am Obi ansäfsigen Landsleute, um getrocknete Fische im Vorrath zu kaufen. Was ihnen von Russischen Waaren erwünscht ist, erhalten sie theils durch Vermittlung der Wogulen und Samojeden aus dem Archangelschen Gouvernement, theils holen sie es selbst zu Obdorsk, wo ihnen die während längerer Abwesenheit gesammelten Felle und Pelzwaaren vor den ansäfsigen Ostjaken stets den Vorzug im Handelsverkehr ertheilen: so konnte ein Ess-Trog von Kupfer welchen ich unter dem Geräthe der hiesigen Zeltbewohner bemerkte, nur gegen sehr hoch geschätzte Waaren von den Russischen Kaufleuten eingetauscht sein; dennoch waren ihnen jetzt einige Brodschnitte ein erfreuendes Gegengeschenk für die uns ertheilte Bewirthung. — Man nannte diese Station die Keegatische, ich weifs jedoch nicht ob dieser Name auf den Ort sich bezieht oder ob er vielleicht nur den damaligen Nomadischen Bewohnern eigen war, denn bei meiner Rückkehr von Obdorsk waren die Keegatischen tschumui bereits spurlos wieder verschwunden (Decbr. 17.).

[December 6.] Bis 1 Uhr Morgens warteten wir in dem Zelte auf die Rennthiere. Sie hatten sich weit von dem Wohnplatze entfernt und auch nachdem sie herbeigetrieben waren, schienen sie hungrig und suchten wieder zur Weide zu entfliehen. Zum Einfangen der Einzelnen war blofses Umgehen mit dem Fangriemen (Seite 628) nicht hinreichend, sondern man rollte ihn zusammen und, indem man die Enden festhielt, warf man den übrigen Theil des Riemens, so dafs er die fliehenden Thiere umschlang. — Von den Keegatischen Zelten fuhren wir 25 Werst weit, theils auf dem kleinen Obi, theils am linken Ufer, und erreichten um 5 Uhr Morgens einige Holzjurten welche sie Muschi nannten. Hier, hiefs es, sei noch niemand in diesem Winter gefahren, man habe daher die Rennthiere lange nicht gesehen und wisse nicht wo sie seien. Die Geschicklichkeit welche die Ostjaken in solchen Fällen zeigen, kann man nicht genugsam bewundern: zwar dauerte es bis 10 Uhr Morgens ehe die schreienden Treiber aus weiter Ferne mit der Heerde zurückkehrten, aber um so auffallender war es, dafs sie dennoch gleich beim Ausgange und bei finsterer Nacht an der Auffindung nicht gezweifelt hatten. — Sowohl die Ostjaken von Muschi als auch die von einigen der nun folgenden Holzjurten behalten einen Theil ihrer Heerden auch im Sommer bei sich, in der Nähe des Flusses. An Nahrung für die Rennthiere fehle es hier keinesweges, dennoch aber sei es ihnen zuträglicher, wenn man sie während der warmen Jahreszeit ins Gebirge entlasse, weil sie dort leichter der quälenden Nachstellung der Bremsen entgehen, indem sie sich auf dem Schnee wälzen, der in Thalschluchten zurückbleibe. Man bewirthete uns hier mit rohen gefrornen Fischen welche in der jetzigen Jahreszeit die gewöhnlichste Nahrung ansäfsiger Ostjaken ausmachen: es ist üblich das Fleisch derselben vor dem Genusse in sehr dünne und lange Streifen zu zerschneiden. —

Der Tag dauerte heute für Muschi 3 Stunden, die Sonne stieg um Mittag bis zu 1° 40′ über den Horizont, aber bei bewölktem Himmel zeigte sich von ihr keine Spur. — Wir fuhren von 11 Uhr Morgens bis 9 Uhr Abends auf dem Eise des kleinen Obi bis zu den Schuruschkarischen Winterjurten. Auf der Hälfte des Weges kamen wir an ausgehängte Fischkörbe und trafen einige Ostjakische Männer dabei beschäftigt. Sie waren mit Rennthieren hierher gefahren und zwei Narten standen bespannt auf dem Eise und wurden nun mit Fischen beladen. — Parallel unter einander und in Abständen von 15 bis 20 Fufs waren hier dreiseitige Lumen von genugsamer Gröfse gehauen, um die 10 Fufs langen und 5 bis 6 Fufs breiten kegelförmigen Gimgi oder Fischkörbe (Russisch: mordui, Seite 625) bei horizontaler Lage ihrer Längenaxe hindurch zu lassen. Die breite Eingangsöffnung dieser Fangkörbe und daher auch die breite Seite der Lume, waren stromabwärts gekehrt, und es ist also klar, dafs man hier auch jetzt im Winter auf eine aufsteigende Bewegung der Fische rechnete.*) Man versicherte ferner dafs auch hier der Flussarm seiner ganzen Breite nach mit einem Gitterwerk abgeschlossen nur an den unterhalb der Lume gelegnen Stellen offen gelassen sei, indessen war jetzt dieses Bauwerk vom Eise spurlos verdeckt. — Die Ostjaken hatten bereits zwei dieser mächtigen Körbe auf-

---

*) Vergleiche unten bei Obdorsk die vollständigeren Nachrichten über die Wandrungen der Obischen Fische.

gehoben und geleert und von dem Ertrage war eine lange Narte mit Stören und Nelmlachsen gänzlich gefüllt worden. Sie baten uns sehr angelegentlich um Branntwein und gaben für einige Schlucke, von den besten Fische zu mehreren Mahlzeiten.

Am Abend wurden wir bei dem Schuruschkarischen Wohnplatze ebenso wie zu Muschi mit der Versicherung empfangen, daſs die Rennthiere sich sehr weit entfernt hätten und erst am folgenden Tage herbeigetrieben werden könnten. Wir blieben daher während der Nacht in einer der hiesigen Holzjurten, deren Bauart mit der früher bei den Werchowischen Ostjaken beschriebnen (Seite 558, 567 und 582) völlig übereinkommt: nur ist hier stets ausser dem gewöhnlichen seitlichen Fenster auch noch ein zweites in dem platten Dache der Hütte vorhanden, und auch diese Öffnung ist mit einer durchsichtigen Eisscholle geschlossen. — Die Rennthierfelle in den Abschlägen gewährten ein äuſserst bequemes Lager und beschwerlich war nur ein scharfer und zum Husten reizender Rauch welcher, von der Feuerung des Tschubàl, die ganze Hütte erfüllte. Freilich hatten wir uns an dergleichen Ungemach schon in allen früher besuchten Jurten gewöhnt, aber hier war es weit stärker als gewöhnlich, zum Theil wohl weil die eben herrschende Witterung den Abzug durch die Rauchröhre nicht begünstigte, mehr aber noch weil, von hier an, zur Feuerung nur Lärchenholz gebraucht wird, welches durch einen beizenden Rauch vor allem andern sich auszeichnet. — Gegen Mitternacht lieſs man das Feuer ausgehen und unterhielt nun zur Beleuchtung eine mit Fischfett gefüllte thönerne Lampe. Hier und in Muschi (Seite 640) bemerkte ich an den Männern einen eigenthümlichen Putz, denn durch das linke Ohr hatten sie eine Schnur gezogen und daran allerlei klingende Zierrathen gebunden.

[December 7.] Erst gegen 8 Uhr Morgens brachte man die Rennthiere und bespannte unsre Schlitten. Um $7^u\ 40'$ machte ich noch eine magnetische Beobachtung, muſste aber dabei Laternenlicht anwenden, denn an einem völlig unbeschatteten Platze war die Dämmerung zum Ablesen der Theilstriche noch nicht hinreichend. *) Die Schuruschkarischen Jurten liegen an dem nackten Abhange steiler Lehmwände welche von nun an fast ununterbrochen bis Obdorsk das linke Ufer des wiederum vereinigten und ungetrennten Flussbettes bilden. Wohl ist es die Annäherung an das Westlich von hier gelegne Gebirge welches durch diese Hügel sich ankündigt und, noch vor Erreichung der nächsten Station, eine auffallend NOliche Biegung des Obi veranlaſst. Die Oberfläche des höhern linken Ufers bleibt noch immer bewaldet, aber die Bäume stehen hier nicht mehr so dicht als wir es an den vorigen Tagen noch jenseits Beresow bemerkten (Vergleiche unten December 15.).

Während der Nacht war beständig kleinflockiger Schnee gefallen, aber als wir von den Schuruschkarischen Jurten ausfuhren entwölkte sich der Himmel vollständig bei — 22° R. Die Luft schien durchaus ruhig und nur während wir anfangs gegen Norden fuhren fühlte ich auf der offnen Narte einen merkwürdigen Unterschied, je nachdem ich das Gesicht nach Rechts oder Links hinwendete, denn in der ersteren Lage erkaltete es stets ungleich schneller: die Ursache schien nur in einem äuſserst schwachen Wehen aus Osten zu suchen. — Es war nun nöthig, die Nase und die übrigen unbedeckten Theile des Gesichts von Zeit zu Zeit mit der behaarten Oberfläche der Handschuhe zu reiben, um sie gegen Erfrierung zu schützen, alle übrigen Theile des Körpers waren auch bei der heutigen Temperatur durch die Ostjakischen Pelze so vollständig bewahrt, daſs man ohne jedes Unbehagen während mehrerer Stunden bewegungslos im Freien liegen konnte.

Nach einer Stunde fuhren wir auf die weite Ebene welche an das rechte Ufer des nun NOlich gerichteten Flusses gränzt, blieben jedoch stets in der Nähe des Obi. Gegen die Mitte der Station, als wir an einer völlig waldfreien Stelle uns befanden, hatte die Sonne sich eben mit ihrem Unterrand über den Horizont erhoben, und es zeigte sich am Himmel zu jeder Seite derselben und mit

---

*) Die astronomische Dämmerung begann heute hier nach Mitternacht, um $6^u\ 31'$ W. Zt., die bürgerliche Dämmerung um $8^u\ 38'$ W. Zt.; die Sonne ging auf um $10^u\ 42'$ W. Zt. und stieg um Mittag bis zu $1°\ 14'$ über den Horizont.

ihr in gleicher Höhe ein äußerst hell leuchtendes und prismatisch gefärbtes Nebenbild. Jede dieser beiden Lichtstellen war nach oben und unten hin, gegen den blauen Himmel scharf abgeschnitten, aber wenn man sich dieselben nach unten fortgesetzt dachte, so zeigten sich von den Punkten an, wo diese Verlängerungen den Horizont trafen, auf der Schnee-bedeckten Ebne zwei einander entsprechende Zweige eines **hyperbolischen Bogens**, welche sich an einer, stets in der Vertikalebne durch das Auge und die Sonne, und nahe an den Schlittenläufen, gelegnen Stelle des Bodens zu vereinigen schienen. Die Gestaltung dieses hell leuchtenden Bogenstückes war völlig so, daß Linien welche man durch dasselbe hindurch vom Auge des Beobachters bis unter den Horizont zur Himmelskugel verlängert dachte, auf dieser einen zur Sonne concentrischen und auf die Lichtstellen über dem Horizonte treffenden Kreis abschnitten, oder, mit andern Worten, der auf der Schnee-Ebne sichtbare Lichtbogen bildete eine perspektivische Projektion von der unter dem Horizonte liegenden Fortsetzung des parhelischen Kreises. — Ebenso wie die mit der Sonne in einerlei Höhe gelegnen Stellen des Himmels zeigten auch die hyperbolischen Lichtstreifen auf dem Erdboden eine glänzende Färbung: besonders ausgezeichnet war bei beiden das Roth an ihren innern und einander zugekehrten Rändern. Helligkeit und Färbung waren aber nicht an dem dem Beobachter zunächst gelegnen Theile des Bogens, sondern vielmehr erst in einiger Entfernung am intensivsten: ja an dem Punkte des Erdbodens wo der Scheitelpunkt hätte liegen sollen, war die Färbung meist schwach, oft war sie ganz unterbrochen: offenbar weil von dort aus äußerst blendendes Licht durch den am Boden liegenden Sehnee reflectirt wurde. Als ich das Gesicht grade zur Sonne wandte, sah ich rings um dieselbe feine und sehr hell blitzende Eisnadeln in der Luft schweben: sicher waren diese Krystalle äußerst klein und nur durch die starke Beleuchtung sichtbar, denn gleichzeitig habe ich auf dem Schlitten und auf dunkler Unterlage durchaus keine herabfallenden Flocken wahrgenommen. — Den Winkelabstand zwischen der Sonne und deren leuchtenden Nebenbildern am Himmel habe ich nicht gemessen, indessen war die Erscheinung den in Tobolsk gesehnen stolbui oder säulenförmi-

VIII. Abschnitt. 1828. December.

gen Nebenbildern (Seite 507 und December 20.) so ähnlich, daſs nicht zu bezweifeln ist, hier so wie dort habe jener Abstand 20° — 22° betragen: auch stimmte mit dieser Annahme die constante Entfernung der Gegenstände am Erdboden auf welcher jedesmal und während der Bewegung des Schlittens der Scheitel des erwähnten hyperbolischen Segmentes sich zeigte, denn bei 3 Fuſs Höhe meines Auges schien die Vereinigung beider Bogenzweige stets in 6 bis 8 Fuſs Abstand von dem rechten Schlittenlaufe einzutreffen *) — Fig. 9 — zeigt eine im Augenblicke der Beobachtung versuchte Darstellung des Phänomens

Den Wohnplatz welchen wir um 1^u Nachmittags erreichten, nennen die Russen Wandjaski gorodok, d. i. den Wandjaskischen Flecken, weil daselbst zur Zeit der Einwandrung ebenso wie noch jetzt ein Ostjakischer Häuptling seinen Sitz hatte. Drei feste Holzjurten liegen auf einem nackten Hügel am rechten Ufer des nun völlig ungetheilten Stromes. In ihrer Bauart und anderweitigen Ausstattung zeigte diese Wohnung nicht den geringsten Unterschied mit denen des übrigen Ostjakischen Volkes, nur an Hunden schien sie ziemlich reich, im übrigen aber gehörten die Jurten zu den ärmlichern. Die Besitzer aber bekundeten ihre Vornehmheit auf anziehende Weise durch Liebe zum Branntwein und ein zwar berechnetes, dennoch aber, wie gewöhnlich, sehr gutmüthiges Benehmen. Wie gewöhnlich schienen auch die hiesigen sämmtlich Mitglieder derselben Familie: von dienstbarer Arbeitspflicht habe ich bei den Ostjaken nirgends eine Spur gefunden. Ich war in der offnen Narte weit vorausgefahren und wurde daher von den neuen Wirthen für einen verirrten Kaufmann oder anderweitigen Landstreicher gehalten. In äuſserst gebrochnem Russisch kündigte sich einer derselben als ein Starschinà, d. i. Volks-Ältester an und zugleich mit natürlicher Schüchternheit und angelernter

---

*) Daſs die helle Erleuchtung und Färbung am Himmel nur bis zur Höhe der Sonne, auf der Schnee-Ebne aber durchaus continuirlich sich zeigte, bleibt ein noch zu erklärender Umstand. Das Phänomen der säulenförmigen Nebenbilder habe ich auch später noch oft beobachtet, den Hyperbelbogen auf dem Erdboden aber seit dem in Rede stehenden Tage niemals wieder gesehen.

Zudringlichkeit forderte er entweder einen **Russischen** Reisepafs zu sehen oder doch meine ohne Zweifel vorhandnen Vorräthe von Tabak und Branntwein zu untersuchen. Ich versicherte mit täuschendem Schein von beiden nichts zu besitzen, und man wurde nun zwar traurig, liefs aber sogleich der natürlichen Gastfreundschaft freien Lauf. Erst später bei der Ankunft des ansehnlichern Theiles unsrer Reisegesellschaft wendeten sie neue Kunstgriffe an, denn mit höflichen Verneigungen legten sie mir nun einen Haufen gefrorner Fische vor die Füfse und wiederholten beständig: **„Euerwohlgeboren oder Euerhochwohlgeboren wir beschenken Dich (Waschblagorodie ili Waschwuisokoblagorodie wot tebie podarok)."** Nach pflichtmäfsiger Erwidrung mit einigem Branntwein wurde das Übel noch ärger, denn nun legten sie noch einen Haufen von 9 auserlesnen Nelmlachsen und 3 Mucksume auf den Fufsboden zu den fordernden Gaben, und endlich brachte Einer noch einen mannslangen Stör. Sie schnitten ihn auf, um den Rogen zu zeigen, aus welchem wir wirklich nahe zwei Quartmafs Kaviar erhielten. Die Eier waren sehr grofs und völlig ausgebildet, aber mit Fettlagen von einigen Linien Dicke durchwachsen.

Während einer magnetischen Beobachtung zeigten die hiesigen Männer eine ungewöhnliche Theilnahme an den Instrumenten, doch schienen sie unter sich einig, das Ganze sei nur ein anmuthiger Zeitvertreib und riefen oft, das sei „lustig und schön." — Bei den Abschiedsbegrüfsungen brauchte einer von ihnen die von ihm erfundne Redewendung: **lebe wenig wohl (málo proschtschài)!** wollte aber offenbar damit an ein schon früher gegebnes Versprechen baldiger Rückkunft erinnern.

Wir wandten uns nun seitwärts vom Flusse, fast grade gegen Osten, und fuhren bis 9 Uhr Abends über hügliches Land eine Strecke von 50 Werst. Während der Nacht bezog ich eine der bedeckten Narten, fand aber dafs diese nur etwa bei Schneestürmen nicht aber, wie heute, bei stiller Luft und — 25° R. Kälte dem Aufenthalte im Freien vorzuziehen sind, denn von dem Athem des Eingeschlossenen wird die Luft in dem dichten Kasten bald völlig mit Feuchtigkeit gesättigt und, mit Frostnebel erfüllt, dem Gefühle ungleich beschwerlicher als die trockne Kälte im

Freien. Auf den innern Filzwänden der Narte bildete sich von niedergeschlagenen Dämpfen ein dicker wollähnlicher Schneeüberzug welcher beim Fahren in grofsen Flocken herabfiel. Auch ein andrer Unfall verleidete heute diese Art von Schlitten, denn auf hüglichem Boden versank der eine Lauf des meinigen in ungleichmäfsig gehäuften Schnee und als ich mich im Innern des Kastens bewegte, fiel das Fuhrwerk völlig auf die eine Seitenwand. Angenehm war es, dafs die linke oder Thürseite nach oben und nicht gegen den Boden gefallen war und daher ein Ausweg offen blieb. Unsre zwei andern Schlitten waren weit vorausgefahren, und mit dem Ostjakischen Fuhrmann arbeitete ich lange vergebens, um den tiefversunkenen Kasten wieder aufzurichten. Es gelang erst mit Hülfe eines andern Ostjaken welcher uns zufällig auf einem Hundeschlitten entgegenkam. Schon aus weiter Ferne bemerkten wir ihn durch das Gebell welches die Zughunde erheben, sobald sie einen Rennthierschlitten wittern. —

Um 9 Uhr Abends erreichten wir die Jurten, bei denen zum letzten Male vor Obdorsk die Rennthiere gewechselt werden sollten. Die Wohnung war grofs und gut gebaut, ihr Besitzer nannte sich wiederum einen Ostjakischen Kapitain (Ostjazkji kapitan) und vielleicht in Folge dieser Würde trug er allein unter allen seinen Landsleuten einen langen und sorgfältig geschnittnen Schnurrbart. — Fische brachte er als Gastgeschenk wieder auf die zu Wandjask gesehne Weise, diesesmal aber nicht mit so eigennütziger Absicht. — Nie war der Aufenthalt in einer Jurte durch beizenden Rauch so beschwerlich wie hier, und als man das Feuer verstärkte, um uns Schneewasser zu bereiten, begannen auch die ältesten Ostjaken zu husten: aber nach einiger Zeit schien die Kehle sich durchaus an diesen Reiz zu gewöhnen, und wir schliefen alle sehr ruhig bis um Mitternacht, wo man die Rennthiere brachte.

[December 8.] Nach achtstündiger und einförmiger Nachtfahrt erreichten wir die Hügel von Obdorsk um 9 Morgens bei noch äufserst schwacher Dämmerung. Seltsam überraschte ein unverkennbarer Duft von frischem Brode, welcher sich bei stiller und kalter Luft sehr weit durch die Gegend verbreitet hatte und bei der Annäherung an diesen Nördlichsten Wohnsitz sogleich dessen wahre Bedeutung erkennen liefs.

Wir gingen in ein Russisches Haus welches hier für Herrn Nijegoródzow von Beresow (Seite 602) durch zwei jüngere Kaufleute verwaltet wird, und fanden dort diese unsre neuen Wirthe vor einem grofsen Ofen mit Backen beschäftigt, während bereits fertige Roggenbrode vom Boden bis zur Decke des Gebäudes zu Hunderten aufgehäuft lagen. — Durch die Quappenhäute welche die Fenster unsrer Wohnung bildeten, wurde das Tageslicht noch um etwas gedämpft, und bis kurz vor Mittag war man daher genöthigt Kerzenlicht anzuwenden: aber draufsen bei völlig blauem Himmel war nun die Aussicht auf die Schnee-bedeckte Landschaft äufserst reizend. Die hölzerne Kirche, die schwarzen Balkenhäuser der Kosacken und die etwas niedrigern Jurten der Ostjaken liegen malerisch vertheilt auf den von engen Schluchten durchsetzten Hügeln, welche das rechte Ufer des gegen Westen fliessenden Polui ausmachen. Dunkle Rauchsäulen stiegen senkrecht aus sämmtlichen Schornsteinen. —

Hier war es nicht Wasserspülung welche diese aufgeschwemmten Hügel so merkwürdig formte, sondern der Frost reifst tiefgehende Spalten in das Erdreich und erzeugt Erdstücke welche oft wie kolossale Basaltsäulen erscheinen. Das Wasser welches nach dem Schneeschmelzen sich abwärts zum Flusse ergiefst, vermag nur die äufsern Kanten rundlicher zu benagen, denn tiefer hinab ist auch dann der hiesige Boden gefroren. — Weiter gegen Westen sieht man die breite Eisfläche des Obi ebenfalls von steilen Lehmwänden umgeben, und im Hintergrunde von N. bis NW. standen die längst erwarteten Gebirge in voller Pracht. Die Sonne ragte eben über den Horizont und von der Schnee-Ebne im Süden wurden blendende Strahlen reflektirt, während lange Schatten sich nach Norden hin über die weifse Landschaft erstreckten. Aber die lange Bergkette war dunkelblau von dem Fufs bis zum Gipfel, und nur in einzelnen schräg nach unten geneigten Streifen sah man auf ihr glänzenden Schnee. — Unten auf dem Flusse zog langsamen Schrittes eine Karawane von Ostjaken welche ihren Wohnplatz veränderten. Lange Renntier-Narten sah man an verschiednen Stellen des Zuges, dazwischen aber und hinter ihnen, folgten die freien Thiere der Heerde, ein jedes in die Fufsstapfen des vorhergehenden tretend. Wie es auf dem Meere nach langer Fahrt kein auffallenderes Schauspiel giebt als die Bewegungen eines vorbeisegelnden Schiffes, so war mir nun auch der gravitätische Zug der Rennthierschlitten durchaus neu und überraschend, denn während man in ihrer Mitte sich befindet ahnet man nichts von der Eigenthümlichkeit und Anmuth des Anblicks.

Drei Hauptzwecke waren hier in Obdorsk zu erreichen, die geographische und magnetische Bestimmung des Ortes, ein Bohrversuch zur Ermittlung der Bodentemperatur und die Ausrüstung zu einer Fahrt auf das nahgelegne Gebirge. Nicht weil sie die willkürliche Gränze zwischen Europa und Asien bilden, war die nähere Ansicht dieser Berge ungewöhnlich anziehend, sondern es blieb zu untersuchen, ob ihre geognostischen Verhältnisse sie wirklich als einen Theil des Ural darstellen und ob dieses Gebirge, der alt-Russischen Benennung gemäfs, als ein wahrer pójas d. i. Gürtel von dem 51sten Breiten Grade bis hierher zum Polarkreis und ans Eismeer sich erstrecke.

Die astronomischen Arbeiten wurden schon heute begonnen und bei reinstem Himmel durch das frühe Eintreten der Nacht noch besonders begünstigt, aber auch für die zwei andern Zwecke unterstützte sogleich die geneigte Bereitwilligkeit des hiesigen Landraths und die Anstelligkeit der Obdorsker Kosacken. Einer derselben machte sich schon heute auf den Weg, um in der Richtung des Berges nomadisirende Ostjaken oder Samojeden auszukundschaften; dann wurde der Bergbohr vorgerichtet und in Bewegung gesetzt, obgleich man das seltsame Geschäft für sehr schwierig erklärte, weil hier auch im Sommer die Gräber mit Feuer ausgehöhlt werden müssen: es reichen aber diese nie tiefer als bis zu 7 Engl. Fufs.

Auf dem Dache eines der Häuser am Flusse hatte ich die Flagge der Russischen Kriegsflotte mit Befremden bemerkt und erfuhr nun, dafs sie die Wohnung hier überwinternder Seeleute bezeichnete. Es war der Steuermann Iwanow welcher mit einem jüngern Gehülfen schon seit 7 Jahren an einer Detailaufnahme der Küste des Eismeers von der Petschora bis hierher zum Obi arbeitete und nun seit zwei Jahren in **Obdorsk** sein Standquartier hatte. Im Herbste hatte er die meisten seiner Fahrten an der Küste vollendet: und zwar auch dann auf Rennthierschlitten deren die Nördlichsten **Ostjaken** und **Samojeden** auf den hier sogenannten **Tundri**, d. i. Mooren während des ganzen Jahres sich bedienen. Sobald die Mündungsstellen der Flüsse und die Meeresbuchten gefrieren, verlassen die **Ostjakischen** und **Samojedischen** Anwohner des Meeres ihre Zelte an den Küsten und ziehen mit den Rennthieren landeinwärts auf die Moos-reicheren Tundren. Auf der Insel **Waigaz** welche nur unter dem Namen **Chájodejá** in der Sprache der **Samojeden** bekannt und als vorzüglichster Opferplatz berühmt ist, bleiben viele Rennthierbesitzer während des ganzen Jahres; andre **Aboriginer** und **Russen** ziehen während des Sommers hinüber, um Fischen und Pelzthieren nachzustellen. Herr **Iwanow** erreichte diese Insel sowohl bei einer frühern Reise welche von der **Petschora** längs der Meeresküste in karba*i d. i. den bei den **Arktischen** Promuischleniki üblichen Seefahrzeugen unternommen wurde, als auch von hier aus mit den **Samojeden**, die im Sommer hart an dem Gestade bis zu dem an **Waigaz** zunächst gelegnen Punkte hinziehen und von dort aus übersetzen. Das Süd- und Ost-Ufer der Insel besteht aus steilen jedoch nicht über 200 Fuſs hohen Felswänden. Ich erhielt von dort abgebrochne Stücke eines Thonschiefers in welchem kubische Schwefelkies-Krystalle eingesprengt sind, und man sagte daſs jene geschichteten Felsen der Zerklüftung durch Frost und anderweitiger Verwitterung ausserordentlich ausgesetzt seien, und daſs die von ihnen ins Meer fallenden Stücke durch den Wellenschlag zu Zoll-grofsen Kugeln abgerundet und hier Nuſssteine (oréschniki) genannt werden. Durch dergleichen Gerölle sind die Gestade an den von der Insel kommenden Flüssen seicht geworden, ja bei Meereswinden geschieht es häufig, daſs die Brandung in wenigen Stunden die Mündungen von aussen her mit einer um mehrere Fuſs hoch über das Wasser hervorragenden Barre gänzlich absperrt. Der Fluss wird dann bis zu späterm Durchbruch in einen See verwandelt, und die gefangnen Promuischleniki sind genöthigt, ihre **Karba*i** mühsam über den Steinwall hinwegzuziehen. — Die Mondsfluthen ereignen sich regelmäſsig und

mit 5 bis 6 Stunden Hafenzeit, an den hiesigen Küsten des
Eismeeres, betragen jedoch nicht über 2 Engl. Fufs und nur
Sturmfluthen sind es, welche bisweilen das Wasser bis Obdorsk
hin stromaufwärts anschwellen. — Bei der Aufnahme der Küste
hatte Herr Iwanow die Bussole als Winkel-Instrument und die
durch Versuche ermittelte Geschwindigkeit der Rennthierschlitten
als Distanzmesser angewendet: er rechnete zu diesem Zwecke
7,9 Werst d. i. 1,13 D. Meilen auf den mittlern stündlichen Lauf
eines Schlittenrennthiers. *)

Eine noch ungleich ausgedehntere Landeskunde erlangen aber
die für immer hier ansäfsigen Russen durch den wichtigen
Jahreshandel dessen Mittelpunkt sie bilden: denn durch diesen
bleiben sie stets in direkter Beziehung mit sämmtlichen Nomaden
welche auf einer Strecke von 51 Längengraden oder, in hiesiger
Breite, von 305 D. Meilen, von Archangelsk über Obdorsk
bis nach Turuchansk am munteren Jenisei, ihre Wohnplätze wechseln. Durch Russische Erzeugnisse angelockt
nähern sich diese reiselustigen Männer schon gegen Ende Decembers, aber erst im Februar wird der lebhafteste Tauschhandel geführt, und zugleich von den zum Beresower Kreise gehörigen
Ankömmlingen der Jasak oder Felltribut gesammelt. Schon jetzt
waren die Arbeiten unsrer Wirthe ausschliefslich auf diesen Verkehr gerichtet, denn 2000 Pud Brod sollten für Herrn Nijegoródzow bis zum Beginn des Jahrmarkts als Tauschwaare bereitet
werden: aber auch sämmtliche Kosacken waren nun für eigne
Rechnung mit Brodbacken beschäftigt. Nächstdem sah ich für die
nomadischen Käufer in unsrer Wohnung einige Kisten mit grob-
gearbeiteten messingnen und eisernen Zierrathen: Ringe für die
Frauen, Schellen und andre Metallstücke welche die Samoje--
dinnen in ihre Zöpfe flechten, vorzüglich aber die früher erwähnten messingnen Knöpfe zur Verzierung der Ostjakischen
Leibgurte (Seite 619). Hier erst lernte man den Grund einer stets
gleichen Beschaffenheit der letzt erwähnten Zierrathen, denn durch

---

*) Noch etwas geringer ist die Geschwindigkeit bei tiefem Schnee,
und daher brauchten wir 50 Stunden Rennthierfahrt von Teginsk
(Seite 627) bis Obdorsk deren Entfernung, in grader Linie nach
meinen astronomischen Beobachtungen, 288 Werst und mit Rücksicht
auf die Krümmungen des Weges kaum über 350 Werst beträgt.

den ganzen Norden verbreitet sich diese kostbare Waare nur allein aus dem hier vorhandnen Kasten, namentlich aber war es jetzt und vielleicht schon seit Jahrhunderten üblich diese Knöpfe entweder mit dem Bilde eines Hundes oder mit dem einer Rosenähnlichen Blume zu versehen. Endlich aber zeigten mir unsre Wirthe als eine äufserst begehrte Waare eine ungeheure Menge von alten und rostigen Kavalleriesäbeln, deren die **Ostjaken** bei der wichtigsten ihrer Gottes-dienstlichen Ceremonien sich bedienen (unten **December 10.**): zu ähnlichem Zwecke waren messingne Stirn- und Armbänder vorhanden, mit denen die jetzigen **Ostjaken** ihre Götterbilder anstatt mit den früher üblichen Verzierungen aus edleren Metallen (Seite 594) versehen. — Tabak, eiserne und kupferne Kessel, Beile, Messer, Nähnadeln, Feuerstahle und einige andre nutzbare Gegenstände bringen allerlei Promuischleniki und Kaufleute welche von **Tobolsk** und andern **Obi'schen** Ortschaften zur Unterhaltung des wichtigen Handelsverkehrs sich einfinden. —

Die Einkäufe der hiesigen **Russen** sind nächst den bereits in **Beresow** gesehnen Thierfellen (Seite 605), auch noch eine grofse Menge von fertigen Rennthierkleidern, Fleisch und lebendes Schlachtvieh, sodann aber zu weiterer Ausfuhr fossiles Elfenbein oder Stofszähne vom Mammut, welche hier am gewöhnlichsten in 4 bis 6 Pud schweren Exemplaren sich finden, ferner Wölfe und Eisbären. Man rechnet dafs ausser dem an die Regierung zu liefernden Felltribut nach den hier üblichen Preisen jährlich für 150000 Rubel Pelzwaaren an die **Obdorsker Russen** gebracht werden. Endlich werden dann auch Daunen (**puch**) und ganze Bälge von arktischen Gänsearten den hiesigen Kaufleuten in nicht unbeträchtlicher Menge zugeführt. **Ostjaken** und **Samojeden** verkaufen davon jährlich gegen 600 Pud, oder da man gefunden hat dafs, in dem ungereinigten Zustande in welchem man hier diese Federwaaren ausbietet, 80 Bälge zu einem Pude erforderlich sind, die Ausbeute von 48000 Gänsen.

Unter den eingebornen Geschlechtern welche **Russische** Waaren auf dem **Obdorsker** Jahrmarkte eintauschen, unterscheidet man von **Werchowischen** und **Nisowischen Ostjaken** die Bewohner der östlich von hier gelegnen Tundrengegend zwischen dem Obi und Jenisei, welche aber ebenfalls zu dem Ostjakischen Stamme gerechnet werden. — Sodann Samojeden, und zwar theils Europäische von jenseits des Gebirges aus dem Archangelschen Gouvernement, theils die welche in der näheren Umgegend von Obdorsk nomadisiren und in kámenie und nísowie, d. i. in Felsen- oder Gebirgsnomaden und Küstenbewohner unterschieden werden, je nachdem sie ihren Sommeraufenhalt auf dem Gebirge wählen oder in den fischreichen Niederungen verbleiben. Die letzteren pflegen den gröfsern Theil ihrer Heerden ihren Landsleuten auf die Gebirgsweide mitzugeben und man sagt hier, dafs sie defswegen den Felsennomaden an Reichthum nachstehen, weil diese das ihnen anvertraute Vieh mit geringerer Sorgfalt als das eigne behandeln. — Eine unwesentlichere Geschlechtsverschiedenheit veranlafste den für die Samojedischen Anwohner der obern Petschora üblichen Namen Sirjáni. — Alle diese Volkszweige wissen sich übrigens unter einander ohne Mühe zu verständigen, und ebenso auch mit den hiesigen Kaufleuten bei denen doch die Ostjakische Sprache im Handelsverkehr ausschliefslich gebraucht wird. Nur einzelne Kosacken sind noch ausserdem des Samojedischen mächtig. — Dennoch aber ist die Unterscheidung der Eingebornen nach der geographischen Lage ihrer Aufenthaltsorte für den Jahrmarktshandel von Wichtigkeit, weil sie mit sehr bestimmten Unterschieden in der Beschaffenheit der eingeführten Waaren zusammenhangt. So wurden unter allen Wölfen die Östlich von hier durch Jeniseisker Ostjaken erlegten am höchsten geschätzt, weil sie durch sehr langes weifses und weiches Haar vor den sogenannten Wald- und Steppen-wölfen (ljésnuie i stépnuie wolki) des mittlern Sibiriens sich auszeichnen. Die Schönheit dieser Raubthiere scheint gleichmäfsig zuzunehmen mit der Menge von wilden Rennthieren welche sie in den Tundren vorfinden, denn auch diese schüchternen Bewohner erhalten sich grade zwischen dem Obi und Jenisei in ungewöhnlicher Häufigkeit und die dortigen Ostjaken sind wegen besondrer Geschicklichkeit im Einfangen und Erlegen derselben berühmt. Ihren gezähmten Rennthieren binden sie einen Riemen zwischen die Ober-enden beider Hörner und entlassen sie dann vereinzelt in der Nähe einer

Heerde von wilden. Diese greifen die Fremdlinge an und während des Kampfes verwickeln sie ihre Hörner in die vorbereiteten Riemen und werden dann von den zahmen bis zur Ankunft ihrer Herren zurückgehalten. Dieselben Ostjaken wissen auch auf geschickte Weise gegen die Brust der wilden Rennthiere gerichtete Selbstschüsse anzulegen. — Dagegen wurden die Samojeden vor ihren sämmtlichen Nachbarn wegen Manchfaltigkeit ihres Jagdertrags gelobt: sie fangen die Pelzthiere nicht nur durch die gewöhnlichern Listen der Fallen und künstlichen Waffen, sondern auch indem sie sich während der Jagden vollständig mit den Nachgestellten gemein machen, wie sie auf Händen und Füfsen gehen und durch Stimme und Kleidung ihnen nachahmen. Namentlich aber liefern sie an Eisbärfellen die bedeutendsten Beiträge zu dem Obdorsker Markte, und ein beständiger Umgang läfst diese Thiere den Anwohnern des Eismeeres keinesweges von der fürchterlichen Seite erscheinen, von welcher sie minder gewohnte Europäer stets geschildert haben. Die Samojeden geben zu, dafs der weifse Bär den schwarzen an Kräften und Blutgier bedeutend übertreffe und auch an Listen gegen seine thierischen Feinde ihm gleichkomme, sie selbst aber wissen wegen linkischer Unbeweglichkeit dieses ihres beständigen Gefährten ihn stets und mit Sicherheit zu besiegen: oft geht ein Einzelner gegen einen 8 Fufs langen Eisbär und ohne andre Waffe als sein Messer, welches er auf eine Stange aufbindet. Sie treffen ihn im Frühjahr und Herbste auf dem Eise neben den Löchern, aus welchen die Seehunde zum Athmen hervortauchen. Dort umgiebt sich der Bär gegen die Lume zu, mit einem Schneewall und streckt nur die vorderste Tatze ins Wasser. Die Samojeden selbst betreiben gleichzeitig eine sehr ähnliche Jagdlist, denn eben wie die Bären verstecken sie sich neben jenen Luftlöchern. Sie lassen aber die Seehunde auf das Eis heraustreten und versperren ihnen den Rückweg, indem sie die Lume mit einem bereit gehaltnen Brette verdecken. Gegen die Mitte des Sommers, wenn das Eis an den Küsten gebrochen ist, gehen viele Eisbären auf das Festland, und sollen sich dort höchst kümmerlich nur von Mäusen nähren. Andre mögen indefs wohl auf schwimmenden Schollen sich auch dann noch Seehunde verschaffen. Aber eine vollständige Fastenzeit halten sie sämmtlich, wenn sie jenseits des Polarkreises wohnen: denn vom Verschwinden bis zum Wiedererscheinen der Sonne liegt ein jeder von ihnen bewegungslos in einer Schneehöhle am Meeresufer. Sehr ähnlich sind die Lebensverhältnisse der schwarzen Bären auf Kamtschatka (Abschnitt XVIII.), denn auch diese sieht man dort im Laufe des Jahres und auch noch während des Wachens von bedeutender Gefräfsigkeit zu kärglicher Nahrung übergehen und dann während des' Winters durchaus fasten.

Gegen 8 Uhr Abends hörten wir heute ein lautes und vielstimmiges Geheul von den Zughunden, deren hier 400 von 60 Hausbesitzern gehalten werden. Es ist der Hunger welcher täglich zu derselben Stunde diese leidenschaftlichen Ausbrüche hervorruft, und zwar stimmen stets sämmtliche Hunde ein, sobald nur einer zu heulen begonnen hat, sonst aber verhalten sie sich fast durchaus lautlos: und bellen hört man sie nur wenn sie angespannt sind und den Anlauf nehmen oder auf der Fahrt wenn sie einem Rennthierschlitten begegnen. Auch während starker Kälte verlangen die Hunde keinen Schutz gegen die Witterung, vielmehr schliefen heute am Tage die zu einem jeden Hause gehörigen Individuen ringsum dasselbe in Schneelöchern welche sie durch ihre eigne Wärme unter sich aufgethaut hatten. Dergleichen ruhige Lage der Zughunde wird von den Ostjaken als ein Zeichen eines bevorstehenden Unwetters betrachtet, und wirklich bestätigte sich diese Beobachtung in den gegenwärtigen Tagen. Sie werden hier, wie überall längs des Obi, nur mit Fischen genährt, welche man zu diesem Zwecke sowohl als auch zu menschlicher Nahrung erst an der Sonne trocknet und dann mit den Gräten zugleich zerstofsen und unter dem Namen porsa aufbewahrt. Während der Reise führt man diese Nahrung in Säcken aus Störhaut. — Sehr begreiflich ist es dafs man hier in Obdorsk ungleich mehr Zughunde hält als in Beresow, denn dort ist Pferdezucht noch möglich und gebräuchlich, hier aber könnten nur Rennthiere die Pferde ersetzen und deren Gedeihen ist mit städtischem Leben nicht verträglich, denn wenn man auch oberhalb Obdorsk neben einzelnen festen Wohnplätzen Rennthiere findet welche sich in der Nähe der Jurten genugsam nähren, so ist doch dort die Anzahl der Besitzer und daher auch die nöthige Heerde ungleich geringer als sie es hier sein würde. — Auch werden bei jenen Jurten stets Hunde neben den Rennthieren gehalten, und ebenso verhält es sich ohne Ausnahme an allen Orten, wo eigner Fischfang getrieben wird: dieser aber ist eine unerläfsliche Bedingung für die Hundezucht und bei allen Zelt-Samojeden welche die Jagd zum Hauptgeschäft machen und ihren Fischvorrath nur durch Tauschhandel erlangen, sind daher Rennthiere in ausschliefsender Anwendung. Von den hiesigen Hunden vermag ein jeder eine mit 5 Pud beladne Narte auf die Dauer und während der Reise zu ziehen, auch erlaubt die bei den Ostjaken übliche Art der Anspannung (Seite 565) kaum mehr als zwei Hunde gleichzeitig anzuwenden, und eben dadurch unterscheidet sie sich wesentlich von der bei Tungusen und Kamtschadalen üblichen Anwendung eines langen Zugstranges mit seitlichen Fortsätzen (Abschnitt XIV.). — Tollwuth an den Zughunden würde hier zu einer fürchterlichen Landplage werden und den Untergang ganzer Volksstämme unvermeidlich herbeiführen, aber wie es schon Steller von den Kamtschatischen Zughunden berichtete, so versicherte man mir auch hier einstimmig eine gänzliche Unbekanntschaft mit dieses Krankheit, welche demnach durchaus als ein Produkt des Europäischen Stadtlebens erscheint. Ein wesentlich und durchgängig gefundner Unterschied in den Verhältnissen der hiesigen Hunde und der in Europa gesehnen, scheint aber nur allein in ungleich mäfsigerer Nahrung der ersteren zu suchen, und wohl dürfte daher Überfluss und nicht Mangel den ersten Keim zu jenem nun erblich fortgepflanzten Gifte hervorgerufen haben.

[Decbr. 9.] Während des ganzen Tages dauerte dichtes Schneegestöber mit heftigem Sturme aus Westen, dennoch hinderte dieses Wetter die gewohnten Kosacken keineswegs im Freien zu arbeiten, und daselbst das beabsichtigte Bohrloch bedeutend zu fördern. Man hatte zuerst mit Beilen eine 5 Engl. Fufs tiefe Grube in die Erde gearbeitet und es wurde nun bis zum heutigen Abend von dem Boden derselben noch um 7 Engl. Fufs tiefer gebohrt, ohne dafs sich wie zu Beresow gethautes Erdreich gezeigt hätte (December 10. und 11.). — Alle Männer waren hier mit einem vortrefflichen und äufserst langhaarigen Gus oder drittem Überpelze bekleidet, und namentlich bei ihren drehenden Bewegungen um den Bergbohr wurde man an einen Bärentanz täuschend erinnert. —

Zu anderweitigen Beschäftigungen im Freien war das heutige Wetter nicht geeignet, denn nach dem Himmel sowohl als nach dem Gebirge war durch Schneegestöber jede Aussicht gehindert, aber die Gespräche mit unsren erfahrnen Wirthen lieferten wieder manche erfreuliche Entschädigung, namentlich aber wurde deren vollständige Kenntnifs der Ostjakischen Sprache zur Ausführung des im Verfolge abgedruckten Wörter-Verzeichnifses benutzt. — Dafs eine genauere Kenntnifs dieser Sprache und ihres grammatischen Baues entscheidenden Aufschlufs über den bei den Ethnographen noch immer streitigen Ursprung der Europäischen Ungern zu geben vermöchte, wufste ich damals leider noch nicht, und die geschichtlichen Spuren, welche so bestimmt auf den Irtuisch, als den Ausgangspunkt dieses merkwürdigen Volkes, leiten, lernte ich erst kennen als ich die Ostjaken längst schon verlassen hatte. So konnte denn nachträglich Nichts weiter geschehen als eine Vergleichung zufällig gewählter Worte, welche bei beiden in Rede stehenden Völkern für einerlei Begriffe üblich sind, und schon bei dieser fanden sich unzweifelhafte Verwandtschaften für mehr als ein Drittheil der vorhandnen Ostjakischen Formen. *)

---

*) Die Mittheilung der Ungarischen Worte verdanke ich Herrn Doctor Tarczi aus Papa, und zugleich auch die so nöthige Übersetzung der Madjarischen Orthographie in diejenige deren ich mich in diesem Berichte für alle mir aus eignem Anhören bekannte Redeformen und daher auch für die Ostjakischen bedient habe. Es ist daher in den Ungarischen Wörtern
s gleich dem sonst gebrauchten sch

sz	s
z	s
ny	gn ö
a	ä
á	a
h	ch
und v	w.

Deutsch.	Ostjakisch.	Ungarisch.
Ich saufe (bin ein Säufer)	jaslöm	iszom
Ich höre	cholöm	hallom
Das Bein	kur	szár
Das Ohr	pal	fül
Das Auge	sem	szeem
Die Sprache	njälnisch	nyelv
Das Blut	kali, wuir*)	vér
Glied (Männl.)	mon	mony
Glied (Weibl.)	non	—
Das Herz	sim	sziv
Das Fett	woi	vaj (Butter)
Kuh-Butter	mis-woi	vaj
Die Feder	togol	toll
Der Fisch	chul	hal
Der Hund	amp	ab
Das Pferd	lou	lo
Die Maus	lengir	egér
Der Widder	osch	kos
Die Gans	lont	lud
Der Schwan	chatuing	hattyú
Der Adler	suias	sas
Der Hahn	chosi	kokas
Der Wald	ör	erdö
Das Blatt	libit	levé
Die Rinde	chorug	kéreg
Ein Korn	sem	szem
Das Ei	tojech	tojás
Der Pfeil	nol	nyil
Das Messer	käji	kés
Die Stange	schud	rud
Das Brod	njän	kenyér
Das Feuer	tut	tüz

*) Wenn mehre Ostjakische Ausdrücke genannt sind, so ist der erste der Werchowische (Seite 614).

VIII. Abschnitt. 1828. December.

Deutsch.	Ostjakisch.	Ungarisch.
Das Haus	chat	ház
Die Stadt	wasch	város
Die Thür	ou	ajto
Das Brennholz	tutjuch	tüzifa
Die Feuerstätte	tutchar	tüzhely
Der Stein	keu	kö
Der Feuerstein	tutkeu	tüzkö
Der Vater	asi	atya
Die Mutter	anki	anya
Die Frau	nja, nö	nö
Alt	pöris	öreg
Häufig	tschik	sok
Der Berg	rep, seguim	hegy
Das Gebirge	hesch	hegy
Der Eisberg	jenkrep	jéghegy
Ich schwimme	woschöm	uszom
Die Welle	chump	hab
Die Mitte	kutuip	közép
Nach links	tuill	tüled
Treiben	woista	hajtani
Der Abend	etwa	estve
Die Nacht	at	éj
Der Frühling	tou	tavasz
Der Herbst	sus	ösz
Der Winter	tell	tel
Der Norden	öus	eszak
Der Osten	chala	kelet
Die Wolke	päluing	felhö
Der Wind	wat	szel-vesz
Das Eis	jeng	jég
Das Gold	sorni	arany *)
Die Nähnadel	intip	tü
Schwarz	fitui	fekete

*) Tritt durch die Aussprache dem Ostjakischen äufserst nahe (Seite 657, Anmerkung).

Deutsch.	Ostjakisch.	Ungarisch.
Roth	wuirui	vörös
Der Geist	ljil	lélek
Ich tödte	wölsöm	ölöm
Geh zu!	mana	menj
Vorher	ilbi	elebb
Warm	melek	meleg
Oft	schik	sok
Unten	il	al
Lang	schuu	hoszu
Der Winkel	sung	szük (eng)
Leicht	kön	könyü
Ich singe	ariilöm	—
Ich tanze	jcklöm	eneklem
Ein Lied	aria	arja (Trauerlied)
zwei	kat	ket
zwanzig	chos	husz

Nicht so unmittelbare Ähnlichkeiten mit dem Ungarischen wurden für die folgenden Ostjakischen Worte gefunden.

Deutsch.	Ostjakisch.	Deutsch.	Ostjakisch.
Ich schlafe	choilöm	Die Hand	jusch
Ich lache	njachlöm	Die Nase	nol
Ich sehe	wandejöm	Der Nagel (am Finger)	kuschkar
Ich	mi		
Du	nuin	Der Bart	tusch
Er	lu	Der Mund	uugl
Wir	mu	Die Haare	ubuit
Ihr	nuin aretel	Der Zahn	pench
Sie	tomit	Das Horn	ongd
Mannsperson	choi	Die Haut	soch
Weib	njä	Der Vogel	woichul **)
Der Kopf	uch *)	Der Wurm	muler
Der Fufs	kur	Die Fliege	seriwirep

*) Nahe gleichlautend mit juch das Holz. Ebenso im Ungarischen fö der Kopf, fo das Holz.
**) Etymologice: ein Fett-Fisch.

Deutsch.	Ostjakisch.	Deutsch.	Ostjakisch.
Der Stier	chorschis, charchaptui	Grofs	puiris
		Klein	lel
Die Kuh	mis	Dick	kuldi
Die Katze	kati	Die Erde	muu
Der Hase	schour	Der Ort	taga
Der Bär	oschni	Der Hügel	airep
Das Rennthier	wuili, kuilin	Thon	muu, sochta
		Der See	milink, nomur lor
Das Schwein	poris		
Die Ente	wesi	Die Insel	pugor
Das Gras	torn	Der Fluss	jugin
Das Holz	juch	Der Sumpf	njoruim
Der Baum	juch	Das Meer	tschores
Die Wurzel	ler	Fliessen	cholal
Die Kuhmilch	misesin ink*)	Die Quelle	musom
Das Fleisch	noga	Von hier	talti sjagat
Das Wasser	ing	Vorne	suiri
Der ~~H~~opfen	ink sem**)	Hinten	jelti
Der Bruder		Es ist Zeit	pis
der ältere	apsi	Der Tag	chatl
—der jüngere	jaip	Der Monat	tilis
Die Schwester	ni apsel	Das Jahr	tell luun
		Die Stunde	tschas***)
Der Sohn	poch	Der Sommer	luun
Die Tochter / Das Mädchen	ewi	Heute	tat chatl
		Gestern	molgat chatl
Der Mann	cho	Morgen	choleit
Die Ehefrau	imi	Früh	aluin
Das Kind	neiwrem	Spät	jetnepelka
Jung	ai, njairisch	Mittag	chitkutuip
Gut	jem	Mitternacht	atkutuip
Schlecht / Häfslich	aduim	Der Morgen	alutnesap
		Himmel	toruim chor

*) D. h. Kuhwasser.
**) D. h. Wasser-Korn. Siehe oben ein Korn.
***) Ein Russisches Wort.

Deutsch.	Ostjakisch.	Deutsch.	Ostjakisch.
Die Sonne	chitl	Schlagen	senga
Der Mond	tilis	Die Wunde	njulem
Der Stern	chos	Getödtet	weljm
Westen	keu *)	Der König	chan
Süden	num	Der Befehls-	
Der Nebel	suug	haber	jajar
Der Sturm	puchrem, porga wodas	Die Ortschaft	kort
		Der Thurm	sangan chat
Die Luft	simes	Die Brücke	norom
Der Regen	ert	Gott	toruim
Der Hagel	ert sobol, padluing sem **)	Die Vernunft	nómuis
		Die Seele	sem
Der Thau	pojin	Der Teufel	kul
Der Blitz	muluin juch, piisuldnui	Das Leben	wolpas
		Der Tod	sóruim, chuin
Der Donner	padluing	Ich glaube	euwlöm
Das Kupfer	padaroch	Ich mache	werlöm
Das Zinn	lolpi	Ich bedecke	lanchl
Das Eisen	kardui	Ich laufe	chogodlöm
Der Schwefel	onch	Mach' auf!	pelik pansa
Der Tabak	schar	Ich gehe	iilöm
Die Pfeife	changsa	Ich schliesse ein	togorlöm, laptumaitlöm
Der Feuerschwamm	seit	Ich schlage	senchlöm
Leinwand	obuitójata	Ich werfe	juudlöm
Der Faden	sugosch	Ich verwunde	juulmalöm, njulmwerlöm
Die Nähnadel	intip		
Das Netz	pon	Ich heile	tolagaschlöm, tumtauawerlöm
Weiſs	nau, nawui		
Finster	pitui		
Grün	wosti	Ich nähe	juntlöm
Zankgeschrei	uu		

*) Eigentlich der Stein oder Fels; bei Anwendung auf die Weltgegend denken die Ostjaken an das Westlich gelegne Gebirge.
**) D. i. Donnerkörner, offenbar wegen des Causalnexus zwischen Hagel und Donner.

Deutsch.	Ostjakisch.	Deutsch.	Ostjakisch.
Ich lege mich nieder	ollöm, choilöm	Eins	it
Ich finde	woitzöm	Zwei	kat
Ich freue mich	amuitsöm	Drei	chulem
Ich bin traurig	tischtalöm	Vier	nel
		Fünf	wet
		Sechs	chot
Ich will	litlöm	Sieben	sebet
Nachher	sega	Acht	nila
Kalt	iski	Neun	ertän
Hinauf	nog	Zehn	än
Entfernt	schuu	Elf	itchotän
Nah	wan	Zwölf	katchotän
Kurz	wan	Funfzehn	wetchotän
Breit	wuiting	Zwanzig	chos
Eng	was	Funfzig	wetän
Schwer	laart	Hundert	sot
Spitz, scharf	pastui.	Tausend	tschóros
		Zehntausend	än tschóros.

Die folgenden Namen der Wochentage sind bei den Ostjakischen Fischern zu Repólowo in Gebrauch und wurden mir von diesen angegeben:

Sonntag	labtuchotl	Donnerstag	hudngosachotl
Montag	niulmichotl	Freitag	unjamichotl
Dienstag	jangmichotl	Sonnabend	wjätchosachotl
Mittwoch	juchosachotl		

Endlich erhielt ich noch zu Obdorsk ein Bruchstück von der bei den Nisowischen Ostjaken üblichen Conjugation:

Ich gebe	ma malöm	Wir geben	mum malo
Du giebst	nuin malen	Ihr gebet	nuin aretel malete
Er giebt	tomi mal	Sie geben	tomila malt.

Ich gab	ma masöm	Wir gaben	mum masu
Du gabst	nuin masön	Ihr gabet	nuin aretel mast
Er gab	tomi mas	Sie gaben	tomila mast.

Ich werde geben   ma mada pitlöm.

Sicher hätte ein gleich ursprünglich mehr **vergleichendes** Studium der **Ostjakischen** Sprache, für die Verwandtschaft derselben mit dem **Madjarischen** noch weit reichere Bestätigungen und Aufschlüsse ergeben. Aber als Resultat einer nachträglichen Untersuchung zufällig gewählter Worte ist auch die hier gefundne Gleichheit von 81 der wesentlichsten Wurzeln unter 234, unmöglich für zufällig und nichts sagend zu halten, ebenso wenig wie eine sehr einleuchtende Übereinstimmung in Verbal- und Substantivischen Endungen. Es wird aber fernerhin leicht sein, in den **Obdorsker** Sprachproben noch eine Menge von Worten zu sehen, welche mit **Ungarischen** eine gleiche Form, dabei aber nicht gleiche sondern nur verwandte Bedeutung besitzen, und aus Erfahrung an andern **Asiatischen** Sprachen ist es genugsam bekannt, daſs groſsartiges Nomadisiren dergleichen Erscheinungen bei den verwandtesten Stämmen noch jetzt herbeiführt. *) Von ähnlicher Art scheint z. B. das Schicksal des **Ostjakischen** Zahlwortes **än** zehn, denn in seiner absoluten Bedeutung ist es aus dem **Ungarischen** verdrängt und durch das **S**lavische **tis** (**R**ussisch: de**s**, cum suis) ersetzt worden, aber die Bildung der zusammengesetzten Zahlworte bei den **Ungern**:

ötv-en, hatv-an, hetv-en funfzig, sechszig, siebenzig

wird durch jene **Ostjakische** Wurzel und vielleicht nur durch diese verständlich. Ähnlich ist das Verhältniſs des **Ostjakischen**: park zu dem **Ungarischen**: parkany (Seite 618, Anmerk.), vielleicht auch des **Ostjakischen**: kä*j*e zu dem **Ungarischen**: kez (Seite 620, Anmerk.); ganz sicher aber gehört dahin die mehrmals erwähnte Nebenbedeutung des Ausdrucks ánki, welcher zwar in dem **Madjarischen**: anya, Mutter, einen gleichlautenden Verwandten behalten, dennoch aber den besondern Werth eines Ehrennamen für alle **Verschleierten** unter den Mädchen und Weibern verloren hat. —

Die Frage über den **Ursprung der Ungern** ist seit langer Zeit mit so ausgezeichneter Vorliebe von **Europäischen** Ethno-

---

*) Namentlich für die Sprachen des Nordens der Erde findet man schöne Bestätigungen und gesunde Erklärungen dieser Wahrheit bei Gyarmathi, Affinitas linguae Hungaricae cum linguis Fennicae originis. Gottingae, 1799. Pag. 54 und 92.

graphen und Sprachforschern behandelt worden, daſs eine jede
Anregung derselben fast einem Tropfen im Meere gleichen würde,
wenn nicht durch Aufopferung einiger Europäischen Vorconstructionen und Vorurtheile gegen einfache Beobachtung der
alltäglichsten Erscheinungen an Nord-Asiatischen Nationen
in dieser und in vielen verwandten Angelegenheiten noch manche
bedeutende Erleichterung möglich schiene.   Da sehr bestimmte
historische Documente bezeugen, daſs die Asiatischen Einwanderer
welche, zu Anfange des 9ten Jahrhunderts, zur Bevölkerung von
Ungarn hinzutraten, von beiden Ufern des Nördlichen Irtùisch
ausgingen, und daſs auch die Hunnischen Horden welche schon
früher (seit 377 unter Attila) von Asien her über Dacien und
Pannonien sich verbreiteten und vom 4ten bis zum 8ten Jahrhundert, wie schwankende Wellen, bald gegen Osten zurückge-
drängt wurden und bald wieder einbrachen, nächste Stammverwandte jener länger am Irtùisch verbliebnen Ungern oder
Hunno-Jugrern waren, so war in der That ein inniger Anklang
der jetzigen Madjarischen Sprache an die jetzige Ostjakische
schon von vorne herein zu erwarten. Daſs auch der alt-Russische
Name Jugri oder Jugria grade auf die Ostjakischen Bezirke
sich bezog und u. A. in dem Titel der Russischen Kaiser sich
noch heute bezieht, hat Lehrberg durch kritische Sammlung
von Beweisstellen genugsam dargethan: *) ja es wäre vielleicht endlich auch eine Etymologie dieses Namens grade aus dem reinen
Ostjakischen zu entnehmen, wenn man dabei an juch die
Waldung dächte, und somit Juchria für Bezeichnung der herrlichen und mit Recht weit gerühmten Waldungen des mittleren
Irtùisch und Obi hielte. — Es ist demnach zu bewundern und
bedauern, daſs neuere Ungarische Gelehrte welche von Europa
ausgingen mit dem bestimmten Zwecke: die dermaligen nächsten
Verwandten ihrer Nation unter den Asiatischen Stämmen zu
suchen, alle für den Sibirischen Norden vorhandnen dringenden
Beweisgründe durchaus vernachläſsigten, und sich vielmehr mit
seltsam willkürlicher Entschiedenheit nach Tibet wandten! Aber
es sind nicht etwa anderweitige linguistische Forschungen welche

---

*) Acta Acad. Petropol. Lehrberg über Jugrien.

zu diesem auffallenden Entschlusse veranlafsten, denn wenn auch Beregszaszi manche ethnographische und syntaktische Anklänge der Madjarischen Sprache mit der Hebräischen, Chaldäischen, Syrischen, Äthiopischen, Arabischen, Persischen, Kurdischen, Zendischen, Pehlvi-Sanskritischen, Zingarischen, Hindostanischen, Indischen, Mandjuischen, Tatarischen, Armenischen, Griechischen, Kalmukischen und vielen andern, ganz unverkennbar nachwies, so durfte dieses keineswegs veranlassen, die etwa noch lebenden Bluts-Verwandten der Ungern im mittleren Asien zu suchen, denn nicht nur dafs schon derselbe Philologe in der einzigen echt Nordischen Sprache welche er zur Vergleichung hinzuliefs: in der der Algonkinischen Bewohner von Kanada in Nord-Amerika, eine gewisse weit gewichtigere Ähnlichkeit mit dem Madjarischen fand, als in irgend einer der genannten, *) so hat auch Gyarmathi sehr sorgfältig erwiesen, dafs die Ungern durch frühesten Verein mit dem Arktischen Stamme der Finnen, mit Lappen, Wogulen, Wotjaken und Verwandten, ungleich tiefer gehende und wesentlicher bedingende Eindrücke empfangen haben als von irgend einem jener Südlichen Völker und dafs Alles was sie mit diesen letzten gemein haben, sich genugsam erkläre durch fluctuirende Wandrungen welche sie bis zur endlichen Ruhe in Europa innerhalb Südlicher Distrikte ausführten. **)

So war es denn ein durchaus andrer Grund welcher neuerlich manche Ethnographen veranlafste, den durch bisherige Beobachtungen eingeleiteten Gang der Untersuchungen gewaltsam abzubrechen, und, anstatt zu dem dringend indizirten Norden, sich zum Himalaja zu wenden. Die Erfolge dieses Verhaltens werden sicher vortrefflich sein, vorzüglich aber weil sie dereinst zu einem negativen Resultate führen und erweisen werden dafs eine, bis vor Kurzem noch wenig gekannte, Gegend der Erde, die Lösung

---

*) Nämlich neben völliger Übereinstimmung vieler Wurzeln, auch die für das Madjarische durchaus charakteristische Plural-Endung k. P. Beregszaszi, Über die Ähnlichkeit der Ungarischen Sprache mit den Morgenländischen. Leipzig, 1796. Pag. II.

**) Gyarmathi in: Affinitas linguae Hungar. cum ling. Fennicae originis. Pag. 214 et alibi passim.

aller Räthsel ebenso wenig enthalte als irgend eine andre. Man
wird dann zurückkommen von dem unwissenschaftlichen aber
menschlichen Bestreben nach Anlegung gewisser mystischer Vorrathskammern für Alles was anderweitig unnachweisbar, zur Anknüpfung einer Hypothese erfordert wird, und nicht mehr dem
Tibetischen Hochlande, ebenso wie Ariost dem Monde, eine
vereinigende Anziehung für Alles verleihen, was jeder sinnlichen
Wahrnehmung sich entzogen hat. Marco Polos und mancher
Neuern Schilderung von anthropophagischen und sehr krass indivi-
dualisirten Volksstämmen in Tibet sollte schon jetzt wenig Hoffnung lassen daselbst die prägnantesten Keime für sämmtliche
Formen der Menschheit zu finden. Aber erst durch noch klarere
negative Resultate wird man unendlich gewinnen, und ebenso wie
die Geogonie ihre herrlichsten Erfolge nur allein der Umgestaltung
in Geognosie verdankt, so wird denn auch das Wissen von Menschen anstatt jeder anthropogonischen Vorconstruction nur in ge-
duldigen anthropognostischen Beobachtungen ihr Heil suchen.

Spezieller aber scheinen es unter andern zweierlei Hindernisse
welche jetzt in jenem wichtigsten Zweige menschlicher Erkenntniſs manche Fortschritte hemmen, beide aber gehen sie hervor
aus einer allzu Europäisch sedentären Erziehung unsrer Ethnographen. Denn eine solche ist es welche einerseits die Tendenz
erzeugt bei der für den gesammten Planeten gestellten Frage, eine
parteiische Vorliebe für die zunächst gelegnen Erscheinungen zu
hegen, so wie man geogonische Theorien oft auf mineralogische
Verhältnisse beschränkter Distrikte begründete, so nimmt man jetzt
oft in der Ethnographie etwas so durchaus Europäisch Lokales
wie die Entwicklung des Christenthums als Richtschnur für die
gesammte Betrachtung; denn Spuren von Christlichem Ritus bei
den Buddhisten (Abschnitt XI.) haben bei Vielen jene einseitige Aufmerksamkeit auf das Tibetische Gebirge bedeutend ver-
stärkt. — Andererseits ist es eine noch evidentere und noch wich-
tigere Folge allzu Europäischer Begriffe, daſs man bei jeder
erwiesnen Communication zwischen Bewohnern ziemlich getrennter Erdstriche, stets an sogenannte historische Ereignisse
denkt, d. h. an Begebenheiten in bestimmter und nachweisbar beschränkter Zahl, welche zu bestimmten Zeiten die Berührung der

getrennten Massen gewaltsam und plötzlich bewirkt haben sollen. Wenn man aber bei der Frage nach den frühern Bewohnern mancher Gegenden der Erde und nach deren Zuständen auch die jetzigen und wirklich erreichbaren Bewohner derselben Gegenden beobachtender Aufmerksamkeit würdigte, und namentlich die auf sie bezüglichen ethnographischen Probleme stets nach deren Denkart, mehr als nach Europäischer, beurtheilte, so scheint es als werde man nicht selten zur Erklärung von Verwandtschafts-Erscheinungen der Hypothesen von gewaltsamen Verpflanzungen und Versprengungen ganzer Völkerstämme überhoben werden, und anstatt dessen auch frühere Phänomene erklären durch den jetzt noch fortdauernden Zustand beständigen und freiwilligen Wanderns der Individuen. Es ist kein Zweifel dafs durch diese gleichsam oscillirenden und langsam wirkenden Bewegungen innerhalb vieler einander berührender Völkerstämme, die weite Verbreitung von Analogien in Sprache, Sitte und Denkart oft ebenso vollständig und bei weitem ungezwungener erklärt werde, als durch manche unerwiesne Annahme progressiver und gewaltsamer Wandrungen grofser Menschen-Massen.

Namentlich aber in dem hiesigen Norden Sibiriens dürfte in der Gegenwart kaum eine einzige Erscheinung zu der Annahme zwingen, dafs auch seine Bewohner sämmtlich aus Südlich gelegnen Ländern hierher versprengt seien. Nichts führt hier auf die dogmatische Ansicht: keine Sprache und keine anderweitige Volkthümlichkeit könne in den Arktischen Gegenden der Erde sich selbstständig entwickelt haben; denn wenn man die jetzt hier lebenden Menschen mit ihrem Zustande durchaus ebenso zufrieden findet als die Aboriginer der Tropen, so sieht man kaum welcher Umstand das Bestehen gleicher Verhältnisse auch in vorhistorischen Zeiten verhindert haben sollte. Will man aber auch über materielles Wohl der Völker nicht die eigne Meinung der Betroffnen befragen, sondern die Anlegung eines constanten und in der Zufälligkeit Europäischen Geschmackes begründeten Mafsstabes erlauben, so wird wohl ein Jeder den Ostjakischen und Samojedischen Rennthier-Nomaden weit begünstigter finden als viele Stämme des tropischen und subtropischen Amerika's: der hier ungleich vollkommnern Fuhrwerke und Reisemittel zu geschweigen, so ist auch unterm Park und Gus die Temperatur des gefrierenden Quecksilbers weit weniger lästig, als ein heftiger Winterregen den nackten Aboriginern Californiens, und ein hiesiges Mahl von Rennthierfleisch und köstlichen Lachsen erscheint durchaus vorzüglicher als die magern Eidechsen und Mäuse welche der Amerikaner oft nur erst durch geflissentliche Abbrennung ihrer Grasfluren erbeuten (Abschnitt XXVI). — Von der andern Seite aber wird beim Anblick des hiesigen Landes wohl Niemand auf den Gedanken verfallen, daſs erst die Menschen selbst es allmälig so wohnbar gemacht, oder doch einige der jetzt so günstigen Verhältnisse hervorgerufen haben, denn niemals wirkte die Cultur begünstigend auf die Menge der Rennthiere, der Fische oder der Eisbären, noch auf das Holz zum Heizen oder den Schnee zum Schlittenfahren; und auch die wichtigen Zug-hunde sind so offenbar Nichts weiter als gezähmte Wölfe aus den hiesigen Tundren, daſs auch ihnen zu Liebe an eine Südliche Herkunft ihrer Herren keineswegs gedacht werden darf. — —

Während des bisherigen Umgangs mit den Ostjaken hatte sich fortwährend gezeigt wie sie nur in Folge angestrengter und glücklicher Naturbeobachtung ihren arktischen Wohnsitzen die Möglichkeit eines äuſserst bequemen und sorglosen Lebens abgewonnen haben; hier aber erfuhren wir Manches von den Resultaten ihrer beschaulicheren Muſse, von ihren ästhetischen Leistungen und den Äuſserungen ihres religiösen Gefühls. Musik, Dichtkunst und eine sehr ausgebildete Mimik sind hier von einander niemals getrennt, aber einen steten Zusammenhang aller drei mit dem Religiösen des Volkes kann man nur insofern behaupten als jedes Gefühl ein religiöses ist.

Das Lied welches ich zu Repŏlowo gehört hatte, kannten die hiesigen Russen nicht, und ausser dem unbezweifelten Sinne der zwei ersten Worte: Inga torum, d. h. Wasser Gott, lieſsen die übrigen nur die oben angeführte fragmentarische Deutung zu (Seite 549), und zwar auch diese nur dann, wenn man sich erlaubte die Worte: protopop, panamar, schalowoanje, podarite, als entstellte Russische Ausdrücke zu betrachten. Überhaupt aber scheint traditionelle Aufbewahrung einer Dichtung sehr selten bei den Ostjaken, und es sind vielmehr improvisirte

Sologesänge welche sie an die Anregungen des Augenblicks knüpfen und stets mit mimischer Darstellung begleiten. Bisweilen soll doch ein und dasselbe Ereignifs mehrere Jahre lang mit Vorliebe behandelt werden, jedoch auch dann stets nach dem individuellen Geschmacke des Singenden. So erzählte man dafs, als einst ein Bär die Leiche eines Kindes ausgrub und zerrifs, die Ostjaken während mehrerer Jahre den erschütternden Auftritt in ihren Dichtungen schilderten und dabei mit äufserster Treue das Gebrüll des Thieres nachahmten und seine Geberden gegen die Verfolger welche ihm die Leiche abzujagen versuchten. Überhaupt aber werden der Wolf und der Bär, als gewaltige und hochbegabte Wesen, durch Gesänge und Mimik von den Ostjaken ebenso oft gefeiert wie ihre Mitmenschen, und so wie diese bald von einer ernsten Seite aufgefafst, bald und ungleich häufiger von einer komisch carikirenden. Namentlich aber bei diesen Erwähnungen der zwei Raubthiere finden sich vollständige Übergänge von poëtischer Verehrung, bis zu einer entschieden religiösen. Wenn sie einen derselben erlegt haben, füllen sie die abgezogne Haut mit Heu, und triumphiren mit verhöhnenden Gesängen über das Bild dieses ehrenbringenden Feindes. Sie speien ihn an und treten ihn mit den Füfsen, dann aber stellen sie ihn auf den Hinterfüfsen aufrecht in einen Winkel ihrer Jurte, und behandeln ihn von nun an eine Zeitlang mit ernster Verehrung als Schutzgott.

Sowohl bei diesen Gesängen als auch bei den sogleich etwas näher zu erwähnenden eigentlich religiösen Feierlichkeiten bedienen sich die Ostjaken von Alters her und nach eigner Erfindung zweier musikalischen Saiten-Instrumente, von denen das eine kahnförmig gestaltet und mit fünf Saiten bespannt in ihrer Sprache dombra genannt wird, und dadurch wiederum einen höchst entscheidenden Beweis für die Verwandtschaft mit den Madjaren darbietet, denn noch zur Stunde ist bei diesen für ein durchaus ähnliches Instrument, die Benennung tombora gebräuchlich. Das zweite gröfsere und meist mit acht Saiten versehne Ostjakische Instrument führt den Namen naruista juch chotuing, ein Ausdruck welchen die Russen mit Recht durch das Wort lebed, d. i. Schwan erklären, denn der letzte Theil der Ostjakischen Benennung (chotuing) hat in der That diese Bedeutung. Offenbar haben wohl die Ostjaken hierbei die bekannte Sage von dem Gesange des Schwanes im Auge gehabt, welche keineswegs ungegründet ist, denn die Töne welche Cygnus olor in der Freiheit und namentlich im Frühjahr bisweilen hören läfst, sind wirklich unter allen thierischen von silberhellstem Klange, auch ist es bestätigt dafs nach der Verwundung dieses Vogels sein letztes Ausathmen von einem solchen Ton begleitet wird. Ebenso wird in den Russischen Volksliedern bei welchen im Allgemeinen das Leben der Schwimmvögel zu den beliebtesten Bildern gehört (Seite 520) *) die Schwanenstimme vielfach gefeiert, dennoch geschieht es auch dafs die bei ihnen gezähmte Chinesische Gans (anser cygnoides, kitaiskoi gus) mit dem Beiworte swonkoi, d. i. schönstimmige angeredet wird, ja es ist sehr wahrscheinlich dafs die Benennung eines der ältesten Russischen Saiten-Instrumente, der Gusli oder liegenden Harfe, von dem Worte gus oder Gans entnommen eine Analogie zu dem Ostjakischen chotuing darbietet. Es wird später zu erwähnen sein, wie die Kamtschatische National-Melodie ohne jeden Zweifel der Stimme eines Meer-Vogels nachgebildet ist. — In den stets monotonen Ostjakischen Gesängen soll man meistens nur den Grundton und die kleine Terze und nur in seltnen Fällen noch die Quinte hören. —

Obgleich schon im Jahre 1712 durch den Metropoliten Philophej ein Bekehrungsversuch mit den Anwohnern des Obi gemacht, und schon damals viele Ostjaken getauft und zur Belohnung mit Stücken Europäischen Tuches beschenkt wurden, so hat man doch mit weiser Toleranz den anders meinenden bis auf diesen Augenblick die freiste Ausübung ihrer alten Religionsgebräuche gelassen. Unterhalb Obdorsk werden feierliche und gröfsere religiöse Versammlungen noch an dem Flusse selbst gehalten, während die Südlichern Ostjaken es vorziehen, sich zu diesem Zwecke in der seitwärts gelegnen Wald- und Tundrengegend mit ihren dort verkehrenden Landsleuten zu vereinigen. Ebenso verhalten sich die Nisowischen Samojeden (Seite 633)

---

*) Sehr leicht wäre es in dieser Eigenthümlichkeit der Russischen Lieder nicht ganz entfernte Anklänge zu dem sonderbaren Griechischen Mythus von dem Schwane der Leda zu finden.

von denen mir Herr Iwánow erzählte, daſs sie ihm oft ihr Rennthiergespann verweigerten, bis er auf ausdrückliches Verlangen versichert hatte: er komme nicht um sie zu taufen. — Bei den Ostjaken sind es sehr gewitzigte und gewandte Männer, welche unter dem Namen Schamanui das Amt der Vermittlung zwischen dem Volke und seinen Göttern ausüben, die Gabe der Weissagung besitzen und die Opfer darbringen. Stets bekräftigen sie ihren Beruf durch täuschende Beweise körperlicher Unverletzbarkeit, und unter andern, wie ein Obdorsker Augenzeuge mir versicherte, durch Messerstiche welche sie sich in verschiedene Theile des Körpers, ja sogar in den Unterleib versetzen. Die mir gleichzeitig von den hiesigen Russen geäuſserte Meinung, daſs diese Leistungen wirklich nur allein durch direkte Inspiration und Unterstützung des Teufels zu erklären seien, giebt zugleich von Christlicher Bigotterie und von der Geschicklichkeit der Schamanen einen Beweis, auch berühren sich hier die anscheinend feindlichsten Extreme, denn die orthodoxesten unter den Russen und unter den Heiden stimmen nun völlig in dem Glauben an Wunderkraft jener Priester. *) Die Hierarchie der klugen Schamanen ist eine erbliche, denn die Würde seines Amts und die dazu erforliche Kunst des Opferns, die Weissagungsgabe und vielleicht auch einige esoterische Aufschlüsse über die Religion, überträgt ein jeder von ihnen bald demjenigen seiner Söhne welcher ihm am begabtesten scheint, jedoch ohne das Recht der Erstgeburt zu befolgen, bald auch, wenn er kinderlos ist, einem angenommenen Zöglinge. —

Der äuſsere religiöse Ritus welcher sich auf diese Weise unter den Ostjaken vererbt, schien schon an sich beachtungswerth, denn eine genaue Untersuchung desselben dürfte ja noch am leichtesten und mit einiger Wahrscheinlichkeit auf die ihm ursprünglich zu Grunde liegenden Dogmen schlieſsen lassen; aber noch

---

*) Wenn neuerlich und durchaus ebenso auch Englische Missionäre auf Otahaiti die Geschicklichkeit dortiger priesterlicher Jongleure für übernatürliche Leistungen des Teufels erklärt haben (Abschnitt XXVIII.), so bleibt man zweifelhaft, ob sie nur einen frommen aber sehr gefährlichen Betrug gegen ihre Proselyten ausübten, oder ob sie, wie die Obdorsker Kosacken, eine Hauptansicht mit den Heiden theilen.

ganz besonders glaube ich Alles darüber Erfahrne hervorheben zu müssen, seitdem ich, im folgenden Jahre, auf der Nordküste von Amerika ein bis in alle Einzelnheiten identisches System von Religionsübungen wiedergefunden und durch eigne und wiederholte Anschauung kennen gelernt habe. In Bezug auf die wichtigsten der Ostjakischen Feste, zu deren Ausführung sie die früher erwähnten Waffen kaufen (Seite 652), gebe ich daher die wörtliche Übersetzung eines mir von einem Russischen Augenzeugen schriftlich mitgetheilten Berichtes, und kann daher um so gewissenhafter versichern, daſs hier keine Spur von nachträglicher Vermengung ungleichzeitiger Eindrücke stattfand, oder Schuld sei an der völligen Übereinstimmung zwischen den bei Obdorsk herrschenden Gebräuchen und denjenigen welche ich später auf Sitcha bei den Koljuschen mit äuſserster Bewunderung gesehen habe (Abschnitt XXIV.).

„Die Schamanen der Ostjaken ebenso wie die Taduibui oder Samojedischen Priester behängen ihre Pelzkleider mit metallnen Abbildungen von Vögeln, Fischen und Raubthieren, mit Zähnen und Knochen von Seethieren und ähnlichen fürchterlich anzusehenden Verzierungen. Ihre Wahrsagungs-Ceremonien üben sie vor einem Feuer, vor welchem sie zuerst unter ungeheurem Geschrei sich bewegen und wie Besessene krümmen, sie schlagen dabei auf eine Art von Trommel und schütteln die metallnen Verzierungen ihrer Kleider und auch die Umstehenden schreien dazu und klirren mit ihren Waffen oder schlagen auf Kessel und ähnliche Geräthe. Nach einiger Zeit fällt der Schaman zu Boden und die Umstehenden werfen ihm dann eine Schlinge um den Hals und bedecken ihn mit einer Thierhaut, zum Zeichen daſs er sich dann mit den Geistern in Gemeinschaft befindet. Darauf ziehen zwei Männer aus Leibeskräften an den Enden der Schlinge, während der Schaman unter dem Felle die Hände geschickt an den Hals legt, um sich vor Erwärgung zu schützen. Wenn er aber endlich nicht länger zu widerstehen vermag, giebt er ein Zeichen, daſs die Geister ihn verlassen haben, und ertheilt dann den Umstehenden die geforderten Weissagungen. Im Jahre 1805 wurde dennoch bei dem Landgerichte angezeigt, daſs man einen Ostjakischen Schaman auf diese Weise richtig erwürgt habe;

offenbar weil er seine Hände nicht schnell genug zwischen den Hals und die Schlinge brachte."

„Am 27. December 1821 (alten Styls *) feierten die Ostjaken, 5 Werst von Obdorsk, in den Paschirzowischen Jurten ein Fest zur Ehre ihres Gottes Jelan und es gelang mir, von ihnen Erlaubniſs zu erhalten, demselben beizuwohnen, doch fast bereuete ich nachmals meine Neugierde. Die Ceremonie begann um 8 Uhr Abends und dauerte bis 2 Uhr nach Mitternacht. Zu Anfang liefen Kinder vor die einzelnen Jurten, um die Ostjaken zum Gottesdienst zu rufen. Sie schrien dabei in verschiednen wilden Tönen und als ob sie sich vor Etwas entsetzten (kak ispúganuije), alsdann versammelte man sich allmälig in der zum Gottesdienst bezeichneten Jurte. Bei dem Eintritte in dieselbe drehte sich jeder Ostjake dreimal vor dem Götzenbilde und setzte sich dann an der rechten Seite des Raumes in die Abschläge oder auf den Boden. Ein Jeder unterhielt sich mit seinen Nachbarn oder beschäftigte sich womit ihm sonst beliebte. Die linke Seite der Abschläge war mit einem Vorhange verdeckt, hinter welchen gewisse Leute traten welche beim Eintritt in die Jurte sich eben wie die andern dreimal vor dem Götzen drehten. Zuletzt als Alle sich versammelt hatten, klirrte der Schaman mit den Säbeln und Eisen-beschlagnen Lanzen, welche vorher dahin gebracht und vor dem Götzenbilde auf Stangen gelegt worden waren. Sodann gab er einem Jeden der Anwesenden (mit Ausnahme der Weiber, welche sich auch hinter einem Vorhange befanden) einen Säbel oder eine Lanze, nahm selbst einen Säbel in jede Hand und stellte sich mit dem Rücken gegen das Götterbild. Die Ostjaken aber stellten sich mit ihren Waffen nach der Länge der Jurte in Reihen auf, und andre standen ebenso geordnet in den Abschlägen. Dann drehten sich Alle zugleich dreimal herum indem sie die Säbel grade vor sich hin gestreckt hielten. Der Schaman schlug seine zwei Säbel gegeneinander und dann begannen sie Alle zugleich auf sein Commando in verschiednen Tönen Hai zu schreien, indem sie dabei eine von einer Seite zur andern schwankende Bewegung des Körpers ausübten. Bald er-

---

*) D. h. nach neuem Style am 8. Januar 1822.

folgte dieses Geschrei nach längern Intervallen, bald plötzlich sehr schnell hintereinander, und bei jeder Wiederholung des Hai bogen sie sich abwechselnd auf die rechte und linke Seite; bald senkten sie Säbel und Lanzen zur Erde, bald streckten sie dieselben nach oben. Das Geschrei und die schwankenden Bewegungen der Ostjaken dauerten etwa eine Stunde, die Männer geriethen dadurch in immer heftigere Begeistrung und am Ende kam es so weit, daſs ich nicht ohne Entsetzen auf die Gesichter blicken konnte, so anziehend sie mir auch anfangs erschienen waren. — Nachdem sie sich satt geschrien hatten, verstummten Alle zugleich, hörten auf sich schwankend zu bewegen, drehten sich wieder wie zu Anfange vor dem Götzen, und gaben Säbel und Lanzen dem Schamanen, der sie, nach der Einsammlung, an ihren frühern Ort zurücklegte. Von den Ostjaken setzten sich Einige in die Abschläge, Andre auf den Boden, dann erhob sich der Vorhang welcher die Weiber verborgen hatte, man spielte auf dem Dombra (Seite 670) und Männer und Weiber begannen zu tanzen. Dieser Tanz war abwechselnd, wild und komisch, oft auch sehr unanständig und dauerte sehr lange. Dann erschienen gewisse Lustigmacher oder Schauspieler in verschiednen komischen Anzügen und führten ähnliche Possen auf, wie schon bei den Tänzen vorgekommen waren. — Endlich vertheilte der Schaman noch einmal Säbel und Lanzen ebenso wie zuvor, die Ostjaken bewegten sich damit eine Zeitlang, schrien Hai ebenso wie zuerst, und drehten sich dann zum Schlusse dreimal herum und stieſsen dreimal mit den Säbel- und Lanzen-spitzen gegen den Boden, dann gaben sie dem Schaman die Waffen und kehrten zu ihren Wohnungen zurück." —

Ich enthalte mich jeder anderweitigen Bemerkung über diese Ostjakischen Gebräuche bis zu dem Bericht über das überraschende Wiederfinden derselben in Amerika (1829 Novbr. 12.) denn erst dort, bei eigner Ansicht, erschienen viele der einzelnen Umstände dieses Ritus, namentlich aber die merkwürdigen Verkleidungen der Schamanen, in weit bestimmter individualisirendem Lichte und höchst bedeutungsvoll. Nur daſs man dem Ursprunge der in einigen Gegenden von Ungarn bis heute noch üblichen Waffentänze vergleichend nachforsche, erscheint hier höchst wünschenswerth, in Bezug auf die erwähnte ethnographische Frage

(Seite 657). Sehr leicht könnten wir dadurch, und dann doch wohl offenbar durch Vermittlung der Ostjaken, zu einem merkwürdigen und charakteristischen Berührungspunkt zwischen den Ungern und den Amerikanischen Koljuschen geführt, ja auch wiederum an die von Beregszaszi nachgewiesne Verwandtschaft der Ungarischen Sprache mit der Algonkinischen in Canada erinnert werden. Spuren von Communicationen von den Lappländern bis zu den Tschuktschen befremden nicht: schon nach den Erfahrungen über den Obdorsker Jahrmarkt (Seite 633), und nach vielen ähnlichen bei den Tungusen; denn durchaus verständlich ist es, dafs die mit den Obdorskern sich berührenden Turuchansker Nomaden das was sie sehen und hören ebenso oft auch ihren Östlichen Tungusischen Nachbarn überliefern: was aber zu diesen gelangt ist, wird unfehlbar bis ans Meer hin fortgepflanzt (unten Abschnitt XIV. und XV.) und kam einst von den Tschuktschen zu den Amerikanern, in Folge eines noch jetzt traditionell erwähnten Verkehres (Abschnitt XV.) — Von der andern Seite aber scheint es sehr mifslich, auch jene Amerikanischen Koljuschen vom Himalaja abstammen zu lassen, denn fast unvermeidlich würde man dann auch die meisten der Amerikanischen Aboriginer, zunächst bis Kalifornien, sodann aber auch weiter gegen Süden, in eine einzige Familie zusammenziehen müssen.

Einige auf Russische Aussagen gegründete Bemerkungen über das Dogmatische der Ostjakischen Theologie dürften hier um so eher zu erwähnen sein, als man nur mit wenigen Nord-Sibirischen Stämmen in dieser Beziehung so vertraut geworden ist als mit dem hiesigen. Die Russen am Obi verdanken aber die wichtigste Grundlage zu dieser Kunde einem gewissen Grigorji Nowizkji welcher den früher erwähnten Apostel (Seite 671) bei seinen Bekehrungsversuchen nur in der schönen Absicht begleitete, sich selbst von den ursprünglichen Religionsmeinungen der Proselyten sorgsam zu unterrichten. — Man möge nun annehmen wollen dafs, vor jeder Bekanntschaft mit den Christen, die Religion der Ostjaken im Begriffe war, sich selbstständig zur höchsten Reinheit zu läutern, oder, was ungleich wahrscheinlicher ist, dafs auch dieses Volk, nach dem Ausdrucke des heiligen

Augustinus, von gesundester Erkenntniſs nur allmälig in einige
Heidnische Krankheit verfallen sei, so steht es doch als Thatsache
fest, und trotz aller ästhetischen Sonderbarkeit oder auch Unvollkommenheit des Ostjakischen Cultus, daſs sie von einem
höchsten Wesen noch jetzt sehr reine Begriffe besitzen, denn ein
solches ist es welches sie unter dem Namen Toruim verehren,
und von dem sie ausdrücklich behaupten, es niemals abgebildet noch ihm Opfer gebracht zu haben. Dieselbe Benennung der Gottheit haben wir bei den Wogulen gefunden (Seite
386), und man erkennt sie auch sogleich in dem Tor der alten
Isländer und Skandinavier. Aber sowohl hier bei den Ostjaken als überall wo Russen diesen Namen angetroffen haben,
waren die mit ihm verbundenen Begriffe genugsam geläutert, um
daſs man bei Bekehrungsversuchen ihn bestehen lassen konnte, und
nur darnach trachtete, die sonst noch vorgefundnen anthropomor-
phischen Personificationen entweder in Vergessenheit zu bringen
oder ihnen eine Rolle in der Diabologie der höher und vollkommner entwickelten Religionsbekenntnisse zu übertragen. Es ist aber
sehr leicht sich zu überzeugen, daſs jene unreineren Beimengungen zu dem Ostjakischen Glauben nur allein durch das Interesse
der Schamanen eingeführt wurden, und daſs sie ferner, weit eher
als in dem Dogma vom Teufel, in der sogenannten Legende
mehrer Christlicher Confessionen, oder noch mehr in dem, ebenfalls
zum Vortheile der Priester eingeführten, Systeme der Canonisation
ein höchst nahe kommendes Gleichniſs vorfinden. Einen Anknüpfungspunkt für diese ihnen vortheilhafte Lehre haben nämlich
die Schamanen von jeher in dem frömmsten Gefühle des Volkes
gefunden, denn bei dem Tode eines jeden Mannes veranlassen sie
dessen Hinterbliebne, nachdem die Leiche begraben worden und
ihr, hier so wie bei den Samojeden, zum Gebrauch in jenem
Leben eine Narte mit Rennthieren, ein Feuerzeug und, bei den
Nisowischen Ostjaken, auch eine Pfeife und Tabak gegeben
worden sind, auch noch ein grobes hölzernes Abbild zu Ehren und
als Repräsentanten des Verstorbnen anzufertigen, es in ihrer Jurte
aufzustellen und ihm, je nach dem jedesmaligem priesterlichen Ausspruche, während längerer oder kürzerer Zeit, göttliche Ehre zu
erweisen. Durch Besichtigung des Leichnams und Wahrsagungen

unter Beschwörungs-Ceremonien behauptet der Schaman, die Ursache des Todes bald in der Liebe der Gottheit zu dem Verstorbnen, bald in dessen Lastern zu finden.*) Die Weiber sind vorzugsweise mit dem Dienste des so entstandnen Familienheiligen beauftragt; bei jeder Mahlzeit bringen sie seinem Bilde ein Speise-Opfer, und war der Verstorbene ihr Ehemann, so müssen sie es, so wie früher den Lebenden, häufig umarmen und ihm auch noch vollständigere Beweise ehelicher Liebe ertheilen. Wo die Volkssitte ungetrübt erhalten ist, soll diese Art der Todten-Ehre meist drei Jahre lang dauern, und erst am Ende dieser Frist wird das Abbild begraben. Stirbt hingegen ein Schaman, so findet sich zu seinen Gunsten ein Übergang dieses Gebrauches in reinste und entschiedenste Canonisation, denn für den bekleideten Holzklotz welchen man als Denkmal eines solchen Verstorbenen anfertigt, begnügt man sich nicht mit so kurzer Verehrung, sondern die Abkömmlinge des Priesters suchen ihn von Geschlecht zu Geschlecht und so lange als möglich unversehrt und in Ehren zu erhalten, und sie können, durch geschickte Orakelsprüche, auch für einen solchen Geschlechts-Penaten Opfer verlangen, ebenso wie für die noch etwas beständigern und allgemeiner anerkannten Götterbilder. Daſs aber auch diesen letztern durchaus ebenso eine historische Entstehung zukomme, daſs sie ursprünglich Denkmäler ausgezeichneter Menschen gewesen und ihnen nur etwa allmälig, Behufs längerer Erhaltung und im Interesse der Schamanen, einige willkürlich allegorische Bedeutung hinzugelegt wurden, scheint mir kaum zu bezweifeln, und wird auch noch durch den besondern Umstand bekräftigt, daſs man in der groſsen Menge von heiligen Jurten, welche, in frühern Zeiten auch in der befahrnern Gegend in der Nähe des Flusses, als Tempel solcher Götter sich befanden, ein weibliches Bildniſs nur einmal, bei *Samárowa* gesehen hat (Seite 553). Bei einiger Beachtung des Ostjakischen Lebens

---

*) Man hat hier keine Spuren daſs lebende Personen von den Schamanen als Urheber des Todes bezeichnet und dadurch der Rache der Hinterbliebenen Preis gegeben werden: dahingegen ist dieses bei der, im Übrigen mit der Ostjakischen so nahe verwandten, Religion der Sitchaer Koljuschen (Abschnitt XXIV.) im höchsten Grade der Fall, und man findet dort in dieser Beziehung einen Übergang zu den grausameren Bekenntnissen der Südsee.

unter Jagd, Fischfang und nomadischem Treiben ist es nämlich genugsam einleuchtend, daſs hier, mehr wie irgendwo, dem Manne eine überwiegende Wichtigkeit vor dem Weibe und somit auch ein ungleich begründeterer Anspruch auf das heiligende Gedächtniſs seiner Nachkommen zu Theil werde.

Örtik, Jelan, Long, Meik u. v. A. sind solchen vergötterten Wesen eigne Namen. — Der erstere oder Örtik besitzt für uns Europäer noch ein besonderes Interesse, denn unverkennbar und zur Bestätigung historischer Zeugnisse findet er sich bei den Ungarn: zu ördög geworden, als auffallendes Nomen proprium des Teufels. Es ist aber nur bei der Bekehrung zum Christenthum den Madjaren diese neue Auslegung des alten Namens beigebracht worden, denn der örtik ihrer Ostjakischen Verwandten ist ein durchaus nur wohlthuendes Wesen, ein besonderer Günstling Toruim's und in jeglicher Angelegenheit ein kräftiger Fürbitter. Sein Bildniſs ist, wie das aller übrigen Heroen, nur eine Büste ohne Füſse; das Gesicht pflegt man aus einem auf Holz aufgenagelten getriebnen Metallbleche zu bereiten, den Leib bildet ein mit allerlei Pelzwerk ausgestopfter Sack, an welchem tuchene Ärmel anstatt der Arme genäht sind. Ausserdem aber wird das ganze Bild mit einem tuchenen Überrock bekleidet, und auf dem Tische auf welchen man es aufrichtet, mit Schwerdtern und Lanzen umgeben. Von dem Pelzwerke welches sie ihm darbringen, pflegen die Ostjaken oftmals Einiges als Borg zurückzunehmen, um damit in Nothfällen ihren Jasàk zu bezahlen. — An den sehr ähnlichen Bildern des Jelan will man meist eine etwas zugespitzte Gestalt des Kopfes bemerkt haben; sie sind oft mit einer Mütze aus schwarzem Hundefell versehen, und ihr Leib ist bald nacktes Holz, bald in Tuch gewickelt. Wie man diesem Wesen mit Waffentänzen dient, haben wir oben erwähnt (Seite 673 bis 675). — Von individuellerer Natur ist die Rolle des Long, denn jede geachtetere und seltnere Kunst ist ihm empfohlen, und die Ostjaken belegen ihn deſswegen mit Beiworten, welche die Russen am passendsten durch das Wort mástuir, d. i. Meister zu übersetzen glauben. Er vertritt unter andern die Heilkunde, die Opfer welche Kranke ihm bringen, müssen aber durchaus nur Kunstprodukte sein, Pelzwerk ist ausdrücklich ausgeschlossen.

Allerlei Zeugstücke welche sich die Ostjaken zu diesem Zwecke durch den Handel verschaffen, stecken sie in den Sack welcher den Haupttheil des Bildes ausmacht, ausserdem aber ist dasselbe, sehr charakteristisch, mit einem jener Kuschake oder Leibgurte versehen, welche durch ihre metallnen Verzierungen (Seite 619 und 651) recht eigentlich und vorzugsweise als Erzeugnisse ausländischer Kunst zu betrachten sind: anstatt der kleinern Knöpfe deren sterbliche Männer zu diesem Zwecke sich bedienen, werden auf den Gürtel des Long sehr grofse und tellerähnliche Platten, wo möglich aus Silberblech, aufgenäht. — Ein bösartiger und vielleicht etwas mehr allegorischer Charakter wird dem Meik zugeschrieben, denn dieser soll Schuld sein, wenn man auf der Reise im Walde oder Schneegestöber sich verirrt, und Dienst und Gaben werden in solchen Fällen seinem Bilde von den Ostjaken versprochen. Man kleidet seinen Holzblock ohne weitere Verzierung in einen Park (Seite 618) aus Biberfellen. — Wenn endlich noch behauptet wird, dafs man in frühern Zeiten, an einigen Werchowischen Andachtsörtern, vor der heiligen Büste einen Metallspiegel gesehen habe welcher hier, wie bei den Buddhisten, dazu diente, das Wasser zu weihen, indem man das Bild des Gottes darauf reflektirte (Abschnitt XI.), so ist eine lokale Beimengung zu dem, seiner Natur nach, sehr biegsamen Rituale der Schamanen eben nicht zu verwundern, jetzt aber und bei den Nisowischen Ostjaken weifs man Nichts von ähnlichem Gebrauche.

Von den reichen und auffallenden Opfern welche die Ostjaken an ihren geheiligten Orten niederlegen (Seite 594) wufste man auch hier in Obdorsk sehr Vieles zu rühmen: man habe ausser Silbermünzen auch getriebne Arbeiten aus Gold und Silber gefunden, ja sie behaupteten, dafs der Werth solcher Niederlagen bis zu 10000 Rubel gestiegen sei!? — Die Plünderung derselben sei von der Russischen Regierung verboten und ein Kosack, der dagegen gesündigt habe, mit dem Bergwerks-Exile bestraft worden. — Ausser diesen Gaben werden von den Ostjaken auch noch eine grofse Menge von Rennthieren geopfert, und zwar diese wohl nach Art einer blutigen Sühne, denn mit absichtlicher Grausamkeit tödten sie dieselben allmälig durch Stichwunden in verschiedne Gegenden des Leibes oder ersticken sie auch im Wasser durch wiederholtes Untertauchen und Wiederaufziehen. —

Sehr wichtig wäre es mit der Religion der Ostjaken die der benachbarten Samojeden zu vergleichen, aber wegen Seltenheit direkten Umganges besitzt man hier von diesen letztern nur unvollkommnere Kunde. So viel ist gewifs dafs auch jenes Volk, welches sich von jeher noch reiner und entfernter von Buddhistischen und Mahomedanischen Begriffen des Südlichen Sibiriens hielt, das Hauptdogma eines ewigen Gottes mit den Ostjaken theilt: sie nennen ihn Num, und versichern ausdrücklich nicht zu wissen, wie man ihn abbilden könne. Ihre Gebete sind: num tad und num arka, d. h. Gott gieb und Gott sei Dank (wörtlich: ist grofs). Unter tadebzii oder fälschlich sogenannten Halbgöttern meinen auch sie offenbar nur der Gottheit näher getretne Fürbitter und Dispensatoren des allmächtigen Willens.*) Die Darstellungen solcher Tadebzii sind es welche sie auf Waigaz und an andern Küsten-Orten unter dem Namen Chaje oder Bildnisse aufstellen, denen sie Rennthiere, und, um glückliche Jagden zu erflehen, auch andre Gaben opfern, und von welchen endlich auch der Samojedische Name der erwähnten Insel: Chajodeja, d. i. Bilder-Land entnommen ist. Dem Eisbären als dem mächtigsten und daher menschenähnlichsten Werke der Gottheit, zollen sie ebenso religiöse Verehrung wie die Ostjaken dessen schwarzen Verwandten. Auch sie schwören bei dem Rachen dieses gewaltigen Wesens, sie tödten und essen ihn, aber versöhnen ihn stets nach dem Tode, und leiden z. B. nicht dafs ein Weib von dessen Kopfe zehre. Räucherungen mit dem Fette des Eisbären schützen am kräftigsten vor den Nachtheilen welche sie in Jagdangelegenheiten dem boshaften Wunsche eines Widersachers oder vorzüglich der Nähe eines Weibes zuschreiben.

[December 10.] Wieder stürmte es mit Schnee aus Westen von den Bergen. Dabei stieg die Temperatur der Luft bis zu — 8°,5 R. und ihr Druck verminderte sich beständig. Gegen 2^u Nachmittags stand das Quecksilber im Barometer um 0,76 Engl. Zoll niedriger als bei dem Ostwinde an den vorhergehenden und

---

*) Sehr lehrreich ist die Ähnlichkeit der Namen tadebzii und taduibui, für Canonisirte und für Priester (Seite 673).

folgenden Tagen. — Mit dem Bohrloche drangen wir heute um Mittag bis zu 17 Engl. Fuſs Tiefe, aber nach genugsamem Verweilen am Boden desselben erhob sich das Thermometer auch nun nicht über — $0°,45$ R. Beständiger Frost in dieser Erdschicht war hier also nicht zu leugnen, dennoch wurde mit dem Bohren heute und am folgenden Tage fortgefahren und dann das Thermometer noch einmal und nun in 21,5 Engl. Fuſs tief versenkt, nachdem durch Matten und Filz das Loch von oben verstopft worden war. —

An den Fischfang im Obi und an die merkwürdigen Naturverhältnisse welche ihn bedingen, erinnerte auch in Obdorsk wiederum die vorherrschende ichthyophagische Nahrung, und manche vollständigere Nachrichten wurden nun erhalten. Von beständigen Bewohnern des Obi und seiner Zuflüsse nennt man Hechte, Barsche, Plötzen und Rothfedern (schtschúki, jási, plótwi, okúni; Esox lucius, Cypr. idus und C. rutilus), aber nur oberhalb Beresow wurden diese beachtet, und auch dort sind sie bei weitem nicht so wichtig als die jährlichen Ankömmlinge aus dem Meere oder die hier sogenannten Zugfische (chodowája ruiba, von choditj gehen). — In den ersten Wochen des Juni, gleich nach dem Eisbruche in der untern Flussgegend, beginnen die Meerfische aus der Obischen Bucht stromaufwärts zu schwimmen, namentlich aber: der Stör, der Nelm- und Muksum-Lachs (Seite 443 und 528), die Quappen, die Lachsarten welche hier ſúirok, schtschókur und puidján genannt werden (Salmo vimba, S. tschokur, S. polkur) und der Hering (ſéld). Mit Ausnahme der drei letztern verbreiten sie sich sämmtlich durch den Hauptstrom aufwärts bis in das Tomskische Gouvernement, wo sie dann, von dem Meerbusen an, einen Weg von nahe 300 D. Meilen zurückgelegt haben. Sämmtliche puidján-Lachse und der gröſsre Theil der schtschókur wenden sich schon zwischen Kuschewatsk und Beresow (unter $64°,8$ Breite) durch den ſuinjafluss Westwärts gegen den Ural und bleiben in dessen Quellgegend während des ganzen Winters, wenn in der untern Hälfte des Hauptstroms das früher erwähnte Sterbèn oder ſamòr sich einstellt (Seite 626). — Von den Heringen versichert man daſs sie von Beresow aus, durch die ſoſwa und ſuigwa ebenfalls zum Gebirge sich wenden und im süfsen Wasser überwintern, aber bis zum August und September findet man sie noch häufig im Obi. —

Beim Anfwärtsschwimmen vermeiden sämmtliche Fische die stark strömenden Stellen, sie ziehen vielmehr vorzugsweise durch die protoki (Seite 542) und halten sich gern auf den hier sogenannten peskí,*) d. i. Sandbänken oder flachen Stellen, dabei wird eine ungleiche Bewegungskraft bei den einzelnen Arten sehr sichtbar, denn 50 Werst unterhalb Obdorsk zeigen sich die verschiednen Fische stets gleichzeitig: am ersten Tage nach dem Erscheinen schwimmen sie dort noch vereinzelt und der Fang ist spärlich, am 2ten, 3ten, 4ten und 5ten Tage folgen sie sämmtlich durcheinander in dicht gedrängten Haufen, aber schon nach einer Woche ist dort der Fluss wiederum leer von Bewohnern. — 150 Werst oberhalb Obdorsk (220 Werst vom Meerbusen) sind hingegen die schnellern Schwimmer schon bedeutend vorausgeeilt: der Súirok oder Vimba-lachs zeigt sich zuerst, der Nelma 2 Tage später, der Stör und Muksum aber erst 5 Tage nach jenem. Noch fühlbarer ist endlich dieser Unterschied bei der Ankunft zu Beresow (400 Werst von der Mündung), denn dort kommt der erste Súirok um 10 Tage vor dem ersten Nelm-lachse, 14 Tage früher als der Stör und um 30 Tage vor dem Muksum, von welchem man weifs, dafs er während des Steigens in den ruhigen sóri (Seite 534) unterhalb Beresow zu verweilen liebt.

Es ist übrigens wohl zu bemerken dafs diese Zeitangaben, für die oberhalb Obdorsk gelegne Gegend, nur allein von den ersten Ankömmlingen aus jeder Spezies zu verstehen sind, denn viele Individuen einer jeden derselben, namentlich aber von den langsamer schwimmenden Arten, bleiben bis mitten im Winter zwischen Obdorsk und Beresow. Sie mögen dort meist gänzlich ruhen, wenn sie aber aufgescheucht werden, so bewegen sie sich auch dann noch stromaufwärts (Seite 641). Nur allein das Flussbette unterhalb Obdorsk meiden sämmtliche Individuen von allen Arten der Zugfische, sobald nur der Eisbruch es ihnen gestattet: und offenbar ist es wohl dafs jene Gegend noch allzu sehr den Charakter des Meeres theilt, welchen jene Zugfische ja dann eben

---

*) Pluralform von pesók der Sand und die Sandbank.

fliehen, auch weifs man dafs Sturmfluthen und grofse Wellen sich aufwärts durch dieselbe erstrecken, und dafs dort am Boden des Flusses auch brakisches Wasser sich halte, ist kaum zu bezweifeln. — Was aber den eigentlichen Grund des merkwürdigen Wandrungstriebes bei diesen Lachsarten und den meisten andern Meerfischen betrifft, so ist es hier am Obi völlig erwiesen, dafs sie nur im Flusswasser ihre Nachkommenschaft zeugen und sie dort auch während einiger Monate sich ausbilden lassen, denn nur allein der Stör wird schon unterhalb Beresow mit ausgebildetem Rogen gefunden, bei allen andern aber sieht man vom Meere an bis zu dem genannten Orte theils gar keine Eier, theils und nur in seltnen Fällen sehr wenige und unreife. Erst in der Umgegend von Kondinsk, bei Samárowo und aufwärts am Obi bis Surgùt haben dieselben Fische stets zur Caviarbereitung tauglichen Rogen, aber auch in jener Gegend ist es den Fischern bekannt, dafs die Eier um so gröfser und reifer (krúpneje i spjéleje) sind, je weiter aufwärts im Flusse man die Fische gefangen hat, und im laufenden Jahre geborne Fische kennt man zu Anfange des Winters in der Nähe von Tobolsk, denn dort braucht man oftmals dergleichen als Lockspeise an den selbstfangenden Angeln für Sterlede und Störe (samolówi, Seite 538). Wann aber von dorther sowohl als auch aus den Quellgegenden der Zuflüsse diese junge Brut in das Eismeer, als in ihr eigentliches Element, zurückkehre, ist den Fischern aus Autopsie nicht bekannt: eben dadurch aber wird erwiesen, dafs dieser wichtige Abschnitt in der Geschichte der Zugfische mit der jährlichen Unterbrechung des Fanges zusammenfalle, und also in den Frühjahrsmonaten vom Januar bis zum Juni sich ereigne. — Von den Ältern dieser Brut können aber nur etwa diejenigen welche am weitesten aufgestiegen sind, und sich erst dort ihres Laiches entledigt haben, zum Meere zurückkehren, die übrigen aber welche nur bis in die mittlern Theile des Strombettes gelangt sind, enden dort ihr Leben, und kaum abzuweisen ist die Ansicht, dafs überhaupt nicht alle Individuen einer jeden Lachsart alljährlich das Meer verlassen, sondern nur die mehrjährigen, von denen dann eine sehr bedeutende Zahl zugleich mit dem Zeugungsgeschäfte auch ihr ohnehin nahes Lebens-Ende in dem ruhigern Flusswasser abwarten (unten

Abschnitt XVI.). Wie innig die Ökonomie der Bären mit diesem Phänomene zusammenhange, wird unten bei den Zuflüssen des Ochozker Meeres und bei den Kamtschatischen Flüssen zu erwähnen sein. —

Auch warmblütige Meerbewohner, die Delphine (bjelúgi Delphinus lencas) theilen hier am Obi die Sitte des Aufwärtssteigens in süfses Wasser mit den bisher erwähnten Kaltblütigen: aber nicht mit so friedlichem Instinkte, sondern aus räuberischen Absichten, welche geeignet sind die Wandrungen der Fische noch zu beschleunigen. Nicht in jedem Jahre zeigen sich die Delphine gleich häufig: immer aber folgen sie bald auf die Fische gegen die Mitte des Juni, und sollen bisweilen die ganze Breite des Obi einnehmen und einen 5 Werst langen Zug bilden. Sie verbreiten sich dann allmälig aufwärts bis Kunewatsk oder 260 Werst von der Mündung, während dieses Weges aber sieht man die Einzelnen häufig wiederum stromabwärts sich wenden und dann erst ihren vorausgeeilten Begleitern nachziehen. Wenn sie in gröfserer Menge vorhanden sind, so werden nicht nur an den Orten denen sie sich nähern und bereits einige Tage vor ihrer Ankunft, alle Fische verscheucht und die Bemühungen der Menschen vergeblich, sondern auch weit aufwärts am Flusse wird in solchen Jahren ein bedeutender Ausfall im Fischfange bemerkbar. Nicht zu verwundern ist es, dafs selbst Störe diese Verfolgungen fürchten, denn man versichert dafs die hiesigen Delphine oft eine Länge von 7 Sajenen (28 E. Fufsen) erreichen. Erst im September kehren sie zum Meere zurück. — Eine Absperrung des Stromes durch Verzäunungen würde sicher das Aufsteigen dieser gefräfsigen Raubthiere hemmen, ohne, wie es Kamtschatische Erfahrungen genugsam beweisen, die Wandrungen der Fische zu beeinträchtigen, aber in einem so mächtigen Flusse, wie der hiesige, wäre dergleichen Schutzmittel unausführbar, denn im Sommer, zur Zeit des hohen Wasserstandes und während der lebhaftesten Wandrungen der Fische, ist der grofse Obi (Seite 627) durch Lachsfänge niemals gesperrt worden, auch in dem kleinen brauchen die Ostjaken in jener Jahreszeit nur vom Ufer aus bis zu 30 Sajenen weit hervorspringende Wände, völlige Absperrungen sind auch für ihn nur im Herbst und Winter bei niedrigem Wasserstande üblich. Russischen Fischern ist es niemals gelungen, Delphine im Obi zu erlegen: denn vom Fischnetz umgeben, liessen sich dieselben oft bis nahe an das Ufer gutwillig führen, sobald aber ernstlichere Gefahr eintrat, zerrissen sie die Gewebe mit äufserster Leichtigkeit. Aber die Ostjaken welche zur Anschirrung ihres Zugviehes, Riemen aus dem Felle dieser Seethiere allen übrigen vorziehen, wissen sie, so wie an den Küsten so auch im süfsen Wasser zu erlegen. Namentlich aber sind die Ostjakischen Anwohner eines unterhalb Obdorsk gelegnen protok oder Seitenzweiges des Obi in der Jagd der Delphine geschickt. Nach der Ankunft derselben sperren sie jenen seichteren Fluss mit einem Gehege, hinter welchem die stets eingegangenen Raubthiere verweilen, bis die jährliche Abnahme des Wassers erfolgt: dann aber werden sie mit kurzen und äufserst starken Netzen gefangen.

Nach den Angaben derjenigen Russen von Tobolsk welche jährlich an gekauften oder gemietheten Stellen des untern Obi sehr bedeutenden Fischfang betreiben (Seite 528, Anmerk. 627, Decemb. 19.) kann man das Verhältnifs der verschiednen Arten von Wasserbewohner beurtheilen, namentlich aber wurden gegen 1 Stör: 6 Nelme, 80 Muksume und zusammen 104 von den oben genannten kleinern Lachsarten und Flussfischen gefangen, und durch ihr Gewicht dürften zu dem Gewichte der sämmtlichen Ausbeute die Störe, Nelme, die kleinern Fische und die Muksume, nahe in dem Verhältnifs der Zahlen 5, 7, 42 und 112 beitragen. Das Gewicht eines Störs kann im Durchschnitt zu 50 Pfund gerechnet werden. Über den absoluten Ertrag des jährlichen Fanges im Obi ist es aber nicht möglich, mehr als einen Gränzwerth äufserster Kleinheit zu erlangen, weil der bedeutendste Theil desselben, die Ausbeute Ostjakischen Fischfanges, sich jeder direkten Zählung entzieht. Ein jährlicher Verbrauch von 113 Millionen Pfund Fische ergiebt sich aus der sicher äufserst mäfsigen Angabe, dafs von den 60000 Urbewohnern des Tobolsker Gouvernements ein Jeder täglich 1 Pfund Fische zu eigner Nahrung und 2 Pfund für seinen Zughund, von 480000 Russen aber ein jeder täglich nur ¼ Pfund Fischfleisch bedarf;*) dieser Gewichtsmenge entsprechen aber, nach den angegebnen Verhältnissen, 26 Millionen Individuen von sämmtlichen der genannten Arten, und dächte man sich dafs nur diese, nachher wirklich gefangnen Fische, so wie oben erwähnt, während 7 Tagen durch die Obimündung einlaufen, an einer Stelle wo der Queerschnitt des gangbaren Fahrwassers kaum 50000 Quadratfufs übersteigt,**) so würde durch eine Oberfläche von 18 Quadratfufs in jeder Minute nur ein Fisch gehen, und es ist wohl einzusehen dafs die ungleich gedrängtern Züge welche man unterhalb Obdorsk bald nach dem Eisbruche wahrnimmt wirklich noch eine bei weitem dichtere Bevölkerung der obern Flussgegend bedingen können. —

Wie manche der hier üblichen nnd unerläfslichen Handwerke durchaus nur den Ostjaken eigen und von den Russen nicht erlernt worden sind, erfuhren wir häufig und auch heute als zur bevorstehenden Reise einige Verbesserungen an unsren Rennthierkleidern nöthig waren. Man mufste Ostjakinnen zu Hülfe rufen, weil nur diese das Zuschneiden der Felle und das Nähen mit gespaltnen Rennthierflechsen verstehen. —

[December 11.] Wind und Schnee hatten sich gelegt und bei — 22° Lufttemperatur und schwachem Wehen aus SO. war während des ganzen Tages der Himmel durchaus wolkenlos und dunkelblau. Die Bergkette zeigte sich nun wieder völlig klar, aber in sehr veränderten Farben, denn erst während der zwei letzten Tage waren die uns zugekehrten Abhänge mit Schnee bedeckt

---

*) Die Hunde sowohl als auch meistens die Ostjaken selbst essen nur getrocknetes Fischfleisch welches, im frischen Zustande, einem weit höhern Gewichte entsprach. Die Russen des Tobolsker Gouvernements versorgen ausserdem die des Permischen und namentlich die Bewohner der Uralischen Hüttenwerke, die Ostjaken aber ebenso ihre Nachbarn jenseits des Ural mit Obischen Fischen.

**) D. h. eine Breite von 1 Werst bei 14 Fufs mittlerer Tiefe. Die ausgedehnten Sandbänke zu den Seiten des dortigen Fahrwassers sind während des Ziehens der Fische durch Eismassen noch unwegsamer gemacht, auch soll es sich in manchen Jahren ereignen, dafs das Fahrwasser selbst noch durch Treib-Eis so sehr verengt ist, dafs eine Menge von Fischen von diesem eingeklemmt und getödtet werden.

worden, und um Mittag als sich die Sonne über den Horizont erhob, erschienen sie glühend roth wie die **Schweizer Alpen** am Morgen und Abend. Die ganze Bergkette nimmt einen Raum von 40° oder $\frac{1}{9}$ des Gesichtskreises ein. An jedem ihrer Enden senkt sie sich schroff zum Horizont und noch ausserdem ist sie durch tiefgehende Einschnitte in fünf einzelne Gruppen getheilt. *) — Sehr auffallend zeigte sich bei dem niedrigen Sonnenstande eine wogende und in der Richtung des Windes fortschreitende Bewegung der Luft, wenn man im Fernrohr die näher gelegnen Hügel betrachtete. In gemäſsigten Klimaten ist man gewohnt, diese Erscheinung in den Morgenstunden schwüler Sommertage zu sehen, weil sich alsdann, durch Sonnenwirkung, nur von geeigneten Stellen des Bodens die stark erwärmten Lufttheilchen oder die leichten Dämpfe vom Thau in die kältern Schichten erheben und sie, in **parallel mit dem Winde** geordneten Reihen, durchströmen. Auf die Richtung des Windes senkrechte Lichtstrahlen sieht man daher von Moment zu Moment eine verschiedne Brechung erleiden, je nachdem sie eben mehr kältere oder mehr wärmere Theilchen durchwandern. Aber an Strahlen welche parallel mit dem Winde fortschreiten, bemerkt man keine Zittrungen oder Wechsel der Richtung, weil sie in einer stets gleichartigen und von nur **einerlei** Punkten des Bodens ausgehenden Reihe von Lufttheilchen verbleiben. **) Auch hier war diese Beziehung der Zittrungen zu der Richtung des Windes durchaus ebenso entschieden: aber zweifelhaft blieb es, ob auch die hori-

---

*) Von meinem Standpunkte in **Obdorsk**, an dem um 60 Fuſs über dem Wasserspiegel erhöhten Flussufer, erschienen die Gipfel dieser einzelnen Gruppen:
der erste in N. 9° 5′ O. Wahr. Azim., u. unter 0° 47′,00 Höhenw,
der zweite in N. 2° 44′ O. - - - - 0° 49′,00 -
der dritte in N. 7° 20′ W. - - - - 0° 36′,25 -
der vierte in N. 18° 43′ W. - - - - 0° 43′,25 -
der fünfte in N. 28° 53′ W. - - - - 0° 24′,50 -

**) Wenn man während dieses Phänomens ein Fernrohr nacheinander gegen verschiedne Punkte des Horizonts richtet, so wird man die zwei Lagen bei denen die Zittrungen am stärksten sich zeigen, stets senkrecht auf die Richtung des Windes, und die zwei andern, bei denen die Gegenstände zu ruhen scheinen, mit der Windrichtung parallel finden.

zontal über die Schneefläche hinstreichenden Sonnenstrahlen genugsame Temperaturdifferenzen zu bewirken vermochten, *) oder ob man nur an Luftmassen zu denken hatte die, von dem gestrigen wärmenden Schneegestöber, an geschützten Stellen noch zurückgeblieben sein konnten und durch welche nun dichtere Beimengungen aus den umgebenden und um 15°—20° kältern Schichten sich, ebenfalls streifig, verbreiteten.

Nachmittags kamen von Westen her mit dem ausgesandten Kosacken (Seite 643) zwei Ostjaken auf Rennthierschlitten zu uns nach Obdorsk. Sie erzählten daſs sie ein Zelt auf dem Wege zum Gebirge hinterlassen hatten, damit wir es dort abholen und dann weiter mit uns führen könnten. Sehr angelegentlich sprachen sie dann von den Gefahren einer Besteigung des Gebirges in der jetzigen Jahreszeit, denn Schneestürme seien nun sehr gewöhnlich, und bei solchen könne kein Zelt auf den Bergen ausdauern, sondern es werde umgerissen und zerstört, wenn man es am meisten bedürfte. Dennoch aber hatte man uns früher versichert, daſs auch mitten im Winter zur Jahrmarktszeit viele Samojeden queer über das Gebirge ziehen, und an die Möglichkeit einer Ersteigung konnte daher nicht gezweifelt werden.

Am Abend wurden, bei äuſserst günstigem Himmel, noch einige Sterndurchgänge zur Zeit- und Breiten-Bestimmung beobachtet und dann im Freien bei — 25° R. ein eisernes Arschin-Maſs auf eine ausgespannte Schnur 90 Mal abgetragen, um damit auf dem Wege zu den Bergen eine Basis für Höhenmessungen zu erhalten. Wie spätere Umstände diese Arbeit durchaus fruchtlos machten, wird im Verfolge zu erwähnen sein. — Nach genugsamem Verweilen in dem, nun 21 Engl. Fuſs tiefen, Bohrloche und bei — 25° Lufttemperatur hatte sich nun das Thermometer noch weniger als in der höhern Schicht (Seite 682) und nur bis auf — 1°,67 R. erhoben: und da nach allgemeinen Erfahrungen keine jährlichen Temperatur-Wechsel bis zu einer solchen Tiefe reichen, so war für beständiges Gefrorensein des Obdorsker Bodens ein neuer Beweis gewonnen.

[December 12.] Schon um 9 Uhr Morgens brachten die er-

---

*) Unten Seite 703.

wähnten Ostjaken drei bespannte Narten, wiederum von der früher erwähnten länglichen Form (Fig. 10). Eine ungleich zierlichere Art von Schlitten welche wir hier in Obdorsk und auch schon früher bei einigen Nisowischen Rennthierbesitzern gesehen hatten, ist Samojedischen Ursprungs und wird von den Ostjaken nur selten angewendet, und nur wenn sie geringere Ladungen führen. Die Läufe dieser Samojedischen Fuhrwerke sind kürzer und von einander entfernter als die der Ostjakischen, und das muschelförmig nach vorne abwärts geneigte Sitzbrett ist mit einem erhöhten Rande umgeben, und ruht 3 bis 4 Fuſs über der Erde (Fig. 11). Die Instrumente wurden auf der mir bestimmten Narte aufgebunden und mit Rennthierfellen bedeckt, und zuletzt noch das Barometer in einer geneigten Stellung befestigt: ganz ebenso wie ich es von Tobolsk an bis hierher durchaus unversehrt geführt hatte. —

Anstatt des Tobolsker Kosacken welcher uns bei dem bisherigen Umgange mit den Ostjaken beständig als Dollmetscher gedient hatte, muſsten wir nun einen Obdorsker Einwohner zum Begleiter nehmen, weil nur diesen die vermittelnde Mundart geläufig ist, welche sich für den Verkehr der Nisowischen Ostjaken mit den Gebirgs- und Küsten-Samojeden gebildet hat. — Unsre Ostjakischen Führer waren zwei äuſserst wohlgestaltete und kräftige Männer. Ihre Kleidungen, Rennthiere und Schlitten zeigten von glücklichstem Wohlstande. Nur hier, wo das Beispiel der Russen sie lebhaft erinnerte, erwachte bei ihnen die Liebe zum Branntwein als ein drückendes und nicht zu stillendes Bedürfniſs, denn als wir ihnen einige Schlucke gegeben hatten, konnte ich nur erst durch entschlossenste Weigerung ihren immer fieberhaft leidenschaftlichern Forderungen ein Ende machen und sie zur Abfahrt bewegen. Auffallend war wie nachher auf der Reise diese Leidenschaft schnell und spurlos verschwand, und wie dann wieder ruhige und unermüdliche Kraft anstatt der krankhaft lüsternen Geberden sich zeigte.

Bei völlig heiterm Himmel und — 27°,5 R. fuhren wir grade mit aufgehender Sonne (11ᵘ 18′ W. Zt.) von den Häusern am hohen Ufer in das Flussthal hinab. Zuerst auf dem Eise des Polui zwischen Hügeln welche von Frostspalten zerrissen sind, und dann queer über den Obi auf eine wellige und meistens sichtlich aufsteigende Fläche. Die Ostjaken hatten versprochen uns zu der Nördlichsten der 5 Berggruppen zu führen, aber auf diesem weglosen Schneefelde bewegten wir uns nun zuerst grade gegen die 4te Abtheilung der Kette (nach N. 18°,7 W., Seite 688). — In dem Flussthal an dem Abhange der Uferhügel liefen zwei Schneehühner (kuropátki, Tetr. lagopus, Seite 467 und 613) ohne jede Scheu vor unsren Schlitten, doch bemerkte man sie erst in gröfster Nähe, denn ihr weifses Gefieder war von dem Schnee nur schwer zu unterscheiden. Sie schienen Nahrung zu suchen an dem Weidengestrüpp welches sich an jenen Thalrändern zeigte. — Auf der trocknen Fläche über welche wir dann fuhren, standen stets grade gewachsne und dicke Stämme von blattlosen Lärchen (listweniza. P. larix): aber nie hatten sie hier mehr als 20 Fufs Höhe erreicht, auch standen sie sämmtlich vereinzelt und in gleichen und so grofsen Intervallen, dafs man überall mit vier breit gespannten Rennthieren frei hindurch fahren konnte.

Nach sehr starkem Trabe unsrer Gespanne erreichten wir das versprochne Zelt oder den tschùm grade bei Sonnenuntergang, d. h. nach einer Fahrt von 1½ Stunden. *) Die Gestalt dieser tragbaren Wohnung war der zu Keegatsk gesehnen durchaus ähnlich (Seite 637), aber deren Bewohner hatten ein neues und fremdartiges Ansehn. Es war eine Samojedische Familie der wir uns nun als Gäste anschlossen, und die Ostjaken welche uns bis hierher führten, waren zu ihr nur für die Dauer unsrer Reise hinzugetreten, um die hier vorhandne Rennthierheerde zu vermehren. Zunächst zeigte sich an der Samojedischen Hausfrau eine bei den Ostjakinnen nie gesehne Manchfaltigkeit der Kleidung, denn diese war hier nicht ausschliefslich vom Rennthiere entnommen, sondern aus mancherlei Fellen bunt zusammengenäht. —

Ein unerwarteter Unglücksfall störte anfangs das Interesse an dieser neuen Bekanntschaft, denn das Barometer dessen ich mich von Tobolsk an bedient hatte, fand ich zerbrochen als ich es

---

*) Der Tag dauerte heute für Obdorsk 1 St. 24 Min. und der Sonne Mittelpunkt erhob sich daselbst um Mittag für einen Standpunkt in der Ebne bis zu 0° 21′ über den Horizont.

in dem Zelte aufhängen wollte. Vor der heutigen Abfahrt hatte ich im Zimmer das Gefäfs desselben geschlossen, und als nachher im Freien das Quecksilber bis nahe zum Gefrieren erkaltete, erfüllte es die Röhre nicht mehr und zerschlug sie während der schwankenden Bewegung der Narte. Erst später und bei längerer Mufse konnte dieser Verlust vollständig ersetzt werden, während der jetzigen Reise wurde aber von nun an, zur Messung des Luftdrucks und somit zur Bestimmung des Höhenunterschiedes für die wichtigern Punkte im Gebirge an einem geeigneten Thermometer in einem kupfernen Wassergefäfse die jedesmalige Temperatur des Siedpunkts beobachtet.

Bereits bei unsrer Ankunft fanden wir die Heerde in der Nähe der Wohnung vereinigt, und nach wenigen Minuten hatte nun unsre Wirthin die Felle vom Zelte abgedeckt, sie zusammengefaltet und zugleich mit den Stangen-Gerüste und mit zwei Kochkesseln auf eine lange Narte befestigt, dann setzte sie sich selbst mit ihrem Kinde auf eine zweite, während sich die Männer auf drei andre Schlitten vertheilten. Dennoch sah man als unser Zug sich wiederum bewegte, noch eine lange Reihe von freien Rennthieren hinter den Fuhrwerken folgen. — Ich hatte nun einen Compas zur Hand genommen, und fand die Richtung unsres Weges zuerst 2 Werst weit gegen NW. *) Dort setzten wir über einen kleinen Fluss welchen die Samojeden: Chanami nannten und der sich von hier aus gegen OSO. wendet, und fuhren von nun an nach N. 15° O., d. h. völlig in dem Azimute nach welchem sich von hier aus die erste oder Nördlichste Berggruppe zeigte (Seite 688). **) Das Bette des Chanami war hier, etwa 30 Fufs

---

*) Dieses und die folgenden sind astronomische Azimute, d. h. sie sind bereits verbessert für die zu Obdorsk beobachtete Abweichung der Magnetnadel von 14°,6 Östlich.

**) Nach Zusammensetzung der zwei Richtungen welche wir von Obdorsk an bis zu dem jetzigen Standpunkt am Chanami (die erste während 1 St. 24′ Rennthierfahrt, die andre 2 Werst weit) befolgt hatten, liegt dieser Punkt von Obdorsk nach N. 22°,6 W. in einem Abstande von 12,9 Werst. Die Vergleichung des hier beobachteten Azimuts der ersten Berggruppe (N. 15° O.) mit dem zu Obdorsk gesehnen (N. 9°,1 O.) ergiebt 75,5 Werst für die Entfernung jener Berge von Obdorsk und mit dem früher gemessnen

hoch, mit Hügeln von feinem talkigen Letten umgeben und ähnliche
Unebenheiten bildeten auch das nun folgende Terrain welches, so
wie bisher, mit stets gleichmäfsig vereinzelten Lärchenstämmen
bestaudet war. — Um 5 Uhr Nachmittags bei nur noch schwacher
Dämmerung sahen wir am Westlichen Himmel (nach N. 56° W.)
eine sehr helle Feuerkugel mit grünlichem Lichte herabfallen.
Die Ostjaken nannten diese Erscheinung ehesil pites, und
schon das Vorhandensein einer solchen Benennung könnte die bisweilen aufgestellte Behauptung: dafs Feuermeteore im hohen Norden ungleich seltner seien als unter mittleren Breiten, genugsam
widerlegen, wenn nicht auch zahlreiche direkte Erfahrungen zu
demselben Zwecke vorhanden wären. *) — Nach gutem Trabe der
Rennthiere hielten wir um 5^u $30'$ auf einer ebnen Fläche. Unsre
Führer wühlten dort eifrig mit den Händen im Schnee und als sie
ziemlich lange Flechten-Büschel hervorzogen, fand man die Stelle
zum Nachtlager geeignet und die Rennthiere wurden sogleich ausgespannt und in Freiheit gesetzt. Einer der Männer fällte dann
von den umstehenden Lärchenstämmen und spaltete sie zu kleinem
und sehr trocknem Brennholz, dann aber blieben alle übrigen
Geschäfte der Samojedin überlassen. Unter den Zeltstangen
wählte sie zwei welche an ihren Ober-enden mit einem biegsamen Riemen verbunden waren, und richtete zuerst diese auf, in
gegeneinander geneigter Lage, so dafs die Unter-enden in dem
Schnee ruhten; dann erst wurden die übrigen Stangen an den
obern Vereinigungspunkt des ersten Paares gestützt, so dafs ein
kegelförmiges Gerüste mit 15 Fufs breiter Basis entstand: auch
hier liefs man nur an einer Stelle zwischen den Stangen eine
zwei Fufs breite Lücke, um als Thüre zu dienen. — Bei der Bedeckung des Zeltes wird dasselbe Prinzip befolgt, wie bei der
Ostjakischen Kleidung, denn zunächst auf den Stangen ruht eine
Lage von Fellen welche die Haarseite nach innen kehren eben

Höhenwinkel (0° 47'), wenn man die Refraction zu $\frac{1}{7}$ der Bogendistanz
annimmt, eine Höhe von 4530 Par. Fufs für die erste Gruppe.
*) Unter andern die Beobachtungen der Herren Wrangel und Anjou
(oben Seite 114) welche jenseits des Polarkreises in Sibirien, an
Abenden wo Nordlichte zur Betrachtung des Himmels aufforderten,
sogar eine ungewöhnliche Menge von Sternschnuppen sahen. —

wie die Maljza (Seite 616), während eine zweite, gleich Park oder Gus, mit ihrer rauhen Fläche im Freien gegen den Himmel gewendet ist. Zu diesem Zwecke sind lange und bereits doppelt gelegte Streifen von Rennthierfellen für immer zusammengenäht, und werden nun sehr geschickt um das Gerüste gewickelt. Es sind dabei zwei Personen thätig, welche zuerst mittels zweier langen Stangen die beiden entgegengesetzten Zipfel des aufzulegenden Streifen unterstützen, und ihn dadurch bis nah an die Spitze des Zeltconus erheben; dann geht der eine mit seiner Stange nach vorwärts, das Gerüste umkreisend, bis das Fell in spiralförmig abwärts geneigter Lage platt auf dem Gerüste ruht. So werden nacheinander die verschiednen Streifen wie Dachziegel mit übergreifenden Rändern aufeinander gelegt, und ohne Bänder oder Riemen erhalten sie sich dann nur durch ihre eigne Schwere, welche zugleich auch nicht unwesentlich zum Zusammenhalten der Zeltstangen beiträgt. Wie die Thüre des Zeltes durch das Unterende eines solchen Fellstreifens gebildet ist, hatten wir schon früher gesehen (Seite 637). — In einer Höhe von 4 Fuſs über dem Boden band nun die Frau noch zwei horizontale Queerstangen an zwei der Zeltstangen, um den Kochkessel zu tragen, dann schlug sie Feuer an, und unterhielt es mit Holzscheiten, welche auf einem mit Sand gefüllten Kasten unter den Kesselstangen in der Mitte des Zeltes bereit lagen. Einer der Männer hatte unterdessen den untern Rand des Zeltkegels mittels einer hölzernen Schaufel, welche sie mit sich führten, von aussen her mit einem Fuſs-hohen Schneewalle beworfen, und als es im Innern heftig rauchte, machte er an der Windseite eine Öffnung in diese Bedeckung; ausserdem waren auch hier, zum Abzuge des Rauches, die obern Enden der Stangen unbedeckt geblieben. Im Innern des Zeltes bedeckte man nun noch den Schnee auf einem Ausschnitt der kreisförmigen Basis mit einem Geflechte aus Ruthen, welches dem Zelteigenthümer zum Sitzplatz und zur Schlafstätte bestimmt war. Für die übrigen Gäste legte man Rennthierfelle und Kleider unmittelbar auf den Schnee an der übrigen Peripherie des Tschumes.

Eine halbe Stunde nach der Ankunft ist das Feuer genugsam genährt und die nöthigsten Anordnungen sind getroffen: dann erst hält die Gesellschaft ihren fröhlichen Einzug, und alle vertheilen sich an dem Umfange des Zeltes mit dem Rücken gegen die behaarte Wand und mit den Füfsen gegen das Feuer gekehrt. Auch hier entkleideten die Männer den Oberleib und bedeckten mit dem Pelze nur den Rücken der gegen die kalte Zeltwand gekehrt war: die nackte Brust wird aber gegen das Feuer gewandt und auf diese Weise durch Strahlung kräftiger und schneller erwärmt. An den Samojeden unsrer Gesellschaft bemerkte ich sogar eine offenbar nur für diesen Zweck bestimmte und sehr bedeutende Abweichung von der Ostjakischen Kleidertracht, denn ein jeder ihrer Röcke war wie ein Tatarischer Chalat auf der Brust durchschnitten und, im Freien nur durch den Leibgurt übereinander gelegt, wurden jetzt dessen Hälften zurückgeschlagen, um die Brust zu entblöfsen.

Nun begann die Sorge für die Ernährung der Gesellschaft, welche wiederum nur der Frau anheim fiel. Sie holte aus einiger Entfernung vom Zelte drei Stücke von reinem und noch nicht betretnem Schnee und trug sie in den Kessel über dem Feuer, um zuerst Trinkwasser zu bereiten welches nachher in einer Ecke des Zeltes aufgestellt wird, dann erst wurde in dem zweiten Kessel von dem Mehle, welches die Samojeden während des Winters in einem Sacke bei sich zu führen pflegen, mit Wasser ein Brei gekocht. Doch geschieht dies nicht an jedem Tage auf dieselbe Weise, denn bisweilen fügen sie auch Rennthierblut zu dem Mehle hinzu oder von den zerstofsnen und getrockneten Fischen (porsa der Ostjaken, Seite 655), das Fleisch aber essen sie stets roh, entweder frisch geschlachtet oder von frühern Tagen und gefroren. Gleich nach dem Essen gingen zwei Männer aus, um im Freien bei der Heerde, welche sich nun schon weit entfernt hatte, zu wachen und sie, wie sie sagten, vor Wölfen zu schützen. Sie bewaffneten sich zu diesem Zwecke nur mit den lanzenartigen Treibstangen (Seite 633), und erst nach einigen Stunden kehrten sie zum Zelte zurück und später zogen Andre auf die Wache.

Wir erfuhren nun erst das Nähere über die Verhältnisse unsrer Gesellschaft. Der Tschùm gehörte dem Ältesten derselben, einem 60jährigen Samojeden. Er zeichnete sich aus durch die erwähnte Kleidung und ausserdem durch einen spitzen und weifsen

Bart, welchen er unter dem Kinne nach vorne gebogen trug. Bei Ostjaken hatte ich niemals Ähnliches gesehen. Er war wie die übrigen Männer von hohem Wuchse, welcher ihn, ebenso wie sein Alter, sehr auffallend von seiner nur 20jährigen und sehr kleinen Ehefrau unterschied. Ein noch nicht 2jähriger Sohn begleitete diese Familie auf ihren Wandrungen. Die Mutter säugte ihn noch und dennoch lief er schon völlig selbstständig, und äufserte seine Forderungen durch artikulirte Worte.

Von den 50 Rennthieren welche jetzt unsre Heerde bildeten, gehörten nur 20 diesem Samojedischen Ehepaar; von welchem man sagte, dafs sie weiter gegen Norden am Meere ein andres Zelt mit Verwandten und Rennthieren hinterlassen hatten. Dort verkehren sie während des Sommers, jetzt aber zogen sie sich wegen des Jahrmarkts in die Nähe von Obdorsk, änderten aber noch täglich ihren Zeltplatz, um den Rennthieren frisches Moos zu verschaffen. — Von den 4 jüngern Männern unsrer Gesellschaft schienen sich nur zwei der Ostjakischen Rede vorzugsweise und gegeneinander zu bedienen: zwei andre hatten Samojedische Sprache und Kleidung angenommen, sei es durch Abstammung oder nur durch vorherrschenden Umgang mit jenem Nachbarvolke. Wie wir schon früher erfuhren (Seite 691), hatten sie sich nur für die Dauer unsrer Reise mit 30 Rennthieren von ihren nomadischen Angehörigen getrennt. Bei allen zeigte sich eine sehr blühende und gesunde Gesichtsfarbe, welche ich bei Werchowischen Ostjaken nur selten gesehen habe: zugleich aber waren sie breit in den Schultern und wohl kaum unter 5′ 6″, denn sie erreichten fast völlig die Gröfse unsres Obdorsker Kosacken, dessen Wuchs auch bei den Russen für ausgezeichnet galt.

Als man sich gesättigt hatte, hörten sie auf das Feuer zu unterhalten, und auf den Schlafplätzen legte nun ein Jeder die zum Lager bestimmten Felle zurecht, und bedeckte sich sorgfältig mit seinen Pelzen und mit andern Fellen. Diese schützen aber auch vollständig, denn man schlief vortrefflich und äufserst fest, und doch hatte der Schnee unter dem Lager und dicht daneben eine Temperatur von — 28° R., und auch die Rauchöffnung am Zeltkegel blieb offen und der Zutritt äufserer Luft mochte nur noch anfangs durch die vom Feuerplatz aufsteigende Wärme gehemmt werden.

[December 13.] Schon um 5 Uhr Morgens, nach 7stündigem Schlafe, erwachten Alle in dem Zelte. Einige Kohlen glimmten noch auf dem kleinen Heerde und verhalfen sehr schnell zu einem lebhaften Feuer. Während man die Dämmrung erwartete, kochten wir uns Thee, und die Samojeden frühstückten wieder von warmem Mehlbrei und Rennthierfleisch, dann gingen zwei Männer aus, um die Heerde allmälig zur Abfahrt zu versammeln. Der Himmel war völlig hell geblieben, aber es stürmte stark aus Norden von den Bergen.

An den Rennthieren hatte ich eine auffallende Lüsternheit nach menschlichem Harne schon bei frühern Jurten bemerkt, noch nie aber so entschieden und auffallend als heute: denn nur um diesem Triebe zu genügen, hatten sich schon jetzt einige Thiere der scheuen Heerde freiwillig in die Nähe des Tschums begeben und so bald man herauskroch, um das Wasser zu lassen, eilten sie in vollem Trabe herbei, um es in der Luft mit vorgestreckter Unterlippe aufzufangen; trieb man aber das nächststehende zurück, so kamen hernach alle übrigen und leckten ebenso begierig den getroffnen Schnee. Es ist also klar dafs nicht die Wärme der Flüssigkeit, sondern mehr deren salzige Beschaffenheit diese Begierde auf ähnliche Weise wie oft auch bei unsren Ziegenböcken erregt, aber in einem so ausserordentlichem Grade, dafs sie die Gewöhnung der Rennthiere an ihre Herren wesentlich und vielleicht einzig befördert. In keinem andern Falle verlieren sie natürliche Schüchternheit, ja sogar Ekel vor dem Menschen, denn niemals nehmen sie das beste Futter aus der Hand, und auch ausgerissne Flechtenbüschel welche man ihnen auf hohem Schnee vorwirft, beriechen sie nur und wenden sich ab.

Jetzt und schon gestern bei der Ankunft war eine Elster der einzige Bewohner welcher der Landschaft anzugehören schien, wohl aber mochte auch sie unbeachtet unsrem Zuge von fernher gefolgt sein. Ausser den zwei Schneehühnern (Seite 691) hatten wir während des Fahrens nirgend ein lebendes Wesen gesehen oder gehört, und kaum konnte es daher zufällig sein, dafs dieser Vogel noch ehe die Zeltstangen aufgestellt waren, sich dicht neben die Schlitten setzte und nun bis zur Abfahrt beständig gesehen wurde. Offenbar ist es dieses höchst befremdende Erscheinen in der ödesten Gegend welche die Elster und verwandte Rabenarten den Samojeden und Kamtschadalen als zauberische Wesen erscheinen läfst, und sie zum beliebtesten Gegenstande ihrer mimischen Darstellungen macht (Abschnitt XVII.).

Einiger Branntwein welchen ich den Männern gestern Abend gegeben hatte, veranlafste auch jetzt wieder dringende Bitten welche der alte Samojede noch durch das Geschenk eines ganz weifsen Pesezfelles unterstützte. Dann bot ich ihnen meine Pfeife zum Rauchen, welche von den Ostjaken gänzlich ausgeschlagen wurde (Seite 634 und 677), von dem Samojeden aber, eben wie der Branntwein, anfangs sehr läfsig und gleichgültig genommen, hernach aber dreimal und dringend verlangt wurde. Nur augenblicklicher Mangel au Tabak konnte ihn von dem Gebrauche entwöhnt haben, denn er geberdete sich nicht wie ein Neuling, sondern sog den Rauch mit langen und tiefen Zügen und verschluckte ihn gänzlich. Auffallend ist wie ein sehr gesetztes und stets ernstes Wesen die Bewohner hiesiger Gegend weder im gewöhnlichen Umgang noch auch bei Befriedigung der erwünschtesten Genüsse verläfst, denn wenn auch im Allgemeinen die dem Naturzustande näheren Menschen etwas seltner lachen als die Europäer, so giebt es doch in dieser Beziehung sehr merkwürdige Abstufungen von dem Ernste der Hiesigen bis zu der lebendigen Munterkeit der Tungusen und der stets fröhlichen und sehr gebildeten Ironie der Kamtschadalen (Abschn. XVII).

Man hatte nun die Rennthiere herbeigetrieben, bespannte aber nur drei lange Narten, denn wir wollten uns nur mit den jüngern Männern in das Gebirge begeben, während der übrige Theil unsrer Gesellschaft bis zum Abend mit dem Zelte in der hiesigen Gegend auf uns zu warten versprach. — Wir fuhren nun wiederum auf ebnem Wege grade gegen die erste Berggruppe (Seite 688, Anmerkung) und erreichten nach kurzer Zeit wiederum das Eis des Chanami welcher wohl auch gestern, während wir die zweite Hälfte unsres Tagemarsches zurücklegten, sich zu unsrer Rechten in geringer Entfernung befunden haben mochte. Hier fliesst er aber von Westen gegen Osten, und wir fuhren nun auf seinem Eise stromabwärts, als ich plötzlich und durchaus unvermuthet äufserst malerische Felsen zu unsrer Linken das rechte Ufer des Baches bilden sah. Einen so jähen Übergang von aufgeschwemmtem Lande zu den schroffsten Felsenwänden ist man kaum irgendwo zu sehen gewohnt, denn von einem Punkte des Chanami an welchem noch seine beiden Ufer, ebenso wie gestern (Seite 692), nur aus niedrigen Lehmhügeln bestanden, waren wir kaum eine Werst weit gefahren, und auch jetzt noch zeigte sich zu unsrer Rechten und an dem linken Ufer des Flusses keine Spur weder von Anstehenden noch auch von beträchtlichen Hügeln: die Wände des rechten Ufers sanken hier jählings in die Tiefe.

Das Gestein erhob sich in 12 Fuſs dicken senkrechten Tafeln welche nur unten mit Steintrümmern und Schnee stellenweise verschüttet, oben aber durchaus entblöſst waren. Die Schlitten blieben auf dem Eise, während wir an dem Abhange aufwärts stiegen, um die Steinmasse näher zu untersuchen. Es war ein äuſserst fester krystallinischer Grünstein. Zuerst sahe man Feldspath und Hornblende in gröſsre Krystalle getrennt, und dann höher aufwärts am Felsen waren sie kleinkörniger und Gänge krystallinischen Quarzes durchsetzten das Gestein. *) Über uns erhoben sich nun die Felsen immer schroffer und ihr höchster Punkt mochte um 300—400 Fuſs über das Niveau des Chanami emporragen; die Tafeln des Gesteines standen senkrecht und waren sehr regelmäſsig gegen N. 34° O. **) gerichtet.

Nach dieser ersten Bekanntschaft mit dem schroffen Rande des merkwürdigen Obdorischen Gebirges muſsten wir uns noch einmal von den Felsen trennen, denn alle Abhänge zu unsrer Linken waren noch allzu steil, um auf ihnen seitwärts in das Gebirge vorzudringen, auch wurde noch einmal bei unsrer Rückkehr zum Eise die Aufmerksamkeit auf ganz andre Dinge gelenkt. Durch

---

*) Speiſsgelben Schwefelkies habe ich nachmals in den grobkörnigen Handstücken gefunden, welche an dieser Stelle des Gebirges geschlagen wurden. Die erwähnten Quarzgänge sind aber sehr dicht erfüllt mit magnetischem Titan-Eisen welches theils grofse Krystalle bildet, theils mit unebner Oberfläche zwischen die Quarzmasse gedrängt ist, genau ebenso wie am eigentlichen Ural, wo es das Platin begleitet (Seite 368 und 391).

**) Astronomisches Azimut. An dem Kompas wurde N. 20° O. abgelesen. —

Gesträuch von Laubholz, sowohl zu unsrer Rechten hart am Flusse, als auch sogar auf den malerischen Felsen hatte sogleich dieser Theil der Gegend den Eindruck einer vollkommner organisirten Oase in der arktischen Wildnifs gewährt, nun aber wurde dieser Reiz sehr unerwartet und bedeutsam erhöht, denn es zeigten sich stromabwärts von hier, am rechten, flachen Ufer des Baches, vier Samojedische Zelte dicht neben einander, und vor ihnen auf dem blendenden Schnee äufserst bunte und bewegte Menschengruppen. Sogleich lenkte man unsre Schlitten dorthin und die Führer äufserten die Absicht, sich frische Rennthiere als Vorspann von den Besitzern jener Zelte zu erbitten: aber ihre Hoffnung schlug fehl, denn man empfing uns mit der Nachricht, dafs Wölfe in dieser Nacht die in der Nähe weidende Heerde stark beschädigt und zerstreut hätten. Einige Männer seien ausgegangen, um sie wieder zu vereinen und nun harre man auf den Erfolg. Ein getödtetes Rennthiere hatten sie schon zum Zeltplatz gebracht, und wir sahen nun dafs sich um diese Leiche die schon von fernher so auffallende Versammlung gebildet hatte. Das Hinterhaupt des Thieres war aufgebissen und der Schädel geleert, das Gesicht aber vollständig erhalten, auch die Rippen sah man unversehrt durch die aufgerissne Bauchhöhle. —

Mehrere Frauen befanden sich in dieser Samojedischen Gesellschaft und wiederum waren sie alle, so wie unsre erste Bekanntin, von sehr kleiner Statur. Die Männer aber von hohem schlankem Wuchse, ausserdem aber waren beide Geschlechter durch ihre Kleidung höchst auffallend unterschieden, denn während bei den Ostjaken die Formen des park und der maljza den Männern und Weibern gemein sind, so sieht man hier bei den erstern stets die auf der Brust zu öffnenden Pelze (Seite 695), während ihre Frauen einen kurzen Pelzrock tragen, der, ohne die Kappe der Ostjakischen Kleider durch seinen Schnitt an den alt-Russischen saraphàn (Seite 305) bedeutend erinnert und aus vielfarbigen Fellen von Hunden, Wölfen und Vielfrafsen (rossomaga. Ursus gulo, Seite 562) zusammengenäht, ja auch oft noch mit Europäischen Zeugstreifen besetzt ist: ein Schwanz vom Vielfrafs hangt am Hintertheile dieses Kleides hinab, ausserdem aber tragen diese putzliebenden Schönen auch anstatt des Schleiers der Ostjakischen ánki einen Reisehut aus dem genannten Pelzwerk, dessen breite Fortsätze zu beiden Seiten und über den Nacken hinabfallen, und welcher sowohl einem Europäischen Helme als auch gewissen Tatarischen und Burätischen Kopfbekleidungen (Abschnitt XI.) sich nähert. Endlich aber sind noch ihre Haarzöpfe, welche hinten aus dem Hute hinaushangen, ein Gegenstand besondrer Sorgfalt. Die zu diesem Zwecke üblichen Zierrathen müssen stets metallisch sein, um während des Gehens Gerassel zu erregen. Nichts scheint aber den Samojedinnen zu kostbar, um dieser Sitte zu genügen, denn bei einer der hiesigen Frauen sah ich, ein zwar rostiges, aber noch sehr vollständiges Flintenschloſs neben vielen eisernen und messingnen Ringen in das Zopf-ende geflochten.

Diese Zelt-Samojeden brauchen nur Rennthiere als Zugvieh, und eine Menge von kleinen Hunden welche ich bei den Hiesigen sahe, waren nicht zum Einspannen bestimmt, sondern nur für die Weiber zum Schlachten und zur Benutzung des Felles (Seite 586). Alle waren noch jung, und wenn man auch wegen dieses Umstandes die normalen Gröſsenverhästnisse noch nicht beurtheilen konnte, so gehörten sie doch offenbar zu ganz andrer Race als die Ostjakischen Zughunde. Sie waren sämmtlich behaart und von entschieden fuchsrother Farbe, welche ich bei den Obischen Hunden niemals gesehen habe: auch unterschieden sie sich von diesen letztren durch ihr Benehmen, denn sie neckten die ankommenden Fremden und klafften gegen sie in feinem Tone. Daſs diese Race von gezähmten Füchsen und nicht wie die Ostjakischen von Wölfen entsprungen sei, ist kaum zu bezweifeln.

Wir warteten nicht auf die Rückkunft der Männer welche die Heerde suchten, sondern fuhren noch zwei Werst stromabwärts auf dem Chanami, verlieſsen dann dessen Thal welches von hier an das Gebirge seiner Länge nach durchschneidet, und stiegen gegen NW. steil aufwärts an den nun etwas sanfteren Felsenabhängen welche sich vor uns erhoben. Es zeigte sich nun wie dieses Gebirge aus stufenförmigen Absätzen bestehe, denn oftmals glaubten wir bald einen Berg-Sattel zu erreichen, aber bei fernerm Aufsteigen sahen wir dann neue und höhere Kuppen welche bisher durch die näher gelegnen verdeckt waren.

Wir betraten Urgebirgsschiefer dessen Bänke eine steil abwärts gegen unsren Weg gerichtete Neigung besitzen. Feinere Steintafeln waren durch Wittrung abgespalten und liegen lose auf den Abhängen. Äufserst manchfaltige und bunte Flechten wucherten auf ihnen, aber beim Anschlagen mit dem Hammer fand man, die feinkörnige und sehr feste Masse dicht unter der Oberfläche völlig frisch: offenbar hatte sie die Trockenheit des hiesigen Klimas vor Verwittrung geschützt. — Unsre Rennthiere kletterten nun wie Ziegen, und führten hinter uns die leichten Narten bis nahe an den Punkt auf welchen wir nach zweistündiger Wandrung uns niederliefsen.

So wesentlich sich auch dieses Obdorische Gebirge durch die hier stets gefundne Streichung nach N. 35° O. von dem eigentlichen Ural unterschied (Seite 361 u. a.), so zeigte sich doch in ihren geognostischen Verhältnissen eine sehr bemerkenswerthe Übereinstimmung. Den Sienitischen Grünstein welcher hier in so mächtigen und selbstständigen Massen den äufsersten Rand des Gebirges bildete, hatten wir auch von Jekatarinburg bis Bogoslowsk unter höchst ähnlichen Verhältnissen gesehen (Seite 360, 375 u. 378 u. a.). Nun aber folgte weiter gegen die Mitte des Gebirges zuerst Feldspath-reicher Hornblendschiefer, in welchem äufserst feine Krystalle beider Gemengtheile parallele und einfache Lagen bildeten, während braune Granaten unregelmäfsig durch die Schiefer vertheilt waren. Nur Zoll-dicke Massen von körnigem Feldspath setzten hier queer durch die Schichten, wurden aber bei weiterm Fortschritte immer mächtiger gefunden. Zugleich trat häufig dunkelgrüner Chlorit an die Stelle der Hornblende. Dann wurde die Farbe der Felsen heller, es zeigte sich Quarz in dem Gemenge, bis endlich auf dem höchsten Punkte des Passes und an den seitlichen Bergen, ein gelblicher und feinschiefriger Gneus ausschliefslich gesehen wurde. Hier erst war die Hornblende entschieden durch Talk-Glimmer verdrängt, und die weifsen Gänge von körnigem Feldspath waren nun stets 20 Fufs breit, und lagen meist in der Richtung der Schichten. Glimmer fehlte spurlos in ihnen und der Quarz durchsetzte sie nur in Schnüren: es war ein echter Beresit (Seite 395) und nur etwa durch geringre Verwittrung unterschieden von dem Uralischen. —

Mit Sicherheit kann man den Metallreichthum des Ural auch von dem Obdorischen Gebirge erwarten. Das Titan-Eisen in den Quarzgängen des Sienitischen Grünsteins deutet auf Platin, und ohne Zweifel werden spätere Untersuchungen in den Beresitgängen den goldhaltigen Brauneisenstein nachweisen.

Noch 600 Fuſs hoch über die Stelle des Chanami-thales an welcher wir die ersten Felsen getroffen hatten, sahen wir vereinzelte Lärchen, da wo in engern Schluchten der Felsboden verwitterter war: zuletzt blieben auch die dicksten Stämme nur sehr niedrig, aber stets sind sie grade und nicht wie die Fichten auf Bergen, zu Knieholz gebogen. Ebenso weit erhebt sich aus dem Thale in die geschützten Schluchten ein mannshoher Alnus, an welchem jetzt nur die röthliche Rinde seiner Zweige, so wie auch die weiblichen Blüthen gesehen wurden welche durch rothe und weiche Schuppen sich auszeichnen. Nur an diesen engern Stellen des Gebirgsweges sahen wir oft eine Fuſs-hohe Schneedecke, und unsre Begleiter versicherten daſs diese auch im Sommer nur hier, nicht aber auf den freien Abhängen und Gipfeln sich erhalte. In diese Schluchten ziehen dann die Samojeden mit ihren Heerden und auch jetzt sahen wir dort viele Spuren von wilden Rennthieren, und eine Falle gegen die Wölfe welche ihnen folgen. Es war ein unter Steinen versteckter Kasten über welchen sie ein Schlagbrett aufstellen und es mit Felsstücken beschweren.

Höher hinauf an den Bergen war die Oberfläche der geneigten Felsplatten völlig nackt, und nur hinter den Östlichen Rändern derselben hatte der Schnee sich hüglich abgelagert, jedoch auch dort in so geringer Menge, daſs oft die längern Bärte von Rennthier-flechten hervorragten. Die heftigen Nordweststürme welche im Winter auf diesen Bergen herrschen, reichen nicht hin um den auffallenden Schneemangel zu erklären, sondern es ist dieser auch ein direkter Beweis für die Trockenheit der obern Luftschichten in dem hiesigen Klima, auch liegt die Region der untern Wolken am Nördlichen Ural und in dem Obdorischen Gebirge weit höher als im Nördlichen Europa, denn unter den 4000 Fuſs hohen Gipfeln findet sich keiner welcher sie erreichte. — Höchst auffallend war es wie die senkrechten Gränzflächen der Schneehaufen hinter den Felsstücken, sich stets in festes und spiegelndes Eis verwandelt hatten, denn nur Schmelzung konnte diese Erscheinung bewirken. Die Sonnenstrahlen welche nur horizontal über die Ebne hinstrichen, fielen senkrecht auf diese Schneewälle, und so sehr auch ihre Wirkung beim Durchgange durch die dichtesten Luftschichten geschwächt wird, schienen sie dennoch und bei — 26° R. die Oberfläche des Schnees geschmolzen zu haben: sicher aber würden sie niemals und unter denselben Umständen die Temperatur eines unschmelzbaren Körpers bis zu 0° erhöhen.*) —

Sehr steile und völlig schneelose Kuppen thürmten sich zur Rechten und Linken neben dem nach Westen gehenden Pafs welchen wir nun endlich erreicht hatten. Der höchste Punkt der Berggruppe welche wir früher die erste benannt hatten (Seite 688) lag zur Linken unsres Weges, war aber von dem Punkte an welchem wir uns niederliefsen, nicht sichtbar, denn näher gelegne Gipfel verdeckten sie, und erst wenn man bis zur Hälfte an den Abhängen aufstieg, sah man, hinter diesen, neue und höhere Berge sich erheben. Es stürmte nun äufserst heftig aus Westen, und die Samojeden widerriethen ernst und angelegentlich jedes weitere Vordringen. Die Rennthiere hatten sie bereits an dem letzten Abhange hinterlassen, und wir holten uns hierher von den Schlitten Holz um Feuer anzulegen, und die Temperatur des Siedpunktes zu bestimmen (Seite 692). Wir fanden sie um 1°,49 R. niedriger als an dem spätern Zeltplatze, und über den Punkt des Chanami an welchem sich die ersten Felsen zeigen, hatten wir uns nun um 1560 Par. Fufs erhoben (Siehe unten).

Nach Osten hin sahen wir nun über einen breiten Wall von Vorbergen hinweg, bis in die wellige Ebne durch welche der

---

*) Die sicheren Erfahrungen von der Verdampfung des Eises, selbst bei den niedrigsten Winter-Temperaturen, scheinen ebenso bestimmt auf eine unablässige Schmelzung der Oberfläche zu deuten. Diese erfolgt also auch wenn die Temperatur der umgebenden Körper den Schmelzpunkt des Eises bei weitem nicht erreicht, und die äufserste Oberfläche gefrornen Wassers scheint sich daher die zu bindende Wärme keinesweges nach den Gesetzen der Strahlung, sondern nach denen einer chemischen Verwandtschaft anzueignen.

Chanami sich schlängelt. Die Sonne war schon untergegangen, aber von der starken Dämmerung war der Westliche Himmel und die Schnee-Ebne geröthet, und nur vertiefte Stellen lagen im Schatten. Die Luft war völlig durchsichtig und es zeigte sich keine Spur von Nebel in den Thälern. — Jetzt von dem Dämmrungslichte und noch stärker während des Aufsteigens, bei horizontaler Beleuchtung durch Sonnenstrahlen, sahen wir an den näher gelegnen Gegenständen hellgrüne Schatten auf dem Boden, welche den Reiz dieser merkwürdigen Landschaft nicht wenig erhöhten.

Unsre Begleiter waren erfreut über das glückliche Ende der Wandrung und beim Bergabfahren trieben sie die Rennthiere zu schnellstem Galopp. Der Mond schien hell als wir das anmuthige Thal des Chanami erreichten, dann ging es wieder in die aufgeschwemmte Ebne in welcher wir nacheinander zwei lange Carawanen wandernder Samojeden einholten. Wie gewöhnlich zogen sie bedächtigen Schrittes, und nur die jüngern unter den freien Rennthieren trabten wie Hunde zu beiden Seiten der Narten in welchen ihre Mütter gespannt waren. Wir erkannten unter diesen Wandrern die Familien die wir des Morgens am Chanami verlassen hatten, und erfuhren nun dafs sie ihre Heerde in besserem Zustande gefunden hatten als man erwartete, denn nur noch zwei Rennthiere hatten die Wölfe zerrissen, die übrigen aber waren durch den nächtlichen Überfall nur versprengt worden, und hatten sich am Tage wiederum gesammelt. Diese Nomaden waren reicher als unsre Gesellschaft und, zum Geschenke oder gegen dereinstige Bezahlung, gaben sie unsren Führern ein diesjähriges Rennthierkalb, und verhalfen ihnen so nach der beschwerlichen Fahrt zu einem höchst erfreulichen Mahle.

Den Platz auf welchen wir am Morgen von unsren Zeltgenossen schieden, fanden wir öde und verlassen, und erst als wir von dort aus 2 Werst weit gegen NO. auf merklich ansteigendem Terrain gefahren waren, sahen wir den gesuchten Tschum und wurden bald mit lauter Freude von unsren Bekannten begrüfst. Sie hatten am Morgen den damaligen Lagerplatz für abgeweidet erkannt, weil sich während der Nacht die Heerde weit entfernt hatte.

In dem Zelte begann nun wieder ein sehr anziehendes Leben. — Es ist Sitte bei den Samojeden, alle Nahrungsmittel welche die Gesellschaft besitzt, in dem Tschume, der Thüre gegenüber, auf dem Fuſsboden zu häufen, und dieser Theil der Wohnung welchen sie Sinikui nennen, steht dann in einer Art von religiöser Achtung, namentlich aber für die Weiber welche, wenn sie sich in Geschäften durch das Zelt bewegen, wohl über den Sitzplatz und die Schlafstätte jedes Einzelnen, niemals aber über jenen Sinikui hinwegschreiten dürfen. Auch jetzt bei der Ankunft wurde mir unser Vorrath an Thee und anderweitigen Nahrungsmitteln abgefordert, und bis wir ihn zum Gebrauche verlangten, an jener Stelle deponirt. —

Das Rennthierkalb welches wir unterweges erhielten, war, schon wenige Minuten nach der Ankunft, vor dem Zelte geschlachtet und abgezogen worden. Die Männer brachten nun das noch blutende und rauchende Fleisch in die Wohnung und verzehrten es sogleich und völlig roh mit äuſserster Begierde. Der Alte begnügte sich das Gehirn aus dem Kopfe zu saugen, während jeder unsrer jüngeren Gefährten einen Schenkel des Thieres bis dicht auf den Knochen abnagte. — Sie lachten über das Entsetzen welches mein gutmüthiger Esthnischer Begleiter vor ihren blutigen Gesichtern äuſserte, als er ihnen aber durch den Dollmetscher zu verstehen gab, sie seien nicht besser als Wölfe, schienen sie darauf nie Anspruch gemacht zu haben, und erwiederten nun mit Ernst, sie seien aber auch nicht schlechter als jene, weil sie ja redlich mit ihnen theilen und nur für sie die Knochen und manche andre Abfälle von dem Fleische auf dem Zeltplatze hinterlassen. — Rousseau's Behauptung daſs der Abscheu vor einem noch blutenden Mahle zu dem Instinkte des Menschen gehöre, wurde hier widerlegt, aber es bestätigten sich dagegen die von ihm gepriesnen Vorzüge einer Erziehung durch absichtsloses Beispiel, denn der Knabe in unsrer Gesellschaft welchen sie Peina nannten, gab immer neue Beweise von frühzeitiger Entwicklung. Auch er erhielt sein Theil von dem rohen Fleische, und hatte also gute Zähne, dennoch aber forderte er gleich nachher, und so wie früher an jedem Abend und Morgen, sobald für die Andern der Breikessel bereitet war, daſs die Mutter ihn säugte. Er schlug sie dann bis die Fordrung gewährt worden, oder bis man ihm zum Ersatze die Füllkelle gab, mit welcher er selbst von der kochenden Mehlspeise schöpfte und sie verzehrte, ohne sich jemals zu verbrennen. — Wie die Ältern für den Branntwein, so hatte Peina für unsren Zucker erst allmälig eine bedeutende Vorliebe gewonnen, denn am ersten Morgen sagte er, es sei Schnee und warf ihn von sich, nachher aber forderte er davon, sobald wir unser Theegeschirr zeigten. Auch unser Brot behagte ihm sehr, obgleich es nun hart gefroren und selbst für Erwachsne nicht leicht zu beifsen war. Am Abend legte man ihn nackt in einen kahnförmig geflochtnen Korb, welchen wir zu gleichem Zwecke auch in Ostjakischen Jurten gesehen hatten, und umschnürte ihn so dicht mit Fellen, dafs sein Geschrei während der Nacht von unter der Erde herzukommen schien, des Morgens aber holte ihn die Mutter wiederum nackt aus dem Bette und liefs ihn sich am Feuer durchwärmen. Erst wenn es zur Reise ging, bekleidete sie ihn mit den doppelten Pelzen und stiefs ihn vor die Thüre, während sie die Einpackung des Zeltes besorgte, dann fiel er bei jedem Schritte in den tiefen Schnee, schrie aber niemals, weil er aus Erfahrung wufste, dafs nun wegen wichtiger Geschäfte keiner der Seinigen auf ihn achte. Wenn alle Schlitten bereit waren, schnürte ihn die Mutter wieder in den wiegenartigen Korb und während der Fahrt befestigte sie diesen auf die Narte welche für sie bestimmt war. —

Bei der Ankunft an dem hiesigen Zeltplatze hatte ich wiederum den Luftdruck durch die Temperatur des Siedpunktes bestimmt, *) und es fand sich für den erreichten Bergpafs (Seite 704) eine Höhe von 1410 Par. Fufsen über unsrem jetzigen Standpunkt oder, wegen Erhebung des Terrains von dem Ufer des Chanami bis hier her, von 1560 Par. Fufs über dem Fufse der ersten Grünsteinfelsen (Seite 699). — Hier bei dem Zelte und in den Abendstunden fanden wir die Feuchtigkeit der Luft dem Sättigungszustande etwas näher als gleich nach Sonnenuntergang auf dem

---

*) Setzte man die bei einem Luftdrucke von 336''',90 Par. Mafs stattfindende Siedhitze = 80° R., so fand sie sich an dem hiesigen Zeltplatze zu 79°,89 R., auf dem erwähnten Bergpasse aber zu 78°,40 R., oder die entsprechenden Barometerstände waren 335''',28 und 313''',86 denen bei der hiesigen Temperatur von — 26° R. ein Höhenunterschied von 1410 Par. Fufsen entspricht. — Bei Sommerwärme von + 20° R. würden dieselben aber 1782 Par. Fufs Höhenunterschied angedeutet haben.

Berge, denn um Niederschlag zu geben, mufste sie hier im Thal von — 27°,5 nur bis auf — 32°,9 R. erkaltet werden, auf dem Berge aber von — 25°,0 bis auf — 31°,9 R. *) Den jedesmaligen Einflufs der Wärmeausstrahlung untersuchte ich mittels Weingeist-Thermometer, von denen das eine eine vergoldete Oberfläche, das andre aber eine mit schwarzer Wolle bedeckte hatte. Auf dem Berge um 1 Uhr Nachmittags stand das geschwärzte Thermometer um 3°,0 R. niedriger als das blanke, hier in der Ebne aber, um 6 Uhr Abends, nur um 1°,5 R. Diese bedeutende Verminderung des Unterschiedes entstand aber nur durch Nebel, welche sich in der Nacht zu bilden begannen und nicht durch die gröfsere Höhe des ersten Beobachtungsortes, denn auch zu Obdorsk habe ich, bei völlig heiterm Himmel, in den Vormittagsstunden die Temperatur der geschwärzten Kugel stets um 3°,0 R. niedriger gefunden als die der vergoldeten.

[December 14.] Um die Höhe des hiesigen Gebirges aus den zu Obdorsk beobachteten Vertikalwinkeln zu bestimmen, war noch seine Entfernung von jenem Standpunkte zu ermitteln. Der durch Azimutalwinkel erhaltne Abstand von 75,5 Werst für die erste Berggruppe, und daher auch die gefolgerte Höhe von 4530 Par. Fufs (Seite 692) bestätigten sich auch durch die einstimmige Angabe der Obdorsker, so wie durch die Zeit welche wir auf den Hinweg und auf die Rückkehr, bei mittlerem Trabe der Rennthiere, verwendeten, dennoch hätte eine Standlinie welche ich heute hier in der Nähe unsres Zeltes mafs, einen sicherern Aufschlufs ergeben, wenn nicht jede Anwendung dieser Arbeit vereitelt worden wäre. Zwei Werst Östlich von unsrem Zeltplatze war eine völlig waldfreie Ebne, von welcher, nach Versicherung der Samojeden, die Berggipfel sichtbar sein sollten. Wir mufsten uns für jetzt auf diese Aussage verlassen, denn während der Nacht hatte sich der Himmel bewölkt, und dichter Nebel und Schnee, in feinen und nicht krystallinischen Flocken, hinderten jede Aussicht. Ich beschlofs daher, nur die Standlinie heute zu messen und dann auf günstigeres Wetter in Gesellschaft der Samojeden zu warten. Nachdem Pfähle von Lärchenholz zur Aus-

---

*) Nach den Angaben eines Saussur'schen Hygrometers welches oben auf 83°, im Thale aber auf 87° stand.

spannung und Richtung der Schnur und zur Bezeichnung der Endpunkte vorgerichtet waren, setzte sich die ganze Carawane in Bewegung. Beim Zusammentreiben der Heerde wurden 11 Rennthiere vermifst, man hoffte sie aber auf dem heutigen Wege wiederzufinden, wenn nicht etwa Wölfe sie zerrissen hätten. — Trotz sehr tiefen Schnees wurde die Mess-Schnur an dem gewählten Platze 17 Mal ausgespannt, und die Endpunkte einer Werst durch Pfähle bezeichnet. Während der Arbeit waren aber unsere Samojeden mit dem Zelte und mit ihren Rennthieren spurlos davon gefahren, und nur die Ostjaken mit drei schlecht bespannten Narten geblieben. Wenn auch ein immer lauter werdendes Mifsfallen unsres Dollmetschers an dem nomadischen Leben wohl grofsentheils dieses verdriefsliche Mifsverständnifs verschuldete, so schienen doch auch wirkliche Hindernisse den Rennthierbesitzern den Aufenthalt in dieser Gegend zu verleiden; denn als wir nun versuchten uns einer andern Samojedischen Familie anzuschliessen, und nach den Platz fuhren an welchem eine der gestern gesehnen übernachtet hatte, war auch dieser verlassen und unsre Führer behaupteten: wegen frischen Schnees sei die Spur der Wandrer nicht zu finden und sicher haben sie sich weit von hier entfernt, weil das Moos völlig abgeweidet und die Gegend durch Wölfe gefährdet sei. — Von der Wahrheit dieser letztern Aussage überzeugten wir uns auch auf der beschneiten Moorebne, auf welcher wir jene Standlinie gemessen hatten, denn häufig fanden wir dort Skelette von zerrissnen Rennthieren, theils noch frisch und oben auf dem Schnee, theils schon verrodet und fast völlig verschüttet. — Rennthiergeweihe hatten wir öfter und auch auf den Bergen gefunden, diese wurden aber nur von lebenden Thieren abgeworfen. —

So wurde unsre Gebirgswandrung gewaltsam geendet, denn man erklärte nun Obdorsk für den einzigen Zufluchtsort, und diesen erreichten wir leicht und sicher, trotz dichtesten Schneegestöbers, nach fünfstündigem Trabe der Rennthiere.

Die Samojeden welche wir auf unsrem Wege getroffen hatten, kamen jetzt Alle von den Küsten des Eismeers, auch sah man stets unter ihren Besitzthümern viele von dorther stammende Erzeugnisse. Die Zugriemen ihrer Rennthiere und auch manche andre lederne Geräthschaften waren aus behaarten Seehunds- und Delphin-fellen geschnitten, und auch die Mammutszähne, aus welchen hier sämmtliche knöchernen Theile an den Schlitten und Geschirren geschnizt waren (Seite 632), betrachten die Inheimischen als ein Küstenprodukt, weil sie an den aufgeschwemmten Abhängen gegen das Meer durch die Wellen häufiger ausgespühlt und daher dort vorzugsweise und mit sicherm Erfolge von den Samojeden gesucht werden. Ihre eigentliche Heimath nannten diese Familien: arka-ja d. h, das grofse Land, oder der Distrikt den die Russen nach Samojedischer Angabe durch bolschesémelskji béreg (d. i. das grofsländische Ufer) bezeichnen, und welcher erst Östlich von der Petschora-Mündung beginnt und sich bis zum Obi erstreckt.

Von fremden Besuchen blieb dieser Theil des Samojedischen Landes bis zu den letzten Jahrhunderten verschont, während in die Westlich angränzenden Distrikte des Timanischen und Kaninischen Ufers bis zur Petschora die Slaven der Grofs-Nowgoroder Republik (Séite 137 und 325) sich schon vor Rurik's Zeiten begaben; ja dort hatten fremde, d. h, nicht-Samojedische Wandrer noch ungleich früher als jene ersten Russen sich niedergelassen; denn die damaligen Samojeden erzählten den Nowgorodern dafs bereits Männer unbekannten Ursprungs im Innern der hohen Berge lebten, die sich vereinzelt auf dem Timanischen Ufer erheben: man sei bisweilen bis an die fensterähnlichen Öffnungen ihrer unterirdischen Wohnplätze gelangt und habe sie dort eine unverständliche Sprache reden hören. *) In spätern Zeiten und noch bis zu Anfange des gegenwärtigen Jahrhunderts haben nun wirklich Russen und Samojeden in der Nähe der Petschora dergleichen verlassne Höhlenwohnungen (Russisch: peschtschóri) so häufig gefunden, dafs man mit Recht vermuthet, der bei beiden Völkern ausschliefslich übliche Name des Flusses sei von dieser Erscheinung entlehnt.**) Die metallnen Geräthe und die Feuerstätten in jenen Höhlen liefsen aber keinen

---

*) Néstorowa ljétopis isdánie Timkówskago pag. 145.
**) Recht zum Beweise eines frühzeitigen Verkehrs mit den Russen kennen die Westlichen Samojeden für die beiden Hauptflüsse ihres Landes nur die Slavischen Namen Mesen und Petschora,

Zweifel, dafs sie dereinst von den ältesten **reisenden Erzsuchern**
bewohnt wurden, von denen auch Südlicher am **Ural**, in dem
Lande der **Wogulen**, durchaus ähnliche Spuren gefunden werden
(Seite 361 u. a.), und welche einst durch alle Theile **Nord-Asiens** sich
ebenso und mit gleichem Zwecke verbreiteten, wie die berühmten
Venetianischen Abenteurer durch **Deutsche** Gebirge. Offenbar
aber bezieht sich auch die **Griechische** Kunde von den Gold-suchen-
den **Arimaspen**, welche die Alten einstimmig an die Nördlichsten
Ausläufer des **Ural** versetzen, nur auf ähnliche Einwanderer in das
Westliche **Samojedenland**, und wohl durfte man dem **Aristeas**
von **Prokonesos** Glauben beimessen, wenn er, schon 550 vor
Christo, versicherte, auf einer Reise in den **Europäisch-Russi-
schen** Norden, seine desfallsigen Aussagen bei dem letzten der Jägerstämme welche er erreichte, gesammelt zu haben. Die eine und anscheinend dunkelste Hälfte seiner Erzählung, dafs nämlich die
Arimaspischen Erzsucher im äufsersten Norden von Europa:
„das Gold von unter den Greifen hervorzögen," *) findet
noch in diesem Augenblick eine buchstäblich wahre Geltung, wenn
man nur mit einem zoologisch irrthümlichen Ausdrucke sämmtlicher
Bewohner der *S*ibirischen Tundrengegenden bekannt ist. Durch
Zusammensetzung mehrerer Knochen von präadamitischen Pachydermen welche am Eismeere so häufig ausgegraben werden, haben
alle jene Völker so bestimmt das Bild eines kolossalen Vogels gestaltet,
dafs z. B. die plattgedrückten und schwerdtförmigen Hörner vom
Rhinoceros teichorinus sogar von den Russischen Pro-
muischleniks und Kaufleuten nie anders als **ptitschie kógti**,
d. i. Vogelklauen genannt werden (unten Abschnitt XIII.); die
Urvölker aber und namentlich die **Jukagiren** gehen ungleich
weiter, denn den Kopf jenes Vogels finden sie in dem sonderbar
abwärts gewölbten Ober-Schädel desselben Rhinoceros, seine
Federkiele in den Schienbeinen andrer Pachydermen, aus denen
sie ihre Pfeilköcher zu bereiten pflegen: von dem Vogel selbst
aber behaupten sie mit Bestimmtheit, dafs ihn ihre Vorältern noch

---

während doch ihre **Grofsländischen** Verwandten stets eigne
geographische Benennungen besitzen.

*) Herodot III. 116. Φησιν Ἀριμασπους ἁρπαζειν (i. e. τον χρυσον)
ὑπ' ἐκ των γρυπων.

gesehen und mit ihm wunderbare Kämpfe geführt haben, genau ebenso wie auch bei den Samojedischen Gebirgsnomaden die Sage sich erhielt, dafs der Mammut noch jetzt nahe am Meere in den Bergklüften nach Art eines kolossalen Grabethieres verkehre. Will man sich nun nicht weigern, in jener arktischen Sage das Vorbild zu der Griechischen von den Greifen, ebenso wie vielleicht einen innigen Zusammenhang beider mit der Arabischen von dem Rok-Vogel zu finden, so ist es streng wahr dafs Nord-Uralische Erzsucher das Gold von unter den Greifen hervorzogen, denn Goldsande unter Erd- und Torflagern welche mit Knochen jener Thiere der arktischen Vorwelt erfüllt sind, so wie auch jene fossilen Reste in den Gold-führenden Trümmern selbst, gehören jetzt so wie früher zu den gewöhnlichsten Erscheinungen (Seite 369). — Wenn sich nun auch für die bei Herodot noch hinzugefügte Behauptung von der Einäugigkeit der Arimaspen bis jetzt nur, nicht völlig erweisbare, Vermuthungen anführen liefsen, und diese daher etwa nur als eine mifsverständliche Ausschmückung der Kunde zu betrachten bliebe,*) so findet man doch

---

*) Herodot IV. 13. Ἀριμασποι ἄνδρες μουνοφθαλμοι. κ. τ. λ.
Übrigens wird von diesem Theile der Aristeïschen Aussage allgemein erwähnt, sie gründe sich auf einer etymologischen Erklärung der Worte deren die Issedonen oder nächsten Nachbarn der Arimaspen sich bei ihrer Erzählung bedienten. Nähme man nun an, diese Erzählung sei beiläufig mit denselben Ausdrücken erfolgt, welche 1500 Jahre später von den Nachfolgern der Issedonen, den Samojeden oder auch den in Samojitien verkehrenden Slaven, gebraucht wurden, als sie dem damaligen Aristeas (dem Nowgoroder Júrja Tarásowitsch) über die damaligen Arimaspen oder fremden Erzsucher berichteten, so wäre das Mifsverständnifs von der Einäugigkeit nicht schwer zu erklären; denn auch damals war, auf eine leicht zu mifsdeutende Weise, die Rede von einem engen Seh-loche, dessen jene seltsamen Bergbewohner sich bedienten; aber Tarásowitsch verstand zum Glück, dafs die Erzähler das Slavische okno, d. i. Fenster in Wohnung oder Bergwerk, nicht aber oko oder Auge damit gemeint haben, während Aristeas gar leicht von einem ὄμμα oder ὀφθαλμος nehmen konnte, was nur auf eine διοπἴρα sich bezog. Conf. Nestor l. l. — In dem Tatarischen Dialekte der Jakuten wären übrigens Aruinási die welchen eine einzelne Öffnung zukommt, von aruln ein Vereinzeltes und eine Insel und as öffne die Thür! ásun ich öffne (Abschn. XIII., Jakutisches Wörterverzeichnifs).

VIII. Abschnitt. 1828. December

zum Ersatze bei spätern Schriftstellern des Alterthums unzweifelhafte Beweise, dafs auch sie bereits die wahre Deutung jener wichtigen Erzählungen einzusehen begannen: denn sie sagen endlich ganz unumwunden, dafs die Arimaspen eine Goldwäsche an einem Flusse betrieben haben. — — —

Mit inniger Wehmuth sah ich am heutigen Abend das Ende unsrer Samojedischen Fahrten, und beneidenswerther erschien nun der Reisende von Prokonesos, der sich sieben Jahre lang mit Nordischen Skiten oder Nomaden ergötzte (Seite 218). — Aber auch uns hätte wohl, so wie einst Aristeas nach Herodot's Erzählung, bei längerem Ausbleiben nur ein vorgespiegelter Tod vor den Nachforschungen früherer Bekannten geschützt, denn die Obdorsker fanden wir bereits sehr besorgt, es möchten uns Schneestürme im Gebirge hülflos zurückhalten. — Der Wunsch noch im nächsten Sommer Kamtschatka zu erreichen, erlaubte aber auch nicht einmal hier bei den Russen den bunten Markthandel zu erwarten, zu welchem nun schon Züge von Rennthier-Nomaden von allen Seiten sich näherten. Schon auf Morgen bereiteten wir uns zur Rückkehr gegen Süden, und nur in Eile wurden uns noch Pirogen auf die Reise von unsren freundlichen Wirthen bereitet, indem sie rohe Fische in Hälften zerschnitten und sie mit Brodteig umgeben in den Backofen schoben.

[December 15 — 18.] Wir verliefsen Obdorsk am 15ten December um 3^u 30' Nachmittags und erreichten Berosow erst am 18ten um Mittag, denn wiederum vergingen stets mehrere Stunden mit dem Versammeln der Heerde an jeder der 7 Stationen in welchen wir die Rennthiere wechselten. Überall wurden wir nun als alte Bekannte von den Ostjaken begrüfst, und von den Reicheren wiederum mit Gastgeschenken empfangen. — Man fuhr zuerst von dem Flusse entfernt gegen SW. Bei bewölktem Himmel und Schneegestüber waren selbst unsre geübten Rennthierlenker in dieser einförmigen Ebne des Weges nicht sicher, und erst nach einigen Irrfahrten erreichten wir die Jurte des bärtigen Häuptlings welche sie die Sobische nannten (Seite 647). — Wir fuhren dann während der Nacht bis Wandjaski gorodok und am folgenden Tage bei hellerem Wetter über Schuruschkari und Muschi. — Jetzt, bei entgegengesetzter Richtung der Reise, wurde das Wiedererscheinen einer kräftigeren Vegetation weit fühlbarer als früher deren Verschwinden. Namentlich hatten wir die Birke (B. alba) in der Breite von Obdorsk und jenseits des Polarkreises auf dem Wege zum Gebirge spurlos vermifst, und nun bei der Rückkehr zeigte sie sich höchst auffallend zuerst zwischen Wandjask und Schuruschkari in $66°,2$ Breite. Erst etwas später wird auch die Nadelwaldung wiederum dichter (Seite 691 und 703), aber 150 Werst Nördlich von Beresow hat sie schon wieder die höchste Schönheit und Manchfaltigkeit erreicht. — Dort suchten wir am 17ten vergebens nach den Keegatischen Zelten (Seite 640), fanden aber im Walde, 10 Werst von der Stelle wo sie gestanden hatten und näher am Flussufer, eine beständige Winterwohnung, in welcher während 5 Stunden auf die Rennthiere gewartet wurde. Durch die 12te Figur habe ich die Bauart dieser sehr normalen Jurte angedeutet. — Ein Werkzeug welches die Nisowischen Ostjaken zu ihren künstlichern Holz- und Horn-Arbeiten gebrauchen, zeigten sie uns erst jetzt bei der Rückkehr. Es ist eine eiserne Spitze, die an dem dünneren Ende eines conischen Holzstückes befestigt, fast wie ein Europäischer Drillbohr mittels eines elastischen Bogens gedreht wird, dessen Schnur den hölzernen Kegel umschlingt (Fig. 13). Der Bohr selbst war ziemlich glatt und die Spitze gut gehärtet: sie wird von Samojeden, jetzt wahrscheinlich aus Russischem Eisen, gearbeitet und an die Ostjakischen Nachbarn verkauft.

Bei den Teginsker Jurten schieden wir nun auch von den Rennthieren, denn nur drei Gespanne begleiteten uns noch bis Beresow, hier aber sahen wir zum letzten Male die zierliche Heerde sich versammeln und hörten noch einmal, bei nächtlichem Dunkel das Geschrei der Treiber, welches so oft, merkwürdig anregend, durch die lautlosen Waldungen erschollen war. — Auch noch in den letzten Tagen befremdete es, schneeweifse und durchaus fleckenlose Rennthiere neben völlig dunkelbraunen gespannt zu sehen, und oft wurde man geneigt jene Haarfarbe für krankhaften Albinismus zu halten, niemals aber zeigte sich, wie es doch in solchem Falle bei andren Thieren geschieht, in der Farbe des

Augapfels irgend ein Unterschied. Wohl aber schien die Bedeckung der Hörner mit hellgrau behaartem Felle bei den weifsen Individuen sich länger zu erhalten als bei braunen, denn bei jenen sah man sie jetzt noch völlig unversehrt, während von den Hörnern der letztern höchstens nur einzelne Fellstreifen herabhingen. Gewöhnlich hatten die Ostjaken zu mancherlei häuslichem Gebrauch (Abschnitt XIV.) ihren Rennthieren bald nur das kleine Geweih, bald auch eine Hälfte des grofsen etwa einen Zoll hoch über der Wurzel abgeschnitten, und die Oberflächen der Stumpfe waren dann mit dicker Rinde gefrornen Blutes bedeckt; übrigens aber behandeln sie ihr Zugvieh mit aufmerksamer Schonung. Der Treibstangen (Seite 633) bedienen sich die Meisten sehr vorsichtig und nur einmal, zu gröfstem Ärger seiner Gefährten, sah ich einen unsrer Führer mit dem hörnernen Knopfe derselben ein Rennthier zwischen den Keulen verwunden. — Bei schnellerer Bewegung der Narten achteten die Ostjaken sorgsam wenn die Flanken der Rennthiere stärker zu schlagen begannen, und hielten dann sogleich, um sie verschnaufen zu lassen; bisweilen war noch das schnelle Athmen nach starkem Laufe von hörbarem Röcheln begleitet, aber durch Öffnen des zu fest gebundnen Kehlriemens am Zaume (Seite 632) wurde dann stets diesem Übel abgeholfen. Die Brunstzeit der hiesigen gezähmten Rennthiere fällt, noch wie bei den wilden, im September, sie werfen in den ersten Wochen des Mai, und die Jungen werden erst eingespannt wenn sie das zweite Jahr erreichen. Ohne besondre Unglücksfälle werden sie 20 Jahr alt.

[December 19.] Dampfbäder in Beresow machten die Rückkehr zu Russischer Sitte äufserst genussreich; dann besuchten wir unsre früheren Bekannten und fanden unerwartet neue und sehr wichtige Gäste, denn drei Staatsbeamten sollten jetzt wieder einmal wie vor 50 Jahren die West-Sibirischen Urbewohner zählen, um den Jasàk oder Felltribut von neuem zu ordnen. — Sie waren im Sommer an der Konda aufwärts gegangen, welche 28 Werst unter Repólowo in das linke Irtuischufer fällt (Seite 546). Dieser Fluss ist wasserreich, und wäre sogar für Obische Fahrzeuge schiffbar, ist aber von solchen noch niemals befahren worden. Seine Anwohner hatte man in höchst blühendem Zustande gefunden. Sie sind Wogulen wie die von

Bogoslowsk, und genugsam erklärt sich daher dafs man starke Abweichungen ihres Dialektes von dem der Werchowischen Ostjaken bemerkt habe: früher schon hatten wir gesehen was die Fischer zu Repólowo von diesen Nachbarn annahmen (Seite 549 und 663). Die Jurten der Anwohner der Konda sollen gröfser und vollkommner geordnet sein als die der Obischen Ostjaken, und allgemein sieht man in ihnen, neben dem Tschubal oder Kamin, den eingemauerten Kessel, welcher nur in einige Werchowische Wohnungen überging (Seite 558), aber bei allen Tobolsker Tataren gefunden wird (unten December 27.). Die Wogulen kochen darin Gerstenbrei welcher ihre vorherrschende Nahrung ausmacht. Die Männer und Weiber dieser Familien von der Konda schilderte man als kräftig und gesund, behauptete aber fälschlich dafs sie defswegen von dem Ostjakischen Hauptstamme zu trennen seien, denn überall unterhalb Beresow hatten wir auch bei diesem nur äufserst blühende Gestalten gefunden, und erinnerten wir uns jetzt früherer Erscheinungen bei den Werchowischen Ostjaken, so schien nur nach Mafsgabe Südlichen Fortschrittes längs des Flusses die Nation vor Hunger verkümmert, und eben defshalb von Miasmen durchdrungen. In Werchowischen Ortschaften fand man jetzt oft, und seit 50 Jahren, die Zahl der Jasakpflichtigen um $\frac{1}{4}$ verringert!! — aber nicht alle waren gestorben, sondern von den Ungetauften haben sich Viele noch bei Zeiten seitwärts von dem Flusse und nach Norden in die Wälder und Tundren zurückgezogen. Es ist Russische Kultur welche den Ichthyophagen am Irtuisch und Obi ihr Leben verkümmert, und zwar meist absichtslos und auf eine nicht zu tadelnde Weise, denn allerdings werden Viele sich freuen dafs jetzt die Fische jener Flüsse mehr örtlich, und in imponirenden Massen, auf eine dem Statistiker völlig zugängliche Weise gefangen werden, und dafs nun einzelne Familien sehr bedeutenden Reichthum erlangen, während früher sämmtliche Anwohner des Flusses nur eben genug hatten, um durchaus sorglos zu leben. Auch hier ist aber ohne jeden Zweifel als Folge Europäischer Industrie zu erwarten, dafs man dereinst die merkwürdigen Wanderungen der Zugfische (Seite 682) nur noch aus der Tradition der Vorfahren kennen wird, denn auf der ganzen Erde, vom Äquator bis jenseits des Polarkreises, dürfte sich kaum eine Flussmündung finden, durch welche nicht früher jene Meerbewohner ebenso regelmäfsig eindrangen, wie noch jetzt in alle Ströme Sibiriens, Kamtschatka's und sämmtlicher Besitzungen Amerikanischer Urbewohner, und sicher ist dieses eines der Phänomene welches die Menschen einst spurlos von der Erde zu vertilgen im Stande sind. Wenn man nun auch hier einem solchen Erfolge sich näherte, so könnte man doch dessen Rückwirkung auf die Menschen, wie Alles ähnliche, durchaus gleichgültig nennen, denn die Ostjaken würden sterben ehe noch jene kritische Epoche völlig einträte, die nachbleibenden Russen aber, wenn einst der Fischfang versagte, zu neuen Industriezweigen sich wenden. —

Russische Bürger und Kaufleute welche von Tobolsk und Beresow, so wie auch von den Dörfern aus (Seite 556), alljährlich sehr grofse Fischer-Expeditionen ausrüsten, nennt man hier prásoli oder Einsalzer (von solitj salzen), weil sie zuerst den Salzreichthum der Sibirischen Steppen zur Bewahrung des Obischen Fischfleisches benutzten. Solche Unternehmer verbinden sich zu einem Artel (Seite 101), welches dann oft während des Sommers 20000 Rubel verwendet, um Schiffe mit Arbeitsleuten und Proviant, und mit Netzen zu versehen die, bei einer Länge von 350 Sajenen, 12 Pud Fische zu tragen vermögen. Sie lassen sich in der Nähe der Sandbänke nieder, welche sie am vortheilhaftesten für den Fischfang befanden und von den Ostjakischen Anwohnern bald gemiethet, bald gekauft haben, und verleben dort den Sommer in sehr löblicher Betriebsamkeit. Gleich nach dem Fange werden die Fische stark gesalzen und in Kufen verpackt, welche 800 bis 1000 Muksume, und bis zu 2500 von den kleinern Lachsarten fassen. Es ist wahr dafs noch neuerlich solche Russische Gesellschaften in einem Sommer für 150000 Rubel Ausbeute erhielten, aber auch ebenso bestimmt dafs dann ringsum der Ostjakische Fischfang aufs äufserste beeinträchtigt wurde.*)

Russische Beamten denen Beaufsichtigung der hiesigen Ge-

---

*) Später, auf der von Russen bewohnten Südspitze von Kamtschatka, habe ich gesehen wie durch ähnliche Nachstellungen mit grofsen Netzen, in einzelnen Flüssen die Fischwandrungen bereits gänzlich unterdrückt waren, während an andren und Nördlichern von den

gend übertragen war, sind von jeher durch dieses schwierige Verhältnifs in äufserster Verlegenheit gewesen, nie aber wurden wohl, mit redlicher Absicht, zur Wohlfahrt des Landes so seltsame und glücklicher Weise niemals ausgeführte Pläne erdacht, als einst von Herrn Karnílow, welcher in Petersburg der Regierung vorschlug, alle dem Fischfange ergiebigen Stellen des Obi in unmittelbaren Besitz zu nehmen und sie nur an Russen zu vermiethen, denn: „dann werden die so schuldlosen und liebens„würdigen Ostjaken, welchen die Sandbänke erblich gehören, „jeder Angst über Erhaltung dieses Besitzes mit einem Male und „für immer überhoben sein, und ihre betrübenden Klagen über „lokale Beeinträchtigung werde man nicht mehr hören. Von „Zirbelnüssen, von dem Fange der Vögel und Vierfüfser „können ja dann die ichthyophagischen Bewohner sich ohne „Furcht vor Nebenbuhlern und daher mit gröfserer Seelenruhe „nähren." *) Gleichzeitig aber sollte ein Handelsverkehr zwischen dem Nördlichsten Sibirien und dem Europäischen Russland durch eine kaum minder utopische Ausführung neuer Flusscommunication zwischen dem Obi und der Petschora befördert, und die Blüthe des Beresower Kreises dadurch erhöht werden. Der Sobjfluss welcher sich, 100 Werst oberhalb Obdorsk, in den Obi ergiefst, hat seine Quellen am Obdorischen Gebirge Südlich von der fünften Berggruppe (Seite 688, Anmerkung), da wo wir auch aus der Ferne jene Kette so schroff abgeschnitten sich senken sahen, und wo auf einem breiten Passe die Uralische Streichungslinie aufhört und die Obdorische beginnt. Von den Queerschnitten beider abfallenden Gebirgsysteme sammeln sich dort die Wasser auf einer flachen Tundra (Seite 650) und von ihr aus speisen sie nicht nur den Sobj, sondern auch die gegen Westen zur Petschora sich wendende Usa. Im Sommer des Jahres 1807 sollte die Möglichkeit einer auf dieses Verhältnifs zu begründenden Fluss-schifffahrt untersucht werden. Herr Karnílow ging, von Tobolsk aus, zu Schiffe bis zur Mündung des Sobj und

---

Urbewohnern die Absperrungen durch Lachsfänge oft hintereinander in 20 verschiednen Ortschaften seit Jahrhunderten ergiebig bestanden.
*) Senátora Karnílowa samjetschánija o Sibíri. W'Sanpeterbúrgje 1828·go goda 8vo pag. 85. sqq.

blieb daselbst ohne sich seitwärts von dem Obi zu entfernen,
während er über Beresow einen Feldmesser und 6 Kosacken zum
Gebirge in die Quellgegend sandte, um das Gefälle des *S*obj zu
untersuchen und um dem Oberst-Lieutenant Popòw, der von
Europa aus längs der U*s*a aufsteigen wollte, ein Zeichen seiner
Anwesenheit zu hinterlassen. Der fernere Erfolg dieser Untersuchungen ist niemals zu öffentlicher Kunde gelangt. Herr Karnílow theilte ihn nicht mit, als er 20 Jahre später in dem angeführten
Werke (samjetschánija o *S*íbiri) die fragliche Möglichkeit
der Schifffahrt als etwas schon Bekanntes postulirte, aber hier in
Beresow erinnerte sich Herr Ni*j*egorodzow (Seite 602) von
dem ausgesandten Feldmesser gehört zu haben, dafs wohl aufsteigende Lachse aus den Asiatischen und Europäischen Fluss-
systemen sich auf jenem wasserreichen Moore begegnen, dafs aber
Obische und Petschorische Schiffer nicht ohne sieben
Schleusen im *S*obj und wahrscheinlich ohne ebenso viel entsprechende in der U*s*a, jenen Fischen nachzuahmen vermöchten.*)
Kaum dürfte daher wohl jemals dieses Communicationsmittel an
die Stelle eines ungleich leichtern Seetransports von Archangel
bis Obdorsk gesetzt werden, denn auch wenn die Fluss-schifffahrt gelänge, würde man wohl von Petersburg bis zur
Petschora-mündung nicht anders als zur See gehen, dafs aber
von Europa bis Obdorsk die Beschiffung des Eismeers nicht
schwer ist, haben, ausser Vielen andren, auch Obdorsker
Kosacken bewiesen, welche im Jahre 1730 auf einer lóda oder
langem Boote den Obi abwärts und dann zur See noch 4°,5 Westlich von Archangelsk bis zum *S*olowezkischen Kloster gingen, nur um daselbst ihre Gottesfurcht zu bethätigen. Dafs übrigens wirklich, auf dem Seewege oder auf irgend einem andren,

---

*) In Deutschland hatte sich, wahrscheinlich durch Mifsverständ-
niss, der Ruf verbreitet, als habe Herr Karnílow einen mächtigen See an dem Ursprunge jener beiden Flüsse gesehen oder dessen Existenz nachgewiesen, ja denselben mit dem Namen eines
mittelländischen Meeres (*s*redisémnoe more) belegt: in
dem angeführten Berichte ist nur einmal (pag. 80) von einem
*s*redisémnoe more die Rede, darunter aber wird das eigentlich
sogenannte Europäische Mittelmeer verstanden, welches Herr
Karnílow früher im Russischen Marinedienste befuhr.

die Verbindung des Beresower Kreises mit Europa aufs höchste befördert zu werden verdiente ist nicht zu leugnen, denn Mastholz von seltenster Schönheit ist hier in Überfluss und ohne Zweifel würde auch weiter gegen Norden der Metallreichthum des Obdorischen Gebirges dereinst reichlich belohnen.

[December 20 — 27.] Um Mittag bei hellem Himmel und — 25° R. verliefsen wir Beresow. Als die Sonne um 2° 30′ über dem Horizonte stand, zeigte sich wiederum das Phänomen der stolbùi oder Säulen äufserst entwickelt und glänzend. Die prismatisch gefärbten Lichtstreifen zu jeder Seite des leuchtenden Körpers reichten in senkrechter Richtung bis auf den Horizont: nach oben erstreckten sie sich aber heute nicht völlig bis zur Höhe der Sonne, sondern endeten etwas niedriger, an der obern Gränze eines weifsen Frostnebels, welcher sich als Stratum oder Schichtwolke vom Horizont an am Himmel zeigte. Das Roth war vorherrschend bei der prismatischen Färbung, welche am hellsten und mit blendendem Lichte grade an jener Gränze der weifsen Schicht gegen den blauen Himmel sich zeigte. Von der Fortsetzung der Lichtbogen auf dem Erdboden (Seite 644) sah ich heute keine Spur, ebenso wenig wie von in der Luft schwebenden Eisnadeln: denn unser Auge lag nicht, wie damals, von dem Frostnebel umgeben, sondern dieser schien, gegen Süden von uns entfernt, eine isolirte Masse zu bilden, deren obere Gränze unter geringerm Höhenwinkel als die Sonne erschien. —

Die reichen Russen in Schórkal und Jelisárowo (Seite 556 und 579) fanden wir am 21sten und 22sten seltsam abgemagerten Ansehens, denn sie hielten sehr streng die 40tägigen Fasten welche bis zum Weihnachtsabend dauern, und nur durch leichte und ausgesuchteste Fischspeisen suchten sie sich jetzt einige Entschädigung. Minder gewissenhaft schienen die Kaufleute von Samárowo (Seite 552) welche uns am 23sten Abends, ebenso wie ihre Verwandten zu Beresow, mit Europäischem Weine bewillkommneten. Noch in höherem Grade als dort zeigte sich hier die sonderbar gemischte Bestimmung der Zimmer zu Waarenlagern und Wohnräumen (Seite 612), denn Samárowo ist eine Zwischenstation für den Handel, in welcher die jüngern und nomadisirenden Krämer nur zur Jagdzeit einen temporären Waarentausch betreiben. Jetzt waren sie reich an Südlichen Produkten, denn sie kamen von Tobolsk. —

Die ansäfsigen Ostjakischen Fischer mit denen wir nun wieder am Irtüisch, von *S*amárowo bis Denjikówo (Seite 540) verkehrten, fragten oft nach dem Zustande ihrer Nördlichen Verwandten, und gläubig und mit Wehmuth hörten sie das Lob des Landes in welchem man noch wie früher mit Rennthieren nomadisire, und wo an weichen Fellen zu Kleidern und Lagerstätten gröfster Überfluss herrsche. Auch hier spricht man sehr ernst von einem verlornen Paradiese, aber es wird gegen Norden und jenseits des Polarkreises versetzt. Die bequemern und nach Russischer Sitte gebauten Häuser welche man in den letzten Ostjakischen Ortschaften antrifft, sind also nur trügerische Zeichen von Fortschritten zum Glücke.

Südlich vom 60sten Breitengrade findet man jetzt keine rein Ostjakische Familie, denn niemals hat sich eine solche zum Ackerbau entschlossen, welcher von dort an bis nach Tobolsk neben Russischen Dörfern regelmäfsig betrieben wird. Glücklichste Folgen dieser Betriebsamkeit (Seite 539) sahen wir noch von neuem, am 26sten des Morgens, in dem Bezirksorte Demjansk welcher durch reiche und grofse Balkenhäuser und durch kräftige Bewohner sich seiner alten Berühmtheit würdig erhält. Dann folgten die kleinen Dörfer bis Teréchina (Seite 534), wo sich von dem unzerstörbaren Muthe des Russischen Volkes ein seltsames Beispiel darbot. In der Hütte in der man uns Pferde geben sollte, fanden wir spät am Abend nur Mädchen und Weiber um einen Leuchtspahn versammelt. Sie sangen und spannen dabei ungebleichte Wolle aus der sie die Karaséja oder das braune Tuch zu den Bauerkleidern bereiten. Beweglich klagten sie uns über ihr hartes Geschick, denn vor Kurzem habe eine bis hierhin erstreckte Aushebung zum Kriegsdienst (rekrútskji wúibor) ihre Familie aller jungen und rüstigen Männer beraubt, ob ältere vorhanden und nur in Geschäften abwesend waren, habe ich nicht erfahren, wohl aber dafs nun, bei heftigstem Schneegestöber, vier Mädchen die, immer noch zum Gänsemarsche gespannten, Pferde unsrer Schlitten bestiegen, und dann, anfangs schüchtern, hernach aber immer dreister und mit den gewöhnlichen muntern Zurufungen uns im schnellsten Galopp 30 Werst weit durch die weglose Ebne beförderten.

Befremdend erschienen am 27sten des Morgens jenseits dieser Russischen Dörfer, schon nahe bei Tobolsk, und hart am steilen Ufer des Irtùisch wieder rufsige und ärmliche Jurten. Wir gingen hinein und erkannten bald Tatarische Familien an den rasirten Köpfen der Männer und an den schönen brunetten Gesichtern beider Geschlechter. Es war der Philátewsker Wohnplatz den wir bei der Ausfahrt nur am Abend und aus der Ferne gesehen hatten. Mit Ostjakischem Leben wird man das der Hiesigen niemals verwechseln: zwar sind die Jurten ähnlich gestaltet, aber stets reinlicher als jene, und neben dem Tschubal aus geschlagnem Lehm fehlt niemals der eingemauerte Kessel, auch liegt in den Abschlägen anstatt der Rennthierfelle stets irgend eine Art von Gewebe: bald Kissen von Russischem Tuche, bald grobe Bucharische Teppiche und bei der ärmsten wenigstens Decken von kuhhaarnem Filze. Jetzt safsen Männer und Weiber mit untergeschlagnen Beinen am Kamin um ein hohes Kochgeschirr gedrängt, in welchem der Ziegelthee bereit stand (Seite 480 und Abschnitt XI.), daneben aber erhob sich kräftiger Fettduft von dem Pferdefleisch in dem gröfsern Kessel. Nur an den wildesten Stellen des bewaldeten Flussufers findet man jetzt Nördlich von Tobolsk diese Nachkommen der vertriebnen Herrscher, aber, reich an Pferden und mit den Sprachen des Südens vertraut, sind sie noch, nach alter Sitte, zu weiten Handelsreisen geschickt.

Nach 35 Tagen erreichten wir wiederum Tobolsk am Abend des 27sten Decembers. Wie ein flüchtiger Traum war das arktische Nomadenleben entschwunden. Es lag noch zu nah, um mehr als Sehnsucht zu wecken welche nun in der Stadt nur noch drückender wurde. Wirklich auch liefsen erst spätere Fahrten und neue Bilder das Verlorne als ein Genossenes erscheinen.

Register zum ersten Bande.

Die Zahlen in diesem Verzeichnisse beziehen sich auf die Seiten. Durch gesperrte Schrift sind nur die sogenannten geographischen Eigennamen ausgezeichnet. — Der Sach-Inhalt der vorstehenden Abschnitte ist durch Deutsche Worte des Registers summarisch angeführt, mehre Parallelstellen finden sich im Texte selbst. — Endlich sind Ausdrücke aus Slavischen und andren Nord-Asiatischen Idiomen aufgenommen, welche auf den angeführten Seiten vollständiger als in gewöhnlichen Sprachwörterbüchern erläutert, theils für künftige Reisende und Ethnographen, theils als lokale Synonymen für Mineralogen, Botaniker oder Zoologen nutzbar erachtet wurden.

A.

Aa, Fluss 39.
Ableiter 529.
Abweichung, Linie ohne 188.
— periodische Veränderung 523. 524.
— Einfluss der Polarlichte 524. 525. 597.
Accipenser pygmaeus 222. 527, Anm. 2.
— sturio 527, Anm. 2.
Achirit 112. 490.
Ackerbau, s. die einzelnen Cerealien.
Admiralitéiskaja Stórona 64.
Agat 405. gerölle 490.
Agathyrsen 301.
Ahlbeersträucher 138. 387, Anm. 636.
Ahorn 120.
Ai, Fluss 411. 414. 484.
Ajat, Fluss 311.

Akasine 227.
Ak-tau 487. 488.
Aktschi-kum, Fluss 491.
Alabaster 188.
Alapájewsk 315. 407.
Alatau 496. 497.
Alchemilla vulgaris 120.
Aléschkini Jurtui 576.
Alexander Newskji, Kloster 73.
Alexandrower, Bach 397.
— Canal, 394.
Algonkinen 666. 676.
Alnus 577. 703. und siehe Elsen.
Alpenkalk 352. 411.
Altaische Gebirgsysteme 405. 406.
Altargemälde in Berësow 594.
Altgläubige 144. 218. 266. 299. 393. 446.

Amethyst 296. 407.
Amianth, fasriger 316.
Andromeda, polifolia 333.
— calyculata 333.
Angeln, selbstfangende 538. 684.
Ankerschmiede 256.
Anki 541. 637. 664.
Anser cygnoides 671.
Antidóron 401.
Antschikówo 225. 227.
Apfelbäume 138. 143. 205.
Apotheker-Insel 66. 80.
Aprikosen, getrocknete 233. 470.
Aquamarin 299.
Arbàsch 249.
Arbus 235.
Arbutus alpina 333, Anm.
Archangelsk 651.
Archángelskji-Schacht 378.
Archieräi 470.
Arendalitkrystalle 286, Anm.
Argamáki 435.
Argippäer 427. 434.
Arimaspen 711.
Arka 681.
Arka-ja 710.
Armenier 194. 296. 482.
Arsa 201. 218.
Arsk 247.
Artéltschiki 101.
Artemisien 491. 494. 501.
Arthurshof 14.
Arundo phragmites 495.
Arven, siehe Pinus Cembra.
Asien 283.
Asjámi 486.
Aspidi 494.
Atriplex-arten 491.
Atschinsk 270. 272.
Atschitsk 279.
Atschui 427. 432.
Attila 665.
Άῖυες 521.

Auerhahn 468.
Augenentzündungen 566. 568. 573. 582.
Augitkrystalle 360.
Ἄξονες 53.
Azui 427, Anm.

B.

Babka, Fluss 274.
Babri 495.
Bäckhoff 30.
Bären 251. 233. 577. Verehrung bei den Ostjaken 670. weifse, siehe Eisbären.
Bahn 8.
Balagáni 202. 328.
Balaláika 204. 415. 448.
Bánji 105. 236. 589.
Barákowa, Dorf 183.
Baránez 197.
Barantscha 359.
Baráschki 144.
Bárki 411.
Barsch 682.
Bárskie ljúdi 266.
Basárnik 328.
Baschkiren 304. 330. 416. 424. 485. Etymologie des Namens 429. Landwehr 423. Kantone 424. religiöse Ceremonie 436. siehe Argippäer.
Basiànsk, Dorf 551.
Baumgränze am Obdorischen Gebirge 703.
Baumwolle, rohe 486. 499.
Beerenwein 469.
Beresit 324. 395. 702. dessen Verwittrung 397.
Beresow 339. 393. 397. am Obi 476. 587. bis 625.
Bergbau bei Perm 270. Tschudischer siehe Tschuden.

Bergbohr 309.
Bergdirektion in Perm 270. 329.
Bergkrystalle 298. 407.
Bergwerks-Corps 111.
Berkúti 427.
Bernstein 21. 26.
Bespopówtschina 218. 300.
Bessónowa 373.
Biber 443.
Bibergeil 608.
Biberzähne 610.
Bienen, wilde 187.
Bilimbajéwsk 285.
Birke, weifse 41. 60. 119. 120. 121. 134. 136. 138. 142. 160. 177. 188. 268. 270. 310. 331. 370. 375. 388. 390. 413. 439. 440. 492. 535. 562. 634. 636. 714.
Birkenfluss 554.
Birkengränze in der Ebne 714.
Birkenthär 34.
Bischbarmak 427.
Biser, Fluss 279. 280.
Bisersk 279. 280.
Bitpak 494.
Bitterkalk 349.
Bjelaískaja 439.
Bjélaja, Fluss 417.
Bjélie muchi 451.
Bjélki 554. 562.
Bjelogórje, Dorf 554.
Bjéloi Gorod 159. 160.
Bjéloi Wrag 224.
Bjelorezker Berge 406.
Bjelúga 685.
Blagodat 359. 360. 396, Anm. kleiner 363. Einfluss auf die Magnetnadel 362.
Blagodatische Werke 359.
Blagoródnie ljudi 422.
Blajénnie 402. 516.
Blatta orientalis 54. 225.
Blaueisenerde 185, Anm.

Blechfabrication 341.
Bleierz 490. rothes 338. 396. 408.
Bleiglanz 378.
Blühen, zweimaliges, auf Brüchen 41. 392.
Blutstein 363.
Bobr 608. kamtschátskoi 608. morskòi 608.
Bodenbeschaffenheit von Petersburg 118.
Bodentemperatur siehe Bohrversuche.
Börse in Petersburg 77.
Bogdàn 553.
Bogdu 492.
Bogen 563. 568. 639.
Bogoródsk 176. 177.
Bogoslowsk 376.
Bohnen 179.
Bohrversuche zu Beresow 593. 595. Obdorsk 649. 656. 682. Tagilsk 354. Tobolsk 456. 472.
Bolschája semljà 710.
Bolsche-Atluimskische Jurten 571. 572.
Bolwanki 341.
Borodatschì 94.
Borstengras 492.
Botanischer Garten 81.
Bótik 80.
Brandenburg in Ostpreussen 17.
Brassica campestris 381. napus 381. rapa 636.
Brauneisenerz 363.
Brauneisenstein, goldhaltiger 324. 339. 367. Krystalle 395.
Braunkohlen-Formation 21.
Braunsberg 17.
Brautschau 98.
Brennnessel 146. 546.
Britschka 5.
Brodjági 325. 381. 513.
Brónikowo 532.

Brónizui 138. 148. 421.
Brusníka 387, Anm.
Bu 478.
Buchara 498.
Bucharei, grofse 486. 487. kleine 480. 481.
Bucharen 195. 239. 296. 434. 482. 483. 485. 500.
Buchen 11. 38. 120.
Buchtárminsk 483.
Buchweizen 176.
Bugórki 219. 229.
Buikówa 274. 278.
Bulak-Bach 230.
Buntówtschiki 624.
Burätten 502.
Búrenka, Dorf 535.
Burlàken 33.
Bútki 75.
Bútuschniki 76.

C.

Caementstahl 186, Anm.
Campanula 145.
Canis decussatus 607. lagopus 465. 605. vulpes 607.
Castor fiber 608.
Castoreum 608.
Catharinencanal 69.
Catharinenhof, Insel 64.
Cervus alce 354. 550. 554. 562.
— elaphus 493, siehe Rennthier.
Chanami, Fluss 692. 699.
Chájodeija 650. 681.
Chaje 681.
Chalàt 238. 485.
Chalzedon 227. Gerölle 490.
Chánsa 634
Chartschéwna 139.
Chatílowo 147.
Chinesische Waaren 478.
Chlistówtschina 521.

Chlorit, Kupfer- und Eisen-haltiger 349.
Chloritschiefer 304. 396.
Chorowódi 447.
Chotuing 670.
Chromeisen 408.
Chumut 129.
Citadelle von Petersburg 80.
Colymbus arcticus 466.
Conglomerate 351. 491.
Cornusarten 120.
Corvus pica 697.
Corylus avellana 432, Anm.
Crataegus 494.
Cucumis Melo 235.
Cucurbita Citrullus 235.
Cupoloöfen 340.
Cybelendiener 521.
Cygnus siehe lebedj.
Cylindergebläse der Uralischen Hütten 339.
Cyprinus carassius Pall. 542.
— idus 682.
— rutilus 682.

D.

Dabu 479.
Dämmerung 38.
Dampfbäder 105. 236. 589. 715.
Danilicha, Dorf 268.
Danzig 13.
Datteln 234.
Debjósui 254. 266.
Delphinus leucas 685.
Demjànsk 536. 721.
Denjikówo, Dorf 540.
Deutsche in Petersburg 90. Jekatarinburg 303. Tobolsk 462. 519.
Diallage 552.
Dichtkunst, Russische 89.
Díkaja ptscheníza 491.
Diligencen 42.
Dina 235.

Register.

Dinsgast 38.
Dirschau 15.
Djéwischnik 520.
Dmítrjewsk 181.
Docken 66.
Dogot 34.
Dolomit, dichter 389.
Dombra 670. 675.
Don 421. 422.
Dornengesträuch 494. 496.
Dorpat 43.
Dorsch 14.
Doskíno 189.
Dratschéwo 185.
Dróschki 102.
Drujína 423.
Dubówie kustí 158.
Dubrowa 254. 266. 267.
Duch 626.
Dünen 11. 12. 18. 20.
Dugà 128.
Duschugréika 465.
Dwina 32.
Dworowíe ljúdi 458.

E.

Eberesche 8. 44. 120. 138. 177. 307.
Edelhirsch 492.
Edelsteine 297. 407.
Eichen 38. 142. 154. 158. 177. 222.
   223. 225. 226. 246. Anm. 248. 267.
Eichhörnchen 554. 562.
Einhöfner 270.
Eis, unterirdisches im Sommer 382.
   473. 682 Verdampfung desselben 704.
Eisbären 654. Verehrung derselben bei den Samojeden 681.
Eisen, phosphorsaures 185. Anm.
— Uralisches 501.
Eisenerze 346. Röstung derselben 337.
Eisenkieswürfel 378. 395. 397. 650. 699.

Eisenschliche 497.
Eisenwerke, Ausbeute der Uralischen 409.
— Irginsker 278.
— Nikolai-Pawdinsker 373.
— Nijnei Laïsk 336.
— — Saldinsk 336.
— — Slatoust 413.
— — Tagilsk 331. 335. 389.
— — Turinsk 359. 369. 388.
— Taschkenter 501.
— Welétma 186, Anm.
— Werchnei Laïsk 336.
— — Saldinsk 336.
— — Turinsk 359. 369.
— Wissimo Schaitansk 336.
— Wotka 255.
— Wuiskoi 336.
Eisfenster 567.
Eiskeller 135.
Elenthiere 354. 550. 554. 562.
Elephantenknochen, fossile 369.
   710 u. f.
Elsen 119. 120. 222. 413. 476. 546.
   577. 703.
Embach, Fluss 43.
Empetrum 597.
Emuingasch 223.
Enkriniten 379.
Enten, wilde 20. 389. 613. Eier derselben 468.
Epidotkrystalle 286, Anm.
Epilobium angustifolium 135. 145. 546.
Epitrachílui 170.
Erbadel 85.
Erbsen 235.
Erdschlipfe 186. 206. 276. 368. 552.
Erdschwalben 219.
Esche 138. 142. 155.
Esox lucius 682.
Espe 413. 499. 562.
Esthen 40.
Exampe, Metallgefäfse von 164.

F.

F selten bei *S*laven 305.
Fähre, Irtuisch- 450. 456.
— bei Memel 23.
— Nogat- 16.
— Weichsel- 15.
Falco chrysaëtes 427.
Falken 177. 180. 427.
Fansa 479.
Fasan, Deutscher 468.
Fatà 305.
Fedot temir 410.
Feldspath, dichter 378.
— fleischfarbiger 361.
— Gestein 334.
— Trümmer 367.
Felsenhimbeere 249.
Felsit, grünlicher 374.
Feste der Ostjaken 673.
Festgericht 469.
Fichte siehe Pinus sylvestris.
Fínik siehe Datteln.
Finnen 666.
Fische, Absterben derselben im Winter 626.
— ihre Wandrungen 641. 682. 716.
Fischfang 538. 576. 625. 684. 717.
Fischkleider 568. 576.
Fischkörbe 576. 625. 641.
Fistáschi 234.
Flachs 266.
Fliegen, weifse 451. 453.
Flözgyps, älterer 352.
Flusskrümmungen, Entstehung der 419.
Fontanka 66.
Forstwirthschaft, regelmäfsige 251.
Fragaria vesca 387, Anm.
Frauenburg 29. 30.
Frauenkloster, *S*molnaer 67. in Jekatarinburg 401.
Frau lowischer Grubenzug 377.

Freienwalde 7. 8.
Freiwerberinnen 98. 519.
Frost, Einfluss auf organische Körper 443. 472. 542. 592.
Frostspalten im Obi 571.
— im Erdreich 648. 690.
Fruchtbuden 35. 70.
Fruchtkeller 35.
Frühlingsgewitter 7. siehe Gewitter.
Frúktowaja láwka 35.
Frúktowoi pógreb 35.
Fuchsberg 336.
Füchse 554. 562. 605.

G.

Gadánie 400, Anm.
Gadolinitkrystalle 371. 407.
Gadus callarias 14.
— lota 547.
Gänse, wilde 399. 446. 652.
— Chinesische 671.
Galeerenhafen 65.
Gartenspargel 37.
Gefangene, Russische 511. 512. 513.
Geistliche 105.
Gelbsucht 314.
Generalstab 116.
Geröll-Anschwemmungen 368.
— kieslige 406.
— 497. 574.
Gerste 176. 235. 372. 373. 388. 499. 603.
Geschiebe 490, siehe Granit.
Gesegnete 402. 516.
Gewehrfabrik zu I/e 261.
Gewitter 7. 181. 254.
Gimgi 625. 641.
Glaskopf 363.
Gláwnoi dom 192.
Glimmerschiefer 285.
— Gerölle 552.
Glocke, ewige 164. 165.

Glocken von Waldài 144.
Glúkwa 387, Anm. 542.
Glycyrhiza echinata 408.
Gneus 394 395. 702.
Goddentow 11.
Gold, Uralisches 298. 339. 367. 711.
  jährliche Ausbeute 411.
Goldbergwerke von Beresow 393.
  jährliche Ausbeute 399.
Goldkaravane, Uralische 281.
Goldsand 251.
Goldwäsche 311. 324. 353. 374. 397. 441.
Golowà 540.
Gorn 338.
Gornastài 562.
Górniza 448. 545.
Górnoe prawlénie 270. 329.
Gornoi korpùs 111.
Gorodnítschij 588.
Góstinnoi-dwòr 70. 71. 187. 226. 231. 232. 318. 373. 457. 465. 477. 484.
Gott siehe Num und Toruim.
Götterbild, weibliches, der Ostjaken 553. 678. u. siehe Ostjaken.
Grabow, Fluss 10.
Grabstätten, Baschkirische 436.
— Samojedische 677.
— Tatarische 239. 248.
Gradmessung in Russland 46.
Gränze, Russische 25.
Grámmotnie 95.
Granat, derber 378.
— Krystalle 702.
Granit 286. 288. 370. 371. 389. 395. 396 407. 439. 489. 491.
— Gerölle 48. 135. 142. 143. 286.
Griechen 423.
Grobówsk 283.
Grobówskaja Krjépost 284.
Grosà 181.
Grubenbau bei Tagilsk 347.

Grünstein, 324. 334. 336. 358. 363. 365. 366. 367. 389. 699.
— basaltähnlicher 360.
— Schiefer 334. 374. 375. 391. 395.
— Porphyr 347. 353.
— Trümmer 368. 391. 552.
Grúnti 153.
Grúsinski, Knäsen 214.
Guarinus 514.
Gulánie 123. 354.
Gumeschewsk 344. 350.
Gurken 37. 235. 476.
Gus 617. 657.
Gus, kitaiskoi 671.
— swonkoi 671.
Gúsi 446.
Gúsina deréwnja 446.
Gusli 671.
Gufseisen 338.
Gufsstahl 258.
Gufswerke bei den alten Skythen 164.
— bei den Chinesen 168.
— bei den Russen 144. 163.
Gyps 490.
Gypsblöcke 185. 206. 227.
Gypshügel 274. 494.

H.

Haasen 151.
Hafer 372.
Haidekraut 10.
Haïk 305.
Handarbeiter 100.
Handelscompagnie, Russisch-Amerikanische 98. 440.
Haselhühner 467.
Haushühner 468. 614.
Hausschwalbe 17.
Haupthaar siehe Zöpfe.
— dessen Zusammenhang mit religiösen Begriffen 106. 141.
Hechte 682.

Heilandspforte 162.
Heirathsgebräuche zu Tobolsk 519.
Heracleum 546.
Hering 682.
Hermeline 562. 583.
Hilkersfähre 39.
Hirundo domestica Pall. 17.
Hochzeitslieder 306. 520.
Hof der Handelsgäste siehe Góstinnoi dwòr.
Hof um die Sonne 507. 644. 720.
— um den Mond 544.
Hollunder 138.
Holzasbest 316.
Holzstämme, in Hornstein verwandelte 251.
Hornblendgesteine 334. 365.
— Krystalle 365. 374. 378.
— Porphyr, schwarzer 379. 491.
— Schiefer 702.
— Trümmer 367.
Hornquarzgerölle 150. 156. 250. 280. 282.
Hornsteinmassen 498.
Hunde, zum Ziehen 296. 435. 530. 559. 560. 564. 585. 655.
— Abstammung 669. 701.
— unrein bei den Russen 162.
— Wetterpropheten 655.
— Tollwuth derselben 656.
— Samojedische 701.
— zum Schlachten 586. 701.
— schlitten 564.
Hunnen 665.
Hunno-Jugren 665.

I.

Igafähre 54.
Ije 255. 261.
Ijóra 50. 134.
Ikrà 235. tschernaja 527, Anm. 2.

Ildigi Suirt 489.
Ilmenische Berge 405.
Ilmensee 136. 137.
Impraecationes Christianae 572, Anm.
Inostránnie gósti 90, 523.
Irbìt 294. 372.
Irez-Bach 136.
Irgina, Fluss 276. 278.
Irginsker Eisenschmelze 278.
Iris pseudo-acorus 16.
Irkíski Monastùir 300.
Irkuzk 413.
Irtùisch 444. 450. 472. 476. 517. 557, Anm.
Is, Fluss 368.
Isaksbrücke 65.
Isakskirche 65.
Isatis 605.
Isbà 448. 545.
Ischìm, Fluss 405. 444. 482. 487. 489.
Iset, Fluss 287. 303. 402.
Isetsee 288. 303. 304.
Isker 444.
Isodynamische Linien 292. 601.
Isogonische Linien 293.
Isoklinische Linien 291.
Isothermische Linien 601.
Isùm 234.
Iswóschtschiki 101.
Iwa 249.
Iwanthurm 164.

J.

Jämschtschikì 444. 539. 554.
Jämtschítschnie Slobódi 136.
Jagdwaffen der Ostjaken 563. 639.
Jahrmärkte zu: Irbìt 294.
— — Nijnei Nowgorod 190. 211.
— — Obdorsk 603. 651.
Jakowlew 313.
Jakuzk 413.

Register. 731

Jamburg 59.
Jamúischewsk 488, Anm. 2.
Jangul 249.
Jantschúrino 247.
Janúitschi 274.
Jarjakschi, Fluss 488.
Jarken 480. 486.
Jarkenskie towari 480. 481.
Jasàk 376. 561. 569. 651. 715.
Jaschma 298.
Jási 682.
Jaspis 298. 405. 406. 489. 490.
Jástreb 177.
Jausa 158.
Jedíger 245.
Jedrowo 145.
Jekatarinburg 273. 278. 289 bis 310. 399.
Jekatarinburger Ebne 287.
Jelabuga 265.
Jelàn 674. 679.
Jelisárowo 556.
Jeniṡèi 581. 651.
Jermàk 325. 416. 444.
Jestókoi tschugùn 339.
Jewa 57.
Jímolost 491.
Jiwúia mjésta 626.
Joltúcha 514.
Juch 665.
Juchria 665.
Juden 26. verbannte 523.
Júgel 583
Jugowskoi 272.
Jugri 665.
Jugria 665.
Jujakówa 445.
Júki 256.
Juniperus communis 371. 500.
Junus Chódji 505.
Júrowa 536. 538.
Jurten, Aleschkiner 576.
— Bolsche-Atluimsker 571.

Jurten, Isátskische 576.
— Katschegatische 632.
— Koruimkarskische 570.
— Kunduwansker 582.
— Leúschinsker 571.
— Malo-Atluimskische 571.
— Muschi 640.
— Ostjakische 557. 566. 582. 642. 714.
— Paschirzowische 674.
— Protóschnie 586.
— Sawodische 545.
— Schuruschkarische 641.
— Soṡnówische 566.
— Soṡwinsker 627.
— Tatarische 720.
— Teginsker 627.
— Ustṡóṡwinsker 625.
— Wogulische 384. 716.
— Zuiugalische 545. 557, Anm. 1.
Jurusan, Fluss 417.
Jusch jugel 583, Anm.

K.

Kabáki 133. 547.
Kabàn 493. 495.
Kaban-see 239.
Kadílnik 556.
Kältepol, Sibirischer 602.
Kaftan 94. 222.
Kákoschnik 305.
Kaḳwa, Fluss 376.
Kalatschì 139.
Kalbfleisch, verboten 515. 516.
Kalkstein 29. 57. 143. 145. 185. 248. 275. 280. 284. 322. 350. 358. 368. 376. 389. 413. 489.
— getropfter 497.
— flusssaurer 275.
Kalmuikì 444.
Kama, Fluss 255. 267. 268. 417.
Kameel 484. -ladung 410. Anm.

Kámenjl ostrow 75.
Kamtschadalen 671. 698.
Kamuìsch 394.
Kamuischlow, Stadt 440.
Kanalverbindung, Obdorische 718.
Kanfa 479.
Kaninisches Ufer 710.
Kaninskjî Berg 710.
Kanjakowskji kamen 376. 378.
Kapitàn ispráwnik 425.
Kapitàn, Ostjázkji 647.
Karábinsk 533.
Kara-Kasanui 499.
Karakul-Seen 496.
Karasi 542.
Karatau-Berge 496. 498. 499.
Karatschina 450.
Karauschen 542.
Karawanen 151. 482. 484.
Karbasui 650.
Kardetschen-Spiegel 257.
Karétnui rjad 72.
Karkaralui-Berge 492.
Karneol 490.
Karp Strigólnik 141.
Kartoffel 176. 188. 235.
Karúitniki 301.
Kas, Fluss 581.
Kasan, Stadt 230 bis 246.
Kasanka, Fluss 230.
Kasanische Mutter Gottes 70. 231.
Kasanisches Reich 243. 506.
Kasanische Stiefel 152.
Kasarmùi 381.
Kaschkar, Stadt 482, Anm.
Kasénnoi bark 412.
Kasénnie sapási 596.
Kasónnie paláti 314.
Kasotùr-Berg 413.
Kasuimskische Ostjaken 564.
Καιργον 624, Anm.
Kátorschniki 624, Anm.
Katschegatische Jurten 632.

Katschkanàr-Berg 361. 364.
Katz 11.
Kaufleute, Russische 92. 611.
Kaufmannsschule 115.
Kawiar 235 und siehe ikrà.
Kedr siehe Pinus cembra.
Kedrówie orjéchi 332. 470.
Kedrówoe máslo 432, Anm.
Keegatische Jurten 640.
Kel 401.
Keres-Indianer 301.
Kewáschinsker Jurten 559.
Kjachta 479. 480.
Kibitki 151. 485.
Kieselschiefer 250. 280.
Kilmes-soltui 253.
Kíltschi 255.
Kípetschnaja trawà 492.
Kirgisen 405. 426. 458. 465. 481, Anm. 484. 514.
— Ebne 406.
— Felsen- 494.
— Orden 489. 490.
— Taraklinsker 493.
— schwarze 497.
— wilde 494.
Kirgischànsk 279 bis 281.
Kirschen 152. 182.
Kirpítschnui tschai 480 u. siehe Thee.
Kischmìsch 234.
Kislui schtschi 464.
Kitáigorod 159. 162. 171.
Kitálka 478.
Kleidung der Armenier 194.
— — Baschkiren 424.
— — Bucharen 195. 485.
— — Kirgisen 485.
— — Metscherjáken 200.
— — Mordwi 201.
— — Ostjaken 615.
— — Ostjakischen Heiligen 679.
— — Russischen Priester 170.

Kleidung der Russischen Sektirer 141. 305.
— — Samojeden 695. 701.
— — Schamanen 673.
— — Taduibui 673.
— — Tataren 238. 240. 247.
— — Tobolsker 465. 480.
— — Tschuwaschen 225. 228
— — Tscheremissen 223.
— — Wogulen 385.
— — Wotjaken 253.
Klenòwsk 280.
Kljasma, Fluss 158. 179.
Klima 18. 122, Anm. 387. 388. 636.
und siehe Temperatur.
— von Beresow 476. 600.
— — Mitau 31.
— — Nijnei Nowgorod 206.
— — Petersburg 120.
— — Taschkent 498.
— — Tobolsk 455.
Klin 156. 157.
Knjajeníka 387 u. siehe rubus arcticus.
Kochsalz 411.
Königsberg 8. 17.
Köslin 10.
Kohl 235. 464.
Kohlenbrennen 310. 390.
Kójil 252. 253.
Kokan 481. 482, Anm. 486. 487.
Koktombak 494.
Koléska 354.
Koljuschen 673. 678, Anm.
Kolóscha 338.
Kondinsk 572.
Kopánzi 606.
Korgon, Fluss 406.
Koruimkárskische Jurten 570.
Kosacken, Uralische 423.
— Donische 460.
Kosakùtsch, Fluss 489.
Koschélewa 534.
Kosoworótki 431, Anm.

Kóswa 272. 273.
Kótik 501.
Kraft, magnetische, siehe magnetische Verhältnisse u. Polarlicht.
Krapíwa 199. 546.
Krásnaja plóschtschad 174.
Krémet 224.
Kreml 159. 162.
Krestowátik 606.
Krestówskji ostrow 75.
Krestowosdwíjenie 400.
Krestowosdwíjenskoe 279.
Krestzùi 142.
Kreuzfuchs 606.
Krjéposti 281.
Krjutschkì 535. 538.
Krowáti 127.
Kruilsò 177.
Kruilasówo 274.
Kürbis 235.
Kuikaz 43.
Kúlscherif-Mulla 245.
Kukanja 487.
Kukasluik 492.
Kulanitmes, Fluss 491.
Kunawi 204.
Kunduwansker Jurten 582.
Kunewatsk 685.
Kungur 273. 274. 411.
Kunstkammer 107.
Kunstschule, Uralische 345.
Kupfer, gediegnes 377.
— jährliche Ausbeute 410.
— Uralisches 501.
Kupfer-eisen 343.
— erze 342. 350. 366. 377. 379. 396.
— glas 378.
— kies 378.
— lasur 349.
— sandstein 272. 489. 490.
— schmelzung 342. 344.
— smaragd 490.
Kúrai-tan 437.

Kurban temir 410.
Kurgald*j*in-See 489. 491. 493.
Kuropatki 467. 613. 691.
Kurpetaw 489.
Kuschàk 94. 481. 619. 680.
Kuschwa 255. 358 bis 368. 388.
— Fluss 359. 366. 369.
Kusemétjewa 229.
Kú*s*insk 413.
Ku*s*nézkie Tatari 502.
Kutárbitka 448. 450.
Kutschùm 444.
Kwas 105. 465. 537.
Κυρβιις 53.

L.

Lábti 108. 140. 442.
Lachs 442. 528. 682.
Ladoga-See 56.
Lärche, siehe Pinus larix.
Läuse-Markt 74.
Laïschef 417.
Laja 357.
Lamen, Burätische 519.
Langenböse 11.
Lápui 616.
Lappen 666. 676.
Lárez 345. 580.
Lartschik 345.
Latinsker Niederlassung 374.
Láwki 558.
Láwotschki 558.
Láwotschnik 95.
Lébedi 446. 491. 670.
Lebjá*s*aja deréwnja 446.
Lebjá*s*oe puch 466.
Ledinèz 470.
Ledum palustre 333. 382. 597.
Leichen, nicht verwesende 373. 591.
Lekle 415. 416.
Lenathal 413.
Leppe, Fluss 11.

Lèschtscheda 338.
Letten 38.
— gelber, quarzloser, talkhaltiger 441. 456. 575. 595.
Lew *S*obakin 257. 261.
Linden 13. 25. 38. 120. 121. 156. 248. 442.
Linie 77.
Lípa, siehe Linden.
Lípowka, Fluss 442.
Lípowoe ósero 442.
Lí*s*aja gorà 336.
Lisézi 554. 607.
— bjelodúschki 608.
— *s*iwodúschki 608.
— tschérnie 607.
— tschernobúrie 608.
— tschernodúschki 608.
Listwéniza, siehe Pinus larix.
Ljalja, Fluss 373.
Ljétopi*s* 464.
Ljubjána 265.
Lobwa, Fluss 375.
Lódki 475.
Long 679. 680.
Loniceren 491.
Lo*s* 587.
Lo*s*i 550.
Ló*s*inaja ko*j*a 563, Anm.
Ló*s*inoi rjàd 563, Anm.
Lózmanskie bárki 411.
Luchse 495.
Luftfeuchtigkeit 206. 254. 332. 494. 498. 704.
Luftflimmern 19. 688.
Luftspieglung 20.
Lugowoi béreg 229.
Lúi*j*a 566. siehe Schneeschuh.
Luiskowo 214.
Luntenflinten 503.
Lutra marina 608.
Lutschínki 399. 439. 537.
Lycäen 51.

M.

Madreporenäste 379.
Magnete 363. 364.
Magneteisen 250. 317. 322 361. 364. 365. 449. Einfluss auf die Magnetnadel 362.
Magnetische Verhältnisse von Petersburg bis Jekatarinburg 289. 292.
Magnetische Verhältnisse nördlich von Beresow 635 und siehe Polarlicht.
Magnetpol, Sibirischer 602.
Magnetsand 251. 317.
Makárjew 202. 213.
Makarowa 396.
Malachit 349. 350.
Malína 387, Anm.
Máljza 616.
Málmuisch 250.
Mammut 108. 251. 712.
Mamuisch Tau 405.
Mandelstein 491.
Manílofka 119.
Manna 234.
Marál 493 siehe cervus elaphus.
Marco Polo 296.
Marienburg 16.
Marine-Institut 113.
Márjin schtschèl 472.
Marlatessa 514.
Maróschka 387, Anm.
Martuíschki 189.
Maschine, zur Drückung der Kardetsch-Spiegel 258, und siehe Steinschleifen.
Massow 10.
Maulbeerbäume 499.
Medwejji Lòb 414.
Meik 679. 680.
Melampyrum nemorosum 145.
Meles gulo Pall. 562.
Melet 252.
Melonen 153. 235.
Memel 23.
Menschenhandel 174. 510. 511.
Ménschtschikow 591.
Mergel 219. 227. 490. 492.
Meschtschjanìn 551.
Metallgiefserei, sehr alt bei den Russen 164.
Meteore, feurige 693.
Meteoreisen von Pallas 112.
Meth 104.
Metjéschka 248.
Metscherjakische Tataren 200. 424.
Metschèt 199.
Mias, Fluss 405.
Miask 405 bis 407.
Minìn Suchorúkji 208.
Mitau 31.
Mítri 170.
Mjechà, chrébtowie 608.
— dúschowie 608.
— tschérewie 608.
Mjéchowie Láwki 232.
Mjédnoi Jam 154.
— tschugun 343.
Mjedwéjie Schúbi 233.
Mjélotschnie lawki 78. 478.
Mjöd 104.
Mjoschinsk 273.
Moika 69.
Mojewélnik 500.
Mókrowa 440.
Moktscha 218.
Molokáni 302.
Monachin prórwa 416.
Monakowo 187.
Monastuir 67. 155. 206. 242 300. 346. 400. 573. 719.
Mondsfluth 650.
Monotropa hypopitis 180.
Moorbildung 332.
Mórdi 576. 625. 641. siehe Fischfang.
Mórdwi 201. 218. 265.

Morgúnowa 275. 278.
Móschtschi Bóga Ugódnikow 170.
Moskau 157. bis 176.
Moskwa, Fluss 158.
Mostowája 310.
Mostowíe dorógi 78. 146. 230. 268.
 310. 373. 438.
Motschálka 442.
Msta, Fluss 138. 147. 421.
Mühlsteine 414.
Münze, Taschkenter 502.
Múilo 236.
Múiron 170.
Muirowarénie 170.
Muʃikì 174.
Mukikákʃi 253.
Muksum 527. 528. 682. 683. 686.
Mulli 245.
Múltniki 503.
Múrom 185.
Mursìnsk 299. 407.
Musik der Ostjaken etc., siehe bei
 den einzelnen Völkern.
Mustela Ermineum. 562. 583.
Mútschnoi rjàd 465.

✓ N.

Nadzwièt 607.
Nährungen 13. Kurische 18. 19.
Nagrúdniki 465.
Najésdnitschestwo 326.
Nakipìtj 555.
Nalíwki 387. 469.
Nalùim 547.
Nardus 492. 493.
Narte, bedeckte 529. 530.
— Samojedische 690.
Naruista juch chótuing 670.
Narwa, Fluss 56. 58.
— Stadt 58.
Naschatùir 610.
Nastojátel, Nostojátelniza 218.

National-Melodien siehe Volkslieder.
Naugard 10.
Nebensonnen 644.
Nédopeski 606.
Nédoroʃl 85.
Nedoschlíe peszi 606.
Néglina, Fluss 158. 162.
Neinàl 54.
Nélma 443. 555. 642. 682. 683. 686.
Neplúi, Neplúiki 615.
Neschtscháastnie 522.
Nessel 199.
Newa, Fluss 64. 125.
Newésdin Smótr 98.
Newjansk 310. 312.
Newka 75.
Newskische Perspektive 68.
Newskji Prospèkt 68.
Nidden 19.
Niederung der Weichsel 15.
Niʒnei Laìsk 336.
— Nowgorod 187. 189. 480.
— Saldinsk 336.
— Slatoust 413.
— Tagilsk 331. 335. 389.
— Turinsk 359. 369. 388.
Nimmersatt 25.
Niveau-Veränderung des Baltischen
 Meeres 46.
— — des Kaspischen Sees 407, Anm.
— — der Uralischen Seen 406.
Niza, Fluss 372. 445.
Njémez 92.
Nogat, Fluss 16.
Nordlicht, siehe Polarlicht.
Nórniki 606.
Nówaja 177.
Nówaja deréwnja 533.
Nowgorod 136. 137.
Num 681.
Nura, Fluss 405. 488. 489. 491.
 492. 493.
Nuſssteine 650.

Register.

O.

Obdorisches Gebirge 688. 702. dessen Höhe 708. Streichen 702.
Obdorsk 455. 517. 647. bis 690.
Ober-Bartau 28.
Obi 454. 476. 552. 554. 555. 581.
— bolschòi 586. 627.
— máloi 586. 627.
Obíteli 218.
Oboi 294.
Obósi 99, siehe Karawanen.
Obrasà 181. 556.
Obuw 442.
Ochansk 267.
Ochótniki 532.
Oder-ufer 8. 11.
Odnodwórzi 270.
Ökonomides 400.
Ördög 679.
Örtik 679.
Oglóblja 128. 529.
Ogoròd 539.
Oka, Fluss 185 bis 187.
Okorok 527, Anm. 1.
Okrújnaja palata 52.
Okùni 682.
Oléni 550.
Olénie Ostjáki 581.
Oliva 11.
Oljcha 577.
Olowénnaja posúda 579.
Oluimskische Fischerhütten 533.
Omofóri 170.
Omsk 481, Anm. 2.
Omskaja Oblast 481, Anm. 2.
Omskische Provinz 481. 483.
Omul 528.
Onega-See 56.
Opolje 59.
Orenburg 272. 406. 483. 484.
Oréschniki 650.
Orsk 483.

Orskische Festung 405.
Osáblikowo 188.
Oschéniki 465.
Osétri 527, Anm. 2.
Ostaschícha 221.
Osterfest 169.
Ostjaken 385. 454. 540. 545. 546.
— Kasúimskische 564. 580.
— Musik-Instrumente derselb. 670.
— Nisowische 614. 652. 677. 680. 716.
— Religionsgebräuche derselben 550. 671. 673. 676.
— Rennthier- 581.
— Sprache derselben 657. 663. 669.
— Werchowische 614. 652. 680. 716.
Ostróg 220.
Ostrowà 271.
Otho v. Bamberg, Denkmal desselb. 8.
Otkrúitji list 125.
Otkúptschiki 547.
Otwódi 529.

P.

Panace der Kosacken 609
Pajók 327. 552.
Paláta 399. 448.
Παλαθαι 307, Anm.
Panagji 170.
Panamàr 592.
Pappeln 120. 476. 493. 546.
Park 617. 664.
Parkány 618, Anm. 664.
Páschestwo 466.
Pawdinsker Pass 373.
Páwlowsk 134.
Pégaja Orda 434.
Peipus-See 55. 56.
Pelzwerk 441. 443.
Pérgola 119.
Perm 268.
Permjaken 330.
Pérschinsk 536.

I. Band. 47

Perùn 182.
Pes 605.
Peschkì 615.
Pesèz 465. 605.
Péski 683.
Peter I. 65. 80. 180.
Petersburg 62 bis 125.
Petersburger Seite 80.
Petersplatz 65.
Petro-Paulskirche 80.
Petropáwlowsk am Ischìm 481 bis 483. 486. 487.
Pètsch 448.
Pétschka 448.
Petschora, Fluss 650. 653. 710. 719.
Pferde, weifse 434.
Pferdefleisch 722.
Pferdemilch 426.
Pflaumen 205. getrocknete 234.
Philátewsk 533.
Phoca ursina 501.
Píchtowa 265.
Pilméni 487.
Pinus abies 18. 57. 120. 135. 154. 248. 268. 269. 274. 281. 286. 304. 307. 312. 359. 450. 476. 492. 534. 535.
— cembra 331. 359. 382. 449. 476. 535. 543. 562. 566. 573. 625. 634. 636.
— larix 311. 312. 331. 359. 376. 382. 476. 563. 593. 634. 636. 691. 703.
— picea 119. 150. 154. 155. 177. 180. 187. 310. 376. 413. 415. 636.
— pichta 265. 359. 476.
— sylvestris 10. 11. 18. 135. 312. 331. 359. 393. 476. 543. 566. 590. 634.
Piròg 469.
Pistacia 234.
Pístaschi 234.
Platina 335. 351. 366. 368. 391. 699. 703.

Platina-Wäsche 353. 374. 389. 391.
— jährliche Ausbeute 411.
Platówa 180.
Pljásowie pjésni 310.
Plötzen 682.
Plótniki 33.
Plótwi 682.
Podberéso 136.
Pod-donnie 257.
Podmoskównji 175.
Podorójna 26. 132. 622.
Podrjádi 172. 466.
Podrjátschiki 173.
Podswjétschnik 537.
Pogostítj 451.
Pojárskji 209.
Pojértwowanji 165.
Pokròw 180. 445.
Poläna 219.
Polangen 26. 27.
Polarfuchs 605.
Polarlicht 525. 543. 597. Einfluss desselben auf die Magnetnadel 524. 598.
Polikowsk 408.
Polósowa 215.
Polui, Fluss 648. 690.
Polulnj 491.
Polulnja 534. 572.
Pomeránja 136.
Pomorjäni 9.
Pomuchel, Pomuchelsköpfe 14.
Popówtschi 218. 300.
Populus tremula 138.
Porphyr 369. 405. schwarzer 365.
Porsa 655.
Portr, Anglinskji 528.
— Kronskji 528.
Posedjénki 399. 590. 602.
Poséltschiki 220.
Postéla 127.
Posthaltereien in Kurland und Esthland 42.

Postpass, siehe Podoróżna.
Postrjómki 128. 529.
Potscha 338.
Pótschki 610.
Pótschwa 153.
Prásdniki 183. 305.
— zárskie 305.
— zerkównie 305.
Prásolui 717.
Prawda Slavjàn 53.
Prikáschtschiki 172. 313. 326. 478.
Pristjáschka 129.
Pritèst, bolschòi 414.
— máloi 414.
Prómuisl 466. 522.
Promúischleniki 466. u. a.
Prospekte 77.
Protjájnoe pjésno 149. 447.
Protòk 542. 555. 586. 683.
— berésowskji 554.
Prunus padus 307. 427.
Puch 652.
Pugatschèw 281.
Puidján 682.
Púimi 615.
Púischma, Fluss 310. 394. 397. 437. 439.
Puischmínsk 397.
Pustúinja, Kloster, siehe Monastuir und 155.

Q.

Quarz-gänge 339. 367. 396. 699. 702.
— geröIle 250. 311. 490. 552.
— gestein 179. 288. 334. 378. 414. 494.
— körniger 338.
— Porphyr 489.
— Sand 280. 494.
Quappen 547. 682.
Quellen bei Petersburg 119.
— — Slatoùst 276.

Quellen-Temperatur, siehe Temperatur.
Quercus pedunculata 248.

R.

Raben 177.
Ragóji 34. 442. 485.
Raja Bätis 14.
Rakítnik 151.
Rasbóinik 415.
Rauchtopas 298.
Rebhühner 467.
Refractions-Fernrohr zu Dorpat 45.
Regenmenge 206. 450. 498.
Regierungsbehörden zu Perm 270.
Reis 499.
Rej, Fluss 338.
Rennthiere 384. 550. 554. 562. 596. 604. 627. 697. 715.
— wilde 653. 703. deren Fang 653.
— Anspannung 631.
— Felle 604.
— Ostjaken, siehe Ostjaken.
— Zäumung 631.
Repólowo 546. 663. 669.
Reschötui 286. Pass von 396.
Rewnjúcha 406.
Rhabarber-Berg 406.
Ribes nigrum 138. 387, Anm.
— rubrum 138. 387, Anm.
Riddersker Bergwerk 406.
Riga 32.
Risa 170.
Risnizui 170.
Rjáptschik 467.
Rjáwtschina 350.
Rjépa 636.
Robinia caragana 121.
Roche 14.
Röstung der Eisenerze 337.
Roggen 499. 539. 603.
Roheisen 323. 339.

Rohstahl 186, Anm. 259.
Rójdestwo Christówoe 451. 463.
Rojòk 185.
Ronçeval, Lied von 514.
Rósa polewája 636.
Róschtschi 472.
Rosen 491. 636.
Rossjískaja láwka 34.
Rossitten 19.
Rofskastanie 8. 13. 38. 120.
Roskòl Starowjérzow 218. 299. 446.
Rospàr 338.
Roſsomácha 562, siehe ursus gulo.
Rosswálui 255.
Rotheisenstein 285. 322.
Rothfeder 682.
Rówdug 563, Anm.
Rubus-Arten 138.
— arcticus 387.
— caesius 387.
— chamaemorus 387, Anm. 1.
— idaeus 387, Anm. 1.
— saxatilis 249.
Rudà 272.
Rudokóptschiki 314.
Rudopromúischleniki 361.
Rüben 235. 465. 476. 636.
Ruiba, chodowája 682.
Ruibakì 475.
Rúiſi 401. 495.
Rukamóinik 178.
Rukobítje 520.
Rumänzow's Obelisk 76.
Rupji 502, Anm.

S.

Saffianleder 236.
Saizowskji Jam 138. 140.
Ѕakóѕni 170.
Sakſaul 495. 496, Anm.
Ѕalda, Fluss 336.
Salicorniae 491.

Salmo leucichthys 443.
— muksum 528, Anm.
— polkur 682.
— tschokur 682.
— vimba 682.
Salpetererzeugung 504.
Samaïten 24. 27.
Såmalain 24, Anm. 208.
Ѕamolówi 538. 684.
Ѕamàr 553.
Ѕamárowka, Bach 552.
Ѕamárowo 551. 552. 678. 684.
Ѕamawàr 469. 579.
Sambucus nigra 151. racemosa 177. 178.
Sammlungen in Petersburg 108.
— fossiler Knochen 108. 109.
— geognostische 110.
— mineralogische 111.
— zoologische 110.
Samojeden 385. 454. 639. 649. 650.
653. kámenie und nísowie 653.
671. Kinder 696. Priester 673.
Religion 681. Kleidung derselben, siehe Kleidung.
Samojedenland 711.
— Eintheilung desselben 710.
Samogitien 24, Anm. 712, Anm.
Samòr 626. 682.
Ѕamoѕtrjélnoi luk 583.
Sand, rother 22. 495. 496.
Sandstein, bunter 187. 206.
— kupferhaltiger 350. 489.
— quarziger 219. 284.
— rother 250.
Sandsteinflöze 269.
Ѕarafàn 305. 700.
Sarápul 265.
Sarkau 19.
Saruig-ſu, Fluss 493.
Saruiſu, Fluss 488. 493.
Sastáwa 440.
Ѕátka, Fluss 414.
Ѕátkinskji Prístan 413. 414.

Sawódi 186, Anm. 256.
— bánkowie 381.
— jújnie 294, Anm.
— séwernuie 294, Anm.
Sawódskoi Isprávnik 329.
Sawódtschiki 314. 326. 327. 329.
Sbítin 105.
Sbítinniki 105.
Schaf, als Saumthier 297.
— fettschwänziges 334. 515.
Schaffleisch, heilsam 426. 515.
Schafspflanze 197.
Schaidurícha 311.
Schaitan 369. 436.
Schaitánka, Fluss 336.
Schaitansk 285. 334. 336.
Schali 198.
Schamánui 672. 673.
Schàr 634.
Schartàsch, Dorf 393.
— Seen 393. 394. 439.
Schiefertrümmer, grüne 311.
Schiefspulver 502.
Schiefsgewehr-Fabrik 261.
Schiffskarawanen 411.
Schilf 491. 493. 495. 496.
Schleifsteinberg 338.
Schlína, Fluss 147.
Schlitten 529.
Schnee, ewiger 365. 648. 687. 703.
Schneehühner 467. siehe Kuropátki.
Schneeschuhe 566.
Schócha, Bach 157.
Schörlkrystalle 395.
Schórkalskji pogòst 578.
Schrunden 29.
Schtschi 381.
Schtschókur 682.
Schtschúki 682.
Schúba 232.
Schwäne 446.
Schwalben, Ankunft derselben 17. 18.
— Erd- 219.

Schwanenflaum 466.
Schwanenfleisch 468.
Schwarzort 19.
Schwarzpappeln 44. 60. 119. 142. 492.
Schwefelkies-Krystalle, kubische 650.
— Nester 378.
Schwefelquecksilber 368.
Schweine, wilde 493. 495.
Sedlótschik 129.
Seehunde 654.
Seen, in Finnland 55.
— schwarze 496.
Seeotter 608.
Seeschwalben 189.
Seife 236.
Séld 682.
Sélskie isprávniki 596.
— sapási 596.
Semijarsk 488. 491. 497.
Semipalatinsk 483. 486. 488, Anm.
Semljaníka 387, Anm.
Semljánoi Górod 159.
Semön Bodájew 258.
Semönow 205.
Sémskie Isprávniki 329. 425.
Serébrjanka, Fluss 416.
Serébrjanka 359.
Serpentin 397. 408.
— ähnliches talkiges Gestein 369.
— — Schieferlager 395.
— Einfluss auf die Magnetnadel 316. 369. 370.
— geschichteter 316.
— schiefriger 322.
Sestrjà, Fluss 157.
Shawle aus Buchara 198.
Shudleigh 57.
Sibìr 444. 553.
Sibírskji Kedr 331.
Siedepunkt des Wassers 692. 704. 707, Anm.
Sienit-Porphyr 334.
Sjenokósi 281. 328.

Silbererze 396, Anm. 490.
Símnaja powóska 529.
Simowja 375.
Sínaja Gora 365.
Sinewatik 607.
Sinogorskoi Rudnik 365.
Sinikui 706.
Sirjáni 653.
Sitcha 673.
Siumsimójgi 253.
Siwa, Fluss 255.
Skápi 579.
Skitì 218.
Skópzi 521.
Slatoústowsk 275. 278. 350. 406.
Slíwi 234.
Sljúdenie okóschki 536, Anm. 1.
Smaragd, edler 407.
Smolensker Feld 76.
Smolénskoe póle 76.
Smoródina, krásnaja 387, Anm.
— tschérnaja 387, Anm. 636.
Smotrítel 439.
Smotrjénie 520.
Sobáka 606, Anm.
Sobj, Fluss 718.
Sobórnoe Ulojénie Sakòn 53.
Sobórnoi zérkow 470.
Soldátskie djéti 579.
Solikàmsk 411. 418.
Soljánki 491,
Sólnetschnaja Gorà 157.
Solonzì 491. 495.
Sommergarten 67.
Sommerlevkoien 382.
Sommerpalast 66.
Sorbus aucuparia 8. 44. 121.
Sóri 534. 542. 555. 626. 683.
Sosiedátel 573.
Sósna 266. 566.
Sosnowka 266.
Sóswa 492. und siehe sósna.
— Fluss 589. 590. 625. 682.

Spáskaja Woróta 162
Spaskoi Polìst 136.
Spéloi tschugùn 338 339.
Spelt 235. 499.
Spiegel-Schneidemaschine 258.
Spiersträucher 491.
Spiraea ulmaria 135. 145.
Spiraeen 382.
Staatsdiener 84.
Stabeisen 324. 389.
Stáraja Rùss 137.
Starojilzi 445.
Stárosta 220.
Starowjérzi 144. 218. 299. 446.
Starschinà 645.
Steinfuchs 465. 605.
Steinschleifer 297.
— am Isètfluss 402.
— am Bjélajafluss 406.
Steinschriften in Sibirien 437.
Stepnòi rjàbik 467.
Steppe 487. 492. 496. 497.
Steppenseen 406.
Sterlede 222. 527, Anm. 2.
Sterna 189.
Sternwarte zu Dorpat 45.
— zu Kasan 238.
— von Chappe zu Tobolsk 474. 509.
Stör 527, Anm. 2. 555. 642. 682.
683. 686.
Stolbùi 507. 643. 644.
Stóroj 155.
Streichen des Ural 322. 335. 361.
369. 378. 395. 397. 405.
Strigólniki 141.
Strjélna 60.
Strjélzi 209.
Strömung, westliche in der Ostsee 22.
— im Irtùisch 477.
Strujà, bobrówaja 609.
Strusen 33. 59.
Sturmfluth 651.

Register. 743

Subòtsk 539.
Suchorúkowskjł pogòst 557. 579.
Sudébnik 53.
Sudébnoe sérkalo 53.
Súdogda 184.
Süfsholzwurzel 408.
Sugàt 439. 440.
Suigwa, Fluss 682.
Súilnie 220.
Súilwa, Fluss 272. 275. 276. 350. 417.
Suim, Fluss 581
Suinja, Fluss 682.
Suiroi tschugùn 339.
Súirok 682. 683.
Súka 606, Anm.
Súmratschnui dèn 589.
Sundùrsk 221. 225.
Súra, Fluss 222.
Surgùt 443. 684.
Suri 254.
Súsliuiki 301.
Suwórows Standbild 66.
Swáchi 98. 519.
Swádebnuija pjésni 306, Anm. 2. 520.
Swajik 228.
Sweschtschénie Wòdd 170 und 171.
Swidánie 520.
Swiejoprosólenaja rúiba 443.
Syringa vulgaris 7. 121.

T.

Tabakrauchen 299. 446. 677. 698.
Tabakschnupfen 619. 634.
Tabakspfeifen 437, Anm. 1. 634.
Tadebzii 681.
Taduibui 673.
Tagil, Fluss 334. 353.
— Thal 335.
Taganrog 421.
Taisla 401.

Talda, Fluss 493.
Talg 486.
Talkgerölle 552.
— gestein 349.
— masse, fein zerriebene, siehe Letten.
— schaliger 316.
— schiefer 397.
— Serpentin ähnlicher 286.
Tamarix - Art 495.
Tanzlieder 310.
Tarakane 54. 225.
Taschkent 481. 486. 487. 491. 496. 505.
Tataren 195. 200. 218. 228. 238. 247. 265. 424. 437. 442. 443. 444. 449. 464. 482. 485. 611. 722.
Tatowirung 637.
Tauben, wilde 143. 150. sind heilig 184.
Tawolgà 491.
Temperatur des Bodens zu:
Bäckhof 31.
Beresow 591. 601.
Bogoslowsk 377. 380.
Obdorsk 689.
Tagilsk 348. 354.
Tobolsk 472.
Wladímir 182.
Temperatur der Quellen zu:
Aléschkinui Jurtui 577. 578.
Atschinsk 271.
Bäckhof 31.
Bogoslowsk 380.
Dorpat 45.
Jedrowo 145.
Königsberg 31.
Nijnei Turinsk 370.
Ostaschicha 221.
Petersburg 119.
Slatoust 276.
Tagilsk 348.
Waldài 145.

Temperatur der Quellen zu:
Werchoturie 371.
Wladímir 182.
Tenki 502, Anm.
Teplízui 152.
Teréchina 534.
Ternównik 494.
Tersekàn, Fluss 405. 489.
Tetjòr, bolschoi 468.
— gluchoi 468. 613.
Tetrao bonasia 467.
— lagopus 467. 691, siehe auch Kuropatki.
— perdix 467.
— tauber 613.
— tetrix 468.
— urogallus 468.
Thee 133. 237. 441. 469. 480.
Theekeller 127.
Thon, hochrother 274.
— salzreicher 406. 490.
Thonschiefer 261. 285. 286. 408. 489. 491. 650.
— schwarzer 494.
Tibet 512.
Tiegel, geschmiedete 257.
Tiger 495.
Tigerezker Berge 406.
Tilegen 151.
Timanisches Ufer 710.
Timanskji bereg 710.
Tipteren 424.
Titaneisen, Uralisches 368. 391.
— Obdorisches 699. 703.
Tjeſolowjési 298.
Tjelogréika 465.
Tjumèn 294. 440. 441. 444.
Tjumenka, Bach 442.
Tjundjuk, Fluss 493.
Tjúscha, Fluss 187.
Tjuskel, See 495, Anm.
Tobol, Fluss 442. 449. 451. 472.
Tobolsk 444. 450. 453.

Tolkútschui Ruinok 74.
Tom, Fluss 442.
Tombora 670.
Tomójna 26. 79.
Topas 298. 407.
— duimtschatui 298.
Tor 677.
Torf 374. 382. 394. 439.
Torjòk 150. 152.
Torma 54.
Toruím 677. 679.
Tosna 134.
Totschílnaja gora 338.
Towàr 260.
Transportmittel in Sibirien 297.
Trawjánka, Bach 375, Anm.
Treibstangen der Rennthier - Ostjaken 633. 695.
Trepàk 447.
Trétjinsk 520.
Tri brátja 414.
Triticum 491.
Trjétnischok 339.
Troizk 405. 406. 484.
Tropfsteinhöhlen 489.
Tschagatai 500, Anm. 506.
Tschai, kirpítschnui 480. 722.
Tschaínoi pogrebèz 127.
Tschasówni 169.
Tscheboksar 226.
Tschebúitsch 437.
Tschelábi 424.
Tschemáchewsk 581.
Tschemengen 505.
Tschépza, Fluss 255.
Tscheremissen 218. 223.
Tscherjúmcha 307.
Tscherjúmochniza 307.
Tscherkessen 157. 460.
Tscherna, Fluss 335. 390.
Tschernéz 401.
Tscherniza 401.
Tschernoistótschinsk 336. 389.

Register. 745

Tschernosłíwi 234.
Tschértschik, Fluss 497. 498.
Tschetwérka 632.
Tschia 428.
Tschiji 615.
Tschingis, Grofs-Chan 444.
Tschingistora 444.
Tschinówniki 84. 588.
Tschubàl 558. 560, Anm. 561. 567.
Tschubùk 437, Anm. 1. 558, Anm. 1.
Tschuchni 40.
Tschuchonzi 40.
Tschuden-See 54.
Tschudi 40.
Tschudischer Bergbau 344. 361. 501.
— Schmelzstätten 490.
— Völkerstämme 207.
Tschúdowo 136.
Tschudskoi kòp 344. 498.
Tschugùn 260.
Tschugúnui 221.
Tschui, Fluss 488. 494. 495. 498.
Tschuktschen 676.
Tschùm 637. 693.
Tschurilìn 247.
Tschurna 437.
Tschusowája, Fluss 255. 283. 285. 359. 360. 417.
Tschuwaschen 218. 223. 225. 226. 424.
— Sprache derselben 226.
Tschuwáschinskji Muìs (Tschuwaschisches Vorgebirge) 451. 456.
Tucheler Haide 9.
Türken 422. 498.
Tugalowa 538.
Tugendbund, Deutscher 623.
Tula 157.
Tulùp 232.
Tundri 650.
Tungusen 656. 676.
Tupbjáki 127.

Tura, Fluss 359. 369. 370. 376. 441. 442. 449.
Turdojàk 406
Turgut, Bach 534.
Turguten 202.
Turjinsker Gruben 377.
Turkestan 505.
Turmalin-Krystalle 395.
— — rothe 407.
Turuchànsk 651. 676.
Turuchánskie Schúbi 233.
Twer 154. 156.
Twerza, Fluss 147. 156.

U.

Uchà 580.
Übergangsgebirge, talkiges 339.
Übergangskalk 284. 367.
Ufa, Fluss 283. 416. 417.
— Stadt 416.
Uferweide 8. 17.
Ukàs 53.
Uklad 259.
Ulmen 119. 120.
Ulojénie Sakòn 53.
Umtrieber 623.
Ungern, Abstammung derselben 657. 664. 675. 679.
Unglückliche, siehe Neschtschástnie.
Universität zu Dorpat 51.
— zu Kasan 237. 238.
Unterricht, Lankasterscher zu Tobolsk 518.
Unzen 495.
Uprawítel 313. 327.
Ural, Erhebung desselben 279.
— kamm 287.
— Ostabhang 439.
— Ostrand des südlichen 406.
— Pässe, höchster Punkt 285. 287.
— Streichen, siehe dieses Wort.
— Vorberge 249. 553.

Urgebirgsschiefer 288.
Usa, Fluss 718.
Ursus gulo, siehe Rossomaga.
Urùk 233. 470.
Utka, Fluss 283. 284. 336.
Utkinsk 336.
Uwàt 533.

V.

Vaccinien 382.
Vaccinium oxycoccus 387, Anm. 542.
— vitis idaea 387, Anm.
Veneder 39.
Venetianische Goldsucher 711.
Verbannte 220. 423. 460. 522. 624. 625.
Verbrüderte 101.
Verdienstadel 84.
Veronica, die heilige 594.
Vielfrafs 562, siehe Rossomaga.
Viverra lutra 501.
Volkslieder, Ostjakische 546. 669. 670. 671.
— Russische 148. 301. 671.
Vorurtheile, religiöse. 151.

W.

Wachholdersträuche 371. 500.
Wärmestrahlung 124. 248. 708.
Waffentänze der Ostjaken 673 bis 675.
— der Ungarn 675.
Wagranki 340.
Waigaz, Insel 650. 681.
Wakergast 39.
Walchaw-See 492, Anm. 493.
Waldbrand 561.
Waldài 142. 143.
Walk 40.
Wandjaski gorodòk 645.
Wandrungen der Fische 682 bis 685.
Warénia 470.

Wasili Sursk 222.
Wasiliewskji Ostrow 65. 74.
Wasser, Gesetze des Eindringens in die Erde 356. 380.
Wassermelonen 235.
Wasser-Schwerdtlinie 16.
Wasserwerke zu Newjansk 318.
Wegebau-Institut 115.
Weide 17. 41. 121. 249. 476. 493. 499. 546.
Weidengesträuch 222. 229. 392.
Weihe des Flusswassers bei den Russen 170.
— des Wassers bei den Buddhisten 680.
Wein, Donischer 154.
Weintrauben, Bucharische, siehe Kischmisch.
Weizen 235. 249. 268. 491. 499. 539.
Welétma 186, Anm.
Wenisà 378 und siehe Granat.
Werchnei Laisk 336.
— Saldinsk 336.
— Turinsk 359. 369.
Werchoturie 370. 371. 388.
Werfte von Ochta 81.
Wesnowàtj 454, Anm.
Wetscherínki 400. 446.
Wiburger Akademie 81.
— Seite 75. 81.
Windáu, Fluss 30.
Winterfischerei 538. 641.
Winterfuhrwerke 529.
Winterhasen 465.
Winterjurten, siehe Jurten.
Winterwohnungen 375.
Wintófki 329.
Wirzerw-See 4?.
Wissimo Schaitansk 336.
Witschína, Witschínka 527, Anm.
Wjátka, Fluss 252.
Wjéchi 533. 534.
Wjenèz 520.

Wjétschnui kólokol 165.
Wölfe 653. 670. 700.
— Steppen- 653.
— Turuchansker 233.
— Wald- 653.
Wladímir 182.
Wladimìr 508.
Wogulen 330. 361. 372. 383. 639. 666.
— Sprache derselben 385.
Wogulka, Fluss 589. 596.
Wolchow, Fluss 137.
Wóilok 425. 485.
Wolga 205. 207. 229. 417. 421. 422.
— Ebnen 207.
Wolki, ljésnuie 653.
— stépnuie 653.
Wollmar 40.
Wolnie 532.
Wólok 147. 421.
Wólostnoi ispráwnik 425.
Wotjaken 251. 253. 265. 267. 417. 666.
Wotka 255.
Wremenà raspútja 453.
Wschíwui rúinok 74. 172.
Wuia, Fluss 336.
Wuibóika 481.
Wúidra 501.
Wúischnji Wolotschòk 147.
Wúiska 186, Anm.
Wuiskoi 336.

Z.

Zar Grigóri 214.
Zarízuin 421.
Zárskji dèn 602.
— kabàk 547, Anm.
Zárskoe Selò 134.
Zechstein 261.
Zeitbestimmung der Ostjaken 587.
Zelte, kegelförmige 636. 691. 693.
Zerkównie pjéwschie 310.
Zerkównoe pismò 181.
Ziegelerz 349.
Ziegelthee 480.
Zinkblende 378.
Zinnober 368.
Zirbelnüsse 332. 554.
Zirkone 407.
Zitwersaamen 501.
Zna, Fluss 147.
Zobel 561.
Zobeleisen 390.
Zöpfe 306. 566. 582. 701.
Zugfische 682.
Zugi 131.
Zuwal 558.
Zwiétnie kámeni 405.

H.

Druckfehler.

Seite	21	Zeile 22 v. u.	anstatt	Beobachtungen Woltmann lies von Woltmann.
—	156	— 7 v. u.	—	stromabwärts l. stromaufwärts.
—	251	— 6 v. u.	—	Forstwissenschaft l. Forstwirthschaft.
—	339	— 19 v. u.	—	Granit l. Graphit.
—	541	— 15 v. u.	—	$2^u\ 31',4$ l. $3^u\ 3',1$.
—	541	— 9 v. u.	—	$8^u\ 8',8$ l. $4^u\ 8',8$.
—	634	— 16 v. u.	—	Seite 610 l. Seite 619.
—	651	— 23 v. u.	—	am muntern l. am untern.
—	685	— 6 v. o.	—	Delphinus lencas l. Delphinus leucas.
—	693	— 4 v. o.	—	bestaudet l. bestanden.